Großkommentare der Praxis

Jaeger
Insolvenzordnung

Großkommentar

Zweite Auflage

Begründet zur Konkursordnung von
Professor Dr. Ernst Jaeger †

herausgegeben von
Walter Gerhardt, Diederich Eckardt, Peter A. Windel

Siebter Band
§§ 174–216

Bearbeiter:
§§ 174–186: Nicola Preuß
§§ 187–206: Caroline Meller-Hannich
§§ 207–216: Peter A. Windel

DE GRUYTER

Stand der Bearbeitung: Oktober 2021
Zitiervorschlag zB: Jaeger/*Meller-Hannich* InsO § 188 Rn 2.
Sachregister: Christian Klie

ISBN 978-3-11-034350-2
e-ISBN (PDF) 978-3-11-034368-7
e-ISBN (EPUB) 978-3-11-066925-1

Library of Congress Control Number: 2021950253

Bibliografische Information der Deutschen Nationalbibliothek
Die Deutsche Nationalbibliothek verzeichnet diese Publikation in der Deutschen Nationalbibliografie; detaillierte bibliografische Daten sind im Internet über http://dnb.dnb.de abrufbar.

Satz: Meta Systems Publishing & Printservices GmbH, Wustermark
Druck und Bindung: CPI books GmbH, Leck

www.degruyter.com

Die Bearbeiter der 2. Auflage

Professor Dr. **Diederich Eckardt**, Professor an der Universität Trier
Professor Dr. **Ulrich Ehricke**, LL.M. (London), M.A., Professor an der Universität zu Köln
Professor Dr. **Florian Eichel**, Professor an der Universität Bern
Professor Dr. **Oliver Fehrenbacher**, Professor an der Universität Konstanz
Professor Dr. **Ulrich Foerste**, Professor an der Universität Osnabrück
Professor Dr. **Walter Gerhardt**, em. Professor an der Rheinischen Friedrich-Wilhelms-Universität Bonn
Professor Dr. **Richard Giesen**, Professor am Zentrum für Arbeitsbeziehungen und Arbeitsrecht (ZAAR), Ludwig-Maximilians-Universität München
Professor Dr. **Michael Heese**, LL.M. (Yale), Professor an der Universität Regensburg
Professor Dr. **Jan Felix Hoffmann**, Professor an der Albert-Ludwigs-Universität Freiburg
Professor Dr. **Florian Jacoby**, Professor an der Universität Bielefeld
Professor Dr. **Christoph A. Kern**, LL.M. (Harvard), Professor an der Ruprecht-Karls-Universität Heidelberg
Professor Dr. **Fabian Klinck**, Professor an der Ruhr-Universität Bochum
Professor Dr. **Björn Laukemann**, Maître en droit (Aix-en-Provence), Professor an der Eberhard-Karls-Universität Tübingen
Professor Dr. **Peter Mankowski**, Professor an der Universität Hamburg †
Professorin Dr. **Caroline Meller-Hannich**, Professorin an der Martin-Luther-Universität Halle-Wittenberg
Professor Dr. **Hans-Friedrich Müller**, LL.M. (Bristol), Professor an der Universität Trier; Richter am OLG Koblenz
Professor Dr. **Joachim Münch**, Professor an der Georg-August-Universität Göttingen
Dr. **Falk Mylich**, Privatdozent an der Albert-Ludwigs-Universität Freiburg
Professor Dr. **Andreas Piekenbrock**, Professor an der Ruprecht-Karls-Universität Heidelberg
Professorin Dr. **Nicola Preuß**, Professorin an der Heinrich-Heine-Universität Düsseldorf
Professor Dr. **Eberhard Schilken**, em. Professor an der Rheinischen Friedrich-Wilhelms-Universität Bonn
Professorin Dr. **Jessica Schmidt**, LL.M. (Nottingham), Professorin an der Universität Bayreuth
Professor Dr. **Peter A. Windel**, Professor an der Ruhr-Universität Bochum

https://doi.org/10.1515/9783110343687-201

Inhaltsverzeichnis

Abkürzungsverzeichnis und Verzeichnis der abgekürzt zitierten Literatur

aA	anderer Ansicht
AAG	Aufwendungsausgleichsgesetz
aaO	am angegebenen Ort
abgedr	abgedruckt
AbgG	Gesetz über die Rechtsverhältnisse der Mitglieder des Deutschen Bundestages (Abgeordnetengesetz)
Abl	Amtsblatt
abl	ablehnend(-e/er/es)
Abl EG	Amtsblatt der Europäischen Gemeinschaften
Abl EU	Amtsblatt der Europäischen Union
Abs	Absatz
abw	abweichend
AcP	Archiv für die civilistische Praxis
AdoptionsG	Gesetz über die Annahme als Kind und zur Änderung anderer Vorschriften (Adoptionsgesetz)
ADS	Allgemeine Deutsche Seeversicherungsbedingungen
aE	am Ende
ÄndG	Änderungsgesetz
ÄndVO	Änderungsverordnung
AEntG	Arbeitnehmer-Entsendegesetz
AEUV	Vertrag über die Arbeitsweise der Europäischen Union
aF	alter Fassung
AfA	Absetzung für Abnutzungen
AFB	Allgemeine Feuerversicherungsbedingungen
AFG	Arbeitsförderungsgesetz
AG	Aktiengesellschaft, auch: Amtsgericht, auch: Ausführungsgesetz, auch: Die Aktiengesellschaft, Zeitschrift für das gesamte Aktienwesen
AGB	Allgemeine Geschäftsbedingungen
AGB-Bk	Allgemeine Geschäftsbedingungen der Banken
AGG	Allgemeines Gleichbehandlungsgesetz
AHB	Allgemeine Bedingungen für die Haftpflichtversicherung
Ahrens/Gehrlein/Ringstmeier	Insolvenzrecht Kommentar, hrsg v Martin Ahrens, Markus Gehrlein, Andreas Ringstmeier, 4. Aufl. 2020
AiB	Arbeitsrecht im Betrieb
AKB	Allgemeine Bedingungen für die Kraftfahrtversicherung
AktG	Aktiengesetz
ALB	Allgemeine Lebensversicherungsbedingungen
Alg/ALG	Arbeitslosengeld
allg	Allgemein(-e/er/es)
AllgT	Allgemeiner Teil
Alt	Alternative
AltTZG	Altersteilzeitgesetz
aM	anderer Meinung
Anders/Gehle	Zivilprozessordnung, Kommentar, hrsg v Monika Anders, Burkhard Gehle, 80. Aufl. 2022 (bis 79. Aufl. 2021 udT Baumbach/Lauterbach/Hartmann/Anders/Gehle)
Andres/Leithaus	Insolvenzordnung, Kommentar, Dirk Andres, Rolf Leithaus, 4. Aufl. 2018
AnfG	Gesetz über die Anfechtung von Rechtshandlungen eines Schuldners außerhalb des Insolvenzverfahrens (Anfechtungsgesetz)
Anh	Anhang
Anl	Anlage
Anm	Anmerkung

https://doi.org/10.1515/9783110343687-202

Annuß/Lembke	Arbeitsrechtliche Umstrukturierungen in der Insolvenz, Georg Annuß, Mark Lembke, 3. Aufl. 2016
AO	Abgabenordnung
AP	Arbeitsrechtliche Praxis, Nachschlagewerk des Bundesarbeitsgerichts
ArbBeschFG	Gesetz zur Förderung von Wachstum und Beschäftigung (Arbeitsrechtliches Beschäftigungsförderungsgesetz)
ArbG	Arbeitsgericht
ArbGG	Arbeitsgerichtsgesetz
ArbPlSchG	Arbeitsplatzschutzgesetz
ArbR	Arbeitsrecht
ArbRB	Der Arbeits-Rechts-Berater
ArbRHb	Arbeitsrechtshandbuch
ArchBürgR	Archiv für bürgerliches Recht
arg	argumentum
Armbrüster/Preuß/Renner	Beurkundungsgesetz und Dienstordnung für Notarinnen und Notare, Kommentar, hrsg v Christian Armbrüster, Nicola Preuß, Thomas Renner, 8. Aufl. 2019
ARS	Arbeitsrechtssammlung, Entscheidungen des Reichsarbeitsgerichts und der Landesarbeitsgerichte, früher Bensheimer Sammlung
ARST	Arbeitsrecht in Stichworten
Art	Artikel
AT	Allgemeiner Teil
AtomG	Gesetz über die friedliche Verwendung der Kernenergie und den Schutz gegen ihre Gefahren (Atomgesetz)
AuA	Arbeit und Arbeitsrecht
Aufl	Auflage
AÜG	Arbeitnehmerüberlassungsgesetz
AuR	Arbeit und Recht, Zeitschrift für die Arbeitsrechtspraxis
ausf	ausführlich
Ausg	Ausgabe
AV	Die Angestelltenversicherung
AVG	Angestelltenversicherungsgesetz
AVLJM	Ausführungsverordnung des Landesjustizministers
AVO	Ausführungsverordnung
Az	Aktenzeichen
BA	Bundesagentur für Arbeit
BadRpr	Badische Rechtspraxis und Annalen der Großherzogisch Badischen Gerichte
BadWürttNotZ	Zeitschrift für das Notariat in Baden-Württemberg
BAFin	Bundesanstalt für Finanzdienstleistungsaufsicht
BAG	Bundesarbeitsgericht
BAGE	Entscheidungen des Bundesarbeitsgerichts; amtliche Sammlung
Bamberger/Roth/Hau/Poseck	Kommentar zum Bürgerlichen Gesetzbuch: BGB, hrsg v Heinz Georg Bamberger, Herbert Roth, Wolfgang Hau, Roman Poseck, 4. Aufl. 2019/20 (auch zit als BeckOK BGB)
BankArch	Bankarchiv, Zeitschrift für Bank- und Börsenwesen (aufgegangen in Bankwirtschaft)
Bankbetrieb	Zeitschrift für Bankpolitik und Bankpraxis (früher Bankwirtschaft)
BankenK	Bankenkommentar zum Insolvenzrecht, hrsg v Friedrich L. Cranshaw, Christoph G. Paulus, Nicole Michel, 3. Aufl. 2016
BankR	Bankrecht
BankR-Hb	Bankrechtshandbuch, hrsg v Jürgen Ellenberger, Hermann-Josef Bunte 6. Aufl 2022, bis zur 5. Aufl 2017 hrsg v Herbert Schimansky, Hermann-Josef Bunte und Hans-Jürgen Lwowski
Bauer/Schaub	Grundbuchordnung, hrsg v Joachim Bauer, Bernhard Schaub, 4. Aufl. 2018
BauFG	Gesetz zur Sicherung der Bauförderungen
BauG	Baugesetzbuch

Baumbach/Hefermehl/ Casper	Kommentar zum Wechselgesetz, Scheckgesetz, Recht des Zahlungsverkehrs, begr v Adolf Baumbach, fortgef v Wolfgang Hefermehl, Matthias Casper, 24. Aufl. 2020
Baumbach/Hopt	Kommentar zum HGB, begr v Adolf Baumbach, hrsg v Klaus J. Hopt, 40. Aufl. 2021 (ab 41. Aufl. 2022 udT Hopt)
Baumbach/Hueck	Kommentar zum GmbH-Gesetz, begr v Adolf Baumbach, fortgef v Alfred Hueck, 22. Aufl. 2019 (ab 23. Aufl. 2022 udT Noack/Servatius/Haas)
Baumbach/Lauterbach/ Hartmann/Anders/Gehle	Kommentar zur Zivilprozessordnung, begr v Adolf Baumbach, fortgef v Monika, Burkhard Gehle, bis 79. Aufl. 2021 (ab 80. Aufl. 2022 udT Anders/Gehle)
BauR	Baurecht, Zeitschrift für das gesamte öffentliche und zivile Baurecht
Baur/Stürner InsR	Insolvenzrecht, Fritz Baur, fortgef v Rolf Stürner, 13. Aufl. 2006
Baur/Stürner/Bruns	Zwangsvollstreckungsrecht, Fritz Baur, fortgef v Rolf Stürner, Alexander Bruns, 14. Aufl. 2022
BayJMBl	Bayerisches Justizministerialblatt
BayObLG	Bayerisches Oberstes Landesgericht
BayObLGZ	Entscheidungen des Bayerischen Obersten Landesgerichts in Zivilsachen
BayrRPflZ	Zeitschrift für Rechtspflege in Bayern
BayVBl	Bayerische Verwaltungsblätter
BayZ	Zeitschrift für Rechtspflege in Bayern
BB	Der Betriebsberater
BBankG	Gesetz über die Deutsche Bundesbank
BBergG	Bundesberggesetz
BBiG	Berufsbildungsgesetz
BBl	Betriebswirtschaftliche Blätter
BBodSchG	Gesetz zum Schutz vor schädlichen Bodenveränderungen und zur Sanierung von Altlasten (Bundesbodenschutzgesetz)
BC	Zeitschrift für Bilanzierung, Rechnungswesen und Controlling
Bd	Band
BDSG (aF)	Bundesdatenschutzgesetz
BDSG 2018	Bundesdatenschutzgesetz
BeamtVG	Gesetz über die Versorgung der Beamten und Richter des Bundes (Beamtenversorgungsgesetz)
Bearb	Bearbeitung
Beck/Depré	Praxis der Insolvenz, hrsg v Siegfried Beck, Peter Depré, 3. Aufl. 2017
Becker	Insolvenzrecht, Christoph Becker, 3. Aufl. 2010
BeckOGK AktG	Kommentar zum Aktiengesetz, hrsg v Gerald Spindler, Eberhard Stilz, ständig aktualisiert
BeckOGK BGB	Beck'scher Online-Großkommentar BGB, hrsg v Beate Gsell, Wolfgang Krüger, Stephan Lorenz, Christoph Reymann, ständig aktualisiert
BeckOK ArbR	Beck'scher Onlinekommentar Arbeitsrecht, hrsg v Christian Rolfs, Richard Giesen, Ralf Kreikebohm, Miriam Meßling, Peter Udsching ständig aktualisiert
BeckOK BGB	Beck'scher Online-Kommentar BGB, hrsg v Wolfgang Hau, Roman Poseck, ständig aktualisiert
BeckOK InsO	Beck'scher Online-Kommentar InsO, hrsg v Alexander Fridgen, Arndt Geiwitz, Burkard Göpfert, ständig aktualisiert
BeckOK StaRUG	Beck'scher Online-Kommentar StaRUG, hrsg v Dominik Skauradszun, Akexander Fridgen ständig aktualisiert
BeckOK ZPO	Beck'scher Online-Kommentar ZPO, hrsg v Volkert Vorwerk, Christian Wolf, ständig aktualisiert
BeckOK ZVG	Beck'scher Online-Kommentar ZVG, hrsg v Martin Löhnig, Andreas Gietl, ständig aktualisiert
BEEG	Bundeselterngeld- und Elternzeitgesetz
BEG	Bundesgesetz zur Entschädigung für Opfer der nationalsozialistischen Verfolgung (Bundesentschädigungsgesetz)
Begr	Begründung
Begr EGemeinschuldO	Motive zum Entwurf einer Deutschen Gemeinschuldordnung, 1873

Begr EGKO	Motive zu dem Entwurf eines Einführungsgesetzes einer Konkursordnung,1875
Begr EKO	Motive zu dem Entwurf einer Konkursordnung, 1875
Begr z KO-Nov 1898	Begründung zu den Entwürfen eines Gesetzes betr. die Änderungen der Konkursordnung und eines zugehörigen Einführungsgesetzes, 1898
Beil	Beilage
Bem	Bemerkung(en)
Ber	Bericht
ber	berichtigt
BerInsRKomm	Bericht der Kommission für Insolvenzrecht, 1985 (1. Bericht) bzw 1986 (2. Bericht)
BerlAnwBl	Berliner Anwaltsblatt
bes	besonders
betr	betreffend
BetrAV	betriebliche Altersversorgung
BetrAVG	Gesetz zur Verbesserung der betrieblichen Altersversorgung (Betriebsrentengesetz)
BetrVG	Betriebsverfassungsgesetz
BfA	Bundesanstalt für Arbeit
BFH	Bundesfinanzhof
BFHE	Sammlung der Entscheidungen und Gutachten des Bundesfinanzhofs
BFuP	Betriebswirtschaftliche Forschung und Praxis
BG	Die Berufsgenossenschaft
BGB	Bürgerliches Gesetzbuch
BGBl	Bundesgesetzblatt
BGH	Bundesgerichtshof
BGHSt	Entscheidungen des Bundesgerichtshofs in Strafsachen; amtliche Sammlung
BGHZ	Entscheidungen des Bundesgerichtshofs in Zivilsachen; amtliche Sammlung
Bieg/Borchardt/Frind	Unternehmenssanierung und Betriebsfortführung, hrsg v Thorsten Bieg, Peter-Alexander Borchardt, Frank Frind, 2021
BImSchG	Gesetz zum Schutz vor schädlichen Umwelteinwirkungen durch Luftverunreinigungen, Geräusche, Erschütterungen und ähnliche Vorgänge (Bundes-Immissionsschutzgesetz)
BinSchG	Gesetz, betreffend die privatrechtlichen Verhältnisse der Binnenschifffahrt (Binnenschifffahrtsgesetz – BinSchG)
Birk/Desens/Tappe	Steuerrecht, Dieter Birk, Marc Desens, Henning Tappe, 24. Aufl. 2021
Birkenfeld/Wäger	Das große Umsatzsteuer-Handbuch, hrsg v Wolfram Birkenfeld, Christoph Wäger, Loseblatt
BJagdG	Bundesjagdgesetz
BK	Berliner Kommentar Insolvenzrecht, hrsg v Jürgen Blersch, Hans-Wilhelm Goetsch, Ulrich Haas, Loseblatt
BKR	Zeitschrift für Bank- und Kapitalmarktrecht
Bl	Blatt
Bley/Mohrbutter	Vergleichsordnung, Kommentar, begr v Erich Bley, Neubearbeitung von Jürgen Mohrbutter, unter Mitarbeit von Harro Mohrbutter, 4. Aufl. 1970 ff
BlfGenW	Blätter für Genossenschaftswesen
BlGBW	Blätter für Grundstücks-, Bau- und Wohnungsrecht
BlPMZ	Blatt für Patent-, Muster- und Zeichenwesen
BlStSozArbR	Blätter für Steuerrecht, Sozialversicherung und Arbeitsrecht
Blümich	EStG, KStG, GewStG, hrsg v Bernd Heuermann, Peter Brandis, Loseblatt (ab 2022 udT Brandis/Heuermann)
BMF	Bundesminister der Finanzen
BNotO	Bundesnotarordnung
BörsG	Börsengesetz
Böttcher	ZVG, Kommentar, Roland Böttcher, 7. Aufl. 2022
Bolze RG	Die Praxis des Reichsgerichts in Zivilsachen, bearbeitet von A. Bolze
Boochs/Dauernheim	Steuerrecht in der Insolvenz, 3. Aufl. 2007
Borchardt/Frind	Die Betriebsfortführung im Insolvenzverfahren, hrsg v Peter-Alexander Borchardt, Frank Frind, 3. Aufl. 2017

Bork AT	Allgemeiner Teil des Bürgerlichen Gesetzbuchs, Reinhard Bork, 4. Aufl. 2016
Bork HdbAnfR	Handbuch des Insolvenzanfechtungsrechts, hrsg v Reinhard Bork, 2006
Bork InsR	Einführung in das Insolvenzrecht, Reinhard Bork, 9. Aufl. 2019
Bork/Hölzle	Handbuch Insolvenzrecht, hrsg v Beinhard Bork, Gerrit Hölzle, 2. Auflage 2019
Bork/Koschmieder	Fachanwaltshandbuch Insolvenzrecht, Loseblatt, hrsg v Reinhard Bork, Kurt-Dieter Koschmieder, Loseblatt (Stand 2011)
Boruttau	Grunderwerbsteuergesetz, 19. Aufl. 2019, ab 2022 udT Viskorf
BPatG	Bundespatentgericht
BPersVG	Bundespersonalvertretungsgesetz
BQG	Beschäftigungs- und Qualifizierungsgesellschaften
BR	Bundesrat
Brandis/Heuermann	EStG, KStG, GewStG, hrsg v Bernd Heuermann, Peter Brandis, Loseblatt
BRAO	Bundesrechtsanwaltsordnung
Braun InsO	Kommentar zur Insolvenzordnung, hrsg v Eberhard Braun, 9. Aufl. 2022
Braun StaRUG	Kommentar zum Unternehmensstabilisierungs- und -restrukturierungsgesetz, hrsg v Eberhard Braun, 2021
BR-Drucks	Drucksachen des deutschen Bundesrates
BReg	Bundesregierung
Brox/Walker	Zwangsvollstreckungsrecht, Hans Brox, Wolf-Dietrich Walker, 12. Aufl. 2021
BrZ	Britische Zone
BSG	Bundessozialgericht
BSGE	Entscheidungssammlung des BSG
BSpkG	Gesetz über Bausparkassen (Bausparkassengesetz)
BStBl	Bundessteuerblatt (Teile I, II und III)
BT-Drucks	Drucksachen des Deutschen Bundestages; zitiert: Legislaturperiode/Nr/S
BT-RA	Rechtsausschuss des Deutschen Bundestages
Bub/Treier	Handbuch der Geschäfts- und Wohnraummiete, hrsg v Wolf-Rüdiger Bub, Gerhard Treier, 5. Aufl. 2019
Bülow	Recht der Kreditsicherheiten, Peter Bülow, 10. Aufl. 2021
BürgerlR, BürgR	Bürgerliches Recht
Bunjes	Umsatzsteuergesetz, begr v Johann Bunjes, 20. Aufl. 2021
BUrlG	Bundesurlaubsgesetz
Buth/Hermanns	Restrukturierung, Sanierung, Insolvenz, 5. Aufl. 2021
BuW	Betrieb und Wirtschaft
BVerfG	Bundesverfassungsgericht
BVerfGE	Entscheidungen des Bundesverfassungsgerichts; amtliche Sammlung
BVerwG	Bundesverwaltungsgericht
BVerwGE	Entscheidungen des Bundesverwaltungsgerichts; amtliche Sammlung
BW	Baden-Württemberg
BWNotZ	Mitteilungen aus der Praxis, Zeitschrift für das Notariat in Baden-Württemberg
bzw	beziehungsweise
cic	culpa in contrahendo
CIM	Convention internationale concernant le transport des marchandises par chemins des fer; Internationales Übereinkommen über den Eisenbahnfrachtverkehr
CR	Computer und Recht
Cranshaw/Hinkel	Gläubigerkommentar zum Anfechtungsrecht, Friedrich L. Cranshaw, Lars Hinkel, 2. Aufl. 2014
CTA	Contractual Trust Arrangement
Dassler/Schiffhauer/Hintzen/Engels/Rellermeyer	ZVG – Gesetz über die Zwangsversteigerung und die Zwangsverwaltung, 16. Aufl. 2020
DB	Der Betrieb
DepotG	Gesetz über die Verwahrung und Anschaffung von Wertpapieren (Depotgesetz)

Depré	Kommentar zum Gesetz über die Zwangsversteigerung und Zwangsverwaltung – ZVG, hrsg v Peter Depré, 2. Aufl. 2019
Depré/Mayer	Die Praxis der Zwangsverwaltung, Peter Depré, Günter Mayer, 7. Aufl. 2013
ders	derselbe
DGVZ	Deutsche Gerichtsvollzieherzeitung
dh	das heißt
DiskE	Diskussionsentwurf, speziell: Diskussionsentwurf Gesetz zur Reform des Insolvenzrechts, hrsg v Bundesministerium der Justiz, 1988
Diss	Dissertation
DJ	Deutsche Justiz, Zeitschrift für Rechtspflege und Rechtspolitik
DJT	Deutscher Juristentag
DJZ	Deutsche Juristenzeitung
DM	Deutsche Mark
DNotV	Zeitschrift des Deutschen Notarvereins
DNotZ	Deutsche Notarzeitschrift
DOK	Die Ortskrankenkasse
DÖV	Die Öffentliche Verwaltung
DR	Deutsches Recht (Zeitschrift)
DRiZ	Deutsche Richterzeitung
DRpfl	Der Deutsche Rechtspfleger
DRZ	Deutsche Richterzeitung
DSGVO	Verordnung (EU) 2016/679 des Europäischen Parlaments und des Rates vom 27. 4. 2016 zum Schutz natürlicher Personen bei der Verarbeitung personenbezogener Daten, zum freien Datenverkehr und zur Aufhebung der Richtlinie 95/46/EG (Datenschutz-Grundverordnung)
DStR	Deutsches Steuerrecht
DStZ	Deutsche Steuerzeitung
Dt	Deutsch(e/er/es)
Dürig/Herzog/Scholz	Grundgesetz, Kommentar, begr v Theodor Maunz, Loseblatt (bis 2021 udT Maunz/ Dürig)
DuR	Demokratie und Recht
DZWIR	Deutsche Zeitschrift für Wirtschafts- und Insolvenzrecht
E	Entwurf
ebd	ebenda
Ebenroth/Boujong/Joost/ Strohn	Handelsgesetzbuch, hrsg v Detlev Joost, Lutz Strohn, 4. Aufl. 2020
EBRG	Europäische-Betriebsräte-Gesetz
ECU	European Currency Unit
EFG	Entscheidungen der Finanzgerichte
EFZG	Entgeltfortzahlungsgesetz
EG	Europäische Gemeinschaft, auch Einführungsgesetz
EGAktG	Einführungsgesetz zum Aktiengesetz
EGAO	Einführungsgesetz zur Abgabenordnung
EGBGB	Einführungsgesetz zum Bürgerlichen Gesetzbuch
EGemeinschuldO	Entwurf einer Deutschen Gemeinschuldordnung, 1873
EGInsO	Einführungsgesetz zur Insolvenzordnung
EGOWiG	Einführungsgesetz zum Gesetz über Ordnungswidrigkeiten
EGStGB	Einführungsgesetz zum Strafgesetzbuch
Eilers/Schwan	Sanierungssteuerrecht, Stephan Eilers, Alexander Schwan, 2. Aufl. 2020
Einf	Einführung
EinfG	Einführungsgesetz
Einl	Einleitung
einschl	einschließlich
EKO	Entwurf einer Konkursordnung, 1875
EMRK	Europäische Konvention zum Schutze der Menschenrechte und Grundfreiheiten

entspr	entsprechend
Entw	Entwurf
ErbbauVO	Verordnung über das Erbbaurecht
ErbR	Erbrecht
ErfK	Erfurter Kommentar zum Arbeitsrecht, 21. Aufl. 2021
ErgL/EL	Ergänzungslieferung
Erl	Erläuterungen
Erman	Handkommentar zum BGB, hrsg v Harm Peter Westermann, Barbara Grunewald, Georg Maier-Reimer, 16. Aufl. 2020
EStG	Einkommensteuergesetz
ESUG	Gesetz zur weiteren Erleichterung der Sanierung von Unternehmen
etc	et cetera
EU	Europäische Union
EuGH	Europäischer Gerichtshof
EuGVÜ	Brüsseler EWG-Übereinkommen vom 27. 9. 1968 über die gerichtliche Zuständigkeit und die Vollstreckung gerichtlicher Entscheidungen in Zivil- und Handelssachen
EuGVVO 2001	Verordnung (EG) Nr 44/2001 des Rates vom 22. 12. 2000 über die gerichtliche Zuständigkeit und die Anerkennung und Vollstreckung von Entscheidungen in Zivil- und Handelssachen
EuGVVO	Verordnung (EU) 1215/2012 des Europäischen Parlaments und des Rates vom 12. 12. 2012 über die gerichtliche Zuständigkeit und die Anerkennung und Vollstreckung von Entscheidungen in Zivil- und Handelssachen
EuInsVO 2000	Verordnung (EG) Nr 1346/2000 des Rates über Insolvenzverfahren vom 29. 5. 2000
EuInsVO	Verordnung (EU) 2015/848 des Europäischen Parlaments und des Rates vom 20. 5. 2015 über Insolvenzverfahren
EV	Vertrag zwischen der Bundesrepublik Deutschland und der Deutschen Demokratischen Republik über die Herstellung der Einheit Deutschlands – Einigungsvertrag
evtl	eventuell
EWG	Europäische Wirtschaftsgemeinschaft
EWiR	Entscheidungen zum Wirtschaftsrecht
EWIV	Europäische wirtschaftliche Interessenvereinigung
EY	Ernst & Young AG, Körperschaftsteuergesetz, Kommentar, Loseblatt
EzA	Entscheidungssammlung zum Arbeitsrecht
EzAÜG	Entscheidungssammlung zum Arbeitnehmerüberlassungsgesetz
f	folgend(e)
FamFG	Gesetz über das Verfahren in Familiensachen und in den Angelegenheiten der freiwilligen Gerichtsbarkeit
FamR	Familienrecht
FamRZ	Zeitschrift für das gesamte Familienrecht
Farr	Die Besteuerung in der Insolvenz, 2005
FD-InsR	Fachdienst Insolvenzrecht (via Beck-online)
Fehrenbacher	Steuerrecht, Oliver Fehrenbacher, 7. Aufl. 2019
ff	folgende
FG	Finanzgericht, Festgabe, Freundesgabe
FGG	Gesetz über die Angelegenheiten der freiwilligen Gerichtsbarkeit (bis 2009)
FGO	Finanzgerichtsordnung
FGPrax	Praxis der Freiwilligen Gerichtsbarkeit
FilmR	Filmrecht
FK	Frankfurter Kommentar zur Insolvenzordnung, hrsg v Klaus Wimmer, 9. Aufl. 2018
FLF	Finanzierung, Leasing, Factoring
Flöther	Handbuch zum Konzerninsolvenzrecht, hrsg v Lucas F. Flöther, 2. Aufl. 2018
Flöther StaRUG	StaRUG, Kommentar, hrsg v Lucas F. Flöther, 2021

Flume	Allgemeiner Teil des Bürgerlichen Rechts, Zweiter Band, Werner Flume, 4. Aufl. 1992
Fn	Fußnote
Foerste	Insolvenzrecht, Ulrich Foerste, 8. Aufl. 2022
FoVo	Forderung und Vollstreckung (bis 2008: InVo – Insolvenz und Vollstreckung)
Frege/Keller/Riedel	Insolvenzrecht, Handbuch der Rechtspraxis, Michael Frege, Ulrich Keller, Ernst Riedel, 9. Aufl. 2021
Fridgen/Geiwitz/Göpfert	Insolvenzrecht, hrsg v Alexander Fridgen, Arnd Geiwitz, Burkard Göpfert, 2022 (hier zit. als BeckOK InsO)
Frind	Praxishandbuch Privatinsolvenz, Frank Frind, 3. Aufl. 2021
Frotscher	Besteuerung bei Insolvenz, 9. Aufl. 2021
FS	Festschrift
Fundst	Fundstelle(n)
G	Gesetz
Gagel	SGB II/SGB III Grundsicherung und Arbeitsförderung, hrsg v Alexander Gagel, Loseblatt-Kommentar
GaststG	Gaststättengesetz
Gaul/Schilken/Becker-Eberhard	Zwangsvollstreckungsrecht, Hans-Friedhelm Gaul, Eberhard Schilken, Ekkehard Becker-Eberhard, 12. Aufl. 2010
GBl	Gesetzblatt
GBO	Grundbuchordnung
GbR	Gesellschaft bürgerlichen Rechts
geänd	geändert
GebrMG	Gebrauchsmustergesetz
gem	gemäß
GenG	Gesetz betreffend die Erwerbs- und Wirtschaftsgenossenschaften (Genossenschaftsgesetz)
GeschmMG	Gesetz über den rechtlichen Schutz von Mustern und Modellen (Geschmacksmustergesetz – GeschmMG)
GesO	Gesamtvollstreckungsordnung
GesR	Gesellschaftsrecht
GewArch	Gewerbearchiv, Zeitschrift für Gewerbe- u. Wirtschaftsverwaltungsrecht
GewO	Gewerbeordnung
GewStDV	Gewerbesteuer-Durchführungsverordnung
GewStG	Gewerbesteuergesetz
GG	Grundgesetz für die Bundesrepublik Deutschland
ggf	gegebenenfalls
GK	Großkommentar
GK-AktG	Aktiengesetz, Großkommentar, hrsg v Heribert Hirte, Peter O. Mülbert, Markus Roth, 5. Aufl. 2015 ff
GK-BetrVG	Gemeinschaftskommentar zum Betriebsverfassungsgesetz, Günther Wiese, Peter Kreutz, Christoph Weber, Martin Franzen, Matthias Jacobs, Martin Gutzeit, Hartmut Oetker, 11. Aufl. 2018
GKG	Gerichtskostengesetz
GmbH	Gesellschaft mit beschränkter Haftung
GmbHG	Gesetz betreffend die Gesellschaften mit beschränkter Haftung
GmbHR	GmbH-Rundschau
GmS-OBG	Gemeinsamer Senat der obersten Gerichte des Bundes
Gosch	Körperschaftsteuergesetz, hrsg v Dietmar Gosch, 4. Aufl. 2020
Gottwald/Haas	Insolvenzrechts-Handbuch, hrsg v Peter Gottwald, Ulrich Haas, 6. Aufl. 2020
Graf-Schlicker	Kommentar zur Insolvenzordnung, hrsg v Marie-Luise Graf-Schlicker, 6. Aufl. 2021
grds	grundsätzlich
GrEStG	Grunderwerbsteuergesetz
GrS	Großer Senat
GruchBeitr	Beiträge zur Erläuterung des Deutschen Rechts, begr v Gruchot

Grüneberg	Bürgerliches Gesetzbuch, Kommentar, hrsg v Christian Grüneberg, 81. Aufl. 2022 (bis 80. Aufl. 2021 udT Palandt)
GrünhutsZ	Zeitschrift für das Privat- und Öffentliche Recht der Gegenwart, begr v Grünhut
Grundz	Grundzüge
GRUR	Gewerblicher Rechtsschutz und Urheberrecht
GS	Gedächtnisschrift, Gesetzessammlung
GüKG	Güterkraftverkehrsgesetz
GUG	Gesetz über die Unterbrechung von Gesamtvollstreckungsverfahren (Gesamtvollstreckungs-Unterbrechungsgesetz)
GVBl	Gesetz- und Verordnungsblatt
GVG	Gerichtsverfassungsgesetz
GV NW	Gesetz- und Verordnungsblatt von Nordrhein-Westfalen
GWB	Gesetz gegen Wettbewerbsbeschränkungen
H	Heft
Haarmeyer/Mock	Insolvenzrechtliche Vergütung (InsVV), Hans Haarmeyer, Sebastian Mock, 6. Aufl. 2019
Habersack/Drinhausen	SE-Recht, Kommentar, hrsg v Mathias Habersack, Florian Drinhausen, 3. Aufl. 2022
Hachenburg	Großkommentar zum GmbH-Gesetz, Max Hachenburg, 8. Aufl. 1997
Häsemeyer	Insolvenzrecht, Ludwig Häsemeyer, 4. Aufl. 2007
HambK InsO	Hamburger Kommentar zur Insolvenzordnung, hrsg v Andreas Schmidt, 8. Aufl. 2021
HambK Restrukturierungsrecht	Hamburger Kommentar zum Restrukturierungsrecht, hrsg v Andreas Schmidt, 2021
HandwO	Gesetz zur Ordnung des Handwerks (Handwerksordnung)
HansGZ	Hanseatische Gerichtszeitung
HansOLG	Hanseatisches Oberlandesgericht
HansRGZ	Hanseatische Rechts- und Gerichtszeitschrift
Hb, Hdb	Handbuch
Henssler/Strohn	Gesellschaftsrecht, Kommentar, hrsg v Martin Henssler, Lutz Strohn, 5. Aufl. 2021
Herrmann/Heuer/Raupach	Einkommensteuer- und Körperschaftsteuergesetz, Kommentar, Loseblatt
Hess	Kommentar zur Insolvenzordnung, Harald Hess, 2. Aufl. 2013 (fortgef udT Kölner Kommentar, zit KK)
HEZ	Höchstrichterliche Entscheidungen, Sammlung von Entscheidungen der Oberlandesgerichte und der Obersten Gerichte in Zivilsachen
HFR	Höchstrichterliche Finanzrechtsprechung
HGB	Handelsgesetzbuch
HintG, HinterlG	Hinterlegungsgesetz
HintO, HinterlO	Hinterlegungsordnung
HK	Heidelberger Kommentar zur Insolvenzordnung, hrsg v Godehard Kayser, Christoph Thole, 10. Aufl. 2020
hL	herrschende Lehre
hM	herrschende Meinung
HöfeO	Höfeordnung
Hopt	Kommentar zum HGB, hrsg v Klaus J. Hopt, 41. Aufl. 2022 (bis 40. Aufl. 2021 udT Baumbach/Hopt)
HRR	Höchstrichterliche Rechtsprechung
Hrsg, hrsg	Herausgeber, herausgegeben
Hs	Halbsatz
Huber	Anfechtungsgesetz, Kommentar, Michael Huber, 12. Aufl. 2021
Hübschmann/Hepp/Spitaler	Abgabenordnung – Finanzgerichtsordnung, hrsg v Walter Hübschmann, Ernst Hepp, Armin Spitaler, Loseblatt
HypBankG	Hypothekenbankgesetz
idF	in der Fassung
idS	in diesem Sinne

IDW	Institut der Wirtschaftsprüfer in Deutschland eV
IDW RH HFA	Institut der Wirtschaftsprüfer in Deutschland eV, Rechnungslegungshinweise des Hauptfachausschusses
iE	im Ergebnis, im Einzelnen
ILLR	International Insolvency Law Review
insb	insbesondere
InsbürO	Zeitschrift für das Insolvenzbüro
InsO	Insolvenzordnung
Insolvenzgeld-DA der BA	Durchführungsanweisungen der Bundesagentur für Arbeit zum Insolvenzgeld
InsOuaÄndG	Gesetz zur Änderung der Insolvenzordnung und anderer Gesetze
InsR	Insolvenzrecht
InsRHdb	Insolvenzrechts-Handbuch, hrsg v Peter Gottwald, Ulrich Haas, 6. Aufl. 2020
InsRKomm	Kommission für Insolvenzrecht
InsSteuerR, InsStR	Insolvenzsteuerrecht
InsVereinfG	Gesetz zur Vereinfachung des Insolvenzverfahrens
InsVV	Insolvenzrechtliche Vergütungsverordnung
InsVZ	Zeitschrift für Insolvenzverwaltung und Sanierungsberatung (nur 2009–2010)
InVo	Insolvenz und Vollstreckung
IPRax	Praxis des internationalen Privat- und Verfahrensrechts
iS	im Sinne
iSd	im Sinne des/der
iVm	in Verbindung mit
JA	Juristische Arbeitsblätter
Jaeger AnfG	Die Gläubigeranfechtung außerhalb des Konkurses, Ernst Jaeger, 2. Aufl. 1938
Jaeger InsO	Insolvenzordnung, Kommentar, begr v Ernst Jaeger, hrsg v Wolfram Henckel, Walter Gerhardt, 1. Aufl. 2004 ff (dieser Kommentar)
Jaeger KO	Konkursordnung, Kommentar, Ernst Jaeger, 6./7. Aufl. 1931/1936; 8. Aufl. 1958–1973, fortgef v Friedrich Lent, Friedrich Weber; 9. Aufl. 1977–1990, fortgef v Wolfram Henckel
Jauernig BGB	Kommentar zum Bürgerlichen Gesetzbuch, hrsg v Othmar Jauernig, 18. Aufl. 2021
Jauernig/Berger	Zwangsvollstreckungs- und Insolvenzrecht, Othmar Jauernig, Christian Berger, 23. Aufl. 2010
Jb	Jahrbuch
JBeitrG	Justizbeitreibungsgesetz
JBeitrO	Justizbeitreibungsordnung (bis 2016)
JBl	Juristische Blätter
JbRR	Jahrbuch für Rechtssoziologie und Rechtstheorie
jew	jeweils
JFG	Jahrbuch für Entscheidungen in Angelegenheiten der freiwilligen Gerichtsbarkeit und des Grundbuchrechtes
Jhdt(s)	Jahrhundert(s)
JherJb	Jherings Jahrbücher für die Dogmatik des bürgerlichen Rechts
JMBl NW	Justizministerialblatt von Nordrhein-Westfalen
JR	Juristische Rundschau
Judicium	Vierteljahresschrift für die gesamte Zivilrechtspflege
JuMoG	(Erstes/Zweites) Gesetz zur Modernisierung der Justiz
JurA	Juristische Analysen
Jura	Juristische Ausbildung
JurBüro	Das juristische Büro
JurLitBl	Juristisches Literaturblatt
JuS	Juristische Schulung
JVBl	Justizverwaltungsblatt
JW	Juristische Wochenschrift
JZ	Juristenzeitung

KAGG	Gesetz über Kapitalanlagegesellschaften
Kahlert	Restrukturierungssteuerrecht, Günter Kahlert, 2022
Keller	Insolvenzrecht, Ulrich Keller, 2. Aufl. 2020
KG	Kammergericht, Kommanditgesellschaft
KGaA	Kommanditgesellschaft auf Aktien
Kilger/K Schmidt	Insolvenzgesetze – KO/VglO/GesO, begr v Hartmut Kilger, bearb v Karsten Schmidt, 17. Aufl. 1997
Kindl/Meller-Hannich	Gesamtes Recht der Zwangsvollstreckung, hrsg v Johann Kindl, Caroline Meller-Hannich, 4. Aufl. 2021
Kindler/Nachmann/Bitzer	Handbuch Insolvenzrecht in Europa, hrsg v Peter Kindler, Josef Nachmann, Fabian Bitzer, Loseblatt
KK	Kölner Kommentar, Insolvenzordnung, hrsg v Harald Hess, 2016 ff
KKZ	Kommunal-Kassen-Zeitschrift
Klein	Abgabenordnung – AO, Kommentar, begr v Franz Klein, 15. Aufl. 2020
KO	Konkursordnung
Kölner Kommentar AktG	Kölner Kommentar zum Aktiengesetz, hrsg v Wolfgang Zöllner, Ulrich Noack, 3. Aufl. 2009 ff, 4. Aufl. 2020 ff
Kölner Schrift	Kölner Schrift zur Insolvenzordnung, 2. Aufl. 2000/3. Aufl. 2009
Koenig	Abgabenordnung – AO, hrsg v Ulrich Koenig, 4. Aufl. 2021
Koller/Kindler/Roth/Drüen	Handelsgesetzbuch, hrsg v Ingo Koller, Wulf-Henning Roth, Klaus-Dieter Drüen, 9. Aufl. 2019
Komm	Kommentar, Kommission
KommBer z KO-Nov 1898	Bericht der VI. Kommission über die Entwürfe eines Gesetzes betr. Änderungen der Konkursordnung sowie eines zugehörigen Einführungsgesetzes
KonkursR	Konkursrecht
KonTraG	Gesetz zur Kontrolle und Transparenz im Unternehmensbereich
KO-Prot	Protokolle der Reichstagskommission von 1875/1876
KraftStG	Kraftfahrzeugsteuergesetz
krit	kritisch
KSchG	Kündigungsschutzgesetz
K Schmidt InsO	Insolvenzordnung, Kommentar, hrsg v Karsten Schmidt, 19. Aufl. 2016
KSI	Krisen-, Sanierungs- und Insolvenzberatung
KStG	Körperschaftssteuergesetz
KTS	Zeitschrift für Konkurs-, Treuhand- und Schiedsgerichtswesen, seit 1989: Zeitschrift für Insolvenzrecht – Konkurs, Treuhand, Sanierung
Kübler	Handbuch Restrukturierung in der Insolvenz, hrsg v Bruno M. Kübler, 3. Aufl. 2019
Kübler/Prütting/Bork	Kommentar zur Insolvenzordnung, hrsg v Bruno M. Kübler, Hanns Prütting, Reinhard Bork, Loseblatt
Kübler/Prütting/Noack	Gesellschaftsrecht, Ulrich Noack, Sonderband 1 zu Kübler/Prütting, Kommentar zur Insolvenzordnung, 1998
Kümpel/Mülbert/Früh/Seyfried	Bank- und Kapitalmarktrecht, begr v Siegfried Kümpel, hrsg v Peter O. Mülbert, Andreas Früh, Thorsten Seyfried, 6. Aufl. 2022
Kuhn/Uhlenbruck	Konkursordnung, Kommentar, begr v Georg Kuhn, fortgef v Wilhelm Uhlenbruck, 11. Aufl. 1994
KuS	Kostenerstattung und Streitwert
KuT	Konkurs und Treuhandwesen
KWG	Gesetz über das Kreditwesen
LAG	Landesarbeitsgericht
LAGE	Entscheidungen des Landesarbeitsgerichts
Larenz/Canaris	Lehrbuch des Schuldrechts Band II/2: Besonderer Teil/2. Halbband, begr v Karl Larenz, fortgef v Claus-Wilhelm Canaris, 13. Aufl. 1994
Lb	Lehrbuch
LeasingR-Hb	Handbuch des Leasingrechts, hrsg v Michael Martinek, Markus Stoffels, Susanne Wimmer-Leonhardt, 2. Aufl. 2008

Leonhardt/Smid/Zeuner	Insolvenzrechtliche Vergütungsverordnung (InsVV), Kommentar, hrsg v Peter Leonhardt, Stefan Smid, Mark Zeuner, 2014
LG	Landgericht
Lit	Literatur
lit	littera/Buchstabe
LM	Nachschlagewerk des Bundesgerichtshofs, begr v Lindenmaier und Möhring ua, Loseblatt
LMK	Lindenmaier-Möhring, Kommentierte BGH-Rechtsprechung, via beck-online
Löhnig/Gietl	Gesetz über die Zwangsversteigerung und die Zwangsverwaltung – ZVG, hrsg v Martin Löhnig, Andreas Gietl, via beck-online (hier zit als BeckOK ZVG)
Lorenz/Klanke	InsVV – GKG – RVG, Vergütung und Kosten in der Insolvenz, 3. Aufl. 2017
LPartG	Gesetz über die Eingetragene Lebenspartnerschaft (Lebenspartnerschaftsgesetz)
LS	Leitsatz
LSG	Landessozialgericht
LStDV	Lohnsteuerdurchführungsverordnung
LuftfzRG	Gesetz über Rechte an Luftfahrzeugen
LuftVG	Luftverkehrsgesetz
LwAnpG	Landwirtschaftsanpassungsgesetz
LwVfG	Gesetz über das gerichtliche Verfahren in Landwirtschaftssachen
LZ	Leipziger Zeitschrift für Deutsches Recht
m	mit
M, Mot	Motive zum Entwurfe eines Bürgerlichen Gesetzbuches erster Lesung für das Deutsche Reich, Amtliche Ausgabe, Band 1 bis 5, 1888
Mankowski/Müller/Schmidt	EuInsVO 2015, Peter Mankowski, Michael F. Müller, Jessica Schmidt, 2016
MarkenG	Gesetz über den Schutz von Marken und sonstigen Kennzeichen (Markengesetz – MarkenG)
Maunz/Dürig	Grundgesetz, Kommentar, begr v Theodor Maunz, Loseblatt (ab 2022 udT Dürig/Herzog/Scholz)
Maunz/Schmidt-Bleibtreu/Klein/Bethge	BVerfGG, Kommentar, begr v Theodor Maunz, Loseblatt (ab 2022 udT Schmidt-Bleibtreu)
maW	mit anderen Worten
MDR	Monatsschrift für Deutsches Recht
mE	meines Erachtens
Medicus/Petersen	Bürgerliches Recht, Dieter Medicus, Jens Petersen, 28. Aufl. 2021
Meikel	GBO, Grundbuchordnung, Georg Meikel, 12. Aufl. 2020
Mentzel/Kuhn	Konkursordnung, begr v Franz Mentzel, fortgef v Georg Kuhn, 9. Aufl. 1976
Messerschmidt/Voit	Privates Baurecht, hrsg v Burkhard Messerschmidt, Wolfgang Voit, 3. Aufl. 2018
MietRRefG	Gesetz zur Neugliederung, Vereinfachung und Reform des Mietrechts (Mietrechtsreformgesetz)
MittBayNot	Mitteilungen des Bayerischen Notarvereins
MittRhNotK	Mitteilungen der Rheinischen Notarkammer
mN	mit Nachweisen
Mönning	Betriebsfortführung in Restrukturierung und Insolvenz, hrsg v Rolf-Dieter Mönning, 3. Aufl. 2016
Mohrbutter/Ringstmeier	Handbuch der Insolvenzverwaltung, hrsg v Harro Mohrbutter, Andreas Ringstmeier, 10. Aufl. 2021
MoMiG	Gesetz zur Modernisierung des GmbH-Rechts und zur Bekämpfung von Missbräuchen
Motive I	Begründung des Entwurfs einer Gemeinschuldordnung von 1873, 1873
Motive II	Begründung des Entwurfs einer Konkursordnung von 1875
Motive z Entw eines ZVG	Entwurf eines Gesetzes betreffend die Zwangsvollstreckung in das unbewegliche Vermögen nebst amtlichen Begründungen, 1889
MünchAnwHdb	Münchener Anwaltshandbuch Insolvenz und Sanierung, hrsg v Hans-Jörg Nerlich, Georg Kreplin, 3. Aufl. 2019

MünchKomm AktG	Münchener Kommentar zum Aktiengesetz, hrsg v Wulff Goette, Mathias Habersack, Susanne Kalss, 4. Aufl. 2016–2018
MünchKomm AnfG	Münchener Kommentar zum Anfechtungsgesetz, hrsg v Hans-Peter Kirchhof, 2012
MünchKomm BGB	Münchener Kommentar zum Bürgerlichen Gesetzbuch, hrsg v Franz Jürgen Säcker, Roland Rixecker, Bettina Limperg, 8. Aufl. 2018 ff
MünchKomm HGB	Münchener Kommentar zum Handelsgesetzbuch, herausgegeben von Karsten Schmidt, 4. Aufl. 2019 ff
MünchKomm InsO	Münchener Kommentar zur Insolvenzordnung, hrsg v Rolf Stürner, Horst Eidenmüller, Heinrich Schoppmeyer, 4. Aufl. 2016 ff
MünchKomm VVG	Münchener Kommentar zum Versicherungsvertragsgesetz, hrsg v Theo Langheid, Manfred Wandt, 2. Aufl. 2016
MünchKomm ZPO	Münchener Kommentar zur Zivilprozessordnung, hrsg v Wolfgang Krüger, Thomas Rauscher, 6. Aufl. 2020
MuSchG	Mutterschutzgesetz
Musielak/Voit	ZPO, Kommentar, hrsg v Hans-Joachim Musielak, Wolfgang Voit, 18. Aufl. 2021
MuW	Markenschutz und Wettbewerb
mwN	mit weiteren Nachweisen
N	Nachweis(e/n)
NdsRpfl	Niedersächsische Rechtspflege
Nerlich/Römermann	Insolvenzordnung (InsO), Kommentar, hrsg v Jörg Nerlich, Volker Römermann, Loseblatt
Neuner	Allgemeiner Teil des Bürgerlichen Gesetzbuchs, begr v Karl Larenz fortgef v Jörg Neuner, 12. Aufl. 2020
nF	neue Fassung; neue Folge
NJOZ	Neue Juristische Online-Zeitschrift
NJW	Neue Juristische Wochenschrift
NJW-RR	Neue Juristische Wochenschrift – Rechtsprechungsreport Zivilrecht
NJW-Spezial	Neue Juristische Wochenschrift – Spezial (via Beck-online)
Noack/Servatius/Haas	Kommentar zum GmbH-Gesetz, hrsg v Ulrich Noack, Wolfgang Servatius, Ulrich Haas, 23. Aufl. 2022 (bis 22. Aufl. 2019 udT Baumbach/Hueck)
Nov	Novelle
Nr	Nummer
NRW, NW	Nordrhein-Westfalen
NZA	Neue Zeitschrift für Arbeitsrecht
NZG	Neue Zeitschrift für Gesellschaftsrecht
NZI	Neue Zeitschrift für das Recht der Insolvenz und Sanierung
NZM	Neue Zeitschrift für Mietrecht
Obermüller	Insolvenzrecht in der Bankpraxis, von Manfred Obermüller unter Mitwirkung von Karen Kuder, 9. Aufl. 2016
Obermüller/Hess	InsO: Eine systematische Darstellung des neuen Insolvenzrechts, Manfred Obermüller, Harald Hess, 4. Aufl. 2003
öffentl	öffentlich
öJBl	Österreichische Juristische Blätter
ÖJZ	Österreichische Juristen-Zeitung
Österr.	Österreichisch(en/es)
Oetker	Kommentar zum Handelsgesetzbuch, hrsg v Hartmut Oetker, 7. Aufl. 2021
OFD	Oberfinanzdirektion
Offerhaus/Söhn/Lange	Umsatzsteuer, Kommentar, Loseblatt
OGH	Oberster Gerichtshof (für die britische Zone) bzw. Oberster Gerichtshof Wien
OHG	Offene Handelsgesellschaft
Olbing	Steuerrecht in der Insolvenz, 3. Aufl. 2020
OLG	Oberlandesgericht
OLG-NL	OLG-Rechtsprechung Neue Länder

OLGRspr	Die Rechtsprechung der Oberlandesgerichte auf dem Gebiete des Zivilrechts
OLGZ	Entscheidungen der Oberlandesgerichte in Zivilsachen
OWiG	Gesetz über Ordnungswidrigkeiten
P	Protokolle zweiter Lesung zum Entwurfe eines Bürgerlichen Gesetzbuches
PA	Patentamt
PachtKrG	Pachtkreditgesetz
Palandt	Kommentar zum Bürgerlichen Gesetzbuch, begr von Otto Palandt, 80. Aufl. 2021 (ab 81. Aufl. 2022 udT Grüneberg)
Pannen/Riedemann/Smid	Kommentar zum Unternehmensstabilisierungs- und -restrukturierungsgesetz (StaRUG), hrsg v Klaus Pannen, Susanne Riedemann, Stefan Smid, 2021
Pape/Uhländer	NWB-Kommentar zum Insolvenzrecht, hrsg v Gerhard Pape, Christoph Uhländer, 2012
Pape/Uhlenbruck/Voigt-Salus	Insolvenzrecht, 2. Aufl. 2010
PartGG	Gesetz über Partnerschaftsgesellschaften Angehöriger Freier Berufe
PatAnwO	Patentanwaltsordnung
PatG	Patentgesetz
Paulus EuInsVO	EuInsVO, Christoph G. Paulus, 6. Aufl. 2021
PfandBG	Pfandbriefgesetz
PflegeZG	Pflegezeitgesetz
PflVG	Gesetz über die Pflichtversicherung für Kraftfahrzeughalter (Pflichtversicherungsgesetz)
PlProt	Stenographische Protokolle zu den Plenarsitzungen des Deutschen Bundestages
prAGO	Allgemeine Gerichtsordnung für die preußischen Staaten, 1815
Prölss/Martin	Kommentar zum Versicherungsvertragsgesetz, hrsg v Erich R. Prölss, Anton Martin, 31. Aufl. 2021
PrOVG	Entscheidungen des Preußischen Oberverwaltungsgerichts
Prütting/Gehrlein	ZPO, Kommentar, hrsg v Hanns Prütting, Markus Gehrlein, 13. Aufl. 2021
Prütting/Wegen/Weinreich	BGB, Kommentar, hrsg v Hanns Prütting, Gerhard Wegen, Gerd Weinreich, 16. Aufl. 2021
PSV, PSVaG	Pensionssicherungsverein auf Gegenseitigkeit
PucheltsZ	Zeitschrift für französisches Zivilrecht, begr v Puchelt
RabelsZ	Zeitschrift für ausländisches und internationales Privatrecht, begr v Ernst Rabel
RAG	Reichsarbeitsgericht
RAK	Rechtsanwaltskammer
Rattunde/Smid/Zeuner	Insolvenzordnung (InsO), Kommentar, hrsg v Rolf Rattunde, Stefan Smid, Mark Zeuner, 4. Aufl. 2018
Rau/Dürrwächter	Kommentar zum Umsatzsteuergesetz, hrsg v Günter Rau, Erich Dürrwächter, Hans Flick, Reinhold Geist, Loseblatt
RdA	Recht der Arbeit
RdL	Recht der Landwirtschaft
RdTW	Recht der Transportwirtschaft
Recht	Das Recht (seit 1935 Beilage zur Deutschen Justiz)
rechtskr	rechtskräftig
RefE	Referentenentwurf, speziell: Referentenentwurf Gesetz zur Reform des Insolvenzrechts, hrsg v Bundesministerium der Justiz, 1989
RegBl	Regierungsblatt
RegE	Regierungsentwurf, speziell: Gesetzentwurf der Bundesregierung, Entwurf einer Insolvenzordnung, BT-Drucks 12/2443, S 1
Reischl	Insolvenzrecht, Klaus Reischl, 5. Aufl. 2020
Reul/Heckschen/Wienberg	Insolvenzrecht in der Gestaltungspraxis, Adolf Reul, Heribert Heckschen, Rüdiger Wienberg, 2. Aufl. 2018
RFH	Entscheidungen des Reichsfinanzhofs; amtliche Sammlung
RG	Reichsgericht

RGBl	Reichsgesetzblatt
RGes	Reichsgesetz
RGRK	Das Bürgerliche Gesetzbuch: mit besonderer Berücksichtigung der Rechtsprechung des Reichsgerichts und des Bundesgerichtshofes; Kommentar, hrsg v Mitgliedern des Bundesgerichtshofes, 12. Aufl. 1975–1999
RGSt	Entscheidungen des Reichsgerichts in Strafsachen; amtliche Sammlung
RG Warn	Warneyer Rechtsprechung, Rechtsprechung der Reichsgerichte, soweit sie nicht in der amtlichen Sammlung der Entscheidungen des RG abgedruckt ist, hrsg v Warneyer
RGZ	Entscheidungen des Reichsgerichts in Zivilsachen; amtliche Sammlung
RHaftpflG	Reichshaftpflichtgesetz
Rh-Pf, RLP	Rheinland-Pfalz
Rimmelspacher/Stürner	Kreditsicherungsrecht, begr v Bruno Rimmelspacher, fortgef v Michael Stürner, 3. Aufl. 2017
RJA	Reichsjustizamt, Entscheidungssammlung in Angelegenheiten der freiwilligen Gerichtsbarkeit und des Grundbuchrechts
RL	Richtlinie
Rn	Randnummer
RNotZ	Rheinische Notar-Zeitschrift
ROHG	Reichsoberhandelsgericht, Entscheidungssammlung des Reichsoberhandelsgerichts
Rosenberg/Schwab/Gottwald	Zivilprozessrecht, begr v Leo Rosenberg, fortgef v Karl Heinz Schwab, Peter Gottwald, 18. Aufl. 2018
Roth	Insolvenzsteuerrecht, Jan Roth, 3. Aufl. 2020
Rowedder	Kommentar zum GmbHG, begr v Heinz Rowedder, hrsg v Christian Schmidt-Leithoff, 6. Aufl. 2017
Rpfl	Rechtspfleger; Der Deutsche Rechtspfleger
RRL	Richtlinie (EU) 2019/1023 ... vom 20. Juni 2019 über präventive Restrukturierungsrahmen, über Entschuldung und über Tätigkeitsverbote sowie über Maßnahmen zur Steigerung der Effizienz von Restrukturierungs-, Insolvenz- und Entschuldungsverfahren und zur Änderung der Richtlinie (EU) 2017/1132 (Richtlinie über Restrukturierung und Insolvenz)
Rs	Rechtssache
Rspr	Rechtsprechung
RStBl	Reichssteuerblatt
RT	Reichstag
RT-Drucks	Drucksachen des Reichstags (Nr, Wahlperiode, Jahr, Seite)
Runkel/Schmidt	Anwalts-Handbuch Insolvenzrecht, hrsg v Hans P. Runkel, Jens Schmidt, 4. Aufl. 2022
RVG	Gesetz über die Vergütung der Rechtsanwältinnen und Rechtsanwälte (Rechtsanwaltsvergütungsgesetz)
RVO	Reichsversicherungsordnung
s	siehe
S	Seite
s a	siehe auch
SAE	Sammlung arbeitsrechtlicher Entscheidungen der Vereinigung der Arbeitgeberverbände
SächsArch	Sächsisches Archiv für Bürgerliches Recht und Prozess (ab 14.1904: für Deutsches Bürgerliches Recht; 1.1891–15.1905)
SächsOLG	Annalen des sächsischen Oberlandesgerichts zu Dresden (von 1880 bis 1920)
SanInsFoG	Gesetz zur Fortentwicklung des Sanierungs- und Insolvenzrechts (Sanierungsrechtsfortentwicklungsgesetz)
SARpfl	Sächsisches Archiv für Rechtspflege
Sarwey/Bossert	Konkursordnung für das Deutsche Reich, Otto Sarwey, G. Bossert, 4. Aufl. 1901
Schapp/Schur	Sachenrecht, Jan Schapp, Wolfgang Schur, 4. Aufl. 2010

Schaub	Arbeitsrechts-Handbuch, hrsg v Günter Schaub, 18. Aufl. 2019
ScheckG	Scheckgesetz
SchiffsBG	Gesetz über Schiffsbanken (Schiffsbankgesetz)
Schmidt	Einkommensteuergesetz, hrsg v Heinrich Weber-Grellet, 40. Aufl. 2021
Schmidt GesellschaftsR	Gesellschaftsrecht, Karsten Schmidt, 4. Aufl. 2002
Schmidt HandelsR	Handelsrecht, Karsten Schmidt, 6. Aufl. 2014
Schmidt InsO	Insolvenzordnung, Kommentar, hrsg v Karsten Schmidt, 19. Aufl. 2016
Schmidt SanierungsR	Sanierungsrecht, hrsg v Andreas Schmidt, 2. Aufl. 2019
Schmidt-Futterer	Mietrecht, Kommentar, hrsg v Ulf Börstinghaus, 15. Aufl. 2022
Schmitz	Die Bauinsolvenz, Claus Schmitz, 6. Aufl. 2015
Schnitger/Fehrenbacher	Kommentar Körperschaftsteuer, KStG, hrsg v Oliver Fehrenbacher, Arne Schnitger, 2. Aufl. 2018
SchRegO	Schiffsregisterordnung
SchRG	Gesetz über Rechte an eingetragenen Schiffen und Schiffsbauwerken (Schiffsrechtegesetz)
SchuldR	Schuldrecht
SchuldRAnpG	Gesetz zur Anpassung schuldrechtlicher Nutzungsverhältnisse an Grundstücken im Beitrittsgebiet (Schuldrechtsanpassungsgesetz)
SeeArbG	Seearbeitsgesetz
SeeR	Seerecht
SeuffArch	Seufferts Archiv für Entscheidungen der obersten Gerichte in den deutschen Staaten
SeuffBl	Seufferts Blätter für Rechtsanwendung in Bayern
SGB	Sozialgesetzbuch, Buch ...
SGG	Sozialgerichtsgesetz
SJZ	Süddeutsche Juristenzeitung
Skauradszun/Fridgen	StaRUG, Kommentar, hrsg v Dominik Skauradszun, Alexander Fridgen, 2022 (hier zit als beckOK StaRUG)
Slg	Sammlung
Smid Hdb InsR	Handbuch Insolvenzrecht, Stefan Smid, 7. Aufl. 2018
Smid Kreditsicherheiten	Kreditsicherheiten in der Insolvenz, Stefan Smid, 4. Aufl. 2021
Smid/Rattunde/Martini	Der Insolvenzplan, 4. Aufl. 2015
s o	siehe oben
Sölch/Ringleb	Umsatzsteuergesetz, hrsg v Wilfried Wagner, Loseblatt
Soergel	Bürgerliches Gesetzbuch mit Einführungsgesetz und Nebengesetzen, Kommentar, 13. Aufl. 2000 ff
sog	sogenannte(s/r)
Sonnleitner/Witfeld	Insolvenzsteuerrecht, hrsg v Wolfgang Sonnleitner, Alexander Witfeld, 2. Aufl. 2022
SozplG	Gesetz über den Sozialplan im Konkurs- und Vergleichsverfahren (bis 1998)
SozR	Sozialrecht
Sp	Spalte
Spindler/Stilz	Kommentar zum Aktiengesetz, hrsg v Gerald Spindler, Eberhard Stilz, 5. Aufl. 2022
SprAuG	Sprecherausschussgesetz
StaRUG	Gesetz über den Stabilisierungs- und Restrukturierungsrahmen für Unternehmen (Unternehmensstabilisierungs- und -restrukturierungsgesetz)
Staub	Handelsgesetzbuch, Großkommentar, begr v Hermann Staub, 5. Aufl. 2008 ff
Staudinger	Staudinger, Kommentar zum Bürgerlichen Gesetzbuch mit Einführungsgesetz und Nebengesetzen, mit angegebenem Bearbeitungsstand
Stb	Steuerberater
StBerG	Steuerberatungsgesetz
std	ständig(e)
Stein/Jonas	Kommentar zur Zivilprozessordnung, Friedrich Stein, Martin Jonas, 23. Aufl., 2014 ff
Stephan/Riedel	Insolvenzrechtliche Vergütungsverordnung, Kommentar, 2. Aufl 2021
SteuerR	Steuerrecht
StGB	Strafgesetzbuch

Stöber	Zwangsversteigerungsgesetz, Kommentar, Kurt Stöber, 22. Aufl. 2019
StPO	Strafprozessordnung
str	streitig
StuW	Steuer und Wirtschaft
StVG	Straßenverkehrsgesetz
su	siehe unten
teilw	teilweise
Thomas/Putzo	ZPO, Kommentar, begr v Heinz Thomas, Hans Putzo, fortgef v Klaus Reichold, Carl Friedrich Nordmeier, Reiner Hüßtege, Christian Seiler, 43. Aufl. 2022
ThürBl	Blätter für Rechtspflege in Thüringen und Anhalt
Tipke/Kruse	Abgabenordnung, Kommentar, Klaus Tipke, Heinrich Wilhelm Kruse, Loseblatt
Tipke/Lang	Steuerrecht, Klaus Tipke, Joachim Lang, 24. Aufl. 2021
Tit	Titel
Toussaint	Kostenrecht, Kommentar, hrsg v Guido Toussaint, 51. Aufl. 2021
TRG	Gesetz zur Neuregelung des Fracht-, Speditions- und Lagerrechts (Transportrechtsreformgesetz)
TzBfG	Teilzeit- und Befristungsgesetz
ua	und andere(m)
uä	und ähnliche(s)
UBGG	Gesetz über Unternehmensbeteiligungen
ÜG	Überweisungsgesetz
UFITA	Archiv für Urheber-, Film-, Funk- und Theaterrecht
UG	Unternehmergesellschaft (haftungsbeschränkt)
Uhlenbruck	Insolvenzordnung, Kommentar, hrsg v Heribert Hirte, Heinz Vallender, 15. Aufl. 2019–2020
UmwG	Umwandlungsgesetz
UrhG	Gesetz über Urheberrecht und verwandte Schutzrechte (Urheberrechtsgesetz)
UrhR	Urheberrecht
Urt	Urteil
USG	Gesetz über die Sicherung des Unterhalts der zum Wehrdienst einberufenen Wehrpflichtigen und ihrer Angehörigen (Unterhaltssicherungsgesetz)
UStG	Umsatzsteuergesetz
UStR	Umsatzsteuer-Rundschau
usw	und so weiter
uU	unter Umständen
UWG	Gesetz gegen den unlauteren Wettbewerb
v	vom
v Westphalen	Der Leasingvertrag, hrsg v Friedrich Graf von Westphalen, 7. Aufl. 2015
VAG	Gesetz über die Beaufsichtigung der privaten Versicherungsunternehmen und Bausparkassen (Versicherungsaufsichtsgesetz)
Vallender	EuInsVO, hrsg v Heinz Vallender, 2. Aufl. 2020
Vallender/Undritz	Praxis des Insolvenzrechts, hrsg v Heinz Vallender, Sven-Holger Undritz, 3. Aufl. 2022
Var	Variante
VerBAV	Veröffentlichungen des Bundesaufsichtsamts für das Versicherungswesen
VerbrKrG	Verbraucherkreditgesetz (bis 2001)
Verh	Verhandlungen
VermA	Vermittlungsausschuss
VermBG	Fünftes Gesetz zur Förderung der Vermögensbildung der Arbeitnehmer
VermG	Gesetz zur Regelung offener Vermögensfragen (Vermögensgesetz)
VersR	Versicherungsrecht, Juristische Rundschau für die Individualversicherung
VerwZG	(Bundes-)Verwaltungszustellungsgesetz
VZS	Vereinigte Zivilsenate

Vfg	Verfügung
VG	Verwaltungsgericht
VGH	Verwaltungsgerichtshof
vgl	vergleiche
VglO	Vergleichsordnung
VGS	Vereinigte Große Senate
VIA	Verbraucherinsolvenz aktuell
Viskorf	Grunderwerbsteuergesetz 20. Aufl 2022, bis 2019 udT Boruttau
VO	Verordnung
VOB/B	Vergabe- und Vertragsordnung für Bauleistungen, Teil B: Allgemeine Vertragsbedingungen für die Ausführung von Bauleistungen
VOBl	Verordnungsblatt
Voraufl	Vorauflage
Vorbem	Vorbemerkung
vorl	vorläufig
VuR	Verbraucher und Recht
VVG	Gesetz über den Versicherungsvertrag (Versicherungsvertragsgesetz)
VwGO	Verwaltungsgerichtsordnung
VwVG	(Bundes-)Verwaltungsvollstreckungsgesetz
Warn	Rechtsprechung des Bundesgerichtshofs in Zivilsachen
WarnRspr	Rechtsprechung des Reichsgerichts, soweit sie nicht in der amtlichen Sammlung der Entscheidungen des RG abgedruckt ist, hrsg v Warneyer
Waza/Uhländer/Schmittmann	Insolvenzen und Steuern, Thomas Waza, Christoph Uhländer, Jens M. Schmittmann, 13. Aufl. 2021
WEG	Gesetz über das Wohnungseigentum und das Dauerwohnrecht (Wohnungseigentumsgesetz)
Westermann/Wertenbruch	Handbuch Personengesellschaften, hrsg v Harm Peter Westermann und Johannes Wertenbruch, Loseblatt
WG	Wechselgesetz
Wieczorek/Schütze	Zivilprozessordnung und Nebengesetze, Goßkommentar, begr v Bernhard Wieczorek, hrsg v Rolf A. Schütze, 4. Aufl. 2012 ff, 5. Aufl. 2019 ff
Wieling/Finkenauer	Sachenrecht, Hans Josef Wieling, Thomas Finkenauer, 6. Aufl. 2020
1. WiKG	Erstes Gesetz zur Bekämpfung der Wirtschaftskriminalität
Wilhelm	Sachenrecht, Jan Wilhelm, 6. Aufl. 2019
Wimmer/Dauernheim/Wagner/Gietl	Insolvenzrecht, Handbuch des Fachanwalts, hrsg v Klaus Wimmer, Jörg Dauernheim, Martin Wagner, Josef Gietl, 8. Aufl. 2018
WM	Wertpapier-Mitteilungen (Teil IV, Wirtschafts-, Wertpapier- und Bankrecht)
wN	weitere Nachweise
WoBindG	Gesetz zur Sicherung der Zweckbestimmung von Sozialwohnungen (Wohnungsbindungsgesetz)
Wolff/Raiser	Sachenrecht, Martin Wolff, Ludwig Raiser, 10. Aufl. 1957
WoPG	Wohnungsbau-Prämiengesetz (1996)
WPg	Die Wirtschaftsprüfung
WPO	Gesetz über eine Berufsordnung der Wirtschaftsprüfer (Wirtschaftsprüferordnung)
WuB	Entscheidungssammlung zum Wirtschafts- und Bankrecht
WürttNotZ	Zeitschrift des Württembergischen Notarvereins
WuM	Wohnungswirtschaft und Mietrecht
z	zur
ZAkDR	Zeitschrift der Akademie für Deutsches Recht
zB	zum Beispiel
ZBB	Zeitschrift für Bankrecht und Bankwirtschaft
ZBlFG	Zentralblatt für die freiwillige Gerichtsbarkeit und Notariat
ZDG	Zivildienstgesetz
ZfA	Zeitschrift für Arbeitsrecht

ZfB	Zeitschrift für Betriebswirtschaft
ZfbF	Schmalenbachs Zeitschrift für betriebswirtschaftliche Forschung
ZfG	Zeitschrift für Gesetzgebung
ZfIR	Zeitschrift für Immobilienrecht
ZGR	Zeitschrift für Unternehmens- und Gesellschaftsrecht
ZHR	Zeitschrift für das gesamte Handelsrecht und Wirtschaftsrecht (bis 1960: Zeitschrift für das gesamte Handelsrecht und Konkursrecht)
Ziff	Ziffer
Zimmer	InsVV, Frank Thomas Zimmer, 2. Aufl. 2021
ZIK	Zeitschrift für Insolvenzrecht & Kreditschutz (Österreich)
ZInsO	Zeitschrift für das gesamte Insolvenzrecht
ZIP	Zeitschrift für Wirtschaftsrecht
ZKW	Zeitschrift für das gesamte Kreditwesen
ZMR	Zeitschrift für Miet- und Raumrecht
Zöller	Zivilprozessordnung, Kommentar, begr v Richard Zöller, 34. Aufl. 2022
ZPO	Zivilprozessordnung
ZPR	Zivilprozessrecht
ZRI	Zeitschrift für Restrukturierung und Insolvenz
ZRP	Zeitschrift für Rechtspolitik
zust	zustimmend
zutr	zutreffend
ZVersWiss	Zeitschrift für die gesamte Versicherungswissenschaft
ZVG	Gesetz über die Zwangsversteigerung und die Zwangsverwaltung (Zwangsversteigerungsgesetz)
ZVI	Zeitschrift für Verbraucher- und Privat-Insolvenzrecht
Zwanziger	Arbeitsrecht der Insolvenzordnung, Bertram Zwanziger, 5. Aufl. 2015
ZZP	Zeitschrift für Zivilprozess
ZZPInt	Zeitschrift für Zivilprozess international: Jahrbuch des internationalen Zivilprozessrechts

FÜNFTER TEIL
Befriedigung der Insolvenzgläubiger. Einstellung des Verfahrens

ERSTER ABSCHNITT
Feststellung der Forderungen

§ 174 Anmeldung der Forderungen

(1) [1]Die Insolvenzgläubiger haben ihre Forderungen schriftlich beim Insolvenzverwalter anzumelden. [2]Der Anmeldung sollen die Urkunden, aus denen sich die Forderung ergibt, in Abdruck beigefügt werden. [3]Zur Vertretung des Gläubigers im Verfahren nach diesem Abschnitt sind auch Personen befugt, die Inkassodienstleistungen erbringen (registrierte Personen nach § 10 Abs. 1 Satz 1 Nr. 1 des Rechtsdienstleistungsgesetzes).

(2) Bei der Anmeldung sind der Grund und der Betrag der Forderung anzugeben sowie die Tatsachen, aus denen sich nach Einschätzung des Gläubigers ergibt, dass ihr eine vorsätzlich begangene unerlaubte Handlung, eine vorsätzliche pflichtwidrige Verletzung einer gesetzlichen Unterhaltspflicht, oder eine Steuerstraftat des Schuldners nach den §§ 370, 373 oder § 374 der Abgabenordnung zugrunde liegt.

(3) [1]Die Forderungen nachrangiger Gläubiger sind nur anzumelden, soweit das Insolvenzgericht besonders zur Anmeldung dieser Forderungen auffordert. [2]Bei der Anmeldung solcher Forderungen ist auf den Nachrang hinzuweisen und die dem Gläubiger zustehende Rangstelle zu bezeichnen.

(4) [1]Die Anmeldung kann durch Übermittlung eines elektronischen Dokuments erfolgen, wenn der Insolvenzverwalter der Übermittlung elektronischer Dokumente ausdrücklich zugestimmt hat. [2]Als Urkunde im Sinne des Absatzes 1 Satz 2 kann in diesem Fall auch eine elektronische Rechnung übermittelt werden. [3]Auf Verlangen des Insolvenzverwalters oder des Insolvenzgerichts sind Ausdrucke, Abschriften oder Originale von Urkunden einzureichen.

Gesetzesänderungen
Abs 1 Satz 3 angefügt mWv 1.7.08 durch Art 9 Ges v 12.12.07 (RDG), BGBl I, 2840; Abs 2 ergänzt durch Ges v 26.10.01 (InsÄndG), BGBl I, 2710, 2712; Abs 4 angefügt durch Art 9 Ges v 22.03.05 (JKomG), BGBl I, 837; Abs. 2 geändert mWv 1.7.2014 durch Ges v 15.7.2013 (RSB-VerkürzungsG), BGBl I, 2379; Abs 4 Satz 2 neu gefasst, Satz 3 angefügt mWv 1.1.2021 durch G v 22.12.2020 (SanInsFoG), BGBl I, 3256.

Materialien
RegE § 201, RefE und DiskE § 191; BT-Drucks 12/2443, S 41, Begr 184; BT-Drucks 12/7302, S 178; 1. Ber InsRKomm, LS 2.2.12; 2. Ber LS 9.9; InsÄndG BT-Drucks 14/5680, BT-Drucks 14/6468; RSB-VerkürzungsG BT-Drucks 17/11268, BT-Drucks 17/13535, SanInsFoG BT-Drucks 19/24181.

Vorgängerregelungen
KO § 139, dazu Motive I Bd 2, S 92 f; Motive II S 359 f, Protokolle S 90 f, S 172; VglO § 67 I Satz 2.

Literatur
App Einschränkungen bei der Vollstreckung von Steuerforderungen durch die Insolvenzordnung, DStR 1995, 1678; *ders* Prüfung von Gewerbesteuer und Grundsteuer im Insolvenzfall, KKZ 2009, 25; *Arend* Die insolvenzrechtliche Behandlung des Zahlungsanspruchs in fremder Währung, ZIP 1988, 69; *Bähr* Forderungsprüfung und Tabellenführung, InVo 1998, 205; *Bartone* Der Erlass und die Änderung von Steuerverwaltungsakten im Zusammenhang mit

https://doi.org/10.1515/9783110343687-001

dem Insolvenzverfahren über das Vermögen des Steuerpflichtigen, AO-StB 2008, 132; *Berger* Schiedsvereinbarung und Insolvenzverfahren, ZInsO 2009, 1033; *Bils* Forderung aus vorsätzlich begangener unerlaubter Handlung – Der richtige Feststellungsantrag des Gläubigers nach § 184 InsO, ZInsO 2006, 1082; *Blaufuß/Braun* Der gemeinsame Vertreter der Anleihegläubiger nach § 19 II 1 SchVG, NZI 2016, 5; *Bley* Die Feststellung des Konkursgläubigerrechts (1914); *Birkenhauer* Probleme der Nichtteilnahme am und im Insolvenzverfahren (2002); *Boochs/Dauernheim* Steuerrecht in der Insolvenz[3] (2007); *Bornheimer/Krumm* Zweckgebundene staatliche Zuwendungen in der Insolvenz des Zuwendungsempfängers, KTS 2008, 145; *Carl* Teilnahmerechte im Konkurs (1998); *Eckardt* Unanmeldbare Forderungen im Konkursverfahren nach §§ 138 ff KO, ZIP 1993, 1765; *ders* Die Feststellung und Befriedigung des Insolvenzgläubigerrechts, Kölner Schrift[3] Kap 17 S 529; *Farr* Die Besteuerung in der Insolvenz (2005); *Fett/Geißdorf* Die Bearbeitung von Widersprüchen und die Aufnahme unterbrochener Rechtsbehelfs- und Rechtsmittelverfahren im Insolvenzverfahren, DStZ 2001, 659; *Fichtelmann* Bescheide im Besteuerungsverfahren nach Konkurseröffnung, NJW 1970, 2276; *Fuchs* Grenzüberschreitende Forderungsanmeldungen im Insolvenzverfahren, NZI 2018, 9; *Gaul* Die Privilegierung des vorsätzlich geschädigten Deliktsgläubigers in der Insolvenz durch „Restschuldbefreiungsdispens", GS Heinze (2005), S 193; *Gerhardt* Die rechtswegfremde Forderung im Insolvenzfeststellungsverfahren, NZI 2010, 849; *Gessner* Die Schwierigkeiten bei der Anmeldung von Zug-um-Zug-Forderungen zur Insolvenztabelle, NZI 2020, 924; *Grothe* Fremdwährungsverbindlichkeiten (1999); *Frotscher* Besteuerung bei Insolvenz (20121); *Gundlach/Frenzel/Schmidt* Die Grenzen des abgabenrechtlichen Feststellungsbescheids in der Insolvenz, DStR 2002, 406; *Gundlach/Frenzel/Schirrmeister* Der Erlass eines Abgabenbescheides im Insolvenzverfahren, DStR 2004, 318; *Hagen* Behandlung von Ansprüchen aus dem Steuerverhältnis im Insolvenzverfahren, StW 2008, 137; *Heinze* Behandlung von Forderungen aus Vorsatzdelikt im Insolvenzverfahren über das Vermögen natürlicher Personen, DZWIR 2002, 369; *Henning* Aktuelles zu Überschuldung und Insolvenzen natürlicher Personen, ZInsO 2004, 585; *Horn* Der gemeinsame Vertreter der Anleihegläubiger in der Insolvenz, BKR 2014, 449; *Hübschmann/Hepp/Spitaler* AO/FGO, Kommentar, Stand 2020; *Hundt-Eßwein* Die Behandlung von Steueransprüchen im Konkurs, BB 1987, 1718; *Jäger* Eröffnung eines Insolvenzverfahrens während eines Finanzgerichtsverfahrens, DStR 2008, 1272; *Jaeschke* Anmeldung und Feststellung von Forderungen im Insolvenzverfahren, Diss. Göttingen 2011; *Jonas* Die Konkursfeststellung in ihrer prozessualen Durchführung (1907); *Kahlert* Nochmals: Zum Widerspruch des Schuldners gegen den Haftungsgrund iS des § 302 Nr 1 InsO, ZInsO 2007, 927; *Kaiser/Crämer* Originale – das einzig Wahre?, InVo 2001, 153; *Kehe/Meyer/Schmerbach* Anmeldung und Feststellung einer Forderung aus vorsätzlich begangener unerlaubter Handlung, ZInsO 2002, 615; *Kolbe* Deliktische Forderungen und Restschuldbefreiung (2008); *Krumm* Steuervollzug und formelle Insolvenz (2009); *Loose* Die Rolle der Finanzverwaltung im Insolvenzverfahren nach der Insolvenzordnung, StuW 1999, 20; *Loritz* Einbeziehung der nachrangigen Insolvenzgläubiger, in: Leipold (Hrsg), Insolvenzrecht im Umbruch (1991), S 91; *Maus* Steuerbescheide im Insolvenzverfahren, FS Günter Greiner (2005), S 227; *Marquardt/Hoffmann* Anmeldung und Feststellung von Forderungen im Insolvenzverfahren – Voraussetzungen und Prüfungskompetenzen nach BGH, NZI 2020, 782, NZI 2021, 1047; *Mäusezahl* Die unerlaubte Handlung in der Insolvenz der natürlichen Person, ZInsO 2002, 462; *Merkle* Die Zuständigkeit von Insolvenzverwalter und Insolvenzgericht im insolvenzrechtlichen Feststellungsverfahren, Rpfleger 2001, 157; *Nunner-Krautgasser* Schuld, Vermögenshaftung und Insolvenz (2007); *Pape* Die Geltendmachung und Durchsetzung von Forderungen aus vorsätzlich begangenen unerlaubten Handlungen im Insolvenzverfahren, InVo 2007, 303, 352; *ders.* Zu den Voraussetzungen der Anwaltsbeiordnung im Rahmen der Prozeßkostenhilfe, ZIP 1989, 692; *ders.* Versagung von Prozeßkostenhilfe für die Anmeldung einer Konkursforderung, EWiR 1989, 515; *Pape/Pape* Vorschläge zur Reform des Insolvenzverfahrens, insbesondere des Verbraucherinsolvenzverfahrens, ZIP 2000, 1553; *Roth/Schütz* Die Wirkung des § 178 Abs 3 InsO bei widerspruchslos zur Tabelle festgestellten Steuerforderungen, ZinsO 2008, 186; *Rüsken,* Aufrechnung von Steuern im Insolvenzverfahren in der neueren Rechtsprechung des Bundesfinanzhofs, ZIP 2007, 2053; *Schmidt K* Fremdwährungsforderungen im Konkurs, FS Merz (1992), S 537; *ders/Jungmann* Anmeldung von Insolvenzforderungen mit Rechnungslegungslast des Schuldners, NZI 2002, 65; *Schreiber/Birnbreier* Die Berichtigung der Insolvenztabelle bei Rechtsnachfolge, ZInsO 2009, 2377; *Schumann* Feststellungsbescheid nach § 251 Abs 3 AO und die Haftung für Steuern, DStZ 1994, 657; *Smid* Rechtsmittel gegen Eingriffe in Teilnahmerechte Verfahrensbeteiligter durch das Insolvenzgericht, KTS 1993, 1; *ders* Welche Voraussetzungen hat die Zulässigkeit der Tabellenfeststellungsklage, ZInsO 2016, 781; *ders.* Zur verfahrensrechtlichen Lage nach der Zession der vom Zedenten zur Tabelle angemeldeten Insolvenzforderung, ZinsO 2016, 1838; *Spellenberg* Zum Gegenstand des Konkursfeststellungsverfahrens, (1972); *Stephan* Die Forderungsanmeldung durch Inkassounternehmen im Insolvenzverfahren, ZVI 2003, 270; *Tipke/Kruse* Abgabenordnung und Finanzgerichtsordnung, Kommentar, Stand 163. Lfg. 2020 (Loseblatt); *Uhlenbruck,* Die Konkurs- und Vergleichsvollmacht nach der Vereinfachungsnovelle, MDR 1978, 8; *Vallender* Die Anmeldung der Konkursforderungen und ihre Prüfung nach der Konkursordnung und nach künftigem Insolvenzrecht, KKZ 1998, 25; *Vehslage* Die Behandlung von Beitragsforderungen im Insolvenzverfahren, NVwZ 2003, 776; *Viertelhausen* Das Finanzamt als Gläubiger im Insolvenzverfahren, InVo 2002, 45; *Waza/Uhländer/Schmittmann* Insolvenzen und Steuern[7] (2007); *Wazlawik* Die Hemmung der Verjährung nachrangiger Insolvenzforderungen, NZI 2020, 1081; *von der Ohe* Der Tabelleneintrag im Forderungsfeststellungsverfahren, Diss. Kiel 2021; *Welzel* Der Erlaß und die Änderung von Steuerbescheiden in und nach dem Konkurs, DStZ 1994, 331; *ders* Steuerverfahrensrechtliche Besonderheiten während der Insolvenz des Steuerpflichtigen, DStZ 1999, 559; *Wenner/Schuster* Zum Jahresende: Die Hemmung der Verjährung durch die Anmeldung von Forderungen im Insolvenzverfahren, BB 2006, 2649; *Willmer/Berner* Die Änderung von Insolvenztabelle und Schlussverzeichnis – Ein Beitrag zur Relativierung der Diskrepanz zwischen Theorie und Praxis, NZI 2015, 877.

Übersicht

Alphabetische Übersicht

I. Einführung

1. Gesetzesgeschichte und Normentwicklung

1 **a) Die Rechtslage bis zur KO.** Vorbild der §§ 174 ff InsO – wie der entsprechenden Regelung in §§ 138 ff KO – waren die §§ 164 ff der preußischen KO von 1855, die „Glanzpunkte dieses Gesetzes“.[1] Sie stellten eine Fortentwicklung der in den Art 491 ff c. com. enthaltenen Regelung des französischen Rechts dar[2] und haben in der KO eine vollendete Ausgestaltung erfahren. Das

1 Motive II S 357.
2 *Koch* PreußKO[2] § 160.

galt besonders für die Einrichtung der Insolvenztabelle und für die Wirkungen des Tabelleneintrags (damals §§ 140, 145, 146 VII, 164 KO, heute in etwa §§ 175, 178, 179 II, 201 InsO). Das Reichsrecht bedeutete einen großen Fortschritt gegenüber dem gemeinrechtlichen Liquidationsverfahren „zur Konstituierung der Passivmasse" mit Präklusivbescheid und dessen Kehrseite, den Restitutionen.[3] Die KO lehnte nicht nur den grundsätzlichen Ausschluss säumiger Anmelder (samt der durch ihn gebotenen Wiedereinsetzung) ab, sondern auch die Feststellung aller Passiva in einem einheitlichen Urteil.

b) Von der KO zur InsO. Bereits in der Begründung zum Regierungsentwurf der InsO wird eingangs darauf hingewiesen, dass „die Vorschriften über die Feststellung der angemeldeten Insolvenzforderungen weitgehend der Regelung im Vierten Titel des Zweiten Buches der KO (§§ 138–148)" entsprechen.[4] Allerdings hatte sich schon die Insolvenzrechtsreform für eine gewisse Straffung und Vereinfachung des Verfahrens ausgesprochen, nicht zuletzt deswegen, „um Feststellungsprozesse im Sinne des § 164 KO soweit wie möglich zu vermeiden".[5] So finden sich in der InsO in §§ 174 ff neben den erforderlichen Anpassungen an die durch die InsO geschaffenen Neuregelungen auch einige sachliche Änderungen des Verfahrens selbst mit „zum Teil erheblichen Neuerungen".[6] Darauf ist im Einzelnen bei den jeweiligen Regelungen einzugehen. 2

§ 174 ist als erste Vorschrift im Abschnitt „Feststellung der Forderungen" Nachfolgevorschrift für § 139 KO. § 138 KO als seinerzeit einleitende Norm für das Feststellungsverfahren findet sich inhaltlich im Wesentlichen in § 28 wieder. § 28 I enthält im Zusammenhang mit den im Eröffnungsbeschluss zu treffenden „Aufforderungen an die Gläubiger" die § 138 KO entsprechenden Regelungen.[7] Dazu gehört auch die im Feststellungsverfahren dann im Einzelnen auszugestaltende Neuregelung, dass die Forderungen nicht (mehr) beim Insolvenzgericht, sondern beim Insolvenzverwalter anzumelden sind. 3

c) Gesetzliche Änderungen des § 174. § 174 ist gegenüber der ursprünglichen Fassung nicht unerheblich verändert worden.[8] Die erste Ergänzung erfolgte durch das Insolvenzrechtsänderungsgesetz v 26.10.2001: Abs 2 wurde ein zweiter Halbsatz angefügt, mit dem den Gläubigern im Hinblick auf die besondere **Behandlung der Forderungen** aus vorsätzlich begangenen unerlaubten Handlungen **im Verfahren zur Restschuldbefreiung**, § 302 Nr 1, aufgegeben wurde, die Tatsachen anzugeben, aus denen sich nach Ansicht des Anmeldenden dieser Charakter der Forderung ergeben soll (zu Zweck und Regelungsgehalt unten Rn 88). Mit der Reform des Restschuldbefreiungsrechts durch das Gesetz zur Verkürzung des Restschuldbefreiungsverfahrens und zur Stärkung der Gläubigerrechte v 15.7.2013 wurde der Katalog der von der Restschuldbefreiung nach § 302 Nr 1 ausgenommenen Forderungen erweitert und § 174 II entsprechend angepasst. 4

Ein weiterer Reformprozess betrifft die **Digitalisierung des Verfahrens.** Mit dem Justizkommunikationsgesetz (JKomG) v 22.3.2005 sollten die dort vorgesehenen Erleichterungen auch im Insolvenzverfahren eingreifen können. Der seinerzeit eingefügte Abs 4 ermöglicht die Anmeldung durch Übermittlung eines elektronischen Dokuments. Der Beförderung des elektronischen Rechtsverkehrs im Anmeldungsverfahren dient die Änderung der Vorschrift durch das Gesetz vom 22.12.2020 (SanInsFoG), die weitere Erleichterungen der elektronischen Anmeldung mit sich gebracht hat (zur elektronischen Anmeldung Rn 41 f). 5

---

3 *Fuchs* Konkursverfahren (1863), 105 ff.
4 BT-Drucks 12/2443, S 183, zugleich auch unter Hinweis auf § 11 II und III GesO.
5 Zweiter Bericht Begr zu LS 9.9 S 196.
6 Kübler/Prütting/Bork/*Pape/Schaltke* InsO[88] § 174 Rn 1; vgl Andres/Leithaus/*Leithaus* InsO[4] § 174 Rn 1.
7 Dazu iE Jaeger/*Schilken* InsO § 28 Rn 1 mwN.
8 Vgl den Überblick o *„Gesetzesänderungen"*.

6 Schließlich führte das an die Stelle des „Rechtsberatungsgesetzes" getretene **Rechtsdienstleistungsgesetz** (RDG) zu einer seit dem 1.7.2008 geltenden Ergänzung des Abs 1, um die Vertretungsberechtigung im Anmeldungsverfahren für „Inkassodienstleister" gem § 10 I S 1 Nr 1 RDG klarzustellen. Eine Änderung der Rechtslage trat dadurch nicht ein, da bereits zuvor Inkassounternehmen zur Forderungsanmeldung berechtigt waren.[9] Die Neuregelung stellt klar, dass diese Unternehmen auch zur Terminwahrnehmung berechtigt sind und das Insolvenzgericht ihnen einen Tabellenauszug übersenden sowie ihnen gegenüber andere Zustellungen vornehmen kann.[10]

2. Übersicht über das Feststellungsverfahren

7 Die **Gesamtheit** der im Verfahren **als Insolvenzforderungen** zu berücksichtigenden Verbindlichkeiten des Schuldners bildet die Schuldenmasse. Ihrer Feststellung dienen die in den §§ 174–186 getroffenen Regelungen. Kennzeichnend hierfür ist zweierlei: Zum einen wird der Umfang der zu berücksichtigenden Schuldenmasse **nicht von Amts wegen** festgestellt. Wie bei der Einzelzwangsvollstreckung ist es dem (Insolvenz-)Gläubiger überlassen, die Initiative zur Durchsetzung seines Rechts zu ergreifen,[11] dh sich durch die nach dem Gesetz unumgängliche Anmeldung (§ 28 Rn 174) am Verfahren zu beteiligen und Widersprüche nach den Verfahrensvorschriften der §§ 179 ff auszuräumen. Die Anmeldung stellt somit eine **Obliegenheit der Gläubiger** dar.

8 Zum anderen – und insoweit abweichend vom Verfahren der Einzelzwangsvollstreckung – bedarf es zum Nachweis des materiell-rechtlichen Bestehens des Gläubigerrechts **keines vollstreckbaren Titels.** Dieses Erfordernis wird vielmehr durch ein **„systemimmanentes" Prüfungsverfahren** ersetzt, das auf dem im Insolvenzverfahren virulent gewordenen Konkurrenzverhältnis der einzelnen Gläubiger zueinander beruht. Zusätzlich hat der Insolvenzverwalter von Amts wegen darauf zu achten, dass nur tatsächlich bestehende Forderungen berücksichtigt werden. Das hierdurch beschriebene **Prüfungsverfahren** setzt sich zusammen aus der **Anmeldung des behaupteten Gläubigerrechts zur Insolvenztabelle** und der **Erörterung der einzelnen Forderungen** unter Mitwirkung des Insolvenzverwalters und der übrigen Insolvenzgläubiger, die jeweils mit einem **Widerspruch** die Feststellung der Forderung zur Tabelle und damit die Partizipation der angemeldeten Forderung im Verfahren verhindern können (siehe §§ 176, 178).

9 Die Regelung der §§ 174 ff ist **abschließend.**[12] Weitere Voraussetzungen als die hier genannten brauchen die Insolvenzgläubiger nicht zu erfüllen, um insolvenzmäßige Befriedigung zu erlangen; etwaige abweichende Vereinbarungen sind gem § 134 BGB nichtig.[13] Insbesondere können die Gläubiger im Insolvenzplan, §§ 217 ff, keine modifizierte Art der Forderungsfeststellung regeln und damit von §§ 174 ff abweichen.[14] Dies bedeutet ferner: Kein Insolvenzgläubiger darf seine Forderungen außerhalb des gemeinschaftlichen Verfahrens der §§ 174 ff verfolgen (§ 87); Einzelzwangsvollstreckungen sind ihm verboten (§ 89). Das Erfordernis des insolvenzrechtlichen Feststellungsverfahrens ist in den Worten des BGH **nicht abdingbar** und bildet des-

9 K Schmidt/*Jungmann* InsO[19] § 174 Rn 19 mwN; Uhlenbruck/*Sinz* InsO[15] § 174 Rn 20; Kübler/Prütting/Bork/*Pape*/*Schaltke* InsO[88] § 174 Rn 6.

10 Uhlenbruck/*Sinz* InsO[15] § 174 Rn 20.

11 *Eckardt* Kölner Schrift[3] Kap 17 Rn 11; Uhlenbruck/*Sinz* InsO[15] § 174 Rn 1; K Schmidt/*Jungmann* InsO[19] § 174 Rn 2.

12 BAG ZIP 1985, 754, 756 (zur KO); BGH ZIP 2009, 627, Rn 8; NJW 2019, 1877, 1879; Braun/*Specovius* InsO[8] § 174 Rn 3; BeckOK/*Zenker* InsO[23] § 174 Rn 1.

13 BAG ZIP 1985, 754, 756 (zur KO).

14 BGH ZIP 2009, 480, Rn 26; ZIP 2009, 627, Rn 8, 22; BeckOK/*Zenker* InsO[23] § 174 Rn 1; Kübler/Prütting/Bork/*Pape*/*Schaltke* InsO[88] § 174 Rn 9; HK/*Depré* InsO[10] § 174 Rn 3.

halb für Feststellungsklagen bezüglich der Forderung wie auch für die Aufnahme eines nach § 240 ZPO unterbrochenen Prozesses eine zwingende Sachurteilsvoraussetzung.[15]

3. Bedeutung und Wirkung der Forderungsanmeldung nach § 174

Die Anmeldung der Forderung nach § 174 I ist eine **Prozesshandlung**[16], die verfahrensrechtliche und materiell-rechtliche Folgen nach sich zieht. Sämtliche Anmeldungsfolgen, insb die Hemmung der Verjährung (unten Rn 15), **treten in dem Zeitpunkt ein**, in dem die Anmeldung beim Insolvenzverwalter eingeht, nicht erst mit Aufnahme in die Tabelle. Den Eingang der Forderungsanmeldung hat der Verwalter deshalb zu dokumentieren.[17] 10

a) Verfahrensrechtlich. § 174 richtet das in § 28 I zugrunde gelegte Erfordernis, eine Übersicht über die Gläubiger und die zu berücksichtigenden Rechte zu erhalten, auf das intendierte Verfahrensziel aus, die Insolvenzgläubiger anteilig zu befriedigen. Die Grundlage dafür legt § 174; ihm schließen sich als Konsequenz die Folgeregelungen in §§ 175 ff an. § 174 regelt hierzu neben dem Erfordernis einer Anmeldung auch deren Form und Frist sowie die davon betroffenen Personen. 11

Die ordnungsmäßige Anmeldung ermöglicht es dem Anmelder, in der Gläubigerversammlung **abzustimmen**, solange nicht vom Insolvenzverwalter oder einem Insolvenzgläubiger Widerspruch erhoben worden ist; andernfalls hängt die Stimmberechtigung von einer entsprechenden Einigung des Verwalters und der erschienenen Gläubiger oder mangels Einigung von einer Entscheidung des Insolvenzgerichts ab, § 77 II. Die Anmeldung ist vor allem Voraussetzung für die **Prüfung** und **Feststellung** und für die Teilnahme an der **insolvenzmäßigen Befriedigung**; sie ist ebenfalls Grundlage für die etwaige nachinsolvenzliche Rechtsverfolgung, siehe §§ 201, 205. 12

Dagegen begründet die Anmeldung **nicht die Rechtshängigkeit** im allgemeinen Sinne der §§ 261 ff ZPO.[18] Dies ist schon daraus zu ersehen, dass auch ein bereits rechtshängiger Anspruch angemeldet werden kann und muss, vgl § 87. Dasselbe gilt für rechtskräftig zuerkannte Ansprüche, deren Einklagung jedenfalls unzulässig wäre. Anmeldung bedeutet also nicht die „an Stelle der Klage" tretende Form der gerichtlichen Geltendmachung. Nach der Anmeldung kann noch immer die Klage erforderlich sein, § 179 f. Das **Insolvenzgericht** als solches wird auch durch die Anmeldung noch nicht rechtshängiger Ansprüche **nicht zur „Entscheidung" berufen**, § 178.[19] Die Feststellung eines allseitig anerkannten Anspruchs zur Insolvenztabelle liefert zwar einen vollwertigen Urteilsersatz; sie ist jedoch kein Urteil.[20] 13

Das AG Köln hat demgegenüber für die Forderungsanmeldung § 265 ZPO und im Übrigen auch § 269 ZPO (jeweils iVm § 4) ohne weiteres für anwendbar erklärt.[21] Richtigerweise muss jedoch bei der Anwendung der Vorschriften der ZPO die besondere insolvenzverfahrensrechtliche Lage berücksichtigt werden, hier also die sich vom streitigen Zivilprozess grundlegend un- 14

---

15 BGH NJW 2020, 3102 mwN.

16 S auch BGH NJW 2019, 1877, 1879 mwN; Graf-Schlicker/*Graf-Schlicker* InsO[6] § 174 Rn 2.

17 *Eckardt* Kölner Schrift[3] Kap 17 Rn 12; Kübler/Prütting/Bork/*Pape/Schaltke* InsO[88] § 174 Rn 74; K Schmidt/*Jungmann* InsO[19] § 174 Rn 3; HK/*Depré* InsO[10] § 174 Rn 23; Uhlenbruck/*Sinz* InsO[15] § 174 Rn 58; BeckOK/*Zenker* InsO[23] § 174 Rn 46; Braun/*Specovius* InsO[8] § 174 Rn 37; HambK/*Preß/Henningsmeier* InsO[9] § 174 Rn 36.

18 Vgl VerfGH Thüringen ZInsO 2009, 1487, 1490; *Häsemeyer* InsR[4], Rn 22.11; BeckOK/*Zenker* InsO[50] § 174 Rn 50; *Jaeschke* S 30.

19 Vgl *Jaeschke* S 25.

20 Zust *Smid* ZInsO 2016, 1838, 1840.

21 AG Köln NZI 2016, 168, 169.

terscheidende Funktion und Struktur des insolvenzrechtlichen Feststellungsverfahrens.[22] Auch im Fall der Abtretung der angemeldeten Forderung muss eine den Gegebenheiten des Feststellungsverfahrens entsprechende Lösung gefunden werden, die durch § 265 ZPO eben nicht vorgezeichnet ist (im Einzelnen unten Rn 86, zur Rücknahme der Anmeldung unten Rn 78 ff)

b) Materiell-rechtlich

15 **aa) Hemmung der Verjährung.** Von den **bürgerlich-rechtlichen Folgen** der Klageerhebung (§ 262 ZPO) hat das Gesetz die Hemmung der Anspruchsverjährung in selbständiger Regelung mit der Anmeldung verknüpft. Die Anmeldung der Forderung **hemmt gem § 204 I Nr 10 BGB die Verjährung** anmeldbarer Ansprüche (zu nachrangigen Forderungen unten Rn 99 ff).[23] Diese Hemmung der Verjährung endet sechs Monate nach Einstellung oder Aufhebung des Verfahrens, § 204 II S 1 BGB. Gemeint ist die Beendigung des Insolvenzverfahrens durch Aufhebungsbeschluss oder durch Einstellung und nicht etwa das Ende des „Verfahrens der Forderungsanmeldung".[24]

16 Weil die Insolvenzgläubiger ihre Forderungen wegen § 87 nur nach den Vorschriften des Insolvenzverfahrens durchsetzen können, scheiden neben § 204 I Nr 10 BGB auch die entsprechenden Möglichkeiten, die Verjährung zu hemmen, aus. Eine Klage des Insolvenzgläubigers wäre also nicht nur unzulässig, sondern diese unzulässige Klage würde auch keine Hemmung der Verjährung gem § 204 I Nr 1 BGB bewirken.[25] Die wirksame Forderungsanmeldung ist somit für den Gläubiger, dessen Forderung zu verjähren droht, essentiell, um sich die Durchsetzbarkeit der Forderung zu bewahren.

17 **bb) Zu sonstigen Wirkungen.** Da der Anmelder nur insolvenzmäßige Berücksichtigung begehrt, versetzt die Anmeldung als solche – wie auch das Insolvenzverfahren verlaufen möge – den Masseträger **nicht in Schuldnerverzug.**[26] Es entsteht durch die Anmeldung als solche auch **keine Prozesszinsenpflicht** im Sinne des § 291 BGB,[27] da der im Insolvenzverfahren gebotene Befriedigungsaufschub nicht mit der Veranlassung eines Rechtsstreits gleichzusetzen ist: Zinsen dieser Art sind also nicht nur nachrangig, § 39 I Nr 1, sie entstehen erst gar nicht.

18 Die Anmeldung **noch nicht fälliger Insolvenzforderungen** lässt sich **nicht** ohne weiteres als eine **Kündigung** (zB eines Darlehens) auslegen. Sie kann allenfalls gleichzeitig den Ausspruch einer Kündigung (zB eines Darlehens) enthalten, muss dies jedoch nicht ohne weiteres, denn die durch den Insolvenzzweck beschränkte Rechtsfolge des § 41 tritt ohne Rücksicht auf einen entsprechenden Willen kraft Gesetzes ein. § 41 entfaltet insb auch keine materielle Wirkung ggü Dritten, so dass die Anmeldung etwa einem Bürgen oder Mitschuldner kein Recht zur vorzeitigen Zahlung gibt.[28]

---

22 Siehe *Smid* ZInsO 2016, 1838, 1839 f.

23 Zu den Sonderproblemen bei nachrangigen Forderungen vgl MünchKomm/*Riedel* InsO[4] § 174 Rn 38 ff; Uhlenbruck/*Sinz* InsO[15] § 174 Rn 51 ff; Kübler/Prütting/Bork/*Pape*/*Schaltke* InsO[88] § 174 Rn 77; HambK/*Preß*/*Henningsmeier* InsO[9] § 174 Rn 36.

24 BGH NJW 2010, 1284, 1288; BeckOK/*Zenker* InsO[23] § 174 Rn 49; MünchKomm/*Riedel* InsO[4] § 174 Rn 3; Graf-Schlicker/*Graf-Schlicker* InsO[6] § 174 Rn 26; vgl auch OLG München ZInsO 2021, 2376, 2377 (zu § 159 HGB).

25 BGH NJW-RR 2013, 992, 994; Braun/*Specovius* InsO[8] § 174 Rn 39; Kübler/Prütting/Bork/*Pape*/*Schaltke* InsO[88] § 174 Rn 76; K Schmidt/*Jungmann* InsO[19] § 174 Rn 65.

26 So schon zum früheren § 284 I Satz 2 BGB RGZ 121, 207, 211; zur InsO etwa Kübler/Prütting/Bork/*Pape*/*Schaltke* InsO[88] § 174 Rn 73; Uhlenbruck/*Sinz* InsO[15] § 174 Rn 59; K Schmidt/*Jungmann* InsO[19] § 174 Rn 66.

27 K Schmidt/*Jungmann* InsO[19] § 174 Rn 66; Kübler/Prütting/Bork/*Pape*/*Schaltke* InsO[88] § 174 Rn 73.

28 OLG Karlsruhe NJW-RR 2013, 1270, 1271; K Schmidt/*Thonfeld* InsO[19] § 41 Rn 13; Jaeger/*Henckel* InsO § 41 Rn 14 und Fn 46 unter Hinweis auf BGH ZIP 2000, 585, 587 u Kurzkomm dazu *Gerhardt* EWiR 2000, 467.

Eine durch die Forderungsanmeldung ausgelöste materiell-rechtliche Wirkung wäre allerdings die Auswirkung auf den **Pflichtteilsanspruch**, den der Pflichtteilsberechtigte im über das Vermögen des Erben eröffneten Verfahren anmeldet. Wie der rechtshängig gemachte Pflichtteilsanspruch nach § 852 I ZPO aufhört, ein höchstpersönliches Recht zu sein, so hat Entsprechendes auch für die Anmeldung des Anspruchs zur Tabelle zu gelten, so dass Gläubiger des Pflichtteilsberechtigten den Anspruch pfänden könnten.[29] 19

4. Bedeutung und Wirkung der Anmeldefrist

Bereits im Eröffnungsbeschluss sind die Insolvenzgläubiger aufzufordern, ihre Forderungen beim Insolvenzverwalter anzumelden, § 28 I S 1. Die **Anmeldefrist** hat – wie auch schon nach der Vorgängerregelung des § 138 KO – mindestens zwei Wochen und höchstens drei Monate zu betragen (Abs 1 Satz 2).[30] Innerhalb dieser Grenzen unterliegt die Fristbestimmung dem pflichtgemäßen Ermessen des Insolvenzgerichts, wobei allerdings die „Kompatibilität mit dem Prüfungstermin, § 29 I Nr 2, zu beachten ist“.[31] 20

Die Anmeldefrist ist keine Notfrist; gegen ihre Versäumung findet keine Wiedereinsetzung nach § 233 ZPO statt. Die Anmeldefrist ist ferner **keine Ausschlussfrist**[32]: Auch verspätet angemeldete Forderungen können im Insolvenzverfahren noch Berücksichtigung finden, vgl § 177 und die Komm dort. Jedoch drohen Kostennachteile, nach Beginn der Verteilung sogar vollständiger Rechtsverlust, §§ 192, 205.[33] 21

II. Anzumeldende Forderungen

1. Allgemeines

Die §§ 174 ff beziehen sich (nur) auf die **Insolvenzgläubiger** und auf deren Forderungen.[34] Wann eine **Insolvenzforderung** vorliegt, ergibt sich aus § 38 über die Legaldefinition der Insolvenzgläubiger.[35] Alle Insolvenzforderungen und **nur solche** sind nach Maßgabe der §§ 174 ff anzumelden, zu prüfen und festzustellen. Insolvenzforderungen müssen stets angemeldet werden, unabhängig davon, ob sie bürgerlich-rechtlicher oder, wie zB Steueransprüche (s zu diesen Rn 26 ff), **öffentlich-rechtlicher Natur** sind.[36] Für **„nachrangige Forderungen“** iSd §§ 39, 327 gilt die Sonderregelung in § 174 III (s u Rn 94 ff). 22

Auch Insolvenzforderungen, die bereits **tituliert** oder sogar **rechtskräftig** zuerkannt sind, müssen angemeldet und dem Prüfungsverfahren unterworfen werden, zumal sie inzwischen ganz oder teilweise erloschen sein oder der Anfechtung unterliegen etc könnten; dies muss im Verfahren zu berücksichtigen sein. Nur wird die **insolvenzmäßige Befriedigung einer schon zugriffsreifen Forderung** durch bloßes Bestreiten nicht aufgehalten (§ 179 II). Wer schon vor Insolvenzbeginn befriedigt wurde, ist kein Insolvenzgläubiger mehr und daher von der Anmel- 23

29 Siehe bereits Voraufl Jaeger/*Gerhardt* § 174 Rn 89 sowie Jaeger/*Weber* KO[8] § 139 Rn 8; zustimmend *Smid* ZInsO 2016, 1838, 1839.
30 Einzelheiten Jaeger/*Schilken* InsO § 28 Rn 6.
31 *Schilken* aaO.
32 Vgl nur *Eckardt* Kölner Schrift[3] Kap 17 Rn 11, 29 f.
33 Vgl nur *Eckardt* Kölner Schrift[3] Kap 17 Rn 11.
34 BGHZ 168, 112, 118 f= NJW 2006, 3068; BGH NZI 2008, 565, 566.
35 Ausf dazu Jaeger/*Henckel* InsO § 38 Rn 7 ff.
36 OVG Thüringen ZInsO 2009, 1067.

dung entbunden, auch wenn er die Befriedigung nur aufgrund eines vorläufig vollstreckbaren Titels erlangt hat.[37]

24 **Aussonderungsansprüche** (§§ 47 f), **Absonderungsansprüche als solche** (§§ 49 ff) und **Massegläubigerrechte** (§§ 53 ff) sind daher dem Anmeldungs-, Prüfungs- und Feststellungsverfahren nach den §§ 174 ff nicht zugänglich; sie sind daneben und unabhängig davon gegenüber dem Insolvenzverwalter geltend zu machen. Absonderungsberechtigte, denen der Schuldner **zugleich persönlich** haftet, können ihre Forderungen insoweit als Insolvenzforderungen anmelden, und zwar mit dem vollen Betrag; lediglich bei der Schlussverteilung werden sie nur mit dem Ausfall berücksichtigt, vgl §§ 52, 190.[38]

25 **Aufrechnungsberechtigte Insolvenzgläubiger** brauchen ihre Forderungen nicht anzumelden, da sie sich unmittelbar durch die Aufrechnung Befriedigung verschaffen können, § 94. Verzichtet der Gläubiger allerdings auf die Aufrechnung, so kann er die Forderung in voller Höhe anmelden.[39] Entsprechendes gilt, sofern die Aufrechnung nur teilweise greift, weil das Gläubigerrecht größer ist.

2. Insbesondere: Steuerforderungen[40]

26 Steueransprüche sind ihrer Rechtsnatur nach Insolvenzforderungen (§ 38), wenn der anspruchsbegründende Tatbestand **vor der Eröffnung des Insolvenzverfahrens abgeschlossen** wurde.[41] **Unerheblich** ist dagegen, ob und wann die Steuerschuld entstanden, fällig geworden oder durch einen entsprechenden Bescheid festgesetzt worden ist (vgl eingehend § 38 Rn 126 ff).[42]

27 **a) Verhältnis von Steuerrecht und Insolvenzrecht.** Für die Durchsetzung von Steuer-Insolvenzforderungen gilt der **Grundsatz „Insolvenzrecht geht vor Steuerrecht"**,[43] vgl § 251 II AO, wonach gegenüber der in § 251 I AO vorgesehenen Verwaltungsvollstreckung für Steuerforderungen „die Vorschriften der InsO unberührt bleiben". Danach werden **Entstehung und Höhe** der Ansprüche aus dem Steuerverhältnis zwar auch nach der Eröffnung des Insolvenzverfahrens durch die Vorschriften des Steuerrechts bestimmt. Für die **Geltendmachung der Ansprüche aus dem Steuerverhältnis** geht jedoch das Insolvenzrecht vor, soweit es – was im Einzelfall unter Berücksichtigung des Zwecks der jeweils in Betracht kommenden Vorschrift des Insol-

---

37 Jaeger/*Henckel* InsO § 38 Rn 84 mwN.

38 Jaeger/*Henckel* InsO § 52 Rn 22 mwN; Jaeger/*Meller-Hannich* § 190 Rn 7 ff; *Eckardt* Kölner Schrift[3] Kap 17 Rn 6, 47.

39 Uhlenbruck/*Sinz* InsO[15] § 174 Rn 8; uneingeschränkte Anmeldeberechtigung: K Schmidt/*Jungmann* InsO[19] § 174 Rn 10; ebenso Graf-Schlicker/*Graf-Schlicker* InsO[6] § 174 Rn 3; **aA** Braun/*Specovius* InsO[8] § 174 Rn 7; HambK/*Preß*/*Hennigsmeier* InsO[9] § 174 Rn 5.

40 Eingehend zum Insolvenzsteuerrecht s Jaeger/*Fehrenbacher* Band 5/1; zur Geltendmachung „rechtswegfremder Forderungen" im Insolvenzverfahren *Gerhardt*, NZI 2010, 849 ff.

41 Vgl auch BFHE 148, 346 = ZIP 1987, 119 = BStBl II 1987, 226; BFHE 155, 475 = ZIP 1989, 384 = BStBl II 1989, 434; BFH/NV 1994, 477 = ZIP 1994, 1286; BFHE 208, 10 = BStBl II 2005, 195 = ZIP 2005, 266; BFHE 208, 296 = BStBl II 2006, 193 = ZIP 2005, 628; BFH ZIP 2007, 1225; BFH ZIP 2007, 1277; BGH ZVI 2005, 364 = NJW-RR 2005, 990; BFHE 270, 24 = NZI 2020, 1119, 1121; *Gerhardt* NZI 2010, 849, 850; Gottwald/Haas/*Pechartscheck* InsRHdb[6] § 19 Rn 30; Gottwald/Haas/*Wimmer*/*Frotscher*/*Schulze* InsRHdb[6] § 60 Rn 1; MünchKomm/*Schüppen*/*Schlösser* InsO[4] Insolvenzsteuerrecht Rn 2; Tipke/Kruse/*Loose* AO/FGO[163] § 251 AO Rn 54 f, 70 ff; *Rüsken* ZIP 2007, 2053, 2055.

42 Vgl auch BFH BStBl II 1968, 496; BFHE 148, 346 = BStBl II 1987, 226 = ZIP 1987, 119; BFHE 155, 475 = BStBl II 1989, 434 = ZIP 1989, 384; BFHE 217, 212 = BStBl II 2009, 624 = ZIP 2007, 1277; MünchKomm/*Schüppen*/*Schlösser* InsO[4] Insolvenzsteuerrecht Rn 2; *Rüsken* ZIP 2007, 2053, 2055.

43 Anerkannt seit der Entscheidung des Großen Senats des RFH (RFHE 19, 355), s dazu heute BFHE 188, 149 = BStBl II 1999, 423 = ZIP 1999, 714; Tipke/Kruse/*Loose* AO/FGO[163] § 251 AO Rn 5; *Rüsken* ZIP 2007, 2053, 2055; ausf *Krumm* Steuervollzug und formelle Insolvenz, S 63 ff mwN; krit Hübschmann/Hepp/Spitaler/*Jatzke* AO/FGO[260] § 251 AO Rn 28.

venz- bzw Steuerrechts festzustellen ist – von den steuerrechtlichen Bestimmungen abweicht.[44] Soweit das Steuerverfahren auf individuelle Befriedigung des Steuergläubigers für eine dem Anmeldeerfordernis unterliegende Insolvenzforderung gerichtet ist, darf es nicht fortgesetzt werden und wird – wie auch ein ggf zum Zeitpunkt der Insolvenzeröffnung etwa bereits anhängiges finanzgerichtliches Verfahren[45] – durch die Insolvenzeröffnung **entsprechend § 240 ZPO unterbrochen** (§ 85 Rn 82).[46] Analog § 240 ZPO unterbrochen wird insbesondere auch ein Einspruchsverfahren.[47]

b) Die Anmeldung von Steuerinsolvenzforderungen. Handelt es sich bei dem Steueranspruch um eine Insolvenzforderung, so hat der Steuergläubiger die gleiche Rechtsstellung wie die anderen Insolvenzgläubiger, so dass er während des Verfahrens nur beanspruchen kann, **nach Maßgabe der InsO** aus der Insolvenzmasse befriedigt zu werden (§ 87). Der Steuergläubiger muss seine Forderung daher ebenfalls gem § 174 I **zur Insolvenztabelle anmelden** (§ 85 Rn 82).[48] War bereits ein **Steuerbescheid ergangen**, so ändert dies – wie sonst auch bei „Titulierung" der Forderung – am Erfordernis der Anmeldung nichts; der Widersprechende ist jedoch auf die Einlegung derjenigen Rechtsbehelfe beschränkt, die zum Zeitpunkt der Insolvenzeröffnung dem Schuldner noch zustanden, §§ 179, 185, im Einzelnen u zu § 179 Rn 36 f. Eine Anmeldung der nach § 39 **nachrangigen Steuerinsolvenzforderungen** – also Zinsen, Säumniszuschläge, Zwangsgelder sowie Geldbußen und -strafen – kommt nur in Betracht, wenn das Insolvenzgericht besonders zur Anmeldung auffordert (§ 174 III).[49] 28

Ebenso wie bei einer privatrechtlichen Forderung stellt die Anmeldung der Steuerinsolvenzforderung nur die Erklärung des (Steuer-)Gläubigers dar, er wolle sich am Insolvenzverfahren beteiligen. Sie hat lediglich die Prüfung der Forderung zur Folge, wirkt jedoch nicht unmittelbar auf die Rechtslage ein; dies geschieht vielmehr erst durch die Feststellung der Forderung nach § 178 I und III. Die Anmeldung ist daher keine Regelung und mithin kein Verwaltungsakt (Steuerbescheid), selbst wenn sie die Form eines solchen haben sollte.[50] Inhaltlich gelten grundsätzlich keine Besonderheiten. Die Anmeldung muss also Grund und Betrag jeder einzelnen angemeldeten Steuerforderung enthalten,[51] wobei unter „Grund" auch hier der Sachverhalt zu verstehen ist, auf dem die Steuerforderung beruht.[52] Insoweit hat die Anmeldung **inhaltlich einem Steuerbescheid** zu entsprechen.[53] 29

44 RFHE 38, 18, 21; FG Berlin EFG 1999, 1110; Tipke/Kruse/*Loose* AO/FGO[163] § 251 AO Rn 6; *Frotscher* Besteuerung bei Insolvenz[9], S 20.

45 Hierzu *Jäger* DStR 2008, 1272 ff; Gottwald/Haas/*Frotscher*/*Schulze* InsRHdb[6] § 124 Rn 6.

46 BFHE 183, 365 = BStBl II 1998, 428; BFH/NV 2002, 315; BFHE 207, 10 = BStBl II 2005, 246 = ZIP 2004, 2392; BFH/NV 2006, 2037; BFH/NV 2009, 719; BFHE 225, 278 = BStBl II 2010, 11 = ZIP 2009, 1631; Hübschmann/Hepp/Spitaler/*Jatzke* AO/FGO[260] § 251 AO Rn 166; Tipke/Kruse/*Loose* AO/FGO[163] § 251 AO Rn 42; MünchKomm/*Schüppen*/*Schlösser* InsO[4] Insolvenzsteuerrecht Rn 30; *Gundlach*/*Frenzel*/*Schirmeister* DStR 2004, 318 ff.

47 BFH NJW 2020, 566, 567.

48 BFHE 225, 278 = BStBl II 2010, 11 = ZIP 2009, 1631; Gottwald/Haas/*Frotscher*/*Schulze* InsRHdb[6] § 124 Rn 18; MünchKomm/*Schüppen*/*Schlösser* InsO[4] Insolvenzsteuerrecht Rn 51; *Rüsken* ZIP 2007, 2053, 2054.

49 Vgl hierzu Gottwald/Haas/*Wimmer*/*Frotscher*/*Schulze* InsRHdb[6] § 60 Rn 13, 14.

50 So schon RFHE (GrSen) 19, 355, 357; ferner zB BFHE 151, 349 = BStBl II 1988, 124 = ZIP 1988, 181, 183; FG Berlin EFG 2001, 722, 724; *Gerhardt*, NZI 2010, 849, 850; Hübschmann/Hepp/Spitaler/*Jatzke* AO/FGO[260] § 251 AO Rn 415; Tipke/Kruse/*Loose* AO/FGO[163] § 251 AO Rn 64.

51 BFH/NV 1991, 497; BFH/NV 2004, 5; Hübschmann/Hepp/Spitaler/*Jatzke* AO/FGO[260] § 251 AO Rn 416 f; Tipke/Kruse/*Loose* AO/FGO[163] § 251 AO Rn 58; *Frotscher* Besteuerung bei Insolvenz[9], S 305; *Waza*/*Uhländer*/*Schmittmann* Insolvenzen und Steuern[13], Rn 286, 726.

52 BFHE 151, 349 = BStBl II 1988, 124 = ZIP 1988, 181, 183; BFHE 151, 345 = BStBl II 1988, 199 = ZIP 1988, 183 f.

53 Abschn 60 VI 3 VollstrA verweist allerdings nur auf die bei einem Vollstreckungsauftrag notwendigen Angaben (Abschn 34 II Nr 1–7, 11 1. Hs VollstrA); s a Hübschmann/Hepp/Spitaler/*Jatzke* AO/FGO[260] § 251 AO Rn 419; *Häsemeyer* InsR[4] Rn 23.67.

3. Insbesondere: Beitragsforderungen der Sozialversicherungsträger

30 Gleich den Steuerinsolvenzforderungen müssen auch andere öffentlich-rechtliche Insolvenzforderungen angemeldet werden. Hierzu gehören etwa die Beitragsforderungen der Sozialversicherungsträger.[54] Auch hier ist die Anmeldung **nicht als Verwaltungsakt** zu beurteilen, so dass beispielsweise die Rechtsmittelfristen nicht in Lauf gesetzt werden (vgl oben Rn 29).

III. Ordnungsgemäße Anmeldung

31 Die in § 174 I, II geregelten **formalen Anforderungen** an eine ordnungsgemäße Anmeldung müssen für eine **wirksame Forderungsanmeldung** eingehalten werden. Eine formal ordnungsgemäße Anmeldung führt zur Eintragung der Forderung in die Tabelle (§ 175) und zur Prüfung im Prüfungsverfahren, selbst wenn ihr insolvenzrechtliche Einwendungen entgegenstehen mögen; ein solcher Mangel wäre vielmehr im Prüfungsverfahren durch den Widerspruch nach § 178 I S 1 geltend zu machen.[55] Bezogen auf die Prüfung durch den Verwalter wird auch vorgeschlagen, zwischen „Zulässigkeit" der Anmeldung (Eintragung in die Tabelle) und „Begründetheit" (sonst Widerspruch) zu differenzieren.[56]

32 Wesentliche **Mängel** sind nur durch Ergänzung und Berichtigung zu heilen; dies kann auch noch im Prüfungstermin **nachgeholt** werden,[57] allerdings nur mit der **Wirkung einer Neuanmeldung.**[58] Die Eintragung in die Insolvenztabelle heilt den Mangel nicht.[59] Wird jedoch die angemeldete Forderung zur Prüfung zugelassen und festgestellt, so wird im Bereich der Rechtswirkung des § 178 III selbst ein wesentlicher Anmeldungsmangel geheilt.

1. Zuständigkeit des Verwalters

33 **a) Allgemeines.** Im Gegensatz zur Rechtslage nach der KO, derzufolge die Anmeldung beim Konkursgericht zu erfolgen hatte, findet die Anmeldung nach § 174 I S 1 **beim Insolvenzverwalter** statt. Im Eigenverwaltungsverfahren liegt die Zuständigkeit gem § 270f II S 2 beim **Sachwalter**. Die Anmeldung bleibt allerdings allgemeiner Meinung nach **Prozesshandlung**[60], weil sie auf die Herbeiführung von Wirkungen in dem nach wie vor „gerichtlichen" Verfahren abzielt.[61]

34 Anmeldungen, die ungeachtet der Zuständigkeit des Verwalters **beim Insolvenzgericht eingehen**, sind von diesem an den Verwalter weiterzuleiten; sie entfalten ihre Wirkung mit Eingang beim Verwalter.[62] „Anmeldungen", die vor der Eröffnung des Verfahrens an den vorläu-

---

54 *Häsemeyer* InsR[4] Rn 23.36; K Schmidt/*Jungmann* InsO[19] § 174 Rn 50; Kübler/Prütting/Bork/*Pape*/*Schaltke* InsO[88] § 174 Rn 59; zu anderen öffentlich-rechtlichen Beitragsforderungen s *Vehslage* NVwZ 2003, 776 ff.

55 Vgl BGH NJW 2017, 1752, 1755 (zur Zug-um-Zug-Forderung); siehe bereits *Eckardt* Kölner Schrift[3] Kap 17 Rn 16.

56 *Marquardt*/*Hoffmann* NZI 2021, 1047 ff.

57 Vgl bereits zur KO: RGZ 39, 37, 47; OLG Stuttgart NJW 1962, 1018 f; OLG Frankfurt KTS 1982, 481, 483.

58 BGH NJW-RR 2009, 772, 773; NJW-RR 2013, 992, 993; OLG Köln ZIP 2018, 326, 328; *Eckardt* Kölner Schrift[3] Kap 17 Rn 30; HambK/*Preß*/*Henningsmeier* InsO[9] § 174 Rn 34; KK/*Thiele* InsO § 174 Rn 233; zur KO RGZ 39, 37, 47; BFH BStBl II 1969, 54 f = BB 1969, 27 m Anm *Mattern*; OLG Stuttgart NJW 1962, 1018 f; vgl auch Motive II S 395.

59 BGH NJW-RR 2009, 772, 773 (Heilung wesentlicher Mängel der Anmeldung ohne Durchführung eines Prüfungstermins nicht möglich); Kübler/Prütting/Bork/*Pape*/*Schaltke* InsO[88] § 174 Rn 69; *Eckardt* Kölner Schrift[3] Kap 17 Rn 19; Uhlenbruck/*Sinz* InsO[15] § 174 Rn 45; vgl auch OLG Stuttgart NJW 1962, 1018 f noch zu § 139 KO.

60 S auch BGH NJW 2019, 1877, 1879 mwN; Kübler/Prütting/Bork/*Pape*/*Schaltke* InsO[88] § 174 Rn 43; Uhlenbruck/*Sinz* InsO[15] § 174 Rn 18.

61 Im Einzelnen *Eckardt* Kölner Schrift[3] Kap 17 Rn 13.

62 Kübler/Prütting/Bork/*Pape*/*Schaltke* InsO[88] § 174 Rn 41; Uhlenbruck/*Sinz* InsO[15] § 174 Rn 58; vgl auch Jaeger/*Schilken* § 28 Rn 10.

figen Verwalter adressiert wurden, sind mit der Verfahrenseröffnung als wirksam anzusehen, sofern Personenidentität zwischen vorläufigem Verwalter und Verwalter besteht und ansonsten die formalen Anforderungen an eine Anmeldung eingehalten wurden.[63] Zwar handelt es sich bei der verfrühten Anmeldung formal lediglich um eine Mitteilung an den vorläufigen Verwalter. Die wohl hM weist aber zu Recht darauf hin, dass es einen unnötigen Formalismus bedeuten würde, eine explizite Bezugnahme auf diese Mitteilung nach Verfahrenseröffnung oder eine Neuvornahme der Anmeldung zu verlangen.

Die Verlagerung des Anmeldungsprozederes auf den Verwalter ist umfassend zu verstehen 35
und weist dem Verwalter im Verfahrensabschnitt des Anmeldungs- und Prüfungsverfahrens, das durch eine Arbeits- bzw. Aufgabenteilung zwischen Gericht und Verwalter[64] geprägt ist, eine **Portalfunktion** zu (zum Vorprüfungsrechts des Verwalters im Anmeldungsverfahren § 175 Rn 15 ff). Diese Portalfunktion wird mit dem **Übergang zur elektronischen Akte** sukzessive eine weitere Bedeutung erhalten, indem der Verwalter dem Gericht die Strukturdaten bereits in der für die weitere Nutzung im Verfahren tauglichen Form liefert. Beispielsweise regelt die im Bundesland Nordrhein-Westfalen geltende Verordnung über die elektronische Führung und Einreichung der Tabellen und Verzeichnisse v 9.4.2020 (GVBl NRW 2020, 311), dass der Verwalter bei elektronischer Aktenführung durch das Gericht den Tabelleninhalt mittels eines strukturierten Datensatzes in vorgegebenen justiztauglichen Formaten dem Insolvenzgericht zu übermitteln hat (vgl § 2 I S 2 eTabV InsO NRW).

b) Nachträgliche Anmeldungen. Aus § 177 I S 1, 2 ergibt sich, dass Forderungen auch nach 36
Ablauf der Anmeldungsfrist sowie sogar nach dem Prüfungstermin noch wirksam angemeldet werden können (vgl oben Rn 20 f zur Anmeldungsfrist). Dass die Anmeldung nachträglich erfolgt, kann allerdings einen **besonderen Prüfungstermin** oder ein **schriftliches Prüfungsverfahren** „auf Kosten des Säumigen" nach sich ziehen (vgl § 177 Rn 14 ff).

Den §§ 174 I S 1, 177 I ist keine Einschränkung der Zuständigkeit des Verwalters zu ent- 37
nehmen. Die wohl hM sieht die **Zuständigkeit für die Entgegennahme nachträglicher Anmeldungen** in diesem Sinne auch dann weiter beim Verwalter, nachdem dieser die Tabelle an das Gericht weitergeleitet hat und die Tabellenführung ggf auf das Gericht übergegangen ist[65] (zum Übergang der Tabellenführung vgl § 175 Rn 6 ff). Der Bundesgerichtshof ist bezogen auf nachträgliche Änderungen von Anmeldungen iSv § 177 I S 3 ebenfalls ohne weiteres von einer Zuständigkeit des Insolvenzverwalters ausgegangen.[66] Demgegenüber spricht sich *Gerhardt* für eine mit der Tabellenführung korrespondierende Verlagerung der Zuständigkeit auf das Gericht (Urkundsbeamter der Geschäftsstelle, allerdings ohne Vorprüfungs- und Zurückweisungsbefugnis) aus.[67] Zu folgen ist jedoch der hM, die sich auf § 174 I S 1 stützen kann. Aus der Systematik der §§ 174 ff ergibt sich keine verfahrensrechtliche Vorgabe, dass die Zuständigkeit für die Entgegennahme zwangsläufig mit der Tabellenführung im weiteren Verfahren korrespondieren muss. Vielmehr bleibt die der Entlastung der Gerichte dienende Portalfunktion des Verwalters auch nach der Weiterleitung der Tabelle an das Gericht bestehen und wird im Zuge des Übergangs zur elektronischen Gerichtsakte im Übrigen noch weiter an Bedeutung gewinnen (vgl oben Rn 35).

---

63 Jaeger/*Schilken* § 28 Rn 10; Kübler/Prütting/Bork/*Pape/Schaltke* InsO[88] § 174 Rn 42; Uhlenbruck/*Sinz* InsO[15] § 174 Rn 14 **mwN**; vgl auch *Jaeschke* S 80 f; **aA** BK/*Martini* InsO[73] § 174 Rn 23; BeckOK/*Zenker* InsO[23] § 174 Rn 12; K. Schmidt/*Jungmann* InsO[19] § 174; FK/*Kießner* InsO[9] § 174 Rn 62.

64 S *Keller* InsR[2] Rn 715.

65 OLG Brandenburg ZIP 2018, 1308, 1309; BeckOK/*Zenker* InsO[23] § 174 Rn 13; vgl auch Graf-Schlicker/*Graf-Schlicker* InsO[6] § 175 Rn 11; HambK/*Preß*/*Henningsmeier* InsO[9] § 175 Rn 4; MünchKomm/*Riedel* InsO[4] § 175 Rn 20.

66 BGH NJW 2019, 1877, 1879.

67 Voraufl Jaeger/*Gerhardt* § 175 Rn 19 ff.

2. Form

38 § 174 I S 1 verlangt die schriftliche Anmeldung der Forderung. Sofern der Insolvenzverwalter dem ausdrücklich zugestimmt hat, kann die Anmeldung alternativ „durch Übermittlung eines elektronischen Dokuments“ erfolgen.[68] Eine Anbringung zu Protokoll der Geschäftsstelle des Gerichts ist nach der Verlagerung des Anmeldungsprozederes vom Gericht auf den Verwalter ausgeschlossen.[69]

39 Bei der näheren Bestimmung der Anforderungen, die für eine formgerechte Anmeldung einzuhalten sind, muss der **Charakter der Anmeldung als Prozesshandlung** berücksichtigt werden. Den Maßstab geben also im Grundsatz prozessrechtliche Formbestimmungen und nicht die Formvorschriften des bürgerlichen Rechts vor.[70] Dabei darf aber nicht außer Acht gelassen werden, dass die für die Einreichung von Schriftsätzen geltenden Regelungen der ZPO auf die Kommunikation mit dem Gericht ausgerichtet sind und sinngemäß auf das Anmeldungsprozedere übertragen werden müssen.

40 Nach § 174 I S 1 hat die Anmeldung der Forderung **schriftlich** zu erfolgen. Die Maßstäbe, die im Prozessrecht für bestimmende Schriftsätze gelten, genügen ebenso für die Forderungsanmeldung im Insolvenzverfahren, so dass insbesondere eine **Unterschrift nach § 126 BGB nicht erforderlich** ist.[71] Noch unter der Geltung der KO wurde die „schriftliche“ Einreichung bspw durch Telegramm als wirksam angesehen, sofern die Aufgabe des Telegramms nachweislich auf den Anmeldenden als Urheber zurückführbar war. Ebenso genügen, wie sich gleichfalls aus der Rechtsnatur einer Prozesshandlung ergibt, fernschriftliche Aufgabe oder **Telefax.**[72]

41 Die schriftliche Anmeldung nach § 174 I kann nicht ohne weiteres durch eine beliebige elektronische Form ersetzt werden. Eine einfache Email wahrt im Zivilprozess, anders als ein Telefax, nicht die für bestimmende Schriftsätze geltende Form; sie ist ein elektronisches Dokument, das nicht von § 130 ZPO erfasst wird.[73] Die Einreichung elektronischer Dokumente ist in § 130a ZPO geregelt. Diesem Maßstab folgend scheidet eine schriftliche Anmeldung per Email aus.[74] Bzgl der Form der Anmeldung differenziert § 174 I, IV zudem zwischen schriftlicher Anmeldung einerseits und **elektronischer Anmeldung** durch „Übermittlung elektronischer Dokumente“ andererseits und macht die elektronische Anmeldung von der ausdrücklichen **Zustimmung des Insolvenzverwalters** abhängig. Hinzu kommt, dass für die Anmeldung als Prozesserklärung die für die Einreichung von Schriftsätzen als elektronisches Dokument geltende **Vorschrift § 130a ZPO sinngemäß** anzuwenden wäre. Entsprechend § 130a II ZPO muss das elektronische

---

68 Bis Juli 2024 hat der Gesetzgeber außerdem Art 28 lit a) der Richtlinie (EU) 2019/1023 (Restrukturierungsrichtlinie) umzusetzen. Danach haben die Mitgliedstaaten sicherzustellen, dass in Restrukturierungs-, Insolvenz- und Entschuldungsverfahren die Verfahrensparteien, die Verwalter und die Justiz- oder Verwaltungsbehörde auch in grenzüberschreitenden Situationen die „Geltendmachung von Forderungen“ elektronisch vornehmen können.

69 *Eckardt* Kölner Schrift[3] Kap 17 Rn 13; Uhlenbruck/*Sinz* InsO[15] § 174 Rn 18; Kübler/Prütting/Bork/*Pape/Schaltke* InsO[88] § 174 Rn 41; Andres/Leithaus/*Leithaus* InsO[4] § 174 Rn 3; K Schmidt/*Jungmann* InsO[19] § 174 Rn 3; Braun/*Specovius* InsO[15] § 174 Rn 15; BeckOK/*Zenker* InsO[23] § 174 Rn 13.

70 BeckOK/*Zenker* InsO[23] Rn 16; gegen OLG Jena ZInsO 2018, 1221, 1225 (§ 126 BGB); für die Anwendung der §§ 126, 126a dagegen Graf-Schlicker/*Graf-Schlicker* InsO[6] § 174 Rn 13.

71 BeckOK/*Zenker* InsO[23] Rn 16; FK/*Kießner* InsO[9] § 174 Rn 12; Kübler/Prütting/Bork/*Pape/Schaltke* InsO[88] § 174 Rn 43; Uhlenbruck/*Sinz* InsO[15] § 174 Rn 18; insoweit auch Graf-Schlicker/*Graf-Schlicker* InsO[6] § 174 Rn 13; **aA** OLG Jena ZInsO 2018, 1221, 1225 (§ 126 BGB).

72 Kübler/Prütting/Bork/*Pape/Schaltke* InsO[88] § 174 Rn 43; Uhlenbruck/*Sinz* InsO[15] § 174 Rn 18; K Schmidt/*Jungmann* InsO[19] § 174 Rn 14; BeckOK/*Zenker* InsO[16] § 174 Rn 16, Graf-Schlicker/*Graf-Schlicker* InsO[6] § 174 Rn 13; MünchKomm/*Riedel* InsO[4] § 174 Rn 21a; Vgl grundl BGHZ 87, 63, 64 f zur Rechtsmitteleinlegung.

73 BGH NJW-RR 2009, 357.

74 **AA** KK/*Thiele* InsO § 174 Rn 148 allerdings mit dem Hinweis, die Risiken seien bei dieser Kommunikationsform derzeit noch recht groß; Uhlenbruck/*Sinz* InsO[15] § 174 Rn 18; unklar hinsichtlich der Einordnung der Email Graf-Schlicker/*Graf-Schlicker* InsO[6] § 174 Rn 13, 14.

Dokument „für die Bearbeitung durch den Insolvenzverwalter geeignet" sein.[75] Der Verwalter kann in diesem Sinne die Zustimmung zur Übermittlung elektronischer Dokumente auch spezifizieren und nur bestimmte elektronische Dokumente zulassen, andere dagegen nicht.[76]

Stimmt der Verwalter einer elektronischen Anmeldung ausdrücklich zu, § 174 IV S 1, ist die **Übermittlung elektronischer Dokumente** nicht auf die Formen des § 130a III, IV ZPO (Einreichung eines mit qeS versehenen Dokuments, sicherer Übermittlungsweg nach § 130a IV Nr 1 bis 4 ZPO) beschränkt, da die Vorschrift insoweit speziell Vorgaben für den Rechtsverkehr mit den Gerichten regelt. Der Verwalter ist jedoch gehalten, bei der Zulassung der elektronischen Anmeldung in vergleichbarer Weise qualifiziert signierte Dokumente oder einen hinreichend **sicheren Übermittlungsweg** zu verlangen. Setzt der Verwalter ein elektronisches Gläubigerinformationssystem ein (vgl § 5 V), das ein elektronisches Anmeldungsverfahren ermöglicht,[77] dürfte dieses Erfordernis erfüllt sein. 42

3. Sprache

Als Prozesshandlung unterfällt auch die Anmeldung beim Insolvenzverwalter den Regeln des GVG,[78] so dass folgerichtig § 184 GVG Anwendung findet.[79] Die Diskussion, ob in Ausnahmefällen eine Anmeldung wirksam in einer anderen Sprache vorgenommen werden kann,[80] dürfte sich zumindest im Anwendungsbereich der EuInsVO (VO EU 2015/848) erledigt haben,[81] weil die Regelung des Art 55 EuInsVO das Anmeldungsverfahren für ausländische Gläubiger in sprachlicher Hinsicht vereinfacht. Nach **Art 55 V EuInsVO** können „ausländische Gläubiger" (Def.: Art 2 Nr 12 EuInsVO) ihre Forderungen in einer Amtssprache der Organe der Union anmelden; sie können überdies nach Art 55 I EuInsVO das Standardformular für die Forderungsanmeldung verwenden, das in sämtlichen Amtssprachen der Organe der Union die Überschrift „Forderungsanmeldung" enthält. Die Regelung eröffnet dem Gläubiger die Möglichkeit, die Forderung bspw. auf Englisch als einer weit verbreiteten Drittsprache anzumelden.[82] Nach Art 55 V 2 EuInsVO kann eine Übersetzung in die Amtssprache des Verfahrensstaates verlangt werden (bzw ggf in eine andere im Verfahrensstaat zugelassene Sprache). Die Vorlage einer Übersetzung ist schon deshalb von Bedeutung, weil nicht nur Verwalter und Gericht, sondern auch die anderen Gläubiger im Hinblick auf ihr Recht zur Forderungsprüfung die Anmeldung verstehen sollen.[83] 43

Für Gläubiger aus Nicht-EU-Staaten gilt dann zwar § 184 GVG mit der Konsequenz, dass sie ihre Forderungsanmeldung in deutscher Sprache einreichen müssen.[84] Geht beim Insolvenzverwalter eine fremdsprachige Eingabe ein, wird allerdings mittlerweile in Anlehnung an den Vorschlag *Eckardts* verbreitet befürwortet, dass der Verwalter den Gläubiger jedenfalls auf das Erfordernis, eine Übersetzung vorzulegen, hinweisen muss.[85] Darüber hinaus erscheint es sachgerecht, ohnehin für alle Gläubiger ein **einheitliches Anmeldungsprozedere** vorzusehen, 44

---

75 Vgl *Jaescke* S 41.
76 Zutreffend BeckOK/*Zenker* InsO[23] Rn 18; HK/*Depré* InsO[10] § 174 Rn 10.
77 Vgl BeckOK/*Zenker* InsO[23] Rn 18.
78 Vgl Jaeger/*Gerhardt* InsO § 4 Rn 2 aE; zust Graf-Schlicker/*Graf-Schlicker* InsO[6] § 174 Rn 15 Fn 32.
79 Uhlenbruck/*Sinz* InsO[15] § 174 Rn 26; Kübler/Prütting/Bork/*Pape*/*Schaltke* InsO[88] § 174 Rn 44; Braun/*Specovius* InsO[8] § 174 Rn 18; BeckOK/*Zenker* InsO[23] § 174 Rn 17; MünchKomm/Riedel InsO[4] § 174 Rn 21; HambK/*Preß*/*Henningsmeier* InsO[9] § 174 Rn 11; vgl hierzu *Fuchs* NZI 2018, 9.
80 So *Eckardt* Kölner Schrift[3] Kap 17 Rn 13.
81 Vgl zur Diskussion vor der Neufassung der EuInsVO Voraufl Jaeger/*Gerhardt* § 174 Rn 58.
82 Vgl *Fuchs* NZI 2018, 9, 10; **aA** BeckOK/*Zenker* InsO § 174 Rn 17.
83 Grundlegend Voraufl Jaeger/*Gerhardt* § 174 Rn 58; siehe auch BeckOK/*Zenker* InsO § 174 Rn 17.
84 *Fuchs* NZI 2018, 9, 12; allgemein zur Geltung des Rechts der Verfahrenseröffnung für Gläubiger aus Drittstaaten Uhlenbruck/*Hermann*/*Bassermann* InsO[15] Art 55 EuInsVO Rn 2.
85 *Fuchs* NZI 2018, 9, 12; s auch Uhlenbruck/*Sinz* InsO[15] § 174 Rn 26 unter Berufung auf *Eckardt* Kölner Schrift[3] Kap 17 Rn 13; BeckOK/*Zenker* InsO[23] § 174 Rn 17.

also Gläubigern aus Nicht-EU-Staaten ebenfalls zuzubilligen, die Forderungsanmeldung in einer Amtssprache der Europäischen Union einzureichen.[86]

4. Anmeldung durch Vertreter

45 **a) Gesetzliche Vertretung.** Die Anmeldung kann durch einen Vertreter geschehen. Anstelle eines **prozessunfähigen** Gläubigers hat dessen gesetzlicher Vertreter die Forderung anzumelden, §§ 51, 56 ZPO, § 4 InsO, für juristische Personen des bürgerlichen oder des öffentlichen Rechts das verfassungsgemäß zur gerichtlichen Geltendmachung berufene Organ. Haben mehrere Personen **Gesamtvertretungsmacht**, so müssen alle die Anmeldung unterzeichnen. Ist über das Vermögen des Gläubigers ebenfalls das Insolvenzverfahren eröffnet, muss dessen Insolvenzverwalter die Forderung anmelden, § 80.

b) Gewillkürte Stellvertretung

46 **aa) Erteilung der Vollmacht, Vertretungsberechtigte.** Der Gläubiger kann die Anmeldung auch durch jede prozessfähige Person als Bevollmächtigten durchführen lassen (zur Anmeldung einer fremden Forderung im eigenen Namen unten Rn 66). Anwaltszwang besteht für die Anmeldung nicht. Wie nach der entsprechend anwendbaren Regelung des § 80 ZPO ist die Bevollmächtigung auch ohne Einhaltung der Schriftform wirksam, wie im Prozessrecht handelt es sich dabei lediglich um ein Nachweisproblem. Darum ist die Formulierung, grundsätzlich sei eine schriftliche Vollmacht erforderlich,[87] zumindest ungenau. Darauf kommt es vor allem bei der Frage nach der Wirksamkeit einer Anmeldung ohne schriftlichen Nachweis an (dazu u Rn 49).

47 Entgegen zT vertretener Ansicht ist der Gläubiger im – schließlich unstreitigen – Anmeldungs- und Feststellungsverfahren in der Auswahl seiner Stellvertreter **nicht durch § 79 II Nr 1 bis 4 ZPO beschränkt.**[88] Das Anmeldungs- und Prüfungsverfahren weist keine Vergleichbarkeit mit einem streitigen Verfahren auf, die eine Vertretung durch einschlägig qualifizierte Bevollmächtigte erforderlich machte. Soweit zT im Insolvenzverfahren eine Zulassung zur Vertretung von den Voraussetzungen des § 79 II ZPO abhängig gemacht wird, so betrifft das Verfahrenshandlungen, die sich grundlegend von der Forderungsanmeldung unterscheiden, bspw. den Eröffnungsantrag.[89] Der durch das Rechtsdienstleistungsgesetz v 12.12.2007 eingefügte Satz 3 in § 174 I stellt ausdrücklich klar, dass auch die **Bevollmächtigung eines Inkassobüros** zur Forderungsanmeldung zulässig ist. Zuvor hatten bereits das LG Dresden und in der Berufungsentscheidung das OLG Dresden festgestellt, dass die Forderungsanmeldung durch ein Inkassobüro weder gegen das – seinerzeit geltende – Rechtsberatungsgesetz (RBerG) verstieß noch als wettbewerbswidrig anzusehen war.[90]

48 Mögliche **Interessenkollisionen** sind bezogen auf den **Insolvenzverwalter als Gläubigervertreter** (oder als Gläubiger selbst) zu beachten. Auszugehen ist zunächst davon, dass der Insolvenzverwalter **eine eigene Forderung** zum Insolvenzverfahren anmelden darf; denn die bloße Forderungsanmeldung erzeugt noch keinen Pflichtenwiderstreit, sondern dient zunächst nur zur Vorbereitung des Prüfungsverfahrens. Ein Interessenkonflikt kann dagegen im weiteren Verfahren, namentlich im Prüfungsverfahren, eintreten. Darum ist es **unzulässig**, dass der In-

---

86 I E *Jaeschke* S 37.

87 MünchKomm/*Riedel* InsO[4] § 174 Rn 22a; Uhlenbruck/*Sinz* InsO[15] § 174 Rn 19 mwN.

88 AA BeckOK/*Zenker* InsO[23] § 174 Rn 7, 9.

89 AG Ludwigshafen Beschl. V. 9.12.2011 – 3e IN 458/11; Stein/Jonas/*Jacoby* ZPO[23] § 79 Rn 6; zweifelnd BecKOK/*Piekenbrock* ZPO[41] § 79 Rn 1. Diskutiert wird die Anwendung des § 79 II ZPO bspw. auch für den Versagungsantrag im Restschuldbefreiungsverfahren, vgl AG Coburg ZVI 2016, 140 einerseits; AG Göttingen ZVI 2016, 414 andererseits.

90 OLG Dresden ZInsO 2004, 810; LG Dresden ZIP 2003, 1854, 1855.

solvenzverwalter bei der Prüfung einer eigenen Forderung als Verwalter tätig wird.[91] Gleiches gilt, wenn der Verwalter im Prüfungstermin zugleich einen dritten Gläubiger vertritt. Als Rechtsanwalt wäre es dem Verwalter wegen § 45 I Nr 3 BRAO berufsrechtlich nicht gestattet, einen Gläubiger „gegen den Träger des von ihm verwalteten Vermögens" zu vertreten; § 45 III BRAO erstreckt das Verbot auf die in die berufliche Zusammenarbeit eingebunden Personen.

bb) Nachweis der Vollmacht. Eine **Amtspflicht**, die Vollmacht nachzuprüfen, besteht nur, wenn der Vertreter kein Rechtsanwalt ist. Der Bevollmächtigte muss sich dann durch eine **schriftliche Vollmacht ausweisen** (§§ 80 ZPO, 4 InsO). Fehlt die schriftliche Vollmacht, so ist dem Anmeldenden Gelegenheit zu geben, den Mangel zu beheben; geschieht dies nicht, so ist die Anmeldung zurückzuweisen.[92] Die Befreiung des **Anwalts** von der Pflicht zum sofortigen Nachweis der Vollmacht gem § 88 II ZPO,[93] die nicht nur für die Anmeldung, sondern auch für die Teilnahme an der Gläubigerversammlung und im Prüfungstermin gilt, unterliegt allerdings der Regelung des § 88 I ZPO. Der ohne schriftliche Vollmacht auftretende Anwalt läuft Gefahr, dass der Schuldner oder ein Mitgläubiger den **Mangel der Vollmacht rügt**.[94] Im Übrigen ist gem § 89 ZPO auch eine vorläufige Zulassung des Bevollmächtigten – unabhängig davon, ob dieser Anwalt ist – möglich.[95] Spätestens im Prüfungstermin ist dann jedoch die Vollmacht nachzuweisen, da eine Feststellung der Forderung sonst nicht möglich ist[96]: dem in § 89 I ZPO genannten Zeitpunkt des Urteilserlasses entspricht für das Insolvenzverfahren gem § 178 die Feststellung der Forderung zur Insolvenztabelle.[97] Auch ohne Rüge ist dagegen selbst der Anwalt zur **Entgegennahme der Insolvenzdividende** nur nach Vorlage einer schriftlichen Vollmacht befugt; § 88 II ZPO gilt insoweit nicht, da die Entgegennahme der Insolvenzdividende über die formelle Beteiligung am (Insolvenz-)Verfahren hinausgeht.[98] 49

cc) Zur Anwaltsbeiordnung bei Prozesskostenhilfe. Die über § 4 auch im Insolvenzverfahren **grundsätzlich entsprechend anwendbaren §§ 114 ff ZPO** lassen es prinzipiell zu, dem Gläubiger für die Anmeldung seiner Forderung Prozesskostenhilfe zu gewähren und ihm einen Anwalt beizuordnen, § 121 ZPO.[99] Da kein Anwaltszwang besteht, § 121 I S 1 ZPO, und bei diesem durch gerichtliche Fürsorge gekennzeichneten Verfahren auch keine anwaltlich vertretene „Gegenseite" iSv § 121 II S 1 2. Alt ZPO vorhanden ist,[100] bedürfte es besonderer Begründung, ob die Beiordnung „erforderlich" (§ 121 II S 1 1. Alt ZPO) ist. Angesichts der eher geringen Schwierigkeit des Anmeldevorgangs, insbesondere unter Rückgriff auf verfügbare Formulare, wird die Erforderlichkeit einer anwaltlichen Vertretung im Regelfall zu verneinen sein.[101] 50

---

91 Hierzu bedarf es der Einsetzung eines Sonderverwalters, vgl dazu Jaeger/*Gerhardt* InsO § 56 Rn 76 ff.
92 LG München ZIP 1992, 789 f; Uhlenbruck/*Sinz* InsO[15] § 174 Rn 19.
93 BeckOK/*Zenker* InsO[23] § 174 Rn 10; Braun/*Specovius* InsO[8] § 174 Rn 19; Graf-Schlicker/*Graf-Schlicker* InsO[6] § 174 Rn 9; Kübler/Prütting/Bork/*Pape*/*Schaltke* InsO[88] § 174 Rn 46; HK/*Depré* InsO[10] § 174 Rn 1; K Schmidt/*Jungmann* InsO[19] § 174 Rn 18; Uhlenbruck/*Sinz* InsO[15] § 174 Rn 21.
94 Zur Frage, wann ein Mitgläubiger „Gegner" iSv §§ 80 II, 88 II ZPO ist, vgl *Uhlenbruck* MDR 1978, 8.
95 K Schmidt/*Jungmann* InsO[19] § 174 Rn 18: Für Rechtsanwälte gilt § 88 II ZPO; KK/*Thiele* InsO § 174 Rn 156; Uhlenbruck/*Sinz* InsO[15] § 174 Rn 21.
96 Ebenso Kübler/Prütting/Bork/*Pape*/*Schaltke* InsO[88] § 174 Rn 46; Uhlenbruck/*Sinz* InsO[15] § 174 Rn 19.
97 *Eickmann* Rpfleger 1970, 319; *Uhlenbruck* MDR 1978, 8.
98 *Uhlenbruck* MDR 1978, 8, 9.
99 BGH ZIP 2004, 1922; i e Jaeger/*Gerhardt* InsO § 4 Rn 46.
100 BVerfG ZIP 1989, 719; dazu auch *Pape* ZIP 1989, 692, 695 f sowie *ders* EWiR 1989, 515; BGH ZIP 2004, 1922.
101 BGH ZIP 2004, 1922; ausführlich Voraufl Jaeger/*Gerhardt* § 174 Rn 68 m umf wN; vgl auch Graf-Schlicker/*Graf-Schlicker* InsO[6] § 174 Rn 10; Kübler/Prütting/Bork/*Pape*/*Schaltke* InsO[88] § 174 Rn 53; **aA** *Eckardt* Kölner Schrift[3] Kap 17 Rn 13 aE: bedenklich im Hinblick auf die immer größeren Anforderungen an den ordnungsgemäßen Inhalt der Anmeldung.

c) Sonderfälle

51 **aa) Gemeinsamer Vertreter nach § 19 II, III SchVG.** Findet auf eine Gläubigervielfalt das Schuldverschreibungsgesetz (SchVG)[102] Anwendung, besteht gem § 19 II S 1 SchVG die Möglichkeit der Bestellung eines gemeinsamen Vertreters zur Wahrnehmung der Rechte der Gläubiger im Insolvenzverfahren.[103] Der gemeinsame Vertreter ist ein rechtsgeschäftlicher Vertreter, kein gesetzlicher Vertreter und auch keine „Partei kraft Amtes".[104] Haben die Gläubiger von der Möglichkeit der Bestellung eines gemeinsamen Vertreters Gebrauch gemacht, dann ist der gemeinsame Vertreter nach § 19 III SchVG allein berechtigt und verpflichtet, die „insolvenzspezifischen Rechte" der Gläubiger im Insolvenzverfahren wahrzunehmen.[105] Die aus der Schuldverschreibung folgenden Ansprüche sind also ausschließlich durch den gemeinsamen Vertreter zur Tabelle anzumelden. In § 19 III Hs 2 SchVG ist ausdrücklich geregelt, dass der gemeinsame Vertreter die Schuldurkunden nicht vorlegen muss.

52 Der „für das Insolvenzverfahren" bestellte Vertreter ist als solcher auch zum Bestreiten der Forderung eines anderen Gläubigers im Prüfungstermin sowie zur Vertretung in einem infolge dieses Bestreitens von dem anderen Gläubiger angestrengten Feststellungsprozess ermächtigt.[106]

53 **bb) Verwalter des Gesamtguts.** Gehört die anzumeldende Forderung zum Gesamtgut einer **ehelichen Gütergemeinschaft**, so ist bei Verwaltung des Gesamtgutes durch einen Ehegatten, § 1422 BGB, nur dieser berechtigt, die Forderung im Insolvenzverfahren im eigenen Namen geltend zu machen, insbesondere also anzumelden; Ausnahmen ergeben sich aus § 1429 (Notverwaltungsrecht) und § 1431 (selbständiges Erwerbsgeschäft). Untersteht das Gesamtgut der **gemeinschaftlichen Verwaltung** beider Ehegatten, § 1450 I BGB, so müssen beide zusammen die Anmeldung vornehmen. Meldet einer allein die Forderung an, so muss die Zustimmung des anderen § 174 I S 2 entsprechen; § 182 II BGB ist hier nicht einschlägig. Die Zustimmung kann noch im Prüfungstermin erbracht werden. Ersetzung der Zustimmung: § 1452 BGB. Der nicht oder nicht allein verwaltungsberechtigte Ehegatte ist im Regelfall nicht zum Empfang der Insolvenzquote befugt, da darin eine Verfügung über die zum Gesamtgut gehörige Forderung liegt. Bei fortgesetzter Gütergemeinschaft steht die Anmeldung von Gesamtgutsforderungen allein dem überlebenden Ehegatten zu, § 1487 I BGB.

54 **cc) Erbengemeinschaft.** Bei der noch **nicht auseinandergesetzten** Erbengemeinschaft kann **jeder Erbe** den vollen Forderungsbetrag anmelden (vgl § 2039 S 1 BGB). Die Auszahlung der Insolvenzquote kann jedoch nur an alle Erben gemeinschaftlich verlangt werden, vgl § 2039 S 2 BGB.

5. Inhaltliche Anforderungen an die Anmeldung

55 **a) Allgemeines.** Neben den in Abs 1 geregelten formalen Anforderungen, die das Anmeldungsprozedere betreffen, enthält § 174 II inhaltliche Anforderungen, denen eine ordnungsgemäße Anmeldung ebenfalls genügen muss (zur **Prüfung der Ordnungsmäßigkeit** vor Eintragung in

---

102 Fassung durch Gesetz zur Neuregelung der Rechtsverhältnisse bei Schuldverschreibungen und zur Anpassung kapitalmarktähnlicher Verjährungsvorschriften v 31.7.2009, BGBl 2009 I, 2512.
103 Hierzu *Horn* BKR 2014, 449.
104 BGH NZI 2016, 1014, 1015.
105 BGH NJW 2018, 2193, 2195; *Blaufuß/Braun* NZI 2016, 5, 9.
106 BGH NJW 2018, 2193, 2195.

die Tabelle s § 175 Rn 15 ff). Wesentlicher und somit die **Wirksamkeit einer Anmeldung** bedingender Inhalt ist hiernach die genaue Bestimmung des Anspruchs nach Betrag und Grund.

Weitere inhaltliche Erfordernisse stellt § 174 II nicht auf und sie können auch nicht im Anwendungsbereich der EUInsVO für die Anmeldung durch ausländische Gläubiger verlangt werden. Zwar gehen die Angaben, die Art 55 II EuInsVO für die Standard-Anmeldungsformulare regelt und auf die in Art 55 IV EuInsVO auch für die Anmeldung ohne Verwendung des Formulars zurückgegriffen wird, über § 174 II hinaus. Dass eine Anmeldung nicht den **Standards der EuInsVO** folgt, hindert aber keine wirksame Anmeldung, wenn das Recht des Staats der Verfahrenseröffnung eine bestimmte Angabe für die ordnungsgemäße Anmeldung nicht verlangt.[107] Vielmehr kann der Gläubiger seine Forderung ebenso unter Berücksichtigung der Anforderungen des § 174 anmelden. Der zusätzliche einheitliche Standard der EuInsVO eröffnet einen zweiten Weg für die formal ordnungsgemäße Anmeldung.[108] 56

Über die Angaben zu Grund und Betrag, die für jede Forderungsanmeldung erforderlich sind, hinaus verlangt § 174 II die Angabe der Tatsachen, aus denen sich „nach Einschätzung" des Gläubigers ein **qualifizierter Rechtsgrund iSd § 302 Nr 1** ergibt (dazu unten Rn 89 ff). Dieses letztgenannte Erfordernis bezieht sich auf die Anmeldung einer Forderung mit Attribut, um die entsprechend angemeldete Forderung von einer dem Schuldner erteilten Restschuldbefreiung ausnehmen zu lassen. Die Anmeldung mit Attribut beschränkt sich deshalb auf Verfahren, in denen der Schuldner zugleich einen Restschuldbefreiungsantrag gestellt hat (vgl hierzu § 175 Rn 38 ff). 57

b) Betragsangabe. Wie für die Klage, vgl § 253 II Nr 2 ZPO, bestimmt der **Forderungsbetrag** das „Teilnahmeinteresse", das genau zu beziffern ist. Der Betrag ist für **jede einzelne Forderung gesondert** anzugeben; die Anmeldung des Gesamtbetrages genügt nicht.[109] Dies gilt insbesondere für **Sammelanmeldungen** (zu diesen näher u Rn 70). Auch wenn im Falle **objektiver Klagehäufung** (§§ 147, 260 ZPO) mehrere Ansprüche in einem Urteil zuerkannt worden sind, genügt die Angabe der Gesamtsumme für eine ordnungsgemäße Forderungsanmeldung nicht. Dagegen ist beim **Kontokorrent** der bereits festgestellte Saldo als solcher anzumelden[110] und nach Abs 1 Satz 2 zu belegen.[111] 58

Das Begehren eines **„angemessenen" oder „billigen" Betrags** (zB in den Fällen der §§ 253 II, 651 f II BGB) genügt nicht der erforderlichen Bestimmtheit.[112] 59

Nebenansprüche sind in genau bestimmbaren Geldbeträgen zu bezeichnen. Beispiel: EUR 10.000,– Darlehen mit 4 % Zinsen seit – Datumsangabe – bis zum Tage der Insolvenzeröffnung. Für die Zeit nach Insolvenzeröffnung gilt § 39 I Nr 1.[113] Die Zinssumme braucht nicht ausgerechnet zu werden, denn die Feststellung hat auch so eine hinreichend bestimmte Unterlage.[114] Anders ist dies, wenn **Zinsen als Hauptanspruch** geltend gemacht werden.[115] 60

---

107 *J Schmidt* ZInsO 2019, 2448, 1451; ebenso BeckOK/*Zenker* InsO[23] § 174 Rn 22; vgl auch Uhlenbruck/*Hermann*/*Bassermann* InsO[15] Art 55 EuInsVO Rn 6 mit dem Hinweis, dass sich nur „bei wesentlichen Mängeln Rechtsfolgen ergeben" dürften, weil die Anforderungen nach der InsO in Deutschland für die Forderungsanmeldung geringer sind; **aA** *Mankowski* NZI 2019, 864 (unionsrechtliche Vorgabe, die es unter der EuInsVO 2000 noch nicht gab); zur Rechtslage nach der EuInsVO 2000 EuGH NZI 2019, 861, 863 mAnm *Mankowski*.

108 Vallender/*Riewe* EuInsVO[2] Art 55 Rn 14.

109 So schon RGZ 39, 37, 45; s ferner zB Uhlenbruck/*Sinz* InsO[15] § 174 Rn 32; K Schmidt/*Jungmann* InsO[19] § 174 Rn 30; BeckOK/*Zenker* InsO[23] § 174 Rn 23.

110 „Anspruch aus Kontokorrentverhältnis", vgl BGH ZInsO 2009, 381, Rn 19; K Schmidt/*Jungmann* InsO[19] § 174 Rn 27.

111 OLG Jena ZInsO 2018, 1221, 1226; Gottwald/Haas/*Eickmann*/*Wimmer* InsRHdb[6] § 61 Rn 8.

112 OLG Köln Urt v 13.5.2020 – 5 U 126/18 (Schmerzensgeld); s bereits zur KO Kilger/*K. Schmidt* InsG[17] § 139 KO Anm 1b, mit dem zutreffenden Zusatz „also keine Parallele zum unbezifferten Klageantrag".

113 Vgl dazu Jaeger/*Henckel* InsO § 39 Rn 10.

114 BGH WM 1957, 1334, 1335; K Schmidt/*Jungmann* InsO[19] § 174 Rn 30; Uhlenbruck/*Sinz* InsO[15] § 174 Rn 33.

115 Soweit ersichtlich unstr, vgl nur BK/*Martini* InsO[73] § 174 Rn 56.

61 In den Fällen des § 45 S 1, also bei Forderungen, die **nicht auf einen Geldbetrag** gerichtet sind oder deren Geldbetrag **unbestimmt** ist, ist die Angabe eines **Schätzwerts** erforderlich und ausreichend; maßgeblich ist der Stand am Tag der Insolvenzeröffnung.[116] Zu den Forderungen, die in dieser Weise umzurechnen sind, zählen beispielsweise **Zug-um-Zug-Forderungen.**[117] Die Zug-um-Zug-Forderung als solche hat keinen feststellungsfähigen Inhalt, weil sie sich, wie der Bundesgerichtshof wiederholt ausgeführt hat, nicht für die Berechnung einer Quote eignet und den §§ 756, 765 ZPO entsprechende Regelungen für das insolvenzrechtliche Feststellungs- und Verteilungsverfahren nicht vorgesehen sind.[118] Auch ein dem Gläubiger aus der Zeit vor Eröffnung des Insolvenzverfahrens zustehender **Anspruch auf Abschluss eines Vertrages** müsste ggf mit einem Schätzwert, der den Wert des Anspruchs abdeckt, angemeldet werden, weil eine Erfüllung des Anspruchs nicht mehr verlangt werden kann.[119] Der Wert einer **Versorgungsanwartschaft** kann unter Berücksichtigung von Sterbetafeln zum Zeitpunkt der Insolvenzeröffnung und künftiger Gehaltsentwicklung geschätzt werden.[120]

62 Der Betrag hat auf eine bestimmte Geldsumme in Euro zu lauten (§ 45 S 2). **Fremdwährungsforderungen** sind nach Maßgabe des § 45 S 2 umzurechnen.

c) Angabe des Grundes der Forderung

63 **aa) Individualisierung.** Grund der Forderung ist der **Sachverhalt**, aus dem der Anmelder das in Anspruch genommene Insolvenzgläubigerrecht für sich herleitet, also die Gesamtheit der „Tatsachen", auf die er seinen Anspruch stützt.[121] Dieses Erfordernis der „Angabe des Grundes der Forderung" entspricht einem **Grundprinzip des Verfahrensrechts**, das zB auch in § 253 II Nr 2 ZPO zum Ausdruck kommt.[122] Die Angabe muss so genau sein, dass sie den Anspruch als einzelnen kennzeichnet. Darin liegt eine tatsächliche und zugleich eine rechtliche **„Individualisierung"** der behaupteten Forderung. Insoweit zutreffend weist der BGH[123] darauf hin, dies müsse zur Bestimmung der Reichweite der Rechtskraft eindeutig konkretisiert sein.[124] Eine rechtliche Einordnung wird nicht verlangt.[125] Mittlerweile hat der Bundesgerichtshof auch mit Recht „klargestellt", dass eine **schlüssige Darlegung nicht erforderlich** ist, und folgt damit der bereits in der Voraufl von *Gerhardt*[126] vertretenen Auffassung.[127] Die Klarstellung wäre noch entschiedener ausgefallen, wenn der Senat die Standardformel, der Gläubiger habe bei der An-

---

116 BGH NJW 2017, 1752, 1755; MünchKomm/*Riedel* InsO[4] § 174 Rn 27; BeckOK/*Zenker* InsO[23] § 174 Rn 23; Uhlenbruck/*Sinz* InsO[15] § 174 Rn 32; Kübler/Prütting/Bork/*Pape/Schaltke* InsO[88] § 174 Rn 51; Graf-Schlicker/*Graf-Schlicker* InsO[6] § 174 Rn 21.

117 BGH NJW 2017, 1752, 1755; BGH ZIP 2021, 1455, 1456; hierzu *Gessner* NZI 2020, 924, 926; Andres/Leithaus/*Leithaus* InsO[4] § 174 Rn 5; BeckOK/*Zenker* InsO[23] § 174 Rn 23.

118 BGH NJW 2017, 1752, 1755 mwN.

119 BGH NZI 2018, 886, 887; BeckOK/*Zenker* InsO[23] § 174 Rn 23.

120 BAG ZIP 2021, 918, 923 f.

121 BGH ZIP 2001, 2099; 2003, 2379, 2382; BGH ZInsO 2009, 381, Rn 10; dazu zust *J.-S. Schröder* EWiR 2009, 695; OLG Frankfurt KTS 1982, 481, 483; *Eckardt* Kölner Schrift[3] Kap 17 Rn 15.

122 Vgl zu § 174 II BGH NZI 2018, 743; BGH NJW 2020, 3102, 3103; *Marquardt/Hoffmann* NZI 2021, 1047; Uhlenbruck/*Sinz* InsO[15] § 174 Rn 29; Braun/*Specovius* InsO[8] § 174 Rn 26; Kübler/Prütting/Bork/*Pape/Schaltke* InsO[88] § 174 Rn 47; Graf-Schlicker/*Graf-Schlicker* InsO[6] § 174 Rn 16.

123 BGH ZInsO 2009, 381, Rn 10; BGH NZI 2018, 743, 744.

124 Vgl hierzu *Smid* ZInsO 2016, 781, 784 f.

125 BGH NJW 2020, 3102, 3103 mwN; so schon RGZ 93, 13, 14; dies entspricht einhelliger Ansicht, vgl etwa BK/*Martini* InsO[73] § 174 Rn 37; FK/*Kießner* InsO[9] § 174 Rn 15; Gottwald/Hess/*Eickmann/Wimmer* InsRHdb[6] § 61 Rn 10; KK/*Thiele* InsO § 174 Rn 52.

126 Voraufl Jaeger/*Gerhardt* § 174 Rn 24; ebenso *Eckardt* Kölner Schrift[3] Kap 17 Rn 15.

127 BGH NJW 2020, 3102, 3103 f mwN zum Streitstand; anders noch BGH ZInsO 2009, 381, Rn 10; dem folgend HambK/*Preß/Henningsmeier* InsO[9] § 174 Rn 19.

meldung „den Lebenssachverhalt darzulegen, der in Verbindung mit einem – nicht notwendig ebenfalls vorzutragenden – Rechtssatz die geltend gemachte Forderung als begründet erscheinen lässt", nicht zur Umschreibung der notwendigen Individualisierung verwendet hätte. Die Formel beschreibt herkömmlich eben die Schlüssigkeit und ist deshalb zur Beschreibung der vom Schlüssigkeitserfordernis gerade abzugrenzenden Individualisierung der Forderung für die ordnungsgemäße Anmeldung nicht geeignet.[128]

Was für den Grund des Anspruchs gilt, gilt ungeachtet der besonderen Zweckrichtung der Angaben im Prinzip ebenso für die Angaben zum qualifizierten Rechtsgrund bei einer Forderungsanmeldung mit Attribut nach § 302 Nr 1 (hierzu unten Rn 90); eine schlüssige Darlegung ist nicht erforderlich.[129] 64

bb) Rechtszuständigkeit. Ebenso wie die Rechtszuständigkeit, konkret also die Rechtsinhaberschaft, als „subjektive Seite" zum „Grund des erhobenen Anspruchs" im Sinne von § 253 II Nr 2 ZPO gehört,[130] ist sie auch Bestandteil des „Grundes der Forderung" iSv § 174 InsO.[131] Dabei gehören zur **erforderlichen Individualisierung** auch die Subjekte des Rechtsverhältnisses. Der Anmelder hat also zu behaupten, dass die Forderung ihm zustehe. Nimmt er eine ihm **abgetretene oder kraft Gesetzes auf ihn übergegangene Forderung** in Anspruch, so gehört mithin die Tatsache des Übergangs zum unerlässlichen Inhalt der Anmeldung.[132] Zur Anmeldung derselben Forderung durch mehrere Prätendenten vgl unten Rn 76 f. 65

Die **Anmeldung einer fremden Forderung im eigenen Namen** wird im insolvenzrechtlichen Feststellungsverfahren **nicht** zugelassen.[133] Verfahrensrechtlich betrachtet ist hier also keine Prozessstandschaft möglich (zur Rechtsnachfolge nach Anmeldung vgl unten Rn 85 f).[134] Begründen lässt sich dieser Ausschluss der Prozessstandschaft mit der unterschiedlichen Funktion und Struktur des Feststellungsverfahrens im Vergleich zum Zivilprozess (vgl oben Rn 13 f). Es geht nicht um die Austragung eines Streits über Bestand und Rechtsinhaberschaft, der vielmehr dem Feststellungsprozess vorbehalten bliebe (§§ 179, 180). Die unstreitige Titulierung, die verfahrensimmanent mit der Forderungsfeststellung erreicht wird, stellt letztendlich nur eine Zwischenstufe zur Partizipation an der Verteilungsmasse, also zur Haftungsverwirklichung dar. Im Vordergrund steht deshalb die Empfangsberechtigung in einem (Gesamt-) Vollstreckungsverfahren. Die Anmeldung einer fremden Forderung im eigenen Namen kann insofern mit der Vollstreckungsstandschaft verglichen werden. Eine isolierte gewillkürte Vollstreckungsstandschaft ist jedoch unzulässig.[135] 66

cc) Urkunden als Hilfsmittel zur Substantiierung. Zumindest primär auf die Urkunde als Beweismittel bezieht sich § 174 I S 2, auch wenn dieser weiter gefasst ist als die Vorgängerregelung in § 139 S 2 KO, die von der Beifügung urkundlicher *Beweisstücke* handelte. § 174 I S 2 soll es dem Insolvenzverwalter und den Gläubigern ermöglichen, über den Bestand der Forderung 67

128 Zutreffend *Eckardt* EWiR 2020, 501, 502.
129 BGH NJW-RR 2014, 432, 433; Jaeger/*Preuß* § 302 Rn 40; **aA** HK/*Waltenberger* InsO[10] § 302 Rn 34.
130 RGZ 77, 141, 143; 90, 430, 433; KK/*Thiele* InsO § 174 Rn 53; Kübler/Prütting/Bork/*Pape/Schaltke* InsO[88] § 174 Rn 47; Stein/Jonas/*Roth* ZPO[23] § 253 Rn 54.
131 BGH ZInsO 2009, 381, Rn 10; *Delhaes* KTS 1961, 34; Kübler/Prütting/Bork/*Pape/Schaltke* InsO[88] § 174 Rn 47; BeckOK/*Zenker* InsO[23] § 174 Rn 25.
132 BGH ZInsO 2009, 381, Rn 10; Kübler/Prütting/Bork/*Pape/Schaltke* InsO[88] § 174 Rn 47; K Schmidt/*Jungmann* InsO[19] § 174 Rn 29; MünchKomm/*Riedel* InsO[4] § 174 Rn 26.
133 BGH NJW 2016, 1823, 1826; BeckOK/*Zenker* InsO[23] § 174 Rn 5.1.
134 **AA** bzgl § 265 II ZPO AG Köln NZI 2016, 168, 169.
135 **HM**, BGHZ 92, 347; BGH NJW-RR 1992, 61; *Gaul/Schilken/Becker-Eberhard*, ZVR[12] § 16 Rn 107, 109 mN zum Streitstand.

und damit zugleich über die Chancen der Einlegung eines Widerspruchs zu entscheiden.[136] Urkunden kann im Anmeldeverfahren insgesamt allerdings eine **doppelte Funktion** zukommen, einmal als Mittel oder Hilfsmittel bei der erforderlichen Substantiierung und zum anderen als Beleg, gewissermaßen als Beweismittel für die behauptete Forderung. Beide Funktionen können auch zusammenfallen: Urkunden, die der Substantiierung dienen, können zugleich ein Beweismittel sein, umgekehrt kann die primär als Beweismittel beigefügte Urkunde auch den erforderlichen Tatsachenvortrag komplettieren.

68 Die detaillierte Angabe vor allem des Forderungsgrundes kann für den Anmelder **erleichtert** sein, wenn er über die behauptete Forderung unter entsprechender Bezugnahme eine **Urkunde** vorlegen kann, die alle erforderlichen Angaben enthält und aus der sich die vorzutragenden Tatsachen ergeben.[137] Nicht genügend ist dagegen die Bezugnahme auf Urkunden, die der Anmelder lediglich dem Insolvenzverwalter ausgehändigt hat, da sich auch die übrigen Insolvenzgläubiger zur sachgerechten Wahrnehmung ihres Widerspruchsrechts (§§ 178 I, 179 I) durch Einblick in die Tabelle nebst Anlagen über den behaupteten Anspruchsgrund unterrichten können müssen.

69 **d) Wahlschulden.** Bei Wahlschulden mit Wahlbefugnis des Schuldners (§ 262 BGB) darf der Gläubiger nur alternativ anmelden, und zwar wegen des Erfordernisses der Angabe eines bestimmten Geldbetrages (o Rn 58) den Geldwert der einen oder der anderen Leistung. Der Insolvenzverwalter übt das Wahlrecht des Schuldners aus. Die Ausübung hat spätestens bei der Prüfung (§ 176) zu geschehen, da sonst – entsprechend dem § 264 BGB – das Wahlrecht auf den anmeldenden Gläubiger übergeht.

70 **e) Sammelanmeldungen (Poolanmeldungen).** Sammelanmeldungen („**Poolanmeldungen**“) sind prinzipiell zulässig. So kann bspw die Bundesagentur für Arbeit auf sie übergegangene Arbeitsentgeltansprüche **mehrerer Insolvenzausfallgeldberechtigter** in **einer** Anmeldung zusammenfassen. Das gleiche gilt für **Ruhegeldansprüche** der Arbeitnehmer, die gem § 9 II BetrAVG auf den PSV übergegangen sind.[138] Ein weiterer Fall, in dem eine Sammelanmeldung in Betracht käme, wären Sozialplanansprüche aus einem vor der Eröffnung des Insolvenzverfahrens geschlossenen Sozialplan,[139] bei denen es sich nicht um Masseverbindlichkeiten (vgl § 123 II S 1), sondern um einfache Insolvenzforderungen handelt,[140] die als solche zur Tabelle anzumelden sind.

71 Aus der Anmeldung, zumindest aber aus der Anlage, müssen sich jedoch die **einzelnen Forderungen** ergeben. Diese **Individualisierung** ist erforderlich, um dem Insolvenzverwalter und den Insolvenzgläubigern die Möglichkeit zu geben, einzelne Forderungen – ggf unter Berufung auf die Anfechtung gem § 187 S 2 SGB III iVm §§ 184 I Nr 2 SGB III, 130 ff InsO – zu bestreiten.[141]

---

136 OLG Hamm ZInsO 1999, 352; FK/*Kießner* InsO[9] § 174 Rn 18; Uhlenbruck/*Sinz* InsO[15] § 174 Rn 41; BeckOK/*Zenker* InsO[23] § 174 Rn 20; MünchKomm/*Riedel* InsO[4] § 174 Rn 42.

137 Vgl BGH NZI 2018, 743, 744 (Beifügung einer Vergleichsurkunde, aus der sich Zahlungspflicht ergibt); BeckOK/*Zenker* InsO[23] § 174 Rn 20.

138 Uhlenbruck/*Sinz* InsO[15] § 174 Rn 25.

139 *Frege*/*Keller*/*Riedel* InsR[8] Rn 1545 auch zur Anmeldung durch den Betriebsrat.

140 Dazu mwN KK/*Thiele* InsO § 174 InsO Rn 94 sowie die Begr zur InsO BT-Drucks 12/2443 S 98.

141 BGH ZInsO 2009, 381, Rn 11; OLG Jena NZI 2013, 399, 401; Gottwald/Haas/*Eickmann*/*Wimmer* InsRHdb[6] § 61 Rn 5; BK/*Martini* InsO[73] § 174 Rn 42; MünchKomm/*Riedel* InsO[4] § 174 Rn 24; *Smid* ZInsO 2016, 781, 784; Uhlenbruck/*Sinz* InsO[15] § 174 Rn 25; vgl auch (zur KO) KG ZIP 1987, 1199; dazu *Eickmann* EWiR 1987, 803.

6. Beifügung/Einreichen urkundlicher Beweisstücke (Abs 1 Satz 2, Abs 4 Satz 2, 3)

Nach § 174 I S 2 sollen der Anmeldung die Urkunden, „aus denen sich die Forderung" ergibt, in Abdruck beigefügt werden. Bei der elektronischen Anmeldung nach Abs 4 genügt nach der Neufassung der Regelung zum 1.1.2021[142] die Übermittlung einer elektronischen Rechnung. Ausweislich der Materialien soll dadurch Einklang mit der E-Rechnungsverordnung (ERechV)[143] hergestellt werden,[144] die in § 2 II eine entsprechende Begriffsbestimmung enthält. Ausdrucke, Abschriften oder Originale sind nur und erst auf Verlangen des Insolvenzverwalters oder des Insolvenzgerichts einzureichen, so dass die Forderungsanmeldung nunmehr prinzipiell auch allein im elektronischen Verfahren möglich ist. Hier könnte der Gläubiger sich mit elektronischen Kopien begnügen, um seine Forderung zu belegen.[145] 72

§ 174 I S 2 geht zurück auf § 139 KO. § 139 KO hatte die entsprechende Regelung über die Beifügung von Urkunden noch als Mussvorschrift gefasst („sind beizufügen"); schon seinerzeit war allerdings anerkannt, dass sie ihrem Zweck nach lediglich eine Sollvorschrift darstellt und auch nicht etwa den Anmelder im Feststellungsverfahren in einer Art Präklusion auf die schon der Anmeldung beigefügten Beweismittel beschränkte.[146] Dem trägt die Fassung des § 174 I S 2 als **Sollvorschrift** Rechnung.[147] Selbst wenn entsprechende Unterlagen nicht eingereicht werden, ist eine ansonsten ordnungsgemäße **Forderungsanmeldung wirksam**. 73

Auch wenn es sich lediglich um eine Sollvorschrift handelt, empfiehlt sich die Beifügung entsprechender Belege, zumal sie auch zur Individualisierung der angemeldeten Forderung dienen und damit für die Erfüllung der Anforderungen des § 174 II von Bedeutung sein können (dazu oben Rn 63 mN). Sinnvoll ist die Beifügung von Belegen zudem mit Rücksicht auf die Kostenlast im Feststellungsprozess. Erklärt nämlich der Insolvenzverwalter seinen wegen Fehlens der Beweisstücke erhobenen Widerspruch (§ 178 I) für unbegründet, nachdem die Beweisstücke im Prozess vorgelegt worden sind, erledigt sich der Rechtsstreit in der Hauptsache; dem Gläubiger können nach § 91a ZPO die Kosten des Rechtsstreits auferlegt werden.[148] Der Insolvenzverwalter könnte die Forderung in einem solchen Fall auch „vorläufig bestreiten" (vgl hierzu § 176 Rn 30 ff). Sofern es sich bei dem „urkundlichen Beweisstück" um einen vollstreckbaren Titel handelt, ist die Beifügung schließlich mit Rücksicht auf die Wirkungen des § 179 II geboten. 74

Für Gläubiger aus einem anderen EU-Mitgliedstaat gilt zudem die Regelung des **Art 55 II 2 EuInsVO**. Aus den bereits zu § 174 II ausgeführten Gründen (vgl Rn 56) ergeben sich aber jedenfalls keine weiteren Anforderungen für eine ordnungsgemäße Forderungsanmeldung.[149] 75

7. Doppelanmeldung bei Prätendentenstreit

Wird ein und dieselbe Forderung von verschiedenen Anmeldern, die das Recht jeweils für sich in Anspruch nehmen, verfolgt, zB beim Streit über die Wirksamkeit einer Zession (Anmeldung zugleich durch den Zedenten und den Zessionar) oder beim Streit um das Erbrecht (Anmeldung zugleich durch den gesetzlichen und den testamentarischen Erben), so führt dies zu einer Dop- 76

---

142 G v 22.12.2020 (SanInsFoG), BGBl I, S 3256.

143 Verordnung über die elektronische Rechnungsstellung im öffentlichen Auftragswesen des Bundes v 13.10.2017, BGBl I, S 3555.

144 RegBegr BT-Drucks 19/24181, S 199.

145 Vgl BeckOK/*Zenker* InsO[23] § 174 Rn 21.

146 RGZ 85, 64, 68; Kilger/*K. Schmidt* InsR[17] § 139 KO Anm 5.

147 K Schmidt/*Jungmann* InsO[19] § 174 Rn 21; BeckOK/*Zenker* InsO[23] § 174 Rn 19; Braun/*Specovius* InsO[8] § 174 Rn 22; HambK/*Preß*/*Henningsmeier* InsO[9] § 174 Rn 14; HK/*Depré* InsO[10] § 174 Rn 22; Uhlenbruck/*Sinz* InsO[15] § 174 Rn 41.

148 Gottwald/Haas/*Eickmann*/*Wimmer* InsRHdb[6] § 61 Rn 11; Kübler/Prütting/Bork/*Pape*/*Schaltke* InsO[88] § 174 Rn 52 mwN; Uhlenbruck/*Sinz* InsO[15] § 174 Rn 42; K Schmidt/*Jungmann* InsO[19] § 174 Rn 21.

149 Vgl auch BeckOK/*Zenker* InsO[23] § 174 Rn 19.

pelanmeldung.[150] Die sich daraus ergebenden **Streitigkeiten über die Rechtszuständigkeit** sind wie solche über den Rechtsbestand im Prüfungsverfahren, nicht im Anmeldungsverfahren zu erörtern (§ 176). In die Tabelle wären also beide Anmeldungen aufzunehmen, jedoch unter ausdrücklichem Hinweis darauf (Bemerkungsspalte), dass hier ein und dieselbe Forderung für – namentlich zu bezeichnende – verschiedene Anmelder in Anspruch genommen wird.[151] Die Besonderheit der Situation des Prätendentenstreits ist im weiteren Verfahren zu berücksichtigen, um den Widerspruchsberechtigten nach § 178 I S 1 nicht die Kostengefahr mehrerer Feststellungsklagen zuzumuten, deren eine begründet sein muss. Schutz bietet wie außerhalb des Insolvenzverfahrens § 372 S 2 BGB. Das **Prüfungsverfahren** wird also so verlaufen: Die Forderung wird dem Bestand und Betrag nach anerkannt, der Rechtszuständigkeit nach jedoch vom Verwalter bestritten, allerdings mit der entsprechenden Beschränkung auf die ungeklärte Rechtszuständigkeit.[152] Zugunsten des obsiegenden Prätendenten hinterlegt der Insolvenzverwalter die auf die Forderung entfallenden Anteile unter Rücknahmeverzicht (§§ 372 S 2, 378 BGB).[153]

77 Ein **Bestreiten erübrigt sich**, wenn sich die konkurrierenden Anmelder über die Inhaberschaft an der Forderung einigen und dem Insolvenzgericht einen Nachweis über die Einigung vorlegen oder wenn einer der Anmelder erklärt, er wolle dem anderen den Vortritt lassen. Dann steht dem nachträglichen Verlangen dieses Anmelders, als besser berechtigter Forderungsinhaber behandelt zu werden, der Einwand der unzulässigen Rechtsausübung entgegen.[154]

IV. Rücknahme der Anmeldung

1. Allgemeines

78 Wie die Klagerücknahme ist die Zurücknahme der Anmeldung eine **Prozesshandlung**. Sie ist eine einseitige Handlung und bedarf auch nach einem Bestreiten des Anspruchs – anders als eine Klagerücknahme, § 269 ZPO – **keiner Zustimmung** der Gegenseite, also des widersprechenden Schuldners oder des Insolvenzverwalters.[155] Das gilt unabhängig davon, ob sie noch im Prüfungstermin selbst oder später erklärt wird. Mit der nachträglichen **Änderung einer Anmeldung** kann zugleich eine **Teilrücknahme** verbunden sein, die allerdings erst dann wirksam wird, wenn sie formgerecht und ggü dem richtigen Adressaten erfolgt (dazu unten Rn 82).[156]

79 Hinsichtlich der mit der Anmeldung der Forderung nach § 204 I Nr 10 BGB bewirkten Hemmung der Verjährung gilt § 204 II S 1 BGB; die Rücknahme ist eine „anderweitige Beendigung des eingeleiteten Verfahrens" mit der Rechtsfolge, dass die **Hemmung der Verjährung 6 Monate nach Rücknahme endet.**[157]

---

150 Die früher hM zur Unzulässigkeit ist heute überholt und aufgegeben, vgl VerfGH Thüringen ZInsO 2009, 1487 ff sub II 1) aa) (2).

151 Ebenso Gottwald/Haas/*Eickmann*/*Wimmer* InsRHdb[6] § 61 Rn 2; Rattunde/Smid/Zeuner/*Smid* InsO[4] § 175 Rn 13; Uhlenbruck/*Sinz* InsO[15] § 174 Rn 10.

152 BGH NJW 1970, 810, 811; Gottwald/Haas/*Eickmann*/*Wimmer* InsRHdb[6] § 61 Rn 2; Uhlenbruck/*Sinz* InsO[15] § 174 Rn 10; vgl auch OLG Brandenburg NZI 2009, 479, 480.

153 Dem hier vertretenen Modell zustimmend: *Smid* ZInsO 2016, 1838, 1841.

154 BGH NJW 1970, 810 f; Uhlenbruck/*Sinz* InsO[15] § 178 Rn 31; K Schmidt/*Jungmann* InsO[19] § 178 Rn 15; MünchKomm/*Schumacher* InsO[4] § 178 Rn 68.

155 Offengelassen: AG Köln NZI 2016, 168, 169.

156 BGH NJW 2019, 1877, 1879.

157 Zur Rücknahme der Anmeldung OLG Brandenburg Urt v 29.4.2009 – 4 U 130/08; MünchKomm/*Grothe* BGB[8] § 204 Rn 3; vgl auch allg BT-Drucks 14/6857 S 44 f; **aA** zur Rücknahme der Anmeldung Grüneberg/*Ellenberger* BGB[81] § 204 Rn 42 (Rücknahme beendet das Verfahren ex nunc).

Ihrer Wirkung nach bildet die Rücknahme regelmäßig nur einen **Verzicht** auf die **Teilnahme** am Insolvenzverfahren und die durch die Anmeldung erworbene Stellung im Verfahren.[158] Darum scheidet die zurückgenommene Anmeldung für den Prüfungstermin aus (zur zeitlichen Schranke der Forderungsfeststellung unten Rn 84). Eine **Wiederanmeldung** steht dem Gläubiger frei, auch wenn die zurückgenommene Anmeldung bereits zugelassen gewesen war. Den Rechtsfolgen der §§ 87, 89[159] entgeht der Insolvenzgläubiger bei Anmeldungsrücknahme ebenso wenig wie beim Unterlassen der Anmeldung. Der Verzicht befreit darum **nicht** vom **Vollstreckungsverbot** des § 89[160] und richtigerweise auch **nicht** von der **Klagesperre** des § 87.[161] 80

Ob die Rücknahme der Anmeldung im Einzelfall zugleich einen **endgültigen Insolvenzteilnahmeverzicht** bedeutet, ist Auslegungsfrage und im Zweifel zu verneinen. Eine Wiederanmeldung ist dann nicht zulässig.[162] **Ausnahmsweise** kann die Anmeldungsrücknahme sogar einen **materiell-rechtlichen Verzicht** auf die Forderung (genau genommen: Angebot auf Abschluss eines Erlassvertrages, § 397 BGB) enthalten. 81

2. Zuständigkeit und Form

Anders als die Zuständigkeit für die Anmeldung, die nach § 174 I stets beim Verwalter liegt (vgl oben Rn 33 ff), wechselt die Zuständigkeit für die Entgegennahme der Rücknahme im Verfahren. Der **Verwalter ist bis zur Weiterleitung der Tabelle** an das Gericht (§ 175) zuständig, jedenfalls **mit dem Prüfungstermin** liegt die Zuständigkeit allerdings beim **Insolvenzgericht.**[163] Dem Verwalter kommt aber weiter die hier sog. **Portalfunktion** zu (vgl oben Rn 35), so dass auch nach dem Zuständigkeitswechsel die Rücknahme wirksam ist, wenn sie ggü dem Verwalter erklärt und von diesem an das Insolvenzgericht weitergeleitet wurde.[164] Angesichts dieser Portalfunktion des Verwalters ist es im Übrigen letztendlich unerheblich, ob die Tabellenführung bereits mit der Niederlegung der Tabelle bei Gericht in die Zuständigkeit des Gerichts fällt (zur Tabellenführung vgl § 175 Rn 6 ff). 82

Formal hat die Rücknahme **wie die Anmeldung** selbst zu erfolgen (o Rn 38 ff), also schriftlich oder elektronisch gegenüber dem Verwalter,[165] dem Insolvenzgericht gegenüber schriftlich, wobei hier auch die Erklärung zu Protokoll des Insolvenzgerichts statthaft ist.[166] 83

---

158 Vgl BGH NJW 2019, 1877, 1878 mwN; Kübler/Prütting/Bork/*Pape/Schaltke* InsO[88] § 174 Rn 71; HambK/*Preß/Henningsmeier* InsO[9] § 174 Rn 26; BeckOK/*Zenker* InsO[23] § 174 Rn 43; MünchKomm/*Riedel* InsO[4] § 174 Rn 43; Uhlenbruck/*Sinz* InsO[15] § 174 Rn 49.

159 Zur fehlenden wirksamen Anmeldung vgl BGH NJW-RR 2013, 992, 994 mwN.

160 Abs hM schon zur KO, vgl BGHZ 25, 395, 400; Jaeger/*Weber* KO[9] § 139 Rn 20; heute mwN zB Jaeger/*Eckardt* InsO § 89 Rn 11; Gottwald/Haas/*Eckardt* InsRhdb[6] § 33 Rn 28.

161 BGH NZI 2005, 108 = ZInsO 2005, 95, Rn 10; BGH NZI 2009, 309, Rn 8; *Eckardt* Kölner Schrift[3] Kap 17 Rn 10; Jaeger/*Windel* InsO § 87 Rn 11; Gottwald/Haas/*Eckardt* InsRhdb[6] § 32 Rn 180; **aA** (im Anschluss an die hM zur KO, BGHZ 72, 234 ff; BGH ZIP 1996, 842 mwN) *Birkenhauer* Probleme der Nichtteilnahme am und im Insolvenzverfahren, 2002, S 83 ff, 87 ff; MünchKomm/*Schumacher* InsO[4] § 184 Rn 7.

162 Gottwald/Haas/*Eickmann/Wimmer* InsRhdb[6] § 61 Rn 41; Uhlenbruck/*Sinz* InsO[15] § 174 Rn 49; Kübler/Prütting/Bork/*Pape/Schaltke* InsO[88] § 174 Rn 71.

163 BGH NJW 2019, 1877, 178; MünchKomm/*Riedel* InsO[4] § 174 Rn 43; K Schmidt/*Jungmann* InsO[19] § 174 Rn 44; Uhlenbruck/Sinz InsO[15] § 174 Rn 49; dagegen BeckOK/*Zenker* InsO[23] § 174 Rn 44.1, der für eine Zuständigkeit des Verwalters entsprechend der Zuständigkeit für die Anmeldung plädiert.

164 BGH NJW 2019, 1877, 178.

165 Gottwald/Haas/*Eickmann/Wimmer* InsRhdb[6] § 61 Rn 40; MünchKomm/*Riedel* InsO[4] § 174 Rn 44; BeckOK/*Zenker* InsO[23] § 174 Rn 44.

166 Uhlenbruck/*Sinz* InsO[15] § 174 Rn 49 (sie ist dann dem Verwalter abschriftlich mitzuteilen); Gottwald/Haas/*Eickmann/Wimmer* InsRhdb[6] § 61 Rn 40.

3. Zeitgrenze: Forderungsfeststellung

84 Sobald die angemeldete Insolvenzforderung als **festgestellt** in die Tabelle eingetragen ist, kann die **Anmeldung als solche** als gerichtliche Geltendmachung des Anspruchs **nicht mehr zurückgenommen** und etwa später verbessert wiederholt werden, weil die Rechtskraft (§ 178 II) nicht dem Parteiverzicht unterliegt.[167] Stattdessen kann der Gläubiger auch die mit Rechtskraftwirkung festgestellte Forderung selbst ganz oder teilweise erlassen (§ 397 BGB) oder stunden. Er kann auch dann noch, ohne die Forderung aufzuheben, in deren voller Höhe oder zu einem beschränkten Betrag auf Insolvenzteilnahme, dh auf die Ausübung der Gläubigerrechte im Insolvenzverfahren, verzichten. Dieser Verzicht auf Insolvenzteilnahme schließt insoweit den Anspruch auf Berücksichtigung bei den Verteilungen sowie die Stimm- und Antragsbefugnisse eines Insolvenzgläubigers aus. Die Sperre der §§ 87, 89 wendet er nicht ab. Bei Berufung auf das festgestellte Gläubigerrecht kann der Verwalter den Verzicht durch eine dem § 767 ZPO entsprechende Gegenklage, § 179 II, zur Geltung bringen.[168] Ein Gläubiger, der auf die Teilnahme am Insolvenzverfahren verzichtet, gibt damit die Möglichkeit einer späteren Realisierung seiner Forderung nach dem Insolvenzverfahren, § 201 I, II, nicht auf.[169]

V. Rechtsnachfolge nach der Anmeldung

85 Nach der Anmeldung kann die Forderung auf einen Rechtsnachfolger des Gläubigers übergehen. Die Folgen für das Feststellungsverfahren werden vor allem für die **Einzelrechtsnachfolge**, also die Abtretung der angemeldeten Forderung diskutiert. Ist die Forderung im weiteren Verlauf des Verfahrens bereits geprüft und mit Wirkung nach § 178 III zur Tabelle feststellt, wirkt die Feststellung entsprechend § 325 ZPO im Verhältnis zum Rechtsnachfolger des Gläubigers der festgestellten Forderung (§ 178 Rn 32).

86 Bis zur und in der Prüfung stellt sich allerdings das Problem, dass dem Anmeldenden nunmehr die Rechtszuständigkeit fehlt. Die zwischen Zedenten und Zessionar materiell-rechtlich **unstreitige Rechtsnachfolge** (zum Problem **Prätendendenstreit** und Doppelanmeldung siehe Rn 76) muss **verfahrensrechtlich umgesetzt** werden. *Gerhardt* hat sich in der Vorauflage explizit gegen eine Anwendung des § 265 ZPO ausgesprochen und iE kein Erfordernis der Eintragung des Rechtsnachfolgers in die Tabelle gem § 175 gesehen, damit dieser am Insolvenzverfahren teilnehmen kann, allerdings im Hinblick auf die Schutzvorschriften der §§ 406 ff BGB verlangt, dass dem Verwalter die Urkunde nach § 410 BGB auszuhändigen wäre.[170] Das AG Köln hat demgegenüber für die Forderungsanmeldung § 265 II ZPO angewendet und die Anmeldegläubigerin weiter als „Herrin des von ihr betriebenen Verfahrens zur Forderungsanmeldung- und -feststellung" angesehen.[171] Ebenso befürwortet *Smid* die Anwendbarkeit des § 265 II ZPO.[172] Eine „Prozessstandschaft" iSd § 265 II ZPO widerspricht jedoch dem Prinzip, dass im insolvenzrechtlichen Feststellungsverfahren keine fremde Forderung im eigenen Namen zur Prüfung gestellt werden kann[173]

167 *Jaeschke* S 75, 121; Kübler/Prütting/Bork/*Pape*/*Schaltke* InsO[88] § 177 Rn 31; MünchKomm/*Riedel* InsO[4] § 174 Rn 43 m Fn 65; *Willmer*/*Berner* NZI 2015, 877, 880; *dies* NZI 2019, 540; ausführlich hierzu *von der Ohe* S 80 ff; **aA** AG Köln NZI 2016, 168, 169 (bis zur Aufhebung des Insolvenzverfahrens); Braun/*Specovius* InsO[8] § 177 Rn 25; *Schreiber*/*Birnbreier* ZInsO 2009, 2377, 2383; **unklar** Uhlenbruck/*Sinz* InsO[15] einerseits § 174 Rn 50, andererseits § 177 Rn 17; zur KO bereits RGZ 112, 297, 299; **aA** *Seuffert* Konkursprozeßrecht S 254, der eine Zurücknahme bis zur Beendigung des Konkursverfahrens für statthaft hielt.

168 Uhlenbruck/*Sinz* InsO[15] § 174 Rn 50.

169 Vgl auch *von der Ohe* S 88 f; **aA** *Berner*/*Wilmer* NZI 2015, 877, 882.

170 Voraufl Jaeger/*Gerhardt* § 174 Rn 86; vgl auch *Schreiber*/*Birnbreier* ZInsO 2009, 2377, 2380 f (auch zum Nachweis der Rechtsnachfolge).

171 AG Köln NZI 2016, 168, 169.

172 *Smid* ZInsO 2016, 1838, 1845 f, der allerdings die pauschale Vorgehensweise des AG Köln kritisiert.

173 Vgl BGH NJW 2016, 1823, 1826; BeckOK/*Zenker* InsO[23] § 174 Rn 5.1.

(siehe im Einzelnen oben Rn 66). Die von *Gerhardt* befürwortete Lösung eines einfachen Nachweises ggü dem Verwalter lässt wiederum offen, wie das Problem der fehlenden Rechtszuständigkeit im Prüfungsverfahren gelöst werden soll. Der Rechtsnachfolger muss zum Verfahrensbeteiligten werden und der bisherige Anmelder muss aus dem Verfahren ausscheiden. Das ist in dieser Fallkonstellation, in der die Forderung gerade noch nicht zur Tabelle festgestellt wurde, ohne weiteres durch **Rücknahme** der Anmeldung durch den Zedenten und **Neuanmeldung** durch den Zessionar möglich (zur Rücknahme oben Rn 78 ff).[174] Möglich wäre aber auch ein gewillkürter Beteiligtenwechsel. Nach einem **Beteiligtenwechsel** kann die Tabelle für die Prüfung geändert werden; umgekehrt wäre eine einfache Berichtigung ohne diesen Beteiligtenwechsel fehlerhaft. Für einen Beteiligtenwechsel müssen sowohl der Zedent als auch der Zessionar dem Gericht die Abtretung anzeigen. Dem entspricht das für die Tabellenführung vorgeschlagene Verfahren, zunächst die vom Zedenten behauptete Abtretung ohne Rechtswirkung zu vermerken und im weiteren den Nachweis des Zessionars und damit dessen Aktivwerden zu verlangen.[175] Liegt eine **Gesamtrechtsnachfolge** vor, muss der Rechtsnachfolger diese nachweisen.

VI. Forderungsanmeldung mit Attribut nach § 174 II Hs 2

Die durch das Insolvenzrechts-Änderungsgesetz v 26.10.01 eingefügte und durch das RSB-Verkürzungsg v 15.7.2013 ergänzte Regelung in § 174 II Hs 2 versteht sich im Zusammenspiel mit § 302 Nr 1. Die in § 302 Nr 1 aufgelisteten Verbindlichkeiten des Schuldners, bspw Verbindlichkeiten aus einer vorsätzlich begangenen unerlaubten Handlung, sind von der Restschuldbefreiung nicht betroffen, sofern der Gläubiger die entsprechende Forderung unter erkennbarer Bezugnahme auf einen Privilegierungstatbestand nach § 302 Nr 1 gem § 174 II angemeldet hatte, sog Anmeldung mit Attribut.[176] 87

1. Gesetzeszweck und Anlass der Novellierung

Vor der Einführung des 2. Halbs in § 174 II und der entsprechenden Ergänzung in § 302 Nr 1 war es möglich, dass der Schuldner erst nach Abschluss eines Restschuldbefreiungsverfahrens geltend machte, die vom Gläubiger angemeldete Forderung sei von der Restschuldbefreiung betroffen, wohingegen der Gläubiger erst zu diesem Zeitpunkt behauptete, seine Forderung sei eine privilegierte Forderung gem § 302 und deshalb von der Restschuldbefreiung nicht betroffen. Vorher war eine Klärung ohnehin nicht möglich, sodass es für die Beteiligten ungewiss blieb, ob trotz Restschuldbefreiung vollstreckt werden oder ob der Schuldner nicht mehr in Anspruch genommen werden konnte.[177] Dieser bedenklichen Sachlage sollte mit der Ergänzung in Abs 2 abgeholfen werden.[178] Ein Gläubiger hat danach **schon mit der Anmeldung** anzugeben, ob es sich bei der angemeldeten Forderung jedenfalls nach seiner Einschätzung um eine privilegierte Forderung nach § 302 Nr 1 handelt und somit eine Restschuldbefreiung ausscheidet. Zugleich wird dem Schuldner dadurch die Möglichkeit eröffnet, durch seinen Widerspruch gem §§ 175 II, 178 II S 2, 184 rechtzeitig klären zu lassen, ob die entsprechende Forderung von 88

174 Kübler/Prütting/Bork/*Pape/Schaltke* InsO[88] § 177 Rn 27; vgl auch *Willmer/Berner* NZI 2015, 877, 880; Graf-Schlicker/*Graf-Schlicker* InsO[6] § 177 Rn 10; *Schreiber/Birnbreier* ZInsO 2009, 2377, 2382; Uhlenbruck/*Sinz* InsO[15] § 177 Rn 14.

175 Kübler/Prütting/Bork/*Pape/Schaltke* InsO[88] § 177 Rn 27; vgl auch *Schreiber/Birnbreier*, ZInsO 2009, 2377, 2380; iE ebenso *Willmer/Berner* NZI 2015, 877, 880; Uhlenbruck/*Sinz* InsO[15] § 177 Rn 14.

176 Vgl Jaeger/*Preuß* § 302 Rn 39 **mwN.**

177 Krit. zum damaligen Befund *I. Pape/G. Pape* ZIP 2000, 1553, 1562; vgl dazu auch Kübler/Prütting/Bork/*Pape/Schaltke* InsO[88] § 174 Rn 83 f.

178 Dazu Begründung zu InsO-ÄndG BT-Drucks 14/560 S 27 zu Nr 12.

der Restschuldbefreiung ausgenommen ist oder nicht.[179] Unterbleibt ein derartiger Widerspruch, ist die Forderung restschuldbefreiungsfest, während andererseits bei erhobenem und nicht beseitigtem Widerspruch die Forderung von der Restschuldbefreiung ausgenommen wird.[180]

2. Inhaltliche Voraussetzungen

89 Will ein Gläubiger erreichen, dass die angemeldete Forderung von einer dem Schuldner erteilten Restschuldbefreiung ausgenommen bleibt, muss er bei der Anmeldung neben der Einhaltung der regulären Anmeldungsvoraussetzungen zusätzlich auf das geltend gemachte Attribut, zB Schadensersatzanspruch aus vorsätzlicher unerlaubter Handlung, Bezug nehmen und tatsächliche Angaben machen, aus denen sich **nach seiner Einschätzung** das Attribut ergeben soll.[181] Fehlen die erforderlichen Angaben, kann die Forderung jedenfalls nicht als von der Restschuldbefreiung nicht betroffen in die Tabelle eingetragen werden[182] (zur Prüfung der formal ordnungsgemäßen Anmeldung vor der Eintragung in die Tabelle vgl § 175 Rn 15 ff, 22 ff).

90 Eine bloße entsprechende Rechtsbehauptung reicht für die hinreichende Attributsanmeldung genauso wenig aus wie eine Benennung von Vorschriften oder die Verwendung von Schlagworten,[183] die Bezugnahme auf Unterlagen, aus denen die Zuordnung zu einem Privilegierungstatbestand folgen soll, oder die Beifügung entsprechender Beweismittel.[184] Bezogen auf den Rechtsgrund des Anspruchs aus vorsätzlicher unerlaubter Handlung verlangt der Bundesgerichtshof beispielsweise, dass der mit der Anmeldung geltend gemachte Anspruch **„in tatsächlicher Hinsicht zweifelsfrei bestimmt"** und für den Schuldner erkennbar sein müsse, „welches Verhalten der Gläubiger ihm vorwirft".[185] Der Schuldner muss beurteilen können, ob eine Forderung geltend gemacht wird, die dem Ziel der umfassenden Restschuldbefreiung entgegensteht.[186] Andererseits ist auch hier, wie oben Rn 63 allgemein dargetan, kein schlüssiger Tatsachenvortrag zu verlangen.[187] Der Bundesgerichtshof hat zu Recht klargestellt, dass der Schuldner nicht durch die Angaben des Gläubigers Informationen bekommen muss, die ihm die Beurteilung ermöglichten, ob es sinnvoll und notwendig ist, Widerspruch gegen den Rechtsgrund zu erheben; ein substantiierter Vortrag, der ihm dieses ermöglichte, ist somit nicht erforderlich.[188]

91 Wird der Privilegierungstatbestand der Verurteilung wegen einer Steuerstraftat nach den §§ 370, 373 oder § 374 AO angemeldet, muss zum Zeitpunkt der Anmeldung noch keine rechts-

---

179 *Häsemeyer* InsR[4] Rn 22.09; Jaeger/*Preuß* § 302 Rn 31; Kübler/Prütting/Bork/*Pape/Schaltke* InsO[88] § 174 Rn 85; MünchKomm/*Riedel* InsO[4] § 174 Rn 34a; Braun/*Specovius* InsO[8] § 174 Rn 28.

180 *Häsemeyer* InsR[4] Rn 22.09; ferner *Eckardt* Kölner Schrift[3] Kap 17 Rn 13; Graf-Schlicker/*Graf-Schlicker* InsO[6] § 174 Rn 18; FK/*Kießner* InsO[9] § 174 Rn 29, 34; *Kolbe* S 25 f; Kübler/Prütting/Bork/*Pape/Schaltke* InsO[88] § 174 Rn 85.

181 *Eckardt* Kölner Schrift[3] Kap 17 Rn 28a; Jaeger/*Preuß* § 302 Rn 39, 40.

182 MünchKomm/*Riedel* InsO[4] § 174 Rn 34a; Uhlenbruck/*Sinz* InsO[15] § 174 Rn 38, der allerdings iE höhere Anforderungen an die taugliche Attributsanmeldung stellt als hier vertreten.

183 BGHZ 223, 123 = NZI 2019, 897, 898; HK/Depré InsO[10] § 174 Rn 17; Uhlenbruck/*Sinz* InsO[15] § 174 Rn 37; Braun/*Specovius* InsO[8] § 174 Rn 28; MünchKomm/*Riedel* InsO[4] § 174 Rn 34; BeckOK/*Zenker* InsO[23] § 174 Rn 30; K Schmidt/*Jungmann* InsO[19] § 174 Rn 54; Kübler/Prütting/Bork/*Pape/Schaltke* InsO[88] § 174 Rn 86; Graf-Schlicker/*Graf-Schlicker* InsO[6] § 174 Rn 18.

184 Kübler/Prütting/Bork/*Pape/Schaltke* InsO[88] § 174 Rn 86; K Schmidt/*Jungmann* InsO[19] § 174 Rn 54.

185 BGH ZIP 2014, 278, 279.

186 S Reg Begr BT-Drucks 14/5680 S 27.

187 BGH NJW 2016, 1823, 1826, BGH ZIP 2014, 278, 279: AG Mannheim ZVI 2021, 231, 232 mwN. So zu Recht bereits *Eckardt* Kölner Schrift[3] Kap 17 Rn 28a; *Gaul* GS Heinze S 199: „entgegen verbreiteter Meinung"; *H. Heinze* DZWIR 2002, 369; vgl hierzu auch Jaeger/*Preuß* § 302 Rn 40 mwN; speziell für deliktische Forderungen *Kolbe* S 44 f; aA Uhlenbruck/*Sinz* InsO[15] § 174 Rn 38.

188 BGH ZIP 2014, 278, 279.

kräftige Verurteilung vorliegen.[189] Mit dem Erfordernis der „rechtskräftigen Verurteilung" soll dem Gericht in einem etwaigen Feststellungsprozess die Prüfung der Voraussetzungen der Steuerstraftat erspart werden; im insolvenzgerichtlichen Anmeldungs- und Prüfungsverfahren findet dagegen eine solche Überprüfung nicht statt.[190]

3. Nachträgliche Attributsanmeldung

Können gem § 177 nach dem allgemeinen Prüfungstermin neue Ansprüche angemeldet oder die Tatsachen ergänzt werden, dann muss auch die **gesonderte Nachmeldung** des Privilegierungstatbestandes selbst für eine ansonsten bereits geprüfte Forderung statthaft sein, und zwar unabhängig davon, ob die Forderung bestritten oder festgestellt worden war: Der Privilegierungstatbestand kann, da er als nicht beansprucht noch nicht zur Erörterung stehen konnte, § 176, ebenso wenig als aberkannt wie als anerkannt gelten.[191] Problem und Lösung ähneln der unter der KO virulenten Problematik des Streits um das Bestehen eines Konkursvorrechts.[192] Während die frühere Rechtsprechung des Reichsgerichts die Zulässigkeit der nachträglichen Inanspruchnahme eines Vorrechts für Forderungen, die bereits geprüft und zur Tabelle festgestellt worden sind, verneint hat, hat es später – auf Grund eingehender Auseinandersetzung mit den Argumenten der früheren Entscheidungen und im Wesentlichen im Anschluss an die Kritik von *Jaeger*[193] – diese Auffassung aufgegeben.[194] Auch der BGH hatte zur KO die Zulässigkeit einer nachträglichen Vorrechtsinanspruchnahme nach Feststellung der Forderung als einfache Insolvenzforderung bejaht und begründete hieran anknüpfend die gesonderte Nachmeldung eines Privilegierungstatbestandes.[195] 92

Grundsätzlich kommt eine Nachmeldung in Betracht, solange noch eine Prüfung möglich ist, also spätestens zum **Schlusstermin.**[196] Da die Attributsanmeldung aber darauf zielt, die Forderung von einer dem Schuldner erteilten Restschuldbefreiung auszunehmen, muss ebenfalls beachtet werden, zu welchem Zeitpunkt die Voraussetzungen für die Erteilung der Restschuldbefreiung vorliegen. Eine Nachmeldung des Privilegierungstatbestandes ist deshalb nicht mehr möglich, wenn die **Abtretungsfrist des § 287 II** bereits abgelaufen ist.[197] Gleiches gilt ggf für den Zeitpunkt der vorzeitigen Erteilung der Restschuldbefreiung.[198] 93

VII. Nachrangige Insolvenzgläubiger (§ 174 IV)

1. Berücksichtigung nachrangiger Gläubiger im Insolvenzverfahren

Die nach § 39 „nachrangigen Forderungen" sind zwar Insolvenzforderungen, werden jedoch erst befriedigt, sofern alle anderen „vorrangigen" Rechte berücksichtigt sind, vor allem also die Massegläubiger und die nicht nachrangigen Forderungen iSd § 38. Da allerdings Verteilungsmasse für diese Gläubiger nur im seltenen Ausnahmefall verbleibt, sollen diese Forderungen, 94

189 Jaeger/*Preuß* § 302 Rn 23, 24; **aA** Kübler/Prütting/Bork/*Pape/Schaltke* InsO[88] § 174 Rn 90.
190 Vgl BGH NJW-RR 2020, 1504, 1505; Jaeger/*Preuß* § 302 Rn 23.
191 BGH ZIP 2008, 566, 567; BGH NZI 2008, 569 = ZInsO 2008, 809, Rn 9; BGH NZI 2009, 189 = ZInsO 2009, 278, Rn 13; *Eckardt* Kölner Schrift[3] Kap 17 Rn 30; FK/*Kießner* InsO[9] § 174 Rn 32; *Kolbe* S 59 ff mit ausf N; MünchKomm/*Riedel* InsO[4] § 174 Rn 34a; zur Rechtslage nach der KO argumentativ übereinstimmend Jaeger/*Weber* KO[8] § 139 Rn 17.
192 Vgl Kübler/Prütting/Bork/*Pape/Schaltke* InsO[88] § 174 Rn 84 mwN.
193 KO 6./7. Aufl § 139 Anm 11; ferner KuT 1936, 81.
194 Grundl RGZ 149, 263 ff; ebenso später RGZ 164, 212, 219 f.
195 BGH ZIP 2008, 566, 567; BGH LM Nr 2, 3 zu § 61 KO.
196 BGH NZI 2020, 22, 230; MünchKomm/*Riedel* InsO[4] § 174 Rn 34a.
197 BGH ZIP 2013, 1677, 1678; FK/*Ahrens* InsO[9] § 302 Rn 44; FK/*Kießner* InsO[9] § 174 Rn 32; Kübler/Prütting/Bork/*Pape/Schaltke* InsO[88] § 174 Rn 101; Jaeger/*Preuß* § 302 Rn 35.
198 Kübler/Prütting/Bork/*Pape/Schaltke* InsO[88] § 174 Rn 101.

wie es schon in der Gesetzesbegründung heißt,[199] durch eine Anmeldung und Prüfung das Verfahren nicht belasten. § 174 III regelt deshalb, dass nachrangige Forderungen nur anzumelden sind, wenn das Gericht besonders zur Anmeldung auffordert. Dabei braucht sich die Aufforderung des Gerichts nicht auf „alle nachrangigen Forderungen" zu beziehen, sondern kann sich auch auf die in § 39 aufgeführten vorrangigen Klassen beschränken, deren Befriedigung im konkreten Fall in Betracht kommt. Eine derartige Aufforderung kann idR nicht schon mit der Eröffnung des Verfahrens erfolgen, weil sich erst zu einem (späteren) Zeitpunkt herausstellen wird, dass Mittel zur Befriedigung der nachrangigen Gläubiger zur Verfügung stehen.[200]

95 Die Formulierung in § 174 III stellt klar, dass auch die nachrangigen Insolvenzforderungen Insolvenzforderungen sind, zB mit der Konsequenz einer Unterbrechung schwebender Prozesse und der Geltung des Vollstreckungsverbotes, § 89. **Verfahrensrechte** erlangen nachrangige Gläubiger erst mit der Anmeldung nach § 174 III unter den dortigen Voraussetzungen. Auch nach Aufforderung und Anmeldung der Forderungen unterliegen die nachrangigen Gläubiger allerdings gewissen zusätzlichen **Beschränkungen**: Sie sind nicht stimmberechtigt, § 77 I S 2, auch nicht bei Abstimmungen über einen Insolvenzplan, § 246, ihre Forderungen gelten dann im Plan auch im Zweifel als erlassen, § 225 I;[201] ferner sind nachrangige Gläubiger bei Abschlagsverteilungen nicht zu berücksichtigen, § 187 II S 2.

96 Wie jeder andere Insolvenzgläubiger hat ein nachrangiger Gläubiger im Übrigen das **Recht**, die Eröffnung des Insolvenzverfahrens zu beantragen, wobei es im Hinblick auf sein Rechtsschutzinteresse auf die Befriedigungsaussichten des Gläubigers im eröffneten Verfahren nicht ankommt.[202] Auch hinsichtlich der Anfechtungsregelungen, §§ 129 ff, sind die nachrangigen Gläubiger wie alle anderen Insolvenzgläubiger zu behandeln, ebenso hinsichtlich der Aufrechnung.[203]

2. Aufforderung zur Forderungsanmeldung

97 § 174 III bezieht sich auf alle Forderungen, die „nachrangig" iSd § 39 sind.[204] Die gerichtliche Aufforderung setzt eine **Prognose** voraus, dass die nachrangigen Insolvenzgläubiger mit einer Zahlung auf ihre Forderungen rechnen können, dass also eine spätere, wenn auch nur teilweise Befriedigung für die nachrangigen Gläubiger hinreichend wahrscheinlich ist.[205] Das lässt sich idR erst beurteilen, wenn die Insolvenzmasse verwertet ist, wenn die nicht nachrangigen Gläubigerrechte festgestellt sind und wenn zuvor die Masseschulden berücksichtigt werden konnten. Ist dann mit einem Überschuss zu rechnen, der den nachrangigen Insolvenzgläubigern gebührt, so erfolgt die Aufforderung durch das Insolvenzgericht.

98 § 174 III S 1 trifft keine besondere Regelung über die **Form der nachträglichen Aufforderung** zur Anmeldung. Unter der Voraussetzung des Abs 3 sind auch für die nachrangigen Insolvenzgläubiger die allgemeinen Schutzvorschriften zugunsten der Insolvenzgläubiger zu berücksichtigen: Das Insolvenzgericht hat die Aufforderung in entsprechender Anwendung des § 30 iVm § 9 wie den Eröffnungsbeschluss zu veröffentlichen; den nachrangigen bekannten Gläubigern ist sie direkt zuzustellen.[206]

---

199 BT-Drucks 12/2443, Begr zu § 201, S 184.
200 Einzelheiten bei Jaeger/*Henckel* InsO § 39 Rn 5–8.
201 *Eckardt* Kölner Schrift[3] Kap 17 Rn 8; Uhlenbruck/*Sinz* InsO[15] § 174 Rn 53.
202 BGH ZIP 2010, 2055 mwN zum Streitstand; **aA** Voraufl Jaeger/*Gerhardt* InsO § 174 Rn 104.
203 Einzelheiten bei Jaeger/*Henckel* InsO § 39 Rn 8, gleichfalls mwN.
204 Jaeger/*Henckel* InsO § 39 Rn 10 ff.
205 BK/*Martini* InsO[73] § 174 Rn 63; HambK/*Preß*/*Henningsmeier* InsO[9] § 174 Rn 37; K Schmidt/*Jungmann* InsO[19] § 174 Rn 67; BeckOK/*Zenker* InsO[23] § 174 Rn 31; Uhlenbruck/*Sinz* InsO[15] § 174 Rn 51; MünchKomm/*Riedel* InsO[4] § 174 Rn 38.
206 BK/*Martini* InsO[73] § 174 Rn 64; HambK/*Preß*/*Henningsmeier* InsO[9] § 274 Rn 38; Uhlenbruck/*Sinz* InsO[15] § 174 Rn 51.

3. Sonderproblem: Wahrung der Verjährungsfrist

Nach Eröffnung des Insolvenzverfahrens steht dem Insolvenzgläubiger wegen der Sperre des § 87 von den Möglichkeiten, durch Rechtsverfolgung die Verjährung der Forderung zu hemmen, nur die Anmeldung der Forderung im Insolvenzverfahren zur Verfügung, § 204 I Nr 10 BGB. Die Konsequenz, dass der nachrangige Gläubiger schutzlos die Verjährung seiner Forderung hinnehmen müsste, kann allerdings durch die Zwecke des § 174 III nicht legitimiert werden. Der im Insolvenzverfahren gewonnene Entlastungseffekt rechtfertigt es nicht, die Durchsetzbarkeit der Forderung per se zu gefährden und dem Gläubiger möglicherweise über das Verfahren hinaus die Realisierbarkeit seiner Forderung zu nehmen. Bezogen auf das **Parallelproblem zu § 302 Nr 1** hat der Bundesgerichtshof insoweit zu Recht hervorgehoben, dass ein gesetzgeberischer Wille nicht festzustellen ist, es von der durch den Gläubiger nicht zu beeinflussenden Frage, ob das Vermögen des Schuldners ausreicht und deshalb nachrangige Gläubiger zur Forderungsanmeldung aufgefordert werden, abhängig zu machen, ob eine Forderung von der Restschuldbefreiung ausgenommen ist; für **nicht anmeldbare Nebenforderungen iSd § 39 I Nr 1** reicht deshalb die Anmeldung der Hauptforderung, um die Nebenforderung ebenfalls von der Restschuldbefreiung auszunehmen.[207] Die „hinreichende Warnung" des Schuldners, auf die das Anmeldungserfordernis des § 302 Nr 1 abzielt, wird bereits durch die Anmeldung der Hauptforderung erreicht. 99

Für die Lösung des Verjährungsproblems werden **Lösungsansätze** zT **im Insolvenzrecht** gesehen und dafür plädiert, eine Anmeldung der nachrangigen Forderung ausnahmsweise auch ohne gerichtliche Aufforderung zuzulassen, wenn durch die drohende Verjährung ein Rechtsschutzinteresse hierfür begründet ist und die Forderung nach Aufhebung oder Einstellung des Insolvenzverfahrens noch bestehe und geltend gemacht werden könne.[208] Das führte allerdings, von einer speziell auf diesen Sonderfall zugeschnittenen, an sich schon problematischen „systemwidrigen" Ausnahmeregelung abgesehen, dazu, dass mit der Anmeldung der Forderung und der Aufnahme in die Tabelle durch den Insolvenzverwalter notwendigerweise eine besondere zusätzliche Prüfung erforderlich wäre. Hinzu kommt, dass der Vorschlag verfahrensrechtlich nicht hinreichend gesichert ist, um den Gläubiger hierauf verweisen zu können. Die Lösung sollte deshalb außerhalb des Insolvenzverfahrensrechts gesucht werden. 100

Vorzugswürdig dürfte somit eine Lösung sein, die für das Verjährungsproblem im **materiellen Recht** ansetzt. Dazu kann auf eine entsprechende Anwendung des § 206 BGB verwiesen werden, weil für die nachrangigen Insolvenzgläubiger im Ergebnis eine Rechtsverfolgung ausgeschlossen wird, ohne dass dadurch deren Schutzbedürfnis generell aufgehoben ist.[209] Dem Rechnung zu tragen, entspricht auch dem Normzweck des § 206 BGB. Diesem Ergebnis lasse sich jedenfalls nicht entgegenhalten, diese Grundprämisse würde die Sonderregelung in § 204 I Nr 10 BGB überflüssig machen, zumal die damit angesprochenen nichtnachrangigen Gläubiger an der Rechtsverfolgung ihrer Forderung nicht gehindert sind, insoweit eben anders als die nachrangigen. Zum gleichen Ergebnis gelangt eine Lösung, die die Analogie zu § 206 BGB zwar verwirft, aber im Hinblick auf § 174 III eine Hemmung „kraft Gesetzes" zwischen Verfahrenseröffnung und Aufforderung zur Forderungsanmeldung oder bis sechs Monate nach Verfahrensende (§ 204 II S 1 BGB) annimmt.[210] 101

207 BGH ZVI 2011, 93, 95.

208 So Jaeger/*Henckel*, InsO § 39 Rn 4; zust *Eckardt* Kölner Schrift³ Kap 17 Rn 21; BeckOK/*Zenker* InsO²³ § 174 Rn 32; MünchKomm/*Ehricke*/*Behme* InsO⁴ § 39 Rn 8 aE.

209 Siehe bereits Voraufl Jaeger/*Gerhardt* InsO § 174 Rn 108; ebenso Kübler/Prütting/Bork/*Pape*/*Schaltke* InsO⁸⁸ § 174 Rn 77; HambK/*Preß*/*Henningsmeier* InsO⁹ § 174 Rn 40; MünchKomm/*Riedel* InsO⁴ § 174 Rn 3a.

210 *Wazlawik* NZI 2020, 1081, 1087.

§ 175 Tabelle

(1) [1]Der Insolvenzverwalter hat jede angemeldete Forderung mit den in § 174 Abs 2 und 3 genannten Angaben in eine Tabelle einzutragen. [2]Die Tabelle ist mit den Anmeldungen sowie den beigefügten Urkunden innerhalb des ersten Drittels des Zeitraums, der zwischen dem Ablauf der Anmeldefrist und dem Prüfungstermin liegt, in der Geschäftsstelle des Insolvenzgerichts zur Einsicht der Beteiligten niederzulegen.

(2) Hat ein Gläubiger eine Forderung aus einer vorsätzlich begangenen unerlaubten Handlung, aus einer vorsätzlich pflichtwidrig verletzten gesetzlichen Unterhaltspflicht oder aus einer Steuerstraftat nach den §§ 370, 373 oder § 374 der Abgabenordnung angemeldet, so hat das Insolvenzgericht den Schuldner auf die Rechtsfolgen des § 302 und auf die Möglichkeit des Widerspruchs hinzuweisen.

Gesetzesänderungen

Abs 2 eingefügt durch Art 1 Nr 12a InsOÄndG 2001, BGBl I, 2710, Abs. 2 geänd mWv 1.7.2014 durch G v 15.7.2013, BGBl I, 2379.

Materialien

DiskE und (übereinst) RefE § 192; RegE § 202; Begr BT-Drucks 12/2443, S 184; BT-Drucks 12/7302, S 75, 178, zum InsÄndG 2001 BT-Drucks 14/6468, zum G v 15.7.2013 BT-Drucks 17/11268, BT-Drucks 17/13535.

Vorgängerregelung

KO § 140, dazu Motive I Bd 2, S 93 f, Motive II S 360 f, Protokolle S 91, 171; GesO § 11 I.

Literatur

S zunächst zu § 174; *Beth* Niederlegung der Insolvenztabelle und Nutzungspflicht des elektronischen Rechtsverkehrs ab 1.1.2022, ZInsO 2021, 2652; *Heinze* Behandlung von Forderungen aus Vorsatzdelikten im Insolvenzverfahren über das Vermögen natürlicher Personen, DZWIR 2002, 369 ff; *Kehe/Meyer/Schmerbach* Anmeldung und Feststellung einer Forderung aus vorsätzlich begangener unerlaubter Handlung, ZinsO 2002, 615 ff, 660 ff; *Kübler* Zur Abgrenzung der Zuständigkeit von Gesamtvollstreckungsgericht und Verwalter bei der Feststellung der Schuldenmasse, FS Henckel (1995), S 495 ff; *Pape* Entwicklung der Rechtsprechung zum Verbraucherinsolvenz- und Restschuldbefreiungsverfahren in den Jahren 2007 bis 2009, ZinsO 2009, Teil 1 S 1369 ff, Teil 2 S 1627 ff; *Schmerbach* Bestreiten der Deliktseigenschaft nur durch den Schuldner? NZI 2008, 534 f; *Geißler* Von der Forderungsanmeldung bis zum Feststellungsprozess – Stationen und Stolpersteine bei der insolvenzrechtlichen Anspruchsbetreibung, ZInsO 2019, 1633.

Übersicht

https://doi.org/10.1515/9783110343687-002

Alphabetische Übersicht

I. Normzweck und Systematik

1. Gegenstand der Regelung

Während § 174 Einzelheiten für die Anmeldung der Insolvenzforderungen betrifft, regelt § 175 genauso wie die Vorgängernorm § 140 KO das weitere Verfahren. Abs 2 ordnet an, was mit den angemeldeten Forderungen zu geschehen hat. Dabei handelt es sich um die **Eintragung der angemeldeten Forderungen in die Tabelle** sowie die zur Vorbereitung der Beteiligten auf den Prüfungstermin, § 176, zu gewährleistende **Möglichkeit zur Einsichtnahme in die Tabelle**. 1

Nachdem die Anmeldung zur Tabelle beim Gericht, wie die KO sie vorgesehen hatte, nach § 174 durch die Anmeldung beim Insolvenzverwalter ersetzt wurde, musste neben dem Vorgang beim Insolvenzverwalter zugleich die Weiterleitung der Tabelle zum Insolvenzgericht, bei dem die Einsicht in die Tabelle gewährt wird, geregelt werden. Darum ist wichtig, dass § 175 den **Zeitpunkt** bestimmt, zu dem der Verwalter die Tabelle dem Gericht zuzuleiten hat, sowie die **Frist**, in der die Tabelle beim Gericht den Beteiligten zur Einsichtnahme zur Verfügung stehen muss. 2

3 Ebenfalls der Vorbereitung auf den Prüfungstermin dient der durch das Insolvenzrechtsänderungsgesetz 2001[1] eingefügte Abs 2. Die hier geregelte **Hinweispflicht des Gerichts** korrespondiert mit der **Ergänzung des § 174 II 2. Alt** (vgl o § 174 Rn 88) und trägt gleichfalls der in § 302 Nr 1 vorgesehenen Nichteinbeziehung derartiger Forderungen in die Restschuldbefreiung Rechnung: Für die nach § 302 Nr 1 **von der Restschuldbefreiung ausgenommenen Forderungen** gilt, dass die Durchsetzung der Forderung als restschuldbefreiungsfeste Forderungen eine rechtzeitige Anmeldung der Forderung unter „Angabe dieses Rechtsgrundes" gem § 174 II voraussetzt (sog Anmeldung mit Attribut).[2] Das Insolvenzgericht muss bei Anmeldung einer Forderung mit qualifiziertem Rechtsgrund nach § 302 Nr 1 den Schuldner auf die Auswirkungen dieses „Privilegs" und die Möglichkeit eines Widerspruchs aufmerksam machen.[3] Ursprünglich waren nur Forderungen aus vorsätzlicher unerlaubter Handlung nach Nr 1 von der Restschuldbefreiung ausgenommen. Nachdem der Katalog der nach § 302 Nr 1 privilegierten Forderungen durch das G zur Verkürzung des Restschuldbefreiungsverfahrens und zur Stärkung der Gläubigerrechte v 15.7.2013 erweitert wurde, erstreckt sich die Anmeldeobliegenheit sowie daran anknüpfend die Hinweispflicht des Gerichts gem § 175 II auch auf diese qualifizierten Rechtsgründe.

2. Führung der Insolvenztabelle bis zum Prüfungstermin

4 In der Insolvenztabelle werden die Forderungen zusammengestellt, die der Forderungsprüfung im Prüfungsverfahren, §§ 176, 177, unterzogen werden. Das Prüfungsverfahren findet im regulären Prüfungstermin statt, für den der Termin bereits im Eröffnungsbeschluss bestimmt wird, § 29 I Nr 2, oder im Fall der Nachmeldung in einem besonderen Prüfungstermin oder im schriftlichen Verfahren nach § 177 I 2. Die Eintragung in die Tabelle ist die Grundlage der Prüfung und ggf Feststellung der Forderung.[4] § 175 I enthält Regelungen, die Führung und Funktion der Tabelle bis zum Prüfungstermin betreffen. Es handelt sich zum einen um die Dokumentation der Forderungsanmeldungen, zum anderen um die Niederlegung der Tabelle bei Gericht zum Zweck der Einsichtnahme. Die hiermit verbundenen Aufgaben sind Akte der Tabellenführung. Das Verfahren ist, wie das Anmeldungs- und Prüfungsverfahren insgesamt,[5] geprägt durch eine **„Arbeitsteilung" zwischen Gericht und Verwalter.**

5 **a) Verfahrensrechtliche Bedeutung der Tabellenführung.** Die verfahrensrechtliche Tabellenführung umfasst die Verwaltung der Anmeldungen und Eintragungen, einschließlich etwaiger Berichtigungen bzw. Änderungen einzelner Eintragungen oder der Gesamttabelle (zum Verfahren der Tabellenberichtigung s § 178 Rn 19). In der Sache beinhaltet die Tabellenführung sowohl die Aufnahme angemeldeter Forderungen zur Tabelle als auch die Verwaltung vorgenommener Eintragungen. Verfahrensrechtlich handelt es sich um **beurkundende Tätigkeiten,**[6] die allerdings die **Umsetzung von Vorprüfungsergebnissen** zum Gegenstand haben, bspw die Vorprüfung der Ordnungsmäßigkeit einer Anmeldung oder die Feststellung einer offensichtlichen Unrichtigkeit, die berichtigt werden soll. Von der Tabellenführung „als rechtliche Zuständigkeit und Entscheidungshoheit" wird zT die Tabellenpflege „als tatsächliche Durchführung von Eintragungen und Änderungen" unterschieden.[7]

1 S o *„Gesetzesänderungen"*.
2 Vgl Jaeger/*Preuß* § 302 Rn 31.
3 Vgl Kübler/Prütting/Bork/*Pape/Schaltke* InsO[87] § 175 Rn 2.
4 BeckOK/*Zenker* InsO[23] Rn 1.
5 *Keller* InsR[2] Rn 715.
6 *Eckardt* Kölner Schrift[3] Kap 17 Rn 18; Uhlenbruck/*Sinz* InsO[15] § 175 Rn 42; **aA** HK/*Depré* InsO[10] § 175 Rn 3 (bezogen auf Insolvenzverwalter).
7 BeckOK/*Zenker* InsO[23] Rn 7.

b) Zuständigkeit. Wem die Zuständigkeit für die Tabellenführung iS der Wahrnehmung einer Organisations- und Entscheidungshoheit zukommt, ist in der InsO für den durch die Aufgabenverteilung zwischen Gericht und Verwalter geprägten Verfahrensabschnitt des Anmeldungs- und Prüfungsverfahrens **nur rudimentär geregelt**. § 174 I S 1 regelt die **Zuständigkeit des Verwalters** für die Entgegennahme der Anmeldungen. Dem Verwalter ist damit zur Entlastung des Gerichts[8] gewissermaßen eine verfahrensrechtliche Portalfunktion im Feststellungsverfahren zugewiesen. Der Vorschrift lässt sich jedoch nicht eindeutig entnehmen, ob die Zuständigkeit auch Nachmeldungen umfasst (vgl dazu § 174 Rn 37). Aus § 178 II ergibt sich außerdem, dass die Tabellenführung zum **Prüfungstermin auf das Gericht übergegangen** ist. Der Bundesgerichtshof spricht insofern von einer „relevanten Zäsur im Feststellungsverfahren" spätestens mit dem Prüftermin,[9] wobei der Begriff „Prüftermin" hier neben dem regulären Prüfungstermin iSv § 29 I Nr 2 auch einen etwaigen besonderen Prüfungstermin oder sogar die Prüfung im schriftlichen Verfahren, § 177 I S 2, umfassen dürfte. 6

aa) Bis zur Weiterleitung der Tabelle an das Gericht. Bis zur Weiterleitung der Tabelle an das Gericht liegt die Tabellenführung im Zuständigkeitsbereich des Verwalters. Fraglich ist lediglich, wie weit das damit einhergehende Vorprüfungsrecht des Verwalters reicht (dazu unten Rn 15 ff) und wie mit strittigen Anmeldungen umzugehen ist (dazu Rn 20). § 175 I S 2 ordnet schließlich an, dass der Verwalter die Tabelle nach dem Ablauf der Anmeldefrist mit den bis dahin vorgenommenen Eintragungen rechtzeitig **an das Gericht weiterleiten** muss, damit die Möglichkeit der Einsichtnahme in die Tabelle zur Vorbereitung auf den Prüfungstermin sichergestellt ist (dazu unten Rn 28 ff). Nicht eindeutig geregelt ist aber, ob zu diesem Zeitpunkt bereits auch die Tabellenführung auf das Gericht übergeht. Nach hier vertretener Ansicht übt der Verwalter zwar auch nach der Weiterleitung der Tabelle an das Gericht die Portalfunktion zur Entgegenahme der Anmeldungen aus (vgl § 174 Rn 37). Davon zu unterscheiden ist jedoch die Frage der Zuständigkeit zur Tabellenführung, die die Verwaltung der aufgenommenen Anmeldungen umfasst (dazu nachfolgend Rn 8 ff). 7

bb) Nach der Weiterleitung an das Gericht. Nach der Übermittlung der Tabelle an das Insolvenzgericht ist diese auf der dortigen Geschäftsstelle auszulegen. Verbreitet ist die Ansicht, dass damit auch die Tabellenführungsbefugnis vom Insolvenzverwalter auf das Insolvenzgericht übergeht.[10] Der Verwalter hat danach keine Eingriffs-, Korrektur- oder Ergänzungsbefugnisse mehr. Nach aA wechselt die Zuständigkeit zur Tabellenführung erst mit dem Prüfungstermin.[11] 8

Dem Streit dürfte allerdings keine praktische Bedeutung zukommen, sofern man nicht – entgegen der hier vertretenen Ansicht (§ 174 Rn 37) – auch die Zuständigkeit für nachträgliche Anmeldungen beim Urkundsbeamten der Geschäftsstelle ansiedelt.[12] Entscheidend ist es vielmehr, die unterschiedlichen Aufgaben und Funktionen von Gericht und Verwalter zu bestimmen.[13] 9

Der Insolvenzrichter ist erst zum Prüfungstermin regulär mit der Tabelle befasst (zur Vorprüfung der Tabelle vor dem Prüfungstermin § 176 Rn 5 ff). Auch der Bundesgerichtshof verweist in diesem Sinne auf die zentrale Bedeutung des Prüftermins, „nach dem die weitere Führung 10

---

8 BT-Drs 12/7302, 151.

9 BGH NJW 2019, 1877, 1878.

10 So Voraufl Jaeger/*Gerhardt* InsO § 175 Rn 13, ebenso BeckOK/*Zenker* InsO[23] § 175 Rn 5; Graf-Schlicker/*Graf-Schlicker* InsO[6] § 175 Rn 11; MünchKomm/*Riedel* InsO[4] § 175 Rn 20.

11 AG Leipzig NZI 2017, 619, 620; AG Norderstedt NZI 2017, 677, 678; *Eckardt* EWiR 2019, 339, 340; HK/*Depré* InsO[10] § 175 Rn 1; Uhlenbruck/*Sinz* InsO[15] § 175 Rn 2.

12 So Voraufl Jaeger/*Gerhardt* InsO § 175 Rn 19, 24 (Kompetenz zur Zurückweisung im Ausnahmefall).

13 Vgl auch Rattunde/Smid/Zeuner/*Smid* InsO[4] § 175 Rn 16, der zwischen Tabellenführung (Verwalter) und Eintragungen im Feststellungsverfahren (Gericht) differenziert.

der Tabelle nicht mehr dem Insolvenzverwalter, sondern dem Insolvenzgericht obliege",[14] richtigerweise allerdings bereits während des Prüfungstermins.[15]

11 Gleichwohl wird die Tabelle bereits mit der Niederlegung aktenmäßig bei Gericht geführt.[16] Nach § 15a V AktO obliegt die Führung der dem Insolvenzgericht nach § 175 vorgelegten Tabelle der Urkundsbeamtin oder dem Urkundsbeamten der Geschäftsstelle. Die Tabellenführung durch den Urkundsbeamten der Geschäftsstelle ist allerdings eine rein beurkundende Tätigkeit; Entscheidungskompetenzen sind mit dieser nicht verbunden, sondern bleiben dem mit der Leitung des Prüfungstermins betrauten Insolvenzrichter vorbehalten. Das ist insoweit anders als bei der Tätigkeit des Insolvenzverwalters im Rahmen der Forderungsanmeldung (zum sog Vorprüfungsrecht vgl unten Rn 15 ff). Nach hier vertretener Ansicht liegt die Zuständigkeit für die Entgegennahme und Bearbeitung auch der **nachträglichen Anmeldungen** zur Entlastung des Gerichts umfassend beim Verwalter (§ 174 Rn 37). Die Frage, wer den Umsetzungsakt der Eintragung in die Tabelle vornimmt, dürfte sich rein nach Praktikabilitätsgesichtspunkten entscheiden, wobei auch der Übergang zur elektronischen Tabellenführung Beachtung zu finden hat und der Portalfunktion des Verwalters eine neue Dimension geben kann (vgl § 174 Rn 35).

12 Selbst über den Prüfungstermin hinaus, erst recht also über die Weiterleitung der Tabelle an das Gericht hinaus erkennt der BGH im Übrigen zu Recht die **Portalfunktion des Verwalters** an.[17] Die mit der Portalfunktion verbundenen Aufgaben, also die Entgegennahme und Vorprüfung von Anmeldungen einschließlich etwaiger Änderungen der Anmeldung, verbleiben auch nach der Weiterleitung der Tabelle an das Insolvenzgericht beim Verwalter. Nach diesem Zeitpunkt eingehende Erklärungen, die Gestaltungswirkung auf die Tabelle haben sollen, müssen aber nunmehr ebenfalls zeitnah **an das Gericht weitergeleitet** werden, erforderlichenfalls auch Erklärungen, die nach dem Prüfungstermin beim Verwalter eingehen.[18] Bezogen auf die Rücknahme der Anmeldung nach dem Prüfungstermin, die für sich genommen ggü dem Gericht zu erfolgen hat, hat der Bundesgerichtshof etwa klargestellt, dass eine an den Verwalter adressierte und von diesem an das zuständige Gericht weitergeleitete Rücknahmeerklärung wirksam ist.[19]

13 **Damit ist festzuhalten**: Auch nach der Weiterleitung der Tabelle übt der Verwalter die Portalfunktion aus, die dem gerichtlichen Prüfungsverfahren sachgerecht vorzuschalten ist. Diese umfasst die Bearbeitung eingehender Anmeldungen ggf über die Anmeldefrist hinaus sowie die Entgegennahme und Weiterleitung sonstiger Erklärungen an das Gericht.

II. Eintragung der angemeldeten Forderungen in die Insolvenztabelle

1. Form und Inhalt der Eintragung

14 Was die inhaltlichen Erfordernisse der Eintragung und die Formalien der Tabellenführung betrifft, so entspricht § 175 der Vorgängerregelung des § 140, nur eben mit dem Unterschied, dass die Eintragung vom Insolvenzverwalter vorzunehmen ist. Das **Grundmuster** regelt § 175 durch die Verweisung auf § 174 II und III.[20] Konkret wird sich der Verwalter auch nach etwaigen Vorga-

14 BGH NZI 2019, 536, 538.
15 *Eckardt* EWiR 2019, 339, 340.
16 Graf-Schlicker/*Graf-Schlicker* InsO[6] § 175 Rn 11 unter Hinweis darauf, dass für eine Übertragung auf den Verwalter weitere Regelungen etwa zur Erteilung von Tabellenauszügen sowie Aufbewahrungsvorschriften erforderlich gewesen wären.
17 Vgl BGH NZI 2019, 536, 538.
18 *Wilmer/Berner* NZI 2019, 540, 541 mit dem zutreffenden Hinweis auf das Erfordernis des Dokumentenaustauschs und der Absprachen zur Tabellenführung zwischen Verwalter und Gericht.
19 Vgl BGH NZI 2019, 536, 538.
20 Zu den Grundsätzen der Erstellung der Tabelle etwa *Frege/Keller/Riedel* InsR[8] Rn 1568; siehe auch Gottwald/Haas/*Eickmann/Wimmer* InsRHdb[6] § 61 Rn 18 ff.

ben des Insolvenzgerichts zu richten haben.[21] Nach § 5 IV kann die Tabelle durch **EDV** geführt werden.[22]

2. Vorprüfung der Anmeldung vor Eintragung

15 **a) Vorprüfungsrecht des Insolvenzverwalters.** Zuständige Stelle für die Entgegennahme der Anmeldungen ist nach § 174 I der Verwalter. Hieran anknüpfend stellt sich die Frage nach einem Vorprüfungsrecht des Verwalters verbunden mit der Befugnis, formal mangelhafte Anmeldungen **zurückzuweisen** (Prüfungs- und Zurückweisungsrecht). Anmeldung und Eintragung in die Tabelle sind reine Formalakte, dem Insolvenzverwalter steht jedenfalls **kein materielles Prüfungsrecht** iS eines Zurückweisungsrechts zu.[23] Demzufolge kann er die Forderung auch nicht aus diesem Grunde zurückweisen. Besteht insoweit – soweit ersichtlich – noch Übereinstimmung, so ist, wie auch schon unter der KO und der GesO,[24] streitig, ob dem Insolvenzverwalter keinerlei Prüfungskompetenz zukommt[25] oder nicht wenigstens eine beschränkte, auf die Anforderungen des § 174 I und II bezogene.

16 **aa) Legitimation und Umfang.** Die hM weist dem Insolvenzverwalter zu Recht ein formales Vorprüfungs- und Zurückweisungsrecht zu.[26] Dem Insolvenzverwalter mit *Eckardt*[27] jede Prüfungskompetenz abzusprechen und diese damit auf das Insolvenzgericht zu verlagern, widerspricht dem **Entlastungseffekt**, den der Rechtsausschuss in der letzten Gesetzgebungsphase der InsO durch die Verlagerung der Tabellenführung auf den Insolvenzverwalter bezweckt hat.[28] Auch wäre es nicht zu rechtfertigen, vom Insolvenzverwalter zu verlangen, eine Forderung ohne jegliche genauere Individualisierung einzutragen, oder eine Forderung, die gar nicht als Insolvenzforderung, sondern beispielsweise als Masseforderung geltend gemacht wird. Dasselbe gilt für offensichtlich und als solche bezeichnete nachrangige Forderungen. Ebenso darf der Verwalter etwa eine Anmeldung als privilegierte Forderung nach § 302 Nr 1 zurückweisen, wenn es sich bei dem Schuldner um eine juristische Person oder eine Personengesellschaft handelt, für die das Restschuldbefreiungsverfahren gar nicht eröffnet ist (vgl § 286).[29]

17 Muss dem Verwalter also eine **gewisse Prüfungskompetenz** zuerkannt werden, so ist andererseits zu verhindern, dass dem Insolvenzverwalter bereits eine materielle Prüfungspflicht auferlegt wird, die dem Widerspruchs- und Feststellungsverfahren vorzubehalten ist, wie zB

---

21 Vgl *Frege/Keller/Riedel* InsR8 Rn 1567, 1571.

22 S zB für Nordrhein-Westfalen die Verordnung über die elektronische Führung und Einreichung der Tabellen und Verzeichnisse sowie der dazugehörenden Insolvenzsachen (eTab InsO) v 9.4.2020, GVBl NRW 2020, 311.

23 BGH NJW 2017, 1752, 1754 f; zur Differenzierung zwischen bloßem Prüfungsrecht und Zurückweisungsrecht vgl *Marquardt/Hoffmann* NZI 2021, 1047, 1048.

24 Hierzu Jaeger/*Weber* KO[8] § 140 Rn 2 sub II 1a); speziell zur Rechtslage unter der GesO *Kübler* FS Henckel S 498 ff.

25 So zB *Eckardt* Kölner Schrift[3] Kap 17 Rn 18: Genüge die Anmeldung nicht den formellen und inhaltlichen Anforderungen des § 174 I und II, so sei sie zwar zurückzuweisen, jedoch nicht durch den Insolvenzverwalter, sondern bei einer Vorprüfung durch das Insolvenzgericht; ebenso „grundsätzlich" auch KK/*Thiele* InsO § 175 Rn 30, Ausnahme Rn 41: nachrangige Forderungen; *Frege/Keller/Riedel* InsR[8] Rn 1040, 1040a.

26 BGH NZI 2016, 301, 302; BK/*Martini* InsO § 175 Rn 4 f; *Geißler* ZInsO 2019, 1633, 1635; Gottwald/Haas/*Eickmann/Wimmer* InsRHdb[6] § 61 Rn 15; *Jaeschke* S 65 ff; FK/*Kießner* InsO[9] § 175 Rn 5; Graf-Schlicker/*Graf-Schlicker* InsO[6] § 175 Rn 5; HK/*Depré* InsO[10] § 175 Rn 4; Kübler/Prütting/Bork/*Pape/Schaltke* InsO[87] § 175 Rn 18, § 174 Rn 35; *Marquardt/Hoffmann* NZI 2021, 1047, 1048; MünchKomm/*Riedel* InsO[4] § 175 Rn 11 ff; Rattunde/Smid/Zeuner/*Smid*, InsO[4] § 176 Rn 11; Uhlenbruck/*Sinz* InsO[15] § 175 Rn 9, 10 mwN.

27 *Eckardt* Kölner Schrift[3] Kap 17 Rn 18.

28 Kübler/Prütting/Bork/*Pape/Schaltke* InsO[87] § 175 Rn 1.

29 Kübler/Prütting/Bork/*Pape/Schaltke* InsO[87] § 175 Rn 31; vgl auch MünchKomm/*Riedel* InsO[4] § 174 Rn 37, § 175 Rn 21a.

die Feststellung, ob wirklich eine Insolvenzforderung vorliegt oder ob deren tatsächliche und rechtliche Voraussetzungen im Einzelfall gegeben sind. Das gilt auch für die Einstufung als nachrangig, wenn der Anmeldende seine Forderung ohne Einschränkung „als Insolvenzforderung" anmeldet; denn die Klärung des (streitigen) Nachranges muss dem Prüfungstermin vorbehalten bleiben.[30] Formal ordnungsgemäße Anmeldungen muss der Verwalter insbesondere selbst dann in die Tabelle eintragen, wenn er meint, der Forderung stünden **insolvenzrechtliche Einwendungen** entgegen.[31] Wenn der Verwalter beispielsweise eine als normale Insolvenzforderung angemeldete Forderung als nachrangig iSv § 39 qualifiziert, dann rechtfertigt das keine Zurückweisung im Anmeldungsverfahren (anders wenn Forderung in der Anmeldung als nachrangig bezeichnet wird, siehe oben Rn 16), sondern gibt Anlass für einen Widerspruch im Prüfungs- und Feststellungsverfahren.[32] In Zweifelsfällen ist die angemeldete Forderung aufzunehmen, damit die Vorprüfung nicht als „vorweggenommener Widerspruch missbraucht" wird.[33] Die Beurteilung, wann ein solcher „Zweifelsfall vorliegt", ist aber keine Frage der Beurteilung der Eintragungsfähigkeit durch den Verwalter, sondern eine Frage der Verfahrenssituation.

18 **Daraus folgt:** Dem Verwalter ist ein Prüfungsrecht und eine dementsprechende Zurückweisungspflicht zuzuerkennen, soweit es um die oben angesprochenen Formalien der Anmeldung geht, nicht jedoch ein materiell-rechtliches Prüfungs- und Zurückweisungsrecht.[34] Den an sich zutreffenden Bedenken *Eckardts*, dass gegen die Zurückweisung durch den Insolvenzverwalter kein „echter" Rechtsbehelf gegeben sei,[35] ist auf andere Weise Rechnung zu tragen (s u Rn 19 f). Das Vorprüfungs- und Zurückweisungsrecht ist von der Widerspruchsbefugnis im Feststellungsverfahren abzugrenzen. In der Literatur wird auch vorgeschlagen, in Anlehnung an die gebräuchliche Terminologie aus dem Zivilprozess bezogen auf diese Prüfungsstadien zwischen „Zulässigkeit" der Anmeldung (Eintragung in die Tabelle) und „Begründetheit" (sonst Widerspruch) zu differenzieren.[36]

19 **bb) Schutz des Anmeldenden.** Zum einen besteht bei Formverstößen gegen die Anmeldungsformalien ein gewisser Schutz für den Gläubiger dadurch, dass der Verwalter auf **offensichtliche Anmeldungsfehler** hinweisen muss.[37] Wird die unzureichende Anmeldung daraufhin nachgebessert, stehen der Aufnahme in die Tabelle keine Hindernisse (mehr) im Wege, allerdings mit dem Anmeldetag der nachgebesserten Anmeldung.[38] Ohnehin können offensichtliche Tipp- und Übertragungsfehler jederzeit vom Insolvenzverwalter berichtigt werden.[39]

20 Zum anderen müsste der Gläubiger die Zurückweisung seiner Anmeldung nicht ohne jede gerichtliche Befassung hinnehmen. Zwar enthält die **InsO**, ebenso wie schon die GesO,[40] gegen

---

30 LG Waldshut-Tiengen ZIP 2005, 499; FK/*Kießner* InsO[9] § 175 Rn 5; MünchKomm/*Riedel* InsO[4] § 175 Rn 13.

31 BGH NJW 2017, 1752, 1754.

32 Uhlenbruck/*Sinz* InsO[15] § 175 Rn 10, 11 mwN.

33 BGH NJW 2017, 1752, 1755; Kübler/Prütting/Bork/*Pape*/*Schaltke* InsO[87] § 175 Rn 19; vgl auch *Jaeschke* S 59 f.

34 *Marquardt*/*Hoffmann* NZI 2021, 1047, 1048 f; Ähnlich BK/*Martini* InsO § 175 Rn 4; FK/*Kießner* InsO[9] § 175 Rn 4; Graf-Schlicker/*Graf-Schlicker* InsO[6] § 175 Rn 5; HK/*Depré* InsO[10] § 175 Rn 4; Kübler/Prütting/Bork/*Pape*/*Schaltke* InsO[87] § 175 Rn 18 f; MünchKomm/*Riedel* InsO[4] § 175 Rn 13.

35 *Eckardt* Kölner Schrift[3] Kap 17 Rn 18.

36 *Marquardt*/*Hoffmann* NZI 2021, 1047 ff.

37 OLG Stuttgart ZIP 2008, 1781 (allenfalls auf grobe formelle Mängel nicht auf die Schlüssigkeit); *Geißler* ZInsO 2019, 1633, 1635; Kübler/Prütting/Bork/*Pape*/*Schaltke* InsO[87] § 175 Rn 137 mwN; Uhlenbruck/*Sinz* InsO[15] § 175 Rn 12; zutreffend allerdings *Kolbe* S 172: „Anforderungen an den Verwalter insoweit nicht zu überspannen"; ähnlich FK/*Kießner* InsO[9] § 175 Rn 4.

38 FK/*Kießner* InsO[9] § 175 Rn 3.

39 Uhlenbruck/*Sinz* InsO[15] § 175 Rn 18 aE unter Hinweis auf den Rechtsgedanken der §§ 164 I, 319 ZPO iVm § 4 InsO.

40 Dazu *Kübler* FS Henckel S 501.

die Zurückweisung einer Anmeldung durch den Insolvenzverwalter **keine „echten Rechtsbehelfe“** (*Eckardt* Rn 6 aE). Die Lösung darin zu suchen, den Gläubiger auf eine Neuanmeldung zu verweisen, sobald der Verwalter die Tabelle dem Gericht zugeleitet hat, würde die Fälle nicht erfassen in denen es, zB wegen der Verjährung, auf das – frühere – Datum ankommt. Problematisch erscheint, die Ablehnung durch den Verwalter wie eine gerichtliche Nichtzulassung zu behandeln und die entsprechenden Rechtsbehelfe (so) zuzulassen.[41] Rechtlich abgesichert ist dagegen die auch von der hM favorisierte Lösung, den Gläubiger (lediglich) auf die **aufsichtsrechtliche Möglichkeit** der Anrufung des Insolvenzgerichts gem § 58 II S 1 zu verweisen.[42] Es lässt sich ebenfalls begründen, gegen die ablehnende Entscheidung des Rechtspflegers die Erinnerung nach § 11 II RpflG zu eröffnen und damit die (abschließende) Entscheidung des Richters herbeizuführen.[43] Richtigerweise sollte auch dem Insolvenzverwalter die Möglichkeit eingeräumt werden, das Insolvenzgericht um die förmliche Zurückweisung einer formal unzureichenden Forderungsanmeldung zu ersuchen, gegen die der Gläubiger Erinnerung nach § 11 II RpflG einlegen könnte.[44] Angesichts der Beschränkung dieser Problematik auf offensichtliche und schwere Formverstöße sowie auf eine Verletzung der Hinweis- und Beratungspflicht des Insolvenzverwalters dürfte so dem Schutzbedürfnis des Gläubigers ausreichend Rechnung getragen sein.

b) Vorprüfungsrecht des Urkundsbeamten der Geschäftsstelle? Eine Forderungsanmel- 21
dung beim Urkundsbeamten der Geschäftsstelle kommt nach hier vertretener Ansicht auch nach Weiterleitung der Tabelle an das Gericht nicht in Betracht (vgl oben Rn 11, § 174 Rn 37).[45] Die Frage nach einem etwaigen Vorprüfungsrecht des Urkundsbeamten stellt sich deshalb nicht; sie wäre aber ggf aus den in der Voraufl angeführten Gründen zu verneinen, weil dem Urkundsbeamten eine rein beurkundende Tätigkeit ohne Entscheidungskompetenz zukommt.[46] Insofern besteht ein Unterschied zur Tätigkeit des Insolvenzverwalters bei der diesem gesetzlich übertragenen Forderungsanmeldung.

3. Allgemeine Prüfungs- und Entscheidungskompetenz des Insolvenzgerichts über die Zulässigkeit einer Anmeldung?

Anlass zu Missverständnissen kann die Frage der Prüfungs- und Entscheidungskompetenz des 22
Insolvenzgerichts über die Zulässigkeit der Anmeldung geben. Die **„eigentliche Entscheidung“** über die Zulässigkeit der Anmeldung trifft das **Insolvenzgericht.**[47] Daran ändert **grundsätzlich** auch die dem Insolvenzverwalter eingeräumte (Vor-)Prüfungskompetenz auf Einhaltung der An-

41 Entsprechende – dann jedoch gleichfalls verworfene – Erwägung bei *Kolbe* S 174; siehe auch HambK/*Preß/Henningsmeier* InsO[9] § 175 Rn 11 („Umdeutung“).

42 FK/*Kießner* InsO[9] § 175 Rn 8; Graf-Schlicker/*Graf-Schlicker* InsO[6] § 175 Rn 7; HK/*Depré* InsO[10] § 175 Rn 6; Kübler/Prütting/Bork/*Pape/Schaltke* InsO[87] § 175 Rn 20; *Marquardt/Hoffmann* NZI 2021, 1047, 1048; MünchKomm/*Riedel* InsO[4] § 175 Rn 12. Weitergehend *Kübler* FS Henckel S 500 f (für die GesO) und ihm folgend *Kolbe* S 174 f: Antragsrecht des Gläubigers an das Insolvenzgericht und bei Ablehnung sofortige Erinnerung nach § 11 II RpflG; ebenso auch BK/*Martini* InsO § 175 Rn 6.

43 BK/*Martini* InsO § 175 Rn 6 unter Hinweis darauf, dass die Ablehnung des Einschreitens zugleich als Verweigerung der gerichtlichen Zulassung der Forderung im Rahmen der gerichtlichen Vorprüfung gedeutet werden könne; iE Uhlenbruck/*Sinz* InsO[15] § 175 Rn 14.

44 *Riedel* NZI 2017, 807.

45 Anders Voraufl Jaeger/*Gerhardt* § 175 Rn 19.

46 Ausführlich Voraufl Jaeger/*Gerhardt* § 175 Rn 20 ff.

47 Voraufl Jaeger/*Gerhardt* § 175 Rn 25; *Eckardt* Kölner Schrift[3] Kap 17 Rn 23; HambK/*Preß/Henningsmeier* InsO[9] § 174 Rn 30 unter Hinweis auf OLG Dresden ZInsO 2004, 810, das allerdings ohnehin dem Insolvenzverwalter jegliche (formelle oder materielle) Prüfungskompetenz abspricht.

meldungsformalien (o Rn 15 f) nichts.[48] Das Gericht ist von Amts wegen gehalten, auf die Wahrung der insolvenzrechtlichen Vorschriften und damit auch auf die Einhaltung der Anmeldungsvoraussetzungen zu achten.[49] Systematisch handelt es sich nicht ausschließlich um die Wahrnehmung der Aufsichtspflicht über den Verwalter,[50] sondern um ein eigenes Prüfungs- und Entscheidungsrecht. Es steht im Zusammenhang mit der Zulassung der angemeldeten Forderungen zur Prüfung im Prüfungstermin (vgl hierzu § 176 Rn 5 ff). Nur dem Gericht, nicht dem Verwalter steht das Instrument der **formalen** Entscheidung zur Verfügung.

23 Das heißt jedoch nicht, dass generell eine gerichtliche Vorprüfung iS einer zweiten Prüfung der Anmeldungsvoraussetzungen für jede einzelne Forderung zu erfolgen hätte. Die Verlagerung der Anmeldungen auf den Verwalter ist eine **der Entlastung der Gerichte dienende Strukturentscheidung des Gesetzgebers**, die zu einer Neuausrichtung der Kompetenzbereiche geführt hat und nicht etwa ein Vier-Augen-Prinzip im Anmeldungsverfahren einführen sollte. Deshalb bleibt die gerichtliche Vorprüfung auf die Fälle beschränkt, in denen der Mangel ins Auge springt oder der Verwalter die Forderungsanmeldung bereits beanstandet hat. Regulär muss sich das Gericht im Hinblick auf eine etwaige **Belehrungspflicht gem Abs 2** mit den angemeldeten Forderungen befassen, wenn eine nach § 302 Nr 1 privilegierte Forderung mit Attribut angemeldet wurde. Bezogen auf diese Forderungen wird das Gericht also Anmeldungsmängel, die der Eintragung der Forderung in die Tabelle entgegenstehen, regelmäßig feststellen können (zur Problematik der Anmeldung eines qualifizierten Rechtsgrundes in Verfahren, in denen der Schuldner keinen Restschuldbefreiungsantrag gestellt hat, siehe unten Rn 38).

24 Zuletzt darf nicht verkannt werden, dass das Vorprüfungs- und Entscheidungsrecht des Gerichts sich zwar systematisch vom Vorprüfungsrecht des Verwalters unterscheidet, aber **inhaltlich** nicht etwa darüber hinausgeht.[51] Wie der Verwalter die Aufnahme einer formal ordnungsgemäß angemeldeten Forderung in die Tabelle nicht mit der Begründung ablehnen kann, der Forderung stünden insolvenzspezifische Einwendungen entgegen (vgl oben Rn 17), so gilt das gleichermaßen für die gerichtliche Vorprüfung. Die Klärung bleibt vielmehr dem Prüfungs- und Feststellungsverfahren vorbehalten. Das Gericht könnte also bspw eine als normale Insolvenzforderung angemeldete Forderung nicht wegen Nachrangigkeit nach § 39 zurückweisen, und das auch nicht unter Berufung auf die fehlende Anmeldungsaufforderung (§ 174 III) als einem vermeintlichen Formalfehler im Anmeldungsverfahren.[52]

III. Niederlegung der Tabelle zur Einsicht

1. Die Überleitung der Tabelle an das Insolvenzgericht

25 Da die Tabelle vom Insolvenzverwalter geführt wird, der Prüfungstermin jedoch beim Insolvenzgericht stattfindet und dort auch den Gläubigern das Einsichtsrecht zu gewähren ist, bedarf es einer Regelung der Überleitung und deren Rechtsfolgen.

26 Der Eröffnungsbeschluss bestimmt die Frist für die Anmeldung der Forderungen beim Insolvenzverwalter, die zwischen zwei Wochen und höchstens drei Monaten betragen soll, § 28 I. Danach ist die Tabelle dem Insolvenzgericht zuzuleiten. Dafür sieht § 175 I vor, dass dies „innerhalb des ersten Drittels des Zeitraums, der zwischen der Anmeldungsfrist und dem Prüfungster-

---

48 *Eckardt* Kölner Schrift[3] Kap 17 Rn 23; Uhlenbruck/*Sinz* InsO[15] § 176 Rn 3.

49 AG Köln NZI 2020, 899; Uhlenbruck/*Sinz* InsO[15] § 176 Rn 3; siehe auch AG Köln NZI 2017, 449, 450; **aA** (Vorprüfung nur durch den Verwalter) etwa Braun/*Specovius* InsO[8] § 176 Rn 7; MünchKomm/*Riedel* InsO[4] § 175 Rn 14, 14a; Rattunde/Smid/Zeuner/*Smid* InsO[4] § 176 Rn 11, 12.

50 In diesem Sinne aber MünchKomm/*Riedel* InsO[4] § 175 Rn 14a; wohl auch Kübler/Prütting/Bork/*Pape*/*Schaltke* InsO[87] § 175 Rn 22 sowie Graf-Schlicker/*Graf-Schlicker* InsO[6] § 175 Rn 5, 7.

51 Vgl K Schmidt/*Jungmann* InsO[19] § 176 Rn 1.

52 **AA** AG Münster NZI 2017, 807 mit zu Recht abl Anm *Riedel*.

min liegt", geschehen muss. Dieser wiederum soll mindestens eine Woche und höchstens zwei Monate betragen, § 29 I Nr 2. Der **Zeitraum für die Überleitung der Tabelle** an das Insolvenzgericht hängt somit von der im Eröffnungsbeschluss genannten Frist ab. Das ist zugleich bei der Bestimmung dieser Fristen zu bedenken.

Die **Form** der Überleitung richtet sich bislang nach der Art, wie die Tabelle geführt wird. Geschieht dies manuell durch Eintragung in entsprechende Blätter, so sind diese dem Gericht zuzuleiten; bei elektronischer Tabellenführung ist der Datenträger zu übermitteln oder kann, sofern eine Datenübermittlung an das Gericht möglich ist, auf diesem Wege erfolgen.[53] Auch soweit gem § 130d ZPO sog. professionelle Nutzer für den Schriftverkehr mit den Gerichten nach der ZPO zur Nutzung der zugelassenen Formate des **elektronischen Rechtsverkehrs** verpflichtet sind, ergibt sich daraus noch keine Verpflichtung für Rechtsanwälte als Insolvenzverwalter die Tabelle wie einen Schriftsatz in elektronischer Form einzureichen. Selbst wenn die Vorschrift über § 4 Anwendung finden sollte,[54] was angesichts des Zwecks der Überleitung der Tabelle zur Vorbereitung der Einsichtnahme schon zweifelhaft erscheint, bleibt zu berücksichtigen, dass die Übertragung der Tabellenführung für die Forderungsanmeldung der Entlastung der Gerichte dient und nicht zu Mehraufwand bei den Gerichten führen soll. Das wäre allerdings der Fall, wenn die Niederlegung der Tabelle in Papierform erfolgt und bei Gericht elektronisch eingereichte Dokumente wieder in die Papierform übertragen werden müssten. Aus diesem Grund sind Tabelle und Unterlagen so einzureichen, dass das Gericht sie zur Niederlegung der Tabelle zwecks Einsichtnahme durch die Beteiligten nutzen kann. Im Hinblick auf die elektronische Einreichung von Dokumenten ist es deshalb beachtlich, dass die InsO die elektronische Einreichung von Tabellen und Verzeichnissen im Ansatz regelt, indem nach § 5 IV S 2 die Landesregierungen ermächtigt werden, entsprechende Vorschriften zu erlassen. Jedenfalls diese auf die Bedürfnisse des Insolvenzverfahrens zugeschnittene Regelung steht dem Rückgriff auf § 130d ZPO hier entgegen.[55] In Nordrhein-Westfalen sieht etwa die Verordnung über die elektronische Führung und Einreichung der Tabellen und Verzeichnisse v 9.4.2020 (GVBl NRW 2020, 311) die Übermittlung eines strukturierten Datensatzes in vorgegebenen justiztauglichen Formaten vor (vgl § 2 I 2 eTabV InsO NRW). Zum Teil wird bei entsprechendem Verlangen des Gerichts zusätzlich die Übermittlung eines Ausdrucks gefordert.[56] Fehlt es an einer entsprechenden Verordnung, ist im Hinblick auf Ausdrucke, Abschriften oder Urkundsoriginale, die der Gläubiger seiner Anmeldung nach § 174 II 2 beifügen soll, die Neufassung des § 174 IV zu beachten, die sich auch darauf auswirkt, welche Dokumente in welcher Form vom Verwalter an das Gericht weiterzuleiten sind. Bei der seitens des Verwalters zugelassenen Anmeldung durch Übermittlung eines elektronischen Dokuments sind Ausdrucke, Abschriften oder Originale nicht mehr in jedem Fall, sondern nur noch „auf Verlangen des Insolvenzverwalters oder des Insolvenzgerichts" einzureichen. 27

2. Das Einsichtsrecht der Beteiligten

Das Informationsrecht der Beteiligten wird dadurch gewahrt, dass die vom Insolvenzverwalter aufgestellte Tabelle auf der Geschäftsstelle des Gerichts zur Einsicht niederzulegen ist. Für eine Niederlegung beim Insolvenzverwalter bietet § 175 I keine Grundlage.[57] 28

---

53 HK/*Depré* InsO[10] § 175 Rn 9.

54 So *Beth* ZInsO 2021, 2652, 2653 f.

55 Insoweit zutreffend *Beth* ZInsO 2021, 2652, 2655.

56 Gottwald/Haas/*Eickmann*/*Wimmer* InsRHdb[6] § 61 Fn 37; FK/*Kießner* InsO[9] § 175 Rn 13; Uhlenbruck/*Sinz* InsO[15] § 175 Rn 22.

57 Braun/*Specovius* InsO[8] § 175 Rn 21; Graf-Schlicker/*Graf-Schlicker* InsO[6] § 175 Rn 10; FK/*Kießner* InsO[9] § 175 Rn 18; MünchKomm/*Riedel* InsO[4] § 175 Rn 16. Nach AG Leipzig NZI 2017, 619 soll aber entgegen dem Wortlaut des § 175 I 2 auch die Niederlegung der Tabelle im Büro des Verwalters in begründeten Fällen möglich sein, ebenso Uhlenbruck/*Sinz* InsO[15] § 175 Rn 21.

29 **a) Art und Umfang des Einsichtsrechts. Alle** dem Insolvenzgericht mit der Tabelle übermittelten Anmeldungen müssen zur Einsicht der Beteiligten niedergelegt werden. **Gegenstand der Einsichtnahme** sind die Anmeldungen als solche samt etwaigen Beilagen. Die Einsichtnahme auf der Geschäftsstelle kann auch in elektronischer Form gewährt werden.[58] In Nordrhein-Westfahren sieht etwa die Verordnung über die elektronische Führung und Einreichung der Tabellen und Verzeichnisse v 9.4.2020 (GVBl 2020, 311) eine elektronische Einsichtnahme ausdrücklich vor (vgl § 4 eTabV InsO NRW).

30 **Beteiligte** sind der Schuldner, der Insolvenzverwalter, die nicht nachrangigen Insolvenzgläubiger, die nachrangigen nur nach entsprechender Aufforderung (§ 174 III) durch das Gericht, Mitglieder des Gläubigerausschusses, auch soweit sie nicht Insolvenzgläubiger sind, aber auch Massegläubiger, denen mit Rücksicht auf den § 209 am Einblick gelegen sein kann; auch wer „das Geschäft im Ganzen" kaufen will oder gekauft hat oder wer zB als Bürge in Anspruch genommen werden könnte, kann zur Einsichtnahme zugelassen werden, jedoch entspr § 299 II ZPO nur nach Glaubhaftmachung eines rechtlichen Interesses.[59] Als Träger der Schuldnerrolle haben im Insolvenzverfahren einer offenen Handelsgesellschaft alle Gesellschafter, im Nachlassinsolvenzverfahren alle Miterben einzeln das Recht der Einsicht.

31 **b) Versagung der Einsicht.** Die Einsicht wie auch die Erteilung einer Abschrift können im **Einzelfall** versagt werden, wenn sie zu **insolvenzfremden Zwecken missbrauch**t werden sollen.[60] Soweit außerdem eine Beschränkung des Einsichtsrechts in Betracht gezogen wird, sofern die Kenntnis von hohen Verlusten einzelner Gläubiger zum Zusammenbruch anderer Unternehmen führen und damit die Gesamtwirtschaft gefährden würde,[61] so fehlt dem Gericht allerdings eine diesbezügliche Beurteilungs- und Entscheidungskompetenz.[62]

32 Lehnt der Urkundsbeamte der Geschäftsstelle die Einsichtnahme ab, so steht dem Betreffenden die **Erinnerung** nach § 573 I S 1 ZPO zu.[63] Darüber entscheidet dann das Insolvenzgericht, und zwar der **Rechtspfleger.** Gegen dessen Ablehnungsentscheidung ist nur die befristete Erinnerung nach § 11 II S 1 RpflG gegeben.[64]

IV. Belehrungspflicht des Gerichts (§ 175 II)

1. Regelungszusammenhang

33 § 175 II versteht sich aus dem Zusammenhang mit § 302 Nr 1, wonach Forderungen, die auf einem hier geregelten qualifizierten Rechtsgrund beruhen, von der **Restschuldbefreiung ausgenommen** sind; die Regelung ist auch im Kontext mit § 174 II (dazu § 174 Rn 89 ff) zu sehen. Diese Vorschriften sind erst durch das InsO-ÄndG von 2001 eingefügt worden,[65] § 175 II sogar erst im Zuge der Beratungen zum InsO-ÄndG durch den Rechtsausschuss. Dieser hebt dabei ausdrücklich das Schutzbedürfnis des oft „rechtlich wenig informierten Schuldners" hervor, der einer doppelten Information bedarf, nämlich erstens hinsichtlich der Rechtsfolgen der Anmeldung privilegierter Forderungen bei einer Restschuldbefreiung und zweitens hinsichtlich der

58 Graf-Schlicker/*Graf-Schlicker* InsO[6] § 175 Rn 10.
59 Gottwald/Haas/*Eickmann*/*Wimmer* InsRHdb[6] § 61 Rn 36; Uhlenbruck/*Sinz* InsO[15] § 175 Rn 22.
60 Vgl Gottwald/Haas/*Eickmann*/*Wimmer* InsRHdb[6] § 61 Rn 38; Uhlenbruck/*Sinz* InsO[15] § 175 Rn 23.
61 Uhlenbruck/*Sinz* InsO[15] § 175 Rn 23 unter Berufung auf *Uhlenbruck* KTS 1989, 527 ff.
62 Für „größtmögliche Zurückhaltung" im Hinblick auf das „uneingeschränkt gewährte Einsichtsrecht" auch Gottwald/Haas/*Eickmann*/*Wimmer* InsRHdb[6] § 61 Rn 38.
63 Kübler/Prütting/Bork/*Pape*/*Schaltke* InsO[87] § 175 Rn 25; Uhlenbruck/*Uhlenbruck Sinz* InsO[15] § 175 Rn 25.
64 Kübler/Prütting/Bork/*Pape*/*Schaltke* InsO[87] § 175 Rn 25; Uhlenbruck/*Uhlenbruck Sinz* InsO[15] § 175 Rn 25.
65 Vgl o sub *Gesetzesänderungen*.

Möglichkeit des – auch isoliert statthaften Widerspruchs (zum Schuldnerwiderspruch bei Forderungsanmeldung mit qualifiziertem Rechtsgrund siehe § 178 Rn 10).

2. Ausführung

a) Hinweis nach § 175 II. Neben dem Hinweis auf die Konsequenzen der Feststellung einer Forderung mit qualifiziertem Rechtsgrund zur Tabelle für die Restschuldbefreiung, nämlich § 302 Nr 1, muss die gerichtliche Belehrung die Möglichkeit eines Widerspruchs umfassen. Dazu gehört, dass sich dieser nicht nur auf die (ganze) Forderung und deren Begründetheit beziehen muss, sondern auch auf die seitens des Gläubigers geltend gemachte Qualifizierung, also bspw auf die Qualität als Schadensersatzforderung aus vorsätzlicher unerlaubter Handlung.[66] Daraus folgt zugleich, dass sich diese Belehrung auf die konkrete vom Gläubiger als privilegierte Forderung angemeldete beziehen muss (zur gebotenen Individualisierung in der Anmeldung vgl § 174 Rn 90), eine universelle oder gar formularmäßige Belehrung reicht nach allgemeiner Meinung nicht aus.[67] Erforderlich ist ebenso der Hinweis, dass der Widerspruch nur mündlich im Prüfungstermin erklärt werden kann, bei Anordnung eines schriftlichen Prüfungstermins nur bis zu einem bestimmten Zeitpunkt.[68] Demgegenüber ist es nicht erforderlich, besonders auf die allgemeine Wirkung eines Schuldnerwiderspruchs, die gegenüber jeder angemeldeten Forderung eintritt, nämlich den Ausschluss einer späteren Zwangsvollstreckung, § 201 II S 1, hinzuweisen. 34

Die Belehrungspflicht beinhaltet keine Beratung über die Zweckmäßigkeit eines Widerspruchs, die dem Gericht im Übrigen schon angesichts seiner Pflicht zur Neutralität und zur Gleichbehandlung der Beteiligten verwehrt wäre; erforderlichenfalls kann dem Schuldner dafür ein Rechtsanwalt beigeordnet werden.[69] 35

b) Zeitpunkt. Zum zeitlichen Rahmen, innerhalb dessen die Belehrung erfolgen muss, enthält das Gesetz keine Vorgaben. **Frühestens** möglich ist dies mit der Übergabe der Tabelle samt der entsprechenden Unterlagen an das Insolvenzgericht;[70] eine Delegationsmöglichkeit an den Insolvenzverwalter analog § 8 III[71] ist mangels Vergleichbarkeit des geregelten Sachverhalts abzulehnen.[72] Andererseits muss die Belehrung **so rechtzeitig** erfolgen, dass der Schuldner noch die Möglichkeit zu einer entsprechenden Prüfung hat und sein Widerspruchsrecht fristgerecht ausüben kann.[73] In der Literatur werden hierzu Fristen von **mindestens** drei Tagen (analog § 217 ZPO)[74] bis zu mindestens zwei Wochen (analog § 276 I S 1 ZPO) vorgeschlagen.[75] Ist der 36

---

66 *Ahrens* PrivatinsolvenzR[3] Rn 358; vgl auch FK/*Kießner* InsO[9] § 175 Rn 20.

67 So schon der Rechtsausschuss, vgl o Fn 49 zuvor; ferner zB *Heinze* DZWIR 2002, 370 sub V; Kübler/Prütting/Bork/*Pape/Schaltke* InsO[87] § 175 Rn 36.

68 Graf-Schlicker/*Graf-Schlicker* InsO[6] § 175 Rn 13; Uhlenbruck/*Uhlenbruck Sinz* InsO[15] § 175 Rn 28.

69 BGH NZI 2004, 39, 40.

70 FK/*Kießner* InsO[9] § 175 Rn 21.

71 K Schmidt/*Jungmann* InsO[19] § 175 Rn 7; MünchKomm/*Riedel* InsO[4] § 175 Rn 23. Dafür *H. Heinze* DZWIR 2002, 369 f; ähnlich FK/*Kießner* InsO[9] § 175 Rn 21: in praxi werde der Verwalter im Rahmen seiner Forderungsprüfung den Gläubiger auch ohne gesetzliche Verpflichtung entsprechend hinweisen. Das entbindet das Gericht jedoch nicht von seiner eigenen Belehrungspflicht, *Kehe/Meyer/Schmerbach* ZinsO 2002, 660 f; *Kolbe* S 62.

72 So zutr *Kolbe* S 62.

73 FK/*Kießner* InsO[9] § 175 Rn 21 mit der Empfehlung, den Schuldner dann förmlich zu laden; Kübler/Prütting/Bork/*Pape/Schaltke* InsO[87] § 175 Rn 34; MünchKomm/*Riedel* InsO[4] § 175 Rn 23.

74 HambK/*Preß/Henningsmeier* InsO[9] § 175 Rn 9; Uhlenbruck/*Sinz* InsO[15] § 175 Rn 28.

75 Kübler/Prütting/Bork/*Pape/Schaltke* InsO[87] § 175 Rn 31; iE auch *Kehe/Meyer/Schmerbach* ZinsO 2002, 660 f; dagegen K Schmidt/*Jungmann* InsO[19] § 175 Rn 8: Frist von einer Woche in jedem Fall ausreichend.

Schuldner anwaltlich vertreten, ist die nach Abs 2 erforderliche Belehrung auch dem Rechtsanwalt zuzustellen.[76]

37 **c) Unterlassene oder fehlerhafte Belehrung.** Bei unterbliebener oder fehlerhafter Belehrung ist § 186 entsprechend anwendbar (§ 186 Rn 3). Dem Schuldner, der den rechtzeitigen Widerspruch versäumt hat, kann also unter den hier geregelten Voraussetzungen Wiedereinsetzung in den vorigen Stand gewährt werden.[77] Aus der nach § 186 I S 2 anwendbaren Vorschrift § 233 S 2 ZPO ergibt sich, dass infolge der unterlassenen oder fehlerhaften Belehrung ein Fehlen des Verschuldens vermutet wird.[78]

3. Verfahren ohne Restschuldbefreiungsantrag

38 Den Vorschriften für das Anmeldungs- und Feststellungsverfahren ist nicht explizit zu entnehmen, wie in Fällen zu verfahren ist, in denen der Gläubiger eine Forderung mit qualifiziertem Rechtsgrund iSv § 302 Nr 1 InsO nach § 174 II anmeldet, der Schuldner aber überhaupt keinen Restschuldbefreiungsantrag gestellt hat. § 174 II enthält keine ausdrückliche Beschränkung der Anmeldung mit dem Attribut des qualifizierten Rechtsgrundes auf Insolvenzverfahren, die mit einem Restschuldbefreiungsverfahren gekoppelt sind. **Sinn und Zweck der Anmeldung des qualifizierten Rechtsgrundes** ist es allerdings, in den mit einem Restschuldbefreiungsverfahren gekoppelten Insolvenzverfahren den Schuldner frühzeitig zu informieren, dass der Gläubiger eine Forderung geltend macht, die womöglich nach § 302 Nr 1 von der Restschuldbefreiung ausgenommen ist, so dass der Schuldner ggf sein Ziel einer vollumfänglichen Entschuldung nicht erreichen wird (vgl hierzu § 174 Rn 90).[79] Für den Gläubiger ist die Anmeldung der Forderung mit Attribut zwar auch insofern günstig, als er damit eine **Titulierung des qualifizierten Rechtsgrundes** nach § 201 II erreicht, wenn der entsprechende Tabelleneintrag unwidersprochen bleibt. Hat der Gläubiger eine Forderung aus vorsätzlicher unerlaubter Handlung nach Maßgabe des § 174 II angemeldet, deren Eintragung zur Tabelle der Schuldner nicht widersprochen hat, verfügt der Gläubiger nach Aufhebung des Insolvenzverfahrens mit dem vollstreckbaren Tabellenauszug nach § 201 II über einen Vollstreckungstitel, der als Nachweis für das Vollstreckungsprivileg genügt.[80] Das ändert aber nichts daran, dass das Erfordernis der Anmeldung mit Attribut nach § 302 Nr 1 im Zusammenhang mit dem Restschuldbefreiungsverfahren dem Informationsbedürfnis und damit dem Schutz des Schuldners dient,[81] nicht dagegen dem Titulierungsinteresse des Gläubigers.[82]

39 Wird in einem **Verfahren ohne Restschuldbefreiungsantrag** eine Forderung mit qualifiziertem Rechtsgrund angemeldet, wird der mit dem Anmeldungserfordernis nach §§ 184 II, 302 Nr 1 und der Belehrung des Schuldners nach § 175 II verfolgte gesetzgeberische Zweck nicht erreicht.[83] Der Hinweis auf „die Rechtsfolgen des § 302 und auf die Möglichkeit des Widerspruchs" ginge überdies ins Leere.[84] Weil die Anmeldung des qualifizierten Rechtsgrundes in

---

76 AG Göttingen ZInsO 2016, 648; FK/*Ahrens* InsO[9] § 30263 Rn 22.

77 AG Köln ZInsO 2021, 394, 395; AG Duisburg NZI 2008, 628, 629; Kübler/Prütting/Bork/*Pape/Schaltke* InsO[87] § 186 Rn 5; Uhlenbruck/*Sinz* InsO[15] § 186 Rn 2; vgl auch MünchKomm/*Riedel* InsO[4] § 175 Rn 21; **aA** AG Düsseldorf ZInsO 2014, 2281, 2282 (Ladungsmangel, deshalb Widerspruch jederzeit möglich) HK/*Depré* InsO[10] § 175 Rn 12.

78 AG Köln ZInsO 2021, 394, 395.

79 *Häsemeyer* InsR[4] Rn 22.09; Jaeger/*Preuß* § 302 Rn 31.

80 BGHZ 223, 123 = NZI 2019, 897, 898 (zum Vollstreckungsprivileg des § 850 II ZPO). Zur Differenzierung zwischen Verfahren mit und ohne Restschuldbefreiungsantrag vgl *Hain* VIA 2018, 33, 35; *Knauth* NZI 2019, 899, 900.

81 Vgl BGHZ 223, 123 = NZI 2019, 897, 899.

82 AG Köln NZI 2020, 899, 900; zum Zweck der Anmeldung mit Attribut vgl auch *Ahrens* NZI 2016, 121, 122 f.

83 Vgl *Ahrens* NZI 2016, 121, 123; Kübler/Prütting/Bork/*Pape/Schaltke* InsO[87] § 175 Rn 31.

84 MünchKomm/*Riedel* InsO[4] § 175 Rn 21a („macht keinen Sinn und führt allenfalls zu Missverständnissen").

Verfahren ohne Restschuldbefreiungsverfahren ihr primäres, auf den Schutz des Schuldners ausgerichtetes Ziel nicht erreichen kann, rechtfertigte bereits diese „**Zweckentfremdung**" einen Widerspruch des Schuldners. Insofern könnte in diesem Fall an eine Hinweispflicht des Gerichts in entsprechender Anwendung des § 175 II gedacht werden.[85] Richtigerweise sollte der qualifizierte Rechtsgrund nach § 302 Nr 1 aber schon gar **nicht in die Tabelle eingetragen** werden, wenn kein Restschuldbefreiungsantrag gestellt wurde und damit das Ziel, die Forderung von der Restschuldbefreiung auszunehmen, nicht erreicht werden kann.[86]

Die Eintragung der Qualifizierung nach § 302 Nr 1 ist also zurückzuweisen, wenn der **40** Schuldner keinen Restschuldbefreiungsantrag gestellt hat. Die Zurückweisung könnte bereits **durch den Verwalter** im Rahmen der Vorprüfung erfolgen. Im Gegensatz zum Gericht, das den Schuldner nach § 175 II belehren muss, ist die Kontrolle durch den Verwalter jedoch in erster Linie auf die Berücksichtigung der Forderung als solcher im Insolvenzverfahren konzentriert, womit die Anmeldung des qualifizierten Rechtsgrundes streng genommen nichts zu tun hat.[87] Es ist deshalb primär **Aufgabe des Gerichts**, die Forderung nicht mit dem angemeldeten Attribut des qualifizierten Rechtsgrunds zur Prüfung und Feststellung zuzulassen (zur Prüfung der Zulassung angemeldeter Forderungen s § 176 Rn 5 ff), sondern die Aufnahme des Attributs abzulehnen.[88]

---

85 An sich erfasst die Belehrung nach § 175 II nicht den Hinweis auf die privilegierte Pfändung bei Titulierung einer Forderung aus vorsätzlich begangener unerlaubter Handlung, vgl MünchKomm/*Riedel* InsO[4] § 175 Rn 22a.

86 AG Köln NZI 2020, 899, 900; AG Aurich NZI 2016, 143 f; *Ahrens* NZI 2016, 121, 123; Jaeger/*Preuß* § 302 Rn 33; vgl auch FK/*Kießner* InsO[9] § 175 Rn 22; tendenziell ebenso MünchKomm/*Riedel* InsO[4] § 175 Rn 21a.

87 Vgl *Reck* ZVI 2017, 131, 132; **aA** HambK/*Preß*/*Henningsmeier* InsO[9] § 175 Rn 10 (Insolvenzverwalter habe Gericht gesondert über Anmeldung mit Attribut zu informieren); vgl auch K Schmidt/*Jungmann* InsO[19] § 175 Rn 10 (Verwalter sollte Forderungen besonders kennzeichnen).

88 Vgl AG Köln NZI 2020, 899 f.

§ 176 Verlauf des Prüfungstermins

[1]Im Prüfungstermin werden die angemeldeten Forderungen ihrem Betrag und ihrem Rang nach geprüft. [2]Die Forderungen, die vom Insolvenzverwalter, vom Schuldner oder von einem Insolvenzgläubiger bestritten werden, sind einzeln zu erörtern.

Materialien

DiskE § 193 und – im Wesentlichen inhaltsgleich – § 193 RefE; RegE § 203, Begr dazu BT-Drucks 12/2443, S 184; BT-Drucks 12/7302, S 76 u 178.

Vorgängerregelungen

§§ 141, 143 KO, dazu Motive I Bd 2, S 94 ff, Motive II S 361 f, Protokolle S 91, 172.

Literatur

S zunächst zu §§ 174, 175; *Bischoff* Das Widerspruchsrecht der Gläubiger im Forderungsfeststellungsverfahren – ein Anachronismus ZInsO 2003, 161; *Godau-Schüttke* Die Zulässigkeit vorläufigen Bestreitens durch den Konkursverwalter, ZIP 1985, 1042, 1045 f; *Ganter* Die Feststellungslast gem § 179 II InsO, NZI 2017, 49,53; *Häsemeyer* Die Gleichbehandlung der Konkursgläubiger, KTS 1982, 507, 575; *Hoffmann* Das „vorläufige Bestreiten" einer Konkursforderung; *Preuß* Insolvenzverfahren 4.0-verfahrensrechtlicher Rahmen für „virtuelle Gläubigerversammlungen", ZIP 2020, 1533, 1542.

Übersicht

Alphabetische Übersicht

https://doi.org/10.1515/9783110343687-003

I. Zweck des Prüfungstermins

1 Bei der Eröffnung des Verfahrens bestimmt das Insolvenzgericht sogleich den allgemeinen Prüfungstermin, § 29 I Nr 2, bei dem es sich nach der Legaldefinition um eine **Gläubigerversammlung** handelt, in der „die angemeldeten Forderungen geprüft werden". In diesem Termin und in den in Fällen der Nachmeldung angesetzten Sonderterminen bzw Prüfungen im schriftlichen Verfahren (§ 77 I S 2, III) sind die angemeldeten Insolvenzforderungen einzeln nach Betrag und Rang zu **„erörtern"**. Die Erörterung hat einen doppelten Zweck: sie soll das Gläubigerrecht des Anmelders für die Rechtsverfolgung innerhalb und außerhalb des Insolvenzverfahrens klarstellen (zum Zweck des Prüfungs- und Feststellungsverfahrens § 174 Rn 7 f). Im Verfahrensabschnitt „Prüfung" besteht für die nach § 178 I Berechtigten die Möglichkeit des Widerspruchs. **Innerhalb des Insolvenzverfahrens** wirken nur **Widersprüche des Verwalters oder eines Insolvenzgläubigers**, § 178 I, indem sie der Feststellung der Forderung zur Tabelle entgegenstehen. Der **Widerspruch des Schuldners** hat für seine Inanspruchnahme **nach dem Insolvenzverfahren** Bedeutung, § 201 II S 1. Diesen die Vollstreckbarkeit des § 201 II abwendenden Widerspruch im Prüfungsverfahren kann nur ein prozessfähiger Schuldner in Person erklären oder durch einen Bevollmächtigten erklären lassen; für den prozessunfähigen Schuldner hat dessen allgemeiner gesetzlicher Vertreter zu handeln.[1] Bei der Anmeldung einer Forderung mit qualifiziertem Rechtsgrund iSd § 302 Nr 1 (sog. Anmeldung mit Attribut) in Verfahren, in denen der Schuldner einen **Restschuldbefreiungsantrag** gestellt hat (zu diesem Erfordernis § 175 Rn 38 ff), kommt auch ein isolierter Widerspruch des Schuldners gegen die Anmeldung des qualifizierten Rechtsgrundes in Betracht (vgl unten Rn 51). Dieser Widerspruch bezweckt, dem Schuldner den Einwand der Restschuldbefreiung für eine Vollstreckungsabwehrklage (§ 767

1 MünchKomm/*Schumacher* InsO[4] § 178 Rn 39; Uhlenbruck/*Sinz* InsO[15] § 176 Rn 19; ie dazu § 178 Rn 9 ff.

ZPO) gegen die Vollstreckung aus dem Tabelleneintrag zu erhalten, der ansonsten präkludiert wäre.[2]

2 Im Hinblick auf das Widerspruchsrecht der Insolvenzgläubiger soll der Prüfungstermin Gelegenheit geben, die Berechtigung der angemeldeten **Forderungen zu überprüfen**, um so die Masse von unberechtigten Ansprüchen frei zu halten. Dieses Überprüfungsrecht der Insolvenzgläubiger stellt ua einen wesentlichen Grund dafür dar, dass es dem Insolvenzverwalter verwehrt ist, eine einzelne Insolvenzforderung bereits vor deren Erörterung im Prüfungstermin etwa durch Aufrechnung mit einer Masseforderung zu befriedigen.[3]

II. Entstehungsgeschichte der Norm

3 Der Regelung des § 176 entsprechen im Wesentlichen die § 193 RefE/§ 203 RegE. Abweichend dazu hatte die KO in § 141 eine allgemeine Prüfung der angemeldeten Forderungen ihrem Betrag und Rang nach angeordnet ohne die jetzt vorgenommene Beschränkung der Einzelerörterung nur für solche Forderungen, die vom Insolvenzverwalter, vom Schuldner oder von einem Insolvenzgläubiger bestritten werden. Die Änderung verfolgt damit laut der amtlichen Begründung zum Referentenentwurf den Zweck einer Straffung des Prüfungstermins, wobei allerdings die Möglichkeit eines Bestreitens erst im Verlauf dieses Termins nicht ausgeschlossen werden soll.

Die in § 141 II KO enthaltene ausdrückliche Erwähnung der Obliegenheit des Schuldners, sich über die Forderungen zu erklären, wurde nicht übernommen. So wie diese Regelung im Zusammenhang mit den §§ 100, 101 KO, die die allgemeine Auskunfts- und Mitwirkungspflichten des Gemeinschuldners enthielten, gesehen wurde, ergibt sich eine entsprechende **Erklärungspflicht des Schuldners** nach der InsO aus den §§ 97 f.[4] Eine inhaltliche Änderung bedeutete die Abschaffung des früheren § 141 II KO daher nicht.

4 Während alle Gesetzesentwürfe bis hin zum RegE § 203 als neuen Abs 2 die dem § 143 KO entsprechende Regelung vorsahen, dass Forderungen auch bei Ausbleiben des anmeldenden Gläubigers im Prüfungstermin zu prüfen seien, hat der Rechtsausschuss diesen Absatz gestrichen, weil sich dies inhaltlich schon aus Abs 1 ergebe.[5]

III. Vorbereitung der Forderungsprüfung

1. Zulassung angemeldeter Ansprüche zur Prüfung

5 Der Erörterung durch die Beteiligten geht von Amts wegen eine gerichtliche Vorprüfung voraus.[6] Diese hat (lediglich) die formale **Zulässigkeit der Anmeldung** zu klären (siehe § 175 Rn 22 ff), nicht etwa den Rechtsbestand der Ansprüche festzustellen. Hinsichtlich des tatsächlichen Umfangs der Prüfung ist zu berücksichtigen, dass bereits dem Verwalter die Befugnis zur Vorprüfung der Anmeldungen zusteht; ein Vier-Augen-Prinzip ist dabei nicht bezweckt, sodass sich die Prüfung des Gerichts idR auf die Fälle beschränken kann, in denen bereits der Verwalter die Forderungsanmeldung beanstandet bzw. eine Forderung nur unter Vorbehalt in die Tabelle aufgenommen hat (vgl § 175 Rn 23).[7] Ein weiterer Fall, in dem die gerichtliche

2 Vgl FK/*Ahrens* InsO[9] § 302 Rn 93; Jaeger/*Preuß* § 302 Rn 47, Uhlenbruck/*Sternal* InsO[15] § 302 Rn 34.

3 BGH ZIP 1987, 725, 727 = EWiR 1987, 1011 m zust Kurzkomm *Gerhardt*.

4 Hierzu Kübler/Prütting/Bork/*Pape/Schaltke* InsO[87] § 176 Rn 9.

5 BT-Drucks 12/7302 S 178 zu Nr 116.

6 AG Köln NZI 2020, 899; Uhlenbruck/*Sinz* InsO[15] § 176 Rn 3; siehe auch AG Köln NZI 2017, 449, 450; **aA** (Vorprüfung nur durch den Verwalter) etwa Braun/*Specovius* InsO[8] § 176 Rn 7; MünchKomm/*Riedel* InsO[4] § 175 Rn 14, 14a; Rattunde/Smid/Zeuner/*Smid* InsO[4] § 176 Rn 11, 12.

7 BeckOK/*Zenker* InsO[23] § 174 Rn 41; *Jaeschke* S 69 f; K Schmidt/*Jungmann* InsO[19] § 176 Rn 1.

Vorprüfung virulent werden kann, ist die **Anmeldung einer Forderung mit qualifiziertem Rechtsgrund iSv § 302 Nr 1** (sog Anmeldung mit Attribut), die eine Hinweispflicht des Gerichts ggü dem Schuldner nach § 175 II auslöst (zur Problematik der Anmeldung mit Attribut in Verfahren, in denen der Schuldner keinen Restschuldbefreiungsantrag gestellt hat § 175 Rn 38 ff).

Die im Hinblick auf den Prüfungstermin erforderliche Vorprüfung der Zulässigkeit durch den Insolvenzrichter bildet keinen selbständigen Verfahrensabschnitt, geht jedoch systematisch der Erörterung des einzelnen Anspruchs durch die Beteiligten voraus.[8] Die **Zulassung** zur Prüfung erfolgt **zumeist stillschweigend.**[9] Die Anmeldung wird dadurch zugelassen, dass das Gericht den Anspruch zur Erörterung stellt.[10] Einer späteren Zurückweisung wegen nachträglich aufgedeckter Mängel wird damit nicht vorgegriffen. Insolvenzverwalter und konkurrierende Gläubiger haben erst im Prüfungstermin bei der Prüfung, nicht schon bei der Zulassung zur Prüfung mitzuwirken. 6

Sollte die Zulassung eines Anspruchs zur Prüfung **ausnahmsweise durch förmlichen Beschluss** erfolgen, so ist dagegen die sofortige Erinnerung nach § 11 II RpflG gegeben. Auf den Weg des Widerspruchs kann nicht verwiesen werden, denn das Feststellungsverfahren vor dem Prozessgericht, das durch einen Widerspruch iSd § 178 I ausgelöst wird, dient in erster Linie der Prüfung der Forderung unter materiell-rechtlichen und nicht unter formalen Gesichtspunkten. Zur Prüfung der Ordnungsmäßigkeit der Anmeldung anhand der Vorschriften der InsO bleibt somit nur die Erinnerung als sachgerechter Rechtsbehelf. 7

2. Die Behandlung unzulässiger Anmeldungen

Versagt wird die Zulassung durch **förmlichen Beschluss**, der im Prüfungstermin zu erlassen und dem Anmelder von Amts wegen zuzustellen ist, § 8. Die Zurückweisung als unzulässig hat nur bei Anmeldungen zu erfolgen, deren Mängel wesentlich und auch im Prüfungstermin nicht zu beheben sind,[11] so zB solche, die von einer nicht prozessfähigen Partei oder einem angeblichen Vertreter ausgehen, der sich nicht auszuweisen vermag.[12] Allerdings kann die prozessunfähige Partei oder der nichtlegitimierte gesetzliche Vertreter nach § 4 iVm § 56 II ZPO bei Verzugsgefahr unter Vorbehalt der Beseitigung des Mangels **einstweilen** zur Geltendmachung der Forderung im Insolvenzverfahren zugelassen werden. Auch einen Bevollmächtigten, der den von Amts wegen zu fordernden Nachweis der Vollmacht (§§ 80, 88 II ZPO) im Prüfungstermin nicht zu führen vermag, „kann" das Insolvenzgericht nach § 4 mit § 89 I ZPO einstweilen zulassen (vgl § 174 Rn 49). 8

Gegen den eine Anmeldung **zurückweisenden Beschluss** des Insolvenzgerichts (Rechtspflegers) ist die sofortige Erinnerung des Anmeldenden gegeben, jedoch kein weiteres Rechtsmittel gegen die Entscheidung des Richters, §§ 11 II RPflG, 6 I InsO.[13] War die Forderung, deren Anmeldung zurückgewiesen wird, bereits in die Tabelle aufgenommen, so muss sie wieder gelöscht werden. Der Grund dieser Löschung ist in der Spalte „Bemerkungen" anzugeben. 9

---

8 *Eckardt* Kölner Schrift[3] Kap 17 Rn 23.

9 *Eckardt* Kölner Schrift[3] Kap 17 Rn 23; zustimmend Uhlenbruck/*Sinz* InsO[15] § 175 Rn 16; vgl auch HambK/*Preß*/*Henningsmeier* InsO[9] § 174 Rn 32.

10 *Eckardt* Kölner Schrift[3] Kap 17 Rn 23.

11 Vgl Uhlenbruck/*Sinz* InsO[15] § 175 Rn 7 zum „Antrag" des Gläubigers auf Zulassung in Fällen, in denen das Ergebnis der Vorprüfung negativ ausgefallen ist.

12 Vgl Uhlenbruck/*Sinz* InsO[15] § 176 Rn 4.

13 K Schmidt/*Jungmann* InsO[19] § 176 Rn 3; Uhlenbruck/*Sinz* InsO[15] § 176 Rn 7.

IV. Der Prüfungstermin

1. Verfahrensrechtliches

10 Der Prüfungstermin findet im Rahmen einer **Gläubigerversammlung** statt.[14] Er ist darum vom Gericht anzuberaumen und einzuberufen, § 71 I S 1, und ist bereits im Eröffnungsbeschluss zu bestimmen, § 29 Nr 2. Stattfinden soll der Termin mindestens binnen einer Woche und höchstens zwei Monaten nach Ablauf der Anmeldungsfrist. Da diese gem § 28 I S 2 mindestens 2 Wochen und höchstens 3 Monate beträgt, ergibt sich für den Prüfungstermin ein **Zeitfenster** von **3 Wochen bis 5 Monaten** nach Eröffnung des Verfahrens.

11 Das Prüfungsverfahren ist **mündlich** in dem Sinne, dass nur ein im Prüfungstermin selbst und vor der Eintragung des Prüfungsergebnisses in die Tabelle (§ 178 II) erklärter Widerspruch die Forderung im Sinne des § 179 „streitig" macht. Schriftlicher Widerspruch ist unzureichend,[15] Ausnahme ist das schriftliche Prüfungsverfahren nach § 177 I S 2. Die Prüfung der Forderungen im Prüfungstermin ist kein mündliches Verhandeln „vor dem erkennenden Gericht" im Sinne des § 128 ZPO.[16] Darum besteht auch keine Öffentlichkeit im Sinne des § 169 GVG, Ausnahmen kann das Gericht für bestimmte Personen gestatten.[17]

12 Über jede Prüfungsverhandlung wird ein **Protokoll** aufgenommen, § 4 mit §§ 159 ff ZPO.[18] Die Tabelle bildet dazu eine Anlage, und zwar einen unerlässlichen Bestandteil dieses Protokolls. Die im § 160 II Nr 1 und 2 ZPO genannten Erklärungen werden als Prüfungsergebnisse in die Tabelle eingetragen, § 178 II S 1.

13 Im Prüfungstermin ist zugleich das Stimmrecht streitig gebliebener Forderungen nach Maßgabe des § 77 II klarzustellen. Zum Zwecke gütlicher Erledigung von Widersprüchen sind Verhandlungen und „sofort vornehmbare" Ermittlungen[19] im Termin statthaft. Eine Beweisaufnahme unter Vertagung anzuordnen, ist der Insolvenzrichter nicht befugt, siehe jedoch die folgende Rn 14. Die Feststellung der im Termin streitig gebliebenen Forderungen ist Sache des Prozessgerichts, § 180.

14 Lässt sich die Prüfung aller Anmeldungen in einem Termin nicht erledigen, so hat der Insolvenzrichter von Amts wegen einen Termin zur Fortsetzung der Verhandlung zu bestimmen und zu verkünden (§ 4 mit §§ 136 III, 227 III ZPO). Eine **Vertagung** kommt insbesondere beim vorläufigen Bestreiten einer Forderung (dazu unten Rn 30 ff) auf Anregung des Verwalters in Betracht.[20] Unnötige Feststellungsstreitigkeiten können durch die spätere Erörterung vermieden werden.[21] Der öffentlichen Bekanntmachung des sofort verkündeten neuen Termins bedarf es nicht (§ 74 II S 2).

15 **Rechtshilfe** (§§ 156 ff GVG) kommt jedenfalls nicht bei Aufgaben in Betracht, die in die ausschließliche Zuständigkeit des Insolvenzgerichts fallen, siehe § 158 II GVG.[22] In keinem Falle kann die Leitung des Prüfungsverfahrens Gegenstand einer Rechtshilfe sein; das Insolvenzge-

---

14 Zur Organisation der Prüfung bei Groß-Gläubigerversammlungen vgl *Möhlen*, Rpfleger 2010, 355, 357 ff.

15 Braun/*Specovius* InsO[8] § 178 Rn 7; Gottwald/Haas/*Eickmann* InsRHdb[6] § 62 Rn 4; *Häsemeyer* InsR[4] Rn **22.15**; HambK/*Preß*/*Henningsmeier* InsO[9] § 176 Rn 12 so auch schon früher zur KO, s RGZ 57, 274; OLG Hamm RPfl 1965, 78, 79; Gottwald/ *Eickmann* InsRHdb[1] § 64 Rn 4.

16 Zu den Konsequenzen für ein Modell des „virtuellen Prüfungstermins" vgl *Preuß* ZIP 2020,1533, 1539. Nach § 4 S 2, der durch G v 22.12.2020 (SanInsFoG) eingefügt wurde, gilt § 128a ZPO auch für die Gläubigerversammlung, allerdings mit der Maßgabe der Einhaltung bestimmter Maßnahmen, die die Vertraulichkeit des Termins sichern.

17 MünchKomm/*Ehricke*/*Ahrens* InsO[4] § 74 Rn 25, 31; Uhlenbruck/*Knof* InsO[15] § 74 Rn 6, 8; Uhlenbruck/*Sinz* InsO[15] § 176 Rn 10, 16.

18 Vgl Jaeger/*Weber* KO[8] § 172 Rn 3 unter Hinweis auf RGZ 64, 85.

19 So bereits die Materialien zu § 75 KO, Motive II S 361.

20 Kübler/Prütting/Bork/*Pape*/*Schaltke* InsO[87] § 176 Rn 15; vgl auch Uhlenbruck/*Sinz* InsO[15] § 176 Rn 14.

21 Braun/*Specovius* InsO[8] § 176 Rn 21.

22 OLG Köln NZI 1999, 460 f; allg zur Frage der Rechtshilfe Jaeger/*Gerhardt* § 2 Rn 40; MünchKomm/*Ganter*/*Bruns* InsO[4] § 2 Rn 12.

richt kann sie nicht einem anderen Amtsgericht überlassen. Auch jeden besonderen Prüfungstermin, § 177, muss das Insolvenzgericht selber abhalten.

2. „Prüfung" und „Erörterung" der angemeldeten Forderungen

Für die Prüfung und Erörterung einer Forderung im Prüfungstermin ist die vorherige Eintragung in die Tabelle nicht erforderlich; es genügt die Anmeldung der Forderung, wie sich aus dem Wortlaut des § 176 S 1 und auch aus § 177 I ergibt.[23] Gegenstand der Prüfung und Erörterung sind prinzipiell nur „anmeldbare" Forderungen; im Streitfall wäre eine Forderung allerdings zu prüfen und müsste vom Insolvenzverwalter wegen des insolvenzrechtlichen Einwands bestritten werden (s § 174 Rn 31, § 175 Rn 17). Zu den Wirkungen einer versehentlichen Feststellung einer Nichtinsolvenzforderung zur Insolvenztabelle vgl § 178 Rn 50 ff. 16

Angemeldete Insolvenzforderungen werden im Prüfungstermin durch den gerichtlichen **„Aufruf"** unter Bezeichnung von Grund, Betrag und ggf (vgl § 174 III) Rang zur **„Prüfung"** und erforderlichenfalls **„Erörterung"** gebracht und den Beteiligten damit Gelegenheit zum förmlichen **Bestreiten** geboten. Wie das Bestreiten erfolgt, erschließt sich aus den möglichen Prüfungsergebnissen, die im Protokoll vermerkt werden, § 178 II. 17

Anders als unter der KO sind Gegenstand der Einzelerörterung nur „die Insolvenzforderungen, ... die bestritten worden sind", § 176 S 2, vgl zu dieser Einschränkung o Rn 3. Das „Bestreiten" einer Forderung hat im Hinblick auf die Insolvenzverfahrensteilnahme also im Grunde eine zweifache Bedeutung: Einmal führt es dazu, dass die Forderung im Prüfungstermin überhaupt einzeln zur Erörterung gestellt wird, so § 176 S 2, während im Übrigen nur ein **pauschaler Aufruf** erfolgt;[24] zum anderen bedeutet „Bestreiten" im Prüfungstermin technisch gesehen Einlegung eines **Widerspruchs**, der dann den Gläubiger dieser „bestrittenen" Forderung ggf zum Feststellungsverfahren nötigt. 18

Eckardt[25] differenziert in diesem Sinne plastisch zwischen dem „technischen Bestreiten" durch Widerspruch iSv § 178 I und einem „untechnischen Bestreiten", das die Forderung lediglich als problematisch bezeichnen und Gelegenheit zum Widerspruch im Prüfungstermin geben soll. Der „technische" Widerruf nach § 178 I S 1 ist „im Prüfungstermin" zu erheben, hat also grds mündlich zu erfolgen (Ausnahme: Prüfung nachträglicher Anmeldungen im schriftlichen Verfahren gem § 177 I S 2 InsO).[26] Dazu ergeht die Frage an die anwesenden Beteiligten, ob und ggf in welchem Umfang sie einer angemeldeten Forderung widersprechen. Für den Widerspruch des Insolvenzverwalters kann die Erklärung als ausreichend angesehen werden, dass den Forderungen widersprochen wird, die der Insolvenzverwalter bereits in der Tabelle als von ihm bestritten ausgewiesen hat.[27] Hat der Gläubiger bereits vor dem Prüfungstermin „untechnisch" widersprochen, genügt es für die Erhebung des „technischen" Widerspruchs nach § 178 I S 1, dass der Gläubiger im Prüfungstermin anwesend ist und das untechnische Widersprechen dabei stillschweigend aufrechterhält.[28] 19

---

23 BK/*Breutigam* InsO § 176 Rn 5.

24 *Eckardt* Kölner Schrift[3] Kap 17 Rn 25; Kübler/Prütting/Bork/*Pape*/*Schaltke* InsO[87] § 176 Rn 6; **anders** Uhlenbruck/*Sinz* InsO[15] § 176 Rn 31: es habe gar kein Aufruf zu erfolgen.

25 *Eckardt* Kölner Schrift[3] Kap 17 Rn 25.

26 BFH ZIP 2017, 1464, 1466; Braun/*Specovius* InsO[8] § 176 InsO Rn 11; K. Schmidt/*Jungmann* InsO[19] § 176 Rn 8; Uhlenbruck/*Sinz* InsO[15] § 176 Rn 31, § 178 InsO Rn 16; **aA** Nerlich/Römermann/*Becker* InsO § 176 Rn 21 (vor dem Prüfungstermin auch schriftlich oder zur Niederschrift der Geschäftsstelle).

27 MünchKomm/*Riedel* InsO[4] § 176 Rn 25, 26; *Preuß* ZIP 2020, 1533, 1539.

28 *Eckardt* Kölner Schrift[3] Kap 17 Rn 25; Kübler/Prütting/Bork/*Pape*/*Schaltke* InsO[87] § 176 Rn 12; Uhlenbruck/*Sinz* InsO[15] § 176 Rn 31.

V. Der Widerspruch

1. Erhebung des Widerspruchs

20 Der Widerspruch ist das „technische“ Instrument des Bestreitens einer Forderung im Prüfungstermin (vgl oben Rn 19). Es handelt sich um eine **Prozesshandlung**.[29] § 178 I differenziert zwischen dem Widerspruch eines Widerspruchsberechtigten im engeren Sinne, der der Feststellung der Forderung zur Tabelle entgegensteht (§ 178 I S 1, dazu § 178 Rn 4), und dem Widerspruch des Schuldners (§ 178 I S 2), der nach Beendigung des Insolvenzverfahrens im Hinblick auf eine etwaige Nachhaftung des Schuldners von Bedeutung ist (dazu § 178 Rn 9 f).

21 Der Widerspruch iSd § 178 I ist **mündlich im Prüfungstermin** geltend zu machen (hierzu oben Rn 11, 19). Der Widerspruch kann als solcher in einem späteren Termin nicht nachgeholt werden, auch nicht kraft Übereinkunft der übrigen Gläubiger mit dem Verwalter. Wird im Prüfungstermin kein Widerspruch durch einen Widerspruchsberechtigten iSv § 178 I S 1 erhoben, gilt die Forderung als festgestellt und wird als solche eingetragen, § 178 I S 1, II. Ein Tabellenvermerk nachträglichen Bestreitens durch den Verwalter oder durch Insolvenzgläubiger wäre gegenüber festgestellten Forderungen wirkungslos.[30] Eine abweichende Regelung gilt für den Schuldner, der mit dem Widerspruch nach § 178 I S 2 verhindern kann, dass nach Aufhebung des Insolvenzverfahrens aufgrund des vollstreckbaren Tabellenauszugs gegen ihn vollstreckt wird, § 201 II, und der sich ggf den Einwand der Restschuldbefreiung gegen die Geltendmachung ansonsten restschuldbefreiungsfester Forderungen nach § 301 Nr 1 wahrt (vgl § 178 Rn 9 f). Versäumt dieser unverschuldet den Prüfungstermin, so ist ihm auf Antrag nach § 186 I Wiedereinsetzung in den vorigen Stand zu gewähren, so dass er den Widerspruch noch nachholen kann.

22 Die **Rücknahme eines erhobenen Widerspruchs** ist wie der Widerspruch selbst eine Prozesshandlung.[31] Sie kann auch nach dem Termin – schriftlich oder zu Protokoll der Geschäftsstelle – **gegenüber dem Insolvenzgericht** erfolgen,[32] entgegen der in der Vorauflage vertretenen Ansicht[33] jedoch nicht alternativ gegenüber dem Anmelder. Die Tabelle ist entsprechend von Amts wegen zu berichtigen[34] und der Anmeldende darüber zu informieren, weil mit dem Wegfall des Widerspruchs das Erfordernis einer Feststellungsklage und vor allem auch das Rechtsschutzinteresse dafür entfallen sind.[35]

2. Die Widerspruchsberechtigten im engeren Sinne

23 Gem § 178 I S 1 sind der Insolvenzverwalter und die Insolvenzgläubiger widerspruchsberechtigt, der Schuldner (mit anderer Zielrichtung) gem § 178 I S 2. Dieser Personenkreis ist identisch mit demjenigen, der infolge seiner vorher oder gleichzeitig geäußerten Bedenken eine Forderung erst zum konkreten Gegenstand des Prüfungstermins macht (vgl o Rn 17). Nur der Widerspruch des Insolvenzverwalters oder eines Insolvenzgläubigers hindert aber nach § 178 I S 1 die Fest-

29 Graf-Schlicker/*Graf-Schlicker* InsO[6] § 176 Rn 13.
30 So schon RGZ 57, 270, 274.
31 Graf-Schlicker/*Graf-Schlicker* InsO[6] § 176 Rn 21.
32 AG Bremen NZI 2005, 399; *Eckardt* Kölner Schrift[3] Kap 17 Rn 26; Graf-Schlicker/*Graf-Schlicker* InsO[6] § 176 Rn 21.
33 Voraufl Jaeger/*Gerhardt* § 176 Rn 18 unter Berufung auf BGH WM 1957, 1225, 1226; OLG Dresden ZIP 1995, 665; ebenso Kübler/Prütting/Bork/*Pape*/*Schaltke* InsO[87] § 176 Rn 27; Gottwald/Haas/ *Eickmann*/*Wimmer* InsRHdb[63] InsR-Handb/*Eickmann*[3] § 624 Rn 9; Uhlenbruck/*Sinz* InsO[15] § 176 Rn 33; vgl auch MünchKomm/*Riedel* InsO[4] § 176 Rn 33 (spiele keine Rolle).
34 Graf-Schlicker/*Graf-Schlicker* InsO[6] § 176 Rn 21.
35 Kübler/Prütting/Bork/*Pape*/*Schaltke* InsO[87] § 176 Rn 27a.

stellung der Forderung zur Tabelle, sodass diese Widerspruchsberechtigen als Widerspruchsberechtige „im engeren Sinne" bezeichnet werden können.[36]

a) Widerspruchsrecht des Insolvenzverwalters

aa) Allgemeines. Bestreitungsberechtigt ist zunächst der Insolvenzverwalter, und zwar als Treuhandverwalter der Masse, nicht namens der Insolvenzgläubiger. Er vereinigt damit die im gemeinen Insolvenzrecht getrennten, aber nicht durch innere Gegensätzlichkeit geschiedenen Verrichtungen eines curator bonorum und eines contradictor.[37] Im Eigenverwaltungsverfahren steht dieses Widerspruchsrecht dem eigenverwaltenden Schuldner, darüber hinaus aber auch dem Sachwalter zu.[38] 24

Der Widerspruch des Insolvenzverwalters hat keine die Masse oder den Masseträger nachteilig treffende materiell-rechtliche Rechtsfolge; insbesondere geraten weder Schuldner noch Masse in Verzug, wenn der Insolvenzverwalter eine Forderung bestreitet. Die Insolvenzeröffnung stellt den Beginn des gesetzlichen Befriedigungsverfahrens dar, auf das jeder Gläubiger, der Deckung aus der Masse sucht, § 87, angewiesen ist. Er hat daher den mit dem Wesen der insolvenzmäßigen Befriedigung verknüpften Erfüllungsaufschub hinzunehmen und kann seine Forderung nur in dem dafür vorgesehenen Insolvenzfeststellungsverfahren, §§ 174 ff, verfolgen. Diese Vorschriften **suspendieren die allgemeinen Verzugsregelungen,** soweit es um den Verzugseintritt **im** Insolvenzverfahren geht. – Anders ist es, wenn der Verzug bereits **vor** Insolvenzeröffnung eingetreten ist; hier ist der Verzugsschadensersatzanspruch Insolvenzforderung, während die ab Eröffnung laufenden Verzugszinsen nur nachrangig geltend gemacht werden können, § 39 Nr 1. 25

bb) Erklärung des Verwalters als Schwerpunkt des Prüfungsverfahrens. In der Erklärung des Verwalters, der sich namentlich durch Auskunft des Schuldners und durch Einsichtnahme in dessen Bücher (§ 97 f) unterrichtet, liegt der Schwerpunkt des Prüfungsverfahrens. Der Verwalter hat ein Widerspruchsrecht auch dann, wenn kein Gläubiger widerspricht.[39] Er wird in seiner Entschließung durch Weisungen des **Gläubigerausschusses** oder der Gläubigerversammlung weder gebunden noch entlastet.[40] 26

Durch **schuldhaftes Unterlassen** des Widerspruchs macht der Verwalter sich nach § 60 **persönlich haftbar**;[41] es handelt sich um eine insolvenztypische Amtspflicht des Verwalters.[42] Wird eine evident unberechtigte Forderung nicht bestritten, kommt sogar eine Entlassung aus dem Amt gem § 59 I in Betracht.[43] Umgekehrt kann aber auch das **grundlose Bestreiten** einer Forderung eine Schadensersatzverpflichtung nach § 60 auslösen.[44] Bei nicht genügender An- 27

---

36 Terminologie Uhlenbruck/*Sinz* InsO[15] § 178 Rn 10; vgl auch MünchKomm/*Schumacher* InsO[4] § 178 Rn 17.
37 Zur KO: Motive II S 17; *Fuchs* Insolvenzverfahren S 64 f, *Bley* Feststellung des Insolvenzgläubigerrechts, 1914, S 28 ff, *v. Wilmowski-Kurlbaum* KO[6] § 139 Anm 1, § 141 Anm 5.
38 MünchKomm/*Schumacher* InsO[4] § 178 Rn 17; Uhlenbruck/*Sinz* InsO[15] § 178 Rn 15.
39 So bereits die Gesetzgebungsgeschichte zur KO, vgl Protokolle S 91.
40 RGZ 36, 369 ff; *Hegmanns* Der Gläubigerausschuß, S 69 ff; Jaeger/*Gerhardt* § 60 Rn 185; ebenso MünchKomm/*Schumacher* InsO[4] § 178 Rn 18.
41 *Braun* ZIP 1987, 687, 689; Kübler/Prütting/Bork/*Pape*/*Schaltke* InsO[87] § 176 Rn 24; K Schmidt/*Thole* InsO[19] § 60 Rn 22.
42 *Eckardt* Kölner Schrift[3] Kap 17 Rn 27; Jaeger/*Gerhardt* InsO § 60 Rn 27; Kübler/Prütting/Bork/*Pape*/*Schaltke* InsO[87] § 176 Rn 24.
43 LG Stendal NZI 2017, 972.
44 LG Osnabrück ZIP 1984, 91; Kübler/Prütting/Bork/*Pape*/*Schaltke* InsO[87] § 176 Rn 24; Uhlenbruck/*Sinz* InsO[15] § 60 Rn 20; zweifelnd K Schmidt/*Thole* InsO[19] § 60 Rn 22 (zum vorläufigen Bestreiten trotz Möglichkeit der abschließenden Beurteilung).

meldung (zB Fehlen der Unterlagen nach § 174 I S 2) ist ihm ein Bestreiten allerdings nicht verwehrt (zum sog vorläufigen Bestreiten s Rn 30 ff).[45]

28 Die **persönliche Anwesenheit** des Verwalters im Prüfungstermin ist dementsprechend unerlässlich. Er kann zur Erfüllung dieser Amtspflicht, also zum Erscheinen und zur Stellungnahme, prinzipiell im Aufsichtswege gezwungen werden (§§ 58 f).[46] Der Insolvenzverwalter kann zwar grds Aufgaben an Mitarbeiter delegieren.[47] Bestimmte originäre Aufgaben des Insolvenzverwalters können jedoch nicht übertragen werden.[48] Hierzu zählt die Wahrnehmung des Prüfungstermins. Das entsprach seinerzeit zur KO der absolut hM[49] und gilt richtigerweise auch nach heutigem Recht.[50] Darum steht es auch nicht im Belieben des Verwalters, einen „Terminsvertreter" ohne eigenes Prüfungs- und Erörterungsrecht abzustellen, der die Prüfungsergebnisse „übermittelt".[51] Die Anwesenheitspflicht des Verwalters beruht auf der höchstpersönlichen Natur des Verwalteramtes, vgl § 56 Rn 83 mwN. Ein „Terminsvertreter" ohne Prüfungs- und Erörterungsrecht wird den Anforderungen eines Prüfungstermins nicht gerecht, in dem ohnehin nur (noch) eine beschränkte Auswahl der Forderungen überhaupt erörtert wird und diese Erörterung eine gewisse Information und Flexibilität voraussetzt. Zu Recht wird darauf hingewiesen, dass für die Abwicklung überschaubarer Verfahren nach § 5 II die Möglichkeit des schriftlichen Verfahrens besteht, so dass Fälle, in denen das persönliche Erscheinen einen unverhältnismäßigen Aufwand bedeuten würde, praktisch vermieden werden können.[52]

29 Bei rechtlicher oder tatsächlicher Verhinderung des Insolvenzverwalters, sein Amt auszuüben, ist, sofern keine Terminsverschiebung möglich ist, die Bestellung eines Sonderverwalters erforderlich, was vor allem in Fällen eines Interessenwiderstreits geboten sein kann.[53] Bleibt der Verwalter unversehens (etwa wegen plötzlicher Erkrankung) aus, so muss der Termin vertagt werden.[54] Die Voraussicht seiner Verhinderung kann zu einer Terminsverlegung Anlass geben, § 4 mit § 227 III ZPO.

30 **cc) Sog. Vorläufiges Bestreiten.** Das vorläufige Bestreiten im Prüfungstermin ist eine gesetzlich nicht explizit vorgesehene Variante des Bestreitens, für die es ein praktisches Interesse gibt. Besonders in umfangreichen Insolvenzverfahren lässt sich häufig im ersten Prüfungstermin noch **kein vollständiger Überblick** über die Begründetheit aller angemeldeten Forderungen gewinnen. Will der Verwalter sich nicht der Gefahr einer Haftung aus § 60 aussetzen, darf er die von ihm noch ungeprüfte Forderung allerdings nicht unwidersprochen lassen, da sie anderenfalls – sofern kein Insolvenzgläubiger widersprochen hat – als festgestellt gilt, § 178 I S 1, womit

45 Vgl BGH NJW 2020, 3102, 3104 (Forderung nicht schlüssig oder mit unzureichenden Belegen angemeldet); *Marquardt/Hoffmann* NZI 2021, 1047, 1051; s bereits OLG Hamburg KTS 1975, 43; LG Hamburg KTS 1974, 46.

46 Kübler/Prütting/Bork/*Pape/Schaltke* InsO[87] § 176 Rn 21.

47 Vgl BVerfG NJW-RR 2009, 1502, 1504 f zum Kriterium „Ortsnähe" bei der Verwalter-Vorauswahl; zum Einsatz von Mitarbeitern s auch Jaeger/*Gerhardt* InsO § 56 Rn 56 ff.

48 Vgl BGH NJW 2013, 3374 („insolvenzverfahrensspezifische Handlungen") zu § 56.

49 Vgl etwa *Kilger* KO[15] § 141 Anm 2 (etwas distanzierter Kilger/*K. Schmidt* InsG[17] § 141 KO Anm 2); Kuhn/*Uhlenbruck* KO[10] § 141 Rn 1; Mohrbutter/*Mohrbutter* Handbuch[6] Rn 754; Schrader/Uhlenbruck[4] Rn 460.

50 AG Hohenschönhausen ZInsO 2000, 168 (unter Hinweis auf die hM); Braun/*Specovius* InsO[8] § 176 Rn 4; *Eckardt* Kölner Schrift[3] Kap 17 Rn 23; FK/*Kießner* InsO[9] § 176 Rn 5; *Jaeschke* S 136 f; Kübler/Prütting/Bork/*Pape/Schaltke* InsO[87] § 176 Rn 19 f; MünchKomm/*Riedel* InsO[4] § 176 Rn 11; Rattunde/Smid/Zeuner/*Smid* InsO[4] § 176 Rn 14; **aA:** HK/*Depré* InsO[10] § 176 Rn 2; Graf-Schlicker/*Graf-Schlicker* InsO[6] § 176 Rn 3 (im Hinblick auf die Entscheidung des BVerfG zum Vorauswahlkriterium „Ortsnähe"); BK/*Breutigam* InsO § 176 Rn 9 („im Vordringen befindlich") und ihm folgend HambK/*Preß/Henningsmeier* InsO[9] § 176 Rn 6; ferner grundlegend für diese Ansicht *Eickmann* KTS 1986, 20; KK/*Thiele* InsO § 176 Rn 14 ff.

51 So Uhlenbruck/*Sinz* InsO[15] § 176 Rn 23 mwN.

52 Kübler/Prütting/Bork/*Pape/Schaltke* InsO[87] § 176 Rn 20.

53 Dazu Jaeger/*Gerhardt* InsO § 56 Rn 76 ff.

54 Kübler/Prütting/Bork/*Pape/Schaltke* InsO[87] § 176 Rn 19.

ihre Teilnahme an der insolvenzmäßigen Befriedigung für das weitere Verfahren rechtskräftig feststeht, § 178 III. Endgültiges Bestreiten kann zum **Feststellungsprozess** nach § 179 führen, bei dem der Masse die Prozesskosten zur Last fallen würden, wenn der Insolvenzverwalter nachträglich die Berechtigung der Forderung anerkennen müsste, § 91 ZPO. § 93 ZPO käme der Masse nicht zugute, da der Insolvenzverwalter durch sein endgültiges Bestreiten der Forderung Anlass zur Klage des abgewiesenen Gläubigers gegeben hat. Neben dem Ergebnis des Feststellungsprozesses muss der Insolvenzverwalter eine persönliche Haftung nach § 60 für aufgewendete Kosten bei grundlosem Bestreiten befürchten.[55] Zum Zwecke des Zeitgewinns für weitere Prüfungen bestreitet der Verwalter deshalb „vorläufig" und signalisiert so dem anmeldenden Gläubiger, dass er noch nähere Prüfungen vornimmt und sich zu einem späteren Zeitpunkt endgültig erklärt.[56] Das Problem stellt sich nicht, wenn der Verwalter infolge einer **Vertagung** Zeit gewinnt.[57] Ein weiterer in der Praxis vorkommender Grund für vorläufiges Bestreiten ist die **verspätete Anmeldung** einer Forderung nach Ablauf der Anmeldefrist, aber vor dem ersten Prüfungstermin. In diesen Fällen vermeidet der vorläufige Widerspruch des Insolvenzverwalters – sofern kein Insolvenzgläubiger wegen der Verspätung einer sachlichen Prüfung im Termin widerspricht – die Anberaumung eines besonderen Prüfungstermins auf Kosten des Säumigen nach § 177 I S 2.

War die rechtliche Zulässigkeit des „vorläufigen Bestreitens" insbesondere unter der Geltung der KO noch unklar und umstritten,[58] so ist diese Möglichkeit als Mittel, keinen Anlass für eine Feststellungsklage zu geben und somit die Voraussetzungen für eine **Kostenentscheidung nach § 93 ZPO** bzw eine günstige Kostenentscheidung bei einem Beschluss nach § 91a ZPO zu schaffen, mittlerweile anerkannt[59]: Auch der vorläufige Widerspruch ist prozessual ein **endgültiger Widerspruch** nach § 178 I, allerdings mit dem **Unterschied**, dass der Bestreitende von vornherein seine Bereitschaft zur Rücknahme kundtut. In dieser zusätzlichen Kundgabefunktion erschöpft sich die Bedeutung des vorläufigen Bestreitens. Der Grundgedanke des § 93 ZPO findet auch für den Fall des vorläufigen Bestreitens Anwendung, um so zu einer flexibleren Kostenzuweisungsmöglichkeit zu gelangen. 31

Nach Auffassung des Bundesgerichtshofs kann der Verwalter der Kostenfolge jedoch nicht durch ein sofortiges Anerkenntnis entgehen, wenn nach dem vorläufigen Bestreiten der Forderung der Feststellungsstreit durch **Aufnahme eines Rechtsstreits** nach § 180 II geführt wird und der Schuldner diese Möglichkeit durch sein prozessuales Verhalten verloren hatte.[60] Richtigerweise sollte dem Verwalter aber auch in solchen Konstellationen die Möglichkeit zum vorläufigen Bestreiten eingeräumt werden, die die Vertagung entbehrlich macht.[61] Deshalb ist bei der Beurteilung der Kosten der Instanz darauf abzustellen, ob der Verwalter Anlass zur Aufnahme des Verfahrens gegeben hat, was bei einem vorläufigen Bestreiten nicht ohne weiteres der Fall ist. 32

---

55 S LG Osnabrück ZIP 1984, 91.

56 *Jaeschke* S 162; FK/*Kießner* InsO[9] § 176 Rn 21; Uhlenbruck/*Sinz* InsO[15] § 178 Rn 18; ausführlich *Marquardt/Hoffmann* NZI 2021, 1047, 1049 f.

57 Vgl FK/*Kießner* InsO[9] § 176 Rn 25 f; Gottwald/Haas/*Eickmann/Wimmer* InsRHdb[6] § 62 Rn 8; Kübler/Prütting/Bork/*Pape/Schaltke* InsO[87] § 179 Rn 6; Uhlenbruck/*Sinz* InsO[15] § 178 Rn 21.

58 Ausführlich zur Problematik und zu rechtlichen Einzelfragen Voraufl Jaeger/*Gerhardt* § 174 Rn 65 bis 75.

59 BGH ZIP 2006, 576, 577; BGH NZI 2016, 829, 830; OLG Frankfurt NZI 2021, 510, 511; *Eckardt* Kölner Schrift[3] Kap 17 Rn 26 u 56; Braun/*Specovius* InsO[8] § 178 Rn 6; FK/*Kießner* InsO[9] § 176 Rn 23; HambK/*Preß/Henningsmeier* InsO[9] § 178 Rn 9; HK/*Depré* InsO[10] § 178 Rn 5; KK/Thiele InsO § 178 Rn 18; Gottwald/Haas/*Eickmann/Wimmer* InsRHdb[6] § 62 Rn 7; Kübler/Prütting/Bork/*Pape/Schaltke* InsO[87] § 176 Rn 15, § 179 Rn 6 ff; MünchKomm/*Schumacher* InsO[4] § 178 Rn 37; Rattunde/Smid/Zeuner/*Smid* InsO[4] § 178 Rn 10; K Schmidt/*Jungmann* InsO[19] § 179 Rn 5 ff; Uhlenbruck/*Sinz* InsO[15] § 178 Rn 19; zur KO bereits BAG ZIP 1988, 1587 m zust Kurzkomm *Balz* EWiR 1988, 1237 f.

60 BGH NZI 2016, 829, 830; so auch Graf-Schlicker/*Graf-Schlicker* InsO[6] § 180 Rn 13; K Schmidt/*Jungmann* InsO[19] § 179 Rn 7.

61 So zu Recht Uhlenbruck/*Sinz* InsO[15] § 180 Rn 22, der hier für die Beurteilung, ob die Voraussetzungen einer Kostenentscheidung nach § 93 ZPO vorliegen, allein das Verhalten des Verwalters als maßgeblich ansieht.

33 **Somit gelten folgende Grundsätze:** Eine vorprozessuale Kennzeichnung des Bestreitens als vorläufig erlaubt dem Kläger grds nicht die Annahme, er werde nur durch einen Insolvenzfeststellungsprozess sein Ziel erreichen. Erhebt der Insolvenzgläubiger, ohne den Verwalter vorher zur Erklärung aufgefordert zu haben, Klage und erkennt der Insolvenzverwalter daraufhin sofort an (im frühen ersten Termin oder in der Klageerwiderung bei schriftlichem Vorverfahren) oder beseitigt er außerprozessual rechtzeitig den Widerspruch nach § 178 I S 1 letzter Hs mit der Folge beiderseitiger oder einseitiger Erledigungserklärungen, so treffen den **verfrüht die Klage erhebenden Insolvenzgläubiger** die Verfahrenskosten. Letztendlich ist es aber eine Frage des Einzelfalls, ob diese Grundsätze eingreifen oder nicht.[62]

34 **Anders** stellt sich die Lage etwa dar, wenn das Verteilungsverzeichnis bereits öffentlich bekanntgemacht ist (§ 188 S 3) und damit die Ausschlussfrist des § 189 I für die Erhebung der Feststellungsklage läuft.[63] Das OLG Frankfurt hat eine Rückfrage des Gläubigers auch dann nicht als erforderlich angesehen, wenn der Verwalter den vorläufigen Widerspruch mit dem Fehlen von Belegen begründet, die nach Ansicht des Gerichts nicht erforderlich waren; der Verwalter müsse die Forderung „aus zutreffenden Gründen" vorläufig bestritten haben.[64] Diese Einschätzung beruhte allerdings in concreto auf der unzutreffenden Annahme, dass der Gläubiger damit rechnen kann, dass die angemeldete Forderung das Feststellungsverfahren unbestritten passieren wird, wenn die Anmeldung den Anforderungen für eine ordnungsgemäße Forderungsanmeldung genügt, nämlich die Forderung hinreichend individualisiert wurde (dazu § 174 Rn 63). Mit dem vorläufigen Widerspruch wird jedoch zum Ausdruck gebracht, dass der Verwalter (noch) nicht überprüfen konnte, ob die Forderung berechtigt ist. Wenn diese Einschätzung des Verwalters mit fehlenden Belegen begründet wird, muss der Gläubiger rückfragen und ist im Weiteren auch gehalten, zunächst außergerichtlich zu versuchen, das Bestreiten zu beseitigen, indem er dann angefragte Nachweise beifügt.[65]

35 Für § 93 ZPO ist grundsätzlich kein Raum, wenn der Insolvenzverwalter seinen Widerspruch nicht ausdrücklich als vorläufig bezeichnet,[66] was nun allerdings die ordnungsgemäße Anmeldung der Forderung durch den Gläubiger, einschließlich der Vorlage sämtlicher zur Überprüfung der Forderungsberechtigung erforderlicher Unterlagen, voraussetzt; denn solange es an einer derartigen Anmeldung fehlt, kann selbst ein uneingeschränkter Widerspruch des Insolvenzverwalters nicht zu einer mit Kostennachteilen für Verwalter und Masse verbundenen Klageerhebung des Gläubigers führen.[67]

b) Insolvenzgläubiger

36 **aa) Allgemeines.** Bestreitungsberechtigt ist neben dem Verwalter **jeder einzelne Insolvenzgläubiger**, ein jeder im eigenen Namen und kraft eigenen Rechts. Ein praktisches Interesse, das Widerspruchsrecht auszuüben, wird es typischerweise nicht geben, zumal die Interessen der Gläubigergesamtheit bereits durch das Widerspruchsrecht des Verwalters gewahrt werden. In der Literatur wird vor diesem Hintergrund zT die Beseitigung dieses „überholten Relikts aus

---

62 Vgl BGH ZIP 2006, 576 Ziffer 9; Braun/*Specovius* InsO[8] § 178 Rn 6; FK/Kießner InsO[9] § 179 Rn 8; *Eckardt* Kölner Schrift[3] Kap 17 Rn 26; HK/*Depré* InsO[10] § 178 Rn 5; Kübler/Prütting/Bork/*Pape/Schaltke* InsO[87] § 179 Rn 5 ff; MünchKomm/*Schumacher* InsO[4] § 178 Rn 37; Uhlenbruck/*Sinz* InsO[15] § 178 Rn 20; siehe auch (zur KO) OLG Düsseldorf ZIP 1982, 201; OLG Karlsruhe ZIP 1989, 791 = EWiR § 146 KO 1989, 705 (*Godau-Schüttke*); OLG München, KTS 1987, 327; OLG Dresden ZIP 1997, 327, 328;.

63 BGH ZIP 2006, 576, 577.

64 OLG Frankfurt NZI 2021, 510, 511 mit krit Anm *Marquardt/Hoffmann*.

65 Siehe hierzu Kübler/Prütting/Bork/*Pape/Schaltke* InsO[87] § 179 Rn 8; *Marquardt/Hoffmann* NZI 2021, 1047, 1049.

66 Vgl BGH NJW-RR 2012, 688.

67 Vgl OLG Celle ZIP 1985, 823.

justiziellem Denken des 19. Jahrhunderts" gefordert.[68] Der widersprechende Einzelgläubiger handelt nicht etwa in Vertretung der gesamten Gläubigerschaft. Darum kann er auch gegen den ausgesprochenen Willen aller übrigen Gläubiger und des Verwalters bestreiten, andererseits aber auch nach Gutdünken die Verfolgung seines Widerspruchs wieder aufgeben. Gelingt es freilich dem einzelnen Gläubiger, einen Konkurrenten auszuschalten, so vergrößert sich nicht nur seine Dividende, sondern auch die der anderen Teilnehmer, vgl § 183 I. Insoweit sind Einzelwohl und Gesamtwohl untrennbar miteinander verknüpft.[69] Haben Schuldverschreibungsgläubiger einen **gemeinsamen Vertreter nach § 19 III SchVG** bestellt, ist dieser **allein berechtigt**, die Gläubigerrechte im Insolvenzverfahren wahrzunehmen; dazu zählt insb auch der Widerspruch gegen die Forderungsanmeldung eines anderen Gläubigers (s § 174 Rn 51 f).[70]

Die Stellung als Insolvenzgläubiger als solche hängt nicht davon ab, ob der einzelne Gläubi- 37
ger seine Forderung angemeldet hat und ob diese anerkannt ist oder bestritten wurde.[71] Voraussetzung für einen wirksamen Gläubigerwiderspruch ist jedoch die **Zulassung der angemeldeten Forderung** des betreffenden Gläubigers (zum Sonderfall des **nachrangigen Gläubigers** unten Rn 44).[72] Ein Bestreiten auf Grund einer noch nicht zugelassenen Anmeldung wird wirksam erst mit der Zulassung und ist darum erst einzutragen, nachdem die Zulassung erfolgt ist.[73] Solange bleibt die Wirksamkeit des Bestreitens in der Schwebe. Während der Schwebe darf auch die Feststellung des bestrittenen Anspruchs nicht eingetragen werden. Dass die zugelassene Anmeldung unbestritten bleibt, ist dagegen nicht Bedingung der Bestreitensbefugnis (dazu u Rn 40 ff).

Anders als der Insolvenzverwalter kann sich der Gläubiger im Prüfungstermin **vertreten** 38
lassen.[74] Dass ein Gläubiger und im Besonderen der Anmelder selbst bei der Prüfung zugegen ist, verlangt das Gesetz nicht; es gilt insoweit dasselbe wie bei der Forderungsanmeldung (zur Vertretung bei der Anmeldung vgl § 174 Rn 46 ff).

Problematisch und **umstritten** ist schließlich, ob ein nicht nachrangiger („gewöhnlicher") 39
Gläubiger auch **gegen ein nachrangiges Recht Widerspruch** einlegen kann. – Ein ähnliches und ggf gleichgelagertes Problem ergab sich unter der KO im Verhältnis der einzelnen Gläubigerrangklassen des § 61 KO. Hierzu hatte *Friedrich Weber*[75] dezidiert und gegen die hM Stellung genommen: Unzutreffend sei die in den Protokollen S 92 vertretene und vielfach gebilligte Ansicht, dass ein bevorrechtigter Gläubiger die Forderungen nachstehender Anmelder deshalb nicht wirksam bestreiten könne, weil er gegenüber ihrer Feststellung kein rechtliches Interesse habe. Der Bevorrechtigte habe jedoch ein rechtliches Interesse daran, dem Unberechtigten jede Beeinflussung des Verfahrens (Abstimmung in den Gläubigerversammlungen) unmöglich zu machen.[76] Darum seien auch vollberechtigte einfache Insolvenzgläubiger befugt, minderberechtigte Forderungen (§§ 226, 236) nach Bestand und Betrag zu bestreiten. – Unter Bezugnahme darauf vertritt *Häsemeyer* auch zur InsO die Auffassung, Gläubiger vollrangiger Insolvenzforde-

---

68 *Bischoff* Das Widerspruchsrecht der Gläubiger im Forderungsfeststellungsverfahren – ein Anachronismus, ZInsO 2003, 161 f; zust KK/*Thiele* InsO § 176 Rn 23; vgl auch Kübler/Prütting/Bork/*Pape*/*Schaltke* InsO[87] § 176 Rn 25 („erwägenswerte Gründe").

69 So schon grundlegend RGZ 58, 369, 374; *Kohler* Lehrbuch des Konkursrechts, 1891, S 559 f; *Seuffert* Deutsches Konkursprozessrecht, 1899, S 262. Klarer lässt sich dies auch heute nicht formulieren.

70 BGH NJW 2018, 2193, 2195.

71 BGH NJW-RR 2005, 278, 279.

72 *Eckardt* Kölner Schrift[3] Kap 17 Rn 27; FK/*Kießner* InsO[9] § 176 Rn 9 ff; Kübler/Prütting/Bork/*Pape*/*Schalkte* InsO[87] § 176 Rn 25; Uhlenbruck/*Sinz* InsO[15] § 176 Rn 25; zur Rechtslage unter der KO vgl etwa *Kilger* KO[15] und Kilger/*K. Schmidt* InsG[17] § 144 KO Anm 1; Jaeger/*Weber* KO § 141 Rn 8; Kuhn/*Uhlenbruck* KO[10] § 146 Rn 2a.

73 Vgl auch Uhlenbruck/*Sinz* InsO[15] § 176 Rn 25 (Widerspruchsrecht bei „einstweiliger Zulassung").

74 Uhlenbruck/*Sinz* InsO[15] § 176 Rn 27.

75 *Jaeger* KO[8] § 141 Rn 8, 2. Abs 2.

76 Unter Hinweis ua auf *Fitting* Reichs-Concursrecht und Concursverfahren, 2. Aufl 1881, § 12 Nr 10; Kuhn/*Uhlenbruck* KO[10] § 144 Rn 2; Mohrbutter/*Mohrbutter* Handbuch[6] Rn 772; Petersen-*Kleinfeller* KO[4] § 11 Anm 6; **abw** *Seuffert* S 263; *Kohler* Lehrbuch, S 560; v Sarwey-*Bossert* KO[4] § 141 Anm 4.

rungen könnten nachrangige Forderungen bestreiten.Dabei räumt er zwar ein, dass das Stimmrecht gem § 77 I S 2 nachrangigen Gläubigern nicht zusteht, weist jedoch darauf ihn, dass es auch um die Kosten der Anmeldung gehe und diese zur Verringerung der Aktivmasse führten.[77] Dies scheint allerdings nicht so gravierend, um ein schutzwürdiges Interesse der vorrangigen Insolvenzgläubiger zu rechtfertigen. Auch der Vorhalt von *Becker*, der vorrangige Gläubiger müsse befürchten, dass der nachrangige Gläubiger nach der Aufhebung des Insolvenzverfahrens gem den in der Tabelle feststellten Ergebnissen der Prüfung (§ 201 II) sein Konkurrent sei,[78] bleibt als eher theoretisches Szenario vernachlässigbar. Deshalb ist im Ergebnis die Widerspruchsbefugnis des vollrangigen („gewöhnlichen") Gläubigers gegen eine nachrangige Forderung abzulehnen.[79]

40 **bb) Widerspruch durch ein bestrittenes Gläubigerrecht.** Das Widerspruchsrecht steht auch dem Gläubiger einer bestrittenen Forderung zu.[80] Beim **Streit über die Gläubigerposition** des Bestreitenden bleibt das Bestreiten solange in der Schwebe und wird unwirksam, sobald dem Widersprechenden das eigene Insolvenzgläubigerrecht rechtskräftig aberkannt ist. Damit endet seine Beteiligteneigenschaft im Sinne der §§ 174, 178 f; er kann dann auch nicht mehr berechtigt sein, der Insolvenzbeteiligung eines anderen zu widersprechen.[81]

41 Als weitere Gründe für ein **Erlöschen der** Beteiligteneigenschaft und damit der **Widerspruchsbefugnis** eines Gläubigers kommt in Betracht, dass der Widersprechende nachträglich auf seine Forderung oder auch nur auf die Insolvenzteilnahme verzichtet oder dass er etwa infolge einer Vollbefriedigung (zB Aufrechnung) aufhört, Insolvenzgläubiger zu sein. Der Widerspruch des Gläubigers verliert unmittelbar durch das Erlöschen einer Insolvenzforderung seine Wirkung: Durch die vom Anmelder zu erwirkende Berichtigung der Tabelle, vgl § 175, wird eine bereits bestehende Rechtslage klargestellt, nicht eine neue begründet.

42 Im **Feststellungsprozess,** § 179 I, kann die Aberkennung oder der Wegfall der die Widerspruchsbefugnis bedingenden Insolvenzgläubigereigenschaft des Widersprechenden allerdings nur bis zum Schluss der letzten Tatsachenverhandlung berücksichtigt werden. Die **Insolvenzgläubigereigenschaft des Widersprechenden** ist zwar – ebenso wie die Anmeldung,[82] die Prüfung und das Bestrittensein der festzustellenden Forderung[83] – als **Prozessvoraussetzung** zu qualifizieren und insoweit als solche nach hM einem weiteren Tatsachenvortrag in der Revisionsinstanz zugänglich, als er durch § 559 (früher § 561) ZPO vorgegeben ist.[84] Auch diesbezüglich sind jedoch solche Tatsachen unbeachtlich, die erst aus der Zeit nach der letzten mündlichen Tatsachenverhandlung stammen.[85] Erlischt also die Widerspruchsbefugnis erst, während der Prozess um das bestrittene Recht im Revisionsverfahren schwebt, dann kommt das Erlöschen der Widerspruchsbefugnis dem Anmelder, dessen Anmeldung widersprochen worden ist, nicht mehr zustatten.

43 Die Verhandlung über das Bestehen des bestrittenen Insolvenzgläubigerrechts kann nach § 148 (§§ 249, 250, 252) ZPO bis zur Entscheidung eines über die Widerspruchsbefugnis schwe-

---

77 Dazu beruft sich *Häsemeyer* (InsR[4] Rn **22.**23 u 24) auf seinen Beitrag Die Gleichbehandlung der Konkursgläubiger, KTS 1982, 507, 549.

78 Nerlich/Römermann/*Becker* InsO[13] § 176 Rn 17.

79 Ebenso MünchKomm/*Schumacher* InsO[4] § 178 Rn 22.

80 „Wechselseitiger Widerspruch" lediglich „Scheinproblem", dazu Voraufl Jaeger/*Gerhardt* InsO § 176 Rn 40.

81 So bereits Jaeger/*Weber* KO[8] § 141 Rn 8, in diesem Sinne auch Kübler/Prütting/Bork/*Pape*/*Schalkte* InsO[87] § 176 Rn 25.

82 BGH NJW 2020, 3102 **mwN.**

83 Dazu Uhlenbruck/*Sinz* InsO[15] § 180 Rn 1; so bereits zur KO RGZ 86, 394, 397; BGH KTS 55, 30; OLG Nürnberg ZIP 1982, 476, 477; Hess/*Kropshofer* KO[2] § 146 Rn 24; Kilger/*K. Schmidt* InsG[17] § 146 KO Anm 2e.

84 BGHZ 31, 279, 282; *Jauernig*/*Hess* ZPR[30] § 74 Rn 34; *Meller-Hannich* ZPR[2] Rn 548; Musielak/Voit/*Ball* ZPO[17] § 559 Rn 8; *Schilken* ZPR[7] Rn 943.

85 BGHZ 31, 279, 283; Thomas/Putzo/*Reichold* ZPO[30] § 559 Rn 9.

benden Verfahrens **ausgesetzt** werden. Für die Lösung der Frage, wie der Wegfall der Insolvenzgläubigereigenschaft des Widersprechenden auf einen anhängigen Feststellungsprozess wirkt, ist gleichfalls zu beachten, dass damit nachträglich eine Prozessvoraussetzung entfällt und die ursprüngliche Klage somit unzulässig wird. Die Parteien können den Rechtsstreit daher **in der Hauptsache für erledigt** erklären.

cc) Widerspruchsbefugnis nachrangiger Gläubiger. Für nachrangige Forderungen ist zu berücksichtigen, dass die Aufforderung des Insolvenzgerichts gem § 174 III bis zum Schlussverzeichnis erfolgen kann, so dass bis dahin noch die Zulassung auch einer zuvor schon zurückgewiesenen (unstreitig) nachrangigen Forderung erfolgen kann (zur Zulassung bei Streit über den Rang vgl § 175 Rn 17, 24). Darum muss auch hier – **unabhängig von einer Zulassung** – ein wirksames Bestreiten möglich sein,[86] das allerdings die Wirksamkeit verliert, falls bis zum Schlussverzeichnis keine Aufforderung nach § 174 III ergangen ist, andernfalls ist es zu berücksichtigen.[87] Insofern liegt hier eine Ausnahme von dem Grundsatz vor, dass nur eine angemeldete und zugelassene Forderung die Position eines Insolvenzgläubigers im Prüfungsverfahren begründen kann. 44

3. Der Widerspruch des Schuldners

Neben dem Verwalter und den Gläubigern hat auch der Schuldner eine persönliche Widerspruchsbefugnis. Der eigene Widerspruch des Schuldners hat allerdings lediglich Bedeutung für dessen Inanspruchnahme außerhalb des Insolvenzverfahrens sowie nach Beendigung des Verfahrens (siehe § 178 Rn 9 f). Die Feststellung der Forderung zur Tabelle und die Berücksichtigung bei der Verteilung hindert er nicht, § 178 I S 2. 45

Die **Anwesenheit des Schuldners** im Prüfungstermin ist vor diesem Hintergrund nicht unerlässlich; sie kann jedoch zum Zwecke der Aufklärung geboten sein, § 97 f, und ist dann sogar erzwingbar, § 98 II.[88] Im Übrigen erscheint sie im Interesse des Schuldners selbst sinnvoll, sofern dieser seinerseits Widerspruch einlegen will. 46

4. Inhalt des Widerspruchs

a) Mögliche Einwände („Widerspruchsrichtung"). Der Widerspruch kann sich gegen den **Bestand** der angemeldeten Forderung im Ganzen oder gegen die **Höhe** der Forderung richten. Ebenso kann sich der Widerspruch nur gegen die **Verfolgbarkeit im Insolvenzverfahren** richten **(„insolvenzrechtliche Einwendung")**, so beispielsweise wenn es sich bei der angemeldeten Forderung um eine Masseverbindlichkeit handelt, die nach § 53 aus der Insolvenzmasse vorab zu berichtigen ist, oder wenn die Forderung nach § 39 I Nr 1–5 nachrangig ist. Ist die Anmeldung der Forderung ordnungsgemäß erfolgt, muss der Verwalter die Forderung zur Tabelle aufnehmen und die insolvenzrechtliche Einwendung zum Gegenstand des Widerspruchs machen (vgl auch § 175 Rn 17).[89] 47

86 OLG München ZInsO 2010, 1603; Kübler/Prütting/Bork/*Pape*/*Schaltke* InsO[87] § 176 Rn 26; MünchKomm/*Riedel* InsO[4] § 176 Rn 21; Uhlenbruck/*Sinz* InsO[15] § 176 Rn 26 mwN; **aA** (Widerspruch unbeachtlich) Rattunde/Smid/Zeuner/*Smid* InsO[4] § 178 Rn 6; wohl auch *Jaeschke* S 97 f.
87 Kübler/Prütting/Bork/*Pape*/*Schaltke* InsO[87] § 176 Rn 26a.
88 Kübler/Prütting/Bork/*Pape*/*Schaltke* InsO[87] § 176 Rn 9; Uhlenbruck/*Sinz* InsO[15] § 176 Rn 17.
89 BGH NJW 2017, 1752, 1754.

48 Schließlich kann auch die Anmeldung als Forderung mit qualifiziertem Rechtsgrund iSd § 174 II angegriffen werden, letzteres jedoch nur durch den Widerspruch des Schuldners,[90] da es damit nur um die Titelwirkung des Tabelleneintrags, § 201 II, bzw die Restschuldbefreiung, § 302 Nr 1, geht, also allein um die Rechtsbeziehung zwischen dem Schuldner und dem jeweiligen Gläubiger; die anderen Gläubiger und auch der Insolvenzverwalter sind insoweit nicht betroffen.[91]

49 Eine Begründung für den Widerspruch muss im Prüfungstermin generell nicht angegeben werden.[92] Dennoch erscheint eine **Begründung** durchaus zweckmäßig und empfehlenswert, da sie überflüssige Feststellungsprozesse zu vermeiden hilft.[93] Sie ist insofern für den Widersprechenden auch völlig risikolos, als ihre Schlüssigkeit für den Eintritt der Widerspruchswirkung ohne Relevanz ist und zudem für das Feststellungsverfahren keinerlei bindende Kraft hat. Der Widersprechende ist also trotz einer Begründungsangabe nicht gehindert, sich im Feststellungsprozess auf eine andere Begründung zu stützen.[94]

50 Eine andere Frage ist es, ob eine Begründung im Hinblick auf die verschiedenen möglichen **Widerspruchsrichtungen** erforderlich ist, also bspw. die Angabe des Insolvenzverwalters, dass eine insolvenzrechtliche Einwendung erhoben wird. Das wurde in der Voraufl von *Gerhardt* unter Hinweis auf eine grundsätzliche Verschiedenheit der ferneren Behandlung im Feststellungsprozess, §§ 179 bis 181, bejaht.[95] Ob sich derartige Unterschiede überhaupt ergeben, hängt allerdings von einer wesentlichen Weichenstellung im weiteren Verfahren ab, der Verteilung der Betreibungslast nach § 179 I, II. Entscheidend ist also, ob eine bzw welche insolvenzspezifische Einwendung geeignet ist, die Betreibungslast zu beeinflussen (**str**, siehe hierzu § 179 Rn 43 ff).

51 Zudem kann die Angabe einer Widerspruchsrichtung relevant sein, wenn der Widersprechende mit einer spezifischen Begründung das Bestreiten des Bestands der Forderung ausklammern und sich mit prozessualen Konsequenzen auf einen **isolierten Widerspruch** beschränken kann, wie es für den **Widerspruch des Schuldners** mittlerweile anerkannt ist. Der Schuldner kann seinen Widerspruch im Grundsatz auch ausschließlich gegen die Anmeldung des Attributs, also des qualifizierten Rechtsgrundes iSv § 174 II, richten (dazu i E § 184 Rn 19; zur Problematik des „isolierten Widerspruchs" wegen einer insolvenzrechtlichen Einwendung § 180 Rn 35.).[96]

52 **b) Widerspruch gegen einen Teilbetrag.** Zulässig sind auch Widersprüche, die sich lediglich auf einen **Teilbetrag** der angemeldeten Forderung beschränken. Dies ergibt sich bereits unmittelbar aus dem Wortlaut des § 178 I, wonach eine Forderung als festgestellt gilt, **soweit** der Insolvenzverwalter im Prüfungstermin keinen Widerspruch erhoben hat.[97]

---

90 BGH ZinsO 2008, 325 ff und 569; *Eckardt* Kölner Schrift[3] Kap 17 Rn 27 (mwN in Fn 47); FK/*Kießner* InsO[9] § 176 Rn 19; *Gaul* GS Heinze S 207.

91 Vgl *Häsemeyer* InsR[4] Rn **22.**26.

92 BGH NJW 2017, 1752, 1753; Kübler/Prütting/Bork/*Pape*/*Schaltke* InsO[87] § 176 Rn 12; **aA** *Ganter* NZI 2017 49, 53 (insb bezogen auf die Problematik der Geltendmachung insolvenzrechtlicher Einwände).

93 Uhlenbruck/*Sinz* InsO[15] § 176 Rn 28, § 178 Rn 17.

94 BGH NJW 2017, 1752, 1753; Kübler/Prütting/Bork/*Pape*/*Schaltke* InsO[87] § 176 Rn 12.

95 Voaufl Jaeger/*Gerhardt* InsO § 174 Rn 46; eine Angabe der Widerspruchsrichtung verlangen ebenfalls Kübler/Prütting/Bork/*Pape*/*Schaltke* InsO[87] § 176 Rn 14; vgl auch *Ganter* NZI 2017, 49, 53, der sich generell für eine Begründungspflicht ausspricht.

96 BGH NZI 2013, 906; BGH NZI 2014, 507 **mwN**; FK/Ahrens InsO[9] § 302 Rn 67; Uhlenbruck/*Sinz* InsO[15] § 184 Rn 20; vgl hierzu Jaeger/*Preuß* InsO § 302 Rn 50. Hängt allerdings der Bestand des Anspruchs davon ab, dass dem Schuldner eine unerlaubte Handlung vorgeworfen werden kann, kommt ein Widerspruch ausschließlich gegen die Anmeldung des Attributs nicht in Betracht, siehe BGH NZI 2007, 416; Uhlenbruck/*Sinz* InsO[15] § 184 Rn 20.

97 Zur KO bereits RG LZ 1914, 394 Nr 13.

c) Widerspruch und Vorbehalte. Auch als Prozesshandlung ist der Widerspruch einer sog. **innerprozessualen Bedingung** zugänglich.[98] Der Widerspruch kann also von einer bestimmten Gestaltung der Verfahrenslage abhängig gemacht werden, was freilich nur in der umgekehrten Form, dem Nichtbestreiten unter Vorbehalt, vorkommt. In Betracht käme etwa das Nichtbestreiten einer **Wechselforderung** unter dem Vorbehalt der Wechselvorlage,[99] sofern nicht bereits bei der Anmeldung Wechsel oder Scheck vorlagen, was an sich weder bei der Anmeldung noch im Prüfungstermin zwingend erforderlich ist.[100] Allerdings bedarf es eines derartigen Vorbehalts bei der Anmeldung und Feststellung einer Wechselforderung nicht: Nach den auch im Insolvenzrecht anwendbaren Artikeln 38, 39 WG braucht der Insolvenzverwalter ohne Vorlage der Wechsel keine Ausschüttung auf die Quote vorzunehmen.[101] **Anders** ist es, wenn die **Kausalforderung** angemeldet wird, wenn beispielsweise durch Wechselübertragung oder Abtretung die Zweckverbundenheit von Wechsel- und Grundforderungen aufgehoben wurde. Hier steht dem Insolvenzverwalter zwar auch der Einwand der Wechselhingabe zu, er muss ihn jedoch bereits im Feststellungsverfahren durch den Vorbehalt der Wechselherausgabe geltend machen, da er anderenfalls bei vorbehaltloser Feststellung gem § 178 III InsO, § 767 II ZPO nicht mehr auf diesen Einwand zurückgreifen kann. 53

Ein **Feststellungsvermerk** nach § 178 II S 1 könnte dann wie folgt lauten: „Festgestellt unter der Bedingung des Art 39 WG" oder bei Scheckforderungen „Festgestellt unter der Bedingung des Art 34 ScheckG".[102]

5. Die Beseitigung des Widerspruchs

a) Zurücknahme. Der vom Insolvenzverwalter oder von Insolvenzgläubigern erhobene Widerspruch kann auf verschiedene Weise „beseitigt" werden: Der Widerspruch kann bspw noch im Prüfungstermin durch **gütliche Einigung** ausgeräumt werden. Der Widerspruch kann sich insb auch durch **Zurücknahme** erledigen. 54

Obwohl der Widerspruch des Verwalters oder eines einzelnen Gläubigers allen Gläubigern zustattenkommt, steht die Zurücknahme im einseitigen Belieben des Widersprechenden. Darum wird, wenn der Verwalter seinen Widerspruch fallen lässt, den Gläubigern in einem neuen Termin nicht noch einmal Gelegenheit zum Bestreiten geboten. Jeder einzelne Widerspruchsberechtigte hat ein eigenes Widerspruchsrecht, dessen Ausübung er nur auf die Gefahr der Feststellung unterlassen kann. 55

Wird ein Widerspruch erst zurückgenommen, **nachdem Feststellungsklage** nach § 179 I **erhoben** worden ist, so erledigt sich das Verfahren mit der Kostenfolge des § 91a ZPO in der Hauptsache.[103] Hatte der Insolvenzverwalter widersprochen, so bildet eine entstehende Prozesskostenverbindlichkeit eine Masseschuld, § 55 I Nr 1. 56

Für die Fälle einer Zurücknahme **unter Vorbehalt** oder unter einer **echten aufschiebenden Bedingung** gilt angesichts des Charakters als Prozesshandlung und der daraus folgenden grundsätzlichen Bedingungsfeindlichkeit das Gleiche wie für die Einlegung von Widersprüchen und die hier anerkannte Ausnahme für einen von vorneherein verfahrensbezogenen eingeschränkten Widerspruch (s o Rn 53). Danach kann die Rücknahme des Widerspruchs also etwa unter dem Vorbehalt erfolgen, dass der anmeldende Gläubiger genau bezeichnete Unterlagen 57

98 Vgl Rosenberg/Schwab/*Gottwald* ZPO[18] § 65 Rn 28; Zöller/*Greger* ZPO[33] vor § 128 Rn 20.

99 Gottwald/Haas/*Eickmann*/*Wimmer* InsRHdb[6] § 62 Rn 26; dazu bereits RGZ 37, 1, 4 f; RG LZ 1914, 394 Nr 13; Kuhn/*Uhlenbruck* KO[11] § 144 Rn 2c; Kilger/*K. Schmidt* InsG[17] § 144 KO Anm 3.

100 RGZ 37, 1, 4; BGH ZInsO 2006, 102 Ziffer 9 f; Kilger/*K. Schmidt* InsG[17] § 144 KO Anm 3.

101 RGZ 37, 1, 5.

102 Braun/*Specovius* InsO[8] § 178 Rn 19; Gottwald/Haas/*Eickmann*/*Wimmer* InsRHdb[6] § 62 Rn 21; Uhlenbruck/*Sinz* InsO[15] § 178 Rn 6.

103 BGH WM 1957, 1225; Gottwald/Haas/*Eickmann*/*Wimmer* InsRHdb[6] § 62 Rn 10.

vorlegt, zB Wechselvorlage bei einer Wechselforderung, Art 38 f WG.[104] Allerdings bedarf es stets einer präzisen Bestimmung der Bedingung, weil die in der Teilfeststellung liegende Gestaltungswirkung der bedingten Rücknahme niemals ungewiss sein darf.[105]

58 **b) Problem: Wegfall der Insolvenzgläubigereigenschaft.** Früher wurde – vorwiegend unter Hinweis auf *Friedrich Weber*[106] – apodiktisch vertreten, mit dem Wegfall der Gläubigereigenschaft des bestreitenden Insolvenzgläubigers werde sein Widerspruch automatisch beseitigt.[107] Dagegen wendet sich jedenfalls im Ansatz zu Recht *Schumacher*[108]: Über den Bestand und das Erlöschen der Forderung des Widersprechenden sei im Feststellungsprozess zu entscheiden, nicht im Berichtigungsverfahren vor dem Insolvenzgericht; stehe dem Widersprechenden kein eigenes Forderungsrecht zu oder sei dieses später erloschen, so sei die Feststellungsklage mangels Sachlegitimation unbegründet, nicht jedoch unwirksam. Zutreffend ist dies freilich nur, sofern über das Erlöschen Streit besteht. Ein Gläubiger, dessen als Insolvenzforderung angemeldetes Recht erlischt, wird seine Anmeldung zurücknehmen; damit erlischt dann auch der Widerspruch „automatisch". Dasselbe gilt auch ohne ausdrückliche Rücknahme der Anmeldung, sofern sich die Betroffenen über das Erlöschen einig sind oder darüber gar kein Streit besteht; der Gläubiger wird dann seinerseits schon für entsprechende Klarstellung durch Rücknahme Sorge tragen, um den Feststellungsprozess samt Kostenlast zu vermeiden.

59 **c) Entsprechender Urteilsinhalt.** Der Widerspruch wird auch beseitigt, wenn durch Urteil die Forderung festgestellt, §§ 179 I, 183 I, oder der Widerspruch für unbegründet, §§ 179 II, 183 I, erklärt wird. Zu beachten ist dabei die Möglichkeit der Feststellung bestrittener **öffentlichrechtlicher Forderungen** durch **Verwaltungsakt** (vgl § 185 Rn 6 f).

104 Dazu RGZ 37, 4; RG LZ 1914, 394 Nr 13.

105 Vgl RGZ 149, 264 als Beispiel für eine unklare inhaltlich eingeschränkte Rücknahme.

106 *Jaeger* KO[8] § 144 Rn 2, § 141 Rn 8.

107 So wohl noch Uhlenbruck/*Sinz* InsO[15] § 178 Rn 24.

108 MünchKomm/*Schuhmacher* InsO[4] § 178 Rn 46 unter Berufung ua auf die Motive zur KO S 362.

§ 177 Nachträgliche Anmeldungen

(1) [1]Im Prüfungstermin sind auch die Forderungen zu prüfen, die nach dem Ablauf der Anmeldefrist angemeldet worden sind. [2]Widerspricht jedoch der Insolvenzverwalter oder ein Insolvenzgläubiger dieser Prüfung oder wird eine Forderung erst nach dem Prüfungstermin angemeldet, so hat das Insolvenzgericht auf Kosten des Säumigen entweder einen besonderen Prüfungstermin zu bestimmen oder die Prüfung im schriftlichen Verfahren anzuordnen. [3]Für nachträgliche Änderungen der Anmeldung gelten die Sätze 1 und 2 entsprechend.

(2) Hat das Gericht nachrangige Gläubiger nach § 174 Abs. 3 zur Anmeldung ihrer Forderungen aufgefordert und läuft die für diese Anmeldung gesetzte Frist später als eine Woche vor dem Prüfungstermin ab, so ist auf Kosten der Insolvenzmasse entweder ein besonderer Prüfungstermin zu bestimmen oder die Prüfung im schriftlichen Verfahren anzuordnen.

(3) [1]Der besondere Prüfungstermin ist öffentlich bekanntzumachen. [2]Zu dem Termin sind die Insolvenzgläubiger, die eine Forderung angemeldet haben, der Verwalter und der Schuldner besonders zu laden. § 74 Abs. 2 Satz 2 gilt entsprechend.

Materialien

DiskE § 194 und RefE § 194, in dem der heutige Abs 2 eingefügt wurde, der bisherige Abs 2 wurde Abs 1 Satz 3; RegE § 204, gleichlautend wie RefE § 194, BT-Drucks 12/2443, S 184; BT-Drucks 12/7302, S 76 und 178 f.

Vorgängerregelungen

KO § 142, dazu Motive I Bd 2, S 103, Motive II S 358 f, 361; Protokolle S 91, 172.

Literatur

S zu § 174, 175.

Übersicht

Alphabetische Übersicht

https://doi.org/10.1515/9783110343687-004

I. Entstehungsgeschichte

1 § 177 entspricht im Wesentlichen dem früheren § 142 KO, dessen Grundanliegen auch für die InsO konstant geblieben ist. Lediglich die Neuregelung in § 174 III, dass nachrangige Forderungen nur nach Aufforderung durch das Insolvenzgericht anzumelden sind, und die dadurch ggf notwendigen Verzögerungen mussten berücksichtigt werden. Dies führte zu Abs 2, der erstmals Eingang in den RefE gefunden hat. Durch den RegE war dann durch entsprechende Ergänzungen zusätzlich zu der gleichfalls dadurch eingeführten Möglichkeit einer nachträglichen Erledigung im schriftlichen Verfahren Rechnung zu tragen, Abs 1 Satz 2 2. Alt, Abs 2 aE.

II. Zulassung nachträglicher Anmeldungen

2 Die Grundprämisse des § 177 lautet: Die **Anmeldefrist (§ 28 I) ist keine Ausschlussfrist.**[1] Der heutige § 177 lehnt – wie auch schon § 176 PreußKO v 1855 – das gemeinrechtliche „Präklusionsverfahren" ab, weil ein Recht der wachsamen Gläubiger auf Ausschließung der Nachzügler nicht zu begründen sei, die „fast schrankenlose" Wiedereinsetzung aber, zu der die Härte des Ausschlusses genötigt hatte, dessen Vorteile aufgewogen habe (Motive II S 357).

3 Das Prinzip des § 177 I gilt gleichermaßen, wenn dem Insolvenzgläubiger erst im Prüfungstermin die Nachbesserung seiner ursprünglich unter erheblichen Mängeln leidenden Anmeldung gelingt. Diese „Heilung" wirkt nicht etwa auf den Zeitpunkt der Anmeldung zurück, sondern ist wie eine nachträgliche Neuanmeldung zu behandeln, um den Widerspruchsberechtigten die hinreichende und verfahrenskonforme Prüfung zu ermöglichen.[2]

1. Zeitliche Grenze

4 § 177 I S 1, 2 ist zu entnehmen, dass eine Forderung auch nach dem Ablauf der Anmeldefrist und auch nach dem Prüfungstermin noch angemeldet werden kann. Die InsO enthält dagegen keine explizite Regelung, bis wann eine nachträgliche Anmeldung **zum Zweck der Feststellung der Forderung zur Tabelle** spätestens zu erfolgen hat. Der Bundesgerichtshof hat sich hierzu mit überzeugenden Gründen der hM angeschlossen, die im **Schlusstermin die zeitliche Grenze** für Forderungsanmeldungen gesehen hat, weil der Schlusstermin die abschließende Gläubigerversammlung ist, in der eine Prüfung noch regulär vorgenommen werden kann.[3] Besonderheiten gelten für die Anmeldung des qualifizierten Rechtsgrundes nach § 302 Nr 1, die darauf abzielt, die Forderung restschuldbefreiungsfest werden zu lassen (siehe hierzu Rn 6 f sowie § 174 Rn 92 f).

5 Meldet ein Gläubiger die Forderung erst nach Ablauf der Ausschlussfrist des § 189 I und Zustimmung des Insolvenzgerichts zur Schlussverteilung, § 196 II, an, können die Forderungen allerdings nicht mehr in die **Verteilung** einbezogen werden; das gilt für die Schlussverteilung im Insolvenzverfahren, aber ebenso für eine etwaige sich anschließende Treuhandphase im Restschuldbefreiungsverfahren.[4] Dem schutzwürdigen Interesse an der Anmeldung und Prüfung steht das nicht entgegen, weil der Gläubiger mit der Anmeldung die Verjährung nach § 204

1 BGH NZI 2020, 229, 230; BGH NZI 2012, 323.
2 BGH NJW 2020, 3102, 3104 (zur nachträglichen Individualisierung der Forderung).
3 BGH NZI 2020, 229, 230 f mwN zum Streitstand.
4 BGH ZIP 2007, 876, 877 im Anschluss an die hM (bereits zur KO), vgl Jaeger/*Meller-Hannich* § 197 Rn 14 f mwN.

I Nr 10 BGB hemmen kann und bei Feststellung der Forderung zur Tabelle einen Vollstreckungstitel nach § 201 II erlangt.[5]

2. Nachträgliche Anmeldung eines Attributs iSv § 302 Nr 1

Schon § 142 KO ging über sein preußisches Vorbild insofern hinaus, als es die nachträgliche 6
Anmeldung eines Vorrechts für geprüfte Forderungen, die der erste Entwurf (§ 144) mit dem § 174 PreußKO ausschließen wollte, nicht mehr verboten hat, so ausdrücklich § 142 II KO durch die Gleichstellung eines nachträglich beanspruchten Vorrechts mit einer Änderung. Bedeutsam ist die Möglichkeit der nachträglichen Anmeldung heute vor allem für die **Anmeldung eines qualifizierten Rechtsgrundes** iSd § 302 Nr 1, um die **Ausnahme von der Restschuldbefreiung** zu erreichen (vgl hierzu § 174 Rn 87 ff). Insoweit enthält die InsO zwar eine Regelungslücke. Diese ist jedoch in entspr Anwendung des § 177 I S 3 zu schließen.[6] Ausdrücklich hebt die Gesetzesbegründung zu der heutigen Regelung in § 177 I hervor, die InsO habe bewusst die abweichende Regelung der GesO in § 14 I nicht übernommen, wonach verspätete Anmeldungen nur dann zu berücksichtigen waren, wenn die Verspätung unverschuldet war und das Gericht zustimmte.[7]

Dem Gläubiger, der den qualifizierten Rechtsgrund nach § 302 Nr 1 anmeldet, geht es damit 7
nicht um die Berücksichtigung im Insolvenzverfahren, sondern um die Rechtsfolge des § 302 Nr 1, also die Privilegierung der Forderung mit qualifiziertem Rechtsgrund, nachdem dem Schuldner die Restschuldbefreiung erteilt wurde und die Forderung somit ohne die Privilegierung nicht mehr durchgesetzt werden könnte. Die zeitliche Grenze für eine nachträgliche Attributsanmeldung muss deshalb nicht zwangsläufig synchron zur zeitlichen Grenze für die Forderungsanmeldung mit dem Zweck der Feststellung zur Tabelle gezogen werden. Gleichwohl hat der Bundesgerichtshof sich überzeugend dafür ausgesprochen, auch für diese Anmeldungen aus Gründen des Schuldnerschutzes eine Anmeldung **spätestens im Schlusstermin** zu verlangen, zumal den Regelungen der §§ 174 II, 175 II, 302 Nr 1 entnommen werden könne, dass eine Klärung der Privilegierungsfrage möglichst frühzeitig erfolgen solle (vgl § 174 Rn 88).[8] Der Schuldner soll die Erfolgsaussichten seines Ziels, eine umfassende Entschuldung zu erreichen, beizeiten abschätzen können. Bezogen auf asymmetrische Verfahren, in denen das Insolvenzverfahren das Restschuldbefreiungsverfahren überdauert, gilt deshalb, dass eine Nachmeldung des Privilegierungstatbestandes nach **Ablauf der Abtretungsfrist des § 287 II** nicht mehr möglich ist.[9]

3. Änderungen der Anmeldung (Abs 1 S 3) und Rechtsnachfolge

Den Neuanmeldungen werden durch Abs 1 Satz 3 **wesentliche Änderungen** der Anmeldung, 8
namentlich die Erhöhung des Betrages und/oder die Änderung des das Wesen der Forderung bestimmenden Schuldgrundes, gleichgestellt (zur Nachmeldung eines privilegierten Rechtsgrundes nach § 302 Nr 1 siehe Rn 7, § 174 Rn 92). Mit der Änderung wird häufig eine (Teil-) **Rücknahme** der ursprünglichen Anmeldung verbunden sein (zur Rücknahme der Anmeldung sowie zur zeitlichen Grenze der Rücknahmemöglichkeit siehe § 174 Rn 78 ff).[10]

5 BGH NZI 2020, 229, 230.

6 BGH ZIP 2008, 566, 567; ZInsO 2008, 809; ZInsO 2009, 278.

7 BT-Drucks 12/2443 S 184 zu § 204.

8 BGH NZI 2020, 229, 231 mit zust Anm *Ahrens*.

9 BGH ZIP 2013, 1677, 1678; FK/*Ahrens* InsO[9] § 302 Rn 44; FK/*Kießner* InsO[9] § 174 Rn 32; Kübler/Prütting/Bork/*Pape/Schaltke* InsO[86] § 174 Rn 101; Jaeger/*Preuß* § 302 Rn 35.

10 BGH NJW 2019, 1877, 1879.

9 In Fällen der (unstreitigen) Einzelrechtsnachfolge in die Forderung kann die verfahrensrechtliche Umsetzung bis zur Forderungsfeststellung durch Rücknahme der ursprünglichen Anmeldung verbunden mit der (nachträglichen) Neuanmeldung durch den Rechtsnachfolger erfolgen,[11] aber auch durch einen gewillkürten Beteiligtenwechsel; § 265 ZPO findet keine entsprechende Anwendung (**str**, siehe zur **Rechtsnachfolge** § 174 Rn 85 f). Findet ein gewillkürter Beteiligtenwechsel statt, müssen für die Änderung der Tabelle Zedent und Zessionar dem Gericht die Abtretung anzeigen. Im Fall der Gesamtrechtsnachfolge ist ein Nachweis der Rechtsnachfolge durch den Gesamtrechtsnachfolger für die Änderung der Tabelle erforderlich. War die vom Rechtsvorgänger angemeldete Forderung bestritten, so erlangt der Nachfolger, dessen **Rechtserwerb erwiesen und in der Tabelle vermerkt** wird, damit die Eignung als Partei des künftigen Feststellungsprozesses, ohne dass es erneuter Anmeldung und Prüfung bedarf. Die vom **obsiegenden** Rechtsnachfolger zu erwirkende Tabellenberichtigung, § 183 II, braucht mit einer Umschreibung auf seinen Namen nicht verknüpft zu sein. Zwischen Sonder- und Gesamtrechtsnachfolge besteht hier kein Unterschied. Für keine von beiden trifft es zu, dass ein Wechsel im Insolvenzgläubigerrecht als solcher der Anmeldung und Prüfung bedarf. Der Tabellenvermerk bedingt weder die Wirksamkeit des Übergangs der Forderung noch stellt er diesen außer Streit.[12] Auch ein erst nach Insolvenzbeendigung eintretender Erwerb des Gläubigerrechts erschließt die Vorteile der Feststellung, ohne dass er in der Tabelle vermerkt werden müsste.

10 Die bei **streitiger Rechtsnachfolge** vom Zessionar/Gesamtrechtsnachfolger beanspruchte Forderung ist als Neuanmeldung zu behandeln. Im Regelfall handelt es sich dabei um einen **Forderungsprätendentenstreit.** Bei beiden Forderungen ist zu vermerken, dass diese Forderung von verschiedenen Gläubigern in Anspruch genommen wird (vgl o § 174 Rn 76). Die Rechtslage ist im normalen Zivilverfahren zu klären, der Verwalter kann bis dahin die Beträge zurückhalten.[13]

III. Verfahren und Kosten

11 § 177 ist auf die Forderungsprüfung zum Zweck der Feststellung zur Tabelle bezogen. Hintergrund ist es, dass die Widerspruchsberechtigten nach § 178 I S 1, also Verwalter und Insolvenzgläubiger, ihr Widerspruchsrecht sachgerecht wahrnehmen können. Das im Hinblick auf die Anmeldung einer privilegierten Forderung iSd § 302 Nr 1 bedeutsame Widerspruchsrecht des Schuldners bleibt hier ausgeklammert. Dem Schuldner, den das Gericht gem § 175 II auf die Anmeldung der privilegierten Forderung und die Möglichkeit des Widerspruchs hiergegen hinzuweisen hat, muss ebenfalls Zeit zur Vorbereitung verbleiben, so dass auch im Interesse des Schuldners eine nachgelagerte Prüfung erforderlich werden kann.[14]

1. Forderungsprüfung im regulären Prüfungstermin (§ 177 Abs 1 S 1)

12 Nach § 177 I S 1 können nach dem Ablauf der Anmeldungsfrist (§ 28 I) eingereichte Anmeldungen **prinzipiell im regulären Prüfungstermin** geprüft werden. Für Forderungen, die nicht erst nach dem Prüfungstermin eingehen und deshalb zwangsläufig in einem nachgelagerten Verfahren geprüft werden müssen, sieht die gesetzliche Regelung die Prüfung im gesonderten Termin oder im schriftlichen Verfahren (auf Kosten des Gläubigers) nur vor, wenn der Insolvenzverwalter oder ein Insolvenzgläubiger der Prüfung im regulären Termin **widersprechen**, § 177 I S 2.

11 Kübler/Prütting/Bork/*Pape/Schaltke* InsO[86] § 177 Rn 27; vgl auch *Wimmer/Berner* NZI 2015, 877, 880.
12 So schon zu § 142 KO KG OLGRspr 32, 398; 42, 77; Jaeger/*Weber* KO[8] 142 Rn 4.
13 FK/*Kießner* InsO[9] § 177 Rn 44; der Verwalter kann unter entsprechendem Zusatz anerkennen, Uhlenbruck/*Sinz* InsO[15] § 177 Rn 14.
14 Graf-Schlicker/*Graf-Schlicker* InsO[6] § 177 Rn 4.

Rein formal betrachtet schließt die Regelung noch nicht einmal aus, selbst eine erst im Prüfungstermin angemeldete Forderung im Termin zu prüfen. Es bleibt dem pflichtgemäßen Handeln des Gerichts, das eine Forderung zur Prüfung aufruft, und des Verwalters, der der Prüfung im Termin widersprechen kann, überlassen, ob von dieser formalen Möglichkeit im Einzelfall Gebrauch gemacht wird.

Geht die Anmeldung der Forderung zwar verspätet ein, wird sie aber in die Tabelle eingetragen und unter **Einhaltung der Niederlegungsfrist** den Gläubigern die Einsichtnahme ermöglicht, so ist allerdings der eigentliche Grund für das Widerspruchsrecht der Gläubiger nach § 177 I S 2 entfallen. Das spricht für eine **teleologische Reduktion des § 177 I S 2**; den Gläubigern steht kein Widerspruchsrecht zur Herbeiführung der nachgelagerten Prüfung zu.[15] Soweit dagegen auch bezogen auf den Verwalter vertreten wird, dieser bringe mit der Eintragung der Forderung in die Tabelle zum Ausdruck, dass er die Forderung geprüft habe oder jedenfalls im regulären Termin prüfen wolle,[16] ist dem zu widersprechen. Die auf die formalen Anforderungen der Anmeldung beschränkte Vorprüfung zur Eintragung in die Tabelle ist nicht gleichzusetzen mit der Frage, ob die Forderung zur Tabelle festgestellt werden kann oder ob ihr widersprochen werden muss (§ 178 I S 1, zur Vorprüfung durch den Verwalter § 175 Rn 15 ff).[17] 13

2. Nachgelagerte Forderungsprüfung (§ 177 I S 2)

a) Besonderer Prüfungstermin. Zu einem **besonderen Prüfungstermin** nach dem allgemeinen, § 176, kommt es nicht in jedem Falle verspäteter, dh nach dem Ablauf der Anmeldefrist, § 28 I, eingereichter Anmeldungen. Erfolgt die Anmeldung erst nach dem allgemeinen Prüfungstermin, so ist eine nachgelagerte Prüfung unvermeidlich. Ansonsten kommt nach § 177 I S 1 auch eine Prüfung im regulären Termin in Betracht (dazu oben Rn 12 f). Ein besonderer Prüfungstermin muss dann aber angesetzt werden, wenn der Verwalter oder ein Insolvenzgläubiger der sofortigen Prüfung widerspricht. § 177 I S 2. 14

Der besondere Prüfungstermin ist **von Amts wegen** anzuberaumen und – anders als bei einer Vertagung des allgemeinen Prüfungstermins, vgl § 177 III S 3 mit § 74 II S 2 – als neuer Termin im Interesse aller Beteiligten, auch der bei der allgemeinen Prüfung nicht erschienenen, nach Maßgabe des § 9 **öffentlich bekannt zu machen**. Gem Abs 3 Satz 2 sind die Gläubiger einer verspätet angemeldeten Forderung, der Verwalter und der Schuldner **besonders zu laden**.[18] 15

Innerhalb welcher Frist der besondere Prüfungstermin anzusetzen ist, lässt die InsO offen; die Vorschrift des § 29 I Nr 2 ist darauf nicht anwendbar. Das Gericht wird sich durch das Interesse der Beteiligten leiten lassen und daher nicht immer sofort für jede einzelne Anmeldung einen **Termin** bestimmen, vielmehr, wenn nicht eine Verteilung oder eine andere wichtige Verhandlung nahe bevorsteht, bis zum Eingang weiterer nachträglicher Anmeldungen warten und für diese gemeinsam den besonderen Prüfungstermin ansetzen.[19]

Die **Kosten** eines besonderen Prüfungstermins trägt der ihn veranlassende Nachzügler, mag seine Säumnis auf Verschulden beruhen oder nicht,[20] Abs 1 Satz 2; vgl auch § 95 ZPO. Mehrere 16

---

15 Kübler/Prütting/Bork/*Pape*/*Schaltke* InsO[87] § 177 Rn 12; Uhlenbruck/*Sinz* InsO[15] § 177 Rn 5 aE; offengelassen Graf-Schlicker/*Graf-Schlicker* InsO[6] § 177 Rn 2 (spricht nur das Widerspruchsrecht des Verwalters an); **aA** Münch-Komm/*Riedel* InsO[4] § 177 Rn 2, der im Gegenteil sogar für die Prüfung im regulären Termin verlangt, dass die Forderung so rechtzeitig eingetragen wurde, dass die Mindestfrist für die Niederlegung eingehalten wurde.

16 So Uhlenbruck/*Sinz* InsO[15] § 177 Rn 5.

17 Graf-Schlicker/*Graf-Schlicker* InsO[6] § 177 Rn 2.

18 FK/*Kießner* InsO[9] § 177 Rn 10; Uhlenbruck/*Sinz* InsO[15] § 177 Rn 28, vgl auch *Eckardt* Kölner Schrift[3] Kap 17 Rn 33 mit dem Zusatz: „nicht etwa *alle* Gläubiger, wie es der Wortlaut der Vorschrift nahezulegen scheint".

19 Schon die Begr zur entspr Regelung der KO Motive II S 358 f.

20 Das ist, soweit ersichtlich, allg Meinung, vgl nur Uhlenbruck/*Sinz* InsO[15] § 177 Rn 30.

säumige Gläubiger haften für die Kosten des Termins – mit Ausnahme der Prüfungskosten nach GKG KV Nr 2340, die jeder einzeln schuldet – gem § 31 I GKG als Gesamtschuldner.

17 Zweifelhaft und **streitig** ist, wieweit der **Verwalter** und andere **Gläubiger Erstattung** der durch die Teilnahme entstandenen Kosten und besonderen Auslagen verlangen können. Bezogen auf den Verwalter wird vielfach darauf verwiesen, dass zusätzliche erstattungsfähige Kosten schon deshalb nicht anfielen, weil der Verwalter kraft seines Amtes zur Teilnahme verpflichtet sei.[21] Es muss allerdings zwischen dem Vergütungsanspruch des Verwalters und der Auslagenerstattung differenziert werden; besondere Auslagen, die als solche nicht in die Vergütung fallen, sind herauszunehmen und dem säumigen Gläubiger anzulasten.[22] Durch den Termin veranlasste Auslagen, die der Verwalter gesondert abrechnen kann und die sonst nach § 54 Nr 2 die Masse belasten würden, sind Teil der „Kosten" iSd § 177 I S 2. Zum Teil wird auch eine Erstattungspflicht gegenüber anderen Gläubigern unmittelbar aus dem Insolvenzverfahren heraus befürwortet,[23] wohingegen die Gegenansicht die anderen Gläubiger auf die Geltendmachung von Erstattungsansprüchen außerhalb des Insolvenzverfahrens verweisen möchte.[24] Die InsO ordnet die Berichtigung der „Kosten, die den einzelnen Insolvenzgläubigern durch ihre Teilnahme am Verfahren erwachsen",[25] bspw die Kosten für die Teilnahme an einem besonderen Prüfungstermin iSv § 177 I S 2,[26] als nachrangige Insolvenzforderungen iSv § 39 I Nr 2 ein. Solche Kosten sind also im Prinzip aus der Verteilungsmasse zu berichtigen. Rechtlich ergibt sich jedoch aus § 177 I S 2, dass die Kosten des besonderen Prüfungstermins nicht die Masse belasten sollen, sondern den nachmeldenden Gläubiger treffen. Dieser muss die Masse deshalb von diesen Kosten freistellen, so dass die Nachrangregelung obsolet wird. Deshalb kann der andere Gläubiger, dem Kosten durch den besonderen Prüfungstermin entstanden sind, diese Kosten in Rechnung stellen: „Beglichen" wird der Anspruch durch die Abtretung des Freistellungsanspruchs gegen den Nachzügler; der Freistellungsanspruch wandelt sich damit in einem Zahlungsanspruch um.

18 **Keine eigene Kostenlast** verursachen Anmeldungen, die noch in dem allgemeinen, nicht einem besonderen Prüfungstermin erörtert werden. Dasselbe gilt, wenn eine Prüfung der verspätet angemeldeten Forderung in einem – vertagten – Fortsetzungstermin der allgemeinen Prüfung erfolgen kann. Ist eine nachträgliche Anmeldung nur deshalb im allgemeinen Prüfungstermin nicht mehr zur Erörterung gelangt, weil das Insolvenzgericht den Zeitraum des § 29 I Nr 2 zu kurz bemessen hat, dann sind die Gebühren und Auslagen des Gerichts für den besonderen Termin niederzuschlagen, § 21 GKG. Gleiches gilt, wenn der Gläubiger an sich die Forderung rechtzeitig angemeldet hat, aber ein Versäumnis im Verwalterbüro letztendlich die nachgelagerte Prüfung erforderlich gemacht.[27]

19 **b) Prüfung im schriftlichen Verfahren.** Als Neuregelung gegenüber dem früheren § 142 KO sieht § 177 I S 2 vor, dass das Gericht alternativ zu der Anordnung eines besonderen Prüfungstermins auch die **Prüfung im schriftlichen Verfahren** anordnen kann. Diese erst vom Rechtsausschuss eingefügte Option sollte sich als gerichtsentlastend auswirken.[28] Die Anordnung anstelle der Anberaumung eines besonderen Prüfungstermins steht im pflichtgemäßen Ermessen des

21 Kübler/Prütting/Bork/*Pape/Schaltke* InsO[87] § 177 Rn 23; ebenso Gottwald/Haas/*Eickmann/Wimmer* InsRHdb[6] § 61 Rn 56; Uhlenbruck/*Sinz* InsO[15] § 177 Rn 32.

22 So schon Voraufl Jaeger/*Gerhardt* InsO § 177 Rn 17; ebenso HambK/*Preß/Henningsmeier* InsO[9] § 177 Rn 14.

23 Voraufl Jaeger/*Gerhardt* InsO § 177 Rn 17; Gottwald/Haas/*Eickmann/Wimmer* InsRHdb[6] § 61 Rn 56; HambK/*Preß/Henningsmeier* InsO[9] § 177 Rn 14.

24 Kübler/Prütting/Bork/*Pape/Schaltke* InsO[87] § 177 Rn 23; ebenso K Schmidt/*Jungmann* InsO[19] § 177 Rn 8; Uhlenbruck/*Sinz* InsO[15] § 177 Rn 32.

25 Gewissermaßen als „Nebenforderung zur geltend gemachten Hauptforderung, die dem Gläubiger die Legitimation zur aktiven Teilnahme am Verfahren gibt", so Jaeger/*Henckel* InsO § 39 Rn 16.

26 Jaeger/*Henckel* InsO § 39 Rn 17.

27 **AA** LG Krefeld NZI 2017, 367, 368 m abl Anm *Zenker*.

28 So der Rechtsausschuss BT-Drucks 12/7302, 178 f zu § 204.

Gerichts. **Besondere Verfahrensvorschriften** sieht das Gesetz nicht vor, so dass auf die Essentialia eines schriftlichen Verfahrens unter Berücksichtigung des Anliegens und der Erfordernisse des Feststellungsverfahrens zurückzugreifen ist.[29] So muss gewährleistet sein, dass die widerspruchsberechtigten Gläubiger die **Möglichkeit** haben, entsprechend den Vorschriften über die Auslegung der Tabelle (§ 175 I S 1) von der nachträglichen Anmeldung der Forderung einschließlich Rechtsgrund, Gläubigerbezeichnung etc **Kenntnis** zu bekommen.[30] Darum muss nicht nur ein entsprechender Eintrag in die Insolvenztabelle erfolgen, sondern der ergänzte Tabellenauszug ist auch auf der **Geschäftsstelle auszulegen.** An die Stelle der öffentlichen Bekanntmachung der Anberaumung eines besonderen Prüfungstermins, § 177 III S 1, tritt die entsprechende Bekanntgabe der Anordnung des schriftlichen Verfahrens. Dem Erfordernis, dass zu dem besonderen Prüfungstermin die Insolvenzgläubiger, der Verwalter und der Schuldner besonders zu laden sind, § 177 III S 2, entspricht es, die Prüfung der nachträglich angemeldeten Forderung im schriftlichen Verfahren den Betreffenden gesondert mitzuteilen.[31] Ferner ist im Interesse der Verfahrensabwicklung und der Beendigung des Prüfungsverfahrens für einen Widerspruch eine **Ausschlussfrist** zu bestimmen, die öffentlich bekannt gegeben werden muss.[32] Ein Widerspruch im schriftlichen Verfahren ist **schriftlich** zu erheben.[33]

3. Anmeldung der Forderungen nachrangiger Gläubiger nach Aufforderung (§ 177 II)

Das Gesetz hat für die nachrangigen Forderungen im Anmeldeverfahren die Besonderheit des § 174 III vorgesehen, vgl dazu o § 174 Rn 94 ff. Die Forderungen können erst nach **Aufforderung durch das Gericht** angemeldet werden. Läuft die danach gesetzte Frist zur Nachanmeldung erst später als eine Woche vor dem Prüfungstermin ab, so führt dies zwangsläufig zur Anberaumung eines besonderen Prüfungstermins oder zur Anordnung des schriftlichen Verfahrens, § 177 I S 2. 20

Die – ohnehin geringe – Bedeutung der Regelung liegt bei der **Kostentragung.** Im Unterschied zur verspäteten Anmeldung liegt die Ursache für die nachgelagerte Prüfung bei § 177 II nicht im Verantwortungsbereich des Gläubigers, sondern folgt aus dem Umstand, dass die Anmeldung dieser Forderungen erst nach gerichtlicher Aufforderung zugelassen wird. Für die nachträgliche Anmeldung nachrangiger Forderungen sieht unter den dort geregelten zeitlichen Vorgaben die Sonderregelung vor, dass die Kosten für den besonderen Prüfungstermin oder das schriftliche Verfahren von der Insolvenzmasse zu tragen sind. Zutreffend weist die Gesetzesbegründung darauf hin, dass die in § 177 I vorgesehene Kostensanktion für die säumigen Gläubiger nicht sachgerecht ist, wenn dieser Termin erforderlich wird, weil das Gericht erst während des Verfahrens die nachrangigen Gläubiger nach § 174 III zur Anmeldung aufgefordert hat.[34] Daraus folgt zugleich, dass es bei der „allgemeinen" Kostentragungspflicht bleibt, wenn der nachrangige Gläubiger die Forderung verspätet anmeldet.[35] 21

---

29 Vgl Kübler/Prütting/Bork/*Pape*/*Schaltke* InsO[87] § 177 Rn 17 f; Uhlenbruck/*Sinz* InsO[15] § 177 Rn 34 ff.
30 *Eckardt* Kölner Schrift[3] Kap 17 Rn 33; HK/*Depré* InsO[10] § 177 Rn 8 ff; KK/*Thiele* InsO § 177 Rn 64 ff; Kübler/Prütting/Bork/*Pape*/*Schaltke* InsO[87] § 177 Rn 18; Uhlenbruck/*Sinz* InsO[15] § 177 Rn 35.
31 Gottwald/Haas/*Eickmann*/*Wimmer* InsRHdb[6] § 61 Rn 59; MünchKomm/*Riedel* InsO[4] § 177 Rn 20; vgl auch Uhlenbruck/*Sinz* InsO[15] § 177 Rn 36; KK/*Thiele* § 177 Rn 64 sieht dies lediglich alternativ zur öffentlichen Bekanntmachung vor.
32 Kübler/Prütting/Bork/*Pape*/*Schaltke* InsO[87] § 177 Rn 18; Uhlenbruck/*Sinz* InsO[15] § 177 Rn 36.
33 Insoweit besteht Einigkeit, vgl FK/*Kießner* InsO[9] § 177 Rn 19; KK/*Thiele* InsO § 177 Rn 52.
34 BT-Drucks 12/2443, S 184 zu § 204.
35 Uhlenbruck/*Sinz* InsO[15] § 177 Rn 25 aE.

§ 178 Voraussetzungen und Wirkungen der Feststellung

(1) [1]Eine Forderung gilt als festgestellt, soweit gegen sie im Prüfungstermin oder im schriftlichen Verfahren (§ 177) ein Widerspruch weder vom Insolvenzverwalter noch von einem Insolvenzgläubiger erhoben wird oder soweit ein erhobener Widerspruch beseitigt ist. [2]Ein Widerspruch des Schuldners steht der Feststellung der Forderung nicht entgegen.

(2) [1]Das Insolvenzgericht trägt für jede angemeldete Forderung in die Tabelle ein, inwieweit die Forderung ihrem Betrag und ihrem Rang nach festgestellt ist oder wer der Feststellung widersprochen hat. [2]Auch ein Widerspruch des Schuldners ist einzutragen. [3]Auf Wechseln und sonstigen Schuldurkunden ist vom Urkundsbeamten der Geschäftsstelle die Feststellung zu vermerken.

(3) Die Eintragung in die Tabelle wirkt für die festgestellten Forderungen ihrem Betrag und ihrem Rang nach wie ein rechtskräftiges Urteil gegenüber dem Insolvenzverwalter und allen Insolvenzgläubigern.

Materialien

DiskE und RefE §§ 195, 196; RegE § 205, BT-Drucks 12/1443, S 185, BT-Drucks 12/7302, S 76 und 179.

Vorgängerregelungen

KO §§ 144, 145, zu § 144 Motive I Bd 2, S 94 ff, Motive II S 363 f, Protokolle S 91 f, 98 ff, 172 f, und zu KO § 145 Motive I Bd 2, S 96 ff, Motive II S 363 f, Protokolle S 92, 172; GesO § 11 II Satz 3.

Literatur

S zunächst zu § 174, ferner *Arend* Die insolvenzrechtliche Behandlung des Zahlungsanspruchs in fremder Währung, ZIP 1988, 69 ff; *Bender* JZ 987, 503; *Bartone* Feststellung von Steuerforderungen zur Insolvenztabelle und ihre Auswirkung auf das Besteuerungsverfahren, DStR 2017, 1743; *Brinkmann* Die Einrede der Verjährung der Hauptschuld im Bürgschaftsprozess, ZZP 130, 345; *Dahl/Engels* Die Rechtskraftwirkung der widerspruchslos erfolgten Feststellung von Forderungen zur Insolvenztabelle, NZI 2018, 435; *Eckardt* „Unanmeldbare" Forderungen im Konkursfeststellungsverfahren nach §§ 138 ff KO, ZIP 1993, 1765; *Eisenburger* Sozialplanabfindungen im Konkurs, ZIP 1984, S 655; *Fichtelmann* Bescheide im Besteuerungsverfahren nach Konkurseröffnung, NJW 1970, 2276 ff; *Fuchs/Masarwah* Einmal Rechtskraft, immer Rechtskraft? Die Bedeutung des Tabelleneintrags nach § 178 III InsO für Folgeprozesse, NZI 2019, 401; *Gaul* Negative Rechtskraftwirkung und konkursmäßige Zweittitulierung, FS für Friedrich Weber, 1975, S 155 ff; *Henckel* Der Gegenstand des Verfahrens zur Feststellung von Konkursforderungen, FS für Karl Michaelis, 1972, S 151; *Jacoby* Rechtskraftwirkung der widerspruchslos zur Insolvenztabelle festgestellten Forderungen auch gegenüber Kommanditisten der insolventen KG, EWiR 2018, 275; *Kahlert* Einwendungsausschluss zu Lasten des GmbH-Geschäftsführers im Haftungsverfahren durch unterlassenen Widerspruch im insolvenzrechtlichen Prüfungstermin, EWiR 2017, 555; *Leitmeier* Rechtskraft der Hauptschuld und Verjährungseinrede des Bürgen, NJW 2017, 1273; *K. Schmidt* Fremdwährungsforderungen im Konkurs, FS für Merz, 1992, S 533 ff; *D. Roth* Die Wirkungen des § 178 Abs 3 InsO bei widerspruchslos zur Tabelle festgestellten Steuerforderungen, ZInsO 2008, 186 ff; *Schoppmeyer* Rechtskraftwirkungen im Insolvenzverfahren, ZInsO 2016, 2157; *Smid* Zur Reichweite der rechtlichen Wirkungen der Forderungsfeststellung – kritische Fragen zu § 178 Abs. 3 InsO, FS für Siegfried Beck, 2016, S 483; *Spellenberg* Zum Gegenstand des Konkursfeststellungsverfahrens, 1973; *Thole* Die Wirkungen der Feststellung von Gläubigerforderungen zur Insolvenztabelle gegenüber dem nach §§ 171, 172 IV HGB haftenden Kommanditisten, ZGR 2019, 301; *von der Ohe* Der Tabelleneintrag im Forderungsfeststellungsverfahren, Diss. Kiel 2021.

https://doi.org/10.1515/9783110343687-005

Übersicht

Alphabetische Übersicht

I. Gesetzesgeschichte und Regelungsgehalt

1 § 178 fasst die Vorgängerregelungen § 144 und § 145 KO zusammen: In Abs 1 die Vorschriften über die „Feststellungen der Forderungen“ (§ 144 KO) und in Abs 2 und 3 die über die „Eintragung in die Konkurstabelle“ (145). Bis in den RegE hinein hatten dies auch die Vorläufer zur InsO so geregelt; erst der Rechtsausschuss hat die beiden dafür vorgesehenen Vorschriften §§ 205 und 206 ohne inhaltliche Änderungen in der jetzigen Fassung in § 205 zusammengefasst und § 206 „zwecks redaktioneller Straffung“ gestrichen. Damit enthält die Norm nunmehr entsprechend den drei Absätzen drei Regelungsschwerpunkte:

- die Feststellung der Forderungen,
- die Beurkundungstätigkeit des Gerichts und
- die Wirkungen der Eintragung festgestellter Forderungen in die Tabelle.

Nicht übernommen hat die InsO die in § 144 II KO geregelten Konsequenzen eines Schuldnerwiderspruchs, die nunmehr in § 184 enthalten sind.

2 **Inhaltlich** sind gegenüber den Vorgängerregelungen keine Änderungen erfolgt. Abs 2 Satz 1 präzisiert lediglich gegenüber § 145 I S 1 KO die erforderlichen Tabelleneintragungen.[1] Soweit Abs 3 ausdrücklich hervorhebt, die Feststellung wirke *auch gegenüber dem Verwalter*, diente dies lediglich der Klarstellung, wie die Gesetzesbegründung ausdrücklich hervorhebt.[2]

II. Ergebnis der Forderungsprüfung

1. Forderungsfeststellung (§ 178 I S 1)

3 Die Forderungsprüfung im Prüfungsverfahren ergibt, „inwieweit die Forderung ihrem Betrag und ihrem Rang nach festgestellt ist“ (§ 178 I S 2). Maßgeblich hierfür ist, ob bzw inwieweit der

1 MünchKomm/*Schumacher* InsO[4] § 178 Rn 6; Uhlenbruck/*Sinz* InsO[15] § 178 Rn 1.
2 BT-Drucks 12/2443, S 185 zu § 206 unter Hinweis auf BGH WM 1984, 1548; MünchKomm/*Schumacher* InsO[4] § 178 Rn 6; Andres/Leithaus/*Leithaus* InsO[4] § 178 Rn 1.

Forderungsfeststellung von einem Widerspruchsberechtigen ieS Sinne widersprochen wurde (zu den Widerspruchsberechtigten siehe § 176 Rn 23 ff).

a) Unterlassen eines Widerspruchs (ieS). Nach Abs 1 gilt eine zur Prüfung gelangte Forderung insoweit als „festgestellt", als sie im Prüfungstermin (§§ 176, 177) unwidersprochen bleibt. Mit Wirksamkeit gegenüber der Teilnahme des Anmelders am Insolvenzverfahren kann nur der Insolvenzverwalter oder ein zugelassener Anmelder widersprechen („Widerspruchsberechtigte ieS", siehe § 176 Rn 23). „Soweit" ein Widerspruch von dieser Seite nicht erfolgt, gilt die Insolvenzforderung nach Bestand, Betrag und Rang als festgestellt. Einer ausdrücklichen Anerkennung der Feststellungsgegner bedarf es nicht. Nach einer häufig gebrauchten Formulierung soll das Nichtbestreiten *wie* ein stillschweigendes Anerkenntnis *wirken*.[3] Der IV. Senat versteht die widerspruchslose Feststellung des Haftpflichtanspruchs eines Geschädigten bspw. als Anerkenntnis iSd § 106 VVG.[4] Auf der anderen Seite darf aber nicht verkannt werden, dass § 178 I kein Anerkenntnis, auch kein stillschweigendes fordert, sondern die Feststellungswirkung schlicht an das ***Unterlassen* des Widerspruchs** seitens des Verwalters und der Gläubiger knüpft.[5] Dabei stellte schon das *Reichsgericht*[6] den Unterschied zum prozessualen Anerkenntnis des § 278 CPO – heute § 307 ZPO – heraus: Dieses ergehe auf Grund einer Disposition des Beklagten, der Anerkennung des Klageanspruchs, die Feststellungswirkung im Konkursverfahren resultiere dagegen schlicht aus dem Ausbleiben des Widerspruchs. 4

Der Feststellung einer Insolvenzforderung durch Unterlassen des Widerspruchs im Prüfungstermin steht die spätere Beseitigung erhobener Widersprüche, sei es noch im Prüfungstermin, sei es später, gleich. „Beseitigt" werden Widersprüche insb durch Zurücknahme oder durch gerichtliche Feststellung der Forderung (zur Beseitigung des Widerspruchs siehe § 176 Rn 54 ff). 5

Dagegen wird eine bestrittene **titulierte Forderung** nicht etwa dadurch zur festgestellten, dass es der Widersprechende, den in diesem Fall die Betreibungslast hinsichtlich des Feststellungsprozesses trifft, § 179 II, bis zur Aufhebung des Verfahrens unterlässt, einen Feststellungsprozess anzustrengen. Die Forderung ist deshalb auch nicht als festgestellt in der Tabelle einzutragen, allerdings *wie* eine festgestellte Forderung bei den Verteilungen zu berücksichtigen, §§ 189 I, III, 188 im Umkehrschluss. 6

b) Feststellungsfähigkeit der Forderung. § 178 I gilt **nur für „Insolvenzforderungen"; als solche** angemeldete Masseforderungen, Aus- und Absonderungsansprüche sowie nachrangige Ansprüche iSv § 39 können daher nicht mit den Wirkungen des § 178 im Prüfungstermin zur Erörterung gestellt, ausdrücklich oder durch Unterlassen eines Widerspruchs anerkannt und als festgestellt in die Tabelle eingetragen werden (zum Problem der als Insolvenzforderung zur Tabelle festgestellten Nicht-Insolvenzforderung siehe unten Rn 50 ff). Das heißt: Im Rahmen der Vorprüfung durch den Verwalter bzw. vor der Zulassung zur Prüfung im Prüfungstermin rechtfertigt dieser Mangel die Zurückweisung der Anmeldung (vgl § 175 Rn 17). Wird der Fehler übersehen und kommt es nach § 178 I zur Feststellung, ist der Feststellungsvermerk gegenstandslos 7

3 KK/*Hess* § 178 InsO Rn 15; MünchKomm/*Schumacher* InsO[4] Rn 2; K Schmidt/*Jungmann* InsO[19] § 178 Rn 12; so bereits zur Vorgängerregelung RGZ 55, 157, 160; Jaeger/*Weber* KO[8] § 144 Rn 1; Kilger/*K Schmidt* InsG[17] § 144 KO Anm 3; vgl auch *Bender* JZ 1987, 503.

4 BGH NJW 2021, 1823, 1824 mwN.

5 RGZ 37, 386, 388; ähnlich BGH NJW 1982, 2443, 2444 gegen die Wirkungen eines Anerkenntnisses nach § 781 BGB; K Schmidt/*Jungmann* InsO[19] § 178 Rn 12; Andres/Leithaus/*Leithaus* InsO[4] § 178 Rn 3.

6 RGZ 37, 386, 388.

und kann von Amts wegen berichtigt werden.[7] Gleiches würde etwa für die Anmeldung einer Zug-um-Zug-Forderung gelten, da eine solche Forderung sich nicht zur Berechnung einer Insolvenzquote eignet und eine verfahrensrechtliche Abwicklung nach dem Muster der §§ 756, 765 ZPO im Insolvenzverfahren gerade nicht vorgesehen ist.[8]

2. Zur Abgrenzung: Widerspruch des Schuldners (§ 178 I S 2)

8 Der Widerspruch des Schuldners ist für die allein die Masse betreffende Insolvenzteilnahme und insolvenzmäßige Befriedigung irrelevant.[9] Ein Widerspruch des Schuldners schließt die insolvenzmäßige Feststellung und deren Eintragung deshalb nicht aus. Für das Ergebnis der Forderungsprüfung ist der Schuldnerwiderruf irrelevant.

9 Der **Schuldnerwiderspruch verhindert** allerdings, dass gegenüber dem Schuldner persönlich Rechtskraft und Vollstreckbarkeit einsetzen, die sich **außerhalb des Insolvenzverfahrens** und **nach diesem** auswirken, §§ 201 II, 257 II. Für die außerverfahrensmäßige Rechtsverfolgung hat der Schuldnerwiderspruch deshalb neben dem des Verwalters oder eines Gläubigers selbständigen Wert. Werden deren Widersprüche beseitigt, so kann die außerverfahrensmäßige Wirksamkeit der Feststellung nach § 201 II gleichwohl nicht eintreten, wenn ein Widerspruch des Schuldners selbst in der Tabelle vermerkt ist. Um die Feststellungswirkung der festgestellten, jedoch vom Schuldner bestrittenen Forderung zu erzwingen, darf der Gläubiger nach der ausdrücklichen Vorschrift des § 184 S 1 einen Rechtsstreit, der bereits vor Insolvenzbeginn über die Forderung anhängig und durch die Insolvenzeröffnung unterbrochen worden war, § 87, gegen den Schuldner selbst aufnehmen (vgl § 250 ZPO); war noch kein solcher Rechtsstreit anhängig, so kann er auch selbst Klage erheben. Im Einzelnen dazu die Komm zu § 184.

10 Besondere Bedeutung kommt dem Widerspruch des Schuldners überdies zu, wenn der Gläubiger eine Forderung mit qualifiziertem Rechtsgrund nach § 302 Nr 1 angemeldet hat (sog Anmeldung mit Attribut), also eine Forderung, die von der **Restschuldbefreiung** ausgenommen ist. Der Schuldnerwiderspruch kann sich hier auch lediglich bezogen auf den Privilegierungstatbestand, bspw. den Deliktscharakter der Forderung, auswirken: Ohne einen Widerspruch des Schuldners erfasst die Bindungswirkung des Tabelleneintrags[10] auch die Feststellung des qualifizierten Rechtsgrundes iSv § 302 Nr 1.[11] Der Widerspruch des Schuldners, der sich auf das Attribut beschränken kann,[12] verhindert die Titulierung jedenfalls des Privilegierungstatbestandes. Der Widerspruch ist für den Schuldner deshalb selbst dann von Interesse, wenn der Gläubiger bereits über einen Vollstreckungstitel verfügt, der allerdings den Privilegierungstatbestand nicht umfasst.[13]

---

7 BGH ZIP 1991, 456; *Eckardt* ZIP 1993, 1765, 1786; *ders* Kölner Schrift[3] Kap 17 Rn 46 (Einschränkung: Nicht Forderungen, die als Insolvenzforderung angemeldet und mangels Bestreitens festgestellt wurden). Dem Modell von *Eckardt* zustimmend: Gottwald/Haas/*Eickmann*/*Wimmer* InsRHdb[6] § 62 Rn 31; *Häsemeyer* InsR[4] Rn 22.04; HambK/*Preß*/*Henningsmeier* InsO[9] § 178 Rn 22; K Schmidt/*Jungmann* InsO[19] § 178 Rn 23 ff; Kübler/Prütting/Bork/*Pape*/*Schaltke* InsO[88] § 178 Rn 18 ff (differenzierend zwischen Masseforderungen und nachrangigen Forderungen); MünchKomm/*Schumacher* InsO[4] § 178 Rn 65 f; ebenso zum alten Recht Kilger/*K. Schmidt* InsG[17] § 145 Anm 4 KO.

8 BGH NZI 2016, 301, 302; Uhlenbruck/*Sinz* InsO[15] § 174 Rn 8a; MünchKomm/*Riedel* InsO[4] § 174 Rn 17b; Graf-Schlicker/*Graf-Schlicker* InsO[6] § 174 Rn 21.

9 Grundlegend *Henckel* FS Michaelis, S 153; *Spellenberg* S 149 f.

10 Zur Differenzierung zwischen Rechtskraftwirkung nach § 178 III und Bindungswirkung ggü dem Schuldner Jaeger/*Meller-Hannich* InsO § 201 Rn 11.

11 Regierungsbegründung, BT-Drucks 14/5680 S 27; vgl Jaeger/*Preuß* InsO § 302 Rn 55 mwN.

12 Zur Zulässigkeit BGH NZI 2013, 906; BGH NZI 2014, 507; FK/*Ahrens* InsO[9] § 302 Rn 67 mwN; Uhlenbruck/*Sinz* InsO[15] § 178 Rn 14; BeckOK/*Zenker* InsO[23] § 178 Rn 7; K Schmidt/*Jungmann* InsO[19] § 178 Rn 7; MünchKomm/*Schumacher* InsO[4] § 178 Rn 24; HambK/*Preß*/*Henningsmeier* InsO[9] § 178 Rn 11; Kübler/Prütting/Bork/*Pape*/*Schaltke* InsO[88] § 178 Rn 3.

13 Vgl Jaeger/*Preuß* InsO § 302 Rn 53 mwN.

III. Eintragung in die Tabelle (§ 178 II S 1, 2)

1. Gegenstand des Tabelleneintrags

Die **Ergebnisse** der Prüfung im Prüfungstermin, die pauschalen Ergebnisse wie auch das jeder 11
einzelnen Erörterung im Sinne des § 176, sind nach Abs 1 Satz 1 vom „Gericht" unmittelbar nach der Erörterung in die Insolvenztabelle einzutragen. Die Eintragung des Prüfungsergebnisses (Abs 1) bildet, auch wenn es sich um die Eintragung eines Nichtbestreitens handelt, eine **rein beurkundende Tätigkeit**,[14] nicht – wie etwa das Anerkenntnisurteil des § 307 ZPO – eine gerichtliche Entscheidung über Grund, Betrag und Rang der Forderung. Dem nach § 178 II mit der Eintragung betrauten Insolvenzgericht als solchem fehlt seiner Stellung nach – und im Gegensatz zu dem im § 180 I bezeichneten Prozessgericht – die Macht, über bestrittene Forderungen zu erkennen. Es könnte auch nicht zum Zwecke der Forderungsfeststellung nach § 5 I Ermittlungen von Amts wegen vornehmen oder eigene amtliche Kenntnis verwerten. Vielmehr hat es nur klarzulegen, wie die Beteiligten sich im Prüfungsverfahren verhalten haben.

Aus der Beurkundung des Prüfungsergebnisses in der Tabelle muss hervorgehen, ob der 12
einzelne Anspruch nach Insolvenzforderungseigenschaft, Bestand, Betrag und bei nachrangigen Forderungen ggf dem Rang **streitig geblieben** ist. Bei rechtzeitigem Bestreiten müssen die Person des Widersprechenden, der betragsmäßige Umfang des Widerspruchs und die „Widerspruchsrichtung" (§ 176 Rn 47 ff) vermerkt werden. Die Gewährung eines bleibenden oder vorläufigen **Stimmrechts** trotz Widerspruchs, § 77 II, ist unter Angabe seiner Dauer und mit etwaigen Änderungen in der Bemerkungsspalte, die Zurücknahme oder Änderung einer Anmeldung und die Zurückziehung eines Widerspruchs gegen erörterte Forderungen in der Berichtigungsspalte einzutragen. Persönliche Widersprüche des Schuldners hindern die „Feststellung" iSd Gesetzes nicht; sie und deren Erledigung müssen deshalb gesondert vermerkt werden.

2. Voraussetzung für den Eintritt der Feststellungswirkung

Nach hM kommt dem formalen Beurkundungsakt der Eintragung für die Feststellung der Forde- 13
rung **konstitutive** Bedeutung zu.[15] Dem wurde in der Vorauflage[16] im Anschluss an *Eckardt*[17] mit ausführlicher Begründung widersprochen. Nicht die Eintragung in die Tabelle als solche erzeuge die Wirkung des § 178 III, sondern die „Feststellung" durch Unterlassen eines Widerspruchs im Prüfungstermin durch die hierzu Berechtigten.[18] Wenn in den Fällen der rechtskräftigen Beseitigung aller Widersprüche im Feststellungsprozess, § 183 I, die nachfolgende Berichtigung der Tabelle lediglich deklaratorische Wirkung habe, so sei es nicht einzusehen, warum im Fall der Feststellung nach § 178 I S 1 die Urteilswirkung erst mit der Eintragung zur Tabelle entstehen solle. Richtig ist in der Tat, dass das Unterlassen des Widerspruchs den Tatbestand der „Feststellung" bildet und als solcher Grundlage der an die Feststellung geknüpften Rechtskraftwirkung nach § 178 III ist. Die Beurkundung der Feststellung stellt allerdings ein **Wirksam-**

---

14 So auch HK/*Depré* InsO[10] § 178 Rn 1; MünchKomm/*Schumacher* InsO[4] § 178 Rn 47; HambK/*Preß*/*Henningsmeier* InsO[9] § 178 Rn 17; Kübler/Prütting/Bork/*Pape*/*Schaltke* InsO[88] § 178 Rn 5; Graf-Schlicker/*Graf-Schlicker* InsO[6] § 178 Rn 6.

15 BGH ZIP 2014, 1181, 1182; BGH NJW-RR 2013, 757, 758; BGH NJW 2006, 3068; *Jaeschke* S 213; HK/*Depré* InsO[10] § 178 Rn 2; KK/*Hess* InsO § 178 Rn 62; MünchKomm/*Schumacher* InsO[4] § 178 Rn 58; Uhlenbruck/*Sinz* InsO[15] § 178 Rn 27; vgl bereits zur Vorgängerregelung RGZ 55, 157, 160; Jaeger/*Weber* KO[8] § 144 Rn 1; Kilger/*K. Schmidt* InsG[17] § 144 KO Anm 3; ebenso *Bender* JZ 1987, 503.

16 Voraufl Jaeger/*Gerhardt* InsO § 178 Rn 20 ff.

17 *Eckardt* ZIP 1993, 1765, 1766; *ders* Kölner Schrift[3] Kap 17 Rn 36; zust K Schmidt/*Jungmann* InsO[19] § 178 Rn 19; BeckOK/*Zenker* InsO[23] § 178 Rn 24.1.

18 Siehe bereits OLG Frankfurt, mitgeteilt als Vorinstanz in BGHZ 91, 198, 200; wohl auch *Berges* KTS 1965, 256; *Henckel* FS Michaelis, S 153.

keitserfordernis dar, das im Feststellungsverfahren des § 178 I S 1, II S 1 als einem unstreitigen Verfahren erfüllt sein muss, um die Feststellungswirkungen eintreten zu lassen. Ohne diesen verfahrensrechtlichen „Beweis des Vorgangs" (vgl §§ 415, 418 ZPO) werden keine Teilhaberechte des Gläubigers einer festgestellten Forderung bewirkt. Hier löst also der Beurkundungsakt die Feststellungswirkung aus, der im unstreitigen Verfahren gem § 178 III Rechtskraftwirkung („wie ein rechtskräftiges Urteil") beigemessen wird. In diesem Sinne kann von einer konstitutiven Wirkung der Eintragung in die Tabelle gesprochen werden. Wird der Tatbestand der Feststellung demgegenüber durch Urteil nach § 183 I rechtskräftig festgestellt, erwächst die Entscheidung in Rechtskraft, und zwar mit „erweiterter Rechtskraftwirkung" nach § 183 I (dazu § 183 Rn 3). Die (deklaratorische) Tabellenberichtigung, § 183 II, dient der Umsetzung und Beachtung des Ergebnisses im Insolvenzverfahren (**str**, siehe § 183 Rn 7).

3. Prüfungsvermerk auf Schuldurkunden (§ 178 II S 3)

14 § 178 II S 3 schreibt vor, die Feststellung der Forderung ggf auf Schuldurkunden zu vermerken. Der **Urkundenvermerk** als solcher ist unstreitig rein deklaratorischer Natur; er verlautbart aus **Zweckmäßigkeitsgründen** den Tabelleninhalt und hat in keinem Fall rechtsbegründende Wirkung (**str** für Tabelleneintrag als solchen, vgl o Rn 13). Ebenso wenig kann er Grundlage eines gutgläubigen Erwerbs sein. Allerdings erfüllt er eine gewisse **Schutzfunktion** insofern, als ein Zessionar im Falle einer Abtretung erkennen kann, dass es sich um eine nur quotenmäßig zu befriedigende Insolvenzforderung handelt.[19] Das Verweigern der Vorlage einer Schuldurkunde kann zum Bestreiten der Forderung führen, schließt aber die Feststellung nicht aus.

15 **a) Vermerkfähige Urkunden, einschl vorhandener Vollstreckungstitel.** Das in Abs 2 Satz 3 ausgesprochene Gebot, die Feststellung auf „Schuldurkunden" zu vermerken, gilt nicht nur für bloße **Beweispapiere** (wie für Schuldscheine), sondern auch für **Wertpapiere**, die wie Wechsel und Scheck rechtlich die Träger der verbrieften Forderung sind. Der Vermerk hat den Zweck, den Gläubigern verbriefter Forderungen die Übertragung faktisch zu erleichtern, indem erkennbar ist, dass die Forderung im Insolvenzverfahren nicht bestritten wurde und somit bei einer Verteilung die entsprechende Quote, aber eben auch nur die Quote ausgezahlt werden wird.[20]

16 Die Regelung ist auf Ausfertigungen **vorinsolvenzverfahrensrechtlicher rechtskräftiger Titel**, die der Anmelder zum „Beweis" seiner Forderung mit der Anmeldung eingereicht hat, **entsprechend** anzuwenden.[21] Zumal bei älteren Titeln, bei denen der titulierte Anspruch mittlerweile durch Erfüllung o. ä. untergegangen sein könnte, ist dies aus denselben Gründen zweckmäßig wie bei den Schuldurkunden. Dagegen ist der Ansicht entgegenzutreten, dieser Vermerk sei geeignet, den Vorrang der insolvenzmäßigen Zweittitulierung in Form des Tabellenvermerks vor dem alten Titel zu sichern.[22] Nur die „Feststellung" der Forderung zur Tabelle kann vermerkt werden, die davon abhängt, dass weder der Verwalter noch ein Insolvenzgläubiger im Prüfungsverfahren der Forderungsfeststellung widersprochen hat (§ 178 I S 1). Für die Titulierungswirkung nach § 201 II kommt es jedoch darauf an, ob der Schuldner der angemeldeten und festgestellten Forderung widersprochen hat oder nicht. Der Vermerk auf der Urkunde gibt dem Vollstreckungsorgan keine Handhabe, die Vollstreckung aus dem vorinsolvenzverfahrensrechtlichen Titel abzulehnen.

---

19 Uhlenbruck/*Sinz* InsO[15] § 178 Rn 8; BeckOK/*Zenker* InsO[23] § 178 Rn 23; Nerlich/Römermann/*Becker* InsO[42] § 178 Rn 22; Kübler/Prütting/Bork/*Pape*/*Schaltke* InsO[88] § 178 Rn 8.

20 BGH NZI 2006, 173, 174 **mwN**; Uhlenbruck/*Sinz* InsO[15] § 178 Rn 8.

21 *Gaul* FS Weber, S 178 unter Bezug auf Jaeger/*Weber* KO[8] § 139 Anm 11 mN.

22 So bereits Voraufl Jaeger/*Gerhardt* InsO § 178 Rn 17 gegen *Gaul* FS Weber, S 178; einen Zweck, die Doppeltitulierung zu vermeiden, sieht auch Rattunde/Smid/Zeuner/*Smid* InsO[4] § 178 Rn 15.

Um zu vermeiden, dass der Gläubiger letztendlich über **zwei vollstreckbare Ausfertigungen** verfügt, aus denen er die Vollstreckung betreiben könnte, bietet es sich an, die Erteilung des vollstreckbaren Tabellenauszugs von der Aushändigung des Ursprungstitels abhängig zu machen.[23] Hat der Gläubiger in Verfahren, in denen der Schuldner einen Restschuldbefreiungsantrag gestellt hat, eine Forderung mit qualifiziertem Rechtsgrund iSd § 302 Nr 1 angemeldet, die von der Restschuldbefreiung ausgenommen ist, bliebe zu beachten, dass dem Gläubiger der ursprüngliche Vollstreckungstitel nur nützt, falls bereits der qualifizierte Rechtsgrund mittituliert sein sollte. Ohne eine Titulierung des qualifizierten Rechtsgrundes könnte der Schuldner, dem Restschuldbefreiung erteilt wurde, mit der Vollstreckungsabwehrklage (§ 767 ZPO) das Durchsetzungshindernis der Restschuldbefreiung geltend machen.[24] Insofern benötigt der Gläubiger in diesem Fall die Titulierung des qualifizierten Rechtsgrunds nach § 201 II, um seine Forderung restschuldbefreiungsfest durchsetzen zu können. 17

b) Inhalt, Verfahren. Nur die **Feststellung**, nicht das Bestreiten eines Anspruchs ist nach Abs 2 Satz 3 zu vermerken.[25] 18

Der Urkundenvermerk ist durch den Urkundsbeamten der Geschäftsstelle gleich nach der Feststellung im Termin selbst oder unverzüglich nachher zu vollziehen (vgl etwa § 15a VI AktO NRW).[26] Das Gebot bezieht sich nur auf Urkunden, die der Anmelder ur- oder abschriftlich eingereicht hat, § 174 I S 2. Werden von mehreren Forderungen (zB Wechselansprüchen) desselben Gläubigers nur einzelne angemeldet und festgestellt, dann brauchen entsprechend auch nur diese urkundlich nach § 174 I S 2 belegt und nur diese Urkunden nach § 178 II S 3 mit dem Feststellungsvermerk versehen zu werden.

IV. Fehlerhafter oder unklarer Tabelleninhalt

1. Berichtigung fehlerhafter Tabelleneintragungen

Die Tabelle ist fehlerhaft und damit unrichtig, wenn das Gericht 19
- versehentlich einen Feststellungsvermerk nicht eingetragen hat, obwohl die Forderung nicht bestritten wurde,
- umgekehrt versehentlich eine bestrittene Forderung als festgestellt eingetragen
- oder die Eintragung eines Widerspruchs versäumt hat.

Gelangt das Gericht, das den Verlauf des Prüfungstermins einschließlich der darin abgegebenen Erklärungen (Anerkennung, Bestreiten) beurkunden muss, nachträglich zu der Überzeugung, ggf auch durch die Aktivität der Beteiligten, dass die ursprüngliche Beurkundung unrichtig ist, so muss es auch zur nachträglichen Abänderung befugt sein.[27] Insofern ist anerkannt, dass unrichtige Tabelleneinträge unbeschränkt **auf Antrag oder von Amts wegen berichtigt** werden können.[28]

---

23 Vgl BGH NZI 2006, 173, 174; Graf-Schlicker/*Graf-Schlicker* InsO[6] § 178 Rn 8; *Jaeschke* S 52; Kübler/Prütting/Bork/*Pape/Schaltke* InsO[88] § 178 Rn 9; BeckOK/*Zenker* InsO[23] § 178 Rn 23; Nerlich/Römermann/*Becker* InsO[42] § 178 Rn 22.

24 Vgl BGH NZI 2008, 737; BGHZ 187, 337, 343 = NJW 2011, 1133; NZI 2013, 1025, 1026; BGH NZI 2014, 507, 508 mwN; Jaeger/*Preuß* InsO § 302 Rn 58 mwN.

25 MünchKomm/*Schumacher* InsO[4] § 178 Rn 53; Nerlich/Römermann/*Becker* InsO[42] § 178 Rn 21; BeckOK/*Zenker* InsO[23] § 178 Rn 23; Uhlenbruck/*Sinz* InsO[15] § 178 Rn 8; HambK/*Preß/Henningsmeier* InsO[9] § 178 Rn 18.

26 So schon zu § 145 KO die Motive II S 363; vgl auch MünchKomm/*Schumacher* InsO[4] § 178 Rn 53.

27 *Eckardt* Kölner Schrift[3] Kap 17 Rn 44.

28 BGH ZIP 2003, 2379, 2382; BGHZ 168, 112 = NJW 2006, 3068 Rn 12; BGH ZIP 2008, 1441 Rn 11; BGH NZI 2017, 213; ZIP 2020, 1623 f *Eckardt* Kölner Schrift[3] Kap 17 Rn 44, Kübler/Prütting/Bork/*Pape/Schaltke* InsO[88] § 178 Rn 26; BeckOK/*Zenker* InsO[23] § 178 Rn 22; K Schmidt/*Jungmann* InsO[19] § 178 Rn 25; MünchKomm/*Schumacher* InsO[4] § 178 Rn 51; Nehrlich/Römermann/*Becker* InsO[42] § 178 Rn 17; Uhlenbruck/*Sinz* InsO[15] § 178 Rn 43 ff; HK/*Depré* InsO[10] § 178 Rn 15.

Von dieser **Tabellenberichtigung wegen Fehlerhaftigkeit** muss die **Tabellenberichtigung wegen verändertem Sachverhalt** unterschieden werden. Wird die Tabelle etwa unrichtig, nachdem der Anmelder erfolgreich eine Tabellenfeststellungsklage geführt hat, erfolgt keine Berichtigung von Amts wegen, sondern es bedarf vielmehr der Initiative des obsiegenden Gläubigers, § 183 II (vgl § 183 Rn 11).

20 **a) Berichtigungsverfahren.** Die Tabellenberichtigung erfolgt verfahrensrechtlich nach dem allgemeinen Verweis auf die Vorschriften der ZPO in § 4 in **entsprechender Anwendung des § 164 ZPO.**[29] Die Vorschrift über die Protokollberichtigung erfasst den Beurkundungsvorgang des Tabelleneintrags deutlich besser als die auf § 318 ZPO (Bindung des Gerichts an die eigene Entscheidung) fußende Regelung des § 319 ZPO. Dieser in der Vorauf1 ausführlich begründeten Ansicht[30] folgt insbesondere auch der Bundesgerichtshof.[31] Die Gegenansicht, die § 319 ZPO anwendet, spricht sich zum Teil ebenfalls für eine uneingeschränkte Berichtigungsmöglichkeit aus.[32]

21 In der Sache handelt es sich bei der Berichtigung wegen Fehlerhaftigkeit um die **Korrektur eines fehlerhaften Tatsachenzeugnisses.** Ob sich die Fehlerhaftigkeit aus den Akten ergibt oder ob sie durch eine Anhörung der Beteiligten rekonstruiert werden kann, ist für die Entscheidung über die Korrektur der Tabelle unerheblich.[33] Der auf den Antrag oder von Amts wegen ergehende Berichtigungsbeschluss und -vermerk muss deshalb von den Personen erlassen und unterschrieben werden, die bereits die Tabelleneintragung unterschrieben hatten, § 4 iVm § 164 III S 2 ZPO.[34] Insofern unterscheidet sich die Berichtigung wegen Fehlerhaftigkeit von der Berichtigung wegen Sachverhaltsänderung (vgl oben Rn 19), die nicht der Bezeugende selbst vornehmen muss.[35]

22 Ein Berichtigungssachverhalt liegt zum einen vor, wenn eine erfolgte Feststellung versehentlich nicht vermerkt bzw eine fehlende Feststellung fälschlich vermerkt oder die Eintragung eines Widerspruchs vergessen wurde. § 178 III steht der Korrektur der Eintragung einer Feststellung, die tatsächlich gar nicht vorliegt, nicht entgegen.[36] Zum anderen kommt auch die Korrektur der Eintragung einer **nicht feststellungsfähigen (nicht „anmeldbaren") Forderung**, die **als solche angemeldet** wurde, in Betracht. In einem solchen Fall erscheint die Forderung fälschlich in der Tabelle als feststellungsfähige Forderung, obwohl eine solche Forderung gar nicht angemeldet worden war. Berichtigt wird hier durch Beseitigung des fehlerhaften Eintrags.[37] Dagegen liegt kein fehlerhafter Tabelleneintrag vor, wenn die Forderung unzutreffend als Insolvenzforderung angemeldet und sodann als solche eingetragen und festgestellt wurde.[38]

---

29 BGH NZI 2017, 213 mwN; BGH ZIP 2020, 1623; *Jaeschke* S 232; MünchKomm/*Schumacher* InsO[4] § 178 Rn 51; Nerlich/Römermann/*Becker* InsO[13] § 178 Rn 17; Uhlenbruck/*Sinz* InsO[15] § 178 Rn 43; Kübler/Prütting/Bork/*Pape/Schaltke* InsO[88] § 178 Rn 27; HK/*Depré* InsO[10] § 178 Rn 15.

30 Voraufl Jaeger/*Gerhardt* InsO § 178 Rn 93 ff mwN zum früheren Streitstand.

31 BGH NZI 2017, 213 mwN; BGH ZIP 2020, 1623.

32 Rattunde/Smid/Zeuner/*Smid* InsO[4] § 178 Rn 23; enger K Schmidt/*Jungmann* InsO[19] § 178 Rn 29.

33 BGH NZI 2017, 213, 214.

34 Hierfür offenbar OLG Celle KTS 1964, 118, allerdings beschränkt auf den Fall, dass der Tabelleneintrag auf einer außerhalb des Prüfungstermins abgegebenen schriftlichen Erklärung – hier: Widerspruchsrücknahme – beruht.

35 Vgl auch Kübler/Prütting/Bork/*Pape/Schaltke* InsO[88] § 178 Rn 27 mit dem Hinweis, dass bei einer Berichtigung nach Rücknahme eines Widerspruchs § 164 III 2 ZPO nicht passe; ebenso MünchKomm/*Schumacher* InsO[4] § 178 Rn 51.

36 MünchKomm/*Schumacher* InsO[4] § 178 Rn 51; Graf-Schlicker/*Graf-Schlicker* InsO[6] § 178 Rn 10; einschränkend Nerlich/Römermann/*Becker* InsO[13] § 178 Rn 17.

37 Zutreffend Kübler/Prütting/Bork/*Pape/Schaltke* InsO[88] § 178 Rn 27.

38 Dieser Fall scheint angesprochen zu sein bei Graf-Schlicker/*Graf-Schlicker* InsO[6] § 178 Rn 11; unklar Uhlenbruck/*Sinz* InsO[15] § 178 Rn 35, 43.

b) Berichtigung nach Aufhebung des Verfahrens. Die Frage, ob eine Berichtigung der Tabelle auch noch *nach* Aufhebung des Insolvenzverfahrens statthaft sei, ist vom RG[39] ohne nähere Erörterung verneint worden. Jedoch rechnet das Gesetz mit der Möglichkeit, dass Feststellungsprozesse erst nach Insolvenzbeendigung entschieden werden, §§ 203 I Nr 1, 189 I,[40] und ordnet gleichwohl uneingeschränkt eine daraufhin zu veranlassende Tabellenberichtigung an, § 183 II. Mit Rücksicht auf die das Insolvenzverfahren überdauernde Wirksamkeit der Feststellung zur Tabelle besteht für nachträgliche Berichtigungen ein ausreichendes Bedürfnis. Das gilt für die Berichtigung wegen Fehlerhaftigkeit ebenso wie für die Berichtigung wegen Sachverhaltsänderung (zu dieser Differenzierung oben Rn 19). In jedem Fall gehört die nachträgliche Berichtigung der Insolvenztabelle noch zum Insolvenzverfahren; sie ist daher unter denselben Voraussetzungen zulässig wie während der Dauer des Verfahrens.[41] 23

c) Rechtsbehelf. Rechtsbehelf gegen die Ablehnung oder Anordnung der Tabellenberichtigung ist die Rechtspflegererinnerung nach § 11 II RpflG; die auf Vorlage getroffene Entscheidung des Richters ist abschließend und kann nicht mit der sofortigen Beschwerde angegriffen werden, siehe § 6.[42] 24

2. Feststellungsklage nach § 256 ZPO

Die Unsicherheit der Rechtslage hinsichtlich des Inhalts und der Tragweite einer erfolgten Feststellung zur Insolvenztabelle, also eines rechtskräftigen Tabelleneintrags (dazu unten Rn 27), kann durch ein auf Grund des § 256 I ZPO erwirktes und nur unter den Voraussetzungen dieser Vorschrift mögliches Feststellungsurteil behoben werden.[43] 25

Zum Teil wird darüber hinaus auch befürwortet, eine allgemeine Feststellungsklage zuzulassen, deren Gegenstand die Feststellung sein soll, „ob und inwieweit der angemeldeten Forderung im Prüfungstermin widersprochen wurde", wobei es sich um den Inhalt der Feststellung handeln soll.[44] In der Sache geht es um Fälle, in denen die Tabelle ein positives Feststellungsergebnis und keinen Widerspruch ausweist, es jedoch strittig ist, ob eine Erklärung nicht doch als Widerspruch zu verstehen war, wie weit ein etwaiger Widerspruch reicht oder ob ein Widerspruch zurückgenommen wurde.[45] Ob eine solche Klage zulässig ist, hängt nicht davon ab, ob der Feststellung zur Tabelle konstitutive oder deklaratorische Bedeutung zukommt (zum Streit über die Bedeutung des Tabelleneintrags siehe Rn 13).[46] Die Rechtswirkungen der Forderungsfeststellung sowie der Titulierung nach § 201 II hängen jeweils davon ab, dass entgegenstehende Widersprüche nicht vorliegen. Das fehlerhafte förmliche Tatsachenzeugnis selbst erzeugt diese Rechtswirkung nicht, was schließlich auch die Möglichkeit der Tabellenberichtigung rechtfertigt (hierzu oben Rn 19). Die Feststellung der **Nichtexistenz** einer Feststellung zur Tabelle oder einer Titulierung nach § 201 II kann zum Gegenstand einer Feststellungsklage gemacht werden 26

39 RGZ 22, 153, 155; ebenso OLG Dresden Ann 21, 1900, Nr 43.
40 Vgl Jaeger/*Meller-Hannich* InsO § 203 Rn 5.
41 BGH ZIP 2020, 1623; OLG Celle KTS 1964, 118; OLG Hamm Rpfleger 1965, 78; MünchKomm/*Schumacher* InsO[4] § 178 Rn 52; Uhlenbruck/*Sinz* InsO[15] § 178 Rn 48; BeckOK/*Zenker* InsO[23] § 178 Rn 22; K Schmidt/*Jungmann* InsO[19] § 178 Rn 25; Kübler/Prütting/Bork/*Pape/Schaltke* InsO[88] § 29; HambK/*Preß/Henningsmeier* InsO[9] § 178 Rn 13.
42 BGH NZI 2017, 213 mwN; BGH ZIP 2020, 1623; Kübler/Prütting/Bork/*Pape/Schaltke* InsO[88] § 178 Rn 30; Uhlenbruck/*Sinz* InsO[15] § 178 Rn 50; siehe auch allgemein BGH NJW-RR 2005, 214 mwN.
43 BGH NZI 2008, 565, 566; MünchKomm/*Schumacher* InsO[4] § 178 Rn 75; Uhlenbruck/*Sinz* InsO[15] § 178 Rn 47; Kübler/Prütting/Bork/*Pape/Schaltke* InsO[88] § 178 Rn 16; vgl bereits BGH ZIP 1984, 1509, 1510; 2008, 1441 Rn 13.
44 *Eckardt* Kölner Schrift[3] Kap 17 Rn 44; zust Kübler/Prütting/Bork/*Pape/Schaltke* InsO[88] § 178 Rn 30.
45 Vgl *Eckardt* Kölner Schrift[3] Kap 17 Rn 44.
46 Zutreffend Kübler/Prütting/Bork/*Pape/Schaltke* InsO[86] § 178 Rn 30.

wie die Feststellung der Nichtexistenz eines Urteils.[47] Ein Feststellungsinteresse kann allerdings nur angenommen werden, wenn ein Berichtigungsantrag erfolglos geblieben ist.[48]

V. Wirkungen der Feststellung nach § 178 I S 1

1. Feststellungswirkung als insolvenzrechtliche Rechtskraftwirkung (§ 178 III)

27 **a) „Wie ein rechtskräftiges Urteil".** Der Tabelleneintrag **„wirkt** für die festgestellten Forderungen" nach § 178 III gegenüber Insolvenzverwalter und allen Insolvenzgläubigern „ihrem Betrag und Rang" nach **wie ein rechtskräftiges Urteil.** Da das Insolvenzverfahren ein Zivilverfahren ist, für das über § 4 die Vorschriften der ZPO entsprechende Anwendung finden, orientiert § 178 III sich an dem Modell des rechtskräftigen zivilgerichtlichen Urteils. Für die rechtswegfremden Forderungen, die dem Anmeldungs- und Prüfungsverfahren nach den §§ 174 ff unterliegen, gilt die Rechtskraftwirkung nach § 178 III ebenfalls, allerdings unter Berücksichtigung der Besonderheiten der Rechtsnatur der rechtwegfremden Forderung und ihrer Einbindung in ein anderes Verfahrensrecht (zur Feststellung von Steuerforderungen siehe unten Rn 71 ff).

28 Die Feststellung zur Tabelle, die durch die Beurkundung des Feststellungstatbestandes erfolgt (siehe oben Rn 11), wird damit wie eine entsprechende Feststellungsentscheidung behandelt und unterliegt den Wirkungen der §§ 322 ff ZPO bezogen auf die festgestellten Forderungen.[49] Eine gleichwohl erhobene Forderungsfeststellungsklage wäre deshalb unzulässig.[50] Zur Rechtskraft eignet sich allerdings nur die Feststellung der **Haftung für Ansprüche** aus **bestimmten Tatbeständen**, nicht die beziehungslose Feststellung der Haftung für eine Summe. Spätestens im Prüfungstermin muss die Forderung hinreichend individualisiert sein, damit eine Rechtskraftwirkung eintreten kann.[51] Der Verstoß einer Anmeldung gegen das wesentliche Erfordernis der Angabe des Anspruchsgrundes mit hinreichender Individualisierung kann also allein mit der Eintragung der Feststellung nicht geheilt werden (zum Erfordernis der Individualisierung der Forderung bei der Anmeldung s § 174 Rn 63).[52]

29 **Gegenständlich** beschränkt sich die Urteilskraft nach §§ 178 III wie die nach 183 I auf den **„erhobenen Anspruch" iSd § 322 I ZPO.** Die Feststellung wirkt daher bei einer nur teilweisen Anmeldung nicht für den Restanspruch, und zwar weder positiv in dem Sinne, dass auch die Restforderung festgestellt wäre, noch negativ in dem Sinne, dass deren Nichtbestehen feststünde. Ebenso wenig wirkt sie für den Kapitalanspruch, wenn nur Zins angemeldet war. Insoweit kann hier ergänzend auf die anerkannten Grundsätze der Rechtskraftlehre zu § 322 ZPO verwiesen werden.[53]

30 Für den Anmelder wirkt die rechtskräftige Feststellung des Insolvenzgläubigerrechts nicht ausschließend in dem Sinne, dass ihm die **nachträgliche Erhöhung des Forderungsbetrages** durch Neuanmeldung schlechthin versagt wäre. Wie ein durch Klage erstrittenes Urteil nach § 322 ZPO der Rechtskraft „nur insoweit" zugänglich ist, als es über den Anspruch erkennt, so beschränkt sich auch die Rechtskraft, die § 178 III der Feststellung beilegt, auf den Bereich der

---

47 Zur Feststellung der Nichtexistenz eines Urteils vgl MünchKomm/*Braun*/*Heiß* ZPO[10] § 578 Rn 10 aE mwN zum Streitstand; MünchKomm/*Becker-Eberhard* ZPO[10] § 256 Rn 17; Stein/Jonas/*Jacobs* ZPO[23] Vor § 578–591 Rn 6.

48 Kübler/Prütting/Bork/*Pape*/*Schaltke* InsO[88] § 178 Rn 30.

49 BGH NZI 2008, 565 f; BGH NJW-RR 2013, 757, 758; MünchKomm/*Schumacher* InsO[4] § 178 Rn 59; K Schmidt/*Jungmann* InsO[19] § 178 Rn 19; BeckOK/*Zenker* InsO[23] § 178 Rn 24; HambK/*Preß*/*Henningsmeier* InsO[9] § 178 Rn 20.

50 BGH NZI 2009, 167; BGH NJW-RR 2013, 757, 758.

51 Vgl BGH NJW 2020, 3102, 3103 f; MünchKomm/*Schumacher* InsO[4] § 178 Rn 60.

52 Kübler/Prütting/Bork/*Pape*/*Schaltke* InsO[88] § 178 Rn 15; MünchKomm/*Schumacher* InsO[4] § 178 Rn 59; anders zur KO noch Kuhn/*Uhlenbruck* KO[11] § 145 Rn 5.

53 BGHZ 168, 112, 119 f Rn 20 f = NJW 2006, 3068; BGH NZI 2008, 565, 566; BGH ZInsO 2009, 142 Rn 10; BGH NZI 2012, 323; *Eckardt* Kölner Schrift[3] Kap 17 Rn 38; MünchKomm/*Schumacher* InsO[4] § 178 Rn 59; BeckOK/*Zenker* InsO[24] § 178 Rn 24 f; K Schmidt/*Jungmann* InsO[19] § 178 Rn 19.

Feststellung selbst, Abs 1. Zu beachten ist weiter, dass ein **Teilanspruch** nur der Rechtskraft fähig ist, wenn er „seiner Natur nach teilbar" ist und wenn erkennbar ist, welcher Teil des Anspruchs Gegenstand des Verfahrens ist; wird eine angemeldete Forderung teilweise bestritten, ohne dass eine solche **nähere Bestimmung** der Anspruchsteile erkennbar ist, hieße das für eine Forderungsfeststellungsklage nach §§ 179, 180, dass sie darauf abzielt, den Widerspruch zu beseitigen und damit eine Feststellung des angemeldeten Gesamtbetrags zu erreichen, nicht lediglich eine ergänzende Feststellung in Höhe des bestrittenen Teils.[54]

Wird eine **eingeklagte** oder **angemeldete Forderung vollinhaltlich anerkannt**, dann wirkt die Rechtskraft „für" den Gläubiger und „gegen" den Schuldner, nicht aber zugleich „gegen" den Gläubiger in dem Sinne, dass ihm die Erhebung weiterer Ansprüche aus demselben Sachverhalt abgesprochen wäre; das gilt unabhängig davon, ob die Beschränkung auf einen Anspruchsteil offengelegt wurde.[55] Ebenso gilt für das Feststellungsverfahren: Was nicht zur Erörterung stand, § 176, ist weder zu- noch abgesprochen. 31

b) „gegenüber dem Verwalter und allen Insolvenzgläubigern". In persönlicher Hinsicht geht die Rechtskraftwirkung über den Personenkreis des § 325 I ZPO hinaus. Abs 2 legt der freiwilligen Feststellung von Insolvenzgläubigerrechten (§ 178 I) **„gegenüber allen Insolvenzgläubigern"** die Wirksamkeit eines rechtskräftigen Urteils bei.[56] Gleiches bestimmt § 183 I für die im Feststellungsstreit, § 179 I, errungene Zuerkennung. Für beide Fälle besagt die Wendung „auch gegenüber allen Insolvenzgläubigern", dass Bindung eintritt; das gilt auch für Insolvenzgläubiger, die ihre Forderung nicht angemeldet haben, sowie für Anmelder, die im Prüfungstermin nicht erschienen sind.[57] Geht eine geprüfte Forderung im Wege der Gesamt- oder Sonderrechtsnachfolge auf einen anderen Rechtsträger über, so rückt dieser ohne weiteres in die insolvenzverfahrensmäßige Rechtsstellung seines Vorgängers ein. Der Feststellungsvermerk entfaltet **Rechtskraft auch zugunsten von späteren Rechtsnachfolgern,** § 178 III mit § 325 I ZPO. 32

Die Rechtskraftwirkung der Feststellung besteht gegenüber der Insolvenzmasse, dh gegenüber **dem Insolvenzverwalter** als dem Träger der Verfügungs- und Prozessführungsmacht über die Masse und dem Inhaber eines selbständigen Widerspruchsrechtes gegen die angemeldeten Forderungen, § 178 I. Darum wurde diese Bindung trotz der Fassung des früheren § 145 II KO, der nur von einer Bindung gegenüber den Konkursgläubigern sprach, allgemein anerkannt. Sie ist die nach § 325 I ZPO selbstverständliche Voraussetzung der in den §§ 178 III, 183 I ausgesprochenen Rechtskrafterweiterung.[58] Der Insolvenzverwalter handelt im Prüfungs- und Feststellungsverfahren mit unmittelbarer Wirkung für und gegen die Insolvenzmasse und ihren Träger. Sein Widerspruchsrecht steht neben dem der einzelnen Insolvenzgläubiger, § 178 I. In der **Eigenverwaltung** wirkt die Feststellung gegenüber dem eigenverwaltenden Schuldner sowie gegenüber dem Sachwalter, dem hier neben dem eigenverwaltenden Schuldner das Widerspruchsrecht zukommt (zur Widerspruchsberechtigung § 176 Rn 24).[59] 33

---

54 BGH NZI 2008, 565, 566; MünchKomm/*Schumacher* InsO[4] § 178 Rn 63.

55 Vgl BGH NZI 2012, 323; vgl zur Verjährung bei einer offenen oder auch verdeckten Teilklage grundlegend BGHZ 151, 1 ff = NJW 2002, 2167; allgem zu § 322 ZPO BGHZ 93, 334 ff und 135, 181 ff; Zöller/*Vollkommer* ZPO[33] § 322 Rn 46–48 mwN; zur inneren Rechtfertigung über den „wirtschaftlichen Wert" *Henckel* Prozessrecht und materielles Recht, 1970, S 171 ff.

56 Zum haftungsrechtlichen Hintergrund vgl ausführlich Voraufl Jaeger/*Gerhardt* InsO § 178 Rn 49.

57 MünchKomm/*Schumacher* InsO[4] § 178 Rn 67; Uhlenbruck/*Sinz* InsO[15] § 178 Rn 31; so bereits Motive II S 364; ferner RGZ 37, 1, 2 zur KO.

58 Vgl RGZ 27, 91, 92; 144, 246, 248; BGH ZIP 1984, 1509, 1510; ZIP 1987, 725; *Spellenberg* S 6 m Fn 13.

59 HambK/*Preß/Henningsmeier* InsO[9] § 178 Rn 21; MünchKomm/*Schumacher* InsO[4] § 178 Rn 74; Nerlich/Römermann/*Becker* InsO[42] § 178 Rn 24.

34 Auch der **Schuldner persönlich** hat ein Widerspruchsrecht, aber eben nur, soweit der Verwalter ihn nicht verdrängt, also nur für die **Rechtsverfolgung außerhalb des Insolvenzverfahrens** und nach dessen Beendigung, § 184 I S 1. Da die Feststellung der Forderung zur Tabelle unabhängig von einem etwaigen Widerspruch des Schuldners erfolgt (§ 178 I S 2), ist es konsequent, dass § 178 III keine Rechtskraftwirkung im Verhältnis zum Schuldner anordnet. Gleichwohl ist es anerkannt, dass als **Nebenfolge** entsprechende **Wirkungen im Verhältnis zum Schuldner** eintreten (dazu unten Rn 65). Im Verhältnis zum Schuldner kommt es allerdings auf die **Voraussetzungen des § 201 II** an (zur persönlichen **Haftung von Gesellschaftern** siehe unten Rn 68 ff).

35 Eine Erstreckung der Rechtskraftwirkung auf sonstige, **am Verfahren nicht beteiligte Dritte** sieht § 178 III nicht vor,[60] so dass die allgemeinen materiell- und prozessrechtlichen Bestimmungen gelten; im **Grundsatz** tritt also **keine Bindungswirkung** im Verhältnis zu einem Dritten ein (siehe auch unten Rn 37 f zum Gegenstand der Feststellung).[61] Die Rechtskraftwirkung erstreckt sich also bspw nicht auf den **Geschäftsführer** einer insolventen GmbH (zu haftenden Gesellschaftern Rn 68 ff).[62]

36 Der Grundsatz, dass die Rechtskraft einer dem Gläubiger günstigen Entscheidung gegen den Hauptschuldner **nicht** gegenüber dem **Bürgen** wirkt,[63] gilt übertragen auch für die zur Tabelle festgestellte Forderung gegen den insolventen Hauptschuldner, und zwar ungeachtet des Umstands, dass der Bürge wegen seines Freistellungsanspruchs (den er wegen § 44 nicht geltend machen kann) „Insolvenzgläubiger" ist (vgl dazu unten Rn 38). Entgegen der neueren Rspr des XI. Senats bleiben dem Bürgen aus diesem Grund auch die dem Hauptschuldner zustehenden Einreden erhalten, obwohl sie dem Hauptschuldner nach dessen rechtskräftiger Verurteilung nicht mehr zustehen.[64] Der Übertragung dieser an sich schon **kritikwürdigen Rspr** auf die Feststellung der Forderung zur Tabelle, weil das Unterlassen des Widerspruchs durch den Verwalter – anders als etwa im Prozess gegen den Hauptschuldner die Säumnis oder das Nichterheben der Verjährungseinrede – kein dem Einredeverzicht nach § 768 II BGB vergleichbares Verhalten sein soll,[65] ist aus einem weiteren Grund zu widersprechen: Es überzeugt nicht, das Nichterheben eines Widerspruchs im insolvenzrechtlichen Feststellungsverfahren mit einer rechtskräftigen Verurteilung, bei der der Hauptschuldner die Möglichkeit, die Einrede geltend zu machen, gegen seinen erklärten Willen verloren hat, gleichzusetzen.

37 **c) Gegenstand der rechtskräftigen Feststellung.** Der Gesetzeswortlaut des § 178 III („wirkt für die festgestellten Forderungen") scheint nahezulegen, dass die materiell-rechtliche **Forderung** selbst Gegenstand des Feststellungsverfahrens und somit auch der Rechtskraftwirkung ist. Diese Meinung wurde in der frühen Rspr vertreten und war lange in der Literatur herrschend.[66]

---

60 Ausführlich Voraufl Jaeger/*Gerhardt* InsO § 178 Rn 56 ff.

61 BGH NJW 2021, 1823, 1824 (zur Wirkung des Tabelleneintrags im Verhältnis zum Haftpflichtversicherer); Kübler-Prütting/Bork/*Pape/Schaltke* InsO[88] § 178 Rn 14, MünchKomm/*Schumacher* InsO[4] § 178 Rn 72; Uhlenbruck/*Sinz* InsO[15] § 178 Rn 33; Nerlich/Römermann/*Becker* InsO[42] § 178 Rn 32; BeckOK/*Zenker* InsO[23] § 178 Rn 27; Braun/*Specovius* InsO[8] § 178 Rn 20; Graf-Schlicker/*Graf-Schlicker* InsO[6] § 178 Rn 16.

62 BGH NZI 2016, 588, 589 (zu § 64 GmbHG a. F.); Uhlenbruck/*Sinz* InsO[15] § 178 Rn 33.

63 BGHZ 107, 92, 96 = NJW 1989, 1276 f mwN; BGH NJW 1995, 2161, 2162.

64 *Brinkmann* ZZP 130 (2017), 345, 348 ff; *Leitmeier*, NJW 2017, 1273, 1274; *C. Mayer* JZ 2017, 317 f; MünchKomm/*Habersack* BGB[8] § 768 Rn 18; **aA** BGH NJW 2016, 3158, 3160 f.

65 BGH BKR 2017, 328, 334 mit dem Hinweis, ein dem Einredeverzicht nach § 768 II BGB vergleichbares Verhalten des Insolvenzverwalters der Hauptschuldnerin sei "nicht behauptet worden"; zur fehlenden Erstreckung der rechtskräftigen Feststellung auf den Bürgen siehe aber noch zu § 145 II KO BGH NJW 1995, 2161 f mwN.

66 RGZ 55, 157, 159 f; RG JW 1911, 119; 1921, 1363; RGZ 143, 357 ff; 149, 265 ff; OLG Königsberg OLG Rspr 6, 68 ff; vgl *Jaeger* KO[6/7] § 146 Anm 12; Jaeger/*Weber* KO[8] § 146 Rn 12 m ausf N; siehe auch BGH KTS 1984, 427 und OLG Frankfurt KTS 1983, 602, wo die Rechtskraftwirkung der Feststellung auf einen Insolvenzgläubiger als Vermögensübernehmer erstreckt wird, was nur Sinn macht, wenn zunächst die Forderung als solche für rechtskräftig festgestellt angesehen wird.

Mittlerweile setzt sich zu Recht immer mehr die bereits in der Vorauflage von *Gerhardt*[67] insb im Anschluss an *Spellenberg*[68] vertretene Gegenauffassung durch, nach der Gegenstand des Feststellungsverfahrens das **Haftungsrecht des Gläubigers an der Insolvenzmasse** ist.[69] Die persönliche **Forderung** ist für dieses Haftungsrecht insoweit von Relevanz, als es sich um eine **Vorfrage** handelt, die allerdings, weil nicht unmittelbar Gegenstand der Feststellung, von der Rechtskraft nicht umfasst wird. Wenn der Gegenstand des Feststellungsverfahrens in Anlehnung an die zivilprozessrechtliche Dogmatik als prozessualer Anspruch beschrieben werden soll, dann wäre gerade dieses Haftungsrecht prozessualer Anspruch des Feststellungsverfahrens. Der Bundesgerichtshof hat sich zu dieser Frage bisher nicht eindeutig positionieren müssen; er hat aber immerhin festgestellt, dass Gegenstand des Tabellenfeststellungsstreits nicht die Forderung selbst sei, sondern der prozessuale Anspruch (Streitgegenstand) der sich nach Antrag („Feststellung der Forderung zur Tabelle") und Grund („der in der Anmeldung angegebene Sachverhalt") bestimme.[70]

Daraus folgt, dass sich die **Rechtskraftwirkung** gegenüber dem Verwalter und allen Insolvenzgläubigern auf das aus der „festgestellten" Forderung fließende **Haftungsrecht** an der Masse **im Insolvenzverfahren beschränkt.**[71] So kann etwa bei der Prüfung des Merkmals **„Zahlungsunfähigkeit des Schuldners"** in Anfechtungsprozessen gegen einen Insolvenzgläubiger nicht aufgrund der Feststellung der Forderungen zur Tabelle der tatsächliche Bestand der Forderungen angenommen werden.[72] Der Grundsatz, dass die Rechtskraft einer dem Gläubiger günstigen Entscheidung, die gegen den Hauptschuldner erstritten wurde, nicht gegenüber dem **Bürgen** wirkt,[73] gilt übertragen auch für die zur Tabelle festgestellte Forderung gegen den insolventen Hauptschuldner (vgl Rn 36). Es spielt keine Rolle, dass der Bürge wegen seines Freistellungsanspruchs (den er wegen § 44 hier nicht geltend machen kann) auch Insolvenzgläubiger ist, weil die Feststellung zur Tabelle nicht über das Insolvenzverfahren hinaus in dieses Haftungsverhältnis hineinwirkt.[74] 38

Bedeutung kann das unterschiedliche Verständnis des Feststellungsgegenstandes weiter dann haben, wenn ein **Absonderungsberechtigter**, dem der Schuldner zugleich **persönlich haftet (§ 52)**, seine persönliche Forderung zur Tabelle feststellen lässt.[75] Die Feststellung erfolgt in vollem Umfang, also nicht etwa nur beschränkt auf den Ausfall, und entfaltet gem § 178 III Rechtskraft gegenüber dem Verwalter und allen Insolvenzgläubigern (vgl unten Rn 48). Wird nun als Gegenstand der Feststellung die Forderung angesehen, soll die rechtskräftige Feststel- 39

---

67 Vorauflʼ Jaeger/*Gerhardt* InsO § 178 Rn 29 ff; zum Meinungsstand siehe auch *von der Ohe* S 23 ff.

68 *Spellenberg* S 81 ff; im Ergebnis ähnlich zuvor bereits *Henckel* FS Michaelis, S 168 f.

69 *Eckardt* Kölner Schrift[3] Kap 17 Rn 39 mwN; HambK/*Herchen* InsO[9] § 179 Rn 19; *Fuchs/Masarwah*, NZI 2019, 401, 404; MünchKomm/*Schumacher* InsO[4] § 178 Rn 15; *Schoppmeyer* ZInsO 2016, 2157, 2159; Uhlenbruck/*Sinz* InsO[15] § 178 Rn 28; *von der Ohe* S 29, 51 f; **aA** Graf-Schlicker/*Graf-Schlicker* InsO[6] § 178 Rn 5; *Jaeschke* S 218; Kübler/Prütting/Bork/*Pape/Schaltke* InsO[88] § 179 Rn 11a; *Thole* ZGR 2019, 301, 310.

70 Vgl BGHZ 168, 112 = NJW 2006, 3068, 3070 zugleich unter Hinweis, dass es für Rechtskraftfähigkeit und Rechtskraftumfang iSv § 178 III keinen Unterschied bedeute, ob die Forderung nach § 178 I oder durch Urteil nach § 180 I festgestellt wurde.

71 *Henckel* FS Michaelis 159 f; *Spellenberg* S 115 ff, 130 ff; *von der Ohe* S 95 ff; ebenso *Eckardt* Kölner Schrift[3] Kap 17 Rn 39; MünchKomm/*Schumacher* InsO[4] § 178 Rn 61; Uhlenbruck/*Sinz* InsO[15] § 178 Rn 28; ausführlich hierzu Vorauflʼ Jaeger/*Gerhardt* Rn 63 ff mwN zum Meinungsstand unter der Geltung der KO.

72 *Schoppmeyer* ZInsO 2016, 2157, 2161 f; *von der Ohe* S 96 f; **aA** etwa OLG Düsseldorf GmbHR 2013, 88, 89; insoweit offen gelassen BGH NZI 2016, 588, 589 (zu § 64 aF GmbH Rechtskraftwirkung schon unter Hinweis darauf verneint, dass sich Rechtskraftwirkung der Feststellung zur Tabelle nicht auf Dritte bezieht); im Übrigen werden zur Feststellung einer Gläubigerbenachteiligung prima facie ohnehin auch bestrittene Forderungen bei der Prüfung einbezogen, ob die Insolvenzmasse zur Befriedigung aller Gläubigeransprüche ausreicht, vgl. BGH NZI 2020, 420 f auch zu atypischen Verläufen, die geeignet sind, den Anscheinsbeweis zu erschüttern.

73 BGHZ 107, 92, 96 = NJW 1989, 1276 f mwN; BGH NJW 1995, 2161, 2162.

74 Vgl *Fuchs/Masarwah* NZI 2019, 401, 402 f; zu weiteren Fallkonstellationen s auch *von der Ohe* S 92 ff.

75 Vgl auch MünchKomm/*Schumacher* InsO[4] § 178 Rn 62; Kübler/Prütting/Bork/*Pape/Schaltke* InsO[88] § 178 Rn 3.

lung für einen späteren Absonderungsrechtsstreit wirken, in dem der Verwalter daher nicht mehr geltend machen könnte, die durch das Absonderungsrecht gesicherte Forderung bestehe nicht.[76] Ist Gegenstand des Feststellungsverfahrens nur das aus der angemeldeten Forderung fließende Haftungsrecht an der Masse und der Bestand der persönlichen Forderung gegen den Schuldner hierfür nur eine nicht an der Rechtskraft teilhabende Vorfrage (s oben Rn 37), so kommt eine Rechtskraftbindung im Absonderungsstreit nicht in Frage. Es gibt keine Rechtskraftbindung kraft übereinstimmender Vorfrage.[77] Die Richtigkeit des Ergebnisses wird durch die Kontrollfrage nach Übereinstimmung oder Verschiedenheit des „wirtschaftlichen Werts" bestätigt:[78] Einmal geht es um das quotale Befriedigungsrecht an der Masse, zum anderen um die hiervon zu unterscheidende abgesonderte Befriedigung aus einem Gegenstand, dem Sicherungsrecht.

2. Konkrete Auswirkung der Rechtskraftwirkung im Verfahren

40 Aus der Funktion der Forderungsfeststellung ergibt sich, dass die Feststellung einer Forderung die **Insolvenzverfahrensteilnahme** des Anmelders bestimmt, also insb sein Recht zur Abstimmung in den Gläubigerversammlungen (§ 77 I) sowie zum Bestreiten im Prüfungsverfahren (vgl § 176 Rn 40 ff) und die Berücksichtigung bei den Verteilungen, §§ 187 ff.

41 **a) Unabänderliches Feststehen der Forderung im Verfahren.** Mit der Feststellung der Forderung zur Tabelle steht das Haftungsrecht für das Insolvenzverfahren unabänderlich fest.[79] Die Rechtskraftwirkung schneidet dem Verwalter und den anderen Insolvenzgläubigern die Möglichkeit freier Widerspruchsnachholung ab.[80] Den – an sich – Widerspruchsberechtigten stehen gegen die Eintragung nunmehr **nur noch** die **Rechtsbehelfe** zur Verfügung, die **gegenüber rechtskräftigen Urteilen** statthaft sind (dazu unten Rn 54 ff). Sie können daher bspw nicht mehr geltend machen, die Forderung sei wegen Verstoßes gegen die guten Sitten oder aus einem anderen Grunde nicht entstanden, sie sei vor der Feststellung erloschen oder ihr stünden sonstige vor der Feststellung entstandene Einwendungen oder Einreden entgegen.[81]

42 Infolge des Unterlassens des rechtzeitigen Widerspruchs könnte der Insolvenzverwalter gegenüber dem rechtskräftig festgestellten Haftungsrecht nicht geltend machen, die Forderung sei anfechtbar nach den §§ 129 ff begründet. War eine **anfechtbar begründete Forderung festgestellt** und eingetragen worden, dann muss sie der Verwalter bei der Verteilung berücksichtigen, auch wenn er den Anfechtungstatbestand erst hinterher aufdeckt, er also nicht auf die Anfecht-

---

76 Zur KO RGZ 55, 157, 159; vor allem auch Jaeger/*Lent* KO[8] § 64 Rn 11 und Jaeger/*Weber* § 145 Rn 5 und 7.

77 Vgl bereits *Spellenberg* S 136; ebenso auch *Eckardt* Kölner Schrift[3] Kap 17 Rn 46; *Häsemeyer* InsR[4] Rn 18.76; MünchKomm/*Schumacher* InsO[4] § 178 Rn 62.

78 *Henckel* FS Michaelis, S 156 ff; diese Kontrollüberlegung stellt auch der BGH (NJW 2006, 3068 Rn 22 und 26) bezüglich einer Masseforderung an; vgl dazu Jaeger/*Henckel* InsO § 53 Rn 28.

79 Kübler/Prütting/Bork/*Pape*/*Schaltke* InsO[88] § 178 Rn 15; vgl MünchKomm/*Schumacher* InsO[4] § 178 Rn 59; vgl Uhlenbruck/*Sinz* InsO[15] § 178 Rn 25.

80 BGH NJW-RR 2013, 757, 758; *Häsemeyer* InsR[4] 22.18; Kübler/Prütting/Bork/*Pape*/*Schaltke* InsO[88] § 178 Rn 15; MünchKomm/*Schumacher* InsO[4] § 178 Rn 59; BeckOK/*Zenker* InsO[23] § 178 Rn 24; *von der Ohe* S 66 ff, 72; zweifelnd *Smid* FS Beck (2016) S 483, 503.

81 *Eckardt* Kölner Schrift[3] Kap 17 Rn 45; *Häsemeyer* InsR[4] 22.19; Kübler/Prütting/Bork/*Pape*/*Schaltke* InsO[88] § 178 Rn 15; K Schmidt/*Jungmann* InsO[19] § 178 Rn 21; MünchKomm/*Schumacher* InsO[4] § 178 Rn 59; so bereits zum früheren Recht RGZ 144, 246, 248 f; *Kuhn*/*Uhlenbruck* KO[11] § 145 Rn 5a–c.

barkeit verzichtet hat.[82] Eine generelle Beseitigung des Anfechtungsrechts wird sich mit der Wirkung des § 178 III dagegen nicht begründen lassen.[83]

b) Wirkung des § 178 III in Bezug auf den Rang. § 178 III erfasst auch den **Rang des festgestellten Haftungsrechts**, da er diesen und damit die Insolvenzforderungen selbst maßgeblich kennzeichnet. Unter der Geltung der Konkursordnung hatte diese Frage für die allgemeinen und die besonderen Vorrechte der Konkursforderungen gem § 61 I KO große Bedeutung. Eine Feststellung als nachrangige Forderung (§ 39) erfolgt nach dem Regime der InsO jedoch nur dann, wenn nach Aufforderung durch das Gericht gem § 174 III nachrangige Insolvenzforderungen angemeldet wurden. Bedeutsamer dürfte der nicht explizit erfasste Fall sein, dass eine nachrangige Forderung, etwa ein Anspruch auf Rückgewähr eines Gesellschafterdarlehens (§ 39 I Nr 5), als einfache Insolvenzforderung angemeldet wird. Bleibt der Rang unbestritten, dann wird die Forderung mit der Wirkung nach § 178 III als gewöhnliche Insolvenzforderung festgestellt.[84] Insofern gilt für den insolvenzrechtlichen Einwand der Nachrangigkeit nichts anderes als für sonstige Einwendungen (vgl oben Rn 42 zur Anfechtung). 43

Ein klassischer **Vorrechtsstreit** kommt nach der InsO nur in Betracht, wenn das Gericht die Gläubiger nachrangiger Forderungen der verschiedenen Rangklassen des § 39 I zur Forderungsanmeldung aufgefordert hat. Eher dürfte ein Streit über die Rangfrage relevant werden, wenn die Forderung als gewöhnliche Insolvenzforderung angemeldet wurde, der Verwalter aber angesichts **der Nachrangigkeit Widerspruch** einlegt. Ob sich das Bestreiten auf den Rang der Forderung beschränken kann mit der Folge, dass hinsichtlich des Grundes und des Betrags die Rechtskraftwirkung eintritt, ist in der Literatur umstritten. Während ein Teil der Lehre anknüpfend an die hM zum Konkursrecht sich für eine beschränkte Rechtskraftwirkung ausspricht,[85] verneinen andere eine entsprechende Bindungswirkung, weil bezogen auf das Haftungsrecht des Gläubigers nicht zwischen einer „Haftung an sich" und einer Haftung mit einem bestimmten Rang differenziert werden könne.[86] Zum Teil wird eine auf die Rangfrage beschränkte Wirkung des Bestreitens jedenfalls dann abgelehnt, wenn der Gläubiger eine nachrangige Forderung als gewöhnliche Insolvenzforderung angemeldet hatte.[87] 44

Stellungnahme: Eine an § 178 III anknüpfende Bindungswirkung im Hinblick auf Grund und Betrag der Forderung ist abzulehnen. Nicht nur, wenn eine nachrangige Forderung als gewöhnliche Insolvenzforderung angemeldet wurde, sondern generell gilt, dass im Bestreitensfall über das Teilhaberecht des Gläubigers in der Insolvenz als solches gestritten wird. Auf das Teilhaberecht bezieht sich die Wirkung gegenüber Verwalter und Gläubigern nach § 178 III. Das 45

---

82 Kübler/Prütting/Bork/*Pape*/*Schaltke* InsO[88] § 178 Rn 15; K Schmidt/*Jungmann* InsO[19] § 178 Rn 21; MünchKomm/*Schumacher* InsO[4] § 178 Rn 59; Uhlenbruck/*Sinz* InsO[15] § 178 Rn 25; *von der Ohe* S 77 (unter Verweis auf die Präklusionswirkung nach § 767 II ZPO); so schon zur KO RGZ 27, 91, 92; Kilger/*K. Schmidt* InsG[17] § 145 KO Anm 3; unter Bezug auf RGZ 27, 91.

83 Vgl *von der Ohe* S 75 ff gegen Voraufl Jaeger/*Gerhardt* InsO § 178 Rn 47; wie *Gerhardt* auch K Schmidt/*Jungmann* InsO[19] § 178 Rn 21.

84 Kübler/Prütting/Bork/*Pape*/*Schaltke* InsO[88] § 178 Rn 22 f; K Schmidt/*Jungmann* InsO[19] § 174 Rn 70; zum früheren Recht der eigenkapitalersetzenden Gesellschafterdarlehen (heute abgelöst durch § 39 I Nr 5) BGHZ 113, 381 = NJW 1991, 1615: kein Widerspruch, deshalb als normale Darlehensforderung festgestellt; **aA** Gottwald/Haas/*Eickmann*/*Wimmer InsRHdb*[6] § 62 Rn 31, die die nachrangigen Insolvenzforderungen den Nichtinsolvenzforderungen gleichstellen wollen.

85 FK/*Kießner* InsO[9] § 178 Rn 8; K Schmidt/*Jungmann* InsO[19] § 178 Rn 19 unter Berufung auf BAG NJW 1967, 2224 und RGZ 144, 246).

86 *Eckardt* Kölner Schrift[3] Kap 17 Rn 43; Uhlenbruck/*Sinz* InsO[15] § 178 Rn 28 aE (in einem späteren Rechtsstreit sei es jedoch treuwidrig, den im Prüfungsverfahren unwidersprochen gebliebenen Bestand der Forderung nunmehr zu bestreiten); MünchKomm/*Schumacher* InsO[4] § 178 Rn 61.

87 Kübler/Prütting/Bork/*Pape*/*Schaltke* InsO[88] § 178 Rn 6; vgl auch Graf-Schlicker/*Graf-Schlicker* InsO[6] § 178 Rn 7.

hindert allerdings nicht, die tatsächlichen Voraussetzungen einer rechtlichen Beurteilung **außer Streit** zu stellen und insoweit auch das Gericht im Prozess zu binden.[88]

46 **c) Die Feststellung von Ausfallforderungen (§ 52). Absonderungsberechtigte Gläubiger,** denen der Schuldner auch persönlich haftet, können mit dem vollen Betrag ihrer Forderung am Insolvenzverfahren teilnehmen, § 52 S 1; die Forderung ist also **in voller Höhe anzumelden** und entsprechend festzustellen.[89] Die Beschränkung auf den **Ausfall**, § 52 S 2, gilt danach nur für die insolvenzmäßige Befriedigung aus der Masse; bei der **Verteilung** kann die Forderung deshalb nur bis zum Betrag des Ausfalls berücksichtigt werden, falls der Gläubiger nicht zuvor auf die abgesonderte Befriedigung verzichtet.[90] Eine **vorbehaltlose Anmeldung** ohne Hinweis auf das Absonderungsrecht kann im Übrigen allein noch nicht als Verzicht auf abgesonderte Befriedigung ausgelegt werden.[91] Anders ist es, wenn der Gläubiger erklärt, die Sicherheit nur zu einem bestimmten Betrag in Anspruch nehmen, im Übrigen aber seine Forderung als Insolvenzforderung geltend machen zu wollen.[92]

47 Aus der Regelung des § 52 folgt nicht etwa, dass die Feststellung der Forderung hinsichtlich ihrer Eigenschaft als Ausfallforderung in das Feststellungs- und nicht erst in das Verteilungsverfahren gehört und der Verwalter daher einer unbeschränkten Feststellung widersprechen müsste. Die Vorschrift betrifft nicht das Haftungsrecht, sondern den Modus der Haftungsrealisation.[93] Der Ausfall ist gem § 190 I (erst) bis zum Ablauf der Ausschlussfrist des § 189 I nachzuweisen, also nicht schon im Feststellungsverfahren.[94] Aus dieser Systematik folgt, dass Verwalter und Gläubiger auch kein Recht haben, die Forderung nur „bis zur Höhe des Ausfalls" anzuerkennen und im Übrigen zu bestreiten.[95]

48 Auch eine ausdrücklich als Ausfallforderung deklarierte, aber betragsmäßig in voller Höhe erfolgende Anmeldung ist keine auf den Ausfall beschränkte Anmeldung, so dass die Forderung **als ganze geprüft** und „festgestellt" wird.[96] In diesem **Umfang,** also einschließlich des **durch das Absonderungsrecht gedeckten Teils,** wirkt auch die Rechtskraft nach § 178 III (zum Gegenstand der rechtskräftigen Feststellung, **str**, siehe auch Rn 37). Deshalb ist es konsequent, auch einen **Prüfungsvermerk** „bis zur Höhe des Ausfalls" oder „unter Beschränkung auf den Ausfall" im Grunde als fehlerhaft anzusehen, weil eine solche Feststellung nicht dem Prüfungsergebnis entspricht.[97] Diese an sich unzulässige, aber gleichwohl übliche Eintragung ist rechtlich wirkungslos und unschädlich.[98] Eine Feststellungsklage nach § 179 kann ein solcherart ein-

---

88 *Eckardt* Kölner Schrift[3] Kap 17 Rn 43; *Henckel* FS Michaelis, S 168 ff.

89 *Häsemeyer* InsR[4] Rn 18.76; Uhlenbruck/*Sinz* InsO[15] § 178 Rn 36; bereits zur KO unstr, vgl nur RGZ 155, 99, 101; Jaeger/*Weber* KO[8] § 64 Rn 11; ebenso bereits Motive II S 275.

90 RGZ 155, 95, 99, 101; BGH KTS 1955, 139; *Klasmeyer/Elsner* FS Merz S 302, 303.

91 ZB BGH NZI 2017, 345 Rn 16; OLG Nürnberg ZIP 2007, 642; Uhlenbruck/*Brinkmann* InsO[15] § 52 Rn 23; MünchKomm/*Ganter* InsO[4] § 52 Rn 38; Jaeger/*Henckel* InsO § 52 Rn 28; HK/*Lohmann* InsO[10] § 52 Rn 9; zur insoweit übereinstimmenden Regelung nach der KO grundlegend schon RGZ 16, 32, 36 und 68, 70.

92 RGZ 64, 425, 428.

93 *Von der Ohe* S 63.

94 Vgl RGZ 26, 110, 112; BGHZ 31, 174, 178; Graf-Schlicker/*Graf-Schlicker* InsO[6] § 178 Rn 7; Jaeger/*Meller-Hannich* § 190 Rn 15; *Häsemeyer* InsR[4] Rn 18.76; *Klasmeyer/Elsner* FS Merz S 302, 303; Kübler/Prütting/Bork/*Pape/Schaltke* InsO[88] § 178 Rn 24.

95 Uhlenbruck/*Sinz* InsO[15] § 178 Rn 36 mwN; vgl auch MünchKomm/*Schumacher* InsO[4] § 178 Rn 64; Kübler/Prütting/Bork/*Pape/Schaltke* InsO[88] § 178 Rn 24.

96 RGZ 139, 83, 85 f BGH WM 1961, 428; Kübler/Prütting/Bork/*Pape/Schaltke* InsO[88] § 178 Rn 24; Uhlenbruck/*Sinz* InsO[15] § 178 Rn 36; MünchKomm/*Schumacher* InsO[4] § 178 Rn 64.

97 Kübler/Prütting/Bork/*Pape/Schaltke* InsO[88] § 178 Rn 24; MünchKomm/*Schumacher* InsO[4] § 178 Rn 64; **aA** Uhlenbruck/*Sinz* InsO[15] § 178 Rn 4; Braun/*Specovius* InsO[8] § 178 Rn 18; HambK/*Preß/Henningsmeier* InsO[9] § 178 Rn 16.

98 RGZ 139, 83, 86 f; BGH WM 1957, 1225, 1226; ZIP 1984, 1509, 1510; *Klemmer* KTS 1960, 73; Uhlenbruck/*Sinz* InO[15] § 178 Rn 36; Kübler/Prütting/Bork/*Pape/Schaltke* InsO[88] § 178 Rn 24; MünchKomm/*Schumacher* InsO[4] § 178 Rn 64.

geschränktes Anerkenntnis (oder: modifiziertes Bestreiten) nicht nach sich ziehen, da ihr im Hinblick auf die ohnehin bestehende uneingeschränkte Rechtskraftwirkung der Eintragung nach § 178 III das Rechtsschutzbedürfnis fehlen würde. Sie dient letztendlich als Merkposten oder „Gedächtnisstütze" für den Verwalter.[99]

Ebenso wenig zieht eine solche Feststellung und Eintragung, wenn sie **inhaltlich unrichtig** 49
ist, etwa weil dem Gläubiger kein Absonderungsrecht zusteht, die Rechtsfolgen der §§ 189 III, 190 I S 2 nach sich; der Gläubiger muss also ungeachtet der unrichtigen Eintragung weder verzichten noch einen Ausfall (welchen auch?) nachweisen, um in das Verzeichnis aufgenommen zu werden. Unterbleibt eine Aufnahme in das Verzeichnis mit Rücksicht auf den Tabelleneintrag, so kann der Gläubiger sich nach § 194 wehren und in diesem Verfahren eine Prüfung der Eigenschaft als Absonderungsberechtigter ohne Bindung an den Tabellenvermerk erreichen. Darüber hinaus kann er auch eine Feststellungsklage iSv § 256 ZPO (nicht: § 179 InsO) erheben, um eine der materiellen Rechtskraft fähige Entscheidung über diese Frage zu erwirken.[100]

d) Rechtskraftwirkung bei Feststellung von Nichtinsolvenzforderungen? Geht es um die 50
Feststellung von Nichtinsolvenzforderungen (Anmeldung eines Aussonderungsrechts, eines Absonderungsrechts oder einer Masseforderung), sind zwei Fallgruppen zu unterscheiden. Sollte eine Nichtinsolvenzforderung *als solche* angemeldet sein, dann leidet bereits die Anmeldung an einem Wirksamkeitsmangel und die gleichwohl erfolgte Eintragung und Feststellung führt zu einem fehlerhaften Tabelleneintrag (zur Berichtigung s Rn 22). Eine solch fehlerhafter Tabelleneintrag erzeugt auch keine Bindungswirkung, denn insoweit fehlt es für die anderen Gläubiger und den Verwalter an der Kompetenz, über diese Rechte zu entscheiden.[101] Hiervon ist jedoch der Fall einer **irrtümlichen Anmeldung als Insolvenzforderung** zu unterscheiden (zum Problem der Anmeldung einer nachrangigen Forderung als gewöhnliche Insolvenzforderung siehe Rn 43).[102]

Nach **hM** soll die Anmeldung und Feststellung einer Nichtinsolvenzforderung **insgesamt** 51
wirkungslos sein: Sie stützt sich auf die Überlegung, dass eine Nichtinsolvenzforderung durch die Anmeldung nicht zur Insolvenzforderung werden könne.[103] Der Feststellungsvermerk sei gegenstandslos und von Amts wegen zu berichtigen.[104] Berücksichtige der Verwalter die festgestellte Nichtinsolvenzforderung gleichwohl bei der Erstellung der Verteilungsverzeichnisse, so seien hiergegen die Einwendungen der §§ 194, 197 gegeben,[105] gleichwohl erfolgte Zahlungen könnten grundsätzlich nach § 812 BGB kondiziert werden.[106] Nach der **Gegenansicht**, die als Vergleichsfall die rechtskräftige Feststellung einer tatsächlich nicht bestehenden Insolvenzforderung anführen kann, gilt die Rechtskraftwirkung des § 178 III auch für Nichtinsolvenzforderungen, die nach Anmeldung nicht bestritten wurden und deshalb zur Tabelle festgestellt wor-

---

99 MünchKomm/*Schumacher* InsO[4] § 178 Rn 64; Uhlenbruck/*Sinz* InO[15] § 178 Rn 4; Kübler/Prütting/Bork/*Pape*/*Schaltke* InsO[88] § 178 Rn 24.

100 So schon RGZ 139, 83, 86; BGH WM 1957, 1225, 1226 f; vgl auch Uhlenbruck/*Sinz* InsO[15] § 178 Rn 36; MünchKomm/*Schumacher* InsO[4] § 178 Rn 64.

101 *Eckardt* KS[13] Kap 17 Rn 46; Kübler/Prütting/Bork/*Pape*/*Schaltke* InsO[88] § 178 Rn 21.

102 *Eckardt* KS[13] Kap 17 Rn 46; ausführlich zur Problematik Voraufl Jaeger/*Gerhardt* InsO § 178 Rn 75 ff.

103 BGH NJW 2006, 3068 m ausf Darstellung des Meinungsstandes; Gottwald/Haas/*Eickmann*/*Wimmer* InsRHdb[6] § 62 Rn 31; Kübler/Prütting/Bork/*Pape*/*Schaltke* InsO[88] § 178 Rn 21; Uhlenbruck/*Sinz* InsO[15] § 178 Rn 35; zur KO RGZ 98, 137; BAG ZIP 1987, 1266; 1989, 1205, 1206 ff, zu Aussonderungsansprüchen BGHZ 106, 134, 138; 113, 381, 382.

104 BGH NJW 2006, 3068, 3069; Gottwald/Haas/*Eickmann*/*Wimmer* InsRHdB[6] § 62 Rn 31; Uhlenbruck/*Sinz* InsO[15] § 178 Rn 35; MünchKomm/*Schumacher* InsO[4] § 178 Rn 65.

105 Gottwald/Haas/*Eickmann*/*Wimmer* InsRHdB[6] § 62 Rn 31; MünchKomm/*Schumacher* InsO[4] § 178 Rn 66; Uhlenbruck/*Sinz* InsO[15] § 178 Rn 35; Kübler/Prütting/Bork/*Pape*/*Schaltke* InsO[88] § 178 Rn 20.

106 BGH NJW 2006, 3068, 3069.

den sind.[107] Hiernach nehmen diese Forderungen an der Verteilung teil und sind zur Stimmabgabe in der Gläubigerversammlung berechtigt etc. Insoweit gilt also dasselbe wie für die Anmeldung von Forderungen, die materiell-rechtlich nicht bestehen. Die Annahme einer Rechtskraftwirkung der Feststellung als Insolvenzforderung führt dabei nicht dazu, dass die tatsächlich bestehende Masseforderung, das Aussonderungsrecht oder Absonderungsrecht nicht mehr als solches geltend gemacht werden könnte[108]: Die Rechtskraftwirkung erfasse vielmehr nur das materielle Insolvenzteilnahmerecht, nämlich das Recht auf Teilhabe an der Verteilungsmasse; hierfür sei die Eigenschaft der Forderung, eine Insolvenzforderung zu sein, nur Vorfrage, die als solche nach allgemeinen Grundsätzen nicht an der Rechtskraft teilhat.[109] Deshalb kann bspw auch auf der Grundlage dieser Ansicht eine Masseforderung, die versehentlich als Insolvenzforderung zur Tabelle angemeldet wurde und unbestritten geblieben ist, ungeachtet der rechtskräftigten Feststellung weiter regulär **als Masseforderung geltend gemacht werden.** § 178 III steht dem nicht entgegen.

52 Im **Unterschied zur hM** erkennt die Gegenansicht zutreffend an, dass eine formal wirksame Anmeldung vorlag, die Forderung also hätte bestritten werden müssen und nunmehr mangels Widerspruchs verfahrensrechtlich ordnungsgemäß und mit der gesetzlichen Wirkung nach § 178 III festgestellt ist. Insofern ist es im Übrigen ungenau, per se von „unanmeldbaren" Forderungen zu sprechen, wenn der Feststellung zur Tabelle insolvenzrechtliche Einwendungen entgegenstehen.[110] Dass die Forderung nicht bestritten wurde, macht die Tabelle nicht fehlerhaft (zur Fehlerhaftigkeit der Tabelle, falls die Nichtinsolvenzforderung als solche angemeldet worden sein sollte, siehe Rn 22). Bliebe im Verfahren unentdeckt, dass der festgestellten Forderung die insolvenzrechtliche Einwendung entgegensteht und macht der Gläubiger sein besseres Recht deshalb nicht geltend, dann wird er bis zum Ende durch die Feststellung berechtigterweise Gläubigerrechte wahrnehmen und bei den Verteilungen partizipieren. – Der Verwalter verletzt freilich Pflichten gegenüber dem Massegläubiger, dem Aussonderungs- oder Absonderungsberechtigten, wenn er das (durchsetzbare) bessere Recht nicht beachtet.[111]

53 Das Problem der Doppelberücksichtigung, das sich umgekehrt stellt, wenn der Gläubiger sein besseres Recht geltend macht, kann nicht durch Tabellenberichtigung von Amts wegen gelöst werden. Es bedarf vielmehr der Mitwirkung des Gläubigers, also des Verzichts des Gläubigers auf seine Rechte aus der Feststellung. Aussonderungsberechtigten, Absonderungsberechtigten oder Massegläubigern, die nach irrtümlicher Anmeldung und Eintragung als Insolvenzforderung nun kraft ihres besseren Rechts vom Verwalter Erfüllung begehren, **ohne den Verzicht** auf das Insolvenzteilnahmerecht[112] zu erklären, kann der Verwalter den **Einwand der Arglist** entgegenhalten.[113] Jedenfalls aber wäre eine etwa bereits erhaltene Quote auch auf den Masseanspruch anzurechnen, so dass der Gläubiger im Ergebnis nicht mehr erhält, als ihm materiell-rechtlich gebührt.

---

107 Zur Begründung vgl eingehend *Eckardt* ZIP 1993, 1765, 1768 ff und Kölner Schrift[3] Kap 17 Rn 46; ebenso im Anschluss daran *Häsemeyer* InsR[4] Rn 22.04; MünchKomm/*Schumacher* InsO[4] § 178 Rn 66; K Schmidt/*Jungmann* InsO[19] § 178 Rn 24 („konsequentes Gegenmodell, für das vieles spricht"); *von der Ohe* S 55 f; zur KO SG Köln ZIP 1980, 35 f (betraf Masseforderung); Urteil wurde vom LSG und letztlich vom BSG (ZIP 1982, 191) mit der Begründung aufgehoben, die Wirkung des § 145 II (heute § 178 III InsO) sei, wenn sie bei Masseforderungen überhaupt auftrete, jedenfalls verzichtbar.

108 Vgl *von der Ohe* S 56; **aA** SG Köln ZIP 1980, 35 f.

109 Ausführlich hierzu Voraufl Jaeger/*Gerhardt* InsO § 174 Rn 81, 82 ff; grundlegend auch *Eckardt* Kölner Schrift[3] Kap 17 Rn 42.

110 Zur Verweisung der Problematik in das Prüfungsverfahren vgl BGH NJW 2017, 1752, 1754 f.

111 Zu den Pflichten des Verwalter ggü Massegläubigern, Aussonderungs- und Absonderungsberechtigten vgl Jaeger/*Gerhardt* InsO § 60 Rn 44 ff, 67 ff; MünchKomm/*Schoppmeyer* InsO[4] § 60 Rn 39 ff; K Schmidt/*Thole* InsO[19] § 60 Rn 27 ff.

112 Zum Vermerk in der Tabelle vgl *Willmer/Berner* NZI 2015, 887, 882.

113 *Eckardt* ZIP 1993, 1765, 1774 Fn 66 unter Berufung auf Jaeger/*Weber* KO[8] § 145 Rn 7; zust MünchKomm/*Schumacher* InsO[4] § 178 Rn 66; grundlegend zu dieser *exceptio doli generalis* RGZ 71, 432, 435.

3. Rechtsbehelfe gegen die Feststellung zur Tabelle

a) Allgemeines. Stimmt der Tabelleneintrag mit dem Prüfungsergebnis überein, ist gegen die Eintragung kein Rechtsmittel gegeben (zur Berichtigung fehlerhafter Tabelleneinträge Rn 19 ff).[114] Entsteht Streit über Inhalt und Reichweite der Feststellung, so kann dieser durch Feststellungsklage gem § 256 I ZPO (nicht: §§ 179 ff) geklärt werden (vgl Rn 25 f). 54

Rechtsbehelfe gegenüber der Eintragung des zutreffenden Prüfungsergebnisses sind mit Rücksicht auf die Rechtsfolge des § 178 III nur insoweit zulässig, als sie gegenüber einem rechtskräftigen Urteil statthaft sein würden.[115] Durch Nachholung des Widerspruchs in einem späteren Termin kann die Rechtskraftwirkung des Vermerks weder vom Verwalter noch von einem Gläubiger beseitigt werden. Das Gesetz erlaubt nur unter den Voraussetzungen der Wiedereinsetzung eine Nachholung des Schuldnerwiderspruchs, § 186 (zu den Wirkungen ggü dem Schuldner s unten Rn 65). Der Vermerk über einen nachträglichen Widerspruch des Verwalters oder eines Gläubigers würde keinerlei Rechtswirkungen auslösen.[116] Auch eine „Anfechtungsklage" nach §§ 129 ff gegenüber dem Feststellungsvermerk ist durch § 178 III ausgeschlossen; die Anfechtbarkeit kann die Rechtskraft nicht überwinden (vgl Rn 42 mN).

b) Einzelne Rechtsbehelfe. Nach dem Modell des § 178 III wirkt die Feststellung der Forderung zur Tabelle wie ein rechtskräftiges zivilgerichtliches Urteil, zumal es sich bei dem Insolvenzverfahren um ein Zivilverfahren handelt, für das über § 4 die Vorschriften der ZPO entsprechende Anwendung finden. Die gegen die rechtskräftige Feststellung möglicherweise gegebenen Rechtsbehelfe sind also solche des Zivilprozesses. Für die rechtswegfremden Forderungen, die dem Anmeldungs- und Prüfungsverfahren nach den §§ 174 ff unterliegen und mit Wirkung nach § 178 III zur Tabelle festgestellt werden, richten sich die Möglichkeiten, die Feststellung zur Tabelle anzugreifen, nach dem einschlägigen anderen Verfahrensrecht (zur Feststellung von Steuerforderungen siehe unten Rn 71 ff). 55

aa) Vollstreckungsabwehrklage (§ 767 ZPO). Die Tatsache nachträglichen Erlöschens oder nachträglicher Abschwächung des festgestellten Insolvenzgläubigerrechts kann und muss erforderlichenfalls im Wege der Vollstreckungsabwehrklage in entsprechender Anwendung des § 767 ZPO geltend gemacht werden.[117] Zur Klageerhebung befugt ist jede Person, die auch die Feststellung der Forderung durch ihren Widerspruch hätte verhindern können.[118] 56

Die Klage kann nur auf Einwendungen iSd § 767 I gestützt werden, die „den Anspruch selbst", also seinen uneingeschränkten Fortbestand, in Abrede stellen; sie kann sich nicht gegen die Eintragung als solche oder gegen eine ihr zugrunde liegende Feststellung bzw ein Feststellungsurteil richten.[119] Zu den hiernach in Betracht kommenden Einwendungen kann auch das Erlöschen der Forderung im Wege der Aufrechnung (§ 389 BGB) gehören, zumal der Verwalter eine Forderung der Masse zum Nennbetrag gegen eine Insolvenzforderung wirksam aufrech- 57

114 Uhlenbruck/*Sinz* InsO[15] § 178 Rn 51.
115 BGH ZIP 2009, 243 Rn 10 mwN; Graf-Schlicker/*Graf-Schlicker* InsO[6] § 178 Rn 14; Kübler/Prütting/Bork/*Pape/Schaltke* InsO[88] § 178 Rn 31; Uhlenbruck/*Sinz* InsO[15] § 178 Rn 51; MünchKomm/*Schumacher* InsO[4] § 178 Rn 76; Braun/*Specovius* InsO[8] § 178 Rn 24; BeckOK/*Zenker* InsO[23] § 178 Rn 29; HambK/*Preß/Henningsmeier* InsO[9] § 178 Rn 24.
116 Jaeger/*Weber* KO[8] § 145 Rn 10.
117 BGH NZI 2009, 167, 168; BGH NZI 2014, 693; Kübler/Prütting/Bork/*Pape/Schaltke* InsO[88] § 178 Rn 32; MünchKomm/*Schumacher* InsO[4] § 178 Rn 77, jew mwN; Uhlenbruck/*Sinz* InsO[15] § 178 Rn 51; bereits unter der Geltung der KO allgem anerkannt, vgl nur aus der Rspr BGH ZIP 1987, 725; BGHZ 113, 381, 382 = EWiR 1991, 493 m Anm *Brehm*; BGH ZIP 2009, 243 Rn 10; OLG Karlsruhe ZIP 1981, 1231; so bereits auch RGZ 21, 336; 85, 53, 54; **aA** noch Pagenstecher/*Grimm* Der Konkurs[4], § 40 II Fn 3.
118 *Eisenburger* ZIP 1984, 660 f; MünchKomm/*Schumacher* InsO[4] § 178 Rn 77.
119 Zur KO BGH WM 1957, 1225, 1226; OLG Hamm OLGRspr 35, 262.

nen kann, wenn dies nicht „dem Insolvenzzweck der gleichmäßigen Gläubigerbefriedigung klar und eindeutig zuwiderläuft".[120]

58 Zu den Einwendungstatbeständen des § 767 ZPO zählen ebenfalls Voll- oder Teilzahlungen, die der Schuldner selbst aus insolvenzfreiem Gut oder die ein Dritter für ihn geleistet hat.[121] Teilzahlungen eines Mithaftenden während des Insolvenzverfahrens bleiben jedoch nach der Sondervorschrift des § 43 bis zur Vollbefriedigung des Insolvenzgläubigers auch dann außer Ansatz, wenn sie erst nach der Feststellung bewirkt werden; dies betrifft etwa die Teilzahlungen eines Bürgen.[122]

59 Besondere Bedeutung kommt der **Präklusionsregelung des § 767 II ZPO** zu; Bezugspunkt ist bei der entsprechenden Anwendung der Vorschrift auf die Forderungsfeststellung der **Zeitpunkt** der „Feststellung zur Tabelle".[123] Dieser bestimmt sich durch die letzte Möglichkeit eines Vorbringens der Einwendung.[124] Dieser Zeitpunkt deckt sich nicht notwendig mit dem Schluss des allgemeinen oder besonderen Prüfungstermins, in dem die Anmeldung erörtert worden ist. Es kann zB auch die Zeit der Zurücknahme eines zunächst erklärten Widerspruchs (Zugang der Rücknahmeerklärung bei Gericht) den Ausschlag geben. Wurde die Forderung erst im Feststellungsprozess nach § 179 I festgestellt, so kommt es auf den Schluss der letzten mündlichen Verhandlung oder auf den gem § 128 II ZPO festgesetzten Zeitpunkt in diesem Prozess an, bei mehreren Widersprüchen auf den Zeitpunkt der letzten mündlichen Verhandlung in dem letzten anhängig gewesenen Feststellungsprozess.[125] Beruht der vorgebrachte Einwendungstatbestand darauf, dass von einem Gestaltungsrecht Gebrauch gemacht wurde, stellt sich generell das Problem, ob es auf den Zeitpunkt des Eintritts der Gestaltungswirkung oder auf die objektive Möglichkeit zur Ausübung des Gestaltungsrechts ankommt.[126] Die Rspr stellt im Grundsatz auf den letztgenannten Zeitpunkt ab.[127] Ist der Vollstreckungsabwehrkläger mit dem Einwand der **Aufrechnung** (§§ 388, 389 BGB) präkludiert, folgt hieraus allerdings die materiellrechtliche Unwirksamkeit der Aufrechnung; der Verwalter könnte die Forderung der Masse also gegen den Gläubiger der festgestellten Forderungen geltend machen.[128]

60 Anders als für die Feststellungsklagen nach § 179 I, 180 besteht keine ausdrückliche gesetzliche **Zuständigkeitsregelung** für eine Vollstreckungsabwehrklage gegen die insolvenzmäßige Feststellung. § 202 I Nr 3, II regelt lediglich die Zuständigkeit für die Vollstreckungsabwehrklage des Schuldners, um die Vollstreckung aus dem Titel nach § 201 II für unzulässig erklären zu lassen. Diese Vorschrift trägt allerdings sachgerecht dem Umstand Rechnung, dass das Insolvenzgericht, das im Feststellungsverfahren im Übrigen beurkundend tätig wird, kein „Prozessgericht des ersten Rechtszugs" (§ 767 I ZPO) ist. § 202 I Nr 3, II kann deshalb für die Vollstreckungsabwehrklage gegen die Feststellung zur Tabelle entsprechend herangezogen werden.[129]

---

120 BGH NZI 2014, 693, 694. – Die Aufrechnung in Höhe der Quote nach Abschluss des Feststellungsverfahrens ist dagegen unproblematisch möglich, vgl hierzu Jaeger/*Windel* § 94 Rn 56 (Surrogat zum Verteilungsakt im Wege der Zahlung).

121 MünchKomm/*Schumacher* InsO[4] § 178 Rn 77; Kübler/Prütting/Bork/*Pape*/*Schaltke* InsO[88] § 178 Rn 32.

122 BGH NZI 2009, 167, 168; Uhlenbruck/*Sinz* InsO[15] § 178 Rn 52; MünchKomm/*Schumacher* InsO[4] § 178 Rn 77; grundlegend bereits zu KO BGHZ 27, 51, 54; 92, 374, 379.

123 BGH NZI 2014, 693, 694 mit umf wN.

124 Gottwald/Haas/*Eickmann*/*Wimmer* InsRHdb[6] § 62 Rn 35; Kübler/Prütting/Bork/*Pape*/*Schaltke* InsO[88] § 178 Rn 33; vgl bereits zu KO BGH ZIP 1984, 1509; 1987, 725; BGHZ 113, 381, 382 f = EWiR 1991, 493 m Abn *Brehm*.

125 Gottwald/Haas/*Eickmann*/*Wimmer* InsRHdb[6] § 62 Rn 35; Uhlenbruck/*Sinz* InsO[15] § 178 Rn 53; MünchKomm/*Schumacher* InsO[4] § 178 Rn 79; Kübler/Prütting/Bork/*Pape*/*Schaltke* InsO[88] § 178 Rn 33.

126 **Str**, vgl hierzu etwa BeckOK/*Preuß* ZPO[41] Rn 46 ff. MünchKomm/*K. Schmidt*/*Brinkmann* ZPO[6] Rn 84 ff.

127 Zuletzt BGH NJW 2020, 2876, 2877 mwN; zur Aufrechnung in der Insolvenz ebenso BGH NZI 2014, 693, 694.

128 Vgl BGH NJW-RR 2013, 757, 759.

129 Ebenso MünchKomm/*Schumacher* InsO[4] § 178 Rn 78.

bb) Wiederaufnahme des Verfahrens. Wie gegenüber jeder rechtskräftigen Entscheidung kommt auch eine **Wiederaufnahme des Verfahrens** in entsprechender Anwendung der **§§ 578 ff ZPO** gegenüber der Rechtskraftwirkung des Tabelleneintrags in Betracht.[130] Zur Erhebung der Nichtigkeits- bzw. Restitutionsklage befugt sind der Verwalter und jeder Insolvenzgläubiger. 61

Bezüglich der Voraussetzungen einer **Nichtigkeitsklage** (§ 579 ZPO) hat *Gerhardt* sich in der Vorauflage dafür ausgesprochen, nicht auf den den Prüfungstermin leitenden Richter (Rechtspfleger) abzustellen, sondern auf den Verwalter sowie im Prüfungstermin anwesende Gläubiger,[131] weil das Gericht im Feststellungsverfahren nicht erkennend, sondern beurkundend tätig wird. Es stellt sich in der Tat die Frage, ob dem § 579 ZPO vergleichbare Situationen bei einer entsprechenden Anwendung der Norm im Feststellungsverfahren überhaupt denkbar sind. Zu weitgehend erscheint es jedoch, potentielle Nichtigkeitsgründe in entsprechender Anwendung bezogen auf die im Prüfungstermin anwesenden Widerspruchsberechtigten anzunehmen. Vielmehr dürfte § 579 ZPO hier überhaupt keinen greifbaren Anwendungsbereich haben. 62

Dagegen besteht durchaus ein Anwendungsbereich für die Restitutionsklage. Eine **Restitutionsklage** (§ 580 ZPO) kommt bspw in Betracht, wenn neue, den Widerspruch stützende Urkunden aufgefunden werden[132] oder wenn die der Anmeldung beigefügte Beweisurkunde gefälscht war.

Ausschließlich zuständig ist das Amtsgericht des Insolvenzverfahrens, bei landgerichtlichem Streitgegenstand das übergeordnete Landgericht.[133] Zwar ist das Amtsgericht des Insolvenzverfahrens nicht iSv § 584 I ZPO „das Gericht, das im ersten Rechtszug erkannt hat". Wie dort sollte auch hier in Ermangelung eines solchen auf das Amts-/Landgericht des Insolvenzverfahrens als auf dasjenige Gericht, das „für eine Entscheidung im Streitverfahren zuständig gewesen wäre", vgl § 180 I, zurückgegriffen werden. 63

cc) Schadensersatzklage nach § 826 BGB. Die arglistige Rechtskrafterschleichung ist nicht als allgemeiner Restitutionsgrund in § 580 ZPO anerkannt. Die Rechtsprechung erkennt jedoch an,[134] dass in Ausnahmefällen eine Schadensersatzklage nach § 826 BGB die Rechtskraft durchbrechen kann, wenn „es mit dem Gerechtigkeitsgedanken schlechthin unvereinbar wäre, dass der Titelgläubiger seine formelle Rechtsstellung unter Missachtung der materiellen Rechtslage zu Lasten des Schuldners ausnutzt".[135] Es handelt sich um Fälle, in denen das materiell unrichtige Urteil (bzw allgemein der Vollstreckungstitel) erschlichen wurde oder in sittenwidriger Weise ausgenutzt wird. Die Möglichkeit einer Rechtskraftdurchbrechung nach § 826 BGB ist auch bezogen auf die Feststellung einer Forderung zur Tabelle nicht ausgeschlossen;[136] die Voraussetzungen hierfür wären allerdings kritisch zu prüfen und die bloße Anmeldung einer nicht bestehenden Forderung kann noch nicht als ausreichend angesehen werden.[137] 64

---

130 So bereits im Anschluss an Motive II, S 364 RGZ 37, 386, 387 f; 57, 270, 271 f; Gottwald/Haas/*Eickmann*/*Wimmer* InsRHdb[6] § 62 Rn 32; *Häsemeyer* InsR[4] Rn **22.**19; Uhlenbruck/*Sinz* InsO[15] § 178 Rn 51; Nerlich/Römermann/*Becker* InsO[42] § 178 Rn 27; MünchKomm/*Schumacher* InsO[4] § 178 Rn 81; K Schmidt/*Jugmann* InsO[19] § 178 Rn 28; HambK/*Preß*/*Henningsmeier* InsO[9] § 178 Rn 24.

131 Voraufl Jaeger/*Gerhardt* § 178 Rn 122; **aA** MünchKomm/*Schumacher* InsO[4] § 178 Rn 81.

132 RGZ 37, 386, 387 f; MünchKomm/*Schumacher* InsO[4] § 178 Rn 81.

133 Ebenso MünchKomm/*Schumacher* InsO[4] § 178 Rn 82; vgl bereits Jaeger/*Weber* KO[8] § 145 Rn 13 mwN.

134 *Gottwald* konstatiert hier eine gesicherte richterliche Rechtsfortbildung, siehe MünchKomm/*Gottwald* ZPO[6] § 322 Rn 226; vgl auch Prütting/Gehrlein/*Völzmann-Stickelbrock* ZPO[13] § 322 Rn 49.

135 BGH NJW-RR 2012, 304, 305 mwN.

136 Vgl Kübler/Prütting/Bork/*Pape*/*Schaltke* InsO[88] § 178 Rn 31; MünchKomm/*Schumacher* InsO[4] § 178 Rn 83; HambK/*Preß*/*Henningsmeier* InsO[9] § 178 Rn 24; Uhlenbruck/*Sinz* InsO[15] § 178 Rn 51; Nerlich/Römermann/*Becker* InsO[42] § 178 Rn 27.

137 Ausführlich hierzu Voraufl Jaeger/*Gerhardt* InsO § 178 Rn 130 ff.

VI. Wirkung gegenüber dem Schuldner persönlich

1. Rechtskraftwirkung außerhalb des Insolvenzverfahrens

65 Die unmittelbare Rechtkraftwirkung nach § 178 III beschränkt sich auf die Insolvenzgläubiger und den Verwalter (einschließlich Schuldner als Eigenverwalter, vgl oben Rn 33). Das ist systematisch konsequent, weil Gegenstand der Forderungsfeststellung nach hier vertretener Ansicht die verbindliche Feststellung des Haftungsrechts des Gläubigers innerhalb des Insolvenzverfahrens ist; eine Rechtskraftwirkung außerhalb des Verfahrens tritt nach hier vertretener Ansicht nicht ein (vgl oben Rn 37, 38). Die Feststellung einer Forderung zur Tabelle ist allerdings nach § 201 II **eine der beiden Voraussetzungen für die Titulierung der Forderung**. Die **weitere Voraussetzung** ist das **Fehlen eines Widerspruchs** des Schuldners. Der Widerspruch des Schuldners hindert nach § 178 I S 2 nicht die Feststellung der Forderung für die Haftungsverwirklichung innerhalb des Verfahrens, zumal der Schuldner als Träger der Masse hier durch den Insolvenzverwalter repräsentiert wird. Sie hindert aber die außerhalb des Insolvenzverfahrens gegen den Schuldner wirkende Titulierung. Das heißt: Gegenüber dem Schuldner persönlich wirkt die Feststellung der Forderung zur Tabelle Rechtskraft und Vollstreckbarkeit außerhalb des Insolvenzverfahrens, wenn von seiner Seite kein Widerspruch erhoben (unbeschadet der Möglichkeit einer Nachholung gem § 186) oder der erhobene Widerspruch durch Zurücknahme, Nichtverfolgen des Widerspruchs (§ 184 III S 2) oder rechtskräftigen Richterspruch (vgl § 184) beseitigt ist. **Diese Rechtskraftwirkung** folgt aber nicht aus § 178 III, sondern – mittelbar – aus § 201 I.[138] Sie ist einerseits lediglich **Nebenfolge** der an sich nur zur Realisierung des Haftungsrechts der Gläubiger an der Insolvenzmasse bestimmten insolvenzmäßigen Feststellung, geht aber andererseits weiter als jene: Ihre Rechtskraftwirkung ist die eines rechtskräftigen Leistungsurteils. Sie erfasst – anders als die Rechtskraftwirkung nach § 178 III – den prozessualen Anspruch, was mit den unterschiedlichen Voraussetzungen und der Wirkung außerhalb des Verfahrens korrespondiert.[139]

2. Titulierungsfunktion

66 Durch die insolvenzmäßige Feststellung gegen den Schuldner wird der Anspruch des Gläubigers gem §§ 201 II, 215 II S 2, 257 vollstreckbar. Die **Verjährung** richtet sich nunmehr nach § 197 I Nr 5 BGB: der Anspruch verjährt also erst in **dreißig Jahren** seit der Feststellung, auch wenn er an sich einer kürzeren Verjährung unterliegt (zur Titulierung von Steuerforderungen siehe aber unten Rn 72).

67 Eine weitere Bedeutung kommt der insolvenzmäßigen Feststellung des Anspruchs gegen den Schuldner dann zu, wenn das Insolvenzverfahren mit einem Restschuldbefreiungsverfahren verbunden ist und der Gläubiger eine Forderung mit qualifiziertem Rechtsgrund nach § 302 Nr 1 angemeldet hatte (sog Anmeldung mit Attribut). Für den Gläubiger geht es um die Feststellung einer Forderung, die nach § 302 Nr 1 **von der Restschuldbefreiung ausgenommen** ist, mit Bindungswirkung gegenüber dem Schuldner.[140]

---

138 BGH NZI 2014, 73, 76 unter Berufung auf Jaeger/*Gerhardt* § 178 Rn 53; BGH NZI 2018, 442, 443; vgl auch *Schoppmeyer* ZInsO 2016, 2157, 2160.

139 *Schoppmeyer* ZInsO 2016, 2157, 2160; ausführlich zur Problematik *von der Ohe* S 105 ff, 121 ff, 140.

140 Vgl zu den Voraussetzungen der Titulierung einer nach § 302 Nr 1 privilegierten Forderung Jaeger/*Preuß* § 302 Rn 47 ff.

VII. Wirkung gegenüber haftenden Gesellschaftern

Die §§ 178 I, III, 201 II verhalten sich neutral zur Art des Rechtssubjekts, über dessen Vermögen das Insolvenzverfahren eröffnet ist. Ob in Insolvenzverfahren über das Vermögen der Gesellschaft der Forderungsbestand auch im Verhältnis zu einem haftenden Gesellschafter mit Rechtskraftwirkung festgestellt werden soll, ist den Vorschriften nicht eindeutig zu entnehmen. § 178 I S 1, III regelt die Rechtskraftwirkung der Forderungsfeststellung zur Tabelle gegenüber Verwalter (sowie Schuldner als Träger der Masse) und allen Insolvenzgläubigern und stellt damit die Haftungsansprüche *innerhalb* der Insolvenzverfahrens klar (vgl Rn 37 f). Aus §§ 178 I S 2, III, 201 II ergibt sich die Bindungswirkung im Verhältnis zum Schuldner für dessen Haftung *außerhalb* des Insolvenzverfahrens. Der II. Senat **überträgt das für die Haftung des Schuldners außerhalb des Insolvenzverfahrens geltende Prinzip** auf Fälle der (Außen-) Haftung von Gesellschaftern, also auf die persönliche Haftung, die während des Insolvenzverfahrens nach § 93 bzw – für die Kommanditistenhaftung speziell geregelt[141] – nach § 171 II HGB nur vom Insolvenzverwalter geltend gemacht werden kann.[142] Virulent wurde die Frage in Fällen der akzessorischen **Haftung des OHG-Gesellschafters** (§ 128 HGB),[143] der Haftung des BGB-Gesellschafters,[144] der **Haftung des Kommanditisten nach §§ 171 II, 172 IV HGB**[145] sowie der **Durchgriffshaftung** gegen einen GmbH-Gesellschafter wegen Vermögensvermischung (§ 128 HGB analog, § 93).[146] Auf die im Verfahren zu bedienende Passivmasse, die sich aus der Tabelle ergibt, kommt es insbesondere bei der Prüfung an, ob die Inanspruchnahme des Gesellschafters zur Gläubigerbefriedigung erforderlich ist.[147] 68

Beachtlich ist insofern, dass dem Schuldner ein eigenes **Widerspruchsrecht** zukommt. Sein Widerspruch hindert zwar nicht die Feststellung zur Tabelle, § 178 I S 2. Er schließt aber die Titulierung nach § 201 II aus, so dass in diesem Fall gerade keine Bindung an die Ergebnisse des Prüfungsverfahrens außerhalb des Insolvenzverfahrens stattfindet. Übertragen auf die Gesellschafterhaftung hatte der II. Senat im Jahr 2006 noch vertreten, der Gesellschafter sei zur **Gewährung rechtlichen Gehörs** am Forderungsfeststellungverfahren zu beteiligen und müsse Gelegenheit haben, der Forderungsanmeldung mit Wirkung für seine persönliche Haftung zu widersprechen; dieses Prinzip sollte bei der Haftung nach § 128 HGB sowie – im zu entscheidenden Fall – für eine Durchgriffshaftung gelten.[148] Hiervon ist der Senat tendenziell abgerückt und hat in Entscheidungen zur Kommanditistenhaftung nach §§ 171 II, 172 IV HGB das Bestreiten der Gläubigerforderungen durch den Kommanditisten als unbeachtlich gewürdigt, da die Einwendung aufgrund der „**Wirkungen der widerspruchslosen Feststellung der Forderungen** in der Insolvenztabelle nach §§ 129 I, 161 II HGB abgeschnitten“ seien.[149] Das durch das vertretungsberechtigte Organ ausgeübte **Widerspruchsrecht der Schuldnerin**, durch dessen Ausübung die Haftung außerhalb des Insolvenzverfahrens gesperrt wird, hat der BGH also als maßgeblich angesehen, um bei einem Ausbleiben des Widerspruchs die Bindung mit Wirkung für die persönliche Haftung des Gesellschafters auszulösen. Ein eigenes Widerspruchsrecht zur Gewährung rechtlichen Gehörs wurde im Fall der Kommanditistenhaftung verneint und auf die 69

---

141 § 171 II OHG ist neben § 93 im Grunde überflüssig, vgl K Schmidt/*K Schmidt* InsO[19] § 93 Rn 1; Uhlenbruck/*Hirte* InsO[15] § 93 Rn 7; Graf-Schlicker/*Graf-Schlicker* InsO[6] § 93 Rn 3.

142 Kritisch *Thole* ZGR 2019, 301, 310 ff.

143 Noch zur KO: BGH NJW 1961, 1066; siehe auch Baumbach/Hopt/*M Roth* HGB[40] § 128 Rn 46.

144 BGH ZIP 2007, 79.

145 BGHZ 217, 327 = NZI 2018, 442; BGH NZI 2020, 1004; NZI 2021, 926; zu unterscheiden ist die Inanspruchnahme zur Deckung bestrittener Forderungen, vgl hierzu BGH ZIP 2021, 473, 474.

146 BGHZ 165, 85 = NJW 2006, 1344.

147 Vgl insb zu §§ 171, 172 HGB: BGHZ 189, 45 = NJW 2011, 2351, 2353 mwN; BGH NZI 2021, 926, 929 mwN; *Thole* ZGR 2019, 301, 304 f.

148 BGHZ 165, 85 = NJW 2006, 1344, 1347.

149 BGHZ 217, 327 = NZI 2018, 442, 443; BGH NZI 2020, 1004, 1006; BGH NZI 2021, 494, 495; BGH NZI 2021, 1451, 1452 f; BGH NZI 2021, 926, 929.

Möglichkeit verwiesen, sich gesellschaftsintern um die Erhebung eines Widerspruchs durch die Schuldnerin im Prüfungstermin zu bemühen.[150]

70 Die Feststellung einer Forderung wirkt nach Maßgabe des § 129 HGB auch gegen die persönlich haftenden Gesellschafter.[151] Eine andere Frage ist es, ob die Feststellung gegenüber dem einlagepflichtigen Kommanditisten einer insolventen Gesellschaft dahin wirkt, dass sie ihm den Einwand abschneidet, es bestünden keine oder weniger Gesellschaftsschulden und die Inanspruchnahme sei deshalb nicht erforderlich.[152] Die Entscheidung des II. Senats, dem Kommanditisten nach § 129 HBG Einwendungen gegen die Tabelle abzuschneiden, wenn die Schuldnerin nicht nach § 178 I S 2 im Prüfungstermin widersprochen hat, hat in der Literatur zum Teil **Kritik** erfahren, allerdings mit unterschiedlicher Zielrichtung. Auf der einen Seite wird eine faktische Drittwirkung der Forderungsfeststellung und eine Rechtskraftwirkung nach §§ 178 III, 201 II gegenüber dem Kommanditisten abgelehnt, weil dieser weder rechtlich noch faktisch eine Widerspruchsmöglichkeit habe.[153] *Thole* stimmt dem II. Senat im Ergebnis zu, sieht allerdings die systematische Anknüpfung an § 201 II und den unterbliebenen Schuldnerwiderruf mit der Vermittlung über § 129 HGB als verfehlt an.[154] Er weist zutreffend darauf hin, dass selbst bei einer Anwendung des § 129 HGB ein Widerspruch der Schuldnerin für eine Haftung der Schuldnerin im Verfahren unbeachtlich wäre; hier komme es allein auf das Widerspruchsrecht des Verwalters an, der kraft seiner Verwalterpflicht unberechtigte Forderungen bestreiten müsse.[155] Dass der Bestand der Passivforderungen, wie er sich aus der rechtskräftigen Feststellung zur Tabelle ergibt, bei der Prüfung der Erforderlichkeit einer Inanspruchnahme des Kommanditisten zur Gläubigerbefriedigung zugrunde gelegt werden kann, ohne dem Kommanditisten ein eigenes Widerspruchsrecht im Prüfungsverfahren zu gewähren oder auf den nicht erhobenen Widerspruch der Schuldnerin abzustellen, lässt sich in der Tat sehr konkret damit legitimieren, dass das **Interesse des haftenden Gesellschafters hinreichend gewahrt** wird, indem der Verwalter seiner Pflicht nachkommt, die Feststellung unberechtigter Forderungen mit dem Widerspruch abzuwehren. Hat der Verwalter Forderungen im Übrigen widersprochen und besteht die ernsthafte Möglichkeit des Forderungsfeststellungsstreits, dann kann der Verwalter den Kommanditisten im Übrigen auch zur Bildung angemessener Rückstellungen in Anspruch nehmen.[156]

VIII. Feststellung von Steuerforderungen

1. Feststellung zur Tabelle im Kontext des steuerrechtlichen Verfahrens

71 Im **Steuerfestsetzungsverfahren** ordnet der BFH die Feststellung zur Tabelle als „insolvenzrechtliches Äquivalent zur Steuerfestsetzung durch Verwaltungsakt" ein (zu den Folgen hinsichtlich der Abänderbarkeit vgl unten Rn 73).[157] Die Eintragung in die Tabelle ersetzt hiernach den Steuerbescheid.[158]

---

150 BGHZ 217, 327 = NZI 2018, 442, 443; hierzu zust Kurzkommentar *Jacoby* EWiR 2018, 275.
151 HK/*Depré* InsO[10] § 178 Rn 10; Graf-Schlicker/*Graf-Schlicker* InsO[6] § 178 Rn 16; MünchKomm/*Schumacher* InsO[4] § 178 Rn 73 („mittelbar").
152 Verneint: Voraufl Jaeger/*Gerhardt* InsO § 178 Rn 62 unter Berufung auf RGZ 51, 33, 40; Kuhn/*Uhlenbruck* KO[11] § 145 Rn 6.
153 *Dahl/Engels* NZI 2018, 435, 436 mwN zum Meinungsstand 2018; vgl auch *von der Ohe* S 149 f.
154 *Thole* ZGR 2019, 301, 311 ff; *ders* ZRI 2020, 49, 57.
155 *Thole* aaO S 315.
156 BGH ZIP 2021, 473, 474.
157 BFH NZI 2018, 855, 856; BFH NZI 2018, 122, 124; BGH NZI 2009, 195.
158 BFH NZI 2020, 478, 480 mwN; BFH ZIP 2017, 1464, 1466; Gottwald/Haas/*Frotscher/Schulze* InsRHdb[6] § 124 Rn 21.

Gegenüber einem Schuldner, der nicht nach § 178 I S 2 widersprochen hat, wird ein **Vollstreckungstitel** nach § 201 II erzeugt.[159] Die Forderung verliert durch die Feststellung zur Tabelle allerdings nicht ihre Eigenschaft als öffentlich-rechtliche Forderung; sie wird nicht nach den Vorschriften der ZPO, sondern im Verwaltungsweg vollstreckt, siehe § 251 II S 2 AO.[160] Außerdem gilt auch für die zur Tabelle festgestellte Steuerforderung im Allgemeinen die **fünfjährige (Zahlungs-)Verjährung** gem § 228 AO.[161] In den Fällen der § 370 AO (Steuerhinterziehung), § 373 AO (Gewerbsmäßiger, gewaltsamer und bandenmäßiger Schmuggel) und § 374 AO (Steuerhehlerei) beträgt die Verjährungsfrist zehn Jahre. 72

2. Wirkung des § 178 III

Auch für festgestellte Steuerforderungen gilt die Rechtkraftwirkung des Tabelleneintrags.[162] Dass der BFH im Steuerfeststellungsverfahren die Feststellung zur Tabelle als „insolvenzrechtliches Äquivalent zur Steuerfestsetzung durch Verwaltungsakt" versteht und demnach nicht wie ein verwaltungsgerichtliches Urteil behandelt, bleibt jedoch nicht ohne Konsequenzen für das Verständnis des § 178 III. Die Regelung soll **einschränkend ausgelegt** werden mit der Folge, dass der Feststellung eines Anspruchs aus einem Steuerschuldverhältnis die Wirkung einer Feststellung gem § 185 InsO iVm § 251 III AO zukomme, die wie diese nur nach den **§§ 130, 131 AO geändert werden** könne.[163] Die Feststellung der Steuerforderung wird also nicht wie ein bestandskräftiger Steuerbescheid behandelt, für den sich die Möglichkeit der Aufhebung und Änderung nach den §§ 172 ff AO richtet. 73

Wegen der „rechtskraftähnlichen Wirkung des Tabelleneintrags" können festgestellte Steueransprüche ohne Steuerbescheid durchgesetzt werden.[164] Nach dem XI. Senat des BFH handelt es sich um eine **unanfechtbare Steuerfestsetzung gegenüber dem Steuerpflichtigen.**[165] Als unanfechtbare Steuerfestsetzung ist die Feststellung zur Tabelle nicht mehr mit einem förmlichen Rechtsbehelf anfechtbar.[166] Auch bezogen auf festgestellte Steuerforderungen ist zu beachten, dass § 178 III die Rechtskraftwirkung innerhalb des Verfahrens betrifft, für die Wirkung gegenüber dem Schuldner außerhalb des Insolvenzverfahrens jedoch erforderlich ist, dass kein **Schuldnerwiderspruch nach § 178 I S 2** (mehr) vorliegt (vgl oben Rn 65). Für die Beseitigung bzw. die Verfolgung eines Widerspruchs gilt § 184.[167] Ein durch die Eröffnung des Insolvenzverfahrens unterbrochener Rechtsstreit könnte etwa aufgenommen werden.[168] Problematisch ist es allerdings, dass der BFH den Schuldnerwiderspruch faktisch als Instrument verstehen will, das der organschaftliche Vertreter einer insolventen Gesellschaft nicht im Interesse der Gesellschaft, sondern im Hinblick auf drohende eigene Haftung einsetzt.[169] 74

159 BFH NZI 2018, 855, 856; BeckOK/*Zenker* InsO[23] § 178 Rn 27; MünchKomm/*Schumacher* InsO[4] § 178 Rn 89.
160 Gottwald/Haas/*Frotscher/Schulze* InsRHdb[6] § 124 Rn 56; *D. Roth* ZInsO 2008, 186, 187; MünchKomm/*Schumacher* InsO[4] § 178 Rn 89.
161 BFHE 153, 490; *Frotscher* Besteuerung im Insolvenzverfahren[9] S 336; Klein/*Rüsken* AO[15] § 228 Rn 12; *Roth* ZInsO 2008 186, 187 unter „geklärte Streitfragen".
162 BFH NZI 2020, 478, 480; *Bartone* DStR 2017, 1743, 1744; Graf-Schlicker/*Graf-Schlicker* InsO[6] § 178 Rn 17.
163 BFH NZI 2012, 96, 101; BFH/NV 2012, 711; BFH ZIP 2014, 427, 428 mwN; zustimmend *Bartone* DStR 2017, 1743, 1744; siehe auch Gottwald/Haas/*Frotscher/Schulze* InsRHdb[6] § 124 Rn 22 mwN; kritisch *Kahlert/Onusseit* DStR 2012, 334, 335.
164 BFH NZI 2018, 855, 856 **mwN.**
165 BFH NZI 2018, 122, 123 f **mwN** zum Streitstand; vgl auch BFH 2020, 478, 480.
166 BFH NZI 2018, 122, 124; Uhlenbruck/*Sinz* InsO[15] § 178 Rn 39.
167 BFH NZI 2018, 122, 124 mwN; BFH NZI 2019, 89, 94; vgl auch BFH ZInsO 2013, 1540, 1541 (zur Verfolgung des Widerspruchs durch den Schuldner); BFH ZIP 2008, 1745, 1746 (zur Verfolgung der Feststellung durch das FA).
168 BFH ZIP 2008, 1745, 1746; Uhlenbruck/*Sinz* InsO[15] § 184 Rn 11; Braun/*Specovius* InsO[8] § 181 Rn 29; Gottwald/Haas/*Frotscher/Schulze* InsRHdb[6] § 124 Rn 13, 34.
169 Vgl *Kahlert* EWiR 2017, 555, 556 (kein Feststellungsinteresse der GmbH).

75 Als rechtskräftige Festsetzung der Steuer soll dem Tabelleneintrag **Drittwirkung nach § 166 AO** zukommen; er wirkte hiernach also gegen den Rechtsnachfolger und uU gegen den Vertreter.[170] In der Begründung stützt der BFH sich pauschal auf **Auswirkungen des § 178 III** außerhalb des Insolvenzverfahrens.[171] Das entspricht jedoch nicht der Funktion des § 178 III und steht nicht im Einklang mit der begrenzten subjektiven Rechtskraftwirkung, die der Tabelleneintrag entfaltet.[172]

170 BFH NZI 2018, 122, 123 f **mwN** zum Streitstand; BFH NZI 2019, 89, 93 f; **aA** etwa BeckOK/*Zenker* InsO[23] § 178 Rn 27.2 mwN.
171 BFH NZI 2020, 478, 480 f.
172 Insofern kritisch *Kahlert* EWiR 2020, 243, 244; s auch *von der Ohe* S 96.

§ 179 Streitige Forderungen

(1) Ist eine Forderung vom Insolvenzverwalter oder von einem Insolvenzgläubiger bestritten worden, so bleibt es dem Gläubiger überlassen, die Feststellung gegen den Bestreitenden zu betreiben.
(2) Liegt für eine solche Forderung ein vollstreckbarer Schuldtitel oder ein Endurteil vor, so obliegt es dem Bestreitenden, den Widerspruch zu verfolgen.
(3) [1]Das Insolvenzgericht erteilt dem Gläubiger, dessen Forderung bestritten worden ist, einen beglaubigten Auszug aus der Tabelle. [2]Im Falle des Absatzes 2 erhält auch der Bestreitende einen solchen Auszug. [3]Die Gläubiger, deren Forderungen festgestellt worden sind, werden nicht benachrichtigt; hierauf sollen die Gläubiger vor dem Prüfungstermin hingewiesen werden.

Materialien

§ 197 DiskE und RefE, § 207 RegE, im Wesentlichen übereinstimmend; BT-Drucks 12/2443, S. 185; Abs 3 Satz 3 eingefügt durch den Rechtsausschuss, BT-Drucks 12/7302, S 179 zu Ziffer 119.

Vorgängerregelungen

Für Abs 1 und 2 § 146 I Satz 2 und VI KO: dem entsprechend § 11 III Sätze 1 und 2 GesO, für Abs 3 Satz 1 § 146 I Satz 2 KO.

Literatur

S zunächst zu § 174 und auch zu § 178; ferner *Bley* Die Feststellung des Konkursgläubigerrechts, Diss 1914; *Jonas* Die Konkursfeststellung in ihrer prozessualen Durchführung, Diss 1907; *Seitz* Die titulierten Insolvenzforderungen, Diss 1928; *Fuchs/Masarwah* Einmal Rechtskraft immer Rechtskraft? Die Bedeutung des Tabelleneintrags nach § 178 III InsO für Folgeprozesse, NZI 2019, 401; *Ganter* Die Feststellungslast gemäß § 179 II InsO, NZI 2017, 49; *Gerhardt* Die rechtswegfremde Forderung im Insolvenzfeststellungsverfahren, NZI 2010, 849; *Heidbrink/von der Groeben* Insolvenz und Schiedsverfahren, ZIP 2006, 265; *Keller* Sind Schiedssprüche „Endurteile" i. S. d. § 179 Abs. 2 InsO?, KTS 2020, 283; *Markgraf/Hertelt* Die Beendigung des Insolvenzverfahrens während des rechtshängigen Zivilprozesses ZIP 2018, 1480; *Pape, Gerhard* Zur Problematik der Unanfechtbarkeit von Stimmrechtsfestsetzungen in der Gläubigerversammlung ZIP 1991, 837; *Ristelhuber* Der Schiedsspruch im Insolvenzverfahren ZInsO 2004, 427; *Schoppmeyer* Rechtskraftwirkungen im Insolvenzverfahren ZInsO 2016, 2157; *Stangl* Die Qual der Wahl – das zuständige Gericht nach § 180 InsO NZI 2016, 429; *Thole* Die Wirkungen der Feststellung von Gläubigerforderungen zur Insolvenztabelle gegenüber dem nach §§ 171, 172 Abs. 4 *HGB* haftenden Kommanditisten ZGR 2019, 301; *Wagner* Insolvenz und Schiedsverfahren KTS 2010, 39.

Übersicht

https://doi.org/10.1515/9783110343687-006

Alphabetische Übersicht

I. Gesetzesgeschichte

1 § 179 lehnt sich eng an die Vorgängerregelungen der KO an, vgl o. *Vorgängerregelungen.* Lediglich Abs 3 S 3 wurde durch den Rechtsausschuss eingefügt, um, wie es in der Begründung zu dieser Ergänzung heißt,[1] den Zweck der Vorschrift zu verdeutlichen, nämlich den Gläubigern

1 BT-Drucks 12/7302, S 179 sub Ziffer 119.

bestrittener Forderungen den Nachweis von Anmeldung und Widerspruch zu erleichtern; Gläubiger festgestellter Forderungen bedürften dieser Erleichterung nicht. Um jedoch das Insolvenzgericht vor überflüssigen Nachfragen zu schützen, solle vorsorglich rechtzeitig, nämlich noch vor dem Prüfungstermin, ein entsprechender Hinweis ergehen, der beispielsweise schon im Zusammenhang mit der Zustellung des Eröffnungsbeschlusses erfolgen könne.

II. Die Durchsetzung bestrittener Forderungen im Insolvenzverfahren

1. Allgemeines

Mit der Feststellung einer angemeldeten Forderung zur Tabelle erreicht der Insolvenzgläubiger die insolvenzverfahrensrechtliche Titulierung seiner Forderung, die die Grundlage für die **Teilhabe im Verteilungsverfahren** bildet. Diese insolvenzverfahrensrechtliche Titulierung fehlt, wenn die angemeldete Forderung im Prüfungsverfahren vom Insolvenzverwalter und/oder von einem Insolvenzgläubiger bestritten wurde und streitig geblieben ist. In diesem Sinne streitig geblieben ist eine angemeldete Forderung, sofern der Verwalter oder ein Insolvenzgläubiger gegen sie im Prüfungstermin **Widerspruch** erhoben hat und der Widerspruch nicht beseitigt wurde (vgl zur Erhebung des Widerspruchs § 176 Rn 20 ff, zur Beseitigung des Widerspruchs § 176 Rn 54 f). Der Widerspruch des Schuldners hindert dagegen weder die Verfahrensteilnahme des Anmeldenden noch die Feststellung der Forderung zur Tabelle, § 178 I S 2. 2

Fehlt die spezifische insolvenzverfahrensrechtliche Titulierung durch Feststellung der Forderung zur Tabelle, heißt das noch nicht, dass die angemeldete Forderung im weiteren Verfahren unberücksichtigt bleiben muss. Die Klärung, ob die Forderung bei der Verteilung zur berücksichtigen ist, erfolgt jedoch außerhalb des Verfahrens. § 179 I, II regelt diesbezüglich die Frage der **Betreibungslast**. Die Norm differenziert innerhalb der streitig gebliebenen Forderungen zwischen solchen, für die ein Titel der in § 179 II genannten Art vorliegt (sog titulierte oder zugriffsreife Forderungen) und den übrigen nichttitulierten Forderungen. 3

2. Nichttitulierte Forderungen (§ 179 I)

Der Gläubiger einer nichttitulierten Forderung ist gehalten, im ordentlichen Verfahren die insolvenzmäßige Titulierung weiterzuverfolgen, indem er „die Feststellung gegen den Bestreitenden betreibt" (§ 179 I). Seine Forderung muss – wenn noch nicht im insolvenzrechtlichen Prüfungs- und Feststellungsverfahren, dann im ordentlichen Feststellungsprozess (§ 180) – festgestellt sein, damit er letztendlich bei der **Verteilung der Haftungsmittel** partizipieren kann. Den Gläubiger trifft also die **Betreibungslast** (**Feststellungslast**). 4

Betreibt der Gläubiger nach Maßgabe des § 181 die Feststellung, wird die Forderung gem § 189 I, II „berücksichtigt", ansonsten bleibt sie nach § 189 III unberücksichtigt. „Berücksichtigt" heißt, dass entsprechende Anteile nur zurückbehalten, nicht jedoch ausgezahlt werden, und dies auch nur dann, falls der Gläubiger dem Verwalter rechtzeitig nachweist, dass und für welchen Betrag die **Feststellungsklage** erhoben, § 179 I, oder das Verfahren nach § 180 II in dem früher anhängigen Prozess aufgenommen worden ist. **Obsiegt der Gläubiger im ordentlichen Verfahren**, obliegt es ihm nach § 183 II, die Berichtigung der Tabelle zu beantragen. Auf der Grundlage der berichtigten Tabelle kann er sodann seinen Anteil an der Verteilungsmasse verlangen. Andernfalls nimmt er nicht an der Verteilung teil. 5

Von der Abstimmung im Rahmen einer Gläubigerversammlung bleibt der Gläubiger noch nicht allein deshalb ausgeschlossen, weil die Forderung im Prüfungs- und Feststellungsverfahren bestritten wurde. Vielmehr kann ihm ein **Stimmrecht** kraft Einigung oder kraft Entscheidung des Insolvenzgerichts gewährt werden, siehe § 77 II. 6

3. Titulierte (zugriffsreife) Forderungen (§ 179 II)

7 **a) Berücksichtigung titulierter Forderungen im Insolvenzverfahren.** Der Gläubiger einer titulierten Forderung ist zwar an sich legitimiert, um titelgemäß Befriedigung im Wege der Zwangsvollstreckung verlangen zu können. Insolvenzgläubiger können allerdings ihre Forderungen gem § 87 nur „nach den Vorschriften über das Insolvenzverfahren verfolgen", müssen die Forderungen also ungeachtet der bereits vorhandenen Titulierung zur Tabelle anmelden und das Prüfungs- und Feststellungsverfahren durchlaufen. Ist die Forderung zur Tabelle festgestellt, fungiert der gem § 201 II vollstreckbare Tabellenauszug als Vollstreckungstitel, der den bereits vorhandenen Titel als Vollstreckungstitel „aufzehrt". Wird die titulierte Forderung im Prüfungs- und Feststellungsverfahren bestritten, fehlt zwar die verfahrensimmanente Titulierung durch Feststellung zur Tabelle. Der Gläubiger muss allerdings nicht die Feststellung der Forderung betreiben, um an der Verteilung der Haftungsmittel teilnehmen zu können, sofern er über einen **Titel** verfügt, der für sich genommen **für das insolvenzrechtliche Verteilungsverfahren geeignet** ist (zu dieser Einschränkung vgl Rn 23). § 189 erfordert den Nachweis, dass die Feststellung der Forderung betrieben wird, eben nicht, wenn für die Forderung ein **vollstreckbarer Titel oder ein Endurteil** vorliegt. Titulierte Forderungen werden somit unabhängig vom Widerspruch **bei der Verteilung berücksichtigt** (arg e contrario aus § 189).[2] Dem Gläubiger einer titulierten Forderung wird die auf ihn entfallende Insolvenzquote ausgezahlt oder zumindest, falls die Verfolgung des Widerspruchs seitens des Widersprechenden nachgewiesen ist, gem § 189 II zurückbehalten.

8 In diesem Fall **obliegt es umgekehrt dem Widersprechenden**, nach § 179 II den Widerspruch im ordentlichen Prozess zu verfolgen, um zunächst zu erreichen, dass der Anteil des Gläubigers analog § 189 II zurückbehalten wird,[3] ohne dass hierfür allerdings die Ausschlussfrist des § 189 I anzuwenden ist.[4] Die **Betreibungslast** ist also nach § 179 II dem Widersprechenden auferlegt; er hat im Klagewege zu beantragen, den Widerspruch gegen die Forderung für begründet zu erklären.[5] Ebenso kann die Feststellung beantragt werden, dass dem Gläubiger für die angemeldete Forderung ein Insolvenzgläubigerrecht nicht zustehe.[6] **Obsiegt der Widersprechende**, erfolgt auf seinen Antrag nach § 183 II die Berichtigung der Insolvenztabelle; entsprechend darf die Forderung auch im Verteilungsverzeichnis nicht mehr berücksichtigt werden.[7]

9 Für die Gewährung des Stimmrechts in der Gläubigerversammlung gilt für diese Gläubiger prinzipiell nichts anderes als für Gläubiger nichttitulierter Forderungen: Ein **Stimmrecht** kann ihnen kraft Einigung oder kraft Entscheidung des Insolvenzgerichts gewährt werden, siehe § 77 II. Allerdings ist im Rahmen des richterlichen Ermessens ein beachtenswerter Umstand, dass für die bestrittene Forderung bereits ein Vollstreckungstitel bzw. ein Endurteil vorliegt.[8]

10 **b) Gründe für die Besserstellung der Gläubiger titulierter Forderungen.** Die Feststellung titulierter Forderungen braucht der Anmelder nicht selbst zu betreiben; vielmehr legt das Gesetz dem (den) Bestreitenden die Last der Widerspruchsverfolgung auf. Der für den Gläubiger günstigen Verteilung der Betreibungslast liegen im Wesentlichen folgende Erwägungen zugrunde:

---

2 *Eckardt* Kölner Schrift[3] Kap 17 Rn 64; Uhlenbruck/*Sinz* InsO[15] § 189 Rn 19.

3 Jaeger/*Meller-Hannich* § 189 Rn 16; MünchKomm/*Kebekus*/*Schwarzer* InsO[4] § 189 Rn 3; Uhlenbruck/*Sinz* InsO[15] § 189 Rn 19.

4 *Eckardt* Kölner Schrift[3] Kap 17 Rn 64 Fn 139; Uhlenbruck/*Sinz* InsO[15] § 189 Rn 19.

5 Vgl BGH NJW 1994, 1193; Gottwald/Haas/*Eickmann*/*Wimmer* InsRHdB[6] § 62 Rn 52 mwN.

6 So *Eckardt* Kölner Schrift[3] Kap 17 Rn 52; MünchKomm/*Schumacher* InsO[4] § 179 Rn 36.

7 FK/*Kießner* InsO[9] § 189 Rn 7; Uhlenbruck/*Sinz* InsO[15] § 189 Rn 20.

8 Vgl KPB/*Kübler* InsO[67] § 77 Rn 19; MünchKomm/*Ehricke*/*Ahrens*, InsO[4] § 77 Rn 16 (Umkehr der Beweislast); *Pape* ZIP 1991, 837, 844; Uhlenbruck/*Knof* InsO[15] § 77 Rn 22: im Zweifel volles Stimmrecht.

aa) Rechtsscheins- und Vermutungswirkung. Für Forderungen, für die ein Titel vorliegt, spricht der Rechtsschein bzw. die Vermutung für ihr Bestehen.[9] Dies gilt ohne Einschränkung für **Endurteile** einschließlich der **Versäumnisurteile** nach § 331 ZPO, da diesen eine richterliche Prüfung der Forderung vorausgeht. Eine Richtigkeitsgewähr dieser Art liegt bei anderen mit der Vollstreckungsklausel versehenen Schuldtiteln und dem **Vollstreckungsbescheid,** der ohne Schlüssigkeitsprüfung ergeht, zwar nicht vor; gleichwohl werden sie bei der Einzelzwangsvollstreckung den Endurteilen gleichgestellt (§ 794 I bzw. § 700 I ZPO). Für eine Differenzierung nach Qualität und Zustandekommen der Titel im Rahmen der „Gesamt"-Vollstreckung durch das Insolvenzverfahren besteht keine Veranlassung. 11

Diese Überlegung war auch bei der Fassung der Vorgängerregelung zu § 179 II, § 146 VI KO, im seinerzeitigen Gesetzgebungsverfahren maßgebend.[10] Bereits dort wurde konstatiert, dass Bedenken gegen die Gleichbehandlung der Schuldtitel mit Endurteilen nicht ganz unbegründet seien, insbesondere im Hinblick auf eine auf diesem Wege zu erreichende Bevorzugung einzelner Gläubiger durch den späteren Schuldner. Zugleich wurde jedoch darauf hingewiesen, dass diese Gefahr auch bei Urteilen bestehe,[11] was in erster Linie dann in Betracht komme, wenn der spätere Schuldner ein Versäumnisurteil gegen sich habe ergehen lassen. Zutreffend wurde zudem darauf hingewiesen, dass es für die Frage der Verteilung der Betreibungslast nicht auf die Rechtskraft eines Titels ankomme, so dass sich auch insofern keine unterschiedliche Behandlung von Urteilen und sonstigen Titeln rechtfertigen ließe.

bb) Zumutbarkeitserwägungen. Der Regelung des § 179 II liegt weiter der im Gesetzgebungsverfahren nur mittelbar zum Ausdruck gekommene Gedanke der Zumutbarkeit zugrunde:[12] Der Inhaber einer titulierten Forderung, der sich bereits vor Verfahrenseröffnung, zB durch Führen eines Prozesses, eine rechtlich gesicherte Position verschafft habe, solle nicht dazu gezwungen werden, uU einen zweiten Prozess wegen derselben Forderung betreiben zu müssen. Anders sei dies dagegen für den Inhaber einer nichttitulierten Forderung: Dieser hätte ohne die prinzipielle Titulierungsmöglichkeit, die sich infolge der Eröffnung des Insolvenzverfahrens ergeben hat, im Bestreitensfalle erstmalig Klage erheben müssen; ihm sei daher ohne weiteres zuzumuten, die Feststellung der Forderung im ordentlichen Verfahren zu betreiben.[13] 12

cc) Systematische Gründe. Die Besserstellung durch Umkehrung der Betreibungslast ergibt sich zudem nahezu zwangsläufig aus der vorgefundenen Verfahrenssituation bei Verfahrenseröffnung. Der Gläubiger einer **titulierten Forderung** hat bereits vor Insolvenzverfahrenseröffnung eine Rechtsposition erlangt, die ihn gegenüber den anderen Gläubigern hervorhebt. Abgesehen von der Frage, ob es gesetzgeberisch überhaupt zulässig (gewesen) wäre, ihm diese Rechtsposition jedenfalls für das Insolvenzverfahren wieder völlig zu entziehen, ging schon der Gesetzgeber der KO davon aus, dass der gegen den Schuldner erwirkte Titel **rechtsbeständig** auch gegenüber den übrigen Insolvenzgläubigern sei.[14] Dies allein steht im Einklang mit der Regelung des § 180 II und den allgemeinen Grundsätzen zum **Parteiwechsel.**[15] Der widersprechende Gläubiger oder Insolvenzverwalter, der mit Aufnahme des Verfahrens (§ 250 ZPO) an die Stelle des Schuldner tritt, hat im Falle eines rechtshängigen Rechtsstreits diesen dort weiterzuführen, wo dieser sich im Zeitpunkt des Eintritts befunden hat. Die neue Partei tritt somit in die 13

9 *Eckardt* Kölner Schrift[3] Kap 17 Rn 6.
10 Protokolle S 92 f (heute § 179 II InsO).
11 Protokolle S 93.
12 Motive II S 366 f = Hahn IV S 329.
13 So auch Baur/*Stürner* InsR[12] Rn 21.18.
14 Motive II S 366 f = Hahn IV S 329.
15 Vgl zu diesen Rosenberg/Schwab/*Gottwald* ZPR[18] § 42, S 225 ff; *Schilken* ZPR[7] S 361 ff, Rn 754 ff.

vorhandene Prozesslage ein. War zB bereits ein erstinstanzliches Urteil ergangen, so wirkt dieses daher auch gegenüber der neuen Partei. Gegen einen vorhandenen Titel vorzugehen, vermag im Regelfall nur die Gegenpartei; dem Inhaber des Titels stehen Mittel zur Beseitigung des Titels oder dessen Vollstreckbarkeit „naturgemäß“[16] nicht zur Verfügung. Auch § 179 II schafft insoweit keine zusätzliche Möglichkeit.

4. Tabellenauszug zum Nachweis der Anmeldung und Prüfung im ordentlichen Verfahren (§ 179 III)

14 Wer als Anmelder einer streitig gebliebenen Insolvenzforderung deren Feststellung durch Klage gem §§ 179 I, 180 I betreibt, muss das Feststellungsbegehren gem § 181 iVm § 174 II und § 177 I S 1 auf den Grund stützen und auf den Betrag beschränken, die in der Anmeldung oder im Prüfungstermin angegeben worden sind. Um die **Übereinstimmung** des Antrags und Urteils mit der Anmeldung zu sichern, schreibt Abs 3, der insoweit § 146 I S 2 KO entspricht, vor, dass dem Anmelder ein **beglaubigter Auszug aus der Tabelle** zu erteilen ist.[17] Der Auszug dient dem Anmelder zugleich als Nachweis über Anmeldung, Prüfung und Widerspruch. Dieser ist erforderlich, weil die Anmeldung der Forderung im Insolvenzverfahren mit dem Zweck der Feststellung der Forderung eine Sachurteilsvoraussetzung für den Feststellungsprozess ist (vgl § 174 Rn 9).[18] Aus dem Auszug ergibt sich zudem, wer die richtigen Parteien des Feststellungsprozesses sind. Dabei stellt Abs 3 S 2 klar, dass auch dem Bestreitenden ein Tabellenauszug zu erteilen ist, wenn er den Widerspruch gem Abs 2 verfolgen muss.[19]

15 Nach dem Wortlaut des § 146 I S 2 KO war es unsicher, ob der Tabellenauszug **von Amts wegen** oder nur auf Antrag dessen zu erteilen ist, dem es überlassen bleibt, die Feststellung zu betreiben. Gründe der Zweckmäßigkeit sprechen für eine Erteilung von Amts wegen.[20] In ihr liegt ein erwünschter Schutz solcher Anmelder, die dem Prüfungsverfahren ferngeblieben und von dem Bestreiten ihrer Ansprüche nicht unterrichtet sind.[21] Das gilt für die Regelung der InsO genauso. Die Erteilung des Tabellenauszugs ist gem §§ 3 Nr 2e, 18 RpflG Aufgabe des Rechtspflegers.

16 Anmelder solcher Ansprüche, die zur Tabelle festgestellt werden, erhalten keine Benachrichtigung über das Prüfungsergebnis. Das stellt der erst durch den Rechtsausschuss[22] eingefügte Abs 3 S 3 ausdrücklich klar. Diese Gläubiger benötigen die Information nicht, da sie an der Verteilung ohnehin teilnehmen.[23] Nach Abs 3 S 3 HS 2 sollen diese Gläubiger vor dem Prüfungstermin darauf hingewiesen werden, dass keine Benachrichtigung über das Prüfungsergebnis erfolgen wird, um etwaigen Rückfragen bei Insolvenzgericht oder Verwalter vorzubeugen.[24]

---

16 Protokolle S 92.

17 Zur Regelung der KO vgl Motive S 365 = Hahn IV S 328.

18 BGH ZIP 2018, 130, 131.

19 Vgl BT-Drucks 12/2443 zu § 207 des RegE, Begr S 185.

20 Vgl MünchKomm/*Schumacher* InsO[4] § 179 Rn 45; K. Schmidt/*Jungmann* InsO[19] § 179 Rn 26.

21 Vgl RGZ 85, 70 f; Jaeger/*Weber* KO[8] § 146 Rn 30.

22 Vgl BT-Drucks 12/7303, S 77 unter Hinweis darauf, dass diese Regelung „den Zweck der Vorschrift verdeutlichen soll“, vgl S 179.

23 Uhlenbruck/*Sinz* InsO[15] § 179 Rn 38.

24 BT-Drucks 12/7303, S 179; Graf-Schlicker/*Graf-Schlicker* InsO[6] § 179 Rn 16.

III. Feststellung bestrittener Forderungen

1. Streitkategorien nach „Widerspruchsrichtung"

Der Prozessstoff eines Feststellungsverfahrens richtet sich danach, aus welchem Grund der Forderungsfeststellung im Prüfungsverfahren widersprochen wurde. Zwar muss der Widersprechende keinen Grund für den Widerspruch angeben. Die konkreten Verfahren lassen sich jedoch – orientiert an der **Widerspruchsrichtung** – in verschiedene **Kategorien** einteilen. Unterschieden werden können der **Bestandsstreit** sowie der **Streit wegen insolvenzrechtlicher Einwendungen**. In beiden Fällen soll allerdings eine Entscheidung darüber herbeigeführt werden, ob eine bestimmte Forderung zur Tabelle festzustellen ist oder nicht; es handelt sich jeweils um einen **Streit um die Forderungsdurchsetzung im Insolvenzverfahren**.[25] 17

Ein Bestandsstreit ist die Folge eines Widerspruchs des Verwalters oder Insolvenzgläubigers, der sich gegen den Grund oder die Höhe der angemeldeten Forderung richtete. Ein Streit über insolvenzrechtliche Einwendungen wird geführt, wenn die angemeldete und in die Tabelle aufgenommene Forderung im Insolvenzverfahren nicht als gewöhnliche Insolvenzforderung durchgesetzt werden kann. Dass die Forderung gewöhnliche Insolvenzforderung ist, setzt voraus, dass sie zu den zur Zeit der Insolvenzverfahrenseröffnung begründeten Vermögensansprüchen iS des § 38 und nicht zu den im Insolvenzverfahren als „nachrangig" zu berücksichtigenden Forderungen, § 39, oder zu den Masseforderungen, §§ 53–55, gehört.[26] Andernfalls steht der Durchsetzung im Insolvenzverfahren eine insolvenzrechtliche Einwendung entgegen, weil die Forderung schon ihrer Art nach nicht im insolvenzrechtlichen Verteilungsverfahren berücksichtigt wird bzw. weil sie nicht gleichmäßig im Verhältnis zu den anderen Insolvenzforderungen, sondern nur und erst nachrangig berücksichtigt wird. Ein insolvenzrechtlicher Einwand ist ebenfalls gegeben, wenn die angemeldete Forderung im Insolvenzverfahren nicht durchsetzbar ist, weil sie sich nicht für die Berechnung der Insolvenzquote eignet.[27] Ein weiterer insolvenzrechtlicher Einwand ist die Anfechtbarkeit der Forderung.[28] 18

Der **Widerspruch des Schuldners** (persönlich) steht der Feststellung zur Tabelle nicht entgegen, § 178 I S 2, und bietet somit keinen Grund für einen Streit über die Durchsetzung der Forderung im Insolvenzverfahren. Ob der Schuldner widersprochen hat, ist für die Durchsetzung der Forderung nach dem Insolvenzverfahren relevant, vgl § 201 II; zur Klage gegen einen Widerspruch des Schuldners siehe § 184. Naturgemäß kann der Schuldner (persönlich) keine insolvenzrechtlichen Einwendungen verfolgen. Sein Widerspruch kann sich gegen die Forderung als solche, also gegen den Bestand, richten sowie – bezogen auf die Restschuldbefreiung – gegen die Geltendmachung eines qualifizierten Rechtsgrundes iSd § 302 Nr 1, bei dessen Vorliegen die Forderung von der Restschuldbefreiung ausgenommen wäre. 19

2. Gegenstand des Insolvenzfeststellungsverfahrens

Gelingt es dem Gläubiger einer angemeldeten Forderung nicht, die Forderungsfeststellung im Prüfungsverfahren zu erreichen, muss er die Feststellung der Forderung im ordentlichen Verfahren „betreiben" (Insolvenzfeststellungsverfahren). Im Grenzbereich zwischen EuInsVO und EuGVVO (Brüssel Ia-VO) handelt es sich bei solchen Verfahren wegen „Streitigkeiten über die Richtigkeit oder Rangordnung" von angemeldeten Forderungen nicht um Verfahren des Zivil- und Handelsrechts, sondern um insolvenzrechtliche Verfahren, die der EuInsVO unterfallen.[29] 20

25 BGH NJW 2017, 1752, 1753.
26 Grundlegend *Henckel* FS Michaelis, S 151, 152, sowie in Jaeger InsO § 38 Rn 3 ff, § 39 Rn 10 ff.
27 Zur Zug-um-Zug-Forderung BGH NJW 2017, 1752, 1755.
28 MünchKomm/*Schumacher* InsO § 179 Rn 3; Uhlenbruck/*Sinz* InsO[15] § 179 Rn 4.
29 Vgl EuGH NZI 2019, 861, 862 f (zum Prüfverfahren nach § 110 der österreichischen Insolvenzordnung).

21 Im Insolvenzfeststellungsverfahren wird über die Durchsetzung der Forderung im Insolvenzverfahren gestritten (vgl oben Rn 2 f). Was genau der Gegenstand des Feststellungsverfahrens ist, ist allerdings **umstritten**. Unter der Geltung der KO vertrat die h M die Auffassung, Gegenstand des Feststellungsverfahrens sei die gegen den Schuldner gerichtete Forderung als eine Insolvenzforderung bestimmten Betrages und bestimmten Ranges,[30] wobei auch „Anmeldbarkeit" sowie der unter der Geltung der KO bedeutsame Vorrang als Eigenschaften der Forderung angesehen wurden. Auch heute wird das **Bestehen der Forderung gegen den Schuldner** als Gegenstand des Feststellungsverfahrens angesehen,[31] zum Teil ergänzend die Haftung der Masse für diese Forderung.[32] Die im Vordringen befindliche Gegenansicht erkennt im Haftungsrecht des Gläubigers an der Insolvenzmasse, dem **Haftungsanspruch**, den Gegenstand des Feststellungsverfahrens.[33] Der Bundesgerichtshof konnte die Frage bislang offenlassen.[34] Für die zweite Ansicht spricht zunächst, dass sich im Insolvenzverfahren die Forderung des Insolvenzgläubigers gegenüber der Insolvenzmasse nicht mehr auf Zahlung ihres numerischen Betrages richtet, sondern auf die anteilige Befriedigung aus der Masse; im Insolvenzverfahren wird dem Gläubiger die Quote aus der Masse **haftungsrechtlich** zugewiesen.[35] Als Haftungsanspruch verstanden wird die Forderung zudem in ihrer insolvenzrechtlichen Durchsetzbarkeit erfasst. Der Bestand der Forderung als solcher ist im Hinblick auf den Haftungsanspruch eine Vorfrage (vgl § 178 Rn 37).

IV. Die Feststellung titulierter Forderungen, § 179 II

1. Allgemeines

22 § 179 II regelt die **Betreibungslast des Widersprechenden**. Dieser muss „den Widerspruch" verfolgen. Grundvoraussetzung der Anwendung des § 179 II ist, dass für eine Forderung, wie sie angemeldet und bestritten worden ist, ein **Titel der in § 179 II bestimmten Art**, vollstreckbarer Schuldtitel oder Endurteil, vorliegt. Die Aufzählung ist jedenfalls für den Bereich privatrechtlicher Forderungen erschöpfend. Das schließt nicht aus, dass für öffentlich-rechtliche Forderungen, die außerhalb des Insolvenzverfahrens im verwaltungsrechtlichen Beitreibungsverfahren erzwingbar sind, bestehende Festsetzungsverfügungen der Verwaltungsbehörden **den Schuldtiteln des § 179 II gleichzustellen** sind (dazu Rn 36 f). Stets muss allerdings eine die angemeldete Forderung deckende **öffentliche Urkunde** vorhanden sein; allein das bloße Bestehen eines noch nicht festgesetzten Anspruchs reicht jedenfalls nicht aus.

23 Die für den Gläubiger günstige Verteilung der Betreibungslast (vgl hierzu Rn 7 f) rechtfertigt sich **nur insoweit**, als der Titel **seinem Inhalt nach** dem Gläubiger die Teilhabe am insolvenzrechtlichen Verteilungsverfahren ermöglichen kann. Problematisch ist die Verteilung der Betreibungslast immer dann, wenn Widerspruch wegen insolvenzrechtlicher Einwendungen erhoben wird. Hier stellt sich die Frage, ob es gleichwohl dem Bestreitenden obliegt, den Widerspruch zu verfolgen, oder ob in diesem Fall der Gläubiger die Feststellung seines Haftungsanspruchs betreiben muss, weil der Titel die insolvenzrechtliche Durchsetzbarkeit nicht abdeckt. Nach hier

---

30 So die Rspr des RG, zB RGZ 55, 157, 160; 143, 357 ff; 149, 265 ff; grundlegend ebenso Jaeger/*Weber* KO[8] § 146 Rn 13; zust Kuhn/*Uhlenbruck* KO[11] § 146 Rn 5; weitere N vor allem der ält. Lit bei *Spellenberg* S 33 f.

31 Kübler/Prütting/Bork/*Pape/Schaltke* InsO[86] § 179 Rn 11a; *Thole* ZGR 2019, 301, 310.

32 Graf-Schlicker/*Graf-Schlicker* InsO[6] § 179 Rn 5.

33 *Eckardt* Kölner Schrift[3] Kap 17 Rn 39 mwN; HambK/*Herchen* InsO[9] § 179 Rn 19; *Fuchs/Masarwah* NZI 2019, 401, 404; MünchKomm/*Schumacher* InsO[4] § 178 Rn 15; *Schoppmeyer* ZInsO 2016, 2157, 2159; *von der Ohe* S 29, 51 f; Uhlenbruck/*Sinz* InsO[15] § 178 Rn 28, § 179 Rn 11; vgl bereits Voraufl Jaeger/*Gerhardt* InsO § 179 Rn 13 ff im Anschluss an *Henckel* FS Michaelis, S 151, 152 ff; *Spellenberg* S 80.

34 Vgl BGHZ 168, 112 = NJW 2006, 3068, 3070; BGH NJW 2017, 1752, 1753.

35 *Henckel* FS Michaelis, S 151, 158; Jaeger/*Henckel* KO[9] § 3 Anm 3; Jaeger/*Henckel* InsO § 35 Rn 2.

vertretener Ansicht muss es genügen, wenn der Inhalt des Titels einer Feststellung der Forderung in der Weise entspricht, dass die Titulierung sich für die Berechnung einer Quote im insolvenzrechtlichen Verteilungsverfahren eignet (hierzu Rn 45)

2. Titulierte Forderungen

a) Vollstreckbare Schuldtitel. An erster Stelle nennt § 179 II die vollstreckbaren Schuldtitel, 24
also mit der Vollstreckungsklausel (§§ 724 ff ZPO) versehene Schuldtitel.

aa) Schuldtitel im Einzelnen. Zu den in § 179 II angesprochenen Schuldtiteln zählen neben 25
den **Urteilen**, § 704 ZPO:

- In erster Linie die in § 794 I ZPO aufgeführten Titel, von denen im Besonderen die gerichtlichen **Vergleiche** (Nr 1), die Kostenfestsetzungsbeschlüsse (Nr 2) und die **notariellen Urkunden**, in denen sich der Schuldner der sofortigen Zwangsvollstreckung unterworfen hat (Nr 5), hervorzuheben sind. Weiterhin gehören hierher etwa Vollstreckbarerklärungen von **Schiedssprüchen** (Nr 4a mit § 1064 II ZPO) und Schiedsvergleichen mit vereinbartem Wortlaut, §§ 1053, 1055, 1064 ZPO, für vollstreckbar erklärte Anwaltsvergleiche (Nr 4b mit § 796b und § 796c ZPO), schließlich
- **landesrechtliche Vollstreckungstitel**, die über § 801 ZPO durch die Landesgesetzgebung geschaffen werden können, aus denen dann im gesamten Bundesgebiet vollstreckt werden kann, § 801 II ZPO, sowie
- Titel aus einem anderen **Mitgliedstaat der Europäischen Union**, die nach der **EuGVVO** (Brüssel Ia-VO) zu vollstrecken sind (§ 794 I Nr 9 ZPO).

Urteile aus Drittstaaten bedürfen einer Vollstreckbarerklärung durch Urteil nach § 722 ZPO,[36] sofern kein Übereinkommen eingreift, das ein vereinfachtes Verfahren der Vollstreckbarkeitserklärung eröffnet.[37]

Im Bereich der **Arbeitsgerichte** bilden Schuldtitel deren rechtskräftige Beschlüsse und die 26
vor ihnen geschlossenen Vergleiche, § 85 ArbGG, sowie die für vollstreckbar erklärten Schiedssprüche und vor dem Schiedsgericht geschlossenen Vergleiche, § 109 ArbGG.

Entscheidungen aus dem Gebiet der **freiwilligen Gerichtsbarkeit**, die nach den Vorschriften der ZPO vollstreckt werden, § 95 FamFG, gehören ebenso zu den in § 179 II gemeinten Schuldtiteln wie die mit der Vollstreckungsklausel versehene Ausfertigung der **Kostenrechnung des Notars** (§ 89 GNotKG). Besondere Regeln gelten weiter für ausländische Unterhaltstitel (siehe 2. Kapitel des AUG[38]).

Weitere Vollstreckungstitel sind der **Zuschlagsbeschluss** im Zwangsversteigerungsverfahren (§ 132 I und II ZVG), der vollstreckbare **Auszug aus der Insolvenztabelle** (§ 201 II) und der rechtskräftig bestätigte **Insolvenzplan**, § 257.

Nicht zu den Titeln nach § 179 II gehören dagegen **Arrestbefehle**, sei es in Beschluss- oder 27
in Urteilsform, vgl §§ 922 I, 925 I ZPO. Schon frühzeitig hat dies das Reichsgericht ausgesprochen mit dem Verweis auf den Zweck des Arrestverfahrens, lediglich die künftige Zwangsvollstreckung zu sichern, nicht aber eine Entscheidung über den erhobenen Anspruch selbst zu treffen;

---

36 Vollstreckbarerklärungsverfahren nach § 722 ZPO ist ordentlicher Zivilprozess und kein Vollstreckungsverfahren; durch Insolvenzeröffnung wird das Verfahren nach § 240 ZPO unterbrochen, vgl BGH NJW-RR 2009, 279 mN zum Streitstand.

37 Siehe MünchKomm/*Gottwald* ZPO[6] § 722 Rn 8, 9.

38 Auslandsunterhaltsgesetz (AUG) v 23.5.2011, BGBl I, 898.

es liegt kein Titel „für die Forderung“ vor.[39] Dem haben sich der BGH[40] und das Schrifttum angeschlossen.[41]

28 **bb) Vollstreckungsklausel.** Schon frühzeitig hat sich das Schrifttum mit der Frage befasst, ob die Vollstreckungsklausel bereits mit der Insolvenzverfahrenseröffnung erteilt sein muss oder ob die Klauselerteilung auch noch später erfolgen kann, spätestens bis zu dem Zeitpunkt, in dem es auf die Unterscheidung zwischen § 179 I und II ankommt.[42] Entgegen der Auffassung des Gesetzgebers der KO, der zumindest stillschweigend davon ausging, dass die Vollstreckungsklausel zusammen mit dem Titel bei Konkurseröffnung vorzuliegen habe,[43] tendierte schon damals die ganz überwiegende Meinung dahin, dass die Vollstreckungsklausel auch noch nach Konkurseröffnung erteilt werden könne.[44] Dies ist auch für die InsO im Ergebnis zutreffend. Die Privilegierung beruht auf der Titulierung als solcher, während der Klausel als Zeugnis über die Vollstreckbarkeit rein formale Bedeutung für das Tätigwerden der Vollstreckungsorgane zukommt.[45] Wann nun dieses Zeugnis ausgestellt wird, kann keine Rolle spielen, solange es sich inhaltlich auf den Zeitpunkt vor der Verfahrenseröffnung bezieht.[46]

29 In diesen Fällen könnte, **soweit der Urkundsbeamte** der Geschäftsstelle für die Erteilung der Klausel funktionell **zuständig** ist, auch noch nach der Verfahrenseröffnung Erinnerung eingelegt, § 573 I ZPO, und im Übrigen nach § 731 ZPO auf Erteilung der Vollstreckungsklausel geklagt werden. **Anderes** gilt, wenn bei den sog. qualifizierten Vollstreckungsklauseln iSd §§ 726 ff ZPO, für deren Erteilung nach § 20 Nr 12 RPflG der Rechtspfleger zuständig ist, die materiellen Voraussetzungen erst **nach Verfahrenseröffnung** eintreten und damit idR nach §§ 81, 91 den Insolvenzgläubigern gegenüber unwirksam sind. Hier ist eine Titelumschreibung nicht mehr möglich.

30 **Unerheblich** für das Vorliegen des Schuldtitels mit Vollstreckungsklausel iSv § 179 II ist, ob sich der Titel selbst unmittelbar gegen den Schuldner richtet oder ob er auf diesen im Wege der titelübertragenden oder -ergänzenden Vollstreckungsklausel umgeschrieben ist.[47] Diese für die Einzelzwangsvollstreckung vorgenommene Gleichstellung in den §§ 727 ff ZPO gilt uneingeschränkt auch im Rahmen des § 179 II.

31 **b) Endurteile.** An zweiter Stelle nennt § 179 II die Endurteile, damit der Reihenfolge in der Vorgängerregelung des § 146 VI KO folgend. Gemeint sind nicht nur die Endurteile iSd § 300 ZPO, die endgültig über eine ganze Klage oder über ein Rechtsmittel entscheiden und die Instanz beenden, sondern auch die Teilurteile nach § 301 ZPO, die Endurteile über einen selbständigen Teil des Streitgegenstandes sind. Die Differenzierung zwischen vollstreckbaren Schuldtiteln und Endurteilen verdeutlicht einen wesentlichen Unterschied, dass nämlich die Endurteile noch nicht vollstreckbar sein müssen, also nicht mit der Vollstreckungsklausel versehen „tituliert“ zu sein brauchen. Sie müssen nur **erlassen** sein, **nicht jedoch rechtskräftig**[48] **oder für vorläufig vollstreckbar erklärt.**[49] Die Rechtskraft der Entscheidung er-

---

39 RGZ 54, 311, 314; 86, 64, 68.

40 KTS 1962, 51, 52.

41 Kübler/Prütting/Bork/*Pape*/*Schaltke* InsO[86] § 179 Rn 16; MünchKomm/*Schumacher* InsO[4] § 179 Rn 23; Uhlenbruck/*Sinz* InsO[15] § 179 Rn 20.

42 Das ist der Prüfungstermin, RGZ 85, 64, 69.

43 Motive II S 367 = Hahn IV S 329.

44 *Bley* S 60; *Jonas* S 72; *Seitz* S 16 jeweils mwN auch zur Gegenansicht.

45 Thomas/Putzo/*Seiler* ZPO[42] Vorbem § 704 Rn 25.

46 So bereits *Seitz* S 16.

47 Zur Titelumschreibung vgl auch BGH ZIP 1992, 850, 851.

48 Vgl bereits BGH LM § 146 KO Nr 1.

49 Uhlenbruck/*Sinz* InsO[15] § 179 Rn 21.

langt allein insofern Bedeutung, als der Widerspruch bei einer rechtskräftigen Entscheidung im Wege einer neuen Klage zu verfolgen ist, § 179 II iVm Abs 1, während bei einer noch nicht rechtskräftigen Entscheidung das rechtshängige Verfahren nach § 180 II aufzunehmen ist. Ist das Endurteil **nicht gegen den Schuldner ergangen**, so kann es dem anmeldenden Gläubiger im Rahmen des § 179 II nur dann zugutekommen, wenn es mit einer entsprechenden titelübertragenden oder titelergänzenden Vollstreckungsklausel (§§ 727 ff ZPO) gegen den Schuldner versehen ist und damit die Identität der angemeldeten Forderung mit dem für sie vorgelegten Titel nachgewiesen wird.

Um die Wirkungen des § 179 II auszulösen, muss das Urteil **grundsätzlich vor Verfahrenseröffnung** erlassen, dh verkündet oder im Falle des § 310 III ZPO zugestellt worden sein. Für verkündete Urteile bedarf es dagegen für die Zwecke des § 179 II nicht der Zustellung. Kommt es nach Schluss der mündlichen Verhandlung, jedoch vor Urteilsverkündung zur Insolvenzeröffnung, gilt § 249 III ZPO. Die Verkündung wird durch die nach § 240 ZPO eingetretene Unterbrechung idR nicht gehindert.[50] Die Entscheidung erlangt volle Wirksamkeit.[51] Ein unter den Voraussetzungen des § 249 III ZPO nach Verfahrenseröffnung verkündetes Urteil ist nicht anders zu behandeln als ein bei Verfahrenseröffnung bereits verkündetes. Dagegen liegt kein Endurteil „bei Verfahrenseröffnung“ vor, wenn das Gericht in Unkenntnis der Insolvenzeröffnung ein Urteil erlässt, ohne dass die Voraussetzungen des § 249 III ZPO gegeben sind.[52] 32

Dem **Inhalt** nach genügt ein Endurteil nicht nur dann den Anforderungen des § 179 II, wenn der Schuldner darin zur Leistung verurteilt worden ist, sondern auch dann, wenn ein Feststellungsurteil vorliegt, das **Grund und Betrag** der Forderung bejaht (§ 256 ZPO) oder im Falle einer negativen Feststellungsklage des späteren Schuldners diese abweist; **nicht ausreichend** ist ein Feststellungsurteil, das lediglich den Grund der Forderung präjudiziert.[53] Nicht genügen dagegen **Zwischenurteile** § 303 ZPO, auch nicht, soweit es sich um Zwischenurteile über den Grund nach § 304 ZPO handelt,[54] da diese keinen Ausspruch über die Höhe des Anspruchs enthalten. Ist das Grundurteil allerdings vor Verfahrenseröffnung rechtskräftig geworden, so ist der bestreitende Insolvenzverwalter oder Gläubiger im Feststellungsstreit mit Einwendungen gegen den Grund des Anspruchs ausgeschlossen,[55] da er im Fall der Fortführung eines unterbrochenen Rechtsstreits in die verfahrensrechtliche Position eintritt, in der sich der Schuldner im Zeitpunkt der Insolvenzeröffnung befunden hat. **Vorbehaltsurteile** (§ 302 ZPO) gehören aus systematischen Gründen ebenfalls zu den Endurteilen, da sie bezüglich der Zwangsvollstreckung und der Rechtsmittel den Endurteilen gleichgestellt sind. 33

c) Schiedssprüche? Weil dem Schiedsspruch gem § 1055 ZPO die Wirkung eines rechtskräftigen gerichtlichen Urteils zukommt, werden Schiedssprüche verbreitet als Endurteile iSv § 179 II angesehen.[56] Nach **aA** setzt die für den Gläubiger günstige Verteilung der Betreibungslast voraus, dass der Schiedsspruch für vollstreckbar erklärt wurde und somit ein vollstreckbarer Schuldtitel vor- 34

---

50 Verkündung unzulässig, wenn Unterbrechung vor Ablauf einer Schriftsatzfrist (§ 283 ZPO) eingetreten ist, siehe BGH NJW 2012, 682; MünchKomm/*Stackmann* ZPO[6] § 249 Rn 24.

51 Musielak/*Stadler* ZPO[18] § 249 Rn 6.

52 MünchKomm/*Schumacher* InsO[4] § 179 Rn 25; K. Schmidt/*Jungmann* InsO[19] § 179 Rn 11; Zur Vorgängernorm des § 146 VI KO: OLG Köln NJW-RR 1988, 701 f; LG Stade KTS 1960, 46; Kilger/*K. Schmidt* InsG[17] § 146 KO 146 Anm 1b; Kuhn/*Uhlenbruck* KO[11] § 146 Rn 31; ebenso Jaeger/*Henckel* KO[9] § 14 Rn 35.

53 *Henckel*, Anm zu BGH v 8.11.1961, ZZP 75, 351, 352.

54 RG JW 1931, 2104 f; *Graf-Schlicker* InsO[6] § 179 Rn 11; Kübler/Prütting/Bork/*Pape/Schaltke* InsO[86] § 179 Rn 16; Uhlenbruck/*Sinz* InsO[15] § 17 Rn 20.

55 So zutr LG Stade VersR 1953, 441.

56 *Heidbrink/von der Groeben* ZIP 2006, 265, 270; Musielak/Voit/*Voit* ZPO[18] § 1055 Rn 5; *Ristelhuber* ZInsO 2004, 427, 429 f; *Wagner* KTS 2010, 39, 63.

liegt (vgl oben Rn 25); dem **Schiedsspruch allein** kommt diese Wirkung also nicht zu.[57] Dieser letzteren Ansicht ist zu folgen, weil zusätzlich geklärt sein muss, dass kein Aufhebungsgrund nach § 1059 II ZPO vorliegt, bevor der Schiedsspruch in einem Vollstreckungsverfahren wie dem Insolvenzverfahren Wirkungen entfalten kann. Insofern ist zu beachten, dass die Vorlage des „Endurteils" für die Berücksichtigung der Forderung nach § 189 genügt. § 179 II findet deshalb erst dann Anwendung, wenn der Gläubiger eine **Vollstreckbarerklärung** erwirkt hat.

35 Die Vollstreckbarerklärung kann auch noch **während des Insolvenzverfahrens** erfolgen, wenn der Gläubiger seine Forderung nach § 174 I angemeldet hatte, die Forderung aber im Prüfungsverfahren bestritten wurde, also keine Feststellung zur Tabelle erfolgt ist. Wurde ein Verfahren auf Vollstreckbarerklärung wegen der Insolvenzeröffnung nach § 240 ZPO unterbrochen, kann der Gläubiger das Verfahren aufnehmen, in diesem aufgenommen Verfahren allerdings nicht die Feststellung zur Tabelle, sondern weiter nur die Vollstreckbarerklärung erreichen, die ihm nunmehr einen „vollstreckbaren Schuldtitel" iSv § 179 II verschafft.[58] Dieser vollstreckbare Schuldtitel liegt dann zwar noch nicht bei Verfahrenseröffnung vor; insofern kann es aber als ausreichend angesehen werden, dass der Gläubiger bei Verfahrenseröffnung bereits über den Schiedsspruch verfügt. Wenn der Gläubiger, dessen Forderung im Prüfungsverfahren bestritten wurde, ein unterbrochenes Vollstreckbarerklärungsverfahren aufnehmen kann, wäre es folgerichtig, ihm unter dieser Voraussetzung ebenfalls einzuräumen, ein solches Verfahren erst anhängig zu machen. Das BayObLG hat demgegenüber, ohne allerdings die auf die Verteilung der Betreibungslast nach § 179 II beschränkte Wirkung der Vollstreckbarerklärung zu berücksichtigen, das nach Insolvenzeröffnung eingeleitete Verfahren mangels Prozessführungsbefugnis auf der Passivseite als unzulässig angesehen.[59]

36 **d) Öffentlich-rechtliche Titel, insbesondere Steuerbescheide.** Nicht in § 179 II genannt sind die von Trägern der öffentlichen Gewalt selbst geschaffenen Titel zur Durchsetzung eigener Forderungen. Schon früh hat jedoch die Rechtsprechung zutreffend, insbesondere für von den Finanzbehörden titulierte **Steuerforderungen**, anerkannt, dass diese der Regelung des § 146 VI KO – heute § 179 II – unterfallen.[60] Dies rechtfertigt sich daraus, dass zwar das Steuerrecht vollstreckbare Titel der in § 179 II genannten Art nicht kennt, der Steuergläubiger mit Erlass eines Steuerbescheides jedoch eine Rechtsstellung erhält (§§ 249 ff AO), die hinsichtlich der Durchsetzungsmöglichkeit der eines Gläubigers einer zivilrechtlichen Forderung gleichkommt.[61] Die Anwendung des § 179 II auf Steuerforderungen wird daher im Einklang mit der Rechtsprechung[62] allgemein anerkannt.[63] Auch in anderen Bereichen der öffentlichen Verwaltung, in denen die Befugnis besteht, Forderungen durch Leistungsbescheid geltend zu machen, werden im Übrigen vollstreckbare Schuldtitel iSv § 179 II geschaffen.[64]

---

57 *Ch. Keller* KTS 2020, 283, 285 ff mit umf wN auch zur Gegenansicht; MünchKomm/*Schumacher* InsO[4] § 179 Rn 24; Uhlenbruck/*Sinz* InsO[15] § 17 Rn 20; vgl auch Kübler/Prütting/Bork/*Pape*/*Schaltke* InsO[86] § 179 Rn 15.

58 BGH NZI 2017, 774, 775 f mit krit Anm *Pohlmann*/*Clausen*. Weil hier keine Feststellung der Forderung betrieben werden kann, dürfte § 180 II freilich, entgegen der Ansicht des BGH, bezogen auf das Verfahren nach §§ 1059, 1060 f ZPO keine direkte Anwendung, sondern eine entsprechende Anwendung finden.

59 BayObLG ZRI 2021, 1060, 1061 f.

60 RGZ 116, 368, 373; RFH 18, 141, 144; 19, 355, 359.

61 *Gerhardt* NZI 2010, 849, 852.

62 Siehe nur BFH ZIP 2010, 844 m zust Anm *Kahlert*.

63 *Häsemeyer* InsR[4] Rn 22.37; HambK/*Herchen* InsO[9] § 179 Rn 29; Hübschmann/Hepp/Spitaler/*Jatzke* AO/FGO[260] § 251 AO Rn 425; Kübler/Prütting/Bork/*Pape*/*Schaltke* InsO[86] § 179 Rn 15; jew mwN; so bereits zu § 146 VI KO Kilger/*K. Schmidt* InsG[17] § 146 KO Anm 3b; Kuhn/*Uhlenbruck* KO[11] § 146 Rn 30.

64 *Gerhardt* NZI 2010, 849, 852 mwN.

Nicht erforderlich ist, dass die Steuerbescheide und sonstigen Verwaltungsakte bereits bestandskräftig sind.[65] Entscheidend ist wie bei den übrigen Titeln im Rahmen des § 179 II allein das Vorhandensein im Zeitpunkt der Verfahrenseröffnung. Ob der Bescheid zu dieser Zeit bereits bestandskräftig ist oder nicht, ist nur für die dem Widersprechenden zur Verfolgung seines Widerspruchs noch zur Verfügung stehenden Mittel von Bedeutung. 37

3. Vorliegen des Titels im Prüfungstermin

Für unbestrittene Forderungen ist eine etwaige Titulierung irrelevant und damit auch die Frage nach einer Titelvorlage. Die Forderung ist zur Insolvenztabelle festzustellen.[66] Bleibt ein Anspruch streitig, so kommt dem Anmelder ein etwaiger Titel nur zustatten, wenn dieser behauptet und nachgewiesen wird; weder Insolvenzgericht noch Insolvenzverwalter haben das Vorhandensein eines Titels von Amts wegen zu erforschen und zu beachten.[67] Angemeldet, zugelassen und geprüft wird stets nur die Insolvenzforderung als solche, nicht „als titulierte" oder als „nichttitulierte" Forderung. Der Gläubiger muss einen Titel, weil sich dieser bereits bei der Einleitung des Feststellungsverfahrens auswirkt, zu diesem Zeitpunkt außer Zweifel stellen. Andernfalls wird die Forderung als nichttitulierte Forderung behandelt.[68] Kann der Gläubiger der streitig gebliebenen Forderung den Titel erst später vorlegen, ist ihm billigerweise einzuräumen, den Schutz des § 179 II noch nachträglich in Anspruch zu nehmen. Zu diesem Zweck kann er einen in entsprechender Anwendung des § 177 anzuberaumenden besonderen Prüfungstermin erwirken.[69] 38

4. Identität der Forderung und Umfang der Titulierung

Die in § 179 II anerkannte Begünstigung titulierter Forderungen reicht nur soweit, wie die vorgelegte Urkunde ihrem Inhalt nach dem Widerspruch entgegensteht. Es muss, wie im Gesetz in den §§ 179 II, 189 I formuliert, eine urkundliche Stütze „für" die Forderung vorliegen. Um die „Berücksichtigung" im Verteilungsverfahren zu legitimieren, muss die titulierte Forderung der angemeldeten Forderung, also dem **Haftungsrecht**, des Gläubigers entsprechen; auf den Tenor kommt es nicht an.[70] 39

Gewisse Abweichungen zwischen Titulierung und Forderungsanmeldung ergeben sich zwangläufig dann, wenn der Gläubiger sein Begehren aus Gründen anpassen musste, die insolvenzrechtlicher Natur sind. Bedarf es lediglich der Umrechnung von einer Währung in eine andere (**Umrechnung einer Fremdwährungsschuld nach § 45 S 2**), so kann der Titel gleichwohl als hinreichende Grundlage angesehen werden, um die Betreibungslast nach § 179 II zu verteilen.[71] Umstritten ist jedoch, ob der **nach der Erfüllungsablehnung** des Insolvenzverwalters (§ 103) angemeldete **Schadensersatzanspruch** aus § 103 II S 1 mit dem vor Verfahrenseröffnung geltend gemachten und titulierten Anspruch identisch ist. Die strengere Auffassung verneint in diesem Fall Identität und weist die Betreibungslast dem Gläubiger zu.[72] Die Gegenansicht nimmt im An- 40

65 BK/*Breutigam* InsO[74] § 179 Rn 13 f, 16; Gottwald/Haas/*Frotscher/Schulze* InsRHdB[6] § 124 Rn 30 ff; Kübler/Prütting/Bork/*Pape/Schaltke* InsO[86] § 179 Rn 15; Uhlenbruck/*Sinz* InsO[15] § 179 Rn 23.

66 BGH ZIP 2006, 192, 193 Ziffer 10; Uhlenbruck/*Sinz* InsO[15] § 179 Rn 24.

67 *Seitz* S 23 f.

68 BGH ZIP 2006, 192, 193 Ziff 10; Uhlenbruck/*Sinz* InsO[15] § 179 Rn 24.

69 AG Düsseldorf NZI 2006, 411; Uhlenbruck/*Sinz* InsO[15] § 179 Rn 24; vgl bereits zur KO RGZ 85, 64, 69; ebenso Kilger/*K. Schmidt* InsG[17] § 146 KO Anm 1b.

70 *Eckardt* Kölner Schrift[3] Kap 17 Rn 65; Uhlenbruck/*Sinz* InsO[15] § 179 Rn 22.

71 *Eckardt* Kölner Schrift[3] Kap 17 Rn 65; *K. Schmidt* FS Merz, S 533 ff, 542 mwN; MünchKomm/*Schumacher* InsO[4] § 179 Rn 28.

72 Voraufl. Jaeger/*Gerhardt* InsO § 179 Rn 65; *Henckel* ZZP 75 (1962), 351, 352 und Jaeger/*Henckel* KO[9] § 12 Rn 7; MünchKomm/*Schumacher* InsO[4] § 179 Rn 28.

schluss an eine bereits zur KO ergangene Entscheidung des BGH[73] Forderungsidentität an.[74] Im Ansatz ist dem zuzustimmen, zumal der Gläubiger mit dem Schadensersatzanspruch gerade sein Erfüllungsinteresse weiterverfolgt. Allein der Umstand, dass der Gläubiger ursprünglich einen Erfüllungsanspruch und nunmehr einen Schadenersatzanspruch wegen Nichterfüllung geltend macht, steht der Forderungsidentität nicht entgegen.

41 Problematisch sind allerdings die Konstellationen, in denen der Gläubiger die Forderung umgerechnet und mit dem Wert geltend gemacht hat, den er für die Zeit der Eröffnung des Insolvenzverfahrens geschätzt hat (**Schätzung nach § 45 S 1**). Auch in diesen Fällen wird zum Teil prinzipiell Forderungsidentität angenommen.[75] Richtigerweise versagt jedoch die Anwendbarkeit des § 179 II, wenn der Titel nicht auf einen bestimmten Geldbetrag gerichtet ist.[76] Der Anmelder hat somit die Feststellung zu betreiben, falls eine nach § 45 geschätzte Summe angemeldet und bestritten worden ist. Der Titel erfasst hier zwar die Forderung, die einen bestimmten Wert hat. Dass der geltend gemachte Schätzwert dem Wert der Forderung entspricht, kann dem Titel aber gerade nicht entnommen werden. Die Vorlage des Titels allein ermöglicht noch keine entsprechende Berücksichtigung im Verteilungsverfahren nach § 189. Der Gläubiger muss deshalb die Feststellung zur Tabelle betreiben, um am Verfahren teilnehmen zu können.

42 Ist aufgrund eines **Kontokorrentverkehrs** ein Gesamtschlussguthaben angemeldet und teilweise festgestellt worden, dann muss der Anmelder die Feststellung des streitig gebliebenen Teiles der **Saldoforderung** betreiben. Auf die Titulierung einer einzelnen Forderung, die als Rechnungsposten ihr selbständiges Dasein verloren hat, kann er sich nicht berufen.[77]

5. Betreibungslast bei Widersprüchen wegen insolvenzrechtlicher Einwendungen

43 Stützt sich der Widerspruch auch oder nur auf insolvenzrechtliche Einwendungen, stellt sich die Frage, ob die Betreibungslast auch insoweit nach § 179 II und damit für den Gläubiger günstig verteilt ist, obwohl der Titel bzw. das Endurteil nichts darüber aussagt, ob die Forderung wie angemeldet im Insolvenzverfahren berücksichtigt werden muss. Titel bzw. Urteil dienen nicht der Klärung, ob es sich um eine Insolvenzforderung und ggf um eine gewöhnliche, also nicht nachrangige Insolvenzforderung handelt und ob die Forderung, wie angemeldet, im Rahmen der insolvenzrechtlichen Haftungsverwirklichung Berücksichtigung finden kann. Ob den Gläubiger deshalb die Betreibungslast trifft, wenn mit dem Widerspruch insolvenzrechtliche Einwendungen geltend gemacht werden, ist **umstritten.**

44 Im Anschluss an die unter der Geltung der KO **herrschende Meinung**[78] wird nach wie vor die Ansicht vertreten, die Verteilung der Betreibungslast nach § 179 II sei auf den Bestandsstreit zu beschränken.[79] Dem im Grundsatz zustimmend, wird teilweise allerdings eine Differenzierung befürwortet, damit separate Verfahren wegen des Bestands der Forderung einerseits und wegen der insolvenzrechtlichen Einwendung andererseits vermieden werden, zumal nach gebotener Umstellung der Anträge jeweils über das Haftungsrecht des Gläubigers gestritten würde (vgl unten Rn 47). Deshalb soll es bei der für den Gläubiger günstigen Vertei-

73 BGH NJW 1962, 153, 154.

74 *Eckardt* Kölner Schrift[3] Kap 17 Rn 65; Uhlenbruck/*Sinz* InsO[15] § 179 Rn 22.

75 BeckOK/*Zenker* InsO[23] § 179 Rn 14, der auch bei Umrechnung von Fremdwährungsschulden und Schätzungen Identität dann annehmen möchte, wenn im Gerichtsprozess entsprechend eine privilegierte Klageänderung nach § 264 ZPO zulässig wäre.

76 So bereits Voraufl. Jaeger/*Gerhardt* InsO § 179 Rn 68; ebenso MünchKomm/*Schumacher* InsO[4] § 179 Rn 28; vgl auch zur KO *Seitz* S 20; Kuhn/*Uhlenbruck* KO[11] § 146 Rn 34.

77 RG LZ 1912 Sp 331 f; MünchKomm/*Schumacher* InsO[4] § 179 Rn 28, ebenso schon zur KO Jaeger/*Weber* KO[8] § 146 Rn 32, 36c.

78 Vgl zum sog. Vorrechtsstreit BGHZ 19, 163, 164; *Henckel* FS Michaelis, S 170 f; Jaeger/*Weber* KO[8] § 146 Rn 13, Kuhn/*Uhlenbruck* KO[10] § 146 Rn 34; *Spellenberg* S 22 f.

79 *Ganter* NZI 2017, 49, 51 ff, der zugleich für eine Begründungspflicht des Widersprechenden plädiert.

lung der Betreibungslast bleiben, wenn der Bestreitende nicht ausschließlich insolvenzrechtliche Einwendungen geltend macht, sondern zumindest auch den Bestand der angemeldeten Forderung angreift.[80] Die **Gegenansicht** weist darauf hin, dass eine vor Verfahrenseröffnung begründete Forderung nach der InsO im Regelfall als Insolvenzforderung zu qualifizieren sei, und sieht es vor diesem Hintergrund nicht als zumutbar an, dem Gläubiger, der bereits über einen Titel oder ein Endurteil verfügt, die Feststellungslast aufzubürden und die Forderung ansonsten nach § 189 unberücksichtigt zu lassen.[81] Hiernach muss also der Bestreitende auch den wegen einer insolvenzrechtlichen Einwendung erhobenen Widerspruch nach § 179 II betreiben.

Bezogen auf die Frage, aufgrund welcher Art des Widerspruchs die Aufnahme eines nach § 240 ZPO unterbrochenen Verfahrens gem § 180 II zulässig ist, hat der **Bundesgerichtshof** sich dafür ausgesprochen, den Streit über insolvenzrechtliche Einwendungen nicht verfahrensrechtlich zu separieren, zumal insgesamt über die Forderungsdurchsetzung im Insolvenzverfahren gestritten wird; zugleich wurde im Zusammenhang mit § 179 II darauf hingewiesen, dass bei der Verteilung der Betreibungslast nicht auf die Art der Einwendungen abgestellt werde.[82] Damit wird zum einen dem praktischen Befund Rechnung getragen, dass häufig ohnehin nicht klar zu erkennen ist, ob ein Widerspruch sich auf insolvenzrechtliche Einwendungen beschränkt.[83] Zum anderen wird anerkannt, dass der Streit über das Haftungsrecht umfassend ist, was gegen eine Differenzierung nach Widerspruchsgrund oder Widerspruchsrichtung spricht. Diese Erwägungen gelten gleichermaßen hinsichtlich der Verteilung der Betreibungslast. Verfügt der Gläubiger über einen Titel oder ein Endurteil für die Forderung, mit dem die Forderung nach § 189 formal berücksichtigt werden kann, ist er nicht auf die Feststellung der Forderung zur Tabelle angewiesen. Titel oder Endurteil weisen zwar naturgemäß nicht aus, dass dem Gläubiger im Insolvenzverfahren ein Haftungsrecht zusteht. Das Bestehen des Haftungsrechts hängt aber nicht von weiteren Voraussetzungen ab, die der Gläubiger noch feststellen lassen müsste, damit die Forderung berücksichtigt werden kann. Vielmehr können umkehrt insolvenzrechtliche Hindernisse der Berücksichtigung als Insolvenzforderung entgegenstehen. Dem Bestreitenden obliegt es dann, aktiv zu werden, damit die Forderung nicht nach § 189 berücksichtigt wird. Somit kommt es insoweit nur darauf an, ob die Forderung in der Fassung des Titels oder Endurteils berücksichtigungsfähig, heißt quotenfähig ist. 45

6. Verfolgung des Widerspruchs

a) Antrag und Gegenstand des Prozesses. Damit die angemeldete Forderung nicht aufgrund des vollstreckbaren Schuldtitels oder Endurteils im Verteilungsverfahren berücksichtigt wird (vgl § 189), muss der Bestreitende den Widerspruch im ordentlichen Verfahren verfolgen. Der **Antrag** des in die Angreiferrolle gedrängten Widersprechenden geht im Einklang mit § 183 I regelmäßig dahin, den **Widerspruch für begründet zu erklären.**[84] Der Widerspruch ist begründet, wenn dem Gläubiger das beanspruchte Haftungsrecht – aus welchem Grund auch im- 46

80 Uhlenbruck/*Sinz* InsO[15] § 179 Rn 30.

81 *Eckardt* Kölner Schrift[3] Kap 17 Rn 65; HambK/*Herchen* InsO[9] § 179 Rn 23, 24; MünchKomm/*Schumacher* InsO[4] § 179 Rn 32.

82 BGH NJW 2017, 1753.

83 Vgl *Stangl* NZI 2016, 429, 430 ff.

84 BGH NZI 2021, 669, 670 mit umf w N; v Gottwald/Haas/*Eickmann*/*Wimmer* InsRHdB[6] § 62 Rn 52; Kübler/Prütting/Bork/*Pape*/*Schaltke* InsO[86] § 179 Rn 17; Uhlenbruck/*Sinz* InsO[15] § 180 Rn 31; vgl bereits zur KO BGH ZIP 1994, 1193; Kilger/*K. Schmidt* InsG[17] § 146 KO Anm 3.

mer – nicht zusteht, so dass ebenso beantragt werden könnte, das Nichtbestehen des Haftungsrechts für die angemeldete Forderung festzustellen.[85]

47 Nach hM gilt Gleiches, wenn der Widersprechende einen rechtshängigen **Rechtsstreit aufnimmt** (§ 180 II), in dem der Schuldner sich auf der **Beklagtenseite** befand (vgl § 180 Rn 47). Der Bestreitende muss hiernach beantragen, den Widerspruch für begründet zu erklären, der Gläubiger auf der Klägerseite muss seinen Antrag nunmehr auf Feststellung zur Tabelle umstellen.[86] Die Anträge sollen gewährleisten, dass der aufgenommene Prozess als **Prozess über das Haftungsrecht** des Insolvenzgläubigers fortgeführt wird und nicht so, als ob über eine Masseverbindlichkeit gestritten würde.[87] Ist die hiernach maßgebliche Umstellung auf einen Forderungsfeststellungsantrag erfolgt, ist der Antrag, den Widerspruch für begründet zu erklären, in der Sache nichts anderes, als ein Antrag auf Abweisung des Forderungsfeststellungsantrags. Nach aA kann der Bestreitende, der das rechtshängige Verfahren aufnimmt, von vornherein einen Klageabweisungsantrag stellen.[88] Dieses auf den ersten Blick geradlinige und vom Ergebnis her gedachte Vorgehen verdeutlicht aber nicht in gleicher Weise, dass das rechtshängige Verfahren als Verfahren über das – bestrittene – Haftungsrecht fortgeführt werden soll und eine entsprechende Antragsanpassung des Gegners erforderlich ist. Deshalb ist der hM trotz der gewissen Umständlichkeit zu folgen.

48 Werden die Anträge, insbesondere im Rahmen rechtshängiger Verfahren, nicht in dieser Form gestellt bzw. geändert, so ist nach § 139 ZPO durch das Gericht auf eine **sachdienliche Berichtigung** der Anträge hinzuwirken, sofern das Verfahren dem Ziel des § 179 unterstellt werden soll.[89] Dies jedoch nur, soweit das Verfahren nunmehr unmittelbar dem Ziel des § 179 unterstellt werden soll und es sich nicht um die Geltendmachung eines neuen Anspruchs handelt.

49 **b) Grundsatz: Anknüpfung an vorgefundenes Verfahrensstadium.** § 179 II erschließt dem Widersprechenden nicht ganz allgemein die Möglichkeit einer neuen, im Gerichtsstand des § 180 zu erhebenden Klage, durch die der Widersprechende auch einen bereits erledigten Rechtsstreit über Grund und Betrag des Anspruchs noch einmal aufrollen und eine entgegengesetzte Entscheidung herbeiführen könnte. Vielmehr baut § 179 II auf dem bei Insolvenzeröffnung vorgefundenen (Verfahrens-)Stadium auf. Dies bedingt, dass der widersprechende Verwalter oder Gläubiger, will er die Auszahlung von Anteilen auf die titulierte Forderung (vorläufig) verhindern (§ 189), den Widerspruch **nur mit den Mitteln verfolgen** kann, die gegenüber dem konkreten Titel noch in Betracht kommen.[90] Eine allein auf das Bestreiten gestützte negative Feststellungsklage ist daher idR unzulässig. Dies entsprach im Einklang mit den Gesetzgebungsmotiven zur KO[91] unter der Geltung der KO wohl der allgemeinen Meinung.[92] Für rein insolvenz-

---

85 *Eckardt* Kölner Schrift³ Kap 17 Rn 53; MünchKomm/*Schumacher* InsO⁴ § 179 Rn 36; vgl bereits zur KO *Jaeger* Lehrbuch⁸ S 242; Kuhn/*Uhlenbruck* KO¹¹ § 146 Rn 33b.

86 BGH NJW-RR 1994, 1251, 1252 (zur KO); HambK/*Herchen* InsO⁹ § 179 Rn 23; Kübler/Prütting/Bork/*Pape/Schaltke* InsO⁸⁶ § 180 Rn 14; Uhlenbruck/*Sinz* InsO¹⁵ § 180 Rn 22.

87 Vgl BGH NJW-RR 1994, 1251, 1252, wobei der BGH in diesem Fall, in dem die Anträge nicht angepasst worden waren, gleichwohl zum Ergebnis kam, dass das Verfahren über das Haftungsrecht geführt worden und die Entscheidung „gemäß dem wirklichen Willen des Gerichts" als Entscheidung über die Feststellung der Forderung zur Tabelle auszulegen sei.

88 MünchKomm/*Schumacher* InsO⁴ § 180 Rn 25.

89 Vgl zur KO BGH ZIP 1994, 1193, 1194.

90 Kübler/Prütting/Bork/*Pape/Schaltke* InsO⁸⁶ § 179 Rn 14a; K Schmidt/*Jungmann* InsO¹⁹ § 179 Rn 21; Uhlenbruck/*Sinz* InsO¹⁵ § 179 Rn 33; **aA** MünchKomm/*Schumacher* InsO⁴ § 179 Rn 34 (selbständige negative Feststellungsklage über das Haftungsrecht möglich).

91 Motive II S 366 f = Hahn IV S 329.

92 Siehe nur Jaeger/*Weber* KO⁸ § 146 Rn 38 mN aus dem älteren Schrifttum.

rechtliche Einwendungen gilt diese Einschränkung nicht.[93] Die Rechtskraft eines Titels steht der negativen Feststellungsklage in diesem Fall nicht entgegen, weil die insolvenzrechtliche Einwendung gerade nicht vom Gegenstand des vorherigen Verfahrens erfasst war.[94]

Für die Fälle eines bei Verfahrenseröffnung **anhängigen Verfahrens** folgt die Einschränkung 50
der Mittel der Widerspruchsverfolgung zudem aus dem mit Aufnahme des Verfahrens eintretenden Parteiwechsel, durch den der Widersprechende in die verfahrensrechtliche Position des Schuldners einrückt.[95] Bezogen auf insolvenzrechtliche Einwendungen ist allerdings zu gewährleisten, dass dem Widersprechenden die Tatsacheninstanz verbleibt (vgl § 180 Rn 45).

Voraussetzung für **alle Mittel** der Widerspruchsverfolgung ist die Anmeldung und Prüfung 51
der bestrittenen Forderung. Von diesem für sämtliche Forderungen geltenden Erfordernis macht § 179 II keine Ausnahme; vielmehr bilden auch hier Anmeldung und Prüfung eine (vom Prozessgericht) von Amts wegen zu betrachtende Zulässigkeitsvoraussetzung.[96] Diese unterliegt nicht der Heilungsmöglichkeit nach § 295 I ZPO durch widerspruchslose Einlassung des Gegners, da sie im Interesse aller Insolvenzgläubiger besteht und darum nach § 295 II S 2 ZPO unverzichtbar ist.[97]

7. Die Betreibungsbefugnis des Anmelders

§ 179 II erlegt die Betreibungslast gegenüber einer titulierten Forderung **dem Widersprechen-** 52
den auf. Solange er den Widerspruch nicht betreibt, ist dem Anmelder die auf die bestrittene Forderung entfallende Quote bei der Verteilung auszuzahlen. Das folgt aus einem Gegenschluss aus § 189 II.[98] Nach **hM** soll **auch der Anmelder** befugt sein, die Feststellung der titulierten Forderung zu betreiben, also einen anhängigen Prozess aufzunehmen oder Forderungsfeststellungsklage zu erheben, wenn der Bestreitende seinen Widerspruch nicht verfolgt (vgl § 180 I, II).[99] Die Gegenansicht[100] hebt hervor, dafür bestehe kein Bedürfnis, es fehle somit am Rechtsschutzbedürfnis. Richtig ist, dass der Gläubiger die Feststellung zur Tabelle nicht benötigt, damit die Forderung nach § 189 berücksichtigt wird. Er kann aber auch ein Interesse daran haben, die Unsicherheit, ob der Bestreitende den Widerspruch verfolgt, in eigener Initiative frühzeitig zu beheben (zum Problem des vorläufigen Bestreitens und der Kostenverteilung vgl § 176 Rn 30 ff). Auf die umgekehrte Situation des § 179 I kann diese Begründung nicht übertragen werden, so dass ein Feststellungsinteresse des Widersprechenden in Fällen der Betreibungslast des Anmelders zu verneinen ist.[101]

---

93 Kübler/Prütting/Bork/*Pape*/*Schaltke* InsO[86] § 179 Rn 14a; HambK/*Herchen* InsO[9] § 179 Rn 25; Uhlenbruck/*Sinz* InsO[15] § 179 Rn 33.

94 HambK/*Herchen* InsO[89] § 179 Rn 25.

95 So auch MünchKomm/*Schumacher* InsO[4] § 179 Rn 35.

96 BGH NZI 2021, 669, 670; BGH NJW 2020, 3102; BGH ZIP 2001, 2099; 2003, 2379; 2007, 1760, 1761 Ziffer 12; siehe auch RGZ 86, 394, 396; für Steuerforderungen BFH BStBl 78, 165.

97 BGH ZIP 2001, 2009; 2007, 1760, 1761 Ziffer 13.

98 Jaeger/*Weber* KO[8] § 146 Rn 42.

99 BGH ZIP 2008, 1943, 1944 Ziffer 12; BGH NJW 2012, 3725, 3726; BGH NJW-RR 2013, 683; 684; NJW-RR 2014, 1270, 1271; Kübler/Prütting/Bork/*Pape*/*Schaltke* InsO[86] § 179 Rn 17; MünchKomm/*Schumacher* InsO[4] § 179 Rn 13; Uhlenbruck/*Sinz* InsO[15] § 179 Rn 27; vgl bereits zur KO RGZ 34, 409 ff; 51, 94, 97; 86, 235, 237; RG JW 1938, 1537 = DJ 1938, 522 m Anm *Vogels*; BGH LM § 146 Nr 1; BGH NJW 1965, 1523; ZIP 1998, 1594, zugleich zur GesO; OLG Bremen KTS 1976, 240; BAG AP § 91a ZPO Nr 7; RFHE 21, 308; BSG NJW 1961, 1087, 1088; BVerwG NJW 1989, 314; *Bley* S 77; *Jonas* S 68; Kilger/*K. Schmidt* InsG[17] § 146 KO Anm 3; Kuhn/*Uhlenbruck* KO[11] § 146 Rn 33.

100 *Eckardt* Kölner Schrift[3] Kap 17 Rn 54, HambK/*Herchen* InsO[9] § 179 Rn 24.

101 Zur negativen Feststellungsklage (§ 256 I ZPO) eines Verwalter: OLG Hamm, ZInsO 2021, 2485, 2491 ff.

8. Gerichtsstand

53 Hinsichtlich des Gerichtsstands ist unbestritten, dass **rechtshängige Prozesse** über den streitigen Anspruch dort aufzunehmen sind, wo sie zur Zeit der Unterbrechung schweben. Das gilt für titulierte (§ 179 II) wie für nicht titulierte Ansprüche (§ 179 I). Insoweit ist für § 179 II kein Raum.[102] Für die Fälle, in denen der Widerspruch selbständig verfolgt wird, wird zum Teil für die Verfahren nach § 179 II der Insolvenzgerichtsstand als maßgeblich angesehen,[103] allerdings unter Hinweis darauf, dass dem Widersprechenden nur die gegen den Titel in Betracht kommenden Mittel zur Verfügung stehen.[104] Richtigerweise werden die hiernach gegebenen Gerichtsstände dagegen nicht durch den Insolvenzgerichtsstand nach § 180 I verdrängt.[105] Besteht für das gegen den Titel in Betracht kommende Mittel, etwa die Vollstreckungsabwehrklage, eine abweichende Zuständigkeitsregelung, so ist diese für die Verfolgung des Widerspruchs ebenso beachtlich wie sie beachtlich bleibt, wenn der Schuldner bereits vor Insolvenzeröffnung das Verfahren anhängig gemacht hatte und dieses nun nach § 180 II aufzunehmen ist. Ist kein Verfahren anhängig und kann der Bestreitende ausschließlich insolvenzrechtliche Einwendungen ausnahmsweise im Wege der negativen Feststellungsklage verfolgen (vgl oben Rn 49), ist im Insolvenzgerichtsgerichtsstand zu klagen.

V. Verfahrensbeendigung vor Erledigung des Feststellungsprozesses

1. Insolvenzmäßige Befriedigung trotz Verfahrensbeendigung, §§ 189, 203

54 Schwebt zu der Zeit, zu der das Insolvenzverfahren nach dem Schlusstermin durch Beschluss des Gerichts endet, § 200, noch ein Feststellungsprozess, so wird er unter den bisherigen Parteien **fortgesetzt**, wenn für die in Streit befangene Forderung Anteile **nach §§ 189 II zurückbehalten** sind und daher die Möglichkeit einer Nachtragsverteilung, § 203, besteht.[106] Indem das Gesetz die Zurückbehaltung der Anteile über die Dauer des Insolvenzverfahrens hinaus vorschreibt, vgl §§ 203, 205, erkennt es zugleich an, dass die vom § 189 I und II betroffenen Feststellungsprozesse auch nach der Aufhebung des Insolvenzverfahrens (§ 163) durchzuführen sind. Das Rechtsschutzbedürfnis hierfür besteht für beide Parteien fort. Gleiches gilt, wenn bei Verfahrensbeendigung zwar für die streitbefangene Forderung keine Anteile zurückbehalten sind, jedoch eine Nachtragsverteilung vorbehalten worden ist (§ 205), bei der eine Berücksichtigung der Forderung in Frage kommt.

55 Die zurückbehaltenen Anteile gebühren, wenn der Anmelder unterliegt, den Insolvenzgläubigern, denen sie im Wege einer **Nachtragsverteilung** zuzuführen sind (§ 200), und nicht etwa dem Schuldner, der für den Bereich dieser Verteilung durch den Verwalter verdrängt wird.[107] **Obsiegt** der **Anmelder**, so erwirkt er auf Grund des sein Gläubigerrecht feststellenden Urteils die Berichtigung der Tabelle (§ 183 II) und verschafft sich so nicht nur das Anrecht auf Auszah-

---

102 BGH NJW 1965, 1523; HambK/*Herchen* InsO[9] § 180 Rn 5 unter Hinw auf § 261 III Nr 2 ZPO; Uhlenbruck/*Sinz* InsO[15] § 180 Rn 23.

103 Kübler/Prütting/Bork/*Pape/Schaltke* InsO[86] § 179 Rn 18; K Schmidt/*Jungmann* InsO[19] § 179 Rn 22; MünchKomm/*Schumacher* InsO[4] § 180 Rn 12; zur KO Kilger/*K. Schmidt* InsG[17] § 146 KO Anm 3; Jaeger/*Weber* KO[8] § 146 Rn 40, Kuhn/*Uhlenbruck* KO[10] § 146 Rn 33b.

104 Kübler/Prütting/Bork/*Pape/Schaltke* InsO[86] § 179 Rn 14a; K Schmidt/*Jungmann* InsO[19] § 179 Rn 21; vgl auch BGH NZI 2015, 756, 757.

105 Ausführlich hierzu Voraufl Jaeger/*Gerhardt* InsO § 179 Rn 92 bis 98, insb Rn 98 zur Vollstreckungsabwehrklage.

106 *Markgraf/Hertelt* ZIP 2018, 1480, 1483; MünchKomm/*Schumacher* InsO[4] § 179 Rn 46; Uhlenbruck/*Sinz* InsO[15] § 180 Rn 48; zur KO RGZ 28, 68, 70; 32, 72, 73 f; RG JW 1936, 2928; BGHZ 83, 102 f für Anfechtungsprozesse; Jaeger/*Weber* KO[8] § 146 Rn 43 mwN aus der älteren Lit.

107 Kübler/Prütting/Bork/*Pape/Schaltke* InsO[86] § 80 Rn 13.

lung der zurückbehaltenen Anteile,[108] sondern auch einen Titel gegen den Schuldner zur außerinsolvenzmäßigen Rechtsverfolgung, soweit dessen persönlicher Widerspruch unterblieben oder beseitigt ist. Der Umstellung des Klageantrags bedarf es in diesem Falle nicht, da Gegenstand des Streits nach wie vor die Feststellung der bestrittenen Insolvenzforderungen ist.[109]

2. Keine insolvenzmäßige Befriedigung mit Verfahrensbeendigung, §§ 207, 211–213, 258

In allen Fällen, in denen eine insolvenzmäßige Befriedigung des Gläubigers der bestrittenen und streitbefangenen Forderung aus der Insolvenzmasse nach Beendigung des Insolvenzverfahren nicht in Frage kommt, **fehlt** es am **Rechtsschutzbedürfnis** für die Fortführung des angenommenen oder angestrengten Feststellungsstreites durch und gegen den Bestreitenden. Der **Rechtsstreit hat sich erledigt**, da es weder eine verteilungsfähige Insolvenzmasse gibt noch eine Hinterlegung erfolgt ist.[110] Es bliebe jedoch zu prüfen, ob und ggf in welchen Fällen eine Fortsetzung des Verfahrens mit umgestelltem Antrag in Betracht kommt. 56

Findet nach Verfahrenseinstellung gem §§ 207, 211, 213 keine insolvenzmäßige Befriedigung statt, weil eine das Insolvenzverfahren überdauernde Zurückbehaltung von Anteilen (§§ 190 f) nicht erfolgen konnte und damit eine Nachtragsverteilung (§ 205) nicht erfolgt, besteht damit auch die für diese Zwecke sonst fortdauernde Amtsbefugnis des Insolvenzverwalters nicht fort.[111] Die **Verwaltungs- und Verfügungsbefugnis**, einschließlich der Prozessführungsbefugnis, steht wieder **dem Rechtsträger** zu, also dem bisherigen Schuldner (§ 215 II).[112] Entsprechendes ergibt sich bei Aufhebung des Insolvenzverfahrens nach rechtskräftiger Planbestätigung gem § 258; die bei Verfahrensbeendigung vorhandene bisherige Insolvenzmasse unterliegt wieder der freien Verfügung ihres Rechtsträgers, des bisherigen Schuldners (§§ 259, 215 II).[113] Sollte bei einer **Nachtragsverteilung** nach § 211 III[114] auch eine Berücksichtigung der Insolvenzgläubiger in Betracht kommen, dann bleibt allerdings der Verwalter zur Prozessführung befugt und es wäre weiter ein Feststellungsinteresse des Gläubigers gegeben.[115] Prinzipiell ergibt sich eine vergleichbare Situation, wenn der Schuldner Restschuldbefreiung beantragt hatte und das Verfahren nach Einstellung in die Treuhandphase des Restschuldbefreiungsverfahrens[116] übergeleitet wird.[117] 57

Nach Übergang der Prozessführungsbefugnis auf den Schuldner stellt sich die **Frage, ob der Feststellungsprozess gegen den Schuldner fortgesetzt** werden kann. Für eine Fortführung als Forderungsfeststellungsprozess wäre jedoch ein Rechtsschutzbedürfnis des Anmelders zu verneinen. Allein die Aussicht des Anmelders, bei Beseitigung der Widersprüche wenigstens einen Titel für die Vollstreckung gegen den bisherigen Schuldner zu erlangen, falls dieser persönlich die Forderung unwidersprochen gelassen hat (§§ 201 II, 257 I, 215 II), genügt nicht zur 58

---

108 Uhlenbruck/*Sinz* InsO[15] § 180 Rn 48.
109 MünchKomm/*Schumacher* InsO[4] § 179 Rn 46.
110 Kübler/Prütting/Bork/*Pape*/*Schaltke* InsO[86] § 180 Rn 24; HambK/*Herchen* InsO[9] § 179 Rn 47; Uhlenbruck/*Sinz* InsO[15] § 180 Rn 49.
111 RGZ 58, 369, 371; 73, 312, 314; Zöller/*Greger* ZPO[33] § 240 Rn 15.
112 BGH NZI 2015, 756 f.
113 Kübler/Prütting/Bork/*Pape*/*Schaltke* InsO[86] § 180 Rn 25; Uhlenbruck/*Sinz* InsO[15] § 180 Rn 51.
114 Nachtragsverteilung kommt entsprechend §§ 211 III, 203 ff auch nach Verfahrenseinstellung gem § 207 in Betracht, BGH NZI 2012, 1019, 1020.
115 *Markgraf*/*Hertelt* ZIP 2018, 1480, 1485; MünchKomm/*Schumacher* InsO[4] § 179 Rn 51; vgl auch K Schmidt/*Jungmann* InsO[19] § 211 Rn 20.
116 Zur Treuhandphase nach Einstellung des Insolvenzverfahrens gem § 211 vgl Jaeger/*Preuß* § 289 Rn 10 ff.
117 *Markgraf*/*Hertelt* ZIP 2018, 1480, 1485; MünchKomm/*Schumacher* InsO[4] § 179 Rn 51; ein Feststellungsinteresse bejaht auch Uhlenbruck/*Sinz* InsO[15] § 180 Rn 49, der allerdings nicht von einem Fortbestehen der Prozessführungsbefugnis des Verwalters ausgeht, sondern von einer Fortsetzung des Rechtsstreits durch den Schuldner an der Stelle des Bestreitenden.

Begründung eines entsprechenden Rechtsschutzbedürfnisses. Die Vollstreckungsmöglichkeit nach Verfahrensbeendigung ist nicht Zweck des Feststellungsprozesses, sondern lediglich eine mittelbare Folge seiner erfolgreichen Durchführung (vgl § 178 Rn 65).[118] Der Gläubiger kann allerdings ein Interesse daran haben, den Prozess auf eine **Leistungsklage gegen den Schuldner** umzustellen. Gleiches soll nach überwiegender Ansicht auch in Fällen der Verfahrensaufhebung nach Planbestätigung im Hinblick auf den Quotenanspruch gelten.[119]

59 War der **Verwalter ursprünglich Prozessgegner**, kommt es mit der rechtskräftigen Verfahrensbeendigung grds zu einem **gesetzlichen Parteiwechsel** vom Insolvenzverwalter auf den Schuldner; das gilt nicht, wenn der Prozessgegenstand – wie bei einem Anfechtungsprozess – ein „untrennbar mit dem Verwalteramt verbundenes Recht" ist.[120] Der Anmelder kann somit den bisherigen Feststellungsantrag auf einen Leistungsantrag umstellen. Dies ist nach § 264 Nr 2 ZPO ebenso unbedenklich möglich[121] wie die gegenteilige Umstellung im Falle des § 180 II.[122] Der Streitwert bemisst sich nunmehr nicht mehr nach § 182, sondern nach den allgemeinen Vorschriften.[123]

60 War ein **anderer Insolvenzgläubiger**, der durch seinen Widerspruch den Feststellungsprozess oder die Prozessaufnahme nach § 180 II veranlasst hat, **Prozessgegner,** so wird der Rechtsstreit ihm gegenüber in den hier behandelten Fällen der Verfahrensbeendigung gegenstandslos. Über die Kosten ist dann gem § 91a ZPO zu entscheiden; die Kostengefahr hat der Gläubiger durch seinen Widerspruch auf sich genommen. Da der Gläubiger in eigenem Namen, kraft eigenen Rechtes und für eigene Rechnung widersprochen und den Feststellungsprozess geführt hatte, kann ein Übergang seiner Parteistellung auf den bisherigen Schuldner kraft Gesetzes nicht eintreten.[124] Eine Fortsetzung der Prozessfortführung nunmehr gegen den Schuldner ist vielmehr nur durch gewillkürten Parteiwechsel[125] möglich.

118 HambK/*Herchen* InsO[9] § 179 Rn 47; MünchKomm/*Schumacher* InsO[4] § 179 Rn 50 unter Berufung auf Jaeger/*Gerhardt* InsO § 179 Rn 103; vgl bereits Jaeger/*Weber* KO[8] § 146 Rn 44; **aA** Kübler/Prütting/Bork/*Pape*/*Schaltke* InsO[86] § 180 Rn 24; wohl auch Uhlenbruck/*Sinz* InsO[15] § 180 Rn 49 mwN; offengelassen BGH ZIP 1998, 515.

119 Kübler/Prütting/Bork/*Spahlinger* InsO[86] § 259 Rn 17a; *Markgraf*/*Hertelt* ZIP 2018, 1480, 1484; MünchKomm/*Schumacher* InsO[4] § 179 Rn 52; **aA** K Schmidt/*Spliedt* InsO[19] § 259 Rn 5 (keine Umstellung auf Leistungsklage erforderlich).

120 BGH NZI 2015, 756, 757 mwN; **ausführlich** zum Parteiwechsel auf den Schuldner und zur Anwendung der §§ 239 ff ZPO Voraufl Jaeger/*Gerhardt* InsO § 179 Rn 110 ff.

121 BGH NJW 1985, 1784.

122 HambK/*Herchen* InsO[9] § 179 Rn 47.

123 BGH NZI 2015, 756, 757.

124 *Markgraf*/*Hertelt* ZIP 2018, 1480, 1485; MünchKomm/*Schumacher* InsO[4] § 179 Rn 50 jeweils unter Berufung auf Jaeger/*Gerhardt* InsO § 179 Rn 115; zur KO unzutreffend *Jonas* S 90, 93; dagegen mit Recht *Bley* S 98.

125 Dazu etwa Rosenberg/Schwab/*Gottwald* ZPR[18] § 42 III S 227 ff; *Schilken* ZPR[7] Rn 759 ff.

§ 180 Zuständigkeit für die Feststellung

(1) [1]Auf die Feststellung ist im ordentlichen Verfahren Klage zu erheben. [2]Für die Klage ist das Amtsgericht ausschließlich zuständig, bei dem das Insolvenzverfahren anhängig ist oder anhängig war. [3]Gehört der Streitgegenstand nicht zur Zuständigkeit der Amtsgerichte, so ist das Landgericht ausschließlich zuständig, zu dessen Bezirk das Insolvenzgericht gehört.

(2) War zur Zeit der Eröffnung des Insolvenzverfahrens ein Rechtsstreit über die Forderung anhängig, so ist die Feststellung durch Aufnahme des Rechtsstreits zu betreiben.

Materialien

§ 198 DiskE und RefE, § 208 RegE; BT-Drucks 12/2443, S 185; zu § 146 KO Motive I Bd 2, S 98 ff; Motive II S 364 ff, Protokolle S 9 f, 173 ff.

Vorgängerregelungen

KO § 146 II und III; GesO § 11 III S 3, nur sehr rudimentär.

Literatur

Berger Schiedsvereinbarung und Insolvenzverfahren, ZInsO 2009, 1033; *Ehricke* Die Feststellung streitiger Insolvenzforderungen durch ein Schiedsgericht, ZIP 2006, 1847; *Flöther* Auswirkungen des inländischen Insolvenzverfahrens auf Schiedsverfahren und Schiedsabrede, 2001; *Gerhardt* Die rechtswegfremde Forderung im Insolvenzfeststellungsverfahren, NZI 2010, 849; *Heidbrink/Gräfin von der Groeben* Insolvenz und Schiedsverfahren, ZIP 2006, 265; *Hombeck/Schneider* Das Schiedsverfahren in der Insolvenz – Überblick zu besonders praxisrelevanten Themen angesichts der aktuellen Corona-Pandemie, NZI 2020, 449; *Jahr* Die gerichtliche Zuständigkeit für das Konkursverfahren, ZZP 1966 (79), 347; *Jestaedt* Schiedsverfahren und Konkurs, 1985; *Kück* Schiedsgerichtsvereinbarungen und Schiedsabreden im Insolvenzverfahren, ZInsO 2006, 11; *Longrée/Gantenbrink* Insolvenz des Beklagten im Schiedsverfahren, SchiedsVZ 2014, 21; *Lüke* Einheit der Kostenentscheidung statt Fortführung eines Gerechtigkeitsprinzips?, FS für Ganter, 2010, S 269; *Schulte-Frohlinde/Wilts* Schiedsvereinbarungen aus Sicht des Insolvenzverwalters, ZInsO 2006, 196 ff; *Teske* Konkursrechtlicher Feststellungsrechtsstreit und Urkundenprozeß, ZZP 99, 1986, 185; *Thole* Musterfeststellungsklage zwecks Forderungsfeststellung im Insolvenzverfahren?, NZI 2020, 411; *Wagner* Insolvenz und Schiedsverfahren, KTS 2010, 39.

Übersicht

https://doi.org/10.1515/9783110343687-007

Alphabetische Übersicht

I. Gesetzesgeschichte

1 § 180 entspricht in seinen beiden Absätzen den Absätzen 2 und 3 des § 146 KO, inhaltlich völlig übereinstimmend, nur der neuen Nomenklatur angepasst. Er hat in dieser Form und mit diesem Inhalt unverändert das Gesetzgebungsverfahren zur InsO durchlaufen und später keine Veränderung erfahren. Auch die Insolvenzrechtsreformkommission hatte keine Änderungen der Rechtslage nach der KO vorgeschlagen. Die GesO hatte in § 11 – wie durchgängig in diesem Gesetz – nur sehr pauschal und rudimentär den Gesetzeswortlaut aufgegriffen.

II. Normzweck und Systematik

2 Die maßgebliche Feststellung bestrittener Forderungen soll in Prozessen außerhalb des Insolvenzverfahrens erfolgen und dieses damit von derartigen Prozessen freihalten. Als innerer

Grund für diese Regelung war schon in der Begründung zur Gemeinschuldordnung[1] hervorgehoben worden, dass die Einbeziehung derartiger Prozesse in das Insolvenzverfahren „den Abschluss jeden gemeinrechtlichen Konkurses, auch des einfachsten, in unabsehbare Ferne“ rücken würde. Gegen die Ausgliederung aus dem Insolvenzverfahren selbst ergebe sich „aus der Natur des Konkurses“ kein Grund, insbesondere stelle es sogar für die Gläubiger unstreitiger Rechtspositionen „eine Art Rechtsverweigerung“ dar, das Verfahren auf diese Weise in die Länge zu ziehen.

Für die Art und Weise, wie prozessual Klarheit über den Bestand oder Nichtbestand bestritte- 3
ner Forderungen geschaffen werden soll, unterscheidet § 179 danach, ob die Forderung tituliert ist oder nicht; § 180 differenziert weiter danach, ob die Forderung bereits in einem „noch nicht beendeten Verfahren anhängig“ ist (Abs 2) oder nicht (Abs 1). Für das Verfahren zur Feststellung streitig gebliebener Forderungen ist von entscheidender Bedeutung, ob die Feststellung der Forderung durch **Aufnahme eines Rechtsstreits (Abs 2)** zu verfolgen ist oder ob zur Klärung ein **neuer Rechtsstreit (Abs 1)** angestrengt werden muss. Ersteres erscheint prozessökonomisch und auch im Interesse der Parteien liegend. Hinzu kommt beispielsweise: Die örtliche und sachliche Zuständigkeit richtet sich im Rahmen eines neuen Rechtsstreits gem Abs 1 S 2 und 3 nach allgemeinen zivilprozessualen Kriterien (dazu Rn 28 ff), während bei Aufnahme eines unterbrochenen Rechtsstreits das bisher zuständige Gericht weiter zuständig bleibt, Abs 2 (dazu Rn 43). Nach der Vorstellung des Gesetzgebers dient die **Fortsetzung der bereits anhängigen Prozesse** vor den einmal damit befassten Gerichten nicht nur der Ersparung von Zeit und Kosten; diese sei vielmehr auch notwendig und sachgemäß, um den Prozess zu Ende zu bringen und die Maßgeblichkeit der bisherigen Prozessergebnisse für das Insolvenzverfahren zu sichern.[2]

Der Insolvenzgläubiger kann nur dann zulässigerweise einen Forderungsfeststellungsstreit führen, wenn er die Forderung nach § 174 im Verfahren angemeldet hatte, die Forderung jedoch im Prüfungstermin nach § 178 I S 1 vom Insolvenzverwalter oder einem anderen Insolvenzgläubiger bestritten worden ist. Das **Durchlaufen des insolvenzrechtlichen Feststellungsverfahrens** ist, wie der Bundesgerichtshof wiederholt festgestellt hat, eine **zwingende Sachurteilsvoraussetzung** sowohl für die neu zu erhebende Feststellungsklage nach § 180 I als auch für die Aufnahme eines Rechtsstreits nach § 180 II.[3] Mit dem Forderungsfeststellungsstreit wird die Feststellung zur Tabelle verfolgt; Gegenstand der Feststellung ist nach hier vertretener Ansicht der **Haftungsanspruch** des Gläubigers im Verfahren (vgl § 179 Rn 21).

III. Feststellung streitig gebliebener Forderungen im Rahmen eines neuen Rechtsstreits (Abs 1)

1. Anwendungsbereich

Die Feststellung einer streitig gebliebenen Forderung ist im Rahmen eines neuen Rechtsstreits 4
zu betreiben (§ 179 I) oder zu negieren (§ 179 II), sofern zur Zeit der Verfahrenseröffnung kein Rechtsstreit über die Forderung rechtshängig ist (arg e contrario aus Abs 2). Dies kommt in Betracht, falls die Forderung zu diesem Zeitpunkt noch nicht Gegenstand eines Rechtsstreits war oder die Rechtshängigkeit der Streitsache bereits erloschen ist, im Normalfall also mit Beendigung des Prozesses durch formelle Rechtskraft des Urteils.[4]

1 2. Band S 98.
2 BGH NJW 2020, 3102 unter Berufung auf Jaeger/*Gerhardt* InsO § 180 Rn 5; so schon zur KO Motive S 365 f = Hahn IV S 328. Vgl auch BGHZ 112, 95, 99 m d Hinw auf Jaeger/*Weber* KO[8] § 146 Rn 23: „Es sollen Gunst und Ungunst der bisherigen Prozesslage festgehalten werden“.
3 BGH NZI 2021, 669, 670; BGH NJW 2020, 3102 m umf **wN**.
4 Thomas/Putzo/*Seiler* ZPO[41] § 261 Rn 9; ferner zB durch Prozessvergleich, Klagerücknahme, beiderseitige Erledigungserklärung nach § 91a ZPO, i E Musielak/Voit/*Foerste* ZPO[18] § 261 Rn 8.

2. Feststellung im „ordentlichen Verfahren"

5 Ist das bestrittene Recht nicht Gegenstand eines anhängigen Verfahrens, so ist nach Abs 1 auf die Feststellung im ordentlichen Verfahren Klage zu erheben: Indem Abs 1 auf ein Verfahren außerhalb des Insolvenzverfahrens verweist, meint es grds den zur Feststellung der materiellen Rechte berufenen **Zivilprozess nach GVG und ZPO** und die Anwendung der dafür geltenden prozessualen Normen. Ein Schlichtungsverfahren nach § 15a EGZPO, sofern landesrechtlich vorgesehen, muss vor einer Klage nach den §§ 179 I, 180 I nicht durchgeführt werden.[5]

6 **a) Keine Forderungsfeststellung im Mahnverfahren.** Das Mahnverfahren (§§ 688 ff ZPO) eignet sich nicht für den Feststellungsstreit, weil es sich nicht um einen Anspruch handelt, der gem § 688 I ZPO die Zahlung einer bestimmten Geldsumme zum Gegenstand hat.[6] Zur Feststellung einer streitig gebliebenen Forderung ist ein Antrag auf Erlass eines Mahnbescheides unstatthaft (zur Aufnahme eines Mahnverfahrens gem § 180 II vgl u Rn 39).

7 **b) Keine Forderungsfeststellung im Urkunden-, Wechsel- und Scheckprozess (str).** Streitig ist, ob Abs 1 S 1 die Betreibung des Feststellungsstreits in der besonderen Verfahrensart des Urkunden-, Wechsel- oder Scheckprozesses (§§ 592 ff ZPO) ausschließt. **Meinungsstand:** Für eine Zulässigkeit der Verfolgung auch in diesen Verfahrensarten wird geltend gemacht, die Verweisung in § 180 I auf „das ordentliche Verfahren" schließe auch die besonderen Verfahren der ZPO ein.[7] Zusätzlich verweist *Sinz*[8] auf die Rechtsprechung des BGH, wonach auch ein Zahlungsanspruch „auf erstes Anfordern" Gegenstand einer Feststellungsklage nach § 179 sein könne,[9] weil in beiden Fällen ein Interesse an einer schnellen Titulierung bestehe. Zur weiteren Abwicklung schlägt *Schumacher* vor, den im Urkundenprozess obsiegenden Gläubiger dem Inhaber einer titulierten Forderung gleichzustellen und die auf den Gläubiger entfallenden Anteile bei der Verteilung nur dann zurückzubehalten, wenn der Widersprechende vor der Auszahlung nachweise, dass er den Widerspruch im Nachverfahren betreibt.[10] Gegen die Statthaftigkeit des Urkunden-, Wechsel- oder Scheckprozesses haben sich die Rechtsprechung zur KO[11] und ein gleichfalls großer Teil der Literatur[12] ausgesprochen. Teilweise wird auch die Ansicht vertreten, dass nur ein neuer Rechtsstreit in der besonderen Verfahrensart unstatthaft sei, während die Aufnahme eines nach § 240 ZPO unterbrochenen besonderen Verfahrens zulässig sei.[13]

---

5 BGH NZI 2011, 687, 688 f; Kübler/Prütting/Bork/*Pape*/*Schaltke* InsO[86] § 180 Rn 76 mwN zum Streitstand; vgl auch HambK/*Herchen* InsO[9] § 180 Rn 6; Braun/*Specovius* InsO[8] § 181 Rn 8, 23; **aA** Uhlenbruck/*Sinz* InsO[15] § 180 Rn 2.

6 Kübler/Prütting/Bork/*Pape*/*Schaltke* InsO[86] § 180 Rn 7; MünchKomm/*Schumacher* InsO[4] § 180 Rn 8 **mwN**; im Ergebnis ebenso Uhlenbruck/*Sinz* InsO[15] § 180 Rn 13: Nicht zur Feststellung geeignet, weil Widerspruch gerade streitig macht; so schon RGZ 129, 339, 343.

7 BK/*Gruber* InsO[74] § 180 Rn 17 ff; HK/*Depré* InsO[10] § 180 Rn 2; Gottwald/Haas/*Eickmann*/*Wimmer* InsRHdB[6] § 62 Rn 40; MünchKomm/*Schumacher* InsO[4] § 180 Rn 6 und 7; MünchKomm/*Braun*/*Heiß* ZPO[6] § 592 Rn 6; Rosenberg/Schwab/*Gottwald* ZPR[18] § 164 Rn 7; Stein/Jonas/*Berger* ZPO[23] § 592 Rn 4; Uhlenbruck/*Sinz* InsO[15] § 180 Rn 10 u 11; Zöller/*Greger* ZPO[33] § 592 Rn 3; vgl auch Rattunde/Smid/Zeuner/*Smid* InsO[4] § 180 Rn 5; bereits zur KO Jaeger/*Weber* KO[8] § 146 Rn 5 sub b alpha; ausführlich *Teske* ZZP 99 (1986), 185, 186 ff (zur Neuklage, aaO, 202).

8 Uhlenbruck/*Sinz* InsO[15] § 180 Fn 10.

9 BGH ZIP 2008, 1441 Ziffern 15 ff.

10 MünchKomm/*Schumacher* InsO[4] § 180 Rn 7.

11 RGZ 32, 230, 231; OLG Hamm KTS 1967, 169; OLG München ZIP 1985, 297.

12 *Eckardt* Kölner Schrift[3] Kap 17 Rn 50; FK/*Kießner* InsO[9] § 180 Rn 6; *Graf-Schlicker* InsO[6] § 180 Rn 4; HambK/*Herchen* InsO[9] § 180 Rn 11; Musielak/Voit/*Voit* ZPO[18] § 592 Rn 3; Kübler/Prütting/Bork/*Pape*/*Schaltke* InsO[86] § 180 Rn 7; Thomas/Putzo/*Reichold* ZPO[41] 592 Rn 4.

13 Vgl *Rosenberg*/Schwab/*Gottwald* ZPR[18] § 164 Rn 7, S 1002; ähnlich – aber die Frage letztlich offenlassend – RGZ 50, 412, 414 f.

Stellungnahme: Gegen die Statthaftigkeit des Urkunden-, Wechsel- und Scheckprozesses spricht zwar nicht schon der Wortlaut des § 180 I (im Weiteren soll stellvertretend nur die Statthaftigkeit des Urkundenprozesses erörtert werden). Wenn das Gesetz anordnet, dass auf Feststellung „im ordentlichen Verfahren Klage zu erheben" ist, so sollte damit nur zum Ausdruck gebracht werden, dass die Feststellung streitig gebliebener Forderungen nicht im Insolvenzverfahren erfolgen soll. Ein Ausschluss der besonderen Verfahrensart des Urkundenprozesses war nicht intendiert.[14] **Gegen die Statthaftigkeit des Urkundenprozesses** spricht jedoch, dass das Feststellungsverfahren das Ziel verfolgt, eine abschließende Klärung der Feststellung zur Tabelle durch die Beseitigung von Widersprüchen herbeizuführen. Der Erlass eines Vorbehaltsurteils mit der Möglichkeit eines erst die endgültige Klärung herbeiführenden Nachverfahrens wird diesem Anliegen nicht gerecht.[15] Die vermeintliche Parallele zu den „Zahlungsansprüchen auf erstes Anfordern" und zu der dazu ergangenen Rechtsprechung des BGH[16] greift nicht: In dem einen Fall geht es um den Rückforderungsprozess wegen eines Anspruchs aus § 812 BGB, nachdem der zur Leistung auf erstes Anfordern Verpflichtete gezahlt hatte, bei einem Urkundenprozess handelt es sich um die prozessökonomische Zweiteilung des Prozesses in Vor- und Nachverfahren mit der Folge, dass der Rechtsstreit nach Erlass des Vorbehaltsurteils gem § 600 I ZPO im ordentlichen Verfahren anhängig bleibt.[17] 8

c) Forderungsfeststellung und Musterfeststellungsverfahren. Der Forderungsfeststellungsstreit ist darauf gerichtet, das **Haftungsrecht** eines Insolvenzgläubigers im konkreten Insolvenzverfahren festzustellen. Die von einer qualifizierten Einrichtung iSv § 3 I S 1 Nr 1 UKlG erhobene **Musterfeststellungsklage** nach den §§ 606 ff ZPO dient dem Zweck, eine Feststellung hinsichtlich der **Feststellungsziele** „Vorliegen oder Nichtvorliegen von tatsächlichen und rechtlichen Voraussetzungen für das Bestehen oder Nichtbestehen von Ansprüchen oder Rechtsverhältnissen zwischen Verbrauchern und einem Unternehmer" (§ 606 I ZPO) zu erreichen, und zwar mit Bindungswirkung gegenüber den Verbrauchern, die Ansprüche oder Rechtsverhältnisse im Klageregister angemeldet haben, die von den Feststellungszielen der Musterfeststellungsklage abhängen (vgl §§ 608, 613 ZPO). Eine Musterfeststellungsklage gegen den Verwalter im Insolvenzverfahren über das Vermögen des Unternehmers, sofern eine solche sich überhaupt gegen den Verwalter richten kann,[18] wäre also per se **kein Instrument der Forderungsfeststellung,**[19] sondern allenfalls zur verbindlichen **Klärung von Vorfragen, § 613 I ZPO,** im Verhältnis zwischen Verwalter und Insolvenzgläubiger in einem künftigen Forderungsfeststellungsstreit von Interesse. Gedacht ist also an Fälle, in denen es sich bei den gem § 608 ZPO im Klageregister angemeldeten Verbraucherforderungen um Insolvenzforderungen handelt. Neben dem musterbeklagten Verwalter können allerdings auch andere Insolvenzgläubiger im insolvenzrechtlichen Prüfungsverfahren der Forderungsfeststellung widersprechen, so dass der Anmelder ggf auch gegen diese Widersprüche vorgehen müsste, um im Ergebnis die Feststellung seiner Forderung zu erreichen (vgl unten Rn 21). In diesen Individualverfahren würde das erstrittene Musterfeststellungsurteil keine Bindungswirkung nach § 613 I ZPO entfalten. Vor diesem Hintergrund er- 9

---

14 Vgl statt aller *Eckardt* Kölner Schrift[3] Kap 17 Rn 50; und *Teske* ZZP 99 (1986), 185, 191 f mwN; anders aber OLG Hamm KTS 1967, 169; OLG München ZIP 1985, 297, wonach der Begriff „ordentliches Verfahren" in § 146 II S 1 KO (heute gleichlautend § 180 I S 1 InsO) die besonderen Verfahren nicht ohne weiteres einschließe.

15 Vgl insbes *Eckardt* Kölner Schrift[3] Kap 17 Rn 50; FK/*Kießner* InsO[9] § 180 Rn 6; Kübler/Prütting/Bork/*Pape*/*Schaltke* InsO[86] § 180 Rn 7; vgl auch BGH WM 1979, 614.

16 BGH ZIP 2008, 1441 Ziffern 15 ff; generell gegen die Anwendung der Grundsätze des Anspruchs auf erstes Anfordern bei der Feststellung zur Tabelle HambK/*Herchen* InsO[9] § 180 Rn 12; zust BeckOK/*Zenker* InsO[23] § 180 Rn 11.2.

17 Vgl Kübler/Prütting/Bork/*Pape*/*Schaltke* InsO[86] § 180 Rn 7.

18 Bejahend OLG München NZI 2020, 912, 913; **aA** BeckOK/*Zenker* InsO[23] § 180 Rn 11; zweifelnd *Thole* NZI 2020, 411, 412.

19 *Thole* NZI 2020, 411, 412.

kennt *Thole* kein Rechtsschutzbedürfnis für eine Musterfeststellungsklage gegen den Verwalter, die das Ziel verfolgt, Vorfragen mit Bezug auf Insolvenzforderungen zu klären.[20] Das OLG München hat demgegenüber eine solche Musterfeststellungsklage nicht mangels Rechtsschutzinteresse als unzulässig verworfen, weil das Problem weiterer Feststellungsprozesse, in denen keine Bindungswirkung des Musterfeststellungsurteils beachtet werden muss, als „bloß theoretische Möglichkeit" eingestuft und dem Musterfeststellungsprozess zudem ungeachtet dessen eine hinreichende Nützlichkeit attestiert wurde, nicht zuletzt zur Beförderung außergerichtlicher Einigungen.[21]

10 Um im Insolvenzverfahren berücksichtigt zu werden, müsste die Forderung nach § 174 zur Tabelle angemeldet sein und das Prüfungsverfahren durchlaufen. Gem § 610 III ZPO kann während der **Rechtshängigkeit der Musterfeststellungsklage** der Verbraucher, der seine Forderung wirksam im Klageregister angemeldet hat, keine Individualklage gegen den Musterfeststellungsbeklagten erheben, deren Streitgegenstand denselben Lebenssachverhalt und dieselben Feststellungsziele betrifft. Eine solche Klage wäre unzulässig.[22] Eine Klage, die bereits vor der Bekanntmachung der Angaben zur Musterfeststellungsklage im Klageregister rechtshängig gemacht wurde, ist nach § 613 II ZPO bis zur Erledigung des Musterfeststellungsverfahrens durch Urteil oder in sonstiger Weise bzw bis zur wirksamen Rücknahme der Anmeldung im Klageregister (Frist: § 608 III ZPO) auszusetzen. Für das insolvenzrechtliche Forderungsfeststellungsverfahren heißt das: Die **Forderungsanmeldung im Insolvenzverfahren** nach § 174 I bewirkt noch keine Rechtshängigkeit (vgl § 174 Rn 13), so dass § 610 III ZPO insofern kein Zulässigkeitshindernis aufstellt. Die **Sperrwirkung des § 610 III ZPO** wird erst dann relevant, wenn der Verwalter der Feststellung der zur Tabelle angemeldeten Forderung nach § 178 I S 1 widerspricht und die Entscheidung in einem anschließenden Forderungsfeststellungsstreit die Feststellungsziele und den Lebenssachverhalt der Musterfeststellungsklage betrifft, also in den Fällen, in denen das Musterfeststellungsurteil Bindungswirkung nach § 613 I ZPO entfalten würde. Damit die Forderung im insolvenzrechtlichen Verteilungsverfahren berücksichtigt werden kann, müsste der Gläubiger innerhalb der Ausschlussfrist von zwei Wochen nach der öffentlichen Bekanntmachung gem § 188 S 3 dem Insolvenzverwalter die Verfolgung des Anspruchs durch Forderungsfeststellungsklage oder Verfahrensaufnahme nachweisen. Die Anmeldung der Forderung im Klageregister zur Musterfeststellungsklage genügt hierfür nicht, weil diese Anmeldung nur die Bindung an das rechtskräftige Musterfeststellungsurteil auslöst (vgl § 613 I ZPO), aber noch nicht der Durchsetzung des Anspruchs selbst gilt.

11 **d) Forderungsfeststellung und Schiedsverfahren.** Die Worte des § 180 I „im ordentlichen Verfahren" bezeichnen den Gegensatz zum Insolvenzverfahren. Sie schließen eine schiedsrichterliche Entscheidung nicht aus.[23] Die Zulässigkeit einer Schiedsvereinbarung bestimmt sich nach den §§ 1029 ff ZPO. Die in § 1030 I S 2 ZPO geregelte Ausnahme für nichtvermögensrechtliche Ansprüche wird im Insolvenzverfahren nicht relevant, da es in diesem nur um Vermögensansprüche geht.

12 Insolvenzrechtliche Probleme entstehen im Hinblick auf die **subjektive Schiedsfähigkeit.** Die subjektive Schiedsfähigkeit setzt voraus, dass gerade die Schiedsvertragsparteien befugt sind, über den Gegenstand des Streites zu verfügen, also über das Forderungsrecht als Rechtsbehelf zur Realisierung der Haftung der Insolvenzmasse. Da einerseits der Anmelder die Anmeldung der Forderung zur Insolvenzmasse jederzeit zurückziehen und damit auf die Haftung der Masse verzichten und andererseits der Opponent seinen Widerspruch gegen die Haftung der

20 *Thole* NZI 2020, 411, 413.
21 OLG München NZI 2020, 912, 914; zustimmend *Tintelnot* EWiR 2020, 761, 762.
22 Musielak/Voit/*Stadler* ZPO[18] § 610 Rn 5; Zöller/*G. Vollkommer* ZPO[33] § 610 Rn 8.
23 Statt aller BGHZ 179, 304 = BGH ZIP 2009, 627 Ziffer 9 mwN; BGH NZI 2013, 934, 935.

Masse aufgeben kann, bestehen **keine Bedenken gegen eine neue Schiedsvereinbarung**, die Anmelder und Widersprechender nach dem Prüfungstermin abschließen.[24]

Umstritten ist die **Bindung des Insolvenzverwalters** oder eines **Insolvenzgläubigers** an eine vom Schuldner vor Verfahrenseröffnung mit dem Gläubiger getroffene Schiedsabrede.[25] Die Bindung des **Insolvenzverwalters** ist prinzipiell zu bejahen, weil er in den Grenzen der §§ 103 ff, 129 ff in die Rechts- und Pflichtenstellung des Schuldner eintritt und die Lösungstatbestände der §§ 103 und 115 weder auf die Schiedsvereinbarung noch auf die Schiedsabrede Anwendung finden.[26] Eigenständige „insolvenzspezifische" Rechte des Verwalters wie zB das Verwalterwahlrecht nach § 103[27] oder das Insolvenzanfechtungsrecht,[28] bleiben ausgenommen, weil dem Schuldner die Befugnis fehlt, hierüber zu verfügen oder „Einfluss darauf zu nehmen, in welcher Weise und bei welcher Stelle sie geltend gemacht werden".[29] Streitig ist vor diesem Hintergrund, ob die Bindung an die Schiedsabrede auch einen Streit über insolvenzrechtliche Einwendungen erfasst.[30] Mit den genuinen Verwalterrechten wie dem Insolvenzanfechtungsrecht können insolvenzrechtliche Einwendungen gegen die Forderung, bspw die Nachrangigkeit nach § 39 I, nicht ohne Weiteres und generell gleichgesetzt werden.[31] Bei genauer Betrachtung wird sich aber die Schiedsvereinbarung nicht auf solche Fragestellungen beziehen, so dass schon aus diesem Grund der Streit wegen insolvenzrechtlicher Einwendungen – anders als der Bestandsstreit – nicht Sache des Schiedsverfahrens und der schiedsrichterlichen Entscheidungskompetenz ist.[32] 13

Fraglich ist dagegen die Bindung von **widersprechenden Insolvenzgläubigern** an eine zwischen Anmelder und Schuldner vor Verfahrenseröffnung abgeschlossene Schiedsabrede. Eine solche lässt sich nicht mit der Rechts- bzw Schuldnachfolge begründen. Von einer „prozessualen Sonderrechtsnachfolge"[33] kann jedenfalls bei einem neuen Rechtsstreit iSv § 180 I nicht gesprochen werden. Das heißt zwar noch nicht, dass eine Bindung anderer Widersprechender allein deshalb ausgeschlossen wäre. Immerhin resultiert das Widerspruchsrecht des Gläubigers, das ihn zum Klagegegner macht, daraus, dass die Masse den Insolvenzgläubigern als Haftungsobjekt zugewiesen ist und die jeweilige Insolvenzquote auch davon abhängt, welche weiteren Forderungen zu bedienen sind; der widersprechende Gläubiger verteidigt also – insofern nicht anders als der Insolvenzverwalter – die Inanspruchnahme der Haftungsmasse. Daraus wird zum Teil gefolgert, dass der widersprechende Gläubiger in gleicher Weise wie der Verwalter an die 14

---

24 MünchKomm/*Schumacher* InsO[4] § 180 Rn 9 mwN; *Flöther* S 60 ff; *Wagner* KTS 2010, 39, 40 (unter Hinweis auf § 160 II Nr 3); ausführlich *Jestaedt* S 123 ff auch mit Nachweisen zu abweichenden Ansichten in der älteren Literatur; insoweit auch *Häsemeyer* InsR[4] Rn 13.28.

25 Die Bindung **grundsätzlich** bejahend: BGHZ 24, 15, 18; BGH ZInsO 2004, 88; ZIP 2009, 627 Ziffer 11, BGH NJW 2018, 106 mwN; Baur/*Stürner* InsR[12] Rn 21.20; *Berger* ZInsO 2009, S 1035 sub III 1 und S 1038 sub IV 2c), dd; BK/*Gruber* InsO[74] § 180 Rn 25; *Eckardt* Kölner Schrift[3] Kap 17 Rn 50; *Heidbrink/Gräfin von der Groeben* ZIP 2006, 265 m umfangr N Fn 1; ferner zB *Gerhardt* Aktuelle Probleme der Insolvenzanfechtung[10] Rn 62; HK/*Depré* InsO[10] § 180 Rn 2; S 13; auf **Verwalter und anderen Insolvenzgläubiger** als Widersprechende bezogen *Berger* ZInsO 2009, 1037 f; *Flöther*, S 80 ff; MünchKomm/*Schumacher* InsO[4] § 180 Rn 11 Fn 24; *Jestaed* S 131; *Wagner* KTS 2010, 39, 44 ff. Nur für Bindung des **Insolvenzverwalters**, nicht (auch) eines widersprechenden **Insolvenzgläubigers** Kübler/Prütting/Bork/*Pape/Schaltke* InsO[86] § 180 Rn 7; Uhlenbruck/*Sinz* InsO[15] § 180 Rn 16. **Gegen jegliche Bindung** vor allem *Häsemeyer* InsR[4] Rn 13.28; ebenso HambK/*Herchen* InsO[9] § 180 Rn 14; *Schulte-Frohlinde/Wilts* ZInsO 2006, 196 ff.

26 Vgl BGH NZI 2013, 934, 935; zur KO BGH NJW 1957, 791; *Jestaedt* S 66 ff, 148 ff.

27 BGH NZI 2018, 106; BGH NZI 2011, 634, 635.

28 BGH NZI 2013, 934, 935; BGH NJW-RR 2008, 558, 560.

29 BGH NZI 2011, 634, 636; siehe bereits zur KO BGH NJW 1956, 1920, 1921.

30 **Dafür** BK/*Gruber* InsO[74] § 180 Rn 26; *Jestaedt* S 133 ff; **dagegen** MünchKomm/*Schumacher* InsO[4] § 180 Rn 11.

31 So aber tendenziell MünchKomm/*Schumacher* InsO[4] § 180 Rn 11.

32 Vgl *Eckardt* Kölner Schrift[3] Kap 17 Rn 50; **anders** BK/*Gruber* InsO[74] § 180 Rn 26, der von einer ergänzenden Auslegung der Schiedsvereinbarung ausgeht.

33 So *Jestaedt* S 129.

Schiedsvereinbarung gebunden sei, die der Anmelder mit dem Schuldner geschlossen hatte.[34] Diese Ansicht blendet jedoch aus, dass der widersprechende Gläubiger nach der gesetzlichen Lage als Konsequenz seines Widerspruchs mit einem Feststellungsstreit vor dem staatlichen Gericht rechnen muss. Ihn nunmehr einem schiedsgerichtlichen Verfahren zu unterwerfen, dem er nicht zugestimmt hatte, wäre ein **unzulässiger Vertrag zu Lasten Dritter**.[35]

3. Die Parteien des Feststellungsverfahrens

15 **a) Prinzip: Anmeldender und Bestreitender.** Das **Prüfungsverfahren** ergibt nicht nur, ob und inwieweit eine erörterte Forderung dem Bestand oder dem Vorrecht nach bestritten wurde, sondern grundsätzlich auch, unter welchen **Parteien** der Feststellungsstreit auszutragen ist.[36] Die Feststellung kann der Gläubiger nur gegen einen Bestreitenden betreiben.[37] Werden **Schuldverschreibungsgläubiger** durch einen gemeinsamen Vertreter nach § 19 III SchVG im Feststellungs- und Prüfungsverfahren vertreten, erstreckt sich dessen Vertretungsmacht darauf, den Forderungsanmeldungen anderer Gläubiger zu widersprechen und die Schuldverschreibungsgläubiger in einem Feststellungsprozess, den der andere Gläubiger betreibt, zu vertreten; Partei des Rechtsstreits wären in diesem Fall die vertretenen Schuldverschreibungsgläubiger.[38]

16 In der Tabelle müssen Anmelder (Gläubiger) und Bestreitender bestimmt bezeichnet sein (§§ 174 II, 178 II); diese Bezeichnung hat der **Tabellenauszug** zu übernehmen, den das Insolvenzgericht nach § 179 III zum Zwecke des Betreibens der Feststellung erteilt. Schlechthin schließt freilich weder § 179 III noch § 181 einen Wechsel der Beteiligten nach Abschluss des Prüfungsverfahrens aus.

17 **b) Rechtsnachfolge auf Seiten des Anmelders.** Geht die Forderung des Anmelders nach der Anmeldung auf einen Rechtsnachfolger über, so tritt im Falle der **Gesamtrechtsnachfolge** der Wechsel in der Beteiligtenrolle für den Feststellungsstreit von Rechts wegen ein (zur Rechtsnachfolge vor dem Prüfungstermin vgl § 174 Rn 86). Dagegen wird für den Fall der **Sonderrechtsnachfolge** für die angemeldete und streitig gebliebene Forderung bedeutsam, dass der Grund der Forderung in § 174 II (vgl § 174 Rn 65) auch die Rechtszuständigkeit umfasst, welche der anmeldende Gläubiger mit der Anmeldung für sich in Anspruch genommen hat, dass also auch hinsichtlich der behaupteten **Rechtszuständigkeit** der **Streitgegenstand** des Feststellungsprozesses durch § 181 festgelegt ist.[39]

18 Hat der anmeldende Gläubiger nach Anmeldung, jedoch noch **vor Klageerhebung die Forderung abgetreten**, so würde sich daraus an sich ergeben, dass der Erwerber durch Neuanmeldung, Prüfung und Bestreiten der nunmehr ihm zustehenden Forderung die Eignung zur Partei im Feststellungsstreit erwerben würde. Dies ginge jedoch über den Schutzzweck des § 181 hinaus. Dem kann vielmehr durch den Nachweis der Rechtsnachfolge in der Form des § 727 ZPO vor Prozessbeginn gegenüber dem Insolvenzgericht, entsprechendem Vermerk in der Tabelle (§ 175) und Anzeige gegenüber dem (oder den) Widersprechenden

---

34 *Wagner* KTS 2010, 39, 45; ähnlich *Flöther* S 84.

35 So bereits Voraufl Jaeger/*Gerhardt* InsO § 180 Rn 20; ebenso *Ehricke* ZIP 2006, 1847, 1854; *Hombeck/Schneider* NZI 2020, 449, 452; Kübler/Prütting/Bork/*Pape/Schaltke* InsO[86] § 180 Rn 7; Uhlenbruck/*Sinz* InsO[15] § 180 Rn 16 aE; zust *Longrée*/Gantenbrink SchiedsVZ 2014, 21, 23.

36 Motive II S 364 = Hahn S 327.

37 Vgl BGHZ 195, 233 = NJW 2012, 3725, 3726.

38 BGH NZI 2018, 482, 483 f.

39 Uhlenbruck/*Sinz* InsO[15] § 181 Rn 10.

genügt werden.[40] Diese besonderen Sachurteilsvoraussetzungen für die von ihm erhobene Feststellungsklage kann der Erwerber im Laufe des Verfahrens nachholen, wobei teils eine Nachholung auch noch in der Berufungsinstanz zugelassen wird,[41] nach bereits in der Vorauflage vertretener Ansicht konsequenterweise auch noch in der Revisionsinstanz, weil hierdurch die Interessen der Gläubiger nicht berührt würden und insofern nichts anderes gelten könne als für die sonstigen aus § 181 abzuleitenden Zulässigkeitsvoraussetzungen des Feststellungsprozesses.[42] Die gegen die Nachholung vorgebrachten Bedenken im Hinblick auf die Präklusionsregelung des § 530 II ZPO[43] sind unbegründet. Der Rechtsnachfolgenachweis bezieht sich auf die Zulässigkeitsvoraussetzung des Feststellungsprozesses, dass der Feststellungskläger anstelle des ursprünglichen Anmelders die Feststellung der angemeldeten Forderung im Insolvenzverfahren verfolgt, was sich aus dem ursprünglichen Tabellenauszug nicht ergibt. Insofern handelt es sich also nicht um ein Angriffsmittel.

Vollzieht sich die Rechtsnachfolge, **nachdem der Anmelder die Klage auf Feststellung** 19
erhoben hat, bleibt der Anmelder nach § 265 II ZPO prozessführungsbefugte Partei.[44] Der Rechtsnachfolger kann den Prozess nur mit Zustimmung des Gegners übernehmen.

c) Rechtsnachfolger des bestreitenden Gläubigers. Der bestreitende Gläubiger bleibt Fest- 20
stellungsgegner, auch wenn seine Forderung später (vor oder nach Erhebung der Feststellungsklage) durch Abtretung oder kraft Gesetzes auf einen **Sonderrechtsnachfolger des Gläubigers** übergeht. Ihn hat die Tatsache des Widerspruchs, nicht sein Insolvenzgläubigerrecht zum Feststellungsgegner gemacht. Der Zedent behält die Macht, den Widerspruch zurückzunehmen (vgl o § 176 Rn 54), und trägt auch weiterhin die Prozesskostengefahr. Wenn jedoch die Rechtspersönlichkeit des Bestreitenden erlischt und ein **Gesamtnachfolger**, namentlich als Erbe (aber auch zB §§ 46, 88 BGB), an seine Stelle tritt, rückt der Nachfolger rechtsnotwendig auch in die Parteirolle des Bestreitenden ein.[45]

4. Mehrere Bestreitende

Ist eine angemeldete Forderung mehrfach bestritten, so muss der Anmelder **alle Widersprüche** 21
von Verwalter und Insolvenzgläubigern (gegen Bestand und Anmeldbarkeit der Forderung) beseitigen, um die Verfahrensteilnahme zu erzwingen.[46] – Im Eigenverwaltungsverfahren ist zu beachten, dass das Widerspruchsrecht des Verwalters der eigenverwaltende Schuldner und der Sachwalter ausüben (vgl § 176 Rn 24).[47] – Eine Feststellung als (einfache) Insolvenzforderung scheidet schon dann aus, wenn nur ein Widerspruch (gegen Bestand und Anmeldbarkeit der Forderung) für begründet erklärt wird. Das zwingt den Anmelder allerdings nicht dazu, gegen alle Widersprechenden zusammen Feststellungsklage zu erheben (siehe aber zur Verfahrensaufnahme nach § 180 II Rn 42).[48] Die Widersprechenden sind nicht nur in ihrer Gesamtheit sachlich

---

40 Graf-Schlicker/*Graf-Schlicker* InsO[6] § 181 Rn 7; Kübler/Prütting/Bork/*Pape/Schaltke* InsO[86] § 181 Rn 11; Uhlenbruck/*Sinz* InsO[15] § 181 Rn 10; zur **KO** vgl RG JW 1911, 950; **aA** MünchKomm/*Schumacher* InsO[4] § 181 Rn 8 (Arg.: keine erneute Prüfung mit Möglichkeit, die behauptete Rechtsnachfolge zu bestreiten).
41 Uhlenbruck/*Sinz* InsO[15] § 181 Rn 10.
42 Voraufl Jaeger/*Gerhard* InsO § 180 Rn 33.
43 Kübler/Prütting/Bork/*Pape/Schaltke* InsO[86] § 181 Rn 11 Fn 32.
44 MünchKomm/*Schumacher* InsO[4] § 179 Rn 13; Uhlenbruck/*Sinz* InsO[15] § 181 Rn 10.
45 So bereits zur KO: Kilger/*K. Schmidt* InsG[17] § 146 KO Anm 1c.
46 BGHZ 195, 233 = NJW 2012, 3725, 3728 mwN; BGH NZI 2013, 396, 397.
47 MünchKomm/*Schumacher* InsO[4] § 178 Rn 17; Uhlenbruck/*Sinz* InsO[15] § 178 Rn 15.
48 Vgl *Eckardt* Kölner Schrift[3] Kap 17 Rn 51; Graf-Schlicker/*Graf-Schlicker* InsO[6] § 179 Rn 6; Kübler/Prütting/Bork/*Pape/Schaltke* InsO[86] § 179 Rn 9; K Schmidt/*Jungmann* InsO[19] § 180 Rn 6; Uhlenbruck/*Sinz* InsO[15] § 180 Rn 17; zur KO RGZ 51, 94, 97; BGHZ 112, 95, 98; zur älteren Literatur vgl Jaeger/*Weber* KO[8] § 146 Rn 8.

legitimiert,[49] da sie zB auch unabhängig voneinander ihren Widerspruch zurückziehen können. Immerhin erscheint es zweckmäßig, **wenn mehrere Feststellungsklagen anhängig** sind, zu beantragen, diese miteinander **zu verbinden**, sofern die Prozesse nicht wegen unterschiedlicher sachlicher Zuständigkeiten beim Amtsgericht und beim Landgericht anhängig sind,[50] vgl dazu unten Rn 28, zur Streitgenossenschaft in derartigen Fällen passim Rn 22 ff.

22 **a) Notwendige Streitgenossenschaft.** Wenn mehrere Bestreitende **zusammen klagen** (§§ 179 I, 180 I) **oder verklagt werden** (§ 179 II), auch nach Klageverbindung, stellt sich die Frage, ob sie notwendige Streitgenossen iSv § 62 I ZPO sind. Zwischen Insolvenzverwalter und Insolvenzgläubiger und zwischen widersprechenden Insolvenzgläubigern untereinander besteht eine **notwendige Streitgenossenschaft** iSd 1. Alternative des § 62 I ZPO.[51] Das rechtskräftige Urteil, das einen Widerspruch für begründet erklärt, wirkt nach § 183 I zugunsten aller Insolvenzgläubiger und führt dazu, dass der Rechtsstreit gegenüber mehreren Streitgenossen aus prozessualen Gründen nur einheitlich entschieden werden kann (§ 62 I 1. Alt ZPO). Dass ein Urteil, das den Widerspruch für unzulässig oder unbegründet erklärt, keine Wirkung hinsichtlich der übrigen Widersprüche entfaltet, steht der notwendigen Streitgenossenschaft nicht entgegen.[52]

23 Zum Teil wird die notwendige Streitgenossenschaft allerdings von der inhaltlichen Übereinstimmung der Widersprüche abhängig gemacht, wie es vor allem auch in der der älteren Literatur zur KO vertreten wurde.[53] Es soll keine notwendige Streitgenossenschaft gegeben sein, wenn ein Widerspruch bezüglich Grund und Höhe der Forderung erhoben wurde, ein anderer dagegen wegen der Nachrangigkeit der Forderung nach § 39 InsO.[54] Dabei wird verkannt, dass selbst beim isolierten Rangstreit Bestand und Anmeldbarkeit mit zum Streitgegenstand gehören. Der Streit um die bevorzugte Haftung schließt den Streit um die einfache Haftung mit ein; wird der Widerspruch gegen den Bestand der Forderung für begründet erklärt und damit ein einfaches Haftungsrecht verneint, so kann der Widerspruch gegen das Vorrecht und die bevorzugte Haftung nicht mehr für unbegründet erklärt werden.[55]

24 Zwischen Insolvenzverwalter bzw Insolvenzgläubiger auf der einen Seite und dem widersprechenden **Schuldner (persönlich)** auf der anderen Seite besteht im Übrigen **keine notwendige Streitgenossenschaft** gem § 62 I 1. Alt ZPO. Unabhängig von der Frage, ob ein Urteil, das den Widerspruch des Insolvenzverwalters bzw. Insolvenzgläubigers für begründet erklärt, zugunsten des Schuldners wirkt,[56] fehlt es hier schon an der Identität des Streitgegenstandes.[57] Es können widersprechende Entscheidungen ergehen, wenn zB ein Forderungsrecht gegen den Schuldner bejaht wird, eine Haftung der Masse jedoch wegen insolvenzrechtlicher Einwendungen der Forderung ausscheidet. Insolvenzverwalter bzw widersprechende Insolvenzgläubiger sind hinsichtlich des widersprechenden Schuldners vielmehr einfache

---

49 Vgl BGHZ 112, 95, 98.

50 Uhlenbruck/*Sinz* InsO[15] § 180 Rn 17.

51 BGHZ 112, 95, 98; Graf-Schlicker/*Graf-Schlicker* InsO[6] § 179 Rn 6; Kübler/Prütting/Bork/*Pape/Schaltke* InsO[86] § 179 Rn 9; *Schilken* ZPR[7] Rn 675; Thomas/Putzo/*Hüßtege* ZPO[42] § 62 Rn 9; Zöller/*Althammer* ZPO[33] § 62 Rn 3; und ausführlich *Henckel* Parteilehre und Streitgegenstand im Zivilprozeß, 1961, S 206 ff.

52 *Lindacher* JuS 1986, 379, 382; Rosenberg/Schwab/*Gottwald* ZPR[18] § 49 Rn 16.

53 Jaeger/*Weber* KO[8] § 146 Rn 10 mwN.

54 Stein/Jonas/*Bork* ZPO[23] § 62 Rn 7; Uhlenbruck/*Sinz* InsO[15] § 179 Rn 13 aE; § 180 Rn 17.

55 So auch HambK/*Herchen* InsO[9] § 179 Rn 40; Kübler/Prütting/Bork/*Pape/Schaltke* InsO[86] § 179 Rn 9.

56 Dazu *Spellenberg* S 151 ff.

57 BGH ZIP 1980, 23 unter Hinw auf RGZ 13, 315; 24, 405, 408.

Streitgenossen iSd §§ 59, 60 ZPO,[58] weil auch die Haftung der Masse eine Forderung gegen den Schuldner voraussetzt.[59]

b) Nebenintervention (Streithilfe). Weil das einen Widerspruch als begründet anerkennende rechtskräftige Urteil Rechtskraft zugunsten aller Insolvenzgläubiger sowie zugunsten des Insolvenzverwalters wirkt (§ 183 I), sind der Insolvenzverwalter und jeder Insolvenzgläubiger, und zwar unabhängig von einem eigenen Widerspruch, berechtigt, im Feststellungsstreit dem Feststellungsgegner (Verwalter oder Gläubiger, § 178 I) als **Nebenintervenient** beizutreten.[60] Sie haben ein „rechtliches Interesse" (§ 66 ZPO) daran, dass der Widerspruch nicht für unbegründet erklärt wird, zumal dies für die Insolvenzquote von Bedeutung sein kann. Bei der Eigenverwaltung gilt Entsprechendes für (eigenverwaltenden) Schuldner und Sachwalter, da diese im Eigenverwaltungsverfahren zu den Widerspruchsberechtigten im engeren Sinne gehören. 25

Streitig ist, ob der **Schuldner** (persönlich), der einer angemeldeten Forderung selbst widersprochen hat, dem Insolvenzverwalter oder einem der Forderungsanmeldung widersprechenden Gläubiger als Nebenintervenient beitreten darf.[61] Dann müsste der Schuldner nach § 66 I ZPO ein rechtliches Interesse daran haben, dass der Insolvenzverwalter bzw der Insolvenzgläubiger im Feststellungsstreit mit dem Anmelder obsiegt. Da es nicht genügt, dass der Sieg der Hauptpartei für den Nebenintervenienten vorteilhaft ist, kommt es in diesem Zusammenhang ebenfalls nicht darauf an, ob das Urteil, das den Widerspruch des Insolvenzverwalters oder eines Insolvenzgläubigers für begründet erklärt, auch zugunsten des Schuldners wirkt (vgl dazu § 183 Rn 19). Entscheidend ist vielmehr, ob ein für die Hauptpartei ungünstiges Urteil, das den Widerspruch für unbegründet erklärt, **den Schuldner belastet**. Wird der Widerspruch im Forderungsfeststellungsprozess für unbegründet erklärt, erreicht der Anmelder die Feststellung zur Tabelle. Hat der Schuldner persönlich der Forderung widersprochen, muss er immerhin mit einem zweiten Prozess gegen ihn (§ 184) rechnen. Ein rechtliches Interesse des Schuldners, der selbst widersprochen hatte, kann hinsichtlich der Befürchtung angenommen werden, ein Gericht, das im Verhältnis zur Masse das Bestehen der Forderung einmal bejaht hat, werde im Prozess gegen ihn nicht zu einem anderen Ergebnis kommen.[62] Aus diesem Grund ist die Möglichkeit der Nebenintervention zu bejahen, wobei jedoch nicht verkannt werden soll, dass grundsätzliche Bedenken gegen ein Interventionsrecht des Schuldners[63] erhoben werden können. 26

58 BGH ZIP 1980, 23; Jaeger/*Henckel* KO[9] § 6 Rn 105.

59 Vgl Zöller/*Althammer* ZPO[33] § 60 Rn 5 zu den Fällen einer akzessorischen Haftung wie etwa dem Verhältnis von Hauptschuldner und Bürgen.

60 HambK/*Herchen* InsO[9] § 179 Rn 42; Kübler/Prütting/Bork/*Pape*/*Schaltke* InsO[86] § 179 Rn 12a; MünchKomm/*Schumacher* InsO[4] § 179 Rn 19; Uhlenbruck/*Sinz* InsO[15] § 179 Rn 16.

61 **Bejahend**: BeckOK/*Zenker* InsO[23] § 180 Rn 10 (unabhängig vom eigenen Widerspruch des Schuldners); *Eckardt* Kölner Schrift[3] Kap 17 Rn 51 aE; Graf-Schlicker/*Graf-Schlicker* InsO[6] § 179 Rn 7; Stein/Jonas/*Jacoby* ZPO[23] § 66 Rn 13; MünchKomm/*Schumacher* InsO[4] § 179 Rn 20; Uhlenbruck/*Uhlenbruck* InsO[15] § 80 Rn 10; Zöller/*Althammer* ZPO[33] § 66 Rn 10; siehe auch zu KO KG OLGE 20 (1910), 297 f; **verneinend**: HambK/*Herchen* InsO[8] § 179 Rn 42; Kübler/Prütting/Bork/*Pape*/*Schaltke* InsO[86] § 179 Rn 12; Jaeger/*Windel* InsO § 80 Rn 201; zur KO RGZ 24, 422, 423; RG JW 1937, 3042; Jaeger/*Weber* KO[8] § 146 Rn 11; Kilger/*K. Schmidt* InsG[17] § 146 KO Anm 1a aE; offengelassen BGH ZInsO 2009, 432 (zu § 180 II, Verwalter hatte das Verfahren nicht aufgenommen, so dass der Schuldner schon aus diesem Grund nicht unterstützend beitreten konnte).

62 So Voraufl Jaeger/*Gerhardt* InsO § 180 Rn 29 unter Verweis auf Jaeger/*Henckel* KO[9] § 6 Rn 103.

63 Vgl Jaeger/*Windel* InsO § 80 Rn 201.

5. Zuständigkeit

27 Die Zuständigkeitsregelung besagt (wie die inhaltsgleiche Regelung im früheren § 146 II KO), dass der Feststellungstreit **außerhalb des Insolvenzverfahrens** abzuwickeln ist.[64] Der gemeinrechtlichen vis attractiva concursus[65] wird damit für die Feststellungsstreitigkeiten nur sehr begrenzt entsprochen.[66] Der besondere Gerichtsstand nach §§ 180 I S 2, 3 betrifft den Rechtsweg zum ordentlichen Gericht; für **rechtswegfremde Forderungen** gilt die Zuständigkeitsregelung nach § 185 (siehe Kommentierung dort).

28 Für die Erhebung der Feststellungsklage besteht nach Abs 1 S 2 und 3 der **Gerichtsstand** beim Amtsgericht des schwebenden Insolvenzverfahrens und für landgerichtliche Streitgegenstände beim übergeordneten Landgericht (§§ 23, 71 GVG). Diese Regelung beugt einer allzu großen Zersplitterung der Streitigkeiten und Entscheidungen vor. Zugleich macht sie die Bestimmung eines **gemeinschaftlichen Gerichtsstandes** (§ 36 I Nr 3 ZPO) überflüssig, wenn Klage gegen mehrere Widersprechende mit verschiedenen allgemeinen Gerichtsständen erhoben werden soll.[67] Wird dieselbe Forderung mehrfach, aber in verschiedener Höhe bestritten, so fehlt es möglicherweise an einer einheitlichen – streitwertabhängigen – sachlichen Zuständigkeit. Auf entsprechendes Gesuch kann aber in analoger Anwendung des § 36 I Nr 3 ZPO das sachlich zuständige Gericht bei einer derartigen Sachlage bestimmt werden.[68]

29 Die **örtliche** und die **sachliche Zuständigkeit sind ausschließlich**[69]**,** wie sich eindeutig aus dem **Gesetzeswortlaut** des § 180 I S 2, 3 ergibt. Bezieht man sich auf den Wortgebrauch der ZPO, so betrifft zum Beispiel der Titel über die Zuständigkeitsvereinbarungen, §§ 38–40 ZPO, mit der neutralen Formulierung „Zuständigkeit" sowohl die sachliche als auch die örtliche Zuständigkeit; unzulässig sind beiderlei Vereinbarungen, sofern „für die Klage ein ausschließlicher Gerichtsstand begründet ist", § 40 II Nr 2 ZPO.[70] Im Übrigen betrifft § 180 I S 2, 3, der sich mit der örtlichen Zuständigkeit des Amtsgerichts und des Landgerichts befasst, mit dem Hinweis auf den Streitgegenstand als Abgrenzungskriterium zwischen beiden örtlich zuständigen Gerichten gerade die Frage der sachlichen Zuständigkeit.[71] Das spricht insgesamt dafür, auch eine ausschließliche sachliche Zuständigkeit anzunehmen.[72] Dabei schaltet das Gesetz die **Kammern für Handelssachen,** § 95 GVG, nicht aus.[73]

30 Sollte der ausschließliche Gerichtsstand des § 180 I S 2, 3 mit einem **anderen ausschließlichen Gerichtsstand** kollidieren, ist dem Kläger ein Wahlrecht einzuräumen.[74]

31 Im Gerichtsstand der Insolvenzfeststellungsklage kann der beklagte Widersprechende eine **Widerklage** nach Maßgabe des § 33 ZPO erheben.[75] Andererseits ist denkbar, dass die Forde-

---

64 Zur entspr Regelung in § 146 II KO vgl Mot II S 364 f = Hahn IV S 327 f.

65 Vgl hierzu *Gerhardt* NZI 2010, 849, 852 f.

66 Ausführlich *Jahr* ZZP 79 (1966), 347 ff.

67 Motive II S 365 = Hahn IV S 328.

68 BGHZ 90, 155, 156 ff; Stein/Jonas/*Roth* ZPO[23] § 36 Rn 4, 22; Thomas/Putzo/*Hüßtege* ZPO[21] § 36 Rn 14.

69 **Str** für die doppelfunktionale Anwendung des § 180 I zur Begründung der internationalen Zuständigkeit; **dafür:** FK/*Wenner*/*Schuster* § 335 Rn 16; **dagegen** Gottwald/Haas/*Kolmann*/*Ch. Keller* InsRHdb[6] § 130 Rn 98 (allenfalls konkurrierende besondere internationale Zuständigkeit).

70 Thomas/Putzo/*Hüßtege* ZPO[41] § 40 Rn 1; Zöller/*Schultzky* ZPO[33] § 40 Rn 7 mit dem Hinw in Rn 10 ua auf § 180 InsO, der die sachliche und die örtliche ausschließliche Zuständigkeit betreffe.

71 Daraus allerdings das gegenteilige Ergebnis folgernd BK/*Gruber* InsO[74] § 180 Rn 14.

72 Graf-Schlicker/*Graf-Schlicker* InsO[6] § 180 Rn 3; Kübler/Prütting/Bork/*Pape*/*Schaltke* InsO[86] § 180 Rn 4; K Schmidt/*Jungmann* InsO[19] § 180 Rn 5; Uhlenbruck/*Sinz* InsO[15] § 180 Rn 8; **aA** BK/*Gruber* InsO[74] § 180 Rn 14; KK/*Thiele* InsO § 180 Rn 38; MünchKomm/*Schumacher* InsO[4] § 180 Rn 14.

73 Graf-Schlicker/*Graf-Schlicker* InsO[6] § 180 Rn 2 aE; HK/*Depré* InsO[10] § 180 Rn 2; HambK/*Herchen* InsO[9] § 180 Rn 4; Kübler/Prütting/Bork/*Pape*/*Schaltke* InsO[86] § 180 Rn 4; K Schmidt/*Jungmann* InsO[19] § 180 Rn 5; Uhlenbruck/*Sinz* InsO[15] § 180 Rn 19.

74 Kübler/Prütting/Bork/*Pape*/*Schaltke* InsO[86] § 180 Rn 5; Uhlenbruck/*Sinz* InsO[15] § 180 Rn 3.

75 So schon RGZ 16, 118 f.

rungsfeststellung selber den Gegenstand einer Widerklage bildet; eine solche darf nur bei dem nach § 180 I S 2 örtlich ausschließlich zuständigen Gericht erhoben werden, vgl § 33 II ZPO.[76]

IV. Feststellung streitig gebliebener Forderungen durch Aufnahme des Rechtsstreits (Abs 2)

Nach § 180 II erfolgt die Feststellung der streitig gebliebenen Forderung durch Aufnahme eines Rechtsstreits über die Forderung. Soweit die Aufnahme nach § 180 II zulässig ist, ist ein neuer Rechtsstreit unstatthaft, was von Amts wegen berücksichtigt werden muss.[77] Mit der Aufnahme des Rechtsstreits sind die Anträge dem modifizierten Streitgegenstand anzupassen (dazu unten Rn 47). Wer zur Aufnahme befugt ist, ergibt sich in Zusammenschau mit § 179. Trifft die Betreibenslast nach § 179 I den Gläubiger der angemeldeten Forderung, ist dieser zur Aufnahme befugt; liegt bereits ein vollstreckbarer Schuldtitel oder ein Endurteil vor und obliegt es deshalb dem Widersprechenden, den Widerspruch zu verfolgen, ist umgekehrt der Widersprechende zur Aufnahme befugt. Im letzteren Fall wird allerdings auch dem Anmelder die Befugnis zur Prozessaufnahme zuerkannt, wenn der Widersprechende nicht tätig wird, weil der Anmelder ein schutzwürdiges Interesse an zeitnaher Klärung hat (vgl § 179 Rn 52).[78] 32

1. Anwendungsbereich

Die **Unterbrechung des Rechtsstreits gem § 240 ZPO** setzt die Eröffnung des Insolvenzverfahrens voraus, ferner dass die angemeldete Forderung Gegenstand eines rechtshängigen Rechtsstreits und der Schuldner als Partei an diesem Rechtsstreit beteiligt war.[79] Ein Streit der Parteien darüber, ob der Prozess unterbrochen ist und aufgenommen werden kann, wäre ein Zwischenstreit iSv § 303 ZPO. Ohne Bedeutung ist, ob der Schuldner (Wider-)Kläger ist oder Gegner einer negativen Feststellungsklage.[80] Ggf muss das Aufnahmerecht für Klage und Widerklage getrennt geprüft werden.[81] 33

Weil die Verfahrensaufnahme nach § 180 II – nicht anders als der Forderungsfeststellungsprozess nach § 180 I – dem Zweck dient, eine im Prüfungsverfahren bestrittene Forderung festzustellen oder umgekehrt – in den Fällen des § 179 II – einen der Feststellung entgegenstehenden Widerspruch für begründet zu erklären, muss die Forderung, wegen der der Rechtsstreit anhängig ist, zur Tabelle angemeldet worden sein und das Prüfungsverfahren durchlaufen haben. Dass die Forderung im Insolvenzverfahren **angemeldet und geprüft** wurde, ist eine **Zulässigkeitsvoraussetzung für die Prozessaufnahme** (siehe auch § 181 Rn 4 ff).[82] Ein Streit darüber, ob diese Voraussetzung erfüllt ist, wäre ein **Zwischenstreit** über die Wirksamkeit der Aufnahme, der durch Zwischenurteil nach § 303 ZPO zu entscheiden ist.[83] 34

Aus welchem Grund der Forderung im Prüfungsverfahren widersprochen wurde, spielt für die Aufnahme eines Rechtsstreits nach § 180 II keine Rolle. Selbst in Fällen, in denen der Widerspruch allein mit **insolvenzrechtlichen Einwendungen** begründet wird, ist die Prozessaufnah- 35

---

76 Uhlenbruck/*Sinz* InsO[15] § 180 Rn 7.

77 BGH NJW 2017, 1752 mwN; MünchKomm/*Schumacher* InsO[4] § 180 Rn 15; vgl bereits RGZ 65, 132, 133; BGHZ 105, 34, 37.

78 Vgl BGH NJW-RR 2014, 1270, 1271; BGHZ 195, 233 = NJW 2012, 3725.

79 Ausführlich Jaeger/*Henckel* KO[9] § 10 Rn 2 ff.

80 Zur Aufnahme einer negativen Feststellungsklage vgl RGZ 70, 368, 371.

81 Vgl BGH ZIP 2018, 130, 131.

82 BGH NZI 2021, 669, 670; BGH NJW 2020, 3102; BGH NJW-RR 2014, 1270, 1271 **mwN**; Kübler/Prütting/Bork/*Pape/Schaltke* InsO[86] § 180 Rn 10; Uhlenbruck/*Sinz* InsO[15] § 180 Rn 25.

83 BGH NJW 2020, 3102, 3103.

me statthaft und kein zweites Verfahren erforderlich.[84] Das ergibt sich nach hier vertretener Ansicht zum Gegenstand des Feststellungsstreits schon deshalb, weil der aufgenommene Prozess als Prozess über das Haftungsrecht des Gläubigers fortgeführt wird (zur Überführung in den Forderungsfeststellungsstreit siehe unten Rn 47).[85]

36 Voraussetzung für die Anwendung des § 180 II ist überdies die **Identität der angemeldeten Forderung** mit dem **Gegenstand des Rechtsstreits** (s auch § 181 Rn 9 ff; zur vergleichbaren Problematik bei § 179 II siehe dort Rn 39 ff).[86] Dass der Gläubiger seine Forderung an die Insolvenzsituation anpassen und im Insolvenzverfahren möglicherweise so anmelden muss, dass sie im insolvenzrechtlichen Verteilungsverfahren berücksichtigt werden kann, ist dabei unerheblich, zumal der aufgenommene Rechtsstreit als Prozess über das Haftungsrecht des Gläubigers fortgesetzt wird (vgl u Rn 47). Auch wenn eine Umrechnung der Forderung, über die bereits prozessiert wurde, gem § 45 InsO erfolgte, ist die angemeldete Forderung mit dem Gegenstand des Rechtsstreits identisch.[87] Maßgeblich ist die Identität der Rechtsschutzziele; daran fehlt es etwa, wenn ein Rechtsstreit auf Feststellung des Bestehens eines Arbeitsverhältnisses rechtshängig war und im Insolvenzverfahren eine Lohnforderung angemeldet wird, weil hier der Gegenstand eines Forderungsfeststellungsstreits nicht mit dem Streitgegenstand einer Klage auf Feststellung des Bestehens eines Arbeitsverhältnisses übereinstimmt.[88] Dagegen kann hinreichende Identität angenommen werden, wenn der Gläubiger wegen der Entwicklung im Insolvenzverfahren vom Erfüllungsbegehren auf das Erfüllungsinteresse umschwenkt. Hatten Gläubiger und Schuldner über einen Erfüllungsanspruch aus einem gegenseitigen Vertrag gestritten und macht der Gläubiger nach Erfüllungsablehnung des Insolvenzverwalters gemäß § 103 I einen Schadensersatzanspruch wegen Nichterfüllung geltend § 103 II S 1, den er zur Tabelle anmeldet, so kann er im Bestreitensfall den unterbrochenen Prozess bzgl des Erfüllungsanspruchs nach § 180 II InsO aufnehmen, zivilprozessrechtlich im Wege der Klageänderung nach § 264 Nr 3 ZPO „wegen einer später eingetretenen Veränderung".[89] Darüber hinaus mehren sich Stimmen, die dem Gläubiger allgemein ermöglichen wollen, durch simultane Aufnahme des Prozesses und Klageänderung **nach §§ 263, 264 ZPO Identität herzustellen.**[90] In der Tat kann es in bestimmten Fällen sachdienlich sein, den Forderungsfeststellungsprozess auf der Grundlage der bisherigen Prozessergebnisse fortzuführen.

2. Aufnahme in besonderen Verfahrensarten

37 **a) Urkunden-, Wechsel- und Scheckprozess.** Hat der Anmelder vor Eröffnung des Insolvenzverfahrens wirksam **vom Urkundenprozess Abstand genommen (§ 596 ZPO),** so ist der Rechtsstreit, der im ordentlichen Verfahren anhängig geblieben ist, nach Abs 2 aufzunehmen. Ein neuer Rechtsstreit wäre unzulässig. Ist der Urkundenprozess bei Verfahrenseröffnung be-

84 BGH NJW 2017, 1752, 1753; Graf-Schlicker/*Graf-Schlicker* InsO[6] § 180 Rn 7; MünchKomm/*Schumacher* InsO[4] § 180 Rn 18; nunmehr auch Uhlenbruck/*Sinz* InsO[15] § 180 Rn 27; zu sich sonst ergebenden praktischen Problemen vgl *Stangl* NZI 2016, 429, 433; **aA** Voraufl Jaeger/*Gerhardt* InsO § 180 Rn 42.

85 So auch MünchKomm/*Schumacher* InsO[4] § 180 Rn 18.

86 Kübler/Prütting/Bork/*Pape*/*Schaltke* InsO[86] § 180 Rn 11; Uhlenbruck/*Sinz* InsO[15] § 180 Rn 26.

87 Graf-Schlicker/*Graf-Schlicker* InsO[6] § 180 Rn 9; Kübler/Prütting/Bork/*Pape*/*Schaltke* InsO[86] § 180 Rn 11; vgl auch BGHZ 105, 34 = NJW 1989, 170, 171; BGH ZIP 1995, 643, 644.

88 BGHZ 105, 34 = NJW 1989, 170, 171.

89 Kübler/Prütting/Bork/*Pape*/*Schaltke* InsO[86] § 181 Rn 10; MünchKomm/*Schumacher* InsO[4] § 180 Rn 17; Uhlenbruck/*Sinz* InsO[15] § 181 Rn 7; siehe bereits Jaeger/*Henckel* KO[9] § 12 Rn 7; ebenso schon *Jaeger*/*Weber* KO[8] § 14 Rn 32 letzter Abs mit dem zutr Hinweis, die „öfters missverstandene Entscheidung RGZ 64, 207 sagt keineswegs anderes"; vgl auch BGH NJW 1962, 153, 154.

90 OLG Brandenburg NZI 2010, 684, 685 f; Kübler/Prütting/Bork/*Pape*/*Schaltke* InsO[86] § 180 Rn 11a; MünchKomm/*Schumacher* InsO[4] § 180 Rn 17; K Schmidt/*Jungmann* InsO[19] § 180 Rn 11; vgl auch Uhlenbruck/*Sinz* InsO[15] § 180 Rn 20; **aA** KK/*Thiele* InsO § 180 Rn 65.

reits in das **Nachverfahren gem § 600 ZPO** eingetreten, so ist die Feststellung der streitig gebliebenen Forderungen durch Aufnahme des Nachverfahrens zu verfolgen, Abs 1. Die Betreibungslast liegt dafür regelmäßig beim Widersprechenden, weil das Vorbehaltsurteil ein Titel iSv § 179 II ist.

Problematisch sind die Fälle, in denen die streitig gebliebene Forderung Gegenstand eines Urkundenprozesses ist, der bei Verfahrenseröffnung noch **im Vorverfahren rechtshängig** ist: Dies ist zunächst der Fall, wenn zum Zeitpunkt der Verfahrenseröffnung in der ersten Instanz noch kein Urteil erlassen worden ist. Nach hier vertretener Ansicht kann der Forderungsfeststellungsstreit nicht im Urkundenprozess geführt werden (**str**, siehe oben Rn 8). Bei der Aufnahme des Vorverfahrens durch den Anmelder gem Abs 2 würde somit eine Abweisung der Klage als in der gewählten Prozessart unstatthaft drohen. Der Anmelder muss daher **vom Urkundenprozess Abstand nehmen.**[91] In Rechtsprechung und Literatur wird zT die Ansicht vertreten, der durch die Eröffnung der Insolvenz unterbrochene Urkundenprozess gehe automatisch in das ordentliche Verfahren iSd § 596 ZPO über.[92] Dem wird – zu Recht – entgegengehalten, dass die Abstandnahme nach § 596 ZPO einer Prozesshandlung bedürfe und dass ein automatischer Übergang zum einen der Dispositionsmaxime widerspreche und zum anderen jeder gesetzlichen Grundlage entbehre.[93] Ist die Klage in erster Instanz als unzulässig, unstatthaft (§ 597 II ZPO) oder unbegründet (§ 597 I ZPO) abgewiesen worden und in der Berufungsinstanz eines Urkundenprozesses rechtshängig, so hat der Anmelder auch in diesem Fall das Vorverfahren gem Abs 2 in der Berufungsinstanz aufzunehmen und die Abstandnahme vom Urkundenprozess zu erklären.[94] 38

b) Mahnverfahren. Hinsichtlich der Aufnahme eines **Mahnverfahrens** gem Abs 2 muss nach dem Verfahrensstadium bei Verfahrenseröffnung **differenziert** werden. Ist lediglich ein Mahnbescheid zugestellt, scheidet eine Aufnahme schon deshalb aus, weil im Mahnverfahren keine Forderungsfeststellung getroffen werden kann. Der Anmelder hat gegen den Widersprechenden einen neuen Rechtsstreit anzustrengen.[95] Hat der Schuldner bereits vor Verfahrenseröffnung rechtzeitig **Widerspruch gegen den Mahnbescheid** erhoben und hat das Gericht den Rechtsstreit noch nicht nach § 696 I S 1 ZPO abgegeben, so soll nach Auffassung des BayObLG § 240 ZPO unmittelbar anwendbar sein und der Rechtsstreit zum Zweck der Forderungsfeststellung vom Anmelder aufgenommen werden können.[96] Dem ist jedoch entgegenzuhalten, dass die vorausgesetzte Rechtshängigkeit der Streitsache nach § 696 III ZPO erst mit der Abgabe des Rechtsstreits eintritt, und zwar nur mit einer Abgabe alsbald nach der Erhebung des Widerspruchs. **Nach der Abgabe des Rechtsstreits** (§ 696 ZPO bzw Begründung des Anspruchs nach § 697 I ZPO) oder **Zustellung des Vollstreckungsbescheids** gilt die Streitsache gem §§ 696 III, 700 II ZPO als mit Zustellung des Mahnbescheids rechtshängig geworden. Der rechtshängige Rechtsstreit ist nach Abs 2 aufzunehmen.[97] 39

---

91 Musielak/Voit/*Voit* ZPO[18] § 592 Rn 3; vgl auch OLG München ZIP 1985, 297, 298.

92 OLG Hamm MDR 1967, 929; BLHAG/*Gehle* ZPO[79] § 592 Rn 10; Thomas/Putzo/*Seiler* ZPO[42] § 592 Rn 4.

93 So bereits Voraufl Jaeger/*Gerhardt* InsO § 180 Rn 49 unter Berufung auf Jaeger/*Weber* KO[8] § 146 Rn 5 b) alpha; *Teske* ZZP 99, 195, beide mwN.

94 Zur Zulässigkeit des Abstehens vom Urkundenprozess in der Berufungsinstanz bei Einwilligung des Beklagten oder Sachdienlichkeit vgl BGH NJW 2012, 2662; BGH NJW 2020, 2407, 2408; weitergehend (uneingeschränkt zulässig) Musielak/Voit/*Voit* ZPO[18] § 596 Rn 7.

95 AG Hennef KTS 1960, 144; Thomas/Putzo/*Hüßtege* ZPO[41] Vor § 688 Rn 10; Zöller/*Seibel* ZPO[33] Vor § 688 Rn 16.

96 BayObLG 1985, 314, 315 f (zu § 146 III KO); ebenso: Thomas/Putzo/*Hüßtege* ZPO[41] Vor § 688 Rn 11; Zöller/*Seibel* ZPO[33] Vor § 688 Rn 17; **aA** BK/*Gruber* InsO § 180[74] Rn 36; Uhlenbruck/*Sinz* InsO[15] § 180 Rn 4.

97 MünchKomm/*Schumacher* InsO[4] § 180 Rn 30; Uhlenbruck/*Sinz* InsO[15] § 180 Rn 34.

40 **c) Schiedsverfahren.** Ein bei Verfahrenseröffnung schwebendes Schiedsverfahren wird durch ein Insolvenzverfahren über das Vermögen des Schuldners nicht gem § 240 ZPO unterbrochen.[98] Etwas anderes gilt nur, wenn die Schiedsparteien für das Verfahren eine entsprechende Anwendung der ZPO-Vorschriften vereinbart haben.[99] Das fortbestehende Schiedsverfahren ist vom Schiedsgericht allerdings analog § 87 auszusetzen.[100] Das Schiedsgericht hat den Anspruchsteller auf eine Anmeldung seiner Forderung zur Tabelle zu verweisen.[101] Die Feststellung streitig gebliebener Forderungen hat der Anmelder durch Fortführung des Schiedsverfahrens zu verfolgen (zur Forderungsfeststellung im Schiedsverfahren siehe oben Rn 11 ff).

41 Nach § 240 ZPO unterbrochen wird das Verfahren auf **Vollstreckbarerklärung eines Schiedsspruchs**, wenn es die Insolvenzmasse betrifft; nach der (zulässigen) Aufnahme kann der Gläubiger aber keine Feststellung der Forderung erreichen, sondern weiter nur die Vollstreckbarerklärung.[102] Diese nützt ihm allerdings im Hinblick auf die für ihn günstigere Betreibungslast nach § 179 II (siehe § 179 Rn 35).

3. Mehrere Bestreitende

42 Haben mehrere Widerspruchsberechtigte (ieS) die Forderung bestritten, verlangt die Rechtsprechung, dass der Anmelder den Rechtsstreit **gegenüber allen Widersprechenden aufnehmen** muss, weil der Anmelder mit seinem Begehren im Ergebnis nur dann Erfolg haben wird, wenn alle Widersprüche beseitigt sind.[103] Im **umgekehrten Fall der Aufnahme durch einen Widersprechenden** erreicht der Widersprechende sein Ziel bereits dann, wenn sein Widerspruch für begründet erklärt wird und damit der Feststellung der Forderung entgegensteht; insofern kann nach der Rechtsprechung des BGH ein Widersprechender ohne Rücksicht auf die anderen Widersprechenden seinen Widerspruch durch Aufnahme des Rechtsstreits verfolgen.[104] In der Tat wäre es nicht sachgerecht, dass die Widersprechenden gemeinsam den Prozess aufnehmen müssten, weil dann die Passivität eines einzelnen zu einer Rechtsschutzsperre für die übrigen führen würde.[105] Wenn in dieser Konstellation aber akzeptiert wird, dass weitere Verfahren über das Haftungsrecht des Anmelders folgen können, erscheint es widersprüchlich, dass der Anmelder mit seiner Aufnahme gegen nur einen Widersprechenden dieses Risiko nicht soll eingehen dürfen.[106] Sofern sichergestellt ist, dass nicht mit weiteren Verfahren gerechnet werden muss, etwa weil eine gütliche Einigung mit anderen Widersprechenden erreicht werden kann, hat im Übrigen auch der Bundesgerichtshof eine Ausnahme vom Erfordernis der Verfahrensaufnahme gegen alle Widersprechenden nicht ausgeschlossen.[107]

---

98 HM, vgl RGZ 62, 24 f; BGH KTS 1966, 246, 247; MünchKomm/*Schumacher* InsO[4] § 180 Rn 31; Uhlenbruck/*Sinz* InsO[15] § 180 Rn 15; vgl auch BGH NJW 2009, 1747, 1748; für eine analoge Anwendung plädiert etwa *Wagner* KTS 2010, 39, 57.

99 RGZ 62, 24.

100 MünchKomm/*Schumacher* InsO[4] § 180 Rn 31; vgl auch BGH NJW 2009, 1747, 1748.

101 *Jestaedt* S 106 ff.

102 BGH NJW-RR 2017, 1327, 1328 f.

103 Vgl BGH NZI 2013, 396, 397; BGHZ 195, 233 = NJW 2012, 3725, 3727 f mwN; **kritisch dagegen** Voraufl Jaeger/*Gerhardt* InsO § 180 Rn 64; Kübler/Prütting/Bork/*Pape*/*Schaltke* InsO[86] § 179 Rn 9a; MünchKomm/*Schumacher* InsO[4] § 179 Rn 18; Uhlenbruck/*Sinz* InsO[15] § 180 Rn 28.

104 BGHZ 195, 233 = NJW 2012, 3725, 3727 f; ins zustimmend MünchKomm/*Schumacher* InsO[4] § 179 Rn 18.

105 Darauf weist vor allem *Häsemeyer* InsR[4] Rn 22.32 hin; ihm folgend *Eckardt* Kölner Schrift[3] Kap 17 Rn 51 Fn 133; HambK/*Herchen* InsO[9] § 179 Rn 41; Kübler/Prütting/Bork/*Pape*/*Schaltke* InsO[86] § 179 Rn 9; MünchKomm/*Schumacher* InsO[4] § 179 Rn 18; Uhlenbruck/*Sinz* InsO[15] § 180 Rn 28.

106 Vgl Kübler/Prütting/Bork/*Pape*/*Schaltke* InsO[86] § 179 Rn 9a.

107 BGH NZI 2013, 396, 397 (offengelassen).

4. Aufnahme des Verfahrens und Fortführung als Fortsetzungsfeststellungsstreit

a) Zuständigkeit, Instanzen. Für die Betreibung der Feststellung durch Aufnahme des Rechtsstreits gem § 180 II besteht sachlich und örtlich die **bisherige Zuständigkeit** weiter.[108] Das angerufene Landgericht bleibt daher auch für den Feststellungsstreit zuständig, wenn dessen Streitwert unter die landgerichtliche Grenze herabsinkt, weil die Forderung nur teilweise streitig geblieben ist oder weil der Berechnungsmaßstab des § 182 nur noch einen amtsgerichtlichen Streitwert ergibt. Auch die örtliche Zuständigkeit bleibt bestehen, denn der Gerichtstand des § 180 I S 2 und 3 gilt nur für Neuklagen, nicht für die Aufnahme von Prozessen. Eine Verweisung an das Gericht des § 180 I gestattet das deutsche Recht nicht. Ebenso bleiben die nach § 185 zuständigen Spezialgerichte und Verwaltungsbehörden mit dem für sie geltenden Verfahren für die Feststellung im aufgenommenen Rechtsstreit zuständig. 43

Tritt die Unterbrechung **zwischen den Instanzen** ein, ist es nicht erforderlich, den Rechtstreit zunächst in der unteren Instanz aufzunehmen, um dann Rechtsmittel einlegen zu können. Vielmehr kann mit der Rechtsmitteleinlegung zugleich auch (stillschweigend) die Aufnahme erklärt werden.[109] 44

Ein Rechtsstreit wird auch dann unterbrochen, wenn er sich in der **Revisionsinstanz** befindet.[110] Die Aufnahme des Rechtsstreits gem Abs 2 findet auch hier statt,[111] wobei sich Einschränkungen daraus ergeben, dass § 559 I S 1 ZPO den Prozessstoff auf die im Berufungsurteil festgestellten Tatsachen reduziert. Das kann insbesondere relevant werden, wenn der Forderung im Prüfungsverfahren wegen insolvenzrechtlicher Einwendungen widersprochen wurde, so dass dann nach der Aufnahme an die Tatsacheninstanz zurückzuverweisen wäre (zur Prozessaufnahme in diesen Fällen siehe oben Rn 35).[112] 45

b) Aufnahmeerklärung. Der Anmelder hat den Rechtsstreit nach Abs 2 iVm § 250 ZPO aufzunehmen.[113] Zur Entgegennahme des Schriftsatzes zuständig ist grundsätzlich (Ausn Rn 44 betrifft Aufnahme zwischen den Instanzen) nur das Prozessgericht, bei dem das unterbrochene Verfahren rechtshängig ist. Der Aufnahmeschriftsatz ist dem widersprechenden Insolvenzverwalter und nicht dem bisherigen Prozessbevollmächtigten zuzustellen,[114] da dessen Prozessvollmacht nach §§ 116, 115 mit Verfahrenseröffnung erloschen ist.[115] 46

c) Überführung in den Forderungsfeststellungsstreit. Der Feststellungsstreit ist nicht mehr auf eine Verurteilung zur Leistung gerichtet, sondern auf die Feststellung einer Insolvenzforderung als Rechtsbehelf zur Realisierung der anteiligen Haftung der Insolvenzmasse. Dementsprechend ist der **Antrag** auf Feststellung zur Insolvenztabelle bzw bei Verfolgung des Widerspruchs in den Fällen des § 179 II auf Feststellung der Begründetheit des Widerspruchs 47

---

108 RGZ 52, 54, 55; BK/*Gruber* InsO[74] § 180 Rn 37; FK/*Kießner* InsO[9] § 180 Rn 10; *Hess* InsR § 180 InsO Rn 12.

109 BGHZ 36, 258; 111, 104, 109; Kübler/Prütting/Bork/*Pape*/*Schaltke* InsO[86] § 180 Rn 9; Rosenberg/Schwab/*Gottwald* ZPR[18] § 124 Rn 19; Uhlenbruck/*Sinz* InsO[15] § 180 Rn 22; ausf Jaeger/*Windel* InsO § 85 Rn 131, **aA** RGZ 66, 400; 78, 343; ebenso zB *Stein*/Jonas/*Roth* ZPO[23] § 250 Rn 4.

110 BGH LM § 146 KO Nr 4; BGHZ 104, 215, 218.

111 BGH NZI 2021, 669, 671; BGHZ 195, 233 = NJW 2012, 3725, 3726 (zur Nichtzulassungsbeschwerde); BGH ZIP 1980, 23; BK/*Gruber* InsO[74] § 180 Rn 34; Kübler/Prütting/Bork/*Pape*/*Schaltke* InsO[86] § 180 Rn 8a; zweifelnd MünchKomm/*Schumacher* InsO[4] § 180 Rn 24.

112 BGH LM § 146 KO Nr 4; Gottwald/Haas/*Eickmann*/*Wimmer* InsRHdB[6] § 62 Rn 47; Kübler/Prütting/Bork/*Pape*/*Schaltke* InsO[86] § 180 Rn 8a; Uhlenbruck/*Sinz* InsO[15] § 180 Rn 21.

113 Zur Form der Aufnahme Gottwald/Haas/*Eckardt* InsRHdB[6] § 32 Rn 143; ausf Zöller/*Greger* ZPO[33] § 250 Rn 4.

114 Vgl BGH NJW 1987, 1940 f.

115 BGH NJW-RR 1989, 183; BGH ZIP 1999, 75; **anders** *Chr. Paulus*, NJW 2010, 1633 ff, auch mit Nachweisen zur hM.

umzustellen (zu den Fällen des § 179 II vgl § 179 Rn 46 f). Der Wechsel des Streitgegenstandes bedingt eine **Klageänderung**, die unabhängig von § 263 ZPO zulässig ist, arg § 180 II. Dies gilt auch für die Revisionsinstanz. Bei der Umstellung der Anträge müssen ferner die durch die §§ 45, 46 gebotenen Änderungen berücksichtigt werden.[116] Beantragt der Bestreitende, den Widerspruch für begründet zu erklären, muss der Gläubiger nunmehr seinen Antrag wiederum auf Feststellung zur Tabelle umstellen.[117] Die erforderlichen Antragsänderungen sind unabhängig von § 263 ZPO zulässig als „verfahrensrechtliche Anpassung aufgrund später eingetretener Umstände iSv § 264 Nr 3 ZPO".[118] Das gilt insbesondere auch bei Verfahrensaufnahme in der Revisionsinstanz.[119]

48 Im aufgenommenen und als Forderungsfeststellungsstreit fortgeführten Verfahren rückt der Bestreitende anstelle des Schuldners in das Prozessrechtsverhältnis, dh in die verfahrensrechtliche Gesamtlage des Prozesses ein,[120] nicht jedoch in das materielle Schuldverhältnis.[121] Der Bestreitende, also die neue Partei, ist an die bisherigen Prozessergebnisse gebunden, einschließlich der Anerkenntnisse, Geständnisse, Verzichtserklärungen und Fristversäumnisfolgen.[122] Ein solcher (gewillkürter) Parteiwechsel ist im Anwendungsbereich des § 180 II auch dann zulässig, wenn der Rechtsstreit erst im Stadium des Revisions- oder Nichtzulassungsbeschwerdeverfahrens aufgenommen wird (zur Aufnahme Rn 45).[123]

49 **d) Aufnahme wegen der Kosten.** Denkbar ist ferner auch eine auf die Frage der Kostenlast beschränkte Aufnahme.[124] Steht bei Eröffnung des Insolvenzverfahrens nur noch die Entscheidung darüber aus, wer die Kosten eines im Übrigen erledigten Rechtsstreits zu tragen hat (etwa §§ 91a, 269 III S 2, 516 III S 1 ZPO), kann der Anmelder der Kostenforderung, wenn diese im Prüfungsverfahren bestritten wird, den Rechtsstreit nach § 180 II aufnehmen. Die Aufnahme ist im Ergebnis darauf gerichtet, die günstige **Kostengrundentscheidung** zu erreichen; eine Feststellung der Forderungshöhe würde dann im **Kostenfestsetzungsverfahren** (§§ 103, 104 ZPO) erfolgen.[125]

50 In diesen Fällen ist zu beachten, dass sich im Forderungsfeststellungsstreit eine **Änderung des Prozessgegenstandes** insofern vollzieht, als genau betrachtet nicht mehr die noch ausstehende Kostenentscheidung begehrt wird, sondern die Feststellung des angemeldeten Kostenerstattungsanspruchs zur Tabelle. Daraus ist allerdings nicht die Konsequenz zu ziehen, dass über diesen Antrag nunmehr entgegen §§ 91a I S 2, 269 IV ZPO nicht **durch Beschluss**, sondern nach mündlicher Verhandlung durch Urteil zu entscheiden sei. Die Verfahrensvereinfachungen der genannten Bestimmungen, die sich aus der Beschränkung des Rechtsstreits auf die Kostenfrage ergeben, gelten vielmehr auch für den Feststellungsstreit. Die Anfechtbarkeit eines die Feststellung aussprechenden (oder auch versagenden) Beschlusses richtet sich daher nach §§ 91a II, 269 IV, 567 II (unter Beachtung des § 182 InsO), 568 f ZPO. Folgerichtig muss dann aber auch einem derartigen Beschluss, wenn er unanfechtbar geworden ist, die erweiterte Rechtskraftwir-

---

116 BGH NJW-RR 2014, 1512, 1513 mwN.

117 BGH NJW-RR 1994, 1251, 1252 (zur KO); Kübler/Prütting/Bork/*Pape*/*Schaltke* InsO[86] § 180 Rn 14; Uhlenbruck/*Sinz* InsO[15] § 180 Rn 22.

118 BGH NZI 2021, 669, 671; BGHZ 195, 233 = NJW 2012, 3725, 3726; Kübler/Prütting/Bork/*Pape*/*Schaltke* InsO[86] § 180 Rn 13, 14.

119 BGH NJW-RR 2014, 1512, 1513.

120 BGHZ 195, 233 = NJW 2012, 3725, 3726; BGH NZI 2016, 301, 303; Kübler/Prütting/Bork/*Pape*/*Schaltke* InsO[86] § 180 Rn 13.

121 Uhlenbruck/*Sinz* InsO[15] § 180 Rn 22.

122 BGHZ 195, 233 = NJW 2012, 3725, 3727; MünchKomm/*Schumacher* InsO[4] § 180 Rn 22, ausf § 85 Rn 11; Uhlenbruck/*Sinz* InsO[15] § 180 Rn 22.

123 BGHZ 195, 233 = NJW 2012, 3725, 3726.

124 Uhlenbruck/*Sinz* InsO[15] § 180 Rn 39 und ausführlich Jaeger/*Henckel* KO[9] § 10 Rn 82 ff.

125 MünchKomm/*Schumacher* InsO[4] § 180 Rn 27; Uhlenbruck/*Sinz* InsO[15] § 180 Rn 39; vgl auch Jaeger/*Henckel* KO[9] § 10 Rn 83.

kung nach § 183 I beigelegt werden. Da der Feststellungsbeschluss hier den angemeldeten Erstattungsanspruch nur dem Grunde nach bejaht, die Bezifferung des zu erstattenden Kostenbetrages jedoch dem Kostenfestsetzungsverfahren vorbehalten bleibt (siehe Rn 49), braucht in diesem Fall die Anmeldung nicht beziffert zu sein.

Ist ein **Kostenfestsetzungsverfahren bei Eröffnung des Insolvenzverfahrens** anhängig, wird dieses Verfahren nach § 240 ZPO unterbrochen.[126] Wird der angemeldete Kostenerstattungsanspruch bestritten, kann der Anmelder das Verfahren aufnehmen und die Feststellung des Kostenerstattungsanspruchs betreiben (§§ 179 I, 180 II).[127] 51

5. Kosten des Verfahrens

Für die Kostenlast des in der Hauptsache durchzuführenden Prozesses bilden der Verfahrensabschnitt bis zur Unterbrechung und der mit der Aufnahme beginnende Verfahrensabschnitt eine **Einheit**, und zwar ohne Rücksicht darauf, ob die Kosten vor oder nach der Verfahrenseröffnung entstanden sind und ob die Forderung bestand oder nicht; unterliegt der Insolvenzverwalter als Widerspruchsgegner, dann sind die ihm auferlegten Kosten der Instanz insgesamt eine Masseverbindlichkeit nach § 55 I Nr 1 (**hM**).[128] Insolvenzrechtlich ist diese Einordnung zwar nicht konsequent, weil vor der Verfahrenseröffnung begründete Forderungen Insolvenzforderungen sind. Letztendlich lässt sich die Sicht der hM aber aus Praktikabilitätsgesichtspunkten rechtfertigen.[129] Wurde das Verfahren in höherer Instanz unterbrochen und nach § 180 II aufgenommen, handelt es sich bei Kostenerstattungsansprüchen des Gegners für die Vorinstanzen allerdings um Insolvenzforderungen.[130] Obsiegt der Insolvenzverwalter, dann gehört der Kostenerstattungsanspruch zur Masse, weil der Streit für deren Rechnung geführt worden ist (zur Anwendung des § 93 ZPO bei sog vorläufigem Bestreiten des Verwalters siehe § 176 Rn 30 ff). 52

---

126 BGH NZI 2012, 625 (Unterbrechung, wenn Kostengrundendscheidung zum Zeitpunkt der Insolvenzeröffnung bereits rechtskräftig ist); BGH NZI 2006, 128 (auch dann, wenn Unterbrechung erst in späterem Rechtszug eintritt, Kostengrundentscheidung also nicht rechtskräftig wird) **mwN**.

127 OLG Brandenburg ZInsO 2007, 105; OLG München ZIP 2003, 2318; Graf-Schlicker/*Graf-Schlicker* InsO[6] § 180 Rn 11; *Lüke*, FS für Ganter, S 269, 278; Uhlenbruck/*Sinz* InsO[15] § 180 Rn 39; vgl auch BGH NZI 2012, 625 f; **aA** Gottwald/Haas/*Eickmann*/*Wimmer* InsRHdB[6] § 62 Rn 40.

128 BGH NZI 2016, 829, 830 mwN; BGH NZI 2007, 104, 105 **mwN** zum Streitstand; Graf-Schlicker/*Graf-Schlicker* InsO[6] § 180 Rn 11; Kübler/Prütting/Bork/*Pape*/*Schaltke* InsO[86] § 180 Rn 17, 20; Jaeger/*Windel* InsO § 85 Rn 139; **aA** *Lüke* FS für Ganter, S 269, 275 f; MünchKomm/*Schumacher* InsO[4] § 85 Rn 20; Uhlenbruck/*Sinz* InsO[15] § 180 Rn 44 jeweils **mwN** zur Gegenansicht; siehe auch Gottwald/Haas/*Eckardt* InsRHdB[6] § 32 Rn 146.

129 Vgl Kübler/Prütting/Bork/*Pape*/*Schaltke* InsO[86] § 180 Rn 20; dagegen der **Vorschlag** von Uhlenbruck/*Sinz* InsO[15] § 180 Rn 47: fiktive Kostenfestsetzung I („wie bei Neuklage") nach Maßgabe des § 182 für die als Masseverbindlichkeit zu berichtigenden Verfahrenskosten nach Aufnahme; Kostenfestsetzung II für die insgesamt angefallenen Kosten, die abzüglich der Kosten, die als Masseverbindlichkeit zu berichtigen sind, als einfache Insolvenzforderung angemeldet werden müssen.

130 BGH NZI 2016, 829, 830; vgl auch Uhlenbruck/*Sinz* InsO[15] § 180 Rn 45; **aA** etwa Jaeger/*Windel* InsO § 85 Rn 139.

§ 181 Umfang der Feststellung

Die Feststellung kann nach Grund, Betrag und Rang der Forderung nur in der Weise begehrt werden, wie die Forderung in der Anmeldung oder im Prüfungstermin bezeichnet worden ist.

Materialien

199 DiskE und RefE, § 209 RegE; BT-Drucks 12/2443, S 185; zu § 146 IV KO s Nachw zu § 180.

Vorgängerregelung

KO § 146 Abs 4.

Literatur

S zu §§ 179, 180.

Übersicht

Alphabetische Übersicht

I. Normzweck und Anwendungsbereich

1 § 181 entspricht § 146 IV KO. Wer als Anmelder einer streitig gebliebenen Insolvenzforderung deren Feststellung durch Klage gem § 179 I, 180 I betreibt, muss das Feststellungsbegehren gem § 181 iVm § 174 II und § 177 I auf den Grund (und ggf Rang) stützen sowie auf den Betrag beschränken, die in der Anmeldung oder im Prüfungstermin angegeben worden sind. Dadurch wird sichergestellt, dass allen Widerspruchsberechtigten Gelegenheit zur Prüfung und zum Bestreiten gegeben wird, zumal die rechtskräftige Forderungsfeststellung nach § 183 gegenüber dem Insolvenzverwalter und allen Gläubigern wirkt.[1]

2 Um die Übereinstimmung des Antrags und Urteils mit der Anmeldung zu sichern, schreibt § 179 III S 1 vor, dass dem Anmelder ein beglaubigter Auszug aus der Tabelle zu erteilen ist. Der Auszug dient dem Anmelder zugleich als Ausweis über Anmeldung, Prüfung und Widerspruch

1 BGH NJW-RR 2016, 303; vgl bereits § 146 IV KO Motive II S 366 = Hahn IV S 329.

https://doi.org/10.1515/9783110343687-008

(hierzu § 179 Rn 14 ff). Im Zweifel ist aber nicht entscheidend, wie der Verwalter die Forderung in die Tabelle eingetragen hat, sondern wie sie angemeldet wurde; Letzteres ist erforderlichenfalls im Wege der Auslegung zu klären.[2]

Die Regelung in § 181 gilt für alle Insolvenzfeststellungsklagen, also sowohl für die positive nach § 179 I als auch für die negative des § 179 II, für die Neuklagen nach § 180 I ebenso wie für die aufgenommenen Prozesse nach § 180 II,[3] für Klagen wie auch für Widerklagen (zu Klagen des Schuldners und gegen den Schuldner siehe dagegen § 184).[4] 3

II. Prozessuale Bedeutung

Eine wirksame Anmeldung der Forderung sowie die Prüfung im insolvenzrechtlichen Prüfungsverfahren sind **Sachentscheidungsvoraussetzungen** für den Forderungsfeststellungsstreit (zu den Wirksamkeitsvoraussetzungen der Anmeldung vgl § 174 Rn 31).[5] Ob diese Zulässigkeitsvoraussetzung erfüllt ist, muss erforderlichenfalls durch **Zwischenurteil** nach § 303 ZPO verbeschieden werden.[6] Nicht unerwähnt bleiben sollte außerdem, dass ein Rechtsschutzbedürfnis für die Forderungsfeststellung im gerichtlichen Verfahren nur besteht, wenn der Widerspruch eines Widerspruchsberechtigten nach § 178 I S 1 gegen die Forderung vorliegt. Dieser Voraussetzung kommt für die Insolvenzfeststellungsklage die gleiche prozessrechtliche Bedeutung zu wie dem Feststellungsinteresse für die allgemeine Feststellungsklage des § 256 ZPO. 4

Das Erfordernis des insolvenzrechtlichen Feststellungsverfahrens ist eine von Amts wegen zu beachtende, nicht abdingbare **Sachentscheidungsvoraussetzung**; ein etwaiger Mangel wird also nicht etwa durch ausdrücklichen oder stillschweigenden Parteiverzicht iSv § 295 II ZPO geheilt.[7] Er ist in allen Rechtszügen, auch noch im Revisionsverfahren, wenn er sich aus feststehendem Parteivorbringen ergibt, durch ein die Klage für unzulässig erklärendes Urteil zu berücksichtigen.[8] In den Fällen der Aufnahme eines Verfahrens nach § 180 II wäre die **Aufnahme unzulässig**.[9] 5

Eine wirksame Anmeldung mit nachfolgender Forderungsprüfung kann noch während des Feststellungsstreits **nachgeholt** werden.[10] Das gilt prinzipiell auch für die Revisionsinstanz.[11] Noch zur KO hatte der Bundesgerichtshof jedoch eingeschränkt, dass die Sachentscheidungsvoraussetzung nur dann noch in der Revisionsinstanz geschaffen werden kann, wenn in dem späteren Prüfungstermin außer dem prozessführenden Bestreitenden kein anderer Widerspruchsberechtigter Widerspruch erhoben hat, der dadurch benachteiligt werden könnte, dass die Tatsacheninstanzen vor der Anmeldung und Prüfung ohne seine Mitwirkung durchgeführt wurden.[12] Dieses Problem kann sich vornehmlich in Fällen des § 180 II stellen, 6

2 BGH NJW 2017, 1752, 1755; vgl auch Kübler/Prütting/Bork/*Pape*/*Schaltke* InsO[86] § 181 Rn 3.

3 Kübler/Prütting/Bork/*Pape*/*Schaltke* InsO[86] § 181 Rn 1; MünchKomm/*Schumacher* InsO[4] § 181 Rn 1 **mwN**; Uhlenbruck/*Sinz* InsO[15] § 181 Rn 2; einschränkend Nerlich/Römermann/*Becker* InsO[42] § 181 Rn 1 (nur Fälle des § 179 I).

4 MünchKomm/*Schumacher* InsO[4] § 181 Rn 1; Uhlenbruck/*Sinz* InsO[15] § 181 Rn 2; siehe bereits RG ZZP 58 (1934), 208 f.

5 BGH NZI 2021, 669, 670; BGH NJW 2020, 3102; BGH NJW-RR 2014, 1270, 1271 **mwN**; BGH NJW-RR 2013, 992, 994; Kübler/Prütting/Bork/*Pape*/*Schaltke* InsO[86] § 181 Rn 2; Uhlenbruck/*Sinz* InsO[15] § 181 Rn 3.

6 BGH NJW 2020, 3102, 3103.

7 BGH NJW 2020, 3102 mwN; BGH NJW-RR 2014, 1270, 1271; BGH NZI 2009, 242, 244; BGH ZIP 2007, 1760 Ziffer 13, Kübler/Prütting/Bork/*Pape*/*Schaltke* InsO[86] § 181 Rn 2 mit Fn 4: MünchKomm/*Schumacher* InsO[4] § 181 Rn 3; Uhlenbruck/*Sinz* InsO[15] § 181 Rn 3.

8 BGH NJW-RR 2007, 1693, 1694; BGH ZIP 2000, 705, 706; Kübler/Prütting/Bork/*Pape*/*Schaltke* InsO[86] § 181 Rn 7.

9 BGH NJW 2020, 3102.

10 Vgl BGH NJW-RR 2008, 846, 847.

11 BGH ZIP 2000, 705, 706; *Graf-Schlicker* InsO[6] § 181 Rn 4; MünchKomm/*Schumacher* InsO[4] § 181 Rn 4; K Schmidt/*Jungmann* InsO[19] § 181 Rn 1.

12 BGH LM § 61 Nr 2, 3; siehe auch Uhlenbruck/*Sinz* InsO[15] § 181 Rn 6 aE; vgl auch BGH NJW-RR 2014, 1270, 1271 f.

wenn es darauf ankommt, ob der durch die Insolvenzeröffnung unterbrochene Rechtsstreit überhaupt aufgenommen werden konnte.

7 Ebenfalls unzulässig ist ein Sachurteil, wenn vor der letzten mündlichen Verhandlung der **Widerspruch iSd § 178 I „beseitigt"**, also zB der Widerspruch zurückgenommen wurde, weil damit die Forderungsfeststellung erreicht ist. Der Rechtsstreit hätte sich also in der Hauptsache erledigt; gestritten wird nur noch über die Kostenverteilung.

8 Keine Frage der Zulässigkeit, sondern vielmehr der Begründetheit der Forderungsfeststellungsklage ist dagegen die Prüfung, ob der Feststellung der – ordnungsgemäß – angemeldeten Forderung als Insolvenzforderung, also des Haftungsanspruchs des Gläubigers im Insolvenzverfahren, **insolvenzrechtliche Einwendungen entgegenstehen** (sog nicht „anmeldbare Forderung"). Ein solcher Fall liegt bspw dann vor, wenn es sich bei der als normale Insolvenzforderung angemeldeten Forderung um eine nach § 39 I nachrangige Forderung handelt. Hier ist die Forderung zur Prüfung im insolvenzrechtlichen Prüfungsverfahren zuzulassen (zu Abgrenzungsfragen vgl § 175 Rn 17, 24).[13] Dass der Feststellung zur Tabelle eine insolvenzrechtliche Einwendung entgegensteht, ist Grund für den **Widerspruch** nach § 178 I S 1, der mit der Feststellungsklage beseitigt werden soll. Ist der Widerspruch hiernach berechtigt, ist die Forderungsfeststellungsklage unbegründet.[14]

III. Identität mit dem Gegenstand des Anmelde- und Prüfungsverfahrens

9 Der Gegenstand des Anmelde- und Prüfungsverfahrens wird bestimmt durch eine wirksame Forderungsanmeldung, wobei zur Individualisierung der Forderung Betrag und Grund der Forderung angegeben werden müssen (vgl dazu § 174 Rn 58 ff, 63 ff).[15] Fehlt es an einer hinreichenden Individualisierung, ist die Anmeldung unwirksam; der Mangel kann nur im Wege einer **Neuanmeldung** behoben werden,[16] so dass die neu angemeldete Forderung zum Gegenstand des Prüfungsverfahrens wird.

10 § 181 verlangt bezüglich Grund, Betrag und Rang der Forderung **Identität** zwischen dem **Gegenstand des Anmelde- und Prüfungsverfahrens** einerseits und dem gerichtlichen **Feststellungsprozess** andererseits.[17] Schließlich zielt die Forderungsfeststellungsklage darauf, einen Widerspruch zu beseitigen, der die Feststellung der Forderung zur Tabelle hinderte.[18] Die Feststellungsklage kann somit nicht über den Gegenstand des insolvenzrechtlichen Anmelde- und Prüfungsverfahrens hinausgehen oder hiervon abweichen.[19] Freilich schließt § 181, obwohl der Wortlaut anderes nahezulegen scheint, es nicht aus, im Rahmen der Feststellungsklage nur einen geringeren Betrag geltend zu machen als zur Tabelle angemeldet.[20] Ändert der Gläubiger während des Verfahrens den Grund des Anspruchs, begehrt er die Feststellung einer Forderung zur Tabelle, die nicht angemeldet und geprüft worden war, so dass es nun am Erfordernis des insolvenzrechtlichen Anmelde- und Prüfungsverfahrens fehlt (vgl oben Rn 4).[21] Eine – für sich genommen zulässige – **Klageänderung** kann also zu der Konsequenz führen, dass die geänder-

---

13 Vgl BGH NJW 2017, 1752, 1755; *Eckardt* Kölner Schrift[3] Kap 17 Rn 16.

14 Vgl bereits Voraufl Jaeger/*Gerhardt* InsO § 181 Rn 8; zum Beispiel der nachrangigen Forderung siehe etwa OLG Brandenburg ZInsO 2018, 2022; wohl **aA** BK/*Breutigam* InsO[74] § 181 Rn 8 (unzulässig).

15 Vgl BGH NJW 2020, 3102, 3103 f (keine Schlüssigkeit erforderlich); anders noch BGH ZInsO 2009, 381, Rn 10.

16 BGH NJW-RR 2009, 772, 773; NJW-RR 2013, 992, 993.

17 BGH NJW-RR 2013, 992, 995; Uhlenbruck/*Sinz* InsO[15] § 181 Rn 3.

18 BGH NJW-RR 2013, 992, 995.

19 Vgl BGH NJW-RR 2013, 992, 995 („nicht über den Streitgegenstand der Anmeldung hinausgehen").

20 BGH NJW-RR 2008, 846, 847; *Graf-Schlicker* InsO[6] § 181 Rn 8; FK/*Kießner* InsO[9] § 181 Rn 3; HambK/*Herchen* InsO[9] § 181 Rn 7; Kübler/Prütting/Bork/*Pape*/*Schaltke* InsO[86] § 181 Rn 6 **mwN**; Uhlenbruck/*Sinz* InsO[15] § 181 Rn 11.

21 Graf-Schlicker/*Graf-Schlicker* InsO[6] § 181 Rn 5.

te Klage wegen § 181 unzulässig ist.[22] Über die Zulässigkeit wäre durch Zwischenurteil nach § 303 ZPO zu entscheiden.[23]

Zulässig ist dagegen die **Berichtigung** unwesentlicher Tatbestandsangaben und rechtlicher Ausführungen im Sinne des § 264 Nr 1 ZPO, weil sie den Grund des Anspruchs unberührt lassen.[24] Auch die Änderung der rechtlichen Beurteilung ist unschädlich.[25] Eine Ergänzung oder Berichtigung tatsächlicher Angaben bleibt somit möglich, selbst wenn diese Auswirkungen auf die rechtliche Würdigung hat.[26] Inwieweit Berichtigungen und Ergänzungen im Feststellungsstreit zulässig sind, ohne dass eine Neuanmeldung der Forderung erforderlich wird, um allen Widerspruchsberechtigten die Gelegenheit zur Prüfung zu geben, hängt davon ab, welcher Maßstab der Bestimmtheit im Anmeldungsprozess angelegt wird. Je höher die Anforderungen an eine hinreichend konkretisierte Darlegung, desto eher ist eine Neuanmeldung bei Änderungen angezeigt und wird somit eine Prüfung des § 181 zum Ergebnis kommen, dass die begehrte Feststellung nicht mehr der Anmeldung entspricht. 11

IV. Rechtsnachfolge

Zum Grund der Forderung gehört auch die **Rechtszuständigkeit.**[27] Danach muss die Partei, die gerichtlich die Forderungsfeststellung betreibt, der Anmelder des insolvenzrechtlichen Prüfungsverfahrens sein. Ist die Forderung, die den Gegenstand des rechtshängigen Rechtsstreits ausmacht, **vor der Anmeldung** an einen Dritten abgetreten worden, der die Forderung sodann im Insolvenzverfahren angemeldet hat, muss der Zessionar dann wegen § 181 auch berechtigt sein, den rechtshängigen Rechtsstreit entgegen § 265 II ZPO zur Feststellung der streitig gebliebenen Forderung aufzunehmen.[28] 12

Hat der Gläubiger die in einem Rechtsstreit befangene Forderung erst **nach der Anmeldung** abgetreten, so kann nach hM der Zessionar den Rechtsstreit aufnehmen, falls die Rechtsnachfolge in der Tabelle vermerkt und dem Bestreitenden angezeigt ist (s auch zur Abtretung zwischen Anmeldung und Prüfung § 174 Rn 85 f, nach der Prüfung § 180 Rn 18, 20).[29] Dagegen wird eingewandt, dadurch könne nicht verhindert werden, dass der Rechtsinhaber später die Forderung gegen die Masse geltend mache, auch hätten die übrigen Insolvenzgläubiger keine Möglichkeit, die behauptete Rechtsnachfolge zu bestreiten.[30] Diese Gefahr relativiert sich jedoch, wenn sich der erforderliche Nachweis – wie zutreffend gefordert wird – an § 727 ZPO orientiert (s hierzu § 180 Rn 18).[31] Findet die Rechtsnachfolge erst **nach der Aufnahme** des 13

---

22 Vgl MünchKomm/*Becker-Eberhard*, ZPO[6] § 263 Rn 59; MünchKomm/*Schumacher* InsO[4] § 181 Rn 7; Musielak/Voit/*Foerste* ZPO[18] Rn 2; Stein/Jonas/*Roth* ZPO[23] § 263 Rn 30; **aA** (Klageänderung sei unstatthaft bzw verboten) BLAHG/*Anders* ZPO[79] § 263 Rn 3; Thomas/Putzo/*Seiler* ZPO[42] § 263 Rn 1.

23 MünchKomm/*Becker-Eberhard*, ZPO[6] § 263 Rn 60; Stein/Jonas/*Roth* ZPO[23] § 263 Rn 30; zur Klärung der Zulässigkeitsvoraussetzung des durchgeführten Anmelde- und Prüfungsverfahrens durch Zwischenurteil nach § 303 ZPO vgl BGH NJW 2020, 3102, 3103.

24 BGH KTS 1973, 266, 269; *Eckardt* Kölner Schrift[3] Kap 17 Rn 55; Kübler/Prütting/Bork/*Pape/Schaltke* InsO[86] § 181 Rn 6; K Schmidt/*Jungmann* InsO[19] § 181 Rn 5; Uhlenbruck/*Sinz* InsO[15] § 181 Rn 5.

25 FK/*Kießner* InsO[9] § 181 Rn 6.

26 Vgl BGH NJW-RR 2016, 303: im konkreten Fall keine Änderung des Anspruchsgrunds angenommen; hierzu **kritisch** *Smid* ZInsO 2016, 781, 785 f (Anspruchsgrundlage muss im Prüfungsverfahren vorgebracht werden); Uhlenbruck/*Sinz* InsO[15] § 181 Rn 6.

27 MünchKomm/*Schumacher* InsO[4] § 181 Rn 10; Uhlenbruck/*Sinz* InsO[15] § 181 Rn 10.

28 So bereits Voraufl Jaeger/*Gerhardt* InsO § 181 Rn 13 unter Berufung auf Jaeger/*Weber* KO[8] § 146 Rn 33 sub d) alpha; siehe auch MünchKomm/*Schumacher* InsO[4] § 179 Rn 13.

29 Graf-Schlicker/*Graf-Schlicker* InsO[6] § 180 Rn 7; Kübler/Pütting/Bork/*Pape/Schaltke* InsO[86] § 181 Rn 11; Uhlenbruck/*Sinz* InsO[15] § 181 Rn 10; vgl bereits RG JW 1911, 950; LG Hannover KTS 1976, 311 m zust Anm *Skrotzki.*

30 MünchKomm/*Schumacher* InsO[4] § 181 Rn 8 und ihm folgend HambK/*Herchen* InsO[9] § 181 Rn 8.

31 So ausdr Kübler/Pütting/Bork/*Pape/Schaltke* InsO[86] § 181 Rn 11.

Rechtsstreits statt, dann bleibt der Zedent gem § 265 II ZPO prozessführungsbefugt. Der Zessionar kann den Prozess nur mit der Zustimmung des Gegners übernehmen.[32]

32 Graf-Schlicker/*Graf-Schlicker* InsO[6] § 181 Rn 7; MünchKomm/*Schumacher* InsO[4] § 179 Rn 13; Uhlenbruck/*Sinz* InsO[15] § 181 Rn 10.

§ 182 Streitwert

Der Wert des Streitgegenstands einer Klage auf Feststellung einer Forderung, deren Bestand vom Insolvenzverwalter oder von einem Insolvenzgläubiger bestritten worden ist, bestimmt sich nach dem Betrag, der bei der Verteilung der Insolvenzmasse für die Forderung zu erwarten ist.

Materialien

§ 200 DiskE und RefE, § 210 RegE; BT-Drucks 12/2443, S 185 zu § 210; zu § 148 KO: Motive I Bd 2, S 102 f, Motive II S 368, Protokolle S 95 f, 178.

Vorgängerregelung

KO § 148.

Literatur

S zu § 174 und § 180.

Übersicht

Alphabetische Übersicht

I. Normzweck und Anwendungsbereich

1. Allgemeines

Gesetzgeberische Zielsetzung des § 182 – wie der Vorgängerregelung § 146 KO – ist eine **an die Situation des Insolvenzverfahrens angepasste Streitwertbestimmung.** Maßgebend für den Streitwert des Feststellungsprozesses ist deshalb nicht der Betrag des bestrittenen Anspruchs, sondern **die zu erwartende Insolvenzquote.** Mit der Forderungsfeststellungsklage (Tabellenfeststellungsklage) soll erreicht werden, dass die dann festgestellte Forderung am Verteilungs- 1

https://doi.org/10.1515/9783110343687-009

verfahren zur Realisierung einer Quote teilnimmt.[1] Die mit der Feststellung ebenfalls erzielte Wirkung, eine Voraussetzung für die nachverfahrensmäßige Vollstreckbarkeit gem §§ 201 II, 257 zu legen, tritt demgegenüber zurück, zumal die nachverfahrensmäßige Vollstreckbarkeit auch davon abhängt, dass der Schuldner der Feststellung nicht widersprochen hat (zur Streitwertberechnung in Verfahren gegen den Schuldner s Rn 5).[2] Insofern ist es folgerichtig, dass eine etwaige Möglichkeit der nachverfahrensrechtlichen Durchsetzung der Forderung die Streitwertbestimmung im Tabellenfeststellungsstreit unberührt lässt.[3] Dass die Streitwertbestimmung sich systematisch an der zu erwartenden Insolvenzquote orientiert, ist nach hier vertretener Ansicht schon deshalb konsequent, weil Gegenstand des Forderungsfeststellungsstreits der Haftungsanspruch des Insolvenzgläubiger ist (vgl § 179 Rn 21).

2 Die an die Situation des Insolvenzverfahrens angepasste Streitwertberechnung bezweckt eine Verringerung der Kosten mit Rücksicht auf den wirklichen Wert des Streitgegenstandes. Das **Kostenrisiko** soll sowohl für den anmeldenden als auch für den die Richtigkeit der Forderung bestreitenden Insolvenzgläubiger in einem vertretbaren Verhältnis zum wirtschaftlichen Wert der streitigen Forderung stehen. Daneben wird durch die niedrigere Streitwertfestsetzung auch eine Schonung der Masse erreicht,[4] die ja nicht nur im Fall des Unterliegens des widersprechenden Insolvenzverwalters für die Prozesskosten als Masseschulden aufkommen muss, sondern die auch im Falle des Obsiegens eines widersprechenden Insolvenzgläubigers nach § 183 III zumindest potentiell zur partiellen Tragung der Prozesskosten herangezogen werden kann.

2. Streitwert im Tabellenfeststellungsverfahren

3 § 182 bezieht sich auf den gesamten Bereich des Forderungsfeststellungsverfahrens. Er gilt nicht nur für die neuerhobene Klage des Anmelders gegen den widersprechenden Gläubiger oder Insolvenzverwalter gem § 180 I, sondern betrifft ebenso eine Prozessaufnahme im Sinne des § 180 II sowie die Verfolgung eines Widerspruchs durch den widersprechenden Gläubiger oder Insolvenzverwalter bei zugriffsreifer Forderung gem § 179 II.[5] Der nach § 182 festzusetzende Streitwert hat Bedeutung für die sachliche Zuständigkeit, die durch Beschwerdesummen bedingte Zulässigkeit der Rechtsmittel und die Kostenberechnung (**Gebühren-, Zuständigkeits- und Rechtsmittelstreitwert**).[6] Ist für den Anspruch das Landgericht ohne Rücksicht auf den Streitwert ausschließlich zuständig, so kommt § 182 nur für die Gebührenbewertung, nicht aber für Zuständigkeit und Rechtsmittel in Betracht.

4 Gem § 185 S 3 findet § 182 entsprechende Anwendung, wenn der Feststellungsstreit nicht in den Zuständigkeitsbereich der ordentlichen Gerichtsbarkeit fällt, sondern nach § 185 vor einem anderen Fachgericht auszutragen ist; das gilt auch dann, wenn das Streitverfahren schon vor Verfahrenseröffnung anhängig war.[7] § 182 ist gegenüber § 52 GKG die speziellere Regelung („anderweitige Bestimmung“). Das stellt § 185 S 3 ausdrücklich klar.[8]

---

1 BGH ZInsO 2016, 1776.

2 So bereits *Spellenberg* S 95.

3 Siehe BGH ZInsO 2016, 1776; vgl auch Kübler/Prütting/Bork/*Pape/Schaltke* InsO[86] § 182 Rn 5.

4 Vgl BGH ZInsO 2016, 1776.

5 BGH NZI 2015, 757; BGH ZInsO 2019, 1748; MünchKomm/*Schumacher* InsO[4] § 182 Rn 3.

6 BGH NZI 2020, 830 **mwN** (Ermittlung des Werts der mit der Revision geltend zu machenden Beschwer); Kübler/Prütting/Bork/*Pape/Schaltke* InsO[86] § 182 Rn 3 **mwN.**

7 BFH ZIP 2006, 2284, 2286 Ziffer 17 ff m ausf N auch zur Gegenansicht; OVG Münster ZIP 1982, 1341; HambK/*Herchen* InsO[9] § 182 Rn 5; Kübler/Prütting/Bork/*Pape/Schaltke* InsO[86] § 182 Rn 9; Uhlenbruck/*Sinz* InsO[15] § 182 Rn 7.

8 BFH ZIP 2006, 2284, 2286 Ziffer 16; LSG Sachsen ZInsO 2018, 2166; OVG Thüringen ZInsO 2009, 1067; Kübler/Prütting/Bork/*Pape/Schaltke* InsO[86] § 182 Rn 9.

3. Streitwertbestimmung in Verfahren gegen den Schuldner persönlich

5 In den vom Schuldner persönlich veranlassten und gegen ihn gerichteten Rechtsstreitigkeiten findet **§ 182 keine Anwendung.**[9] Insbesondere für sog Attributsklagen, mit denen die Feststellung eines qualifizierten Rechtsgrunds der Forderung iSv § 302 Nr 1 begehrt wird, ist der **Wert des Vollstreckungsanspruchs** aus § 201 II maßgeblich; es kommt also grundsätzlich nicht auf den Nennwert des Anspruchs an, sondern auf den Wert der Vollstreckungsaussichten, der durch einen entsprechenden Abschlag berücksichtigt wird.[10]

II. Streitwertberechnung nach § 182

1. Allgemeines

6 Im Feststellungsprozess des § 179 orientiert sich der Streitwert nicht wie nach § 2 ZPO am geltend gemachten Recht und damit an der Höhe der behaupteten Forderung, sondern am Wert des **Haftungsrechts** an der Masse.[11] Es geht um den wirtschaftlichen Wert der Forderung als Insolvenzforderung, also unter Berücksichtigung der zu erwartenden Insolvenzquote, die mit Rücksicht auf das **Verhältnis der Teilungsmasse zur Schuldenmasse** zu bestimmen ist.[12]

7 Forderungen von **absonderungsberechtigten Gläubigern** finden nur in Höhe des (mutmaßlichen) Ausfalls Berücksichtigung.[13] Zwar ist auch eine dinglich gesicherte Forderung in Höhe ihres Gesamtbetrages Insolvenzforderung und wird nicht erst durch die Nichtrealisierung der dinglichen Sicherung zu einer solchen. Jedoch beurteilt sich die Quote gem § 52 S 2, sofern auf die Sicherheit nicht verzichtet wird, am Ausfall. Steht der Forderung des Gläubigers eine **aufrechenbare Gegenforderung** der Masse gegenüber, so ist für den Quotenschlüssel der Betrag einzusetzen, der bei einer Verteilung der um die Gegenforderung erhöhten Masse auf die Klageforderung entfiele.[14]

8 Dem allgemeinen Grundsatz entsprechend bestimmt sich der Streitwert durch das Interesse dessen, der den Rechtsschutz begehrt. Daran rührt § 182 nicht. Für denselben Streitgegenstand kann daher ein verschiedener Streitwert in Frage kommen, je nachdem, wer den Feststellungsprozess betreibt. Hat ein **anderer Gläubiger** Widerspruch gegen eine **zugriffsreife Forderung** erhoben (§ 179 II), dann besteht sein Interesse an der verneinenden Feststellung in dem Betrag, um den sich bei Erfolg des Widerspruchs seine Anteile voraussichtlich erhöhen werden. In diesem Fall ist der Streitwert geringer als die Insolvenzquote. Zwar kommt der Widerspruch hier der Gläubigergesamtheit zustatten (§ 183 I), der Einzelgläubiger verfolgt ihn jedoch in eigenem Namen und auf eigene Gefahr.[15] Verfolgt dagegen der **Verwalter** (allein oder zusammen mit Gläubigern) einen Widerspruch nach § 179 II, dann entscheidet die auf die streitige Forderung voraussichtlich entfallende Insolvenzquote, nicht anders als bei der Klage des Anmelders auf Feststellung eines nichtzugriffsreifen Anspruchs: In beiden Fällen geht der Streit um Bestand

9 BGH NZI 2009, 255 **mwN**; vgl bereits zur KO RGZ 24, 405, 407; OLG Karlsruhe OLGE 15, 50; ferner BGH LM Nr 3 zu § 148 KO.

10 Zur Attributsklage: BGH NZI 2021, 99 (umgekehrter Fall der negativen Feststellungsklage des Schuldners); BGH NZI 2009, 255 **mwN** zum Streitstand; OLG Hamm ZIP 2016, 2429 OLG Celle NZI 2007, 473, Kübler/Prütting/Bork/*Pape/Schaltke* § 184 Rn 112; Uhlenbruck/*Sinz* InsO[15] § 182 Rn 5 – **aA** OLG Hamm NZI 2007, 249; FK/*Kießner* InsO[9] § 182 Rn 11; MünchKomm/*Schumacher* InsO[4] § 182 Rn 4.

11 *Eckardt* Kölner Schrift[3] Kap 17 Rn 53 mwN.

12 BGH NZI 2019, 427, 428; BGH ZInsO 2019, 1748.

13 OLG Hamm ZIP 1984, 1258; HambK/*Herchen* InsO[9] § 182 Rn 11; Uhlenbruck/*Sinz* InsO[15] § 182 Rn 10 zweifelnd MünchKomm/*Schumacher* InsO[4] § 182 Rn 8.

14 BGH ZIP 2000, 37, 238; FK/*Kießner* InsO[9] § 182 Rn 6; *Graf-Schlicker* InsO[6] § 182 Rn 9.

15 Kübler/Prütting/Bork/*Pape/Schaltke* InsO[86] § 182 Rn 3; MünchKomm/*Schumacher* InsO[4] § 182 Rn 3; Uhlenbruck/*Sinz* InsO[15] § 182 Rn 3.

oder Nichtbestand der Forderung selbst. Gleichgültig ist der Grund des Bestreitens. Insbesondere gilt § 182 auch dann, wenn der Insolvenzverwalter seinen Widerspruch auf die Gläubigeranfechtung (§§ 129 ff) stützt.

2. Schätzung der Quote

9 Welche Insolvenzquote der Gläubiger erwarten kann, richtet sich nach dem Verhältnis von Teilungs- und Schuldenmasse.[16] Die **„Teilungsmasse"** des § 182 ist nicht begriffsgleich mit der „Insolvenzmasse" iSd § 148 I. Gemeint ist nur der Teil der Masse, der nach Berücksichtigung der Masseverbindlichkeiten und der absonderungsberechtigten Gläubiger sowie der ausgeübten Aufrechnungsbefugnisse noch zur Verteilung ansteht.

10 Schuldenmasse ist die Gesamtheit der im Verfahren als Insolvenzforderung zu berücksichtigenden Verbindlichkeiten, wobei für die Berechnung der Gesamthöhe die bestrittene Forderung in voller Höhe mit eingerechnet wird.[17] Die übrigen bestrittenen Forderungen sind, unabhängig davon, ob ihretwegen Insolvenzfeststellungsklage erhoben wurde oder nicht, mit einem der Wahrscheinlichkeit ihrer endgültigen Berücksichtigung entsprechenden Betrag anzurechnen.[18] **Zinsen** und **Kosten** werden, soweit sie bereits zur Zeit der Verfahrenseröffnung angefallen waren, bei der Ermittlung der Schuldenmasse hinzugerechnet; diese Forderungen unterfallen gerade nicht § 39 I Nr 1 und 2.[19]

11 Beide für den Quotienten maßgebliche Größen stehen zunächst noch nicht fest. Sie sind vom Prozessgericht „unter Ausschöpfung aller Erkenntnisquellen"[20] **zu schätzen**. Die Höhe der einzelnen Größen lässt sich durch Auskunft des Insolvenzverwalters und erforderlichenfalls unter Beiziehung der Insolvenzakten ermitteln.[21] Der „Freiraum" des Prozessgerichts ist auf die Schätzung der voraussichtlichen Insolvenzquote beschränkt, im Übrigen ist es an den behaupteten Nennbetrag der streitbefangenen Forderung gebunden.[22] Ein „freies Ermessen" räumt die InsO dem Gericht – anders als § 148 KO – nicht (mehr) ein. Die unter der Geltung der KO geführte Diskussion, den Streitwert der Insolvenzfeststellungsklage bei 10 % des Wertes der Forderung festzusetzen, dürfte sich vor diesem Hintergrund erledigt haben.[23] Ist in einem Insolvenzverfahren **keine Quotenzahlung zu erwarten**, so ist der Streitwert einer Insolvenzfeststellungsklage in Höhe der niedrigsten Wertstufe festzusetzen.[24] Die Möglichkeit einer außerverfahrensrechtlichen Gläubigerbefriedigung bleibt bei der Wertberechnung außer Ansatz.[25]

---

16 BGH NZI 2019, 427, 428.

17 BGH NZI 2019, 427, 428; HambK/*Herchen* InsO[9] § 182 Rn 9; Kübler/Prütting/Bork/*Pape/Schaltke* InsO[86] § 182 Rn 16; MünchKomm/*Schumacher* InsO[4] § 182 Rn 8.

18 BGH NZI 2019, 427, 428; Kübler/Prütting/Bork/*Pape/Schaltke* InsO[86] § 182 Rn 16; MünchKomm/*Schumacher* InsO[4] § 182 Rn 8; Uhlenbruck/*Sinz* InsO[15] § 182 Rn 10; zur KO bereits grundlegend RG JW 1896, 602; 1899, 288; ständ Rspr auch des BGH, vgl nur BGH ZIP 1999, 1813.

19 BGH NZI 2019, 427, 428; Graf-Schlicker/*Graf-Schlicker* InsO[6] § 182 Rn 9; HambK/*Herchen* InsO[9] § 182 Rn 9; MünchKomm/*Schumacher* InsO[4] § 182 Rn 8; **aA** OLG München NJW 1967, 1374; OLG Naumburg ZIP 1995, 575, Kübler/Prütting/Bork/*Pape/Schaltke* InsO[86] § 182 Rn 6 (Zinsen bleiben nach § 4 ZPO insgesamt unberücksichtigt).

20 Im Anschluss an BGH ZIP 1999, 1812 zB BGH ZIP 2007, 247 Ziffer 6; HK/*Depré* InsO[10] § 182 Rn 1; Kübler/Prütting/Bork/*Pape/Schaltke* InsO[86] § 182 Rn 14.

21 BGH NZI 2007, 175, 176; HambK/*Herchen* InsO[9] § 182 Rn 8; den Erkenntniswert der Akte bezweifeln Kübler/Prütting/Bork/*Pape/Schaltke* InsO[86] § 182 Rn 14.

22 BGH LM Nr 1 zu § 148 KO.

23 Vgl hierzu Voraufl Jaeger/*Gerhardt* InsO § 182 Rn 33 ff m umf wN sowie Argumenten gegen eine solche pauschale Streitwertbestimmung; vgl auch BGH ZIP 1993, 50, 51.

24 BGH ZInsO 2019, 1748.

25 BGH ZIP 1984, 1258; 1993, 50, 51; ZInsO 2000, 99; *Graf-Schlicker* InsO[6] § 182 Rn 1; HambK/*Herchen* InsO[9] § 182 Rn 9.

12 Der Streitwert der Insolvenzfeststellungsklage wird **nicht dadurch erhöht**, dass die Forderung durch sonstige Rechte **gesichert ist.**[26] Inhalt des Klagebegehrens ist lediglich die Feststellung der Teilnahme der Forderung am Insolvenzverfahren, das „Haftungsrecht an der Masse". Maßgeblich ist allein die hier zu erwartende Quote.[27]

III. Zeitpunkt der Wertberechnung

13 Der nach § 182 festzusetzende Streitwert hat Bedeutung als Zuständigkeits-, Rechtsmittel- und Gebührenstreitwert.[28] Weil § 182 nicht festlegt, welcher Zeitpunkt für die Wertberechnung maßgeblich ist, gelten insoweit im Grundsatz die allgemeinen Regeln (§ 4 iVm § 4 ZPO).[29] Der für die Streitwertfestsetzung maßgebliche Zeitpunkt bestimmt sich unterschiedlich, je nachdem, auf welche Auswirkung des Streitwertes es ankommt.

1. Zuständigkeits- und Rechtsmittelstreitwert

14 Geht es um die **sachliche Zuständigkeit**, so kommt es für die Streitwertfestsetzung auf den Zeitpunkt der Klageerhebung an (§ 4 ZPO), also darauf, welche Quote zur Zeit der Klageerhebung zu erwarten ist.[30] Zwar steht in diesem Zeitpunkt das Verhältnis zwischen Teilungs- und Schuldenmasse noch nicht fest; § 182 stellt jedoch nicht auf die effektive Quote, sondern auf deren zu einem früheren Zeitpunkt zu ermittelnden Schätzwert ab. § 182 findet ebenso für die Aufnahme eines Rechtsstreits nach § 180 II Anwendung.[31] Sinkt bei einem aufgenommenen Prozess vor dem Landgericht der nach § 182 maßgebliche „neue" Streitwert unter die Grenze des § 71 I Nr 1 GVG, so bleibt es bei der landgerichtlichen Zuständigkeit (vgl § 180 Rn 43).[32]

15 Für die **Zulässigkeit von Rechtsmitteln** ist der Zeitpunkt ihrer Einlegung maßgeblich (§§ 4 I, 511 II Nr 1 ZPO).[33] Auch hier ist eine nachträgliche Wertänderung ohne Bedeutung.[34] Für die Bewertung der **Beschwer der Nichtzulassungsbeschwerde** ist der Zeitpunkt der letzten mündlichen Verhandlung vor dem Berufungsgericht maßgeblich.[35]

2. Gebührenstreitwert

16 Ebenfalls auf den Zeitpunkt der Klageerhebung bzw der Einlegung des Rechtsmittels wird für die Berechnung der **Gerichtsgebühren** abgestellt, § 40 GKG iVm § 4 ZPO.[36] Die Anwaltsgebühren richten sich gem § 23 I RVG in gerichtlichen Verfahren, zu denen der Forderungsfeststellungsprozess gehört, nach den Gerichtsgebühren.

---

26 BGH NZI 2015, 757, 758 **mwN**; BGH ZInsO 2016, 1776; ZInsO 2019, 1748; Kübler/Prütting/Bork/*Pape/Schaltke* InsO[86] § 182 Rn 5.

27 Kübler/Prütting/Bork/*Pape/Schaltke* InsO[86] § 182 Rn 5; Uhlenbruck/*Sinz* InsO[15] § 182 Rn 20.

28 BGH NZI 2020, 830 **mwN**; Kübler/Prütting/Bork/*Pape/Schaltke* InsO[86] § 182 Rn 3 **mwN.**

29 BGH NZI 2016, 167, 168; MünchKomm/*Schumacher* InsO[4] § 182 Rn 10; vgl auch Uhlenbruck/*Sinz* InsO[15] § 182 Rn 15 **mwN.**

30 BGH ZIP 1999, 1811; OLG Celle ZIP 2005, 1571, 1572; Kübler/Prütting/Bork/*Pape/Schaltke* InsO[86] § 182 Rn 4; MünchKomm/*Schumacher* InsO[4] § 182 Rn 10; Uhlenbruck/*Sinz* InsO[15] § 182 Rn 15.

31 Kübler/Prütting/Bork/*Pape/Schaltke* InsO[86] § 182 Rn 4 m umf **wN;** Uhlenbruck/*Sinz* InsO[15] § 182 Rn 17 („Stufenstreitwert").

32 FK/*Kießner* InsO[9] § 182 Rn 4; Uhlenbruck/*Sinz* InsO[15] § 182 Rn 18.

33 BGH NZI 2016, 167 mwN; Kübler/Prütting/Bork/*Pape/Schaltke* InsO[86] § 182 Rn 4.

34 Kübler/Prütting/Bork/*Pape/Schaltke* InsO[86] § 182 Rn 4.

35 BGH NZI 2019, 427, 428; BGH NZI 2014, 357.

36 MünchKomm/*Schumacher* InsO[4] § 182 Rn 10.

17 Wird ein bereits anhängiger Prozess durch die Verfahrenseröffnung gem § 240 ZPO unterbrochen und danach vom Gläubiger gegen den Insolvenzverwalter **aufgenommen (§ 180 II)**, so gilt grundsätzlich § 182. Die Anwendung des § 182 muss jedoch der Tatsache Rechnung tragen, dass bislang schon ein prozessuales Verfahren stattgefunden hat. Der Streitwert bemisst sich erst **vom Zeitpunkt der Aufnahme an** nach § 182. § 40 GKG, wonach ua auch Minderungen des wirtschaftlichen Wertes des Streitgegenstandes unberücksichtigt bleiben, steht dem nicht entgegen. Hier handelt es sich um eine Änderung des Streitgegenstandes; es geht nicht mehr um die ursprüngliche Klageforderung, sondern um das Teilnahmerecht des Gläubigers an der Insolvenzmasse.[37] Aus diesem Grund wird ein sog **Stufenstreitwert** für die Zeitabschnitte bis zur Aufnahme und nach der Aufnahme festgesetzt.[38] Der geänderte Streitwert betrifft die nach der Aufnahme (§ 4 ivm § 250 ZPO) entstandenen Kosten.[39] Insolvenzrechtlich qualifiziert werden die innerhalb einer Instanz angefallenen Kosten nach hM gleichwohl insgesamt als Masseverbindlichkeit (dazu § 180 Rn 52 mN).

---

37 BGH ZIP 1980, 429; 1993, 50, 51; BFH ZIP 2006, 2284, 2286; LAG Baden-Württemberg NZI 2012, 378; FK/*Kießner* InsO[9] § 182 Rn 4; *Graf-Schlicker* InsO[6] § 182 Rn 11; HambK/*Herchen* InsO[9] § 182 Rn 13; *Lüke* FS für Ganter, S 269, 271; MünchKomm/*Schumacher* InsO[4] § 182 Rn 6; Uhlenbruck/*Sinz* InsO[15] § 182 Rn 17. – **AA** Jaeger/*Weber* KO[8] § 148 Rn 3 letzter Abs: der bisherige Streitwert sei für die Instanz weiterhin maßgebend; OLG Frankfurt (12. Senat) ZIP 1981, 638 f.

38 Vgl LAG Baden-Württemberg NZI 2012, 378; LAG Nürnberg ZInsO 2013, 627; LSG Sachsen ZInsO 2018, 2166.

39 MünchKomm/*Schumacher* InsO[4] § 182 Rn 6 **mwN**.

§ 183 Wirkung der Entscheidung

(1) Eine rechtskräftige Entscheidung, durch die eine Forderung festgestellt oder ein Widerspruch für begründet erklärt wird, wirkt gegenüber dem Insolvenzverwalter und allen Insolvenzgläubigern.
(2) Der obsiegenden Partei obliegt es, beim Insolvenzgericht die Berichtigung der Tabelle zu beantragen.
(3) Haben nur einzelne Gläubiger, nicht der Verwalter, den Rechtsstreit geführt, so können diese Gläubiger die Erstattung ihrer Kosten aus der Insolvenzmasse insoweit verlangen, als der Masse durch die Entscheidung ein Vorteil erwachsen ist.

Materialien

§ 201 DiskE und RefE, § 211 RegE; BT-Drucks 12/2243, S 185; zu den Vorgängerregelungen der KO Motive I Bd 2, S 102, Motive II S 368, Protokolle S 93 ff, 173 ff.

Vorgängerregelung

Für Abs 1 und 3 § 147 KO, für Abs 2 § 146 VII KO.

Literatur

S zu § 174 und § 178.

Übersicht

Alphabetische Übersicht

https://doi.org/10.1515/9783110343687-010

I. Normzweck

1 § 178 III regelt die Wirkung der freiwilligen, § 183 I die der im Prozess erstrittenen Feststellung. Im Gegensatz zur Feststellung iSv § 178 III, die immer nur eine positive Feststellung sein kann (bei Widerspruch keine Feststellung), erfasst § 183 die positive sowie die negative Feststellung: Wird ein Widerspruch für begründet erklärt, erreicht der Anmelder keine Feststellung seiner Forderung.

2 § 183 übernahm ohne sachliche Änderungen die entsprechenden Regelungen der §§ 146, 147 I und III KO. § 183 I stellt gegenüber der Vorgängerregelung § 147 I KO allerdings auch die Wirkung im Verhältnis zum Insolvenzverwalter ausdrücklich klar.[1] Die Besonderheit des Insolvenzverfahrens, in dem alle Gläubiger zusammengefasst werden, erfordert eine einheitliche Entscheidung für und gegen alle Gläubiger des Schuldners. Es würde das Verteilungsverfahren bis zur Undurchführbarkeit verkomplizieren, wollte man den Umfang der Masse jeweils danach differenzieren, zwischen welchen Insolvenzgläubigern eine Forderung als festgestellt gilt und nicht. Mit der Überwindung der Widersprüche ist die Rechtslage dieselbe geworden, als wäre im Prüfungstermin überhaupt kein Bestreiten erfolgt (zum Erfordernis, sämtliche Widersprüche zu beseitigen, siehe unten Rn 5).[2] Wird im Prüfungsverfahren kein Widerspruch gegen die Forderung vom Insolvenzverwalter oder einem anderen Gläubiger erhoben, misst § 178 III dem Tabellenvermerk Wirksamkeit gegenüber allen Beteiligten zu (hierzu § 178 Rn 32 f).

II. Rechtskraft des Urteils im Feststellungsstreit

1. Erweiterte Rechtskrafterstreckung nach Abs 1

3 Die erweiterte Rechtskraft des Urteils setzt zunächst eine im Sinne des § 325 ZPO persönlich begrenzte zwischen den Parteien des Rechtsstreits (bzw deren Rechtsnachfolgern) voraus. Parteien im Feststellungsstreit sind **Anmelder** und **Widersprechender**. § 183 erstreckt die Wirkung des Urteils im Feststellungsstreit unabhängig davon, wer als Widersprechender Partei des Rechtsstreits war, auf den **Insolvenzverwalter** und die **anderen Insolvenzgläubiger**. Im Eigenverwaltungsverfahren bezieht sich die Rechtskrafterstreckung, korrespondierend mit dem Widerspruchsrecht (vgl § 176 Rn 24), auf den eigenverwaltenden Schuldner und den Sachwalter.[3] Die erweiterte subjektive Rechtskraftwirkung nach § 183 I entspricht der erweiterten subjektiven Rechtskraftwirkung nach § 178 III. Hier wie dort gilt, dass eine Rechtskrafterstreckung **auf sonstige Dritte** nicht stattfindet (vgl § 178 Rn 35 f, zur Frage der Wirkung gegenüber haftenden **Gesellschaftern** § 178 Rn 68 ff).

4 § 183 I geht aus vom Regelfall **eines Widerspruchs** gegen die angemeldete Forderung mit folgendem **Feststellungsprozess** und ist somit im Zusammenspiel mit § 178 I auszulegen. Sobald der einzige, der letzte oder sämtliche Widersprüche durch ein rechtskräftiges (§ 705 ZPO) Feststellungsurteil verworfen wurden, gilt die Forderung als festgestellt gem § 178 I, dh der obsiegende Insolvenzgläubiger nimmt mit seiner Insolvenzforderung **nach Grund, Betrag und Rang** an der Verteilung teil; denn danach bemisst sich das Haftungsrecht an der Masse (zum Gegenstand des Feststellungsstreits s § 179 Rn 21). Dieses Urteil „wirkt" gegen alle Insolvenzgläubiger, dh zu Ungunsten aller übrigen, auch der nichtbestreitenden.

5 Sind **mehrere Widersprüche** erhoben, so ist die Feststellung nur durch Beseitigung sämtlicher Widersprüche zu erzielen. Obsiegt auch nur ein einziger Widersprechender, wird damit die

1 MünchKomm/*Schumacher* InsO[4] § 183 Rn 2.

2 Vgl zur Vorgängerregelung des § 178 I KO Motive II S 368.

3 Graf-Schlicker/*Graf-Schlicker* InsO[6] § 183 Rn 2; Kübler/Prütting/Bork/*Pape*/*Schaltke* InsO[86] § 183 Rn 9; MünchKomm/*Schumacher* InsO[4] § 183 Rn 5; Uhlenbruck/*Sinz* InsO[15] § 183 Rn 2.

Feststellung verhindert. Umgekehrt wirkt die **Zurückweisung eines einzelnen Widerspruchs** nicht zugleich gegen die anderen Gläubiger, die ebenfalls widersprochen haben. Die Gesetzesformulierung ist insoweit missverständlich und muss dahin einschränkend verstanden werden, dass insoweit die Rechtskraft gegen die anderen Insolvenzgläubiger nur dann wirkt, wenn der einzige, der letzte oder sämtliche Widersprüche beseitigt sind.[4]

2. Zeitpunkt des Eintritts der Rechtskraft

Das Gesetz geht bei seiner allgemeinen Regelung offenbar davon aus, dass nur ein einziger Widerspruch zu überwinden ist. Haben jedoch **mehrere Insolvenzgläubiger** widersprochen, kann die Rechtskraftwirkung des § 183 I erst eintreten, wenn **alle Widersprüche** ausgeräumt sind (so Rn 5). Damit hängt der Umfang der Rechtskraft von Umständen ab, die außerhalb des in concreto zu entscheidenden Rechtsstreits liegen. Teilweise wurde deswegen gefordert, die in § 183 I angeordnete erweiterte Rechtskraftwirkung nicht, wie der Wortlaut der Vorschrift nahelegt, schon dem Urteil des Feststellungsprozesses, sondern erst der gem § 183 II zu bewirkenden Tabellenberichtigung zukommen zu lassen.[5] Diese Schlussfolgerung ist allerdings nicht zwingend. Zwar müssen mehrere Widersprechende nicht gemeinsam verklagt werden, so dass nach Ausräumung eines Widerspruchs die rechtskräftige Feststellung der Forderung vom Ausgang der noch zu führenden Feststellungsprozesse gegen die übrigen Widersprechenden abhängt (vgl § 180 Rn 21). Die Gesamtzahl der zu überwindenden Widersprüche steht jedoch mit dem Ende des Prüfungstermins bereits fest. Es besteht also keine Veranlassung, die erweiterte Rechtskraft nicht schon dem den letzten möglichen Widerspruch ausräumenden Feststellungsurteil zukommen zu lassen. 6

Dem steht auch nicht entgegen, dass erst die **Tabelleneintragung** dem obsiegenden Insolvenzgläubiger die unantastbare Verfahrensteilnahme sichert. Die Rechtsprechung geht allerdings davon aus, dass sowohl in Fällen der Feststellung der im Prüfungstermin unwidersprochen gebliebenen Forderungen (§ 178 I S 1) als auch bei Widerspruchsbeseitigung durch Urteil erst die Eintragung die Wirkung nach § 178 III herbeiführe.[6] Dabei bleibt jedoch § 183 I ausgeblendet. Der Tabelleneintrag nach Berichtigung der Tabelle gem § 183 II hat lediglich **deklaratorische Bedeutung.**[7] Das Urteil „**wirkt**" heißt hier: es äußert echte innere (sachliche) Rechtskraft im Sinne der §§ 322, 325 ZPO, allerdings eine erweiterte nach § 183 I. Diese versteht sich als eine auf der Grundlage der §§ 322, 325 ZPO beruhende Erweiterung.[8] Sie ergibt sich nicht von selbst, auch nicht aus einer Vertretung der Nichtwidersprechenden durch den Widersprechenden; denn dieser widerspricht im eigenen Namen, kraft eigenen Rechts und auch auf eigenes Kostenrisiko (vgl unten Rn 14). 7

3. Gegenstand der Rechtskraft

Gegenständlich erstreckt sich die Rechtskraft bei erstrittener wie bei freiwilliger Feststellung gem § 178 III auf das **Haftungsrecht des Gläubigers an der Insolvenzmasse**; dafür ist das 8

4 *Eckardt* Kölner Schrift[3] Kap 17 Rn 58; Kübler/Prütting/Bork/*Pape/Schaltke* InsO[86] § 183 Rn 11; Uhlenbruck/*Sinz* InsO[15] § 183 Rn 2.

5 *Seuffert* Konkursprozeßrecht S 389; *Spellenberg* S 114.

6 BGHZ 168, 112 = BGH NJW 2006, 3068, 3070; BGH NZI 2008, 565 f.

7 HambK/*Herchen* InsO[9] § 183 Rn 7; MünchKomm/*Schumacher* InsO[4] § 183 Rn 7; Uhlenbruck/*Sinz* InsO[15] § 183 Rn 11, 12; vgl auch Kübler/Prütting/Bork/*Pape/Schaltke* InsO[86] § 183 Rn 15; **aA** Andres/Leithaus/*Leithaus* InsO[4] § 183 Rn 3.

8 *Eckardt* Kölner Schrift[3] Kap 17 Rn 58; HambK/*Herchen* InsO[9] § 183 Rn 1; Kübler/Prütting/Bork/*Pape/Schaltke* InsO[86] § 183 Rn 2 – **aA** Uhlenbruck/*Sinz* InsO[15] § 183 Rn 1 (beruht wie bei § 178 III auf besonderer insolvenzrechtlicher Bestimmung).

Bestehen der Forderung nur eine Vorfrage (vgl § 178 Rn 37). Der Insolvenzverwalter braucht die erstrittene Feststellung im Insolvenzverfahren allerdings erst zu berücksichtigen, wenn der obsiegende Anmelder die Berichtigung der Tabelle erwirkt hat, Abs 2.[9] Umgekehrt wirkt das rechtskräftige Urteil, das den einzigen Widerspruch oder auch nur einen von mehreren Widersprüchen gegen das vom Anmelder behauptete Bestehen einer Insolvenzforderung für begründet erklärt, also das **Nichtbestehen** des Haftungsrechts feststellt, zu Gunsten aller Gläubiger, auch der nicht Widersprechenden und auch der nicht mitverklagten Widersprechenden.[10] Wird ein Widerspruch für begründet erklärt, so ist die betreffende Forderung, soweit der begründete Widerspruch reicht, von der Abstimmung in der Gläubigerversammlung und von der Verteilung sowie von der Teilnahme am Planverfahren ausgeschlossen. Dabei spielt keine Rolle, ob für die angemeldete Forderung ein vollstreckbarer Schuldtitel oder ein Endurteil (§ 179 II) vorlag. Steht mit Rechtskraftwirkung nach § 183 I fest, dass dem Anmelder kein Haftungsrecht zustand, sind keine Anteile mehr wegen der Zugriffsreife im Verteilungsverfahren zu berücksichtigen.

9 Dringt der einzige oder dringt die Gesamtheit der Widersprüche gegen das Bestehen einer Insolvenzforderung nur für einen **Teilbetrag** durch, dann beschränken sich ursprüngliche und erweiterte Rechtskraft auf diesen Teilbetrag („soweit"). Entsprechendes gilt bei einem Widerspruch wegen des geltend gemachten Rangs.

III. Berichtigung der Tabelle, Abs 2

10 Erst mit Berichtigung der Tabelle ist der Insolvenzverwalter verpflichtet, den begünstigten Gläubiger bei der Auszahlung der Anteile zu berücksichtigen. Tut er dies bereits vorher, etwa schon nach Verkündung des obsiegenden Urteils, so geschieht die Auszahlung auf sein Risiko (§ 60).[11] Erfolgt die Berichtigung dahin, dass ein Widerspruch rechtskräftig für begründet erklärt ist, so schließt dies die Aufnahme des Anmelders in das Verteilungsverzeichnis (§ 188) aus. Endet der Feststellungsstreit erst **nach dem Insolvenzverfahren**, so muss eine Tabellenberichtigung auch noch nach Verfahrensende statthaft sein. Sie hat dann zwar keine Bedeutung mehr für die Schlussverteilung, jedoch noch für die Vollstreckungswirkung nach § 201 II S 1.[12]

11 Die Berichtigung der Tabelle hat nach Abs 2 der **obsiegende Teil** zu erwirken. Das gilt gleichermaßen für den Fall der Anerkennung wie für den der Aberkennung des bestrittenen Insolvenzgläubigerrechts. Es erfolgt also **keine Berichtigung von Amts wegen.**[13] Das Gesetz mutet dem Verwalter nicht zu, sich um den Ausgang der gegen widersprechende Gläubiger geführten Feststellungsprozesse zu kümmern. Die Regelung des Abs 2 soll gerade die Verantwortlichkeit des Insolvenzverwalters vermindern.[14] Das Insolvenzgericht kann fehlerhafte Eintragungen von sich aus oder auch auf Anregung korrigieren.[15]

12 Zum Zweck der Berichtigung hat der durch die Berichtigung Begünstigte beim Insolvenzgericht einen **Berichtigungsantrag** zu stellen und die Antragsunterlagen, also zB eine Ausfertigung des rechtskräftigen Urteils, vorzulegen.[16] Diese sind mit dem Zeugnis der Rechtskraft (§ 706 ZPO) zu versehen. Der Vorlage einer vollstreckbaren Ausfertigung des obsiegenden Urteils

---

9 Kübler/Prütting/Bork/*Pape/Schaltke* InsO[86] § 183 Rn 15; Uhlenbruck/*Sinz* InsO[15] § 183 Rn 11; s hierzu *von der Ohe* S 39.

10 *Graf-Schlicker* InsO[6] § 183 Rn 5; Uhlenbruck/*Sinz* InsO[15] § 183 Rn 4.

11 Vgl Kübler/Prütting/Bork/*Pape/Schaltke* InsO[86] § 183 Rn 15; MünchKomm/*Schumacher* InsO[4] § 183 Rn 7; Uhlenbruck/*Sinz* InsO[15] § 183 Rn 11.

12 BGH ZIP 1984, 980 sub 2a); Graf-Schlicker/*Graf-Schlicker* InsO[6] § 183 Rn 10; Kübler/Pütting/Bork/*Pape/Schaltke* InsO[86] § 183 Rn 17; Uhlenbruck/*Sinz* InsO[15] § 183 Rn 12.

13 Andres/Leithaus/*Leithaus* InsO[4] § 183 Rn 3; BeckOK/*Zenker* InsO[23] § 183 Rn 6.

14 So zur Vorgängerregelung des § 147 VII KO Motive II S 367 = Hahn IV S 330.

15 Graf-Schlicker/*Graf-Schlicker* InsO[6] § 183 Rn 8 f; Uhlenbruck/*Sinz* InsO[15] § 183 Rn 11.

16 Kübler/Prütting/Bork/*Pape/Schaltke* InsO[86] § 183 Rn 15.

bedarf es zur Berichtigung nicht. Zwar vermittelt der berichtigende Vermerk über die Widerspruchsbeseitigung (§ 178 I) gegenüber dem Schuldner, der nicht auch persönlich widersprochen hatte, die Vollstreckbarkeit des § 201 II S 1. Die Berichtigung selbst ist jedoch keine Maßnahme der Zwangsvollstreckung, sondern sie schafft eine Voraussetzung der Titulierung, damit aus dem vollstreckbaren Tabellenauszug später die Zwangsvollstreckung betrieben werden kann.

Die Berichtigungsanordnung bildet, auch wenn sie ohne Anhörung der Beteiligten ergeht, eine aktenmäßige Verfügung, von der jedenfalls der Antragsteller, dessen Gegner und der Verwalter zu benachrichtigen sind. Die Berichtigung selbst ist – wie die Eintragung nach § 178 II – keine Entscheidung, sondern **bloße Beurkundung;** gegen die Eintragung ist **kein Rechtsmittel** gegeben.[17] Steht die Eintragung inhaltlich nicht im Einklang mit dem für sie maßgebenden Urteil, so kann der Verwalter und jeder beeinträchtigte Gläubiger die Richtigstellung beantragen.[18] Ergeht eine Entscheidung des Insolvenzgerichts, die den **Berichtigungsantrag ablehnt**, so ist der Ablehnungsbeschluss dem Antragssteller von Amts wegen zuzustellen.[19] Er ist nur der befristeten Rechtspflegererinnerung (§ 11 II RpflG) unterworfen, die dann allenfalls bei Nichtabhilfe zur Richtervorlage führen kann; die sofortige Beschwerde ist unstatthaft (siehe auch § 178 Rn 24).[20] 13

IV. Kostenersatz aus der Masse, Abs 3

1. Grundlage: Eingreifen der allgemeinen Regeln

Wer die Kosten des Feststellungsprozesses zu tragen hat, bestimmt sich nach allgemeinen Grundsätzen (§§ 91 ff ZPO). **Unterliegt der Verwalter**, dann bildet die Kostenpflicht eine **Masseverbindlichkeit** (§ 55 Nr 1).[21] Unterliegt ein **widersprechender Gläubiger**, so trifft ihn die Prozesskostenlast persönlich, da er den Widerspruchsprozess im eigenen Namen und kraft eigenen Rechts geführt hat; er kann die Prozesskosten weder auf die Masse noch auf die übrigen Insolvenzgläubiger abwälzen.[22] Hat der widersprechende Gläubiger den Widerspruchsprozess gewonnen, so kann er nach § 91 ZPO vom unterlegenen Anmelder Kostenerstattung fordern. 14

2. Kostenerstattungsanspruch nach Abs 3

Für den Fall, dass „nur einzelne Gläubiger" – einer oder mehrere, als Kläger oder Beklagte, jedoch nicht der Insolvenzverwalter – einen Widerspruch erfolgreich gegen den Anmelder durchgefochten haben, sollen sie nach Abs 3 insoweit Ersatz ihrer Prozesskosten aus der Masse verlangen können, als der Masse durch die Entscheidung „ein Vorteil erwachsen ist", und zwar unbeschadet ihres Erstattungsanspruchs gegen den Anmelder.[23] Im Hinblick auf den Umfang 15

---

17 AG Hamburg ZIP 2006, 1915; Kübler/Prütting/Bork/*Pape/Schaltke* InsO[86] § 183 Rn 17; Uhlenbruck/*Sinz* InsO[15] § 183 Rn 14.

18 MünchKomm/*Schumacher* InsO[4] § 183 Rn 8 unter Berufung auf Jaeger/*Gerhardt* InsO § 183 Rn 23, 27.

19 MünchKomm/*Schumacher* InsO[4] § 183 Rn 8 unter Berufung auf Jaeger/*Gerhardt* InsO § 183 Rn 29.

20 AG Hamburg ZIP 2006, 1915; HambK/*Herchen* InsO[9] § 183 Rn 8; Kübler/Prütting/Bork/*Pape/Schaltke* InsO[86] § 183 Rn 17; Uhlenbruck/*Sinz* InsO[15] § 183 Rn 14; zur fehlerhaften Beurkundung im Prüfungsverfahren siehe BGH NZI 2017, 213.

21 Gottwald/Haas/*Eckardt* InsRHdB[6] § 32 Rn 29; Kübler/Prütting/Bork/*Pape/Schaltke* InsO[86] § 183 Rn 20; MünchKomm/*Schumacher* InsO[4] § 183 Rn 10.

22 Kübler/Prütting/Bork/*Pape/Schaltke* InsO[86] § 183 Rn 18; MünchKomm/*Schumacher* InsO[4] § 183 Rn 11; Uhlenbruck/*Sinz* InsO[15] § 183 Rn 18.

23 Kübler/Prütting/Bork/*Pape/Schaltke* InsO[86] § 183 Rn 19; MünchKomm/*Schumacher* InsO[4] § 183 Rn 11; Uhlenbruck/*Sinz* InsO[15] § 183 Rn 16.

unterliegt der Anspruch einer **doppelten Einschränkung**: Er umfasst zum einen nur die aufgewendeten **Prozesskosten**. Damit sind andere Aufwendungen aus Anlass des Prozesses ausgeschlossen. Er besteht zum anderen nur **in Höhe des der Masse erwachsenen Vorteils**.[24] Den Vorteil bildet die Ersparung der Insolvenzquote, die dem Anmelder beim Unterbleiben des Widerspruchs zugekommen sein würde.[25] Prozesskosten, die die fiktive Insolvenzquote auf die bestrittene Forderung übersteigen, muss der obsiegende Insolvenzgläubiger insoweit selbst tragen, als sie vom Anmeldenden nicht eingetrieben werden können. War lediglich ein Rangvorrecht abgestritten worden, so besteht der Vorteil in dem Unterschied zwischen der vom Anmelder beanspruchten Befriedigung und seiner Befriedigung nach Durchführung des Widerspruchs. Der Umfang des Vorteils steht zur Beweislast des ersatzbegehrenden Gläubigers („insoweit als").

16 Hat der **Verwalter** den Widerspruchsstreit mitgeführt, so besteht, wie das Wort „nur" klarstellt, kein Kostenersatzanspruch gegen die Masse.[26] Es bleibt also unberücksichtigt, dass die Streitgenossen des Verwalters den Kostenaufwand mitgetragen haben und dass der Widerspruchsgläubiger unter Umständen gerade die Aufwendungen gemacht hat, denen der Erfolg des Prozesses zu verdanken ist, dass er also zB die ausschlaggebenden Beweise beschafft hat. Hat dagegen der Verwalter einen gesonderten Widerspruchsstreit geführt und verloren, dann können Erstattungsansprüche einzelner im Widerspruchsstreit obsiegender Gläubiger nach Abs 3 begründet sein.[27]

17 Der Anspruch auf Ersatz der Prozesskosten „aus der Insolvenzmasse" stellt eine Masseverbindlichkeit iSv § 55 I Nr 3 dar, wobei die Masse nur „Zweitschuldner" neben dem im Prozess unterlegenen Anmelder ist.[28] Der Anspruch erlischt, wenn der unterlegene Anmelder die Prozesskosten erstattet hat; soweit die Masse dem einzelnen Gläubiger die Prozesskosten ersetzt, kann sie die Abtretung des Erstattungsanspruchs verlangen, der dem Gläubiger gegen den unterlegenen Anmelder zusteht.[29] Andernfalls würde eine ungerechtfertigte Bereicherung auf Kosten der Masse eintreten.

V. Wirkung gegenüber dem Schuldner persönlich

18 Ein **Widerspruch** des Schuldners hat auf die Feststellung der angemeldeten Forderung keinen Einfluss, § 178 I, hindert jedoch eine Vollstreckung aus dem Tabellenauszug, vgl § 201 II S 1 (zum weiteren Vorgehen siehe § 184; dort auch zu den Besonderheiten bei der Anmeldung eines qualifizierten Rechtsgrunds iSv § 302 Nr 1). Hat der Schuldner jedoch **keinen Widerspruch** eingelegt und sind auch von anderer Seite keine Widersprüche geltend gemacht bzw wurden diese beseitigt, kann wegen der festgestellten Forderung aus dem Tabelleneintrag gegen den Schuldner nach § 201 II S 1 „wie aus einem vollstreckbaren Urteil" vollstreckt werden. Die Vollstreckbarkeit setzt den Rechtskrafteintritt voraus. Sie ist keine selbständige Erscheinung, sondern Ausfluss der in die Tabelle eingetragenen Forderungsfeststellung, die das Gesetz – ganz einerlei, ob Widersprüche unterblieben oder (wie auch immer) „beseitigt" worden sind (§ 178 I S 1) – mit der Wirksamkeit des rechtskräftigen Urteils ausstattet.

19 Ob ein die Feststellung ablehnendes Urteil auch Rechtskraft **zugunsten des Schuldners** wirkt, ist umstritten. Der BGH hat dies noch unter der Geltung der KO bejaht, im Wesentlichen

---

24 MünchKomm/*Schumacher* InsO[4] § 183 Rn 9; Uhlenbruck/*Sinz* InsO[15] § 183 Rn 11.

25 FK/*Kießner*[9] InsO § 183 Rn 8; HambK/*Herchen* InsO[9] § 183 Rn 9; HK/*Depré* InsO[10] § 183 Rn 5.

26 Kübler/Prütting/Bork/*Pape/Schaltke* InsO[86] § 183 Rn 20; Uhlenbruck/*Sinz* InsO[15] § 183 Rn 17.

27 Graf-Schlicker/*Graf-Schlicker* InsO[6] § 183 Rn 14; Kübler/Prütting/Bork/*Pape/Schaltke* InsO[86] § 183 Rn 21; MünchKomm/*Schumacher* InsO[4] § 183 Rn 12; **aA** Uhlenbruck/*Sinz* InsO[15] § 183 Rn 17.

28 Andres/Leithaus/*Leithaus* InsO[4] § 183 Rn 5.

29 BeckOK/*Zenker* InsO[23] § 183 Rn 10; Graf-Schlicker/*Graf-Schlicker* InsO[6] § 183 Rn 12; Kübler/Prütting/Bork/*Pape/Schaltke* InsO[86] § 183 Rn 19 (§ 255 BGB analog); MünchKomm/*Schumacher* InsO[4] § 183 Rn 11; Uhlenbruck/*Sinz* InsO[15] § 183 Rn 16 (§ 255 BGB analog).

mit der Begründung, die Rechtskraft erfasse die Forderung selbst, und zwar auch hinsichtlich der mit der Abweisung verbundenen negativen Feststellung.[30] Demgegenüber lehnt eine im Vordringen befindliche Ansicht eine Rechtskraftwirkung zugunsten des Schuldners ab, und zwar auch dann, wenn die Feststellungsklage des Gläubigers gerade wegen Nichtbestehens des persönlichen Anspruchs abgelehnt worden ist.[31] Diese **zutreffende Ansicht** kann sich zunächst auf den **Gesetzeswortlaut** stützen, der den Schuldner (persönlich) nicht einschließt.[32] Der innere Grund liegt darin, dass im Feststellungsstreit zwischen Insolvenzgläubigern oder zwischen einem Insolvenzgläubiger und dem Verwalter um das **Haftungsrecht an der Masse** gestritten worden ist; dafür ist das Bestehen der Forderung nur eine Vorfrage (vgl zum Gegenstand der Forderungsfeststellung § 178 Rn 37). Deshalb ist eine Rechtskrafterstreckung zugunsten des Schuldners generell abzulehnen und nicht nur dann, wenn der Feststellungsprozess lediglich aus „insolvenzspezifischen Gründen" abgewiesen worden ist. Hat der Anmelder den Feststellungsstreit verloren, weil der Feststellung zur Tabelle als (gewöhnliche) Insolvenzforderung allein insolvenzrechtliche Gründe entgegenstehen, verbietet es sich ohnehin, dem Gläubiger die Forderung auch außerhalb des Insolvenzverfahrens rechtskräftig abzuerkennen.[33]

30 BGH WM 1958, 696, 697 sub II; ebenso FK/*Kießner* InsO[9] § 183 Rn 3; Graf-Schlicker/*Graf-Schlicker* InsO[6] § 183 Rn 4.

31 *Eckardt* Kölner Schrift[3] Kap 17 Rn 59; Kübler/Prütting/Bork/*Pape/Schaltke* InsO[86] § 183 Rn 14; MünchKomm/*Schumacher* InsO[4] § 183 Rn 6; *Spellenberg* S 154 f; Uhlenbruck/*Sinz* InsO[15] § 183 Rn 9.

32 Ähnlich *Eckardt* Kap 17 Rn 59.

33 Kübler/Prütting/Bork/*Pape/Schaltke* InsO[86] § 183 Rn 14 mit dem Hinweis, dass die Gegenansicht differenzieren müsse, worauf die Abweisung beruht; siehe auch Uhlenbruck/*Sinz* InsO[15] § 183 Rn 9.

§ 184 Klage gegen einen Widerspruch des Schuldners

(1) [1]Hat der Schuldner im Prüfungstermin oder im schriftlichen Verfahren (§ 177) eine Forderung bestritten, so kann der Gläubiger Klage auf Feststellung der Forderung gegen den Schuldner erheben. [2]War zur Zeit der Eröffnung des Insolvenzverfahrens ein Rechtsstreit über die Forderung anhängig, so kann der Gläubiger diesen Rechtsstreit gegen den Schuldner aufnehmen.

(2) [1]Liegt für eine solche Forderung ein vollstreckbarer Schuldtitel oder ein Endurteil vor, so obliegt es dem Schuldner binnen einer Frist von einem Monat, die mit dem Prüfungstermin oder im schriftlichen Verfahren mit dem Bestreiten der Forderung beginnt, den Widerspruch zu verfolgen. [2]Nach fruchtlosem Ablauf dieser Frist gilt ein Widerspruch als nicht erhoben. [3]Das Insolvenzgericht erteilt dem Schuldner und dem Gläubiger, dessen Forderung bestritten worden ist, einen beglaubigten Auszug aus der Tabelle und weist den Schuldner auf die Folgen einer Fristversäumung hin. [4]Der Schuldner hat dem Gericht die Verfolgung des Anspruchs nachzuweisen.

Materialien

Für **Abs 1** DiskE und RefE § 202; RegE 212, der Satz 1 um die Folgeregelung im Hinblick auf das eingeführte schriftliche Prüfungsverfahren ergänzt hat; dazu BT-Drucks 12/2443, S 185; BT-Drucks 12/7302, S 179; Motive I Bd 2, S 94 ff; Motive II S 33 f; Protokolle S 91 f, 98 ff, 172.

Für **Abs 2** Gesetz zur Vereinfachung des Insolvenzverfahrens (Vereinfachungsgesetz) v 13.4.2007, BGBl I 509, in Kraft für Verfahren ab dem 1.7.2007.

Vorgängerregelung

Für Abs 1 Satz 2 § 144 II KO.

Literatur

S zu § 174, ferner spezieller *Hattwig* Ungewissheit für Schuldner deliktischer Forderungen – Überlegungen zu § 184 InsO, ZInsO 2004, 636 ff; *Kahlert* Beseitigung des Widerspruchs des Schuldners gegen den Haftungsgrund der vorsätzlichen unerlaubten Handlung im Insolvenzverfahren, ZInsO 2006, 409 ff; *Pape*, Die ausgenommenen Forderungen gem. § 302 Abs. 1 InsO – eine aktuelle Bestandsaufnahme, ZInsO 2016, 2005; *Riedel/Vogelmair* Widerspruch des Schuldners gegen eine angemeldete Insolvenzforderung, Rpfleger 2008, 339 ff; *Schmerbach/Wegener* Insolvenzrechtsänderungsgesetz 2006, ZInsO 2006, 400.

Übersicht

https://doi.org/10.1515/9783110343687-011

Alphabetische Übersicht

I. Gesetzesgeschichte und Regelungsgegenstand

1 Abs 1 Satz 2 entspricht § 144 II KO, ergänzt vom Rechtsausschuss durch den Hinweis auf das schriftliche Verfahren. Für die von Satz 1 erfasste Situation hatte die KO keine Regelung getroffen; es bestand jedoch Einigkeit darüber, dass auch die Möglichkeit bestand, während des Insolvenzverfahrens einen neuen Rechtsstreit gegen den bestreitenden Schuldner anhängig zu machen.[1] Als lückenhaft wurde empfunden, dass insoweit für die Sachlage des § 179 II eine entsprechende Regelung fehlte. Diese wurde dann durch das sog. Vereinfachungsgesetz (s o „Materialien") nachgeholt.

2 Während § 178 I S 2 den Schuldnerwiderspruch erwähnt und ihn zugleich in seiner Wirkung auf das Verfahren ausblendet, betreffen die nachfolgenden Vorschriften §§ 179 bis 183 nur die Gläubigerpositionen, somit die Haftung der Insolvenzmasse. Diese Haftungsverwirklichung erfolgt unbeeinflusst vom Schuldnerwiderspruch, da der Schuldner für die Dauer des Insolvenzverfahrens die Verwaltungs- und Verfügungsbefugnis über die Insolvenzmasse verloren hat (§ 80).[2] Darum kann er sich auch nicht auf rein insolvenzrechtliche Gründe stützen, die ausschließlich für die Haftung der Masse von Bedeutung sind, vgl § 178 I S 2. Beide sind nur für die Haftung der Masse und den Rang dieser Haftung von Bedeutung. Ein Widerspruch des Schuldners schließt die insolvenzmäßige Feststellung und deren Eintragung deshalb nicht aus.

3 Der Schuldnerwiderspruch verhindert, dass **gegenüber dem Schuldner persönlich** nach § 201 II 1 Rechtskraft und Vollstreckbarkeit eintreten, die sich außerhalb des Insolvenzverfahrens und nach diesem auswirken könnten (zur Wirkung des Schuldnerwiderspruchs siehe § 178 Rn 65 ff, § 183 Rn 18 f). Um auch nach Verfahrensabschluss die Wirksamkeit der festgestellten, jedoch vom Schuldner bestrittenen Forderung zu erreichen, darf der Gläubiger nach der ausdrücklichen Vorschrift des Abs 1 einen **Rechtsstreit, der bereits vor Verfahrensbeginn über die Forderung anhängig** und durch das Insolvenzverfahren unterbrochen worden war, gegen den Schuldner selbst aufnehmen, Abs 1 Satz 2; war noch kein Rechtsstreit anhängig, so kann er auch **selbst Klage erheben**, Abs 1 Satz 1. Umgekehrt trifft den Schuldner die Betreibungslast und er kann insbesondere ein unterbrochenes Verfahren aufnehmen, wenn über die Forderung bereits ein vollstreckbarer Schuldtitel oder ein Endurteil vorliegt. Streitgegenstand ist in diesen Verfahren nicht der insolvenzrechtliche Haftungsanspruch des Gläubigers, sondern das Bestehen der Forderung gegen den Schuldner (ggf das Vorliegen eines qualifizierten Rechtsgrundes nach § 302 Nr 1, dazu unten Rn 16 ff)[3] Somit richtet sich der Streitwert der Feststellungsklagen nach § 184 nach den allgemeinen Vorschriften;

1 Hess/*Kropshofer* KO[5] § 144 Rn 14; *Uhlenbruck* KO[11] § 144 Rn 5; vgl auch Kübler/Prütting/Bork/*Pape*/*Schaltke* InsO § 184 Rn 1.

2 *Henckel* FS Michaelis S 153; *Spellenberg* S 149 f.

3 BGH NZI 2013, 801, 802; *Eckardt* Kölner Schrift[3] Kap 17 Rn 28; Uhlenbruck/*Sinz* InsO[15] § 184 Rn 6.

die Sonderregel des § 182 findet keine Anwendung (zur Streitwertbestimmung siehe § 182 Rn 5).[4]

§ 184 gilt nach § 186 entsprechend, wenn es sich bei der angemeldeten Forderung um eine **rechtswegfremde Forderung** handelt.

II. Feststellungsklage oder Verfahrensaufnahme gegen den Schuldner (§ 184 Abs 1)

1. Klage „auf Feststellung der Forderung"

4 Nach § 184 I S 1 ist „auf **Feststellung der Forderung**" zu klagen. Dabei handelt es sich um eine **„echte Feststellungsklage"** Der Klageantrag geht dahin, den Widerspruch für unbegründet zu erklären.[5] Vorgeschlagen wird auch, den Antrag auf Feststellung der Forderung zu richten[6] oder zu beantragen, dass die konkrete Insolvenzforderung dem Gläubiger zusteht.[7] Das Rechtsschutzinteresse ergibt sich daraus, dass die gerichtliche Feststellung den Schuldnerwiderspruch beseitigt (§ 201 II S 2) und damit die Vollstreckungsmöglichkeit eröffnet (§ 201 II S 1).[8] Eine negative Feststellungsklage des Schuldners wäre dagegen unzulässig, weil es hierfür kein Rechtsschutzinteresse gibt; der Schuldner ist durch die Möglichkeit des Widerspruchs hinreichend geschützt und ihm obliegt es, diese Möglichkeit auch wahrzunehmen (zum Sonderfall der Anmeldung einer von der Restschuldbefreiung ausgenommenen Forderung Rn 20).[9]

5 Für die aufgrund eines Schuldnerwiderspruchs erforderlichen Klagen **sieht § 184 I keine Frist** vor. Die Gesetzesbegründung verweist darauf, diese Klagen könnten schon während des Verfahrens erhoben werden.[10] Teilweise wird gefordert, in Analogie zu § 189 I auch für die Möglichkeit der Klagen nach § 184 I 1 eine Befristung vorzunehmen.[11] Indessen trägt die Analogie zu § 189, einer Vorschrift aus dem Verteilungsverfahren, nicht.[12] Dieses Verfahren ist auf das Insolvenzverfahren ausgerichtet, während die §§ 184, 201 II das persönliche Gläubiger-Schuldner-Verhältnis nach Verfahrensabschluss betreffen. Das Rechtsschutzinteresse für die Klärung der Rechtsfrage besteht auch noch nach Aufhebung des Insolvenzverfahrens fort.[13] Praktische Bedeutung kommt dieser Frage bei Forderungen zu, die nach § 302 Nr 1 von der Restschuldbefreiung ausgenommen sind (dazu unten Rn 16 ff). Die Klage kann jedenfalls auch noch nach Beendigung des Insolvenzverfahrens und Überleitung in die Treuhandphase des Restschuldbefreiungsverfahrens erhoben werden.[14] Selbst nach Erteilung der Restschuldbefreiung wäre es dem Gläubiger nicht verwehrt, die Feststellung des Privilegierungstatbestands zu betreiben.[15]

6 Werden hintereinander eine Feststellungsklage nach § 180 I zur Feststellung des Haftungsrechts und eine Klage gegen den widersprechenden Schuldner erhoben, so bildet die erste kein

---

4 MünchKomm/*Schumacher* InsO[4] § 184 Rn 3.

5 HambK/*Herchen* InsO[9] § 184 Rn 7; Kübler/Prütting/Bork/Pape/*Schaltke* InsO 184 Rn 14.

6 Kübler/Prütting/Bork/Pape/*Schaltke* InsO 184 Rn 14.

7 InsR-HandB/*Eickmann*/*Wimmer*[6] § 62 Rn 80.

8 BGH NZI 2013, 801, 802 (nur zu verneinen, wenn Vollstreckung nach Aufhebung des Insolvenzverfahrens ausgeschlossen ist); BGH NZI 2014, 507; MünchKomm/*Schumacher* InsO[4] § 184 Rn 3; Uhlenbruck/*Sinz* InsO[15] § 184 Rn 6.

9 Kübler/Prütting/Bork/Pape/*Schaltke* InsO 184 Rn 22 **mwN;** MünchKomm/*Schumacher* InsO[4] § 184 Rn 8.

10 BT-Drucks 12/2443, S 185.

11 So FK/*Kießner* InsO[9] § 184 Rn 12; *Hattwig* ZInsO 2004, 637 f.

12 BGH ZIP 2009, 389 Ziffer 9 ff; BGH ZIP2013, 2265, 2266; Graf-Schlicker/*Graf-Schlicker* InsO[6] § 184 Rn 9; HambK/*Herchen* InsO[9] § 184 Rn 10; MünchKomm/*Schumacher* InsO[4] § 184 Rn 3 aE**;** Uhlenbruck/*Sinz* InsO[15] § 184 Rn 14; vgl auch *Jaeschke* S 180.

13 BGH ZIP 2009, 389 Ziffer 9.

14 BGH NJW 2009, 1280, 1282; MünchKomm/*Schumacher* InsO[4] § 184 Rn 3 Uhlenbruck/*Sinz* InsO[15] § 184 Rn 14; siehe auch Jaeger/*Preuß* § 302 Rn 60 **mwN.**

15 AG Göttingen ZInsO 2013,628, 629; Graf-Schlicker/*Graf-Schlicker* InsO[6] § 184 Rn 10; vgl auch BGH ZIP 2011, 37 ff; siehe hierzu Jaeger/*Preuß* § 302 Rn 60 f; **aA** *Hattwig* ZInsO 2004, 636; Uhlenbruck/*Sinz* InsO[15] § 184 Rn 14.

Hindernis für die zweite im Sinne des § 261 III Nr 1 ZPO. Dabei besteht die Möglichkeit, dass im Prozess um das Insolvenzgläubigerrecht und in demjenigen gegen die Person des Schuldners widersprechende Entscheidungen ergehen,[16] zumal der Schuldner persönlich nicht wegen insolvenzrechtlicher Einwendungen widersprechen kann. Wird der Rechtsstreit gegen beide Widersprechende geführt, so sind der Schuldner und der bestreitende Gläubiger bzw Verwalter (als Partei kraft Amtes) nur einfache Streitgenossen im Sinne des § 61 ZPO.[17]

2. Die Aufnahme eines anhängigen Prozesses

§ 184 I S 2 betrifft die streitbefangenen Forderungen. Die Regelung in Abs 1 Satz 2 gestattet – wie schon die Vorgängernorm des § 144 II KO[18] – allein eine Prozessaufnahme **gegen** den Schuldner, **nicht durch den Schuldner**, und zwar auch dann nicht, wenn nur der Schuldner im Prüfungstermin widersprochen hat (siehe aber zu Abs 2 unten Rn 9).[19] Dem Schuldner persönlich hat das Gesetz die Befugnis, den ruhenden Rechtsstreit fortzusetzen, bewusst nicht eingeräumt, da diese Ausnahme von § 87 nur bezweckt, die Altgläubiger des Schuldners nicht im Hinblick auf die nachinsolvenzverfahrensmäßige Vollstreckungsmöglichkeit gegenüber den Neugläubigern ins Hintertreffen geraten zu lassen.[20] Eine Aufnahme durch den Schuldner persönlich würde durch diesen Zweck nicht gedeckt. Seinem persönlichen Schutz genügt zudem die in Satz 1 anerkannte Bestreitungsbefugnis, durch deren Ausübung er die außerverfahrensmäßige Rechtskraft und Vollstreckbarkeit abwendet; für den Insolvenzbereich wird er durch den Verwalter verdrängt (§ 80). 7

Die Aufnahme erfolgt durch **Zustellung** eines Schriftsatzes. Die Zustellung muss an den Schuldner persönlich erfolgen, wenn dieser nicht bereits **nach** Verfahrenseröffnung einen Prozessbevollmächtigten für das aufzunehmende Verfahren bestellt hatte. Wie in den in § 180 II angesprochenen Fällen ist der **Klageantrag auf Feststellung umzustellen.** 8

III. Aufnahmebefugnis und Betreibungslast des Schuldners bei titulierten Forderungen (§ 184 II)

1. Betreibungslast nach dem Vorbild des § 179 II

Vorbild für Abs 2 war § 179 II. Ausweislich der Begründung zu der Ergänzung[21] sollte damit auch der bisherige Streit darüber, ob der Gläubiger bei Bestehen eines Titels und Widerspruch des Schuldners gegen diesen Klage erheben muss, beendet werden. Nunmehr trifft wie bei § 179 II den Widersprechenden die Betreibungslast, woraus auch das erforderliche **Rechtsschutzinteresse** folgt. Auch einer juristischen Person, die mit Insolvenzeröffnung aufgelöst wird und in das Liquidationsstadium eintritt, billigt die Rechtsprechung ein Rechtsschutzinteresse zu, wenn 9

16 Vgl schon RGZ 13, 315, 318.

17 Kübler/Prütting/Bork/*Pape*/*Schaltke* InsO 184 Rn 25; MünchKomm/*Schumacher* InsO[4] § 184 Rn 4; Uhlenbruck/*Sinz* InsO[15] § 184 Rn 7; so schon RGZ 13, 315, 318 f; 24, 405, 408; bestätigt BGH ZIP 1980, 23 unter Hinw auf Jaeger/*Weber* KO[9] 144 Rn 3.

18 Vgl *Hagens* Protokolle S 98 ff; RGZ 16, 358, 360; RG LZ 1908 Sp 540; RGZ 70, 368, 371.

19 BGH ZInsO 2009, 432 (zur Rechtslage vor der Geltung des § 184 II); Uhlenbruck/*Sinz* InsO[15] § 184 Rn 7.

20 Vgl *Spellenberg* S 155.

21 BGH ZIP 2011, 39, 40 f; Kübler/Prütting/Bork/Pape/*Schaltke* InsO § 184 Rn 31; *Schmerbach* ZInsO 2006, 400, 408 zu 11: zur Gesetzesbegr s BT-Drucks 16/3227, S 21.

eine Vollstreckungsmöglichkeit nach Beendigung des Insolvenzverfahrens nicht ausgeschlossen werden kann.[22]

9a Voraussetzung ist das Vorliegen eines vollstreckbaren Schuldtitels oder eines Endurteils. § 184 II lehnt sich also an die Voraussetzungen des § 179 II an (siehe hierzu § 179 Rn 24 ff). Je nach Verfahrenssituation ist – wie bei § 179 II – der Widerspruch „zu betreiben" durch **Klageerhebung** oder durch **Aufnahme des anhängigen Verfahrens**, wobei zu berücksichtigen ist, dass die Verfolgung des Widerspruchs nur mit den konkreten Mitteln erfolgen kann, die gegen den Titel (noch) in Betracht kommen (vgl § 179 Rn 49 f).[23] In dieser Fallkonstellation ist der Schuldner also befugt, ein anhängiges Verfahren aufzunehmen (anders in den Fällen des Abs 1, siehe Rn 7).[24] In Betracht kommen alle Verfahren, die durch die Eröffnung des Insolvenzverfahrens nach § 240 ZPO unterbrochen wurden.[25] Ein typischer Fall wäre die **Aufnahme einer Vollstreckungsabwehrklage** (§ 767 ZPO). Hat der Schuldner bspw in einer Grundschuldbestellungsurkunde neben der dinglichen Haftung auch die persönliche Haftung übernommen und sich jeweils der Zwangsvollstreckung unterworfen, könnte er die Vollstreckungsabwehrklage gegen die persönlich Unterwerfung aufnehmen, sofern der Gläubiger die Forderung zur Tabelle angemeldet und der Schuldner widersprochen hat.[26] Bezüglich der dinglichen Haftung besteht dagegen grundsätzlich keine Aufnahmebefugnis des Schuldners, weil das haftende Grundstück als Teil der Masse der Verwaltungs- und Verfügungsmacht des Verwalters unterliegt; insoweit ist der Schuldner nur aufnahmebefugt, wenn der Verwalter das streitbefangene Grundstück aus der Masse freigibt.[27]

2. Einhaltung der Ausschlussfrist

10 Anders als § 144 II KO setzt Abs 2 Satz 1 dem Schuldner für die Betreibung eine **Ausschlussfrist** von einem Monat, die mit dem Prüfungstermin oder bei schriftlichem Verfahren „mit dem Bestreiten der Forderung" beginnt. Richtigerweise ist der **Fristbeginn im schriftlichen Verfahren** danach mit Ablauf der Ausschlussfrist anzusetzen, die das Gericht gem §§ 5 II S 1, 177 I S 2 gesetzt hat,[28] nicht dagegen (spätestens) mit Eingang des Widerspruchs bei Gericht,[29] zumal dieser Zeitpunkt für den Schuldner nicht voraussehbar ist.[30] Auf die Eintragung in die Tabelle[31] kommt es nicht an, weil die Norm hierauf ausdrücklich nicht abstellt.[32]

11 Nach fruchtlosem Fristablauf gilt der Widerspruch als nicht erhoben, Abs 2 Satz 2. Da es sich nicht um eine Notfrist handelt, ist grundsätzlich eine **Wiedereinsetzung** in den vorherigen Stand nicht möglich,[33] zur Ausnahme bei nicht ordnungsgemäßer Belehrung unten Rn 15. Der Gläubiger kann nach Verfahrensabschluss aus dem Tabellenauszug die Vollstreckung betreiben,

---

22 BGH NZI 2013, 801, 802 m krit Anm *H.-F. Müller* (Feststellungsinteresse zweifelhaft, wenn Regelverfahren mit dem Ziel der Abwicklung).
23 Kübler/Prütting/Bork/*Pape/Schaltke* InsO 184 Rn 31; K Schmidt/*Jungmann* InsO[19] § 184 Rn 9; Uhlenbruck/*Sinz* InsO[15] § 184 Rn 16.
24 Kübler/Prütting/Bork/*Pape/Schaltke* InsO 184 Rn 27.
25 Vgl Kübler/Prütting/*Bork*/Pape/*Schaltke* InsO 184 Rn 28; Nerlich/Römermann/*Becker* InsO § 184 Rn 32 ff.
26 BGH NJW-RR 2016, 889, 890 **mwN**.
27 BGH NJW-RR 2016, 889, 890 **mwN**; hierzu Jaeger/*Windel* InsO § 86 Rn 21 f.
28 So zutr Kübler/Prütting/Bork/*Pape/Schaltke* InsO § 184 Rn 34; Uhlenbruck/*Sinz* InsO[15] § 184 Rn 17.
29 So HambK/*Herchen* InsO[9] § 184 Rn 15.
30 Kübler/Prütting/Bork/*Pape/Schaltke* InsO 184 Rn 28.
31 So *Riedel/Vogelmair* Rpfleger 2008, 339, 341.
32 Kübler/Prütting/Bork/*Pape/Schaltke* InsO 184 Rn 34.
33 K Schmidt/*Jungmann* InsO[19] § 184 Rn 8; Uhlenbruck/*Sinz* InsO[15] § 184 Rn 17; **aA** Nerlich/Römermann/*Becker* InsO § 184 Rn 340.

§ 201 II S 1. Die hierzu erforderliche Löschung des Widerspruchsvermerks erfolgt auf Antrag des Gläubigers (analog § 183 II[34]); der Schuldner ist vor der Löschung zu hören.[35]

Nach Abs 2 Satz 4 hat der Schuldner dem Gericht gegenüber nachzuweisen, dass er *den Anspruch* verfolgt hat, wobei Einigkeit besteht, dass es sich dabei um den Nachweis der Verfolgung des *Widerspruchs* handelt.[36] Wie der Nachweis zu erfolgen hat und binnen welcher Frist, schreibt das Gesetz nicht vor. So ist lediglich davon auszugehen, dass der Nachweis in geeigneter Form erfolgen muss.[37] Was den Zeitrahmen anlangt, ist lediglich zu berücksichtigen, dass, wie Satz 1 zeigt, alsbald Klarheit über den Schuldnerwiderspruch herrschen soll. Ohne konkreten gesetzlichen Anhalt ist nicht zu fordern, den Nachweis binnen der Monatsfrist zu führen[38] oder wenigstens innerhalb eines Monats.[39] Jedenfalls sollte der Nachweis zeitnah geführt werden.[40] 12

Bedeutsamer ist die Einhaltung der Frist nach Abs 2 Satz 4 im Hinblick auf das Verfahren, das der Schuldner betreibt, also die Feststellungsklage oder die Aufnahme eines anhängigen Verfahrens jeweils mit dem Ziel, den Widerspruch für begründet erklären zu lassen. Hier ist zu beachten, dass der Widerspruch als nicht erhoben gilt, wenn der Schuldner nicht rechtzeitig tätig wird, so dass kein Bestreiten mehr vorliegt und er sein Feststellungziel nicht mehr erreichen kann. Ihm würde für die Feststellungsklage das Rechtsschutzbedürfnis fehlen, so dass die gleichwohl erhobene Klage unzulässig wäre.[41] Außerdem ist der Schuldner nicht mehr zur Aufnahme eines anhängigen Rechtsstreits befugt, so dass die Aufnahme unwirksam wäre.[42] 13

3. Hinweispflicht des Gerichts

Das Gericht, das dem Gläubiger und dem Schuldner gem Abs 2 Satz 3 1. Halbs einen beglaubigten Tabellenauszug erteilen muss, hat den Schuldner in den Fällen des § 184 II überdies auf die Folgen der Versäumung der Ausschlussfrist des § 184 II S 1 hinzuweisen. Der Hinweis muss frühzeitig erfolgen, um dem Schuldner Gelegenheit zu geben, die volle Monatsfrist des Abs 1 Satz 1 ausnutzen zu können; er ist unverzüglich nach dem Prüfungstermin, am besten noch in diesem, zu erteilen, bei schriftlichem Verfahren nach Ablauf der Frist zur Einlegung des Widerspruchs.[43] 14

Ist der Schuldner **nicht ordnungsgemäß** belehrt worden, war also die Belehrung zB fehlerhaft, unvollständig oder nicht rechtzeitig erfolgt, so kann der Schuldner entspr § 186 Wiedereinsetzung in den vorherigen Stand beantragen.[44] 15

34 BGH ZIP 2011, 39, 40.
35 Uhlenbruck/*Sinz* InsO[15] § 184 Rn 24.
36 Vgl etwa HambK/*Herchen* InsO[9] § 184 Rn 16 mit dem Hinweis auf das offensichtliche Redaktionsversehen des Gesetzgebers.
37 Vgl hierzu Kübler/Prütting/Bork/*Pape*/*Schaltke* InsO 184 Rn 34; Uhlenbruck/*Sinz* InsO[15] § 184 Rn 17.
38 So Uhlenbruck/*Sinz* § 184 Rn 17 unter Hinweis auf § 878 I ZPO, den die Gesetzesbegründung für die Setzung der Ausschlussfrist selbst anführe.
39 Vgl Kübler/Prütting/Bork/*Pape*/*Schaltke* InsO § 184 Rn 39 (besondere Eile sei nicht geboten).
40 Graf-Schlicker/*Graf-Schlicker* InsO[6] § 184 Rn 14 aE.
41 Kübler/Prütting/Bork/*Pape*/*Schaltke* InsO 184 Rn 38; vgl auch MünchKomm/*Schumacher* InsO[4] § 184 Rn 8d; **aA** HambK/*Herchen* InsO[9] § 184 Rn 12 (verspätete Feststellungsklage mangels Widerspruchs unbegründet).
42 Kübler/Prütting/Bork/*Pape*/*Schaltke* InsO 184 Rn 38.
43 Kübler/Prütting/Bork/*Pape*/*Schaltke* InsO § 184 Rn 37; Uhlenbruck/*Sinz* InsO[15] § 184 Rn 19.
44 Kübler/Prütting/Bork/*Pape*/*Schaltke* InsO § 184 Rn 37; MünchKomm/*Schumacher* InsO[4] § 184 Rn 8d; Uhlenbruck/*Sinz* InsO[15] § 184 Rn 19.

IV. Schuldnerwiderspruch bei Anmeldung der Forderung mit Attribut nach § 302 Nr 1

1. Allgemeines

16 Dem Schuldnerwiderruf kommt typischerweise besondere Bedeutung zu, wenn der Schuldner **Restschuldbefreiung** beantragt hat und es sich bei der angemeldeten Forderung um eine solche handelt, die nach § 302 Nr 1 **von der Restschuldbefreiung ausgenommen** wäre, so dass der Gläubiger sie deshalb mit Angabe des privilegierten Rechtsgrundes angemeldet hat, sog **Anmeldung mit Attribut** (siehe § 174 Rn 87 ff).[45] Der Gläubiger muss die Forderung gem § 302 Nr 1 Hs 2 mit Attribut anmelden, damit er sie gegenüber dem Schuldner, dem Restschuldbefreiung erteilt wurde, durchsetzen kann. Dieses Erfordernis gilt selbst dann, wenn der Gläubiger bereits über einen Vollstreckungstitel verfügt, der den qualifizierten Rechtsgrund ausweist.[46] Privilegierte das Gesetz in der ursprünglichen Fassung nur Gläubiger, die Ansprüche aus vorsätzlicher unerlaubter Handlung geltend machen konnten, so wurde der Katalog der von der Restschuldbefreiung ausgenommenen Forderungen durch das Gesetz zur Verkürzung der Restschuldbefreiung und zur Stärkung der Gläubigerrechte deutlich erweitert. Von der Restschuldbefreiung ausgenommen sind danach auch Forderungen aus vorsätzlicher Verletzung gesetzlicher Unterhaltspflichten sowie Verbindlichkeiten aus dem Steuerschuldverhältnis, die im Zusammenhang mit Steuerstraftatbeständen stehen.

17 **Widerspricht** der Schuldner der Forderung **nicht**, die unter Angabe des qualifizierten Rechtsgrundes iSv § 302 Nr 1 angemeldet und in die Tabelle aufgenommen wurde, wird die Forderung wie eingetragen nach § 201 II tituliert. Die Restschuldbefreiung als Durchsetzungshindernis[47] kann der Schuldner dem Gläubiger in diesem Fall nicht entgegenhalten. Die Bindungswirkung des Tabelleneintrags gegenüber dem Schuldner (siehe § 178 Rn 65 ff) erstreckt sich auch auf die Feststellung des qualifizierten Rechtsgrundes iSv § 302 Nr 1.[48] Bei einer Vollstreckungsabwehrklage wäre der Schuldner mit dem Einwand präkludiert.

2. Widerspruch des Schuldners

18 Hat der Schuldner der als Forderung mit qualifiziertem Rechtsgrund angemeldeten und eingetragenen Forderung ohne Einschränkung widersprochen, so gelten für den Feststellungsstreit Abs 1 Satz 1 oder Satz 2 ohne Besonderheiten.[49]

19 Darüber hinaus besteht für den Schuldner aber auch grundsätzlich die Möglichkeit, den Widerspruch auf den qualifizierten Rechtsgrund, das sog Attribut, zu beschränken (**isolierter Widerspruch gegen das Attribut**).[50] Der Schuldner kann sich also damit begnügen, die Forderung im Hinblick auf die Restschuldbefreiung nur hinsichtlich der Privilegierung anzugreifen. Dann bezieht sich auch der **Feststellungsstreit** nach Abs 1 Satz 1 oder 2 nur auf das Vorliegen des Privilegierungstatbestands. Es handelt sich hier also um einen anderen Streitgegenstand als beim Feststellungsstreit, der die Forderung als solche betrifft.[51]

20 Im Übrigen ist zu berücksichtigen, dass der Schuldner, der das Restschuldbefreiungsverfahren durchläuft, ein schützenswertes Interesse daran hat, die Erfolgsaussichten des Restschuldbefreiungsverfahrens beizeiten abschätzen zu können und nicht abwarten zu müssen, bis der

---

45 Vgl hierzu Jaeger/Preuß InsO § 302 Rn 34 ff.

46 FK/*Ahrens* InsO[9] § *302* Rn 95; Uhlenbruck/*Sternal* InsO[15] § 302 Rn 54; **aA** *Graf-Schlicker/Remmer* NZI 2001, 569, 572; *Riedel* NZI 2002, 414, 415; zu den Anforderungen an die Anmeldung vgl Jaeger/*Preuß* § 302 Rn 43 ff.

47 Vgl BGH NZI 2008, 737; BGHZ 187, 337, 343 = NJW 2011, 1133; BGH NZI 2013, 1025, 1026; BGH NZI 2014, 507, 508.

48 Kübler/Prütting/Bork/*Pape*/*Schaltke* InsO § 184 Rn 53; Jaeger/*Preuß* InsO § 302 Rn 55 **mwN.**

49 BGH ZIP 2009, 389 Ziffer 9; 2009, 1687 Ziffer 6.

50 BGH NZI 2013, 906; NZI 2014, 507; vgl hierzu Jaeger/*Preuß* InsO § 302 Rn 50.

51 Vgl *Pape* ZInsO 2016, 2005, 2018; *Schoppmeyer* ZInsO 2016, 2157, 2163.

Gläubiger tätig wird. Aus diesem Grund ist dem Schuldner in diesem Fall die **Möglichkeit der (negativen) Feststellungsklage** zu eröffnen, damit er die gerichtliche Klärung herbeiführen kann.[52]

3. Betreibungslast bei titulierten Forderungen

Ist die Forderung bereits tituliert, trifft den Schuldner nach Abs 2 die Last, seinen Widerspruch 22
vor Ablauf der Ausschlussfrist zu verfolgen. Ansonsten gilt der Widerspruch als nicht erhoben und die Forderung wird wie angemeldet und festgestellt nach § 201 II tituliert (vgl oben Rn 10 ff). Das gilt allerdings nicht uneingeschränkt, wenn der Titel nicht auch bereits die Feststellung des Privilegierungstatbestandes iSv § 302 Nr 1 erfasst.[53] Entscheidend ist dabei die Feststellung im **Tenor.**[54] Ohne die **Titulierung als Forderung mit qualifiziertem Rechtsgrund** verfügt der Gläubiger zwar über einen Vollstreckungstitel, den er nach Beendigung des Verfahrens als solchen nutzen könnte, selbst wenn der Schuldner der Forderung im Prüfungsverfahren widersprochen hat und deshalb keine Titulierungswirkung nach § 201 II mit der Feststellung zur Tabelle eintritt.[55] Der Schuldner, dem Restschuldbefreiung erteilt wurde, kann der titulierten Forderung aber die Restschuldbefreiung als Durchsetzungshindernis entgegenhalten. Der Gläubiger muss also, obwohl seine Forderung bereits tituliert ist, die Feststellung des zur Tabelle angemeldeten Privilegierungstatbestandes nach Abs 1 betreiben, um seine Forderung **restschuldbefreiungsfest** durchsetzen zu können. Insofern trifft den Gläubiger die Betreibungslast.[56] Die umgekehrte Situation ist gegeben, wenn der Titel auch den Privilegierungstatbestand erfasst und der Schuldner gerade der Anmeldung des qualifizierten Rechtsgrundes widersprochen hat. Hier ist es konsequent, dem Schuldner die Betreibungslast für die Verfolgung seines auf das Attribut beschränkten Widerspruchs aufzubürden.[57]

52 BGH NZI 2009, 189, 191; BGH NZI 2013, 1025, 1026; *Pape*, ZInsO 2016, 2005, 2023; Jaeger/*Preuß* InsO § 302 **mwN**; *Jaeschke* S 149 ff.

53 Vgl Jaeger/*Preuß* InsO § 302 Rn 53.

54 BGH KTS 2011, 378, 380 m Anm *H.-F. Müller*; Kübler/Prütting/Bork/*Pape/Schaltke* InsO § 184 Rn 177; Uhlenbruck/*Sinz* InsO[15] § 184 Rn 2.

55 BGH NJW 1998, 2364; FK/*Ahrens* InsO[9] § 302 Rn 69; Jaeger/*Meller-Hannich* InsO § 201 Rn 13.

56 *Eckardt* Kölner Schrift[3] Kap 17 Rn 28b; Kübler/Prütting/Bork/*Pape/Schaltke* InsO § 184 Rn 177.

57 BGH ZInsO 2006, 704; ZIP 2009, 389 Ziffer 9 und 1687 Ziffer 6; *Eckardt* Kölner Schrift[3] Kap 7 Rn 28b; FK/*Ahrens* InsO[9] § 302 Rn 73, 76 mwN; Graf-Schlicker/*Graf-Schlicker* InsO[6] § 184 Rn 42f; HK-InsO[10]/*Depré* § 184 Rn 3; *Kolbe* S 125; Kübler/Prütting/Bork/*Pape/Schaltke* InsO § 184 Rn 174; MünchKomm/*Schumacher* InsO[4] § 184 Rn 8b; Uhlenbruck/*Sinz* InsO[15] § 184 Rn 20; teilweise **aA** HambK/*Herchen* InsO[9] § 184 Rn 26.

§ 185 Besondere Zuständigkeiten

[1]Ist für die Feststellung einer Forderung der Rechtsweg zum ordentlichen Gericht nicht gegeben, so ist die Feststellung bei dem zuständigen anderen Gericht zu betreiben oder von der zuständigen Verwaltungsbehörde vorzunehmen. [2]§ 180 Abs. 2 und die §§ 181, 183 und 184 gelten entsprechend. [3]Ist die Feststellung bei einem anderen Gericht zu betreiben, so gilt auch § 182 entsprechend.

Materialien

§ 204 DiskE und RefE, § 213 RegE, BT-Drucks 12/2443, S 185; zur Vorgängerregelung vgl den Hinw bei § 179 zu § 146 KO.

Vorgängerregelung

KO § 146 V.

Literatur

Gerhardt Die rechtswegfremde Forderung im Insolvenzfeststellungsverfahren, NZI 2010, 849.

Übersicht

Alphabetische Übersicht

I. Allgemeines

1 § 185 S 1 hat die Regelung des § 146 V KO inhaltlich im Wesentlichen übernommen. § 180 betrifft mit seinen Zuständigkeitsregelungen nur die Feststellungsklagen vor der ordentlichen Gerichtsbarkeit. Da damit keine umfassende vis attractiva über die Grenzen der **Rechtswegzuständigkeiten** hinaus bewirkt werden soll, greift § 185 ein, der diese Rechtswegzuständigkeiten ausdrücklich erhalten wissen will. Sofern für den Verwaltungsgerichtsstreit ein besonderes Vorverfahren vorgesehen ist, gilt das ebenso für Verwaltungsverfahren. Die ausdrückliche Verweisung in Satz 2 auf § 184 verdeutlicht, dass die besonderen Zuständigkeiten auch für die Fälle des Schuldnerwiderspruchs erhalten bleiben.

2 Der erst im Gesetzgebungsverfahren durch den RegE eingefügte Satz 3, dass die **Streitwertvorschrift** des § 182 nur für gerichtliche Verfahren gilt, will verhindern, dass in das Verfahren vor den Verwaltungsbehörden eingegriffen wird.[1] Für die Verfahren vor den Verwaltungsbehörden gelten somit die in den besonderen Verfahrensvorschriften getroffenen Bestimmungen über

1 Vgl Begr BT-Drucks 12/2443, S 185.

https://doi.org/10.1515/9783110343687-012

die Verfahrenskosten, insbesondere die über den zugrunde zu legenden Streitwert.[2] Zu Recht verweist die Praxis jedoch darauf, dass es auch dabei auf den wirtschaftlichen Wert ankommt, so dass im Ergebnis der Grundgedanke des § 182 auch hier greifen wird.[3] Auf § 180 I wird in § 185 nicht verwiesen, so dass diese besondere Regelung der **örtlichen Zuständigkeit** keine entsprechende Anwendung findet.

II. Zuständigkeit anderer Gerichte

Nach § 185 gilt der Gerichtsstand des § 180 I nicht für die vom Rechtsweg vor den ordentlichen Gerichten ausgeschlossenen Sachen.[4] Dabei kommt es auf die **Rechtsnatur des Anspruchs** an, die sich durch Rechtsübergang nicht ändert; entscheidend ist vielmehr, welchem Gericht der Gesetzgeber die Beurteilung zugewiesen hat.[5] 3

Die ordentliche Gerichtsbarkeit ist ausgeschlossen, wenn für die Feststellung der Forderung ein anderer Rechtsweg bzw die Zuständigkeit eines besonderen Gerichts begründet ist. Zu den **anderen Rechtswegen** zählen neben den Verwaltungsgerichten die Arbeitsgerichte, die Finanzgerichte und die Sozialgerichte. Die Vorschrift betrifft auch die Zuständigkeit der Familiengerichte sowie die freiwillige Gerichtsbarkeit, die zwar zur ordentlichen Gerichtsbarkeit gehören, deren Zuständigkeit jedoch nach § 17a VI GVG im Verhältnis zur streitigen Gerichtsbarkeit wie ein anderer Rechtsweg behandelt wird.[6] Feststellungsbegehren, die sich auf Ansprüche beziehen, die in den Zuständigkeitsbereich der **Familiengerichte** fallen, sind somit vor den Familiengerichten zu verfolgen.[7] 4

III. Zuständigkeit von Verwaltungsbehörden

Unberührt bleiben nach § 185 auch Zuständigkeit und Verfahren vor Verwaltungsbehörden. Im Rahmen ihrer Zuständigkeit bleiben diese befugt, über Forderungen, die **bestritten worden** sind, zu entscheiden, sofern diese noch nicht tituliert worden sind. Hier kommen namentlich Ansprüche auf Steuern, kirchliche Abgaben, Gebühren öffentlich-rechtlicher Verbände, Kassenbeiträge, Wegebaukosten, aber auch auf Rückstände öffentlicher Versicherungen in Frage. 5

Sehen die Verwaltungsvorschriften **ein Vorverfahren** vor, bevor die Gerichte mit streitigen Forderungen befasst werden können, zB für **Steuerforderungen** das Einspruchsverfahren nach §§ 347 AO oder ganz allgemein nach dem Verwaltungsverfahrensgesetz das dort vorgeschriebene Vorverfahren, so sind auch im Feststellungsverfahren zunächst die Entscheidungen der Verwaltungsbehörden einzuholen.[8] Im Übrigen sind gem Satz 1 die Feststellungen bestrittener Forderungen **durch Verwaltungsakt** zu treffen, sofern die Behörde außerhalb des Insolvenzverfahrens dazu dem Schuldner gegenüber berechtigt ist.[9] 6

2 FK/*Kießner*[9] § 185 Rn 8.

3 BK/*Breutigam* InsO § 185 Rn 10; FK/*Kießner*[9] § 185 Rn 8; HK-InsO[5]/*Depré* § 185 Rn 3; Uhlenbruck/*Sinz* InsO[15] § 185 Rn 18.

4 So schon Motive II S 365 = Hahn IV S 328.

5 BGH NJW 2016, 1818, 1819 (übergegangener Ersatzanspruch wegen Unterhaltsverpflichtung); *Häsemeyer* InsR[4] Rn **22.**29 Fn 113; Kübler/Prütting/Bork/*Pape*/*Schaltke* InsO § 185 Rn 10; Uhlenbruck/*Sinz* InsO[15] § 185 Rn 2; MünchKomm/*Schumacher* InsO[4] § 185 Rn 3; Graf-Schlicker/*Graf-Schlicker* InsO[6] § 185 Rn 3; ausführlich *Gerhardt* NZI 2010, 849, 850; **aA** BGH NJW 1973, 1077, 1078 (Übergang einer Abgabenforderung auf Bürgen).

6 So schon BGH NJW 1995, 2851, 2852; OLG Hamburg ZInsO 2006, 1059.

7 BGH NJW 2016, 1818, 1819 **mwN.**

8 FK/*Kießner* InsO[9] § 185 Rn 2, Kübler/Prüttig/Bork/*Pape*/*Schaltke* InsO § 185 Rn 22; Uhlenbruck/*Sinz* InsO[15] § 185 Rn 5.

9 BVerwG NJW 1986, 135; Graf-Schlicker/*Graf-Schlicker* InsO[6] § 185 Rn 3; MünchKomm/*Schumacher* InsO[4] § 185 Rn 4; Uhlenbruck/*Sinz* InsO[15] § 185 Rn 5.

7 War vor Verfahrenseröffnung bspw **noch kein Steuerbescheid** über die angemeldeten Insolvenzforderungen erlassen worden, so wird die bestrittene Forderung durch einen Bescheid nach § 251 III AO festgestellt.[10] Gegen den **Feststellungsbescheid** ist der Einspruch gem § 347 I AO gegeben, anschließend die Klage im Finanzrechtsweg.[11] Lag vor Verfahrenseröffnung bereits ein Steuerbescheid vor, den der Schuldner angefochten hat, so erfolgt die Feststellung der bestrittenen Forderung im Wege der Aufnahme des unterbrochenen Einspruchs- oder Gerichtsverfahrens (§ 240 ZPO i. V. m. § 155 FGO). In diesem Fall ist auch das Finanzamt als Anmelder zur Aufnahme befugt.[12] Das Verfahren ist in der Lage fortzuführen, wie sie bei Insolvenzeröffnung bestand.[13] Gleiches gilt, wenn der Steuerbescheid noch nicht angefochten worden ist, aber noch angefochten werden kann.[14] Noch nicht abgelaufene Rechtsbehelfs- und Rechtsmittelfristen beginnen erst mit der Aufnahme des Verfahrens, nicht bereits mit dem Widerspruch im Prüfungstermin neu zu laufen.[15] Bei Unanfechtbarkeit des Steuerbescheids im Zeitpunkt der Insolvenzeröffnung kann der Widersprechende das Verfahren nicht mehr aufnehmen; ihm bleibt nur ein Antrag auf Wiedereinsetzung in den vorigen Stand, § 110 AO, oder auf Änderung des bestandskräftigen Bescheids, §§ 129, 172 ff AO.[16]

---

10 BFH ZInsO 2009, 47, 48 Ziffer 15; *Frotscher* Besteuerung bei Insolvenz[9] S 310; *Gerhardt* NZI 2010, 849, 854; *Häsemeyer* InsR[4] Rn **22.**37; Gottwald/Haas/*Frotscher/Schulze* InsRHdb[6] § 124 Rn 26; Kübler/Prütting/Bork/*Pape/Schaltke* InsO § 185 Rn 11; Uhlenbruck/*Sinz* InsO[15] § 185 Rn 7.

11 *Frotscher* Besteuerung bei Insolvenz[9] S 313 ff; Kübler/Prütting/Bork/*Pape/Schaltke* InsO § 15 Rn 14 ff, MünchKomm/*Schumacher* InsO[4] § 185 Rn 5a; Uhlenbruck/*Sinz* InsO[15] § 185 Rn 7; Gottwald/Haas/*Frotscher/Schulze* InsR-HandB[6] § 124 Rn 27.

12 Kübler/Prütting/Bork/*Pape/Schaltke* InsO[86] § 185 Rn 18, 19.

13 BFH NZI 2016, 92 Rn 17; BFH DStRE 2006, 877, 879; Kübler/Prütting/Bork/*Pape/Schaltke* InsO[86] § 185 Rn 17; Uhlenbruck/*Sinz* InsO[15] § 185 Rn 10.

14 Vgl Gottwald/Haas/*Frotscher/Schulze* InsRHdb[6] § 124 Rn 33; Uhlenbruck/*Sinz* InsO[15] § 185 Rn 10.

15 Waza/Uhländer/Schmittmann/*Waza* Insolvenzen und Steuern[13] Rn 759; Uhlenbruck/*Sinz* InsO[15] § 185 Rn 10.

16 Gottwald/Haas/*Frotscher/Schulze* InsR-HandB[6] § 124 Rn 3; Waza/Uhländer/Schmittmann/*Waza* Insolvenzen und Steuern[13] Rn 760.

§ 186 Wiedereinsetzung in den vorigen Stand

(1) [1]Hat der Schuldner den Prüfungstermin versäumt, so hat ihm das Insolvenzgericht auf Antrag die Wiedereinsetzung in den vorigen Stand zu gewähren. [2]§ 51 Abs. 2, § 85 Abs. 2, §§ 233 bis 236 der Zivilprozessordnung gelten entsprechend.

(2) [1]Die den Antrag auf Wiedereinsetzung betreffenden Schriftsätze sind dem Gläubiger zuzustellen, dessen Forderung nachträglich bestritten werden soll. [2]Das Bestreiten in diesen Schriftsätzen steht, wenn die Wiedereinsetzung erteilt wird, dem Bestreiten im Prüfungstermin gleich.

Materialien

§ 203 DiskE und RefE; § 214 RegE, BT-Drucks 12/2443, S 185; 12/7302, S 79, zur Vorgängerregelung des § 165 KO s Begründung S 44.

Vorgängerregelung

KO § 165.

Literatur

S zu § 174 und § 184.

Übersicht

Alphabetische Übersicht

I. Gesetzgebungsgeschichte und Normzweck

1 § 186 entspricht nahezu wortgleich der Vorgängerregelung des § 165 KO. Er hat in dieser Fassung auch das Gesetzgebungsverfahren über den DiskE und den RefE durchlaufen. Dabei wurde von Anfang an die einzige Änderung vollzogen: § 186 findet sich heute im Zusammenhang der Regelungen über das Feststellungsverfahren, während § 165 KO dem Verteilungsverfahren zugeordnet war, und zwar dort unmittelbar hinter § 164 eingeordnet, der – wie heute § 201 – die Nach-

https://doi.org/10.1515/9783110343687-013

haftung und die Vollstreckbarkeit regelte. Gründe dafür sind – soweit ersichtlich – aus dem Gesetzgebungsverfahren nicht bekannt, jedenfalls wohl nicht niedergelegt. Der Sinngehalt der Umstellung erschließt sich jedoch, wenn man die Kommentierung von *Weber*[1] zu § 165 KO nachvollzieht. Dort heißt es, die Wiedereinsetzungsmöglichkeit gelte, „obgleich die §§ 194, 206 II (heute: §§ 257, 215 II InsO) nicht ausdrücklich auf den im Titel „Verteilung" stehenden § 165 verweisen, nach Fassung und Zweck des letzteren ohne Zweifel auch für die Fälle des Zwangsvergleichs und der Einstellung".[2] Da die Vorschriften über die Verteilung an sich nur das Liquidationsverfahren betreffen, war diese zusätzliche Begründung erforderlich, während die Umorientierung nunmehr problemlos auch die Einstellung des Verfahrens und das Planverfahren erfassen kann.

2 Die Feststellung einer Insolvenzforderung zur Tabelle (§ 178 I und III) wirkt gegen den Schuldner wie eine rechtskräftige Verurteilung, falls er nicht ausdrücklich Widerspruch im Prüfungstermin erhoben hat (§§ 201 II Satz 1, 257, 215 II). Diese Säumnisfolge würde aber eine ungerechtfertigte Härte bedeuten, wenn der Schuldner durch unabwendbare Ereignisse am Erscheinen verhindert worden ist. Darum gewährt ihm § 186 auf Antrag eine Wiedereinsetzung gegen die Terminversäumnis entsprechend den Grundsätzen über die Wiedereinsetzung gegen Fristversäumungen.

II. Anwendungsbereich

1. Versäumung des Prüfungstermins

3 § 186 bezieht sich auf ein Nichtbestreiten durch den **Schuldner** wegen Versäumung des Prüfungstermins. War der Schuldner im Prüfungstermin anwesend und verhandlungsfähig, so hat er keine Mittel, das unterlassene Bestreiten nachzuholen. Das persönliche Erscheinen eines im Sinne des § 104 Nr 2 BGB geschäfts- oder prozessunfähigen Schuldners steht einer Terminversäumung gleich;[3] entscheidend ist die Anwesenheit des gesetzlichen Vertreters.

4 Die Wiedereinsetzung nach § 186 findet zugunsten des abwesenden Schuldners auch dann statt, wenn der Verwalter anwesend war und bestritten hatte. Auch hier besteht das Wiedereinsetzungsbedürfnis, weil der Verwalter-Widerspruch, der vielleicht auch nur aufgrund insolvenzrechtlicher Einwendungen erhoben wurde, nicht für die außerinsolvenzmäßige Rechtsverfolgung wirkt.

2. Fristwahrung im schriftlichen Verfahren

5 Dem Wortlaut nach bezieht sich Abs 1 nur auf das Nichtbestreiten im Prüfungstermin. Die Wiedereinsetzungsmöglichkeit muss dem Schuldner jedoch auch dann zuerkannt werden, wenn das Gericht das **schriftliche Verfahren** angeordnet hat und der Schuldner die vom Gericht bestimmte **Frist versäumt.**[4] Die Prüfung im schriftlichen Verfahren entspricht der Prüfung im Prüfungstermin. Dagegen lässt sich eine weitergehende planwidrige Regelungslücke, die durch eine Ausweitung des persönlichen Anwendungsbereichs der Wiedereinsetzungsregelung zu schließen wäre, nicht feststellen. Nur der Schuldner kann im Fall der unverschuldeten Fristver-

---

1 Jaeger KO[8] § 165 Rn 1.

2 Vgl dazu auch Kilger/*K. Schmidt* InsG[17] § 165 KO Anm 4 unter Berufung auf Jaeger/*Weber*: „trotz seiner Systemstellung".

3 BeckOK/*Zenker* InsO[23] § 186 Rn 3; MünchKomm/*Schumacher* InsO[4] § 186 Rn 1.

4 BGH NZI 2014, 724, 725; BK/*Gruber* InsO § 186 Rn 5; Kübler/Prütting/Bork/*Pape*/*Schaltke* InsO[87] § 186 Rn 4; MünchKomm/*Schumacher* InsO[4] § 186 Rn 1.

säumung Wiedereinsetzung erreichen und den die Nachhaftung nach § 201 verhindernden Widerspruch nachholen.[5]

3. Mangelnde Belehrung nach § 175 II und § 184 II Satz 3

§ 186 ist entsprechend anwendbar, wenn der Schuldner der Anmeldung einer nach § 302 Nr 1 privilegierten Forderung wegen unterbliebener oder mangelhafter Belehrung nach § 175 II nicht rechtzeitig widersprochen hat.[6] Dasselbe muss gelten, wenn der Schuldner nicht ordnungsgemäß nach § 184 II Satz 3 auf die Folgen der Versäumung der Frist zur Klageerhebung hingewiesen worden ist. Auch hier muss der Schuldner unter den Voraussetzungen des § 186 die Möglichkeit haben, trotz versäumter Ausschlussfrist die Klageerhebung nachzuholen.[7] 6

III. Wiedereinsetzungsfrist und -antrag

Die Wiedereinsetzung muss binnen zwei Wochen seit Behebung des Hindernisses und jedenfalls noch binnen eines Jahres seit Ablauf des versäumten Termins beantragt werden, § 234 ZPO. § 224 II scheidet aus, weil gesetzlich keine Verlängerung der Frist vorgesehen ist. Die Einhaltung der Zweiwochenfrist bildet daher ein von Amts wegen zu prüfendes Erfordernis für die **Zulässigkeit der Wiedereinsetzung**. Die Frist des § 234 I ist keine Notfrist (§ 223 III); trotzdem findet gegen ihre Versäumung eine Wiedereinsetzung statt, weil § 233 I ZPO ausdrücklich auf die Frist des § 234 I ZPO verweist. 7

Eine zeitliche Grenze setzt die **Ausschlussfrist des § 234 III ZPO**, die nur in Ausnahmefällen keine Anwendung findet. Ein solcher Ausnahmefall wäre angesichts der Anforderungen an ein rechtsstaatliches, faires Verfahren insbesondere dann gegeben, wenn das Versäumen der Jahresfrist der Sphäre des Gerichts zuzuordnen ist.[8] War die Ausschlussfrist des § 234 III ZPO bei Verfahrensbeendigung noch nicht abgelaufen, so kann der Wiedereinsetzungsantrag auch noch nach dem Insolvenzverfahren gestellt und behandelt werden. 8

Für den **Antrag auf Wiedereinsetzung** soll nach Abs 1 Satz 2 § 236 ZPO maßgebend sein. Jedoch passt der dort an die Spitze gestellte Grundsatz, dass sich die Form des Antrags auf Wiedereinsetzung nach der Form der versäumten Prozesshandlung richtet, nicht auf die Nachholung des im Prüfungstermin mündlich zu erklärenden Widerspruchs. Da sich der Antrag an das Insolvenzgericht, also an ein Amtsgericht, wendet, finden mangels besonderer Bestimmungen die allgemeinen Regeln über die Behandlung zustellungsbedürftiger (Abs 2 Satz 1) Anträge im amtsrichterlichen Verfahren, dh die Vorschrift des § 496 ZPO, entsprechende Anwendung. Der Wiedereinsetzungsantrag ist daher entweder schriftlich beim Insolvenzgericht einzureichen oder mündlich zu Protokoll seiner Geschäftsstelle anzubringen (§ 496 ZPO).[9] „Beantragt" im Sinne der Fristbestimmungen des § 234 ZPO ist die Wiedereinsetzung schon mit Einreichung oder Protokollerklärung des Antrags, nicht erst mit dessen Zustellung. Der Antrag ist gem Abs 2 Satz 1 dem Gläubiger zuzustellen, dessen Forderung nachträglich bestritten werden soll. Soll das versäumte Bestreiten gegenüber verschiedenen Gläubigern nachgeholt werden, so ist der Antrag jedem einzelnen zuzustellen. Ist dem Insolvenzgericht bekannt, dass ein beteiligter Gläu- 9

5 BeckOK/*Zenker* InsO[23] § 186 Rn 2; vgl auch Kübler/Prütting/Bork/*Pape*/*Schaltke* InsO[87] § 186 Rn 2; Uhlenbruck/*Sinz* InsO[15] § 186 Rn 3; **aA** AG Düsseldorf NZI 2020, 834 (analoge Anwendung zugunsten des Verwalters im schriftlichen Verfahren).

6 BGH NZI 2016, 238 (zur Ausschlussfrist des § 234 III ZPO); AG Köln ZInsO 2021, 394, 395; AG Duisburg NZI 2008, 628; AG Göttingen ZInsO 2016, 648, 649.

7 Zu beiden Fällen Kübler/Prütting/Bork/*Pape*/*Schaltke* InsO[87] 186 Rn 5 und 6; Uhlenbruck/*Sinz* InsO[15] § 186 Rn 2.

8 BGH NZI 2016, 238 **mwN**.

9 Kübler/Prütting/Bork/*Pape*/*Schaltke* InsO[87] § 186 Rn 11; MünchKomm/*Schumacher* InsO[4] § 186 Rn 6.

biger zu seiner Vertretung im Insolvenzverfahren einen Bevollmächtigten bestellt hat (vgl § 88 II ZPO), so muss die Zustellung an diesen erfolgen. Dem Gegner ist im Hinblick auf die Wirkungen der gewährten Wiedereinsetzung Gelegenheit zu geben, sich zum Wiedereinsetzungsantrag zu äußern,[10] zweckmäßigerweise mit Fristsetzung zur Äußerung.[11]

IV. Wiedereinsetzungsgrund

10 Den Wiedereinsetzungsgrund der Verhinderung braucht der Schuldner nur **glaubhaft zu machen** (§§ 236 II Satz 1, 294 ZPO). Dass auch die Rechtzeitigkeit des Antrags, eine von Amts wegen zu prüfende Zulässigkeitsvoraussetzung, glaubhaft zu machen wäre, erfordert das Gesetz nicht.

11 Als Wiedereinsetzungsgrund kommt nur die **unverschuldete** Verhinderung in Betracht (§ 233 I ZPO). Durch Verweisung auf §§ 51 II, 85 II ZPO stellt Abs 1 Satz 2 klar, dass gegen Terminversäumungen, die im Verschulden eines Vertreters – des gesetzlichen (§ 51 II, zB Vormund, Organ einer juristischen Person) oder des gewillkürten (§ 85 II) – ihren Grund haben, keine Wiedereinsetzung gewährt wird. Das eigene oder das Vertreter-Verschulden muss dabei **ursächlich** für die Terminversäumung sein.[12]

12 Im Prozessrecht ist umstritten, ob für die Partei der objektive **Sorgfaltsmaßstab** des § 276 BGB anzulegen ist, heißt bezogen auf die Verfahrenssituation Sorgfalt einer ordentlichen Prozesspartei,[13] oder ein individueller Maßstab, der die persönlichen Fähigkeiten des jeweiligen Prozessbeteiligten berücksichtigt.[14] Die zweite Ansicht trägt dem Umstand Rechnung, dass mit dem Zweck des § 233 ZPO, Einzelfallgerechtigkeit zu verwirklichen, ein auf die persönlichen Fähigkeiten des Verfahrensbeteiligten abstellender Sorgfaltsmaßstab korrespondiert.[15] Aus diesem Grund ist dieser Ansicht zuzustimmen. Der Rechtssicherheit dient hinreichend die Ausschlussfrist des § 233 III. Anders als beim Schuldner kommt es bei der **Zurechnung des Vertreterverschuldens** auf einen objektivierten Sorgfaltsmaßstab an, also zB auf die erforderliche Sorgfalt, die ein ordentlicher Anwalt aufzubringen hat. Die unverschuldete Verhinderung des Vertreters genügt, und zwar auch die eines Bevollmächtigten (zB bei Unkenntnis des Schuldners vom plötzlichen Verhinderungsfall). War es dem Schuldner möglich, durch Bevollmächtigung oder Neubevollmächtigung für die Wahrnehmung seiner Rechte zu sorgen, dann liegt keine unverschuldete Verhinderung vor.

V. Entscheidung

13 Wird die Wiedereinsetzung gewährt, so ersetzt das im Wiedereinsetzungsgesuch nachgeholte Bestreiten den im Prüfungstermin unterbliebenen mündlichen Widerspruch. Die Anberaumung eines neuen Prüfungstermins zum Zweck neuerlicher Abgabe der Widerspruchserklärung ist, auch wenn das Insolvenzverfahren noch schwebt, unzulässig.[16] Ein Erfolg des nachgeholten Widerspruchs kommt nur der Person des Schuldners (§§ 201 II Satz 1; 257, 215 II), nicht auch der

10 FK/*Kießner* InsO[9] § 186 Rn 11; HambK/*Preß/Henningsmeier* InsO[9] § 186 Rn 7; MünchKomm/*Schumacher* InsO[4] § 186 Rn 8.

11 Andres/Leithaus/*Leithaus* InsO[4] § 186 Rn 4; FK/*Kießner* § 186 Rn 11.

12 Thomas/Putzo/*Hüßtege* ZPO[41] § 233 Rn 14; Uhlenbruck/*Sinz* InsO[15] § 186 Rn 7.

13 So BVerfG NJW 2004, 502; HK/*Saenger* ZPO[9] § 233 Rn 12; MünchKomm/*Stackmann* ZPO[6] § 233 Rn 32, 34; Zöller/*Greger* ZPO[33] § 233 Rn 12.

14 Stein/Jonas/*Roth* ZPO[23] § 233 Rn 25 unter Berufung auf die Rspr des RG; Musielak/Voit/*Grandel* ZPO[18] § 233 Rn 4; zu § 186: Graf-Schlicker/*Graf-Schlicker* InsO[6] § 186 Rn 3; MünchKomm/*Schumacher* InsO[4] § 186 Rn 4.

15 Vgl Stein/Jonas/*Roth* ZPO[23] § 233 Rn 1, 25.

16 Graf-Schlicker/*Graf-Schlicker* InsO[6] § 186 Rn 5; MünchKomm/*Schumacher* InsO[4] § 186 Rn 9; Kübler/Prütting/Bork/*Pape/Schaltke* InsO § 186 Rn 15, Uhlenbruck/*Sinz* InsO[15] § 186 Rn 10 – **aA** soweit ersichtlich nur Nerlich/Römermann/*Becker* InsO[42] § 186 Rn 19 ff: neuer Prüfungstermin erforderlich.

Masse zugute. Sobald der dem Antrag stattgebende Beschluss rechtskräftig geworden ist, hat der Insolvenzrichter den Widerspruch in der Bemerkungsspalte der Tabelle von Amts wegen nachzutragen.

Zuständig zur Entscheidung über den Antrag ist das Insolvenzgericht als solches. Funktionell zuständig ist idR der **Rechtspfleger.**[17] Diesem obliegt diejenige Eintragung, deren Rechtsfolge durch den nachgeholten Widerspruch rückgängig gemacht werden soll (§ 178 II und III; vgl § 237 ZPO). Deshalb gehört die Entscheidung, auch wenn sie nach Verfahrensbeendigung ergeht, noch zum Insolvenzverfahren und kann dementsprechend ohne mündliche Verhandlung erlassen werden (§ 5 II). Das Insolvenzgericht kann auf Antrag des Schuldners die einstweilige Einstellung der Zwangsvollstreckung anordnen bzw die Fortsetzung nur gegen Sicherheitsleistung (§§ 707, 775 Nr 2 ZPO).[18] Der Antrag auf Wiedereinsetzung hemmt für sich allein die Vollstreckbarkeit des Tabellenvermerks nicht. 14

Die **Kosten der Wiedereinsetzung** trägt der Schuldner. Der Schuldner muss für die Kosten mit seinem insolvenzfreien Vermögen eintreten, sie sind **keine Masseverbindlichkeiten.**[19] 15

Der Beschluss über den Wiedereinsetzungsantrag ist stets dem Schuldner und dem beteiligten Gläubiger von Amts wegen zuzustellen, § 8.[20] Der Beschluss kann nicht mit der sofortigen Beschwerde angegriffen werden, weil diese im Insolvenzverfahren nicht vorgesehen ist, § 6 I. Die zivilprozessuale Beschwerdemöglichkeit nach § 238 II ist in § 186 I Satz 2 nicht in Bezug genommen.[21] Daraus folgt: Hat (ausnahmsweise) der Richter entschieden, besteht keine Anfechtungsmöglichkeit; gegen die Entscheidung durch den Rechtspfleger ist die **sofortige Erinnerung nach § 11 II Satz 1 RpflG** gegeben,[22] und zwar im Falle der Abweisung des Wiedereinsetzungsantrags durch den Schuldner, bei Stattgabe durch den Gläubiger. 16

---

17 Uhlenbruck/*Sinz* InsO[15] § 186 Rn 10.

18 MünchKomm/*Schumacher* InsO[4] § 186 Rn 8.

19 BK/*Gruber* InsO § 186 Rn 14; FK/*Kießner* InsO[9] § 186 Rn 18; Kübler/Prütting/Bork/*Pape/Schaltke* InsO[88] § 186 Rn 19; Uhlenbruck/*Sinz* InsO[15] § 186 Rn 13 – **aA** Nerlich/Römermann/*Becker* InsO § 186 Rn 30.

20 Kübler/Prütting/Bork/*Pape/Schaltke* InsO[88] § 186 Rn 13; MünchKomm/*Schumacher* InsO[4] § 186 Rn 8, Uhlenbruck/*Sinz* InsO[15] § 186 Rn 10; **aA** FK/*Kießner* InsO[9] § 186 Rn 15: Da kein Rechtsmittel gegeben, nur „bekanntzumachen".

21 Vgl auch Kübler/Prütting/Bork/*Pape/Schaltke* InsO[88] § 186 Rn 17.

22 BGH NZI 2014, 724.

ZWEITER ABSCHNITT
Verteilung

§ 187 Befriedigung der Insolvenzgläubiger

(1) Mit der Befriedigung der Insolvenzgläubiger kann erst nach dem allgemeinen Prüfungstermin begonnen werden.
(2) [1]Verteilungen an die Insolvenzgläubiger können stattfinden, sooft hinreichende Barmittel in der Insolvenzmasse vorhanden sind. [2]Nachrangige Insolvenzgläubiger sollen bei Abschlagsverteilungen nicht berücksichtigt werden.
(3) [1]Die Verteilungen werden vom Insolvenzverwalter vorgenommen. [2]Vor jeder Verteilung hat er die Zustimmung des Gläubigerausschusses einzuholen, wenn ein solcher bestellt ist.

Materialien

BT-Drucks 12/2443, S 186; RegE § 215; DiskE u. RefE § 205; 1. BerInsRKomm, LS 1.3.1.2 IV.

Vorgängerregelungen

§§ 149 (hierzu Motive I Bd 2 S 103 ff; Motive II S 369 ff, 372 f; Protokolle S 100, 178), 150 (hierzu Motive I Bd 2 S 109 f; Motive II S 373 f; Protokolle S 100, 178), 167 KO (hierzu Motive I Bd 2 S 85 f; 119 f; Motive II S 353, 386 f; Protokolle S 108, 183); §§ 17, 18 GesO.

Literatur

Eckardt Die Feststellung und Befriedigung des Insolvenzgläubigerrechts, in: Kölner Schrift zur Insolvenzordnung (3. Aufl.) S 533; *Heyn* Vornahme von Abschlagsverteilungen, Insbüro 2006, 419; *von Hohenhau/Högenauer* Die Vorabausschüttung im Rahmen der Gesamtvollstreckungsordnung, DZWIR 1999, 279; *Holzer* Grundzüge des Verteilungsverfahrens nach der Insolvenzordnung, InsbürO 2011, 82; *Mohrbutter* Der Ausgleich von Verteilungsfehlern in der Insolvenz, 1998.

Übersicht

https://doi.org/10.1515/9783110343687-014

Alphabetische Übersicht

I. Einleitung. Allgemeines zum Verteilungsverfahren

1. Verteilung und gemeinschaftliche Befriedigung der Insolvenzgläubiger

In der Verteilung der Masse realisiert sich die Haftung des Schuldnervermögens für die Insolvenzforderungen.[1] Verteilt wird die im Wege der Verwertung (§ 159) **zu Geld gemachte Sollmasse**; auch Teilungsmasse oder Aktivmasse genannt. Sie steht den Insolvenzgläubigern haftungsrechtlich zu und der Erlös aus ihrer Verwertung wird nach den §§ 187 ff verteilt. Da das individuelle Recht des Insolvenzgläubigers auf Befriedigung aus dem Schuldnervermögen sich im Insolvenzverfahren in einen Anspruch auf Geldzahlung nach insolvenzrechtlichen Befriedigungsgrundsätzen wandelt, wird im Verteilungsverfahren ein Zahlungsanspruch (die Dividende) mit „insolvenzspezifischer causa" befriedigt,[2] gleichgültig, ob es sich beim materiellrechtlichen Anspruch des Gläubigers um einen auf Geldleistung oder um einen Individualanspruch handelt. Befriedigung nach insolvenzrechtlichen Grundsätzen tritt zudem auch dann ein, wenn der persönliche Leistungsanspruch nicht voll erfüllt wird: Jeder Gläubiger erhält den Betrag, der sich aus dem Verhältnis des Verwertungserlöses zu der Summe der insgesamt zu berücksichtigenden Forderungen ergibt, so dass jede Forderung in gleicher Weise prozentual gekürzt wird.[3] **Im Verteilungsverfahren verwirklicht sich also das gemeinschaftliche Befriedigungsrecht der Insolvenzgläubiger** (§ 1), und zwar, indem sie ordnungsgemäß in das Verteilungsverzeichnis einbezogen und gemäß diesem Verzeichnis in Form von Bargeld in Höhe der 1

1 *Henckel* FS Weber 1975, S 237, 244.
2 *Mohrbutter* Der Ausgleich von Verteilungsfehlern in der Insolvenz 1998, S 57 ff, 80, 81; *Eckardt* Kölner Schrift[3] Kap 17 Rn 2 ff, 39 ff, 53, 62.
3 *Mohrbutter* Der Ausgleich von Verteilungsfehlern in der Insolvenz 1998, S 36; *Knütel* FS Kreft 2004, S 3, 10.

Insolvenzquote ausbezahlt werden. Die Berücksichtigung von Aufrechnungen, Aussonderungs- und Absonderungsrechten und die Befriedigung von Massegläubigern stehen außerhalb des Verteilungsverfahrens.

2. An der Verteilung beteiligte Gläubiger

2 An der Verteilung nehmen nur **Insolvenzgläubiger iSd § 38** teil. **Nachrangige Insolvenzgläubiger** nach § 39 werden nur berücksichtigt, wenn alle übrigen Forderungen der Insolvenzgläubiger befriedigt sind. **Masseverbindlichkeiten** (§§ 53, 54, 55) sind – auch als Abschlag – unabhängig von Verteilungen zu erfüllen. Erst nachträglich bekannt gewordene Massegläubiger sind allerdings nach § 206 auf nach der Verteilung verbleibende Mittel beschränkt, so dass das Verteilungsverfahren auf ihre Rechte durchaus Einfluss nimmt. Das gilt aber auch umgekehrt für den Einfluss von Masseverbindlichkeiten auf die Verteilung: Sie sind bei der Verteilung in Vorabzug zu bringen. Reicht die Masse schon für die Masseverbindlichkeiten nicht aus, ist nach § 208 die Masseunzulänglichkeit anzuzeigen. Die daran anschließende Verteilung nach § 209 entspricht nicht den §§ 187 ff. **Absonderungsberechtigte Gläubiger** sind in Höhe ihres Ausfalls bei Verteilungen zu berücksichtigen, wenn innerhalb der Frist des § 189 der Nachweis über ihre Ausfallforderung nach § 190 erbracht wurde.

3. Arten der Verteilung

3 **a) Abschlagsverteilung, Schlussverteilung, Nachtragsverteilung.** Das Gesetz unterscheidet Abschlagsverteilungen, Schlussverteilung und Nachtragsverteilungen:

– **Abschlagsverteilungen**
Sie können stattfinden sobald und so oft im Laufe des Insolvenzverfahrens hinreichende Barmittel vorhanden sind (§ 187 II S 1).

– **Schlussverteilung**
Bei abgeschlossener Verwertung, wenn also sämtliche Massegegenstände zu Geld gemacht sind, erfolgt die Schlussverteilung (§§ 196 ff). Mit ihr findet die Verteilung des Masseerlöses ihren Abschluss und das Insolvenzverfahren hat sein regelmäßiges Ziel erreicht (§ 200).

– **Nachtragsverteilungen**
Soweit nach dem Schlusstermin noch zur Masse gehörende Vermögenswerte bekannt oder frei werden, werden sie nach Maßgabe des Schlussverzeichnisses im Wege der Nachtragsverteilung an die Insolvenzgläubiger verteilt (§§ 203 ff).

4 **b) Gemeinsamkeiten und Besonderheiten. Für sämtliche dieser Verteilungen** sind die Voraussetzungen und Vorgaben der §§ 187 ff einzuhalten:[4] Die Vollziehung der Verteilung ist auf den Verwalter übertragen, wobei er die Zustimmung des Gläubigerausschusses, soweit ein solcher bestellt ist, einholen muss (§ 187 III). Jede Verteilung kann erst nach dem Prüfungstermin stattfinden (§ 187 I). Vor jeder Verteilung hat der Insolvenzverwalter auf der Grundlage der Tabelle ein Verteilungsverzeichnis zu erstellen und beim Gericht niederzulegen (§ 188 S 1 und 2), aus dem sich die Berechtigung zum Erhalt eines Anteils am Verwertungserlös ergibt. Summe der Forderungen und verfügbarer Betrag sind anzuzeigen und öffentlich bekanntzumachen (§ 188 S 3). In das Verzeichnis sind die festgestellten Forderungen aufzunehmen sowie bestrittene Forderungen unter den Voraussetzungen des § 189, Forderungen absonderungberechtigter Gläubiger unter den Voraussetzungen des § 190 und bedingte Forderungen unter den Voraussetzungen des § 191 zu berücksichtigen. Die Befriedigung erfolgt in Höhe der Quote ohne Rangfolge

4 Uhlenbruck/*Wegener* InsO[15] § 187 Rn 2.

der Insolvenzgläubiger untereinander. Sie findet durch Barauszahlung, Zurückbehalten (§§ 189–191) oder Hinterlegung (§ 198) statt. Nachrangige Insolvenzgläubiger (§ 39) werden bei Verteilungen nur berücksichtigt, wenn die übrigen Insolvenzgläubiger sowie andere nachrangige Gläubiger einer früheren Rangklasse vollständig befriedigt sind. Einwendungen gegen das Verzeichnis sind beim Insolvenzgericht geltend zu machen (§§ 194, 197).

Für einzelne Verteilungen gelten **Besonderheiten**: Abschlagsverteilungen können schon vor vollständiger Verwertung stattfinden. Bei ihnen ist der Bruchteil zu bestimmen, zu dem die Gläubiger befriedigt werden (§ 195). Die Schlussverteilung setzt die endgültige Verwertung voraus und muss von dem Insolvenzgericht genehmigt werden (§ 196 II). Einwendungen gegen das Verzeichnis sind nur im Schlusstermin möglich (§ 197 I S 1 Nr 2). An die Stelle eines Zurückbehaltens von Anteilen tritt die Hinterlegung (§ 198). Eine Nachtragsverteilung setzt zusätzliche für die Masse freiwerdende Vermögenswerte voraus und ist nur auf rechtsmittelfähige Anordnung des Insolvenzgerichts möglich (§§ 203, 204), das Verzeichnis entspricht dem Schlussverzeichnis (§ 205). 5

4. Besondere Vorgaben für Verteilungen

Während der Aufstellung eines **Insolvenzplans** können Verteilungen nach den §§ 187 ff stattfinden, die jedoch auszusetzen sind, wenn sie den Plan gefährden (§ 233). Ansonsten sind Verteilungen bei wirksam gewordenem Insolvenzplan zwar möglich und im Liquidationsplan sogar zentraler Regelungsgegenstand, haben aber dessen Vorgaben zu folgen (§ 217), die an die Stelle der §§ 187 ff treten, welche idR plandispositives Recht sind.[5] Auch bei Regelung der Verteilung in einem Insolvenzplan werden sich aber Einwendungen gegen Verteilungsverzeichnisse nach § 194 und Rechtsmittel bei Nachtragsverteilungen nach § 204 richten.[6] Sonderregelungen für die Abschlagsverteilung auf **Sozialplanforderungen** der Arbeitnehmer enthält § 123 III S 1, wobei diese Forderungen Masseverbindlichkeiten (§ 123 II) sind und die Verteilungen insoweit auch nicht den §§ 187 ff zu genügen haben, insbesondere kein Verteilungsverzeichnis zu erstellen ist. Bei **Eigenverwaltung** unter Aufsicht eines Sachwalters gelten die §§ 187 ff unmittelbar, werden aber durch § 283 II insoweit ergänzt, als der Schuldner die Verteilung vorzunehmen hat, und der Sachwalter die Verteilungsverzeichnisse zu prüfen hat. Im **Restschuldbefreiungsverfahren** gilt für die Verteilung § 292 I S 2 bis 5 auf der Grundlage eines Schlussverzeichnisses iSd §§ 188, 197. Wird ein solches nicht erstellt, weil das Verfahren vorher wegen Masseunzulänglichkeit eingestellt wurde, legt das Gericht einen Verteilungsschlüssel fest, der für eine nachfolgende Treuhandphase Bedeutung erlangt.[7] 6

II. Befriedigung der Insolvenzgläubiger erst nach dem Prüfungstermin, Abs 1

Eine Verteilung kann frühestens nach dem Prüfungstermin (§§ 29 I Nr 2, 176) vorgenommen werden, da sich erst durch die Prüfung ergibt, welche Forderungen bei der Verteilung zu berücksichtigen sind. Deshalb nehmen auch solche Forderungen nicht an der Schlussverteilung teil, die erst nach Veröffentlichung und Niederlegung des Schlussverzeichnisses angemeldet wurden.[8] Für die Ausschüttung selbst wird zu Recht empfohlen, nach Erstellung des Verzeichnisses in zeitlicher Hinsicht die Ausschlussfrist des § 189 und die Einwendungsfrist nach § 194 abzuwarten.[9] (s jew ebd sowie § 195 Rn 9). 7

---

5 So auch BGH NZI 2010, 734, Rn 9a und LG Berlin ZInsO 2012, 326.
6 Vgl MünchKomm/*Kebekus*/*Schwarzer* InsO[4] § 217 Rn 122 mwN.
7 FK/*Grote* InsO[9] § 292 Rn 15; Uhlenbruck/*Sternal* InsO[15] § 292 Rn 9.
8 BGH NZI 2007, 401.
9 Jaeger/*Weber* KO[9] § 158 Rn 10.

III. Abschlagsverteilungen so weit und so oft Barmittel vorhanden sind, Abs 2

8 Gläubiger mit festgestellten Forderungen brauchen nicht auf die Befriedigung zu warten, bis die ganze Masse verwertet und alle Feststellungsprozesse erledigt sind. Dies rechtfertigt sich schon durch die möglicherweise große Länge eines Insolvenzverfahrens. Abschlagsverteilungen dienen also der **Flexibilität des Verteilungsverfahrens**, um den Insolvenzgläubigern die schon **erzielten Verwertungserlöse möglichst schnell zukommen zu lassen.**[10] Deshalb können sie bereits vor endgültiger Masseverwertung vorgenommen werden. Die Ausschüttung der Insolvenzquote wird dadurch teilweise vorweggenommen.[11]

1. Entscheidung über Abschlagsverteilungen

9 Voraussetzung für die Vornahme von Abschlagsverteilungen ist das Vorhandensein **hinreichender Barmittel** in der Masse. Der Begriff ist bewusst unbestimmt[12] und richtet sich nach dem wirtschaftlichen und zeitlichen Stand des jeweils einzelnen Insolvenzverfahrens. Erforderlich ist also zunächst ein hinreichender Überblick über die wirtschaftliche Situation.[13] Große Massen, bei denen klar ist, dass der Bestand zu einer maßgeblichen Quote an die Insolvenzgläubiger führen wird, machen eine Abschlagsverteilung sinnvoll.[14] Von hinreichenden Barmitteln ist umgekehrt nicht auszugehen, wenn die Kosten der Auszahlung unangemessen im Verhältnis zum ausgezahlten Betrag sind oder diesen sogar übersteigen. Eine Mindestquote kennt das Gesetz aber nicht.[15] Da Abschlagsverteilungen während des gesamten Insolvenzverfahrens stattfinden können, also auch bevor die Istmasse zur Sollmasse bereinigt wurde, sind bevorrechtigte Ansprüche, insbesondere Ansprüche von Massegläubigern, stets in Vorabzug zu bringen, was dazu führen kann, dass von hinreichenden Barmitteln nicht auszugehen ist. Die tatsächliche Zahlung auf festgestellte bevorrechtigte Ansprüche wird nämlich unabhängig von den Verteilungen geleistet (o Rn 2). Zur Vermeidung einer Haftung nach § 61 hat der Verwalter deshalb die Höhe der Masseverbindlichkeiten zu prüfen und in Abzug zu bringen[16] sowie laufende Prozesse über Masseverbindlichkeiten zu berücksichtigen und kann erst den insoweit verbleibenden Erlös auf sein „Hinreichen" überprüfen. Nachträglich angemeldete Forderungen sind im Hinblick auf die Bestimmung des Hinreichens der Barmittel für eine Abschlagsverteilung nicht in Abzug zu bringen, denn sie werden bei der nächsten Abschlagszahlung oder bei der Schlussverteilung berücksichtigt, und erhalten dann den auch um die vorherigen Verteilungen addierten Betrag (§ 192). Sind allerdings erhebliche Nachmeldungen zu erwarten, kann dies dazu führen, im Rahmen der Ermessensausübung von einer Abschlagsverteilung Abstand zu nehmen.[17] Schließlich spielen bestrittene Forderungen (§ 189), Forderungen absonderungsberechtigter Gläubiger (§ 190) und aufschiebend bedingte Forderungen (§ 191) bei der Frage, wie hoch der zu verteilende Betrag im Verhältnis zu den zu berücksichtigenden Forderungen ist, eine Rolle. Sie sind nämlich auch bei Abschlagsverteilungen – sei es auch nur durch Zurückbehalten – zu berücksichtigen, wenn die Voraussetzungen der §§ 189, 190 bzw. 191 erfüllt sind.

10 Sind hinreichende Barmittel vorhanden, können (nicht aber „sollen" oder gar „müssen") Abschlagsverteilungen stattfinden. Der Insolvenzverwalter hat nach dem Wortlaut der Norm ein

10 *Häsemeyer* Insolvenzrecht[4] Rn 7.60.
11 *Uhlenbruck/Wegener* InsO[15] § 187 Rn 6.
12 Jaeger/*Weber* KO[9] § 149 Rn 6.
13 *Uhlenbruck/Wegener* InsO[15] § 187 Rn 8 mwN; *Heyn* Insbüro 2006, 419, 420 ff.
14 *Heyn* Insbüro 2006, 419; vgl BGH ZIP 2008, 1441 sub II 2b.
15 MünchKomm/*Kebekus/Schwarzer* InsO[4] § 187 Rn 8.
16 Uhlenbruck/*Wegener* InsO[15] § 187 Rn 11.
17 Uhlenbruck/*Wegener* InsO[15] § 187 Rn 7.

Ermessen,[18] die zur Verfügung stehenden Barmittel zu verteilen oder auch nicht. Das Ermessen bezieht sich sowohl auf das „Ob" einer Abschlagsverteilung als auch auf deren Zeitpunkt und Umfang.[19] Dabei wird sich der Verwalter vor allem danach richten, welcher Einsatz des Erlöses wirtschaftlich vorteilhaft ist, und er kann die Mittel dazu flexibel einsetzen. Wenn der Geschäftsbetrieb – sei es auch zum Zwecke der späteren Liquidation – ganz oder teilweise aufrechterhalten werden soll, kann der Verwalter die Mittel, statt sie zu verteilen, zur Fortführung des Schuldnerunternehmens verwenden, oder zur Ablösung von Schulden im Interesse geringerer Zinszahlungen[20] oder auch zur Abfindung von Absonderungsberechtigten.[21] Zu berücksichtigen ist zudem, in welchem Verhältnis die Vorteile der durch eine Abschlagsverteilung begünstigten Gläubiger zum erwarteten weiteren Verfahrensablauf stehen. So wird eine Abschlagsverteilung sinnvoll sein, wenn absehbar ist, dass die Abwicklung des Verfahrens noch andauern wird.[22] Umgekehrt wird bei kurz bevorstehendem Abschluss der Verwertung ein Abwarten bis zur Schlussverteilung und das Unterlassen von Abschlagsverteilungen gerechtfertigt sein. Ebenso ist eine Minimalzahlung, die den Gläubigern kaum Vorteile, aber für den Verwalter erhebliche Aufwendungen mit sich bringt, idR nicht vorzunehmen. Somit ist nicht etwa bei jeder neuen Erlöserzielung eine Verteilung vorzunehmen. Auch die Aussetzung der Verteilung durch das Insolvenzgericht aufgrund der Gefährdung eines Plans und sogar bereits diese Gefährdung als solche ohne Aussetzung schränken das Ermessen des Insolvenzverwalters ein, Abschlagsverteilungen vorzunehmen.[23] Die Gläubiger haben aus diesen Gründen niemals einen klagbaren Anspruch auf Vornahme einer Auszahlung.[24] Das gilt sogar im – praktisch kaum denkbaren – Falle einer „Ermessensreduzierung auf Null" (s noch u Rn 11), da jedenfalls § 87 entgegensteht.[25] Der Insolvenzverwalter braucht auch nicht den gesamten bislang erzielten Erlös auszuschütten, sondern kann die verfügbaren Barmittel auch nur teilweise für eine Abschlagsverteilung verwenden, etwa um ansonsten Leistungen auf Masseverbindlichkeiten, Unternehmensfortführung, Prozesskostenvorschüsse, erwartete Vorabgleichstellung, Zinsabzahlungen uä sicherzustellen. Für die Abschlagsverteilung werden dann nur die Mittel verwandt, die diese Kosten überschießen. Auch dies ist von seinem Ermessen gedeckt.

Eine **Kontrolle durch das Insolvenzgericht** kann im Rahmen von dessen Aufsichtsbefugnissen nach § 58 ausgeübt werden.[26] Eine solche Möglichkeit wird für den Fall der willkürlichen Nichtvornahme einer Abschlagsverteilung,[27] der schuldhaften Verzögerung der Abschlagsverteilung,[28] oder – ausnahmsweise – wenn die Weigerung des Verwalters, Verteilungen vorzunehmen unter Berücksichtigung aller Umstände nicht nachvollziehbar ist,[29] bejaht. Angesichts des in der Insolvenzordnung noch gestärkten (o Rn 7) Ermessensspielraums des Verwalters können jedoch Aufsichtsmaßnahmen den Verwalter idR nicht verpflichten, eine Abschlagsverteilung vorzunehmen oder zu unterlassen. Das gilt selbst dann, wenn die Voraussetzung der Abschlagsverteilung (hinreichende Barmittel) unzweifelhaft vorliegen oder jedenfalls fehlen *und* ein Ermessensfehler bei der Entscheidung des Verwalters bejaht werden kann. Erforderlich für Aufsichtsmaßnahmen 11

18 Rechtspolitisch kritisch *Bernsen* Kölner Schrift[2] S 1843, 1857 Rn 37.
19 MünchKomm/*Kebekus/Schwarzer* InsO[4] § 187 Rn 8.
20 BT-Drucks 12/1443, S 186; *Eckardt* Kölner Schrift[3] Kap 17 Rn 62; MünchKomm/*Kebekus/Schwarzer* InsO[4] § 187 Rn 8; Rattunde/Smid/Zeuner/*Kirchner* InsO[4] § 187 Rn 3.
21 *Uhlenbruck/Wegener* InsO[15] § 187 Rn 11; *Eckardt* Kölner Schrift[3] Kap 17 Rn 62.
22 *Heyn* Insbüro 2006, 419.
23 MünchKomm/*Kebekus/Schwarzer* InsO[4] § 187 Rn 24.
24 Jaeger/*Weber* KO[9] § 149 Rn; FK/*Kießner* InsO[9] § 187 Rn 9; Nerlich/Römermann/*Westphal* InsO[43] § 187 Rn 6; Uhlenbruck/*Wegener* InsO[15] § 187 Rn 9.
25 Uhlenbruck/*Wegener* InsO[15] § 187 Rn 9.
26 Kübler/Prütting/*Holzer* InsO[90] § 187 Rn 14; Uhlenbruck/*Wegener* InsO[15] § 187 Rn 9; *Eckert/Berner* ZInsO 2005, 1130.
27 *Hess* InsO[4] § 187 Rn 33 mwN.
28 Uhlenbruck/*Wegener* InsO[15] § 187 Rn 9.
29 FK/*Kießner* InsO[9] § 187 Rn 11.

wird also eine Ermessensreduzierung auf Null sein, eine hier letztlich kaum denkbare Konstellation. Die Vornahme einer Abschlagsverteilung oder die Zustimmung des Gläubigerausschusses kann zudem **niemals durch gerichtliche Entscheidung ersetzt** werden (s auch § 58 Rn 6). Auch ein Antrag von Insolvenzgläubigern an das Insolvenzgericht, den Insolvenzverwalter zur Vornahme von Abschlagszahlungen anzuhalten, entfaltet deshalb lediglich den Charakter einer unverbindlichen Anregung (vgl § 58 Rn 32). Pflichtwidrig, dh ermessensfehlerhaft unterlassene oder vorgenommene Abschlagsverteilungen, sowie Abschlagsverteilungen unter Missachtung der Voraussetzungen des § 187 II können aber zu **Schadensersatzpflichten** des Verwalters im Rahmen des § 60 oder des Gläubigerausschusses im Rahmen des § 71 führen. Zu beachten ist zudem, dass nicht nur Insolvenzgläubiger, die einen Abschlag verlangen oder eine Abschlagszahlung verhindern wollen, von der Entscheidung des Insolvenzverwalters betroffen sind, sondern auch Massegläubiger, wenn aufgrund der Abschlagsverteilung nicht mehr genug an Masse übrig bleibt. Auch für sie kommen insoweit Schadensersatzansprüche aus § 61 in Betracht (s § 206 Rn 5).

2. Besonderheiten für nachrangige Insolvenzgläubiger

12 An nachrangige Insolvenzgläubiger (§ 39) soll keine Abschlagsverteilung stattfinden. Da Ausschüttungen an sie ohnehin nur bei vollständiger Befriedigung aller sonstigen Insolvenzgläubiger möglich sind, können sie erst recht nicht bei einer vor der Schlussverteilung stattfindenden Auszahlung berücksichtigt werden. Die Berücksichtigung der nachrangigen Insolvenzforderungen wird deshalb – wenn überhaupt – erst bei der Schlussverteilung stattfinden.[30] Der Fall, dass schon bei einer Abschlagsverteilung feststeht, dass die Masse für alle Insolvenzgläubiger reicht, dürfte selten vorkommen.[31] Die Regelung wird deshalb zu Recht als zumindest überflüssig eingestuft.[32] Freilich ist der Wortlaut des § 187 II S 1 „nachrangige Gläubiger sollen bei den Abschlagszahlungen nicht berücksichtigt werden", insoweit missverständlich. Eigentlich müsste es heißen: „... dürfen nicht berücksichtigt werden, außer es ist im Zeitpunkt der Abschlagsverteilung absehbar, dass die Masse zur Befriedigung sämtlicher Insolvenzgläubiger ausreicht.[33] Ist aber eine nachrangige Insolvenzforderung irrtümlich im Rang des § 38 angemeldet und festgestellt, so ist sie auch derart zu berücksichtigen.[34]

IV. Verfahren, Zuständigkeit des Insolvenzverwalters und Zustimmung des Gläubigerausschusses, Abs 3

13 Die Zuständigkeit des Insolvenzverwalters für den Vollzug der Verteilungen und das Zustimmungsbedürfnis beziehen sich auf sämtliche Verteilungen, nicht nur auf die Abschlagsverteilung nach Abs 2. Wenn der Insolvenzverwalter entschieden hat, eine Abschlagsverteilung vorzunehmen, bedarf er zur Vornahme der Verteilung der Zustimmung eines Gläubigerausschusses, sofern bestellt, und hat dann ein Verteilungsverzeichnis zu erstellen und auf der Geschäftsstelle des Insolvenzgerichts niederzulegen, welches die Verteilung öffentlich bekannt macht (§ 188). Bei der Schlussverteilung ist zusätzlich die Zustimmung des Insolvenzgerichts (§ 196 II) erforderlich und Nachtragsverteilungen müssen entweder auf Antrag oder von Amts wegen durch das Insolvenzgericht angeordnet werden (§ 203).

30 *Eckardt* Kölner Schrift[3] Kap 17 Rn 64.

31 MünchKomm/*Kebekus*/*Schwarzer* InsO[4] § 187 Rn 9.

32 HK/*Depré* InsO[10] § 187 Rn 7; Uhlenbruck/*Wegener* InsO[15] Rn 12.

33 *Keller*/*Frege*/*Nicht* Hdb ZwVR Kap C Rn 319.

34 *Hess* InsO[2] § 187 Rn 33 mwN.

1. Befugnisse des Gläubigerausschusses

Zwar nimmt der Insolvenzverwalter die Verteilung vor, er hat aber die Zustimmung des Gläubigerausschusses (§ 67) einzuholen, falls ein solcher bestellt ist. Da Abschlagsverteilungen in der Regel (nur) in größeren Verfahren vorgenommen werden (o Rn 9), ist dort nicht selten auch ein Gläubigerausschuss bestellt,[35] so dass die entsprechende Anfrage hier praktisch relevant ist. Ist kein Ausschuss bestellt, bleibt es beim eigenständigen Ermessen des Insolvenzverwalters. 14

Mit **Zustimmung** ist die **vorherige** gemeint. Zunächst ist also der Gläubigerausschuss im Hinblick auf das **„Ob" der Verteilung** anzufragen, bevor der Insolvenzverwalter das Verteilungsverzeichnis (§ 188) aufstellt. Im Einzelfall kann auch eine nachträgliche Billigung ausreichen. Eine solche wird jedenfalls in der Regel eine Pflichtwidrigkeit der Verteilung durch den Insolvenzverwalter verhindern.[36] Insbesondere führt das Fehlen der vorherigen Zustimmung nicht zur Unwirksamkeit der Abschlagzahlung oder zu Rückgewährpflichten des Gläubigers.[37] Ebenso wenig ist der Insolvenzverwalter verpflichtet, wenn eine Zustimmung vorliegt, auch tatsächlich zu verteilen.[38] Eigenmächtige Verteilungen, also weder mit vorheriger noch mit nachträglicher Zustimmung, können aber im Rahmen der Aufsichtsbefugnisse des Insolvenzgerichts nach § 58 sanktioniert werden und zur Haftung des Insolvenzverwalters nach § 60 führen (o Rn 11). 15

Der Gläubigerausschuss hat lediglich dahingehend zuzustimmen, ob verteilt werden soll, nicht jedoch darüber zu entscheiden, welche Forderungen in das Verteilungsverzeichnis (§ 188) aufgenommen werden. Bei seiner Entscheidung über die Zustimmung steht ihm ein **eigenes Ermessen** zu,[39] selbst wenn die Voraussetzungen „hinreichende Barmittel" gegeben sind. Deshalb wird die Versagung der Zustimmung nur selten pflichtwidrig sein. Versagt der Ausschuss aber die Zustimmung pflichtwidrig, haftet er nach § 71. Hier kommt auch eine Amtsenthebung (idR auf Antrag) nach § 70 durch das Insolvenzgericht in Betracht, so dass durch die Gläubigerversammlung eine andere Zusammensetzung des Ausschusses gewählt werden kann. Nicht vom Zustimmungsrecht des Gläubigerausschusses umfasst ist die Möglichkeit, eigenständig eine Abschlagsverteilung anzuordnen. Er kann bei einer nach seiner Ansicht durch den Insolvenzverwalter pflichtwidrig unterlassenen Abschlagsverteilung lediglich das Insolvenzgericht als Aufsichtsorgan anrufen.[40] Umgekehrt kann die Zustimmung des Ausschusses weder durch das Gericht noch durch die Gläubigerversammlung ersetzt werden.[41] Die Gläubigerversammlung kann allenfalls die Mitglieder des Gläubigerausschusses durch solche Mitglieder ersetzen, die zustimmen werden oder weitere Mitglieder hinzuwählen, die zustimmungswillig sind.[42] 16

2. Vollzug der Verteilung

Die Verteilung beginnt mit der Aufstellung und Niederlegung eines **Verteilungsverzeichnisses,** das sich inhaltlich an der Tabelle ausrichtet, und der öffentlichen Bekanntmachung der Verteilung (§ 188). Die Bekanntmachung ist auch maßgeblich für den Beginn der **Ausschlussfrist** nach § 189 I für die Berücksichtigung bestrittener und bedingter Forderungen und die Forderungen absonderungsberechtigter Gläubiger (§§ 189–191). Gegen das Verteilungsverzeichnis können 17

35 *Heyn* Insbüro 2006, 419, 423; ebd auch Musterschreiben für die Einholung der Zustimmung.
36 Jaeger/*Weber* KO[9] § 150 Anm 1.
37 Uhlenbruck/*Wegener* InsO[15] § 187 Rn 17.
38 Uhlenbruck/*Wegener* InsO[15] § 187 Rn 18.
39 MünchKomm/*Kebekus/Schwarzer* InsO[4] § 187 Rn 12.
40 MünchKomm/*Kebekus/Schwarzer* InsO[4] § 187 Rn 13.
41 Jaeger/*Weber* KO[9] § 150 Rn 2; HK/*Depré* InsO[10] § 187 Rn 9; für die Möglichkeit bei der durchaus vergleichbaren Vorschrift des § 160 eine Generalermächtigung durch den Ausschuss zu erteilen: *Kübler* FS Kreft 2004, 369, 383 ff.
42 Braun/*Pehl* InsO[8] § 187 Rn 12.

nach § 194 **Einwendungen** beim Insolvenzgericht geltend gemacht werden. Mit Ablauf der Ausschluss- und der Einwendungsfrist wird das Verzeichnis für die jeweilige Verteilung bindend, was für die Schlussverteilung endgültig ist. Bei Abschlagsverteilungen ist der **Bruchteil** zu bestimmen, zu dem die Quote befriedigt wird und den Gläubigern mitzuteilen (§ 195). Nach Festsetzung des Bruchteils bekannt gewordene Ansprüche von Massegläubigern können diese nur aus den noch verbleibenden Mitteln Befriedigung verlangen (§ 206 Nr 1), so dass die Abschlagsverteilung für ihre Ansprüche entscheidende Bedeutung haben kann. Bei der Schlussverteilung und bei Nachtragsverteilungen wird die konkrete Summe, die jeweils an die Gläubiger ausgezahlt wird, mitgeteilt. Entscheidender Zeitpunkt für die **Präklusion von Massegläubigern** ist hier die Beendigung des Schlusstermins (für die Schlussverteilung, § 206 Nr 2) bzw. die öffentliche Bekanntmachung (für Nachtragsverteilungen, § 206 Nr 3).

18 Die Verteilung wird bei allen Verteilungsarten durch **Auszahlung** von Bargeld bzw. in der Regel durch Bankanweisung an die Insolvenzgläubiger vollzogen. Ein **Zurückbehalten** (und bei der Schlussverteilung eine Hinterlegung, § 198) kommt bei Forderungen im Sinne der §§ 189 bis 191 in Betracht. Analog anzuwenden sind diese Vorschriften, wenn gegen die – für die Aufnahme in das Verteilungsverzeichnis bindende – Eintragung einer Forderung in die Tabelle durch den Insolvenzverwalter Vollstreckungsgegenklage eingelegt wird,[43] so dass auch hier nicht auszuzahlen sondern zurückzubehalten ist. Wenn der Insolvenzgläubiger unbekannt oder seine Person ungewiss ist, etwa weil zwischenzeitlich eine Erbfolge eingetreten ist, ist der zu verteilende Betrag ebenfalls nicht bar auszuzahlen sondern zu hinterlegen.[44] **Erfüllungsort** ist der Sitz des Insolvenzverwalters, da es sich um eine Holschuld handelt.[45]

19 **Auslagen** des Insolvenzverwalters sind Kosten des Verfahrens iSv § 54 Nr 2 (s § 54 Rn 13 ff) und damit Masseverbindlichkeiten (§ 53). Der **Beiordnung eines Rechtsanwalts** zur Wahrnehmung der Rechte im Verteilungsverfahren für einen PKH-berechtigten Insolvenzgläubiger (§ 4, § 121 II ZPO) bedarf es nicht.[46]

3. Fehlerfolgen

20 Schadensersatzansprüche bei ermessensfehlerhaft vorgenommener oder unterlassener Abschlagsverteilung bzw. Zustimmung zu ihr kommen sowohl gegen den Verwalter (§ 60) als auch gegen den Gläubigerausschuss (§ 71) in Betracht (o Rn 11, u Rn 25).

21 Gegen eine nicht ordnungsgemäße Aufstellung des Verteilungsverzeichnisses (§ 188) sind Einwendungen in der Frist und gem § 194 vorzubringen.

22 Voraussetzung **bereicherungsrechtlicher Rückabwicklung** von im Verhältnis zur beanspruchbaren Quote zu hoher oder zu niedriger Auszahlung ist jeweils, dass die Zuviel- oder Zuwenigzahlung **in Widerspruch zum Verteilungsverzeichnis** (§ 188) steht.[47] Entspricht hingegen die Ausschüttung dem Verzeichnis – sei dieses auch inhaltlich unrechtmäßig – bleibt es allein bei den Rechtsbehelfsmöglichkeiten nach § 194 und sämtliche Bereicherungsansprüche sind ausgeschlossen.[48] Das gilt auch dann, wenn dem Gläubiger die Versäumung der Geltendmachung von Einwendungen nicht vorzuwerfen ist.[49] Er kann sich nur noch nach Beendigung des Insolvenzverfahrens an den Schuldner halten (§ 201). Dies findet seinen Grund darin, dass das Verteilungsverzeichnis

43 BGH NZI 2009, 167 mwN.
44 HK/*Depré* InsO[10] § 187 Rn 8.
45 Jaeger/*Weber* KO[9] § 167 Rn 1.
46 AG Frankfurt (Oder) Rpfleger 2003, 144; s auch LG Oldenburg ZIP 1991, 115.
47 MünchKomm/*Kebekus*/*Schwarzer* InsO[4] § 188 Rn 25.
48 BGHZ 91, 198; Jaeger/*Weber* KO[9] § 158 Anm 10; MünchKomm/*Kebekus*/*Schwarzer* InsO[4] § 188 Rn 23; *Weber* JZ 1984, 1027.
49 BGHZ 91, 198; es sei denn Einwendungen waren deshalb nicht möglich, weil der Insolvenzgläubiger noch nach Ablauf der Einwendungsfrist aus dem Verzeichnis gestrichen wurde.

den Zweck verfolgt, im Insolvenzverfahren unter den Beteiligten eine endgültige Rechtslage zu schaffen, was sich vornehmlich in den engen Ausschlussfristen für Einwendungen niederschlägt.[50] Alles, was im Verfahren nach §§ 194, 197 an Einwendungen statthaft ist, ist dort auch geltend zu machen, unterfällt den Einwendungsfristen und ist anschließend präkludiert. Nur bei einer Abschlagsverteilung und wenn die Berücksichtigung als „Nachzügler" iSd § 192 in Betracht kommt, braucht das Einwendungsverfahren nicht durchlaufen zu werden; es muss dann allerdings genügend Restmasse vorhanden sein (§ 192 Rn 7). Der Gläubiger kann aber die Auseinandersetzung über die Verteilung der Masse im Insolvenzverfahren nicht über eine Bereicherungsklage weiterverfolgen. Nur bei Eintragung in das Verzeichnis erwirbt er einen Anspruch auf Teilhabe an der Verteilung.[51] Das Verzeichnis stellt die zu berücksichtigenden Forderungen endgültig fest,[52] so dass nur im Verhältnis zu seinen Vorgaben eine Zuviel- oder Zuwenigzahlung und damit eine Rechtsgrundlosigkeit angenommen werden kann.[53]

Zahlt aber der Insolvenzverwalter bei einer Verteilung einen Betrag aus, der über den **vom Insolvenzgläubiger nach dem Verzeichnis zu beanspruchenden Anteil** hinausgeht, ist die Auszahlung rechtsgrundlos und deshalb kondizierbar.[54] Das gilt auch, wenn (irrtümlich) ein Insolvenzgläubiger als Massegläubiger befriedigt wurde oder ein nachrangiger Insolvenzgläubiger als solcher nach § 38.[55] Auch hier fehlt die insolvenzspezifische causa für das Behaltendürfen,[56] die eben nicht mit dem Bestand des materiellen Forderungsrechts identisch ist (o Rn 1). 23

Die **verzeichniswidrige Mehrzahlung** an einen Insolvenzgläubiger wird regelmäßig mit einer geringeren Dividende der anderen Insolvenzgläubiger einhergehen, ebenso wie die Zuwenigzahlung an einen Insolvenzgläubiger mit einer Zuvielzahlung an die anderen. Insofern wird gefolgert, der **Kondiktionsanspruch** (Rn 23) könne durch die oder den benachteiligten Insolvenzgläubiger gegen den oder die Übervorteilten geltend gemacht werden.[57] Dagegen wird vornehmlich eingewandt, die Auszahlung seitens des Insolvenzverwalters konstituiere eine vorrangige Leistungsbeziehung, die bereicherungsrechtlichen Ansprüchen der Mitgläubiger entgegenstehe.[58] Entscheidender ist noch die Tatsache, dass durch die Auszahlung nicht einer materiellrechtlichen Rechtslage, sondern einer speziellen insolvenzrechtlichen Haftungslage, die sich im Verteilungsverzeichnis verbrieft, entsprochen wird. Ein Insolvenzgläubiger kann im Insolvenzverfahren nur diesen Haftungsanteil realisieren und wenn er mehr bekommt, als ihm danach zusteht, hat er etwas aus der zu gemeinsamen Lasten aller übrigen Gläubiger verkürzten Masse erlangt.[59] Deshalb sind, wie auch *Häsemeyer*[60] deutlich gemacht hat, die bereicherungsrechtlichen Ansprüche der Gläubiger über die haftungsrechtlich funktionalisierte Insolvenzmasse abzuwickeln, **vom Insolvenzverwalter einzufordern** und den 24

---

50 Jaeger/*Weber* KO⁹ § 158 Rn 11.
51 RGZ 21, 331, 337; vgl *Eckardt* Kölner Schrift³ Kap 17 Rn 63.
52 BGHZ 91, 198 mwN.
53 Anders sieht es aus, wenn sich eine Auszahlung auf Gläubiger bezieht, die außerhalb des Verteilungsverfahrens zu berücksichtigen sind. Massegläubiger können also – wie generell – ihre offenen Ansprüche geltend machen. Ebenso wenig ist durch das Einwendungsverfahren der Streit um Bestand oder Bevorrechtigung einer Forderung erfasst und somit präkludiert, da insoweit der Feststellungsprozess einschlägig ist.
54 HM etwa BGHZ 91, 198 mwN; MünchKomm/*Kebekus/Schwarzer* InsO⁴ § 188 Rn 25; Jaeger/*Weber* KO⁹ § 158 Rn 11; *Mohrbutter* Der Ausgleich von Verteilungsfehlern in der Insolvenz 1998, S 37 f mwN.
55 OLG Brandenburg WM 2002, 974; Uhlenbruck/*Wegener* InsO¹⁵ § 187 Rn 20; *Mohrbutter* Der Ausgleich von Verteilungsfehlern in der Insolvenz 1998, S 152.
56 *Mohrbutter* WuB VI B. § 57 KO 1.02.
57 BGHZ 91, 198; Jaeger/*Weber* KO⁹ § 158 Rn 11.
58 MünchKomm/*Kebekus/Schwarzer* InsO⁴ § 188 Rn 25 mwN; Uhlenbruck/*Wegener* InsO¹⁵ § 188 Rn 33; *Eckardt* Kölner Schrift³ Kap 17 Rn 63; *Mohrbutter* Der Ausgleich von Verteilungsfehlern in der Insolvenz 1998, S 56; *Weber* JZ 1984, 1027, 1028.
59 *Henckel* FS Weber 1975, 237, 244; vgl auch *Mohrbutter* Der Ausgleich von Verteilungsfehlern in der Insolvenz 1998, S 36.
60 *Häsemeyer* InsR⁴ Rn 7.65, 12.03.

übergangenen Gläubigern (in einer nachfolgenden Verteilung[61]) auszuzahlen. Auch in sonstigen Fällen ungerechtfertiger Schmälerung der Masse ist ja der Verwalter für die Geltendmachung der Ausgleichsansprüche zuständig.[62] Über die Masse ist also der Ausgleich zwischen den Insolvenzgläubigern zu vollziehen. Die individuelle Rechtsverfolgung ist ausgeschlossen. Dies hat auch die praktikable Konsequenz, dass eine andernfalls möglicherweise notwendige Vielzahl von Einzelklagen über jeweils Summen, die dem ggf nur minimal gekürzten Anteil der anderen Gläubiger entsprechen, vermieden wird, und im Regelfall die verzeichniswidrige Zuviel- bzw. Zuwenigzahlung über eine nachfolgende Verteilung ausgeglichen werden kann. *Henckel*[63] hat klargestellt, dass ein Bereicherungsanspruch übergangener Gläubiger gegenüber den übrigen Gläubigern aber dann in Betracht kommt, wenn ein übergangener Gläubiger innerhalb des Insolvenzverfahrens bei späteren Verteilungen nicht mehr berücksichtigt werden konnte, weil das Verfahren beendet ist.

25 Daneben haben nichtberücksichtigte Gläubiger ggf einen Anspruch gegen den Insolvenzverwalter nach § 60, da ein trotz Eintragung nicht ausbezahlter Gläubiger eine titulierte Forderung gegen die Masse hat, für deren Erfüllung der Insolvenzverwalter einstehen muss.[64] Dadurch, dass der Insolvenzverwalter für die Geltendmachung des Kondiktionsanspruchs zuständig ist (Rn 24), hängt der Schaden davon ab, inwieweit und wann ihm dies gelingt. Der Verwalter trägt damit auch das Haftungsrisiko, wenn er den Quotenanspruch übergangener Gläubiger nicht oder verspätet durchsetzt,[65] so dass Schadensersatzansprüche und Kondiktionsansprüche sich gegenseitig beeinflussen.

V. Besondere Verteilungsverfahren

26 Besonderheiten gegenüber dem in §§ 187 ff geregelten Verfahren der Verteilung sind für die Insolvenz einer **eingetragenen Erwerbs- oder Wirtschaftsgenossenschaft** in §§ 115, 115a GenG geregelt, wenn es um die Verteilung von Vor- oder Nachschüssen der Genossen geht. Abweichungen ergeben sich aus diesen Normen ua insoweit, als die Nachtragsverteilung von der Vollstreckbarerklärung der Nachschussberechnung abhängig ist und auch Abschlagsverteilungen der Zustimmung des Insolvenzgerichts bedürfen. Zudem ist bei der Entscheidung über Abschlagsverteilungen zu berücksichtigen, ob mit einer Erstattung eingezogener Beträge an die Genossen gerechnet werden kann. Bei der Verteilung sind – über §§ 189 ff, 198 hinaus – Beträge, die auf vom Vorstand bestrittene Forderungen anfallen, zurückzuhalten. Auf die Regeln des GenG wird im Hinblick auf Nachschüsse oder Umlagen der Mitglieder in der Insolvenz eines **Versicherungsvereins auf Gegenseitigkeit** verwiesen (§ 209 II S 2 VAG).

27 Besonderheiten bestehen, wenn innerhalb der Masse sog. **Sondermassen** (§ 35 Rn 141) abzugrenzen sind, denn für sie ist eine **eigene Verteilung** vorzunehmen und ein eigenes Verteilungsverzeichnis zu erstellen. Solche Sondermassen müssen immer dann gebildet werden, wenn aus einem Teil der Masse bestimmte Gläubiger befriedigt werden, während den anderen Gläubigern nur die übrige Masse haftet. Im Gegensatz zum Sonderinsolvenzverfahren ist die Sondermasse Bestandteil der Gesamtinsolvenzmasse, schützt aber bestimmte Gläubiger, die aus der Sondermasse Befriedigung erhalten sollen. Eine solche Sondermasse ist auch der einem Insolvenzschuldner zugeflossene Nachlass, wenn für ihn Testamentsvollstreckung angeordnet wurde, denn der Verwalter kann

---

61 Handelte es sich um eine Abschlagsverteilung, kommt eine Berücksichtigung bei einer weiteren Abschlagsverteilung und der Schlussverteilung, ansonsten in einer Nachtragsverteilung in Betracht (s § 188 Rn 24). Durch die Einforderung zu Gunsten der Masse werden die Beträge für diese nachfolgenden Verteilungen frei. § 192 rechtfertigt auch die nachträgliche Vorabberücksichtigung bislang gesetzwidrig nicht einbezogener Forderungen (s § 192 Rn 10).

62 Vgl BGH DZWiR 2009, 509; *Mohrbutter* WuB VI B. § 57 KO 1.02.

63 *Henckel* FS Weber 1975, 237, 245.

64 *Hess* InsO[4] § 188 Rn 15.

65 Vgl Nerlich/Römermann/*Westphal* InsO[43] § 188 Rn 24.

bis zur Beendigung der Testamentsvollstreckung den Nachlass nicht verwerten und aus ihm sind nur die Nachlassgläubiger zu befriedigen.[66] Für die Verteilung der Sondermassen sind die §§ 187 ff ebenfalls anzuwenden.[67]

Die Verteilung richtet sich nach dem **Recht des Staates der Verfahrenseröffnung**, Art 4 II Buchst i EuInsVO, so dass jeweils sowohl das Recht des Haupt- als auch des Sekundärinsolvenzverfahrens einschlägig sein kann. Die in einem anderen Verfahren bereits erlangten Quoten sind nach Art 20 II EuInsVO zu berücksichtigen. Die Insolvenzverwalter tauschen die entsprechenden Informationen untereinander aus, Art 31 I EuInsVO und suchen einen Innenausgleich zur Verwirklichung der Solidarhaftung beider Massen, Art 31 II EuInsVO.[68] 28

66 BGHZ 167, 352.
67 BGH NZI 2016, 445; OLG Dresden ZInsO 2019, 1536.
68 *Beck* NZI 2007, 1; zur durch Insolvenzplan im Hauptinsolvenzverfahren insgesamt geregelten Verteilung: *Meyer-Löwy/Plank* NZI 2006, 622.

§ 188 Verteilungsverzeichnis

[1]Vor einer Verteilung hat der Insolvenzverwalter ein Verzeichnis der Forderungen aufzustellen, die bei der Verteilung zu berücksichtigen sind. [2]Das Verzeichnis ist auf der Geschäftsstelle zur Einsicht der Beteiligten niederzulegen. [3]Der Verwalter zeigt dem Gericht die Summe der Forderungen und den für die Verteilung verfügbaren Betrag aus der Insolvenzmasse an; das Gericht hat die angezeigte Summe der Forderungen und den für die Verteilung verfügbaren Betrag öffentlich bekannt zu machen.

Materialien

BT-Drucks 12/2443, S 186; RegE § 216; DiskE u RefE § 206; 1. BerInsRKomm, LS 1.3.2.1.

Vorgängerregelungen

§ 151 KO (hierzu Motive I Bd 2 S 110; Motive II S 374; Protokolle S 100, 178); §§ 17 II, 18 GesO.

Literatur

S Hinweise zu § 187 sowie *Deppe* Die Veröffentlichung des Verteilungsverzeichnisses (§ 188 InsO) InsBüro 2004, 147; *Gerbers/Pape* Der Umgang mit Forderungsanmeldungen nach Einreichung des Schlussberichts, ZInsO 2006, 685; *Holzer* Aktuelle Änderungen der Bekanntmachungsvorschriften in Insolvenzverfahren, ZIP 2008, 391.

Übersicht

Alphabetische Übersicht

https://doi.org/10.1515/9783110343687-015

I. Einleitung

Das Verzeichnis dient dem Zweck, eine **endgültige Grundlage für den Vollzug der Verteilungen** zu schaffen, da die Insolvenzgläubiger nur das Recht haben, nach Maßgabe des Verteilungsverzeichnisses befriedigt zu werden (s § 187 Rn 1). Zudem soll es dazu dienen, dass noch ausstehende Anmeldungen und Feststellungen, vor allem aber die Nachweise nach §§ 189, 190 von den Insolvenzgläubigern beschleunigt verfolgt werden.[1] Eine materiellrechtliche Bindungswirkung des Verzeichnisses in dem Sinne, dass dadurch eine bestrittene Forderung anerkannt würde, besteht aber nicht. Im Verteilungsverfahren wird über das Bestehen oder Nichtbestehen materieller Rechtsansprüche nicht entschieden.[2] Erstellt wird das Verzeichnis auf der Grundlage der Insolvenztabelle. 1

Die sich aus § 188 ergebenden **Pflichten des Insolvenzverwalters** bestehen in der 2

1. Auflegung und Niederlegung eines Verzeichnisses der zu berücksichtigenden Forderungen und
2. Anzeige der Summe der Forderungen und des zur Verteilung verfügbaren Betrags aus der verwerteten Masse.

Letzteres wird vom Insolvenzgericht **öffentlich bekannt** gemacht.

Das Verzeichnis ist zu erstellen, nachdem die Zustimmung eines etwaig vorhandenen Gläubigerausschusses eingeholt wurde (§ 187 III S 2) und bevor die Verteilung durch Auszahlung vollzogen wird. 3

Die Vorschrift gilt für **jede Art von Verteilung**, wobei aber für Nachtragsverteilungen kein *eigenes* Verzeichnis anzulegen ist, sondern das Schlussverzeichnis maßgeblich bleibt. Ansonsten darf aber nicht lediglich auf ein früheres Verzeichnis einer vorangegangenen Verteilung Bezug genommen werden.[3] Auch bei Nachtragsverteilungen gelten im Übrigen die Regelungen zur Bekanntmachung (s auch § 204 Rn 8).[4] Was die zu berücksichtigenden Forderungen betrifft (u Rn 12 ff), gelten für alle Verteilungen die §§ 188–191, Besonderheiten für Abschlags- und Schlussverteilungen richten sich nach § 190 II und § 191 II. 4

Ist ein Gläubiger nicht in das Verzeichnis eingetragen, kann er nach Maßgabe der §§ 189, 190 bzw. 194, 197 seine Aufnahme zu bewirken versuchen. Gelingt dies nicht (fristgerecht), wird er für die jeweilige Verteilung nicht berücksichtigt, selbst wenn die Nichtaufnahme auf einem Fehler des Insolvenzverwalters beruhte; im Falle der Schlussverteilung ist die **Präklusion** endgültig. 5

Im Gegensatz zu § 151 KO und § 188 aF erfolgt die öffentliche Bekanntmachung seit dem 1.7.2007[5] nicht mehr durch den Verwalter, sondern durch das Insolvenzgericht. 6

II. Verteilungsverzeichnis auf der Grundlage der Tabelle

Da die Eintragung in die Tabelle gegenüber dem Insolvenzverwalter und allen Insolvenzgläubigern wie ein rechtskräftiges Urteil wirkt (§ 178 III) hat der Insolvenzverwalter **ein der Tabelle** 7

1 Vgl Jaeger/*Weber* KO[9] § 151 vor Rn 1.
2 So bereits RGZ 21, 331.
3 MünchKomm/*Kebekus/Schwarzer* InsO[4] § 188 Rn 2.
4 Jaeger/*Weber* KO[9] § 151 Rn 1.
5 Gesetz zur Vereinfachung des Insolvenzverfahrens v 13.4.2007 (BGBl I, 509).

entsprechendes Verteilungsverzeichnis zu erstellen.[6] Deshalb darf mit jeder Verteilung auch erst nach dem Prüfungstermin begonnen werden (§ 187). Zu berücksichtigen sind auch Fortschreibungen der Tabelle durch weitere Anmeldungen und Tabellenberichtigungen aufgrund rechtskräftiger Entscheidungen in Feststellungsprozessen oder nachträglicher Anerkennungen zur Tabelle durch den Insolvenzverwalter.[7] Für nachträglich angemeldete Forderungen muss aber ein besonderer Prüfungstermin oder ein schriftliches Verfahren (§ 177 II) durchlaufen sein.[8] Hierauf ist bei Terminierung der Schlussverteilung zu achten, damit eine Berücksichtigung auch der nachträglich angemeldeten Forderungen möglich bleibt (s noch § 197 Rn 14).[9] Ist nämlich eine **Forderung erst nach Niederlegung und Veröffentlichung des Schlussverzeichnisses angemeldet** und nach Prüfung im Schlusstermin festgestellt, wird sie nicht mehr in das Verzeichnis aufgenommen und bei einer Verteilung nicht berücksichtigt.[10] Auch im Wege eines Antrags auf Änderung des Verteilungsverzeichnisses (§§ 189–192, 193) oder einer Einwendung nach § 194 kann sie nicht berücksichtigt werden; vielmehr würde dies der verbindlichen Präklusionswirkung der Fristen widersprechen. Es bleibt dem Gläubiger der Tabelleneintrag, so dass es zwar für die Forderungsanmeldung nicht zu einer Ausschlussfrist kommt, wohl aber für die Beteiligung an der Verteilung bei den im Verteilungsverfahren geltenden Präklusionsvorgaben bleibt (s noch § 197 Rn 14 ff).

8 Hält der Verwalter Forderungen aus der Tabelle für unberechtigt, darf ihn dies nicht an deren Aufnahme in das Verteilungsverzeichnis hindern. Im Verteilungsverfahren wird über das Bestehen oder Nichtbestehen materieller Rechtsansprüche nicht entschieden.[11] Auch wenn der Verwalter davon ausgeht, die Tabelle sei zwar ordnungsgemäß erstellt, nachträglich jedoch unrichtig geworden, weil eine Forderung etwa erloschen sei, ist die Forderung in das Verzeichnis aufzunehmen. Dem Insolvenzverwalter bleibt in diesem Fall lediglich die Möglichkeit, gegen den entsprechenden Gläubiger **Vollstreckungsgegenklage** (§ 767 ZPO) zu erheben.[12] Die Klageerhebung selbst suspendiert die Pflicht zur Aufnahme in das Verzeichnis dabei noch nicht. Der Verwalter ist jedoch nach Klageerhebung befugt, die Auszahlung auf sie analog §§ 189 II, 198 zurückzuhalten und den Betrag zu hinterlegen.[13] Nur bei erfolgreicher Vollstreckungsgegenklage entfällt die Wirkung der Tabelleneintragung, die Tabelle ist zur berichtigen und die Forderung ist nicht in das Verzeichnis aufzunehmen oder nachträglich daraus zu entfernen.

9 In der Regel wird das Verzeichnis im Wege elektronischer Datenverarbeitung erstellt (s § 5 IV). Die Regelung des § 5 IV S 1 besteht seit Inkrafttreten der Insolvenzordnung. Sie richtet sich nach allgemein anerkannter Ansicht nicht nur an das Insolvenzgericht, sondern auch an den Insolvenzverwalter und, soweit dieser in Eigenverwaltung tätig wird, auch an den Insolvenzschuldner.[14] Dem Insolvenzverwalter steht es daher in jedem Verfahrensstadium und für jedes zu verfassende Dokument frei, sich maschineller Hilfe zu bedienen.

10 Durch das Gesetz zur Vereinfachung des Insolvenzverfahrens[15] sind bei § 5 IV die Sätze 2–4 angefügt worden. Die Ergänzung um die Sätze 2–4 sollte ausweislich der Gesetzesbegrün-

---

6 BGH NZI 2009, 167.

7 LG Bonn NZI 2014, 831; HK/*Depré* InsO[10] § 188 Rn 1; Uhlenbruck/*Wegener* InsO[15] § 188 Rn 4; Musterbeispiel bei *Heyn* Insbüro 2006, 419, 422.

8 Uhlenbruck/*Wegener* InsO[15] § 188 Rn 4.

9 Vertagung des Prüfungs- und Schlusstermins als Pflicht des Insolvenzgerichts, um die Teilhabe an der Verteilung zu ermöglichen: AG Ansbach Rpfleger 2007, 498.

10 BGH WM 2007, 954 = NZI 2007, 401 mwN; LG Frankfurt (Oder) ZInsO 2006, 1111; OLG Köln NJW-RR 1992, 1336; *Siegmann* WuB VI A. § 177 InsO; *Zimmer* ZVI 2004, 269; *Gerbers/Pape* ZInsO 2006, 685; FK/*Kießner* InsO[9] § 190 Rn 25; **aA** *Tscheschke* Rpfleger 1992, 96 mwN.

11 RGZ 21, 331.

12 BGH NZI 2009, 167; Jaeger/*Weber* KO[9] § 151 Rn 3.

13 BGH NZI 2009, 167; HK/*Depré* InsO[10] § 188 Rn 4; MünchKomm/*Kebekus/Schwarzer* InsO[4] § 188 Rn 3.

14 Allem voran die Gesetzesbegründung in BT-Drucks 12/2443 S 110; Braun/*Baumert* InsO[8] § 5 Rn 38; Uhlenbruck/*Pape* InsO[15] § 5 Rn 30; MünchKomm/*Ganter/Bruns* InsO[4] § 5 Rn 91, jew mwN.

15 Vom 13.4.2007 BGBl I, S 509 mit Wirkung zum 1. Juli 2007.

dung[16] dazu dienen, die maschinelle Erstellung und Bearbeitung von Tabellen und Verzeichnissen operabel auszugestalten (vgl § 8a HGB). Die vollelektronische Abwicklung des Verfahrens soll dabei wesentlich zu dessen Effektivität beitragen. Ein Ausdruck ist aber weiterhin notwendig.[17]

Aufgrund des Gesetzes zur Fortentwicklung des Sanierungs- und Insolvenzrechts (SanIns- 11
FoG)[18] wurde § 5 V angefügt. Danach sind die Insolvenzverwalter verpflichtet, ein elektronisches **Gläubigerinformationssystem** bereitzuhalten, wenn es sich um ein Verfahren handelt, in dem der Schuldner im vorangegangenen Geschäftsjahr mindestens zwei der drei in § 22a Absatz 1 genannten Merkmale erfüllt. In kleineren Verfahren *sollen* die Insolvenzverwalter ein solches Informationssystem bereithalten. Jedem Insolvenzgläubiger, der eine Forderung angemeldet hat, sollen so alle Entscheidungen des Insolvenzgerichts, alle an das Insolvenzgericht übersandten Berichte, welche nicht ausschließlich die Forderungen anderer Gläubiger betreffen, sowie alle die eigenen Forderungen betreffenden Unterlagen in einem gängigen Dateiformat zur Verfügung gestellt werden (§ 5 V S 1). Da das Verteilungsverzeichnis zwingende Ergänzung zu den Berichten des Insolvenzverwalters ist[19] und nicht nur die Forderungen anderer Gläubiger betrifft, sondern eben auch jeden einzelnen Insolvenzgläubiger selbst, ist dieses ebenfalls im Gläubigerinformationssystem zur Einsicht bereit zu halten.

III. In das Verzeichnis aufzunehmende Forderungen, S 1

Aufzunehmen sind alle Forderungen, die bei der Verteilung **zu berücksichtigen** sind (§ 188 12
S 1). Das sind jedenfalls alle **festgestellten** Forderungen. **Bestrittene Forderungen** und Ausfallforderungen **absonderungsberechtigter Gläubiger**, die von den §§ 189, 190 erfasst werden, sind nur bei Vorliegen der Voraussetzungen dieser Normen zu berücksichtigen. Ein bereits veröffentlichtes Verzeichnis ist nach Maßgabe des § 193 zu ändern, was auch zu einer Neuberechnung der Quote für die anderen Insolvenzgläubiger führt. Die „Nachzügler" iSd § 192 sind zu berücksichtigen, wenn sie bei einer früheren Verteilung nicht berücksichtigt worden sind. Die von § 191 beschriebenen **aufschiebend bedingten Forderungen** sind zu berücksichtigen und aufzunehmen, es sei denn es geht um eine Schlussverteilung *und* sie sind nicht werthaltig.

Im Einzelnen:

1. Festgestellte Forderungen

Alle **festgestellten Forderungen** von Insolvenzgläubigern (§ 178 I) sind zu berücksichtigen, 13
gleichgültig, ob die Feststellung schon im Prüfungstermin oder nachträglich, freiwillig oder aufgrund eines Prozesses erfolgt ist.[20] (Zur Präklusion von Nachmeldungen bei der Verteilung s § 197 Rn 14 f). Die Feststellung von Forderungen bewirkt lediglich eine positive Feststellung der Forderung. Eine negative Feststellung, dass im Zeitpunkt der Anmeldung keine weiteren Forderungen bestehen, ergibt sich daraus nicht.[21]

16 BT-Drucks 16/3227, S 13; teils kritisch etwa Nerlich/Römermann/*Becker* InsO[43] § 5 Rn 54 ff mwN.
17 OLG Köln, NZI 2000, 480, 484; MünchKomm/*Ganter/Bruns* InsO[4] § 5 Rn 90, Nerlich/Römermann/*Becker* InsO[43] § 5 Rn 59.
18 Gesetz zur Fortentwicklung des Sanierungs- und Insolvenzrechts vom 22.12.2020, BGBl 2020, 3256.
19 Vgl zum Schlussbericht *Hess/Weis* NZI 1999, 260, 261.
20 Jaeger/*Weber* KO[9] § 151 Rn 3.
21 BGH NZI 2012, 323.

2. Bestrittene Forderungen, § 189

14 **Bestrittene Forderungen** werden nur berücksichtigt, wenn der Nachweis nach § 189 I, dh Erhebung einer Feststellungsklage oder Aufnahme eines laufenden Verfahrens, erbracht wird. Das gilt jedoch nicht für **bestrittene Forderungen, für die ein vollstreckbarer Titel oder ein Endurteil vorliegt**, also solche im Sinne des § 179 II. Sie stehen insoweit den festgestellten Forderungen gleich.[22] Erhebt allerdings bei diesen Forderungen der Widersprechende Klage nach § 179 II, geht die wohl hM zu Recht davon aus, dass der Betrag ebenso wie bei den nicht titulierten Forderungen, bezüglich derer Feststellungsklage erhoben wurde, zurückzubehalten ist.[23] Es besteht eine vergleichbare Unsicherheit im Hinblick auf den Prozessausgang und somit die Gefahr der Barauszahlung auf sich schließlich nicht berechtigt erweisende Forderungen. Bei § 168 Nr 1 KO war dies ausdrücklich vorgesehen, der sinngemäß auch in der InsO übernommen werden sollte.[24]

15 Auch vom Verwalter lediglich **„vorläufig“ bestrittene** angemeldete Forderungen gelten als bestritten[25] und lösen die an das Bestreiten geknüpften Rechtsfolgen des § 189 I aus. Eine Beschränkung des Bestreitens in dem Sinne, dass nur dem **Rechtsgrund einer bestimmten Forderung** (vorsätzliche unerlaubte Handlung idR vor dem Hintergrund des § 850 f II ZPO[26] oder § 302 Nr 1) widersprochen wird, ist hingegen nicht maßgeblich, wenn der Bestand der Forderung ansonsten nicht bestritten wird und von diesem konkreten Rechtsgrund nicht abhängt.[27] Die entsprechende Forderung gilt also nicht als bestritten iSd § 189.

3. Bedingte Forderungen, § 191

16 Gemeint sind nur **aufschiebend bedingte Forderungen**. § 191 differenziert hier zwischen Abschlags- und Schlussverteilungen. Bei Abschlagsverteilungen werden sie in das Verzeichnis aufgenommen und bei der Verteilung auch berücksichtigt, jedoch nur durch Zurückbehalten des Anteils (§ 191 I). Bei Schlussverteilungen hängt ihre Aufnahme und Berücksichtigung von der Nähe bzw. Ferne des Bedingungseintritts und der Werthaltigkeit der Forderung ab (§ 191 II): Liegt der Bedingungseintritt fern, wird die Forderung nicht aufgenommen und berücksichtigt, und ein bei einer Abschlagsverteilung zurückbehaltener Anteil wird frei für die anderen Gläubiger; andernfalls wird die Forderung aufgenommen und berücksichtigt. Für **auflösend bedingte Forderungen** gilt § 191 nicht. Sie sind deshalb wie unbedingte Forderungen zu behandeln, in das Verzeichnis aufzunehmen und bei der Verteilung zu berücksichtigen. Tritt die auflösende Bedingung ein, bevor das Verzeichnis erstellt wird, hat der Verwalter dies im Wege der Vollstreckungsgegenklage geltend zu machen (vgl oben Rn 8).[28]

4. Forderungen absonderungsberechtigter Gläubiger, § 190

17 Die **persönliche Forderung eines absonderungsberechtigten Gläubigers** kann nur berücksichtigt werden, wenn bei der Verwertung des Absonderungsgegenstands ein Ausfall entsteht

22 *Holzer* NZI 1999, 44, 45; HK/*Depré* InsO[10] § 189 Rn 1; Rattunde/Smid/Zeuner/*Kirchner* InsO[4] § 189 Rn 2, 6; bei Vorlage des Titels im Prüfungstermin: MünchKomm/*Kebekus/Schwarzer* InsO[4] § 189 Rn 3.

23 *Eckardt* Kölner Schrift[3] Kap 17 Rn 64; MünchKomm/*Kebekus/Schwarzer* InsO[4] § 189 Rn 3; FK/*Kießner* InsO[9] § 189 Rn 7; Rattunde/Smid/Zeuner/*Kirchner* InsO[4] § 189 Rn 2a; Uhlenbruck/*Wegener* InsO[15] § 188 Rn 13; *Holzer* NZI 1999, 44, 46; **aA** noch FK/*Schulz* InsO[2] § 189 Rn 7.

24 BT-Drucks 12/2443 S 186; *Holzer* NZI 1999, 44, 45, 46.

25 BGH BB 2006, 798 = DZWIR 2006, 252 m Anm *Heinze*.

26 Dazu *Meller-Hannich* DVGZ 2009, 69, 70.

27 BGH NJW 2008, 3285; vgl auch BGH NJW-RR 2008, 1072. OLG Brandenburg NZI 2010, 266.

28 Uhlenbruck/*Wegener* InsO[15] § 188 Rn 19.

oder auf das Absonderungsrecht verzichtet wird. Der Gläubiger hat dies nachzuweisen. Bei Abschlagsverteilungen genügt allerdings die Glaubhaftmachung eines mutmaßlichen Ausfalls, wobei die Forderung dann aber auch nur durch Zurückbehalten berücksichtigt wird.

5. Hinweise zum Verfahren bei bestrittenen Forderungen und den Forderungen absonderungsberechtigter Gläubiger (§§ 189, 190)

Bei der Erstellung des Verzeichnisses werden diese Forderungen nur aufgenommen und berücksichtigt, wenn schon zu diesem Zeitpunkt die notwendigen Nachweise erbracht sind. Wird der Nachweis innerhalb von zwei Wochen nach der öffentlichen Bekanntmachung erbracht, werden die Forderungen noch im Wege der Änderung aufgenommen und berücksichtigt (§ 193). Wird nach Ablauf der Ausschlussfrist der Nachweis erbracht und handelte es sich um eine Abschlagsverteilung, werden die Forderungen bei der nächsten (Abschlags- oder Schluss-) Verteilung berücksichtigt und zwar sowohl in Höhe der letzten Quote durch Vorabgleichstellung als auch in Höhe der aktuellen Quote (§ 192). 18

6. Hinweise zum Verfahren bei zurückzubehaltenden Anteilen (§§ 189, 190, 191 II)

Die Frage, ob der Vollzug der Verteilung durch Auszahlung oder durch Zurückbehaltung stattzufinden hat, spielt bei der Erstellung des Verzeichnisses keine Rolle und ist auch nicht im Einwendungsverfahren nach § 194, sondern vom Prozessgericht zu entscheiden.[29] Auch ein entsprechender Vermerk über ein Zurückbehalten gehört nicht in das Verzeichnis, wohl aber ein Vermerk über eine evt. Vorabgleichstellung nach § 192[30] (s § 193 Rn 7) 19

Ist im Falle des § 189 der Prozess zu Gunsten des Insolvenzgläubigers ausgegangen, im Falle des § 191 die Bedingung eingetreten oder im Falle des § 190 II der Nachweis über den tatsächlichen Ausfall oder den Verzicht erbracht, wird der zurückbehaltene Anteil ausgezahlt (s § 189 Rn 15, § 190 Rn 15, § 191 Rn 11 f). Im umgekehrten Fall wird der zurückbehaltene Anteil für die anderen Gläubiger frei. Im Falle einer Schlussverteilung tritt an die Stelle des Zurückbehaltens die Hinterlegung (§ 198). 20

IV. Niederlegung des Verzeichnisses, S 2

Das Verzeichnis der zu berücksichtigenden Forderungen ist auf der Geschäftsstelle des Insolvenzgerichts **zur Einsicht der Beteiligten niederzulegen. Beteiligte** sind die Verfahrensbeteiligten, also der Schuldner und die Gläubiger, die eine Insolvenzforderungen angemeldet haben. Ob darüber hinaus ein Einsichtsrecht Dritter besteht ist umstritten. Gegen ein Einsichtsrecht spricht der eindeutige Wortlaut von § 188 S 2.[31] Dieser dürfte das allgemeinen Einsichtsecht Dritter nach § 4 iVm § 299 ZPO als speziellere Vorschrift verdrängen. Das Insolvenzgericht hat das Verzeichnis nicht von Amts wegen – auch nicht im Rahmen seiner Befugnisse nach § 58 – auf seine Richtigkeit zu überprüfen[32] (Gegenschluss aus § 194); zweckmäßigerweise wird es jedoch erkannte Fehler zum Anlass für einen Hinweis an den Insolvenzverwalter, sie zu berichtigen, nehmen.[33] Die Insolvenzgläubiger erhalten durch die Niederlegung Gelegenheit, sich über die 21

29 Jaeger/*Weber* KO[9] § 151 Rn 2.

30 Jaeger/*Weber* KO[9] § 151 Rn 2; MünchKomm/*Kebekus*/*Schwarzer* InsO[4] § 193 Rn 4.

31 Uhlenbruck/*Wegener* InsO[15] § 188 Rn 23; BK/*Martini* InsO[77] § 188 Rn 24; **aA** Nerlich/Römermann/*Westphal* InsO[43] § 188 Rn 26.

32 *Eckert*/*Berner* ZInsO 2005, 1130, 1132.

33 Jaeger/*Weber* KO[9] § 151 Rn 10.

geplante Verteilung zu unterrichten und rechtzeitig (§§ 194, 197 III) eventuelle Einwendungen gegen das Verzeichnis geltend zu machen, um Änderungen oder Ergänzungen zu erwirken.[34] Deswegen muss die Niederlegung so lange fortdauern, bis die Einwendungsfristen abgelaufen sind,[35] also insgesamt mindestens **drei Wochen** ab der öffentlichen Bekanntmachung (§§ 189 I, 194 I). Nicht in das Verteilungsverzeichnis aufgenommene Forderungen bleiben nach Ablauf der für die Erhebung von Einwendungen bestimmten Frist bei der jeweiligen Verteilung (bei der Schlussverteilung endgültig) unberücksichtigt.

V. Anzeige der Summe der Forderungen und des verfügbaren Betrags, S 3 Hs 1

22 Für jede Verteilung ist die Forderung in ganzer Höhe einzustellen, selbst wenn schon Anteile etwa im Wege früherer Abschlagsverteilungen ausgezahlt wurden, denn die Auszahlung erfolgt jeweils quotenmäßig.[36] Die Quote berechnet sich aus dem Verhältnis der Gesamtsumme zu berücksichtigender Forderungen zum verfügbaren Verwertungserlös. Jede einzelne Forderung wird entsprechend anteilig gekürzt (Bsp. § 195 Rn 5).

VI. Öffentliche Bekanntmachung durch das Insolvenzgericht, S 3 Hs 2

23 Die Mitteilungen des Verwalters zum verfügbaren Betrag und zur Summe der zu berücksichtigenden Forderungen werden vom Insolvenzgericht öffentlich bekannt gemacht und zwar seit 1. Juli 2007[37] gemäß § 9 I durch Veröffentlichung im Internet. Auf der Internetseite „www.insolvenzbekanntmachungen.de" veröffentlichen die Insolvenzgerichte alle Bekanntmachungen, die vorzunehmen sind, wenn ein Insolvenzverfahren bei Gericht beantragt worden ist. Vor diesem Hintergrund ist auch die Übertragung der Veröffentlichung der Verteilungsliste vom Insolvenzverwalter auf das Gericht (s Rn 5) zu verstehen, da der Insolvenzverwalter keinen unmittelbaren Zugriff auf die Internetseite hat. Allerdings ist die öffentliche Bekanntmachung des Verteilungsverzeichnisses nur wirksam, wenn sie durch das Insolvenzgericht als Urheber der Erklärung erfolgt. Dies ist nicht der Fall, wenn der Rechtspfleger eine Erklärung des Insolvenzverwalters mit Unterschrift desselben „online stellt", ohne diese auch nur zur Kenntnis zu nehmen.[38] Neben der Bekanntmachung von Forderungssumme und verfügbarem Betrag ist auch anzugeben, ob es sich um eine Abschlags-, Schluss- oder Nachtragsverteilung handelt.[39] Mit der öffentlichen Bekanntmachung beginnt die zweiwöchige Frist des § 189 I. Ist das Verzeichnis vor Bekanntmachung nicht niedergelegt worden, beginnt die Ausschlussfrist des § 189 I nicht, sondern erst mit einer erneuten Bekanntmachung nach Niederlegung.[40]

VII. Einwendungen gegen das Verzeichnis und Fehlerfolgen

24 **Fehler bei der Erstellung des Verteilungsverzeichnisses** können nur im Wege der Einwendungen nach §§ 194, 197 I S 2 Nr 2 korrigiert werden. Bei Nichtaufnahme einer teilnahmeberechtigten Forderung in das Verzeichnis kommen allerdings Schadensersatzansprüche gegen den Insolvenzverwalter nach § 60 in Betracht. Ein Mitverschulden des Insolvenzgläubigers, der mög-

---

34 Jaeger/*Weber* KO[9] § 151 Rn 1.
35 Jaeger/*Weber* KO[9] § 151 Rn 1.
36 Jaeger/*Weber* KO[9] § 151 Rn 7.
37 Gesetz zur Vereinfachung des Insolvenzverfahrens v 13. April 2007 (BGBl I 2007, 509).
38 BGH NZI 2013, 297.
39 HK/*Depré* InsO[10] § 188 Rn 6 mwN.
40 Jaeger/*Weber* KO[9] § 151 Rn 9; Uhlenbruck/*Wegener* InsO[15] § 188 Rn 24.

liche Einwendungen nicht (fristgerecht) erhoben hat, kann unter Heranziehung von § 254 BGB für den Schadensersatzanspruch gegen den Insolvenzverwalter berücksichtigt werden.[41] Das setzt aber voraus, dass die Versäumung der Fristen tatsächlich schuldhaft erfolgt ist, was ansonsten für die Präklusionswirkung des nach Fristablauf endgültig gewordenen Verzeichnisses keine Bedeutung hat. Bereicherungsrechtliche Ansprüche im Hinblick auf Auszahlungen aufgrund einer fehlerhaften Erstellung des Verzeichnisses scheiden aus, kommen jedoch in Betracht im Hinblick auf die **fehlerhafte – dh dem Verzeichnis widersprechende – Auszahlung** (dazu § 187 Rn 20 ff). Auch hier sind Schadensersatzansprüche nach § 60 gegen den verzeichniswidrig nicht auszahlenden Insolvenzverwalter möglich. Eine trotz Eintragung in das Verzeichnis unterlassene Auszahlung bei einer Abschlagsverteilung kann bei weiteren Auszahlungen nachträglich korrigiert werden[42] (§ 192 analog, s ebd Rn 10), was Einfluss auf die Höhe des Schadens haben wird. Ein Amtshaftungsanspruch gegenüber dem Insolvenzgericht nach § 839 BGB, Art 34 GG scheidet aus, weil sich das Gericht gem § 194 erst auf Einwendungen hin mit dem Verteilungsverzeichnis zu befassen hat.[43]

Schließlich können Schäden, die durch eine **schuldhaft unterlassene Niederlegung** entstanden sind, gegen den Insolvenzverwalter **nach § 60 liquidiert werden**. Wurde ohne eine wirksame Niederlegung eine Verteilung an die Gläubiger vorgenommen, sind die entsprechend ausgezahlten Quoten von den Gläubigern zurückzuzahlen, da es an der Berechtigung fehlt, die ausgezahlten Beträge zu behalten. Allerdings ist eine Rückforderung nach dem Grundsatz von Treu und Glauben nach § 242 BGB ausgeschlossen, wenn sich unmittelbar eine Verteilung mit ordnungsmäßiger Niederlegung anschließt.[44] 25

41 HK/*Depré* InsO[10] § 188 Rn 7; Uhlenbruck/*Wegener* InsO[15] § 188 Rn 30 mwN.
42 Vgl Uhlenbruck/*Wegener* InsO[15] § 188 Rn 33.
43 MünchKomm/*Kebekus*/*Schwarzer* InsO[4] § 188 Rn 21.
44 MünchKomm/*Kebekus*/*Schwarzer* InsO[4] § 188 Rn 24.

§ 189 Berücksichtigung bestrittener Forderungen

(1) Ein Insolvenzgläubiger, dessen Forderung nicht festgestellt ist und für dessen Forderung ein vollstreckbarer Titel oder ein Endurteil nicht vorliegt, hat spätestens innerhalb einer Ausschlußfrist von zwei Wochen nach der öffentlichen Bekanntmachung dem Insolvenzverwalter nachzuweisen, daß und für welchen Betrag die Feststellungsklage erhoben oder das Verfahren in dem früher anhängigen Rechtsstreit aufgenommen ist.

(2) Wird der Nachweis rechtzeitig geführt, so wird der auf die Forderung entfallende Anteil bei der Verteilung zurückbehalten, solange der Rechtsstreit anhängig ist.

(3) Wird der Nachweis nicht rechtzeitig geführt, so wird die Forderung bei der Verteilung nicht berücksichtigt.

Materialien

BT-Drucks 12/2443, S 186; RegE § 217; DiskE u RefE § 207; 1. BerlInsRKomm, LS 1.3.1.2 Abs 4; 2.2.12 Abs 1; 3.3.9 Abs 1

Vorgängerregelungen

§§ 152 (dazu Motive I Bd 2 S 110 ff; Motive II S 374 ff; Protokolle S 100, 178), 168 Nr 1 KO (dazu Motive I Bd 2 S 120 ff; Motive II S 387 f; Protokolle S 108, 183).

Übersicht

Alphabtische Übersicht

I. Einleitung

1 Durch die Norm wird gewährleistet, dass auch Gläubiger mit bestrittenen Forderungen die Möglichkeit haben, bei Verteilungen Berücksichtigung zu finden. Sie müssen dazu aber selbst aktiv werden und kurzfristig die Feststellung der Forderungen zumindest betreiben. Der Unsicherheit bis zum Prozessausgang wird dadurch genügt, dass eine Barauszahlung zu Lasten des verfügbaren Masseerlöses an die Gläubiger zunächst nicht erfolgt. Diejenigen Gläubiger, die die Rechts-

https://doi.org/10.1515/9783110343687-016

verfolgung betreiben, erhalten also eine **Sicherheit im Hinblick auf die Erlösbeteiligung**, bis die Berechtigung ihrer Forderung geklärt ist. Mit **bestrittenen Forderungen** sind bei § 189 alle diejenigen gemeint, für die weder eine Feststellung zur Tabelle noch ein vollstreckbarer Titel oder ein Endurteil vorliegt.

Bestrittene Forderungen sind in die Verteilungsliste aufzunehmen, wenn die Feststellung bereits **bei Aufstellung des Verzeichnisses** gerichtlich betrieben und dies nachgewiesen wird.[1] Sie können aber auch **nach Veröffentlichung des Verzeichnisses** durch Ergänzung der Liste (§ 193) aufgenommen werden, wenn der **Nachweis, dass über ihre Feststellung ein Rechtsstreit geführt wird, fristgerecht erbracht** wird. Die Voraussetzungen der Aufnahme müssen also nicht zwingend „innerhalb" der Frist eintreten, sondern können auch schon vorher vorliegen („bis zum Ablauf"). Die Vorschrift ist weder direkt noch analog auf Forderungen anzuwenden, die erst nach Veröffentlichung und Niederlegung des Schlussverzeichnisses angemeldet und dann bestritten wurden.[2] Falls es sich bei der Verteilung um eine Abschlagsverteilung handelt, können allerdings die Gläubiger die Voraussetzungen des § 189 auch noch **nach Ablauf der Frist des § 189 I** erfüllen und bei der nächsten Abschlagsverteilung oder der Schlussverteilung berücksichtigt werden (§ 192). 2

Gelingt dem Gläubiger der Nachweis nicht, sind die Forderungen bei der Verteilung nicht zu berücksichtigen. Bei Schlussverteilungen ist die Präklusion endgültig, da § 192 hier nicht gilt. **Gelingt der Nachweis**, erfolgt die Berücksichtigung (nur) durch Zurückbehalten eines auf die Forderung entfallenden Anteils bei der Verteilung, nicht durch eine Auszahlung (§ 189 II); bei Schlussverteilungen durch Hinterlegung (§ 198). Erst falls der Gläubiger den Prozess gewinnt und das entsprechende Urteil rechtskräftig wird, erfolgt eine Barauszahlung.[3] Gewinnt der Insolvenzverwalter, wird der bei einer Abschlagsverteilung zurückbehaltene Betrag für eine weitere Abschlagsverteilung oder für die Schlussverteilung frei. Der bei einer Schlussverteilung hinterlegte Betrag wird bei Prozessgewinn des Insolvenzverwalters Anlass für eine Nachtragsverteilung (§ 203 I Nr 1). 3

II. Bestrittene Forderungen

Bestrittene Forderungen (s auch § 188 Rn 14) sind solche, denen **vom Insolvenzverwalter oder von einem Insolvenzgläubiger widersprochen wurde**, und die deshalb im Prüfungstermin oder im schriftlichen Verfahren nicht festgestellt werden konnten (§ 178 II). Nicht erheblich ist ein **Widerspruch des Schuldners,**[4] da er die Feststellung nicht verhindert und festgestellte Forderungen bei Verteilungen immer berücksichtigt werden müssen. Er hat lediglich die von §§ 184, 201 II beschriebenen Folgen. 4

§ 189 erfasst allerdings von den bestrittenen Forderungen nur solche, für die das Betreiben eines Feststellungsprozesses dem Gläubiger obliegt (§ 179 I), nicht jedoch diejenigen, bei denen der Widerspruch durch den Bestreitenden zu verfolgen ist (§ 179 II). Durch **Endurteil titulierte oder vollstreckbare Forderungen** sind also von der Norm nicht umfasst, seien sie auch bestritten (s auch § 188 Rn 14). Das ergibt sich aus dem Wortlaut der Norm und der Logik ihrer Anordnung, da eine Rechtsverfolgung und ihr Nachweis vom Gläubiger nur im Falle verlangt werden kann, dass die Prozessführung ihm obliegt. Erforderlich ist also neben dem Bestreiten der Forderung, dass sie weder in einem Endurteil tituliert ist (ohne Rücksicht auf dessen Vollstreckbarkeit, also etwa auch Feststellungstitel) noch ein vollstreckbarer Titel (ohne Rücksicht dessen Art) für sie vorliegt. Bei titulierten Forderungen würde ohnehin schon das Rechtsschutzbedürf- 5

1 Jaeger/*Weber* KO⁹ § 152 Rn 1.
2 BGH NZI 2007, 401; LG Krefeld ZInsO 2011, 870; *Willmer/Berner* NZI 2015 877, 882.
3 HK/*Depré* InsO[10] § 189 Rn 8.
4 Uhlenbruck/*Wegener* InsO[15] § 189 Rn 2.

nis für eine Feststellungsklage seitens des Gläubigers fehlen.[5] (Zur Art der Berücksichtigung s u Rn 16).

III. Nachweis der Rechtsverfolgung

6 Nachzuweisen ist, dass der Insolvenzgläubiger **Feststellungsklage** nach §§ 179 I, 180–182, § 253 I ZPO **erhoben** hat. Alternativ genügt der Nachweis, dass ein solcher **Prozess** bereits vor Insolvenzeröffnung eingeleitet wurde, infolge der Eröffnung (§ 240 ZPO) unterbrochen und im Insolvenzverfahren **aufgenommen** wurde. Da es sich um Forderungen gegen den Schuldner handelt, kann nur der Passivprozess (Schuldner als Beklagter oder negativer Feststellungskläger) erfasst sein, so dass sich die Aufnahme nach § 180 II, § 250 ZPO richtet. § 184 kommt nicht in Betracht, da ein Bestreiten des Schuldners hier Voraussetzung ist, welches von § 189 nicht gemeint ist (s o Rn 4).

7 Der Nachweis bezieht sich also auf die Erhebung der Feststellungsklage oder die Einreichung des Schriftsatzes nach § 250 ZPO. Über die **Art und die Form des Nachweises** trifft das Gesetz keine Aussage. Schriftlichkeit ist nicht gefordert, aber schon im Hinblick auf einen evtl Streit über den geführten Nachweis (s unten Rn 17) empfehlenswert. Die Entscheidung darüber, ob ein ausreichender Nachweis geführt wurde, liegt im pflichtgemäßen Ermessen des Verwalters. Der Nachweis ist aus diesem Grund gegenüber dem Verwalter und nicht gegenüber dem Insolvenzgericht zu erbringen.[6] Wird der Nachweis versehentlich beim Insolvenzgericht eingereicht, gilt er nur als in dem Zeitpunkt gegenüber dem Insolvenzverwalter erbracht, in dem er diesem nach Weiterleitung durch das Insolvenzgericht tatsächlich zugeht.[7] Im Einzelnen wird folgendes notwendig sein:

8 In den Fällen, in denen der **Insolvenzverwalter Prozesspartei** ist, weil er die Forderung bestritten hat, und die Klage oder der Aufnahmeschriftsatz zugestellt sind, ist der Nachweis durch die Zustellung erbracht. Da die Zustellung innerhalb der Ausschlussfrist aber noch ausstehen kann, empfiehlt sich, die Voraussetzungen der Vorwirkung des § 167 ZPO darzulegen. Es gelten dann die gleichen Grundsätze wie beim Bestreiten durch einen Gläubiger (s Rn 9).

9 Ist ein anderer **Gläubiger der Bestreitende**, wird wegen §§ 271 I, 167 ZPO eine Bestätigung des Prozessgerichts über den Eingang der Klageschrift[8] – wenn zudem die Einzahlung des Prozesskostenvorschusses nachgewiesen ist (§ 12 I GKG)[9] – oder über die Einreichung des Aufnahmeschriftsatzes genügen. Diese Bestätigung kann auch durch eine Kopie der Klageschrift mit dem Eingangsstempel des Gerichts erbracht werden.[10] Ein Nachweis durch öffentliche Urkunde ist nicht erforderlich.[11] Allerdings ist die bloße Mitteilung an den Insolvenzverwalter, bei welchem Gericht das Verfahren anhängig ist, nicht ausreichend.[12] Auch die bloße Übersendung der Kopie der Klageschrift ist nicht ausreichend.[13] Ebenfalls nicht genügend ist die Mitteilung darüber, dass der Gerichtskostenvorschuss eingezahlt worden ist, sofern ein solche Zahlung notwendig ist.[14]

---

5 OLG Frankfurt OLGR 2007, 879 (Leitsatz).

6 BGH NZI 2012, 885; Kübler/Prütting/Bork/*Holzer* InsO[90] § 189 Rn 9.

7 Uhlenbruck/*Wegener* InsO[15] § 189 Rn 10; Nerlich/Römermann/*Westphal* InsO[43] § 189 Rn 8.

8 Rattunde/Smid/Zeuner/*Kirchner* InsO[4] § 189 Rn 3.

9 BGH NZI 2012, 885; LG Dessau-Roßlau NZI 2016, 1808; Kübler/Prütting/Bork/*Holzer* InsO[90] § 189 Rn 10; Uhlenbruck/*Wegener* InsO[15] § 189 Rn 11.

10 Uhlenbruck/*Wegener* InsO[15] § 189 Rn 12; KK/*Pehl* § 189 Rn 21.

11 BGH NZI 2012, 885; Nerlich/Römermann/*Westphal* InsO[43] § 189 Rn 9; aA *Haarmeyer/Wutzke/Förster* HdB InsO[3] Kap 8 Rn 26 (S 845).

12 MünchKomm/*Kebekus/Schwarzer* InsO[4] § 189 Rn 7; Nerlich/Römermann/*Westphal* InsO[43] § 189 Rn 9.

13 BGH NZI 2012, 885; LG Dessau-Roßlau NZI 2016, 1808; nun auch Kübler/Prütting/Bork/*Holzer* InsO[90] § 189 Rn 10; Uhlenbruck/*Wegener* InsO[15] § 189 Rn 11; **aA** Andres/Leithaus/*Leithaus* InsO[4] § 189 Rn 6.

14 BGH NZI 2012, 885; LG Dessau-Roßlau NZI 2016, 1808.

Auch eine **Finanzbehörde** hat den Nachweis der Rechtsverfolgung gegenüber dem Verwalter zu erbringen. Ein vereinfachter Nachweis, wie er bei einem Insolvenzeröffnungsantrag der Finanzbehörde zugelassen wird, kommt nicht in Betracht.[15] **10**

Erbringt der Gläubiger keinen oder einen unzureichenden oder einen verspäteten Nachweis gilt § 189 III, und die Forderung wird bei der Verteilung nicht berücksichtigt. **11**

IV. Ausschlussfrist

Die Frist beginnt mit der öffentlichen Bekanntmachung des Verzeichnisses und läuft zwei Wochen. Da die Bekanntmachung nach § 9 I S 3 erst bewirkt ist, wenn nach dem Tag der Veröffentlichung zwei weitere Tage verstrichen sind, und für den Fristbeginn § 4, § 222 I ZPO und insofern (auch) § 187 II BGB Anwendung finden, beginnt die Frist mit Beginn des dritten Tags nach der Veröffentlichung. Für das Fristende gelten § 4, § 222 I und II ZPO, § 188 BGB, so dass auch bei Fristende an einem Samstag erst der Montag (es sei denn allgemeiner Feiertag) maßgeblich ist. Anwendung finden weder §§ 224 noch 233 ZPO, so dass eine Fristverlängerung nicht möglich ist und auch keine Wiedereinsetzung in Betracht kommt. Es handelt sich um eine absolute Ausschlussfrist. **12**

Eine Anwendung von § 189 I und dessen Ausschlussfrist wird auch für die Beantwortung der Frage, ob ein Gläubiger einer bestrittenen Forderung **antragsberechtigt bezüglich der Versagung einer Restschuldbefreiung** nach § 290 ist, bejaht.[16] Nur ein Gläubiger, der den Nachweis der Klageerhebung erbringt, wäre nach dieser Auffassung antragsberechtigt. Dem ist nicht zuzustimmen,[17] denn der Gläubiger einer bestrittenen Forderung hat nach Aufhebung des Verfahrens dennoch keinen Vollstreckungstitel nach § 201, auch wenn er an der Verteilung im Insolvenzverfahren teilnimmt. Deswegen ist er durch den Nachweis nach § 189 I nicht stärker von der Versagung bzw. Ankündigung der Restschuldbefreiung betroffen als andere Gläubiger bestrittener nicht titulierter Forderungen. Sein Antragsrecht besteht also, so auch der BGH,[18] unabhängig von § 189 I. **13**

Auch für die Frage, bis wann ein Gläubiger eine auf die **Feststellung des Forderungsgrundes „vorsätzlich begangene unerlaubte Handlung“**[19] gerichtete Klage gegen einen insoweit beschränkten Widerspruch des Schuldners erheben muss, hat die Frist des § 189 I keine Bedeutung.[20] Weder fällt ein solcher beschränkter Widerspruch noch fällt überhaupt ein Widerspruch des Schuldners (s o Rn 4) in den Anwendungsbereich des § 189. Für eine analoge Anwendung besteht kein Bedürfnis; vielmehr ist es im Hinblick auf § 302 Nr 1 gerade gerechtfertigt, den Streit über den Rechtsgrund auch neben und nach Beendigung des Insolvenzverfahrens ohne Befristung durchzuführen. **14**

Darüber hinaus findet die Ausschlussfrist keine Anwendung, wenn ein Schlussverzeichnis wegen einer **offensichtlichen Unrichtigkeit**, wie Schreib- oder Rechenfehler, oder wegen ohne weiteres erkennbarer Fehler nachträglich zu berichtigen ist. Aufgrund der vergleichbaren Interessenlage ist eine solche Änderung in analoger Anwendung von § 4 iVm § 319 ZPO zulässig.[21] **14a**

Bei einer Verteilung auf Grundlage eines Insolvenzplanes (§§ 217 ff) wird im **Insolvenzplan** häufig vorgesehen, dass Gläubiger zur Tabelle angemeldeter, aber wirksam bestrittener Forderungen analog § 189 nicht berücksichtigt werden, wenn sie nicht innerhalb einer bestimmten **14b**

---

15 AG Paderborn NZI 2004, 389; K Schmidt/*Jungmann* InsO[19] § 189 Rn 6.

16 AG Hamburg ZInsO 2005, 1060; LG Hamburg ZInsO 2009, 2163; **aA** BGH NZI 2015, 516; Uhlenbruck/*Sternal* InsO[15] § 290 Rn 6; offengelassen von AG Göttingen ZVI 2009, 172.

17 BGH ZInsO 2015, 947.

18 BGH ZInsO 2015, 947.

19 *Meller-Hannich* DGVZ 2009, 69, 70 mwN.

20 BGH NZI 2009, 189; OLG Stuttgart ZInsO 2008, 981.

21 LG Bonn NZI 2014, 831; Uhlenbruck/*Wegener* InsO[15] § 193 Rn 8.

Ausschlussfrist Klage auf Feststellung der Forderung erhoben haben. Solche Klauseln sind jedenfalls dann wirksam, wenn sie keinen materiell-rechtlichen Ausschluss enthalten und die Gläubiger trotz Fristversäumung nach Aufhebung des Insolvenzverfahrens berechtigt bleiben, mit der Leistungsklage die Planquote gegen den Schuldner durchzusetzen.[22]

V. Zurückbehalten, Hinterlegung und Auszahlung

15 Wird der Nachweis rechtzeitig erbracht, ist die Forderung in das Verzeichnis aufzunehmen und bei der Verteilung zu berücksichtigen. Es erfolgt allerdings keine Barauszahlung, sondern ein Betrag in Höhe des Anteils des Insolvenzgläubigers wird nach § 189 II **zurückbehalten**; falls es sich um eine Schlussverteilung handelt **hinterlegt** (§ 198). Eine Auszahlung erfolgt nur und erst, wenn die Forderung festgestellt wird, der Prozess also zu Gunsten des Insolvenzgläubigers ausgeht.

16 Ein Zurückbehalten hat bei Widerspruch des Bestreitenden auch bei **titulierten Forderungen** zu erfolgen[23] (s auch § 188 Rn 14), auch wenn diese ansonsten (s o Rn 5) nicht in den Anwendungsbereich des § 189 fallen und § 189 II dem Wortlaut nach nur Geltung für die in § 189 I genannten Forderungen hat. Falls sich der Widerspruch als begründet erweist, sind Tabelle und Verzeichnis zu berichtigen; falls nicht, ist erst dann auszuzahlen.

VI. Einwendungen

17 Anerkennt der Verwalter den Nachweis nicht oder als nicht fristgerecht und nimmt deshalb die Forderung nicht auf oder führt die Änderungen nach § 193 nicht durch, ist dies vom Insolvenzgläubiger bei einer Abschlagsverteilung im Rahmen des Verfahrens nach § 194 geltend zu machen. Da die Frist für diese Einwendungen innerhalb einer Woche nach Ablauf der Ausschlussfrist für den Nachweis abläuft (§ 194 I) und die Frist für die Änderungen ihrerseits drei Tage beträgt (§ 193), bleiben dem Insolvenzgläubiger ggf nur vier Tage für die Erhebung, so dass die Frist zu Recht als äußerst kurz bemessen angesehen wird.[24] Handelt es sich um eine Schlussverteilung sind Einwendungen im Schlusstermin nach §§ 197 I S 2 Nr 2, III, 194 II und III geltend zu machen.

---

22 BGH ZInsO 2015, 1398; BAG NZA 2016, 314; BeckOK/*Nicht* InsO[26] § 189 Rn 12.
23 BGH NZI 2009, 167; BeckOK/*Nicht* InsO[26] § 18 Rn 2.
24 Uhlenbruck/*Wegener* InsO[15] § 189 Rn 5; Nerlich/Römermann/*Westphal* InsO[43] § 189 Rn 11.

§ 190 Berücksichtigung absonderungsberechtigter Gläubiger

(1) [1]Ein Gläubiger, der zur abgesonderten Befriedigung berechtigt ist, hat spätestens innerhalb der in § 189 Abs. 1 vorgesehenen Ausschlußfrist dem Insolvenzverwalter nachzuweisen, daß und für welchen Betrag er auf abgesonderte Befriedigung verzichtet hat oder bei ihr ausgefallen ist. [2]Wird der Nachweis nicht rechtzeitig geführt, so wird die Forderung bei der Verteilung nicht berücksichtigt.

(2) [1]Zur Berücksichtigung bei einer Abschlagsverteilung genügt es, wenn der Gläubiger spätestens innerhalb der Ausschlußfrist dem Verwalter nachweist, daß die Verwertung des Gegenstands betrieben wird, an dem das Absonderungsrecht besteht, und den Betrag des mutmaßlichen Ausfalls glaubhaft macht. [2]In diesem Fall wird der auf die Forderung entfallende Anteil bei der Verteilung zurückbehalten. [3]Sind die Voraussetzungen des Absatzes 1 bei der Schlußverteilung nicht erfüllt, so wird der zurückbehaltene Anteil für die Schlußverteilung frei.

(3) [1]Ist nur der Verwalter zur Verwertung des Gegenstands berechtigt, an dem das Absonderungsrecht besteht, so sind die Absätze 1 und 2 nicht anzuwenden. [2]Bei einer Abschlagsverteilung hat der Verwalter, wenn er den Gegenstand noch nicht verwertet hat, den Ausfall des Gläubigers zu schätzen und den auf die Forderung entfallenden Anteil zurückzubehalten.

Materialien

BT-Drucks 12/2443, S 186; RegE § 218; DiskE u RefE § 208; 1. BerInsRKomm, LS 3.3.9 Abs 2; 3.4.8 Abs 1.

Vorgängerregelungen

§§ 153 (dazu Motive I Bd 2 S 112 f; Motive II S 376; Protokolle S 86, 100 ff), 156 (dazu Motive I Bd 2 S 120; Motive II S 378; Protokolle S 100 ff), 168 Nr 3 (dazu Motive I Bd 2 S 120 ff; Motive II S 387 f; Protokolle S 108, 184) KO.

Übersicht

Alphabetische Übersicht

https://doi.org/10.1515/9783110343687-017

I. Einleitung

1 Absonderungsberechtigte Gläubiger (§§ 49, 50, 51) sind bei Verteilungen im Hinblick auf ihre **persönliche Forderung** gegen den Schuldner einbezogen; insoweit sind sie Insolvenzgläubiger. Da sie gleichzeitig ein **Recht auf Vorzugsbefriedigung** aus bestimmten Massegegenständen haben, hängt die konkrete Berücksichtigung ihrer persönlichen Forderung bei einer Verteilung ebenso wie ihr Anteil am Masseerlös davon ab, inwieweit sie Befriedigung aus der Verwertung des Absonderungsgegenstands erhalten haben oder werden. Nur falls **nachgewiesen ist, dass auf die vorzugsweise Befriedigung verzichtet wurde oder die Verwertung (voraussichtlich) zu einem Ausfall führt**, kommt eine Berücksichtigung nach Maßgabe des § 190 in Betracht. Absonderungsberechtigte dürfen also nicht parallel als Insolvenzgläubiger aus der allgemeinen Masse durch Berücksichtigung bei einer Verteilung *und* aus den einzelnen Absonderungsgegenständen Befriedigung suchen.

2 Die Norm steht dabei in Zusammenhang mit § 52: Ist der **Absonderungsberechtigte zugleich Insolvenzgläubiger**, sehen §§ 52 S 1, 175 vor, dass der persönliche Anspruch in voller Höhe angemeldet wird und auch zur Tabelle festgestellt werden kann. Eine Insolvenzquote kann aber nach § 52 S 2 nur beansprucht werden für den Betrag, mit dem der Absonderungsberechtigte bei der abgesonderten Befriedigung ausfällt oder für den Betrag, wegen dessen er auf abgesonderte Befriedigung verzichtet (vor §§ 49–52 Rn 11; § 52 Rn 4 ff).[1] Dieser Betrag ist nach § 190 I nachzuweisen. §§ 52, 190 stellen insofern eine Ausnahme vom Grundsatz dar, dass alle angemeldeten und festgestellten Forderungen bei der Verteilung zu berücksichtigen sind. Ist der **Absonderungsberechtigte nicht gleichzeitig persönlicher Gläubiger**, etwa weil der – dann nur dingliche – Schuldner die Sicherheit für eine fremde Forderung bestellt hat, ist er nicht Insolvenzgläubiger und deshalb auch nicht (auch nicht in Höhe des Ausfalls oder im Verzichtsfalle) bei Verteilungen zu berücksichtigen (zur Stellung im Verfahren des persönlichen Schuldners, s vor §§ 49–52 Rn 12, § 52 Rn 7).

3 § 190 differenziert im Übrigen zwischen Verwertungsrechten des Verwalters (Abs 3) und denjenigen die (auch) dem absonderungsberechtigten Gläubiger zustehen (Abs 1 und 2). Dies hatte § 153 KO noch nicht ausdrücklich geregelt. Nach der Insolvenzordnung treffen die Obliegenheiten zum Nachweis von Verzicht oder Ausfall (§ 190 I und II) den Gläubiger nur dann, wenn er selbst zur Verwertung befugt ist.[2] Da die Verwertungsbefugnisse des Verwalters in der Insolvenzordnung gegenüber der Konkursordnung erheblich erweitert wurden,[3] ist die Nachweisobliegenheit über den Ausfall seitens des Gläubigers in ihrer praktischen Bedeutung gegenüber dem Verzicht und der Ausfallfeststellung oder -schätzung durch den Insolvenzverwalter gesunken. Steht dem Verwalter das Verwertungsrecht zu, hat dieser zu verwerten, so dass der Ausfall feststeht, oder er hat den Ausfall zu schätzen. Sonderregeln sind im Übrigen für Abschlagsverteilungen vorgesehen (Abs 2), weil hier die Verwertung des Absonderungsgegenstandes idR noch nicht stattgefunden hat.

4 Da die persönliche Forderung des Absonderungsberechtigten nach allgemeinen Regeln angemeldet und festgestellt wird, gilt die Regel des **§ 189 zu bestrittenen Forderungen** auch für

1 Dies führt freilich nicht dazu, dass die persönliche Forderung nur „in Höhe des Ausfalls" festzustellen ist. Sie besteht wegen § 52 Satz 1 als vollwertige unstreitige Insolvenzforderung und ihre Berücksichtigungsfähigkeit klärt sich allein im Verteilungsverfahren.

2 BT-Drucks 12/2443, S 186.

3 BT-Drucks 12/2443, S 178.

sie. § 190 erfasst also nur angemeldete und festgestellte Forderungen; für bestrittene Forderungen kann nur nach Maßgabe des § 189 eine Berücksichtigung an der Verteilung erwirkt werden.[4]

Auch **§ 191** hat für Absonderungsberechtigte insofern Bedeutung, als bis zum Eintritt des Sicherungsfalls die Erlösanteile aus der Verwertung des Absonderungsgutes durch den Verwalter entsprechend § 191 zurückgehalten werden.[5] Das betrifft allerdings – insoweit anders als bei § 190 – nur den Fall, dass der Absonderungsberechtigte nicht gleichzeitig persönlicher Gläubiger ist. 5

Wenn die **persönliche Forderung selbst eine bedingte** ist, gilt folgendes[6]: Wenn der Nachweis nach § 190 gelingt, ist der auf die Forderung entfallende Anteil zurückzuhalten nach § 191. Gelingt der Nachweis nicht, bleibt die Forderung schon nach § 190 unberücksichtigt.[7] Der Ausfall selbst ist aber keine Bedingung iSd § 191, so dass bei Unbedingtheit der persönlichen Forderung allein § 190 gilt.[8] 6

II. Absonderungsberechtigte Gläubiger

Gegenstände, an denen ein Recht auf abgesonderte Befriedigung besteht, gehören zur Masse. Der Absonderungsberechtigte kann sie also nicht herausverlangen, er hat aber ein Recht auf Vorzugsbefriedigung aus dem Gegenstand (vor §§ 49–52). Bei dessen Verwertung wird zunächst der Erlös vollständig zur Befriedigung des Absonderungsberechtigten verwandt, fällt im Hinblick auf den Überschuss aber zur Masse. 7

Über ein **Absonderungsrecht**, das eine Befugnis zur vorzugsweisen Befriedigung aus dem Verwertungserlös des Massebestandteils gewährt, verfügen die in §§ 49–51 genannten idR dinglich gesicherten Gläubiger. Erfasst sind bei der Immobiliarabsonderung nach § 49 etwa die Inhaber von Grund- und Rentenschulden, Hypotheken, Reallasten sowie persönliche Gläubiger, die die Beschlagnahme des Grundstücks erwirkt haben (§ 20 ZVG), bei § 50 etwa die Inhaber von Pfandrechten (besitzlose und besitzverbundene, vertragliche und gesetzliche sowie Pfändungspfandrechte) und bei § 51 Sicherungseigentümer, Sicherungszessionare und Inhaber von bestimmten Zurückbehaltungsrechten. Die Befriedigung erfolgt durch eine **Verwertung** des Gegenstands nach Maßgabe der §§ 165–175 sowie derjenigen Regelungen, die außerhalb des Insolvenzrechts jeweils für die Verwertung des Rechts oder der Sache einschlägig sind (vor §§ 49–52 Rn 28 ff), beispielsweise durch Zwangsversteigerung bei Sachen oder durch Einziehung bei Forderungen. Entweder ist der **Verwalter allein zur Verwertung** berechtigt (§ 166 oder 173 II S 2) oder der absonderungsberechtigte Gläubiger als materieller Rechtsinhaber darf verwerten (§ 173 II). Im Falle der Immobiliarabsonderung ist eine Verwertung sowohl dem Absonderungsberechtigten als auch dem Verwalter gestattet (§ 165). 8

Gläubiger iSd §§ 52, 190 sind wegen § 331 auch die **Nachlassgläubiger** im Insolvenzverfahren über das Vermögen des Erben, wenn auch Nachlassinsolvenz oder Verwaltung angeordnet wurde. Das gilt auch dann, wenn für den Nachlass Testamentsvollstreckung angeordnet ist, da hier zu Recht § 331 analog herangezogen wird.[9] Auch sie können insofern bei Verteilungen im Hinblick auf die Insolvenzmasse berücksichtigt werden, wenn sie auf abgesonderte Befriedigung im Hinblick auf den Nachlass verzichten oder der Erlös nicht zu ihrer Befriedigung ausreicht. 9

Auch in der Wohlverhaltensperiode eines Verbraucherinsolvenzverfahrens wird ein Absonderungsberechtigter bei der Verteilung nur berücksichtigt, wenn er die Nachweise nach § 190 10

4 Jaeger/*Weber* KO[9] Einl § 153; Uhlenbruck/*Wegener* InsO[15] § 190 Rn 9.
5 BGH NZI 2009, 165.
6 BGH NJW 2005, 2231.
7 MünchKomm/*Kebekus*/*Schwarzer* InsO[4] § 191 Rn 2.
8 MünchKomm/*Kebekus*/*Schwarzer* InsO[4] § 191 Rn 2.
9 BGHZ 167, 352 mwN.

zumindest durch Angabe eines vorläufigen Ausfalls oder durch Schätzung fristgerecht erbracht hat, da die Norm auch für das Restschuldbefreiungsverfahren entsprechend anwendbar ist.[10]

III. Berücksichtigung auf Nachweis des Verzichts oder Ausfalls hin, Abs 1

11 In den Fällen, in denen der absonderungsberechtigte **Gläubiger selbst zur Verwertung berechtigt** ist, hat er nachzuweisen, dass er im Sinne des § 52 S 2 auf abgesonderte Befriedigung verzichtet hat oder bei ihr ausgefallen ist. Ist der Verwalter zur Verwertung befugt, gilt § 190 III.

1. Verwertungsbefugnis des Gläubigers

12 Eine Verwertungsbefugnis des Gläubigers besteht bei der Immobiliarabsonderung (§ 165) sowie in den Fällen, in denen die Verwertung einer beweglichen Sache oder Forderung nicht dem Verwalter ausschließlich[11] vorbehalten ist (§§ 166, 173). Dieser Vorbehalt besteht bei beweglichen Sachen, die im Besitz[12] des Insolvenzverwalters stehen, und den zur Sicherung abgetretenen Forderungen des Schuldners: Sie dürfen nur durch den Insolvenzverwalter verwertet werden. Alle sonstigen Gegenstände, an denen ein Absonderungsrecht besteht, darf der Insolvenzgläubiger selbst verwerten, § 173. **Immobiliarabsonderungsrechte und (sowohl rechtsgeschäftliche als auch Pfändungs-)**[13] **Pfandrechte an Rechten** fallen also in den Anwendungsbereich von § 190 I. Ebenfalls erfasst sind **rechtsgeschäftliche Pfandrechte an beweglichen Sachen,**[14] da sie wegen des Faustpfandprinzips mit dem Besitz des Sicherungsnehmers zwingend einhergehen müssen. Weiterhin von den Nachweispflichten nach § 190 I umfasst sind **gesetzliche Besitzpfandrechte** (etwa des Werkunternehmers § 647 BGB, nicht aber des Vermieters und Verpächters §§ 562, 581 II BGB). Auch beim **Pfändungspfandrecht** ist maßgeblich inwieweit der Insolvenzverwalter die gepfändete Sache im Besitz hat. Dies ist der Fall, wenn der Gerichtsvollzieher die Sache zwar gepfändet, aber nicht aus dem Gewahrsam des Schuldners entfernt hat (§ 808 II ZPO). Dann ist der Verwalter nach § 166 I und nicht der Insolvenz- bzw. Pfändungsgläubiger zur Verwertung berechtigt (vgl § 50 Rn 83). Problematisch ist hier, wie die insolvenzrechtlichen sich zu den einzelzwangsvollstreckungsrechtlichen Verwertungsbefugnissen verhalten. Die Verstrickung und damit die zu Gunsten des Gläubigers bestehende Verwertungsbefugnis dauern nämlich wegen § 80 II S 2 auch nach Insolvenzverfahrenseröffnung an;[15] dies ist schon Voraussetzung dafür, dass das Pfandrecht und damit das Absonderungsrecht auch nach Verfahrenseröffnung fortbesteht.[16] Ein Erlöschen ist ja ausdrücklich nur für den Fall des § 88 vorgesehen und betrifft auch dort nur das Pfandrecht und nicht die Verstrickung. Ein Konflikt mit dem Einzelzwangsvollstreckungsrecht wird vermieden durch den Gleichlauf im Ablauf und die gegenseitige Ergänzung der jeweiligen Verwertung: Die insolvenzrechtliche Verwertung findet bei § 166 I im Wege des Freihandverkaufs statt, wie es auch für das Einzelzwangsvollstreckungs-

10 BGH WM 2009, 1578.

11 *Häcker* Abgesonderte Befriedigung aus Rechten, Rn 884.

12 Ausführlich zur Frage ob darunter auch der mittelbare Besitz oder nur der unmittelbare Besitz zu verstehen ist MünchKomm/*Kern* InsO[4] § 166 Rn 22 ff mwN.

13 BT-Drucks 12/2443 S 178, 179.

14 MünchKomm/*Kebekus*/*Schwarzer* InsO[4] § 191 Rn 2.

15 Anders *Smid* ZInsO 2001, 433, 444: an die Stelle der zwangsvollstreckungsrechtlichen Verstrickung tritt der Insolvenzbeschlag; BT-Drucks 12/2443 S 178: der Gerichtsvollzieher hat – ggf auf eine Erinnerung des Verwalters hin – die Sache zu entstricken; HK/*Hölzle* InsO[10] § 166 Rn 33: Auseinanderfallen von Verstrickung und Pfandrecht.

16 *Bork* FS Gaul 1997, S 71, 79 f mwN; Nerlich/Römermann/*Becker* InsO[43] § 166 Rn 13.

recht in § 825 II ZPO[17] möglich ist.[18] Für eine solche Verwertung ist dann weder eine Entstrickung notwendig – § 825 ZPO setzt die Verstrickung vielmehr voraus –, noch ist eine ausdrückliche gerichtliche Anordnung erforderlich[19] – § 166 I verleiht die Verwalterbefugnis unabhängig davon. Falls die Sache allerdings durch den Gerichtsvollzieher weggeschafft ist, hat der Verwalter kein Verwertungsrecht.[20] In beiden Fällen steht dem Gläubiger der Erlös aus der Verwertung zu (vgl § 50 Rn 83).

2. Verzicht und Nachweis

In welcher Form der Verzicht iSd §§ 52, 190 vorgenommen werden muss, ist umstritten: 13

Zum Teil wird angenommen, der Verzicht finde statt durch formlose Vereinbarung mit dem Verwalter, das Absonderungsrecht nicht geltend machen zu wollen, so dass der Insolvenzverwalter es verwerten und den Erlös an die Insolvenzgläubiger verteilen kann; da der Verzicht gegenüber dem Insolvenzverwalter erfolge, sei ein gesonderter Nachweis nicht erforderlich.[21] Dafür spricht auf den ersten Blick der Wortlaut von § 190, wo lediglich vom Verzicht auf abgesonderte Befriedigung und nicht vom Verzicht auf das Absonderungsrecht die Rede ist. Allerdings wird eine formlose ggf konkludente Erklärung (zB durch die Anmeldung einer Forderung zur Tabelle ohne eine Beschränkung auf den Ausfall[22]) gegenüber dem Verwalter, der absonderungsberechtigte Gläubiger werde das Absonderungsrecht nicht ausüben, dem Sinn und Zweck der §§ 52, 190 nicht in jedem Fall gerecht. Gefordert ist hier nämlich, dass die vom Absonderungsrecht behafteten Gegenstände endgültig und bindend zu Gunsten der anderen Gläubiger frei werden (s § 52 Rn 24 ff). Dieses Ziel wird nur erreicht, wenn auch **das Recht selbst, das zur abgesonderten Befriedigung berechtigt, aufgegeben wird**, und dies dem Verwalter nachgewiesen ist. Somit ist nicht lediglich durch Verzicht zuzusagen, dass die Ausübung des Absonderungsrechts unterlassen wird, sondern es ist das Recht selbst endgültig und vorbehaltlos aufzugeben.[23] Das ist nur bei Pfandrechten durch formlose Erklärung gegenüber dem Verwalter und ggf Rückgabe der Sache (§§ 1253 I, 1255 BGB) möglich, wodurch dann auch der Nachweis erbracht wird; bei Immobiliarabsonderungsrechten ist aber die entsprechende notarielle Form einzuhalten und urkundlich dem Verwalter nachzuweisen. Der Verzicht ist, da diese materiellrechtlichen Vorgaben einzuhalten sind, auch über das Insolvenzverfahren hinaus bindend.[24] Möglich ist es unter Umständen auch die Sicherungsabrede dahingehend abzuändern, dass das Sicherungsrecht nicht mehr der Sicherung der Insolvenzforderung dient.[25] Im Ergebnis muss verhindert werden, dass das Absonderungsgut verwertet und die gesicherte Insolvenzforderung dennoch in voller Höhe bei der Verteilung der Masse berücksichtigt wird.[26] Ist Eigenverwaltung angeordnet, ist die Verzichtserklärung gegenüber dem eigenverwaltenden Schuldner abzugeben.[27]

---

17 Dazu *Meller-Hannich* DGVZ 2009, 21, 23, 24: entgegen dem Wortlaut sind nicht nur Versteigerungen, sondern auch Freihandverkäufe durch eine andere Person (hier den Insolvenzverwalter) von § 825 II ZPO erfasst.

18 Nerlich/Römermann/*Becker* InsO[43] § 166 Rn 24; *Bork* FS Gaul 1997, S 71, 79 f mwN.

19 HK/*Hölzle* InsO[10] § 166 Rn 34; anders *Bork* FS Gaul 1997, S 71, 79 ff.

20 In diesem Fall greift § 166 I nicht, da kein Besitz des Verwalters besteht; und nur soweit die Kompetenzen des Verwalters reichen, ist der Gläubiger an der Fortsetzung der Vollstreckung gehindert, s Nerlich/ Römermann/*Becker* InsO[43] § 166 Rn 57; teils **aA** wiederum *Smid* ZInsO 2001, 433, 444: außerkonkursrechtliche Verwertung durch den Gläubiger sei ausgeschlossen.

21 Rattunde/Smid/Zeuner/*Kirchner* InsO[4] § 190 Rn 4.

22 BGH NZI 2017, 345.

23 So auch LG Dessau-Roßlau ZInsO 2009, 335, nachgehend BGH IX ZB 61/09; Nerlich/Römermann/*Westphal* InsO[43] § 190 Rn 21 f; differenzierend MünchKommInsO/*Kebekus/Schwarzer* InsO[4] § 190 Rn 5.

24 Vgl auch RGZ 64, 425, 427; RGZ 92, 181, 191.

25 BGH NZI 2017, 345; ZInsO 2011, 91.

26 BGH ZInsO 2011, 91.

27 BGH NZI 2017, 345.

3. Ausfall und Nachweis

14 Ausfall meint den Betrag, der sich aus der **Differenz der persönlichen Forderung des Insolvenzgläubigers zu dem Erlös aus der Verwertung des Gegenstands**, an dem das Absonderungsrecht besteht, ergibt. Den Ausfall hat der Absonderungsberechtigte durch Beleg desjenigen, was er im Wege der Pfandverwertung erlangt hat, nachzuweisen. Auch wenn die Höhe dieses Betrags noch nicht endgültig feststeht, ist zumindest ein vorläufiger Ausfall nachzuweisen.[28] Angaben zum Wert des Gegenstandes selbst reichen dafür nicht aus,[29] denn eine Verwertung steht dann noch aus und der Ausfall bei der Verwertung steht damit noch nicht fest. Wohl aber kann im Einzelfall im Nachweis, dass der Pfandgegenstand nur einen bestimmten Wert hat, ein Verzicht auf einen höheren Betrag ausgedrückt werden.[30] Der Nachweis über den Ausfall wird bei der Zwangsversteigerung eines Grundstücks deshalb problematisch, weil der Anspruch grundsätzlich schon bei der Feststellung des geringsten Gebots zu berücksichtigen ist (§§ 44, 45 ZVG). Damit der Ausfall festgestellt und nachgewiesen werden kann, kann der Gläubiger deshalb nach § 174 ZVG verlangen, dass nur die seinem Anspruch vorgehenden Rechte bei der Ermittlung des geringsten Gebots berücksichtigt werden. Neben der Verwertung kann auch die Zerstörung oder der Untergang der Sache zum Ausfall führen.[31] Zudem ist es möglich einen erfolglosen Versuch der Verwertung nachzuweisen.[32]

4. Frist und Rechtsfolgen des Nachweises

15 Für die Frist des Nachweises gilt § 189 I (ebd Rn 12). Bei gelungenem Nachweis wird der Absonderungsberechtigte in das Verteilungsverzeichnis aufgenommen und ist bei der Verteilung zu berücksichtigen. Im Unterschied zu § 189 (und zu § 190 II, dazu sogleich Rn 19), wird der Betrag bei gelungenem Nachweis wie an alle anderen Insolvenzgläubiger in Bar ausgezahlt und nicht zurückgehalten. Eine den § 189 bzw. § 190 II entsprechende Unsicherheitslage besteht nicht. Gelingt der Nachweis nicht, ist der Absonderungsberechtigte nicht bei der Verteilung zu berücksichtigen. Er wird auch im Verbraucherinsolvenzverfahren nicht bei der Verteilung berücksichtigt.[33] Einen Antrag auf Versagung der Restschuldbefreiung darf er jedoch stellen (vgl § 189 Rn 13).

5. Bedeutung bei Abschlagsverteilungen

16 Vielfach wird angenommen, § 190 I gelte nur für Schluss- und Nachtragsverteilungen, während für Abschlagsverteilungen die Sonderregelung des § 190 II gelte.[34] Dies ist insofern richtig, als nur bei Abschlagsverteilungen, nicht aber bei Schluss- und Nachtragsverteilungen der Nachweis über die begonnenen Verwertung und den mutmaßlichen Ausfall hinreichend für eine Berücksichtigung ist. Ist allerdings der Gläubiger in der Lage, **schon im Rahmen einer Abschlagsverteilung** die Nachweise nach Abs 1 zu erbringen, entweder, weil er verzichtet, oder weil die Verwertung bereits beendet ist und mit einem Ausfall einherging, wird man auch bei Abschlagsverteilungen § 190 I im Hinblick auf seine Rechtsfolge anzuwenden haben: Der Gläu-

28 BGH WM 2009, 1578.
29 RGZ 64, 425, 427; 92, 181, 191.
30 Uhlenbruck/*Wegener* InsO[15] § 190 Rn 15.
31 MünchKommInsO/*Kebekus*/*Schwarzer* InsO[4] § 190 Rn 6.
32 BGH NZI 2012, 892.
33 BGH WM 2009, 1578.
34 Etwa Uhlenbruck/*Wegener* InsO[15] § 190 Rn 3 ff.

biger wird bei der Verteilung in Form von Barauszahlung berücksichtigt und nicht lediglich – wie § 190 II vorsieht – in Form eines Zurückbehaltens seines Anteils.

IV. Berücksichtigung auf Nachweis des Betreibens der Verwertung und Glaubhaftmachung des mutmaßlichen Ausfalls hin, Abs 2

Soll eine Abschlagsverteilung vorgenommen werden, wird schon rein zeitlich der Nachweis eines Ausfalls bei der Verwertung dem Absonderungsgläubiger kaum innerhalb der Ausschlussfrist des §§ 189 I, 190 I möglich sein, da die Verwertung noch nicht beendet ist. Dennoch soll der Absonderungsberechtigte eine Sicherungsmöglichkeit im Hinblick auf die Berücksichtigung seiner persönlichen Forderung bei der Erlösverteilung erhalten. Es genügt bei Abschlagsverteilungen deshalb, dass er innerhalb der Ausschlussfrist den Nachweis erbringt, dass die **Verwertung betrieben wird und mutmaßlich ein Ausfall** entstehen wird. Dessen Betrag ist glaubhaft zu machen (§ 294 ZPO), so dass eine überwiegende Wahrscheinlichkeit ausreicht und die Beweismittel des Strengbeweises nicht erforderlich sind, vor allem also die eidesstattliche Versicherung ausreichen kann. 17

Da hierdurch nur auf einen mutmaßlichen Ausfall abgestellt wird, besteht eine der Konstellation des § 189 I entsprechende Unsicherheit bis zur Feststellung des tatsächlichen Ausfalls. Rechtsfolge des Nachweises ist aus diesem Grund zwar eine Aufnahme des Absonderungsberechtigten in das Verteilungsverzeichnis und auch seine Berücksichtigung bei der Verteilung; aber diese Berücksichtigung erfolgt in Form des **Zurückbehaltens bei der Verteilung**. Spätestens bis zur Schlussverteilung muss der Nachweis über den Verzicht oder über den tatsächlichen Ausfall nach § 190 I geführt werden, so dass dann in bar auszuzahlen ist; andernfalls wird der zunächst zurückbehaltene Anteil nicht ausgezahlt, sondern bei der Schlussverteilung für andere Gläubiger frei. 18

Wurde der Gläubiger aufgrund zunächst fehlenden Nachweises über den Beginn der Verwertung und den mutmaßlichen Ausfall nicht in die Liste aufgenommen und nicht – auch nicht im Wege des Zurückbehaltens – bei einer Abschlagsverteilung berücksichtigt, erhält er bei einer nachfolgenden Verteilung vorab den ihm zustehenden Betrag, wenn ihm der Nachweis bis dahin gelingt (§ 192). 19

V. Berücksichtigung bei ausschließlichem Verwertungsrecht des Verwalters, Abs 3

Die Befugnisse des Verwalters zur Verwertung von Massebestandteilen, die von einem Absonderungsrecht betroffen sind, wurden gegenüber § 127 KO erweitert, so dass die Anwendung des § 190 III der Regelfall sein wird. Die Verwertungsrechte des Verwalters ergeben sich aus §§ 166 I, II oder 173 II S 2. Erfasst sind also bspw Forderungen, die der Schuldner zur Sicherung abgetreten hatte,[35] Sicherungseigentum und Vermieterpfandrechte, in der Regel auch das Pfändungspfandrecht (s o Rn 12) sowie fristwidrig vom Gläubiger nicht verwertete Gegenstände (s im Einzelnen §§ 50, 51). Sachen im Besitz des Verwalters, an denen ein Eigentumsvorbehalt besteht, werden aber nicht erfasst, da insoweit das Aussonderungsrecht des Vorbehaltsverkäufers und das Wahlrecht des Verwalters nach §§ 103, 107 vorgehen.[36] 20

Der Verwalter hat dafür Sorge zu tragen, dass der Gegenstand vor der Schlussverteilung verwertet wird, damit der Ausfall rechtzeitig feststeht[37] (s aber u Rn 23). Der Absonderungsberechtigte ist nach § 190 III S 1 **im Falle stattgefundener Verwertung unabhängig von den Nachweisen** nach § 190 I oder II zu berücksichtigen und zwar in Form von Barauszahlung. Das 21

35 *Häcker* Abgesonderte Befriedigung aus Rechten, Rn 202 ff.
36 BT-Drucks 12/2443 S 178.
37 BT-Drucks 12/2443 S 186.

ist insoweit selbstverständlich, als der Verwalter Kenntnis über die Höhe des Ausfalls hat und diesbezügliche Nachweise des Insolvenzgläubigers deshalb hinfällig sind.[38]

22 Dasselbe muss aber im Hinblick auf §§ 52, 190 I schon gelten, wenn der absonderungsberechtigte Gläubiger verzichtet hat und dies nachgewiesen ist. Auch bei § 190 III führt deshalb der **Verzicht** alternativ zum tatsächlichen Ausfall dazu, dass der absonderungsberechtigte Gläubiger mit seiner Forderung in das Verzeichnis aufzunehmen ist und in Form von Barauszahlung bei der Verteilung zu berücksichtigen ist.

23 Wurde vom Insolvenzverwalter **noch nicht verwertet**, sieht § 190 III S 2 vor, dass bei Abschlagsverteilungen ähnlich wie bei § 190 II S 2 vorzugehen ist, nur dass der Gläubiger auch hier keine Nachweise zu erbringen hat: Der Ausfall des Gläubigers ist zu schätzen, der Gläubiger ist zu berücksichtigen, aber nur in Form des Zurückbehaltens. Kommt es zum tatsächlichen Ausfall, ist der zurückbehaltene Anteil auszuzahlen. Geht die Schätzung fehl, weil die Verwertung tatsächlich keinen Ausfall gezeigt hat, wird der Betrag für die anderen Gläubiger frei. Die Regelung des § 190 III S 2 gilt aber auch **nur für Abschlagsverteilungen.**[39]

24 Vor einer **Schlussverteilung** ist der Insolvenzverwalter gefordert, die Verwertung tatsächlich vorgenommen zu haben.[40] Die Vornahme der Schlussverteilung setzt die vollständige Verwertung bereits voraus (§ 196 I). Das Risiko, dass dies ausnahmsweise nicht der Fall ist, trägt trotz der Verpflichtung des Verwalters, alsbald zu verwerten, der Insolvenzgläubiger insofern, als ihm dann nur der Verzicht auf das Absonderungsrecht oder einen selbst geschätzten mutmaßlichen Ausfall bleibt, um Berücksichtigung zu finden.[41] Zu Recht wird deshalb angenommen, dass der Insolvenzverwalter, der den Gegenstand nicht verwertet hat, aber eine Schlussverteilung vornehmen will, zur Vermeidung eigener Haftung nach § 60 damit eine angemessene Zeit zu warten hat, um dem Insolvenzgläubiger die Möglichkeit zum Verzicht zu geben.[42] Verzichtet der Gläubiger nicht, kann er noch nach Verfahrensbeendigung selbst verwerten. Begründet sich die nicht vorgenommene Verwertung dadurch, dass der Gegenstand nicht verwertbar ist, hat immerhin der Insolvenzverwalter den Gegenstand dem Insolvenzgläubiger zur Verwertung zu überlassen (§ 170 II). Auch ansonsten ist es möglich, dass der Insolvenzverwalter auf sein Verwertungsrecht nach § 166 verzichtet, so dass § 190 II und nicht § 190 III zur Anwendung kommt. Der Insolvenzverwalter hat dann dem Gläubiger die Möglichkeit zur Verwertung und zum Nachweis der Voraussetzungen des §§ 190 II S 3, 189 I zu geben, indem er mit einer Schlussverteilung angemessen zuwartet.[43]

25 Abs 3 S 1 gibt dem Insolvenzverwalter **kein Recht Tilgungsbestimmungen entgegen §§ 366 ff BGB** zu treffen.[44] § 190 III ist insoweit nicht lex specialis zu § 166.[45] Die Vorschrift überträgt dem Insolvenzverwalter lediglich die Pflicht, den Gegenstand vor der Schlussverteilung zu verwerten, damit der Ausfall des Gläubigers rechtzeitig feststeht.[46] Eine darüber hinausgehende Übertragung des Rechts zur Tilgungsbestimmung ist weder dem Gesetzeswortlaut noch den Gesetzgebungsmaterialien zu entnehmen. Hinsichtlich der Tilgungsbestimmung gelten daher die vor Insolvenzeröffnung geltenden Vereinbarungen. Hatte der Schuldner ein Recht eine Tilgungsbestimmung zu treffen, so gilt dies auch für den Insolvenzverwalter. Hatte der Schuldner keine Befugnis zur Tilgungsbestimmung, fehlt diese auch dem Insolvenzverwalter.[47]

---

38 Vgl MünchKommInsO/*Kebekus*/*Schwarzer* InsO[4] § 190 Rn 12.
39 Uhlenbruck/*Wegener* InsO[15] § 190 Rn 28.
40 BT-Drucks 12/2443 S 186; Rattunde/Smid/Zeuner/*Kirchner* InsO[4] InsO § 190 Rn 2; HK/*Depré* InsO[10] § 190 Rn 4.
41 Vgl Uhlenbruck/*Wegener* InsO[15] § 190 Rn 28.
42 HK/*Depré* InsO[10] § 190 Rn 5.
43 HK/*Depré* InsO[10] § 190 Rn 5.
44 *Cranshaw* jurisPR-InsR 2/2012, Anm 4.
45 BGH NZI 2014, 1044; **aA** *Zimmer* ZinsO 2010, 1261, 1266.
46 BT-Drs 12/2443 S 186.
47 BGH NZI 2014, 1044.

§ 191 Berücksichtigung aufschiebend bedingter Forderungen

(1) [1]Eine aufschiebend bedingte Forderung wird bei einer Abschlagsverteilung mit ihrem vollen Betrag berücksichtigt. [2]Der auf die Forderung entfallende Anteil wird bei der Verteilung zurückbehalten.
(2) [1]Bei der Schlußverteilung wird eine aufschiebend bedingte Forderung nicht berücksichtigt, wenn die Möglichkeit des Eintritts der Bedingung so fernliegt, daß die Forderung zur Zeit der Verteilung keinen Vermögenswert hat. [2]In diesem Fall wird ein gemäß Absatz 1 Satz 2 zurückbehaltener Anteil für die Schlußverteilung frei.

Materialien

BT-Drucks 12/2443, S 186; RegE § 219; DiskE u RefE § 209; 1. BerInsRKomm, LS 2.4.6.1 iVm LS 3.6.2.

Vorgängerregelungen

§§ 154 (dazu Motive I Bd 2 S 120 ff; Motive II S 376, Protokolle S 104, 183), 156 (dazu Motive I Bd 2 S 120; Motive II S 378, Protokolle S 100, 183), 168 Nr 2 (dazu Motive I Bd 2 S 120 ff; Motive II S 387 f, Protokolle S 108, 183) KO.

Literatur

Muthorst Bedingt, betagt, befristet – Sonderfälle der Forderung im Spiegel des Insolvenzrechts, ZIP 2009, 1794.

Übersicht

Alphabetische Übersicht

https://doi.org/10.1515/9783110343687-018

I. Einleitung

1 Die Vorschrift gibt Auskunft darüber, wie aufschiebend bedingte Forderungen bei Verteilungen zu berücksichtigen sind und differenziert dabei zwischen Abschlagsverteilungen (§ 191 I) und der Schlussverteilung (§ 191 II). Berücksichtigt wird wiederum (wie bei §§ 189 und 190) eine Unsicherheitslage, und zwar hier im Hinblick auf den Eintritt der Bedingung, so dass der Anteil bei Abschlagsverteilungen zunächst zurückbehalten wird und bei der Schlussverteilung frei wird, wenn bis dahin die Bedingung nicht eingetreten ist und die Forderung nicht werthaltig ist.

II. Aufschiebend bedingte Forderungen

2 Gemeint sind zunächst **aufschiebend bedingte Forderungen im Sinne des § 158 I BGB**. Das sind solche, deren Entstehung als Wirkung eines Rechtsgeschäfts von einem zukünftigen ungewissen Ereignis abhängt. Gleichgestellt sind nach § 163 1. Alt BGB die **aufschiebend befristeten Forderungen.**[1]

3 Ebenfalls erfasst sind Forderungen, deren Bestand von einer sog **Rechtsbedingung** abhängt.[2] Bedingt in diesem Sinne sind etwa **Rückgriffsansprüche** unter Gesamtschuldnern und zwar durch die Inanspruchnahme des einen Gesamtschuldners (§ 426 BGB), sowie des Bürgen und zwar durch dessen Inanspruchnahme (§ 774 BGB).[3] Allerdings ist hier einerseits zu beachten, dass diese Regressansprüche nicht *neben* der Forderung des Hauptgläubigers im Insolvenzverfahren geltend gemacht werden können. Sie werden also nicht geprüft und festgestellt, so dass sie auch nicht in das Verteilungsverzeichnis aufzunehmen und zu berücksichtigen sind, falls der Hauptgläubiger sich am Insolvenzverfahren beteiligt (s § 44); § 191 entfaltet keine Wirkung.[4] Falls andererseits der Regressfall schon vor Verfahrenseröffnung eintritt, ist auch die Bedingung eingetreten und die Forderung des Regressberechtigten ist ohnehin unbedingt. § 191 kann also für die Rückgriffsansprüche nur dann eingreifen, wenn der Gläubiger sich nicht am Insolvenzverfahren beteiligt[5] und der Regressfall nicht schon vor Verfahrenseröffnung eingetreten ist. In diesem Fall liegt freilich eine bedingte Forderung iSd § 191 vor. Anders sieht es aus, wenn nicht § 44, sondern § 49 zur Anwendung kommt (sog. Grundsatz der Doppelberichtigung): Die Berücksichtigung im Verfahren eines Schuldners ist nicht von derjenigen im Verfahren des oder der anderen Schuldner(s) abhängig.[6]

4 Ansprüche auf **Altersruhegeld, Berufsunfähigkeitsrente, Hinterbliebenenrente und (vergleichbare) Versicherungsrenten** sind ebenfalls aufschiebend bedingte Forderungen,[7] da sie das Erreichen der Altersgrenze, den Versorgungsfall, das Vorversterben oder die Berufungsunfähigkeit als zukünftige ungewisse Ereignisse voraussetzen.

5 Nicht umfasst sind von § 191 **zukünftige Forderungen**, bei denen also ein Merkmal des Entstehungstatbestandes fehlt,[8] denn sie sind schon keine Insolvenzforderungen. Steht der Ein-

1 Nerlich/Römermann/*Andres* InsO[43] § 41 Rn 5, vgl BGHZ 168, 276.
2 RGZ 58, 11; Uhlenbruck/*Wegener* InsO[15] § 191 Rn 4 mwN.
3 MünchKomm/*Kebekus/Schwarzer* InsO[4] § 191 Rn 6; zur Anwendung des § 191 auf die gesamtschuldnerische Haftung von Zedent und Zessionar im Falle des § 13c UStG (Haftung des Zessionars für die enthaltene Umsatzsteuer): *de Weerth* NZI 2006, 501.
4 BGH NJW 1971, 382; HambK/*Herchen/Gerichshausen* InsO[9] § 192 Rn 7.
5 HambK/*Herchen/Gerichshausen* InsO[9] § 191 Rn 7.
6 BGH ZIP 2009, 243.
7 BGH NJW 2005, 2231, 2232 mwN; *Bitter* NZI 2000, 399; *Elfring* NJW 2005, 2192; *Lohkamp/Fiala* VersR 2006, 331; *Rhein/Lasser* NZI 2007, 153; vgl *Blomeyer* VersR 1999, 653. Sind die bedingten Ansprüche durch eine Rückdeckungsversicherung gesichert und ist diese verpfändet, führt die Bedingtheit dazu, dass das Verwertungsrecht der Forderungen aus der Rückdeckungsversicherung – im Falle der Insolvenz des Rückdeckungsversicherungsnehmers – wegen fehlender Pfandreife dem Insolvenzverwalter und nicht dem Pfandgläubiger zusteht.
8 Vgl BGH NJW-RR 2008, 1441.

tritt der Bedingung im Belieben des Schuldners (**Potestativbedingung**) handelt es sich ebenfalls vor Bedingungseintritt schon nicht um eine Insolvenzforderung, so dass eine Berücksichtigung nach § 191 nicht in Betracht kommt. (Zur Abgrenzung bedingter von **nicht fälligen Forderungen** s § 41 Rn 4).

6 Nicht erfasst sind die **auflösend bedingten Forderungen**[9] iSd § 158 II BGB, die mit Eintritt der Bedingung entfallen, weil die Wirkungen des Rechtsgeschäfts dann enden. Solche Forderungen sind nach § 42 wie unbedingte Forderungen in die Tabelle und somit in das Verzeichnis aufzunehmen und bei Verteilungen zu berücksichtigen.[10] Falls die Bedingung eintritt und die Forderung damit entfällt, ist dies vom Insolvenzverwalter im Wege der Vollstreckungsgegenklage nach § 767 ZPO[11] (s § 188 Rn 8) geltend zu machen und zu beweisen. Im Erfolgsfall wird die Forderung aus Tabelle und Verzeichnis entfernt und ist bei Verteilungen erst dann nicht mehr zu berücksichtigen. Der Betrag wird für eine Nachtragsverteilung frei (§ 203 I Nr 1).

7 Ist die **Forderung bestritten**, geht § 189 vor, so dass die Forderung nur unter den (zusätzlichen) Voraussetzungen dieser Norm berücksichtigt wird.[12] Für die Befriedigung eines Absonderungsberechtigten aus dem Absonderungsgut (§ 170 I S 2) wird § 191 entsprechend angewandt, wenn der **Sicherungsfall noch nicht eingetreten** ist, so dass der Verwertungserlös zunächst zurückzubehalten ist.[13] Für die persönliche Forderung des Absonderungsberechtigten hat § 191 aber insoweit keine Bedeutung (s § 190 Rn 5).

8 Ob eine **Steuerforderung** gegen den Insolvenzschuldner besteht, zukünftig besteht oder bedingt ist, wird vorrangig durch die Regelungen des Insolvenzrechts bestimmt.[14] Jedenfalls muss die Steuerforderung vor Eröffnung begründet iSd § 38 sein, damit sie überhaupt Insolvenzforderung ist. Insoweit ist aber durchaus an § 38 AO anzuknüpfen, wonach die Forderung entsteht, wenn der Tatbestand der Leistungspflicht erfüllt ist. Forderungen können insofern als Insolvenzforderungen begründet sein, auch wenn sie nach Steuerrecht noch nicht entstanden sind. Der innere Grund für die Entstehung des Anspruchs genügt doch auch – insofern geht das Insolvenzrecht vor – soweit Regelungen des Steuerrechts (zB § 13 UStG, § 36 EStG, § 38 AO) andere Zeitpunkte für die Entstehung oder Fälligkeit vorsehen.[15] Diese stellen dann (insolvenzrechtlich) eine Bedingung iSd § 191 (iVm § 163 BGB, o Rn 2) dar. § 41 findet keine Anwendung.[16]

III. Berücksichtigung bei Abschlagsverteilungen, Abs 1

9 Bei Abschlagsverteilungen werden aufschiebend bedingte Forderungen **zu vollem Betrag berücksichtigt**, gleichgültig wie werthaltig die Anwartschaft ist und ob der Bedingungseintritt wahrscheinlich ist oder nicht.[17] Wegen der Unsicherheit, ob und wann die Bedingung eintritt, ist der auf die Forderung entfallende Betrag jedoch **zurückzubehalten**. Tritt die Bedingung ein, ist er auszuzahlen. Der Gläubiger hat den Bedingungseintritt nachzuweisen.[18] Fällt die Bedingung aus, ist die Forderung nicht zu berücksichtigen;[19] falls dies erst nach der Abschlagsverteilung feststeht, ist der zurückbehaltene Anteil für die Schlussverteilung frei.

---

9 HK/*Depré* InsO[10] § 191 Rn 5; Rattunde/Smid/Zeuner/*Kirchner* InsO[4] § 191 Rn 4; BT-Drucks 12/2443, S 186.
10 BFH ZInsO 2016, 1071.
11 **AA** Jaeger/*Weber* KO[9] § 154 Rn 1: Verfahren nach §§ 194 III, 194 II.
12 MünchKomm/*Kebekus/Schwarzer* InsO[4] § 191 Rn 2.
13 BGH NZI 2009, 165, dazu Weiß, EWiR 2009, 387.
14 BFH DB 2003, 73; BFHE 117, 176; 148, 346; kritisch hierzu MünchKomm/*Bitter* InsO[4] § 41 Rn 9 f.
15 BFH ZIP 1981, 1261; MünchKomm/*Kebekus/Schwarzer* InsO[4] § 191 Rn 7; Uhlenbruck/*Wegener* InsO[15] § 191 Rn 5.
16 BFH ZIP 1981, 1261; BGHZ 168, 276.
17 HambK/*Herchen/Gerichshausen* InsO[9] § 191 Rn 9; Uhlenbruck/*Wegener* InsO[15] § 191 Rn 7.
18 Uhlenbruck/*Wegener* InsO[15] § 191 Rn 7.
19 MünchKomm/*Kebekus/Schwarzer* InsO[4] § 191 Rn 8.

IV. Berücksichtigung bei der Schlussverteilung, Abs 2

10 Bei der Schlussverteilung wird eine aufschiebende Forderung nicht berücksichtigt, wenn die **Forderung nicht werthaltig** ist. Von einem zur Wertlosigkeit führenden Fernliegen der Bedingung ist auszugehen, wenn der Bedingungseintritt höchst unwahrscheinlich oder zeitlich weit entfernt ist.[20] Im Gegensatz zur Berücksichtigung bei Abschlagsverteilungen spielt also die Nähe bzw. Ferne des Bedingungseintritts und die Werthaltigkeit der durch das bedingte Recht begründeten Anwartschaft[21] hier eine Rolle.

11 Hat eine **Abschlagsverteilung stattgefunden**, bei der die aufschiebend bedingte Forderung berücksichtigt und der Betrag zurückbehalten wurde, bestehen für die **Schlussverteilung** infolgedessen drei Möglichkeiten.

1. Wenn die Bedingung bis zur Schlussverteilung noch nicht eingetreten, die Forderung aber werthaltig ist, wird der für die Forderung insgesamt zurückbehaltene Betrag **hinterlegt**, (§ 198). Fällt die Bedingung anschließend ganz aus, wird der Betrag frei, und es ist eine Nachtragsverteilung anzuordnen (§ 203 I Nr 2).
2. Wenn die Bedingung eingetreten ist, werden der aus der Abschlagsverteilung zurückbehaltene Betrag und der bei der Schlussverteilung auf die Forderung entfallende Betrag **ausgezahlt**.
3. Wenn die Bedingung bis zur Schlussverteilung noch nicht eingetreten ist und dies auch so fern liegend ist, dass die **Forderung keinen Vermögenswert** hat, ist sie nicht in das Schlussverzeichnis aufzunehmen und bei der Schlussverteilung nicht zu berücksichtigen. Der bei der Abschlagsverteilung zurückbehaltene Betrag wird der Masse wieder zugeführt und direkt bei der Schlussverteilung für andere Gläubiger frei (§ 191 II). Dadurch wird erreicht, dass auf einen fern liegenden Bedingungseintritt nicht gewartet werden muss, während der Betrag ggf langjährig hinterlegt wird.[22]

12 Hat **keine Abschlagsverteilung** stattgefunden, wird bei der Schlussverteilung der auf bedingte Forderungen entfallende Anteil entweder verteilt – und zwar vor Bedingungseintritt sogleich durch Hinterlegung,[23] nach Bedingungseintritt durch Barauszahlung – oder die Forderung wird gar nicht berücksichtigt, je nachdem, ob die Forderung einen Vermögenswert hat oder nicht. Stellt sich die Wertlosigkeit erst nach der Schlussverteilung heraus, wird der Betrag für eine Nachtragsverteilung frei.[24]

13 Da die **Nachtragsverteilung** auf der Grundlage des Schlussverzeichnisses erfolgt, hat § 191 II auch auf sie Auswirkungen (s § 205 Rn 3).

V. Einwendungen

14 Misst der Insolvenzverwalter der Forderung keinen Vermögenswert bei, kann der Insolvenzgläubiger gegen das Schlussverzeichnis Einwendungen erheben,[25] §§ 197 I Nr 2, III, 194 II, III. Die Beweislast für die Aussichtslosigkeit der Anwartschaft trägt der Verwalter.[26]

---

20 Rattunde/Smid/Zeuner/*Kirchner* InsO[4] § 191 Rn 3; für den Fall des Fernliegens BGH NZI 2010, 603.
21 Vgl Uhlenbruck/*Wegener* InsO[15] § 191 Rn 9 ff.
22 Rattunde/Smid/Zeuner/*Kirchner* InsO[4] § 191 Rn 3; Uhlenbruck/*Wegener* InsO[15] § 191 Rn 11.
23 Uhlenbruck/*Wegener* InsO[15] § 191 Rn 10; Nerlich/Römermann/*Westphal* InsO[43] § 191 Rn 10.
24 Nerlich/Römermann/*Westphal* InsO[43] § 191 Rn 10.
25 HK/*Depré* InsO[10] § 191 Rn 2.
26 Jaeger/*Weber* KO[9] § 154 Rn 1; Nerlich/Römermann/*Westphal* InsO[43] § 191 Rn 11.

§ 192 Nachträgliche Berücksichtigung

Gläubiger, die bei einer Abschlagsverteilung nicht berücksichtigt worden sind und die Voraussetzungen der §§ 189, 190 nachträglich erfüllen, erhalten bei der folgenden Verteilung aus der restlichen Insolvenzmasse vorab einen Betrag, der sie mit den übrigen Gläubigern gleichstellt.

Materialien

BT-Drucks 12/2443, S 186, RegE § 220; DiskE u RefE § 210.

Vorgängerregelungen

§ 155 KO (dazu Motive I Bd 2 S 114 ff; Motive II S 376 ff; Protokolle S 104, 183).

Übersicht

Alphabetische Übersicht

I. Einleitung

Die Ausschlussfristen der §§ 189, 190 beziehen sich immer nur auf die Berücksichtigung in der konkret anstehenden Verteilung. Ist diese eine Abschlagsverteilung, führen sie nicht dazu, dass das Prinzip der gleichmäßigen Befriedigung aller Insolvenzgläubiger im weiteren Verfahren aufgehoben wird.[1] Deshalb ist bei späteren Verteilungen eine Berücksichtigung möglich und zwar auch im Hinblick auf den früher nicht berücksichtigten Anteil, so dass die „Nachzügler" schließlich den übrigen Gläubigern gleichstehen. Nur für Schlussverteilungen ist der Ausschluss endgültig. 1

Der Verweis auf § 189 bezieht sich auf die **bestrittenen Forderungen**, bezüglich derer Klage zu erheben oder ein Prozess aufzunehmen und dies nachzuweisen ist, damit sie berücksichtigt werden. Der Verweis auf § 190 bezieht sich auf die **persönliche Forderung eines Absonderungsberechtigten**, bei der Ausfall oder Verzicht hinsichtlich der Verwertung des Absonderungsgutes zu belegen sind. 2

1 BeckOK/*Nicht* InsO[26] § 192 Rn 1.

https://doi.org/10.1515/9783110343687-019

II. Voraussetzungen der nachträglichen Vorabgleichstellung

3 Es geht um die **bei einer Abschlagsverteilung nicht berücksichtigten Insolvenzgläubiger**. Um nachträglich berücksichtigt zu werden, müssen die Voraussetzungen der §§ 189, 190 erfüllt werden. Gläubiger bestrittener Forderungen müssen also nachweisen, dass **Klage auf Feststellung der Forderung erhoben oder ein Prozess aufgenommen wurde**. Absonderungsberechtigten Gläubigern stehen alternativ drei Möglichkeiten zur Verfügung: Erstens kommt der Nachweis in Betracht, dass die Verwertung des Absonderungsguts betrieben wird, wobei ein **mutmaßlicher Ausfall** glaubhaft zu machen ist (s § 190 Rn 17 ff). Zweitens kommt bei bereits stattgefundener Verwertung der Nachweis eines **tatsächlichen Ausfalls** in Betracht und drittens ist der Nachweis des **Verzichts auf die Verwertung** des Absonderungsguts hinreichend (s § 190 Rn 16).

4 Die Nachweise müssen **rechtzeitig** erbracht werden, das heißt vor Ablauf der für die nächste (Abschlags-/oder Schluss-) Verteilung maßgebenden Ausschlussfrist.[2] Diese endet nach zwei Wochen nach Wirksamwerden der nächsten Verteilungsliste (s § 189 Rn 12), so dass die Nachweise entweder vorher oder innerhalb dieser zwei Wochen zu erbringen sind. Außerdem muss **genügend Restmasse** vorhanden sein, um die Vorabgleichstellung bewirken zu können (dazu u Rn 13).

5 Ob eine oder mehrere Abschlagsverteilungen vorausgegangen sind, spielt keine Rolle.[3] Ebenso wenig ist entscheidend, ob die nächste Verteilung, bei der die Gläubiger im Rahmen des § 192 dann vorab gleichzustellen sind, eine weitere Abschlagsverteilung oder die Schlussverteilung ist. Unerheblich ist schließlich, ob die Nichtberücksichtigung der Gläubiger bei der Abschlagsverteilung auf deren Verschulden beruht oder nicht.[4] Der frühere Nachweis des Ausfalls oder die Betreibung der Feststellung können also durchaus fahrlässig oder sogar vorsätzlich unterlassen worden sein. Für Schlussverteilungen gilt § 192 nicht, zumal ihr lediglich eine eventuelle Nachtragsverteilung folgt, deren Verzeichnis dem der Schlussverteilung entspricht. Deshalb ist die Präklusion bei Versäumung der Fristen der §§ 189 I, 190 I im Falle einer Schlussverteilung endgültig.

6 Die herrschende Meinung erweitert den Anwendungsbereich des § 192 zu Recht auf solche **Forderungen, die bei der Abschlagsverteilung noch nicht angemeldet und geprüft waren** und deshalb nicht berücksichtigt wurden.[5] Jedenfalls ist ihretwegen ein (ggf besonderer) Prüfungstermin notwendig.[6] Die Feststellung zur Tabelle führt dann zur Berücksichtigung bei der nächsten Verteilung nach Maßgabe des § 192, ohne dass weitere Nachweise erfolgen müssten.

7 Ebenso entspricht es allgemeiner Ansicht,[7] dass die nachträgliche Ausgleichung auch dann möglich ist, wenn der Gläubiger durch einen Fehler des Verwalters nicht in das Verteilungsverzeichnis aufgenommen und berücksichtigt wurde und dieser Fehler rechtzeitig vor der nächsten Verteilung aufgedeckt wird (**gesetzwidrig nicht berücksichtigte Gläubiger**). Es geht dabei um nicht berücksichtigte Forderungen, bei denen zwar eine Einwendung nach § 194 nicht erfolgreich erhoben wurde, aber nun ein Fehler des Verwalters auf anderem Wege aufgedeckt wird. Im Gegensatz zu den Insolvenzgläubigern mit Forderungen nach §§ 189 oder 190 hätten diese Gläubiger „normaler" Forderungen von Rechts wegen berücksichtigt werden müssen. Da es im Rahmen von § 192 nicht auf das Verschulden für den erst nachträglichen Nachweis iSd §§ 189,

---

2 Jaeger/*Weber* KO[9] § 155 Rn 5; werden sie bereits bis zum Ablauf von zwei Wochen nach dem letzten Verzeichnis erbracht, erfolgt die Berücksichtigung bereits ebenda über § 193 und es ist keine Vorabgleichstellung notwendig.

3 Jaeger/*Weber* KO[9] § 155 Rn 1.

4 Jaeger/*Weber* KO[9] § 155 Rn 1.

5 Jaeger/*Weber* KO[9] § 155 Rn 1a; MünchKomm/*Kebekus/Schwarzer* InsO[4] § 192 Rn 3.

6 MünchKomm/*Kebekus/Schwarzer* InsO[4] § 192 Rn 3.

7 AG Göttingen ZInsO 2009, 1974; FK/*Kießner* InsO[10] § 192 Rn 5; Jaeger/*Weber* KO[9] § 155 Rn 1a; MünchKomm/*Kebekus/Schwarzer* InsO[4] § 192 Rn 4; Uhlenbruck/*Wegener* InsO[15] § 192 Rn 7 mwN; Rattunde/Smid/Zeuner/*Kirchner* InsO[4] § 192 Rn 2; Nerlich/Römermann/*Westphal* InsO[43] § 192 Rn 17 f.

190 ankommt (o Rn 3), kann auch die schuldhafte Versäumung der Geltendmachung im Einwendungsverfahren keine Rolle spielen. Zu Recht wird deshalb davon ausgegangen, dass ein solcher Gläubiger nicht schlechter stehen darf, als die „Nachzügler" und der Verwalter sogar von Amts wegen zur Selbstkorrektur und nachträglichen Vorwegberichtigung iSd § 192 verpflichtet ist.[8] Es besteht allerdings kein (klagbarer) Anspruch auf Berücksichtigung; vielmehr wird der Gläubiger gegen eine Weigerung des Verwalters, eine pflichtwidrig übersehene Forderung in das Verteilungsverzeichnis aufzunehmen, durch die §§ 58, 60 geschützt.[9]

Im Gegensatz zum früheren § 155 KO („können ... verlangen") gibt § 192 nicht vor, dass die nachträgliche Berücksichtigung nur auf Antrag zu erfolgen hat. Dennoch ist umstritten, ob eine Berücksichtigung **von Amts wegen oder auf Antrag** zu erfolgen hat.[10] Der Wortlaut des § 192 „erhalten" spricht dagegen, dass ein Antrag notwendig ist. Da allerdings in den Fällen, in denen eine spätere Anmeldung (o Rn 6) oder ein späterer Nachweis (o Rn 3, 4) erfolgt, idR auch der Antrag implizit[11] enthalten sein wird, und rechtswidrig nicht berücksichtigte Forderungen ohnehin jedenfalls von Amts wegen zu berücksichtigen sind (o Rn 7), spielt der divergierende Meinungsstand keine entscheidende Rolle.[12] Der Insolvenzverwalter wird ohne Tätigwerden des Insolvenzgläubigers ohnehin keine Berücksichtigung iSd § 192 vornehmen, es sei denn es handelt sich um eine rechtswidrig nicht berücksichtigte Forderung; und hier hat er von Amtswegen vorzugehen. 8

Zu unterscheiden ist die Regelung des § 192 von den Konstellationen, in denen eine Forderung bei einer Abschlagsverteilung zwar berücksichtigt wurde, aber (zunächst) nur in Form des Zurückbehaltens, und anschließend die Voraussetzungen der Barauszahlung eintreten: So im Falle, dass durch einen absonderungsberechtigten Gläubiger zunächst das Betreiben der Verwertung nachgewiesen und ein mutmaßlicher Ausfall glaubhaft gemacht wird und sodann der endgültige Ausfall festgestellt wird (§ 190 II); oder im Falle, dass eine Feststellungsklage schon erhoben war und sodann der Gläubiger obsiegt (§ 189 II). In beiden Fällen erfolgt sofort die Auszahlung des zunächst zurückbehaltenen Betrages und zwar unabhängig von der nächsten Verteilung. 9

Ebenfalls nicht direkt in § 192 ist der Fall geregelt, dass an einen Gläubiger **trotz Aufnahme in das Verteilungsverzeichnis keine Auszahlung** erfolgt ist (s § 187 Rn 22 ff; § 188 Rn 24). Die Norm ist hier allerdings insoweit analog anzuwenden, als dass die verzeichniswidrige Nichtauszahlung zu einer nachträglichen Vorabgleichstellung führen muss. Diese Analogie führt jedoch nicht dazu, dass der Gläubiger auf die nächste Verteilung warten muss. Ein solcher Gläubiger kann vielmehr unabhängig von einer Verteilung Zahlung aufgrund des Verzeichnisses verlangen.[13] 10

III. Rechtsfolgen

Rechtsfolge ist die **nachträgliche Vorwegberücksichtigung** der „Nachzügler" und zwar bei der nächsten Verteilung. Diese kann eine weitere Abschlagsverteilung oder die Schlussverteilung sein. Alle bisher nicht ausgeschütteten Anteile werden also den betreffenden Insolvenzgläubigern nachbezahlt, zurückbehalten (§ 189 II, 190 II) oder hinterlegt (§ 198). Waren beispielsweise 11

8 MünchKomm/*Kebekus/Schwarzer* InsO[4] § 192 Rn 4; Nerlich/Römermann/*Westphal* InsO[43] § 192 Rn 17; Kübler/Prütting/Bork/*Holzer* InsO[90] § 192 Rn 6; Uhlenbruck/*Wegener* InsO[15] § 192 Rn 7.
9 Uhlenbruck/*Wegener* InsO[15] § 192, Rn 7.
10 Für ein Antragserfordernis etwa KK/*Pehl* InsO § 192 Rn 5; Berücksichtigung von Amts wegen etwa FK/*Kießner* InsO[10] § 192 Rn 6; MünchKomm/*Kebekus/Schwarzer* InsO[4] § 192 Rn 6.
11 MünchKomm/*Kebekus/Schwarzer* InsO[4] § 192 Rn 6; Uhlenbruck/*Wegener* InsO[15] § 192 Rn 11; **aA** für die nachträgliche Anmeldung: Jaeger/*Weber* KO[9] § 155 Rn 2.
12 Uhlenbruck/*Wegener* InsO[15] § 192 Rn 11.
13 Uhlenbruck/*Wegener* InsO[15] § 192 Rn 7.

zwei Abschlagsverteilungen vorausgegangen, in denen 15 und 10 Prozent auf einfache Insolvenzforderungen zur Verteilung gelangten, so erhält der Gläubiger nun vorweg 25 Prozent.[14] Der übrige Ablauf der Verteilung entspricht den allgemeinen Regeln, so dass der Gläubiger selbstverständlich zusätzlich zu seiner Vorabgleichstellung den auf ihn bei dieser Verteilung entfallenden Anteil erhält.

12 **Unabhängig von einer Verteilung kann eine nachträgliche Berücksichtigung nicht erfolgen** (s aber Rn 9, 10). Die Vorschrift schließt also – anders als § 155 KO es regelte – eine vorzeitige Auszahlung aus, die sogar zur Haftung des Verwalters nach § 60 für Zinsausfall führen kann.[15] Damit soll der Vereinfachung des Verfahrens gedient werden.[16] Für die nächste Verteilung sind ansonsten die allgemeinen Regeln für ihren Vollzug einzuhalten, dh die Zustimmung des Gläubigerausschusses ist einzuholen und ein Verteilungsverzeichnis ist zu erstellen. Nicht notwendig ist aber eine gesonderte Zustimmung zur Vorwegberücksichtigung.[17] Diese ist aber von Gesetzes wegen geboten.

13 Die Gleichstellung mit den bislang schon berücksichtigten Insolvenzgläubigern erfolgt nur **„aus der restlichen Insolvenzmasse."** Nur soweit noch freier Erlös in der Masse vorhanden ist, kann er verteilt werden. Die „Nachzügler" tragen also das Risiko, dass nichts mehr zu verteilen ist, selbst wenn ihnen rechtzeitig vor der nächsten Verteilung aber eben nachträglich zu der Abschlagsverteilung der Nachweis gelingt. Es kommt nicht zu einer Rückforderung gegenüber den anderen bei der früheren Verteilung bereits berücksichtigten Gläubigern.[18] Die restliche Masse wird sich vornehmlich aus dem durch weitere Verwertungshandlungen erzielten Erlös zusammensetzen. Sie kann auch aus freigewordenen zurückbehaltenen Anteilen stammen (§ 191 II S 2, 190 I S 2). Sie kann auch aus dem bei Abschlagsverteilungen übrig gebliebenen Betrag bestehen, etwa weil bei einer Abschlagsverteilung nicht sämtliche vorhandenen Barmittel verteilt wurden. Reicht die restliche Insolvenzmasse nicht aus, so sind die Forderungen nur anteilsmäßig oder sogar endgültig nicht zu berücksichtigen.[19] Vorabgleichstellung bedeutet aber jedenfalls, dass die Nachzahlung an die nachträglich zu berücksichtigenden Gläubiger **vor der Berücksichtigung der übrigen Gläubiger bei der neuen Verteilung** erfolgt, so dass auch deren Ausschüttungsbetrag vermindert werden kann, falls nicht genügend Restmasse vorhanden ist. Wie üblich gehen jedoch **Masseverbindlichkeiten** der Vorabgleichstellung vor.[20]

IV. Einwendungen

14 Wird bei der folgenden Verteilung die Vorabgleichstellung nicht im Verzeichnis vermerkt (§ 193) und deshalb nicht ausgeführt, können gegen das Verzeichnis Einwendungen nach § 194 erhoben werden. Auch gegen eine fehlerhaft vorgenommene Vorabgleichstellung ist das Einwendungsverfahren möglich. Rückforderungsansprüche aus Bereicherungsrecht sind nur möglich, wenn die fehlerhaft vorgenommene Gleichstellung oder die fehlerhaft unterlassene Gleichstellung entgegen dem Verzeichnis erfolgt ist (§ 187 Rn 22 ff, § 188 Rn 24).

14 Beispiel aus Jaeger/*Weber* KO[9] § 155 Rn 6.

15 HK/*Depré* InsO[10] § 192 Rn 1.

16 BT-Drucks 12/2443 S 186; HK/*Depré* InsO[10] § 192 Rn 1.

17 Uhlenbruck/*Wegener* InsO[15] § 192 Rn 19; MünchKomm/*Kebekus/Schwarzer* InsO[4] § 192 Rn 8; **aA** HK/*Depré* InsO[10] § 192 Rn 5; Kübler/Prütting/*Holzer* InsO[90] § 192 Rn 7a; K Schmidt/*Jungmann* InsO[19] § 192 Rn 5.

18 BGHZ 91, 198; MünchKomm/*Kebekus/Schwarzer* InsO[4] § 192 Rn 9.

19 Uhlenbruck/*Wegener* InsO[15] Rn 18.

20 BFH ZfZ 2011, 194 für den Fall einer analogen Anwendung von § 192.

§ 193 Änderung des Verteilungsverzeichnisses

Der Insolvenzverwalter hat die Änderungen des Verzeichnisses, die auf Grund der §§ 189 bis 192 erforderlich werden, binnen drei Tagen nach Ablauf der in § 189 Abs. 1 vorgesehenen Ausschlussfrist vorzunehmen.

Materialien

BT-Drucks 12/2443, S 186; RegE § 221; DiskE u RefE § 211.

Vorgängerregelungen

§ 157 KO (dazu Motive I Bd 2 S 118, Motive II S 378 f, Protokolle S 105 f, 183).

Literatur

Willmer/Berner Die Änderung von Insolvenztabelle und Schlussverzeichnis, NZI 2015, 877.

Übersicht

Alphabetische Übersicht

I. Einleitung

Die Regelungen der §§ 189 bis 192 können dazu führen, dass Forderungen in das Verteilungsverzeichnis aufzunehmen und zu berücksichtigen sind, die bislang nicht aufgeführt sind. Die Befriedigung dieser Gläubiger soll nicht verzögert werden, so dass eine kurze (!) Zeitspanne von drei Tagen nach Ablauf der Ausschlussfrist dem Verwalter zur Verfügung steht, die entsprechenden Änderungen im Verzeichnis vorzunehmen. 1

II. Änderungen des Verzeichnisses

Im Einzelnen kommen folgende Änderungen in Betracht: 2

Bestrittene Forderungen, für die die Erhebung der Feststellungsklage oder die Aufnahme des Prozesses bis zum Ablauf von zwei Wochen nach Wirksamwerden des Verzeichnisses nachgewiesen wird (§ 189) → Eintrag der Forderung.

https://doi.org/10.1515/9783110343687-020

3 Persönliche Forderungen eines **Absonderungsberechtigten**, für die der Nachweis des Ausfalls oder des Verzichts oder des Beginns der Verwertung bei mutmaßlichem Ausfall bis zum Ablauf von zwei Wochen nach Wirksamwerden des Verzeichnisses erfolgt (§ 190) → Eintrag der Forderung.

4 Ausfall einer **aufschiebenden Bedingung** (§ 191) → Streichen der Forderung.

Hier ist allerdings zu beachten, dass eine *Änderung* nur nach Maßgabe der Frist der §§ 189 I, 193 in Betracht kommt.[1] Ist diese Frist bei Ausfall der Bedingung schon abgelaufen, kommt nur eine Nichtberücksichtigung der nunmehr hinfälligen Forderung im nächsten Verteilungsverzeichnis (Schlussverteilung oder Nachtragsverteilung s § 191 Rn 11; zum durch Wegfall der Forderung freiwerdenden Betrag s sogleich Rn 10) in Betracht, so dass im engen Sinne nicht von einer Änderung zu sprechen ist. § 193 bewirkt für ein vorhandenes Verzeichnis, was bei der *Verzeichnisaufstellung* ohnehin zu beachten ist.

5 Eintreten einer **auflösenden Bedingung** → Streichen der Forderung.

Auch hier gilt wie soeben, dass der Eintritt innerhalb der Frist erfolgen muss, damit noch eine *Änderung* im vorhandenen Verzeichnis möglich ist. Die Forderung darf nur gestrichen werden, wenn dem Verwalter im Wege der Vollstreckungsgegenklage die Berichtigung der Tabelle gelungen ist (§ 188 Rn 8; § 191 Rn 6).

6 **Vorabgleichstellung** aufgrund nachträglichen Nachweises (§ 192) → Eintrag der Vorabgleichstellung.

Dies erfolgt nicht im Wege der Änderung des ursprünglichen Abschlagsverteilungsverzeichnisses, in dem die Forderungen endgültig nicht berücksichtigt wurden, sondern im Wege der Änderung des nächsten Verzeichnisses, wenn die Nachweise nach dessen Erstellung aber rechtzeitig iSd § 192 erbracht werden.[2] Da die Forderungen in diesem Verzeichnis gleichzeitig für die neue Ausschüttung zu berücksichtigen sind (s § 192 Rn 11 aE), wird teilweise sogar ein davon gesondertes Verzeichnis für die Angleichung empfohlen.[3] Gesetzlich gefordert ist dies nicht, mag aber zum Zwecke der Berechnung und Gewähr der *Vorab*gleichstellung praktikabel sein, zumal wenn bei Abschlagsverteilungen vorausschauend für diese Beträge eine interne Rückstellung vermerkt wurde.

7 Berichtigung im Hinblick auf **gesetzwidrig nicht eingetragener** § 192 Rn 7 sowie **nachträglich angemeldeter und geprüfter Forderungen** (§ 192 Rn 6) → Eintrag der Forderung.

8 Offensichtliche Irrtümer und Unrichtigkeit wie **Schreib- und Rechenfehler** (§ 4, § 319 ZPO, dh auch noch nach Ablauf der Dreitagesfrist)[4] → Berichtigung.

9 **Freiwerden von Beträgen** für die Schlussverteilung (§ 190 II S 3, 191 II S 2) → Veränderte Berechnung der Ausschüttungsbeträge im Hinblick auf die freigewordenen Beträge.

Zwar wird zu Recht angemerkt, dass durch das Freiwerden die Masse erhöht wird und der Massebestand nicht im Verzeichnis zu vermerken sondern nur nach § 188 S 3 öffentlich bekannt zu machen ist.[5] In aller Regel enthält aber ein Verteilungsverzeichnis Angaben zur Quote und zum Auszahlungsbetrag und diese berechnen sich maßgeblich aus dem Verhältnis des Massebestands zu den angemeldeten Forderungen. Insoweit wird deshalb eine Änderung des Verzeichnisses vorzunehmen sein.[6]

10 Soweit die Änderungen aufgrund eines bis zum Ablauf einer Ausschlussfrist vorzunehmenden Nachweises erfolgen (§§ 189, 190, 192), muss dieser Nachweis auch tatsächlich **bis zum**

---

1 Vgl Nerlich/Römermann/*Westphal* InsO[43] § 193 Rn 2.

2 Vgl MünchKomm/*Kebekus*/*Schwarzer* InsO[4] § 193 Rn 7; HambKom/*Preß* InsO[9] § 193 Rn 4; **aA** FK/*Kießner* InsO[9] § 193 Rn 9; Uhlenbruck/*Wegener* InsO[15] § 193 Rn 7; Nerlich/Römermann/*Westphal* InsO[43] § 192 Rn 2: sogleich bei Aufstellung des Verzeichnisses zu beachten (dabei wird aber übersehen, dass die Nachweise nach §§ 189, 190 auch bei § 192 – erst – bis zum Ablauf von zwei Wochen nach Verzeichnisaufstellung zu erbringen sind, so dass Verzeichnis*änderungen* durchaus in Betracht kommen).

3 *Heyn* InsbürO 2006, 419, 428, 430.

4 MünchKomm/*Kebekus*/*Schwarzer* InsO[4] § 193 Rn 6; Uhlenbruck/*Wegener* InsO[15] § 193 Rn 3.

5 MünchKomm/*Kebekus*/*Schwarzer* InsO[4] § 193 Rn 4.

6 Jaeger/*Weber* KO[9] § 157 Rn 1.

Ablauf der Frist des § 189 I erbracht werden, die dreitägige Frist des § 193 verlängert diese Frist nicht.

11 **Nicht im Wege der Änderung einzutragen** ist, ob die Berücksichtigung nunmehr statt durch Zurückbehalten durch Auszahlung erfolgt[7] (s § 188 Rn 19 f), etwa weil eine aufschiebende Bedingung eingetreten ist oder der Insolvenzgläubiger einen Feststellungsprozess gewonnen hat. Auch sonstige von § 193 nicht erfasste Änderungen kommen nicht in Betracht.[8] Das Insolvenzgericht kann von Amts wegen keine Änderungen vornehmen. Änderungen aufgrund von Entscheidungen im Einwendungsverfahren durch das Insolvenzgerichts sind im Rahmen von § 194 (s ebd Rn 2), nicht über § 193 vorzunehmen.

III. Frist

12 Die Frist beträgt **drei Tage** nach Ablauf der zweiwöchigen Ausschlussfrist des § 189 (§§ 187 II, 188 I BGB, § 222 I ZPO). Diese Ausschlussfrist ist ebenfalls maßgeblich für die Einwendungen nach § 194, die auch gegen die Änderungen bzw. das geänderte Verzeichnis möglich sind und bis zum Ablauf von einer Woche nach Ablauf der Ausschlussfrist zu erheben sind. Durch die dreitägige Frist soll also gewährleistet werden, dass auch gegen das geänderte Verzeichnis noch rechtzeitig Einwendungen bis zum Ablauf der einwöchigen Frist des § 194 geltend gemacht werden können.

13 Problematisch ist insoweit weniger die Kürze der dreitägigen Frist als diejenige der Wochenfrist des § 194, an den die Frist des § 193 jedenfalls anzupassen war. Allerdings ist zu bedenken, dass die Frist des § 194 I ohnehin nur für **Abschlagsverteilungen** gilt (s § 197 Rn 4). Bei dem Schlussverzeichnis bleibt es dennoch bei der aus §§ 189 iVm 193 errechneten Frist für Änderungen. Einwendungen sind im Schlusstermin vorzubringen und sonst präkludiert. Nach Ablauf der Frist wird das Verteilungsverzeichnis endgültig verbindlich. Der Verwalter darf anschließend keinerlei Änderungen mehr vornehmen. Auch gegen verspätet vorgenommene Änderungen ist wie gegen jede Art rechtswidriger Änderungen das Einwendungsverfahren nach § 194 einschlägig. Nur im Hinblick auf offensichtliche Irrtümer wird eine Berichtigung auch nach Ablauf der Frist noch möglich sein.[9]

14 Zur **Einhaltung der Frist** kann der Verwalter über das Insolvenzgericht angehalten werden (§ 58) und ihre Versäumung kann Schadensersatzpflichten nach § 60 begründen.[10] Das Insolvenzgericht darf jedoch nicht an Stelle des Verwalters das Verzeichnis berichtigen.[11]

IV. Vornahme der Änderungen

15 Die Eintragung erfolgt für Änderungen im Hinblick auf bislang schon eingetragene Forderungen in einer Berichtigungsspalte, bei neu aufzunehmenden Forderungen durch Nachtrag in das Verzeichnis.[12] Nicht notwendig ist eine Neuerstellung des Verzeichnisses.[13] Da es in der Regel elektronisch erstellt wird (§ 188 Rn 9), genügt ein Neuausdruck mit den eingefügten Änderungen.[14] Auch das geänderte Verzeichnis ist niederzulegen; eine besondere Anzeige oder weitere öffentliche Bekanntmachung ist jedoch nicht notwendig.[15]

---

7 Jaeger/*Weber* KO[9] § 157 Rn 1.
8 Nerlich/Römermann/*Westphal* InsO[43] § 193 Rn 9.
9 Uhlenbruck/*Wegener* InsO[15] § 193 Rn 9.
10 Rattunde/Smid/Zeuner/*Kirchner* InsO[4] § 193 Rn 3.
11 Jaeger/*Weber* KO[9] § 157 Rn 2.
12 Jaeger/*Weber* KO[9] § 157 Rn 1.
13 HK/*Depré* InsO[10] § 193 Rn 3.
14 Nerlich/Römermann/*Westphal* InsO[43] § 193 Rn 12.
15 Jaeger/*Weber* KO[9] § 157 Rn 3.

§ 194 Einwendungen gegen das Verteilungsverzeichnis

(1) Bei einer Abschlagsverteilung sind Einwendungen eines Gläubigers gegen das Verzeichnis bis zum Ablauf einer Woche nach dem Ende der in § 189 Abs. 1 vorgesehenen Ausschlussfrist bei dem Insolvenzgericht zu erheben.

(2) [1]Eine Entscheidung des Gerichts, durch die Einwendungen zurückgewiesen werden, ist dem Gläubiger und dem Insolvenzverwalter zuzustellen. [2]Dem Gläubiger steht gegen den Beschluss die sofortige Beschwerde zu.

(3) [1]Eine Entscheidung des Gerichts, durch die eine Berichtigung des Verzeichnisses angeordnet wird, ist dem Gläubiger und dem Verwalter zuzustellen und in der Geschäftsstelle zur Einsicht der Beteiligten niederzulegen. [2]Dem Verwalter und den Insolvenzgläubigern steht gegen den Beschluss die sofortige Beschwerde zu. [3]Die Beschwerdefrist beginnt mit dem Tag, an dem die Entscheidung niedergelegt worden ist.

Materialien

BT-Drucks 12/2443, S 186; BT-Drucks 12/7302, S 179; RegE § 222; DiskE u RefE § 212; 1. BerlnsRKomm, LS 1.3.2.1 Abs 5; 1.3.4.4. Abs 3.

Vorgängerregelungen

§ 158 KO (dazu Motive I Bd 2 S 118 f; Motive II S 379 f; Protokolle S 105 f, 183).

Übersicht

Alphabetische Übersicht

https://doi.org/10.1515/9783110343687-021

I. Einleitung. Allgemeines zur Verzeichnisbeschwerde

Geregelt wird das **Verfahren bei Einwendungen** eines Insolvenzgläubigers gegen das bei einer Abschlagsverteilung (s aber u Rn 3) erstellte Verteilungsverzeichnis. Die Einwendungen richten sich an das Insolvenzgericht und auf die **Überprüfung der gesetzlichen Vorgaben für die Verzeichniserstellung**. Da das Verzeichnis auf der Grundlage der Tabelle zu erstellen ist und die Basis für Ausschüttungen an die Gläubiger liefert, wird mit den Einwendungen nach § 194 dem Ziel gemeinschaftlicher Befriedigung und Gleichbehandlung der Insolvenzgläubiger in verfahrensmäßiger Hinsicht gedient. **Materiellrechtliche Einwendungen** betreffend die Anmeldbarkeit einer Forderung, den Bestand einer angemeldeten Forderung oder generell die Richtigkeit der Tabelle sind im Verfahren nach § 194 jedoch gerade nicht gestattet.[1] Vielmehr wird im Einwendungsverfahren vornehmlich die **Übereinstimmung zwischen Tabelle und Verzeichnis** überprüft. Wenn eine Forderung etwa zur Tabelle festgestellt ist, führt ihr tatsächliches Nichtbestehen oder ihr Wegfall nicht zur Unrichtigkeit des Verzeichnisses.[2] 1

Einwendungen sind sowohl gegen ein ursprüngliches als auch gegen ein nach § 193 geändertes Verzeichnis möglich. Das **Änderungsverfahren nach § 193** kann also dem Einwendungsverfahren vorangehen. Es kann aber auch parallel zu ihm stattfinden. Die Abgrenzung ist dann wie folgt vorzunehmen: Während die nach § 193 vorzunehmenden Änderungen idR nachträgliche Veränderungen dem Verzeichnis hinzufügen, geht es bei § 194 um die Berichtigung eines (ursprünglich) fehlerhaften Verzeichnisses. Zudem erfolgen die bei § 193 vorzunehmenden Änderungen durch den Insolvenzverwalter, während § 194 die Berichtigung des Verzeichnisses aufgrund von gerichtlicher Entscheidung eröffnet. Der Fall der (schon bei Verzeichniserstellung) gesetzwidrig nicht berücksichtigten Forderungen fällt inhaltlich sowohl in den Anwendungsbereich des § 193 (ebd Rn 7) als auch des § 194. Berichtigungen können im Einwendungsverfahren verfolgt werden oder bei Erkenntnis der Gesetzwidrigkeit unabhängig von einem Einwendungsverfahren durch den Insolvenzverwalter von Amts wegen vorgenommen werden. Die Vornahme oder Nichtvornahme einer Nachtragsverteilung unterfällt den in § 204 genannten Rechtsbehelfen. 2

Die Norm gilt in direkter Anwendung **ausschließlich für Abschlagsverteilungen**. Einwendungen müssen hier bis zum Ablauf einer einwöchigen Ausschlussfrist vorgebracht werden (§ 194 I). **Einwendungen gegen das Verzeichnis bei Schlussverteilungen** sind demgegenüber im Schlusstermin geltend zu machen (§ 197 I S 2 Nr 2). Allerdings wird im Hinblick auf die Entscheidung, die Zuständigkeit und die Rechtsbehelfe auch für Schlussverteilungen auf § 194 II und III verwiesen (§ 197 III). Da **Nachtragsverteilungen** sich nach dem Schlussverzeichnis richten (§ 205), haben die Einwendungen gegen jenes auch für diese Bedeutung, ohne dass allerdings § 194 auf sie anwendbar wäre.[3] Die Vornahme oder Nichtvornahme einer Nachtragsverteilung unterfällt den in § 204 genannten Rechtsbehelfen. 3

II. Statthafte Einwendungen

1. Generelle Abgrenzung

Entscheidend ist die Abgrenzung zwischen dem Bestand und der Anmeldbarkeit einer Forderung einerseits und der Frage, ob das Verteilungsverzeichnis den Vorschriften der §§ 188 ff entsprechend erstellt wurde, andererseits.[4] Nur für letzteres ist § 194 einschlägig (s o Rn 1). Über Bestand und Anmeldbarkeit einer Forderung hingegen ist im Feststellungsprozess zu entschei- 4

1 BGH WM 1957, 1225; s auch RGZ 139, 83; 21, 331.
2 BGH NZI 2009, 167.
3 Jaeger/*Weber* KO[9] § 166 Rn 11.
4 Jaeger/*Weber* KO[9] § 158 Rn 1; Uhlenbruck/*Wegener* InsO[15] § 194 Rn 2.

den; bei Einwendungen gegen festgestellte Forderungen im Rahmen der Vollstreckungsgegenklage nach § 767 ZPO (§ 188 Rn 8). § 194 ermöglicht also (nur) die **Überprüfung der Einhaltung insolvenzrechtlicher Verfahrensvorgaben** durch das Insolvenzgericht und **innerhalb des Insolvenzverfahrens.** Gleichzeitig schließt die Norm damit auch das Rechtsschutzbedürfnis für eine Feststellungsklage gleichen Inhalts aus.[5]

2. Einzelne Einwendungen

5 Mögliche Einwendungen richten sich gegen das Verzeichnis. In das Verzeichnis sind diejenigen Forderungen aufzunehmen, die bei der Verteilung zu berücksichtigen sind. Es geht also um die Frage, welche Forderungen nach den §§ 188–193 bei einer Verteilung zu berücksichtigen sind, entweder weil der Einwendende sich zu Unrecht nicht berücksichtigt findet oder – in der Praxis seltener[6] – weil er einen anderen Gläubiger zu Unrecht berücksichtigt sieht. Die Entscheidung über diese Voraussetzungen ist eine des Insolvenzverfahrensrechts, nicht des materiellen Rechts und liegt in den Händen des Insolvenzgerichts und nicht des Prozessgerichts.[7] Wird die **gesetzwidrige Anwendung der §§ 188–193** geltend gemacht, ist das **Einwendungsverfahren statthaft**, im Falle ihres tatsächlichen Vorliegens ist es **begründet.**

6 Wenn eine festgestellte Forderung nicht in das Verzeichnis aufgenommen wurde (§ 188), wenn eine bestrittene Forderung trotz Nachweis der Klageerhebung oder Prozessaufnahme nicht aufgenommen wurde (§ 189), wenn die Forderung eines Absonderungsberechtigten trotz Nachweis des Betreibens der Verwertung bei mutmaßlichem Ausfall, des Verzichts oder des tatsächlichen Ausfalls nicht – oder unter unrichtiger Berechnung des Ausfalls[8] – aufgenommen wurde (§ 190) oder wenn eine aufschiebend bedingte Forderung nicht berücksichtigt wurde (§ 191), sind dem Verwalter **Fehler bei der Aufstellung des Verzeichnisses** unterlaufen, da zu berücksichtigende Forderungen nicht aufgenommen wurden. Dasselbe gilt, wenn ein Gläubiger irrtümlich als Absonderungsberechtigter nur „für den Ausfall" eingetragen wird, obwohl die Voraussetzungen des § 190 nicht vorliegen.[9] Ebenfalls kann gerügt werden, dass eine **Verzeichnisberichtigung** nach § 193 zu Unrecht vorgenommen oder unterlassen wurde. Schließlich kommt in Betracht, dass ein „Nachzügler" trotz rechtzeitigen Nachweises iSd § 192 nicht **vorab gleichgestellt** wurde oder umgekehrt dies zu Unrecht geschehen ist.

7 **Mit dem Verfahren nach § 194 kann nicht geltend gemacht werden**, der Verwalter habe die Quote falsch bestimmt, den zur Verteilung angesetzten freien Betrag zu niedrig angesetzt oder statt durch Auszahlung eine Forderung durch Zurückbehaltung berücksichtigt.[10] Die Quote wird allerdings idR ohnehin erst nach Ablauf der Einwendungsfristen bestimmt (s § 195 Rn 9). Wohl aber kann geltend gemacht werden, eine Forderung sei nicht mit dem ihr zukommenden Betrag oder statt als Insolvenzforderung als nachrangige Forderung eingestellt.[11] In diesem Fall geht es nämlich um die verfahrensmäßig korrekte Erstellung des Verzeichnisses. Ein Anspruch auf Durchführung einer Abschlagsverteilung besteht nicht, so dass er auch nicht im Wege des Verfahrens nach § 194 durchgesetzt werden kann.

---

5 Jaeger/*Weber* KO⁹ § 158 Rn 1; MünchKomm/*Kebekus/Schwarzer* InsO⁴ § 194 Rn 3.
6 MünchKomm/*Kebekus/Schwarzer* InsO⁴ § 194 Rn 6.
7 Vgl BGH WM 1998, 622.
8 Jaeger/*Weber* KO⁹ § 158 Rn 4.
9 BGH ZInsO 2009, 2243.
10 MünchKomm/*Kebekus/Schwarzer* InsO⁴ § 194 Rn 7 ff; **aA** für den festgesetzten Betrag: Rattunde/Smid/Zeuner/*Kirchner* InsO⁴ § 194 Rn 4 (welcher Betrag bei einer Abschlagsverteilung ausgeschüttet wird, steht im Ermessen des Verwalters, § 187 Rn 10).
11 Jaeger/*Weber* KO⁹ § 158 Rn 4.

Eine **analoge Anwendung** des § 194 für Einwendungen gegen die Tabelle („Tabellenbeschwerde") kommt nicht in Betracht.[12] Wenn bei der Aufstellung der Tabelle Fehler unterlaufen sind, muss sich das Verzeichnis dennoch an ihr orientieren, so dass es richtig erstellt ist. Im Übrigen wirken sich nicht alle Fehler bei der Aufstellung der Tabelle überhaupt auf das Verzeichnis aus, da nicht alle Tabellenangaben in ihm enthalten sind. Angaben nach § 174 II (bspw vorsätzliche unerlaubte Handlung – vor dem Hintergrund der § 302 Nr 1 bzw § 850f II ZPO) haben auf Höhe und Bestand der Forderung etwa keinen Einfluss, zumindest wenn ein anderer Forderungsgrund in Betracht kommt. Sie finden deshalb keinen Eingang in das Verzeichnis und können vom Einwendungsverfahren nicht betroffen sein. Der Forderungsgrund ist damit weder mit einer Tabellenfeststellungsklage, noch mit einer „Tabellenbeschwerde" noch mit einer Verzeichnisbeschwerde, sondern außerhalb des Insolvenzverfahrens im Klagewege gegen den Schuldner geltend zu machen.[13] 8

III. Verfahren

Für das Verfahren findet § 5 Anwendung, so dass der Amtsermittlungsgrundsatz gilt sowie idR ohne mündliche Verhandlung entschieden wird. Ergänzend gelten die Vorschriften der ZPO (§ 4). 9

1. Einwendungsberechtigte und sonstige Beteiligte

Einwendungsbefugt ist jeder **Insolvenzgläubiger**, der eine Forderung angemeldet hat, gleichgültig ob sie festgestellt oder bestritten wurde, denn bereits die Anmeldung begründet ein rechtliches Interesse an der Änderung des Verzeichnisses.[14] Dabei kommt es nicht auf die materielle Rechtsstellung als Insolvenzgläubiger an, sondern es genügt, wenn der die Einwendung Erhebende in das Verteilungsverzeichnis eingetragen ist.[15] Nicht einwendungsbefugt sind **Massegläubiger**, da sie unabhängig von Verteilungen befriedigt werden. Ebenfalls nicht einwendungsbefugt ist der **Insolvenzschuldner**; seine Rechte werden durch den Verwalter wahrgenommen.[16] Da **nachrangige Gläubiger** bei Abschlagsverteilungen nicht zu berücksichtigen sind, sind sie im Regelfall auch nicht einwendungsbefugt.[17] Eine Ausnahme wird man von dieser Regel machen müssen, wenn die Einwendung im Falle ihres Erfolgs dazu führen würde, dass der nachrangige Gläubiger berücksichtigt wird.[18] 10

Außer dem einwendenden Gläubiger ist am Verfahren der **Insolvenzverwalter beteiligt**, da er die Belange des Schuldners und der Gläubigergemeinschaft wahrnimmt, indem er die Richtigkeit des Verzeichnisses verficht.[19] Er ist allerdings ebenso wie der Schuldner nicht einwendungsberechtigt.[20] Schließlich sind sämtliche Insolvenzgläubiger, die bei Erfolg des Verfahrens durch eine Änderung des Verzeichnisses benachteiligt würden, beteiligt. 11

12 BGH NZI 2008, 250.

13 BGH NZI 2008, 250; entsprechend auch die Rechtsprechung im Einzelzwangsvollstreckungsrecht s *Meller-Hannich* DGVZ 2009, 69, 70.

14 Jaeger/*Weber* KO[9] § 158 Rn 2; MünchKomm/*Kebekus/Schwarzer* InsO[4] § 194 Rn 2; Rattunde/Smid/Zeuner/*Kirchner* InsO[4] § 194 Rn 2; Uhlenbruck/*Wegener* InsO[15] § 194 Rn 3.

15 LG Bonn NZI 2014, 831.

16 Jaeger/*Weber* KO[9] § 158 Rn 2; MünchKomm/*Kebekus/Schwarzer* InsO[4] § 194 Rn 4.

17 BT-Drucks 12/2443, S 186.

18 MünchKomm/*Kebekus/Schwarzer* InsO[4] § 194 Rn 3; s auch Uhlenbruck/*Wegener* InsO[15] § 194 Rn 4.

19 Jaeger/*Weber* KO[9] § 158 Rn 2.

20 BeckOK/*Nicht* InsO[23] § 194 Rn 3 f.

2. Frist

12 Einwendungen sind bis zum Ablauf einer Woche nach dem Ende der Ausschlussfrist des § 189 I geltend zu machen. Das bedeutet allerdings nicht, dass der Ablauf der zweiwöchigen Ausschlussfrist des § 189 I abgewartet werden muss, wenn der Insolvenzgläubiger schon vorher Einwendungen geltend machen will. § 194 I spricht nämlich von „bis zum Ablauf" und nicht von „innerhalb." Somit handelt es sich um eine insgesamt dreiwöchige Frist ab Wirksamwerden des Verzeichnisses bis zu deren Ende die Einwendungen geltend zu machen sind. Bei Einwendungen gegen ein geändertes Verzeichnis beträgt die Frist freilich nur vier Tage (§ 193 Rn 14). Die Frist berechnet sich nach § 222 I ZPO, §§ 187, 188 BGB. Es handelt sich um eine Ausschlussfrist aber nicht um eine Notfrist.[21]

3. Form, Zuständigkeit und Entscheidung des Insolvenzgerichts

13 Die Einwendungen sind als Erklärungen schriftlich einzureichen oder zu Protokoll der Geschäftsstelle zu erklären (§ 4, § 496 ZPO).[22] Zuständig ist das Amtsgericht als Insolvenzgericht am allgemeinen Gerichtsstand des Schuldners (§§ 2, 3, 194 I). Wird die Einwendung fristgerecht beim unzuständigen Gericht eingereicht und an das zuständige Gericht nach § 4, §§ 281, 495 ZPO verwiesen, schadet es nicht, wenn die Verweisung erst nach Fristablauf erfolgt.[23] Auch wenn durchaus sämtliche Insolvenzgläubiger Verfahrensbeteiligte sein können (s o Rn 10 f), sind nicht alle zuzuziehen. Eine Anhörung steht im Ermessen des Insolvenzgerichts und kann schriftlich oder mündlich erfolgen. Sie erfolgt gegenüber dem Verwalter stets,[24] gegenüber einem beteiligten Insolvenzgläubiger, wenn sich die Einwendung auf seine Streichung aus dem Verzeichnis richtet.[25] Es entscheidet in der Regel der Rechtspfleger, es sei denn der Richter behält sich die Entscheidung vor (§§ 3 Nr 2e, 18 II RPflG). Die Entscheidung erfolgt durch zurückweisenden, stattgebenden oder teilweise stattgebenden Beschluss. Letzteres kommt etwa in Betracht, wenn eine zuvor unberücksichtigte Forderung aufgrund der Entscheidung des Gerichts zwar eingestellt wird, aber mit einem geringeren als dem beantragten Betrag.[26]

4. Zustellung

14 Wenn das Insolvenzgericht die Einwendungen zurückweist, ist der entsprechende Beschluss dem einwendenden Gläubiger und dem Verwalter zuzustellen (§ 194 II S 1). Wird durch den Beschluss eine Berichtigung des Verzeichnisses bewirkt, ist er zusätzlich zur Zustellung in der Geschäftsstelle des Insolvenzgerichts zur Einsichtnahme (nur) durch die Insolvenzgläubiger niederzulegen (§ 194 III S 1). Letzteres gilt auch, wenn aufgrund teilweiser Zurückweisung beide Vorgaben kumuliert[27] anzuwenden sind.

---

21 K Schmidt/*Jungmann* InsO[19] § 194 Rn 4; MünchKomm/*Kebekus/Schwarzer* InsO[4] § 194 Rn 10; **aA** *Häsemeyer* Insolvenzrecht[4] Rn 7.65.

22 Begründung Rechtsausschuss BT-Drucks 12/7302, S 155.

23 MünchKomm/*Kebekus/Schwarzer* InsO[4] § 194 Rn 11.

24 MünchKomm/*Kebekus/Schwarzer* InsO[4] § 194 Rn 12.

25 Jaeger/*Weber* KO[9] § 158 Rn 5.

26 Jaeger/*Weber* KO[9] § 158 Rn 7.

27 MünchKomm/*Kebekus/Schwarzer* InsO[4] § 194 Rn 15.

5. Rechtsmittel

Einschlägiger **Rechtsbehelf gegen den zurückweisenden Beschluss** ist die sofortige Beschwerde für den die Einwendung erhebenden Gläubiger (§ 194 II S 2). Ist hingegen die **Einwendung begründet** und ordnet das Gericht deshalb die Berichtigung des Verzeichnisses an, können der Verwalter und sämtliche Insolvenzgläubiger sofortige Beschwerde einlegen (§ 194 III S 2). Das gilt auch bei teilweiser Zurückweisung unter entsprechend teilweiser Anordnung der Berichtigung. 15

Die ausdrückliche Anordnung der sofortigen Beschwerde als Rechtsmittel gegen die Entscheidung im Einwendungsverfahren geht dem § 11 II RPflG vor, so dass die **Rechtspflegererinnerung ausgeschlossen** ist, selbst wenn – wie in der Regel (o Rn 13) – der Rechtspfleger entschieden hat.[28] Die Gegenansicht[29] trägt der Zielsetzung des Rechtsmittelsystems gegen Entscheidungen des Rechtspflegers, die das Dritte Gesetz zur Änderung des Rechtspflegergesetzes vom 6.8.1998[30] mit sich brachte, nicht hinreichend Genüge. Während nach der alten Rechtslage gegen alle Entscheidungen des Rechtspflegers der Rechtsbehelf der Erinnerung gegeben war (§ 11 I S 1 RPflG aF), ist er nach § 11 I und II inzwischen nur dann zulässig, wenn die allgemeinen Verfahrensvorschriften kein anderes Rechtsmittel vorsehen (o § 6 Rn 19). 16

Das **Verfahren der sofortigen Beschwerde** richtet sich nach § 6, §§ 567 ff ZPO. Auch die Abhilfemöglichkeit des Rechtspflegers entfällt (o § 6 Rn 19) entgegen der allerdings wohl herrschenden Praxis im vergleichbaren Fall der Kostenfestsetzung.[31] Die Rechtsmittelfrist beginnt mit Zustellung bzw. mit der Niederlegung des Beschlusses, falls erforderlich. Gegen die Entscheidung des Beschwerdegerichts ist unter den Voraussetzungen der § 7, §§ 574 ff ZPO die Rechtsbeschwerde möglich. 17

IV. Endgültigkeit des Verteilungsverzeichnisses

Das im Einwendungsverfahren überprüfte, oder ohne dass Einwendungen (rechtzeitig) erhoben wurden, endgültige Verteilungsverzeichnis ist verbindliche Grundlage für die Auszahlung an die Insolvenzgläubiger bei der jeweiligen Abschlagsverteilung. Eine Ausschüttung, die den Vorgaben des Verteilungsverzeichnisses entspricht, ist kondiktionsfest. Bereicherungsrechtliche Ansprüche kommen nur in Betracht, wenn ein Gläubiger trotz Aufnahme in das Verzeichnis nicht bei der Ausschüttung berücksichtigt wird oder umgekehrt ein Gläubiger etwas erhält, ohne im Verzeichnis aufgenommen zu sein (s § 187 Rn 22 ff). 18

28 MünchKomm/*Kebekus/Schwarzer* InsO[4] § 194 Rn 16; FK/*Kießner* InsO[9] § 194 Rn 14; Nerlich/Römermann/*Westphal* InsO[43] § 194 Rn 18.
29 HK/*Depré* InsO[10] § 194 Rn 7; Kübler/Prütting/*Holzer* InsO[90] § 187 Rn 14; Uhlenbruck/*Wegener* InsO[15] § 194 Rn 14.
30 BGBl I, 2030; *Rellermeyer* Rpfleger 1998, 309, 310.
31 OLG Brandenburg OLGR 1999, 450 = Rpfleger 1999, 528 (Leitsatz).

§ 195 Festsetzung des Bruchteils

(1) [1]Für eine Abschlagsverteilung bestimmt der Gläubigerausschuss auf Vorschlag des Insolvenzverwalters den zu zahlenden Bruchteil. [2]Ist kein Gläubigerausschuss bestellt, so bestimmt der Verwalter den Bruchteil.
(2) Der Verwalter hat den Bruchteil den berücksichtigten Gläubigern mitzuteilen.

Materialien

BT-Drucks 12/2443, S 186; RegE § 223; DiskE u RefE § 213; 1. BerlnsRKomm, LS 3.3.7 Abs 1.

Vorgängerregelungen

§ 159 KO (Motive I Bd 2 S 113 f, Motive II S 379 f, Protokolle S 106, 183).

Übersicht

Alphabetische Übersicht

I. Einleitung

1 Da in der Regel die Masse nicht zur Befriedigung sämtlicher Insolvenzgläubiger ausreicht, wird eine Forderung für jeden Gläubiger gleichermaßen prozentual gekürzt (par condicio creditorum). Dies gilt umso mehr, wenn die Masse – wie bei Vornahme einer Abschlagsverteilung der Fall – noch nicht vollständig verwertet ist. Insolvenzgläubiger erhalten nur eine Quote ihrer Forderung. Der sich bei Abschlagsverteilungen hiernach ergebende Bruchteil ist durch den Gläubigerausschuss auf Vorschlag des Insolvenzverwalters oder direkt durch diesen zu bestimmen, wenn kein Gläubigerausschuss bestellt ist. Zudem ist der Bruchteil den berücksichtigten in das Verteilungsverzeichnis aufgenommenen Gläubigern mitzuteilen. Die Vorschrift gilt nur für Abschlagsverteilungen. Durch **Auszahlung des auf Abschlagsverteilungen entfallenden Bruchteils wird ein Teil der Gesamtdividende des Insolvenzgläubigers befriedigt**, so dass eine entsprechende Anrechnung auf die bei der Schlussverteilung zu zahlende Dividende stattfindet. Mit Wirksamkeit der Bestimmung des Bruchteils tritt die Begren-

https://doi.org/10.1515/9783110343687-022

zung der Befriedigung von Massegläubigern durch die verbleibende Teilungsmasse nach § 206 Nr 1 ein.

II. Bestimmung des Bruchteils

Der Bruchteil errechnet sich aus dem Verhältnis des für die Verteilung zur Verfügung stehenden Betrags zu der Summe der berücksichtigten Forderungen. Beides wurde bei Auflegung des Verteilungsverzeichnisses öffentlich bekannt gemacht (§ 188 S 3). Jede Forderung wird prozentual in dem Umfang gekürzt, in dem der zu verteilende Betrag hinter der Summe der Forderungen zurücksteht. Mit der Bruchteilsbestimmung geht **keine summenmäßige Bestimmung des einzelnen auszuzahlenden Betrags** einher, sondern nur eine prozentuale/anteilsmäßige Bestimmung des Umfangs, in dem die Forderung befriedigt wird. Da eben dieser Bruchteil aber aus den konkreten **zur Verfügung stehenden Barmitteln** zu errechnen ist, spielt deren Höhe eine entscheidende Rolle bei der Bestimmung. Dabei ist zu beachten, dass zwar bereits mit der öffentlichen Bekanntmachung nach § 188 S 3 eine bestimmte Summe genannt wurde, jedoch nicht der gesamte bisherige Verwertungserlös bei einer Abschlagsverteilung ausgeschüttet werden muss (sogleich Rn 3). **Mehr als der bekannt gemachte Barbestand darf hingegen nicht verteilt werden.** Der öffentlich bekannt gemachte Betrag wirkt also nur als Schranke nach oben. Falls zwischen öffentlicher Bekanntmachung und Bruchteilsbestimmung weitere Masseverwertungen stattgefunden haben, ist der daraus erzielte Erlös nicht hinzuzurechnen. Dieser Betrag ist vielmehr für eine weitere Verteilung vorgesehen;[1] dabei ist auch seine Verwendung für die Vorabgleichstellung nach § 192 möglich. Auch eine gegenüber der Bekanntmachung **beliebige Herabsetzung nach unten ist jedoch nicht gestattet.**[2] Der danach zu verteilende Bestand ist auf alle Gläubiger **gleichmäßig zu verteilen.**[3] Daraus ergibt sich im Einzelnen Folgendes: 2

1. Verfügbarer Massebestand

Eine Auszahlung über den veröffentlichten Massebestand hinaus ist nicht gestattet. Der bekannt gemachte Massebestand muss jedoch nicht vollständig verteilt werden.[4] Zum einen können seit der Bekanntmachung Minderungen durch Zahlung auf Masseverbindlichkeiten eingetreten sein. Des Weiteren können Ansprüche auf nachträgliche Vorabbefriedigung nach § 192 entstanden sein, die vor der Ausschüttung des Erlöses an die bei der Verteilung zu berücksichtigenden Insolvenzgläubiger („Nachzügler") der letzten Verteilung zu zahlen sind. Auch Kosten von (sonstigen) Verwaltungsaufgaben sind nicht immer absehbar. Schließlich ist eine Abrundung gestattet und zweckmäßig, damit sich insgesamt möglichst runde und handhabbare Bruchteile ergeben.[5] Erfolgreiche Einwendungen iSd § 194 oder Berichtigungen nach § 193 haben hingegen keinen Einfluss auf die zu verteilende Summe, wohl aber auf die zu berücksichtigende Summe der Forderungen und damit auch auf die Bruchteilsbestimmung. 3

---

1 Jaeger/*Weber* KO[9] § 159 Rn 3; MünchKomm/*Kebekus*/*Schwarzer* InsO[4] § 195 Rn 5.
2 MünchKomm/*Kebekus*/*Schwarzer* InsO[4] § 195 Rn 6.
3 Jaeger/*Weber* KO[9] § 159 Rn
4 Jaeger/*Weber* KO[9] § 159 Rn 3; HK/*Depré* InsO[10] § 195 Rn 1; MünchKomm/*Kebekus*/*Schwarzer* InsO[4] § 195 Rn 5, 6; Uhlenbruck/*Wegener* InsO[15] § 195 Rn 6.
5 Jaeger/*Weber* KO[9] § 159 Rn 3; MünchKomm/*Kebekus*/*Schwarzer* InsO[4] § 195 Rn 5.

2. Gleichmäßige Verteilung

4 Der aus der Verwertung erlöste, zu verteilende Barbestand ist unter den Gläubigern entsprechend der Höhe ihrer Forderungen gleichmäßig gekürzt zu verteilen. Es darf deshalb nicht für einzelne Gläubiger vollständige oder höherprozentige Befriedigung stattfinden. Das gilt auch für mehrere Forderungen eines Gläubigers. §§ 366, 367 BGB finden keine Anwendung.[6] Das Anrechnungsverbot bezieht sich sowohl auf das Verhältnis nicht gleichrangiger als auch gleichrangiger Forderungen.[7]

3. Berechnung

5 Stehen danach die verfügbare Masse und die zu berücksichtigenden Forderungen fest, ist die Berechnung der Quote eine reine Rechenoperation, für die weder dem Ausschuss noch dem Verwalter ein Ermessen zusteht.[8]

Berechnungsformel:

Barbestand ./. Summe der Forderungen = zu zahlender Bruchteil jeder Forderung

Beispiel:

100.000 € ./. 1.500.000 € = 0,0$\bar{6}$ bzw. 1/15

Jede Forderung wird also zu einem Anteil von 0,0$\bar{6}$ bzw. von 1/15 befriedigt. Auf eine Forderung von 750.000 € etwa werden 50.000 € ausgezahlt.

III. Zuständigkeit

6 Zuständig für die Bestimmung des Bruchteils ist der **Gläubigerausschuss**, wobei der Insolvenzverwalter ein Vorschlagsrecht hat. Da Abschlagsverteilungen häufig überhaupt nur in größeren Verfahren stattfinden, wird vielfach auch ein Gläubigerausschuss für eben diese Verfahren bestellt sein. Der Anwendungsbereich von § 195 I S 1 ist deshalb praktisch bedeutsam. Wenn ein Gläubigerausschuss vorhanden ist, hat der **Verwalter ein Vorschlagsrecht**. Der Ausschuss ist jedoch an den Vorschlag des Verwalters nicht gebunden.[9] Sollte kein Gläubigerausschuss bestellt sein, bestimmt der **Verwalter selbständig** nach § 195 I S 2 den Bruchteil.

7 Diese Differenzierung entspricht derjenigen des § 187 III S 2, wonach eine Zustimmung des Gläubigerausschusses – so bestellt – notwendig ist, damit überhaupt eine Verteilung vorgenommen werden kann. Bei Abschlagsverteilungen ist sie dann auch genügend (anders § 196 II für Schlussverteilungen). Aus § 195 I und § 187 III S 2 ergeben sich also insgesamt die Befugnisse des Gläubigerausschusses bei Abschlagsverteilungen.

8 Die **Gläubigerversammlung und das Insolvenzgericht** wirken an der Bestimmung nicht mit. Die allgemeinen Aufsichtsbefugnisse nach § 58 bestehen jedoch im Hinblick auf gesetzwidrige Bruchteilsbestimmungen. Diese liegen etwa vor, wenn der Verwalter die Befugnisse des Gläubigerausschusses nicht beachtet, indem er eine Abschlagszahlung ohne Zustimmung des Gläubigerausschusses festsetzt, oder ohne Bestimmung des Bruchteils durch den Gläubigerausschuss oder entgegen dessen (korrekter) Bestimmung durchführt.[10]

---

6 RGZ 164, 212; BGH ZIP 1985, 487; Jaeger/*Weber* KO[9] § 159 Rn 3; Uhlenbruck/*Wegener* InsO[15] § 195 Rn 12.

7 Jaeger/*Weber* KO § 155 Rn 7; 159 Rn 3; Uhlenbruck/*Wegener* InsO[15] § 195 Rn 12.

8 Uhlenbruck/*Wegener* InsO[15] § 195 Rn 6.

9 MünchKomm/*Kebekus/Schwarzer* InsO[4] § 195 Rn 2; Uhlenbruck/*Wegener* InsO[15] § 195 Rn 4.

10 Uhlenbruck/*Wegener* InsO[15] § 195 Rn 2.

IV. Zeitpunkt der Bestimmung

Die Festsetzung des Bruchteils ist grundsätzlich jederzeit möglich.[11] Da die Höhe des Bruchteils entscheidend von der Summe der berücksichtigten Forderungen abhängt und letztere sich durch Streichung oder Einfügung von Forderungen in das Verzeichnis nach Maßgabe von § 193 oder § 194 verändern kann, empfiehlt sich aber, mit der Bestimmung des Bruchteils bis zum **Ablauf sowohl der Ausschlussfrist des § 189 I als auch der Ausschlussfrist des § 194 I abzuwarten.** Darüber hinaus wird angeraten, auch noch die **rechtskräftige Erledigung aller evt erhobenen Einwendungen** abzuwarten.[12] Gesetzlich vorgegeben ist beides nicht[13] und schließlich sind nachträgliche Abänderungen des Bruchteils (s noch unten Rn 11) durchaus möglich. Die rechtskräftige Erledigung der Einwendungen kann zudem angesichts des dreistufigen Instanzenzugs bei dem Verfahren nach § 194 erhebliche Zeit in Anspruch nehmen, was dem Ziel flexibler zeitgerechter Befriedigung durch Abschlagsverteilungen zuwiderläuft. Insgesamt ist es deshalb zweckmäßig, den Ablauf der Einwendungsfrist jedenfalls abzuwarten, bei Erhebung von Einwendungen aber deren rechtskräftige Bescheidung nur dann, wenn sie nicht allzu weit aussteht.[14] Wie lange dabei zugewartet werden sollte, hängt vom Umfang der Einwendungen und von der **wirtschaftlichen Praktikabilität** der im Vorfeld und infolge der rechtskräftigen Bescheidung vorhersehbar notwendigen Dispositionen ab. Gegebenenfalls müssen nämlich zur Vermeidung der Haftung des Verwalters Mittel für die von Einwendungen betroffenen Forderungen zurückgehalten werden, was auf die Bestimmung des Bruchteils Einfluss hat.[15] Falls das Verzeichnis aufgrund erfolgreicher Einwendungen geändert wird und die im Verzeichnis berücksichtigten Gläubiger ihren Anteil nicht erhalten, weil keine hinreichenden Barmittel mehr zur Verfügung stehen, sind Schadensersatzansprüche und auch bereicherungsrechtliche Ansprüche möglich (s § 187 Rn 22 ff). Zu Recht wird deshalb angemerkt, dass zumindest in Großverfahren mit hohen Forderungsbeträgen und einer großen Zahl von Gläubigern eine Festsetzung des Bruchteils vor der rechtskräftigen Erledigung aller Einwendungen vielfach unpraktikabel sein wird.[16] 9

V. Weiteres Verfahren

1. Mitteilung

Der nach Abs 1 bestimmte Bruchteil ist den berücksichtigten Gläubigern durch den Verwalter mitzuteilen. Da **keine bestimmte Form** vorgesehen ist, kann die Mitteilung mündlich, schriftlich oder durch öffentliche Bekanntmachung geschehen, wobei allerdings der Insolvenzverwalter auf das Internet-Verzeichnis des § 9 keinen Zugriff hat (s § 188 Rn 9) und das Insolvenzgericht nicht die mitteilungsbefugte und verpflichtete Institution ist. Möglich und gebräuchlich ist sogar ein reiner Vermerk auf dem Überweisungsformular,[17] soweit er dem Gläubiger einsichtig ist und soweit dieser tatsächlich durch Auszahlung[18] und nicht durch Zurückbehalten berücksichtigt wird. Durch die Mitteilung wird die **Bruchteilsbestimmung wirksam** gegenüber den berück- 10

11 Jaeger/*Weber* KO[9] § 159 Rn; Uhlenbruck/*Wegener* InsO[15] § 195 Rn 3; **aA** MünchKomm/*Kebekus/Schwarzer* InsO[4] § 195 Rn 4.
12 KK/*Pehl* InsO § 195 Rn 9 mwN; Uhlenbruck/*Wegener* InsO[15] § 195 Rn 3 mwN.
13 Anders wohl MünchKomm/*Kebekus/Schwarzer* InsO[4] § 195 Rn 4 mit Hinweis auf die Systematik und die Gesetzesmaterialien.
14 Jaeger/*Weber* KO[9] § 159 Rn 1.
15 Jaeger/*Weber* KO[9] § 158 Rn 10.
16 Uhlenbruck/*Wegener* InsO[15] § 195 Rn 2 mwN.
17 HK/*Depré* InsO[10] § 195 Rn 6; MünchKomm/*Kebekus/Schwarzer* InsO[4] § 195 Rn 6.
18 LG Osnabrück KTS 1957, 142.

sichtigten Gläubigern und zwar bereits durch Mitteilung an einen von ihnen.[19] Vor allem erlangt sie gegenüber Massegläubigern die Wirkung des § 206 Nr 1, so dass nach Mitteilung bekannt gewordene Masseverbindlichkeiten nur aus dem restlichen verbleibenden Masseerlös befriedigt werden.

2. Änderungen des Bruchteils

11 **Bis zur Mitteilung** kann der Bruchteil geändert werden, da die Festsetzung erst dann von einer inneren Verwaltungsangelegenheit[20] zur Wirksamkeit nach außen gelangt. Änderungen zwischen Bruchteilsbestimmung und Mitteilung unterliegen denselben Ermessensregeln und -schranken wie die Bruchteilsbestimmung selbst (o Rn 3, 4), so dass neue Tatsachen (etwa bislang übersehene Masseverbindlichkeiten, Auswirkungen durch nachträgliche Berücksichtigung nach § 192 oder erledigte Einwendungsverfahren), aber auch erkannte Fehler bei der ursprünglichen Bestimmung des Bruchteils, eine neue Berechnung ergeben können.

12 **Nach Mitteilung** ist die Anteilsbestimmung wirksam und Änderungen nur noch wegen unvorhergesehener Erlösverluste oder erkannter Berechnungsirrtümer möglich.[21] Masseverbindlichkeiten, von denen der Verwalter nachträglich Kenntnis erlangt hat, erlauben keine nachträgliche Änderung, da insoweit § 206 Nr 1 eingreift.[22] Auch nach Mitteilung begründet sich mit der Bruchteilsbestimmung aber kein Auszahlungsanspruch der Insolvenzgläubiger. Änderungen, selbst wenn sie pflichtwidrig sind, können also nur im Aufsichtswege (§§ 58, 59) und durch Schadensersatzansprüche gegen den Verwalter (§ 60) sanktioniert werden.

13 Über vorgenommne Änderungen ist der Gläubigerausschuss zu informieren, einer erneuten Bestimmung bedarf es nur bei wesentlichen Veränderungen.[23] In diesem Fall muss dann auch eine erneute Mitteilung an die beteiligten Gläubiger vorgenommen werden.[24]

3. Auszahlung

14 An die Festsetzung und Mitteilung des Bruchteils schließt sich der Vollzug der Abschlagsverteilung durch Auszahlung an. Die Auszahlung ist eine Holschuld, erfolgt aber idR durch Bankanweisung. Ein Anspruch auf Auszahlung besteht nicht, allerdings kommen Schadensersatzansprüche gegen den Verwalter in Betracht. Bei Auszahlung entgegen dem Verteilungsverzeichnis, oder auch wenn die Quote falsch berechnet wurde, bestehen bereicherungsrechtliche Ansprüche. Dazu insgesamt § 187 Rn 22 ff.

---

19 Jaeger/*Weber* KO[9] § 159 Rn 4; HK/*Depré* InsO[10] § 195 Rn 6.
20 Jaeger/*Weber* KO[9] § 159 Rn 4.
21 Jaeger/*Weber* KO[9] § 159 Rn 5; vgl auch Uhlenbruck/*Wegener* InsO[15] § 195 Rn 10.
22 Uhlenbruck/*Wegener* InsO[15] § 195 Rn 10.
23 Uhlenbruck/*Wegener* InsO[15] § 195 Rn 6.
24 Kübler/Prütting/Bork/*Holzer* InsO[90] § 195 Rn 15.

§ 196 Schlußverteilung

(1) Die Schlußverteilung erfolgt, sobald die Verwertung der Insolvenzmasse mit Ausnahme eines laufenden Einkommens beendet ist.
(2) Die Schlußverteilung darf nur mit Zustimmung des Insolvenzgerichts vorgenommen werden.

Materialien
BT-Drucks 12/2443, S 186; RegE § 224; BR-Drucks 336/94 S 48; DiskE u RefE § 214; 1. BerlInsRKomm, LS 3.3.9 Abs 1 S 2.

Vorgängerregelungen
§ 161 KO (dazu Motive I Bd 2 S 117 f; Motive II S 380 f; Protokolle S 107, 183), § 18 II 1 GesO.

Literatur
Ahrens Laufendes Einkommen gemäß § 196 I InsO NJW-Spezial 2019, 725; *Holzer/Semmelbeck*, Rücklagenbildung für die Kosten des Restschuldbefreiungsverfahrens, NZI 2015, 354; *Rätzke/Hingerl* Keine Rückstellungen für die Kosten in der Wohlverhaltensperiode; *Reck* Rückstellung für die Wohlverhaltensperiode – Fluch für die Gläubiger und Segen für Schuldner und Staatskasse? ZVI 2015, 161.

Übersicht

Alphabetische Übersicht

https://doi.org/10.1515/9783110343687-023

I. Einleitung. Allgemeines zur Schlussverteilung

1 Bei der Schlussverteilung wird die **gesamte verwertete Masse** an die Insolvenzgläubiger ausgeschüttet. Ihr **Ziel ist die Beendigung des Insolvenzverfahrens** (§ 200). Sie findet statt, sobald die Masseverwertung abgeschlossen ist, und bezieht sich auch auf den bei Abschlagsverteilungen nicht verteilten, den nach Abschlagsverteilungen frei werdenden (§§ 190 II S 3, 191 II S 2) sowie den nach Abschlagsverteilungen neu hinzugekommenen Erlös. Um die Schlussverteilung nicht zu verzögern, wird ein laufendes Einkommen des Schuldners bei ihr nicht berücksichtigt (§ 196 I), so dass nicht abgewartet werden muss, bis auch dieser Massebestandteil (§ 35 I) der Teilungsmasse zugeführt wurde. Grundsätzlich folgt ihr Verfahren den Vorgaben der §§ 187 ff, was etwa die Zuständigkeit des Verwalters für ihre Vornahme sowie die Erstellung, den Inhalt und Änderungen (§§ 189–191, 193) ihres Verteilungsverzeichnisses angeht. Die Schlussverteilung ist allerdings nur mit Zustimmung des Insolvenzgerichts möglich (§ 196 II). Sie steht nicht im Ermessen des Verwalters. Eine Quote nach § 195 muss nicht festgesetzt werden. Zudem ist eine Präklusion von Einwendungen gegen das Verzeichnis sowie von Forderungsnachmeldungen bei Schlussverteilungen endgültig.

II. Abgeschlossene Verwertung der Insolvenzmasse

2 Die Verwertung der Insolvenzmasse ist abgeschlossen, wenn die Sollmasse vollständig zu Geld gemacht ist. Dies ist **materielle Voraussetzung für die Vornahme der Schlussverteilung.**[1]

1. Zeitpunkt

3 Wenn die Verwertung abgeschlossen ist, ist vorderste Pflicht des Verwalters, die Zustimmung zur Schlussverteilung beim Gläubigerausschuss (§ 187 III S 2) und beim Insolvenzgericht (§ 196 II) einzuholen. Im Rahmen seiner Entscheidung über die Zustimmung prüft das Gericht die materielle Voraussetzung der vollständigen Verwertung. Die Ausschüttung findet erst statt, wenn die Zustimmung des Gläubigerausschusses und des Gerichts vorliegen, das Verzeichnis erstellt und niedergelegt sowie die öffentliche Bekanntmachung erfolgt ist (§ 188), der Schlusstermin abgehalten (§ 197) und das Verzeichnis ggf geändert worden ist (§§ 193, 194 II, III) oder Einwendungen rechtskräftig entschieden sind.

2. Streitige Forderungen, Forderungen von Absonderungsberechtigten, aufschiebend bedingte Forderungen

4 Wenn noch **Feststellungsprozesse** über Forderungen von Insolvenzgläubigern schweben, verhindert dies die Vornahme der Schlussverteilung nicht.[2] Vielmehr findet § 189 Anwendung, der auf die Forderung entfallende Anteil wird also hinterlegt (§§ 189 II, 198) bis der Ausgang des Feststellungsprozesses feststeht. Geht der Prozess nach dem Schlusstermin zu Ungunsten des Insolvenzgläubigers aus, kommt es zur Nachtragsverteilung für diesen Betrag (§ 203 I Nr 1); andernfalls wird der Betrag an den obsiegenden Insolvenzgläubiger ausgezahlt. Auch dass ein Nachweis iSd § 190 I über den **Ausfall bei der Verwertung** noch nicht erbracht ist, führt nicht zum Aufschub der Schlussverteilung. Gelingt der Nachweis bis zum Ablauf der Ausschlussfrist der §§ 190 I, 189 I, wird die Forderung bei der Schlussverteilung berücksichtigt. Kann der Nachweis nicht erbracht werden, weil das Absonderungsgut (derzeit) unverwertbar ist, bleibt dem

1 Jaeger/*Weber* KO[9] § 161 Rn 1.
2 Uhlenbruck/*Wegener* InsO[15] § 196 Rn 7 mwN; Nerlich/Römermann/*Westphal* InsO[43] § 196 Rn 9.

absonderungsberechtigten Gläubiger nur der Verzicht auf die abgesonderte Befriedigung, um mit seiner Forderung berücksichtigt zu werden.[3] Schließlich schiebt auch ein **noch ausstehender Bedingungseintritt** die Schlussverteilung nicht auf. Hat die bedingte Forderung keinen Vermögenswert, wird sie nicht berücksichtigt; hat sie einen Vermögenswert, wird der auf sie entfallende Anteil bis zum Bedingungseintritt hinterlegt, §§ 191 I S 2, II S 1, 198.

3. Unverwertbare Massegegenstände

Die **Unverwertbarkeit von Massegegenständen** führt nicht zum Aufschub der Schlussverteilung, damit ein zügiger Verfahrensabschluss möglich bleibt. Das Gericht wird aber vor seiner Zustimmung zur Schlussverteilung überprüfen müssen, ob tatsächlich eine Unverwertbarkeit oder (lediglich) eine „noch nicht abgeschlossene Verwertung" vorliegt, da letzteres der Zulässigkeit der Schlussverteilung entgegensteht.[4] Über das weitere Schicksal unverwertbarer Gegenstände wird im Schlusstermin entschieden, § 197 I S 1 Nr 3. Stellen sich die Gegenstände im Nachhinein noch als verwertbar heraus, werden sie Gegenstand einer Nachtragsverteilung nach § 203 I Nr 3.[5] 5

Ähnliche Erwägungen tragen auch bei **lediglich derzeitig unverwertbaren Massegegenständen.** Sowohl der Schuldner als auch die Gläubiger haben ein Interesse an rascher Vornahme der Schlussverteilung und Verfahrensbeendigung, so dass ein Abwarten bis zum Eintritt der Verwertbarkeit nicht angemessen ist. Im Schlusstermin kann dann die Nachtragsverteilung nach § 197 I S 2 Nr 3 vorbehalten bleiben. Beispielsweise kann es bei **noch nicht fälligen Forderungen** zur derzeitigen Unverwertbarkeit kommen, wobei allerdings durchaus auch ein Verkauf vor Fälligkeit in Betracht kommt. Ansonsten ist auch hier die Schlussverteilung nicht bis zur Fälligkeit der Forderung aufzuschieben.[6] Aus diesem Grund ist die Schlussverteilung auch durchzuführen, wenn eine abschließende **Entscheidung über die Vergütung des Insolvenzverwalters** noch aussteht, weil nach Stellung des Vergütungsantrags weitere Massezuflüsse erfolgt sind.[7] 6

Begründet sich die fehlende Verwertbarkeit dadurch, dass noch Prozesse über Masseaktiva schweben **(laufende Aktivprozesse),** ist die Schlussverteilung nicht aufzuschieben.[8] Für den ggf neu hinzukommenden Erlös kommt eine Nachtragsverteilung nach § 203 I Nr 3 in Betracht; falls er zwischen Erteilung der Zustimmung und Schlusstermin anfällt, ist er sogar noch für die Schlussverteilung flüssig zu machen. Für den Fall eines negativen Ausgangs des Prozesses sollte der Insolvenzverwalter für die von der Masse evtl zu zahlenden Beträge angemessene Rückstellungen bilden.[9] 7

Schließlich hindert die Tatsache, dass der Schuldner **laufendes Einkommen**[10] bezieht, die Vornahme der Schlussverteilung nicht.[11] Auch hierbei handelt es sich um einen derzeit unverwertbaren Massebestandteil, denn auch das während des Verfahrens hinzukommende Vermögen ist Massebestandteil (§ 35), ist aber als Barmittel für eine Verteilung noch nicht verfügbar. Nach alter Rechtslage hatte die Praxis aber Schwierigkeiten mit der Verwendung laufender Einkünfte, da sie davon ausging, die Schlussverteilung müsse möglicherweise dauerhaft hinausgeschoben werden, und auch über eine Restschuldbefreiung könne damit nicht entschieden wer- 8

3 Jaeger/*Weber* KO[9] § 153 Rn 2.
4 Jaeger/*Weber* KO[9] § 161 Rn 2.
5 BGH ZInsO 2006, 1105.
6 Uhlenbruck/*Wegener* InsO[15] § 196 Rn 2.
7 BGH NZI 2017, 505.
8 Kübler/Prütting/Bork/*Holzer* InsO[90] § 196 Rn 6; MünchKomm/*Kebekus/Schwarzer* InsO[4] § 196 Rn 5; Uhlenbruck/*Wegener* InsO[15] § 196 Rn 8; **aA** Nerlich/Römermann/*Westphal* InsO[43] § 196 Rn 10 ff.
9 Uhlenbruck/*Wegener* InsO[15] § 196 Rn 8.
10 Ausführlich zum Begriff *Ahrens* NJW-Spezial 2019, 725.
11 BGH NZI 2017, 822.

den, da sie die Anhörung im Schlusstermin voraussetzt.[12] Das Gesetz ordnet inzwischen die allgemein für (derzeit) unverwertbare Gegenstände geltenden Regeln für das laufende Einkommen ausdrücklich an. Die Ergänzung in § 196 I wurde durch das InsÄndG vom 26.10.2001[13] eingeführt, um klarzustellen, dass insoweit kein Hinderungsgrund für die Schlussverteilung besteht.[14]

III. Zustimmung des Insolvenzgerichts

9 Der Grund der Zustimmungspflichtigkeit liegt in der **Präklusionswirkung von Schlussverteilungen**. Da Schlussverteilungen zur Verfahrensbeendigung führen sollen, bewirken sie den endgültigen Ausschluss aller bis dahin nicht geltend gemachten Ansprüche. Einwendungen gegen das Verzeichnis sind nur im Schlusstermin möglich (§ 197 II Nr 2), verspätete Forderungsanmeldungen werden nicht berücksichtigt (§ 197 Rn 14 f), und „Nachzügler" können bei Schlussverteilungen in keiner nachfolgenden Verteilung Gleichstellung erfahren (§ 192). Zudem richtet sich eine Nachtragsverteilung nach dem Schlussverzeichnis (§ 205 S 1), so dass Ansprüche von Insolvenzgläubigern nach der Schlussverteilung endgültig ausgeschlossen sind. Schließlich sind auch Massegläubiger nach dem Schlusstermin präkludiert (§ 206 Nr 2). Das Verfahren ist nach der Schlussverteilung aufzuheben (§ 200) und es bleibt die individuelle Rechtsverfolgung (§ 201). Eine solche Präklusion soll nicht nur vom Insolvenzverwalter und ggf Gläubigerausschuss abhängen, sondern **bedarf amtlicher Gestattung**.[15]

10 Der **Insolvenzverwalter muss die Zustimmung vor der Vornahme der Schlussverteilung beantragen**. Von sich aus kann das Insolvenzgericht also nicht tätig werden. Einen Anspruch gegen den Insolvenzverwalter auf Beantragung des Schlusstermins gibt es nicht.[16] Mit dem Antrag sind die Belege einzureichen, aus denen sich das Vorliegen der materiellen Voraussetzungen für die Schlussverteilung ergeben soll. Deshalb wird der Insolvenzverwalter mit dem Antrag regelmäßig auch die **Schlussrechnung** (§ 66 I) einreichen.[17] Deren Auslegung und Prüfung steht ohnehin an nach §§ 66 II, 197 I S 2 Nr 1.

11 **Das Insolvenzgericht prüft nur (!)[18], ob die Verwertung der Masse abgeschlossen ist.** Grundlage der Prüfung sind der Schlussbericht und die Schlussrechnung des Insolvenzverwalters, die zweckmäßigerweise mit dem Antrag auf Zustimmung zur Vornahme der Schlussverteilung eingereicht werden sollten, aber nicht zwingend müssen.[19] Die **positive Entscheidung über die Zustimmung** enthält zugleich den Beschluss über die Anberaumung des Schlusstermins nach § 197. Durch die Bekanntgabe des Schlusstermins erhalten die Gläubiger von der Zustimmung Kenntnis. Die Zustimmung darf nur in besonderen Ausnahmefällen widerrufen werden und der Widerruf muss in diesen Fällen auch im allgemeinen Interesse der Gläubigergemeinschaft liegen, zB wenn noch in erheblichem Umfang Massegegenstände ermittelt werden.[20]

---

12 Etwa *Erdmann* ZInsO 2001, 742; *Henning* ZInsO 1999, 333; *Koch* Rpfleger 2001, 262.

13 BGBl I S 2710.

14 Anders AG Düsseldorf ZInsO 2001, 572.

15 Jaeger/*Weber* KO[9] § 161 Rn 6.

16 AG Göttingen ZInsO 2009, 1498.

17 Jaeger/*Weber* KO[9] § 161 Rn 6, 8.

18 MünchKomm/*Kebekus*/*Schwarzer* InsO[4] § 196 Rn 9.

19 Zur Frage, ob eine Pflicht des Insolvenzverwalters zur Vorlage der Unterlagen bei Antragstellung besteht Kübler/Prütting/Bork/*Holzer* InsO[90] § 196 Rn 9; Nerlich/Römermann/*Westphal* InsO[43] § 196 Rn 31.

20 AG Düsseldorf ZInsO 2006, 332; HambK/*Preß* InsO[9] § 196 Rn 11; MünchKomm/*Kebekus*/*Schwarzer* InsO[4] § 196 Rn 11; Nerlich/Römermann/*Westphal* InsO[43] § 196 Rn 33.

Gegen die erteilte oder verweigerte Zustimmung ist **keine sofortige Beschwerde** gestattet, da dies gesetzlich nicht vorgesehen ist, § 6 I.[21] Falls aber der Rechtspfleger entschieden hat, ist nach § 11 II RPflG eine Erinnerung möglich.[22] 12

Ohne Zustimmung des Insolvenzgerichts oder bei verweigerter Zustimmung darf der Verwalter die Schlussverteilung nicht vornehmen. Allerdings wird seine Kompetenz im Außenverhältnis durch eine solche Pflichtwidrigkeit nicht ausgeschlossen, so dass die Vornahme dennoch wirksam ist. Sie kann allerdings Schadensersatzpflichten des Verwalters nach § 60 begründen. 13

Die Regelung des § 196 begründet eine Pflicht zur Vornahme der Schlussverteilung, wenn ihre materiellen Voraussetzungen gegeben sind. Gegen eine vom Verwalter pflichtwidrig nicht vorgenommene oder verzögerte Schlussverteilung kann im Rahmen der **Rechtsaufsicht des Insolvenzgerichts** (§ 58) idR auf Antrag bzw. Anregung vorgegangen werden.[23] Zudem entstehen Schadensersatzansprüche (Zinsschaden). Auch kann der Beginn einer Schlussverteilung durch das Gericht aufgeschoben werden, indem ihr Vollzug ausgesetzt wird.[24] In zwingenden Fällen kann umgekehrt die Zustimmung des Insolvenzgerichts auch widerrufen werden.[25] In Betracht kommen hier insbesondere Konstellationen, in denen sich nach Zustimmung umfangreiche Massebestände herausstellen, die eine Fortführung des Verfahrens im Interesse der Gläubiger erforderlich machen und eben deshalb eine Nachtragsverteilung als nicht sachgerecht erscheinen lassen.[26] 14

IV. Besonderheiten im Verfahren bei der Schlussverteilung

Für Schlussverteilungen gelten **grundsätzlich die §§ 187 ff** wie für alle Verteilungen. Auch für die Schlussverteilung ist deshalb der Verwalter zuständig (§ 187 III S 1) und die Zustimmung des Gläubigerausschusses ist einzuholen (§ 187 III S 2). Ein Verteilungsverzeichnis ist zu erstellen und niederzulegen (§ 188 S 1 u 2). Die Forderungssumme und der verfügbare Betrag sind anzuzeigen und durch das Gericht öffentlich bekannt zu machen (§ 188 S 3). In das Verzeichnis sind auch bestrittene Forderungen, Forderungen von Absonderungsberechtigten und bedingte Forderungen aufzunehmen, sofern sie unter den Voraussetzungen der §§ 189, 190 bzw. 191 berücksichtigungsfähig sind. § 192 hat für Schlussverteilungen insofern Bedeutung, als die Vorabgleichstellung anlässlich der Schlussverteilung stattfinden kann. Auch Änderungen des Verteilungsverzeichnisses nach § 193 kommen in Betracht. Für **Einwendungen** gegen das Schlussverzeichnis ist das Verfahren nach §§ 197 I S 2 Nr 2, III, 194 II und III einschlägig. Besonderheiten für das **Verteilungsverzeichnis** ergeben sich daraus, dass die Einschränkung des § 191 II im Falle von Schlussverteilungen nicht gilt: **Absonderungsberechtigte Gläubiger** müssen also den vollen Nachweis des Ausfalls oder Verzichts erbringen, um bei Schlussverteilungen berücksichtigt zu werden. Zudem wird wegen § 190 II bei Schlussverteilungen eine **aufschiebend bedingte Forderung** nicht berücksichtigt, wenn sie keinen Vermögenswert hat. Des Weiteren werden nach §§ 189 II, 191 I S 2 zurückzubehaltende Beträge auf der Grundlage von § 198 hinterlegt, damit es nach Schlussverteilungen nicht zur dauerhaften Zurückhaltung im Hinblick auf bestrittene und aufschiebend bedingte Forderungen kommt. Schließlich kommt § 195 bei Schlussverteilungen nicht zur Anwendung, so dass **der auszuzahlende Bruchteil weder festgesetzt noch mitgeteilt** werden muss. Die Gläubiger können sich den Prozentsatz anhand der 15

---

21 MünchKomm/*Kebekus/Schwarzer* InsO[4] § 196 Rn 10; Rattunde/Smid/Zeuner/*Kirchner* InsO[4] § 196 Rn 10.
22 Rattunde/Smid/Zeuner/*Kirchner* InsO[4] § 196 Rn 10; Uhlenbruck/*Wegener* InsO[15] § 196 Rn 16.
23 AG Göttingen ZInsO 2009, 1498; BeckOK/*Nicht* InsO[26] § 196 Rn 2; Jaeger/*Weber* KO[9] § 161 Rn 4.
24 Jaeger/*Weber* KO[9] § 161 Rn 9.
25 Jaeger/*Weber* KO[9] § 161 Rn 9; FK/*Kießner* InsO[9] § 196 Rn 19; MünchKomm/*Kebekus/Schwarzer* InsO[4] § 196 Rn 11.
26 Uhlenbruck/*Wegener* InsO[15] § 196 Rn 13; MünchKomm/*Kebekus/Schwarzer* InsO[4] § 196 Rn 11.

Bekanntmachung des § 188 S 3 selbst errechnen. Durch den Verwalter sind aber die konkreten *Beträge* zu berechnen und den Gläubigern mitzuteilen.[27]

16 Vor Niederlegung des Schlussverzeichnisses und Veröffentlichung **angemeldete Forderungen** sind in einem ggf besonderen Prüftermin zu prüfen und können noch Eingang in das Schlussverzeichnis finden. Werden Forderungen jedoch erst nach Niederlegung und öffentlicher Bekanntmachung des Schlussverzeichnisses angemeldet, dürfen sie bei der Schlussverteilung nicht mehr berücksichtigt werden,[28] auch wenn sie im Schlusstermin noch geprüft und festgestellt werden können (§ 197 Rn 14 f). Ihnen kommt dann lediglich die Titulierungsfunktion des § 201 II zu Gute.

17 Auszuschütten ist der **gesamte Verwertungserlös.** Aus anderen als den in §§ 189 II, 191 I S 2, 198 genannten Gründen darf Masseerlös bei der Schlussverteilung nicht zurückgehalten oder hinterlegt werden. Der BGH geht dennoch davon aus, dass der Insolvenzverwalter analog §§ 292 I S 2, 189, 191, 198 eine **Rückstellung** für nach Aufhebung des Insolvenzverfahrens in der **Wohlverhaltensphase** entstehende Verfahrenskosten zu bilden hat, wenn diese durch die voraussichtlich entstehenden Einkünfte nicht gedeckt sind.[29] Dies kann nicht überzeugen. Das Gesetz sieht ausdrücklich vor, dass sich das Restschuldbefreiungsverfahren nach Aufhebung des Insolvenzverfahrens lediglich aus Lohnabtretungen und Vermögenszuwachs aufgrund von Erbrechten des Schuldners speist, § 295.[30] Für eine darüberhinausgehende Analogie von §§ 292 I S 2, 189, 191, 198 fehlt es schon an einer Regelungslücke. Zwar ist zuzugeben, dass ausweislich des Regierungsentwurfs zur InsO ein Einsatz öffentlicher Mittel nur erfolgen soll, wenn der Schuldner auch unter Heranziehung des während des Verfahrens erlangten Neuerwerbs nicht in der Lage ist, die Verfahrenskosten abzudecken.[31] Dieser Gedanke bezieht sich aber auf die Verteilung im Restschuldbefreiungsverfahren und betrifft gerade nicht die Frage, wie mit Beträgen aus dem eröffneten Verfahren zu verfahren ist. Zuzustimmen ist dem BGH zwar darin, dass nach der InsO grundsätzlich zunächst die Kosten berichtigt werden müssen (zB in § 209 I).[32] Auch zutreffend ist, dass § 63 II dem Insolvenzverwalter einen Anspruch gegen die Staatskasse nur für den Fall gibt, dass die Insolvenzmasse für seine Vergütung nicht ausreicht. Die Staatskasse soll also tatsächlich geschont werden. Dem steht allerdings der klare Wortlaut der Vorschriften §§ 292 I S 2, 295 I Nr 1 und 2, II entgegen. In diesen Vorschriften wird klargestellt, dass in der Wohlverhaltensphase nur auf bestimmte Vermögenswerte zugegriffen werden soll.[33] Dazu gehört die Insolvenzmasse gerade nicht.[34] Es war insoweit auch absehbar, dass diese Beträge bei vielen Schuldnern nicht genügen werden, um die Kosten des nachgeschalteten Restschuldbefreiungsverfahrens zu decken.[35] Auch dies spricht gegen das Vorliegen einer planwidrigen Regelungslücke.[36] Da sich die Verwertungspflicht des Insolvenzverwalters auch auf Massegegenstände erstreckt, von denen er zwischen Zustimmung durch das Insolvenzgericht und Beendigung des Schlusstermins erfährt, ist auch der daraus erzielte Erlös noch bei der Schlussverteilung auszuschütten.[37] Lediglich nach dem Schlusstermin bekannt gewordene Massebestandteile gelangen erst in eine Nachtragsverteilung (§ 206 Nr 2).

27 Jaeger/*Weber* KO^9 § 162 Rn 8.
28 BGH WM 2007, 954 = NZI 2007, 401.
29 BGH NZI 2015, 128.
30 LG Kleve ZInsO 2006, 1002; AG Tempelhof-Kreuzberg ZVI 2007, 479.
31 BT-Drs 14/5680 S 28 zu Nr 16.
32 BGH NZI 2015 128, 130 aE.
33 *Heicke* VIA 2015, 11.
34 *Reck* ZVI 2015 161, 162.
35 *Holzer/Semmelbeck* NZI 2015 354, 356.
36 **AA** *Holzer/Semmelbeck* NZI 2015 354, 356.
37 Jaeger/*Weber* KO^9 § 161 Rn 4.

§ 197 Schlußtermin

(1) [1]Bei der Zustimmung zur Schlußverteilung bestimmt das Insolvenzgericht den Termin für eine abschließende Gläubigerversammlung. [2]Dieser Termin dient
1. zur Erörterung der Schlußrechnung des Insolvenzverwalters,
2. zur Erhebung von Einwendungen gegen das Schlußverzeichnis und
3. zur Entscheidung der Gläubiger über die nicht verwertbaren Gegenstände der Insolvenzmasse.

(2) Zwischen der öffentlichen Bekanntmachung des Termins und dem Termin soll eine Frist von mindestens einem Monat und höchstens zwei Monaten liegen.

(3) Für die Entscheidung des Gerichts über Einwendungen eines Gläubigers gilt § 194 Abs. 2 und 3 entsprechend.

Materialien
BT-Drucks 12/2443, S 186; RegE § 225; BR-Drucks 336/94, S 48; DiskE u RefE § 215; 2. BerInsRKomm, LS 6.2.5.

Vorgängerregelungen
§ 162 KO (dazu Motive I Bd 2 S 118 f; Motive II S 380 f; Protokolle S 107, 183); § 18 I 1 GesO.

Literatur
Gerbers/Pape Der Umgang mit Forderungsanmeldungen nach Einreichen des Schlussberichts, ZInsO 2006, 685.

Übersicht

Alphabetische Übersicht

https://doi.org/10.1515/9783110343687-024

I. Einleitung

1 Die Norm regelt Verfahren und Inhalt des Schlusstermins. Er ist die **abschließende Gläubigerversammlung.** Grundsätzlich gelten deshalb die Regelungen der §§ 74 ff auch für den Schlusstermin. Der Schlusstermin dient dazu, die Schlussrechnung zu erörtern, ggf Einwendungen gegen das Schlussverzeichnis zu erheben und über Freigabe oder mögliche Verwertungsmodalitäten unverwertbarer Massegegenstände zu entscheiden. Der Schlusstermin wird durch das Insolvenzgericht anberaumt und öffentlich bekannt gemacht.

II. Bestimmung des Schlusstermins durch das Insolvenzgericht, Fristen, Ladungen

2 Die Festsetzung des Schlusstermins erfolgt nach § 197 I S 1 ohne Antrag (iGz § 75) **von Amts wegen durch das Insolvenzgericht.** Voraussetzung ist, dass das Insolvenzgericht der Schlussverteilung zugestimmt hat. Diese Zustimmung wird vom Insolvenzverwalter beantragt (§ 196 Rn 10). Selbst wenn „nichts zu verteilen ist", weil die Masse etwa durch Wertverluste, Berichtigung von Masseansprüchen oder Vorabgleichstellungen anlässlich der Schlussverteilung nach § 192 aufgezehrt ist bzw sein wird, hat das Gericht den Schlusstermin anzuberaumen, weil über die unverwertbaren Massegegenstände zu entscheiden ist und die Möglichkeit von Nachtragsverteilungen besteht.[1]

3 Der Termin sowie Ort und Tagesordnung sind nach § 74 II S 1 **öffentlich bekanntzugeben,** was gemäß § 9 I S 1 durch eine zentrale und länderübergreifende Veröffentlichung im Internet (www.insolvenzbekanntmachungen.de) zu erfolgen hat. Die Tagesordnung enthält mindestens die in § 197 I Nr 1–3 aufgeführten Punkte. Zwischen der öffentlichen Bekanntmachung des Termins und dem Termin selbst *soll* eine **Frist von mindestens einem Monat und höchstens zwei Monaten liegen** (§ 197 II).

4 Mit dieser öffentlichen Bekanntmachung ist nicht diejenige des Verzeichnisses (§ 188 S 3) sondern diejenige des Schlusstermins gemeint, wie sich aus dem Wortlaut eindeutig ergibt. Dennoch spielt auch die Bekanntmachung des Verzeichnisses eine entscheidende Rolle für die Fristen: Gegen das Schlussverzeichnis sind wie gegen jedes Verzeichnis Nachweise innerhalb der Ausschlussfrist des §§ 189 I, 190 I möglich. Damit dies auch gegen ein ggf geändertes Schlussverzeichnis noch gewährleistet ist, muss der **Schlusstermin so festgesetzt werden, dass die Ausschlussfristen der §§ 189, 190 sowie die Änderungsfrist des § 193 abgelaufen sind.**[2] Bei Einhaltung der Sollvorgaben des § 197 II für die Terminsbestimmung ist das gewährleistet. Wenn von diesen Vorgaben in begründeten Fällen abgewichen wird, müssen mindestens zwei Wochen und drei Tage nach Wirksamkeit der öffentlichen Bekanntmachung *des Verzeichnisses* (§§ 9 I S 3, 188 S 3, 189 I, 190 I, 193) bis zum Schlusstermin eingehalten werden. Da § 194 I nicht gilt, die Einwendungen vielmehr im Schlusstermin (§ 197 I S 2 Nr 2, III) geltend zu machen sind, ist der Ablauf dieser Wochenfrist nicht abzuwarten.

5 Auch das Verfahren für die **Prüfung der Schlussrechnung ist bei der Terminsbestimmung zu beachten.** § 66 sieht nämlich u. a. die Auslegung der Schlussrechnung zur Einsicht der Beteiligten vor, und dass der Zeitraum zwischen der Auslegung und dem Termin der Gläubigerversammlung (gemeint ist der Schlusstermin) mindestens eine Woche betragen soll. Das Insolvenzgericht sollte also mindestens eine Woche vor dem Schlusstermin diese Auslegung vornehmen bzw. die Terminsbestimmung an die Auslegung anpassen.

6 Neben der öffentlichen Bekanntmachung des Termins ist eine gesonderte **Ladung** der Gläubiger nicht erforderlich.[3] Der Verwalter und der Schuldner werden aber idR geladen, zumal der

---

1 Jaeger/*Weber* KO⁹ § 161 Rn 2.
2 Jaeger/*Weber* KO⁹ § 162 Rn 1; MünchKomm/*Kebekus*/*Schwarzer* InsO⁴ § 197 Rn 3.
3 Uhlenbruck/*Wegener* InsO¹⁵ § 197 Rn 4.

Verwalter eine persönliche Teilnahmepflicht hat.[4] Ist er verhindert, ist der Schlusstermin zu vertagen,[5] was keine gesonderte öffentliche Bekanntmachung erfordert, wenn die Vertagung in der Versammlung erfolgt (§ 74 II S 2). Im Falle der Terminsverlegung ist nur der neue Termin öffentlich bekannt zu machen.[6] Wegen der besonderen Bedeutung des Schlusstermins für alle Verfahrensbeteiligten wird eine gesonderte Ladung auch der Insolvenzgläubiger empfohlen,[7] was aber zumindest bei Großverfahren unpraktisch sein wird und jedenfalls nicht gesetzlich geboten ist.

III. Aufbau und Inhalt des Schlusstermins

Die **Leitung des Schlusstermins** übernimmt das Insolvenzgericht (§ 76). Die Beschlüsse werden mit der **„doppelten Mehrheit"** der §§ 76 II, 77 gefasst: Erforderlich ist also eine Stimmenmehrheit der anwesenden Gläubiger und dass diese Gläubiger mindestens die Hälfte der angemeldeten (nicht bestrittenen oder trotz Bestreitens stimmberechtigter – § 77) Forderungen repräsentieren. 7

Die **Tagesordnung** orientiert sich an § 197 II S 2 Nr 1–3. Es wird also die Schlussrechnung des Insolvenzverwalters erörtert, Einwendungen gegen das Schlussverzeichnis können (und müssen) geltend gemacht werden, und die Gläubiger entscheiden über die nicht verwertbaren Massegegenstände. Auch weitere Tagesordnungspunkte kommen in Betracht: ist ein Antrag auf Restschuldbefreiung gestellt, sind dazu die Insolvenzgläubiger, die Forderungen angemeldet haben, bis zum Schlusstermin zu hören (§ 287 IV). Auch wenn eine Anhörung des Insolvenzverwalters wegen der Streichung von § 289 I aF, nicht mehr notwendig ist,[8] kann sie sich aus Gründen der Sacherforschung unter Umständen empfehlen.[9] Eine Anhörung des Schuldners sollte ebenfalls erfolgen, um ihm eine Äußerungsmöglichkeit zu geben.[10] Grundsätzlich ist der Antrag auf Versagung der Restschuldbefreiung bis zum Schlusstermin zu stellen (§ 290 II). Freilich darf ein solcher Antrag auch im Schlusstermin zu Protokoll erklärt werden.[11] Auch die Prüfung nachträglich angemeldeter Forderungen im Schlusstermin, der dann gleichzeitig gesonderter Prüfungstermin ist, kommt in Betracht (s aber unten Rn 14). 8

1. Erörterung der Schlussrechung, Nr 1

Das Verfahren bei Erstellung und Niederlegung der Schlussrechnung regelt § 66. § 197 I S 2 Nr 1 erwähnt bezüglich der Schlussrechnung lediglich den Begriff *Erörterung*. Dennoch können im Schlusstermin auch *Einwendungen* gegen die Schlussrechnung geltend gemacht werden. Der Neuerung durch den Wegfall von § 86 IV KO, der die Präklusion von Einwendungen gegen die Schlussrechnung regelte, wenn sie nicht im Schlusstermin erhoben wurden, führt zu keinem gegenteiligen Ergebnis (o § 66 Rn 52).[12] Die Folge der Neuregelung ist lediglich, dass Einwendungen, die nach dem Schlusstermin vorgebracht werden, nicht mehr präkludiert sind, insbe- 9

4 Rattunde/Smid/Zeuner/*Kirchner* InsO[4] § 197 Rn 2; Uhlenbruck/*Wegener* InsO[15] § 197 Rn 4; **aA** zur persönlichen Teilnahmepflicht des Verwalters MünchKomm/*Kebekus/Schwarzer* InsO[4] § 197 Rn 2.

5 Nerlich/Römermann/*Westphal* InsO[43] § 197 Rn 2.

6 Jaeger/*Weber* KO[9] § 162 Rn 1.

7 HK/*Depré* InsO[10] § 197 Rn 17.

8 Auf Verfahren die vor dem 1. Juli 2014 beantragt worden sind, findet weiterhin § 289 aF Anwendung (§ 103h EGInsO).

9 *Frege/Keller/Riedel* InsR[8] Rn 2136a; BeckOK/*Riedel* InsO[26] § 287 Rn 49; Uhlenbruck/*Sternal* InsO[15] § 287 Rn 71; **aA** MünchKommInsO/*Stephan* InsO[4] § 287, Rn 159; K Schmidt/*Henning* InsO[19] § 287 Rn 50.

10 MünchKommInsO/*Stephan* InsO[4] § 287 Rn 159; Uhlenbruck/*Sternal* InsO[15] § 287 Rn 70.

11 BT-Drs 17/11268, 15.

12 So aber wohl MünchKomm/*Kebekus/Schwarzer* InsO[4] § 197 Rn 6.

sondere Schadensersatzansprüche gegen den Verwalter nicht ausgeschlossen sind. Dies hatte den Hintergrund, dass die einwöchige Frist (§ 66) als zu kurz für eine Prüfung der Schlussrechnung durch die Gläubiger angesehen wurde.[13] Somit können nach wie vor im Schlusstermin **Einwendungen gegen alle Bestandteile der Schlussrechnung** erhoben werden. Falls die Erörterung der Schlussrechnung ohne Erhebung von Einwendungen stattfindet, die Schlussrechnung gar nicht erörtert wird oder Einwendungen erfolglos bleiben, können die Beteiligten also noch bis zum Ablauf der Verjährungsfrist (§ 62) Schadensersatzansprüche gegen den Verwalter geltend machen. Allein die Erörterung der Schlussrechnung kann die im Rahmen von § 62 bedeutsame Kenntnis nicht herbeiführen.[14] Die Berechtigung der Einwendungen gegen die Schlussrechnung wird nicht vom Insolvenzgericht, sondern im Schadensersatzprozess vor den ordentlichen Gerichten überprüft (§ 66 Rn 53).[15]

2. Erhebung von Einwendungen gegen das Schlussverzeichnis, Nr 2

10 **Inhaltlich** entsprechen die statthaften Einwendungen den auch für § 194 vorgegebenen Anforderungen (ebd Rn 4 ff). Vornehmlich geht es also um Einwendungen gegen die Richtigkeit des Schuldnerverzeichnisses. Dort müssen alle Forderungen aufgenommen sein, die bei der Verteilung zu berücksichtigen sind. Der Inhalt des Verzeichnisses muss sich also nach der Tabelle richten und die Vorgaben der §§ 189 ff für bestrittene, bedingte und Forderungen Absonderungsberechtigter einhalten. Die Nichteinhaltung der Frist des § 189 I kann durch eine Einwendung nach § 197 nicht geheilt werden.[16] Allerdings gilt § 189 I nicht, sofern Gläubiger fälschlicherweise davon ausgegangen sind, dass ein Absonderungsrecht besteht. In diesem Fall ist eine Korrektur des Schlussverzeichnisses auch noch in der Frist des § 197 zulässig und § 190 sowie § 189 I sind nicht analog anzuwenden. Es fehlt an der vergleichbaren Interessenlage. Durch die Frist in §§ 190,180 I soll ein rechtzeitiger Nachweis des Ausfalls gewährleistet werden, um Verzögerungen zu verhindern. Wenn ein solches Recht aber nicht besteht, ist auch kein Nachweis notwendig, der das Verfahren verzögern kann.[17]

11 Die Besonderheit gegenüber dem Verfahren bei Abschlagsverteilungen besteht darin, dass Einwendungen gegen das Schlussverzeichnis nicht binnen einer Frist, sondern im **Termin selbst, das heißt mündlich, ggf nach schriftlicher Ankündigung, zu erheben sind**. An Stelle von § 194 I für Abschlagsverteilungen gilt nämlich bei Schlussverteilungen die Anordnung des § 197 I S 2 Nr 1, III und damit nur die **Regeln des § 194 II und III betreffend das Verfahren bei Einwendungen** (§ 194 Rn 3) **im Falle einer Schlussverteilung.** Anschließend sind die Einwendungen gegen das Schlussverzeichnis dauerhaft präkludiert. Nicht ausgeschlossen sind aber Kondiktionsansprüche, wenn ein Gläubiger trotz Aufnahme in das Verzeichnis bei Ausschüttungen nicht berücksichtigt wird oder ein Gläubiger, der nicht im Verzeichnis aufgeführt wird, einen Betrag erhält (s § 187 Rn 22 ff). Ebenfalls nicht ausgeschlossen sind Schadensersatzansprüche gegen den Verwalter bei pflichtwidriger Nichtaufnahme in das Verzeichnis oder verzeichniswidriger Nichtauszahlung der Dividende.

---

13 Rattunde/Smid/Zeuner/*Rechel* InsO[4] § 66 Rn 23.
14 Rattunde/Smid/*Zeuner*/*Rechel* InsO[4] § 66 Rn 23.
15 Jaeger/*Weber* KO[9] § 162 Rn 3.
16 BGH ZInsO 2009, 2243.
17 BGH ZInsO 2009, 2243.

3. Entscheidung über die nicht verwertbaren Gegenstände der Insolvenzmasse, Nr 3

Der Verwalter erstellt zur Vorbereitung der Entscheidung eine **Liste der nicht verwertbaren Massegegenstände** (dazu § 196 Rn 5 ff) und legt sie den Gläubigern vor.[18] Die Gläubiger können entscheiden, ob eine **andere Form der Verwertung** oder eine **Verwertung nochmals versucht** werden soll, ob der Gegenstand von der Versammlung oder einem Insolvenzgläubiger **gegen Zahlung bzw. Anrechnung auf die Quote übernommen** werden oder ob der Insolvenzverwalter ihn **freigeben** soll.[19] Insbesondere letztere Möglichkeit spiegelt den Zweck, den die Norm durch die Zuweisung der Entscheidung an die Gläubiger verfolgt: Der Verwalter soll von Schadensersatzansprüchen, die eine – ihm bei unverwertbaren Gegenständen mögliche[20] – Freigabe begründen könnte, entlastet werden.[21] 12

Die Entscheidung über eine **Freigabe kann auch konkludent erfolgen**, bedarf also nicht zwingend einer Beschlussfassung. So kommt als schlüssige Freigabe schon in Betracht, dass die Gläubiger gar nicht über die unverwertbaren Gegenstände entscheiden, sich nicht für irgendeine Art der Verwertung entscheiden oder im Termin nicht erscheinen.[22] Unzulässig ist die Übergabe des nicht verwertbaren Massegegenstandes an einen Treuhänder. Schließlich soll das Insolvenzverfahren ja abgeschlossen werden und nicht durch eine andere Person ohne gesetzliche Verfahrensregeln weitergeführt werden.[23] 13

4. Schlusstermin und Prüfungstermin

Forderungen können noch bis zum Abschluss des Insolvenzverfahrens angemeldet werden. Sie können auch noch bis zu diesem Zeitpunkt geprüft und festgestellt werden und bilden dann die Grundlage für einen Vollstreckungstitel gegen den Schuldner für dessen Nachhaftung nach Verfahrensabschluss (§ 201 II). Die Anmeldefrist (§ 28) ist keine Ausschlussfrist. Für nachträglich angemeldete Forderungen ist aber die Anberaumung eines gesonderten Prüfungstermins oder eine Prüfung im schriftlichen Verfahren notwendig (§ 177 I S 2). Ein Anspruch auf Anberaumung eines gesonderten Prüfungstermin zu einem bestimmten Zeitpunkt besteht freilich nicht.[24] Der gesonderte Prüfungstermin kann auch durchaus mit dem Schlusstermin verbunden werden.[25] **Die Prüfung von Forderungen erst im Schlusstermin führt** nach ganz herrschender[26] und vom BGH[27] inzwischen bestätigter Auffassung aber **nicht zur Aufnahme in das Schlussverteilungsverzeichnis.** Das ergibt sich aus Folgendem. In das Verzeichnis sind nur die Forderungen aufzunehmen, die bei Erstellung des Verzeichnisses bereits geprüft und festgestellt sind sowie diejenigen, deren Gläubigern es gelingt, innerhalb der Ausschlussfrist des § 189 I die Nachweise nach § 189 I oder § 190 I zu erbringen. Änderungen können daraufhin nur innerhalb der Frist des § 193 vorgenommen werden. Sämtliches kommt jedoch für bis dato nicht angemeldete und geprüfte Forderungen nicht in Betracht, da das Verzeichnis korrekt erstellt ist. Nach Veröffentli- 14

18 MünchKomm/*Kebekus/Schwarzer* InsO[4] § 197 Rn 10.
19 MünchKomm/*Kebekus/Schwarzer* InsO[4] § 197 Rn 10; Uhlenbruck/*Wegener* InsO[15] § 197 Rn 13.
20 Rattunde/Smid/Zeuner/*Kirchner* InsO[4] § 197 Rn 9.
21 HK/*Depré* InsO[10] § 197 Rn 13; Jaeger/*Weber* KO[9] § 162 Rn 6; MünchKomm/*Kebekus/Schwarzer* InsO[4] InsO § 197 Rn 10.
22 RG JW 1888, 288; Uhlenbruck/*Wegener* InsO[15] § 197 Rn 13.
23 MünchKommInsO/*Kebekus/Schwarzer* InsO[4] § 197 Rn 11; Uhlenbruck/*Wegener* InsO[15] § 197 Rn 14; **aA** K Schmidt/*Jungmann* InsO[19] § 197 Rn 5.
24 LG Würzburg NZI 2020, 421.
25 BT-Drucks 12/2443 S 184.
26 Etwa *Willmer/Berner* NZI 2015, 877; FK/*Kießner* InsO[9] § 197 Rn 9; MünchKomm/*Kebekus/Schwarzer* InsO[4] § 197 Rn 4; Jaeger/*Weber* KO[9] § 162 Rn 9; OLG Köln NJW-RR 1992, 1336; LG Frankfurt (Oder) ZInsO 2006, 1111; AG Potsdam ZIP 2006, 2230; *Gerbers/Pape* ZInsO 2006, 685; *Gundlach/Frenzel* NZI 2007, 401; *Zimmer* ZVI 2004, 269.
27 BGH WM 2007, 954 = NZI 2007, 401.

chung können Änderungen des Schlussverzeichnisses ausschließlich aufgrund der soeben genannten Regelungen oder aber zur Berichtigung offensichtlicher Irrtümer oder Unrichtigkeiten vorgenommen werden.[28] Zwar gilt § 193 auch für innerhalb der Ausschlussfrist des § 189 I *geprüfte* Forderungen (§ 193 Rn 7). Eine entsprechende Anwendung der Frist der § 189 I auf den Nachweis der Anmeldung einer Forderung ist aber ausgeschlossen.[29] Außerdem sind die Fristen der §§ 189 I, 190 I, 193 beim Schlusstermin ohnehin bereits abgelaufen (o Rn 4). Sofern ein Gläubiger seine Forderung so spät anmeldet, dass erst nach Ablauf der Ausschlussfrist für die Schlussverteilung eine Prüfung erfolgen kann, ist er von der Verteilung deshalb jedenfalls ausgeschlossen.[30] Eine Aufnahme in das Verzeichnis scheidet aus; die Regeln zu Einwendungen gegen das Schlussverzeichnis nach § 197 III können auch nicht analog angewandt werden.[31]

15 Dies führt dazu, dass erst im Schlusstermin geprüfte Forderungen, selbst wenn der Verwalter die Forderung anerkennt, nicht mehr in das Verzeichnis aufzunehmen sind und der Gläubiger sogar **im Restschuldbefreiungsverfahren von Leistungen ausgeschlossen** ist.[32] Auch im Restschuldbefreiungsverfahren werden nämlich die Leistungen des Schuldners durch den Insolvenzverwalter auf Grund des Schlussverzeichnisses an die Insolvenzgläubiger verteilt, § 292 I S 2. Schließlich ist ein solcher Gläubiger auch **bei Nachtragsverteilungen ausgeschlossen**, da deren Verzeichnis auf der Grundlage des Schlussverzeichnisses erstellt wird. Aus diesen Gründen nützt die Prüfung und Feststellung einer Forderung im Schlusstermin dem Gläubiger nur soweit als er einen Titel für die Nachhaftung des Schuldners erlangt (§ 201 II). Für Verteilungen ist er endgültig ausgeschlossen. Zwischen Tabelle und Verzeichnis bleibt es dauerhaft bei unterschiedlichem Inhalt. Für die nachträglich angemeldeten Forderungen sollte also die Forderungsprüfung im schriftlichen Verfahren vor dem Schlusstermin durchgeführt werden oder ein **gesonderter Prüfungstermin vor dem Schlusstermin** anberaumt werden. Selbst diese Forderungen können aber nicht aufgenommen werden, wenn die Anmeldung so spät erfolgt, dass eine **Prüfung erst nach Ablauf der Änderungsfrist des § 193** in Betracht kommt. Wenn etwa nachrangige Gläubiger (§ 39) eine Anmeldung erst vornehmen, wenn sich herausstellt, dass auch ihre Befriedigung möglich sein wird, kann es deshalb zu spät für eine Berücksichtigung bei Verteilungen sein. Falls die Anmeldung aber so rechtzeitig erfolgt, dass ein gesonderter Prüfungstermin noch zu ihrer Aufnahme führen würde, sollte der Insolvenzverwalter ihn auch ermöglichen und dadurch den Gläubigern Gelegenheit geben, zwischen den Kosten für einen besonderen Prüfungstermin und der endgültigen Nichtberücksichtigung zu wählen.

16 Eine Möglichkeit die **Gläubigerversammlung**[33] **virtuell** durchzuführen, ist nunmehr im Gesetz (§ 4 S 2) vorgesehen.[34] Insbesondere Gläubiger die aufgrund langer Anreisezeiten nicht teilnehmen, können dadurch zur Wahrnehmung ihrer Gläubigerrechte im Schlusstermin motiviert werden. § 4 S 2 ist insoweit eine Klarstellung, da bisher umstritten[35] war, ob § 4 S 1 auch eine Verweisung auf § 128a ZPO umfasst.[36]

---

28 *Willmer/Berner* NZI 2015, 877, 883.

29 *Gerbers/Pape* ZInsO 2006, 685, 687.

30 *Eckardt* Kölner Schrift[3] 533, 548 Rn 29, der hier sogar – trotz § 201 II – eine Zurückweisung der Anmeldung als unzulässig mangels Rechtsschutzbedürfnis für die Prüfung annimmt, anders wohl BGH WM 2007, 954 = NZI 2007, 401; vgl auch BGH ZIP 1998, 515 – Rechtsschutzbedürfnis für Feststellungsklage; *Gerbers/Pape* ZInsO 2006, 685, 687.

31 So aber wohl Nerlich/Römermann/*Westphal* InsO[43] § 196 Rn 24.

32 Kritisch deshalb *Tscheschke* Rpfleger 1992, 96, 97.

33 Ausführlich zur virtuellen Gläubigerversammlung *Preuß* ZIP 2020, 1533 und zum virtuellen Schlußtermin 1540.

34 BT-Drs 19/24181, 191.

35 Siehe hierzu *Preuß* ZIP 2020, 1533, 1534.

36 BeckOK/*Madaus* InsO[26] § 4 Rn 16.

§ 198 Hinterlegung zurückbehaltener Beträge

Beträge, die bei der Schlußverteilung zurückzubehalten sind, hat der Insolvenzverwalter für Rechnung der Beteiligten bei einer geeigneten Stelle zu hinterlegen.

Materialien

BT-Drucks 12/2443, S 187; RegE § 226; BR-Drucks 336/94, S 48; DiskE u RefE § 216; 1. BerInsRKomm, LS 3.3.8 Abs 2, 3.3.9 Abs 1 S 3.

Vorgängerregelungen

§ 169 KO (dazu Motive I Bd 2 S 124; Motive II S 388; Protokolle S 108, 183).

Literatur

Schmidt/Stiller Hinterlegung von Quotenzahlungen des Insolvenzverwalters bei unbekanntem Aufenthalt des Insolvenzgläubigers ZInsO 2011, 1686.

Übersicht

Alphabetische Übersicht

I. Einleitung

1 Die für sämtliche Verteilungen geltenden Vorschriften der §§ 187 ff sehen für Schlussverteilungen in zwei Fällen das Zurückbehalten von Beträgen statt deren Auszahlung an den Insolvenzgläubiger vor: Erstens bei bestrittenen Forderungen, über die nachweisbar ein Rechtsstreit geführt wird bis zu dessen Beendigung (§ 189 II) und zweitens bei aufschiebend bedingten Forderungen (§ 191 I S 2) bis zum Eintritt oder Ausfall der Bedingung. Soweit eine dieser Konstellationen bei einer Schlussverteilung vorliegt, ordnet § 198 die Hinterlegung an. Die Norm ist also eine **Sonderregelung für Schlussverteilungen** (s aber u Rn 5). Sie erfasst nicht die Forderungen absonderungsberechtigter Gläubiger, die unter den Voraussetzungen des § 190 II S 2 nur bei Abschlagsverteilungen zurückzubehalten sind. Die Hinterlegung muss nicht durch das Ge-

https://doi.org/10.1515/9783110343687-025

richt angeordnet werden (anders § 169 KO[1]), sondern ist **vom Verwalter vorzunehmen**, der dazu kraft Gesetzes verpflichtet ist. Allerdings wird sie von der Zustimmung des Insolvenzgerichts zum Plan der Schlussverteilung nach § 196 II abhängen.[2] Die insolvenzrechtliche Hinterlegung ist eigener Art, hat keine Erfüllungswirkung und folgt nicht den bürgerlichrechtlichen Vorschriften der §§ 372 ff BGB.

II. Bei der Schlussverteilung zurückzubehaltende Beträge

2 In das Schlussverzeichnis werden **bestrittene Forderungen** nur aufgenommen, wenn der Insolvenzgläubiger bis zum Ablauf der Ausschlussfrist des § 189 I nachweist, dass Feststellungsklage erhoben oder ein entsprechendes anhängiges Verfahren aufgenommen ist. Da der Ausgang des Rechtsstreits jedoch ungewiss ist, sind die auf solche Forderungen entfallenden Beträge nicht auszuzahlen, sondern zurückzubehalten, das heißt bei einer Schlussverteilung zu hinterlegen.

3 **Aufschiebend bedingte Forderungen** werden nach § 191 bei einer Schlussverteilung berücksichtigt, wenn sie einen Vermögenswert haben. Auch hier erfolgt die Berücksichtigung aber aufgrund der Ungewissheit des Bedingungseintritts nur durch Zurückbehalten und nicht durch Auszahlung. Eine entsprechende Regelung fehlt zwar in § 191 II, ergibt sich in entsprechender Anwendung von § 191 I S 2 aber aus dem Sinn und Zweck der Norm (s § 191 Rn 11 f). § 198 ordnet die Hinterlegung dieser Beträge auf Kosten des betroffenen Beteiligten an.

4 Ein Zurückbehalten im Hinblick auf **Forderungen absonderungsberechtigter Gläubiger** (§ 190) ist bei Schlussverteilungen nicht vorgesehen, so dass auch eine Hinterlegung nach § 198 nicht in Betracht kommt.[3] Bei diesen Forderungen besteht auch keine Unsicherheitslage, die ein Zurückbehalten bzw. eine Hinterlegung rechtfertigen würde. Sie werden bei Schlussverteilungen, falls Ausfall oder Verzicht nachgewiesen sind, durch Auszahlung berücksichtigt. Falls dem absonderungsberechtigten Gläubiger der Nachweis nicht gelingt, werden sie gar nicht berücksichtigt (§ 190 I S 2). § 190 II, der ein Zurückbehalten vor dem Hintergrund eines bislang nur glaubhaft gemachten mutmaßlichen Ausfalls vorsieht, gilt nur für Abschlagsverteilungen, weil zu diesem Zeitpunkt eine Verwertung des Absonderungsrechts idR noch nicht stattgefunden hat. Bei der Schlussverteilung wird darauf keine Rücksicht (mehr) genommen (s § 190 Rn 24).

III. Bei Abschlagsverteilungen zurückbehaltene Beträge

5 Die Norm bezieht sich **nicht auf Abschlagsverteilungen**. Bei diesen sind auf §§ 189 II, 190 II oder 191 I S 2 entfallende Beträge zurückzubehalten. Sie gehören weiterhin zur Masse. Anfallende Zinsen wachsen deshalb der Masse zu.[4] Falls der Insolvenzverwalter dennoch eine Hinterlegung vornimmt, erfolgt sie auch auf Kosten der Masse[5] und nicht auf Kosten der Forderungsinhaber; § 198 findet keine Anwendung. Die – insoweit mögliche aber nicht empfehlenswerte – Hinterlegung wird sich in diesem Fall aber auch nicht nach den Vorgaben des §§ 372 ff BGB richten, denn es geht bei einer solchen Hinterlegung nicht um eine Erfüllungswirkung. Vielmehr sind – aber für Rechnung der Masse – die Regeln insolvenzrechtlicher Hinterlegung anzuwenden, auch wenn die Hinterlegung nicht zwingend angeordnet ist.

---

1 Geändert durch InsÄndG v 19.12.1998 BGBl I S 3836.
2 So BT-Drucks 14/120 S 13.
3 **AA** wohl BeckOK/*Nicht* InsO[26] § 198 Rn 4.
4 Jaeger/*Weber* KO[9] §§ 168 Rn 2, 169 Rn 2.
5 MünchKomm/*Kebekus*/*Schwarzer* InsO[4] § 198 Rn 3.

Eine andere Frage ist allerdings, was mit den **aus Abschlagsverteilungen zurückbehaltenen Anteilen** geschieht, wenn es zur Schlussverteilung kommt, die Voraussetzungen der Auszahlung bis zu diesem Zeitpunkt aber noch nicht eingetreten sind, weil die Bedingung noch aussteht (§ 191), der Nachweis von Ausfall oder Verzicht noch nicht erfolgt ist (§ 190) oder der Prozess noch anhängig ist (§ 189). Hier kann § 198 durchaus Bedeutung erlangen. So gilt bei **bedingten Forderungen** folgendes: Wenn sie nicht werthaltig sind oder wenn die Bedingung vor der Schlussverteilung ausfällt, wird der entsprechende Betrag bei der Schlussverteilung für andere Gläubiger frei (§ 191 II S 2). Bei Ausfall der Bedingung nach der Schlussverteilung erfolgt eine Nachtragsverteilung. Bei Bedingungseintritt erfolgt die Auszahlung an den Insolvenzgläubiger. Ist die Forderung aber werthaltig und steht gleichzeitig der Bedingungseintritt bei der Schlussverteilung noch aus, muss der bei der Abschlagsverteilung zurückbehaltene Betrag auf die Forderung zusammen mit dem bei der Schlussverteilung zurückzubehaltenden Betrag hinterlegt werden und zwar in Anwendung von § 198. Bei der Schlussverteilung endet dann die Verzinsung der Forderung zu Gunsten der Masse und sie wird für Rechnung der Beteiligten hinterlegt, was aber ebenfalls auf einer Bank oder Sparkasse und nicht auf einer amtlichen Hinterlegungsstelle geschehen kann (s u Rn 9). Bei **Forderungen Absonderungsberechtigter** ist der Nachweis über den Ausfall oder Verzicht spätestens bis zur Schlussverteilung zu erbringen. Wird er erbracht, wird ausgezahlt, nicht hinterlegt. Andernfalls wird der bei der Abschlagsverteilung zurückbehaltene Anteil und der – mangels Nachweis – bei der Schlussverteilung nicht berücksichtigt wird, für andere Gläubiger frei (§ 190 II S 3). Ist schließlich für eine **bestrittene Forderung** bei der Schlussverteilung noch ein Betrag aus einer Abschlagsverteilung zurückbehalten, weil der Prozess noch anhängig ist, wird dieser Betrag zusammen mit dem auf die Forderung bei der Schlussverteilung entfallenden Anteil – wie bei den bedingten Forderungen – hinterlegt; bei anschließendem Prozessausgang zu Gunsten des Gläubigers wird er ausgezahlt, im umgekehrten Fall wird der Gesamtbetrag für eine Nachtragsverteilung frei. 6

IV. Bislang nicht erhobene Beträge und auf unbekannte Gläubiger entfallende Beträge

Im Gegensatz zur Vorgängerregelung des § 169 KO erfasst § 198 Beträge nicht, die bei der Verteilung auszuzahlen waren, jedoch bislang **vom Gläubiger nicht erhoben** sind.[6] Eine gesetzliche Hinterlegungsanordnung auf Kosten der entsprechenden Gläubiger für solche Beträge, die gerade nicht auf Grundlage von §§ 189 oder 191 zurückzubehalten sind, existiert damit nicht. Auch hier *kann* aber eine Hinterlegung auf Veranlassung des Verwalters und zwar nach §§ 372 ff BGB[7] vorgenommen werden. Da ihre Kosten allerdings die Masse treffen, sollte zuvörderst versucht werden, die Beträge durch Bankanweisung auszuzahlen, auch wenn sie nicht erhoben (dh abgeholt[8]) werden.[9] Das setzt allerdings voraus, dass der Gläubiger bekannt und erreichbar ist. Für den Fall, dass die Gläubiger nicht bekannt sind, muss der Insolvenzverwalter durchaus auch Nachforschungen zu den unbekannten Gläubigern in zumutbarem Umfang betreiben, bevor er die Beträge hinterlegen kann.[10] Für den Fall, dass ein Gläubiger verstorben ist, muss der Insolvenzverwalter beim Nachlassgericht Erkundigungen über Erben einholen.[11] Weiterhin ist es dem 7

6 Kritisch hierzu Kübler/Prütting/Bork/*Holzer* InsO[90] § 198 Rn 3 f.

7 Schon für das alte Recht, das diese Forderungen von § 198 erfasste, wurde überwiegend angenommen, dass die Hinterlegung sich dennoch nach den bürgerlich-rechtlichen Vorschriften der §§ 372 ff BGB richtet (Jaeger/*Weber* KO[9] § 169 Rn 4b), was schon deshalb richtig ist, weil es hier um eine Erfüllungswirkung geht.

8 OLG Hamm NZI 2016, 608; Kübler/Prütting/Bork/*Holzer* InsO[90] § 196 Rn 21; Uhlenbruck/*Wegener* InsO[15] § 196 Rn 29; gegen das Vorliegen einer Holschuld KG NZI 2015, 758; BeckOK/*Nicht* InsO[26] § 198 Rn 3.

9 Vgl BT-Drucks 12/2443 S 187; ähnlich Nerlich/Römermann/*Westphal* InsO[43] § 198 Rn 6.

10 KG NZI 2015, 758; *Schmidt/Stiller* ZInsO 2011, 1686.

11 KG NZI 2015, 758.

Insolvenzverwalter zumutbar, Recherchen in entsprechenden Registern,[12] im Internet und sozialen Netzwerken vorzunehmen sowie schriftliche Anfragen zu stellen.[13] Nicht erforderlich ist die Abfrage beim Einwohnermeldeamt[14] oder die umfangreiche Ermittlung des Aufenthaltsortes, wenn sich der Gläubiger im Ausland aufhält.[15]

8 Beträge, die nicht zurückzubehalten und zu hinterlegen sind, weil keine der Voraussetzungen der §§ 189 II oder 191 I vorliegen, deren **Gläubiger aber unbekannt oder ungewiss** ist, so dass eine Auszahlung unmöglich ist, sollten zur Entlastung des Verwalters hinterlegt werden[16] (s § 187 Rn 18). Dies richtet sich allerdings ebenfalls nicht nach § 198, sondern es handelt sich um eine Hinterlegung nach §§ 372 ff BGB.[17]

V. Hinterlegung

9 Die von § 198 gemeinte **insolvenzrechtliche Hinterlegung ist eigener Art** und richtet sich im Verfahren nicht nach den Vorschriften über die schuldbefreiende Hinterlegung nach §§ 372 ff BGB.[18] Ihr Zweck ist nicht die Schuldbefreiung, sondern die Sicherung der Anteile für den Zeitraum der durch die Regelungen der §§ 189, 191 bei bestrittenen und bedingten Forderungen bestehenden Unsicherheitslage. Auch die Voraussetzungen und das Verfahren der §§ 372 ff BGB sind nicht einschlägig. Die Hinterlegung geschieht für die Masse, denn zurückbehaltene Beiträge sind Massebestandteil. Der Verwalter darf nicht auf sein Rücknahmerecht nach §§ 376 II Nr 1, 378, 382 BGB verzichten,[19] denn die Beträge können noch für eine Nachtragsverteilung frei werden (Bedingungsausfall oder negativer Prozessausgang für den Insolvenzgläubiger) oder müssen ausbezahlt (Bedingungseintritt oder positiver Prozessausgang für den Insolvenzgläubiger) werden. Hat der Verwalter auf das Rücknahmerecht verzichtet und gelingt es ihm deshalb nicht, die Beträge für eine Nachtragsverteilung oder zu Gunsten von Massegläubigern frei zu bekommen, macht er sich schadensersatzpflichtig.[20] Die Hinterlegungsstelle ist nicht das Amtsgericht entsprechend den Hinterlegungsgesetzen der Länder, sondern es kann auch eine andere Stelle, etwa eine Bank oder Sparkasse gewählt werden.[21] Ausdrücklich spricht § 198 von einer „geeigneten Stelle".

10 Diese insolvenzrechtliche Hinterlegung greift allerdings nur für die Forderungen ein, deren Hinterlegung von § 198 ausdrücklich vorgesehen ist sowie für den Ausnahmefall, dass nach einer Abschlagsverteilung hinterlegt wird (so Rn 5). Falls aus sonstigen Gründen (unbekannter oder nicht abholbereiter Gläubiger, s o Rn 8), ermessensmäßig durch den Verwalter hinterlegt wird, wird **zum Zwecke der Erfüllungswirkung hinterlegt und §§ 372 ff BGB** finden umfassend Anwendung. Zu unterschiedlichen Ergebnissen kommt es dadurch insbesondere im Hinblick auf die Hinterlegungsstelle und den Verzicht auf das Rücknahmerecht, den der Verwalter bei der bürgerlich-rechtlichen Hinterlegung vornehmen sollte, um die Erfüllungswirkung her-

---

12 OLG Hamm NZI 2016, 608.
13 Kübler/Prütting/Bork/*Holzer* InsO[90] § 198 Rn 10.
14 *Schmidt/Stiller* ZInsO 2011, 1686.
15 *Frege/Keller/Riedel* InsO[8] Kap 7 Rn 1714.
16 BT-Drucks 12/2443 S 187; HK/*Depré* InsO[10] § 198 Rn 2; MünchKomm/*Kebekus/Schwarzer* InsO[4] § 198 Rn 5; Uhlenbruck/*Wegener* InsO[15] § 198 Rn 13.
17 BT-Drucks 12/2443 S 187; MünchKomm/*Kebekus/Schwarzer* InsO[4] § 198 Rn 5.
18 HK/*Depré* InsO[10] § 198 Rn 1, 2; Jaeger/*Weber* KO[9] § 169 Rn 4; MünchKomm/*Kebekus/Schwarzer* InsO[4] § 198 Rn 4, 5; *Uhlenbruck* InsO § 198[15] Rn 3; Rattunde/Smid/Zeuner/*Kirchner* InsO[4] § 198 Rn 4.
19 Jaeger/*Weber* KO[9] § 169 Rn 4; MünchKomm/*Kebekus/Schwarzer* InsO[4] § 198 Rn 3; Uhlenbruck/*Wegener* InsO[15] § 198 Rn 3.
20 Rattunde/Smid/Zeuner/*Kirchner* InsO[4] § 198 Rn 3.
21 BT-Drucks 12/7302, S 179.

beizuführen.[22] Zudem gehen die Kosten der Hinterlegung in diesem Fall zu Lasten des Gläubigers.

VI. Für Rechnung der Beteiligten

Die Hinterlegung für Rechnung der Beteiligten bedeutet, dass derjenige die Zinsen des hinterlegten Betrags erhält, und Gefahr und Kosten durch denjenigen zu tragen sind, der schließlich den Betrag erhält (die Masse oder der Gläubiger),[23] was letztlich dazu führt, dass die Lasten aus dem hinterlegten Betrag zu bestreiten sind[24] und die Zinsen dem Berechtigten zustehen. 11

VII. Ende der Hinterlegung und Auszahlung

Werden hinterlegte Beträge nach der Schlussverteilung frei, weil im Falle von § 191 die Bedingung ausfällt oder im Falle von § 189 der Gläubiger den Prozess verliert, kommt es nach § 203 I Nr 1 zur **Nachtragsverteilung** für diese Beträge. 12

22 HK/*Depré* InsO[10] § 198 Rn 3.
23 Jaeger/*Weber* KO[9] § 169 Rn 5.
24 MünchKomm/*Kebekus*/*Schwarzer* InsO[4] § 198 Rn 3.

§ 199 Überschuß bei der Schlußverteilung

[1]Können bei der Schlußverteilung die Forderungen aller Insolvenzgläubiger in voller Höhe berichtigt werden, so hat der Insolvenzverwalter einen verbleibenden Überschuß dem Schuldner herauszugeben. [2]Ist der Schuldner keine natürliche Person, so hat der Verwalter jeder am Schuldner beteiligten Person den Teil des Überschusses herauszugeben, der ihr bei einer Abwicklung außerhalb des Insolvenzverfahrens zustünde.

Materialien

BT-Drucks 12/2443, S 187; RegE § 227; DiskE u RefE § 217; 1. BerInsRKomm, LS 2.2.27.

Vorgängerregelungen

keine

Literatur

Hölken/Jarchow Überschussverteilung bei der Publikumskommanditgesellschaft ZInsO 2019, 2441; *Keller* Die Vollbeendigung der Personengesellschaft im Insolvenzverfahren – Ungelöste Fragen zur Anwendung des § 199 Satz 2 InsO, in: Festschrift Kübler (2015) S. 343; *Rock/Contius* Innenausgleich unter den Gesellschaftern einer insolventen Publikums-Kommanditgesellschaft, ZIP 2017, 1889; *Schlinker* Zur Beendigung des Insolvenzverfahrens über eine Kapitalgesellschaft vor vollständiger Verwertung der Masse, ZIP 2007, 1937.

Übersicht

Alphabetische Übersicht

I. Herausgabe des Überschusses an den Schuldner, S 1

1 Geregelt ist in § 199 S 1 der seltene Fall, dass noch **Massebestand vorhanden** ist, obwohl es zur Befriedigung **aller Insolvenzgläubiger** in voller Höhe gekommen ist. Dieser Überschuss ist an den Schuldner herauszugeben. Der **Überschuss berechnet** sich, wenn die nach dem Schlussverzeichnis zu berücksichtigenden Forderungen von Insolvenzgläubigern (einschließlich der nachrangigen, § 39) sowie die Masseverbindlichkeiten einschließlich der nachträglich bekannt gewordenen (§ 206 Nr 2) vom Massebestand abgezogen sind.[1] Es spielt dabei keine Rol-

1 LG Koblenz BeckRS 2017, 149217; Uhlenbruck/*Wegener* InsO[15] § 199 Rn 3; MünchKomm/*Kebekus/Schwarzer* InsO[4] § 199 Rn 1; Nerlich/Römermann/*Westphal* InsO[43] § 199 Rn 5.

https://doi.org/10.1515/9783110343687-026

le, ob noch unverwertbare Gegenstände vorhanden sind.[2] Aus ihnen kann sich deshalb – ebenso wie aus freigegebenen Gegenständen – kein Überschuss ergeben. Da nur die bei der Schlussverteilung zu berücksichtigenden Forderungen erfasst sind,[3] kann es dazu kommen, dass die Auskehr des Überschusses zu Gunsten des Schuldners Vorrang vor der Befriedigung sonstiger Insolvenzgläubiger (etwa nachträglich angemeldeter Forderungen) hat.[4]

II. Besonderheiten bei juristischen Personen und Personengesellschaften, S 2

Ist der Schuldner keine natürliche Person, ist der Überschuss nicht an einen Liquidator, sondern an die am Schuldner beteiligten Personen herauszugeben[5] und zwar zu den Anteilen, wie sie die Regeln über die Liquidation des jeweiligen Rechtsgebildes vorsehen. Die in der Konkursordnung noch nicht vorhandene Vorschrift des § 199 S 2 normiert einen Grundsatz der Voll-/Gesamtabwicklung, so dass im Regelfall bei Gesellschaften das Insolvenzverfahren an die Stelle der gesellschaftsrechtlichen Liquidation tritt, die sich dem Insolvenzverfahren nicht noch anschließen soll.[6] Die Vorschrift führt dieses Ziel dadurch herbei, dass ein Überschuss im Insolvenzverfahren und nicht im gesellschaftsrechtlichen Liquidationsverfahren verteilt wird, sich die Verteilung aber inhaltlich nach den Regeln richtet, die für die Überschussverteilung bei gesellschaftsrechtlicher Liquidation gelten. Die am Schuldner beteiligten Personen erhalten den Anteil, der ihnen „bei einer Abwicklung außerhalb des Insolvenzverfahrens zustünde." Die Gesellschaft kann dann nach vollständiger Überschussverteilung auch aus dem Register gelöscht werden,[7] so dass es nach der Lehre vom Doppeltatbestand zur Vollbeendigung der Gesellschaft kommt.[8] Stehen dem Schuldner gem § 93 Ansprüche gegen die am Schuldner beteiligten Personen zu, hat der Insolvenzverwalter darauf zu achten, dass er nicht mehr als für die Gläubigerbefriedigung notwendig von den Gesellschaftern einzieht. Schließlich muss er den Überschuss ohnehin nach § 199 S 2 an die Gesellschafter auskehren. Er würde insoweit rechtsmissbräuchlich handeln, wenn er mehr als den für die Gläubigerbefriedigung erforderlichen Betrag einfordert.[9] 2

Das Ziel einer Vollbeendigung der Gesellschaft im Insolvenzverfahren muss allerdings zurücktreten, wenn es mit dem vorrangigen berechtigten Interesse der Gläubiger, aus der Masse eine Befriedigung ihrer Ansprüche zu erhalten und Schmälerungen der Teilungsmasse zu verhindern, kollidiert.[10] Daraus folgt etwa, dass der Insolvenzverwalter auch im Insolvenzverfahren über das Vermögen einer juristischen Person nicht verpflichtet ist, Gegenstände allein deshalb in der Masse zu behalten, um eine Vollbeendigung der Gesellschaft zu bewirken (vgl § 11 Rn 99); vielmehr ist er befugt, einen Massegegenstand an den Schuldner freizugeben, der wertlos ist oder Kosten verursacht (bspw. ein wertausschöpfend belastetes oder kontaminiertes Grundstück).[11] Insbesondere muss und darf der Insolvenzverwalter aus diesem Grund auch keinen vollständigen Innenausgleich durch Einziehung von Ausgleichsbeträgen zwischen den Gesell- 3

2 Uhlenbruck/*Wegener* InsO[15] § 199 Rn 3.

3 Nerlich/Römermann/*Westphal* InsO[43] § 199 Rn 5.

4 Uhlenbruck/*Wegener* InsO[15] § 199 Rn 3.

5 AG Hamburg InsbürO 2019, 97.

6 BT-Drucks 12/2443 S 187; Uhlenbruck/*Wegener* InsO[15] § 199 Rn 5; obwohl die dies noch stärker verdeutlichende Vorschrift des § 1 II S 3 RegE (BT-Drucks 12/2443 S 109) später gestrichen wurde, zeigt auch § 199 S 2, dass das Insolvenzverfahren bei Gesellschaften und juristischen Personen auch der gesellschaftsrechtlichen Abwicklung dient (vgl *Schmidt* Kölner Schrift[2] 1199, 1208 Rn 20; teils abweichend BGHZ 148, 252; kritisch HK/*Depré* InsO[10] § 199 Rn 2: überbürdeter Verwalter.

7 FK/*Kießner* InsO[9] § 199 Rn 4; Nerlich/Römermann/*Westphal* InsO[43] § 199 Rn 7.

8 Eine Fortsetzung der Gesellschaft ist nur unter den im Gesetz genannten Voraussetzungen (zB § 60 I Nr 4 GmbHG, § 274 II Nr 1 AktG) möglich BGH NZI 2015, 775; FG LSA EFG 2012, 1180.

9 OLG Zweibrücken BeckRS 2017, 140427; Uhlenbruck/*Hirte* InsO[15] § 93 Rn 25 mwN.

10 BGHZ 163, 32; 148, 252; MünchKomm/*Kebekus*/*Schwarzer* InsO[4] § 199 Rn 3.

11 BGHZ 163, 32 mwN.

schaftern herbeiführen.[12] Das Argument, die Gesellschafter würden damit sich selbst überlassen[13] verfängt nicht. Schließlich steht es ihnen frei, den vormaligen Insolvenzverwalter oder eine dritte Person außerhalb des Insolvenzverfahrens mit der Durchführung des Innenausgleichs zu beauftragen.[14] Zudem setzt § 199 schon nach seinem Wortlaut das Vorliegen eines Überschusses voraus und regelt lediglich, dass dieser auszuschütten ist. Damit gibt die Vorschrift dem Insolvenzverwalter aber gerade nicht die Befugnis zur Einziehung von Ausgleichsbeiträgen.[15]

4 Es gelten die Regeln, die das Gesetz oder die Satzung über die Aufteilung des Vermögens im Falle der Liquidation vorsieht. Im Einzelnen:

AG, KGaA	§ 271 AktG (iVm § 279 III AktG) – Aktionäre nach Anteilen am Grundkapital oder sonst nach Aktien
GmbH	§ 72 GmbHG – Gesellschafter nach Geschäftsanteilen
eG	§§ 91 f GenG – Genossen nach Satzung, Anteilen am Geschäftsguthaben oder zu gleichen Teilen bzw. Gemeinde am Sitz
eV	§§ 45, 49 I S 1 BGB – satzungsmäßiger Anfallberechtigter, Mitglieder zu gleichen Teilen oder Fiskus
OHG, KG, PartG, EWIV	§ 155 HGB (iVm 161 II HGB bzw § 10 I PartGG, § 1 EWIVAG) – Gesellschafter nach Kapitalanteilen
GbR, nicht rechtsfähiger Verein	§ 734 BGB (iVm § 54 S 1 BGB) – Gesellschafter nach Gewinnanteilen bzw Mitglieder.

III. Analoge Anwendung bei Nachtragsverteilungen

5 Da § 199 nur von Schlussverteilungen spricht, ein Überschuss sich aber auch deshalb ergeben kann, weil nach dem Schlusstermin noch bislang unbekannte Massebestandteile aufgedeckt werden oder frei werden, sollte die Norm entsprechend auch auf Nachtragsverteilungen angewandt werden.[16] Falls also nach dem Schlusstermin größere Beträge freiwerden, es deshalb bei einer Nachtragsverteilung zur vollständigen Befriedigung kommt und sogar noch ein Überschuss bleibt, ist entsprechend an den Schuldner oder die an der Gesellschaft beteiligten Personen zu verteilen.

IV. Rechtsdurchsetzung

6 Unterschiedliche Ansichten werden zu der Frage vertreten, ob der Schuldner bzw die an der Gesellschaft beteiligten Personen den Überschuss **innerhalb des Insolvenzverfahrens** oder außerhalb im ordentlichen Prozess geltend zu machen haben.[17] Ersteres ist vorzugswürdig: Durch die Einführung des § 199 in die Insolvenzordnung wurde verdeutlicht, dass die Ausschüt-

12 BGH NJW 2021, 928; NZI 2018, 76; OLG München ZInsO 2020, 426; OLG Hamm ZIP 2019, 429; OLG Schleswig EWiR 2017, 699; MünchKomm/Ganter/*Bruns* InsO[4] § 1 Rn 5; Graf-Schlicker/*Riedel* InsO[6] § 199 Rn 3; *Jarchow/Hölken* ZInsO 2019, 2441, 2442; zustimmend auch *Mikolajczak/Rollin* NJW 2021, 928, 937; **aA** für den Fall, dass die Gläubigerinteressen durch den Innenausgleich nicht beeinträchtigt werden Kübler/Prütting/Bork/*Holzer* InsO[90] § 199 Rn 9; *Keller* FS für Kübler, 341, 349; *Rock/Contius* ZIP 2017, 1889; Ebenroth/Boujong/Joost/Strohn/*Strohn* HGB[4] § 171 Rn 93.

13 *Rock/Contius* ZIP 2017, 1889, 1890.

14 BGH NJW 2021, 928, Rn 78.

15 BGH NJW 2021, 928, 935; OLG München ZInsO 2020 426, Rn 38.

16 Uhlenbruck/*Wegener* InsO[15] § 199 Rn 9.

17 Rattunde/Smid/Zeuner/*Kirchner* InsO[4] § 199 Rn 4; Uhlenbruck/*Wegener* InsO[15] § 199 Rn 8; Nerlich/ Römermann/*Westphal* InsO[43] § 199 Rn 11.

tung des Überschusses an den Schuldner – sei er natürliche Person oder nicht – zum Insolvenzverfahren gehört. Bei juristischen Personen und Gesellschaften soll sich zudem keine Liquidation an das Insolvenzverfahren anschließen; vielmehr obliegt die Vollabwicklung dem Insolvenzverwalter nach insolvenzverfahrensrechtlichen Regeln und gehört zu dessen Pflichten als Verwalter (§ 60).[18] Daran ändert auch der Verweis in § 199 S 2 auf die Abwicklung außerhalb des Insolvenzverfahrens nichts, denn er bezieht sich lediglich darauf, welcher Teil den beteiligten Personen nach diesen Regeln *zustünde*, schließt jedoch die Einhaltung des entsprechenden Abwicklungsverfahrens gerade aus (o Rn 2). Daraus folgt, dass – anders als unter der Konkursordnung[19] – das Insolvenzverfahren die Überschussherausgabe noch umfasst und nicht aufgehoben werden darf, wenn der Überschuss noch nicht ausgeschüttet ist (s aber o Rn 2).[20] Deshalb bestehen weiterhin Aufsichtsbefugnisse des Insolvenzgerichts nach § 58,[21] der Schuldner hat noch nicht die freie Verfügung über sein Vermögen zurückerlangt und der Anspruch auf Herausgabe von Überschüssen seitens des Schuldners oder an ihm beteiligter Personen ist insolvenzrechtlicher Natur. Dies führt – auch wenn § 87 nicht eingreift – dazu, dass der Herausgabeanspruch innerhalb des Insolvenzverfahrens und nach den Vorschriften dieses Verfahrens geltend zu machen ist, so dass vornehmlich eine Haftung des Verwalters bei unterlassener Ausschüttung nach § 60 in Betracht kommt. Dem entspricht auch, dass die Gesellschafter zur Beschwerde gegen die Festsetzung der Verwaltervergütung befugt sind, sofern die Höhe der Festsetzung ihr Recht auf Teilhabe an einem Überschuss beeinträchtigen kann.[22]

18 AG Hoyerswerda BeckRS 2021, 4672.
19 Vgl Jaeger/*Weber* KO[9] § 163 Rn 6.
20 Nerlich/Römermann/*Westphal* InsO[43] § 199 Rn 9.
21 FK/*Kießner* InsO[9] § 199 Rn 7.
22 BGH NZI 2014, 383.

§ 200 Aufhebung des Insolvenzverfahrens

(1) Sobald die Schlußverteilung vollzogen ist, beschließt das Insolvenzgericht die Aufhebung des Insolvenzverfahrens.
(2) [1]Der Beschluß und der Grund der Aufhebung sind öffentlich bekanntzumachen. [2]Die §§ 31 bis 33 gelten entsprechend.

Materialien

BT-Drucks 12/2443, S 187; RegE § 228; BR-Drucks 336/94 S 48; DiskE u RefE § 218; 1. BerlInsRKomm, LS 2.2.26 Abs 1, 2.2.28 Abs 1.

Vorgängervorschriften

§ 163 KO (Motive I Bd 2 S 182 f, Motive II S 381 Protokolle S 107 f, 183), § 19 I Nr 1, II 1 GesO.

Literatur

App Die Aufhebung und die Einstellung des Insolvenzverfahrens und die Gläubigerrechte nach Verfahrensbeendigung, DGVZ 2001, 1; *Markgraf/Hertelt* Die Beendigung des Insolvenzverfahrens während des rechtshängigen Zivilprozesses Auswirkungen und taktische Überlegungen, ZIP 2018, 1480; *Smid* Prozessführungsbefugnis des Insolvenzverwalters wegen massezugehöriger Ansprüche nach Aufhebung des Insolvenzverfahrens, ZInsO 2010, 641; *Uhlenbruck* Rechtsfolgen der Beendigung des Konkursverfahrens, ZIP 1993, 241; *ders* Aufhebung des Konkursverfahrens trotz Einwendungen gegen das Schlussverzeichnis, Rpfleger 1994, 407.

Übersicht

Alphabetische Übersicht

https://doi.org/10.1515/9783110343687-027

I. Einleitung

Mit der Schlussverteilung ist das Ziel der gemeinschaftlichen und gleichmäßigen Befriedigung der Insolvenzgläubiger erreicht und das Verfahren kann beendigt werden. Die Aufhebung des Insolvenzverfahrens erfolgt durch Beschluss, durch den die Wirkungen des Eröffnungsbeschlusses nach § 27 ex nunc ihr Ende finden. Insbesondere gewinnt der Schuldner die Verfügungsbefugnis über sein Vermögen zurück, die Verbote von Einzelzwangsvollstreckungen entfallen und an die Stelle der gleichmäßigen Gläubigerbefriedigung tritt das freie Nachforderungsrecht der Insolvenzgläubiger. Ein Insolvenzverfahren beginnt und endet also mit einem förmlichen Akt, einer gerichtlichen Prozesshandlung in Form eines Beschlusses. Der Aufhebungsbeschluss ist ***contrarius actus* zum Eröffnungsbeschluss.** 1

Die Aufhebung darf erst stattfinden, wenn die **Schlussverteilung vollzogen** ist. Die Vorgängerregelung des § 163 I S 1 KO sah demgegenüber vor, dass bereits nach Abhaltung des Schlusstermins die Aufhebung des Verfahrens beschlossen werde. Die Neuregelung bezieht den Vollzug der Schlussverteilung ein, um auch für diese Verfahrensphase eine eindeutige Rechtsgrundlage für die Tätigkeit des Verwalters und die gerichtliche Aufsicht über seine Geschäftsführung zu gewährleisten.[1] Das Gericht darf vor Vollzug der Schlussverteilung das Verfahren nicht aufheben. Der Vollzug der Schlussverteilung kann noch überwacht werden und die Schlussverteilungsmasse unterliegt bis zur Verfahrensbeendigung dem Insolvenzbeschlag. Die Fragestellungen um einen ggf nachwirkenden Insolvenzbeschlag und eine in der gerichtlichen Genehmigung der Schlussverteilung stillschweigend vorbehaltene Nachtragsverteilung,[2] sind durch die nunmehrige gesetzliche Regelung in ihrer Problematik entschärft, denn im Hinblick auf Gegenstände der Schlussverteilung wirkt der Insolvenzbeschlag ohnehin bis zu deren Vollzug fort. Der Zeitpunkt, wann der Insolvenzbeschlag endet, kann also genau bestimmt werden. Nach wie vor gilt aber, dass die Aufhebung des Insolvenzverfahrens im Falle einer vorbehaltenen Nachtragsverteilung den Insolvenzbeschlag für die davon betroffenen Gegenstände nicht entfallen lässt (s § 203 Rn 10). Da die Schlussverteilung in der Regel erst vorgenommen wird, wenn evtl Einwendungen gegen das Schlussverzeichnis erledigt sind (vgl § 197), führt die Neuregelung auch dazu, dass nicht mehr entschieden werden muss, ob das Insolvenzgericht die Aufhebung des Verfahrens bis zur Erledigung der im Schlusstermin erhobenen Einwendungen zurückstellen kann oder sogar muss.[3] 2

Von der Aufhebung aufgrund vollzogener Schlussverteilung sind die verschiedenen Möglichkeiten, das Insolvenzverfahren (vorzeitig) einzustellen, zu unterscheiden (§ 207 Rn 2 ff): mangels Masse (§ 207), wegen Masseunzulänglichkeit (§ 211), wegen Wegfalls des Eröffnungsgrundes (§ 212) oder aufgrund von Gläubigerzustimmung (§ 213). Im Gegensatz zur Aufhebung des Insolvenzverfahrens kommt es bei der **Einstellung** zu dessen vorzeitigem Abbruch, da das Verfahren sein Ziel der gemeinschaftlichen Befriedigung durch quotale Verteilung der Masse nicht (mehr) erreichen kann (§§ 207, 211), soll (§ 213) oder muss (§ 212), und deshalb nicht weiter durchgeführt wird. Ebenfalls eine Aufhebung findet aber statt im Falle der **rechtskräftigen Bestätigung eines Insolvenzplans** nach § 258 I, da der Plan allein das Insolvenzverfahren nicht beendet, es vielmehr einer förmlichen Aufhebung bedarf, damit die 3

1 BT-Drucks 12/2443 S 187; MünchKomm/*Hintzen* InsO[4] § 200 Rn 2; Rattunde/Smid/Zeuner/*Kirchner* InsO[4] § 200 Rn 1.
2 Dazu RG JW 1936, 2927; BGHZ 83, 102; Jaeger/*Weber* § KO[9] 163 Rn 6; *Uhlenbruck* ZIP 1993, 241, 245.
3 Dazu OLG Frankfurt NJW-RR 1992, 487 mwN; *Uhlenbruck* Rpfleger 1994, 407 mwN.

privatautonome Bewältigung der Insolvenz an die Stelle des Insolvenzverfahrens treten kann. Sowohl Aufhebung als auch Einstellung führen zur Beendigung des gesamten Insolvenzverfahrens. Der **Tod des Schuldners** beendet das Insolvenzverfahren nicht; es wird vielmehr in ein Nachlassinsolvenzverfahren übergeleitet.[4] Auch der Verlust der Geschäftsfähigkeit des Insolvenzschuldners oder sein Wegzug ins Ausland führen zur Aufhebung des Insolvenzverfahrens.[5]

II. Voraussetzungen des Aufhebungsbeschlusses nach § 200

4 Das Insolvenzgericht hebt das Insolvenzverfahren auf, sobald die Schlussverteilung vollzogen ist. Zum Vollzug der Schlussverteilung gehört die Auszahlung bzw. Hinterlegung der den Gläubigern nach dem Verteilungsverzeichnis zustehenden Beträge nach §§ 187 ff, 196–198 und die Auszahlung der Überschüsse nach § 199 (§ 199 Rn 6). Das Insolvenzgericht prüft das Vorliegen dieser Voraussetzungen **von Amts wegen**. Den Nachweis über den Vollzug der Schlussverteilung kann der Verwalter durch Bankauszüge über die Auszahlungen an die Gläubiger, über Hinterlegungsscheine oder sonstige Belege für die Auszahlungen bzw. die Hinterlegungen erbringen. Das Gericht wird das Verfahren erst aufheben, wenn der Verwalter den **Abschluss der Schlussverteilung mitteilt** und entsprechend Rechnung legt.[6] Da weitere zu erwartende Vermögenszuflüsse durch **laufendes Einkommen** des Schuldners die Schlussverteilung nicht hindern (§ 196 I), wird auch der Erlass des Aufhebungsbeschlusses dadurch nicht verhindert.[7] Gleiches gilt für eine fehlende endgültige Entscheidung über die Vergütung des Insolvenzverwalters (vgl § 196 Rn 6).[8]

III. Aufhebungsbeschluss

5 Die Aufhebung erfolgt durch Beschluss. Zuständig ist das **Insolvenzgericht**. Funktionell ist nach § 18 RPflG mangels eines gesetzlichen Richtervorbehalts der **Rechtspfleger** zuständig, es sei denn der Richter behält sich die Entscheidung vor. Regelmäßig wird deshalb der Rechtspfleger den Beschluss treffen. Das gilt sowohl für die Aufhebung als auch für die Ablehnung der Aufhebung.

6 Wegen § 200 II S 1 und zur Unterscheidbarkeit von anderen Beendigungsmöglichkeiten (o Rn 3) hat der Beschluss jedenfalls eine **Angabe über den Aufhebungsgrund** zu enthalten. Eine Verpflichtung, den Beschluss ansonsten inhaltlich zu begründen, ist im Gesetz nicht vorgesehen. Sie ergibt sich auch nicht aus § 200 II S 1.[9] Diese Vorschrift setzt lediglich voraus, dass der Beschluss (gemeint ist der Tenor[10]) unter Angabe des Grundes, d. h. hier des Vollzugs der Schlussverteilung öffentlich (§ 9) bekannt gemacht wird. Die Rechtfertigung der Aufhebung ergibt sich bereits aus dem ebenfalls bekannt zu machenden Grund der Aufhebung selbst.[11] Diese übliche Formulierung des Aufhebungsbeschlusses[12] schließt auch jede Verwechslung mit einer anderen Verfahrensbeendigung – etwa §§ 207, 211, 258 – aus.[13]

---

4 BGH NZI 2008, 382; FK/*Schallenberg/Rafiqpoor* InsO[9] vor § 315 Rn 8; im Einzelnen differenzierend: *Heyrath/Jahnke/Kühn* ZInsO 2007, 1202; zum Tod im Restschuldbefreiungsverfahren zuletzt AG Leipzig NZI 2014, 316.

5 BGHZ 157, 350; *App* DGVZ 2001, 1, 2.

6 Rattunde/Smid/Zeuner/*Kirchner* InsO[4] § 200 Rn 3.

7 BGH NZI 2017, 822.

8 BGH NZI 2017, 505.

9 Rattunde/Smid/Zeuner/*Kirchner* InsO[4] § 200 Rn 3.

10 MünchKomm/*Hintzen* InsO[4] § 200 Rn 12.

11 Nerlich/Römermann/*Westphal* InsO[43] § 200 Rn 4; MünchKomm/*Hintzen* InsO[4] § 200 Rn 12.

12 Muster bei *Haarmeyer/Wutzke/Förster* Hdb InsO[3] Kap 8 Rn 101, S 892.

13 Uhlenbruck/*Wegener* InsO[15] § 200 Rn 5; Nerlich/Römermann/*Westphal* InsO[43] § 200 Rn 4.

IV. Öffentliche Bekanntmachung, Mitteilungen und Nachricht an öffentliche Register

Der Beschluss bzw. sein Tenor und der Aufhebungsgrund „Vollzug der Schlussverteilung" sind nach § 200 II S 1 öffentlich bekannt zu machen. Für den Fall, dass die öffentliche Bekanntmachung eine Rechtsmittelfrist in Lauf setzen sollte (u Rn 11), gebietet schon der Anspruch auf Gewährung effektiven Rechtsschutzes, dass darin zumindest der Entscheidungsausspruch (o Rn 6) enthalten ist.[14] Die Bekanntmachung erfolgt gemäß § 9 I InsO durch **Veröffentlichung im Internet** (www.insolvenzbekanntmachungen.de). Eine Zustellung an die Verfahrensbeteiligten darüber hinaus ist nicht erforderlich. Zweckmäßig sein kann die gesonderte Zustellung an Beteiligte, die Einwendungen gegen das Schlussverzeichnis erhoben haben.[15] Die Übermittlung einer Kopie des Aufhebungsbeschlusses wird zudem an diejenigen empfohlen, die als Beteiligte an dem beendeten Verfahren bekannt sind.[16] Dies ist aber keine Art der förmlichen Zustellung sondern eine formlose Mitteilung (zu weiteren Mitteilungen s u Rn 9). 7

Die Aufhebung wird mit Beschlussfassung wirksam. Auf die öffentliche Bekanntmachung nach § 9 I S 3 kommt es insoweit nicht an.[17] Damit ist das Verfahren beendet und die Rechtsfolgen der Aufhebung (u Rn 12 ff) treten ein. Soweit der Aufhebungsbeschluss von einem Richter (o Rn 5) getroffen wurde, ist er wegen § 6 I S 1 auch sofort **rechtskräftig**. Wenn ein **Rechtspfleger** den Aufhebungsbeschluss getroffen hat, tritt Rechtskraft wegen § 11 II S 1 RPflG iVm § 569 I ZPO zwei Wochen später ein, falls keine Erinnerung (u Rn 11) eingelegt wird. Dennoch ist der Aufhebungsbeschluss auch bei Entscheidung des Rechtspflegers schon mit Beschlussfassung wirksam, es sei denn der Rechtspfleger hat die Wirkungen der Aufhebung ausdrücklich im Beschluss von dessen Rechtskraft abhängig gemacht.[18] Letzteres ist deshalb empfehlenswert, damit nicht die Verwaltungs- und Verfügungsbefugnis zunächst auf den Schuldner zurückgeht (u Rn 13) und sodann ggf infolge einer richterlichen Versagung der Aufhebung infolge einer Erinnerung (s u Rn 11) wieder auf den Insolvenzverwalter übergeht.[19] 8

Obwohl über die öffentliche Bekanntmachung hinaus keine Zustellung des Beschlusses an die Beteiligten erfolgt, ergibt sich aus § 31 ff sowie Abschnitt 3 IX Nr 4 I Nr 5 und III der **Anordnung über die Mitteilungen in Zivilsachen** (MiZi),[20] dass über die Aufhebung des Verfahrens nach Schlussverteilung ua an das Registergericht (s noch Rn 10), das Amts- und Landgericht am Sitz des Schuldners und an das Finanzamt Mitteilung zu machen ist. Nach § 13 I Nr 4 EGGVG dürfen die entsprechenden personenbezogenen Daten auch durch Gerichte und Staatsanwaltschaften anderen öffentlichen Stellen übermittelt werden. 9

Der Aufhebungsbeschluss ist *contrarius actus* zum Insolvenzeröffnungsbeschluss. § 200 II S 2 ordnet deshalb die entsprechende Geltung der §§ 31 bis 33 an. Diejenigen Gerichte und Behörden, denen von der Eröffnung des Insolvenzverfahrens Kenntnis zu geben war, sind auch **vom Aufhebungsbeschluss zu benachrichtigen,** zumal die Eröffnung in den entsprechenden Registern zu vermerken war (s im Einzelnen §§ 31 Rn 5 ff; § 32 Rn 6 ff). Dies ist eine formlose Mitteilung unter Beifügung einer Kopie des Aufhebungsbeschlusses. Mitteilung ist nach § 31 zu geben an das Handels- (§ 32 HGB), Genossenschafts- (§ 102 GenG), Partnerschafts- (§ 2 II PartGG) oder Vereinsregister (§ 75 BGB). Zum Nachweis ist entsprechend §§ 31 bis 33 eine Ausfertigung des Aufhebungsbeschlusses beizufügen. Nach § 32 hat das Insolvenzgericht das Grundbuchamt bzw nach § 33 das Registergericht für das Schiffsregister, Schiffsbauregister und Register für Pfandrechte an Luftfahrzeugen um Löschung zu ersuchen. Bei dem Ersuchen an das Grund- 10

---

14 BVerfG ZIP 1988, 379.

15 OLG Frankfurt NJW-RR 1992, 487 mwN.

16 MünchKomm/*Hintzen* InsO[4] § 200 Rn 29; *Haarmeyer/Wutzke/Förster* Hdb InsO[3] Kap 8 Rn 103.

17 BGH NZI 2010, 741; Kübler/Prütting/Bork/*Holzer* InsO[90] § 200 Rn 6; K Schmidt/*Jungmann* InsO[19] § 200 Rn 3; Uhlenbruck/*Wegener* InsO[15] § 200 Rn 16 **aA** noch in der Vorauflage sowie MünchKomm/*Hintzen* InsO[4] § 200 Rn 17.

18 MünchKomm/*Hintzen* InsO[4] § 200 Rn 17 mwN.

19 MünchKomm/*Hintzen* InsO[4] § 200 Rn 32.

20 In der Neufassung vom 1. Juni 1998.

buchamt (§ 32 II S 1) und das Registergericht (§ 33) ist eine formlose Mitteilung nicht ausreichend. Es sind § 29 III GBO bzw §§ 45, 37 III SchRegO, § 86 I LuftfzRG zu beachten und der Hinweis zum Aufhebungsbeschluss ist zu unterschreiben sowie mit Siegel oder Stempel zu versehenen.[21] Der Insolvenzvermerk wird infolge auf Ersuchen des Insolvenzgerichts oder auf Ersuchen des Verwalters vom Registergericht gelöscht. Auch der Schuldner oder sein Rechtsnachfolger, etwa ein Grundstückserwerber,[22] können die Löschung beantragen, da der Schuldner mit der Aufhebung wieder verwaltungs- und verfügungsbefugt ist. Eine Rechtspflicht des Insolvenzverwalters, das registerführende Amt um Löschung zu ersuchen, ergibt sich aber nicht aus dem Gesetz. Sie besteht nach den §§ 31 ff nur für das Insolvenzgericht, und kann hier bei Unterlassung der Benachrichtigung Amtshaftungsansprüche begründen.[23]

V. Rechtsbehelf gegen den Aufhebungsbeschluss

11 Ein **vom Richter erlassener Aufhebungsbeschluss ist unanfechtbar**;[24] ebenso die Ablehnung der Aufhebung des Verfahrens durch den Richter.[25] Die Insolvenzordnung sieht nämlich keinen entsprechenden Rechtsbehelf vor, so dass wegen § 6 I auch die allgemeinen Rechtsbehelfe nicht zum Tragen kommen können. Gegen eine Entscheidung des funktionell zuständigen und in aller Regel auch tätig werdenden **Rechtspflegers** ist jedoch die **Erinnerung** nach § 11 II RPflG statthaft,[26] deren Rechtsbehelfsfrist (§ 569 ZPO) zwei Wochen umfasst. Da beim Aufhebungsbeschluss kein allgemeines Rechtsmittel gegen die Entscheidung des Insolvenzgerichts gegeben ist (11 I RPflG, § 6 I, vgl § 194 Rn 15) wird die befristete Rechtspflegererinnerung auch nicht durch eine vorrangige Anordnung ausgeschlossen. § 11 I RPflG kann nicht zur Anwendung kommen. **Erinnerungsbefugt** ist jeder durch den Aufhebungsbeschluss oder die Ablehnung der Aufhebung beschwerte Beteiligte am Insolvenzverfahren. Der Rechtspfleger kann **der Erinnerung abhelfen** und legt sie ansonsten dem Richter zur endgültigen Entscheidung vor (§ 11 II S 2–4). Gegen die Abhilfeentscheidung durch den Rechtspfleger kommt für den dadurch Beschwerten wiederum die Erinnerung nach § 11 II RPflG in Betracht. Diese wird der Rechtspfleger dann dem Richter vorlegen. Die Entscheidung des Richters über die Rechtspflegererinnerung ist endgültig.

VI. Rechtsfolgen der Aufhebung des Insolvenzverfahrens

12 Da die Aufhebung des Insolvenzverfahrens *contrarius actus* zum Eröffnungsbeschluss ist, werden sämtliche Rechtsfolgen der Verfahrenseröffnung infolge der Aufhebung rückgängig gemacht. Eine gesonderte gesetzliche Anordnung der Rechtsfolgen der Aufhebung ist deshalb nicht notwendig. Eine Analogie zu §§ 215, 259[27] erscheint mangels Regelungslücke nicht erforderlich. Da allerdings diese Normen wesentliche Wirkungen der Beendigung eines Insolvenzverfahrens benennen, nämlich den Wiedererhalt der Verfügungsbefugnis des Schuldners (§§ 215 II S 1, 259 I S 2) sowie die Beendigung des Amtes des Insolvenzverwalters[28] und des Gläubigerausschusses (§ 259 I S 1), können sie als Bestätigung, dass diese Wirkungen jedenfalls infolge der

21 OLG München ZInsO 2016, 1473.
22 AG Celle ZInsO 2005, 50.
23 *App* DGVZ 2001, 1, 2.
24 BT-Drucks 12/2443 S 187; BGH BB 2007, 520; kritisch Jaeger/*Weber* KO[9] § 163 Rn 2.
25 MünchKomm/*Hintzen* InsO[4] § 200 Rn 11.
26 BGH BB 2007, 520; OLG Frankfurt NJW-RR 1992, 487 mwN; MünchKomm/*Hintzen* InsO[4] § 200 Rn 10.
27 So jedoch MünchKomm/*Hintzen* InsO[4] § 200 Rn 3, 30 f.
28 BFH NZI 2016, 372.

Aufhebung eintreten müssen, gelten. Sämtliche Wirkungen der Aufhebung treten bereits mit Beschlussfassung ein (o Rn 8).

1. Verwaltungs- und Verfügungsbefugnis

Mit der Aufhebung des Insolvenzverfahrens erlangt **der Schuldner sowohl die Verfügungs-, als auch die Verwaltungsbefugnis über sein Vermögen zurück**, die infolge der Eröffnung nach § 80 auf den Insolvenzverwalter übergegangen waren. An Verpflichtungen und Verfügungen, die der Verwalter eingegangen ist, bleibt der Schuldner gebunden. Er gewinnt weder die Verwaltungs- und Verfügungsbefugnis noch die Prozessführungsbefugnis im Hinblick auf Gegenstände zurück, die während des Insolvenzverfahrens durch wirksame Verfügung des Verwalters aus dem Schuldnervermögen ausgeschieden sind.[29] Er kann und muss vom Verwalter eingegangene Verpflichtungen nun selbst erfüllen. Die Bindung an Rechtshandlungen des Verwalters betrifft auch vom Schuldner begründete Rechtsverhältnisse zwischen dem Schuldner und einem Insolvenzgläubiger, bei denen der Verwalter gemäß §§ 103 ff die Erfüllung abgelehnt hat. Sie leben nicht wieder auf.[30] Dasselbe gilt für Kündigungen von Dienstverhältnissen seitens des Verwalters nach § 113.[31] Sie wirken fort. 13

Mit Aufhebung des Insolvenzverfahrens entfallen **die Beschränkungen der Aufrechnung**, die §§ 94 bis 96 – trotz grundsätzlichem Erhalt einer Aufrechnungslage nach § 94 – mit Verfahrenseröffnung vorsieht.[32] Auch gegen nach Eröffnung des Insolvenzverfahrens begründete oder erworbene Forderungen sowie bei solchen, die durch eine anfechtbare Rechtshandlung erlangt wurden oder aus dem insolvenzbeschlagsfreien Vermögen des Schuldners zu erfüllen sind, kann daher (wieder) aufgerechnet werden, § 96 I. 14

Der Übergang der Verwaltungs- und Verfügungsbefugnis vom Insolvenzverwalter auf den Schuldner bedeutet in **tatsächlicher Hinsicht auch eine Rückgabe der Masse**; der Verwalter hat also dafür Sorge zu tragen, dass dem Insolvenzschuldner die Verfügungsgewalt über sein Vermögen – soweit nicht verwertbar – auch tatsächlich zurückgegeben wird (s auch § 199).[33] Nicht zurückzugeben sind freilich Beträge, die als Rückstellung für nach Aufhebung des Insolvenzverfahrens in der Wohlverhaltensperiode entstehende Verfahrenskosten (ausführlich zu den Rückstellungen § 196 Rn 17 f) gebildet werden.[34] (Zur Rückgabe der Geschäftsunterlagen, -papiere und -bücher s u Rn 21 f) 15

Der Schuldner erlangt die Verwaltungs- und Verfügungsbefugnis nicht für Gegenstände zurück, die einer **Nachtragsverteilung** vorbehalten sind, da insoweit der Insolvenzbeschlag fortbesteht und der Verwalter verwaltungs- und verfügungsbefugt bleibt (s § 203 Rn 10). Die Nachtragsverteilung muss ausdrücklich vom Gericht angeordnet worden sein, ein stillschweigender Vorbehalt genügt nicht.[35] Prozesse über Gegenstände, die der Nachtragsverteilung unterliegen (sonstige Prozesse sogleich Rn 18) sind nach Verfahrensaufhebung vom Insolvenzverwalter fortzuführen (s auch § 129 Rn 299).[36] Der Insolvenzverwalter ist sogar befugt, erst anzustrengende Prozesse zu führen.[37] 16

---

29 BGH NJW 1992, 2894, 2895; NJW 1983, 2018, 2019; NJW 1971, 701.
30 BK/*Gruber* InsO[77] § 200 Rn 25.
31 Uhlenbruck/*Wegener* InsO[15] § 200 Rn 29.
32 BFH ZIP 2017, 934; ZInsO 2006, 875.
33 MünchKomm/*Hintzen* InsO[4] § 200 Rn 34.
34 BGH NZI 2015, 128.
35 MünchKomm/*Hintzen* InsO[4] § 200 Rn 40; BGH ZInsO 2015, 1359.
36 BGHZ 83, 102; Uhlenbruck/*Wegener* InsO[15] § 200 Rn 24; *Uhlenbruck* ZIP 1993, 241, 246; *Smid* ZInsO 2010, 641.
37 Nerlich/Römermann/*Westphal* InsO[43] § 200 Rn 14.

17 **Anfechtungsprozesse** nach §§ 129 ff dürfen (ohnehin) nur von einem Insolvenzverwalter geführt werden.[38] Der Rückgewähranspruch gehört zur Insolvenzmasse. Wenn keine Nachtragsverteilung angeordnet wird, kann auch der Insolvenzverwalter sie nicht mehr führen. Das Anfechtungsrecht des Verwalters fällt mit der Beendigung des Verfahrens ersatzlos weg.[39] Für einen laufenden Anfechtungsprozess führt die Insolvenzverfahrensbeendigung ohne Anordnung der Nachtragsverteilung zur Erledigung des Rechtsstreits,[40] der Prozess kann nicht ausgesetzt und vom Insolvenzschuldner übernommen werden.[41] Möglich ist ein Vorgehen nach dem AnfG seitens der einzelnen Gläubiger.

2. Prozessführungsbefugnis

18 Der Schuldner erhält ansonsten mit dem Rückerhalt der Verwaltungs- und Verfügungsbefugnis auch die **Prozessführungsbefugnis** über sein Vermögen zurück,[42] die er infolge der Eröffnung an den Insolvenzverwalter als gesetzlichen Prozessstandschafter verloren hatte. Umgekehrt verliert der Verwalter mit Verfahrensbeendigung[43] seine Prozessführungsbefugnis.[44] **Laufende Rechtsstreitigkeiten**, die sich nicht auf Gegenstände der Nachtragsverteilung[45] beziehen, unterliegen also einer Nachfolge in der Verfügungsbefugnis, die zu einer gesetzlichen Parteiänderung führt.[46] Sie werden **entsprechend §§ 240, 239 ZPO unterbrochen[47], bis der Schuldner das Verfahren nach § 250 ZPO aufnimmt** und im eigenen Namen fortführt. Dafür ist eine förmliche Aufnahmeerklärung an das Gericht, die der Gegenseite zugestellt wird, notwendig. Nach anderer Ansicht soll der Schuldner bei schwebenden Prozessen ohne weiteres an Stelle des Verwalters in den Prozess eintreten.[48] Dafür spricht der Wortlaut des § 240 ZPO[49] insofern als er von einer Unterbrechung nur solange ausgeht, bis (alternativ zur Aufnahme durch den Insolvenzverwalter) das Insolvenzverfahren beendet wird. § 240 ZPO fordert also im Falle der Beendigung des Insolvenzverfahrens keine Prozessaufnahme durch den Schuldner. Eine solche automatische Beendigung der Unterbrechung durch Beendigung des Insolvenzverfahrens[50] mitsamt Wiedereintreten des Schuldners kann allerdings nur in dem Falle gelten, dass der Insolvenzverwalter das Verfahren nicht zwischenzeitlich aufgenommen hat.[51] Das zeigt sich gerade

38 BGHZ 83, 102; Uhlenbruck/*Wegener* InsO[15] § 200 Rn 21.
39 BGHZ 83, 102; BGH DZWiR 2010, 199.
40 RGZ 52, 330; MünchKomm/*Hintzen* InsO[4] § 200 Rn 41.
41 BGHZ 83, 102; RGZ 52, 330: aber Fortsetzung des in der Hauptsache erledigten Prozesses durch den Schuldner bis zur Entscheidung im *Kostenpunkt*.
42 BFH 2017, 218; BGH NZI 2015, 756; dies gilt nicht für den Fall, dass die Nachtragsverteilung angeordnet ist BFH ZIP 2014, 2260, in diesem Fall bleibt der Insolvenzverwalter zur weiteren Führung eines Aktivprozesses befugt; *Markgraf/Hertelt* ZIP 2018, 1480.
43 BGH NZI 2008, 561; nicht erst mit Abschluss einer Restschuldbefreiung: BFH/NV 2008, 2045.
44 BGH NZI 2010, 99.
45 Im Falle der angeordneten Nachtragsverteilung bleibt der Insolvenzverwalter weiterhin prozessführungsbefugt BGH NZI 2011, 911.
46 BGH NZI 2015, 756; Uhlenbruck/*Wegener* InsO[15] § 200 Rn 21 mwN; vgl zu den sich daraus ergebenden zahlreichen prozessualen Problemen *Markgraf/Hertelt* ZIP 2018, 1480, 1483.
47 OLG Köln ZIP 1987, 1004; LAG Hamm KTS 1997, 318 mwN; Uhlenbruck/*Wegener* InsO[15] § 200 Rn 21; HambK/*Press* InsO[9] § 200 Rn 18; MünchKomm/*Hintzen* InsO[4] § 200 Rn 37; BK/*Gruber* InsO[77] § 200 Rn 26; *Haarmeyer/Wutzke/Förster* Hdb InsO[3] Kap 8 Rn 96; *App* DGVZ 2001, 1, 2; zur Aussetzung auf Antrag gem § 246 I ZPO: LG Köln ZIP 1987, 1004; Gottwald/Haas/*Klopp/Kluth* Insolvenzrechts-Hdb[6] § 73 Rn 11; aber jedenfalls nicht für Anfechtungsprozesse, s o Rn 17, BGHZ 83, 102; Die Unterbrechung erfordert jedenfalls Rechtstätigkeit, Anhängigkeit genügt nicht: zuletzt BGH ZZP 122 (2009), 363 m Anm Windel.
48 Anders/Gehle ZPO[80] § 240 Rn 23.
49 So wohl OLG Hamburg KTS 1986, 506.
50 Dazu BFH/NV 2008, 2045.
51 Vgl Stein/Jonas/*Roth* ZPO[23] § 240 Rn 32.

in den zwei Alternativen für die Beendigung der Unterbrechung. Hat der Verwalter jedoch den Prozess aufgenommen oder während des Insolvenzverfahrens von Anfang an geführt, findet bei Beendigung des Insolvenzverfahrens ebenso ein Wechsel in der Verfügungsbefugnis statt, der zu einer Parteiänderung führt,[52] wie dies bei der Verfahrenseröffnung der Fall ist. Von einer der Aufnahme durch einen Insolvenzverwalter oder Rechtsnachfolger entsprechenden Interessenlage ist also auszugehen, wenn das Insolvenzverfahren beendet ist. Andernfalls träte für den Schuldner die unbillige Situation ein, dass er schon kurz nach Verfahrensbeendigung in einer für ihn bisher fremden Rechtssache verhandeln müsste.[53] Dem Schuldner soll deshalb eine Überlegungsfrist, ob und wie er das Verfahren führen will, eingeräumt werden, was der Fall bei jedem gesetzlichen Parteiwechsel ist. Nur so kann dem schutzwürdigen Interesse der neuen Partei genüge getan werden. Für den Prozessgegner ist dies nicht unbillig, da er entsprechend §§ 239 II, 246 II ZPO ein Aufnahmeverlangen stellen kann und so eine ungebührliche Verzögerung vermeiden wird.[54] Etwas anderes kann nur dann gelten, wenn **für den vom Verwalter betriebenen Rechtsstreit noch eine anwaltliche Prozessvollmacht besteht**, die durch die Insolvenzverfahrensbeendigung und durch den Parteiwechsel nicht wegfällt; in diesem Falle kommt es nicht zur Unterbrechung des Prozesses.[55] Zum Übergang der Prozessführungsbefugnis auf den Insolvenzschuldner kommt es auch dann nicht, wenn dieser die streitbefangene Forderung abgetreten hatte und seine Prozessführungsbefugnis deshalb (nur) auf § 265 II S 1 ZPO beruhte; das Prozessführungsrecht geht dann nach Beendigung des Verfahrens auf den neuen Gläubiger über.[56]

3. Vollstreckungsverbote

Die Vollstreckungsverbote für Einzelzwangsvollstreckungsmaßnahmen entfallen mit Beendigung des Insolvenzverfahrens. Betroffen sind der **Ausschluss von Zwangsvollstreckungen für Insolvenzgläubiger nach § 89 und für Massegläubiger nach § 90.** Ebenfalls entfällt das Verbot der Zwangsvollstreckung in Miet- und Pachtforderungen des Schuldners nach § 110 II und wegen Sozialplanforderungen nach § 123 III S 2. § 201 I regelt speziell für Insolvenzgläubiger, dass sie ihre restlichen Forderungen gegen den Schuldner unbeschränkt geltend machen können. § 201 II ordnet die **Titelqualität für den Tabelleneintrag** im Falle festgestellter und nicht vom Schuldner bestrittener Forderungen an. Soweit eine Rechtsschuldbefreiung durchgeführt wird, scheitert jedoch daran die Durchsetzbarkeit wegen §§ 201 III, 294 I, ohne dass allerdings der Titel aus § 201 II entfiele (s noch § 201 Rn 17). Auch im Hinblick auf bereits **vor Eröffnung titulierte Ansprüche** entfällt das Vollstreckungsverbot. Sie können unabhängig von § 201 II selbständig vollstreckt werden. Ist jedoch eine vor dem Verfahren titulierte Forderung festgestellt worden, geht der Titel aus dem Tabelleneintrag dem früheren Titel vor (s noch § 201 Rn 14). 19

4. Verjährung

Die Forderungsanmeldung, gleichgültig, ob eine Feststellung erfolgt oder nicht, bewirkt nach § 204 I Nr 10 BGB eine **Verjährungshemmung.** Diese endet mit Beendigung des Insolvenzverfahrens. Die Verjährungsfrist verlängert sich also um den Zeitraum des Insolvenzverfahrens. Bei festgestellten Ansprüchen greift anschließend § 197 Nr 3 bzw 5 BGB – 30 Jahre. 20

52 Vgl *Schilken/Brinkmann* Zivilprozessrecht[8] Rn 755.
53 OLG Köln ZIP 1987, 1004; BK/*Gruber* InsO[77] § 200 Rn 26.
54 *Grunsky* EWiR § 246 ZPO 1/87, 892.
55 MünchKomm/*Hintzen* InsO[4] § 200 Rn 38; Stein/Jonas/*Bork* ZPO[23] § 86 Rn 5.
56 BGH ZIP 1992, 825; Verbleib der Prozessführungsbefugnis beim Verwalter: Jaeger/*Weber* KO[9] § 163 Rn 7.

5. Geschäftsunterlagen

21 Geschäftsunterlagen gehören nicht zu den verwertbaren Massebestandteilen. Vielmehr ist der **Verwalter nach Beendigung des Insolvenzverfahrens verpflichtet, dem Schuldner dessen Geschäftsunterlagen zurück zu geben**[57] und der Schuldner ist verpflichtet, sie zurückzunehmen.[58] Auch hier sind diejenigen **Unterlagen ausgenommen, die für eine Nachtragsverteilung benötigt werden**, da im Hinblick auf die Nachtragsverteilung die Verwaltungs- und Verfügungsbefugnis beim Insolvenzverwalter verbleibt und (noch) nicht auf den Schuldner übergeht. Handelt es sich beim Schuldner nicht um eine natürliche Person, sollte nach dem in § 199 S 2 ausgedrückten Prinzip an diejenige Person, die im Falle der Liquidation verwahrungsberechtigt und -verpflichtet ist herausgegeben werden. Für die AG und die KGaA greift deshalb § 273 II AktG, für die GmbH § 74 II GmbHG, für die eG § 93 GenG, für die OHG, KG, PartGG und EWIV gilt § 157 II HGB (iVm § 161 II HGB bzw. § 10 I PartGG, § 1 EWIV AG). Der Verwalter hat also bei der OHG, der KG und der GmbH die Geschäftsbücher **an den durch den Gesellschaftsvertrag oder einen Gesellschafterbeschluss bestimmten Verwahrer** herauszugeben und beim Fehlen einer derartigen Bestimmung sowie von vornherein bei der AG die Bestimmung der Verwahrungsstelle durch das Registergericht herbeizuführen.[59]

22 Auch wenn über die Rechtspflicht des Schuldners, die Unterlagen zurückzunehmen, Einigkeit besteht, ist ihre zwangsweise Durchsetzung nicht unproblematisch. Bei der AG und der KGaA kann das **Registergericht nach § 407 I AktG im Wege der Festsetzung von Zwangsgeld** Vorstandsmitglieder oder Abwickler zur Befolgung ihrer Pflichten nach § 273 II AktG anhalten. Nicht geregelt ist dort allerdings eine Befugnis des Insolvenzgerichts[60] oder des Verwalters zu Zwangsmaßnahmen. Dieser kann – wie auch bei der GmbH nach § 74 II GmbHG – lediglich eine registergerichtliche Bestimmung der Verwahrstelle herbeiführen, wenn sie sich nicht aus Satzung oder Gesellschafterbeschluss ergibt. Mit der bestimmten Stelle hat der Verwalter einen **Verwahrvertrag** auf Kosten der Masse abzuschließen, damit deren Verpflichtung entsteht,[61] denn ohne Zustimmung des Benannten kann dieser nicht zur Verwahrung gezwungen werden.[62] **Steuerrechtliche Aufbewahrungspflichten** nach § 147 AO können durch das Finanzamt durchgesetzt werden. Wann ein Recht des Verwalters zur **Vernichtung der Unterlagen** eintritt, ist umstritten.[63] Nach Ablauf der von § 147 AO vorgesehenen Aufbewahrungszeiten (6 bzw 10 Jahre) und fruchtloser Zwangsmittelandrohung durch das Finanzamt wird man spätestens ein solches Recht des Verwalters annehmen können. Die wohl herrschende Ansicht lässt es bereits genügen, dass die Androhung von Zwangsmitteln durch das Finanzamt nicht hilft, der Verwalter die Vernichtung androht und die Staatsanwaltschaft in Kenntnis setzt.[64] Dafür spricht in der Tat, dass die durch die Aufbewahrung entstehenden Kosten kaum erfolgreich vom Verwalter gegen den Schuldner durchgesetzt werden können, so dass eine weitere Aufbewahrung der Geschäftsunterlagen bis zum Ablauf der gesetzlichen Aufbewahrungsfristen auf Kosten der Masse

---

57 OLG Stuttgart ZIP 1998, 1880; Jaeger/*Weber* KO[9] § 117 Rn 19.

58 Uhlenbruck/*Wegener* InsO[15] § 200 Rn 30 mwN; MünchKomm/*Hintzen* InsO[4] § 200 Rn 43 mwN.

59 Jaeger/*Weber* KO[9] § 117 Rn 19.

60 **AA** Uhlenbruck/*Wegener* InsO[15] § 200 Rn 30; *Hess* InsO[4] § 200 Rn 29 mwN; wie hier MünchKomm/*Hintzen* InsO[4] § 200 Rn 43; Nerlich/Römermann/*Westphal* InsO[43] § 200 Rn 16; nach *Kuhn/Uhlenbruck* KO[11] § 204 Rn 10 geht zumindest das Verwahrerbestimmungsrecht auf das Insolvenzgericht über, wenn sich keine zur Verwahrung bereite Person findet.

61 Jaeger/*Weber* KO[9] § 117 Rn 19; hierfür sind in der Schlussbilanz Rücklagen zu bilden.

62 OLG Stuttgart ZIP 1984, 1385 = KTS 1984, 491; LG Hannover KTS 1973, 191; *Kuhn/Uhlenbruck* § 204 KO[11] Rn 10; MünchKomm/*Hintzen* InsO[4] § 200 Rn 43.

63 Nerlich/Römermann/*Westphal* InsO[43] § 200 Rn 16 mwN; Uhlenbruck/*Wegener* InsO[15] § 200 Rn 31; MünchKomm/*Hintzen* InsO[4] Rn 43.

64 Nerlich/Römermann/*Westphal* InsO[43] § 200 Rn 16 § 200 Rn 13; Rattunde/Smid/Zeuner/*Kirchner* InsO[4] § 200 Rn 12; *Hess* InsO[4] § 200 Rn 31; *Skrotzki* KTS 1973, 192.

(aus in der Schlussbilanz zu bildenden Rückstellungen[65]) nicht zumutbar ist. Nicht vernichtet werden dürfen jedenfalls Unterlagen, die für die bisherigen Arbeitnehmer notwendig sind und diesen nicht ausgehändigt werden können, etwa solche über Pensionsansprüche und Personalunterlagen; sie sind bei der Hinterlegungsstelle des zuständigen Amtsgericht bis zum Ablauf der gesetzlichen Aufbewahrungsfrist zu hinterlegen.[66]

6. Beendigung der Ämter des Insolvenzverwalters und des Gläubigerausschusses

Die Ämter des Insolvenzverwalters und der Mitglieder des Gläubigerausschusses werden mit Aufhebung des Insolvenzverfahrens beendet. **23**

7. Rechtliche Folgen der Aufhebung des Insolvenzverfahrens für die Rehabilitierung des Schuldners

Keine Auswirkung hat die Aufhebung des Insolvenzverfahrens für eine „Rehabilitierung" des Schuldners im Hinblick auf dessen Eignung, Schöffe oder Handelsrichter zu sein (§§ 33 Nr 6, 109 III S 2 GVG), die elterliche Vermögenssorge wahrzunehmen oder Vormund zu sein.[67] Vielmehr wird hier nicht unmittelbar an Eröffnung und Beendigung des Insolvenzverfahrens angeknüpft. **24**

65 Uhlenbruck/*Wegener* InsO[15] § 200 Rn 30; BK/*Gruber* InsO[77] InsO § 200 Rn 34 mwN.
66 *Kuhn/Uhlenbruck* KO[11] § 204 Rn 10.
67 Rattunde/Smid/Zeuner/*Kirchner* InsO[4] § 200 Rn 12.

§ 201 Rechte der Insolvenzgläubiger nach Verfahrensaufhebung

(1) Die Insolvenzgläubiger können nach der Aufhebung des Insolvenzverfahrens ihre restlichen Forderungen gegen den Schuldner unbeschränkt geltend machen.

(2) [1]Die Insolvenzgläubiger, deren Forderungen festgestellt und nicht vom Schuldner im Prüfungstermin bestritten worden sind, können aus der Eintragung in die Tabelle wie aus einem vollstreckbaren Urteil die Zwangsvollstreckung gegen den Schuldner betreiben. [2]Einer nicht bestrittenen Forderung steht eine Forderung gleich, bei der ein erhobener Widerspruch beseitigt ist. [3]Der Antrag auf Erteilung einer vollstreckbaren Ausfertigung aus der Tabelle kann erst nach Aufhebung des Insolvenzverfahrens gestellt werden.

(3) Die Vorschriften über die Restschuldbefreiung bleiben unberührt.

Materialien

BT-Drucks 12/2443, S 187; RegE § 229; BR-Drucks 336/94, S 48; DiskE u RefE § 219; 2. BerlInsRKomm, LS 1.6. Abs 1 lit. a); 3.2.8.2 Abs 4, 5.

Vorgängerregelungen

§ 164 I, II KO (Motive I Bd 2 S 189 f, Motive II S 382 ff, Protokolle S 108, 183), § 18 II S 2 GesO.

Literatur

Lissner Die Erteilung eines vollstreckbaren Tabellenauszugs im Insolvenzverfahren, ZVI 2014, 368; *ders.* Neues von der Klausel – Teil I, JurBüro 2020, 59; *Pape* Erteilung vollstreckbarer Ausfertigung während der Wohlverhaltensphase und nach erteilter Restschuldbefreiung, ZVI 2014, 1; *Reck* Ausgenommene Forderungen und Vollstreckung, ZVI 2017, 131.

Übersicht

Alphabetische Übersicht

https://doi.org/10.1515/9783110343687-028

I. Einleitung

Die Haftung des Schuldnervermögens nach insolvenzrechtlichen Befriedigungsgrundsätzen ist mit Verteilung der Masse realisiert (§ 187 Rn 1) und das Insolvenzverfahren wird deshalb aufgehoben. Das insolvenzrechtliche Prinzip gemeinschaftlicher und gleichmäßiger Befriedigung der Insolvenzgläubiger wird mit Aufhebung des Insolvenzverfahrens hinfällig. In Höhe der bei der Verteilung geleisteten Zahlungen ist die persönliche Forderung des Insolvenzgläubigers erfüllt; ansonsten wird der **Schuldner durch das Insolvenzverfahren nicht von seiner (Rest-)Verbindlichkeit befreit.** Dem entsprechen die Anordnungen, die § 201 zu den Rechten der Insolvenzgläubiger nach Verfahrensaufhebung trifft: Die Insolvenzgläubiger haben ein **unbeschränktes Nachforderungsrecht** im Hinblick auf ihre noch nicht befriedigten Forderungen, was vor allem die Durchsetzung im Wege der Klage und der Einzelzwangsvollstreckung ermöglicht. Der Fortbestand der Ansprüche der Gläubiger wird damit bestätigt, und es wird vorgesehen, dass diese nach Aufhebung des Insolvenzverfahrens (wieder) nach allgemeinen Regeln durchgesetzt werden können. Die Vorschrift ordnet zudem die **Titelqualität der Eintragung in die Tabelle** an, wenn angemeldete Forderungen festgestellt und vom Schuldner nicht bestritten worden sind. Diese Insolvenzgläubiger können einen vollstreckbaren Auszug aus der Insolvenztabelle beantragen und auf dieser Grundlage die noch offenen Forderungen geltend machen. Die Durchsetzbarkeit sämtlicher Forderungen steht allerdings unter dem **Vorbehalt der Restschuldbefreiung**, wegen der ein (neues) Vollstreckungsverbot und Gleichbehandlungsgebot durch § 294 eintritt, ohne dass aber die Forderungen selbst oder deren Titulierung entfielen. 1

War der **Schuldner eine juristische Person**, wird häufig kein tatsächlich noch verfolgbarer Schuldner mehr vorhanden sein, da die Beendigung des Insolvenzverfahrens in den meisten Fällen auch mit der Abwicklung einhergeht (§ 199 Rn 2). Ist der **Schuldner verstorben**, bleibt ebenfalls kein Schuldner übrig, da das Recht des Erben zur Haftungsbeschränkung fortbesteht und seine Verantwortlichkeit nach Durchführung des Nachlassinsolvenzverfahrens erschöpft ist. 2

II. Freie Nachforderung

1. Begriff

Freie Nachforderung bedeutet, dass wegen der unbefriedigten Forderungen von Insolvenzgläubigern nicht mehr das Prinzip der Gleichbehandlung aller Insolvenzgläubiger gilt, sondern durch den Einzelnen vorgegangen werden kann. § 87, der die Insolvenzgläubiger für die Rechtsverfolgung auf die Vorschriften des Insolvenzverfahrens verweist, ist nicht mehr anwendbar. An die Stelle des Schuldenmassestreits tritt die Möglichkeit, Leistungsklagen zu erheben. Rechtserwerb aus der (früheren) Masse ist wirksam, da die §§ 81 und 91 nicht mehr gelten. Insbesondere kann im Wege der Einzelzwangsvollstreckung vorgegangen werden, da das Vollstreckungsverbot des § 89 nicht mehr gilt. Auch die Beantragung der Eröffnung eines neuen Insolvenzverfahrens ist als Form der „Geltendmachung" möglich.[1] Gegenstände, die einer Nachtragsverteilung vorbehalten sind, können auch im Wege der freien Nachforderung kein Zugriffsobjekt sein (§ 203 Rn 10). 3

1 Jaeger/*Weber* KO⁹ § 201 Rn 2.

2. Insolvenzgläubiger

4 Insolvenzgläubiger können ihre Forderungen zu dem Anteil, zu dem sie bei der Verteilung nicht befriedigt wurden („**ihre restlichen Forderungen**"), wieder als Einzelne geltend machen. Die unbeschränkte Nachhaftung des § 201 I gilt aber **nur für Insolvenzgläubiger iSd §§ 38, 39**. Es muss sich also um vor der Eröffnung des Verfahrens entstandene Forderungen handeln und der entsprechende Gläubiger muss sich am Verfahren beteiligt haben. Ob die Forderung vom Schuldner unbestritten festgestellt ist, spielt für das freie Nachforderungsrecht der Insolvenzgläubiger nach § 201 I keine Rolle. Die **Insolvenzgläubiger, deren Forderung nicht festgestellt und unbestritten geblieben ist**, müssen allerdings ihre Forderung einklagen, um sie zwangsweise durchsetzen zu können, da für sie der Tabelleneintrag keinen Vollstreckungstitel nach § 201 II begründet (dazu unten Rn 11).

5 Dass nur Insolvenzgläubiger von § 201 I erfasst sind, **nicht aber am Insolvenzverfahren unbeteiligt gebliebene Gläubiger sowie Neugläubiger und Massegläubiger**, bedeutet allerdings nicht, dass ihnen gegenüber keine Haftung des Schuldners nach Verfahrensbeendigung bestünde.

3. Nicht am Verfahren beteiligte Gläubiger

6 **Gläubiger, die sich nicht am Verfahren beteiligt haben**, können ihre Ansprüche unabhängig von § 201 I unbeschränkt geltend machen; eine Beschränkung auf die „restlichen Forderungen" kommt nicht in Betracht. Für solche Gläubiger besteht im Hinblick auf die Titelqualität des Tabelleneintrags (dazu unten Rn 11 ff) der Unterschied, dass sie die Forderung einklagen müssen, um sie zwangsweise durchsetzen zu können.

4. Neugläubiger

7 Gläubiger, deren Anspruch gegen den Schuldner nicht bereits zum Zeitpunkt der Verfahrenseröffnung begründet war, sondern erst später entstanden ist, sind von § 201 I nicht erfasst. **Während des Insolvenzverfahrens** unterliegen sie ohnehin nur dem Vollstreckungsverbot des § 89 II S 1. Sie können dabei allerdings nur in das insolvenzfreie Vermögen des Schuldners vollstrecken, da die Masse für die Insolvenzgläubiger reserviert ist (s § 89 Rn 25). Zu ihr gehört freilich nach § 36 schon das gesamte pfändbare Vermögen des Schuldners und nach § 35 auch der Neuerwerb. Zudem ist eine Vollstreckung auch in das freie Schuldnervermögen immer durch die Pfändungsschutzvorschriften insbes. der §§ 850 ff ZPO beschränkt. Falls es sich nicht um privilegierte Gläubiger von Deliktsforderungen (§ 850 f II ZPO) oder Unterhaltsansprüchen (§ 850d ZPO) handelt oder § 89 II S 2 eingreift, ist die Vollstreckung durch Neugläubiger während des Insolvenzverfahrens deshalb wenig aussichtsreich und kommt vornehmlich in vom Verwalter freigegebene Gegenstände in Betracht. **Nach Verfahrensbeendigung** ist die Vollstreckung in vollem Umfang möglich; die Neugläubiger bedürfen allerdings eines gesonderten Titels, da § 201 II für sie nicht gilt.

5. Masseverbindlichkeiten

8 Für **vor Verfahrensbeginn begründete Masseverbindlichkeiten** haftet der Schuldner **während des Insolvenzverfahrens** fort und die Vollstreckungsverbote der §§ 88, 89 gelten nicht; wohl aber dasjenige des § 90. Solche Massegläubiger können also während des Verfahrens in die Masse und in das Vermögen des Schuldners vollstrecken, soweit es nicht zur Masse gehört (s § 53 Rn 19, 24). Es stellen sich jedoch bei der Vollstreckung in das Vermögen des Schuldners

dieselben Probleme im Hinblick auf das freie Vermögen wie für die Neugläubiger, dass nämlich das freie Vermögen des Schuldners – gleich ob Neuerwerb oder nicht – regelmäßig unpfändbares Vermögen sein wird (o Rn 7). **Nach Insolvenzverfahrensbeendigung können Masseverbindlichkeiten, die bei Verfahrenseröffnung schon bestanden haben**, in das gesamte Vermögen des Schuldners geltend gemacht werden;[2] es sei denn sie wurden durch einen starken vorläufigen Insolvenzverwalter begründet, dann haftet nur das dem Schuldner wieder überantwortete Vermögen (näher s § 53 Rn 16). Für **während des Insolvenzverfahrens begründete und bei Verfahrensbeendigung noch offene Masseverbindlichkeiten** beschränkt die herrschende Meinung die Haftung des Schuldners ab Aufhebung des Verfahrens auf Massegegenstände, die als Überschuss an den Schuldner gemäß § 199 herauszugeben sind bzw. auf unverwertbare Gegenstände, die der Insolvenzverwalter gemäß § 197 bereits während des Verfahrens freigegeben hat.[3] Nach der Gegenansicht wird eine uneingeschränkte Haftung des Schuldners für alle Masseverbindlichkeiten befürwortet (s auch § 80 Rn 44 ff; und ausführlich § 215 Rn 19).[4] Entscheidendes Kriterium wird hier sein, dass der Insolvenzverwalter diese nach Eröffnung entstandenen Masseverbindlichkeiten begründet hat. Folgert man aus seiner auf die Masse beschränkten Verwaltungs- und Verfügungsbefugnis, dass von ihm begründete Ansprüche auch nur aus der Masse zu erfüllen sind (s § 53 Rn 13), ist der herrschenden Ansicht zuzustimmen. Hingewiesen wird allerdings inzwischen auf die Konsequenzen der herrschenden Ansicht (s auch § 80 Rn 44 ff)[5]: während des Verfahrens unbefriedigt gebliebene Massegläubiger müssten sich zur Durchsetzung ihrer Ansprüche darauf beschränken, auf die Restmasse Zugriff zu nehmen, wohingegen Insolvenzgläubigern die Vorteile der unterlassenen Erfüllung der Masseverbindlichkeit zu Gute kämen. Umgekehrt muss jedoch beachtet werden, dass der Schuldner auf die Begründung dieser Verbindlichkeiten keinerlei Einfluss hat und ihre Notwendigkeit und Zweckmäßigkeit nicht kontrollieren kann. Auch in die Restschuldbefreiung können diese Verbindlichkeiten nicht eingefügt werden,[6] da sie nach § 286 nur Verbindlichkeiten gegenüber Insolvenzgläubigern betrifft. Dies und die fehlende rechtliche Basis für die Begründung einer Schuldnerhaftung (mit seinem insolvenzfreien Vermögen) durch ein Verwalterhandeln,[7] führen dazu, dass der herrschenden Meinung zu folgen ist. Eine uneingeschränkte Haftung des Schuldners nach Verfahrensbeendigung für nach Verfahrenseröffnung vom Insolvenzverwalter begründete Masseverbindlichkeiten ist deshalb zu verneinen; er haftet vielmehr allein mit der freigegebenen Restmasse.

---

2 BGH WM 2007, 1844 = ZInsO 2007, 994; LAG Hessen ZInsO 2016, 645; vgl hierzu auch BGH ZIP 2021, 528, 529.

3 Nerlich/Römermann/*Westphal* InsO[42] §§ 201, 202 Rn 7 f; MünchKomm/*Hintzen* InsO[4] § 201 Rn 16 jew mwN; *H Roth* FS Gaul 1997, 573, 578; *Knüllig-Dingeldey* Nachforderungsrecht oder Schuldbefreiung, Göttingen 1984, S 13; *Kalter* KTS 1990, 215, 223 mwN; ähnlich auch BGH NZI 2009, 841; NJW 1955, 339.

4 *Häsemeyer* Insolvenzrecht[4] Rn 25.30 f; HambK/*Herchen* InsO[9] § 201 Rn 6.

5 *Häsemeyer* Insolvenzrecht[4] Rn 25.30 f; Nerlich/Römermann/*Westphal* InsO[43] § 201, 202 Rn 7, 8; *Häsemeyer* hat zudem den Aufgabenbereich des Insolvenzverwalters nicht auf die Verfügung über die Masse beschränkt, sondern auf die Aufgabe erweitert, die Schulden im Hinblick auf die Nachhaftung des Schuldners zu verringert; zur Bedeutung der „Verwaltertheorien" für den Haftungsumfang bei Masseverbindlichkeiten s § 80 Rn 44 ff.

6 BGH WM 2007, 1884; **aA** *Häsemeyer* Insolvenzrecht[4] Rn 25.31.

7 Da dieses maßgeblicher Entstehensgrund ist, genügt auch das Argument, es handele sich um (Gesamt-)vollstreckungskosten, für die nach § 788 ZPO der Schuldner hafte, nicht; so jedoch *Häsemeyer* Insolvenzrecht[4] Rn 25.30; s auch § 80 Rn 44.

6. Forderung in alter oder neuer Gestalt?

9 Da der **individuelle Anspruch** eines Gläubigers sich im Insolvenzverfahren in einen **Anspruch auf Geldzahlung** nach insolvenzrechtlichen Befriedigungsgrundsätzen wandelt (§ 187 Rn 1),[8] stellt sich die Frage, ob Forderungen bei der freien Nachforderung in Form der **Umwandlungsvorgaben der §§ 41, 45, 46** geltend zu machen sind oder ob die Nachhaftung sich auf einen ursprünglichen Individualanspruch eines Gläubigers nach den anfänglichen Vereinbarungen bezieht. Richtigerweise ist zunächst zwischen den Forderungen derjenigen Gläubiger, die sich am Verfahren beteiligt haben und derjenigen, die sich daran nicht beteiligt haben, zu differenzieren. Hat sich ein **Gläubiger am Verfahren nicht beteiligt, kann er jedenfalls seine Forderung allein in ihrer ursprünglichen Gestalt geltend machen und durchsetzen.** Weder erfolgt also eine Fälligstellung noch eine Umrechnung von nicht auf Geld gerichteten Forderungen in Geldforderungen noch eine Zusammenrechnung bei wiederkehrenden Leistungen. **Dasselbe muss gelten, wenn sich der Gläubiger zwar beteiligt hat, die Forderung aber nicht rechtskräftig festgestellt worden ist,** etwa weil die Anmeldung zurückgezogen wurde oder ein Widerspruch nicht beseitigt worden ist, denn die Anmeldung allein führt nicht zur Veränderung des Anspruchs.[9] Schließlich bleibt für eine Umwandlung kein Raum, wenn die Forderung vorher erloschen ist.[10] **Bei angemeldeten und rechtskräftig festgestellten Forderungen wirkt der Tabelleneintrag** hingegen grundsätzlich auch nach Verfahrensaufhebung gegen den Schuldner und **die Forderung kann nur in der neuen Gestalt verfolgt werden** (s auch § 45 Rn 18, 19).[11] Dies ergibt sich aus Folgendem: Die Umwandlung kann – entgegen anderer Ansicht[12] – nicht lediglich auf die Dauer des Insolvenzverfahrens beschränkt werden, so dass in der Nachhaftung die Forderung (wieder) in ihrer ursprünglichen Gestalt geltend gemacht werden könnte. Die Umwandlung ist nämlich nicht zeitlich durch die Dauer des Insolvenzverfahrens beschränkt, sondern bewirkt eine Veränderung des Anspruchs, soweit die Zwecke des Insolvenzverfahrens dies erfordern. Diesen Zwecken entspricht es, dass die Befugnis, eine Anmeldung zurückzuziehen, nur bis zur Feststellung der Forderung besteht, dass die rechtskräftige Feststellung zur Tabelle Bindungswirkung gegenüber dem Schuldner hat, und dass sie nach § 201 II S 1 einen Vollstreckungstitel für den Gläubiger bildet. Der Schuldner kann dies nicht dadurch unterlaufen, dass er dem Insolvenzgläubiger die ursprünglich geschuldete Leistung anbietet, und der Gläubiger kann nur aus der „Eintragung in die Tabelle" vollstrecken. Diese Wirkung endet nicht mit Verfahrensbeendigung, wie gerade § 201 deutlich macht. Für jede rechtskräftig festgestellte Forderung wird gleichzeitig ein Vollstreckungstitel erworben. Die Forderung ist im Verfahren und auch nachher in der „tabellenmäßigen" Form zu berücksichtigen. Zahlungen auf die Forderung im Verfahren werden auf die Nachhaftung angerechnet. Sie müssten zurückgegeben werden, damit überhaupt ein Zurückgreifen auf die ursprüngliche (In-

---

8 BGH NJW 1989, 3155; Kübler/Prütting/Bork/*Holzer* InsO[90] § 201 Rn 18; **aA** *Häsemeyer* Insolvenzrecht[4] Rn 25.11 ff (S 702 ff); Nerlich/Römermann/*Westphal* InsO[43] § 201/202 Rn 14; differenzierend MünchKomm/*Hintzen* InsO[4] § 201 Rn 13.

9 BGHZ 113, 207.

10 BGHZ 113, 207.

11 HK/*Depré* InsO[10] § 201 Rn 4.

12 *Häsemeyer* Insolvenzrecht[4] Rn 25.11 ff; Nerlich/Römermann/*Westphal* InsO[43] §§ 201, 202 Rn 14; *Eckardt* geht davon aus, dass die Umgestaltung nicht über das Insolvenzverfahren hinaus wirke, da die Rechtskraftwirkungen der Tabellenfeststellung die materielle Rechtslage – ebenso wenig wie die allgemeinen zivilprozessualen Rechtskraftwirkungen – verändern könnten: *Eckardt* Kölner Schrift[3] Kap 17 Rn 38 ff. Tatsächlich ist aber die fortdauernde Umgestaltung nicht als Veränderung der materiellen Rechtslage zu verstehen. § 201 macht vielmehr deutlich, dass die Nachforderung sich auf die Forderung bezieht, wie sie zur Tabelle festgestellt wurde, was aus diesem Grund und nicht wegen einer Gestaltungswirkung der Rechtskraft Bindungswirkung für den Schuldner entfaltet (vgl § 45 Rn 18).

dividual-)Forderung möglich wäre.[13] Ebensowenig wie der Gläubiger aus einem vor Verfahrenseröffnung erlangten Titel wegen seiner Forderung vollstrecken kann (u Rn 14), kann er nach Verfahrensbeendigung seine Individualforderung einklagen, denn dem entsprechenden Titel im Erkenntnisverfahren stünde der bereits vorhandene Titel aus dem Tabelleneintrag entgegen.[14] Auch **nach Verfahrensbeendigung kann eine rechtskräftig zur Tabelle festgestellte Forderung deshalb nur in der neuen Gestalt geltend gemacht werden.**

7. Besonderheiten im Hinblick auf den Forderungsgrund

Für die Ausnahme einer Forderung von der Restschuldbefreiung nach § 302 Nr 1 und das Voll- 10
streckungsprivileg des § 850 f II ZPO spielt der **Forderungsgrund „vorsätzliche unerlaubte Handlung“** einer angemeldeten Forderung eine Rolle. Aufgrund der Änderung von § 302 Nr 1 im Jahr 2014 durch das Gesetz zur Verkürzung des Restschuldbefreiungsverfahrens und zur Stärkung der Gläubigerrechte[15] umfasst die Vorschrift nunmehr auch vorsätzlich nicht gezahlten, rückständigen gesetzlichen Unterhalt und Forderungen aus einem Steuerschuldverhältnis, sofern der Schuldner im Zusammenhang damit wegen einer Steuerstraftat nach den §§ 370, 373 oder § 374 AO rechtskräftig verurteilt worden ist. Der Nachweis des Forderungsgrundes kann im Zwangsvollstreckungsverfahren mit einem vollstreckbaren Auszug aus der Tabelle geführt werden.[16] Um bei der Nachhaftung in den Genuss dieser Vollstreckungsprivilegien zu gelangen, kann der Gläubiger den Grund der Forderung bereits bei der Anmeldung der Forderung darlegen. Wird (nur) dem Schuldgrund widersprochen, muss dieser außerhalb des Insolvenzverfahrens im Klagewege gesondert festgestellt werden (§ 188 Rn 15, § 194 Rn 8).[17] Der Vermerk des Forderungsgrundes und die ggf notwendige Feststellungsklage können auch nachträglich für eine bereits festgestellte Forderung erfolgen.[18] Nicht ausreichend ist hingegen, dass die Forderung zwar tituliert ist, der Titel aber zum Forderungsgrund keine hinreichenden Angaben macht, oder es sich beim Titel um einen Vollstreckungsbescheid handelt.[19] In diesem Fall, muss der Gläubiger den besonderen Forderungsgrund ebenfalls noch feststellen lassen.[20]

III. Eintragung in die Tabelle als Vollstreckungstitel

1. Vollstreckungstitel und vollstreckbarer Tabellenauszug

Vollstreckungstitel ist die Eintragung in die Tabelle. Während § 178 III die Feststellung mit 11
Rechtskraftwirkung gegenüber allen Insolvenzgläubigern und dem Verwalter ausstattet, geht es § 201 II um die Bindungswirkung gegen den Schuldner,[21] nach Beendigung des Insolvenz-

13 Jaeger/*Weber* KO⁹ § 164 Rn 10; „§ 164 II (KO) lässt sich zwanglos nur aus einer endgültigen Maßgeblichkeit des Tabelleneintrags erklären.“.

14 Auch am Rechtsschutzbedürfnis würde im Übrigen eine solche Klage scheitern.

15 Gesetz vom 15.7.2013 (BGBl I S 2379).

16 BGH NZI 2020, 438; NZI 2019, 897; LG Essen ZInsO 2017, 2065; MünchKomm/*Hintzen* InsO⁴ § 201 Rn 20c; **aA** AG Köln NZI 2017, 78; Andres/*Leithaus* InsO⁴ § 201 Rn 3.

17 Zur Berechnung des Streitwertes einer solchen Feststellungsklage sowie zu etwaigen Abschlägen bei der Berechnung: BGH NZI 2009, 255.

18 BGH NJW-RR 2008, 1072; ZInsO 2009, 278.

19 BGH NJW 2005, 1663; ZVI 2003, 301; BGHZ 152, 166; BGH ZVI 2002, 422; OLG Brandenburg NZI 2010, 266; *Gaul* NJW 2005, 2894; *ders* FS Gerhardt 2004, 259; *Meller-Hannich* LMK 2003, 74; *dies* DGVZ 2009, 69, 70; kritisch *Smid* JZ 2006, 393.

20 BGH ZInsO 2011, 39.

21 Bei Steuerforderung gilt dies über § 166 AO gegenüber dem Geschäftsführer BFH DStRE 2018, 47; DStRE 2017, 1249.

verfahrens. Hat der Schuldner eine Eintragung nicht bestritten, bildet sie ihm selbst gegenüber einen Vollstreckungstitel mit dem die Forderung im Wege der Einzelzwangsvollstreckung durchgesetzt werden kann. Dabei tritt die mittelbare Rechtskraftwirkung gegenüber dem Schuldner schon mit Feststellung zur Tabelle und damit vor Aufhebung des Insolvenzverfahrens ein.[22] Sie bindet neben dem Schuldner auch einen Kommanditisten und nimmt ihm gem §§ 129 I, 161 II HGB die der Gesellschaft abgesprochenen Einwendungen gegen die Gläubigerforderung.[23]

Der Insolvenzgläubiger erhält auf Antrag eine **vollstreckbare Ausfertigung aus der Tabelle** („vollstreckbarer Tabellenauszug"), also eine mit der Vollstreckungsklausel versehene Ausfertigung der Tabelle, in der die Vollstreckbarkeit amtlich bezeugt wird. Auf dem Auszug wird eine bereits erfolgte Ausschüttung bei Verteilungen im Verfahren vermerkt.[24] Auch wenn der in § 164 KO noch vorhandene Verweis auf das Klauselerteilungsverfahren der §§ 724 ff ZPO in der Insolvenzordnung weggefallen ist, finden diese Vorschriften nach wie vor sinngemäß Anwendung.[25] (Zum Verfahren ansonsten u Rn 16). Im Grunde steht der Tabelleneintrag damit einem rechtskräftigen Urteil gleich.[26] Aus diesem Grund wird zum Teil kritisiert, dass der Wortlaut von § 201 II S 1 missverständlich sei und es nicht „wie aus einem vollstreckbaren Urteil" sondern „wie aus einem rechtskräftigen Urteil" heißen müsse.[27] Aus der Perspektive des Zwangsvollstreckungsrechts überzeugt aber die Parallelität zu § 704 ZPO.

2. Festgestellte vom Schuldner nicht bestrittene Forderung

12 Der **Widerspruch des Insolvenzverwalters** gegenüber einer angemeldeten Forderung verhindert nach §§ 178, 179 schon die Feststellung der Forderung. Der Feststellung steht jedoch ein Widerspruch des Schuldners wegen § 178 I S 2 nicht entgegen; eine solche Forderung nimmt auch an der Verteilung teil. Damit über § 201 II ein vollstreckbarer Titel erlangt werden kann, muss die Forderung jedoch **durch den Schuldner unbestritten** sein. Dem steht nach § 201 II S 2 der Fall gleich, dass ein Widerspruch zwar erhoben, aber beseitigt wurde. Dafür kommt entweder die Rücknahme des Widersprechenden oder die Bescheidung des Widerspruchs nach § 184 in einem Feststellungsurteil in Betracht.[28] Für den Fall, dass für die Forderung bereits ein Endurteil oder ein sonstiger vollstreckbarer Schuldtitel vorliegt, genügt es, wenn der Schuldner die Monatsfrist des § 184 II verstreichen lässt, ohne einen Widerspruch zu erheben.[29] Widerspricht der Schuldner lediglich dem Rechtsgrund der unerlaubten Handlung, handelt es sich nicht um einen Widerspruch des Schuldners im Sinne von Abs 2 S 1. Die betroffenen Gläubiger können damit über § 201 ohne weiteres einen vollstreckbaren Titel beantragen.[30]

3. Titulierte Forderungen

13 **Widerspricht der Schuldner einer bereits titulierten Forderung**, kommt wegen des Widerspruchs ein Titel nach § 201 II nicht in Betracht; die Vollstreckung kann aber aus dem vorhandenen Titel betrieben werden. Dasselbe gilt, wenn der **Gläubiger nicht am Verfahren teilgenom-**

22 BGH ZIP 2020, 2018; NZI 2014, 73.
23 BGH NZI 2018, 442.
24 Nerlich/Römermann/*Westphal* InsO[43] § 201/202.
25 Kübler/Prütting/Bork/*Holzer* InsO[90] § 201 Rn 9; Rattunde/Smid/Zeuner/*Kirchner* InsO[4] § 201 Rn 7.
26 So im Ergebnis auch BGH NZI 2018, 442; NZI 2014, 73; NZI 2013, 801; ZIP 1991, 456.
27 Kübler/Prütting/Bork/*Holzer* InsO[90] § 201 Rn 9.
28 MünchKomm/*Hintzen* InsO[4] § 201 Rn 21; Rattunde/Smid/Zeuner/*Kirchner* InsO[4] § 201 Rn 5.
29 BGH NZI 2013, 801.
30 BGH NZI 2014, 568; LG Köln NZI 2012, 682.

men hat, etwa weil seine Forderung nachrangig ist (§§ 39, 174 III)[31] **oder seine Anmeldung zurückgezogen hat, aber bereits über einen Titel verfügt.** In beiden Fällen liegen die Voraussetzungen des § 201 II nicht vor, eine Einzelzwangsvollstreckung ist aber aus dem vorhandenen Titel möglich, da das Vollstreckungsverbot des § 89 weggefallen ist. In Betracht kommt jedoch ein Vollstreckungsverbot nach § 294 (dazu unten 17).

Meldet der Gläubiger eine bereits titulierte Forderung zur Tabelle an und wird sie festgestellt und nicht vom Schuldner bestritten, gilt die Eintragung nach Verfahrensbeendigung wegen § 201 II als vollstreckbares Urteil gegen den Schuldner. **Einer Vollstreckung aus einem vor der Insolvenzeröffnung erwirkten Titel steht die Titulierung aus dem Tabelleneintrag nach ganz herrschender Meinung entgegen.**[32] Auch eine Wahl zwischen beiden Titeln kommt nicht in Betracht.[33] Das wird vornehmlich damit begründet, dass der frühere Titel verdrängt wird und durch einen neuen nach §§ 41, 42, 45, 46 inhaltsgeänderten Titel ersetzt wird, in dem der Umfang der Nachhaftung bestimmt ist.[34] Teilweise wird auch angenommen, der alte Titel sei wegen der Rechtskraft des Tabelleneintrags aufgezehrt bzw. außer Kraft gesetzt,[35] teilweise wird ihm (lediglich) die Vollstreckbarkeit abgesprochen;[36] schließlich wird vertreten, an seiner Vollstreckung bestehe kein Rechtsschutzinteresse mehr.[37] Entscheidender Ansatz wird jedoch sein, dass die Haftung des Schuldners nach § 201 sich nur noch nach dem Inhalt der Tabelleneintragung bestimmt, das heißt, die Forderung ist tituliert abzüglich der im Insolvenzverfahren schon ausgezahlten Beträge und in neuer inhaltlicher Gestalt (oben Rn 9). Der Vorrang des neuen Titels begründet sich damit aus den über § 201 fortwirkenden Zwecken des Insolvenzverfahrens (o Rn 9). Weder wird der alte Titel gegenstandslos, noch entfällt seine Rechtskraft wegen einer Kollision mit der Rechtskraft des Tabelleneintrags oder wird durch diese inhaltlich umgestaltet.[38] **Der alte Titel wird aber durch den neuen Titel insoweit ersetzt,**[39] als die Nachhaftung sich ausschließlich nach § 201 richtet. Begründet man die fehlende Möglichkeit, aus dem alten Titel vorzugehen, mit diesen insolvenzverfahrensrechtlichen Zwecken, steht im Übrigen der Annahme nichts entgegen, dem alten Titel auch die Vollstreckbarkeit abzusprechen[40] oder ein Rechtsschutzbedürfnis an seiner Vollstreckung[41] abzulehnen.[42] Damit kann auch die Frage beantwortet werden, welcher Rechtsbehelf einschlägig ist, wenn der Gläubiger trotzdem aufgrund des alten Titels vollstreckt, worin letztlich die hauptsächliche praktische Konsequenz der unterschiedlichen Begründungsansätze besteht. **Vollstreckt der Gläubiger aufgrund des alten** 14

31 In Betracht kommen hier die ab Verfahrenseröffnung laufenden Zinsen nach § 39 I Nr 1, so dass der sie enthaltende Titel nach Verfahrenseröffnung Vollstreckungsgrundlage ist, auch wenn ansonsten die Forderung unter § 201 II fällt; MünchKomm/*Hintzen* InsO[4] § 201 Rn 37; Jacobi ZVI 2008, 325, 330.

32 RGZ 132, 115; BGH ZIP ZInsO 2006, 102; Jaeger/*Weber* KO[9] § 164 Rn 6; MünchKomm/*Hintzen* InsO[4] § 201 Rn 37; Uhlenbruck/*Wegener* InsO[15] § 201 Rn 22 mwN; *Gaul* FS Weber 1975, 155, 170 ff; *Jacobi* ZVI 2008, 325, 330.

33 Uhlenbruck/*Wegener* InsO[15] § 201 Rn 22 mwN.

34 MünchKomm/*Hintzen* InsO[4] § 201 Rn 37; Uhlenbruck/*Wegener* InsO[15] § 201 Rn 22 mwN.

35 BGH NZI 2020, 591; NZI 2013, 801; NZI 2006, 536; ZIP 1998, 1113; RGZ 112, 297; *Lissner* JurBüro 2020, 59 Uhlenbruck/*Wegener* InsO[15] § 201 Rn 22 ff; *Gaul* FS Weber S 155 ff.

36 Jaeger/*Weber* KO[9] § 164 Rn 6.

37 *Pape* KTS 1992, 185, 189.

38 *Gaul* FS Weber 1975, 155; vgl auch o Fn 12.

39 So iE auch *Gaul* FS Weber 1975, 155.

40 Jaeger/*Weber* KO[9] § 164 Rn 6.

41 *Pape* KTS 1992, 183, 189.

42 Werden diese Begründungen isoliert herangezogen, überzeugen sie allerdings nur teilweise, denn es bleibt offen, welcher Titel aus welchem Grund letztlich den Vorrang hat (*Gaul* FS Weber 1975, 155, 175, 177). In Kombination mit dem Ansatz, dass aus insolvenzverfahrensmäßigen Gründen immer der Tabelleneintrag den Vorrang hat, gleichgültig, ob der Titel vor oder nach Beendigung des Verfahrens erlangt bzw. angestrebt (o Rn 9) wird, wird diese Vorrangfrage aber beantwortet. Für bereits vorhandene Titel entfällt also die Vollstreckbarkeit, zumal an ihr jedenfalls kein Rechtsschutzbedürfnis mehr besteht, für die Erlangung eines weiteren Titels über die volle Forderung und in alter Gestalt fehlt jedenfalls das Rechtsschutzbedürfnis für ein Erkenntnisverfahren (vgl auch oben Fn 14).

Titels, kann der Schuldner hiergegen im Wege der Vollstreckungserinnerung gemäß § 766 ZPO vorgehen,[43] denn es wird die fehlende Vollstreckbarkeit des ursprünglichen Titels geltend gemacht. Das muss auch dann gelten, wenn der Schuldner sich gegen die Vollstreckung aus dem ursprünglichen Titel (nur) mit der Begründung wehrt, der Anspruch sei inzwischen in neuer Gestalt tituliert, als Individualanspruch deshalb inhaltlich geändert.[44] Auch hier beruft sich der Schuldner letztlich auf den Vorrang des neuen Titels, was im Wege der Erinnerung geltend zu machen ist.

15 Die Existenz eines Titels über eine festgestellte Forderung kann das Vollstreckungsorgan entweder daran erkennen, dass in der Tabelle ein entsprechender Feststellungsvermerk angebracht wird, oder die Erteilung des vollstreckbaren Tabellenauszugs von der Vorlage der Originalurkunde des alten Titels zur Entwertung abhängig gemacht wird.[45] Gegen einen Antrag des Gläubigers auf Zweitausfertigung des ursprünglichen Titels bietet das Verfahren nach § 733 ZPO dem Schuldner Schutz.[46]

4. Verfahren, Zuständigkeit, Klausel, Antrag

16 Wie bei jeder Vollstreckung ist auch bei derjenigen aus der Eintragung in die Tabelle eine **Vollstreckungsklausel Voraussetzung**. § 201 II S 3 regelt dementsprechend lediglich den Zeitpunkt, ab dem der Gläubiger die Erteilung der vollstreckbaren Ausfertigung aus der Tabelle („vollstreckbarer Tabellenauszug") verlangen kann: Der Antrag ist erst nach Aufhebung des Insolvenzverfahrens zulässig. Die Aufhebung wird wirksam mit dem dritten Tag nach ihrer öffentlichen Bekanntmachung (§ 200 Rn 8). Für die Erteilung der Klausel ist das Insolvenzgericht zuständig.[47] Funktionell zuständig ist der Urkundsbeamte der Geschäftsstelle nach § 724 II ZPO. Für die Erteilung einer qualifizierten Klausel nach §§ 726 bis 729 ZPO ist der Rechtspfleger nach § 20 Nr 12 RPflG zuständig. (Rechtsbehelfe s § 202 Rn 1).

IV. Einschränkungen durch die Anordnung der Restschuldbefreiung

17 Die Vorschriften über die Restschuldbefreiung bleiben nach § 201 III unberührt, so dass trotz freier Nachforderung und Titelqualität des Tabelleneintrags die **Einzelzwangsvollstreckung ausgeschlossen ist, wenn eine Restschuldbefreiung erfolgt**. Bei erfolgreicher Beantragung der Restschuldbefreiung beginnt mit Eröffnung des Verfahrens die sog. Wohlverhaltensperiode. Für den praktisch häufigen Fall, dass die Wohlverhaltensphase auch noch nach Beendigung des Insolvenzverfahrens andauert, ist die Zwangsvollstreckung in das Vermögen des Schuldners bis zur (rechtskräftigen) Erteilung oder Versagung der Restschuldbefreiung für einzelne Insolvenzgläubiger gemäß § 294 I ausgeschlossen.[48] Gleichwohl ist dem Gläubiger auf Antrag ein

---

43 LG Köln NZI 2012, 682; *Pape* KTS 1992, 185, 190; MünchKomm/*Hintzen* InsO[4] § 201 Rn 38; Uhlenbruck/*Wegener* InsO[15] § 201 Rn 22; Nerlich/Römermann/*Westphal* InsO[43] §§ 201, 202 Rn 16 Fn 5; BK/*Breutigam* InsO[77] § 201 Rn 9; Jaeger/*Weber* KO[9] § 164 Rn 6; in diese Richtung inzwischen auch BGH ZIP 2006, 192 = ZInsO 2006, 102 mit Verweis auf MünchKomm/*Hintzen* InsO[4] § 201 Rn 38; **aA** (Vollstreckungsgegenklage § 767 ZPO) RGZ 132, 113, 114; HK/*Depré* InsO[10] § 201 Rn 7; dagegen spricht entscheidend, dass der Ersatz des alten durch den neuen Titel ipso iure mit Erlangung des neuen Titels eintritt und nicht durch prozessuales Gestaltungsurteil herbeigeführt werden muss. Eine Vollstreckungsgegenklage ist allerdings möglich, wenn aus dem Tabelleneintrag in vollem Umfang vollstreckt wird, ohne dass Auszahlungen abgezogen wurden (s § 202 Rn 8).

44 **AA** Jaeger/*Weber* KO[9] § 164 Rn 6 mwN.

45 BGH ZIP 2006, 192 = ZInsO 2006, 102.

46 MünchKomm/*Hintzen* InsO[4] § 201 Rn 34; *Gaul* FS Weber, S 155, 179.

47 MünchKomm/*Hintzen* InsO[4] § 201 Rn 28; Rattunde/Smid/Zeuner/*Kirchner* InsO[4] § 201 Rn 8.

48 OLG Brandenburg NZI 2012, 762; AG Göttingen ZVI 2008, 499.

vollstreckbarer Tabellenauszug zu erteilen:[49] Da die Restschuldbefreiung erst durch die Entscheidung des Insolvenzgerichts nach Ende der Laufzeit der Abtretungserklärungen eintritt (§ 300) und sie nach § 303 widerrufen werden kann, muss der Gläubiger in die Lage versetzt werden, sofort nach Wegfall der Sperre aus § 294 I im Wege der Einzelvollstreckung gegen den Schuldner vorgehen zu können.[50] Nach Erteilung der Restschuldbefreiung ist ein vollstreckbarer Tabellenauszug nur noch für Forderungen zu erteilen, bei denen der besondere Grund aus § 302 Nr 1–3 festgestellt ist.[51]

49 BGH NJW-RR 2020, 934; LG Göttingen ZInsO 2005, 1113; LG Tübingen NZI 2006, 647; LG Leipzig NZI 2006, 603; FK/*Kießner* InsO[9] § 201 Rn 23; das Rechtsschutzinteresse verneinend AG Göttingen ZInsO 2005, 668; *Hess* InsO[4] § 201 Rn 26.

50 FK/*Kießner* InsO[9] § 201 Rn 23.

51 *Pape* ZVI 2014, 1, 7.

§ 202 Zuständigkeit bei der Vollstreckung

(1) Im Falle des § 201 ist das Amtsgericht, bei dem das Insolvenzverfahren anhängig ist oder anhängig war, ausschließlich zuständig für Klagen:
1. auf Erteilung der Vollstreckungsklausel;
2. durch die nach der Erteilung der Vollstreckungsklausel bestritten wird, daß die Voraussetzungen für die Erteilung eingetreten waren;
3. durch die Einwendungen geltend gemacht werden, die den Anspruch selbst betreffen.

(2) Gehört der Streitgegenstand nicht zur Zuständigkeit der Amtsgerichte, so ist das Landgericht ausschließlich zuständig, zu dessen Bezirk das Insolvenzgericht gehört.

Materialien

BT-Drucks 12/2443, S 187; RegE § 230; BR-Drucks 336/94, S 48; DiskE u RefE § 220; 2. BerlnsRKomm, LS 1.1, 1.3 Abs 1, 1.6. Abs 1 lit. a).

Vorgängerregelungen

§ 164 III KO iVm § 146 II KO (Motive I Bd 2 S 98 ff, 189 f, Motive II S 364 ff, 382 ff, Protokolle S 108, 183).

Übersicht

Alphabetische Übersicht

I. Einleitung

1 Bestimmte Klagen im Klauselerteilungsverfahren und im Vollstreckungsverfahren unterfallen bei einer Vollstreckung aus dem Tabelleneintrag der speziellen **Zuständigkeitsregelung des § 202**. Die aufgeführten Klagearten entsprechen denjenigen, die die ZPO für das Klauselerteilungsverfahren (§§ 731, 768 ZPO) bzw. das Zwangsvollstreckungsverfahren (§ 767 ZPO) vorsieht. Für weitere Rechtsbehelfe im Klauselerteilungsverfahren (Erinnerung gegen Entscheidung des

https://doi.org/10.1515/9783110343687-029

Urkundsbeamten der Geschäftsstelle – § 573 ZPO, Klauselerinnerung – § 732 ZPO, sofortige Beschwerde gegen Entscheidung des Rechtspflegers – § 567 ZPO, § 11 I RPflG) ist keine ausdrückliche Zuständigkeitsanordnung getroffen. Auch sie sind jedoch im Hinblick auf die Klauselerteilung für eine Vollstreckung aus dem Tabelleneintrag generell statthaft; die Zuständigkeit für sie richtet sich jedoch nach allgemeinen Regeln und nicht nach § 202.

II. Klagearten

1. Klage auf Erteilung der Vollstreckungsklausel

Gemeint ist die **Klage nach § 731 ZPO auf Erteilung einer (titelübertragenden oder titelergänzenden) qualifizierten Klausel** für die Vollstreckung aus der Eintragung in die Tabelle. Zuständig für die Erteilung dieser Klauseln nach §§ 726 bis 729 ZPO ist der Rechtspfleger des Insolvenzgerichts nach § 20 Nr 12 RPflG.[1] Wird dem Gläubiger die Erteilung einer solchen qualifizierten Klausel versagt, weil er den Bedingungseintritt (§ 726 I ZPO) oder die Rechtsnachfolge (§ 727 ZPO), Rechtskrafterstreckung (§§ 727 ZPO iVm 325 ZPO bzw 728 ZPO iVm 326 ZPO) oder Vermögens- bzw. Firmenübernahme (§ 729 ZPO) nicht durch öffentliche oder öffentlich beglaubigte Urkunden nachweisen kann, kann er Klage auf Erteilung der Vollstreckungsklausel erheben. An Stelle der von § 731 ZPO vorgesehenen Zuständigkeit des Prozessgerichts des ersten Rechtszuges tritt wegen § 201 I die ausschließliche Zuständigkeit des Amtsgerichts, bei dem das Insolvenzverfahren anhängig ist; je nach Höhe des Streitwertes kann auch das Landgericht nach § 202 II sachlich zuständig sein. 2

Wegen der entsprechenden Anwendbarkeit des § 731 ZPO auf die qualifizierten Klauseln der §§ 742, 744, 745 II und 749 ZPO (Gütergemeinschaft, Testamentsvollstreckung), ist auch in diesen Fällen die Klage auf Klauselerteilung nach der Zuständigkeitsregelung des § 202 zu richten, wenn der erforderliche Nachweis der Voraussetzungen für die Erteilung dieser Klauseln gegenüber dem Rechtspfleger nicht gelingt. 3

2. Klage gegen erteilte Klausel wegen Bestreitens des Vorliegens der Klauselerteilungsvoraussetzungen. Klauselgegenklage

Gemeint ist die **Klage des Schuldners nach § 768 ZPO**. Mit ihr kann der Schuldner **materielle Einwendungen gegen eine erteilte qualifizierte Klausel** (§§ 726 bis 729, 742, 744, 744a, 745 II, 749 ZPO) geltend machen. Er bestreitet also den vom Rechtspfleger (§ 20 Nr 12 RPflG) als bewiesen angenommenen Eintritt der Voraussetzungen für die Erteilung der Klausel. Die Klage zielt auf Beseitigung der Vollstreckbarkeit aus der erteilten Klausel ab. An die durch §§ 768 iVm 767 I ZPO vorgesehene Zuständigkeit des Prozessgerichts des ersten Rechtszugs tritt bei einer Klauselgegenklage im Falle des § 201 die ausschließliche Zuständigkeit des Amtsgerichts, bei dem das Insolvenzverfahren anhängig ist, oder – je nach Streitwert – die Zuständigkeit des Landgerichts, zu dessen Bezirk das Insolvenzgericht gehört. 4

Die **Klauselgegenklage nach § 768 ZPO ist in ihrem Anwendungsbereich von der Klauselerinnerung nach § 732 ZPO wie folgt abzugrenzen.** Richtet sich der Rechtsbehelf des Schuldners gegen eine einfache Klausel, kommt die Klauselgegenklage nicht in Betracht, sondern allein die Klauselerinnerung. Mit ihr können sowohl formelle als auch materielle[2] Einwendungen gegen die Klauselerteilung durch den Urkundsbeamten der Geschäftsstelle (§ 724 II 5

1 Nerlich/Römermann/*Westphal* InsO[43] §§ 201/202 Rn 28; **aA** Zuständigkeit des Prozessgerichts Frege/Keller/Riedel InsO[8] Kap 9 Rn 1854.

2 Im Einzelnen streitig: Nachweise und Kritik zur herrschenden Ansicht bei *Gaul/Schilken/Becker-Eberhard* ZwangsvollstreckungsR[12] § 17 Rn 22 ff; Stein/Jonas/*Münzberg* ZPO[22] § 732 Rn 3.

ZPO) geltend gemacht werden. Ihr Ziel ist die richterliche Überprüfung der Voraussetzungen der Klauselerteilung und die Unzulässigerklärung der vollstreckbaren Ausfertigung zum Titel und der Vollstreckung aus ihr. Richtet sich der Schuldner gegen eine **qualifizierte Klausel,** ist nach der Art der Einwendungen zu differenzieren: Sollen Einwendungen gegen die qualifizierte Klausel im Hinblick auf die formellen Voraussetzungen der Klauselerteilung geltend gemacht werden, kommt allein die Klauselerinnerung in Betracht, da mit der Klauselgegenklage ausschließlich materielle Einwendungen („die als erwiesen angenommenen Voraussetzungen der §§ 726 ff ZPO fehlen") geltend gemacht werden können. Soweit materielle Einwendungen gegen die erteilte qualifizierte Vollstreckungsklausel erhoben werden sollen, kann der Schuldner hingegen zwischen der Klauselgegenklage und der Klauselerinnerung wählen.[3]

6 Zu beachten ist, dass § 202 Zuständigkeitsregelungen nur für die dort genannten Klagen trifft, wozu die Erinnerung nicht gehört. **Es bleibt also für die Klauselerinnerung bei der allgemeinen (§ 4 InsO) zivilprozessualen Zuständigkeit,**[4] so dass nach § 731 I ZPO über die Klauselerinnerung das Gericht entscheidet, dessen Urkundsbeamter (§ 724 I ZPO) bzw. Rechtspfleger (§ 20 Nr 12 RPflG) die Vollstreckungsklausel erteilt hat. Dies ist das Insolvenzgericht (§ 201 Rn 16).

7 Weder mit der Klauselerinnerung noch mit der Klauselgegenklage kann der Schuldner die Vollstreckbarkeit des Titels als solche beseitigen. Beseitigt werden kann nur die Klausel, was den Gläubiger nicht daran hindert, erneut ihre Erteilung zu beantragen. Aufgrund ihrer weniger weit reichenden Wirkung wird **die Klauselerinnerung nach § 732 ZPO deshalb auch nicht durch die Möglichkeit, Vollstreckungsgegenklage gemäß § 767 ZPO (dazu u Rn 8) zu erheben, verdrängt bzw. umgekehrt**; der Schuldner hat zwischen diesen beiden Rechtsbehelfen ein Wahlrecht, und zwar nach der Rechtsprechung sogar dann, wenn er formelle Einwände gegen die Vollstreckbarkeit des Titels geltend macht.[5]

3. Klage wegen Einwendungen gegen den titulierten Anspruch. Vollstreckungsgegenklage

8 Gemeint ist die Klage des Schuldners nach § 767 ZPO, gerichtet auf Unzulässigerklärung der Zwangsvollstreckung, hier aus der Tabelleneintragung. Mit ihr können **materiellrechtliche Einwendungen gegen den nach § 201 titulierten Anspruch** des Insolvenzgläubigers gegen den Schuldner geltend gemacht werden. In Betracht kommt etwa die Erfüllung, der Erlass oder der sonstige Untergang oder die Hemmung des Anspruchs. An die Stelle der **Präklusion (§ 767 II ZPO) von Einwendungen**, die vor Schluss der mündlichen Verhandlung entstanden sind, tritt bei der Vollstreckungsgegenklage gegen die Tabelleneintragung die **Präklusion für Einwendungen, die vor der unstreitigen Feststellung der Forderung entstanden** sind. Der Schuldner kann also nur solche Einwendungen geltend machen, die nach widerspruchsloser Anerkennung, rechtskräftiger Beseitigung eines Widerspruchs oder Schluss der mündlichen Verhandlung in einem Feststellungsprozess des Gläubigers entstanden sind.[6] Da von dem der freien Nachforderung unterliegenden Anspruch des Insolvenzgläubigers jedenfalls der **Betrag abzuziehen ist, der schon im Verteilungsverfahren ausgezahlt wurde** und dies auf der vollstreckbaren Ausfertigung zu vermerken ist (§ 201 Rn 11), kann der Schuldner – wenn dennoch in voller Höhe vollstreckt wird – ebenfalls Vollstreckungsgegenklage erheben,[7] ohne präkludiert zu sein.

---

3 Stein/Jonas/*Münzberg* ZPO[22] § 732 Rn 6.
4 Uhlenbruck/*Wegener* InsO[15] § 202 Rn 3.
5 BGH NJW-RR 2004, 1718.
6 MünchKomm/*Hintzen* InsO[4] § 202 Rn 4; Graf-Schlicker/*Riedel* InsO[6] § 202 Rn 4; Jaeger/*Weber* KO[9] § 164 Rn 8.
7 HK/*Depré* InsO[10] § 201 Rn 8.

An die durch § 767 I ZPO vorgesehene Zuständigkeit des Prozessgerichts des ersten Rechtszugs tritt bei einer Vollstreckungsgegenklage gegen die Vollstreckung aus der Eintragung in die Tabelle die **ausschließliche Zuständigkeit** des Amtsgerichts, bei dem das Insolvenzverfahren anhängig ist oder – je nach Streitwert – die Zuständigkeit des Landgerichts, zu dessen Bezirk das Insolvenzgericht gehört. 9

III. Zuständigkeit im Einzelnen

Die von § 202 vorgegebenen Zuständigkeiten sind sämtlich ausschließlich (vgl auch § 802 ZPO), 10 so dass ein anderer Wahlgerichtsstand, eine Gerichtsstandsvereinbarung und eine Gerichtsstandsbegründung durch rügelose Einlassung nicht in Betracht kommen (§ 40 II S 1 Nr 2, S 2 ZPO). **Sachlich und örtlich zuständig** ist das Amtsgericht, bei dem das Insolvenzverfahren anhängig ist oder war, oder das Landgericht, in dessen Bezirk sich dieses Amtsgericht befindet und zwar je nachdem, welche Zuständigkeit sich aus §§ 23, 71 GVG ergibt. Zuständig ist also keinesfalls das Insolvenzgericht selbst (keine vis attractiva concursus), sondern die **Prozessabteilung** desselben Amtsgerichts bzw. das entsprechende Landgericht. Etwas anderes gilt für Rechtsbehelfe des Gläubigers oder Schuldners nur dann, wenn § 202 I keine Anwendung findet, es sich also nicht um eine der dort geregelten Klagen handelt (u Rn 11 ff). Für die Bestimmung des Streitwertes kommt es auf den Inhalt der Feststellung in der Insolvenztabelle an,[8] allerdings nur soweit er noch offen ist,[9] so dass die erfolgten Auszahlungen abzuziehen sind. Diese Zahlungen sind auf der vollstreckbaren Ausfertigung aus der Tabelle zu vermerken (s § 201 Rn 11).

IV. Weitere Rechtsbehelfe und gerichtliche Zuständigkeit für diese Rechtsbehelfe

1. Im Klauselerteilungsverfahren

Der **Gläubiger** kann bei Verweigerung der Klausel im Falle der einfachen Klausel gegen die 11 Entscheidung des Urkundsbeamten der Geschäftsstelle **Erinnerung nach § 573 ZPO** einlegen. Gegen die Entscheidung des Rechtspflegers, eine qualifizierte Klausel nicht zu erteilen, kommt die **sofortige Beschwerde nach § 567 ZPO**, § 11 I RPflG in Betracht.[10] Beide stehen neben der Klauselerteilungsklage nach § 731 (o Rn 2) und sind von dieser insoweit abzugrenzen, als die Klauselerteilungsklage sich nur auf eine qualifizierte Klausel richtet und nur für den Fall der „nicht erweislichen Tatsachen der §§ 726 ff" gilt. Für die Erinnerung und die sofortige Beschwerde gilt die speziell für Klagen angeordnete Zuständigkeitsregelung des § 202 nicht. Die Zuständigkeit bestimmt sich vielmehr wie folgt: Im Hinblick auf die sofortige Beschwerde nach § 567 ZPO, § 11 I RPflG entscheidet zunächst im Rahmen der Abhilfe der Rechtspfleger.[11] Hilft er ihr nicht ab, legt er sie dem nach § 28 RPflG zuständigen Richter zur Entscheidung vor; das ist der Insolvenzrichter. **Umstritten ist allerdings, ob über die Erinnerung gegen die Entscheidung des Urkundsbeamten nach § 573 ZPO das Prozessgericht[12] oder das Insolvenzgericht[13] entscheidet.** Sinn macht allein die Einlegung bei dem Gericht, dem der entscheidende Urkundsbeamte angehört, zumal eine Erinnerung nach § 573 ZPO ohnehin sowohl beim Urkundsbeamten

8 MünchKomm/*Hintzen* InsO[4] § 202 Rn 5.
9 Graf-Schlicker/*Riedel* InsO[6] § 202 Rn 3.
10 BGH NZI 2020, 736.
11 HambK/*Herchen* InsO[9] § 202 Rn 3.
12 So HambK/*Herchen* InsO[9] Rn 26; FK/*Kießner* InsO[9] § 202 Rn 12.
13 So Nerlich/Römermann/*Westphal* InsO[43] §§ 201, 202 Rn 27; HambK/*Herchen* InsO[9] § 202 Rn 3 jew mwN; *Frege*/*Keller*/*Riedel* InsO[9] Rn 1851.

selbst[14] eingelegt werden kann als auch bei dem Gericht, dem er angehört. Da der Urkundsbeamte, der für die Erteilung der einfachen Klausel zuständig ist, dem Insolvenzgericht angehört (§ 201 Rn 16), ist aus diesem Grund auch das Insolvenzgericht für die Erinnerung zuständig. Gegen dessen Entscheidung kann Beschwerde eingelegt werden.

12 Der **Schuldner** kann gegen die Erteilung der Klausel mit der Klauselerinnerung nach § 732 ZPO und mit der Klauselgegenklage nach § 768 ZPO vorgehen (zur Abgrenzung o Rn 5). Nur für letztere gilt die Zuständigkeitsregel des § 202 (o Rn 10).

2. Im Zwangsvollstreckungsverfahren

13 Soll nicht gegen die Klausel vorgegangen werden, sondern werden **Einwendungen, die das Vollstreckungsverfahren** betreffen, geltend gemacht, entsprechen die Rechtsbehelfe gegen die Vollstreckung aus der Eintragung in die Tabelle denjenigen, **die generell auch bei anderen Vollstreckungstiteln statthaft sind.** Dem Schuldner steht die Vollstreckungsgegenklage nach § 767 ZPO zur Verfügung. Einwendungen gegen die Art und Weise der Zwangsvollstreckung können durch die Vollstreckungserinnerung nach § 766 ZPO geltend gemacht werden. Materielle Rechte Dritter können durch die Klagen auf vorzugsweise Befriedigung gemäß § 805 ZPO bzw. Drittwiderspruchsklage nach § 771 ZPO geltend gemacht werden.

14 Von der Zuständigkeitsregelung des § 202 ist darunter nur die Vollstreckungsgegenklage nach § 767 ZPO erfasst (o Rn 10). Dies entspricht ihrer auch vollstreckungsrechtlichen Einordnung in das ordentliche Klageverfahren vor dem Prozessgericht. Für die Erinnerung nach § 766 ZPO ist aufgrund der Sachnähe[15] das Amtsgericht als Vollstreckungsgericht ausschließlich zuständig (§§ 766 I S 1, 764, 802 ZPO). Für die materiellen Einwendungen des Drittintervenienten im Rahmen von § 771 ZPO ist ausschließlich zuständig das Gericht, in dessen Bezirk die Zwangsvollstreckung erfolgt (§§ 771, 802); im Rahmen von § 805 das Vollstreckungsgericht oder – je nach Streitgegenstand – das Landgericht, in dessen Bezirk dieses seinen Sitz hat (§ 805 II).

V. Entsprechende Anwendung

15 § 202 gilt entsprechend, wenn das Insolvenzverfahren nach §§ 207, 212 oder 213 eingestellt wird, § 215 II S 2. Ebenfalls gilt er im Falle, dass aus dem rechtskräftig bestätigten Insolvenzplan in Verbindung mit der Eintragung in die Tabelle vollstreckt werden soll, § 257 I S 2.

---

14 Musielak/Voit/*Ball* ZPO[18] § 573 Rn 3.

15 *Gaul/Schilken/Becker-Eberhard* ZwangsvollstreckungsrR[12] § 36 Rn 7.

§ 203 Anordnung der Nachtragsverteilung

(1) Auf Antrag des Insolvenzverwalters oder eines Insolvenzgläubigers oder von Amts wegen ordnet das Insolvenzgericht eine Nachtragsverteilung an, wenn nach dem Schlußtermin
1. zurückbehaltene Beträge für die Verteilung frei werden,
2. Beträge, die aus der Insolvenzmasse gezahlt sind, zurückfließen oder
3. Gegenstände der Masse ermittelt werden.

(2) Die Aufhebung des Verfahrens steht der Anordnung einer Nachtragsverteilung nicht entgegen.

(3) [1]Das Gericht kann von der Anordnung absehen und den zur Verfügung stehenden Betrag oder den ermittelten Gegenstand dem Schuldner überlassen, wenn dies mit Rücksicht auf die Geringfügigkeit des Betrags oder den geringen Wert des Gegenstands und die Kosten einer Nachtragsverteilung angemessen erscheint. [2]Es kann die Anordnung davon abhängig machen, daß ein Geldbetrag vorgeschossen wird, der die Kosten der Nachtragsverteilung deckt.

Materialien

BT-Drucks 12/2443, S 187; RegE § 231; BR-Drucks 336/94, S 49; DiskE u RefE § 221; 2. BerlnsRKomm, LS 3.2.8.2 Abs 3.

Vorgängerregelungen

§ 166 I 1, II KO (dazu Motive I Bd 2 S 119, Motive II S 386, Protokolle S 108, 183), § 12 III GesO.

Literatur

Bork Aufhebung und Einstellung des Insolvenzverfahrens unter Vorbehalt der Nachtragsverteilung, ZIP 2009, 2077; *Engelmann* Die Nachtragsverteilung hinsichtlich eines nach Verfahrensaufhebung unpfändbar gewordenen Massegegenstands am Beispiel der privaten Altersvorsorge, ZInsO 2015, 1133; *Heinze* Die verlängerte Nachtragsverteilung bei wirksamen Verfügungen des Schuldners, ZInsO 2012, 1606; *Hergenröder* Kirchliche Entschädigungszahlungen für sexuellen Missbrauch als Massebestandteil? VuR 2015, 301; *Hingerl* Nachtragsverteilung nach Insolvenzplanverfahren, ZInsO 2007, 870; *Lissner* Das Ausmaß der Nachtragsverteilung, InsbürO 2013, 355; *Moderegger* Nachtragsverteilung der Mietkaution nach Erteilung der Restschuldbefreiung?, InsbürO 2014, 392; *Schulte-Kaubrügger* Nachtragsverteilung trotz Insolvenzplan für nachträglich ermittelte Gegenstände, ZInsO 2009, 1321; *Laukemann* Gesamtschuldnerische Haftung nach Verfahrensaufhebung, ZInsO 2006, 415; *Welsch* Steuererstattungsansprüche nach Aufhebung des Insolvenzverfahrens, DZWIR 2006, 406; *Zimmer* Die Nachtragsverteilung in InsO und InsVV KTS 2009, 199.

Übersicht

https://doi.org/10.1515/9783110343687-030

Alphabetische Übersicht

I. Einleitung

1 Werden **nach dem Schlusstermin** noch zur Masse[1] gehörende Vermögenswerte bekannt oder für die Masse verfügbar, werden sie auf Anordnung des Insolvenzgerichts nach Maßgabe des Schlussverzeichnisses im Wege der Nachtragsverteilung an die Insolvenzgläubiger verteilt. Damit wird der insolvenzmäßige Zugriff der Gläubiger auch für diese aus tatsächlichen oder rechtlichen Gründen erst später verfügbaren Gegenstände realisiert.[2] Da das Verzeichnis für die Nachtragsverteilung **auf der Grundlage des Schlussverzeichnisses** erstellt wird (§ 205), werden Gläubiger, die in das Schlussverzeichnis nicht aufgenommen wurden, auch bei einer Nachtragsverteilung nicht berücksichtigt.

2 Die Nachtragsverteilung kann erst nach dem Schlusstermin stattfinden.[3] Damit kann die Anordnung während der Schlussverteilung oder nach Aufhebung des Verfahrens[4] und auch noch nach Erteilung der Restschuldbefreiung[5] erfolgen.[6] Ebenso hindert der Ablauf der Laufzeit der Abtretungserklärung aus § 287 II die Anordnung nicht.[7] Ob die Schlussverteilung schon vollzogen ist und ob das Verfahren schon aufgehoben ist, spielt keine Rolle (vgl § 200 Rn 2).[8] Insoweit hat § 203 festgeschrieben, was auch schon herrschende Ansicht bei der Auslegung von § 166 KO war,[9] der im Gegensatz zum § 203 I noch von „nach dem Vollzuge der Schlussverteilung" sprach und bei dem eine dem § 203 II entsprechende Regelung fehlte. Diese Korrektur der Insolvenzordnung durch den Gesetzgeber führt dazu, dass ohne Auslegungsaufwand **auch solche Vermögensbestandteile der Nachtragsverteilung unterfallen können, die erst während der Schlussverteilung oder nach Verfahrensaufhebung bekannt oder frei werden**. Während des Verfahrens *vor* dem Schlusstermin hinzukommendes Vermögen (§ 35) unterfällt nicht einer Nachtragsverteilung.[10] Es geht also immer nur um solches Vermögen, das vor dem Schlusstermin aus den von § 203 I Nr 1 bis 3 aufgegriffenen

1 Nicht dazu zählt der Neuerwerb BGH NZI 2014, 656; *Pape* NJW 2015, 2080 (2085).
2 Nerlich/Römermann/*Westphal* InsO[43] §§ 203, 204 Rn 2; MünchKomm/*Hintzen* InsO[4] § 203 Rn 1.
3 BGH NZI 2011, 906; NZI 2005, 395.
4 MünchKomm/*Hintzen* InsO[4] § 203 Rn 7; Uhlenbruck/*Wegener* InsO[15] § 203 Rn 25.
5 LG Dessau-Roßlau NZI 2012, 281.
6 BGH ZInsO 2008, 921.
7 BGH NZI 2011, 369.
8 MünchKomm/*Hintzen* InsO[4] § 203 Rn 8; HK/*Depré* InsO[10] § 203 Rn 1.
9 MünchKomm/*Hintzen* InsO[4] § 203 Rn 8; für die Konkursordnung Jaeger/*Weber* KO[9] § 166 Rn 8.
10 MünchKomm/*Hintzen* InsO[4] § 203 Rn 8; Uhlenbruck/*Wegener* InsO[15] § 203 Rn 8.

Gründen nicht verfügbar war. Nachtragsverteilungen können auch mehrfach stattfinden, wenn (weitere) Massebestandteile frei werden; jeweils setzen sie voraus, dass die **Gläubiger durch vorangegangene (Nachtrags-)Verteilungen nicht bereits befriedigt** sind. Falls die Insolvenzgläubiger bereits befriedigt sind, gebührt jeder frei werdende, ermittelte oder zurückfließende Betrag dem Schuldner nach § 199. Im Nachtragsverteilungsverfahren treffen den Schuldner dieselben Auskunfts- und Mitwirkungspflichten wie im eröffneten Verfahren, so dass gegen ihn auch entsprechende Zwangsmittel angeordnet werden können.[11]

II. Anwendungsbereich

Wird das **Verfahren wegen Masseunzulänglichkeit nach § 211 III eingestellt**, und werden 3
anschließend Vermögenswerte ermittelt oder verfügbar, kommt es ebenfalls zur Nachtragsverteilung (§ 211 III S 2).[12] Anders als der Wortlaut von § 211 III vermuten lässt, kommt es zur Nachtragsverteilung nicht nur bei nachträglich ermittelten Gegenständen im Sinne von § 203 I Nr 3, sondern auch bei den in § 203 I Nr 1 und 2 genannten zrückbehaltenen oder zur Masse zurückfließenden Beträgen, unabhängig davon, ob sie vorab bekannt waren oder nicht.[13] Obwohl ein entsprechender gesetzlicher Verweis hier fehlt,[14] gilt dies nach wohl herrschender Ansicht auch für den Fall, dass nach einer **Verfahrenseinstellung wegen Masselosigkeit gemäß § 207 I S 1** noch Vermögensbestandteile verfügbar werden; es soll sich um eine unbeabsichtigte Regelungslücke handeln und deshalb zur analogen Anwendung des § 211 III S 2 kommen.[15] Klarzustellen ist, dass eine solche Nachtragsverteilung vornehmlich dem Interesse der Kostengläubiger dienen würde. Gegen sie spricht, dass § 203 nach seiner systematischen Stellung eine Regelung für solche Insolvenzverfahren ist, die regulär beendet wurden,[16] und bei denen überhaupt eine Verwertung und eine Ausschüttung im Wege der Verteilung stattfinden.[17] Bei der Einstellung nach § 207 I S 1 endet aber die Verwertungspflicht des Verwalters bereits mit Eintritt der Masselosigkeit (§ 207 III S 2) und Auszahlungen finden nur aus vorhandenen Barmitteln statt. Die Verteilung an die Insolvenzgläubiger kommt nicht in Betracht. Eine vergütungslose Verwertungstätigkeit kann dem Verwalter nicht mehr auferlegt werden.[18] Bereits begonnene Prozesse können nach Einstellung des Verfahrens nicht vom Insolvenzverwalter weitergeführt werden.[19] Das Interesse der Kostengläubiger kann im Übrigen nicht vorrangig vor dem Interesse der Insolvenzgläubiger eingeordnet werden, denen durch die Nachtragsverteilung der individuelle Zu-

---

11 BGH NZI 2016, 365; ähnlich auch LG Stade BeckRS 2016, 5421.

12 MünchKomm/*Hintzen* InsO[4] § 203 Rn 29.

13 BAG NZI 2014, 660; BGH ZInsO 2014, 340; NZI 2013, 1019.

14 Die gesetzgeberische Intention (s BT-Drucks 12/2443 S 221 zu RegE § 324) für die unterschiedlichen Anordnungen ist uneindeutig. Einerseits wird aus den Materialien deutlich, dass dem Gesetzgeber der schon zu § 166 KO streitige Diskussionsstand bekannt war und dennoch lediglich im Rahmen des § 211 die entsprechende Anwendung des § 203 vorgesehen wurde. Andererseits soll § 211 III ausdrücklich dem Mangel abhelfen, dass nach einer Einstellung mangels Masse die Verteilung nachträglich ermittelter Masse nicht möglich ist, was die Norm aber tatsächlich gerade nicht anordnet. Zu den unterschiedlichen Interpretationsmöglichkeiten s LG Marburg NJW-RR 2003, 266 einerseits; MünchKomm/*Hintzen* InsO[4] § 203 Rn 29 andererseits.

15 BGH ZInsO 2014, 340; NZI 2013, 1019; LG Darmstadt Rpfleger 2001, 512 (m Anm *Kneller*); AG Göttingen ZIP 1995, 145; Uhlenbruck/*Wegener* InsO[15] § 203 Rn 38; Rattunde/Smid/Zeuner/*Smid* InsO[4] § 207 Rn 20 jew mwN; MünchKomm/*Hintzen* InsO[4] § 203 Rn 29; *Pape* ZIP 1992, 747; *ders* KTS 1995, 189; *Zimmer* KTS 2009 199, 219; **aA** LG Kassel ZInsO 2013, 2565; LG Marburg NJW-RR 2003, 266; HK/Landfermann InsO[10] § 207 Rn 26; wohl auch MünchKomm/*Hefermehl* InsO[4] § 207 Rn 85.

16 OLG Celle ZIP 2006, 2396; **aA** *Hingerl* ZInsO 2007, 870.

17 Vgl Jaeger/*Weber* KO[9] § 166 Einl.

18 MünchKomm/*Hefermehl* InsO[4] § 207 Rn 85.

19 OLG Karlsruhe ZInsO 2005, 823.

griff auf die hinzukommenden Beträge verwehrt würde.[20] Nach Einstellung gemäß § 207 ist deshalb eine Nachtragsverteilung nicht möglich (s auch § 207 Rn 114 ff). In Betracht kommt lediglich die Einzelzwangsvollstreckung oder ein neues Insolvenzverfahren. Da es nach **Beendigung des Insolvenzverfahrens durch rechtskräftige Bestätigung eines Insolvenzplans** ebenfalls keine fortdauernde Verwaltungs- und Verfügungsbefugnis des Insolvenzverwalters mehr gibt, kommt auch hier die Anordnung einer Nachtragsverteilung gemäß § 203 nicht in Betracht.[21] Inzwischen höchstrichterlich entschieden ist, dass eine **Nachtragsverteilung im Verbraucherinsolvenzverfahren** stattfinden kann.[22] Notwendig ist allerdings auch hier, dass die Voraussetzungen des § 203 vorliegen, insbesondere, dass ein Schlusstermin stattfindet, um die für eine Nachtragsverteilung erforderliche Zäsur zu bestimmen.[23] Die **Löschung des Schuldners aus dem Handelsregister** steht einer Nachtragsverteilung nicht entgegen. Schließlich gilt eine Gesellschaft trotz ihrer Löschung nicht als beendet solange noch Vermögen vorhanden ist und bleibt insoweit für eine Nachtragsliquidation parteifähig.[24] Die Nachtragsverteilung geht der Bestellung eines Nachtragsliquidators sogar vor.[25]

III. Der Nachtragsverteilung unterliegende Beträge

4 Die in § 203 I Nr 1 bis 3 aufgeführten Beträge und Gegenstände sind die einzigen, deretwegen eine Nachtragsverteilung in Betracht kommt. Die Aufzählung ist abschließend, aber der Auslegung selbstverständlich zugänglich.

1. Zurückbehaltene für die Verteilung frei werdende Beträge

5 **Zurückbehalten und nachträglich frei** werden die bei einer Schlussverteilung zurückzubehaltenden und nach § 198 hinterlegten Beträge, bei denen der Grund des Zurückbehaltens nach dem Schlusstermin wegfällt. Im Einzelnen handelt es sich um Folgende:

- §§ 189 II, 198: Beträge auf bestrittene Forderungen, über die nachweisbar ein Feststellungsrechtsstreit anhängig ist. Sie werden frei, wenn der Anmelder im Feststellungsprozess unterliegt oder seine Anmeldung zurücknimmt.
- Beträge auf auflösend bedingte Forderungen. Sie werden frei, wenn die Bedingung eintritt. Wurden sie bereits ausgezahlt, ist der Rückfluss des auf sie entfallenden Betrages unter § 203 I Nr 2 zu subsumieren.
- § 191 II, 198: Beträge auf aufschiebend bedingte werthaltige Forderungen. Sie werden frei, wenn die Bedingung ausfällt.
- Beträge, die im Schlusstermin durch die Gläubigerversammlung oder bei Verfahrensaufhebung durch das Insolvenzgericht einer Nachtragsverteilung vorbehalten wurden.[26]
- Gegenstände, die beim Schlusstermin durch einen Beschluss der Gläubigerversammlung einer späteren Verwertung vorbehalten worden waren. Sie werden frei, wenn die Verwertung zu einem Erlös geführt hat.[27]

---

20 Vgl MünchKomm/*Hefermehl* InsO[4] § 207 Rn 85.

21 BGH NZI 2018, 691; ZInsO 2008, 921; OLG Celle ZIP 2006, 2394; **aA** *Hingerl* ZInsO 2007, 870; BeckOK/*Nicht* InsO[25] § 203 Rn 9; *Schulte-Kaubrügger* ZInsO 2009, 1321; differenzierend Kübler/Prütting/Bork/*Holzer* InsO[90] § 203 Rn 37 f.

22 BGH NZI 2014, 656; NJW-RR 2006, 262 mwN; LG Koblenz NZI 2004, 157; AG Düsseldorf ZInsO 2006, 166; HK/*Depré* InsO[10] § 203 Rn 1; MünchKomm/*Hintzen* InsO[4] § 203 Rn 2; *Hintzen* WuB VI A. 203 InsO 1.06.

23 Vgl BGH NJW-RR 2006, 262.

24 BGH ZInsO 2014, 340.

25 OLG Hamm NZI 2011, 766.

26 Uhlenbruck/*Wegener* InsO[15] § 203 Rn 9 mwN; Nerlich/Römermann/*Westphal* InsO[43] §§ 203, 204 Rn 8.

27 Uhlenbruck/*Wegener* InsO[15] § 203 Rn 9.

- Beträge, auf die ein Insolvenzgläubiger verzichtet hat, nachdem sie hinterlegt wurden.[28]
- Beträge, die nicht erhoben wurden oder deren Gläubiger unbekannt ist[29] (s § 198 Rn 7 – auch zu den unterschiedlichen Hinterlegungsvorgaben für solche Beträge und solche im Sinne des § 198). Sie werden allerdings, falls der Insolvenzverwalter sie hinterlegt hat, erst frei, wenn das Gläubigerrecht nach 30(!) Jahren erloschen ist (§ 382 BGB), so dass sie in diesem Falle nicht zu einer Nachtragsverteilung führen werden.[30]

Keine Nachtragsverteilung kommt bei Beträgen in Betracht, die bei einer Abschlagsverteilung zurückbehalten wurden. Es handelt sich hierbei um Beträge, die auf Forderungen nach § 190 II S 2 entfallen, also solche absonderungsberechtigter Gläubiger, die bei einer Abschlagsverteilung den Nachweis über die Verwertung erbringen und den Betrag des mutmaßlichen Ausfalls glaubhaft machen. Der Nachweis muss wegen § 190 II S 3 hier bis zur Schlussverteilung erbracht werden und für diese werden die Beträge frei. Dasselbe gilt für Forderungen absonderungsberechtigter Gläubiger nach § 190 III S 3, bei denen der Verwalter zur Verwertung des Absonderungsgut berechtigt ist und dieses bei einer Abschlagsverteilung noch nicht verwertet hat. **6**

Unter den Begriff Beträge fallen nicht nur **Vermögenswerte**, die im Zeitpunkt der Schlussverteilung bereits als Barmittel in der Masse vorhanden waren, sondern auch andere **Gegenstände und Forderungen**, deren Verwertungserlös erst **später** für die Masse **realisiert** werden kann.[31] **6a**

2. Aus der Insolvenzmasse gezahlte, zu dieser zurückfließende Beträge

Die Beträge müssen jedenfalls aus der Masse gezahlt worden sein, so dass Auszahlungen von Vermögensbestandteilen des Schuldners, die nicht zur Masse gehören (etwa wegen Unpfändbarkeit), auch dann keine Nachtragsverteilung rechtfertigen, wenn sie zurückfließen. Es handelt sich hier deshalb insbesondere um **irrtümlich oder irrtümlich zu hoch ausgezahlte Quoten**,[32] die bereicherungsrechtlich zu Gunsten der Masse zurückgefordert werden können (s § 187 Rn 24). Ein Zurückfließen kommt aber auch in Betracht, wenn statt zurückzubehalten oder zu hinterlegen in Bar ausgezahlt wurde und nunmehr die Voraussetzungen der Berücksichtigung nach §§ 188 ff entfallen; so etwa, wenn auf eine titulierte bestrittene Forderung ausgezahlt wird und sich der Widerspruch nachträglich als unbegründet erweist (vgl § 189 Rn 16). Denkbar ist auch eine Wiederaufnahme eines abgeschlossenen Feststellungsprozesses[33] mit für die Masse günstigem Ergebnis, die Zahlung auf einen angeblichen Masseanspruch, die sich im Nachhinein als unbegründet erweist oder zurückgezahlte Beträge auf zuviel erlangte Vergütung des Insolvenzverwalters oder des Gläubigerausschusses.[34] **7**

Ebenfalls kommen vom Schuldner oder aus der Masse gezahlte **Einkommenssteuern**, bei denen es nach dem Schlusstermin zu einer Steuererstattung kommt, als Grund für eine Nachtragsverteilung in Betracht.[35] Auch hier gehört der Erstattungsanspruch zur Masse und ist kein Neuerwerb, auch wenn der Schuldner die Steuerzahlung vor Eröffnung des Verfahrens geleistet hat (vgl § 35 Rn 109), wird aber erst nach dem Schlusstermin für die Masse verfügbar. Ob Steuer- **8**

28 MünchKomm/*Hintzen* InsO[4] § 203 Rn 13; HK/*Depré* InsO[10] § 203 Rn 3.
29 FK/*Kießner* InsO[9] § 203 Rn 10; MünchKomm/*Hintzen* InsO[4] § 203 Rn 13.
30 Jaeger/*Weber* KO[9] § 169 Rn 4.
31 BPatG BeckRS 2016, 133990; BGH NZI 2011, 263.
32 HK/*Depré* InsO[10] § 203 Rn 4; Rattunde/Smid/Zeuner/*Kirchner* InsO[4] § 203 Rn 5.
33 Jaeger/*Weber* KO[9] § 166 Rn 3.
34 MünchKomm/*Hintzen* InsO[4] § 203 Rn 14 mwN.
35 Vgl BGH NJW 2005, 2988; NJW 2006, 1127; *Gezelius* NZI 2009, 222; *Kobialka/Schmittman* ZInsO 2009, 653; *Welsch* DZWIR 2006, 406; der Steuererstattungsanspruch ist auch im Hinblick auf § 36 Massebestandteil, weil es sich bei ihm nicht um ggf unpfändbares Arbeitseinkommen handelt, sondern er im Verhältnis zum Arbeitseinkommen eine gewandelte öffentlich-rechtliche Natur hat (BGHZ 157, 195; BFH/NV 2006, 1049; 1996, 281).

rückzahlungen in den Anwendungsbereich des § 203 I Nr 2[36] oder denjenigen des § 203 I Nr 3[37] fallen, hängt davon ab, ob die Steuerzahlung aus der Insolvenzmasse erfolgt ist, oder durch den Schuldner vor Verfahrenseröffnung. Bei Zahlung aus der Masse handelt es sich um einen zurückfließenden Betrag, so dass § 203 I Nr 2 Anwendung findet und zu verteilen ist, selbst wenn der Anspruch dem Insolvenzverwalter bekannt war. Bei Zahlungen durch den Schuldner kommt § 203 I Nr 3 zum Tragen, so dass die nachträgliche tatsächliche oder rechtliche Ermittlung des Rückzahlungsanspruchs entscheidend ist. Die Feststellung des Körperschaftssteuerguthabens oder die Einkommenssteuerveranlagung durch die Finanzverwaltung während des Insolvenzverfahrens nach dem Schlusstermin ist Anlass dafür, die Nachtragsverteilung bereits bei Verfahrensbeendigung vorzubehalten, damit der Insolvenzbeschlag an diesen Ansprüchen bestehen bleibt; wird der Anspruch bzw. Betrag vorher für die Masse frei, ist noch bei der Schlussverteilung zu verteilen. Ist dies nicht geschehen, wird durch die Anordnung der Nachtragsverteilung ein (erneuter) Beschlag begründet. Jedenfalls sind die (erwarteten) Steuererstattungsansprüche kein Anlass dafür, die Aufhebung des Verfahrens zu verzögen. Die Steuerart, für die ein Erstattungsanspruch besteht, muss im Anordnungsbeschluss nicht angegeben werden, wenn sich dieser auf sämtliche Steuerarten bezieht. Zeitlich muss zumindest der Insolvenzzeitraum genannt werden, sofern der betreffende Veranlagungszeitraum vollständig in die Dauer des Insolvenzverfahrens fällt.[38]

3. Neu ermittelte Massebestandteile

9 Neu ermittelt sind Massebestandteile, die dem Insolvenzverwalter **tatsächlich unbekannt** waren oder von ihm **rechtlich nicht (mehr) als Massebestandteile eingeordnet** wurden und nach dem Schlusstermin (in tatsächlicher oder rechtlicher Hinsicht) ermittelt und greifbar werden. Der Begriff ist weit auszulegen.[39] In tatsächlicher Hinsicht spielt es keine Rolle, warum der Insolvenzverwalter von den Massebestandteilen nicht wusste. In Betracht kommt etwa, dass er sie nicht kannte, weil der Schuldner sie verheimlicht oder Beiseite geschafft hat,[40] dass der Verwalter sie vergessen oder übersehen (zB Auslandsvermögen)[41] hat. In rechtlicher Hinsicht kommt in Betracht, dass der Verwalter sie für insolvenzbeschlagsfrei hielt, dass er sie versehentlich veräußert hat oder für durch Aufrechnung untergegangen hielt.[42] Ebenso verhält es sich mit bereits ausgebuchten Forderungen, die sich nachträglich als werthaltig erweisen.[43] Auch die nachträglich ermittelte Anfechtbarkeit kann zur Nachtragsverteilung führen (s noch Rn 10 aE).[44] Wenn der Verwalter Gegenstände für nicht verwertbar hielt und sie deswegen nicht zur Masse gezogen hat, handelt es sich ebenfalls um neu ermittelte Massegegenstände, wenn sie sich nachträglich als werthaltig erweisen.[45] Dasselbe gilt für Gegenstände, deren Verwertbarkeit trotz Massezugehörigkeit rechtliche Hindernisse entgegenstanden (etwa § 852 ZPO[46] oder § 158

36 *Welsch* DZWIR 2006, 406, 407.
37 FK/*Kießner* InsO[9] § 203 Rn 15: Nachträglich ermittelter Massegegenstand.
38 BFH ZInsO 2017, 564.
39 BGH NZI 2012, 271; NZI 2011, 906.
40 BGH NJW-RR 2006, 262; LG Stuttgart ZInsO 2020, 791; Uhlenbruck/*Wegener* InsO[15] § 203 Rn 11a.
41 HK/*Depré* InsO[10] § 203 Rn 5; MünchKomm/*Hintzen* InsO[4] § 203 Rn 15; Uhlenbruck/*Wegener* InsO[15] § 203 Rn 11a.
42 BGH NJW-RR 2006, 262.
43 BGH NZI 2017, 608; NJW-RR 2006, 262.
44 BGH ZIP 2010, 102; NZI 2010, 259; MünchKomm/*Hintzen* InsO[4] § 203 Rn 17; Uhlenbruck/*Wegener* InsO[15] Rn 14 mwN.
45 BGH NJW-RR 2008, 428; NJW-RR 2006, 262; MünchKomm/*Hintzen* InsO[4] § 203 Rn 15.
46 BGH NJW 1993, 2876; *Hannich* Die Pfändungsbeschränkung des § 852 ZPO, S 170 ff.

I BGB[47]), die nach dem Schlusstermin wegfallen.[48] Die Kenntnis des Insolvenzverwalters über das Vorhandensein der Vermögenswerte schadet in diesen Fällen nicht.[49] Schließlich werden Gegenstände der Masse auch dann nachträglich ermittelt, wenn ein absonderungsberechtigter Gläubiger einen zunächst nicht erwarteten Übererlös erzielt.[50] Die Ermittlung der Massebestandteile muss **nach dem Schlusstermin** erfolgen. Daraus folgt für Gegenstände, die durch eine Insolvenzanfechtung zur Masse gezogen werden, dass sie nur dann der Nachtragsverteilung unterliegen, wenn die Anfechtungs*möglichkeit* vor dem Schlusstermin unbekannt war.[51] Das **Verschulden** des Insolvenzverwalters daran, dass die Gegenstände erst nach dem Schlusstermin ermittelt wurden, ist aber jeweils unbeachtlich.[52] Hat der Insolvenzverwalter selbst die Gegenstände veruntreut, schließt dies eine Nachtragsverteilung also nicht aus, wenn sie nachträglich wieder auftauchen. **Schadensersatzansprüche** gegen ihn werden zudem ebenfalls nachträglich ermittelte Massebestandteile[53] (s auch § 60 Rn 135). Allerdings muss der vom Insolvenzverwalter verursachte Schaden sich dafür tatsächlich auf Massebestandteile bzw. den Entzug von solchen beziehen. Eine unrechtmäßige Ausschüttung von Vermögenswerten des Schuldners, die – etwa wegen Unpfändbarkeit – gar nicht zur Masse gehören, begründen deshalb keinen Schadensersatzanspruch zu Gunsten der Masse, sondern allein einen Einzelanspruch des Schuldners, der keiner Nachtragsverteilung unterfallen kann.[54] Nicht zur Nachtragsverteilung kann es im Hinblick auf **wirksam freigegebene Massegegenstände** kommen, da die Freigabe endgültig und unwiderruflich ist.[55] Für eine irrtümliche – sog unechte – Freigabe gilt dies jedoch nicht, sondern sie kann zur Nachtragsverteilung führen.[56] Im Hinblick auf **Verfügungen des Schuldners** über (ehemalige) Massegegenstände ist zu differenzieren: Hat der Schuldner verfügt, nachdem der Insolvenzbeschlag entfällt, weil das Insolvenzverfahren beendet ist, führt dies zum wirksamen Ausscheiden des Gegenstandes (zum fortdauernden Insolvenzbeschlag s u Rn 10). Selbst wenn nach dem Schlusstermin eine solche Verfügung ermittelt wird, kann sie als solche[57] nicht zur Nachtragsverteilung führen, da die Ermittlung erst zu einer Zeit – und damit „zu spät“ – erfolgt, als der Gegenstand bereits wirksam aus dem Vermögen des Schuldners ausgeschieden war.[58] Dasselbe muss im Übrigen für Maßnahmen der Einzelzwangsvollstreckung[59] und Aufrechnungen nach Beendigung des Insolvenzverfahrens[60] (während der beschlagsfreien Zeit) gelten. Wurde allerdings die Verfügung während des Insolvenzbeschlags (vor Aufhebung des Verfahrens oder nach erneutem Beschlag, s u Rn 10) vorgenommen

47 BGH NZI 2015, 180; hier ein Anspruch auf Todesfallleistung aus einer Risikolebensversicherung mit einem unwiderruflichen Bezugsrecht.

48 BGH NZI 2014, 1064; LG Münster NZI 2009, 657, aA LG Göttingen NZI 2009, 896 – unvereinbar mit ständiger Rspr seit BGH NJW 1993, 2876.

49 BGH NZI 2014, 1064.

50 BGH NJW-RR 2006, 262.

51 MünchKomm/*Hintzen* InsO[4] § 203 Rn 15.

52 BGH NZI 2012, 271; NJW-RR 2006, 262.

53 BGH ZInsO 2008, 921; MünchKomm/*Hintzen* InsO[4] § 203 Rn 15 mwN; Nerlich/Römermann/*Westphal* InsO[43] §§ 203, 204 Rn 8; *Laukemann* ZInsO 2006, 415.

54 BGH ZInsO 2008, 921.

55 BGH NZI 2014, 501; Nerlich/Römermann/*Westphal* InsO[43] §§ 203, 204 Rn 8.

56 MünchKomm/*Hintzen* InsO[4] 203 Rn 18; Nerlich/Römermann/*Westphal* InsO[43] §§ 203, 204 Rn 6; Uhlenbruck/*Wegener* InsO[15] § 203 Rn 13; **aA** Jaeger/*Weber* KO[9] § 166 Rn 6.

57 Möglich ist allerdings eine Anfechtung, wenn die Anordnung der Nachtragsverteilung sich auf diese Gegenstände erstreckt (s § 200 Rn 13).

58 Jaeger/*Weber* KO[9] § 166 Rn 7; Uhlenbruck/*Wegener* InsO[15] § 203 Rn 14; richtigerweise auch im Hinblick auf das dem Schuldner für die Verfügung zufließende Surrogat. Die Gläubigerbefriedigung verlagert sich dann in die Einzelzwangsvollstreckung (§ 201) oder in ein neues Insolvenzverfahren.

59 Jaeger/*Weber* KO[9] § 166 Rn 7.

60 BFH/NV 2009, 6 mwN.

und wird sie später ermittelt, ist eine Nachtragsverteilung möglich.[61] Die Rechtslage entspricht insoweit derjenigen bei nachträglicher Aufdeckung einer Anfechtbarkeit. Auch das gilt entsprechend für Maßnahmen der Einzelzwangsvollstreckung und Aufrechnungen[62] durch Insolvenzgläubiger. Wiederum anders ist schließlich der Fall zu bewerten, dass die Verfügung selbst durch den Schuldner zwar nach Aufhebung des Insolvenzverfahrens vorgenommen wurde und sich insoweit auf beschlagsfreies Vermögen richtete, vor Vollendung des Rechtserwerbs aber die Nachtragsverteilung und damit ein erneuter Beschlag angeordnet werden. Dies kommt vor allem in Betracht, wenn zum Rechtserwerb noch der weitere Akt der Eintragung in das Grundbuch erforderlich ist und der Eintragungsantrag vom Erwerber bereits gestellt wurde.[63] Der entsprechende Gegenstand steht dann noch im Eigentum des Schuldners und wird grundsätzlich von der erneuten Beschlagnahme erfasst. Die Nachtragsverteilung kann in einem solchen Fall allerdings an § 203 III scheitern, weil der ermittelte Gegenstand wertlos ist, da schon ein Anwartschaftsrecht an ihm besteht (s noch Rn 14).

9a Zieht der Schuldner eine **bisher** vor dem Insolvenzverwalter **verheimlichte massezugehörige Forderung** nach Aufhebung des Insolvenzverfahrens ein, ist nach Ansicht des *BGH* unabhängig von einer Surrogation[64] auch die Gegenleistung von der Nachtragserteilung umfasst. Allerdings sei Gegenstand der Nachtragsverteilung in diesem Fall nicht die Forderung, sondern es seien die vom Schuldner eingezogenen Beträge.[65] Aus praktischer Sicht ist diese Entscheidung verständlich. Der Schuldner hätte es andernfalls in der Hand, mit der fehlenden Bereitschaft zur Herausgabe von Informationen die Anordnung der Nachtragsverteilung zu vereiteln und die eingezogenen Beträge zu behalten.[66] Ein solches schuldnerisches Verhalten nicht hinzunehmen, ist aufgrund des Grundsatzes der bestmöglichen Gläubigerbefriedigung wünschenswert.[67] Dogmatisch lässt sich dies aber aufgrund des zwischenzeitlichen Wegfalls der Verwaltungs- und Verfügungsbefugnis kaum begründen.[68] Vielmehr ist es **Aufgabe des Insolvenzverwalters** die Massegegenstände vollständig aufzufinden und zu verwerten.[69] Auch wenn der Schuldner, wie im vom *BGH* entschiedenen Fall, nicht mitarbeitet, ist es dennoch Aufgabe des Verwalters, mit entsprechenden Anstrengungen die Informationen vom Schuldner bzw vom Drittschuldner zu erlangen. Bei der Freigabe eines Mietverhältnisses umfasst die Freigabe auch den Anspruch auf Rückgabe der Mietkaution, weil mit der **Freigabe** die Verwaltungs- und Verfügungsbefugnis über das gesamte **Mietverhältnis** auf den Schuldner übergeht.[70] Gibt der Insolvenzverwalter ein **Grundstück** frei, folgt daraus nicht die Freigabe etwa bestehender Rückgewähransprüche nicht valutierter Grundschulden.[71] Irrt sich der Verwalter allerdings lediglich über den Wert der freigegebenen Sache, handelt es sich um einen Motivirrtum, der nicht zur Anfechtung berechtigt.[72]

---

61 Vgl BGH NJW 2006, 1127.
62 BFH ZIP 2006, 1593.
63 Vgl BGH NJW-RR 2008, 428.
64 *Häsemeyer* Insolvenzrecht[4] Rn 7.68; 9.28.
65 BGH NZI 2012, 271.
66 So geschehen im vom BGH in NZI 2012, 271 entschiedenen Fall; *Heinze* ZInsO 20121606, 1609.
67 *Schmittmann* VIA 2012, 27.
68 Uhlenbruck/*Wegener* InsO[15] § 203 Rn 14.
69 *Keller* NZI 2012, 271, 274.
70 BGH NZI 2017, 444; **aA** LG Berlin VuR 2017, 75; für eine mögliche Freigabe des Mietverhältnisses ohne Freigabe der Mietkaution *Moderegger* InsBürO 2014, 398.
71 BGH NZI 2017, 608.
72 BGH NZI 2014, 501; NZI 2007, 173.

IV. Insolvenzbeschlag für der Nachtragsverteilung unterliegende Beträge bzw Gegenstände

Wenn Gegenstände oder Beträge durch Hinterlegung zurückbehalten wurden (§§ 198, 203 I Nr 1) oder bereits im Schlusstermin einer Nachtragsverteilung vorbehalten werden,[73] **wirkt die Beschlagnahme fort.**[74] Fehlt es daran, kommt es zur Aufhebung des Insolvenzverfahrens und werden die Gegenstände sodann ermittelt oder fließen zurück, führt die gerichtliche Anordnung der Nachtragsverteilung zu einer **erneuten Insolvenzbeschlagnahme und zwar ex nunc**; in diesem Sinne zu Recht die ganz herrschende Meinung.[75] Dies bedeutet im Einzelnen Folgendes. Mit der Aufhebung des Insolvenzverfahrens entfällt die Insolvenzbeschlagnahme und der Schuldner erlangt das Verwaltungs- und Verfügungsrecht einschließlich der Prozessführungsbefugnis zurück. Sofern aber Beträge oder Vermögensgegenstände einer Nachtragsverteilung vorbehalten wurden, wirkt die Insolvenzbeschlagnahme auch über die Aufhebung des Insolvenzverfahrens hinaus und der Insolvenzverwalter behält die Verwaltungs- und Verfügungsbefugnis.[76] Beträge, über die der Verwalter nach Maßgabe des Schlussverteilungsverzeichnisses durch Zurückbehalt und Hinterlegung verfügt hat, und die gemäß § 203 Nr 1 nach dem Schlusstermin wieder für die Masse frei werden sowie diejenigen Gegenstände und Beträge, die auf Beschluss der Gläubigerversammlung im Schlusstermin (ausdrücklich oder stillschweigend[77] – s auch § 200 Rn 16) einer späteren Nachtragsverteilung vorbehalten wurden, unterliegen der Beschlagnahme.[78] Die Anordnung der Nachtragsverteilung hat in diesem Fall für die Beschlagnahme nur deklaratorischen Charakter[79] und ist allein Voraussetzung für die Zulässigkeit der Durchführung der Verteilung.[80] Obwohl das Insolvenzverfahren förmlich bereits beendet ist, ist der Schuldner nicht berechtigt, über die einer Nachtragsverteilung vorbehaltenen Gegenstände zu verfügen. Auch die Insolvenzgläubiger und die Neugläubiger unterliegen der Vollstreckungssperre nach § 89. Zur Verhinderung eines gutgläubigen Erwerbs sollte die vorbehaltene Nachtragsverteilung daher im Grundbuch bzw. im Schiffs- oder Luftfahrtregister eingetragen werden.[81] Demgegenüber werden zurückfließende Beträge (§ 203 I Nr 2)[82] und nachträglich ermittelte Gegenstände (§ 203 I Nr 3) mit der Verfahrensaufhebung vom Beschlag frei, weil in aller Regel bei diesen Beträgen die Nachtragsverteilung nicht vorbehalten wird, da sie erst später bekannt bzw verfügbar werden. Sie werden erst durch die Anordnung der Nachtragsverteilung neu beschlagnahmt, die in diesem Fall konstitutiven Charakter entfaltet.[83] Aus diesem Grund muss der Anordnungsbeschluss die betreffenden Gegenstände auch hinreichend bestimmt bezeichnen.[84] Ist im Anordnungsbeschluss keine Uhrzeit angegeben, ist § 27 III analog anzuwenden, so dass die Anordnung ab der Mittagsstunde des Anordnungstages Wirkung entfaltet.[85] Die Wirkungen der erneuten Beschlagnahme sind umfassend. Der Verwalter ist ggf neu 10

73 *Bork* ZIP 2009, 2077.

74 BGH NZI 2015, 807 mit Anm *Meller-Hannich*; BGH NZI 2012, 271; BFH ZIP 2012, 933.

75 BGH ZInsO 2015, 634; NJW-RR 2008, 428; NJW 2006, 1127; BFH ZIP 2006, 1593; BFH/NV 2009, 6; HK/*Depré* InsO[10] § 203 Rn 3; MünchKomm/*Hintzen* InsO[4] § 203 Rn 19; Uhlenbruck/*Wegener* InsO[15] § 203 Rn 18.

76 BFH DStR 2021, 283; BGH NZI 2015, 807 mit Anm *Meller-Hannich*.

77 OLG Celle KTS 1972, 265.

78 BGH NZI 2015, 807 mit Anm *Meller-Hannich*.

79 BGH NZI 2015, 807 mit Anm *Meller-Hannich*; MünchKomm/*Hintzen* InsO[4] § 203 Rn 20 mwN.

80 Jaeger/*Weber* KO[9] § 166 Rn 10.

81 Uhlenbruck/*Wegener* InsO[15] § 203 Rn 16.

82 MünchKomm/*Hintzen* InsO[4] § 203 Rn 21; Uhlenbruck/*Wegener* InsO[15] § 203 Rn 18; **aA** Kübler/Prütting/Bork/*Holzer* InsO[90] § 203 Rn 25.

83 BFH DStR 2021, 283; HK/*Depré* InsO[10] § 203 Rn 8; Nerlich/Römermann/*Westphal* InsO[43] § 203, § 204 Rn 17; **aA** Kübler/Prütting/Bork/*Holzer* InsO[90] § 203 Rn 25, der im Fall des § 203 I Nr 2 annimmt, der Beschlag trete bereits mit dem Rückfluss der Vermögenswerte automatisch wieder ein.

84 BGH NZI 2016, 365; ZInsO 2015, 634.

85 BGH NZI 2012, 271.

zu bestellen. Anfechtungsprozesse können durch den Verwalter (weiter-)geführt werden.[86] Verfügungen des Schuldners oder Aufrechnungen von Insolvenzgläubigern außerhalb des Anwendungsbereichs von §§ 94 ff[87] werden ab der erneuten Beschlagnahme unzulässig (Rechtsfolgen s o Rn 9). Insolvenzvermerke sind (wieder) einzutragen (§ 32). Für den Fall, dass die Nachtragsverteilung vorbehalten wurde, sind die betreffenden Gläubiger auch nach Aufhebung des Insolvenzverfahrens berechtigt, einen **Antrag auf Versagung der Restschuldbefreiung** (§ 290) zu stellen.[88]

V. Verfahren der Nachtragsverteilung

11 Die Nachtragsverteilung muss durch das Insolvenzgericht **angeordnet** werden. Auch wenn schon im Schlusstermin Gegenstände der Nachtragsverteilung vorbehalten werden, bewirkt dies nur deren fortdauernde Beschlagnahme (oben Rn 10), lässt aber die Notwendigkeit einer eigenen Anordnung durch das Insolvenzgericht nicht entfallen.[89] Das Insolvenzgericht kann **von Amts wegen** tätig werden. Der Insolvenzverwalter oder ein Insolvenzgläubiger können aber auch einen **Antrag** auf Anordnung stellen. Einem Antrag fehlt schon das Rechtsschutzbedürfnis, wenn die Insolvenzgläubiger vollständig befriedigt sind[90] (vgl o Rn 2). Schließlich kann durch den Verwalter, den Schuldner, einen Insolvenzgläubiger oder auch durch Dritte das amtswegige Tätigwerden **angeregt** werden.[91] Letzteres kommt vor allem deshalb in Betracht, weil die nachträgliche Ermittlung von Massegegenständen vielfach durch den Verwalter oder von Gläubiger- oder Schuldnerseite erfolgt und als Information an das Insolvenzgericht weitergegeben wird. **Funktional zuständig** für die Anordnung ist der Rechtspfleger,[92] es sei denn für die Durchführung der Nachtragsverteilung ist die Ernennung eines neuen Insolvenzverwalters erforderlich (§§ 3 Nr 2e, 18 I Nr 1 RPflG).[93] Die Entscheidung erfolgt durch **Beschluss**, der nach § 204 zuzustellen ist, und den dort genannten Rechtsmitteln unterfällt. Wird lediglich die Anregung zur Anordnung einer Nachtragsverteilung abgelehnt, muss dies nicht durch förmlichen Beschluss erfolgen.[94]

12 Für eine Anordnung hat das Insolvenzgericht die Voraussetzungen des § 203 I Nr 1 bis 3 sowie des § 203 III zu prüfen. Hier gilt wegen § 5 I der **Amtsermittlungsgrundsatz**.[95] Neben dem Freiwerden, Zurückfließen oder Ermitteln von Beträgen bzw. Gegenständen nach dem Schlusstermin (o Rn 2, 4 ff) und der wirtschaftlichen Sinnhaftigkeit nach § 203 III (s noch Rn 13) ist **Voraussetzung der Anordnung**, dass die Insolvenzgläubiger noch nicht vollständig befriedigt sind (o Rn 2) und dass der Gläubigerausschuss – so bestellt – der Verteilung nach § 187 III S 2 zustimmt (s § 187 Rn 14). Die Anordnung kann wegen § 203 II auch erfolgen, wenn das Verfahren schon aufgehoben ist (o Rn 2). Wenn aber nach Jahren noch vermögenswerte Gegenstände aufgefunden werden, ist nicht die Nachtragsverteilung, sondern die Verlagerung in die Ein-

86 BGH ZIP 2010, 102; NZI 2010, 259.

87 BFH ZIP 2006, 1593.

88 BGH NZI 2015, 807 in diesem Fall hat der Insolvenzverwalter der Gläubigerin den Antrag gestellt, da auch über ihr Vermögen das Insolvenzverfahren eröffnet worden war, vgl zu den daraus resultierenden Besonderheiten *Meller-Hannich* NZI 2015, 809.

89 Uhlenbruck/*Wegener* InsO[15] § 203 Rn 21.

90 MünchKomm/*Hintzen* InsO[4] § 203 Rn 7.

91 Ausführlich zur Frage, wann noch eine Anregung vorliegt und wann ein Antrag BGH NZI 2017, 608.

92 MünchKomm/*Hintzen* InsO[4] § 203 Rn 10; Braun/*Ludwig* InsO[8] Rn 26; Uhlenbruck/*Wegener* InsO[15] § 203 Rn 26.

93 Jaeger/*Weber* KO[9] § 166 Rn 9; **aA** MünchKomm/*Hintzen* InsO[4] § 203 Rn 10: eine der Erstbestellung vergleichbare Situation liege nicht vor; ebenfalls Braun/*Ludwig* InsO[8] Rn 26; Uhlenbruck/*Wegener* InsO[15] § 203 Rn 26; allerdings spricht § 18 I Nr 1 nicht von einer Erstbestellung; vgl auch § 27 Rn 17.

94 BGH NZI 2017, 608; NZI 2015, 180.

95 BGH ZInsO 2013, 1409.

zelzwangvollstreckung oder die Eröffnung eines neuen Insolvenzverfahrens tunlich.[96] Die Nachtragsverteilung wird wie alle Verteilungen durch den Insolvenzverwalter vollzogen, § 187 III S 1. Für die Nachtragsverteilung wird aber kein eigenes Verzeichnis erstellt, sondern sie erfolgt auf der Grundlage des Schlussverzeichnisses (§ 205). Dort nicht aufgenommene Gläubiger sind endgültig präkludiert (im Einzelnen § 205 Rn 3).

VI. Absehen von der Anordnung der Nachtragsverteilung und besondere Anordnungen des Insolvenzgerichts

13 Wenn die Voraussetzungen des § 203 I vorliegen, aber der frei werdende oder zurückfließende Betrag oder der ermittelte Gegenstand geringfügig bzw. geringwertig ist und die Kosten der Nachtragsverteilung dies rechtfertigen, steht dem Gericht wegen § 203 III auf der Rechtsfolgenseite ein **Ermessen** zu. Es kann[97] von der Anordnung ganz absehen (§ 203 III S 1) oder sie davon abhängig machen, dass ein Kostenvorschuss geleistet wird (§ 203 III S 2). Die in der Konkursordnung noch nicht enthaltene Regelung des § 203 III greift die schon zur Auslegung des § 166 KO herrschende Ansicht auf, dass von einer Anordnung der Nachtragsverteilung abzusehen ist, wenn sich diese nicht lohnt, weil die auszuschüttenden Beträge im Verhältnis zu den Kosten der Nachtragsverteilung unangemessen gering sind.[98] § 203 III umfasst also Überlegungen zur wirtschaftlichen Sinnhaftigkeit einer Nachtragsverteilung. Es geht dabei um das Kosten-Nutzen-Verhältnis[99] zwischen dem Aufwand der Nachtragsverteilung und dem Wert der zu verteilenden Gegenstände, was unmittelbaren Einfluss auf die infolge der Verteilung auszuschüttenden Beträge hat (s aber unten 14). Da die Regelung des § 203 III eindeutig als Ermessenseröffnung angesehen ist, führt ein unangemessenes Kosten-Nutzen-Verhältnis nicht zum Wegfall des Rechtsschutzbedürfnisses[100] für einen Antrag nach § 203 I, sondern ist materielle Voraussetzung für die Befugnisse des Insolvenzgerichts auf der Rechtsfolgenseite.

14 § 203 III S 1 spricht ausschließlich von der Geringfügigkeit des Betrags bzw. Geringwertigkeit des Gegenstandes, nicht jedoch davon, wie hoch die schließlich auszuzahlende Quote ist.[101] Zwar hängt letzteres von ersterem durchaus ab (o Rn 12), wird aber zusätzlich durch die Anzahl der zu berücksichtigenden Insolvenzgläubiger bestimmt. Zweifelhaft ist deshalb, ob es nur auf die Höhe des insgesamt zu verteilenden Betrages ankommt oder auch auf die zugunsten der einzelnen Gläubiger entfallenden Beträge.[102] Entscheidend ist die Beantwortung dieser Frage dann, **wenn durchaus werthaltige Gegenstände bzw. Beträge anfallen, eine Verteilung aber wegen der Vielzahl von Gläubigern in Großverfahren dennoch nur Kleinbeträge für jeden Gläubiger ergäbe**. Folgt man der Ansicht, solche Kleinbeträge seien nicht zu verteilen bzw. rechtfertigten das Absehen von der Anordnung der Nachtragsverteilung,[103] ist immerhin

---

96 Zur Möglichkeit der Wiederaufnahme eines geschlossenen Insolvenzverfahrens s o § 6 Rn 45 sowie Prütting/Gehrlein/*Meller-Hannich* ZPO[13] § 578 Rn 4.

97 BGH NJW-RR 2008, 428 sogar: Eine wirtschaftlich sinnlose Nachtragsverteilung ist *unzulässig* bzw *hat* zu unterbleiben; LG Göttingen NZI 2012, 276.

98 Jaeger/*Weber* KO[9] § 166 Rn 9.

99 LG Göttingen NZI 2012, 276; MünchKomm/*Hintzen* InsO[4] § 203 Rn 25; Uhlenbruck/*Wegener* InsO[15] § 203 Rn 30; *Lissner* InsbürO 2013, 355.

100 So jedoch MünchKomm/*Hintzen* InsO[4] § 203 Rn 25.

101 Die österreichische Konkursordnung differenziert hier eindeutig in § 138 III einerseits (Geringfügigkeit des zur Verfügung stehenden Betrags im Verhältnis zu den Kosten) und § 138 IV andererseits (Mindesthöhe 10 Euro). Nur auf § 138 III bezieht sich die Begründung von § 231 III RegE (= § 203), s BT-Drucks 12/2443, S 187.

102 Vgl Uhlenbruck/*Wegener* InsO[15] § 203 Rn 32.

103 LG München NZI 2017, 969; MünchKomm/*Hintzen* InsO[4] § 203 Rn 25; **aA** Kübler/Prütting/Bork/*Holzer* InsO[90] § 203 Rn 16; in diese Richtung auch Uhlenbruck/*Wegener* InsO[15] § 203 Rn 33 „wirtschaftliche Betrachtungsweise", aber zu Recht differenzierend zwischen der vorbehaltenen Nachtragsverteilung und der neuen Beschlagnahme durch die Anordnung.

zu bedenken, dass dem Schuldner infolge durchaus größere Summen im Rahmen von § 199 ausgezahlt werden müssten. Die Gelder dem Verwalter als weitere Vergütung festzusetzen ist jedenfalls ausgeschlossen.[104] Richtigerweise aber **müssen auch Kleinbeträge ausgezahlt werden**. Dies ergibt sich zum einen daraus, dass § 203 III ausschließlich auf die Geringfügigkeit des Betrages oder den geringen Wert des Gegenstandes abstellt, nicht jedoch auf die einzelne Quote. Dem Schuldner sollten zudem vor vollständiger Befriedigung der Insolvenzgläubiger keine Beträge freigegeben werden, die andernfalls den Wert der Masse maßgeblich erhöhen. Jedenfalls ist – zumindest solange der Insolvenzbeschlag besteht (o Rn 10) – nur ein Anspruch der Insolvenzgläubiger auf quotenmäßige Befriedigung gegeben, nicht aber auf individuelle Geltendmachung. Vielfach sind schließlich die Kosten der Auszahlung auch durch einfache Überweisung und Vermerk auf dem Beleg so gering, dass auch Kleinbeträge die Auszahlung lohnen. Auch der Aufwand, die Gläubiger und ihre Kontendaten noch nach längerer Zeit zu ermitteln, sollte allerdings berücksichtigt werden. Falls die Gläubiger nicht ermittelt werden können, kommt eine Hinterlegung nach allgemeinen Regeln in Betracht (§ 198 Rn 7 f). Nur falls die einzelnen Beträge den Auszahlungsaufwand übersteigen,[105] kann eine Anordnung der Nachtragsverteilung und Auszahlung unterbleiben;[106] die Gläubiger können dann im Wege der freien Nachforderung Zugriff beim Schuldner suchen. Ansonsten ist lediglich **auf die Höhe des freiwerdenden oder zurückfließenden Betrags bzw. ermittelten Gegenstandes im Verhältnis zu den Kosten der Nachtragsverteilung abzustellen und nicht auf die Quote**. Der insgesamt zu verteilende Betrag muss den zu erwarteten Kosten (Verwertungskosten, Verwaltervergütung u Rn 16, Veröffentlichungs- und Zustellkosten) gegenübergestellt werden. Feste Prozentsätze können dabei nicht veranschlagt werden. Jedenfalls hat die Nachtragsverteilung zu unterbleiben, wenn die genannten Kosten den insgesamt zu verteilenden Betrag übersteigen,[107] was etwa der Fall ist, wenn der nachträglich zu Masse gelangte bzw. ermittelte Gegenstand vollkommen wertlos ist.[108] Wertlos ist etwa eine Eigentümerposition des Schuldners, die aufgrund einer nicht mehr vernichtbaren Anwartschaft, die an dem Gegenstand schon erworben wurde, ohne Fortbestand sein wird (vgl oben Rn 9). Die Nachtragsverteilung würde dann nur Kosten auslösen, ohne einen wirtschaftlichen Vorteil für die Gläubiger zu erreichen, da ein namhafter verwertbarer Vermögenswert nicht vorhanden ist.[109]

15 Das Insolvenzgericht kann die Nachtragsverteilung auch von der **Leistung eines Vorschusses** abhängig machen, der die Kosten der Nachtragsverteilung (Auslagen des Insolvenzverwalters, dessen zusätzliches Honorar,[110] s noch u 16, Auszahlungskosten) deckt. Vorzuschießen ist der Betrag von demjenigen Insolvenzgläubiger, der die Nachtragsverteilung beantragt, oder, bei Beantragung durch den Insolvenzverwalter oder Tätigwerden von Amts wegen, von der Gläubigergemeinschaft.

VII. Verwaltervergütung und Gerichtskosten

16 Für eine Nachtragsverteilung erhält der **Insolvenzverwalter** eine gesonderte **Vergütung** nach § 6 I InsVV (s auch § 63 Rn 62).[111] Sie bemisst sich unter Berücksichtigung des **Werts der nachträglich verteilten Insolvenzmasse** und ist auf dieser Grundlage nach **billigem Ermessen**

104 MünchKomm/*Hintzen* InsO[4] § 203 Rn 25.
105 Uhlenbruck/*Wegener* InsO[15] § 203 Rn 33 „Kleinbeträge".
106 Vielfach wird dann aber auch der insgesamt zu verteilende Betrag gering sein, so dass schon deshalb von der Nachtragsverteilung abgesehen werden kann.
107 LG München NZI 2017, 969.
108 BGH ZInsO 2008, 99.
109 *Smid* DZWIR 2009, 89, 97.
110 MünchKomm/*Hintzen* InsO[4] § 203 Rn 26.
111 Ausführlich zur Vergütung *Zimmer* KTS 2009, 199, 200.

festzusetzen. Falls die Nachtragsverteilung schon bei der Festsetzung der Verfahrensvergütung berücksichtigt worden ist, weil sie voraussehbar war, erhält der Insolvenzverwalter die gesonderte Vergütung nicht (nochmals[112]). Ihn trifft aber keine Pflicht, sicher zu erwartende Massezuflüsse in seinem ersten Vergütungsantrag einzurechnen. Vielmehr kann er wählen und ist auch berechtigt, eine nachträgliche Festsetzung der Vergütung zu beantragen.[113] Unzulässig ist allerdings, für die Bemessung der Vergütung den Wert der nachträglich verteilten Masse zu der zuvor festgestellten Verteilungsmasse hinzuzuzählen und auf diese Weise eine auf die erhöhte Verteilungsmasse bezogene einheitliche Vergütung zu errechnen.[114] Erfolgt der Massezufluss zwischen dem Vollzug der Schlussverteilung und der Beendigung des Insolvenzverfahrens, wird die Berechnungsgrundlage der Vergütung tatsächlich nur erhöht und es liegt kein Fall des § 6 I InsVV vor.[115] Im Hinblick auf die Höhe der Vergütung sind 10 bis 50 % der Regelvergütung in der Praxis üblich,[116] weil Aufwand und Risiko bei der Nachtragsverteilung geringer sind als im vorausgehenden Insolvenzverfahren. Feste Sätze können aber nicht aufgestellt werden, sondern **das billige Ermessen ist im Hinblick auf den jeweiligen Einzelfall anzuwenden**, wobei Aufwand, Dauer, Anzahl der Gläubiger, Haftungsrisiko und ähnliche Erwägungen im Rahmen der Ermessensausübung eine Rolle spielen können.[117] Die Regelung des § 6 I InsVV gilt wegen § 10 InsVV auch für die **Vergütung des Insolvenzverwalters im Verbraucherinsolvenzverfahren**, soweit er eine Nachtragsverteilung durchführt. Wird trotz Massezufluss nach Aufhebung des Verfahrens keine Nachtragsverteilung angeordnet (zB weil eine Nachtragsverteilung in Hinblick auf die ausgelösten Kosten unverhältnismäßig ist), erhält der Insolvenzverwalter keine zusätzliche Vergütung. Strittig ist, wie hinsichtlich der **Gerichtsgebühren** zu verfahren ist. Zum Teil wird davon ausgegangen, dass diese unter jeglichen Umständen mit der allgemeinen Verfahrensgebühr abgegolten sind.[118] Dies habe seine Ursache darin, dass das Nachtragsverteilungsverfahren ein eigenes Verfahren sei und für dieses keine eigenständigen Gebührentatbestände existierten.[119] Dem wird entgegengehalten, dass der Wert der Insolvenzmasse nach § 58 I 1 GKG zumindest dann zu erhöhen ist, wenn bei Aufhebung des Insolvenzverfahrens bereits ausdrücklich die Nachtragsverteilung wegen einer mit Sicherheit zu erwartenden Masseforderung angeordnet ist.[120] Zudem wäre für den Fall einer Nachtragsverteilung ohnehin die Verfahrensgebühr neu zu berechnen.[121] Es würde also auch nicht zu Mehrarbeit führen, wenn unter Umständen die Vergütung neu berechnet werden müsste, weil der Wert der der Nachtragsverteilung unterliegenden Gegenstände nicht richtig geschätzt wurde. Sicherlich setzt das Gesetz eine gewisse Zäsur zwischen dem Insolvenzverfahren und der Nachtragsverteilung. Dafür spricht schon, dass für das Nachtragsverteilungsverfahren zum Teil andere Regelungen, als zum Beispiel für den Ausschluss von Massegläubigern nach § 206 Nr 1 und Nr 3 gelten.[122] Allerdings gelten für den Ausschluss von Massegläubigern auch bei der Abschlagsverteilung andere Zeitpunkte als für die Schlussverteilung. Trotzdem wird beides bei der Berechnung der Masse mit eingerechnet.

112 BGH ZIP 2006, 203 (bei Massezufluss zwischen Schlussrechnung und Schlusstermin ist aber eine ergänzende Festsetzung möglich).
113 BGH NZI 2017, 822.
114 BGH NZI 2007, 43 (Anm *Vallender* WuB VI A § 203 InsO 1.07); zulässig ist allerdings die erhöhende Festsetzung im Hinblick auf Massezufluss vor dem Schlusstermin aber nach Einreichung der Schlussrechnung: dazu *Bartels* Anm zu BGH aaO WuB VI A § 63 InsO 4.06.
115 BGH NZI 2017, 505; NZI 2014, 238.
116 Vgl Nachweise BGH NZI 2007, 43; LG Offenburg ZInsO 2005, 481.
117 S BGH NZI 2007, 43.
118 LG Magdeburg BeckRS 2013, 13584.
119 BGH NZI 2007, 43.
LG Magdeburg BeckRS 2013, 13584; Kübler/Prütting/Bork/*Holzer* InsO[88] § 203 Rn 39.
120 OLG Hamm NZI 2021, 144.
121 Gottwlad/Haas/*Keller* InsO-HB[6] Rn 30.
122 LG Magdeburg BeckRS 2013, 13584.

Zudem ist die Nachtragsverteilung eine Fortführung der bisherigen Verteilung.[123] Auch aus § 58 GKG ergibt sich nicht, dass sich Gegenstände der Nachtragsverteilung nicht masseerhöhend auswirken können. Vielmehr kommt es auch bei fehlender Verwertung einzelner Gegenstände zu einer pflichtgemäßen Schätzung des Wertes dieser Gegenstände.[124] Es ist demnach kein Grund ersichtlich, warum eine solche Schätzung nicht auch bei Gegenständen möglich sein soll, bei denen sicher die Nachtragsverteilung stattfinden wird.

VIII. Verwalterwechsel

17 Die Nachtragsverteilung wird in aller Regel durch den Insolvenzverwalter durchgeführt, der auch im vorausgehenden Insolvenzverfahren tätig war. Im Falle des Vorbehalts der Nachtragsverteilung gelten seine Befugnisse wegen des fortwirkenden Beschlags (o Rn 10) ohnehin fort, bei späterer Anordnung wird er erneut befugt und ggf wird die Urkunde zurückgegeben oder neu ausgestellt, § 56 II. Ein Verwalterwechsel ist aber erforderlich, wenn der bisherige Verwalter für sein Amt unfähig geworden ist, sei es aus tatsächlichen Gründen (Tod, Geschäftsunfähigkeit), sei es, weil die Nachtragsverteilung gerade deshalb stattfindet, weil ein Schadensersatzanspruch gegen ihn (o Rn 9) zur Masse verfügbar wurde.[125] Es kann aber auch ein anderer Verwalter lediglich deshalb bestellt werden, weil er besser geeignet ist, denn die Nachtragsverteilung stellt, auch wenn sie grundsätzlich noch zu den Amtspflichten des Verwalters gehört, ein selbständiges, gesondert vergütetes (o Rn 16) Verfahren dar.

---

123 LG Stade BeckRS 2016, 5421; MünchKomm/*Hintzen* InsO[4] § 203 Rn 19.
124 BeckOK/*Sengl* KostenR[35] § 58 GKG Rn 3.
125 Jaeger/*Weber* KO[9] § 166 Rn 12.

§ 204 Rechtsmittel

(1) [1]Der Beschluß, durch den der Antrag auf Nachtragsverteilung abgelehnt wird, ist dem Antragsteller zuzustellen. [2]Gegen den Beschluß steht dem Antragsteller die sofortige Beschwerde zu.

(2) [1]Der Beschluß, durch den eine Nachtragsverteilung angeordnet wird, ist dem Insolvenzverwalter, dem Schuldner und, wenn ein Gläubiger die Verteilung beantragt hatte, diesem Gläubiger zuzustellen. [2]Gegen den Beschluß steht dem Schuldner die sofortige Beschwerde zu.

Materialien

BT-Drucks 12/2443, S 187; RegE § 232; BR-Drucks 336/94, S 49; DiskE u. RefE § 222; 1. BerInsRKomm, LS 1.1.6; 2. BerInsRKomm, LS 6.2.4.

Vorgängerregelungen

§ 20 GesO.

Übersicht

Alphabetische Übersicht

I. Einleitung

1 Die Nachtragsverteilung muss durch Beschluss des Insolvenzgerichts angeordnet werden, und zwar nach § 203 I auf Antrag des Insolvenzverwalters oder eines Insolvenzgläubigers oder von Amts wegen ggf auf Anregung. Der anordnende Beschluss führt zu einer erneuten Beschlagnahme, es sei denn die Nachtragsverteilung war ohnehin bereits vorbehalten (§ 203 Rn 10). Der Beschluss kann also im Hinblick auf die Beschlagnahme konstitutiv oder nur bestätigend wirken. Jedenfalls ist der anordnende Beschluss Voraussetzung für die Durchführung der Nachtragsverteilung. § 204 regelt, welche **Zustellungsvorgaben für einen auf Antrag hin ablehnenden oder einen (auf Antrag oder von Amts wegen) anordnenden Beschluss** gelten und welche **Rechtmittel gegen die Ablehnung oder Anordnung** statthafterweise erhoben werden können.

https://doi.org/10.1515/9783110343687-031

II. Ablehnender Beschluss

2 Ein ablehnender Beschluss kann entweder deshalb erfolgen, weil das Gericht die Voraussetzungen der Nachtragsverteilung nach § 203 I nicht als erfüllt ansieht, oder weil es von der Unwirtschaftlichkeit der Nachtragsverteilung nach § 203 III ausgeht. Ein ablehnender Beschluss liegt nicht vor, wenn lediglich eine Anregung an das Insolvenzgericht zum Tätigwerden von Amts wegen abgelehnt wird (vgl § 203 Rn 11).[1]

1. Zustellungen und Bekanntmachung

3 Wird eine beantragte Nachtragsverteilung abgelehnt, ist der entsprechende Beschluss dem Antragsteller, also **entweder dem Insolvenzverwalter oder einem Insolvenzgläubiger (§ 203 I), zuzustellen.** Im Falle der Anregung einer Nachtragsverteilung von Amts wegen, ergeht kein Beschluss über die Ablehnung; auch eine Zustellung an eine nicht antragsberechtigte, aber die Nachtragsverteilung anregende Person ist deshalb nicht erforderlich. Die Zustellung an den Schuldner erfolgt im Falle des ablehnenden Beschlusses nicht, da er weder antragsbefugt, noch rechtsmittelbefugt ist und durch die ablehnende Entscheidung nicht beschwert ist. Nicht antrags- und rechtsmittelbefugt sind auch Massegläubiger,[2] und an sie erfolgt keine Zustellung, obwohl sie auch bei der Nachtragsverteilung vorab zu befriedigen sind (s § 187 Rn 2).[3]

4 Die Zustellung muss nicht förmlich erfolgen, sondern es genügt wegen § 8 I S 2 die einfache **Versendung per Post.** Eine öffentliche Bekanntmachung des ablehnenden Beschlusses kommt nicht in Betracht, da weder § 188 S 3 noch § 206 Nr 3 dies erfordern.

2. Rechtsmittel

5 Gegen den ablehnenden Beschluss steht dem Antragsteller, also entweder dem Insolvenzverwalter oder einem Gläubiger, die **sofortige Beschwerde** zu. Nicht beschwerdebefugt sind Personen, die lediglich angeregt haben, dass Insolvenzgericht möge von Amts wegen die Nachtragsverteilung anordnen.[4] Da § 204 I S 2 die sofortige Beschwerde ausdrücklich für zulässig erklärt, ist sie nach § 11 I RPflG auch gegen die ablehnende Entscheidung durch den Rechtspfleger statthaft, und nicht etwa die Erinnerung nach § 11 II RPflG.[5] Neben dem oder im Anschluss an das Verfahren der sofortigen Beschwerde kann der Insolvenzverwalter auch einen erneuten Antrag auf Anordnung einer Nachtragsverteilung stellen,[6] was vornehmlich in Betracht kommen wird, wenn weitere Vermögensgegenstände zur Masse verfügbar werden. Das Verfahren der Beschwerde richtet sich nach § 4, §§ 567 ff ZPO. Die Beschwerdefrist beträgt zwei Wochen ab Zustellung, wobei für den Fristbeginn § 184 II S 1 ZPO (Fiktion der Zustellung zwei Wochen nach Aufgabe) zu beachten ist.[7]

---

1 BGH NZI 2017, 608.

2 Kritisch deshalb Nerlich/Römermann/*Westphal* InsO[43] §§ 203, 204 Rn 22; MünchKomm/*Hintzen* InsO[4] § 204 Rn 4; Uhlenbruck/*Wegener* InsO[15] § 204 Rn 3.

3 MünchKomm/*Hintzen* InsO[4] § 204 Rn 4.

4 BGH NZI 2015, 180.

5 K Schmidt/*Jungmann* InsO[19] § 204 Rn 1; MünchKomm/*Hintzen* InsO[4] § 204 Rn 3; Uhlenbruck/*Wegener* InsO[15] § 204 Rn 4; **aA** KK/*Pehl* InsO § 204 Rn 3.

6 Rattunde/Smid/Zeuner/*Kirchner* InsO[4] § 204 Rn 2.

7 Uhlenbruck/*Wegener* InsO[15] § 205 Rn 6.

III. Anordnender Beschluss

Eine Nachtragsverteilung wird angeordnet, wenn die Voraussetzungen des § 203 vorliegen und die Insolvenzgläubiger noch nicht vollständig befriedigt sind. 6

1. Zustellungen und Bekanntmachungen

Der anordnende Beschluss ist **dem Insolvenzverwalter, dem Schuldner und einem antragstellenden Gläubiger** zuzustellen. Auch hier genügt die Zustellung im Postwege (o Rn 4). Eine Zustellung an die übrigen Gläubiger ist nicht erforderlich. Ist der Schuldner keine natürliche Person, ist an das vertretungsberechtigte Organ zuzustellen. Das soll auch dann gelten, wenn die Gesellschaft im Register bereits gelöscht ist (Geschäftsführer als geborener Liquidator).[8] Wenn die Gesellschaft allerdings schon voll beendet ist, also sowohl Löschung als auch Vermögenslosigkeit vorliegen (s § 26 Rn 48; § 199 Rn 2), entfällt die Zustellung. Ebenfalls keine Zustellung erfolgt an Massegläubiger, da diese weder antragsbefugt, noch rechtsmittelbefugt sind, obwohl die Anordnung der Nachtragsverteilung wegen § 206 Nr 1 auf ihre Rechtsposition erheblichen Einfluss hat.[9] 7

Zusätzlich zur Zustellung müssen bei der Nachtragsverteilung die **Vorgaben des § 188** eingehalten werden, die grundsätzlich für jede Art von Verteilung gelten (s § 188 Rn 4). Nur im Hinblick darauf, dass bei der Nachtragsverteilung nach § 205 S 1 kein eigenes Verzeichnis erstellt und nochmals niedergelegt[10] wird, sind Einschränkungen geboten. Das bedeutet, auch bei einer Nachtragsverteilung ist wegen § 188 S 3 der verfügbare Betrag vom Insolvenzverwalter dem Gericht anzuzeigen und das Gericht[11] hat ihn nach § 9 **öffentlich bekannt zu machen** (www.insolvenzbekanntmachungen.de), wodurch auch die Nachtragsverteilung selbst bekannt wird. Weitere öffentliche Bekanntmachungen einer Nachtragsverteilung haben, auch im Hinblick auf § 206 Nr 3, nicht zu erfolgen.[12] 8

2. Rechtsmittel

Gegen den anordnenden Beschluss steht nur dem Schuldner die **sofortige Beschwerde** zu.[13] Die Gläubiger sind ohnehin nicht beschwert. Die Beschwerdefrist beträgt zwei Wochen ab Zustellung, wobei für den Fristbeginn § 184 II S 1 ZPO zu beachten ist.[14] 9

IV. Besondere Anordnungen durch das Insolvenzgericht

Im Hinblick auf Rechtsmittel und Zustellungen nicht geregelt ist der Fall, dass eine Nachtragsverteilung beantragt wurde, jedoch die Anordnung davon abhängig gemacht wurde, dass ein Kosten- 10

8 AG Göttingen ZIP 1995, 146; Nerlich/Römermann/*Westphal* InsO[43] §§ 203, 204 Rn 22 Fn 4; **aA** *Müller-Wüsten* EWiR 1995, 81: Zustellung an einen zu bestellenden Nachtragsliquidator. Die Bestellung eines Nachtragsliquidators erscheint nicht notwendig, da die Verteilung – auch im Hinblick auf Überschüsse (§ 199 Rn 5) – durch den Verwalter erfolgt.

9 Kritisch deshalb Nerlich/Römermann/*Westphal* InsO[43] §§ 203, 204 Rn 22; MünchKomm/*Hintzen* InsO[4] § 204 Rn 3; Uhlenbruck/*Wegener* InsO[15] § 204 Rn 4.

10 Uhlenbruck/*Wegener* InsO[15] § 205 Rn 3a.

11 Uhlenbruck/*Wegener* InsO[15] § 205 Rn 4; **aA** MünchKomm/*Hintzen* InsO[4] § 206 Rn 5. Der Wortlaut von § 188 S 3 ist jedoch eindeutig, der Verwalter hat auch gar keinen unmittelbaren Zugriff auf die Internetseite (s § 188 Rn 23).

12 Strittig vornehmlich im Hinblick auf die frühere Regelung des § 166 KO, der keine Anordnungen zur Zustellung traf; **aA** insoweit wohl HK/*Depré* InsO[10] § 204 Rn 9; MünchKomm/*Hintzen* InsO[4] § 203 Rn 11 (anders jedoch *ders* § 206 Rn 5); wie hier wohl FK/*Kießner* InsO[9] § 204 Rn 2.

13 BGH BeckRS 2011, 2579.

14 Uhlenbruck/*Wegener* InsO[15] § 204 Rn 6.

vorschuss geleistet wird (§ 203 Rn 15). Jedenfalls ist eine solche Entscheidung dem Antragsteller zuzustellen, denn dies ist sowohl im Rahmen des § 204 I als auch bei § 204 II erforderlich. Falls nicht der Insolvenzverwalter Antragsteller ist, hat eine Zustellung an ihn nach § 204 II zu erfolgen, da es sich zumindest um einen im Übrigen anordnenden Beschluss handelt. Ebenfalls ist davon auszugehen, dass der Schuldner gegen einen solchen Beschluss sofortige Beschwerde einlegen kann, denn er wird auch durch eine solche bedingte Anordnung beschwert, so dass insoweit § 204 II zur Anwendung zu bringen ist. Eine Zustellung an den Schuldner ist bei einer solchen Anordnung also erforderlich. Zweifelhaft ist lediglich, ob der Antragsteller (Insolvenzgläubiger oder Insolvenzverwalter) sofortige Beschwerde gegen die Abhängigkeit der Anordnung vom Kostenvorschuss einlegen kann und zwar im Hinblick auf § 204 I S 2 als „teilweise Ablehnung." Was die Zulässigkeit und Statthaftigkeit einer solchen sofortigen Beschwerde betrifft, bestehen keine durchgreifenden Bedenken. Allerdings wird hierbei inhaltlich eine Ermessensentscheidung überprüft, so dass schon aus diesem Grund kaum Aussicht auf Erfolg des Rechtsbehelfs besteht. Zudem ist die Anordnung der Abhängigkeit vom Kostenvorschuss von der Anordnung der Nachtragsverteilung selbst inhaltlich nicht abteilbar, so dass auch deshalb ein isolierter Angriff des Kostenvorschusses auszuschließen ist.

V. Zustellungen und Rechtsmittel bei Tätigwerden des Insolvenzgerichts von Amts wegen

11 Ordnet das Insolvenzgericht von Amts wegen die Nachtragsverteilung an, gelten die Vorgaben des § 204 II, so dass an Insolvenzverwalter und Schuldner zuzustellen ist und dem Schuldner die sofortige Beschwerde zusteht. Nicht in Betracht kommt hier eine Zustellung an einen Insolvenzgläubiger. Im Hinblick auf die öffentliche Bekanntmachung gilt § 188 S 3. (Zur Ablehnung der angeregten Anordnung s o Rn 2 ff).

§ 205 Vollzug der Nachtragsverteilung

[1]Nach der Anordnung der Nachtragsverteilung hat der Insolvenzverwalter den zur Verfügung stehenden Betrag oder den Erlös aus der Verwertung des ermittelten Gegenstands auf Grund des Schlußverzeichnisses zu verteilen. [2]Er hat dem Insolvenzgericht Rechnung zu legen.

Materialien

BT-Drucks 12/2443, S 187; RegE § 233; BR-Drucks 336/94, S 49; DiskE u. RefE § 223; 1. BerInsRKomm, LS 1.3.1.2 Abs 4 iVm LS 3.1.2.

Vorgängerregelungen

§§ 166 I, 167 KO (dazu Motive I Bd 2 S 85 f, 119 f, Motive II S 353, 386 f, Protokolle S 108, 183).

Übersicht

Alphabetische Übersicht

I. Vollzug der Nachtragsverteilung

Auch bei der Nachtragsverteilung realisiert sich der anteilige gleichmäßige Zugriff der Insolvenzgläubiger auf die verwertete Soll-Masse (Teilungsmasse). Die Zielsetzung einer Nachtragsverteilung entspricht damit derjenigen sämtlicher Verteilungen (Übersicht § 187 Rn 3 ff) im Insolvenzverfahren, und sie wird grundsätzlich auch nach den gleichen Regeln wie diese vollzogen. **1**

1. Voraussetzungen

Voraussetzung für die Vornahme einer Nachtragsverteilung ist neben dem Bestand verteilbarer Massebestandteile, dass diese erst nach dem Schlusstermin für die Masse verfügbar geworden sind und deshalb bei früheren Verteilungen nicht berücksichtigt werden konnten. Insoweit zählt **§ 203 I Nr 1 bis 3** in abschließender Weise diejenigen Gegenstände und Beträge auf, die Grundlage für eine Nachtragsverteilung sein können. Zudem ist die Wirtschaftlichkeit der Nachtragsverteilung nach **§ 203 III** zu berücksichtigen. Eine Nachtragsverteilung darf nur stattfinden, **2**

https://doi.org/10.1515/9783110343687-032

wenn das Insolvenzgericht sie angeordnet hat, **§§ 203, 204**. Der Anordnungsbeschluss muss rechtskräftig sein.[1]

2. Durchführung

3 Für den Vollzug der Nachtragsverteilung gelten die **allgemeinen Regeln der §§ 187 ff.** Die Nachtragsverteilung wird also durch den Insolvenzverwalter vollzogen (§ 187 III S 1). Soweit die Nachtragsverteilung nicht erst nach Aufhebung des Verfahrens stattfindet[2] (vgl § 203 Rn 10), ist die Zustimmung eines bestellten Gläubigerausschusses einzuholen (§ 187 III S 2). Auch bei einer Nachtragsverteilung ist unter den Voraussetzungen der §§ 189 ff, 198 ein Zurückbehalten und eine Hinterlegung möglich, etwa, wenn für eine bedingte werthaltige Forderung der Bedingungseintritt noch aussteht. Entscheidende **Besonderheit der Nachtragsverteilung** ist, dass sie auf der Grundlage des Schlussverzeichnisses stattfindet. Daraus folgt nicht nur, dass kein eigenes Verzeichnis nach § 188 aufzustellen ist. Es bedeutet auch, dass alle Gläubiger, die nicht in das Schlussverzeichnis aufgenommen sind, für eine Nachtragsverteilung endgültig präkludiert sind. Einwendungen gegen das Verteilungsverzeichnis nach § 194 sind ausgeschlossen. Eine Gläubigerversammlung findet nicht statt.[3] Auch wenn kein Verzeichnis aufzustellen (auch nicht neu zu hinterlegen[4]) ist, also § 188 S 1 und 2 keine Anwendung finden, hat der Verwalter nach § 188 S 3 dem Gericht den für die Verteilung verfügbaren Betrag aus der Insolvenzmasse anzuzeigen, und das Gericht macht diesen Betrag öffentlich bekannt (str s dazu § 204 Rn 8).

II. Der Insolvenzverwalter in der Nachtragsverteilung

1. Aufgaben

4 Die **Verwertung** der Gegenstände, die für die Masse nach dem Schlusstermin verfügbar werden, und die Durchführung der Nachtragsverteilung selbst gehören noch zu den Aufgaben des Insolvenzverwalters (s auch noch u Rn 5). Falls die Nachtragsverteilung vorbehalten wurde und im Hinblick auf zurückbehaltene nach § 198 hinterlegte Beträge (vgl § 203 I Nr 1), besteht mit der fortdauernden Beschlagnahme auch seine **Verwaltungs- und Verfügungsbefugnis** fort. Ansonsten lebt mit der erneuten Beschlagnahme durch die Anordnung der Nachtragsverteilung sein ursprüngliches Amt wieder auf, und er ist verwaltungs-, verfügungs- und prozessführungsbefugt über das Nachtragsvermögen.[5] Eine zurückgegebene **Urkunde**, § 56 II, ist wieder auszuhändigen oder erneut auszustellen.[6] In Betracht kommt aber auch die **Bestellung eines neuen Verwalters** für die Nachtragsverteilung, falls der frühere Insolvenzverwalter dazu aus rechtlichen oder tatsächlichen Gründen nicht in der Lage bzw. befähigt ist (s § 203 Rn 17).

---

1 Nerlich/Römermann/*Westphal* InsO[43] § 205 Rn 2; Uhlenbruck/*Wegener* InsO[15] § 205 Rn 2a; Kübler/Prütting/Bork/*Holzer* InsO[90] § 205 Rn 1; **aA** FK/*Kießner* InsO[9] § 205 Rn 1.

2 Die Funktionen des Gläubigerausschusses leben für eine Nachtragsverteilung nicht wieder auf, wenn das Verfahren einmal beendet wurde: Uhlenbruck/*Wegener* InsO[15] Rn 5.

3 MünchKomm/*Hintzen* InsO[4] § 205 Rn 3.

4 HK/*Depré* InsO[10] § 205 Rn 3; Uhlenbruck/*Wegener* InsO[15] § 205 Rn 4.

5 Uhlenbruck/*Wegener* InsO[15] § 205 Rn 3.

6 Jaeger/*Weber* KO[9] § 166 Rn 12.

2. Vergütung und Auslagenersatz

Neben der gesonderten Vergütung nach § 6 InsVV, die der Verwalter für die Nachtragsverteilung erhält und deren Höhe sich nach der zu verteilenden Summe und dem Schwierigkeitsgrad der Aufgaben beim Vollzug der Verteilung bestimmt (s § 203 Rn 16), erhält der Verwalter Erstattung seiner Auslagen, die für die Nachtragsverteilung getätigt werden[7] (s § 63 Rn 62). 5

3. Haftung

§ 60 gilt auch im Vorfeld und innerhalb der Nachtragsverteilung. Pflichtverletzungen bei der Durchführung der Nachtragsverteilungen können also eine Haftung des Insolvenzverwalters nach den allgemein für §§ 60–62 geltenden Regeln begründen.[8] Zwar enden die Verwalterpflichten grundsätzlich mit dem Amt. Zum einen können aber auch nach Beendigung des Verfahrens noch **Verwalterpflichten fortbestehen**, so etwa die Verwertung, der Erhalt und die Beantragung der Nachtragsverteilung bei neu ermittelten Massebestandteilen, die Barauskehr zurückbehaltener Beträge bei Eintritt der Auszahlungsvoraussetzungen (vgl § 198 Rn 12) bzw. die Beachtung des endgültigen Ausfalls der Auszahlungsvoraussetzungen bei zurückbehaltenen Beträgen, die Vorabbefriedigung der Massegläubiger und die jeweils entsprechende Rechnungslegung sowie insgesamt im Hinblick auf eine schon vorbehaltene Nachtragsverteilung; zum anderen lebt das **Verwalteramt mit der Anordnung der Nachtragsverteilung wieder auf.** 6

4. Rechnungslegung

Der Insolvenzverwalter hat dem Insolvenzgericht über die Nachtragsverteilung Rechnung zu legen, § 205 S 2. Darin ist über den Sachverhalt, der die Voraussetzungen der § 203 I Nr 1, Nr 2 oder 3 ausfüllt, und die auf dieser Grundlage vorgenommenen Verwaltungs- und Verwertungsmaßnahmen zu berichten. Die zugeflossenen und verteilten Beträge sind nachzuweisen.[9] Das Gericht wird diese Rechnung insofern besonders sorgfältig überprüfen, als Gläubigerausschuss und die ansonsten nach § 66 prüfungsbefugte Gläubigerversammlung nach Verfahrensaufhebung nicht mehr im Amt sind.[10] Die bloße Vorlage von Überweisungsträgern genügt diesen Anforderungen nicht.[11] Erfüllt der Insolvenzverwalter seine Pflichten im Rahmen der Nachtragsverteilung nicht, kann das Insolvenzgericht ein Zwangsgeld nach § 58 II festsetzen.[12] 7

---

7 Uhlenbruck/*Wegener* InsO[15] § 205 Rn 6; HK/*Depré* InsO[10] § 205 Rn 4.

8 Zu Pflichtverletzungen im vorangegangenen Verfahren, bei denen ein Schadensersatzanspruch gegen den Verwalter selbst Anlass für eine Nachtragsverteilung sein kann s § 203 Rn 9, 17.

9 FK/*Kießner* InsO[9] § 205 Rn 8.

10 Nerlich/Römermann/*Westphal* InsO[43] § 205 Rn 7; HK/*Depré* InsO[10] § 205 Rn 5.

11 BGH ZInsO 2013, 1635.

12 BGH ZInsO 2013, 1635.

§ 206 Ausschluß von Massegläubigern

Massegläubiger, deren Ansprüche dem Insolvenzverwalter
1. **bei einer Abschlagsverteilung erst nach der Festsetzung des Bruchteils,**
2. **bei der Schlußverteilung erst nach der Beendigung des Schlußtermins oder**
3. **bei einer Nachtragsverteilung erst nach der öffentlichen Bekanntmachung bekannt geworden sind, können Befriedigung nur aus den Mitteln verlangen, die nach der Verteilung in der Insolvenzmasse verbleiben.**

Materialien

BT-Drucks 12/2443, S 187; RegE § 234; BR-Drucks 336/94, S 49; DiskE u RefE § 224; 1. BerInsRKomm, LS 1.2.10 Abs 5.

Vorgängerregelungen

§ 172 KO (dazu Motive I Bd 2 S 112 f, Motive II S 376, 389, Protokolle S 108 f, 111, 183, 214).

Übersicht

Alphabetische Übersicht

I. Einleitung

1 Wegen § 53 sind Massegläubiger vor den Insolvenzgläubigern und unabhängig vom Ablauf des Verteilungsverfahrens zu befriedigen. Die Vorabbefriedigung gilt grundsätzlich im Verhältnis zu jeder Art von Verteilung nach §§ 187 ff, so dass der Verwalter, um den für die Verteilung verfügbaren Betrag zu ermitteln, immer die Ansprüche der Massegläubiger in Abzug zu bringen hat (s § 187 Rn 2). Möglich ist ihm das aber nur bei bekannten Ansprüchen von Massegläubigern. Da die Massegläubiger anders als die Insolvenzgläubiger ihre Forderungen nicht anmelden müssen, sondern durch Individualklage und Einzelzwangsvollstreckung gegen den Insolvenz-

https://doi.org/10.1515/9783110343687-033

verwalter durchsetzen können (s § 53 Rn 3 ff), kann es, vornehmlich bei den Masseschulden (§ 55), dazu kommen, dass Ansprüche von Massegläubigern erst nachträglich bekannt werden. § 206 regelt den dadurch entstehenden Konflikt zwischen den Massegläubigern und den bei der Verteilung berücksichtigten Insolvenzgläubigern, indem er die **Massegläubiger bei jeder Verteilungsart von solchen Mitteln ausschließt, die ab einem bestimmten Zeitpunkt bindend für die jeweilige Verteilung zu verwenden sind.** Die Insolvenzgläubiger sind im Verhältnis zu den präkludierten Massegläubigern nicht ungerechtfertigt bereichert, da die Insolvenzgläubiger durch die gesetzliche Ausschließung eines Massegläubigers nach § 206 vor einer Rückforderung gesichert sind.[1]

II. Präklusion von verspätet bekannt gewordenen Ansprüchen von Massegläubigern

1. Masseverbindlichkeiten

Masseverbindlichkeiten, die Ansprüche von Massegläubigern (§ 53) begründen, sind die Kosten des Insolvenzverfahrens (§ 54) und die sonstigen Masseverbindlichkeiten, die sog Masseschulden (§ 55). 2

2. Verspätetes Bekanntwerden und Zeitpunkt des Ausschlusses

Trotz des Gebots der Vorabbefriedigung bewirkt das Verteilungsverfahren bei verspätetem Bekanntwerden der Ansprüche von Massegläubigern deren Präklusion. Die Vorabbefriedigung würde nämlich die Insolvenzgläubiger entgegen dem für sie **festgesetzten Bruchteil** (§ 206 Nr 1), entgegen den Entscheidungen im **Schlusstermin** (§ 206 Nr 2) oder entgegen der **öffentlichen Bekanntmachung** des zu verteilenden Betrags und der Summe der berücksichtigten Insolvenzforderungen (§§ 206 Nr 3, 188 S 3 Hs 2) beeinträchtigten. Die Massegläubiger können deshalb nur noch aus den nach der Verteilung verbleibenden Mitteln Befriedigung verlangen. 3

a) Bekanntwerden. Entscheidend für die Präklusion der Ansprüche von Massegläubigern ist der Zeitpunkt, zu dem sie dem Verwalter bekannt geworden sind. Dabei liegt Kenntnis schon dann vor, wenn der **Anspruchsgrund bekannt** ist, selbst wenn die Höhe der Forderung des Massegläubigers noch offen ist.[2] Zweifel an der Höhe der Forderung dürfen nämlich nicht dazu führen, dass der Massegläubiger präkludiert wird, der die Forderung noch nicht vollumfänglich belegen kann. Zur Vermeidung von Schadensersatzansprüchen (s sogleich), ist zurückzubehalten. 4

Keine Rolle spielt es, woher die Kenntnis des Insolvenzverwalters stammt. Tunlicherweise sollte aber der Massegläubiger sich darum kümmern, den Insolvenzverwalter rechtzeitig in Kenntnis zu setzen, da er andernfalls die Präklusion riskiert. Eine Pflicht zur Anmeldung oder Mitteilung besteht jedoch nicht. Maßgeblich ist die **positive Kenntnis**, nicht das Kennenmüssen.[3] Liegt positive Kenntnis vor, wird aber dennoch nicht vorab befriedigt, entstehen Schadensersatzansprüche gegen den Verwalter, da er gegenüber den Massegläubigern verpflichtet ist, deren Befriedigung sicherzustellen (s § 60 Rn 67, 72). Unter demselben Gesichtspunkt können auch eine **fahrlässige Unkenntnis** der Forderung oder schuldhafte Vereitelung der Kenntnis- 5

1 KK/*Pehl* InsO § 206 Rn 2; MünchKomm/*Hintzen* InsO[4] § 206 Rn 1; Uhlenbruck/*Wegener* InsO[15] § 206 Rn 2 mwN.
2 KK/*Pehl* InsO § 206 Rn 8; MünchKomm/*Hintzen* InsO[4] § 206 Rn 7.
3 KK/*Pehl* InsO § 206 Rn 9; Kübler/Prütting/Bork/*Holzer* InsO[90] § 206 Rn 2; Nerlich/Römermann/*Westphal* InsO[43] § 206 Rn 8.

nahme[4] oder die irrtümliche Einordnung der Forderung eines Massegläubigers als Insolvenzforderung[5] zwar nicht zur Präklusion führen, aber Schadensersatzansprüche gegen den Verwalter begründen. Diese Haftung kann auch eintreten, wenn der Insolvenzverwalter den Anspruch bezweifelt, nicht für berechtigt hält, dieser nur behauptet und/oder unglaubhaft belegt ist. Möglicherweise kann er in diesen Fällen aber am Verschulden des Verwalters scheitern. Im Übrigen hat der Insolvenzverwalter für in Grund oder Höhe zweifelhafte Ansprüche von Massegläubigern Rücklagen zu bilden[6] und diese vorweg vom zu verteilenden Betrag abzuziehen (vgl auch § 187 Rn 9).

6 **b) Unterschiedliche Zeitpunkte für die einzelnen Fälle der Verteilungen.** Der Zeitpunkt, ab dem die Ansprüche der Massegläubiger von dem Zugriff auf die zu verteilenden Mittel ausgeschlossen sind, ist **bei jeder einzelnen Verteilungsart** gesondert zu beurteilen. Der Zeitpunkt bemisst sich jeweils danach, wann die Berücksichtigung der Insolvenzgläubiger bei der jeweiligen Verteilung bindend wird, so dass eine Vorabbefriedigung der Massegläubiger aus dem zu verteilenden Betrag nicht mehr durchgeführt werden darf. Der Ausschluss bei *einer* (Abschlags-/Schluss- oder Nachtrags-)Verteilung (zu den Verteilungsarten § 187 Rn 3) bewirkt aber **nicht den Ausschluss von weiteren Verteilungen**, wenn solche noch erfolgen.[7]

7 **aa) Zeitpunkt der Präklusion bei Abschlagsverteilungen.** Bei Abschlagsverteilungen sind Ansprüche von Massegläubigern, die erst **nach der Festsetzung des Bruchteils** (s Anm zu § 195) bekannt werden, nicht vorab zu befriedigen. Die Bruchteilsfestsetzung ist vielmehr bindend im Verhältnis zu den zu berücksichtigenden Insolvenzgläubigern. Die bei der Abschlagsverteilung zur Verfügung stehenden Mittel sind deshalb vollständig unter die im Verzeichnis (§ 188) aufgeführten Insolvenzgläubiger zu verteilen und zwar in voller Höhe des festgesetzten Bruchteils. Die Präklusion bei einer Abschlagsverteilung bezieht sich freilich nur **auf die bei dieser Verteilung zur Verfügung stehenden Mittel,** ist insofern keine endgültige. Vielmehr sind neu bekannt gewordenen Ansprüche von Massegläubigern bei einer weiteren Abschlagsverteilung, bei der Schlussverteilung oder im Falle einer oder mehrerer Nachtragsverteilungen bis zu deren jeweiligen Präklusionszeitpunkt zu berücksichtigen, so dass die **Präklusion bei einer Abschlagsverteilung keine endgültige** ist, sondern sich nur auf die bei dieser Verteilung zur Verfügung stehenden Mittel bezieht.

8 **bb) Zeitpunkt der Präklusion bei der Schlussverteilung.** Bei der **Schlussverteilung** ist der entscheidende Zeitpunkt für die Präklusion der Massegläubiger von den bei der Schlussverteilung zu verteilenden Mitteln die **Beendigung des Schlusstermins**, weil ab diesem Zeitpunkt die verzeichnisgemäße Berücksichtigung der Insolvenzgläubiger im Verhältnis zu den Massegläubigern bindend wird (s § 196 Rn 9, § 197 Rn 11). Wird der Anspruch des Massegläubigers *im* Schlusstermin bekannt, ist das Schlussverzeichnis aber noch zu berichtigen,[8] da der zu verteilende Betrag sich verringert. Der Ausschluss bezieht sich auch hier **nur auf die Mittel, die bei der Schlussverteilung verteilt werden.** Folgen der Schlussverteilung eine oder mehrere Nachtragsverteilungen, sind die Insolvenzgläubiger dort wieder vorab zu berücksichtigen.[9] Die

4 MünchKomm/*Hintzen* InsO[4] § 206 Rn 7.
5 OLG München ZIP 1981, 887 (auch soweit die Forderung eines Massegläubigers zwar bekannt ist, aber irrtümlich als Insolvenzforderung eingeordnet wurde).
6 KK/*Pehl* InsO § 206 Rn 9; HK/*Depré* InsO[10] § 206 Rn 3; Uhlenbruck/*Wegener* InsO[15] § 206 Rn 11.
7 KK/*Pehl* InsO § 206 Rn 12; Nerlich/Römermann/*Westphal* InsO[43] § 206 Rn 9.
8 Uhlenbruck/*Wegener* InsO[15] § 206 Rn 5.
9 HK/*Depré* InsO[10] § 206 Rn 4.

Massegläubiger können allerdings die Anordnung der Nachtragsverteilung nicht beantragen, sondern nur ihre Vornahme von Amts wegen anregen (§ 203 Rn 11).

cc) Zeitpunkt der Präklusion bei Nachtragsverteilungen. Werden im Fall einer Nachtragsverteilung Ansprüche von Massegläubigern erst (mit Ablauf des zweiten Tages) **nach der öffentlichen Bekanntmachung** der Summe der Forderungen und des für die Verteilung zur Verfügung stehenden Betrags (§ 204 Rn 8, § 188 Rn 7) dem Insolvenzverwalter bekannt, sind sie aus den für diese Nachtragsverteilung zur Verfügung stehenden Mitteln nicht vorab zu befriedigen, sondern vom Zugriff auf diese Mittel präkludiert. Bei jeder weiteren Nachtragsverteilung, zu der es kommen kann, wenn weitere Mittel nach § 203 Nr 1 bis 3 für die Masse verfügbar werden, sind aus diesen Mitteln die Massegläubiger wieder vorab zu befriedigen, so dass die Präklusion **nur für die Mittel der jeweiligen Nachtragsverteilung** gilt. 9

III. Rechtsfolgen der Präklusion und Zugriffsmöglichkeiten für die Massegläubiger trotz Präklusion

1. Präklusion (nur) für die jeweilige Verteilung

Die Massegläubiger sind von der jeweils zu verteilenden Masse ausgeschlossen, die vielmehr den bei der jeweiligen Verteilung zu berücksichtigenden Insolvenzgläubigern zur Verfügung steht. Bei einer Abschlagsverteilung sind damit die festgesetzten Bruchteile an die Insolvenzgläubiger in voller Höhe auszuzahlen, bei der Schlussverteilung oder einer Nachtragsverteilung ist der Massebestand an die Insolvenzgläubiger auszuzahlen, der Gegenstand der Schluss- oder Nachtragsverteilung ist. Von diesen Mitteln sind die Massegläubiger ausgeschlossen. Die Präklusion gilt immer nur für die einzelne Verteilung; bei jeder weiteren Verteilung bleibt es beim Grundsatz der Vorabbefriedigung bekannter Insolvenzgläubiger. Die Präklusion gilt dabei etwa auch nicht für nachträglich frei gewordene hinterlegte Anteile, aus denen vielmehr wieder die Massegläubiger vorab zu befriedigen sind, und die ansonsten einer neuen Verteilung unterfallen. 10

2. Weitere verbleibende Zugriffsmöglichkeiten

Zugriff können die Massegläubiger nehmen auf die **nach jeweils erfolgter Verteilung verbleibenden und neu verfügbaren Mittel** und sind hieraus auch vorab zu befriedigen. Daneben ist nach hM der **Insolvenzschuldner** Schuldner der Masseverbindlichkeiten,[10] wobei umstritten ist, ob er nur mit der Insolvenzmasse oder auch mit seinem freien Vermögen haftet (s § 53 Rn 10 ff). Während des laufenden Insolvenzverfahrens hat dieser Streit keine Auswirkungen, denn alles, was beim Schuldner pfändbar ist, gehört ohnehin zur Masse, auch soweit es Neuerwerb ist (§§ 35, 36), und das übrige Vermögen des Schuldners ist unpfändbar (s § 201 Rn 8). Zweifelhaft kann deshalb nur sein, ob der Schuldner nach Beendigung des Insolvenzverfahrens nur mit der freigegebenen Masse oder uneingeschränkt haftet. Richtigerweise ist zu differenzieren: Für Masseverbindlichkeiten, die vor Verfahrenseröffnung schon begründet waren, haftet der Schuldner nach Verfahrensbeendigung unbeschränkt; für während des Verfahrens begründete Masseverbindlichkeiten haftet er nur mit der freigegebenen Restmasse[11] (s § 201 Rn 8). An der Restschuldbefreiung nehmen die Ansprüche von Massegläubigern nach dem eindeutigen 11

10 So auch BGH ZIP 2021, 528, 529; FG Niedersachsen EFG 2013, 1985.

11 HK/*Depré* InsO[10] § 206 Rn 5; FG Niedersachsen ZInsO 2017, 1636 für den Fall, dass die Steuer aufgrund von Handlungen des Schuldners begründet wurden ist.

Wortlaut des § 301 nicht teil.[12] Im Hinblick auf die ohnehin beschränkte Haftungsmasse für während des Verfahrens begründete Verbindlichkeiten, ist dies auch nicht problematisch.

12 Alternativ zum Schadensersatzanspruch gegen den Insolvenzverwalter, der die Forderung eines Massegläubigers trotz deren Bekanntheit nicht befriedigt oder pflichtwidrig übersieht (oben Rn 5) nimmt die wohl herrschende Meinung an, dem nicht berücksichtigten Massegläubiger stehe auch ein **Bereicherungsanspruch im Verhältnis zu den dadurch übervorteilten Insolvenzgläubigern** zu[13] (s auch § 53 Rn 22). Strittig ist dabei nur, ob dieser Anspruch durch den Insolvenzverwalter geltend zu machen und über die Masse abzuwickeln ist,[14] oder ob er durch den Massegläubiger selbst gegen die einzelnen Insolvenzgläubiger durchgesetzt werden kann.[15] Tatsächlich können weder der Bestand des Anspruchs noch die Möglichkeiten zu seiner Durchsetzung einheitlich eingeordnet werden. Insgesamt gilt für einen bereicherungsrechtlichen Ausgleich Folgendes: Soweit die Voraussetzungen des § 206 tatsächlich vorliegen, dem Verwalter also die Forderung des Massegläubigers im einschlägigen Zeitpunkt (o Rn 6 ff) **nicht positiv bekannt** war, kommt kein bereicherungsrechtlicher Anspruch gegen die Insolvenzgläubiger in Betracht, denn § 206 dient gerade dem Zweck, diese Ansprüche auszuschließen (oben Rn 1). Soweit dem Verwalter die Forderung zwar unbekannt war, dies jedoch auf seiner **Fahrlässigkeit** beruhte, kommen Schadensersatzansprüche gegen den Verwalter in Betracht, nicht jedoch bereicherungsrechtliche Ansprüche des übersehenen Massegläubigers, da die Präklusionswirkung des § 206 auch in diesem Fall zur Wirkung kommt, denn positive Kenntnis liegt nicht vor, und ein Rechtsgrund für den Erhalt der Mittel seitens der Insolvenzgläubiger besteht. Es spielt bei § 206 keine Rolle, ob die Unkenntnis mit einem Kennenmüssen des Verwalters einhergeht (o Rn 5). Hatte allerdings der Insolvenzverwalter positive Kenntnis von der Forderung des Massegläubigers und hat sie dennoch nicht vorab befriedigt, sondern statt dessen die Insolvenzgläubiger berücksichtigt, stellt sich die Frage, ob dasselbe gilt, wie für den Ausgleich zwischen Insolvenzgläubigern untereinander, dass nämlich die verzeichnisgerechte Auszahlung jedenfalls mit insolvenzspezifischem Rechtsgrund erfolgt ist. Dies wurde für den Ausgleich zwischen Insolvenzgläubigern ua mit der Begründung bejaht, dass gegen das Verzeichnis nur mit den gesetzlich vorgesehenen Einwendungen des § 194 vorgegangen werden kann, was einen bereicherungsrechtlichen Ausgleich ausschließt (§ 187 Rn 22 ff). Allerdings sind die Massegläubiger hier nicht einwendungsbefugt. Zudem macht § 206 deutlich, dass die Bindung an das Verzeichnis – ab Bruchteilsfestsetzung bei der Abschlagsverteilung, ab Ende des Schlusstermins bei der Schlussverteilung und ab öffentlicher Bekanntmachung bei der Nachtragsverteilung – im Verhältnis zwischen Massegläubigern und Insolvenzgläubigern nur bei Unkenntnis des Verwalters von der Forderung des Massegläubigers wirkt. Deshalb erfolgt der Erwerb der Insolvenzgläubiger im Verhältnis zu den Massegläubigern nur in diesem Falle mit Rechtsgrund. **Fehlt es aber an den Voraussetzungen des § 206, weil der Insolvenzverwalter tatsächlich Kenntnis von der Forderung des Massegläubigers hat, ist *e contrario* der Erwerb der Insolvenzgläubiger rechtsgrundlos, mag er auch dem Verzeichnis entsprechen.** Die Insolvenzgläubiger sind also zu Unrecht um den Betrag bereichert, der dem Massegläubiger vorenthalten wurde. Tragend im Verhältnis der Insolvenzgläubiger zu den Massegläubigern ist allerdings die auch für den Ausgleich zwischen den Insolvenzgläubigern getroffene Feststellung (§ 187 Rn 22 ff), dass **innerhalb des Insolvenzverfahrens** nur der Verwalter den bereicherungsrechtlichen Anspruch und zwar zu Gunsten der Masse geltend machen kann und den Massegläubiger daraus zu befriedigen hat. Dies wird auch im Interesse des Massegläubigers sein, der sich vorrangig an den

---

12 FK/*Ahrens* InsO[9] § 301 Rn 19; Nerlich/Römermann/*Westphal* InsO[43] § 206 Rn 11; MünchKomm/*Hintzen* InsO[4] § 206 Rn 8; Rattunde/Smid/Zeuner/*Knop* InsO[4] § 301 Rn 9; *Runkel/Schnurbusch* NZI 2000, 49; *Mäusezahl* ZVI 2003, 617; **aA** vor allem im Hinblick auf die Einstellung nach Masseunzulänglichkeit: HambK/*Press/Henningsmeier* InsO[9] § 206 Rn 7; HK/*Landfermann* InsO[10] § 301 Rn 16; *Henning* ZInsO 2004, 585, 586; *Voit* ZInsO 2002, 569, 572.

13 FK/*Kießner* InsO[9] § 206 Rn 12; KK/*Pehl* InsO § 206 Rn 4; Kübler/Prütting/Bork *Holzer* InsO[90] § 206 Rn 6.

14 So Uhlenbruck/*Wegener* InsO[15] § 206 Rn 8.

15 So FK/*Kießner* InsO[9] § 206 Rn 12; KK/*Pehl* InsO § 206 Rn 4; Kübler/Prütting/Bork *Holzer* InsO[90] § 206 Rn 6; *Kuhn/Uhlenbruck* KO[11] § 172 Rn 3.

Verwalter halten wird und nicht die Bereicherungen der einzelnen Insolvenzgläubiger in Einzeldurchsetzungen geltend machen wird wollen. Gerade bei vom Insolvenzverwalter in Grund und/oder Höhe bezweifelten Ansprüchen, wird der genaue Zeitpunkt der Kenntnis vielfach zweifelhaft sein (vgl o Rn 4 ff), was dann auch Einfluss auf den bereicherungsrechtlichen Anspruch hat, der nach obigem nur bei positiver Kenntnis des Verwalters in Betracht kommt. **Nach Verfahrensabschluss** ist aber nur die individuelle Rechtsverfolgung – sei es als Schadensersatzanspruch gegen den Insolvenzverwalter, sei es als Kondiktionsanspruch gegen die Insolvenzgläubiger – möglich. (Zu Bereicherungsansprüchen gegenüber anderen Massegläubigern s § 53 Rn 22).

DRITTER ABSCHNITT
Einstellung des Verfahrens

§ 207 Einstellung mangels Masse

(1) [1]Stellt sich nach der Eröffnung des Insolvenzverfahrens heraus, dass die Insolvenzmasse nicht ausreicht, um die Kosten des Verfahrens zu decken, so stellt das Insolvenzgericht das Verfahren ein. [2]Die Einstellung unterbleibt, wenn ein ausreichender Geldbetrag vorgeschossen wird oder die Kosten nach § 4a gestundet werden; § 26 Abs. 3 gilt entsprechend.

(2) Vor der Einstellung sind die Gläubigerversammlung, der Insolvenzverwalter und die Massegläubiger zu hören.

(3) [1]Soweit Barmittel in der Masse vorhanden sind, hat der Verwalter vor der Einstellung die Kosten des Verfahrens, von diesen zuerst die Auslagen, nach dem Verhältnis ihrer Beträge zu berichtigen. [2]Zur Verwertung von Massegegenständen ist er nicht mehr verpflichtet.

Materialien
1. Ber InsRKomm, LS 1.2.13; DiskE § 306; RefE § 306; RegE § 317 (BT-Drucks 12/2443, S 59, Begr S 218); Rechtsausschuss § 234a (BT-Drucks 12/7302, S 85, Begr S 179).

Vorgängerregelungen
§ 204 KO (dazu Begr EGemeinschuldO Bd II S 181 f; Begr EKO S 437; KO-Prot S 115, 186; Begr z KO-Nov 1898 S 45; KommBer z KO-Nov 1898 S 1968); § 100 I Nr 1 VglO (dazu Begr VglO I S 32, 34, Ber VglO S 22 f, 36, 49; Begr VglO II S 42, 83 ff; Begr VglO III S 393; Ber von *Vogels* ZAkDR 1934, 148) iVm § 17 Nr 6 VglO (dazu Begr VglO I S 21 f; Ber VglO S 3, 10 ff, 33, 47; Begr VglO II S 58 ff, 79; Begr VglO III S 390; Protokoll der Sitzung des Unterausschusses Vergleichsrecht v. 30.7.1934, zit. nach Schubert (Hrsg.), Akademie für Deutsches Recht, 1933–1945, Bd XVII, S 94 ff; Ber von *Vogels* ZAkDR 1934, 144 f); § 19 I Nr 3 GesO.

Literatur
zu den §§ 207–211: *Adam* Die gleichmäßige Befriedigung der Massegläubiger, DZWIR 2009, 181; *ders.* Regeln für die Verwaltung unzulänglicher Massen, DZWIR 2011, 485; *Ahrendt/Struck* Kein Anfechtungsrecht des Verwalters bei Masseunzulänglichkeit? ZInsO 2000, 264; *Biehl/Bograkos* Insolvenzanfechtung in masseunzulänglichen Verfahren – Zum Verständnis der „Benachteiligung der Insolvenzgläubiger“, DZWIR 2002, 139; *Bork* Aufhebung und Einstellung des Insolvenzverfahrens unter Vorbehalt der Nachtragsverteilung, ZIP 2009, 2077; *Breitenbücher* Masseunzulänglichkeit (2007); *Budde* Die Haftungsverwirklichung in der masselosen Insolvenz der Kapitalgesellschaft (2006); *Burgard/Gundlach* Wege zur Bewältigung des Problems der Masselosigkeit – Zur Einführung einer Insolvenzkosten-Pflichtversicherung, ZIP 2006, 1568; *Busch* Der Insolvenzverwalter und die Überwindung der Massearmut (2005); *Dinstühler* Die Abwicklung massearmer Insolvenzverfahren nach der Insolvenzordnung, ZIP 1998, 1697; *Eickmann* Massearmut im Insolvenzeröffnungsverfahren – Vergütungs- und verfahrensrechtliche Probleme –, DZWIR 2004, 412; *Eisolt* Verwendung des Körperschaftsteuerguthabens eines Schuldners bei Masseunzulänglichkeit und Nachtragsverteilung, ZInsO 2014, 1095; *Foerste* Insolvenzanfechtung zugunsten von Massegläubigern, ZInsO 2013, 659; *Förster* Klartext: Holzmichl lässt grüßen! ZInsO 2005, 28; *Frenzel/Schmidt* Zur Bestimmung der verfahrenskostendeckenden Masse, InVo 2000, 149; *Ganter* Die „erneute Masseunzulänglichkeit“, NZI 2019, 7; *Gerhardt* „Soraya“ oder „Sozialplan“ – kein Konkurs im Konkurs? JZ 1984, 601; *ders* Doch ein Konkurs im Konkurs? ZIP 1992, 741; *Gundlach/Frenzel/Jahn* Die Anzeige der Masseunzulänglichkeit und die Haftung des Insolvenzverwalters gemäß § 60 InsO, DZWIR 2011, 177; *ders./Frenzel/Schmidt* Die Insolvenzanfechtung nach Anzeige einer nicht kostendeckenden Masse durch den Insolvenzverwalter, NZI 2004, 184; *dies* Die Mietforderung nach Anzeige der Masseunzulänglichkeit in der Insolvenz des Mieters, InVo 2004, 169; *Häsemeyer* Die Regelung der Masseverbindlichkeiten, der Masseunzulänglichkeit und des Verfahrenskostenvorschusses, Insolvenzrecht im Umbruch (1991), S 101; *ders* Das Verfahren bei Masseunzulänglichkeit – eine verselbständigte Variante des Insolvenzverfahrens? FS Walter Gerhardt (2004),

https://doi.org/10.1515/9783110343687-034

S 341; *Hees* Haftung des Insolvenzverwalters aus § 61 InsO auch bei Sekundäransprüchen?, ZIP 2011, 502; *Hees/Stange* Verzugszinsen auf Altmasseverbindlichkeiten trotz Masseunzulänglichkeit?, ZIP 2013, 1206; *Heilmann* Konkurs bei Masseunzulänglichkeit, BB 1976, 765; *ders* Zur Abwicklung massearmer Konkurse, KTS 1982, 181; *ders* Die Masseschulden im Konkurs des Mieters, NJW 1985, 2505; *Henckel* Masselosigkeit und Masseschulden, FS 100 Jahre Konkursordnung 1877–1977 (1977), S 169; *ders* Die Behandlung der Neumasseschulden bei Massearmut, ZIP 1993, 1277; *Hörmann* Prozesskostenhilfe zur Durchsetzung von (Anfechtungs-)Ansprüchen zu Gunsten der Insolvenzmasse, NZI 2008, 291; *Horstkotte* Besonderheiten eines Insolvenzplanverfahrens bei Masseunzulänglichkeit ZInsO 2020, 2587; *Huep/Webel* Zur Kostenrisikoverteilung in massearmen Verfahren bei Kostenstundung, NZI 2011, 389; *Jansen* Zinsen und Kosten von Altmassegläubigern im (drohend) masseunzulänglichen Insolvenzverfahren, NZI 2013, 774; *Kaufmann* Die Unzulässigkeit der Berücksichtigung sonstiger Masseverbindlichkeiten bei der Verfahrenskostendeckungsprüfung, ZInsO 2006, 961; *Kayser/Heck* Die Gläubigerversammlung nach Anzeige der Masseunzulänglichkeit, NZI 2005, 65; *ders./Heidenfelder* Vom Konkurs des Konkurses zur Insolvenz der Insolvenz, ZIP 2016, 447; *Kebekus/Georg* Disponibilität des § 258 Abs. 2 InsO als Alternative zum Insolvenzplan bei Massezulänglichkeit, FS Klaus Wimmer (2017), S 368; *Keller* Gibt es einen Zusammenhang zwischen Masselosigkeit, Restschuldbefreiung und der Vergütung des Insolvenzverwalters? ZIP 2000, 688; *ders* Die Befriedigung von Masseverbindlichkeiten nach Anzeige der Masseunzulänglichkeit im Insolvenzverfahren, Rpfleger 2008, 1; *Kießner* Verfahrenskostenstundung und Rangordnung nach § 209 InsO, FS Eberhard Braun (2007), S 205; *Kilger* Der Konkurs des Konkurses, KTS 1975, 142; *ders* Die Reformbedürftigkeit des Konkurs- und Vergleichsrechts, ZRP 1976, 190; *Klaas/Zimmer* Zeitpunkt der Anzeige der Masseunzulänglichkeit als taugliches Qualitätsmerkmal des Insolvenzverwalters?, ZInsO 2011, 666; *Kluth* Das Verfahren bei unzulänglicher Insolvenzmasse oder ein „Himmelfahrtskommando" für den Insolvenzverwalter, ZInsO 2000, 177; *Koch* Überlegungen zum Umgang mit massearmen Unternehmensinsolvenzen, DZWIR 2008, 278; *Kögel* Die Rechtsfolgen der Masseunzulänglichkeitsanzeige auf beiderseitig nicht oder nicht vollständig erfüllte Verträge (2007); *Konecny* Masseunzulänglichkeit und ihre Folgen, in: ders (Hrsg) Insolvenz-Forum 2002 (2003), S 61; *ders* Masseunzulänglichkeit und fehlende Liquidität, ZIK 2003, 8 (jew zur öKO); *Konzen* Der Gläubigerschutz bei Liquidation der masselosen GmbH, FS Peter Ulmer (2003), S 323; *Kraushaar* Die Massearmut, der Insolvenzverwalter, die Arbeitnehmer und der Rang ihrer Entgeltansprüche, BB 2004, 1050; *Kreuznacht* Masseunzulänglichkeit als ungeschriebene Zulässigkeitsvoraussetzung des Insolvenzplans oder Redaktionsversehen? NZI 2007, 438; *Kröpelin* Die massearme Insolvenz (2003); *dies* Aktuelle Probleme der Masseunzulänglichkeit: Wider die Unzulässigkeit von Leistungsklagen und zur Verfahrensabwicklung bei Neumasseunzulänglichkeit, ZIP 2003, 2341; *Landfermann* Massearmut und Insolvenzrechtsreform, KTS 1989, 763; *Lauer* Die Gratwanderung bei der Freistellung der Arbeitnehmer im Insolvenzverfahren, ZIP 2006, 983; *Marotzke* Die Freistellung von Arbeitnehmern in der Insolvenz des Arbeitgebers, InVo 2004, 301; *Marx* Inanspruchnahme bürgender Banken bei Insolvenz des Gläubigers, DZWIR 2003, 312; *Mäusezahl* Die Abwicklung masseunzulänglicher Insolvenzverfahren, ZVI 2003, 617; *Möhlmann* Der Nachweis der Verfahrenseinstellung im neuen Insolvenzrecht, KTS 1998, 373; *Mönning/Hage* Regulierung von Fortführungsverbindlichkeiten mittels Treuhandkonto auch bei Masseunzulänglichkeit, ZInsO 2005, 1185; *Müller, H.* Masseschulden nach abgebrochenem Konkurs, KTS 1964, 14; *Nunner-Krautgasser* Unzulänglichkeit der Verlassenschaft: Haftungsbeschränkung? Zak 2006, 323 (zur öKO); *Oberhofer* Replik zur Anerkennung eines originären Freistellungsrechts des Insolvenzverwalters, ZInsO 2002, 21; *ders* Ansprüche von Altersteilzeit-Beschäftigten in der Insolvenz, ZInsO 2003, 591; *Pape* Bevorzugung der „Neumassegläubiger" im masseunzulänglichen Konkursverfahren? ZIP 1984, 796; *ders* Zur Systematik des Paragraphen 60 KO (1985); *ders* Der Vergütungsanspruch des Konkursverwalters im massearmen Konkursverfahren, ZIP 1986, 756; *ders* Die Entwicklung der Rechtsprechung der Zivilgerichte zu der bevorzugten Befriedigung von Neumasseverbindlichkeiten im massearmen Konkursverfahren, ZIP 1990, 141; *ders* Zum Stand der Diskussion um die eingeschränkte Anwendung der Rangordnung des § 60 I KO, KTS 1992, 15; *ders* Zur entsprechenden Anwendung des § 166 KO auf eine Verteilung nach Einstellung mangels Masse, ZIP 1992, 747; *ders* Bevorzugte Befriedigung bei Masseinsuffizienz, NJW 1992, 1348; *ders* Zur Feststellung der Masseinsuffizienz i. S. d. § 60 KO, Rpfleger 1994, 326; *ders* Die Verfahrensabwicklung und Verwalterhaftung bei Masselosigkeit und Massearmut (Masseunzulänglichkeit) de lege lata und de lege ferenda, KTS 1995, 189; *ders* Unzulässigkeit der Vollstreckung des Finanzamts bei Masseinsuffizienz, KTS 1997, 49; *ders* Restschuldbefreiung und Masselosigkeit, Rpfleger 1997, 237; *ders* Die Berücksichtigung der Anzeige der Masseinsuffizienz im Erkenntnisverfahren, ZInsO 2001, 60; *ders* Zulässigkeit der Insolvenzanfechtung nach Anzeige der Masseinsuffizienz, ZIP 2001, 901; *ders* Erforderlichkeit der Überprüfung der Anzeige der Masseunzulänglichkeit durch das Insolvenzgericht, ZInsO 2004, 1223; *Pape/Hauser* Massearme Verfahren nach der InsO (2002) [dazu *Kaufmann*, DZWIR 2005, 350]; *Paul* Zulässigkeit eines Insolvenzplanes im masseunzulänglichen Verfahren? ZInsO 2005, 1136; *Pirscher* Anerkennung eines originären Freistellungsrechts des Insolvenzverwalters, ZInsO 2001, 698; *Prasser* Steuerberatungskosten als Auslagen des Verwalters gemäß § 54 Nr. 2 InsO bei Masseunzulänglichkeit, FS Bruno M. Kübler (2015), 551; *Rattunde/Röder* Verfahrenseröffnung und Kostendeckung nach der InsO, DZWIR 1999, 309; *Richter/Völksen* Persönliche Haftung des Insolvenzverwalters wegen unterbliebener Freistellung von Arbeitnehmern bei späterer Anzeige der Masseunzulänglichkeit, ZIP 2011, 1800; *Ries/Berscheid* Ansprüche auf Entgeltzahlung ohne Arbeitsleistung nach angezeigter Masseunzulänglichkeit – Teil 1, ZInsO 2008, 1161, – Teil 2, ZInsO 2008, 1233; *ders* § 209 Abs. 2 Nr. 2 InsO – eine Gefahrenstelle für die Abwicklung masseunzulänglicher Verfahren, ZInsO 2012, 1362; *Ringstmeier* Abwicklung von Mietverhältnissen in masseunzulänglichen Insolvenzverfahren, ZInsO 2004, 169; *Röger/Stütze* „Fight oder Flight"? Arbeitsrechtlicher Handlungsbedarf bei Masseunzulänglichkeit, ZInsO 2019, 368; *Rose* Haftung des Insolvenzverwalters nach § 69 AO bei Masseunzulänglichkeit, ZIP 2016, 1520; *Roth, H.* Prozessuale Rechtsfolgen der „Insolvenz in der Insolvenz", FS Hans Friedhelm Gaul (1997), S 573; *Runkel/Schnurbusch* Rechtsfolgen der Masseunzulänglichkeit, NZI 2000, 49; *Roth, J.* Warum ein nach § 211 InsO eingestelltes Nachlassinsolvenzverfahren (meist) ein gutes Nachlassinsolvenzverfahren ist, ZInsO 2021, 769; *Schmidt, A.* Nichts ist unmöglich: Rückkehr zum „normalen" Insolvenzverfahren trotz angezeigter Masseunzulänglichkeit (§ 208 InsO), NZI 1999, 442; *Schmidt, K.* Genossenschaftsrechtliche Nachschußpflicht bei Massearmut und Masselosigkeit, KTS 1997, 339; *ders* Die stille Liquidation: Stiefkind des Insolvenzrechts, ZIP 1982, 9; *Schmidt, Th. B.* Der Massegläubiger im Restschuldbefreiungsverfahren, ZInsO 2003, 9; *Schröder* Die Abwicklung des masseunzulänglichen Insolvenzverfahrens (2010) [dazu *Windel*, KTS, 2012, 238]; *Schulz* Die masselose Liquidation der GmbH (1986); *Seifert* Die betriebsbedingte Freistellung von Arbeitnehmern durch den Insolvenzverwalter, DZWIR 2002, 407; *Smid* Die Abwicklung masseunzulänglicher Insolvenzverfahren nach neuem Recht, WM 1998, 1313; *ders* Pläne bei Masseunzulänglichkeit, ZInsO 2017, 2085; *Thole* Die rechtliche Behandlung der „erneuten Masseunzulänglichkeit", ZIP 2018, 2241; *Uhlenbruck* Zur Krise des Insolvenzrechts, NJW 1975, 897; *ders* Die Vollstreckung wegen Massekosten und Masseschulden in massearmen Konkursen, KTS 1978, 66; *ders* Einstellung mangels Masse trotz vorhandener Masse, Rpfleger 1982, 410; *ders* Zur falschen Handhabung des § 60 KO im Rahmen der Verfahrenseinstellung mangels Masse, KTS 1993, 373; *ders* Der „Konkurs im Konkurs" – 50 Jahre BGH-Rechtsprechung zum Problem der Verteilungsgerechtigkeit in masselosen und massearmen Insolvenzverfahren, FG 50 Jahre Bundesgerichtshof (2000) Bd III, S 803; *ders* Gesetzesunzulänglichkeit bei Masseunzulänglichkeit, NZI 2001, 408; *Unger* Die Pflichten des Verwalters in massearmen Konkursverfahren, KTS 1961, 97; *Urban* Kostenfeststellungs- statt Kostenfestsetzungsbeschluss nach Anzeige der Masseunzulänglichkeit? ZVI 2004, 233; *Viniol/Trapp* Was ist das Wort des Insolvenzverwalters dann noch wert? ZInsO 2007, 359; *Voigt* Immer Ärger bei Masseinsuffizienz, ZIP 2004, 1531; *Walther* Das Verfahren bei Masseunzulänglichkeit nach den §§ 208 ff InsO (2005); *Weber/Irschlinger/Wirth* Verfahren bei Masseunzulänglichkeit, KTS 1979, 133; *von Websky* Betriebsfortführung und Masseunzulänglichkeit, ZInsO 2014, 1468; *Wenner/Jauch* Die Verjährung von Masseverbindlichkeiten im Insolvenzverfahren bei Masseunzulänglichkeit, ZIP 2009, 1894; *Wienberg/Voigt* Aufwendungen für Steuerberaterkosten bei masseunzulänglichen Insolvenzverfahren als Auslagen des Verwalters gemäß § 54 Nr. 2 InsO, ZIP 1999, 1662; *Wischemeyer* Neumasseverbindlichkeiten trotz Freigabe der gewerblich genutzten Mietsache? ZInsO 2008, 197; *Zimmer* Insolvenzplan bei Masseunzulänglichkeit nach § 210a InsO (ESUG), ZInsO 2012, 390; *Zwanziger* Materiell-rechtliche und prozessuale Fragen in Zusammenhang mit Masseunzulänglichkeit, NZA 2015, 577.

Übersicht

Alphabetische Übersicht

I. Einführung

1. Die Einstellung des Verfahrens, §§ 207–216

1 Insolvenzverfahren werden durch **Aufhebung oder** durch **Einstellung** beendet. Die Aufhebung steht am Ende eines regulär durchgeführten Liquidations- (§ 200 mit Sonderregelung für den Fall einer Restschuldbefreiung in § 289) oder Insolvenzplanverfahrens (§ 258). Ihr ist im Gegensatz zur Einstellung des Insolvenzverfahrens (§§ 207–216) kein eigener Abschnitt gewidmet. Gleichwohl enthalten die §§ 200 ff detaillierte Regelungen, die im Dritten Abschnitt des Fünften Teils ebenso in Bezug genommen sind (§§ 211 III 2; 215 I 3, II 2) wie solche des Ersten Teils (§§ 207 I 2, 1. Hs; 215 I 2) und des Ersten Abschnitts des Zweiten Teils (§ 207 I 2, 2. Hs). Dies entspricht der auch sonst üblichen **Verweisungstechnik** der InsO, die erforderlich wurde, weil man sich bei der Insolvenzrechtsreform bewusst vom Modell der KO gelöst und auf eine zusammenhängende Regelung des (Insolvenz-)Verfahrens verzichtet hat.

2 Zur **Einstellung** kommt es **in vier Fällen,** nämlich **erstens mangels die Kosten** des Verfahrens **deckender Masse** (hier: bei Massedürftigkeit,[1] **§ 207**), **zweitens bei Masseunzulänglichkeit (§§ 208–211), drittens bei Wegfall des Eröffnungsgrunds (§§ 212, 214)** und **viertens mit Zustimmung der Gläubiger (§§ 213, 214).** Die §§ 215, 216 enthalten gemeinsame Vorschriften für die vier Einstellungsgründe, die freilich aus den Regeln der Aufhebung des Verfahrens zu ergänzen sind.[2] Deshalb legitimiert der vordergründig einzige Gesichtspunkt, der den vier Einstellungsgründen gemein ist, nur bedingt die Schaffung einer eigenen Kategorie der Verfahrensbeendigung. Gemeint ist die negative Abgrenzung von der Aufhebung, dass das Insolvenzverfahren nicht zu einem regulären Abschluss geführt wurde. Bei näherem Zusehen zeigt sich überdies, dass die gemeinschaftliche Befriedigung der Insolvenzgläubiger im Falle des § 289 in der Wohlverhaltensperiode jedenfalls nicht ausgeschlossen ist. Dies entspricht der Verwirkli-

1 Sogleich Rn 4.
2 Soeben Rn 1.

chung des Zweckes des Insolvenzverfahrens bei einer nach planmäßig durchgeführtem Insolvenzverfahren erteilten Restschuldbefreiung und im Wege der Planerfüllung.

3 Statt Aufhebung und Einstellung des Insolvenzverfahrens, ja womöglich sogar die einzelnen Einstellungsgründe in einen allzu schroffen Gegensatz zueinander zu stellen, sollte man das sie Verbindende herausstreichen. Dieses liegt darin, dass der **Zweck des** (konkreten) **Insolvenzverfahrens, die** gemeinschaftliche **Befriedigung der Insolvenzgläubiger,** nicht mehr verfolgt werden kann. In den Fällen der Aufhebung ist bzw wird er **verwirklicht**, in den Fällen der Massedürftigkeit und der Masseunzulänglichkeit ist er **unerreichbar**, bei Wegfall des Eröffnungsgrunds ist er (anderweitig) **erreicht**. Auch zu einer Einstellung mit Zustimmung aller Insolvenzgläubiger dürfte es – wenn überhaupt[3] – nur kommen, wenn deren Befriedigung (namentlich durch eine parallel zum Insolvenzverfahren erfolgte außergerichtliche Schuldenbereinigung) sichergestellt ist. Jedenfalls aber zeigt § 213, dass der **Zweck des Insolvenzverfahrens** gerade und nur für die von ihm unmittelbar Erfassten **disponibel** ist. Mit einer durchgängigen Rückbindung der Gründe zur Beendigung eines Insolvenzverfahrens an dessen Zweck verringert sich die Unsicherheit über **Funktion und Grenzen der** einzelnen **Einstellungsgründe.** Namentlich eine **ordnungspolitische** (besser: -rechtliche) **Umwidmung** der Vorschriften über die Masseunzulänglichkeit erscheint **ausgeschlossen,**[4] wenn jedenfalls theoretisch die Möglichkeit besteht, dass Schuldner und Insolvenzgläubiger einem allein zur Wirtschaftsstruktur- oder Arbeitsmarktpolitik fortgeführten Verfahren die Grundlage entziehen.

2. Massearmut, §§ 207–211

4 Die Hauptfälle der Einstellung des Verfahrens sind diejenigen der **Massearmut.** Das Gesetz unterscheidet **zwei Grade**, nämlich dass die Insolvenzmasse nicht einmal ausreicht, die Kosten des Verfahrens zu decken (§ 207), und dass die Kosten des Verfahrens zwar gedeckt sind, die Insolvenzmasse aber nicht ausreicht, um die fälligen sonstigen Masseverbindlichkeiten zu erfüllen (§§ 208–211). Der letztgenannte Grad der Massearmut heißt im Gesetz **Masseunzulänglichkeit.** Für den anderen Grad fehlt ein kurzer Begriff. Teils wird die als zu umständlich empfundene gesetzliche Umschreibung mit „Massearmut" (in einem engeren Sinne),[5] teils mit „Masselosigkeit"[6] abgekürzt. Beides empfiehlt sich nicht. „Armut" erscheint in Abgrenzung zur Masseunzulänglichkeit als zu unscharf, zumal sie ohne erläuternden Zusatz das Ausmaß der Insuffizienz offenlässt. „Masselosigkeit" erweckt die Vorstellung, als sei gar nichts Verwertbares vorhanden. Das entspricht aber nicht dem Regelfalle. Vielmehr geht es bei § 207 wie bei §§ 208–211 um die Kernfrage, ob es lohnt, die Ziele des Insolvenzverfahrens, nämlich die Befriedigung der (Insolvenz-)Gläubiger und die Befreiung des Schuldners von seinen Verbindlichkeiten, durch ein Gesamtvollstreckungsverfahren (weiter) zu verfolgen, oder ob diese Ziele außerhalb eines solchen Verfahrens verfolgt werden müssen. Daher soll der Zustand, dass die Insolvenzmasse nicht ausreicht, um die Kosten des Verfahrens zu decken, in Anlehnung an die amtliche Überschrift des § 1990 BGB als **Massedürftigkeit** bezeichnet werden.[7]

5 **a) Entstehungsgeschichte.** Die KO war mit der Massearmut stiefmütterlich umgegangen. Die §§ 204, 205 KO gaben dem Konkursgericht die Möglichkeit, das Verfahren einzustellen, sobald sich

3 Vgl § 213 Rn 5.
4 Dazu unten Rn 16 ff, § 208 Rn 1.
5 So etwa *Kübler* Kölner Schrift[3], S 582 Rn 21; Kübler/Prütting/Bork/*Pape* InsO[12] § 207 Rn 7; BK/*Gruber* InsO[27] § 207 Rn 1.
6 So etwa MünchKomm/*Hefermehl* InsO[4] § 207 Rn 2. Beide Begriffe verwendet etwa Uhlenbruck/*Ries* InsO[15] § 207 Rn 2.
7 Vgl auch Jaeger/*Windel* § 315 Rn 53 f.

ergab, dass eine „den Kosten entsprechende" Masse nicht vorhanden war. Nach § 60 KO waren Massekosten und Masseschulden in einer bestimmten Rangfolge zu berichtigen, sobald sich herausstellte, dass die Masse zur vollständigen Befriedigung der Massegläubiger nicht ausreichte. Das Verfahren hierfür war ungeregelt. Dieser Rechtszustand war nie befriedigend,[8] aber hinnehmbar, solange die **Zahl massearmer Konkurse** überschaubar blieb. Das **Schwinden der Kapitaldecke** zunächst der Unternehmen in der Zeit nach dem zweiten Weltkrieg führte im Verein mit der **„Vorwegverteilung" der Masse durch** die dem Kreditbedarf der deutschen Wirtschaft geschuldete **Sicherungspraxis** zu einer ständigen Zunahme massearmer Unternehmenszusammenbrüche. Das Dritte Gesetz zur Änderung des AFG[9] hatte in einer nur politisch erklärbaren Gegenreaktion Forderungen von Arbeitnehmern, Handelsvertretern und Sozialversicherungsträgern zu **„unechten Masseverbindlichkeiten"** deklariert. Damit war die Situation spätestens zum hundertjährigen Bestehen der KO unerträglich geworden und man sprach nicht mehr allein vom „Konkurs im Konkurs" als Kennzeichnung für § 60 KO,[10] sondern vom „Konkurs des Konkurses".[11] Die Insolvenzrechtsreform sollte demzufolge den allseits konstatierten **Funktionsverlust des** in KO und VerglO kodifizierten **früheren Insolvenzrechts**[12] gerade auch **durch** Schaffung problemadäquater **Verfahren bei Massearmut ausgleichen.**[13] Insofern werden jedenfalls die §§ 207–211 zutreffend als eines der Kernelemente der Insolvenzrechtsreform bezeichnet.[14]

6 Während die Kommission für Insolvenzrecht die Regelungen der Massedürftigkeit und der Masseunzulänglichkeit noch wie in der KO äußerlich getrennt gehalten hatte,[15] wurde bereits im DiskE, im RefE (jew §§ 306–319) und im RegE (§§ 317–330) ein eigener Siebter Teil „Einstellung des Verfahrens" geschaffen, der dem heutigen Dritten Abschnitt des Fünften Teils der InsO äußerlich entspricht. Das Ziel der Reform bestand von vornherein darin, **Masseschulden bei** der Einstellung wegen **Massedürftigkeit** im Gegensatz zu § 204 KO **nicht** mehr **zu berücksichtigen**, um Verfahren nicht nur häufiger eröffnen,[16] sondern auch fortführen zu können. Außerdem sollte das **Verfahren** bei Massedürftigkeit rudimentär, **bei Masseunzulänglichkeit** ausführlich geregelt werden. Der **Rechtsausschuss** hat schließlich die **Regelungsdichte** der Vorschriften erheblich **vermindert**, daneben aber auch **„zur Entlastung der Justiz"** in Wahrheit **die Justizförmigkeit** des Verfahrens bei Masseunzulänglichkeit **verwässert.** Die praktischen wie dogmatischen Hauptprobleme der §§ 207–211 lassen sich daher an der Entwicklung des Normtextes erkennen.

7 Die Regelung der **Massedürftigkeit** hat vom DiskE bis zum Inkrafttreten der InsO in folgenden Punkten Änderungen erfahren: Die bis zum RegE vorgesehene Regelung, dass eine Einstellung vor dem Berichtstermin nur erfolgen dürfe, wenn die Kosten nicht gedeckt seien, die bis zu diesem entstehen (jew Abs 1 Satz 1 des § 306 DiskE und RefE sowie des § 317 RegE), wurde vom Rechtsausschuss gestrichen. Die Verweisung auf den heutigen § 26 III in Abs 1 aE wurde vom RefE angefügt, der Abs 2 auch die heutige Fassung gegeben hat. Der DiskE sah die Anhörung der Gläubigerversammlung nur vor, wenn ein Gläubigerausschuss nicht bestellt war. Andernfalls war dieser anzuhören. Abs 3 blieb im Gesetzgebungsverfahren unverändert. Die Bezugnahme von § 4a im heutigen Abs 1 S 2, 1. Hs aE geht auf das Gesetz vom 26.10.2001 zurück.[17]

8 *Jaeger* Lehrbuch[8], S 134 f; *Müller* KTS 1964, 14; Jaeger/*Lent* KO[8] § 60 Rn 5 ff, bes 7a.

9 Vom 17.7.1974, BGBl I, S 1481.

10 So wohl zuerst BGH KTS 1973, 251, 253; Mentzel/*Kuhn* KO[8] (1976) § 60 Rn 2.

11 *Kilger* KTS 1975, 142. Mit anderer Konnotation handeln *Kayser/Heidenfelder* ZIP 2016, 447, mittlerweile von der „Insolvenz der Insolvenz(ordnung)".

12 Dazu Jaeger/*Henckel* InsO Einl Rn 25 ff m umf N; nachgezeichnet auch bei *Busch* Der Insolvenzverwalter und die Überwindung der Massearmut (2005), S 7 ff.

13 *Henckel* und *F. Weber* jew in FS 100 Jahre KO (1977), S 169, 171 bzw S 321, 352 ff; 2. Ber InsRKomm Lse 7.1–4 m Begr S 167 ff.

14 Kübler/Prütting/Bork/*Pape* InsO[12] § 207 Rn 1; ähnlich *Kübler* Kölner Schrift[3], S 573 f Rn 1 f.

15 1. Ber InsRKomm LS 1.2.13 m Begr S 123 f, einerseits, 2. Ber InsRKomm Lse 7.1–4 m Begr S 167 ff, andererseits.

16 Zur Parallelreform des § 107 KO Jaeger/*Schilken* InsO § 26 Rn 1 ff.

17 BGBl I, S 2710, und dazu näher Jaeger/*Eckardt* InsO § 4a Rn 1 ff.

Das Verfahren bei **Masseunzulänglichkeit** hat neben rein redaktionellen (der heutigen §§ 208 I 2 und 209 I Nr 2 durch den RefE und des heutigen § 211 III durch den Rechtsausschuss) und kleineren sachlichen Änderungen (Aufgabe des absoluten Vorranges der Auslagen im heutigen § 209 I Nr 1 durch den RefE; Klarstellung des Nachranges für den Unterhalt im heutigen § 209 I Nr 3 aE durch den Rechtsausschuss) im Rechtsausschuss gegenüber dem seitherigen Reformdiskussionsstand eine grundlegende Neugestaltung erfahren. **An Stelle der** rechtsmittelfähigen **gerichtlichen Feststellung** der Masseunzulänglichkeit auf Antrag des Insolvenzverwalters (§§ 307 I, 308 II DiskE bzw RefE, 318 I, 319 II RegE) **ist die** nicht justitiable **Anzeige des Verwalters getreten,** § 208 I.[18] Parallel wurden die Anhörungsrechte (s Rn 7) von Gläubigerausschuss bzw -versammlung und betroffenen Massegläubigern (§ 307 II DiskE bzw RefE, § 318 II RegE) gestrichen. Der auf Antrag zu gewährende Vollstreckungsschutz (§ 311 DiskE bzw RefE, § 322 RegE) wurde zu einem von Amts wegen zu beachtenden **Vollstreckungsverbot** aufgewertet (§ 210). Bis auf den heutigen § 208 III (entspricht § 309 I DiskE bzw RefE, § 320 I RegE) wurden schließlich alle **haftungsrechtlichen Folgen der** (zunächst vorgeschlagenen Feststellung, heute der) **Anzeige** der Masseunzulänglichkeit vom Rechtsausschuss „der Rechtsprechung vorbehalten".[19] Im Einzelnen[20] betraf dies die Geltung der (heutigen) §§ 103 ff, 94–96, 88 (§ 309 II DiskE bzw RefE, § 320 II RegE), den Fortbestand und die Zusammensetzung der Gläubigerversammlung im masseunzulänglichen Verfahren (§ 312 I DiskE bzw RefE, § 323 I RegE) sowie die Möglichkeit, dieses als **Planverfahren** auszugestalten (§ 312 II DiskE bzw RefE, § 323 II RegE). Neben einer unbedeutenden Änderung des § 214 I 3[21] wurde Letzteres durch das **ESUG**[22] in Gestalt der Einfügung des § 210a positiv „festgestellt". 8

b) Konzept. Die Gesetz gewordene Gesamtregelung der §§ 207–211 lässt ein stimmiges **Gesamtkonzept** allenfalls **in materiell-haftungsrechtlicher Hinsicht** erkennen: Die Massearmut führt zu einer nur noch anteiligen Befriedigung der Massegläubiger, § 207 III 1 einerseits, § 209 I, 1. Hs andererseits. Schon hierin zeigt sich aber ein Bruch, weil der absolute Vorrang der Auslagen vor den sonstigen Verfahrenskosten nur im (heutigen) § 209 I Nr 1,[23] nicht aber in § 207 III 1 aufgegeben worden ist.[24] Einigermaßen stimmig ist auch noch die Fortsetzung der **Verwaltung und** der **Verwertung der Masse** geregelt. Bei Dürftigkeit steht sie dem Verwalter bei persönlichem Risiko frei (§ 207 III 2),[25] bei Unzulänglichkeit ist er dazu verpflichtet (§ 208 III), aber jedenfalls der Idee nach durch § 61 S 2 geschützt. Im Übrigen lässt das Gesetz vieles offen. Dies gilt nicht nur wegen der Streichung der Konsequenzen der Masseunzulänglichkeit durch den Rechtsausschuss,[26] sondern auch im Rahmen des § 207.[27] 9

In verfahrensrechtlicher Hinsicht ist nicht nur kein Konzept auszumachen, vielmehr erscheinen § 207 I, II und § 208 I geradezu als **gegenläufig: Bei Massedürftigkeit gilt** die **Offizialmaxime**, dh das Gericht hat von Amts wegen einzustellen. Der Verwalter ist dem Normtext nach nur „zu hören", § 207 II. Dies geht an der Realität vorbei, weil nur der Verwalter den Überblick über den Massebestand hat, das Gericht also praktisch nur auf seine Anregung und Information hin tätig werden kann.[28] Noch unbefriedigender ist es, dass der Verwalter die Einstel- 10

---

18 Redaktionelle Folgeänderungen betrafen die (heutigen) §§ 209 I Nr 2, II Nrn 1–3; 211 II, in denen jeweils auf den Antrag des Insolvenzverwalters abgestellt war.
19 BT-Drucks 12/7302, S 180 Nrn 125, 127.
20 Näher zum Folgenden § 208 Rn 89 ff, 40 ff, 84 ff.
21 Entfallen ist die Möglichkeit des Widerspruchs zu Protokoll der Geschäftsstelle.
22 Vom 7.12.2011 (BGBl I S 2582).
23 Zuvor Rn 8.
24 Zu den Konsequenzen unten Rn 63, 88, sowie § 209 Rn 32.
25 Unten Rn 86.
26 Zuvor Rn 8.
27 Zur Möglichkeit einer Nachtragsverteilung unten Rn 114 ff.
28 Näher unten Rn 66.

lung gem § 207 nicht im Rechtsmittelwege überprüfen lassen kann, vgl § 216 I, ja dass es überhaupt kein Rechtsmittel gibt, wenn das Gericht eine angeregte Einstellung unterlässt.[29] Die **Masseunzulänglichkeit** hingegen **wird vom Verwalter** nur **angezeigt**, § 208 I 1. Die Anzeige ist nicht justitiabel.[30] Von den jeweiligen Schwächen beider Konzeptionen abgesehen, passen sie nicht zusammen. Denn es geht beides Mal um die **Feststellung der Massearmut**, die überhaupt und vor allem ihrem Ausmaß nach zweifelhaft ist oder jedenfalls sein kann. Die InsO unterstellt demgegenüber bereits das Ergebnis, wenn sie „bei" Massedürftigkeit das Verfahren gem § 207 I, II, „bei" Masseunzulänglichkeit hingegen dasjenige gem § 208 I gewährt. Insoweit war sogar die kryptische Formulierung der KO noch besser, die das Verfahren zur Feststellung der Massearmut gänzlich ungeregelt ließ und in § 60 KO und § 204 KO darauf vertraute, dass sich der entsprechende Grad an Masseinsuffizienz (wie heute noch § 207 I InsO) „herausstellte" oder „ergab". Abzuhelfen wäre demgegenüber **durch ein einheitliches Verfahren** zur Feststellung von Massearmut **mit differenzierten Rechtsfolgen.**

11 Die nur graduelle Unterschiedlichkeit von Massedürftigkeit und Masseunzulänglichkeit wurde offenbar auch bei Einführung der **Verfahrenskostenstundung zur Erlangung von Restschuldbefreiung** (§§ 207 I 2, 1. Hs, 2. Fall; 4a) nicht genügend bedacht. Denn zwar hilft die Stundung über § 207 hinweg, führt aber praktisch direkt zu § 208.[31] Es ist verfahrenstechnisch unsinnig, jetzt eine Anzeige der Masseunzulänglichkeit durch den Verwalter zu fordern, nachdem das Insolvenzgericht die Vermögensverhältnisse des Schuldners gerade im Stundungsverfahren minutiös geprüft hat. Auch dürfte die Pflicht des Verwalters zur fortgesetzten Verwaltung und Verwertung der Masse (§ 208 III) in solchen Fällen meist sinnlos sein. Vielmehr hätte es sich angeboten, das Gericht auch das weitere Verfahren ausgestalten zu lassen, zumal es ohnehin Bestimmungen über die Stundung treffen muss (§§ 4a III, 4b und c).

12 Das von Amts wegen zu beobachtende **Vollstreckungsverbot des § 210** bereitet in zweierlei Hinsicht Schwierigkeiten. Zum einen führt es in seinem unmittelbaren Anwendungsbereich zu einer Scheinrationalität, weil es zwar mit § 766 ZPO einen Rechtsbehelf gewährt, aber gleichwohl nicht zu einer Justitiabilität der Voraussetzungen der Masseunzulänglichkeit als solcher führt.[32] Zum anderen zeigt sich an § 210 wiederum, dass die Problematik des gleitenden Übergangs von einem Grad der Massearmut zum nächsten verkannt worden ist. Geregelt ist nämlich nur das Verhältnis der Masseverbindlichkeiten iS des § 209 I Nr 3 zu den beiden vorigen Ranggruppen, nicht aber für dasjenige der beiden Ranggruppen des § 209 I Nr 3 untereinander, nicht für dasjenige der Ranggruppe des § 209 I Nr 2 zu derjenigen des § 209 I Nr 1[33] bei „erneuter" Masseunzulänglichkeit und auch nicht die Gefahr der Vollstreckung bei Massedürftigkeit, die namentlich auch dann gegeben ist, wenn die Verfahrenskosten gem § 4a gestundet sind.[34]

c) Rechtspolitische Würdigung

13 **aa) Legitimation durch die Ziele des § 1?** Der „Konkurs des Konkurses" hatte materiell-haftungsrechtliche und verfahrensrechtliche Gründe. Deshalb stehen die Verfahrensregelungen der §§ 207–211 in einem unmittelbaren inneren Zusammenhang mit den Bemühungen, die Masse durch materiell-haftungsrechtliche Reformen anzureichern.[35] Weil insbesondere die Wirkungen von Sicherungsrechten im Insolvenzverfahren nur halbherzig begrenzt wurden,[36] konnte auch die

29 Zu beidem unten Rn 113.
30 Unten § 208 Rn 35.
31 Zum Problem näher unten Rn 59.
32 Dazu § 210 Rn 7.
33 Dazu § 208 Rn 56, § 209 Rn 19 f, § 210 Rn 5.
34 Dazu unten Rn 99 f sowie § 209 Rn 32 f.
35 Vgl auch *Kayser/Heidenfelder* ZIP 2016, 447 ff.
36 *Häsemeyer* InsR[4] Rn 4.08.

Regelung der Verfahren bei Massearmut nur unvollkommen gelingen.[37] Dies ging mit **Akzentverschiebungen** einher, die eine bruchlose Einbindung der §§ 207–211 in das haftungsrechtliche Gesamtsystem erschweren. Zu begrüßen ist sicherlich, dass unechte Masseverbindlichkeiten nicht mehr zur Massearmut führen können[38] und dass der Oktroi von Masseverbindlichkeiten aus Dauerschuldverhältnissen (§ 209 II Nrn 2, 3 iVm §§ 109 I, 113) gelockert wurde. Jedenfalls tendenziell[39] zu begrüßen ist auch, dass die Schwelle für Eröffnung und Fortführung von Insolvenzverfahren gesenkt wurde, womit seltener erhebliche Masse vorhanden ist, die es außerhalb eines regulären Insolvenzverfahrens zu verteilen gilt.[40] Beides hat aber zur Konsequenz, dass die §§ 207–211 mit der **Funktion eines Gesamtvollstreckungsverfahrens** in Konflikt geraten.[41]

Eine **dienende Funktion**, durch die Eröffnung des Verfahrens die **Masse** für ein reguläres Verfahren **zu schaffen**[42] oder entscheidend zu vergrößern, würde sich zwar in haftungsrechtliche Zusammenhänge einfügen. Sie kann aber bestenfalls § 26 I, nicht den §§ 207–211 zukommen. Denn diese Vorschriften beziehen sich jedenfalls primär[43] darauf, dass der Versuch, durch Verfahrenseröffnung zu einer Verbesserung der Vermögenslage zu kommen, bereits **fehlgeschlagen** ist. In einem weiteren Sinne in einen haftungsrechtlichen Gesamtzusammenhang eingebettet ist der Versuch, massearme **Verfahren mit den Interessen der Aus- und Absonderungsberechtigten**[44] (und jedenfalls denen eines Teiles der Massegläubiger) **zu legitimieren.** Aber abgesehen davon, dass sich auf dieser Grundlage ebenfalls kein *Gesamt*vollstreckungsverfahren ergeben kann, ist hierfür schon das **praktische Bedürfnis zweifelhaft.** Denn die Sicherungsnehmer können sich auch außerhalb von amtlichen Liquidationsverfahren durch **Poolbildungen**[45] behelfen. 14

Im Zuge der Insolvenzrechtsreform trat eine weitere Problematik auf. Die immer alltäglicher gewordene **Kreditfinanzierung von Verbraucherhaushalten** hat deren **Überschuldung** zu einem sozialpolitisch unerträglichen Massenphänomen anwachsen lassen. Dies führte zu dem rechtsdogmatisch unausgegorenen politischen Kompromiss, dass **Schuldbefreiung**, die nicht auf Vergleichs- bzw (auch: Schuldenbereinigungs-)Planbasis zu erreichen ist, zwingend als *Rest*schuldbefreiung eingeführt wurde. Sie ist damit **nur im Anschluss an** ein **Insolvenzverfahren** zu erlangen, dessen Eröffnung und Fortführung wenigstens bis zur Einstellung wegen Masseunzulänglichkeit damit unverzichtbar erscheint, § 289. Dies führte zu einer durch die nachträglich eingeführte Stundung der Kosten des Insolvenzverfahrens (§§ 4a–d) noch verstärkten **Flut massearmer Verbraucherinsolvenzverfahren** mit dem alleinigen Zweck, die Voraussetzungen der Erteilung von Restschuldbefreiung zu gewährleisten und einen geordneten Schuldendienst in der sog Wohlverhaltensperiode vorzubereiten. Es wäre fruchtlos, hieraus eine Legitimationsgrundlage für die §§ 207–211 ableiten zu wollen. Vielmehr müssten die Eröffnung und Durchführung eines massearmen Insolvenzverfahrens als zwingende Voraussetzungen der Erteilung von Schuldbefreiung endlich aufgegeben werden. Dazu ist der Gesetzgeber trotz ständiger Reformen des Verbraucherinsolvenzrechts freilich nicht in der Lage.[46] 15

37 *Häsemeyer* in InsR im Umbruch (1991), S 101 ff.

38 Sozialplanforderungen werden iR des § 209 nicht berücksichtigt, § 209 Rn 12.

39 Sogleich Rn 14.

40 Zu diesem Aspekt des „Konkurses im Konkurs" im alten Recht *Henckel* FS 100 Jahre KO (1977), S 169, 171 f.

41 Vgl *Häsemeyer* FS Gerhardt (2004), S 341, 342 f; **aA** *Busch* Der Insolvenzverwalter und die Überwindung der Massearmut (2005), S 26 ff, die glaubt, eine „praktische Konkordanz" erzielen zu können.

42 In diesem Sinne *Roth* FS Gaul (1997), S 573, 574; *Smid* WM 1998, 1313 ff; Abschlussbericht der Bund-Länder-Arbeitsgruppe „Insolvenzrecht" zur 73. Konferenz der Justizministerinnen und Justizminister, sub 6.1.3 (S 97); *Busch* Der Insolvenzverwalter und die Überwindung der Massearmut (2005), S 59 ff.

43 Zur Funktion des § 207, Fehler im Eröffnungsverfahren zu korrigieren, unten Rn 28.

44 In diesem Sinne etwa *Heilmann* BB 1976, 765, 768 f; *Pape* Zur Systematik des Paragraphen 60 KO (1985), S 22; *Landfermann* KTS 1989, 763, 777; *Smid* WM 1998, 1313, 1315; *Metzger* Verfahrenskostendeckende Masse (2002), S 65 f; *Kaufmann* Die Berücksichtigung sonstiger Masseverbindlichkeiten des § 55 InsO bei der Kostendeckungsprüfung des § 26 Abs 1 Satz 1 InsO (2004), S 54.

45 Dazu Jaeger/*Henckel* InsO § 47 Rn 90, § 48 Rn 19; Jaeger/*Windel* InsO § 91 Rn 84 ff.

46 Zuletzt G zur weiteren Verkürzung des Restschuldbefreiungsverfahrens vom 22.12.2020 (BGBl I S 3328).

16 **bb) Legitimation durch insolvenzrechtsspezifische Ordnungsfunktionen?** Nachdem die §§ 207–211 nicht unmittelbar auf die in § 1 formulierten Ziele bezogen werden können, legitimiert man sie verbreitet mit der **Ordnungsfunktion des Insolvenzrechts.**[47] Die einzelnen Spielarten dieses Grundansatzes sind freilich ähnlich unterschiedlich wie die Ausformungen der Ordnungsfunktion und ihre rechtliche Verdichtung im Gesetz.

17 Ein Rekurs auf die **Ordnungsfunktionen** des Insolvenzrechts **im Allgemeinen**[48] verspricht wenig Gewinn. Denn das Insolvenzrecht regelt zwar den äußeren Tatbestand der Masse- bzw Vermögensarmut in einem unspezifizierten Sinne. Dies tun aber auch andere Teilrechtsgebiete, insbesondere das **Einzelzwangsvollstreckungs- und** das **Löschungsrecht** (§ 394 FamFG iVm den gesellschaftsrechtlichen Bezugsnormen, etwa § 60 I Nr 7 GmbHG), mit denen die insolvenzrechtliche Lösung folglich konkurriert. Für die Verschiebung der Funktion des Insolvenzrechts von einer spezifisch haftungs- hin zu einer allgemein ordnungsrechtlichen spricht daher nicht einmal der äußere Sachzusammenhang, der im gleitenden Übergang von einer zur (Insolvenz-)Gläubigerbefriedigung zureichenden bis hin zu einer völlig unzulänglichen Masse besteht. Denn äußere Sachzusammenhänge bestehen nicht minder zu den anderen angesprochenen Teilrechtsgebieten, die ihrerseits der allgemeinen Ordnungsfunktion allen Rechts entspringen.

18 Nur wenig sicherer wird die Urteilsgrundlage, wenn man Spezifika des Insolvenzrechts als Ausprägungen seiner Ordnungsfunktion herausstreicht. So ist die **justizförmige Ausmittlung des Vermögensstandes** durch die Tätigkeit eines (vorläufigen) Insolvenzverwalters bzw eines Treuhänders sicherlich ein Charakteristikum des Insolvenzrechts. Aber auch das Einzelzwangsvollstreckungsrecht verfolgt dieses Ziel. Nicht von Ungefähr ist es ein rechtspolitisches Dauerthema, ob die Restschuldbefreiung statt der InsO dem Einzelzwangsvollstreckungsrecht angegliedert oder einem besonderen Gesetz vorbehalten werden sollte.[49] Im Zuge der **Reform der Sachaufklärung in der Zwangsvollstreckung**[50] sind Einzel- und Gesamtvollstreckungsverfahren sich in dieser Hinsicht sogar noch näher gekommen. Aus dieser Diskussion kann man die Lehre ziehen, dass es verschiedene Wege zur Schuldbefreiung geben sollte. Nicht der äußere Standort in einem Gesetz darf entscheiden, sondern die Möglichkeit, die Voraussetzungen der Schuldbefreiung einigermaßen verlässlich zu prüfen. Eine mangels Haftungssubstrats fehlgeschlagene Einzelzwangsvollstreckung, ein mangels kostendeckender Masse aussichtsloses Insolvenzeröffnungsverfahren, ein eingestelltes sowie schließlich ein aufgehobenes Insolvenzverfahren erscheinen insoweit als weitgehend gleichwertig. Auch die **Strukturierung des Schuldendienstes** ist mittlerweile mit §§ 802a I, 802b ZPO in das Einzelzwangsvollstreckungsrecht integriert. Dass diese bei lebensnaher Betrachtung durch eine permanente **Überwachung des Schuldners** gefördert wird, nötigt ebenfalls nicht zur Durchführung eines Insolvenzverfahrens. Denn gerade das derzeitige Modell einer sich an das Insolvenzverfahren anschließenden Restschuldbefreiung unter der Aufsicht eines Treuhänders zeigt, dass auch die Überwachungsfunktion nicht als insolvenzverfahrensspezifisch bezeichnet werden kann.

19 Ebenso ambivalent wie als Grundlage einer Restschuldbefreiung ist der Rekurs auf die insolvenzrechtliche Ordnungsfunktion für das Problem der **Vollbeendigung von Vermögensträgern.**[51] Denn sofern eine dazu erforderliche Liquidation mangels Masse nicht mit dem insol-

---

47 Dazu auch *Busch* Der Insolvenzverwalter und die Überwindung der Massearmut (2005), S 17 ff, 62 f.

48 Eine topische Aneinanderreihung von Ordnungsfunktionen enthält der Abschlussbericht der Bund-Länder-Arbeitsgruppe „Insolvenzrecht" zur 73. Konferenz der Justizministerinnen und Justizminister, sub 6.1.3 (S 96 f), 6.6 (S 105 f).

49 Statt aller MünchKomm/*Stephan* InsO[4] vor §§ 286–303a Rn 25 ff mN.

50 Durch G v 29.7.2009, BGBl I, S 2258. Dazu statt aller Stein/Jonas/*Würdinger* ZPO[23] vor § 802a Rn 1 ff, § 802a Rn 2, § 802b Rn 1 ff, jew mN.

51 In diesem Sinne HambK/*Weitzmann* InsO[7] Vorbem zu §§ 207 ff Rn 1; Nerlich/Römermann/*Westphal* InsO[29] § 208 Rn 5; *Ahrendt/Struck* ZInsO 2000, 264 ff; *Mäusezahl* ZVI 2003, 617, 620; vgl auch schon *Landfermann* KTS 1989, 763, 766, 768, 782 f; zu den Zielen des Insolvenzverfahrens allgemein Jaeger/*Henckel* InsO § 1 Rn 1 ff; zurückhaltend MünchKomm/*Hefermehl* InsO[4] § 207 Rn 4, 53.

venzrechtlichen Primärziel der Haftungsverwirklichung verbunden werden kann,[52] bleibt als einzige Legitimation einer insolvenzrechtlichen Qualifikation der Gesichtspunkt **amtlicher Zwangsliquidation.** Diese aber birgt nicht nur ganz unabhängig von ihrer Verortung ein **Finanzierungsproblem,** sondern steht auch in Konkurrenz zu den vermittelnden Lösungen einer verbandsrechtlichen **Notliquidation.**[53]

Nicht insolvenzrechtsspezifisch ist weiter das Bedürfnis, geordnete Verhältnisse auch beim wirtschaftlichen Zusammenbruch des Schuldners aufrechtzuerhalten. Beispielhaft angeführt werden als solche „Dienstleistungen" eines Insolvenzverwalters etwa die **Erteilung von Arbeitsbescheinigungen**[54] für die (bisherigen) Mitarbeiter, **Steuererklärungen,**[55] ja sogar Aufklärungshilfen für die Staatsanwaltschaft.[56] Denn zwar ist es erwünscht, dass die formalen Grundlagen zur Bewältigung der Folgen der Insolvenz auf anderen Rechtsgebieten durch amtliche Vermögensverwaltung geschaffen werden. Aus der Sicht des Insolvenzrechts sind dies aber Nebeneffekte der Haftungsverwirklichung. Ist diese nicht zu erreichen, muss auch insoweit an alternative Lösungen im Rahmen der primär betroffenen Nachbarrechtsgebiete gedacht werden. 20

cc) Legitimation durch wirtschafts-, arbeitsmarktstruktur- oder sozialpolitische Kriterien? **Wirtschafts- bzw arbeitsmarktstrukturpolitische Argumentationsmuster**[57] pflegen die Vorteile einer Sanierung oder jedenfalls einer geordneten Liquidation gegenüber einem weitgehend regelungslosen Zustand hervorzuheben. Dabei kann die wohl nicht nur aufgrund ihrer Abhängigkeit von den jeweiligen wirtschafts- und sozialpolitischen Vorstellungen aporetische Frage auf sich beruhen, ob Sanierung „an sich" besser ist als Katharsis im Sinne einer Reinigung von Wirtschaft und Arbeitsmarkt durch Ausscheiden insolventer Akteure.[58] Denn mittlerweile haben wir in Gestalt des in Umsetzung der Richtlinie über Restrukturierung und Insolvenz[59] erlassenen **StaRUG**[60] einen weiteren gesetzgeberischen Versuch, diesem Spannungsverhältnis gerecht zu werden. Selbst dort wird die Sanierung nicht (unmittelbar[61]) mit (vermeintlich) übergeordneten wirtschaftspolitischen Zielsetzungen kurzgeschlossen. Als Ausgangspunkt der Betrachtung im Rahmen der InsO muss ohnehin der nach wie vor unveränderte § 1 S 1 gewählt werden, der die **Sanierung als Mittel der Gläubigerbefriedigung** gesetzlich festschreibt.[62] Ein von der Gläubigerbefriedigung gelöstes Sanierungsziel scheidet folglich als allgemeine Legitimation der §§ 207–211 aus. 21

52 Zum Grundsätzlichen Jaeger/*Windel* InsO § 80 Rn 18 mN. Durchgängig für eine Anpassung der haftungsrechtlichen Maßstäbe mit dem Ziel einer Liquidation im Insolvenzverfahren demgegenüber *Budde* Die Haftungsverwirklichung in der masselosen Insolvenz der Kapitalgesellschaft (2006).

53 Dazu *Schulz* Die masselose Liquidation der GmbH (1986), S 106 ff; *Konzen* FS Ulmer (2003), S 323, 334 f.

54 *Kilger* KTS 1975, 142, 156; *Heilmann* BB 1976, 765, 766; *Landfermann* KTS 1989, 763, 777; Abschlussbericht der Bund-Länder-Arbeitsgruppe „Insolvenzrecht" zur 73. Konferenz der Justizministerinnen und Justizminister, sub 6.1.3 (S 96); *Smid* WM 1998, 1314; *Frenzel/Schmidt* InVo 2000, 149; *Metzger* Verfahrenskostendeckende Masse (2002), S 61; *Kröpelin* Die massearme Insolvenz (2003), Rn 111; *Voigt* ZIP 2004, 1531, 1540; *Walther* Das Verfahren bei Masseunzulänglichkeit nach den §§ 208 ff InsO (2005), S 14 f.

55 *Voigt* ZIP 2004, 1531, 1540, zum Problem auch Jaeger/*Windel* InsO § 80 Rn 141 mwN.

56 *Kayser/Heidenfelder* ZIP 2016, 447, 449 ff.

57 Paradigmatisch Abschlussbericht der Bund-Länder-Arbeitsgruppe „Insolvenzrecht" zur 73. Konferenz der Justizministerinnen und Justizminister, sub 6.1.3 (S 96 f), 6.6 (S 105 f).

58 Zum Grundproblem nach wie vor lesenswert *Berges* KTS 1955, 49 ff.

59 RiLi (EU) 2019/1023 v 26.6.2019, ABl L 172 S 18.

60 Art 1 des G zur Fortentwicklung des Sanierungs- und Insolvenzrechts v 22.12.2020 (BGBl I S 3256).

61 Zwar geht die Begr RegE SanInsFoG ua hierauf ein (BT-Drucks 19/24181, S 85), aber ohne damit die Zielsetzung des § 1 aufgeben zu wollen (ebd, S 85 f).

62 Jaeger/*Henckel* InsO § 1 Rn 3 ff. Verfehlt daher *Busch* Der Insolvenzverwalter und die Überwindung der Massearmut (2005), S 24 ff, die die Sanierungs- mit der Entschuldungsfunktion des § 1 S 2 verschnurt.

22 Punktuell ist das **Restrukturierungsziel** in Gestalt des § 210a mittlerweile immerhin **bei Masseunzulänglichkeit** aufgenommen. Allerdings dürfte sich dessen praktische Bedeutung in dem Maße weiter verringern, in dem das StaRUG die gesetzten Erwartungen erfüllt.

23 Abweichende Ansätze stellen die Einbettung des Insolvenzfalles in die ihrerseits den Markt und die Wirtschaftsordnung regelnden Rechtsgebiete nicht grundsätzlich in Frage. Es wird aber in Abrede gestellt, dass das Insolvenzrecht bei Massearmut noch streng haftungsrechtlich konzipiert werden könnte: Angesichts der (vermeintlich[63]) aussichtslosen Lage der Insolvenzgläubiger, deren Forderungen bei Massearmut faktisch entwertet seien, dürfe das Insolvenzverfahren für wirtschafts-, arbeitsmarktstruktur- und sozialpolitische Ziele nutzbar gemacht werden. Da diese Ziele am jeweiligen Einzelfalle konkretisiert werden, gewinnt das Insolvenzverfahren den **Charakter von Verwaltungstätigkeit.** Dem entspricht es, dass die Grundlagen des Insolvenzrechts zunehmend entweder publizistisch relativiert[64] oder gar in dieser Weise begründet werden.[65] Jedenfalls sollen wirtschafts- und arbeitsmarktstrukturpolitische Ziele nach Maßgabe einer mehr oder weniger komplexen **Verhältnismäßigkeitsprüfung**[66] an Stelle der Haftungsverwirklichung treten, sobald diese im Rahmen eines regulären Gesamtvollstreckungsverfahrens nicht mehr realisierbar erscheint. Dieser **Paradigmenwechsel** verhindert nicht nur substantielle Verbesserungen der Liquidation massearmer Vermögen(sträger),[67] sondern ist vor allem **in sich widersprüchlich.** Denn es wäre zwar nicht wünschenswert, aber doch denkbar, den Tatbestand der Insolvenz verwaltungsrechtlich zu regeln.[68] Dafür genügt es aber nicht, die noch verfügbaren Mittel nach öffentlich-rechtlichen Maßstäben zu verwenden. Vielmehr bedürfte es eines **Insolvenzverwaltungsverfahrens**, das bei zureichender Masse (jedenfalls: primär) der Gläubigerbefriedigung, bei Massearmut (allein) den genannten politischen Zielen nutzbar gemacht werden müsste. Die Minimalanforderungen, die an ein solches Verfahren zu stellen wären, bestünden in willkürfreier Eröffnung, einzelfallgerechter und damit ermessensfehlerfreier Ausgestaltung und hoheitlicher Verantwortung. Das geltende Recht entspricht dem nicht,[69] schon weil es Beginn (§ 13 I, II) und Ende (§ 213) des Insolvenzverfahrens in die Hände der Gläubiger und des Schuldners legt und den Übergang zu einem Sonderverfahren bei Masseunzulänglichkeit allein von einer nicht justitiablen Anzeige eines Verwalters abhängig macht, der zudem als Träger eines privaten Amtes gerade keine Hoheitsgewalt ausübt. Damit fehlt es für **publizistische Korrekturversuche** sowohl an der haftungsrechtlichen Gesamtkonzeption wie an der verfahrensrechtlichen Einbettung. Sie **sind** daher als **rechtsstaatswidrig** zurückzuweisen.

24 **dd) Verfahrensimmanente Legitimation als Notabwicklung.** Nach allem bleibt nur, die §§ 207–211 im Rahmen der haftungsrechtlichen Gesamtkonzeption des geltenden Insolvenzrechts zu legitimieren. Die Teilregelung hat insofern die **Funktion einer** reinen **Notordnung.**[70] Es sollen eingeleitete Verfahren, die ihren eigentlichen Zweck nicht erreichen können, den unabwendbaren Sachzwängen gemäß beendet werden, wobei der weitere Verlust von Haftungsvermögen so gering wie möglich zu halten ist.[71] Damit ist zugleich die **Leitlinie zur Interpretation** der Einzelregelungen genannt. Hält man sich den Verwaltungstypus des Liquidationsplanes vor

63 Zur Kritik *Häsemeyer* FS Gerhardt (2004), S 341, 344 f mN.

64 Vgl etwa *Lepa* Insolvenzordnung und Verfassungsrecht (2002).

65 *Burgard/Gundlach* ZIP 2006, 1568, 1569.

66 *H.-F. Müller* Der Verband in der Insolvenz (2002), S 22; *Walther* Das Verfahren bei Masseunzulänglichkeit nach den §§ 208 ff InsO (2005), S 14.

67 S oben Rn 19.

68 *Häsemeyer* InsR[4] Rn 3.04 mN.

69 Zur Qualität des Insolvenzverfahrensrechts Jaeger/*Gerhardt* InsO § 2 Rn 7 ff; *Häsemeyer* InsR[4] Rn 3.05.

70 Abl Kübler/Prütting/Bork/*Pape* InsO[19] § 209 Rn 3d; *Uhlenbruck* InsO[12] § 209 Rn 2; eher ambivalent jetzt Uhlenbruck/*Ries* InsO[15] § 209 Rn 3.

71 Näher *Häsemeyer* FS Gerhardt (2004), S 341, 344 f.

Augen, gilt dies auch für § 210a. Die zuvor aufgezählten Ziele (substantielle Masseanreicherung; Restschuldbefreiung für nahezu Vermögenslose; Verbesserung der Liquidation massearmer Vermögensträger; Ordnungsbedarf auf Nachbarrechtsgebieten) können im Rahmen der §§ 207–211 nur erfüllt werden, sofern es die Sachzwänge der Notordnung erlauben.

Trotz der aus übergeordneten Zusammenhängen abgeleiteten Interpretationsleitlinie gelingt es nicht, die §§ 207–211 bis ins Detail als konsistentes Teilsystem zu deuten. Denn obwohl die **systematische Interpretation** das vorrangige Ziel[72] der Privatrechtsdogmatik bildet, vermag sie über klare gesetzgeberische Entscheidungen nicht hinwegzuhelfen. Dies gilt auch dann, wenn sich diese als problematisch oder gar als verfehlt darstellen. Hierzu vorab je zwei Beispiele aus der Regelung der Massedürftigkeit und der Masseunzulänglichkeit: Die (Eröffnung und) Fortführung eines Insolvenzverfahrens, das nicht mehr als die Kosten iS des § 54 deckt, ist jedenfalls bei einer Unternehmensträgerinsolvenz nicht zu rechtfertigen.[73] Gleichwohl ergibt die **genetische Interpretation** eindeutig, dass § 207 I 1 wie § 26 I 1[74] auf den engen Kostenbegriff des § 54 abstellen.[75] Der **Wortlaut** des § 207 II verlangt die kostenträchtige Einberufung einer Gläubigerversammlung, die jedenfalls dann unsinnig sein wird, wenn ein Gläubigerausschuss bestellt ist.[76] Ebenfalls eindeutig angeordnet sind die Reihenfolge von Insolvenzverwaltung, Masseverteilung und Einstellung (§ 209 I Nrn 1–3 bzw § 211 I). Beides ist problematisch, wenn die Fortsetzung der Verwaltung voraussichtlich nur noch dazu führen wird, dass immer mehr Masse verloren geht.[77] Eine **Verfassungswidrigkeit** der Einzelregelungen wird sich trotz ihrer Bedenklichkeiten aber kaum ausmachen lassen.[78] 25

II. Massedürftigkeit iSv § 207 I

1. Allgemeines

a) Funktionen gegenüber § 26 I 1. § 207 I 1 greift ein, wenn sich nach Eröffnung des Verfahrens herausstellt, dass die Insolvenzmasse nicht ausreicht, um die Kosten des Verfahrens zu decken. Da gem **§ 26 I 1** bereits der Antrag auf Eröffnung des Insolvenzverfahrens abzuweisen ist, wenn das Vermögen des Schuldners voraussichtlich nicht ausreichen wird, um die Kosten des Verfahrens zu decken, ist das **Verhältnis beider Vorschriften** zueinander zu bestimmen. Insoweit sind drei Funktionen einer Regelung der Verfahrenseinstellung gegenüber derjenigen der Antragsabweisung denkbar: die der Reaktionsmöglichkeit auf veränderte Umstände (aa), die der Fehlerkorrektur (bb) und die der Neubeurteilung nach veränderten Maßstäben (cc). 26

aa) Berücksichtigung veränderter Umstände. Die Massedürftigkeit kann sich erst im eröffneten Verfahren als Verschlechterung der Vermögenslage einstellen. Die Ursache hierfür kann in Vermögensumsetzungen, insbesondere einer Unternehmensfortführung, liegen, die **aktive Massebestandteile** aufzehrt. Dagegen ist die Begründung von Masseverbindlichkeiten im Rahmen einer solchen Unternehmensfortführung nach hier vertretener Ansicht irrelevant,[79] weil 27

72 *Canaris* Systemdenken und Systembegriff in der Jurisprudenz (1983)², S 86 ff, bes S 91; *ders* FS Medicus (1999), S 25 ff.
73 *Windel* ZIP 2009, 101, 109 mN.
74 Dazu Jaeger/*Schilken* InsO § 26 Rn 5, 19 ff.
75 Näher unten Rn 35 ff.
76 Unten Rn 71.
77 § 208 Rn 70–73, § 211 Rn 2; § 209 Rn 2–6.
78 Näher § 209 Rn 4.
79 Zu den „unausweichlichen Masseverwaltungsaufwendungen" sogleich Rn 36.

dadurch keine für § 207 I 1 relevanten Verfahrenskosten entstehen. Der Faktor der „Überschuldung mit Masseverbindlichkeiten" spielt daher nur für die §§ 208 ff eine Rolle.

28 **bb) Fehlerkorrektur.** Der Beschluss, das Insolvenzverfahren zu eröffnen, kann grundsätzlich[80] nur vom Schuldner angefochten werden, § 34 I.[81] Auch dieser kann sich mangels Beschwer aber nicht darauf berufen, die Eröffnung hätte mangels Masse abgelehnt werden müssen.[82] Diese Beschränkungen der Überprüfbarkeit des Eröffnungsbeschlusses beruhen darauf, dass die Eröffnung eines amtlichen Verfahrens zur Haftungsverwirklichung nach der Einschätzung des Gesetzgebers die Gläubiger überhaupt nicht,[83] den Schuldner dann nicht beschwert, wenn andernfalls die Abweisung mangels Masse hätte erfolgen müssen,[84] vgl auch § 26 II. Gleichwohl bleibt es dabei, dass ein Insolvenzverfahren ohne Kostendeckung nicht durchführbar ist. Folglich hat § 207 I 1 auch die **Funktion**, **Fehler** bei der Beurteilung der Kostendeckung **im Eröffnungsverfahren zu korrigieren.** Da die Feststellung gem § 26 I 1 als **Deckungsprognose** erfolgt,[85] ist die Grenze zwischen Fehlerkorrektur[86] und Berücksichtigung veränderter Umstände fließend: Die Kostendeckung kann aufgrund echter Versäumnisse (nachlässige Aufklärung; Rechenfehler), subjektiv richtiger Beurteilung auf falscher Grundlage (Wertlosigkeit der Betriebsgrundstücke aufgrund zunächst unerkennbarer Kontamination) oder zu optimistischer Einschätzung der Chancen einer Unternehmensfortführung angenommen worden sein. Am Ende der Skala steht die unbeeinflussbare Verringerung der Haftungsmasse (Kursverlust von Wertpapieren).

29 **cc) Neubeurteilung der Kostendeckung.** Die Feststellung der Massedürftigkeit gem § 207 I 1 hat ebenso wie die Beurteilung gem § 26 I 1 prognostische Züge.[87] Es geht also um eine **Neubeurteilung** der Kostendeckung im laufenden Verfahren. Diese Beurteilung erfolgt im Verfahren auf einer verlässlicheren Grundlage, zumal wenn der Berichtstermin bereits vorbereitet ist (vgl § 156 I) oder gar schon stattgefunden hat (vgl § 157). Deshalb ist es nicht zwingend, die Beurteilung auf denselben Prognosezeitraum zu beziehen und an denselben Maßstäben auszurichten wie bei § 26 I 1. Im Zuge der Insolvenzrechtsreform hat es denn auch in beiderlei Hinsicht Vorschläge zu einer differenzierten Regelung gegeben. Nach den Entwürfen bis hin zu § 30 I 1 RegE sollte die Eröffnung des Verfahrens nur von einer Kostendeckung bis zum Berichtstermin abhängen; die Kommission für Insolvenzrecht hatte den Beurteilungsmaßstab im Eröffnungsverfahren großzügiger dahin bemessen, dass eine Abweisung nur bei offensichtlicher Kostenunterdeckung zu erfolgen habe.[88] Beide Ansätze verfolgten in unterschiedlicher Weise das Ziel, die Prüfung der Erfolgsaussichten eines Insolvenzverfahrens möglichst in dieses selbst zu verlagern. Die heutige Fassung des § 26 I 1 soll demgegenüber die Schwelle der Verfahrenseröffnung anheben, um eine Belastung der Gerichte mit einer großen Zahl von Verfahren zu verhindern, die eröffnet, aber nicht bis zum Ende durchgeführt werden können.[89] Die Auswirkungen dieser **Akzentverschiebung durch den Rechtsausschuss** liegen im **Eröffnungsverfahren**, das **mit** einer der Inquisitionsmaxime unterliegenden **Deckungsprognose** für das gesamte beantragte Insolvenz-

---

80 Zu den hier nicht interessierenden Ausnahmen Jaeger/*Schilken* InsO § 34 Rn 21.
81 Jaeger/*Schilken* InsO § 34 Rn 19 f.
82 Jaeger/*Schilken* InsO § 34 Rn 26.
83 Jaeger/*Schilken* InsO § 34 Rn 19.
84 Jaeger/*Schilken* InsO § 34 Rn 26.
85 Jaeger/*Schilken* InsO § 26 Rn 11.
86 Zur Korrektur von Prognoseirrtümern *Möhlmann* KTS 1998, 373, 379 f.
87 Unten Rn 40 ff.
88 1. Ber InsRKomm LS 1.2.9 m Begr S 117.
89 So Begr Rechtsausschuss, BT-Drucks 12/7302, S 158, und dazu Jaeger/*Schilken* InsO § 26 Rn 5 mN.

verfahren **belastet** worden ist. Verfahrensökonomisch ist das nicht sinnvoll, weil die Beurteilungsgrundlage hierfür ohnehin auch im eröffneten Verfahren vom Verwalter ständig überprüft werden muss. Vor allem wird erst durch Erledigung der dem Verwalter gem §§ 148, 151–156 I obliegenden Aufgaben Klarheit über die wahre Vermögenslage gewonnen. Deshalb kann die Deckungsprognose gem § 26 I 1 auch zu keiner Entlastung des § 207 I 1 führen.[90]

b) Anwendungsbereich. § 207 gilt in jeder Art eines eröffneten Insolvenzverfahrens und unabhängig vom Verfahrensstadium. Eine Anzeige der Masseunzulänglichkeit durch den Verwalter iSv § 208 I 1 steht einer Einstellung gem § 207 nicht entgegen.[91] Besonderheiten ergeben sich für das Insolvenzverfahren über das Vermögen einer Genossenschaft mit Nachschusspflicht (aa), nicht aber für das Insolvenzplanverfahren (bb). 30

aa) Insolvenzverfahren über das Vermögen einer Genossenschaft. Im Insolvenzverfahren über das Vermögen einer **Genossenschaft** gelten die §§ 207–211 ebenfalls. Inwieweit es zur Einstellung des Verfahrens kommt, hängt aber von der **Nachschusspflicht**[92] der Genossen ab. Diese besteht **auch bei Massearmut**. Dies war bereits zu § 105 aF GenG anerkannt, obwohl dieser nur „die Konkursgläubiger" als Begünstigte der Nachschusspflicht nannte.[93] § 105 I 1 nF GenG stellt ausdrücklich klar, dass die Verpflichtung zur Leistung der Nachschüsse auch auf den Fall zu beziehen ist, dass die Ansprüche der Massegläubiger nicht berichtigt werden können.[94] Die Einschätzung, dass es bei unbeschränkter Nachschusspflicht nicht zur Massearmut kommen könne,[95] ist gleichwohl nicht ganz korrekt. Vielmehr kommt es auf die **Realisierbarkeit der Nachschüsse** an.[96] Sind freilich nur einzelne Mitglieder unvermögend, können und müssen die Beiträge entsprechend angehoben werden, so dass insgesamt kein Ausfall an dem zu deckenden Gesamtbetrag entsteht, § 106 II 2 GenG. 31

bb) Insolvenzplanverfahren. Stellt sich die Massedürftigkeit erst heraus, nachdem bereits ein Insolvenzplanverfahren eingeleitet worden war, greift § 207 ohne weiteres. Irrelevant ist die Unzulässigkeit des Insolvenzplanes gem § 231 I Nr 1 iVm § 258 II.[97] Denn zwar ist ein Insolvenzplan danach zurückzuweisen, wenn die Befriedigung der unstreitigen Masseansprüche nicht wenigstens sicher gestellt ist. Dies betrifft aber nicht nur die Verfahrenskosten, sondern alle Masseverbindlichkeiten. Die gegenteilige Argumentation würde das Insolvenzplanverfahren a priori nicht nur für den Fall der Massedürftigkeit gem § 207, sondern auch für den der Masseunzulänglichkeit gem § 210a ausschließen. Unstreitig kann aber kein Insolvenzplanverfahren mehr eingeleitet werden, wenn sich Massedürftigkeit bereits herausgestellt hat.[98] 32

---

90 Zum praktischen Ablauf der Feststellung unten Rn 40 ff.

91 Kübler/Prütting/Bork/*Pape* InsO[9] § 207 Rn 12.

92 Dazu *K. Schmidt* KTS 1997, 339, 340 ff, einerseits, *Häsemeyer* InsR[4] Rn 30.88, andererseits.

93 OLG Frankfurt KTS 1997, 519, 520 ff = WiB 1997, 418 f [zust *Frege* ebd, 419 f]; *K. Schmidt* KTS 1997, 339 ff.

94 *Beuthien/Titze* ZIP 2002, 1116, 1120; Kübler/Prütting/Bork/*Pape* InsO[12] § 207 Rn 55a; MünchKomm/*Hefermehl* InsO[4] § 207 Rn 51.

95 So *Beuthien/Titze* ZIP 2002, 1116, 1120.

96 Zutr Kübler/Prütting/Bork/*Pape* InsO[12] § 207 Rn 55a; MünchKomm/*Hefermehl* InsO[4] § 207 Rn 51; Nerlich/Römermann/*Westphal* InsO[29] § 207 Rn 29.

97 Zutr *Smid* WM 1998, 1313, 1323; Kübler/Prütting/Bork/*Pape* InsO[51] § 210a Rn 9; missverständlich MünchKomm/*Hefermehl* InsO[4] § 207 Rn 52.

98 Unten Rn 97.

2. Die zu deckenden Verfahrenskosten

33 Ein Insolvenzverfahren ist gem § 207 einzustellen, wenn nicht einmal die **Kosten iSv § 54** gedeckt sind (a). Noch immer keine Einigkeit konnte aber darüber erzielt werden, ob der Kostenbegriff des § 207 I 1 darüber hinaus auch auf **unausweichliche Aufwendungen** zur Erhaltung oder gar zur Verwaltung der Masse zu erstrecken ist (b).

34 **a) Kosten des Insolvenzverfahrens gem § 54.** Die **Kosten** gem § 54, also die Gerichtskosten (Nr 1) und Vergütungen und Auslagen des vorläufigen Insolvenzverwalters, des Insolvenzverwalters und der Mitglieder des Gläubigerausschusses (Nr 2), sind **für das jeweilige Verfahren** möglichst genau in Ansatz zu bringen. Eine Schätzung ist insofern unausweichlich, als sich die Gebühren nach dem Wert der Insolvenzmasse zur Zeit der Beendigung des Verfahrens (§§ 58 I 1 GKG; 1 I 2 InsVV) bzw als Bezugswert der Schlussrechnung (§ 1 I 1 InsVV) bestimmen. Abzustellen ist weiter auf das konkrete Verfahren in seiner jeweiligen Ausgestaltung, insbesondere sofern diese Anlass für Zu- oder Abschläge zur Regelvergütung[99] rechtfertigt (vgl § 3 InsVV). Beides nötigt zu einer fortlaufenden Beobachtung der Kostendeckung: Die Entwicklung des Massebestandes ist im Auge zu behalten und die Schätzung ggf anzupassen,[100] kostenrelevante Tatbestände (etwa der Auftrag an den Verwalter, einen Insolvenzplan auszuarbeiten, § 157 S 2; § 3 I e InsVV) sind zu berücksichtigen, sobald sie verwirklicht wurden. Zunächst wird man sich freilich an der Regelvergütung orientieren.[101] Sofern sich die Kosten durch Entscheidungen von Organen des Insolvenzverfahrens verändern können (im Beispiel durch den Beschluss der Gläubigerversammlung im Berichtstermin), ist die Finanzierbarkeit tunlichst schon bei der Willensbildung zu berücksichtigen.

35 **b) Erweiterung des Kostenbegriffs?** Es ist bisher nicht geklärt, ob die **Kosten** des Verfahrens iSv § 207 I 1 eng **nach § 54 zu bestimmen** sind[102] oder auch weitere Masseverbindlichkeiten[103] als „Auslagen" des Verwalters[104] umfassen. Der **BGH** hat Steuerberatungskosten als Auslagen

---

99 Gleiches gilt für die Vergütung der Mitglieder des Gläubigerausschusses, BGH ZIP 2009, 2453 ff [abl *Fersler* EWiR 2010, 255 f].

100 Vgl MünchKomm/*Hefermehl* InsO[4] § 207 Rn 15, 26.

101 MünchKomm/*Hefermehl* InsO[4] § 207 Rn 25.

102 LG Berlin ZInsO 2000, 224 ff [zust *Pape* ebd, 227]; AG Neuruppin ZIP 1999, 1687; AG Hamburg NZI 2000, 140 f; AG Neu-Ulm DZWIR 2000, 124 f = NZI 2000, 386; AG Hamburg ZInsO 2004, 1093 f; *Smid* WM 1998, 1313, 1314; *Runkel/Schnurbusch* NZI 2000, 49, 50, 55 f; *Metzger* Verfahrenskostendeckende Masse (2002), S 33 ff; *Vallender/Fuchs* NZI 2003, 292, 295; *Kröpelin* Die massearme Insolvenz (2003), Rn 81–113 (zur Ausnahme der Masseverwertungskosten sogleich im Text); *Kaufmann* InVo 2005, 229 ff; *ders* ZInsO 2006, 961 ff (jew auf der Grundlage von *dems* Die Berücksichtigung sonstiger Masseverbindlichkeiten des § 55 InsO bei der Kostendeckungsprüfung des § 26 Abs 1 Satz 1 InsO [2004]); Kübler/Prütting/Bork/*Pape* InsO[9] § 207 Rn 9; MünchKomm/*Hefermehl* InsO[4] § 207 Rn 27–29; Nerlich/Römermann/*Westphal* InsO[29] § 207 Rn 9–14; Uhlenbruck/*Ries* InsO[15] § 207 Rn 11 ff; *Ries* ZInsO 2013, 595, 598 f; *Busch* Der Insolvenzverwalter und die Überwindung der Massearmut (2005), S 44 ff; jetzt auch *Kübler* Kölner Schrift[3] S 575 ff Rn 6–10.

103 So während der Insolvenzrechtsreform insb *Häsemeyer* in InsR im Umbruch (1991), S 101, 106; de lege lata AG Charlottenburg ZIP 1999, 1687 f, 1688 f u 1689 (drei Entscheidungen m abl Bespr *Pannen* EWiR 2000, 241 f); *Dinstühler* ZIP 1998, 1697, 1699 f; *Rattunde/Röder* DZWIR 1999, 309 ff; *Voigt* ZIP 2004, 1531, 1532 ff; HK/*Hölzle* InsO[10] § 207 Rn 5–8; BK/*Gruber* InsO[27] § 207 Rn 4–7; FK/*Kießner* InsO[9] § 207 Rn 7–12; Braun/*Ludwig* InsO[8] § 207 Rn 8-14; HambK/*Weitzmann* InsO[7] § 207 Rn 5 (nur sofern strafbewehrt).

104 So die Begr insb von *Häsemeyer* InsR[4] Rn 7.76; *Wienberg/Voigt* ZIP 1999, 1662 ff; *Frenzel/Schmidt* InVo 2000, 149, 152 ff; erwogen auch von *Kirchhof* ZInsO 2001, 1, 5 (nur für Kosten für Steuerberatung und Beseitigung von Altlasten).

gem § 4a qualifiziert und dem Verwalter aus der Gerichtskasse erstatten lassen,[105] sofern der steuerrechtliche Aufwand den vom Verwalter vor dem Hintergrund seiner Regelvergütung zu erbringenden übersteigt.[106] Trotz des engen Zusammenhanges, in dem § 207 I 1 zu § 26 I 1 (und im Übrigen auch zu § 803 II ZPO[107]) steht, ist die Frage für beide Vorschriften nicht zwingend gleich zu behandeln. Es wäre durchaus denkbar, auf schmalerer Basis ein Verfahren zu eröffnen, um die Verwertungs- und Sanierungschancen zunächst auszuloten, das Verfahren dann aber einzustellen, wenn sich ergibt, dass es seiner Funktion der Haftungsverwirklichung nicht gerecht werden kann.[108] Gleichwohl ist auf der Grundlage des geltenden Rechts **am engen Kostenbegriff** ebenso wie für § 26 I 1[109] **festzuhalten**. Der Grund hierfür liegt aber nicht in der Legitimität der geltenden Regelung, sondern umgekehrt darin, dass der Rechtszustand derart beklagenswert ist, dass für eine dogmatische Aufarbeitung bereits die notwendige legislatorische Grundlage fehlt:

§ 207 I 1 enthält wie § 26 I 1 das für alle (derzeit) praktisch vorkommenden Insolvenzverfah- 36
ren geltende Recht. Die **unausweichlichen Aufwendungen** zu deren Abwicklung stellen sich für die jeweiligen Verfahren aber ganz unterschiedlich dar. So dürften bloße Erhaltungs-,[110] ja selbst elementare Verwaltungs- und Verwertungskosten,[111] die ein reines Liquidationsverfahren ermöglichen würden, kaum ausreichen, wenn ein **Unternehmen** jedenfalls bis zum Berichtstermin **fortzuführen** ist.[112] Deshalb besteht das unlösbare[113] **Kernproblem** in **der Präzisierung**[114] der zu berücksichtigenden Aufwendungen. Sie erforderte jedenfalls eine Typologie von Insolvenzverfahren, angefangen vom Verbraucher- und sonstigen Kleinverfahren bis hin zu (womöglich branchenspezifisch aufzugliedernden) Insolvenzverfahren über das Vermögen der (verschiedenen?) Unternehmensträger. Als zweites Differenzierungskriterium müsste die Qualität der Pflicht oder Obliegenheit herangezogen werden, der die Aufwendung entspringt. Insoweit lässt sich zwischen spezifisch insolvenzrechtlichen (aus § 155, wohl auch der zur Unternehmensfortführung), allgemein privatrechtlichen (Beispiel: zur Verkehrssicherung) sowie spezifisch arbeits-, sozial(versicherungs)- und öffentlich-rechtlichen Pflichten unterscheiden. Für jede dieser Pflichten wäre zunächst zu prüfen, ob die Ordnungsfunktion,[115] der sie dient, gegenüber einem massearmen Vermögen überhaupt noch fortbesteht und – falls doch – ob sie eine In-Pflicht-Nahme des Insolvenzverwalters erheischt. Oft wird die mangels zulänglicher Masse unerfüllbare Pflicht weichen müssen. So ist eine **Unternehmensfortführung** nachrangig gegenüber der Möglichkeit, durch ein Liquidationsverfahren wenigstens noch eine geringe Quote zu Gunsten der Gläubiger realisieren zu können.[116] Auch **außerinsolvenzrechtliche Pflichten** werden häufig zurücktreten müssen, wenn das Haftungssubstrat fehlt.[117] Die Rechtsprechung der Zivilgerichte, **Steuerberatungskosten** für besonderen Aufwand bei Verfahrenskostenstun-

105 BGHZ 160, 176 = ZIP 2004, 1717 (dazu Jaeger/*Windel* InsO § 80 Rn 141) = ZInsO 2004, 970 [*Maus* ebd, 1139 f; krit *Pape* ebd, 1049 ff] = NZI 2004, 577 [*Bernsau* ebd, 580] = DZWIR 2004, 468 [zust *Graeber* ebd, 471 f] = EWiR 2004, 1037 [insoweit zust *Schäferhoff*] = WuB VI C. § 63 InsO 6.04 [zust *Hess*] = InVo 2005, 229 [*Kaufmann* ebd, 229 ff]; ebenso zuvor LG Kassel ZInsO 2002, 1040 f; LG Essen ZInsO 2003, 625; LG Dresden ZInsO 2003, 665 f; *Wienberg/Voigt* ZIP 1999, 1662 ff; verallgemeinert *Prasser* FS Kübler (2015), 551, 553 ff; **aA** zuvor AG Duisburg ZInsO 2003, 863 f; gegen eine Übertragbarkeit auf die Unternehmensinsolvenz AG Hamburg ZInsO 2004, 1093 f.

106 BGH ZIP 2010, 2252 ff Rn 10; BGH ZInsO 2014, 951 f.

107 *Runkel/Schnurbusch* NZI 2000, 49, 50.

108 In diesem Sinne *Kübler* Kölner Schrift³, S 586 Rn 32; ähnlich *Möhlmann* KTS 1998, 373, 380.

109 Dazu Jaeger/*Schilken* InsO § 26 Rn 19–25.

110 In diesem Sinne *Häsemeyer* InsR⁴ Rn 7.76.

111 In diesem Sinne *Dinstühler* ZIP 1998, 1697, 1699, und zu ihm *Kröpelin* Die massearme Insolvenz (2003), Rn 88 ff.

112 Dazu *Windel* ZIP 2009, 101 ff, bes 109.

113 Zutr Uhlenbruck/*Ries* InsO¹⁵ § 207 Rn 11.

114 Dezidierte Versuche bei *Rattunde/Röder* DZWIR 1999, 309 ff; *Frenzel/Schmidt* InVo 2000, 149, 152 ff.

115 Dazu bereits oben Rn 16 ff.

116 IE ebenso *Breitenbücher* Masseunzulänglichkeit (2007), S 91.

117 Tendenziell ebenso *Kröpelin* Die massearme Insolvenz (2003), Rn 94 ff.

dung **als Auslagen** des Verwalters anzuerkennen,[118] stellt vor diesem Hintergrund nicht mehr als einen **Notbehelf** zur Abmilderung der Konsequenzen einer verfehlten Praxis der Finanzgerichte und -behörden dar.[119]

37 Keine Lösung bietet die Differenzierung danach, ob einer Aufwendung des Verwalters eine **strafbewehrte Pflicht** zugrunde liegt.[120] Denn obschon der Verwalter durch eine Strafdrohung in eine besonders intrikate Lage geraten kann, erscheint die Strafbewehrung vielfach als kontingent. Vor allem aber sind die relevanten Strafbestimmungen ihrer Qualität nach **Blankettnormen**, die den sanktionierten Unwert den Rechtsgebieten entnehmen, die die privat- oder öffentlichrechtliche Pflicht material anordnen.[121] Damit gilt das zuvor Gesagte.

38 Nicht einmal diejenigen **Verwertungskosten** können als Verfahrenskosten anerkannt werden, derer es bedarf, um die Masse überhaupt zu versilbern.[122] Zwar ist es richtig, dass solche Aufwendungen gedeckt sein müssen. Aber dies ist nicht bei der Bestimmung der Verfahrenskosten, sondern bei der Deckungsmasse zu berücksichtigen: Der Masse kann nur der Wert zuerkannt werden, den sie voraussichtlich nach der Verwertung für die Insolvenzgläubiger haben wird.[123]

39 Gänzlich in die Hand des Insolvenzverwalters würde die Bestimmung der Verfahrenskosten gelegt, wenn man ihnen alle **gewillkürten Masseverbindlichkeiten** zuschlagen würde, die auf eine Rechtshandlung des Verwalters (Verwertungs- und Erhaltungsgeschäfte; Erfüllungswahl; Unterlassen der Kündigung eines Dauerschuldverhältnisses) zurückzuführen sind und für die der Masse eine Gegenleistung zugeflossen ist.[124] Dies aber wäre ebenso unangemessen wie der damit verbundene Verzicht auf eine angemessene normative Vorgabe, weil eine solche nicht durch das Vertrauen in die (haftungsbewehrte) pflichtgemäße Amtsführung des Verwalters zu kompensieren ist.[125]

3. Die zu berücksichtigende Insolvenzmasse

40 **a) Ausgangspunkt: Alle aktiven Vermögenswerte.** In die Deckungsprognose einzustellen ist nicht nur der tatsächlich verfügbare liquide Massebestand.[126] Unpräzise ist es auch, (nur) die Barmittel und „kurz- bis mittelfristig" umsetzbare Vermögenswerte einzusetzen,[127] selbst wenn man den Zeitraum der Vermögensumsetzung auf bis zu zwei Jahre ausdehnt.[128] Vielmehr ist wie bei § 26 I 1[129] **jede aktive Vermögensposition** zu berücksichtigen, die zur Deckung der Verfahrenskosten realisiert werden kann. Die Gegenansicht, es gäbe im Gegensatz zur drohenden Masseunzulänglichkeit iS des § 208 I 2 keine drohende Massedürftigkeit iS des § 207 I 1 und der Verwalter sei bei Massedürftigkeit gem § 207 III 2 nicht zur Verwertung verpflichtet,[130] verkennt, dass Anfangsliquidität schon deshalb nicht notwendig[131] ist, weil die Verfahrenskosten erst sukzessive zu begleichen sind.[132] Rückstellungen müssen nicht gebildet werden.

---

118 N oben zu Rn 35.
119 Ausführlicher Jaeger/*Windel* InsO § 80 Rn 141.
120 So differenziert HambK/*Weitzmann* InsO[7] § 207 Rn 5.
121 Vgl zum Problem *Windel* KTS 1991, 477, 500 f.
122 In diesem Sinne aber *Kröpelin* Die massearme Insolvenz (2003), Rn 91 f, 112.
123 Unten Rn 43 ff.
124 Dafür (wohl de lege ferenda) *Breitenbücher* Masseunzulänglichkeit (2007), S 77 ff, 128.
125 In diesem Sinne aber *Breitenbücher* Masseunzulänglichkeit (2007), S 89 f.
126 So aber Nerlich/Römermann/*Westphal* InsO[29] § 207 Rn 15.
127 So *Metzger* Verfahrenskostendeckende Masse (2002), S 91–94.
128 So *Metzger* Verfahrenskostendeckende Masse (2002), S 50.
129 Jaeger/*Schilken* InsO § 26 Rn 12–13.
130 So Nerlich/Römermann/*Westphal* InsO[29] § 207 Rn 15 f.
131 OLG Köln ZInsO 2000, 606; MünchKomm/*Hefermehl* InsO[4] § 207 Rn 18 f; HK/*Hölzle* InsO[10] § 207 Rn 17; HambK/*Weitzmann* InsO[7] § 207 Rn 8 f.
132 Unten Rn 47.

41 Die **Insolvenzmasse** iSv § 207 I ist das seit der Verfahrenseröffnung dem Beschlagsrecht unterliegende Vermögen des Schuldners iSv § 26 I 1.[133] Sie wird im Wesentlichen durch die §§ 35, 36[134] abgegrenzt. Zu erwartender **Neuerwerb** des Schuldners ist einzuplanen.[135] **Nach hM** sind **Haftungs- und** (Insolvenz-)**Anfechtungsansprüche** pauschal zu berücksichtigen, auch wenn ein realistischer Wert, der iaR unter dem Nominalbetrag liegen dürfte, anzusetzen ist.[136] Dem ist nur für § 92[137] und § 171 II HGB zu folgen, nicht dagegen für § 93 und die Anfechtung im Insolvenzverfahren: § 93 dient der effektiven Geltendmachung der Gesellschafterhaftung und damit ebenso dem Interesse der Insolvenzgläubiger wie die Anfechtung. Da deren Interessen bei Massearmut nicht entsprochen werden kann, müssen beide Institute schon bei Masseunzulänglichkeit weitgehend[138] und damit a fortiori iR des § 207 I außer Betracht bleiben, sofern nicht ausnahmsweise die Prognose realistisch ist, dass es trotz zunächst zweifelhafter Kostendeckung später noch zu einer Quote für die Insolvenzgläubiger kommt. Im Insolvenzverfahren über das Vermögen von **Konzernunternehmen** hängen Ansprüche aus Gewinnabführungs- und Verlustübernahmeverträgen[139] von deren Vereinbarkeit mit den Kompetenzen der Verwalter der Vermögen der insolventen Gesellschaften ab.[140] Ein eingeleitetes Koordinierungsverfahren (§§ 269d ff), insbesondere ein sich abzeichnender oder gar schon angenommener Koordinationsplan (269h), sind zu beachten.

42 Ausgangspunkt der **Bewertung** der Massebestandteile kann (und sollte) die **Insolvenzeröffnungsbilanz** sein.[141] Da eine **Unternehmensfortführung** bei zweifelhafter Verfahrenskostendeckung eher unwahrscheinlich ist,[142] sollte das in einer zu optimistischen Bewertung liegende Risiko gering gehalten und von **Liquidationswerten** ausgegangen werden. Dies ist aber weder zwingend[143] noch gar in jedem Falle möglich. Ist der Verwalter etwa durch einen (wirksamen[144]) Beschluss der Gläubigerversammlung im Berichtstermin auf eine Unternehmensfortführung festgelegt, muss er von der durch eine solche erzielbaren Liquidität ausgehen. Ist absehbar, dass damit keine Verfahrenskostendeckung erreicht werden kann, ist dies im Anhörungsverfahren gem § 207 II zu thematisieren.[145] Kommt es dann nicht zu einer Änderung der Entscheidung (§ 157 S 3), bleibt nur die Einstellung des Verfahrens gem § 207, selbst wenn ein Liquidationsverfahren durchführbar gewesen wäre.

43 **b) Realisierbarkeit der Liquidität und Risikoabschätzung.** Unabhängig davon, ob die Deckungsprognose (wie im Regelfall) auf der Grundlage von Liquidationswerten oder (ausnahmsweise) auf der Grundlage der durch eine Unternehmensfortführung zu erwartenden Liquidität erfolgt, ist **nicht** der **Nominalwert** der Massebestandteile, sondern ihr tatsächlich zu erwartender Ertrag für die Liquidität einzustellen. Soweit es sich um **Forderungen gegen Drittschuldner** handelt[146] oder Dritte als Prätendenten für Rechte auftreten, die der Verwalter für die Masse in Anspruch

---

133 Jaeger/*Schilken* InsO § 26 Rn 12.
134 Jaeger/*Schilken* InsO § 26 Rn 12.
135 OLG Köln ZInsO 2000, 606 f; LG Kaiserslautern ZInsO 2001, 628 f; Jaeger/*Schilken* InsO § 26 Rn 16; MünchKomm/*Hefermehl* InsO[4] § 207 Rn 18; HambK/*Weitzmann* InsO[7] § 207 Rn 8; HK/*Hölzle* InsO[10] § 207 Rn 17.
136 Jaeger/*Schilken* InsO § 26 Rn 13; MünchKomm/*Hefermehl* InsO[4] § 207 Rn 18; HK/*Hölzle* InsO[10] § 207 Rn 17.
137 Dazu, inwieweit eine Brücke zur analogen Anwendung des § 26 IV geschlagen werden kann, unten Rn 48 f.
138 Näher § 208 Rn 100 ff, 109.
139 Jaeger/*Schilken* InsO § 26 Rn 13; MünchKomm/*Hefermehl* InsO[4] § 207 Rn 18.
140 Jaeger/*Windel* InsO § 80 Rn 82 f.
141 HambK/*Weitzmann* InsO[7] § 207 Rn 8.
142 MünchKomm/*Hefermehl* InsO[4] § 207 Rn 18.
143 **AA** wohl Jaeger/*Schilken* InsO § 26 Rn 13 mN; MünchKomm/*Hefermehl* InsO[4] § 207 Rn 18; HambK/*Weitzmann* InsO[7] § 207 Rn 8; wie hier *Kröpelin* Die massearme Insolvenz (2003), Rn 80 mN.
144 Zur Aufhebungsmöglichkeit Jaeger/*Gerhardt* InsO § 78 Rn 4 ff.
145 Dazu unten Rn 74.
146 Jaeger/*Schilken* InsO § 26 Rn 13; MünchKomm/*Hefermehl* InsO[4] § 207 Rn 21.

nimmt, ist das **Risiko der Rechtsverfolgung** zu berücksichtigen. Dieses umfasst nicht nur das Streit- einschließlich des faktischen[147] **Prozessrisikos**, sondern auch das **Risiko der Anspruchsverwirklichung** gegen den Dritten. Bei Forderungen **gegen Verbandsmitglieder und Verbandsorgane** wird nicht selten auch deren **Solvenz** zweifelhaft sein. Ob der Insolvenzverwalter **Prozesskostenhilfe** erlangen kann, ist für die Deckungsprognose nach allgemeinen Grundsätzen[148] zu beurteilen. Die Streitfrage, ob Prozesskostenhilfe bei Massearmut gewährt werden kann,[149] wird erst nach festgestellter Massedürftigkeit bzw nach angezeigter Masseunzulänglichkeit relevant.

44 Liquidität ist oftmals nur zu erzielen, wenn Massegegenstände kostenträchtig erhalten (Gefriergut), weiterverarbeitet (Halbzeug) bzw veredelt und schließlich veräußert werden. De lege lata sind die dafür **erforderlichen Aufwendungen** nicht auf der Passivseite der Kostendeckungsrechnung in Ansatz zu bringen,[150] dh es ist nicht sichergestellt, dass sie ihrerseits (bei Fälligkeit) gedeckt sein werden. Diese rechtspolitisch fragwürdige Vorstrukturierung zwingt zu einer permanenten Risikobeurteilung, ob wenigstens die Verfahrenskosten durch das Insolvenzverfahren erwirtschaftet werden können. Dem System entspricht es, dass bis hin zu einer sog **temporären Kostenunterdeckung**[151] freie Masse in der Hoffnung ihrer künftigen Anreicherung eingesetzt wird.[152] Aus der Sicht des Insolvenzverwalters ist damit die Gefahr verbunden, dass er nicht nur seine Vergütung nicht voll realisieren kann, sondern sich zusätzlich noch der Haftung gegenüber Massegläubigern gem § 61 aussetzt. Man verlangt deshalb mit Recht eine strenge, an objektiven Maßstäben orientierte **Prüfung der Erfolgsaussichten und der Zumutbarkeit** der Verwertung.[153] Dabei darf aber nicht stehen geblieben werden. Insbesondere ist es nicht angängig, die Entscheidung, ob ein Verfahren fortgesetzt werden soll, letztlich von der Risikofreude des Insolvenzverwalters abhängig zu machen.[154] Denn die Aufzehrung der letzten Massebestandteile in einem sinnlosen Insolvenzverfahren geht auch zu Lasten der Gläubiger, denen die Chance genommen wird, im Wege der Einzelvollstreckung ihr Glück zu suchen.

45 Nach allem müssen die Chancen der Verwertbarkeit nicht liquider Massebestandteile an Hand strenger und vom Insolvenzgericht voll überprüfbarer Kriterien beurteilt werden: *Erstens* mag eine pauschale Bewertung nicht liquider Mittel durch einen Prozentsatz des Schätzwertes bei entsprechender Vorsicht im Eröffnungsverfahren für die Deckungsprognose gem § 26 I 1 noch angängig sein.[155] Im eröffneten Verfahren ist diese Methode aber zu ungenau, weil sie einen Massewert ohne Rücksicht auf die zu seiner Realisierung nötigen Aufwendungen suggeriert. Demgegenüber ist *zweitens* allein auf den zu erwartenden **Nettozufluss** abzustellen. Dies bedeutet, dass **die** zur Erhaltung, Weiterverarbeitung bzw Veredelung sowie zur Veräußerung **erforderlichen Aufwendungen** von vornherein als **massemindernd zu berücksichtigen** sind.[156] *Drittens* muss der Verwalter im Zuge der Versilberung der Masse Geschäfte mit Dritten eingehen. Sowohl für ihn wie für die Geschäftspartner ist das Risiko gering zu halten, insoweit persönlich einstehen zu müssen (§ 61) bzw als Gläubiger ganz oder teilweise auszufallen. Dies macht erforderlich, dass den unausweichlichen **Masseverbindlichkeiten** voraussichtlich **im Fälligkeitszeitpunkt** genügt werden kann. Insoweit sind sonstige Masseverbindlichkeiten in die Deckungsprognose einzustellen. Damit wird nicht die

147 Der Verwalter haftet grds nicht dem Prozessgegner, BGHZ 161, 236, im Anschluss an BGHZ 148, 175 (noch zur KO); Jaeger/*Gerhardt* InsO § 61 Rn 16; MünchKomm/*Hefermehl* InsO[4] § 207 Rn 24.

148 Jaeger/*Windel* InsO § 80 Rn 168 ff.

149 Dazu unten Rn 103 sowie § 208 Rn 112 ff.

150 Oben Rn 35 ff, bes 38.

151 MünchKomm/*Hefermehl* InsO[4] § 207 Rn 19 ff, bes 20.

152 **Abl** *Uhlenbruck* NZI 2001, 408, 409 (gegen AG Hamburg NZI 2000, 140), der das Verfahren einstellen und eine Nachtragsverteilung vorbehalten lassen will (dazu noch unten Rn 116).

153 Eindrücklich MünchKomm/*Hefermehl* InsO[4] § 207 Rn 20–23.

154 Vgl aber MünchKomm/*Hefermehl* InsO[4] § 207 Rn 20a, 23.

155 Dafür etwa Jaeger/*Schilken* InsO § 26 Rn 13.

156 **Beispiel:** *Förster* ZInsO 1999, 141, 145; **abl** Jaeger/*Schilken* InsO § 26 Rn 31; *Kaufmann* Die Berücksichtigung sonstiger Masseverbindlichkeiten des § 55 InsO bei der Kostendeckungsprüfung des § 26 Abs 1 Satz 1 InsO (2004), S 17 f.

gesetzgeberische Absicht unterlaufen, nur die Verfahrenskosten iSv § 54 zu berücksichtigen.[157] Denn der hier beschriebene Weg führt nicht dazu, dass sonstige Masseverbindlichkeiten notwendig abgedeckt würden. Vielmehr führt er zu einer realistischen Massebewertung, deren nicht liquide Bestandteile ggf mit dem Wert „Null" anzusetzen sind, wenn die zu ihrer Versilberung unausweichlichen Geschäfte nicht finanzierbar sind. Schließlich ist die Prognose *viertens* auch darauf zu erstrecken, ob sich das **Verhältnis von Barmitteln und nicht liquiden Massebestandteilen** kontinuierlich verbessern dürfte. Da es im System liegt, dass mit freien Mitteln in der Hoffnung spekuliert wird, die Liquidität zu verbessern, erscheint dafür eine **Strukturierung der Verwertung** unverzichtbar. Obwohl an sich jedes Geschäft auf seine Nützlichkeit hin abzuschätzen ist, wäre es zu kleinteilig, den Maßstab der konkreten Liquiditätsverbesserung hieran anzulegen. Teilweise wäre dies auch gar nicht möglich (Beispiel: Energiebezug zur Kühlung verderblicher Ware; Abdeckung von Gemeinkosten). Am besten gelingt die Strukturierung, wenn sich **Einzelprojekte** in sich geschlossen abwickeln lassen (Beispiel: Bauprojekte).[158] Ist dies nicht möglich, ist die **Verwertung zeitlich zu unterteilen** und die Deckungsprognose auf der Grundlage von Zwischenbilanzen nachzukalkulieren.

c) Prognosezeitraum. Der **Zeitraum**, innerhalb dessen die zur Kostendeckung erforderliche Liquidität zu erwarten sein muss, **ist** jeweils **für das konkrete Insolvenzverfahren zu bestimmen**. Die verbreitet genannten konkreten Zeiträume[159] können bestenfalls als Richtwerte dienen.[160] Allgemein wird in **Verbraucherinsolvenz**- und anderen Verfahren natürlicher Personen zur Erlangung von Restschuldbefreiung, in denen die Verfahrenskosten nicht gestundet sind, von einem kürzeren,[161] in **Insolvenz**verfahren über das Vermögen **von Unternehmen**strägern dagegen von einem längeren Zeitraum auszugehen sein.[162] Je länger sich das Verfahren hinzieht, desto größere Bedeutung gewinnt die zuvor[163] beschriebene Überprüfung der Deckungsprognose. 46

Der Gefahr, dass massearme Verfahren *ad calendas graecas* weitergeschleppt werden, wirkt eine **immanente Begrenzung** entgegen. Denn die Verfahrenskosten müssen in dem Zeitraum beglichen werden, in dem sie vom Kostengläubiger verlangt werden können.[164] Deshalb bedarf es jedenfalls insoweit[165] sukzessive liquider Mittel. Namentlich müssen die Gerichtskosten und **Vorschüsse des Insolvenzverwalters**[166] aufgebracht werden können, die diesem auf seine Vergütung vor deren Fälligkeit[167] und auf Auslagen gem § 9 InsVV zustehen.[168] Die Gerichtskosten sind Fixkosten, sofern sie nicht gem § 4a gestundet sind, die Vorschüsse des Verwalters hinge- 47

157 AA Jaeger/*Schilken* InsO § 26 Rn 31.
158 Vgl *Windel* ZIP 2009, 101, 109 mN.
159 Etwa *Metzger* Verfahrenskostendeckende Masse (2002), S 50 mit 91 ff („mittelfristig" iSv bis zu zwei Jahren); HambK/*Weitzmann* InsO^7 § 207 Rn 9 (bis zu zwei Jahre), sowie der irreführende redaktionelle LS zu LG Kaiserslautern ZInsO 2001, 628 f (ca. ein Jahr).
160 MünchKomm/*Hefermehl* InsO^4 § 207 Rn 20a.
161 Vgl OLG Köln ZInsO 2000, 606 f (keine Liquidität nach sieben Monaten) mit wiederum irreführenden redaktionellen LSen; LG Kaiserslautern ZInsO 2001, 628 f (Liquidität spätestens neun Monate und drei Tage nach Entscheidungserlass); großzügiger AG Göttingen ZIP 2009, 879 f (wegen des mittlerweile aufgehobenen § 114 I auch mehr als zwei Jahre).
162 BGH ZIP 2003, 2171 f (ein Jahr nicht beanstandet); LG Leipzig ZInsO 2002, 576 f (zB zwei Jahre); AG Hamburg NZI 2000, 140 (Liquidität in frühestens zwei Jahren); vage AG Hamburg ZInsO 2006, 51, 52 f (im Einzelfall mehrere Jahre).
163 Rn 45 aE.
164 Vgl schon oben Rn 34.
165 Zur hier vertretenen weitergehenden Ansicht zuvor Rn 45.
166 Dazu dezidiert *Nicht/Schildt* NZI 2010, 466 ff.
167 Dazu Jaeger/*Schilken* InsO § 63 Rn 10.
168 Jaeger/*Schilken* InsO § 63 Rn 13 mN; Kübler/Prütting/Bork/*Pape* InsO^9 § 207 Rn 23.

gen nur bedingt. Denn zwar braucht Letzterer in einem Verfahren, bei dem die äußeren Umstände auf den ersten Blick eine Masseinsuffizienz befürchten lassen, nach der Rechtsprechung des **BGH** ohne Vorschuss nicht tätig zu werden.[169] Aber er kann dies selbstverständlich tun. (Nur) insoweit[170] hängt die Fortführung des massearmen Verfahrens (auch) von der Risikofreudigkeit des Verwalters ab, weil es (zunächst) einer geringeren Liquidität bedarf. Überholt ist hingegen die vor Einführung der §§ 4a ff, 63 II entwickelte Ansicht, dem Verwalter sei es zumutbar, mit der Entnahme von Vorschüssen zuzuwarten, bis eine temporäre Kostenunterdeckung behoben sei.[171] Denn der BGH hat aus der Einführung o. g. Regelungen zutreffend geschlossen, dass die Staatskasse nicht für Vergütung und Auslagen des Verwalters aufzukommen hat, wenn die Verfahrenskosten nicht gestundet sind.[172] Damit entfällt das Äquivalent zum Verzicht auf die Entnahme von Vorschüssen aus der Masse.[173] (Wenigstens) unter den Voraussetzungen des § 9 S 2 InsVV ist dem Verwalter daher die Entnahme von Vorschüssen zwingend zu gewähren. Er kann nicht zu einer risikoreichen Kreditierung gezwungen werden.[174]

4. Abwendung der Verfahrenseinstellung, § 207 I 2

48 Die Einstellung des Verfahrens unterbleibt, wenn die Erfüllung der Verfahrenskosten sichergestellt wird (§ 207 I 2, 1. Hs, 1. Fall – sogleich a), oder wenn die Verfahrenskosten nach § 4a gestundet werden (§ 207 I 2, 1. Hs, 2. Fall – nachfolgend b). Die Vorschrift entspricht § 26 I 2. Folglich bezieht sich der Verweis auf die Rückgriffsregelung des § 26 III in § 207 I 2, 2. Hs wie dort nur auf den ersten Fall. Unklar[175] und auch bei der Evaluation des ESUG[176] nicht untersucht ist, warum die Verweisung des § 207 I S 3, 2. Hs nicht auf den zum 1.3.2012 eingefügten § 26 IV[177] erstreckt worden ist.

a) Sicherstellung der Verfahrenskosten („Massekostenvorschuss")

49 **aa) Praktische Bedeutung.** Die theoretisch sicherlich sinnvolle Möglichkeit, durch freiwillige Interzession die Durchführung eines Insolvenzverfahrens zu ermöglichen,[178] wird praktisch trotz der Regressmöglichkeit des § 26 III[179] nach wie vor relativ selten wahrgenommen.[180] **Im** bereits **eröffneten Verfahren**, also im Anwendungsbereich des § 207 I 2, ist sie für den Sicherungsgeber noch unattraktiver als im Eröffnungsverfahren gem § 26 I 2, sofern sich die Vermögenslage seit der Verfahrenseröffnung bereits verschlechtert hat. Es müssten schon sehr überzeugende Gründe bestehen, dann noch auf eine Wende zum Besseren zu hoffen. Ist die objektive Vermögenslage dagegen seit der Verfahrenseröffnung unverändert (schlecht), kann es

---

169 BGHZ 157, 370, 378 f = ZIP 2004, 571, 574 = DZWIR 2004, 418, 420 [*Eickmann* ebd, 412 ff] = EWiR 2004, 609 f [*Vallender* ebd] = NZI 2004, 245, 247 [*Bernsau* ebd, 247 f; *Pape* LMK 2004, 149 f] = WuB VI C. § 63 InsO 1.04 [*Kirchhof*].
170 Vgl oben Rn 44.
171 AG Hamburg NZI 2000, 140 f.
172 BGHZ 157, 370 = ZIP 2004, 571 = DZWIR 2004, 418 [*Eickmann* ebd, 412 ff] = EWiR 2004, 609 [*Vallender* ebd] = NZI 2004, 245 [*Bernsau* ebd, 247 f; *Pape* LMK 2004, 149 f] = WuB VI C. § 63 InsO 1.04 [*Kirchhof*]; s auch BGH WuB VI A. § 26 InsO 1.26 [zust *Pape*].
173 Vgl AG Hamburg NZI 2000, 140 f.
174 Jaeger/*Schilken* InsO § 63 Rn 13; MünchKomm/*Hefermehl* InsO[4] § 207 Rn 20a.
175 Zur eigenen Ansicht sogleich Rn 49.
176 *Durch Jacoby/Madaus/Sack/H. Schmidt/Thole* Evaluierung – Gesetz zur weiteren Erleichterung der Sanierung von Unternehmen (ESUG) vom 7. Dezember 2011 (2018).
177 ESUG v 7.12.2011 BGBl I 2582.
178 Ausführlich Jaeger/*Schilken* InsO § 26 Rn 53.
179 Skeptisch dazu schon *Kübler* Kölner Schrift[3], S 578 f Rn 12.
180 MünchKomm/*Hefermehl* InsO[4] § 207 Rn 30 mN.

zur Anwendung des § 207 nur kommen, wenn damals fälschlich zu optimistisch prognostiziert wurde.[181] Dann mag es zwar an sich ähnlich sinnvoll wie im Eröffnungsverfahren sein, ein finanzielles Risiko einzugehen. Aber das Vertrauen in die Organe des Insolvenzverfahrens wird angesichts deren Fehleinschätzung gelitten haben,[182] was dem Engagement ebenfalls nicht förderlich sein dürfte. Selbst zur **Überbrückung einer temporären Kostenunterdeckung** taugt das Instrument nur bedingt, weil eine solche typischerweise gerade auch darauf beruht, dass (sonstige) Masseverbindlichkeiten aus notwendigen Erhaltungs- und Verwertungsmaßnahmen zu berichtigen sind.[183] Zu deren Berichtigung darf die Kostensicherstellung aber nicht verwendet werden.[184] Nach allem blieb die praktische Bedeutung für § 207 wie für § 26 zunächst gering. Es hätte sich daher angeboten, für beide Phasen eines Massekostenvorschusses gesetzlich Abhilfe zu schaffen.[185] Eine **Pflicht** derjenigen, die gegen eine Insolvenzantragspflicht verstoßen hatten, **zur Vorschussleistung** wurde aber nur in **§ 26 IV** normiert, ohne dass die Verweisung in § 207 I S 2, 2. Hs angepasst worden wäre. Darin liegt mehr als ein bloßes Redaktionsversehen,[186] nämlich eine substantielle gesetzgeberische Fehlleistung. Denn obwohl Gesamtschadensersatz wie aus Insolvenzverschleppung gem § 92 der Masse auch im Rahmen des § 207 zuzurechnen ist,[187] kann man die Antragspflichtigen hier nicht wie bei § 26 IV schlechthin in Anspruch nehmen.[188] Denn das Ziel der Antragspflicht, nämlich die Eröffnung eines amtsverwalteten Verfahrens, war ja im Falle des § 207 – wenn auch verspätet – erreicht worden. Dies steht einer analogen Anwendung des § 26 IV zwar nicht schlechthin entgegen.[189] Es drängt aber doch dazu, die Vorschusspflicht auf den Betrag zu begrenzen, der schon im Eröffnungsverfahren zu leisten gewesen wäre.[190] Praktisch bedeutet dies, dass die Vorschusspflicht leerläuft, wenn die Massedürftigkeit erst im eröffneten Verfahren eingetreten ist, und dass nur eine Teildeckung der Massekosten über § 26 IV zu erreichen ist, wenn sich die Massearmut im Verfahren vertieft hat.[191]

bb) Freiwillige Sicherungsgeber. Im Ausgangspunkt herrscht Einigkeit, dass die Einstellung 50
des Verfahrens durch jeden Interessierten abgewendet werden kann.[192] Eine (formelle oder materielle) Beteiligung am Insolvenzverfahren ist nicht erforderlich. Unsicherheiten bestehen aber hinsichtlich der Befugnis des Schuldners und der des Insolvenzverwalters:

Der **Schuldner** kann eine besondere Zuwendung zur Verfahrenskostendeckung **nur aus** 51
seinem **beschlagsfreien Vermögen** erbringen,[193] weil alles andere ohnehin zur (Soll-) Masse gehört. In der Sache liegt darin ein wirksamer Verzicht auf Pfändungsschutz[194] mit der Konsequenz, dass er die Mittel nicht zurückfordern kann, selbst wenn sie zur Kostendeckung nicht benötigt werden.[195] Daneben soll es dem Schuldner auch möglich sein, **Mittel** zur Kostende-

---

181 Zu den möglichen Gründen für die Anwendbarkeit des § 207 oben Rn 26 ff.
182 Eine Auswechslung des Insolvenzverwalters in dieser Lage dürfte meist zu umständlich und zu teuer sein.
183 Oben Rn 44.
184 Sogleich Rn 55 f.
185 Dafür bei den Gesetzgebungsarbeiten zum ESUG explizit *Paul* ZInsO 2008, 28, 31, sowie implizit *K. Schmidt* NJW 2011, 1255, 1256.
186 So *Hirte/Knof/Mock* DB 2011, 632, 635 Fn 24.
187 Oben Rn 41.
188 So aber jetzt HK/*Hölzle* InsO[10] § 207 Rn 14.
189 So noch HK/*Landfermann* InsO[9] § 207 Rn 14; iE auch *Marotzke* FS Haarmeyer (2013) 149, 155 = ZInsO 2013, 1940, 1942 f; MünchKomm/*Hefermehl* InsO[4] § 207 Rn 31 Fn 103.
190 Überzeugend K. Schmidt/*Jungmann* InsO[19] § 207 Rn 29 f.
191 Zu den einzelnen Konstellationen des § 207 oben Rn 26 ff.
192 Jaeger/*Schilken* InsO § 26 Rn 55.
193 Jaeger/*Schilken* InsO § 26 Rn 55.
194 Dazu Jaeger/*Henckel* InsO § 36 Rn 6.
195 Vgl noch Rn 55.

ckung zuzuschießen, die nachweislich **von einem Dritten** stammen.[196] Diese von *Henckel* zur KO entwickelte Ansicht[197] ist unter der Geltung der InsO klarstellungsbedürftig, weil Zuwendungen an den Schuldner durch Dritte jetzt grundsätzlich als Neuerwerb gem § 35 I in die allgemeine Insolvenzmasse fallen. Unproblematisch ist deshalb nur noch der Fall, dass der Schuldner als Hilfsperson des Dritten die Sicherstellung überbringt. Ob man es daneben zulassen soll, dass ein Dritter dem Schuldner eine zweckgebundene Zuwendung allein zur Kostendeckung macht, erscheint mehr als fraglich. Jedenfalls erschiene es auf der Grundlage der hier befürworteten unbeschränkten Nachhaftung des Schuldners für alle Masseverbindlichkeiten[198] als unsinnig, ihn etwas vorübergehend zurückfordern zu lassen. Eine Rückzahlung an den Dritten erscheint dagegen unproblematisch.

52 Nach hM steht das Gebot der neutralen Amtsführung einer Interzession durch den **Insolvenzverwalter** entgegen.[199] Die wieder[200] im Vordringen befindliche Gegenansicht[201] vermag jedenfalls für das bereits eröffnete Verfahren nicht zu überzeugen. Denn der Insolvenzverwalter hat ohnehin die Möglichkeit, die Einstellung des Verfahrens gem § 207 I 1 aufzuhalten, indem er von seiner Möglichkeit, gem § 9 InsVV Vorschüsse anzufordern, keinen Gebrauch macht.[202] Ihn in weiterem Umfang auf das Risiko (auch) Dritter mit der Restmasse spekulieren zu lassen, geht nicht an. Richtig ist zwar, dass es an sich einen Weg geben müsste, auf dem der Verwalter dem Insolvenzgericht gegenüber wirksam seine Einschätzung über die Sinnhaftigkeit des Insolvenzverfahrens zur Geltung bringen könnte. Dies aber könnte nur die für das alte Recht noch gegebene[203] und heute zu Unrecht ausgeschlossene[204] sofortige Beschwerde durch den Verwalter gegen den Einstellungsbeschluss sein.

53 **cc) Die Art der Sicherstellung.** Die Interzession erfolgt nach dem noch auf die KO zurückgehenden Wortlaut des § 207 I 2 dadurch, dass ein Geldbetrag vorgeschossen wird (sog **Massekostenvorschuss**). Darüber ist die Rechtsentwicklung längst hinweggegangen. Heute ist anerkannt, dass es im Ermessen des Insolvenzgerichts steht,[205] die Erfüllung der Masseverbindlichkeiten nicht nur durch **Einzahlung eines Geldbetrages**, sondern auch durch Gestellung einer **Bankgarantie oder -bürgschaft** zu akzeptieren.[206] Eine auf das eigene Vermögen genommene Verpflichtung wird hingegen grundsätzlich nicht ausreichen.[207] Eine Ausnahme erscheint denkbar, wenn Solvenz und Zahlungsbereitschaft des Interzedenten außer jedem Zweifel stehen (Beispiel: Bank stellt Sicherheit in ihrer Rolle als Gläubigerin). Bereits unter der Geltung des § 127 KO hat man anerkannt, dass **Absonderungsberechtigte** mit dem Verwalter eine Verwertungsvereinbarung treffen und den ihnen zustehenden **Teil des Erlöses** zur Deckung der Massekosten **„stehen lassen"**.[208]

---

196 So *Haarmeyer* ZInsO 2001, 103, 107; MünchKomm/*Hefermehl* InsO[4] § 207 Rn 37; Braun/*Ludwig* InsO[8] § 207 Rn 18.

197 FS 100 Jahre KO (1977), S 169, 178 f.

198 Jaeger/*Windel* InsO § 80 Rn 44; *Windel* KTS 2011, 35 ff.

199 *Häsemeyer* in InsR im Umbruch (1991), S 101, 109; *Smid* WM 1998, 1313, 1314; *Kübler* Kölner Schrift[3], S 580 Rn 15; Jaeger/*Schilken* InsO § 26 Rn 55; Kübler/Prütting/Bork/*Pape* InsO[9] § 207 Rn 19; Nerlich/Römermann/*Westphal* InsO[29] § 207 Rn 21; HK/*Hölzle* InsO[10] § 207 Rn 15; HambK/*Weitzmann* InsO[7] § 207 Rn 13, 15; MünchKomm/*Hefermehl* InsO[4] § 207 Rn 33.

200 *Uhlenbruck* NZI 2001, 408 (bei Verzicht auf die Anwendung des § 26 III).

201 BK/*Gruber* InsO[27] § 207 Rn 17 f; K. Schmidt/*Jungmann* InsO[19] § 207 Rn 28; FK/*Kießner* InsO[9] § 207 Rn 27; Braun/*Ludwig* InsO[8] § 207 Rn 16; *Walther* Das Verfahren bei Masseunzulänglichkeit nach den §§ 208 ff InsO (2005), S 22 f.

202 Dazu oben Rn 47.

203 Eindrücklich Jaeger/*Weber* KO[8] § 204 Rn 5.

204 Unten Rn 113, sowie § 216 Rn 5.

205 BGH ZIP 2002, 1695, 1696.

206 Jaeger/*Schilken* InsO § 26 Rn 62.

207 AA wohl MünchKomm/*Haarmeyer*/*Schildt* InsO[4] § 26 Rn 29.

208 OLG Hamm WM 1999, 1226.

Unter der Geltung der InsO bedarf es bei Absonderungsrechten keiner Verwertungsvereinbarung mehr (§ 166), sondern nur noch der Widmung des über den zur allgemeinen Insolvenzmasse gehörenden Teil des Erlöses (§§ 170, 171) hinausgehenden Betrages zur Kostendeckung. **Aussonderungsberechtigte** können in der zu § 127 KO entwickelten Weise interzedieren.

Entgegen der Rechtsprechung besteht kein Anlass, die Sicherstellung als in jeder Hinsicht bedingungsfeindlich einzustufen.[209] Namentlich kann die Zusage an die innerprozessuale **Bedingung** geknüpft werden, dass eine bestimmte Verfahrensart (etwa Eigenverwaltung) angeordnet bzw von der Gläubigerversammlung gem § 207 II beschlossen wird.[210] Denn die Verfahrensgestaltung erfolgt durch die Organe selbst, die folglich auch das Angebot zur Kostensicherstellung berücksichtigen können,[211] wenn dessen Voraussetzungen nur hinreichend klar formuliert sind.[212] 54

Die zur Sicherstellung übertragenen, belassenen bzw bestellten Mittel und Rechte bilden eine von der allgemeinen Insolvenzmasse verschiedene **Sondermasse**, die ausschließlich zur Befriedigung der Kostengläubiger im Bedarfsfalle verwendet werden darf. Tritt dieser nicht ein, sind sie **zurückzuzahlen**[213] bzw **freizugeben**, sofern sie nicht vom Schuldner selbst stammen.[214] Rückzahlungs- bzw (bei stehen gelassenen Mitteln) Herausgabeansprüche sind nach allgemeinen Grundsätzen **aufrechenbar**.[215] 55

dd) Höhe der Sicherstellung; Verfahren. Die erforderliche **Höhe** der Sicherstellung ist **vom Insolvenzgericht** auf den Differenzbetrag zwischen verfügbarer Masse[216] und erforderlicher Deckung[217] **festzusetzen.** Andere Masseverbindlichkeiten als die Verfahrenskosten gem § 54 sind wiederum beim Bedarf selbst dann **nicht** anzusetzen,[218] wenn sie der **Deckung sog unausweichlicher Masseerhaltungs- und -verwaltungsaufwendungen** dienen.[219] Denn obschon es an sich überlegenswert wäre, diese Aufwendungen bei § 207 I 1 unberücksichtigt zu lassen, bei § 207 I 2 aber einzustellen,[220] fehlt es für eine solche Differenzierung an jedem Anhaltspunkt im Gesetz. Berücksichtigt man die Masseerhaltungs- und -verwaltungsaufwendungen freilich mit dem hier gemachten Vorschlag bei der Bestimmung des aus der Masse realisierbaren Wertes,[221] bestimmen sie mittelbar auch die Höhe der erforderlichen Sicherstellung. Voll abgedeckt werden „unausweichliche sonstige Masseverbindlichkeiten" aber trotz dieser Berücksichtigung nicht, so dass sich auch durch Interzession kein Erfolg versprechendes Insolvenzverfahren erzwingen lässt. Denn der Verwalter kann vor dem Hintergrund seines persönlichen Haftungsrisikos (§ 61) nicht gezwungen werden, Masseverbindlichkeiten zu begründen,[222] mögen diese auch noch so „unausweichlich" sein. 56

---

209 So aber AG Charlottenburg DZWIR 2005, 168 f [abl *Smid* ebd, 169 f]; MünchKomm/*Haarmeyer/Schildt* InsO[4] § 26 Rn 31, und wohl auch BGH ZIP 2002, 1695, 1696.

210 *Smid* DZWIR 2005, 169; *ders* DZWIR 2005, 475 ff.

211 **AA** BGH ZIP 2002, 1695, 1696; BGH NZI 2006, 34 f = DZWIR 2005, 475 [abl *Smid* ebd, 475–477] [dazu referierend *Gundlach/Schirrmeister* DStR 2006, 619 f] (jew für § 26 I 2).

212 *Daran* fehlte es bei BGH ZIP 2002, 1695 f („Die ASt wird nach der Überprüfung des angefochtenen Beschlusses durch das Beschwerdegericht und nach deren Maßgabe auch gern und unverzüglich einen Kostenvorschuss ... erbringen").

213 *Delhaes* KTS 1987, 597, 608; *Haarmeyer* ZInsO 2001, 103, 107.

214 Zu letzterem oben Rn 51.

215 OLG Frankfurt ZIP 1986, 931 ff [*Brehm* EWiR 1986, 503 f]; Jaeger/*Windel* InsO § 94 Rn 114.

216 Oben Rn 40 ff.

217 Oben Rn 33 ff.

218 Jaeger/*Schilken* InsO § 26 Rn 63; MünchKomm/*Hefermehl* InsO[4] § 207 Rn 34 f; Nerlich/Römermann/*Westphal* InsO[29] § 207 Rn 23; für die Sicherstellung wohl auch *Häsemeyer* InsR[4] Rn 7.30.

219 **AA** BK/*Gruber* InsO[27] § 207 Rn 12; HambK/*Weitzmann* InsO[7] § 207 Rn 13.

220 Vgl *Dinstühler* ZIP 1998, 1697, 1699 f.

221 Oben Rn 38, 44 f.

222 MünchKomm/*Hefermehl* InsO[4] § 207 Rn 35.

57 Zu der **Festsetzung der Höhe** der Sicherstellung ist den in § 207 II Genannten **rechtliches Gehör** zu gewähren. Dies geschieht als Teil des Einstellungsverfahrens, dh mit der Ladung zur Gläubigerversammlung bzw durch Rundschreiben.[223] **Der amtswegigen Aufforderung** an Einzelne **bedarf es nicht**. Denn es ist bei § 207 nicht über den Antrag eines individuellen Antragstellers zu entscheiden. Vielmehr betrifft der Einstellungsbeschluss alle (formell oder bisher auch nur materiell) am Insolvenzverfahren Beteiligten. Die **Festsetzung der Höhe** der erforderlichen Sicherstellung ist **nicht** isoliert, sondern nur zusammen mit dem Einstellungsbeschluss **anfechtbar,**[224] selbst wenn sie in einem gesonderten Beschluss erfolgt, was zulässig ist.[225]

58 **ee) Regress durch den Interzedenten.** Hinsichtlich des Regresses ergeben sich im bereits eröffneten Verfahren keine Besonderheiten gegenüber § 26. Dies gilt sowohl für die Teilnahme am Insolvenzverfahren, wenn die Sicherstellung zur Tilgung der Verfahrenskosten erforderlich war,[226] wie für den Rückgriff gem § 26 III.[227]

59 **b) Stundung der Verfahrenskosten.** Der Weg zur Restschuldbefreiung für natürliche Personen, deren Vermögen nicht einmal die Kosten eines regulären oder auch nur eines Kleinverfahrens deckt, führt über die **Stundung der Verfahrenskosten gem § 4a**. Sie verhindert die Abweisung des Eröffnungsantrages (§ 26 I 2, 2. Fall) wie die Einstellung eines eröffneten Insolvenzverfahrens (§ 207 I 2, 1. Hs, 2. Fall) mangels kostendeckender Masse. Damit kommt es zwar (meist[228]) zur **Anzeige der Masseunzulänglichkeit** gem § 208 I 1[229] und damit zur Einstellung gem § 211 I. Eine solche steht der Erteilung von Restschuldbefreiung aber nicht entgegen, § 289.

60 **aa) Verfahrensfragen.** Gegenüber der Bedeutung der Stundung für die Eröffnung des Verfahrens[230] ergeben sich im eröffneten Verfahren einige Besonderheiten. So ist eine Stundung auch hier nur möglich, wenn ein **Antrag auf Restschuldbefreiung** des Schuldners gestellt worden war.[231] Aufgrund des vorgerückten Verfahrensstadiums beschränkt sich die **Möglichkeit**, den **Antrag** auf Erteilung von Restschuldbefreiung noch **nachzuholen**, auf Fälle, in denen das Insolvenzgericht im Eröffnungsverfahren seiner Hinweispflicht gem § 20 II nicht genügt hat.[232] Neben die auch[233] im Rahmen des § 207 I bestehende **Pflicht des Gerichts**[234] tritt eine solche **des Insolvenzverwalters**, den **Schuldner auf die Möglichkeit hinzuweisen**, die Einstellung durch einen Antrag auf Stundung der Kosten des Insolvenzverfahrens abzuwenden.[235]

61 Die **Stundung** der Verfahrenskosten ist **gegenüber** freiwilligen Zuschüssen Dritter einschließlich der Sicherstellung der Kosten durch sog **Massekostenvorschuss nachrangig**. Deshalb hat

---

223 Vgl Kübler/Prütting/Bork/*Pape* InsO[9] § 207 Rn 13, sowie näher unten Rn 72, 78.
224 MünchKomm/*Hefermehl* InsO[4] § 207 Rn 36; HambK/*Weitzmann* InsO[7] § 207 Rn 14.
225 Jaeger/*Schilken* InsO § 26 Rn 67; BK/*Gruber* InsO[27] § 207 Rn 12.
226 Dazu Jaeger/*Schilken* InsO § 26 Rn 61.
227 Dazu Jaeger/*Schilken* InsO § 26 Rn 89 ff; BGH ZIP 2009, 571 f [zust *Voß* EWiR 2009, 247 f] = NZI 2009, 233 f [iE **zust** *Gundlach*/*Frenzel* ebd, 234 f] = ZInsO 2009, 433 [*Haarmeyer* ebd, 435].
228 Aber nicht zwingend (so aber wohl FK/*Kießner* InsO[9] § 207 Rn 31).
229 MünchKomm/*Hefermehl* InsO[4] § 207 Rn 39; Kübler/Prütting/Bork/*Pape* InsO[12] § 207 Rn 8c; *Kröpelin* Die massearme Insolvenz (2003), Rn 494.
230 Dazu Jaeger/*Schilken* InsO § 26 Rn 54, 68 f.
231 Uhlenbruck/*Ries* InsO[15] § 207 Rn 23; Kübler/Prütting/Bork/*Pape* InsO[12] § 207 Rn 8b.
232 BGH NZI 2015, 899 ff [**zust** *Kluth* VIA 2015, 78]; BGH NZI 2020, 953 f Rn 11.
233 Zur Hinweispflicht des Gerichts im Eröffnungsverfahren Jaeger/*Eckardt* InsO § 4a Rn 40.
234 Nerlich/Römermann/*Westphal* InsO[29] § 207 Rn 28; BK/*Gruber* InsO[27] § 207 Rn 19.
235 Kübler/Prütting/Bork/*Pape* InsO[12] § 207 Rn 8a; Nerlich/Römermann/*Westphal* InsO[29] § 207 Rn 28; BK/*Gruber* InsO[27] § 207 Rn 8a.

das Insolvenzgericht vor Bewilligung der Stundung darauf hinzuwirken, dass freiwillige Zuschüsse erbracht werden.[236] Im eröffneten Verfahren mag sich freilich bereits herausgestellt haben, dass mit freiwilligen Drittleistungen keinesfalls zu rechnen ist. Es erscheint darum nicht ermessensfehlerhaft, dass das Insolvenzgericht ausnahmsweise von besonderen Bemühungen absieht. In jedem Falle sollte darauf geachtet werden, dass die Bemühungen um eine Kostendeckung durch Dritte nicht ihrerseits unverhältnismäßige Kosten verursachen. Deshalb erscheint neben einer Auflage an den Schuldner, sich um eine Kostendeckung durch Dritte zu bemühen, allenfalls eine formlose Anfrage bei den (Insolvenz- und Masse-)Gläubigern und engen Familienangehörigen tunlich.

Über die Stundung der Kosten des Insolvenzverfahrens ist gem § 4a III 2 für jeden Verfah- 62 rensabschnitt gesondert zu entscheiden. Diese **Verfahrensabschnitte** sind das Eröffnungsverfahren, in Kleinverfahren das Schuldenbereinigungsverfahren, das eigentliche Insolvenzverfahren und das Restschuldbefreiungsverfahren.[237] Da das eigentliche Insolvenzverfahren demnach einen in sich geschlossenen Verfahrensabschnitt bildet, ergeben sich aus § 4a III 2 vor dem Hintergrund des § 207 I 2 keine besonderen Probleme.

bb) Konsequenzen der Stundung. Die Stundung bewirkt, dass die **Gerichtskasse** nur nach 63 den Bestimmungen, die das Gericht trifft, gegen den Schuldner vorgehen kann (§ 4a III 1 Nr 1) und dass ein **beigeordneter Rechtsanwalt** Ansprüche auf Vergütung gegen den Schuldner nicht geltend machen kann (§ 4a III 1 Nr 2). Außerdem entsteht mit der Stundung die **Ausfallhaftung der Staatskasse** für Vergütung und Auslagen des Insolvenzverwalters gem § 63 II. Dagegen beseitigt die Stundung nicht die Pflicht des Verwalters, die **Verfahrenskosten vorrangig zu berichtigen**, soweit Masse vorhanden ist bzw im Verfahren erwirtschaftet wird.[238] Da die Restmasse per definitionem nicht alle Verfahrenskosten abdecken wird, ist die Verteilung nach der Rangordnung des § 207 III 1 vorzunehmen.[239] Diese Regelung ergänzt § 209 I, sofern es nach der Bewilligung der Stundung wie üblich[240] zur Anzeige der Masseunzulänglichkeit kommt. Die Gegenansicht, die die Verfahrenskosten erst letztrangig berücksichtigen will,[241] behauptet zu Unrecht, das Problem sei im Gesetzgebungsverfahren übersehen worden.[242] Die auch hier vertretene hM ergibt sich vielmehr nicht nur eindeutig aus den Materialien des InsO-ÄndG 2001,[243] sondern für die Vergütung und die Auslagen des Verwalters auch aus dem Normtext des § 63 II aE. Mittelbar bestätigt wird die hM schließlich durch § 292 I 2 aE.[244]

Die zuvor beschriebene gesetzgeberische Entscheidung führt faktisch zu masseunzulängli- 64 chen **Verfahren** mit Verwaltungs- und Verwertungspflicht (§ 208 III), aber **ohne** jedes **Haftungsreservoir** für die sonstigen Masseverbindlichkeiten.[245] Dies hat dazu geführt, dass der BGH dem Verwalter unausweichliche Kosten für Steuerberatung als „Auslagen" aus der Staatskasse gewährt hat.[246] Lässt der Verwalter die Lohnbuchhaltung durch eigene Kräfte aufarbeiten, greift die Aus-

236 Jaeger/*Eckardt* InsO § 4a Rn 34.
237 BGH DZWIR 2003, 524 ff [abl *Heinze* ebd, 526; **zust** *Amend* LMK 2004, 15 f].
238 BGH ZIP 2010, 145, 146 f Rn 19 ff [**zust** *Weitzmann* EWiR 2010, 127 f]; BGH ZIP 2013, 634 Rn 3; LG Chemnitz ZIP 2004, 1860 f; *Grote* NJW 2001, 3665; Jaeger/*Eckardt* InsO § 4a Rn 60; Nerlich/Römermann/*Becker* InsO[32] § 4a Rn 81; MünchKomm/*Hefermehl* InsO[4] § 209 Rn 17; *Huep*/*Webel* NZI 2011, 389, 390.
239 LG Chemnitz ZIP 2004, 1860 f; Nerlich/Römermann/*Becker* InsO[32] § 4a Rn 85; HK/*Hölzle* InsO[10] § 207 Rn 21; nach Uhlenbruck/*Ries* InsO[15] § 209 Rn 25, dagegen gem § 209 I.
240 Dazu schon oben Rn 59.
241 *Kießner* FS Braun (2007), S 205 ff; FK/*Kießner* InsO[9] § 207 Rn 31, § 209 Rn 10 f; ihm folgend HK/*Hölzle* InsO[10] § 209 Rn 6; HambK/*Weitzmann* InsO[7] § 209 Rn 3; **wie hier** Kübler/Prütting/Bork/*Pape* InsO[19] § 209 Rn 5a; Uhlenbruck/*Ries* InsO[15] § 207 Rn 25.
242 *Kießner* FS Braun (2007), S 205, 212.
243 BT-Drucks 14/5680, S 21 li. Sp, 3. Abs.
244 Darauf hat Kübler/Prütting/Bork/*Pape* InsO[19] § 209 Rn 5a, hingewiesen.
245 In der Analyse völlig zutr *Kießner* FS Braun (2007), S 205, 208 ff.
246 Oben Rn 35 sowie Jaeger/*Windel* InsO § 80 Rn 141.

fallhaftung der Staatskasse (nur), wenn er mit seinen Leuten gesonderte Dienst- oder Werkverträge abgeschlossen hatte.[247] Diese und andere Versuche der Problembewältigung wie etwa der, der Schuldner solle unter Hinweis auf seine Nachhaftung zum Tätigwerden ermuntert werden,[248] bieten keine akzeptablen Lösungen. Remedur verspricht allein eine grundlegende Gesetzesreform.[249]

III. Feststellung der Massedürftigkeit

65 Das Gesetz knüpft in § 207 I 1 daran an, dass sich die Massedürftigkeit „herausstellt".[250] Der Weg zu den dafür notwendigen Feststellungen ist nicht geregelt, sondern in Literatur und Rechtsprechung entwickelt worden (1.). § 207 II enthält aber Anhörungspflichten (2.),[251] die freilich nur greifen, wenn das Insolvenzgericht bereits von der Massedürftigkeit überzeugt ist, mag diese Überzeugung auch nur eine vorläufige sein.[252]

1. Prüfung und Anzeige der Massedürftigkeit

66 Die **Verfahrenskostendeckung** ist ein für das Insolvenzverfahren „bedeutsamer" Umstand. Deshalb sind die Voraussetzungen des § 207 I gem § 5 I 1 **von Amts wegen zu ermitteln.**[253] Daraus folgt aber **keine Amtspflicht des Gerichts zur** ständigen **Überwachung** der Entwicklung der Verfahrenskostendeckung.[254] Denn ihm fehlen die Einblicke in die Einzelheiten der Insolvenzverwaltung. Diese hat aber der **Insolvenzverwalter**, zu dessen **Aufgaben** es folglich gehört, die **Kostendeckung zu beobachten**, bei Auftreten von Zweifeln **zu überprüfen und** ggf eine Kostenunterdeckung **dem Gericht mitzuteilen.**[255] Die Erfüllung dieser Amtspflichten liegt auch im Interesse des Verwalters in seiner Eigenschaft als Verfahrenskostengläubiger.[256] Erheben sich beim Insolvenzgericht durch eine solche Anzeige[257] oder aufgrund von Zwischenberichten des Verwalters Zweifel an der Kostendeckung, aktualisiert sich die Amtsermittlungspflicht des § 5 I 1.

67 Eine Mitteilung bzw **Anzeige** der Massedürftigkeit ist im Gegenschluss aus § 208 II **weder** öffentlich **bekannt zu machen**[258] **noch** den Massegläubigern **zuzustellen.**[259] Sie stellt auch keinen förmlichen Antrag dar.[260] Vielmehr handelt es sich um eine mit Tatsachenvortrag unterfütterte **Anregung.** Eine solche können auch andere Verfahrensbeteiligte wie (Insolvenz- oder

247 BGH ZIP 2006, 1501 [**zust** *Prasser* EWiR 2006, 569 f].
248 So *Voigt* ZIP 2004, 1531, 1541 f.
249 Vgl schon oben Rn 15.
250 Ähnlich schon § 204 I 1 KO: „sobald sich ergibt".
251 Gem § 204 II KO sollte (nur) die Gläubigerversammlung gehört werden.
252 Dazu, dass die Anhörungen (auch) der weiteren gerichtlichen Klärung dienen, sogleich Rn 69.
253 MünchKomm/*Hefermehl* InsO[4] § 207 Rn 40; Nerlich/Römermann/*Westphal* InsO[29] § 207 Rn 17; BK/*Gruber* InsO[27] § 207 Rn 22.
254 BGH ZIP 2006, 1999, 2001 = ZInsO 2006, 1049 ff [referierend *Schwarz/Lehre* ZInsO 2007, 26 f] = DZWIR 2007, 35 ff [**zust** *Heinze* ebd, 37 f] = WuB VI A. § 89 InsO 2.07 [**zust** *Pape*]; Uhlenbruck/*Ries* InsO[15] § 207 Rn 16; BK/*Gruber* InsO[27] § 207 Rn 22.
255 BGH ZIP 2006, 1999, 2001 = ZInsO 2006, 1049 ff [referierend *Schwarz/Lehre* ZInsO 2007, 26 f] = DZWIR 2007, 35 ff [**zust** *Heinze* ebd, 37 f] = WuB VI A. § 89 InsO 2.07 [**zust** *Pape*]; Uhlenbruck/*Ries* InsO[15] § 207 Rn 16; MünchKomm/*Hefermehl* InsO[4] § 207 Rn 40; BK/*Gruber* InsO[27] § 207 Rn 20.
256 Allein hierauf vertrauen offenbar Nerlich/Römermann/*Westphal* InsO[29] § 207 Rn 19; FK/*Kießner* InsO[9] § 207 Rn 17, die nicht explizit von einer Pflicht sprechen.
257 Uhlenbruck/*Ries* InsO[15] § 207 Rn 16: Hinweis.
258 Kübler/Prütting/Bork/*Pape* InsO[9] § 207 Rn 11; Nerlich/Römermann/*Westphal* InsO[29] § 207 Rn 18.
259 Zu deren Beteiligung sogleich Rn 77 f.
260 MünchKomm/*Hefermehl* InsO[4] § 207 Rn 40.

Masse-)Gläubiger geben, sofern sie (ausnahmsweise) über die entsprechenden Informationen verfügen.[261]

68 Das Insolvenzgericht hat die Voraussetzungen des § 207 I 1 voll umfänglich aufzuklären.[262] Es gilt der **Untersuchungsgrundsatz**. Eine Bindung an eine Anzeige des Insolvenzverwalters besteht nicht.[263] Diesem steht weder eine Einschätzungsprärogative noch ein Beurteilungsspielraum zu.[264]

2. Hinweis- und Anhörungspflichten

69 **a) Zwecke.** Die Anhörungspflichten des § 207 II sollen ausweislich der Begr RegE[265] zum einen eine umfassende **Information des Gerichts** gewährleisten, zum anderen den Beteiligten **Gelegenheit zur Leistung eines** sog **Kostenvorschusses** bieten.[266] Dem ist zwar zuzustimmen. Seit Einführung der Möglichkeit zur Stundung der Verfahrenskosten ist aber eine weitere **Hinweispflicht gegenüber dem Schuldner** anzuerkennen.[267] Außerdem dienen die Hinweis- und Anhörungspflichten nicht zuletzt dazu, den Beteiligten **rechtliches Gehör** zu gewähren.[268]

70 **b) Hinweispflicht gegenüber dem Schuldner.** Hat der Schuldner **Restschuldbefreiung** beantragt oder kann er dies noch nachholen, so ist er **auf** die Möglichkeit der **Verfahrenskostenstundung** gem § 4a **hinzuweisen**, um in den Genuss der Rechtswohltat des § 289 gelangen zu können.[269] Sinnvoll ist es, dem Schuldner eine (freilich nicht ausschließende) Frist zu setzen, die so bemessen ist, dass sein Antrag im Anhörungsverfahren berücksichtigt werden kann. Dieses erstreckt sich dann vorrangig darauf, ob eine Kostensicherung zu erhalten ist, die der Verfahrenskostenstundung vorgehen würde.[270]

c) Anhörung der Gläubigerversammlung

71 **aa) Einberufung.** Die Anhörung der Insolvenzgläubiger in ihrer verfassten Form der Gläubigerversammlung ist in der spezifischen Situation der Massedürftigkeit keine Selbstverständlichkeit. Denn die damit verfolgten Ziele könnten teils auch auf einfacherem Wege erreicht werden, teils sind sie nicht immer vollständig erreichbar. Ersteres gilt, sofern die **Entscheidungsgrundlage** des Gerichts **verbreitert** und den Beteiligten **rechtliches Gehör** gewährt sowie **Gelegenheit zur Leistung eines** sog **Massekostenvorschusses** gegeben werden soll. Denn dies gelingt jedenfalls hinsichtlich der Massegläubiger auf einfacherem Wege als durch Abhaltung einer Versammlung.[271] Letzteres gilt hinsichtlich der **Entgegennahme der Schlussrechnung**, sofern die auf die Gläubigerversammlung folgenden Verteilung gem § 207 III noch nicht vollständig festgelegt sein kann. Gleichwohl hat der Reformgesetzgeber die alte Regelung, wonach die Gläubigerversammlung nur gehört werden „sollte“ (§ 204 II KO), nicht übernommen. De lege lata „ist“ sie

261 Uhlenbruck/*Ries* InsO[15] § 207 Rn 16; MünchKomm/*Hefermehl* InsO[4] § 207 Rn 40; BK/*Gruber* InsO[27] § 207 Rn 23.
262 Nerlich/Römermann/*Westphal* InsO[29] § 207 Rn 17; HambK/Weitzmann InsO[7] § 207 Rn 10.
263 Irreführend *Pape* WuB VI A. § 89 InsO 2.07 (für das nach BGH, aaO, für die Vollstreckungserinnerung gar nicht zuständige Vollstreckungsgericht, zutr im Folgenden für das Insolvenzgericht).
264 So aber Uhlenbruck/*Ries* InsO[15] § 207 Rn 16.
265 Zu § 317, BT-Drucks 12/2443, S 218.
266 **Zust** HK/*Hölzle* InsO[10] § 207 Rn 18; MünchKomm/*Hefermehl* InsO[4] § 207 Rn 41; Kübler/Prütting/Bork/*Pape* InsO[9] § 207 Rn 13 f; Nerlich/Römermann/*Westphal* InsO[29] § 207 Rn 30; BK/*Gruber* InsO[27] § 207 Rn 24.
267 Sogleich Rn 70.
268 Zutr Kübler/Prütting/Bork/*Pape* InsO[9] § 207 Rn 13; *Ehricke* NZI 2000, 57, 60.
269 Oben Rn 59.
270 Dazu oben Rn 61.
271 Unten Rn 78.

zu hören. Dies hat die missliche Konsequenz,[272] dass im Gegensatz zu früher, als die Gläubigerversammlung auf die Abhaltung des Termins verzichten konnte,[273] eine **Gläubigerversammlung gem § 207 II zwingend** abzuhalten ist.[274] Die Gegenansicht[275] hat angesichts der klaren Gesetzeslage nur rechtspolitisch die besseren Argumente für sich. Eine Möglichkeit, das Verfahren zu entschlacken, besteht gleichwohl, wenn sich schon vor der ersten Gläubigerversammlung zeigt, dass mit Massedürftigkeit zu rechnen ist. Dann wird man **im Anschluss an** jene, iaR also **den Berichtstermin**, gleich die Versammlung zur Anhörung gem § 207 II **abhalten** können.[276] Auch deren eventuelle Tagesordnung[277] ist aber schon vorab bekanntzumachen. Dann mag dem Gericht in einem „Vorratsbeschluss" die Alleinprüfungskompetenz für die Schlussrechnung übertragen werden.[278] Weiter entschärft wurde die Problematik dadurch, dass gem § 5 II nF[279] **Schriftlichkeit für überschaubare Insolvenzverfahren** zur Regel[280] erhoben worden ist.[281]

72 Eine Gläubigerversammlung wird nach den allgemeinen Regeln der §§ 74 II 1; 9 durch **öffentliche Bekanntmachung** einberufen.[282] Der Termin kann mit dem zur **Entgegennahme der Schlussrechnung**, zu der der Verwalter verpflichtet ist, verbunden werden.[283] Die **Tagesordnung**[284] hat sämtliche Punkte der Befassung[285] zu umfassen. Namentlich ist auf die Möglichkeit hinzuweisen, die Einstellung durch eine Sicherstellung der Verfahrenskosten abzuwenden. Auch der dazu (voraussichtlich) erforderliche Betrag ist anzugeben.[286]

73 Irrelevant ist, ob zu der ordnungsgemäß einberufenen Gläubigerversammlung jemand erscheint. Das Gericht hat durch deren Anberaumung den Insolvenzgläubigern rechtliches Gehör gewährt und seiner Amtsermittlungspflicht genügt. Beschlüsse können dann freilich nicht gefasst werden.[287]

74 **bb) Befassung.** In der Gläubigerversammlung sind zunächst durch den Insolvenzverwalter die **Vermögenslage** und die daraus folgende ungünstige **Deckungsprognose** zu erläutern. Das Gericht hat die von ihm auf dieser Grundlage festgesetzte **Höhe der Verfahrenskostensicherstellung** zu erörtern. Ergibt sich in der Anhörung nichts für eine günstigere Lage und findet sich niemand, der einen sog Massekostenvorschuss leisten will, hat der Verwalter die von ihm zuvor bei Gericht eingereichte und von diesem geprüfte **Schlussrechnung**[288] mündlich zu erläu-

---

272 Krit insb *Smid* WM 1998, 1313, 1316; MünchKomm/*Hefermehl* InsO[4] § 207 Rn 42, sowie oben Rn 25.
273 Zu § 204 II KO zuletzt LG Göttingen ZIP 1997, 1039 f mN.
274 *Smid* WM 1998, 1313, 1316; MünchKomm/*Hefermehl* InsO[4] § 207 Rn 42; Kübler/Prütting/Bork/*Pape* InsO[9] § 207 Rn 21.
275 FK/*Kießner* InsO[9] § 207 Rn 22; Braun/*Ludwig* InsO[8] § 207 Rn 14; wohl auch *Ehricke* NZI 2000, 57, 61.
276 HambK/Weitzmann InsO[7] § 207 Rn 19.
277 Sogleich Rn 72.
278 HambK/Weitzmann InsO[7] § 207 Rn 19.
279 Durch G v 1.7.2014 BGBl I 2379.
280 Zur „Baustelle" des § 5 II Nerlich/Römermann/*Becker* InsO[38] § 5 Rn 34.
281 Nerlich/Römermann/*Westphal* InsO[29] § 207 Rn 32.
282 Uhlenbruck/*Ries* InsO[15] § 207 Rn 31.
283 Begr RegE § 317, BT-Drucks 12/2443, S 218; MünchKomm/*Hefermehl* InsO[4] § 207 Rn 44; HK/*Hölzle* InsO[10] § 207 Rn 19; Nerlich/Römermann/*Westphal* InsO[29] § 207 Rn 32; Kübler/Prütting/Bork/*Pape* InsO[9] § 207 Rn 20; BK/*Gruber* InsO[27] § 207 Rn 24, 27; FK/*Kießner* InsO[9] § 207 Rn 21; **aA** HambK/*Weitzmann* InsO[7] § 207 Rn 23.
284 Zu ihr ausf Uhlenbruck/*Ries* InsO[15] § 207 Rn 33.
285 Sogleich Rn 74 ff.
286 Uhlenbruck/*Ries* InsO[15] § 207 Rn 33; MünchKomm/*Hefermehl* InsO[4] § 207 Rn 41.
287 Zu deren Ersetzbarkeit iR des § 207 (iE zutr abl) *Ehricke* NZI 2000, 56, 61.
288 MünchKomm/*Hefermehl* InsO[4] § 207 Rn 44 f.

tern.[289] Die eigentliche Einstellung des Verfahrens erfolgt dann, sobald dem Insolvenzgericht der Vollzug der Verteilung gem § 207 III nachgewiesen ist.[290]

Weil es nicht zu einer Verteilung an die Insolvenzgläubiger kommt, sind **weder** ein **Verteilungs-** (§ 188) **noch** ein **Schlussverzeichnis erforderlich.**[291] Demgegenüber erscheint es mit Rücksicht auf § 201 II 1 zulässig, die Gläubigerversammlung gem § 207 II zugleich als **Prüfungstermin** gem § 176 zu nutzen.[292] Die Gegenansicht, die einen vollstreckbaren Tabellenauszug zur Verwirklichung der Nachhaftung des Schuldners nicht als Zweck, sondern als bloße Folge einer nur zum Zwecke der Verteilung erfolgenden Prüfung gem § 176 einstuft,[293] ist nur formal schlüssig. Übersehen ist dabei, dass das Prüfungsverfahren gem § 87 aktuell der einzige Weg ist, eine Insolvenzforderung zu titulieren. Versagte man ihn, bliebe Justizgewähr aus. 75

Beruht die Massedürftigkeit nur auf einer zu aufwändigen Verfahrensgestaltung, die durch den **Beschluss einer früheren Gläubigerversammlung** vorgegeben ist,[294] bietet der Termin gem § 207 II Gelegenheit zur **Änderung** (§ 157 S 3). So kann ggf durch Übergang vom Insolvenzplan- in das Liquidationsverfahren eine günstigere Deckungsprognose erreicht und (wenigstens) die Einstellung (gem § 207) abgewendet werden. 76

d) Anhörung der Massegläubiger. Nicht minder als die Insolvenzgläubiger sind die **Massegläubiger** von einer Einstellung gem § 207 betroffen, die keine Kostengläubiger iSv § 54 sind. Ihnen ist deshalb ebenfalls **rechtliches Gehör** und Gelegenheit zur **Leistung eines sog Massekostenvorschusses** zu geben. Da ein solcher zwar kaum ein reguläres Insolvenzverfahren, wohl aber ein solches nach Maßgabe der §§ 208 ff ermöglichen wird, mögen Massegläubiger immerhin eher als (jedenfalls ungesicherte) Insolvenzgläubiger an einer Abwendung der Einstellung mangels kostendeckender Masse interessiert sein. Gleichwohl dürfte sich auch ihre Bereitschaft letztlich doch in Grenzen halten, weil sie befürchten müssen, durch die Anzeige der Masseunzulänglichkeit gem § 208 I 1 zu sog Altmassegläubigern mit dem Rang des § 209 I Nr 3 degradiert zu werden und damit doch auszufallen. 77

Gem § 74 I sind Massegläubiger an der Gläubigerversammlung nicht teilnahmeberechtigt. Ihre Anhörung hat daher auf anderem, möglichst kostengünstigen Wege zu erfolgen. Zweckmäßig erscheint eine **Anhörung durch Rundschreiben**, mit dem der Insolvenzverwalter analog § 8 III 1 beauftragt werden kann.[295] Dies bietet sich schon deshalb an, weil dieser den Überblick über den Kreis der Massegläubiger haben wird.[296] Das Anschreiben sollte die ungünstige Kostendeckungsprognose darlegen[297] und auf den vom Gericht festgesetzten sog Massekostenvorschuss hinweisen. Sinnvoll ist es, den Massegläubigern eine Frist zur Stellungnahme zu setzen, die so zu bemessen ist, dass die Ergebnisse ihrer Anhörung bei der (Insolvenz-)Gläubigerversammlung bereits berücksichtigt werden können.[298] 78

289 Uhlenbruck/*Ries* InsO[15] § 207 Rn 31.
290 MünchKomm/*Hefermehl* InsO[4] § 207 Rn 45.
291 MünchKomm/*Hefermehl* InsO[4] § 207 Rn 47; **aA** Kübler/Prütting/Bork/*Pape* InsO[9] § 207 Rn 20.
292 Uhlenbruck/*Ries* InsO[15] § 207 Rn 30; MünchKomm/*Hefermehl* InsO[4] § 207 Rn 46; HambK/*Weitzmann* InsO[7] § 207 Rn 24.
293 BK/*Gruber* InsO[27] § 207 Rn 27 mN.
294 Dazu oben Rn 42.
295 Kübler/Prütting/Bork/*Pape* InsO[9] § 207 Rn 14; MünchKomm/*Hefermehl* InsO[4] § 207 Rn 43; Uhlenbruck/*Ries* InsO[15] § 207 Rn 33.
296 Kübler/Prütting/Bork/*Pape* InsO[9] § 207 Rn 14.
297 Kübler/Prütting/Bork/*Pape* InsO[9] § 207 Rn 15.
298 Kübler/Prütting/Bork/*Pape* InsO[9] § 207 Rn 15.

79 **e) Anhörung des Insolvenzverwalters.** In aller Regel geht die Anregung zur Einstellung des Insolvenzverfahrens mangels kostendeckender Masse vom Insolvenzverwalter aus.[299] Dann erscheint seine besondere **Anhörung als** reiner **Formalakt.**[300] Die Anhörung **erledigt sich** vielmehr **im Zuge der** ohnehin notwendigen **Zusammenarbeit** zwischen Gericht und Verwalter. Nichts anderes gilt letztlich, wenn das Gericht ausnahmsweise ohne Anregung des Verwalters die Einstellung gem § 207 betreibt.[301] Denn dann muss der Verwalter zwingend in die Vorbereitung der Gläubigerversammlung und er sollte tunlichst in die Anhörung der Massegläubiger einbezogen werden.[302]

IV. Folgen der Massedürftigkeit

80 Entgegen der irreführenden Begründung zu dem nicht Gesetz gewordenen § 320 RegE[303] ist das **Insolvenzverfahren nicht sofort einzustellen**, wenn sich die Massedürftigkeit herausgestellt hat.[304] Vielmehr tritt das Verfahren in das Stadium einer Notabwicklung mit sowohl haftungs- wie prozessrechtlichen Konsequenzen (2., 3.), bevor es durch Beschluss eingestellt wird (4.). Ob eine Nachtragsverteilung vorbehalten werden kann, ist umstritten (5.).

1. Anknüpfung der Rechtsfolgen

81 Der **Zeitpunkt**, ab dem die Folgen der Massedürftigkeit eintreten sollen, ist **gesetzlich nicht** eindeutig **bestimmt.** In Betracht kommen drei Möglichkeiten, nämlich der Eintritt der Verfahrenskostenunterdeckung,[305] deren Bekanntwerden beim Insolvenzgericht (idR durch Mitteilung des Verwalters[306]) und der Abschluss des Anhörungsverfahrens gem § 207 II.[307] Die Offenheit des Gesetzes bietet die Gelegenheit zu einer differenzierten Lösung:

82 Sofern die **Massedürftigkeit zur Abwehr** von Ansprüchen der nicht mehr (voll) zu berücksichtigenden Massegläubiger nötigt, ist sie **zu berücksichtigen, sofern sie** der **Verwalter** in geeigneter Weise (**durch Mitteilung** an das Insolvenzgericht, durch **Einrede**[308] **oder** durch **Vollstreckungserinnerung**[309]) der jeweiligen Verfahrenskonstellation gemäß **geltend gemacht hat.** Daneben bedarf es der Koordination parallel laufender Verfahren mit dem Insolvenzverfahren. Für Erkenntnisverfahren bereitet dies einige Probleme,[310] für Vollstreckungsverfahren hilft eine Zuständigkeitskonzentration beim Insolvenzgericht entsprechend § 89 III 1.[311]

83 Soweit die Massedürftigkeit zu der Verteilung gem § 207 III 1 verpflichtet, ist dem **Insolvenzverwalter** an **Sicherheit** gelegen, **dass es** anschließend auch **zur Einstellung** des Verfah-

299 Oben Rn 66.
300 *Pape* KTS 1994, 189, 194; Nerlich/Römermann/*Westphal* InsO[29] § 207 Rn 33.
301 Zu den denkbaren Konstellationen oben Rn 66 f.
302 Soeben Rn 77 f.
303 BT-Drucks 12/2443, S 219.
304 BGH ZIP 2000, 1999, 2000; BGH ZIP 2006, 1004, 1007.
305 BGH ZIP 2006, 1999, 2001 li. Sp (für die Wirkungen im Allgemeinen), sowie für die Folgen des § 207 III Kübler/Prütting/Bork/*Pape* InsO[9] § 207 Rn 22; MünchKomm/*Hefermehl* InsO[4] § 207 Rn 57, 62; BK/*Gruber* InsO[27] § 207 Rn 30; wohl auch Begr RegE § 317, BT-Drucks 12/2443, S 218.
306 So BGH ZIP 2006, 1999, 2001 re. Sp (für das Vollstreckungsverbot analog § 210 im Speziellen).
307 So für die Verteilung gem § 207 III 1 alle diejenigen, die einen Vorabbeschluss (Nerlich/Römermann/*Westphal* InsO[29] § 207 Rn 36) oder eine „Gestattung“ durch das Insolvenzgericht (so MünchKomm/*Hefermehl* InsO[4] § 207 Rn 59; *Pape*/*Hauser* Massearme Verfahren nach der InsO [2002], Rn 226 f) verlangen.
308 Unten Rn 85.
309 Unten Rn 100.
310 Unten Rn 102.
311 Unten Rn 100.

rens gem § 207 I 1 **kommt**. Das Anhörungsverfahren des § 207 II endet aber ohne förmlichen Beschluss, mangels Rechtsgrundlage kann ein solcher auch nicht erlassen werden.[312] Auch eine öffentliche Bekanntmachung der Kostenunterdeckung oder auch nur ihrer Mitteilung durch den Verwalter an das Insolvenzgericht erfolgt nicht.[313] Man wird dem Verwalter aber im eigenen Interesse, wenn auch ohne Rechtspflicht,[314] eine formlose **Anfrage beim Insolvenzgericht** anzuraten haben.[315] Dieses ist nach allgemeinen rechtsstaatlichen Grundsätzen verpflichtet, die Anfrage entgegenzunehmen, zu beäußern und den Vorgang zu dokumentieren.

2. Haftungsrechtliche Folgen der Massedürftigkeit

a) Entkräftung der Masseverbindlichkeiten. Bei Massedürftigkeit werden Verfahrenskosten nur noch nach Maßgabe des § 207 III 1, sonstige Masseverbindlichkeiten iaR[316] gar nicht berücksichtigt. Ebenso wie bei Masseunzulänglichkeit[317] ist umstritten, ob dem eine unmittelbare Entkräftung der Forderungen der Massegläubiger im Sinne einer **materiell-haftungsrechtlichen Einwendung**[318] zugrunde liegt, ob die Masseverbindlichkeit zwar unberührt bleibt, dem Insolvenzverwalter aber eine **materiell-haftungsrechtliche Einrede** erwächst[319] oder ob schließlich rein **verfahrensrechtliche Sicherungen** der Verteilungsordnung genügen.[320] Unter den Vertretern der letztgenannten Ansicht ist wiederum kontrovers, ob sich neben einem Vollstreckungsverbot bereits für das Erkenntnisverfahren Konsequenzen ergeben.[321] 84

Angemessen erscheint eine haftungsrechtliche **Einrede**, die der Verwalter freilich nicht nach Gutdünken, sondern im Rahmen seiner Amtspflicht aus § 207 III 1 auszuüben hat. Eine verfahrensrechtliche Lösung greift zu kurz, weil der Insolvenzverwalter mit den Massegläubigern im allgemeinen Rechtsverkehr steht. Er muss deshalb Rechtsnachteile einschließlich des Eintritts des Verzugs abwehren können, die aus einer Verzögerung der ihm obliegenden Leistung erwachsen und die Masse weiter belasten würden. Hierzu genügt eine Einrede.[322] Eine per se rechtsvernichtende und von Amts wegen, dh von jedem befassten Gericht ohne weiteres zu berücksichtigende[323] Einwendung würde demgegenüber schon deshalb über das Ziel hinausschießen, weil sie die Grundlage für bereits erbrachte Leistungen und bestellte Sicherheiten in Frage stellen würde.[324] 85

---

312 AA Nerlich/Römermann/*Westphal* InsO[29] § 207 Rn 36.

313 Kübler/Prütting/Bork/*Pape* InsO[9] § 207 Rn 11; MünchKomm/*Hefermehl* InsO[4] § 207 Rn 57.

314 So aber MünchKomm/*Hefermehl* InsO[4] § 207 Rn 59; *Pape/Hauser* Massearme Verfahren nach der InsO (2002), Rn 226 f.

315 BK/*Gruber* InsO[27] § 207 Rn 33.

316 Zur Ausnahme unten Rn 89.

317 Die Lage entspricht der nach angezeigter Masseunzulänglichkeit, unten § 208 Rn 50 ff.

318 MünchKomm/*Hefermehl* InsO[4] § 207 Rn 56, im Anschluss an *Pape* KTS 1995, 189, 202 f (zu § 204 KO); für die §§ 208, 209 entspricht dies wohl hM, § 208 Rn 50.

319 *Henckel* FS Lüke (1997), S 237, 261, im Anschluss an *dens* Anm zu BAG AP Nr 1 zu § 60 KO; *Roth* Die Einrede des Bürgerlichen Rechts (1988), S 197 f (zu § 204 KO); *ders* FS Gaul (1997), S 573, 575, 580 ff (zu §§ 208, 209); auch noch *Pape* Zur Systematik des § 60 KO (1985), S 161–163.

320 BGH ZIP 2006, 1999, 2001 („jedenfalls soweit die Massearmut feststehe"); *Runkel/Schnurbusch* NZI 2000, 49, 51 ff, bes 54; *Uhlenbruck* NZI 2001, 408, 409; *Kröpelin* ZIP 2003, 2341, 2342; *Kraushaar* BB 2004, 1050 f; offenbar auch *Häsemeyer* InsR[4] Rn 14.26.

321 Dazu unten Rn 102.

322 Zum Verhältnis von Leistungsverzögerung und Einrede allg Jauernig/*Stadler* BGB[17] § 280 Rn 34 ff, § 286 Rn 13.

323 Offenbar wird dies gelegentlich dahin missverstanden, der Verwalter habe die „Einwendung" von Amts wegen als „Einrede" geltend zu machen (vgl etwa *Kraushaar* BB 2004, 1050).

324 Vgl unten Rn 90, 95, 101, sowie § 208 Rn 50 f.

86 **b) Verteilung und Verwertung der Masse (§ 207 III).** Die **Rechtsstellung des Verwalters** (§ 80 I) wird durch die Massedürftigkeit zunächst **nicht berührt**. Er bedarf seiner Befugnisse schon deshalb, weil er weiterhin zu Verwaltungs- und Verwertungsmaßnahmen berechtigt ist.[325] Das Ziel der gesamten Tätigkeit kann nur noch in der anteiligen Erfüllung der Masseverbindlichkeiten liegen. Inwieweit der Verwalter dazu noch Massebestandteile verwerten will, hat er im Einzelfall selbst zu entscheiden.[326] Dabei sollte er tunlichst das **Haftungsrisiko** in Rechnung stellen.[327] Seiner **Verwertungspflicht** ist er gem § 207 III 2 entbunden.[328] Gleiches gilt richtiger Ansicht nach entgegen der Praxis der Finanzbehörden und -gerichte auch für **steuerliche Pflichten.**[329]

87 **Barmittel** hat der Verwalter nach der Verteilungsordnung des **§ 207 III 1 zu verteilen.** Unter Barmitteln versteht man neben Bar- und Buchgeld insbesondere Wertpapiere, die keiner aufwändigen Verwertung bedürfen,[330] weil sie frei handelbar bzw diskontierbar sind. Auch andere Massebestandteile, für die Gleiches gilt (frei handelbare Edelmetalle mit notiertem Marktpreis), wird man als Barmittel einzustufen haben. Zwar mutet man dem Verwalter dann entgegen der Regel des § 207 III 2 noch Verwertungsmaßnahmen zu. Diese erfordern aber so wenig Aufwand, dass es inakzeptabel wäre, den Verwalter hiervon frei zu stellen und stattdessen die Mittel an den Schuldner zurückzugeben.

88 Die Verteilungsordnung[331] des § 207 III 1 bevorzugt **Auslagen** des Gerichts, des Verwalters und der Mitglieder des Gläubigerausschusses **vor** den **Gebühren und Vergütungsansprüchen.**[332] Innerhalb der beiden Rangklassen erfolgt die Befriedigung anteilig. Diese Rangfolge gilt auch dann, wenn die **Kosten** des Insolvenzverfahrens **gem § 4a gestundet** sind.[333]

89 Nach Maßgabe des § 3 II InsVV, insbesondere Lit c,[334] kann ein **Abschlag von der Regelvergütung** des Verwalters gerechtfertigt sein, wenn die Einstellung mangels Masse in einem frühen Verfahrensstadium erfolgt.[335] Sofern der unwahrscheinliche Fall eintritt, dass dadurch bei der Verteilung gem § 207 III 1 alle Verfahrenskosten voll berichtigt werden können, ist der Rest an die übrigen Massegläubiger auszukehren. Diese genießen gleichen Rang, weil bei Massedürftigkeit nicht wie bei § 209 zwischen Alt- und Neumasseverbindlichkeit differenziert wird. Demzufolge haben alle Masse-[336] neben den Insolvenzgläubigern[337] eine Beschwerdebefugnis gegen die Festsetzung der Vergütung.

---

325 *Smid* WM 1998, 1313, 1315; Kübler/Prütting/Bork/*Pape* InsO[9] § 207 Rn 25; Uhlenbruck/*Ries* InsO[15] § 207 Rn 34; HK/*Hölzle* InsO[10] § 207 Rn 22; MünchKomm/*Hefermehl* InsO[4] § 207 Rn 63; BK/*Gruber* InsO[27] § 207 Rn 31.

326 *Smid* WM 1998, 1313, 1315.

327 Dazu insb *Häsemeyer* InsR[4] Rn 7.76; Nerlich/Römermann/*Westphal* InsO[29] § 207 Rn 38.

328 Begr RegE § 317, BT-Drucks 12/2443, S 218; Kübler/Prütting/Bork/*Pape* InsO[9] § 207 Rn 22; Uhlenbruck/*Ries* InsO[15] § 207 Rn 34; MünchKomm/*Hefermehl* InsO[4] § 207 Rn 57, 62; BK/*Gruber* InsO[27] § 207 Rn 30.

329 MünchKomm/*Hefermehl* InsO[4] § 207 Rn 64, Jaeger/*Windel* InsO § 80 Rn 141; unten § 208 Rn 76.

330 BK/*Gruber* InsO[27] § 207 Rn 29.

331 Krit Nerlich/Römermann/*Westphal* InsO[29] § 207 Rn 36.

332 LG Chemnitz ZIP 2004, 1860; MünchKomm/*Hefermehl* InsO[4] § 207 Rn 59; Uhlenbruck/*Ries* InsO[15] § 207 Rn 36; BK/*Gruber* InsO[27] § 207 Rn 32; Nerlich/Römermann/*Westphal* InsO[29] § 207 Rn 37.

333 Oben Rn 63, sowie § 209 Rn 32.

334 Speziell dazu BGH ZIP 2005, 181 f [*Rendels* EWiR 2005, 401 f] = DZWIR 2005, 291 f [*Keller* ebd, 292 ff] = WuB VI A. § 63 InsO 1.05 [*Pape*].

335 OLG Stuttgart ZIP 2000, 587, 590 [*Holzer* EWiR 2000, 637 f] = DZWIR 2000, 109 ff [*Becker* ebd, 113 f]; *Keller* ZIP 2000, 688, 690 f; Kübler/Prütting/Bork/*Pape* InsO[9] § 207 Rn 24a; MünchKomm/*Hefermehl* InsO[4] § 207 Rn 59.

336 Jaeger/*Schilken* InsO § 64 Rn 20.

337 Einzelheiten bei Jaeger/*Schilken* InsO § 64 Rn 21, sowie seither BGH NZI 2006, 250 = ZInsO 2006, 256 = WuB VI A. § 64 InsO 3.06 [*H. Mohrbutter*], gegen die Vorinstanz LG Göttingen NZI 2004, 330 = ZInsO 2004, 496 f.

Vor Eintritt der Massedürftigkeit bezahlte bzw entnommene **Verfahrenskosten** sind **anzurechnen,**[338] **aber nicht zu erstatten.**[339] Dies gilt namentlich auch für Vorschüsse, die der Verwalter entnommen hat.[340] Die Gegenansicht[341] verkennt, dass die Zahlungen bzw Entnahmen mit Rechtsgrund erfolgt sind. 90

Nach Eintritt der Massedürftigkeit überbezahlte Beträge können zurückgefordert werden.[342] Dies ergibt sich zwanglos aus § 813 BGB, wenn man ab diesem Zeitpunkt von einer haftungsrechtlichen Einrede[343] ausgeht. Auf dieser Grundlage erledigen sich auch die Probleme der in Wahrheit schon gegebenen, vom Verwalter aber nicht erkannten Massedürftigkeit und des Empfängerschutzes:[344] Erst positive Kenntnis des Verwalters von der Massedürftigkeit schließt die Rückforderung aus (§ 814 BGB) und der Empfänger haftet in den Grenzen der §§ 818 III, 819 I BGB. 91

Der Insolvenzverwalter hat den **Vollzug der Verteilung** gem § 207 III 1 **dem Insolvenzgericht** gegenüber **anzuzeigen**, damit der Einstellungsbeschluss ergehen kann. Regelungen hierfür fehlen, Einigkeit dürfte bestehen, dass dies „in geeigneter Weise" zu geschehen hat.[345] Am sinnvollsten erscheint es, dass der Verwalter ein auf die Bedürfnisse des § 207 III 1 zugeschnittenes Verzeichnis erstellt.[346] Wie eine Anzeige ganz ohne Verzeichnis[347] aussehen könnte, erscheint schwer vorstellbar. 92

c) Weitere haftungsrechtliche Folgen. Im Übrigen ergeben sich die haftungsrechtlichen Folgen der Massedürftigkeit daraus, ob deren spezifische Bedingungen eine Abweichung von der Gestaltung eines regulären Insolvenzverfahrens rechtfertigen. Mangels gesetzlicher Regelung gilt dies im Ausgangspunkt nicht anders als für das Verfahren nach angezeigter Masseunzulänglichkeit. Zu beachten ist freilich, dass für Letzteres in Gestalt der §§ 320 II, 323 RegE immerhin Vorüberlegungen existierten,[348] während dem Problem für den Fall der Massedürftigkeit im Gesetzgebungsverfahren keinerlei Bedeutung beigemessen worden war. 93

aa) Schwebende Rechtsgeschäfte. Die **Regelungen über** die **Erfüllung der Rechtsgeschäfte (§§ 103 ff) gelten** bei Massedürftigkeit **nicht.** Dies liegt daran, dass ihnen bei Masseunzulänglichkeit die Funktion zukommt, dem Verwalter die Erfüllung der fortbestehenden Verwaltungs- und Verwertungspflicht (§ 208 III) dadurch zu ermöglichen, dass zwischen Alt- und Neumasseverbindlichkeiten differenziert wird (§ 209 I Nrn 2 und 3). Die §§ 103 ff bilden genauer eine der Voraussetzungen für diese Unterscheidung (§ 209 II).[349] Bei Massedürftigkeit wären sie 94

338 HambK/*Weitzmann* InsO[7] § 207 Rn 22.
339 AG Hamburg ZIP 2001, 1885; HK/*Hölzle* InsO[10] § 207 Rn 20; MünchKomm/*Hefermehl* InsO[4] § 207 Rn 60; Uhlenbruck/*Ries* InsO[15] § 207 Rn 36; BK/*Gruber* InsO[27] § 207 Rn 35; *Pape/Hauser* Massearme Verfahren nach der InsO (2002), Rn 229 f.
340 BFH ZIP 2019, 332, 334 Rn 36; LG Göttingen ZIP 2014, 1943 f; MünchKomm/*Hefermehl* InsO[4] § 207 Rn 59; *Pape/Hauser* Massearme Verfahren nach der InsO (2002), Rn 231; Nerlich/Römermann/*Westphal* InsO[29] § 207 Rn 27a; Uhlenbruck/*Ries* InsO[15] § 207 Rn 36.
341 So *Heinze* DZWIR 2007, 37, 38.
342 MünchKomm/*Hefermehl* InsO[4] § 207 Rn 61.
343 Oben Rn 85.
344 Nerlich/Römermann/*Westphal* InsO[29] § 207 Rn 40; des Rückgriffs auf die von *Henckel* AP Nr 1 zu § 60 KO, zu § 204 KO entwickelte Ansicht bedarf es entgegen MünchKomm/*Hefermehl* InsO[4] § 207 Rn 61; *Pape/Hauser* Massearme Verfahren nach der InsO (2002), Rn 233, nicht.
345 MünchKomm/*Hefermehl* InsO[4] § 207 Rn 59.
346 BK/*Gruber* InsO[27] § 207 Rn 34.
347 Ein solches halten für entbehrlich *Pape/Hauser* Massearme Verfahren nach der InsO (2002), Rn 228.
348 Dazu § 208 Rn 43, 84 ff, 89 ff.
349 Näher § 208 Rn 90 ff; § 209 Rn 50 ff.

funktionslos, weil die Differenzierung zwischen Alt- und Neumasseverbindlichkeit für die hier allein zu berichtigenden Kosten des Verfahrens iSv § 54 nicht gilt, § 209 I Nr 2 aE. **Schiedsvereinbarungen** entfalten unabhängig davon, ob man sie sonst § 103 unterstellt,[350] gem § 1032 I, letzte Var ZPO bei Massedürftigkeit ex lege keine Wirksamkeit. Denn sie sind mangels Finanzierbarkeit „undurchführbar".[351]

95 **bb) Aufrechnung.** Eine **Aufrechnung** durch Verfahrenskosten- und sonstige Massegläubiger ist **zulässig, sofern** die **Aufrechnungslage vor** der (objektiven) **Verfahrenskostenunterdeckung begründet** worden war. Dies ergibt die **rechtsähnliche Anwendung des § 96 I Nrn 1 und 2,** die auch für den Fall der Masseunzulänglichkeit geboten ist.[352] Damit wird die bereits unter der Geltung der §§ 60, 204 KO hM, dass die für Konkursgläubiger geltende Regelung der Aufrechnung bei Massearmut grundsätzlich auch für Massegläubiger gilt, nach Aufspaltung der Massearmut in Massedürftigkeit und Masseunzulänglichkeit für beide Erscheinungsformen fortgeschrieben.[353] Zwar hat man unter der Geltung der KO gegen eine solche Lösung eingewandt, dass sie insbesondere das Problem der „drohenden" Massearmut nicht bewältigen könne, und stattdessen auf die der Aufrechnung gem § 390 BGB entgegenstehende Einrede der Massearmut verwiesen.[354] Dem ist für das geltende Recht aber selbst für § 207 nicht zu folgen, obwohl das Problem der „drohenden" Massedürftigkeit im Gegensatz zu dem der „drohenden" Masseunzulänglichkeit (§ 208 I 2[355]) nicht beseitigt worden ist. Eine nachträglich erwachsende Einrede kann einen bereits entstandenen Kompensationsnexus nämlich nicht in jedem Falle zerstören.[356] Vielmehr ist für jede Einrede zu untersuchen, inwieweit der zu weit formulierte Grundsatz des § 390 BGB der teleologischen Reduktion bedarf.[357] Die entscheidende Frage besteht demzufolge darin, ob es gerechtfertigt ist, einen aufrechnungsbefugten Massegläubiger schlechter zu stellen, sobald sich die Verfahrenskostenunterdeckung ergibt. Sie zu stellen heißt sie zu verneinen, wenn man die **Sicherungsfunktion** der Aufrechnung ernst nimmt oder Letztere mit der hier vertretenen Ansicht weitergehend sogar als **Erfüllungsäquivalent** anerkennt.[358] Die für die analoge Anwendung des § 96 I Nrn 1, 2 maßgebliche Zäsur erfolgt nach der Konzeption des § 207[359] **mit** dem objektiven **Eintritt der Massedürftigkeit.** Ebenso wie für die analoge Anwendung des § 210[360] **bedarf** es **keiner Anzeige** der Massedürftigkeit durch den Verwalter.[361] Sie wäre funktionslos, weil die Voraussetzungen einer wirksamen Aufrechnung im Streit um eine der betroffenen Forderungen unproblematisch als Vorfragen geklärt werden können, und sie wäre irreführend, weil sie dem Missverständnis Vorschub leisten könnte, eine der „wahren" Rechtslage nicht entsprechende Anzeige hätte bereits aufrechnungseinschränkende Wirkungen.[362] Wird die **Aufrechnungslage nach Eintritt der Verfahrenskostenunterdeckung** be-

---

350 Dazu Jaeger/*Windel* InsO § 80 Rn 249, § 85 Rn 68; *Berger* FS Ebke (2021), S 77, 78 ff.
351 OLG Köln ZIP 2013, 2024 f.
352 Dazu Jaeger/*Windel* InsO § 94 Rn 64 f; unten § 208 Rn 97 ff.
353 Dafür auch *Heinze* DZWIR 2007, 37, 38.
354 Insb *Henckel* Anm BAG AP Nr 1 zu § 60 KO; *ders* EWiR 1995, 283 f, zu OLG Düsseldorf als Vorinstanz zu BGHZ 130, 38, 45 ff = ZIP 1995, 1204 ff [**zust** *Gerhardt* EWiR 1995, 795] = JZ 1996, 527 [insoweit krit *Henckel* ebd, 531 f] = WuB VI B. § 55 KO 1.96 [insoweit abl *Paulus*]; *Henckel* FS Lüke (1997), S 237, 260 ff; *F. Müller* Probleme der Aufrechnung mit Konkurs- und Masseforderungen (1981), S 97 ff.
355 Dazu vor dem Hintergrund der Aufrechnung Jaeger/*Windel* InsO § 94 Rn 66.
356 Dies konzediert im Grundsatz auch *Henckel* FS Lüke (1997), S 237, 261 Fn 89.
357 Jaeger/*Windel* InsO § 94 Rn 126 mN.
358 Dazu Jaeger/*Windel* InsO § 94 Rn 9.
359 Dazu oben Rn 81 ff.
360 Zur entsprechenden Rspr des BGH in diesem Falle unten Rn 100.
361 Dafür *Heinze* DZWIR 2007, 35, 38.
362 Dem scheint *F. Müller* Probleme der Aufrechnung mit Konkurs- und Masseforderungen (1981), S 99, aufgesessen.

gründet, ist die Aufrechnung ausgeschlossen. IdR kann der Geschäftspartner/Massegläubiger sein Risiko auf den Verwalter gem § 61 abwälzen. Dies ist gerechtfertigt, wenn und weil die Forderungen deswegen einander gegenüber getreten sind, dass Letzterer ohne Rechtspflicht weitere Verwertungsgeschäfte geschlossen hat (§ 207 III 2).

cc) Insolvenzanfechtung. Eine **Insolvenzanfechtung (§§ 129 ff) und** damit auch eine analoge **Anwendung des § 96 I Nr 3** kommt nach hier vertretener Ansicht bei Masseunzulänglichkeit nur unter eingeschränkten Voraussetzungen in Betracht.[363] Bei Massedürftigkeit gilt nichts anderes. Freilich ist zu beachten, dass insbesondere dem Kriterium, dass eine Insolvenzanfechtung wenigstens mittelbar auch den Interessen der Insolvenzgläubiger muss dienen können,[364] im Falle des § 207 noch seltener genügt sein wird als in dem des § 208. Wer demgegenüber die Insolvenzanfechtung im Rahmen des § 208 grundsätzlich für zulässig hält, wird für § 207 ebenso entscheiden.[365] Der Insolvenzverwalter wäre demzufolge zur Anfechtung berechtigt, aber nicht mehr verpflichtet. Praktisch verschiebt sich die Frage daher in das Verfahren auf Bewilligung von **Prozesskostenhilfe**, die nach der Leitlinie des BGH gewährt werden kann, wenn der Anfechtungsprozess die Massekostenarmut zu beheben geeignet ist.[366] 96

dd) Insolvenzplanverfahren. Kommt es in einem **Insolvenzplanverfahren** zur Massedürftigkeit, ist dieses nicht weiter durchführbar.[367] Denn das Ziel des eingeschränkten Notverteilungsverfahrens steht mit § 207 III 1 fest. Daher fehlt es an einem gestaltbaren Spielraum. Die Verteilung der Barmittel muss demzufolge auch dann erfolgen, wenn sich das massedürftige Verfahren bereits im Stadium des Insolvenzplanverfahrens befindet. Von selbst versteht sich, dass nach § 207 III 2 kein Planverfahren zur Verfahrenskostenberichtigung mehr eingeleitet werden darf.[368] 97

ee) Bürgschaft auf erstes Anfordern. Nach der nahezu einhellig gebilligten Rechtsprechung des BGH zur KO soll die Pflicht des **Bürgen auf erstes Anfordern**, dem Gläubiger gegenüber zunächst in Vorlage treten zu müssen, entfallen, wenn im Insolvenzverfahren über dessen Vermögen **Massearmut** eingetreten ist. Dem Gläubiger stünden somit nur die Rechte aus einer gewöhnlichen Bürgschaft zu.[369] Die tragenden Entscheidungsgründe lassen die Wirkungen einer Bürgschaft auf erstes Anfordern entgegen einer älteren obergerichtlichen Entscheidung[370] nicht bereits mit Eröffnung des Insolvenzverfahrens zurücktreten,[371] weil damit die Sicherungs- 98

363 Unten § 208 Rn 100 ff; Jaeger/*Windel* InsO § 94 Rn 66, mN zur **abw hM.**

364 Unten § 208 Rn 101 f.

365 So explizit Kübler/Prütting/Bork/*Pape* InsO[12] § 207 Rn 45 ff; HK/*Hölzle* InsO[10] § 207 Rn 17; BK/*Gruber* InsO[27] § 207 Rn 44; FK/*Kießner* InsO[9] § 207 Rn 37; *Biehl/Bograkos* DZWIR 2002, 139 ff, sowie implizit MünchKomm/*Hefermehl* InsO[4] § 207 Rn 84 f.

366 So BGH ZIP 2009, 1591 f Rn 6 f; bestätigt von BGH BeckRS 2013, 5343; BGH ZInsO 2013, 496 f (jeweils keine Anfechtungsklagen); **zust** FK/*Kießner* InsO[9] § 207 Rn 38; HK/*Hölzle* InsO[10] § 207 Rn 22.

367 Oben Rn 32.

368 LG Neubrandenburg ZInsO 2002, 296 – Ls: Kostendeckung „ungeschriebene Voraussetzung des Planverfahrens"; Nerlich/Römermann/*Westphal* InsO[29] § 210a Rn 8.

369 BGHZ 151, 236, 241–243 = ZIP 2002, 1633 [**krit** *Theewen* EWiR 2003, 17 f] = BB 2002, 1829 [**zust** *Kilgus* ebd, 1933] = BGHR 2002, 907 [**referierend** *Assies* ebd, 908] = WuB I F a. Bürgschaft 20.02 [**zust** *Richrath*] = IBR 2002, 608 [LS, *Oberhauser* ebd] = DZWIR 2003, 195 [**zust** *Marx* DZWIR 2003, 312 ff] = NJW 2002, 3170 [**zust** *Haas* LMK 2003, 14 f]; **zust** MünchKomm/*Hefermehl* InsO[4] § 207 Rn 63a; **zust** MünchKomm BGB[8]/*Habersack* § 765 Rn 111.

370 OLG Brandenburg ZInsO 2002, 882 f = WuB I F a. Bürgschaft 3.03 [**abl** *Fischer*].

371 So auch der XI. Zivilsenat, BGH ZIP 2010, 264 ff Rn 23 f [*Grziwotz* EWiR 2010, 181 f; *Wellensiek* DZWIR 2010, 169 ff].

funktion des Instituts entwertet würde. Entscheidend sei deshalb auch nicht, dass der Bürge mit seinem allfälligen Rückforderungsanspruch ausfallen kann. Vielmehr wurde darauf abgestellt, dass der Gläubiger (bzw der Insolvenzverwalter über dessen Vermögen) „auf die Liquidität nicht mehr angewiesen (ist), weil mangels oder wegen unzulänglicher Masse eine **weitere wirtschaftliche Tätigkeit** des Gläubigers nicht erfolgen wird.“[372] Klarer wird das Gemeinte aus den Beiträgen des damaligen Mitglieds und späteren Vorsitzenden des IX. Zivilsenats *Fischer*, der entscheidend auf den Gesichtspunkt der **Fortführung des Unternehmens** im Insolvenzverfahren abstellte und deshalb dem Beschluss der Gläubigerversammlung zu der Einstellung die gleichen Wirkungen auf eine Bürgschaft auf erstes Anfordern beimaß.[373] Dieser Gesichtspunkt überzeugt. Die Bürgschaft auf erstes Anfordern soll namentlich im Baugewerbe die Liquidität des Bauträgers gewährleisten, damit das Projekt ohne Unterbrechung fortgeführt werden kann. Vor diesem Hintergrund sind aber die vom BGH gezogenen Konsequenzen zwar für § 207 zutreffend, für den explizit in Ausblick auf das neue Recht einbezogenen § 208 aber gehen sie zu weit. Denn dort kommt durchaus eine Unternehmensfortführung in Betracht, jedenfalls zu einer im Zuge der Liquidation in Aussicht genommenen übertragenden Sanierung.[374]

3. Prozessuale Folgen[375]

99 **a) Rechtsverfolgung durch Massegläubiger.** Der Schutz der dürftigen Masse gegen eine Rechtsverfolgung durch Verfahrenskosten- und sonstige Massegläubiger ist bei der Insolvenzrechtsreform ungeregelt geblieben. Nach anfänglichen Unsicherheiten, inwieweit man an die Rechtsprechung zu den §§ 60, 204 KO anknüpfen solle,[376] kristallisierte sich folgende Lösung für § 207 heraus: Das **Vollstreckungsverbot** des § 210 gelte für Konfliktfälle im Rahmen des § 207 entsprechend,[377] außerdem **entfalle** das **Rechtschutzbedürfnis für** eine **Leistungsklage**, so dass der Massegläubiger **nur noch** eine **Feststellungsklage** erheben könne bzw eine bereits erhobene Leistungsklage auf eine solche umstellen müsse.[378] Das dahinter stehende Bemühen um eine einheitliche und möglichst einfache Lösung ist billigenswert. Gleichwohl kann der hM nur im ersten Punkt, der entsprechenden Anwendung des § 210, zugestimmt werden:

100 **aa) Zwangsvollstreckung.** Richtig ist es, das Vollstreckungsverbot des § 210 auszuweiten, weil dem Verwalter dadurch die Möglichkeit eröffnet wird, Zugriffe mit der **Vollstreckungserinnerung** (§ 766 ZPO) abzuwehren. Er ist also **nicht** auf eine umständlichere und teurere **Vollstreckungsabwehrklage** verwiesen.[379] Die Statthaftigkeit der Erinnerung scheitert auch nicht daran, dass der Verwalter im Kern eine materiell-haftungsrechtliche Einrede gegen den Anspruch[380] erhebt.[381] Denn der Rechtsschutz durch Erinnerung in der Zwangsvollstreckung ist im Grundsatz deshalb auf Verstöße gegen formale Mängel beschränkt, weil die Vollstreckungsorgane regelmäßig nur solche prüfen können. Umgekehrt ist der Klageweg angemessen, wenn andernfalls der Rechtsschutz verkürzt würde. Im speziellen Falle der Massedürftigkeit ist die Prüfung aber dem Insolvenzgericht

372 BGHZ 151, 236, 242.
373 Anm zu OLG Brandenburg WuB I F a. Bürgschaft 3.03; *ders* WM 2005, 529, 531, 536.
374 Unten § 208 Rn 79 f, 83.
375 Zum Schicksal einer **Schiedsvereinbarung** oben Rn 94.
376 Ausf Kübler/Prütting/Bork/*Pape* InsO[9] § 207 Rn 31, sowie zu § 209 *ders* ZInsO 2001, 60 ff.
377 BGH ZIP 2006, 1999 ff = ZInsO 2006, 1049 ff [*Schwarz/Lehre* ZInsO 2007, 26 f] = DZWIR 2007, 35 ff [**zust** *Heinze* ebd, 37 f] = WuB VI A. § 89 InsO 2.07 [**zust** *Pape*]; **zust** *Häsemeyer* InsR[4] Rn 7.76 aE; MünchKomm/*Hefermehl* InsO[4] § 207 Rn 68 f.
378 MünchKomm/*Hefermehl* InsO[4] § 207 Rn 65 f; *Heinze* DZWIR 2007, 37, 38; für §§ 208, 209 siehe § 208 Rn 57 ff.
379 BGH ZIP 2006, 1999, 2001.
380 Zuvor Rn 85.
381 Eine solche wird von BGH ZIP 2006, 1999, 2001, zu Unrecht geleugnet.

anheimgegeben, dessen Entscheidung andere, auch die Prozessgerichte, bindet.[382] Nachdem der BGH die **rechtsähnliche Anwendung** des § 210 zutreffend mit einer solchen **des § 89 III** verknüpft,[383] entscheidet folglich das richtige Gericht im richtigen Verfahren. Die **Zuständigkeit des Insolvenzgerichts für** die Entscheidung über die **Vollstreckungserinnerung** erlaubt es auch, die analoge Anwendung des § 210 vom **Eintritt der objektiven Verfahrenskostenunterdeckung** abhängig zu machen. Der **BGH** verlangt demgegenüber eine „sachlich zutreffende Mitteilung des Insolvenzverwalters an das Insolvenzgericht von der fehlenden Masse" als Grundlage des Vollstreckungsverbotes.[384] Dies führt in die Irre.[385] Denn selbst wenn der Verwalter die amtswegige Einstellung des Verfahrens gem § 207 I 1 angeregt hatte, ist es prozedural einerlei, ob diese Anregung sachlich zutreffend war. Entscheidend ist allein die Feststellung des Insolvenzgerichts. Außerdem ist nicht ersichtlich, welche Bedeutung eine rein interne[386] Anzeige für die einzelne Zwangsvollstreckung haben sollte, die ohnehin mit der **Erinnerung** bekämpft wird. Letztere **reicht** also **aus**, um die Prüfungspflicht des Insolvenzgerichts auszulösen. Dies gilt selbst dann, wenn der Insolvenzverwalter die Massedürftigkeit erstmals geltend macht, indem er Erinnerung einlegt.

Die entsprechende Anwendung des § 210 lässt bereits im Vollstreckungswege **erwirkte Si-** 101
cherungen an Massebestandteilen unberührt. Die **sog Rückschlagsperre des § 88 gilt** iR des § 207 ebenso wie für § 209[387] **nicht** analog.

bb) Erkenntnisverfahren. Entgegen der auf der Rechtsprechung zu den §§ 208, 209 beruhen- 102
den Gegenansicht[388] ist an der **Zulässigkeit von Leistungsklagen** bei Massearmut allgemein festzuhalten.[389] Maßgeblich sind hierfür zwei Gründe, nämlich dass *erstens* ein Leistungstitel schon in Hinblick auf die Nachhaftung des Schuldners[390] sinnvoll und dass *zweitens* der Insolvenzverwalter durch die Anwendung des § 210 und des § 766 ZPO hinreichend geschützt ist. Der einzige prozessökonomische Grund, der für die Gegenansicht spricht, besteht darin, dass dem Verwalter die Last zur Einlegung der Erinnerung in dem Maße abgenommen wird, in dem bereits die Erwirkung von Vollstreckungstiteln verhindert wird. Diese Entlastung des Vollstreckungsverfahrens wird aber zu teuer erkauft, weil die Erkenntnisverfahren mit dem Zwischenstreit belastet werden, ob „tatsächlich" Massearmut gegeben ist. Nach der hier vertretenen Ansicht muss dies im Erkenntnisverfahren überhaupt nicht geprüft werden. Denn die **Vollstreckungserinnerung** braucht sich der Verwalter im Erkenntnisverfahren **nicht vorbehalten** zu lassen.[391] Damit erübrigt sich *letztens* auch eine besondere Regelung der **Darlegungs- und Beweislast** für die Massearmut im Erkenntnisverfahren.[392]

---

382 Unten Rn 110.
383 BGH ZIP 2006, 1999 ff.
384 BGH ZIP 2006, 1999, 2001.
385 Bezeichnend *Pape* WuB VI A. § 89 InsO 2.07, der von einer Bindung des lt. BGH gar nicht zuständigen *Vollstreckungs*gerichts ausgeht.
386 Oben Rn 67.
387 Dazu § 210 Rn 8.
388 N soeben zu Rn 99, sowie § 208 Rn 57.
389 *Roth* FS Gaul (1997), S 573, 577 f; *Häsemeyer* InsR[4] Rn 14.26; *Runkel/Schnurbusch* NZI 2000, 49, 52 f, *Kröpelin* ZIP 2003, 2341 ff; *Kraushaar* BB 2004, 1050 f (alle explizit für den Fall der Masseunzulänglichkeit).
390 Dazu näher *Windel* KTS 2011, 25.
391 Dies ist der Nachteil der von *Roth* Die Einrede des Bürgerlichen Rechts (1988), S 197 f (zu §§ 60, 204 KO), und *dems* FS Gaul (1997), S 573, 581, (für Neumassegläubiger gem § 209) entwickelten Lösung.
392 Sie erarbeitet MünchKomm/*Hefermehl* InsO[4] § 207 Rn 67, im Anschluss an BGHZ 147, 28, 37 f; BAG ZIP 1999, 36 f; BayObLG NZI 2000, 366 f (alle Entscheidungen zu § 60 KO).

103 **b) Rechtsverfolgung durch den Insolvenzverwalter.** Da der **Insolvenzverwalter** durch den Eintritt der Massedürftigkeit in seiner Rechtsstellung grundsätzlich nicht beeinträchtigt wird,[393] **bleibt** er auch **prozessführungsbefugt**. Dies gilt unabhängig von seiner Parteirolle als Kläger oder Beklagter. Sofern die Voraussetzungen für **Prozesskostenhilfe** im Einzelfalle gegeben sind,[394] ist sie ihm zu gewähren. Ihre pauschale Versagung, etwa wegen „Mutwilligkeit" der Rechtsverfolgung nach Eintritt der Verfahrenskostenunterdeckung,[395] wäre nicht systemkonform.[396] Denn § 207 III 2 stellt ihm weitere Verwertungsmaßnahmen generell und ohne Beschränkung auf die außergerichtliche Rechtsverfolgung frei.[397] Soweit man den Insolvenzverwalter materiell-haftungsrechtlich zu einer **Insolvenzanfechtung** auch bei Massedürftigkeit für berechtigt hält,[398] kann er die daraus folgenden Rechte auch prozessual (weiter) verfolgen. Prozesskostenhilfe gewährt ihm der BGH dafür aber nur, wenn durch die Anfechtung die Massedürftigkeit beseitigt würde,[399] was zwischenzeitlich verallgemeinert wurde.[400] Vom hier eingenommenen Standpunkt aus erledigen sich schwebende Anfechtungsprozesse im Regelfalle.

4. Der Einstellungsbeschluss und seine Wirkungen

104 Der Gesetzgeber hat im Dritten Abschnitt des Fünften Teils der InsO in Gestalt der §§ 215, 216 gemeinsame Vorschriften für Bekanntmachung, Wirkungen und Rechtsmittel geschaffen.[401] Daher kann im Wesentlichen auf die dortigen Erläuterungen verwiesen werden. Hier sind nur **die speziellen Probleme des Einstellungsbeschlusses gem § 207** zu behandeln. Diese Besonderheiten beruhen auf drei Gründen: *Zum Ersten* auf der inhaltlichen Nähe des § 207 zum Beschluss, den **Antrag** auf Eröffnung eines Insolvenzverfahrens gem § 26 **mangels Masse abzuweisen** (a, b), *zum anderen* auf der **Verknüpfung** des § 207 mit der Stundung der Verfahrenskosten gem § 4a und damit letztlich **mit der** Möglichkeit, **Restschuldbefreiung** zu erlangen (c), sowie *zum Dritten* auf dem verfahrenstechnischen **Bruch zur** nicht justitiablen **Anzeige der Masseunzulänglichkeit** durch den Verwalter gem § 208 I 1, 2 (d).

105 **a) Kein Eintrag in das Schuldnerverzeichnis.** Für den Einstellungsbeschluss gelten ausschließlich die Regeln des § 215 I über Bekanntmachung und Unterrichtung. Eine **Eintragung in das Schuldnerverzeichnis findet** im Gegensatz zu § 26 II **nicht statt.**[402] Diese aus dem alten Recht übernommene Differenzierung mag früher akzeptabel gewesen sein;[403] heute wird sie weder den Interessen des Verkehrs noch denen des Schuldners gerecht: Jener kann nicht auf

---

393 Oben Rn 86.

394 Siehe Jaeger/*Windel* InsO § 80 Rn 172 (zur „wirtschaftlichen Beteiligung" bei § 207 III 2).

395 So aber OLG Naumburg DZWIR 2003, 338; OLG Celle (9. Zivilsenat) ZIP 2010, 1464 [abl *Jacoby* EWiR 2010, 473 f]; OLG München ZIP 2012, 1984 ff.

396 BGH ZIP 2009, 1591 f; iE auch *Gundlach/Frenzel* DZWIR 2008, 298; *Hörmann* NZI 2008, 291 f; für § 207 **offen lassend** noch BGH ZIP 2008, 944.

397 Zu seinen **Haftungsrisiken** BGHZ 161, 236; Jaeger/*Gerhardt* InsO § 61 Rn 16; MünchKomm/*Hefermehl* InsO[4] § 207 Rn 24.

398 Dazu oben Rn 96.

399 BGH ZIP 2009, 1591 f; BGH ZInsO 2013, 496 f; BGH 17.4.2013 – IX ZB 63/12 – juris = BeckRS 2013, 8615; für Insolvenzverfahren natürlicher Personen bei möglicher Stundung weiterführend OLG Dresden ZVI 2010, 188 f [*Heinze* ebd, 188 ff]; OLG Celle (13. Zivilsenat) NZI 2010, 688 f; *Lang* NZI 2012, 746, 747; **aA** noch *Hörmann* NZI 2008, 291.

400 BGH BeckRS 2013, 5343; BGH ZInsO 2013, 496 f.

401 Zu diesem Konzept und den Anleihen bei der Aufhebung des Verfahrens schon oben Rn 1 f.

402 Kübler/Prütting/Bork/*Pape* InsO[9] § 207 Rn 36; MünchKomm/*Hefermehl* InsO[4] § 207 Rn 78; BK/*Gruber* InsO[27] § 207 Rn 37.

403 *Jaeger* KO[6/7] § 204 Rn 5, sowie Jaeger/*Weber* KO[8] § 204 Rn 6, bezeichneten die öffentliche Bekanntmachung als „weit wirksamer". Ähnlich Nerlich/Römermann/*Westphal* InsO[29] § 207 Rn 47.

sein gewohntes Informationsmedium vertrauen, dieser genießt keinen Schutz durch Löschung,[404] obwohl seine Vermögenslosigkeit gem § 215 I 1 öffentlich bekannt geworden ist.[405] Trotz dieser Misslichkeiten verbietet sich eine rechtsähnliche Anwendung des § 26 II wegen dessen grundrechtsrelevanter Wirkungen.[406]

b) Unternehmensrechtliche Probleme

aa) Liquidation und Löschung vermögensloser Verbände. Die Einstellung des Insolvenz- 106 verfahrens erfolgt gem § 207 I 1, wenn die Insolvenzmasse nicht ausreicht, um die Kosten des Verfahrens zu decken. Vor der Einstellung erfolgt iaR nur noch eine Verteilung der vorhandenen Barmittel, § 207 III 1. Die **Vollbeendigung von Verbänden** wurde nicht als (Primär-)Zweck in die InsO aufgenommen.[407] In Konsequenz dessen ist es auch bei Massearmut **nicht Aufgabe des Insolvenzverwalters**, das Verbandsvermögen zu liquidieren.[408] Im praktischen Ergebnis führt dies dazu, dass sich an das mangels Masse eingestellte Insolvenzverfahren ein **verbandsrechtliches Liquidationsverfahren**[409] **mit** dem Ziel der **Löschung** anschließen[410] sollte, weil ein nicht (völlig) vermögensloser[411] Verband aus dem Insolvenzbeschlag entlassen wird.[412] Die Problematik entspricht im Wesentlichen derjenigen der Abweisung eines Antrages auf Eröffnung des Insolvenzverfahrens über das Vermögen eines Verbandes mangels kostendeckender Masse. Ein Unterschied besteht aber darin, dass der Beschluss gem § 26 I 1 einen eigenständigen Auflösungsgrund für den Verband darstellt,[413] während die Auflösung im Falle des § 207 bereits mit Eröffnung des Insolvenzverfahrens erfolgt war, §§ 131 I Nr 3, 161 II HGB [ab 1.1.2024 § 729 I Nr 1 BGB]; 262 I Nr 3, 289 I AktG; 60 I Nr 4, 1. Hs GmbHG; 101 GenG. Zu beachten ist ferner, dass es **für Verein und Stiftung** zwar ein Liquidations- (§§ 47 ff, 88 S 3 BGB), aber kein klar geregeltes Löschungsverfahren gibt. Deshalb muss man sich mit § 395 FamFG behelfen.[414] Im Übrigen gilt das zu § 26 Gesagte.[415]

bb) Behandlung der Geschäftsunterlagen. Eine allgemeine Wirkung der Beendigung des 107 Insolvenzverfahrens besteht darin, dass der Verwalter die **Geschäftsunterlagen an den Schuldner zurückzugeben** hat, dem künftig die gesetzlichen Aufbewahrungspflichten obliegen.[416] Namentlich bei Massearmut sind Schuldner, insbesondere die Organe eines verbandsrechtlich verfassten Unternehmensträgers, aber oft nicht in der Lage oder auch nur willens, die Geschäftsunterlagen entgegenzunehmen. Verfahren, mit denen der Verwalter gezwungen

---

404 Vgl dazu Jaeger/*Schilken* InsO § 26 Rn 84 ff.
405 MünchKomm/*Hefermehl* InsO[4] § 207 Rn 78.
406 IE übereinstimmend Kübler/Prütting/Bork/*Pape* InsO[9] § 207 Rn 36; MünchKomm/*Hefermehl* InsO[4] § 207 Rn 78; BK/*Gruber* InsO[27] § 207 Rn 37.
407 Jaeger/*Windel* InsO § 80 Rn 18 mN; MünchKomm/*Hefermehl* InsO[4] § 207 Rn 53.
408 Zur InsO BGHZ 148, 252, 258 f = ZIP 2001, 1469, 1471 f [**zust** *Flitsch/Herbst* EWiR 2002, 395 f]; BGHZ 163, 32, 35 f; BGH ZIP 2009, 2204, 2207 f Rn 27; zur KO BGH ZIP 1996, 842, 844 [krit *Pluta/Seichter* EWiR 1996, 751 f]; BK/*Gruber* InsO[27] § 207 Rn 48; zum rechtspolitischen Hintergrund Kübler/Prütting/Bork/*Pape* InsO[12] § 207 Rn 50 ff; *Pape/Hauser* Massearme Verfahren nach der InsO (2002), Rn 276 ff; Uhlenbruck/*Ries* InsO[15] § 207 Rn 54.
409 Dazu *Konzen* FS Ulmer (2003), S 323 ff (für die GmbH); vgl auch schon oben Rn 19.
410 Neben der vorzitierten Literatur auch FK/*Kießner* InsO[9] § 207 Rn 48 f; HambK/*Weitzmann* InsO[7] § 207 Rn 27.
411 Zu diesen – strengen – Voraussetzungen des § 394 I 2 FamFG BGH ZIP 2010, 2444 ff Rn 22; OLG Karlsruhe ZIP 2015, 39 f.
412 Zum Problem *K. Schmidt* GesellschaftsR[4] § 11 VI 5 (S 329 f).
413 Dazu Jaeger/*Schilken* InsO § 26 Rn 40 ff.
414 Staudinger/*Schwennicke* BGB (2019) § 42 Rn 21.
415 Jaeger/*Schilken* InsO § 26 Rn 44–51.
416 Siehe § 215 Rn 11.

werden soll, die Geschäftsunterlagen herauszugeben, bilden daher die Ausnahme.[417] Den Regelfall bildet die **Ratlosigkeit des Verwalters, was er** mit dem Papier[418] und heute auch den anderen Datenträgern **anfangen soll.** Soweit Rechtgrundlagen die **Zuständigkeit der Verbandsorgane** (§§ 157 II 2 [ab 1.1.2024 § 152 I] HGB; 74 II 2 GmbHG) oder die Verwahrung allgemein (§ 273 II AktG) **für** den Fall einer durchgeführten **Liquidation** regeln, sind diese **entsprechend auf** die **Beendigung des Insolvenzverfahrens** anzuwenden.[419] Dies hilft aber oft nicht entscheidend weiter, weil nach ganz hM dadurch **keine** erzwingbaren **Abnahmepflichten** begründet werden.[420] Praktisch durchsetzbar wären solche ohnehin nicht immer.[421] Eine **Hinterlegung** der Geschäftsunterlagen scheitert schon[422] daran, dass es sich um nicht hinterlegungsfähige Sachen handelt,[423] ihre **Makulierung** kommt vor Ablauf der Aufbewahrungsfristen weder nach vorheriger Ankündigung[424] noch auf der Grundlage „einer entlastenden Anordnung" des Insolvenzgerichts[425] in Betracht.[426] Denn über die Aufbewahrungspflichten sind die Organe des Insolvenzverfahrens nicht dispositionsbefugt und für ein Verfahren unter Beteiligung der betroffenen Stellen fehlt die Rechtsgrundlage. Nach Einstellung des Insolvenzverfahrens bleibt dem Verwalter daher meist nur der Versuch, **mittelbar**, etwa über die Finanzämter, **Druck auf die** verbandsrechtlich **Zuständigen auszuüben**, um der Geschäftsunterlagen ledig zu werden.[427]

108 Weil das Problem nach Verfahrensende kaum noch zu bewältigen ist, hat *F. Weber* in der Vorbearbeitung nach einer **Lösung im Insolvenzverfahren** gesucht: Der Verwalter könne die **Aufbewahrung zu Lasten der Masse** sicherstellen.[428] Dem ist grundsätzlich unter der Maßgabe zuzustimmen, dass der Verwalter zunächst zu klären hat, ob eine Aufbewahrung durch die Verbandsorgane in casu in Betracht kommt.[429] Andernfalls riskiert er die persönliche Haftung wegen Verkürzung der Masse gem § 60. Vor allem aber **versagt** diese Lösung **bei Massedürftigkeit** gem § 207[430] und ist bei Masseunzulänglichkeit gem § 208 nur praktikabel, wenn wenigstens die Neumasseverbindlichkeiten voll gedeckt sind.[431] Denn die Archivierung[432] erfolgt durch **Verwahrungsvertrag**, der zu einer (sonstigen) **Masseverbindlichkeit gem § 55 I Nr 1** führt.[433] Die Gegenansicht, die von Auslagen des Verwalters ausgeht,[434] ist nur vor dem Hintergrund einer hier abgelehnten Erweiterung des Verfahrenskostenbegriffs[435] konsequent[436] und versagt spätestens,[437] wenn selbst die Auslagen nicht mehr voll gedeckt sind.

---

417 Eine solche Konstellation betraf OLG Stuttgart ZIP 1998, 1880, 1883 f [krit *Eckardt* EWiR 1998, 987 f].
418 Plastisch *Förster/Tost* ZInsO 1998, 297 ff.
419 Jaeger/*Weber* KO[8] § 117 Rn 19; Uhlenbruck/*Ries* InsO[15] § 215 Rn 6.
420 OLG Stuttgart ZIP 1984, 1385 m umf N; Uhlenbruck/*Ries* InsO[15] § 215 Rn 6.
421 Siehe schon *Jaeger* KO[6/7] § 117 Rn 19.
422 Vgl auch OLG Hamm ZIP 2016, 1552 f; AG Hamburg ZInsO 2020, 2725 (jew zur Hinterlegung von Geldbeträgen für eine vermögenslose GmbH).
423 *Jaeger* KO[6/7] § 117 Rn 19; *Kalter* KTS 1960, 65, 70; zweifelnd auch Gottwald/Haas/*Wimmer* InsR-Hb[6] § 73 Rn 33.
424 So aber HambK/*Weitzmann* InsO[7] § 207 Rn 27 aE, und gegen ihn BK/*Gruber* InsO[27] § 207 Rn 45.
425 So *Jaeger* KO[6/7] § 117 Rn 19.
426 Zweifelnd zur Zulässigkeit einer Makulierung auch Gottwald/Haas/*Wimmer* InsR-Hb[6] § 73 Rn 32.
427 So *Förster/Tost* ZInsO 1998, 297, 299; Uhlenbruck/*Ries* InsO[15] § 215 Rn 6.
428 Jaeger/*Weber* KO[8] § 117 Rn 19; gegen ihn *Kalter* KTS 1960, 65, 69 f.
429 *Förster/Tost* ZInsO 1998, 297, 299.
430 So für § 204 KO schon Jaeger/*Weber* KO[8] § 117 Rn 19.
431 Vgl zur Haftung gem § 61 auch Gottwald/Haas/*Wimmer* InsR-Hb[6] § 73 Rn 33.
432 Rechtstatsächliches bei *Förster/Tost* ZInsO 1998, 297, 301 ff.
433 Jaeger/*Weber* KO[8] § 117 Rn 19 (zur KO in der damals geltenden Fassung).
434 BK/*Gruber* InsO[27] § 207 Rn 46; ohne Zuordnung *Förster/Tost* ZInsO 1998, 297, 298 ff; MünchKomm/*Hefermehl* InsO[4] § 207 Rn 79.
435 Dazu oben Rn 35 ff.
436 In diesem Sinne *Voigt* ZIP 2004, 1531, 1534.
437 Skeptisch zur Praktikabilität *Pape/Hauser* Massearme Verfahren nach der InsO (2002), Rn 275.

c) Bindungswirkung und Präjudizialität. Nach dem Konzept der §§ 207-216 sollten alle Einstellungsbeschlüsse gleichsinnig in den §§ 215 f geregelt werden. Die Verknüpfung der Möglichkeit, Restschuldbefreiung zu erlangen, mit einem zuvor durchgeführten und nicht wieder mangels Masse eingestellten Insolvenzverfahren hat aber zu zahlreichen rechtstechnischen Folgeproblemen gerade für die Einstellung gem § 207 geführt.[438] Hier geht es namentlich um die Frage, unter welchen Voraussetzungen ein Schuldner doch noch **Restschuldbefreiung** erlangen kann, **nachdem** zuvor bereits **ein Insolvenzverfahren** über sein Vermögen **mangels Masse eingestellt worden war.** Das Problem wurde durch die Einführung der Möglichkeit der Kostenstundung gem § 4a und ihre Verknüpfung mit § 207 I 2, 1. Hs zunächst nicht gelöst, sondern prozessual eher noch verschärft: Das Ziel ist Restschuldbefreiung. Diese kann nur nach durchgeführtem Insolvenzverfahren gewährt werden. Das Insolvenzverfahren ist ohne Verfahrenskostenstundung nicht möglich. Diese setzt aber wiederum einen Antrag auf Erteilung von Restschuldbefreiung sowie weiter voraus, dass dieser kein Versagungsgrund entgegen steht (§ 4a I 1, 3, 4) – ein *circulus vitiosus* spätestens dann, wenn auf einer oder mehrerer dieser Ebenen bereits dem Schuldner nachteilige Entscheidungen ergangen sind. Dieser lässt sich auch nicht dadurch durchbrechen, dass man eine bereits ergangene Entscheidung unter dem **Gesichtspunkt des Rechtsschutzinteresses** für einen Folgeantrag behandelt.[439] Klarheit gewinnt man nur, wenn **die prozessualen Wirkungen** der schon ergangenen Entscheidung einerseits **und der** konkrete **Inhalt** andererseits vor dem Hintergrund des Folgeantrages herausgearbeitet werden. Dies macht verfahrensökonomisch übrigens nicht mehr Mühe als die Argumentation mit einem unbestimmten Rechtsbegriff, die allem Anschein nach zu nichts weniger als zu konzisen Entscheidungsbegründungen führt. 109

Der **Beschluss** gem § 207 I 1 **ist** für das Insolvenzgericht wie für alle anderen Behörden und Gerichte insoweit **bindend,** als das (erste) Insolvenzverfahren wegen Massedürftigkeit beendet ist.[440] Der Beschluss kann **keine Ne-bis-in-idem-Wirkung** entfalten, weil er von Amts wegen und nur in dem Insolvenzverfahren ergehen kann, das mit seiner Unanfechtbarkeit endgültig beendet ist. Da der Beschluss **inhaltlich** den Einstellungsgrund feststellt, kommt insoweit **Präjudizialität** für spätere Entscheidungen in Betracht. **Für eine** häufig im Zusammenhang mit dem Rechtsschutzinteresse ventilierte **Präklusion mit Folgeanträgen fehlt** indes **jeder** gesetzliche **Anhalt.** Dies gilt einerlei, ob es um einen Folgeantrag auf Eröffnung eines weiteren Insolvenzverfahrens,[441] auf Stundung der Verfahrenskosten[442] oder auf Erteilung von Restschuldbefreiung[443] geht. 110

Die eigentlich entscheidende Wirkung ist diejenige der **Präjudizialität als Erscheinungsform der materiellen Rechtskraft.** Rechtskraft in diesem Sinne kommt Beschlüssen des Insolvenzgerichts dann zu, wenn sie für die bürgerlich-rechtlichen Beziehungen der Beteiligten von Bedeutung sind.[444] So liegt es für die Einstellung gem § 207,[445] die die Haftung des Schuldners gegenüber seinen Gläubigern bei Insolvenzverfahren über das Vermögen von Verbänden[446] sowie bei Insolvenzverfahren über das Vermögen von natürlichen Personen im Hinblick auf die Möglichkeit, Restschuldbefreiung zu erlangen, tangiert. Die Rechtskraftwirkung ist auch un- 111

---

438 Oben Rn 11, 59.

439 So insb *Hackenberg* ZVI 2005, 468 ff; idS aber auch *Büttner* ZVI 2007, 229 ff, sowie durchweg die nachfolgend Zitierten.

440 Allg dazu § 215 Rn 22.

441 Vgl aber BGH ZVI 2007, 610 ff (nach Einstellung gem § 211); LG Zweibrücken NZI 2005, 397, sowie AG München ZVI 2008, 524, aufgeh. durch LG München I ZVI 2009, 194 (jew nach Abweisung gem § 26); LG Koblenz ZVI 2005, 91; LG Duisburg ZVI 2009, 14 f (jew nach aufgehobenem Erstverfahren).

442 Ebenfalls beantragt bei AG München ZVI 2008, 524, aufgeh. durch LG München I ZVI 2009, 194; beantragt bei AG Bremen ZVI 2009, 254 f.

443 So bei BGH ZVI 2006, 406 f (aufgehobenes Erstverfahren); ebenfalls beantragt bei BGH ZVI 2007, 610, sowie bei LG Koblenz ZVI 2005, 91.

444 Jaeger/*Gerhardt* InsO § 6 Rn 52.

445 Ohne Begr aA Jaeger/*Gerhardt* InsO § 6 Rn 56.

446 Vgl oben Rn 106.

problematisch, wenn und weil den Beteiligten **rechtliches Gehör** gewährt worden ist.[447] Jedenfalls für den Einstellungsbeschluss gem § 207 kommt es deshalb auch nicht darauf an, wer den Antrag auf Eröffnung des Insolvenzverfahrens gestellt hatte.[448] Unproblematisch erscheint die Präjudizialwirkung, wenn es ausschließlich um einen **Zweitantrag auf Verfahrenseröffnung** geht: Dieser ist grundsätzlich **zulässig**[449] **und dann begründet, wenn neue Tatsachen** vorgetragen sind. Diese können in einer verbesserten Vermögenslage,[450] einer Sicherstellung der Kostendeckung oder in einer Verfahrenskostenstundung (§ 207 I 2, 1. Hs) liegen. Aus dem letztgenannten Gesichtspunkt folgt dann aber die schon beschriebene Verschachtelung, weil ein Antrag auf Verfahrenskostenstundung einen solchen auf Erteilung von Restschuldbefreiung voraussetzt (§ 4a I 1). Gleichwohl sollte man auch hier nicht gleich das Rechtsschutzinteresse bemühen und in die Zulässigkeitsprüfung abgleiten,[451] sondern bei der Präjudizialität und damit auf der Ebene der Begründetheit bleiben: Sind etwa gegenüber einer insoweit beachtlichen Vorentscheidung keine neuen Tatsachen für die Erteilung von Restschuldbefreiung ersichtlich, ist der darauf gerichtete Antrag zwar zulässig, aber unbegründet.[452] Gleiches gilt dann für den Stundungsantrag, weil § 4a I 1 keinen qualifizierten, sondern überhaupt einen Antrag auf Erteilung von Restschuldbefreiung voraussetzt. Für den – seinerseits zulässigen – Antrag auf Eröffnung eines zweiten Insolvenzverfahrens folgt daraus die Abweisung gem § 26 I 1 statt derjenigen mangels Rechtsschutzbedürfnisses. Nicht zu den eine erneute Entscheidung rechtfertigenden Tatsachen zählt die (erhebliche[453]) Vergrößerung der Gläubigerschaft, weil der Schuldner sonst durch Begründung neuer Verbindlichkeiten ein neues Verfahren erzwingen könnte.[454]

112 Die vorbeschriebenen prozessualen Probleme wurden durch **Sperrfristen für** Anträge auf **Restschuldbefreiung** entlastet. Entwickelt wurden diese zunächst vom BGH[455] in wohl unzulässiger freier Rechtsfortbildung,[456] dann aber vom Gesetzgeber mit dem G zur Verkürzung des Restschuldbefreiungsverfahrens und zur Stärkung der Gläubigerrechte[457] zum 1.7.2014 aufgegriffen. Beendet hat das die Diskussion aber keineswegs, weil die Regelung des neu eingefügten § 287a erheblich hinter dem zuvor vom BGH für richtig Gehaltenen zurückbleibt.[458]

113 **d) Beschwerdebefugnis.** Im Gegensatz zur ganz hM zu § 204 KO, die dem Verwalter die **Beschwerdebefugnis** gegen den Einstellungsbeschluss zubilligte,[459] ist diese nach dem eindeuti-

---

447 Dazu oben Rn 69 ff.

448 Für die Abweisung gem § 26 stellen BGH ZVI 2006, 67 f = ZInsO 2006, 99 f = DZWIR 2006, 127 f, sowie LG München I NZI 2006, 49, darauf ab.

449 Insoweit unzutr LG Zweibrücken NZI 2005, 397; iE wie hier AG Göttingen ZVI 2005, 278 f [**zust** *Hackenberg* ebd, 468 ff]; AG Leipzig ZVI 2007, 280 ff; *Büttner* ZVI 2007, 229 ff.

450 Insoweit zutr LG Zweibrücken NZI 2005, 397.

451 So aber BGH ZVI 2006, 406 f; BGH ZVI 2007, 610 ff.

452 **IE aA** AG Göttingen ZVI 2005, 278 f; AG Leipzig ZVI 2007, 280 ff; AG Bremen ZVI 2009, 254 f; nicht erheblich bei AG Potsdam ZInsO 2006, 1287 f; **iE wie hier** LG Duisburg ZVI 2009, 14 f; AG München ZVI 2008, 524, aufgeh. durch die in sich widersprüchliche Entsch LG München I ZVI 2009, 194, die einerseits neues Vorbringen verlangt, andererseits aber den Weg zur Restschuldbefreiung auch ohne Änderung der Vermögensverhältnisse eröffnen will.

453 So LG Landau ZInsO 2009, 441 f, **aufgeh** durch BGH ZInsO 2010, 140 f.

454 Klarstellend BGH ZInsO 2009, 1777, 1778 Rn 10.

455 So **gegen** BGH ZInsO 2008, 319 f, st Rspr seit BGH ZInsO 2009, 1777 ff = ZVI 2009, 422 ff [*Hackländer* EWiR 2009, 681 f] = NZI 2009, 691 ff [krit *Schmerbach* ebd, 677 ff]; BGH ZInsO 2010, 140 f; BGH ZInsO 2010, 347 f; BGH ZInsO 2010, 344 f; BGH NZI 2010, 263; BGH ZInsO 2010, 2407 f (beide letztzitierte Entscheidungen zu Stundungsanträgen); **dem folgend** LG Duisburg ZInsO 2009, 2407 f; LG Duisburg ZInsO 2010, 964 f.

456 Näher die Voraufl im Anschluss an AG Göttingen ZVI 2010, 184 ff; *Schmerbach* ZInsO 2010, 647 ff.

457 Vom 15.7.2013 BGBl I 2379.

458 BGH ZVI 2017, 299 ff = ZInsO 2017, 1444 ff [*Hellfeld* EWiR 2017, 535 f; *Möhring* ZVI 2017, 289 ff; *Thünning* ZVI 2017, 377 ff], sowie ausf Jaeger/Preuß InsO § 287a Rn 20 ff.

459 Jaeger/*Weber* KO[8] § 204 Rn 5 mN.

gen Wortlaut des § 216 I **auf Insolvenzgläubiger und Schuldner beschränkt**. Ebenso wenig hat der Verwalter eine Beschwerdebefugnis gegen die Ablehnung der Einstellung (Gegenschluss aus § 216 II). Auch diese gesetzgeberische Entscheidung wird man trotz des eklatanten Widerspruchs zur Konzeption des Verfahrens bei Masseunzulänglichkeit[460] wohl akzeptieren und den Verwalter auf den Weg des § 208 I 1 verweisen müssen.[461] Das missliche Ergebnis besteht darin, dass der Verwalter gem § 208 III zur Verwaltung und Verwertung verpflichtet bleibt, obwohl er nicht einmal die Kosten des Verfahrens decken kann.[462] Dies zwingt zu Folgekorrekturen iR der §§ 209 I Nr 1 und 211 I.[463]

5. Zulässigkeit einer Nachtragsverteilung?

Zu § 204 KO war umstritten, inwieweit nach der Einstellung des Verfahrens eine **Nachtragsverteilung** angeordnet werden konnte.[464] Im Rahmen der Insolvenzrechtsreform wurde dies jedenfalls bei nachträglich ermittelter Masse als Mangel empfunden und deshalb der heutige § 211 III geschaffen,[465] der sich aber nur auf den Fall der Masseunzulänglichkeit bezieht. Eine **Regelung für** den Fall der **Massedürftigkeit fehlt**. Dies war durchgängig in allen Entwürfen seit § 313 III DiskE so,[466] so dass **kein Redaktionsversehen** angenommen werden kann.[467] Andererseits bleibt die gesetzgeberische Absicht weitgehend finster, weil eine Begründung dafür fehlt, warum mit § 211 III nur für einen Teil der von § 204 KO unterschiedslos erfassten Fälle der Massearmut eine Regelung getroffen wurde. Hinzu kommt, dass § 211 III seinerseits problematisch ist, weil er – wiederum ohne jede Erklärung – nur eine Entsprechung zu § 203 I Nr 3, aber keine Entsprechungen zu § 203 I Nrn 1, 2 enthält.[468] Deshalb, nicht wegen der Eingriffe des Rechtsausschusses in die Regelung der Masseunzulänglichkeit,[469] lässt sich die Streitfrage, ob im Rahmen des § 207 III eine Nachtragsverteilung mit der jetzt **hM** allgemein[470] oder jedenfalls unter qualifizierten Voraussetzungen[471] angeordnet werden kann,[472] zwar nicht durch einen schlichten Hinweis auf Gesetzeswortlaut und Entstehungsgeschichte beantworten.[473] Andererseits sprechen Wertungsgesichtspunkte aber auch nicht deutlich genug für eine Gesetzeskorrektur. Dies ergibt sich im Einzelnen aus Folgendem: 114

460 Dazu oben Rn 10.

461 BGH ZIP 2007, 1134 f = WuB VI A. § 207 InsO 1.07 [krit *Kammel*].

462 Zu dieser „Zwickmühle“ *Kammel* WuB VI A. § 207 InsO 1.07.

463 Unten § 209 Rn 32, § 211 Rn 10, 19.

464 Zuletzt LG Darmstadt Rpfleger 2001, 512 [**zust** *Kneller* ebd], mN zum damaligen Streitstand.

465 Begr RegE § 324, BT-Drucks 12/2443, S 221.

466 Unzutr *Holzer* NZI 1999, 44, 46 f.

467 So aber *Holzer* NZI 1999, 44, 46 f.

468 Näher § 211 Rn 16 f.

469 So aber *Pape/Hauser* Massearme Verfahren nach der InsO (2002), Rn 265.

470 **Allg bejahend** BGH ZIP 2013, 2320 ff [**zust** *Zimmer* EWiR 2014, 19 f] = KTS 2014, 184 ff [**zust** *Kohler* ebd, 188 ff]; BGH ZInsO 2014, 340; *Kübler* Kölner Schrift³, S 595 f Rn 53; *Smid* WM 1998, 1313, 1315; Rattunde/*Smid*/Zeuner InsO⁴ § 207 Rn 20; *Holzer* NZI 1999, 44, 46 f; Kübler/Prütting/Bork/*Holzer* InsO⁷⁹ § 203 Rn 29 f; *Uhlenbruck* NZI 2001, 408 f; *Pape/Hauser* Massearme Verfahren nach der InsO (2002), Rn 263–265; Kübler/Prütting/Bork/*Pape* InsO⁹ § 207 Rn 39; BK/*Gruber* InsO²⁷ § 207 Rn 52 f; FK/*Kießner* InsO⁹ § 207 Rn 39 ff; Braun/*Ludwig* InsO⁸ § 207 Rn 28 ff.

471 Unterschiedlich **differenzieren** *Kröpelin* Die massearme Insolvenz (2003), Rn 165–169, 593 f; *Walther* Das Verfahren bei Masseunzulänglichkeit nach den §§ 208 ff InsO (2005), S 279 ff.

472 **Abl** LG Marburg ZIP 2003, 729 f; LG Kassel ZInsO 2013, 2565 f; *Dinstühler* ZIP 1998, 1697, 1707; HK/*Hölzle* InsO¹⁰ § 207 Rn 26 ff; MünchKomm/*Hefermehl* InsO⁴ § 207 Rn 85; *Häsemeyer* InsR⁴ Rn 7.76 Fn 401; Uhlenbruck/*Ries* InsO¹⁵ § 207 Rn 37 ff; K. Schmidt/*Jungmann* InsO¹⁹ § 207 Rn 19 f; *Vallender/Fuchs* NZI 2003, 292, 296 (rechtspolitisch für Zulässigkeit).

473 So aber LG Marburg ZIP 2003, 729, 730.

115 Die **praktische Bedeutung** der Kontroverse hängt davon ab, inwieweit man eine **Insolvenzanfechtung** bei Massedürftigkeit für möglich hält. Vom hier eingenommenen restriktiven Standpunkt aus[474] besteht keine Veranlassung, Anfechtungsstreitigkeiten nicht nur über den Zeitpunkt des Eintritts der Massedürftigkeit,[475] sondern sogar noch über denjenigen der Verfahrenseinstellung hinaus auszudehnen. Andererseits entfällt nicht jedes praktische Bedürfnis für eine Nachtragsverteilung, wenn man die Insolvenzanfechtung bei Massearmut nicht oder nur eingeschränkt zulässt. Vielmehr fließen auch andere Mittel häufig mit einer gewissen Verzögerung zur Masse (zurück). Als typisches Beispiel gelten **Steuererstattungen** durch die Finanzbehörden.[476]

116 Nicht angängig erscheint es hingegen, **Probleme einer temporären Verfahrenskostenunterdeckung** durch eine analoge Anwendung des § 211 III lösen zu wollen.[477] Der diesem Vorschlag zugrunde liegende Gedankengang ist folgender:[478] Sofern aktuell die Mittel zur Deckung der Verfahrenskosten nicht vorhanden seien, für die Zukunft aber in Aussicht stünden, solle das Verfahren eingestellt und die Befriedigung der Verfahrenskostengläubiger einer Nachtragsverteilung vorbehalten werden.[479] Daran stört schon, dass hier weder die Konstellation des § 211 III 1 bzw des § 203 I Nrn 1 und 2 gegeben ist, weil es um prognostizierten, wenn auch vielleicht unsicheren Massezufluss, aber nicht um nachträglich ermittelte, zurückbehaltene oder zurückfließende Masse geht. Deshalb fehlt die Grundlage für einen Analogieschluss. Vor allem aber **konterkariert** dieser Vorschlag **das gesetzgeberische Konzept**, nach dem eine Einstellung des Verfahrens gerade nicht erfolgen soll, solange Aussicht besteht, genügend Masse zur Deckung der Verfahrenskosten zu schaffen. Ehestens diskutabel erscheint die abgeschwächte Lesart der Gegenansicht, die eine **Nachtragsverteilung als Notbehelf für** die Folgen von **Fehlprognosen** sowie dann vorschlägt, wenn die temporäre **Verfahrenskostenunterdeckung über den Prognosezeitraum hinaus**reicht.[480] Für sich genommen rechtfertigen freilich auch diese beiden Konstellationen keine Nachtragsverteilung. In der *erstgenannten Konstellation*, der der zu optimistischen Fehlprognose, waren objektiv von Anfang an die Voraussetzungen des § 207 I 1 oder gar schon die des § 26 I 1 gegeben. Dass dies zunächst nicht erkannt und ein sinnloses Verfahren betrieben wurde, mag haftungsrechtliche Konsequenzen für einen Regress gegenüber dem Verwalter oder gar eine Staatshaftung des Gerichts haben. Daran, dass jedenfalls dann nach § 207 III zu verfahren ist, wenn die Fehleinschätzung als solche erkannt ist, ändert sich aber nichts. Mithin besteht aktuell nur noch die Pflicht zur Verteilung der Barmittel. Die *zweitgenannte Konstellation* der temporären Kostenunterdeckung über den Prognosezeitraum hinaus kann es in Wahrheit nicht geben. Vielmehr ist („endgültige") Massedürftigkeit gegeben, sofern erkennbar ist, dass die im Prognosezeitraum anfallenden Kosten nicht getragen werden können.[481]

117 Die Möglichkeit zur Anordnung einer Nachtragsverteilung lässt sich nach Vorigem weder durch einen Hinweis auf die (vermeintlichen) Funktionen der Insolvenzanfechtung bei Massearmut[482] noch als Lösung der Probleme einer temporären Verfahrenskostenunterdeckung[483] legitimieren. Auch der verfahrensökonomische Hinweis, eine Nachtragsverteilung sei gegenüber der **Alternative der Eröffnung eines zweiten Insolvenzverfahrens** einfacher und vor allem kos-

474 Oben Rn 41.
475 Dazu oben Rn 96.
476 Dazu insb *Kneller* Rpfleger 2001, 512.
477 In diesem Sinne aber *Uhlenbruck* NZI 2001, 408 f; BK/*Gruber* InsO[27] § 207 Rn 53.
478 S auch schon oben Rn 44.
479 So *Uhlenbruck* NZI 2001, 408 f.
480 So BK/*Gruber* InsO[27] § 207 Rn 53.
481 Oben Rn 43 ff.
482 Soeben Rn 115.
483 Soeben Rn 116.

tengünstiger,[484] reicht nicht aus. Vielmehr muss die Nachtragsverteilung dem **Insolvenzverwalter** in casu auch **zumutbar** sein.[485] Dies ist nur dann unproblematisch zu bejahen, sofern entweder **nur Barmittel zu verteilen** sind (arg § 207 III 1)[486] **oder sofern** die nachträglich erlangten **Mittel** die **Verfahrenskosten voll abdecken.**[487] Ist dies nicht der Fall, so müsste die Möglichkeit zur Anordnung einer Nachtragsverteilung vom Einverständnis des Verwalters abhängig gemacht werden.[488] Freilich führte dies zu einer Verfahrensgestaltung nach Maßgabe der Risikofreude des Verwalters,[489] was seinerseits problematisch ist.[490]

Der Fall, dass die zur Masse fließenden Mittel die Verfahrenskosten genau decken, wird **118** kaum einmal eintreten. Es wird vielmehr entweder zu wenig oder aber zu viel sein. Letzterenfalls hat man ein Problem darin gesehen, dass die **Verteilung an die übrigen Massegläubiger**[491] nicht genügend vorbereitet sei. Dieses Problem besteht in Wahrheit nicht, weil eine Verteilung an die Massegläubiger kein Feststellungsverfahren gem §§ 174 ff voraussetzt,[492] sondern anhand interner Arbeitspapiere erfolgt,[493] die ggf noch nachträglich erstellt werden können.[494] Auch ein Verteilungsmaßstab wäre gegeben: Mangels Unterscheidbarkeit zwischen Alt- und Neumasseverbindlichkeiten bestünde unter den Massegläubigern, die keine Kostengläubiger sind, grundsätzlich gleicher Rang.[495] Deshalb ergäbe sich kein zwingender verfahrensimmanenter Grund, die Nachtragsverteilung auf die Kostengläubiger zu beschränken.[496] Nur in dem (unwahrscheinlichen) Fall, dass sogar noch etwas für die Insolvenzgläubiger übrig bleiben würde, könnte an diese ohne Feststellungsverfahren und ohne Schlussverzeichnis nichts mehr verteilt werden.[497]

Als Zwischenergebnis bleibt daher festzuhalten, dass die Anordnung einer Nachtragsvertei- **119** lung in einer dem Verwalter zumutbaren Weise erfolgen könnte und dass ihr jedenfalls im praktischen Regelfall keine unüberwindbaren verfahrenspraktischen Gründe entgegenstehen würden. Aus verfahrensökonomischer Sicht spricht einiges für die Möglichkeit zur Anordnung einer Nachtragsverteilung. Die entscheidende Frage ist gleichwohl noch nicht beantwortet. Sie liegt darin, ob die **materiell-haftungsrechtliche Privilegierung der Verfahrenskostengläubiger**[498] auch dann noch gerechtfertigt werden kann, wenn ein Insolvenzverfahren nicht einmal das Stadium der §§ 208 ff erreicht hat. Eine Anwendung des § 211 III 1 (bzw des insoweit gleich gelagerten § 203 I Nr 3) führt nämlich dazu, dass Vermögenswerte, die seit Ende des Insolvenzverfahrens unterschiedslos dem Haftungszugriff aller Gläubiger unterlegen haben, vorrangig den Verfahrenskosten- und nachrangig den sonstigen Massegläubigern zugewiesen werden. Denn der Insolvenzbeschlag entsteht hier neu mit Anordnung der Nachtragsverteilung.[499] Damit

---

484 In diesem Sinne BGH ZIP 2013, 2320 ff = KTS 2014, 184 ff Rn 12; *Kübler* Kölner Schrift³, S 596 Rn 53; *Kröpelin* Die massearme Insolvenz (2003), Rn 169; rechtspolitisch auch *Vallender/Fuchs* NZI 2003, 292, 296.

485 Vgl insb *Kröpelin* Die massearme Insolvenz (2003), Rn 165 f; *Walther* Das Verfahren bei Masseunzulänglichkeit nach den §§ 208 ff InsO (2005), S 280 f.

486 *Kröpelin* Die massearme Insolvenz (2003), Rn 166.

487 *Kröpelin* Die massearme Insolvenz (2003), Rn 166; *Walther* Das Verfahren bei Masseunzulänglichkeit nach den §§ 208 ff InsO (2005), S 280; BK/*Gruber* InsO²⁷ § 207 Rn 52.

488 Konsequent *Kröpelin* Die massearme Insolvenz (2003), Rn 166; ähnlich *Kohler* KTS 2013, 188, 191.

489 In beiden vom BGH entschiedenen Fällen war die Anordnung vom Verwalter beantragt worden.

490 Krit dazu schon oben Rn 44.

491 *Dinstühler* ZIP 1998, 1697, 1707; *Kröpelin* Die massearme Insolvenz (2003), Rn 167–169.

492 *Walther* Das Verfahren bei Masseunzulänglichkeit nach den §§ 208 ff InsO (2005), S 280 f.

493 *Kluth* ZInsO 2000, 177, 183.

494 BK/*Gruber* InsO²⁷ § 207 Rn 52.

495 Oben Rn 89.

496 Insoweit zutr *Walther* Das Verfahren bei Masseunzulänglichkeit nach den §§ 208 ff InsO (2005), S 280; **aA** *Kröpelin* Die massearme Insolvenz (2003), Rn 167–169.

497 AA *Walther* Das Verfahren bei Masseunzulänglichkeit nach den §§ 208 ff InsO (2005), S 281.

498 BGH ZIP 2013, 2320 ff = KTS 2014, 184, 186 f Rn 13, handelt leider unspezifiziert von „den Gläubigern".

499 Dazu Jaeger/*Meller-Hannich* InsO² § 203 Rn 10.

werden den Insolvenzgläubigern praktisch alle Befriedigungschancen genommen und die Massegläubiger, die keine Kostengläubiger sind, im Rang zurückgestuft. Denn im Wege der Einzelzwangsvollstreckung könnten auch Insolvenz- und einfache Massegläubiger auf die zu(rück)geflossenen Werte zugreifen und in einem neuen Insolvenzverfahren wären alle genannten Gläubigergruppen als Insolvenzgläubiger gem § 38 zu behandeln.

120 Die Privilegierung der Verfahrenskostengläubiger liegt sicherlich in der Tendenz der Gesamtregelung der §§ 207–211. Dies bedeutet aber nicht, dass diese Tendenz *praeter legem* verstärkt werden müsste.[500] Denn die geschilderte Privilegierung ist der Preis für die Durchführung eines Verfahrens, das nach den Vorstellungen des Gesetzgebers[501] nützlich ist. Im Falle der §§ 208 ff dient es der Masseverteilung nach Maßgabe des § 209. Die Eröffnung auf schmaler Verfahrenskostenbasis (§ 26 I 1) hat eine gewisse Ordnungsfunktion und soll es darüber hinaus ermöglichen „Masse zu schaffen.“ Ist dies unerreichbar, ist das Verfahren gem § 207 III zu beenden. Jede darüber hinaus gehende Beeinträchtigung der danach nicht oder nachrangig zu berücksichtigenden Gläubigergruppen bedürfte einer eindeutigen Grundlage. Daran fehlt es *de lege lata*. Deshalb kommt eine entsprechende Anwendung des § 211 III nicht in Betracht.[502]

500 In diesem Sinne aber *Kröpelin* Die massearme Insolvenz (2003), Rn 169 aE.
501 Dazu oben Rn 6.
502 Insoweit ebenso *Vallender/Fuchs* NZI 2003, 292, 296.

§ 208 Anzeige der Masseunzulänglichkeit

(1) [1]Sind die Kosten des Insolvenzverfahrens gedeckt, reicht die Insolvenzmasse jedoch nicht aus, um die fälligen sonstigen Masseverbindlichkeiten zu erfüllen, so hat der Insolvenzverwalter dem Insolvenzgericht anzuzeigen, daß Masseunzulänglichkeit vorliegt. [2]Gleiches gilt, wenn die Masse voraussichtlich nicht ausreichen wird, um die bestehenden sonstigen Masseverbindlichkeiten im Zeitpunkt der Fälligkeit zu erfüllen.
(2) [1]Das Gericht hat die Anzeige der Masseunzulänglichkeit öffentlich bekanntzumachen. [2]Den Massegläubigern ist sie besonders zuzustellen.
(3) Die Pflicht des Verwalters zur Verwaltung und zur Verwertung der Masse besteht auch nach der Anzeige der Masseunzulänglichkeit fort.

Materialien

2. Ber InsRKomm, Lse 7.1, 2; DiskE §§ 307–309; RefE §§ 307–309; RegE §§ 318 f (BT-Drucks 12/2443, S 59, Begr S 218 f); Rechtsausschuss § 234 b (BT-Drucks 12/7302, S 85, Begr S 179 f).

Vorgängerregelungen

Keine unmittelbaren, mittelbar § 204 KO (dazu Begr EGemeinschuldO Bd II S 181 f; Begr EKO S 437; KO-Prot S 115, 186; Begr z KO-Nov 1898 S 45; KommBer z KO-Nov 1898 S 1968), § 205 KO (dazu Begr EGemeinschuldO Bd II S 182 ff; Begr EKO S 437 f; KO-Prot S 115, 186; KommBer z KO-Nov 1898 S 1968).

Literatur

S zu § 207.

Übersicht

https://doi.org/10.1515/9783110343687-035

Alphabetische Übersicht

I. Die Regelung der Masseunzulänglichkeit, §§ 208–211

1. Stellenwert der Gesamtregelung

1 Die §§ 208–211 behandeln mit der **Masseunzulänglichkeit** die im Gegensatz zur hier sog Massedürftigkeit gem § 207 I 1 weniger krasse **Form der Massearmut.**[1] Die Regelung bildet ein **Kernstück der Insolvenzrechtsreform**[2] mit erheblicher praktischer Bedeutung nicht nur für die Unternehmensträgerinsolvenz, sondern wegen §§ 289; 26 I 2, 2. Fall; 207 I 2, 1. Hs, 2. Fall; 4a ff auch für Insolvenzverfahren von natürlichen Personen, die Restschuldbefreiung erstreben.[3] Wie die **Komplementärregelung des § 207** dienen im Grundsatz auch die §§ 208–211 der **Notabwicklung**[4] von Verfahren, deren eigentlicher Zweck der anteiligen Befriedigung der Insolvenzgläubiger nicht erreichbar ist. Darüber hinausgehende rechtspolitische Zielsetzungen sind in sich kontrovers geblieben und haben im Normtext zu wenig Niederschlag gefunden, um zu einer hinreichend klar formulierbaren Leitlinie verdichtet werden zu können.[5]

2 Die heutigen §§ 208–211 wurden gegenüber den Entwurfsfassungen im Rechtsausschuss stark verändert. Insbesondere die Entscheidung für eine **nicht justitiable Unzulänglichkeitsanzeige** durch den Verwalter erscheint nicht nur für sich genommen kaum tragbar,[6] sondern bildet auch einen eklatanten Bruch mit dem gegenläufigen Konzept des § 207.[7] Bis zur Kommission für Insolvenzrecht zurückverfolgen lässt es sich demgegenüber, dass bei der Reform offenbar nicht bedacht wurde, dass die Grade der Massearmut ineinander übergehen und dass sie

1 Zur Terminologie § 207 Rn 4.
2 § 207 Rn 5.
3 Dazu § 207 Rn 59 ff.
4 § 207 Rn 24.
5 § 207 Rn 21 ff sowie sogleich unten Rn 3.
6 § 207 Rn 10 sowie unten Rn 35.
7 § 207 Rn 10, 65 ff.

sich im Laufe des Verfahrens verändern können.[8] Im Rahmen der §§ 208, 209 blieb wohl deshalb das **Problem der sog „erneuten" Masseunzulänglichkeit** ungeregelt. Davon spricht man, wenn nach bereits erfolgter Unzulänglichkeitsanzeige nicht einmal die sog Neumasseverbindlichkeiten iSv § 209 I Nr 2, II voll berichtigt werden können.[9]

3 **Vom Rechtsausschuss gestrichen** wurden die **Regelungen des RegE**[10] über die Geltung gleichbehandlungsspezifischer Regelungen (§ 320 II),[11] das Einrücken der Masse- für die Insolvenzgläubiger in die Gläubigerversammlung (§ 323 I)[12] und über das Insolvenzplanverfahren (§ 323 II)[13] bei Masseunzulänglichkeit.[14] Die **Gesamtregelung** wurde dadurch zwar **lückenhaft**, aber der gewonnene Interpretationsspielraum war gleichwohl zu begrüßen, zumal die **Kommission für Insolvenzrecht** nach Feststellung der Masseunzulänglichkeit nur ein auf die zur Abwicklung unumgänglich notwendigen Maßnahmen beschränktes Liquidationsverfahren zulassen wollte.[15] Mit dem **ESUG**[16] wurde in Gestalt des § 210a eine rudimentäre Regelung des Insolvenzplans bei Masseunzulänglichkeit aufgenommen.

2. Geltungsbereich

4 Die §§ 208–211 gelten in jedem Insolvenzverfahren und in jeder Lage des Verfahrens. Praktisch besonders bedeutsam sind freilich Insolvenzverfahren über ausgezehrte Vermögen von Unternehmensträgern sowie solche über das Vermögen natürlicher Personen, die Restschuldbefreiung erlangen wollen. Letzteres beruht darauf, dass sich die Masse im Falle einer Verfahrenskostenstundung gem § 4a regelmäßig als unzulänglich gem § 208 I darstellt.[17]

5 Im Gegensatz zu den Vorschlägen der Kommission für Insolvenzrecht[18] wurde die Anzeige der Masseunzulänglichkeit nicht auf das **Liquidationsverfahren** beschränkt. Dies war schon deshalb konsequent, weil das schließlich Gesetz gewordene **Insolvenzplanverfahren** im Gegensatz zum von der Kommission vorgeschlagenen Reorganisationsverfahren auch einen reinen Liquidationsplan zulässt.[19]

6 Bei **Eigenverwaltung** ist Masseunzulänglichkeit vom **Sachwalter** anzuzeigen, § 285. Dagegen hat er keine Möglichkeit, auf die Beendigung der Eigenverwaltung hinzuwirken, obwohl diese bei Masseunzulänglichkeit idR unangemessen sein wird. Dem Sachwalter bleibt dann nur, die Anzeige der Masseunzulänglichkeit mit einer solchen gem § 274 III zu verbinden. Es ist dann Sache der Insolvenzgläubiger, die Aufhebung der Eigenverwaltung zu beantragen.[20] Der **Schuldner** hat neben dem Sachwalter keine Pflicht, aber auch keine Berechtigung zur Unzulänglichkeitsanzeige.[21]

7 Im **Nachlassinsolvenzverfahren** wird die Verteilungsordnung des § 209 I durch § 324 II ergänzt.[22]

---

8 § 207 Rn 10 f.
9 Unten Rn 27 f.
10 BT-Drucks 12/2443, S 59 f m Begr S 219 f.
11 Zum Problem unten Rn 89 ff.
12 Zum Problem unten Rn 43.
13 Zum Problem unten Rn 84 ff.
14 Begr des Rechtsauschusses BT-Drucks 12/7302, S 180.
15 2. Ber InsRKomm LS 7.2 Abs 1 S 1, 2 m Begr S 169 f.
16 Vom 7.12.2011 (BGBl I S 2582).
17 Vgl schon § 207 Rn 59.
18 2. Ber InsRKomm LS 7.1 Abs 1 m Begr S 168 f.
19 Näher Erl zu § 210a.
20 *Smid* WM 1998, 1313, 1324; MünchKomm/*Hefermehl* InsO[4] § 208 Rn 73; *Walther* Das Verfahren bei Masseunzulänglichkeit nach den §§ 208 ff InsO (2005), S 283–285.
21 Jaeger/*Meller-Hannich* InsO § 285 Rn 2–4; **aA** *Walther* Das Verfahren bei Masseunzulänglichkeit nach den §§ 208 ff InsO (2005), S 285 f.
22 § 209 Rn 10, sowie § 324 Rn 30 f.

Für das **Eröffnungsverfahren** gelten die §§ 208–211 nicht:[23] Deren Ziel, nämlich die Einstellung eines eröffneten Insolvenzverfahrens, ist in dieser Phase nicht erreichbar. Außerdem fehlt es de lege lata an einer hinreichenden Grundlage dafür, im Eröffnungsverfahren die Verteilungsordnung unter den (prospektiven) Massegläubigern iSv § 55 II entsprechend § 209 zu modifizieren.[24] Praktisch muss es aber möglich sein, dass die **Anzeige** gem § 208 I **zusammen mit** dem **Eröffnungsbeschluss** bekannt gemacht wird. Deshalb kann sie der **designierte Verwalter** schon dem Insolvenzgericht gegenüber abgeben, so lange er noch vorläufiger Verwalter ist und braucht sie nach seiner Bestellung zum endgültigen Verwalter nicht zu wiederholen.[25] 8

II. Die Formen von Masseunzulänglichkeit, § 208 I

§ 208 I erfasst in seinen beiden Sätzen die beiden Erscheinungsformen von Masseunzulänglichkeit (nachfolgend 1., 2.). Weitere Differenzierungen haben zwar heuristischen Wert zur Kennzeichnung typischer Problemlagen, begründen für sich genommen aber keine Rechtsfolgen (unten 3., 4.). 9

Die Erscheinungsformen der Masseunzulänglichkeit weisen einerseits eine gewisse **Ähnlichkeit mit** den Insolvenzeröffnungsgründen der **Zahlungsunfähigkeit** (§ 17) und der drohenden Zahlungsunfähigkeit (§ 18) auf, andererseits steht die Anzeigekompetenz des Verwalters in einem **Zusammenhang mit** seiner persönlichen Haftung bei Nichterfüllung von Masseverbindlichkeiten, insbesondere **der Exkulpationsmöglichkeit des § 61 S 2**. 10

Die **Parallele zur Zahlungsunfähigkeit** des § 17[26] ist eher äußerlich und hat deshalb relativ geringen Argumentationswert. Denn die Problemstellungen sind für § 17 einerseits und § 208 I 1 andererseits verschieden. Bei § 17 geht es darum, ob es gerechtfertigt ist, die privatautonome Vermögensgestaltung des Schuldners durch eine amtliche Vermögensverwaltung zu ersetzen. § 208 I 1 regelt demgegenüber, ob Letzteres in der Form eines regulären Insolvenzverfahrens durchführbar ist oder ob eine Notabwicklung mit dem Ziel der Verfahrenseinstellung erfolgen muss. Dies muss unabhängig von den iR des § 17 aufbereiteten Detailfragen entschieden werden. Namentlich lässt sich das Problem **temporärer Masseunzulänglichkeit**[27] nicht unter Hinweis auf das Phänomen der **Zahlungsstockung**[28] bewältigen. Auch mag man iR des § 17 die Begriffe der **Fälligkeit**[29] **und** der **Deckungslücke**[30] relativieren, um der Privatautonomie eine Chance zu geben. Eine amtliche Vermögensverwaltung bedarf demgegenüber klarerer Maßstäbe. Schließlich bringen Parallelwertungen zu § 17 die Gefahr mit sich, dass das praktische Problem des gleitenden Überganges von einem Grad der Massearmut in den anderen in den Hintergrund gedrängt wird.[31] Es erscheint deshalb sinnvoller, sich um für § 207 I wie für § 208 I gleichermaßen taugliche Kriterien zu bemühen. Dass (drohende) Masseunzulänglichkeit teils 11

---

23 BAG ZIP 2005, 873, 874 f [*Lindemann* EWiR 2005, 473 f]; AG Hamburg ZIP 2002, 2227 ff; MünchKomm/*Hefermehl* InsO⁴ § 208 Rn 37; Kübler/Prütting/Bork/*Pape* InsO[19] § 208 Rn 2i; *Mäusezahl* ZVI 2003, 617 f; **aA** *Walther* Das Verfahren bei Masseunzulänglichkeit nach den §§ 208 ff InsO (2005), S 28–30.

24 Dazu *Windel* ZIP 2009, 101, 109 mN.

25 So für einen Fall alle drei Instanzen BAG ZIP 2005, 874 f [*Lindemann* EWiR 2005, 473 f]; LAG Düsseldorf ZIP 2004, 817 [*Balle* EWiR 2005, 163 f]; ArbG Oberhausen ZInsO 2003, 626; ebenso LAG Chemnitz ZInsO 2004, 233; *Mäusezahl* ZVI 2003, 617, 618; *Zwanziger* NZA 2015, 577; MünchKomm/*Hefermehl* InsO[4] § 208 Rn 37; HK/*Hölzle* InsO[10] § 208 Rn 13; für „starke" vorläufige Verwalter auch Kübler/Prütting/Bork/*Pape* InsO[19] § 208 Rn 2g; **aA** *Oberhofer* ZInsO 2003, 591, 593.

26 Gezogen insb von *Kröpelin* Die massearme Insolvenz (2003), Rn 175 ff, 193 ff, bes 176, 197; *Breitenbücher* Masseunzulänglichkeit (2007), S 94 ff (Bestandsaufnahme), 98 ff (Ausführung); MünchKomm/*Hefermehl* InsO[4] § 208 Rn 20.

27 Unten Rn 22.

28 Dazu BGHZ 163, 134, 139 f; Jaeger/*Müller* InsO § 17 Rn 23 ff.

29 Dazu BGHZ 173, 286, einerseits, Jaeger/*Müller* InsO § 17 Rn 9 f, andererseits.

30 Dazu BGHZ 163, 134, 142 ff; Jaeger/*Müller* InsO § 17 Rn 19 ff mN.

31 Dazu § 207 Rn 10 ff; sowie oben Rn 2.

eher einer (drohenden) Zahlungsunfähigkeit, teils eher einer (drohenden) Überschuldung vergleichbar ist,[32] mag demgegenüber auf sich beruhen.

12 Die **Parallele zwischen der absehbaren Masseunzulänglichkeit des § 208 I 2 und der drohenden Zahlungsunfähigkeit** des § 18[33] wurde bereits im Gesetzgebungsverfahren gezogen.[34] Viel mehr als die ohnehin selbstverständliche Aussage, dass die künftige Masseunzulänglichkeit **überwiegend wahrscheinlich** sein muss,[35] lässt sich dem aber nicht entnehmen. Denn der materiale Tatbestand der Masseunzulänglichkeit ist für beide Sätze des § 208 I gleich, nur der zeitliche Bezugspunkt unterscheidet sich.

13 Wichtiger als die Parallele zu den §§ 17, 18 ist der **Zusammenhang** des § 208 I, insbesondere Satz 2, **mit § 61**, insbesondere Satz 2.[36] Dieser Zusammenhang besteht schon praktisch deshalb, weil die Anzeige gem § 208 I dem Verwalter die Möglichkeit gibt, Neumasseverbindlichkeiten vorrangig zu befriedigen und damit eine persönliche Haftung zu vermeiden.[37] Dabei sind die Maßstäbe der jeweils anzustellenden **Deckungsprognose**[38] notwendig[39] identisch. Denn § 61 enthält nichts anderes als die **Sanktion der Verletzung einer Amtspflicht**, die mit derjenigen zur Anzeige der Masseunzulänglichkeit[40] unmittelbar korrespondiert.

1. (Eingetretene) Masseunzulänglichkeit, § 208 I 1

14 Zum In-Kraft-Treten der InsO bestand die Erwartung, der Tatbestand des § 208 I 1 würde gegenüber dem des § 208 I 2 die geringere Rolle spielen, weil sich Masseunzulänglichkeit bereits im Vorfeld vorhersehen lasse.[41] Tatsächlich führt der enge Massekostenbegriff der §§ 54; 26 I 1; 207 I 1 aber zu einer erheblichen Anzahl von bereits bei Eröffnung massedürftigen Verfahren. Mit Einführung der Verfahrenskostenstundung hat sich deren Anzahl nochmals sprunghaft erhöht.

15 Die Masseunzulänglichkeit ergibt sich nach hier vertretener Ansicht[42] auf der Grundlage einer **Deckungsrechnung**, die im Grundsatz derjenigen entspricht, die zu § 207 I 1 entwickelt wurde.[43] Der maßgebliche Unterschied besteht darin, dass iR des § 208 I 1 **auf der Passivseite** nicht nur die Verfahrenskosten, sondern **sämtliche fälligen Masseverbindlichkeiten einzustellen** sind.[44] Ob die Verbindlichkeit zu einer Geldleistung verpflichtet, ist irrelevant. Entscheidend ist, welcher Liquidität es zur Leistungsbewirkung bedarf.[45] **Sozialplanforderungen bleiben unberücksichtigt**,[46] weil sie als unechte Masseverbindlichkeiten gem § 123 II 2, 3 nur zu berichtigen sind, wenn es zu einer Verteilung an die Insolvenzgläubiger kommt. Die **Masseverbindlichkeiten** sind nicht

---

32 So insb *Kröpelin* Die massearme Insolvenz (2003), Rn 189 ff, und zu ihr teils klarstellend *Breitenbücher* Masseunzulänglichkeit (2007), S 107 f.

33 Neben denen, die bereits auf § 17 hinweisen, *Kübler* Kölner Schrift[3], S 583 Rn 24; *Möhlmann* KTS 1998, 373, 382 f; HK/*Hölzle* InsO[10] § 208 Rn 7; Kübler/Prütting/Bork/*Pape* InsO[19] § 208 Rn 16; Nerlich/Römermann/*Westphal* InsO[29] § 208 Rn 14; FK/*Kießner* InsO[9] § 208 Rn 10; BK/*Martini* InsO[61] § 208 Rn 11.

34 Begr RegE § 318, BT-Drucks 12/2443, S 219.

35 Statt aller HK/*Hölzle* InsO[10] § 208 Rn 7.

36 Auch dazu schon Begr RegE § 318, BT-Drucks 12/2443, S 219.

37 Insb hierauf stellen ab *Kübler* Kölner Schrift[3], S 584 Rn 25; *Möhlmann* KTS 1998, 373, 382; Kübler/Prütting/Bork/*Pape* InsO[19] § 208 Rn 15; BK/*Martini* InsO[61] § 208 Rn 7, 13; Uhlenbruck/*Ries* InsO[15] § 208 Rn 22; Nerlich/Römermann/*Westphal* InsO[29] § 208 Rn 18.

38 Jaeger/*Gerhardt* InsO § 61 Rn 18 f, einerseits, sowie unten Rn 15 ff, andererseits.

39 **AA** HambK/*Weitzmann* InsO[7] § 208 Rn 9.

40 Dazu unten Rn 30 f.

41 *Möhlmann* KTS 1998, 373, 384.

42 Zuvor Rn 13.

43 § 207 Rn 40 ff.

44 MünchKomm/*Hefermehl* InsO[4] § 208 Rn 20.

45 *Breitenbücher* Masseunzulänglichkeit (2007), S 114; näher unten Rn 17 sowie § 209 Rn 11.

46 § 209 Rn 12, 42 ff.

pauschal zum Nennwert anzusetzen, sondern mit kaufmännischer Vorsicht **zu bewerten.**[47] Dabei hat der Verwalter sowohl seine spezifischen Gestaltungsmöglichkeiten (§§ 35 II, III; 103 [mit den Einschränkungen der §§ 104 I, 106, 107 I]; 109; 113; 120) wie seine allgemeinen Verteidigungsmöglichkeiten gegen eine Inanspruchnahme zu berücksichtigen.

Umstritten ist, ob die vom **Vollstreckungsmoratorium des § 90** erfassten Masseverbindlichkeiten iR des § 208 I für die ersten sechs Monate unberücksichtigt bleiben.[48] Die Antwort hängt nicht von allgemein-teleologischen Erwägungen,[49] sondern davon ab, ob § 90 neben dem eigentlichen Vollstreckungsverbot die haftungsrechtliche Wirkung einer dilatorischen Hemmung der betroffenen Masseverbindlichkeiten zuzusprechen ist. Verneint man dies mit der Begründung des Rechtsausschusses[50] und der wohl hM zu § 90 I,[51] ergibt sich für den Insolvenzverwalter die unbefriedigende Situation, dass er zwar nicht der Vollstreckung ausgesetzt ist, die Verbindlichkeiten aber gleichwohl freiwillig erfüllen muss. Andernfalls riskiert er nämlich, dass sich die Masseschuldenmasse vergrößert, indem (nicht zuletzt: Verzugs-)Zinsen auflaufen.[52] Die besseren Gründe sprechen freilich dafür, dem praktisch wenig bedeutsamen[53] Vollstreckungsverbot durch eine ungeschriebene materiell-haftungsrechtliche Grundlage nach dem hier zu den §§ 207, 208 entwickelten Modell[54] aufzuhelfen, wodurch die **Fälligkeit** für den Sechs-Monats-Zeitraum **suspendiert** wird. Dies erscheint trotz der abweichenden Begründung des Rechtsausschusses methodisch unbedenklich. Denn diese Begründung ist in sich unschlüssig, weil der Zinsenlauf die Nachteile ausgleichen sollte, die die Massegläubiger durch die Verschärfung der schließlich Gesetz gewordenen gegenüber der Entwurfsfassung erleiden würden.[55] Diese Verschärfung aber bestand darin, dass das Vollstreckungsverbot des § 90 I von Amts wegen und unabhängig von den näheren Umständen greift, während in § 101 I RegE eine einstweilige Einstellung der Zwangsvollstreckung für den Fall beantragt werden konnte, dass die Durchführung der Insolvenzverwaltung sonst wesentlich erschwert würde.[56] Diese Ausweitung hat nichts damit zu tun, ob die Massegläubiger, die Einschränkungen ihrer Vollstreckungsmöglichkeit dulden müssen, im Gegenzug (Verzugs-)Zinsen liquidieren dürfen. Vielmehr spricht der aller Orten[57] hervorgehobene systematische Zusammenhang von § 90 mit den §§ 208 ff für die hier vorgeschlagene Lösung.[58] 16

Auf der **Aktivseite** sind wie bei § 207 I 1[59] nicht die Bestandteile der (Soll-)Masse zu bewerten, entscheidend ist vielmehr die vorhandene **Liquidität**[60] bzw der **Verwertungserlös.**[61] Es ist sachgerecht, hierunter dasjenige zu verstehen, was in § 207 III 1 mit dem Begriff der **Barmittel**[62] bezeichnet ist. Ganz unkomplizierte Verwertungshandlungen wie Umtausch von Valuta, Einlösung oder Verkauf muss der Verwalter demnach vornehmen. Dies entlastet insbesondere bei **anfänglicher Massearmut**, wenn der zunächst als vorläufiger Insolvenzverwalter bestellte im Eröffnungsverfahren noch keine Vorsorge für den Schuldendienst treffen konnte. 17

47 MünchKomm/*Hefermehl* InsO[4] § 208 Rn 28 f; diff *Breitenbücher* Masseunzulänglichkeit (2007), S 115 f.
48 Bejahend *Kröpelin* Die massearme Insolvenz (2003), Rn 186; verneinend *Breitenbücher* Masseunzulänglichkeit (2007), S 113 f.
49 Solche bei *Kröpelin* Die massearme Insolvenz (2003), Rn 186.
50 BT-Drucks 12/7302, S 165.
51 Statt aller Jaeger/*Eckardt* InsO § 90 Rn 3.
52 Zum Problem *Breitenbücher* Masseunzulänglichkeit (2007), S 113 f.
53 Jaeger/*Eckardt* InsO § 90 Rn 3.
54 Dazu § 207 Rn 85, sowie unten Rn 50 ff.
55 BT-Drucks 12/7302, S 165.
56 Dazu Begr RegE, BT-Drucks 12/2443, S 138.
57 Siehe nur Begr RegE, BT-Drucks 12/2443, S 138; Jaeger/*Eckardt* InsO § 90 Rn 2.
58 IE ebenso *Kröpelin* Die massearme Insolvenz (2003), Rn 186.
59 § 207 Rn 40.
60 MünchKomm/*Hefermehl* InsO[4] § 208 Rn 23 f; *Kröpelin* Die massearme Insolvenz (2003), Rn 177–182; *Breitenbücher* Masseunzulänglichkeit (2007), S 102 f.
61 Kübler/Prütting/Bork/*Pape* InsO[19] § 208 Rn 13; **aA** Uhlenbruck/*Ries* InsO[15] § 208 Rn 2, 6.
62 Dazu § 207 Rn 87.

18 Namentlich bei anfänglicher Massearmut stellt sich die Frage, ob **selbst bei geringfügiger Deckungslücke über** einen **kurzen Zeitraum Masseunzulänglichkeit** anzunehmen ist, auch für § 208 I 1. Erörtert wird sie regelmäßig zu § 208 I 2 und man hält verbreitet eine bis zu 5 %ige Unterdeckung über einen Zeitraum von zwei[63] oder drei[64] Wochen für unschädlich. Dieser an die Dogmatik der Insolvenzeröffnungsgründe angelehnte[65] Vorschlag soll einerseits der Masseunzulänglichkeitsanzeige überheben, wenn das reguläre Verfahren ohne wesentliche Störungen weiterlaufen kann. Andererseits erhofft man sich durch diese Maßstäbe und die Dokumentation der Masseschuldenabwicklung in einer „Masse(un)zulänglichkeitsrechnung,“[66] die Chancen für einen Entlastungsbeweis gem § 61 S 2 verbessern zu können. Dies mag praktikabel sein, obwohl jede Relativierung die Rechtsunsicherheit vertieft. Jedenfalls dogmatisch klarer sind die drei hier gemachten Vorschläge zur Vermeidung wirtschaftlich sinnloser Masseunzulänglichkeitsanzeigen. Sie liegen zusammenfassend *erstens* in der Berücksichtigung der Verteidigungsmöglichkeiten des Verwalters gegenüber einer Inanspruchnahme durch Massegläubiger,[67] *zweitens* im Ausbau der Vollstreckungssperre des § 90 zu einem materiell-haftungsrechtlichen Moratorium[68] und *drittens* in einer realistischen Bestimmung der Liquidität nach dem Begriff der Barmittel.[69] Auf dieser Grundlage sollte der Verwalter zu Beginn eines Insolvenzverfahrens genügend Spielraum haben. Für die Zeit danach ist ihm ein Deckungsplan abzuverlangen, der **100% der Masseverbindlichkeiten im Fälligkeitszeitpunkt zu berichtigen** erlaubt. Grundlage hierfür können nicht zuletzt gleichlaufende Fälligkeits- bzw Stundungsvereinbarungen und ein Massekredit sein.

2. Absehbare Masseunzulänglichkeit, § 208 I 2

19 Der Tatbestand der absehbaren Masseunzulänglichkeit des § 208 I 2 bezieht sich auf die leider häufige Konstellation, dass eine ordnungsgemäße Insolvenzverwaltung ohne weitere Unterdeckung nicht durchführbar ist. Im Gegensatz zu § 208 I 1 sind auch **künftig fällig werdende Masseverbindlichkeiten** einzubeziehen. Die anzustellende **Deckungsprognose** ist derjenigen des § 207 I 1 noch ähnlicher als die Deckungsrechnung iR des § 208 I 1, weil (auch) die Verfahrenskosten sukzessive im Laufe des Verfahrens zu begleichen sind.[70] Allerdings ist die Prognose iR des § 208 I 2 ungleich komplexer als diejenige für § 207 I 1, weil das Entstehen und damit das Fälligwerden von sonstigen Masseverbindlichkeiten in viel stärkerem Maße von der konkreten Verfahrensgestaltung abhängen als die von Verfahrenskosten.[71] Der von § 208 Angesprochene[72] hat damit zwar Einfluss auf die zu deckende Masseschuldenmasse. Er ist aber **durch** die gewählte **Verfahrensart und** ggf deren **Ausgestaltung** durch andere Verfahrensorgane (Liquidations- oder Planverfahren, §§ 157 S 2, 218 II; Unternehmensfortführung oder -einstellung, § 157 S 1) **gebunden.**[73] Der **Prognosezeitraum umfasst** grundsätzlich **die** gesamte **voraussichtliche Dauer des Insolvenzverfahrens.** Für eine kürzere Bestimmung – vorgeschlagen wurde der Zeitpunkt

63 So zuerst *Möhlmann* KTS 1998, 373, 381–383; ihm folgend Uhlenbruck/*Ries* InsO[15] § 208 Rn 22; Kübler/Prütting/Bork/*Pape* InsO[19] § 208 Rn 16a, b; *Kröpelin* Die massearme Insolvenz (2003), Rn 197; HambK/*Weitzmann* InsO[7] § 208 Rn 10.

64 Dafür *Breitenbücher* Masseunzulänglichkeit (2007), S 110, unter Berufung auf BGHZ 163, 134 (zu § 17; § 64 II GmbHG).

65 Oben Rn 11 f.

66 Abgedruckt bei *Möhlmann* KTS 1998, 373, 383; Kübler/Prütting/Bork/*Pape* InsO[19] § 208 Rn 16a; *Kröpelin* Die massearme Insolvenz (2003), Rn 196; HambK/*Weitzmann* InsO[7] § 208 Rn 9; *von Websky* ZInsO 2014, 1468, 1476 f.

67 Oben Rn 15.

68 Oben Rn 16.

69 Oben Rn 17.

70 Dazu § 207 Rn 47.

71 Zu deren Abhängigkeit von der Verfahrensgestaltung s §§ 3, 5 InsVV.

72 Insolvenzverwalter bzw Sachwalter (§§ 270 I 1; 285).

73 Zur Möglichkeit, Fehleinschätzungen der Gläubigerversammlung nachträglich zu revidieren, § 207 Rn 42.

des letzten Fälligkeitstermins bereits bestehender Masseverbindlichkeiten[74] – besteht angesichts der Zwecksetzung des § 208 I, weiteren Masseverlust zu verhindern, kein Anlass. Ein pauschaler Zeitraum – etwa von 52 Wochen[75] – wird der Sache nicht gerecht, weil Kleinverfahren absehbar kürzer, Großverfahren absehbar länger andauern können. Richtig ist allerdings, dass sich die Entwicklung der Deckungslage desto schwieriger prognostizieren lässt, je länger der Prognosezeitraum und je schlechter der aktuelle Kenntnisstand ist. Deshalb ist wie für § 207 I 1 zunächst ein dem Verfahren angemessener Zeitraum detaillierter zu prognostizieren und die Prognose im weiteren Ablauf ständig zu überprüfen.[76] Die größere Komplexität der Masse(un)zulänglichkeits- gegenüber der Verfahrenskostenrechnung wird jedenfalls bei Großverfahren außerdem zu einer schrittweisen Ausdehnung der Detailplanung nötigen. Der verbreitete Hinweis auf einen 52-Wochen-Zeitraum mag vor diesem Hintergrund insofern nützlich sein, als dem Verwalter nicht zuletzt angesichts der Haftungsrisiken zu raten ist, in komplexeren Verfahren wenigstens das nächste (Geschäfts-)Jahr (§ 155 II) detailliert zu planen.

Hinsichtlich der zu berücksichtigenden **Schuldenmasse**, der **Fälligkeit** der Verbindlichkeiten, der **Liquidität** und des **Deckungsgrades** gilt für die Deckungsprognose des § 208 I 2 nichts anderes als für die Deckungsrechnung des § 208 I 1.[77] 20

3. Praktische Problemlagen der Masseunzulänglichkeit

Für typische Problemlagen des § 208 I haben sich untechnische Bezeichnungen wie **„temporäre“, „vorbeugende“ und „provozierte“ Masseunzulänglichkeit**(sanzeige) eingebürgert. Im Einzelnen geht es um Folgendes: 21

a) „Temporäre“ Masseunzulänglichkeit. Von **„temporärer“ Masseunzulänglichkeit** spricht man, wenn Masseverbindlichkeiten bei Fälligkeit vorübergehend nicht getilgt werden können, aber zu einem späteren Zeitpunkt wieder volle Masseliquidität gegeben ist. Die praktische Bedeutung des Phänomens hängt davon ab, ob man Masseunzulänglichkeit bereits bei einer geringfügigen und kurzfristigen Deckungslücke[78] bejaht.[79] Die Parallele der temporären Masseunzulänglichkeit zur temporären Verfahrenskostenunterdeckung ist deutlich, und ebenso wie diese[80] erlangt die temporäre Masseunzulänglichkeit **keine eigenständige rechtliche Bedeutung**. Vielmehr führt sie entweder zum Fall des § 208 I 1 oder zu dem des § 208 I 2, je nachdem, ob bereits fällige oder künftig fällig werdende Masseverbindlichkeiten (voraussichtlich) nicht erfüllt werden können. Der **Verwalter hat** folglich die **Unzulänglichkeit anzuzeigen**. Kommt es anschließend wieder zur Deckung der Masseverbindlichkeiten, ist die **Rückkehr zum regulären Verfahren** möglich.[81] Darin liegt kein unsinniges Hin und Her zwischen den Verfahrensmodalitäten. Vielmehr erscheint der Wechsel zum Verfahren gem §§ 208–211 insbesondere bei absehbarer temporärer Masseunzulänglichkeit angebracht, weil nicht nur die Prognose der Unzulänglichkeit, sondern 22

---

74 So *Breitenbücher* Masseunzulänglichkeit (2007), S 107 f, gegen *Kröpelin* Die massearme Insolvenz (2003), Rn 189 f.

75 So verstehen Kübler/Prütting/Bork/*Pape* InsO[19] § 208 Rn 16a, b; *Kröpelin* Die massearme Insolvenz (2003), Rn 197, die auf 52 Wochen angelegte Tabelle bei *Möhlmann* KTS 1998, 373, 383, der freilich im Text keinen Zeitraum nennt.

76 Zur Parallele § 207 Rn 46.

77 Oben Rn 15 ff.

78 Dazu oben Rn 18.

79 Vgl Kübler/Prütting/Bork/*Pape* InsO[19] § 208 Rn 12a mit 16b.

80 § 207 Rn 116.

81 *A. Schmidt* NZI 1999, 422 ff; MünchKomm/*Hefermehl* InsO[4] § 208 Rn 25 f; *Kröpelin* Die massearme Insolvenz (2003), Rn 187–191, 595; Kübler/Prütting/Bork/*Pape* InsO[19] § 208 Rn 12a; HambK/*Weitzmann* InsO[7] § 208 Rn 10, 14; Uhlenbruck/*Ries* InsO[15] § 208 Rn 22.

auch die der voraussichtlichen späteren Erholung mit einem Unsicherheitsfaktor behaftet ist. Außerdem entlastet der vorübergehende Übergang zu den §§ 209, 210 nach hier vertretener Ansicht die Masse, weil zwischenzeitlich keine Verzugszinsen auflaufen.[82]

23 Praktisch wird der Insolvenzverwalter eine temporäre Masseunzulänglichkeit oftmals vermeiden können, indem er entweder **mit** den **Massegläubigern** auf die erwarteten Liquiditätszuflüsse zugeschnittene **Zahlungsziele vereinbart**[83] oder eine **Zwischenfinanzierung** durch einen Dritten erreicht. Der Erfolg seiner Bemühungen wird von seinem Verhandlungsgeschick und vor allem davon abhängen, inwieweit er die bloß vorübergehende Natur der Masseunzulänglichkeit überzeugend dartun kann.[84]

24 **b) „Vorbeugende" Masseunzulänglichkeitsanzeige und „provozierte" Masseunzulänglichkeit.** Die Masseunzulänglichkeitsanzeige ist de lege lata nicht justitiabel.[85] Dies kann Verwalter angesichts der Haftungsrisiken der §§ 60, 61 dazu verlocken, die Anzeige abzugeben, obwohl weder der Tatbestand des § 208 I 1 noch der des § 208 I 2 gegeben ist. Hierfür haben sich die Ausdrücke **„prophylaktische" bzw „vorbeugende" Masseunzulänglichkeitsanzeige** eingebürgert. Sie ist per definitionem von § 208 I nicht gedeckt und damit **unzulässig.**[86] Im Extremfalle kann die Anzeige nach der Rechtsprechung des BGH unwirksam sein,[87] jedenfalls ist das Verhalten des Verwalters amtspflichtwidrig. Sind Beteiligte geschädigt, hat er sich ersatzpflichtig gemacht, also das erreicht, was er gerade vermeiden wollte. Neben (Alt-)Massegläubigern können insbesondere auch die Insolvenzgläubiger in ihrer Gesamtheit betroffen sein, etwa wenn durch den unbegründeten Übergang in das Verfahren gem §§ 208 ff aussichtsreiche Sanierungschancen vereitelt wurden.

25 Die sog **„provozierte" Masseunzulänglichkeit**, bei der der Verwalter Masseverbindlichkeiten eingeht, die er bei Fälligkeit nicht erfüllen kann, ist letztlich nichts anderes als ein Haftungsfall gem § 61.[88] Der Verwalter wird die Beteiligten zwar kaum jemals absichtlich schädigen wollen, sondern vielmehr davon ausgehen, die Verbindlichkeiten (spätestens nach einer Rückkehr zum regulären Verfahren) begleichen zu können. Dies beseitigt aber nicht den objektiven Pflichtverstoß, der ihm jedenfalls aufgrund von Fahrlässigkeit meist auch zuzurechnen sein wird.

4. „Erneute" Masseunzulänglichkeit

26 Die Masse kann unzulänglich werden, nachdem die Anzeige gemäß § 208 I bereits erfolgt war. Unproblematisch ist der Fall, dass eine **zunächst** nur **prognostizierte Masseunzulänglichkeit** angezeigt worden war, die **später** tatsächlich **eintritt.** Die erste Anzeige ist dann genügend, eine etwaige weitere entfaltet keine eigenständigen Wirkungen.[89] Unproblematisch ist auch eine **wiederholte Masseunzulänglichkeit.** Zu ihr kann es nach einer Anzeige wegen temporärer Masseunzulänglichkeit und anschließender Rückkehr zum regulären Verfahren[90] kommen, wenn die (gesamten) Masseverbindlichkeiten dann wiederum nicht voll gedeckt sind. Diese Konstellation

---

82 Dazu unten Rn 51.
83 MünchKomm/*Hefermehl* InsO[4] § 208 Rn 26.
84 Vgl MünchKomm/*Hefermehl* InsO[4] § 208 Rn 26.
85 Unten Rn 35.
86 *Uhlenbruck* NZI 2001, 408 f; Uhlenbruck/*Ries* InsO[15] § 208 Rn 21; MünchKomm/*Hefermehl* InsO[4] § 208 Rn 31; Kübler/Prütting/Bork/*Pape* InsO[19] § 208 Rn 17; FK/*Kießner* InsO[9] § 208 Rn 11; *Walther* Das Verfahren bei Masseunzulänglichkeit nach den §§ 208 ff InsO (2005), S 26 f.
87 Näher unten Rn 37.
88 MünchKomm/*Hefermehl* InsO[4] § 208 Rn 32; *Pape/Hauser* Massearme Verfahren nach der InsO (2002), Rn 345 f; Kübler/Prütting/Bork/*Pape* InsO[19] § 208 Rn 17d.
89 OLG Frankfurt NZI 2005, 40; FK/*Kießner* InsO[9] § 208 Rn 9; BK InsO/*Martini*[61] § 208 Rn 4.
90 Dazu oben Rn 22 sowie unten Rn 46 ff.

unterfällt § 208 I mit der Folge, dass der Verwalter die (eingetretene oder absehbare) Masseunzulänglichkeit zum zweiten Male anzeigen muss. Wiederum[91] sollte man sich nicht daran stören, dass dies theoretisch zu einem ständigen Wechsel des Verfahrensmodus führen kann. Denn der Verwalter schwächt durch eine solche Amtsführung die Überzeugungskraft seiner Prognosen und das Vertrauen in seine Verwaltungskompetenz, was das Insolvenzgericht in praxi bei seiner Entscheidung über eine neuerliche Rückkehr zum regulären Verfahren[92] berücksichtigen wird.

Von **„erneuter"** (auch „weiterer" oder „verschärfter") **Masseunzulänglichkeit** spricht man, 27
wenn sich nach Übergang in das Verfahren gem §§ 208 ff zeigt, dass selbst die **Neumasseverbindlichkeiten** gem § 209 I Nr 2, II **nicht gedeckt** sind. Dem Normtext des **§ 208 I** unterfällt diese Konstellation nicht und die Vorschrift ist auch **nicht entsprechend anwendbar**.[93] Dies bedeutet, dass durch die Anzeige der Unterdeckung der Neumasseverbindlichkeiten **keine gegenüber § 209 modifizierte Verteilungsordnung** unter den Massegläubigern entsteht. Eine solche wird von der **Gegenansicht** in zwei Spielarten vorgeschlagen: *Zum einen* in dem Sinne, dass die Verteilungsordnung des § 209 I zwar beibehalten wird, die bisherigen Neu- aber durch die erneute Anzeige zu Altmassegläubigern zurückgestuft werden.[94] *Zum anderen* in dem Sinne, dass die nach der „erneuten" Unzulänglichkeitsanzeige hinzugetretenen „Neu-Neumassegläubigern" Vorrang vor den nach der ersten Unzulänglichkeitsanzeige dazugekommenen „Alt-Neumassegläubigern" haben sollen, wobei Letztere aber ihren Vorrang vor den eigentlichen Altmassegläubigern behalten.[95] Der erstgenannte Vorschlag entrechtet die „Alt-Neumassegläubiger" insbesondere für den Fall einer temporären Unterdeckung der Neumasseverbindlichkeiten, während die (bisherigen) Altmassegläubiger eine Chance auf eine Quote bekommen, beides ohne jeden zureichenden Grund.[96] Der zweitgenannte Vorschlag führt durch die Einführung einer mehrfach untergliederten Zwischengruppe vielleicht nicht zu „heilloser",[97] aber doch zu erheblicher Intransparenz.[98] Nicht völlig entkräftet werden[99] konnte auch die Befürchtung, dass bei fortschreitendem Vermögensverfall mehr als zwei Unzulänglichkeitsanzeigen erforderlich werden könnten.[100] Natürlich hat ein Insolvenzverwalter bei fortschreitendem Masseverfall besondere Not, das Verfahren gem § 208 III bis zur Verteilung gem § 211 I fortführen zu müssen. Der Gewährung einer weiteren förmlichen Anzeige bedarf es aber nicht, wenn der „erneuten"

91 Vgl schon oben Rn 22.

92 Dazu unten Rn 46 f.

93 AG Hamburg ZInsO 2007, 830; ArbG Kiel ZInsO 2002, 893, 895 sub I 2 der Gründe; *Runkel/Schnurbusch* NZI 2000, 49, 55; *A. Schmidt* EWiR 2002, 1101 f; *Häsemeyer* FS Gerhardt (2004), S 341, 348 f; MünchKomm/*Hefermehl* InsO[4] § 208 Rn 60, § 210 Rn 20; *Pape/Hauser* Massearme Verfahren nach der InsO (2002), Rn 355 ff; Kübler/Prütting/Bork/*Pape* InsO[19] § 208 Rn 35 ff; jedenfalls dann, wenn nur eine (Bereicherungs-)Forderung nach der ersten Anzeige hinzutritt auch OLG Rostock ZIP 2005, 360 f [**zust** *Knoche* EWiR 2005, 361 f] (aufgehoben durch BGHZ 167, 178 = BGHR 2006, 933 ff [*Hefermehl* ebd, 935] = NJ 2006, 456 f [*Biehl* ebd, 458], das § 210 unmittelbar entspr anwendet – dazu § 209 Rn 4, sowie § 210 Rn 5); zurückhaltend auch BGHZ 154, 358, 368 f; BGHZ 167, 178, 185 Rn 17; BGH ZIP 2008, 2284 Rn 7; offener BAG ZIP 2004, 1323 [*Bork* EWiR 2004, 815 f]; BAG ZIP 2004, 1850 [*Pape* EWiR 2004, 243 f].

94 Vgl OLG Koblenz OLGR 2007, 683, 684 (mglw missverständlich formuliert), sowie Ls 3 von ArbG Kiel ZInsO 2002, 893 ArbG Kiel ZInsO 2002, 893 [abl *A. Schmidt* EWiR 2002, 1101 f]; FK/*Kießner* InsO[9] § 208 Rn 25; HambK/*Weitzmann* InsO[7] § 208 Rn 11 mit § 210 Rn 5; wohl auch *Schröder* Die Abwicklung des masseunzulänglichen Insolvenzverfahrens (2010), S 132 ff (analoge Anwendung des § 208 mit voller Wirkung); K. Schmidt/*Jungmann* InsO[19] § 210 Rn 17.

95 Dafür insbes *Ganter* NZI 2019, 7 ff, sowie zuvor schon *Dinstühler* ZIP 1998, 1697, 1707; *Kröpelin* Die massearme Insolvenz (2003), Rn 273–281, 608; *dies* ZIP 2003, 2339, 2344 f; *Walther* Das Verfahren bei Masseunzulänglichkeit nach den §§ 208 ff InsO (2005), S 170–173; HK/*Hölzle* InsO[10] § 208 Rn 43; *Adam* DZWIR 2009, 181, 185 f; wohl auch Uhlenbruck/*Ries* InsO[15] § 208 Rn 24 f.

96 *Thole* ZIP 2018, 2241, 2244; *Ganter* NZI 2019, 7, 11.

97 So noch die Voraufl.

98 *Thole* ZIP 2018, 2241, 2244 f; MünchKomm/*Hefermehl* InsO[4] § 208 Rn 60; nicht schlagend entkräftet von *Ganter* NZI 2019, 7, 12 f.

99 Dies unternehmen *Schröder* Die Abwicklung des masseunzulänglichen Insolvenzverfahrens (2010), S 133 f; *Ganter* NZI 2019, 7, 13.

100 BGHZ 154, 358, 369; *Thole* ZIP 2018, 2241, 2244: Bei Dauerschuldverhältnissen sogar monatlich.

Masseunzulänglichkeit die materiell-haftungsrechtliche Wirkung zugesprochen wird, dass die betroffenen Forderungen[101] nicht aus der Masse zu berichtigen sind.[102] Eine förmliche weitere Anzeige mit der Folge einer festen neuen Rangordnung[103] wäre demgegenüber weniger flexibel und zudem häufig das falsche Signal. Denn es kann nicht zugegeben werden, dass im Regelfall „erhebliche Chancen zur Massegenerierung auch im Stadium der Masseunzulänglichkeit" bestehen und dass „die Lage, wenn [...] ohne jegliche Aussicht auf eine Steigerung oder auch nur Erhaltung des Wertes der Masse [...] nur noch Kosten verursacht" werden [...] „in der Praxis kaum vorkommen dürfte."[104] Vielmehr ist ganz unabhängig davon, ob man das Regel-Ausnahme-Verhältnis so oder geradezu umgekehrt sieht, die **Möglichkeit zu selektiven Verwaltungsmaßnahmen** einer trügerischen Pauschallösung vorzuziehen. Dem Insolvenzverwalter kann es nicht abgenommen werden, sich über die angemessene Maxime seiner weiteren Verwaltung Rechenschaft zu geben. Mir scheint im Zweifel nach wie vor eine Notabwicklung mit dem Ziel der schleunigen Einstellung richtig.[105] Nicht ganz selten mag sich auch eine geordnete Ausproduktion[106] anbieten. Daran, dass sich jetzt noch die Ziele des § 1 Satz 1 verwirklichen ließen,[107] vermag ich noch immer nicht zu glauben.

28 Aus Vorigem beantwortet sich auch die Frage, ob einer **„erneuten" Unzulänglichkeitsanzeige die Wirkung einer verbindlichen Feststellung** der Unterdeckung **inter omnes** zukommen könnte, um die Einzelstreitigkeiten mit den jeweils betroffenen Massegläubigern davon zu entlasten. Auch dies ist abzulehnen:[108] Das Konzept des § 208 I, einer nicht justitiablen Anzeige des Verwalters konstitutive Bedeutung zuzusprechen, mag unter rechtsstaatlichen Gesichtspunkten noch so eben hinnehmbar sein.[109] Eine Ausdehnung über seinen unvermeidlichen Anwendungsbereich hinaus wäre aber inakzeptabel. Damit trägt der Insolvenzverwalter jedem Neumassegläubiger die volle Beweislast für die „erneute" Masseunzulänglichkeit.[110]

III. Das Verfahren bei Masseunzulänglichkeit

29 Nicht zuletzt aufgrund der radikalen Einschnitte in den Normtext durch den Rechtsausschuss[111] gleicht die Übersicht über das Verfahren bei Masseunzulänglichkeit einer Mängelliste:[112] Die zentrale Bedeutung der Anzeige des Verwalters und die Beschränkung des Gerichts auf ein schlichtes Bekanntmachungsorgan (1.) sind nicht zu rechtfertigen, und die Beteiligung am Verfahren nach erfolgter Anzeige ist ebenso unklar (2.) wie der erforderliche Weg zurück zum regulären Insolvenzverfahren (3.). Erst die eigentliche Einstellung des Insolvenzverfahrens ist wieder näher geregelt, § 211.

---

101 Ggf auch nur vorübergehend.
102 **Zutr** *Thole* ZIP 2018, 2241, 2245 ff; näher unten Rn 50 ff.
103 Dafür *Ganter* NZI 2019, 7, 13 f.
104 So *Ganter* NZI 2019, 7, 14.
105 Unten Rn 72 f.
106 Vgl Uhlenbruck/*Ries* InsO[15] § 208 Rn 25.
107 So von ihren jew Sandpunkten aus iE übereinstimmend *Thole* ZIP 2018, 2241, 2248, und *Ganther* NZI 2019, 7, 10.
108 So explizit BGH ZIP 2008, 2284 f; OLG Koblenz OLGR 2007, 683, 684; *Thole* ZIP 2018, 2241, 2246; offen noch BGHZ 154, 358, 369 (dieser Entscheidung folgend BAG ZIP 2003, 1850, 1852); BGHZ 167, 178, 189 Rn 27; **aA** *Ganter* NZI 2019, 7, 13 f.
109 § 207 Rn 8 sowie unten Rn 35.
110 MünchKomm/*Hefermehl* InsO[4] § 208 Rn 60.
111 § 207 Rn 8.
112 Vgl *Häsemeyer* InsR[4] Rn 7.77 f.

1. Die Anzeige durch den Verwalter, § 208 I

a) Rechtspflicht zur Anzeige. Die Anzeige des Verwalters bildet de lege lata das Fundament des gesamten Verfahrens bei Masseunzulänglichkeit. Schon deshalb ist von einer echten **Rechtspflicht zur Anzeige** bei beiden Formen von Masseunzulänglichkeit (§ 208 I 1 und 2) auszugehen.[113] Die **Gegenansicht**, die eine Rechtspflicht allgemein[114] oder jedenfalls bei bisher noch nicht eingetretener, wenn auch schon absehbarer Masseunzulänglichkeit leugnet,[115] kann sich nur bedingt auf die Begründung zu § 318 I RegE stützen. Denn dort heißt es zwar, eine Pflicht des Insolvenzverwalters brauche im Gesetz nicht vorgesehen zu werden, weil er aus Haftungsgründen stark daran interessiert sein werde, den Antrag rechtzeitig zu stellen.[116] Aber dies bezog sich eben auf den im Entwurf vorgesehenen Übergang in das Verfahren bei Massearmut auf der Grundlage gerichtlicher Feststellung. Schon weil dieses Feststellungs- als Antragsverfahren konzipiert war, ist die Rolle des Insolvenzverwalters im schließlich Gesetz gewordenen § 208 I ungleich stärker als im § 318 I RegE.[117] Dem muss durch eine erhöhte Verbindlichkeit entsprochen werden.[118] Hinzu kommt, dass bei Annahme einer bloßen **Obliegenheit** zur Antragstellung übersehen würde, dass die §§ 60, 61 Amtspflichtverletzungen sanktionieren. Nicht von ungefähr wurde in der nicht ganz einfach zu verstehenden[119] **Rechtsprechung** des IX. Zivilsenat daher ein differenzierter Haftungsmaßstab entwickelt, dem nach hier vertretener Ansicht eine differenzierte Pflichtstruktur zugrunde liegt: Der Verwalter haftet danach über § 61 hinaus **aus § 60** zwar nicht einzelnen Massegläubigern wegen einer verfrühten bzw verspäteten Anzeige, wohl aber für **Gesamtschäden**, die auch auf[120] **Verteilungsfehlern** beruhen können;[121] daneben steht die Möglichkeit einer **Haftung aus § 826 BGB** auch für Individualschäden.[122] Das Hauptproblem dürfte insoweit bei der tatrichterlichen Feststellung liegen.[123] 30

Der Verwalter hat entgegen der Voraufl insbesondere iR des § 208 I 2 einen **„Beurteilungs-"**[124] „Entscheidungs-"[125] bzw **„Handlungs- und Entscheidungs-"**,[126] aber jedenfalls im begrifflichen Sinne **keinen „Ermessensspielraum"**.[127] Darin sind sich jetzt wohl alle einig, unabhängig davon, ob sie im Grundsatz von einer Anzeigepflicht ausgehen. Diese Relativierung ist schon deshalb unausweichlich, weil die dem Verwalter abverlangten Prognoseentscheidungen mit vielfachen Unsicherheiten behaftet sind. Das Haftungsrisiko bleibt aber gleichwohl hoch. Folglich ist der Insol- 31

---

113 HK/*Hölzle* InsO[10] § 208 Rn 6; BK/*Martini* InsO[61] § 208 Rn 7; Nerlich/Römermann/*Westphal* InsO[29] § 208 Rn 19; *Walther* Das Verfahren bei Masseunzulänglichkeit nach den §§ 208 ff InsO (2005), S 32–35; im Grundsatz auch Kübler/Prütting/Bork/*Pape* InsO[19] § 208 Rn 13 (mit Relativierungen Rn 15a–c); Uhlenbruck/*Ries* InsO[15] § 208 Rn 17, 27, 29 f; Braun/*Ludwig* InsO[8] § 208 Rn 21 f.

114 MünchKomm/*Hefermehl* InsO[4] § 208 Rn 17, 30; *Kröpelin* Die massearme Insolvenz (2003), Rn 172.

115 FK/*Kießner* InsO[9] § 208 Rn 11.

116 BT-Drucks 12/2443, S 219.

117 Vgl schon oben Rn 2.

118 Ins **aA** BGH ZIP 2010, 2356 f.

119 Krit deshalb *Gundlach/Frenzel/Jahn* DZWIR 2011, 177, 179 f; erläuternd *Klaas/Zimmer* ZInsO 2011, 666, 670 ff, sowie *Mohrbutter* WuB 2018, 40 f.

120 Zu ergänzen ist: unter den Massegläubigern nicht mehr korrigierbaren, vgl § 209 Rn 24 ff.

121 BGH ZIP 2010, 2356, 2537 f Rn 10–13 [*Fuchs* EWiR 2011, 123 f; **zust** *Zwanziger* NZA 2015, 577, 580].

122 BGH ZIP 2017, 1571 Rn 14 ff, 24–27 [**zust** *Ries* EWiR 2017, 631 f] = WuB 2018, 38 ff [**zust** *Mohrbutter* ebd, 40 f].

123 *Ries* EWiR 2017, 631, 632. Die Vorinstanzen zu den zitierten BGH-Urt hatten die Haftung jew bejaht, LAG Niedersachsen BeckRS 2010, 68026 [**zust** *Zwanziger* NZA 2015, 577, 580], in einem ähnlichen Fall verneint.

124 So *Pape/Hauser* Massearme Verfahren nach der InsO (2002), Rn 335; *Walther* Das Verfahren bei Masseunzulänglichkeit nach den §§ 208 ff InsO (2005), S 26.

125 So BGH ZIP 2010, 2356 Rn 8; Kübler/Prütting/Bork/*Pape* InsO[19] § 208 Rn 15a.

126 So BGH ZIP 2017, 1571, 1573 f Rn 25; HambK/Weitzmann InsO[7] § 208 Rn 7.

127 So – wohl eher untechnisch – Uhlenbruck/*Ries* InsO[15] § 208 Rn 18; MünchKomm/*Hefermehl* InsO[4] § 208 Rn 30; *von Websky* ZInsO 2014, 1468, 1470.

venzverwalter zusätzlich im Rahmen des Tatbestandes des § 208 I und durch eine Aufwertung des § 90 zu einem wirkungsvollen Moratorium zu entlasten.[128]

32 **b) Rechtsnatur und Form der Anzeige.** Die Anzeige ist zunächst sicherlich eine **Verfahrenshandlung**, genauer eine **Bewirkungshandlung**, weil sie den Modus des Insolvenzverfahrens ohne weiteres verändert. Ob man hierin auch die materiell-haftungsrechtliche Entkräftung der Forderungen[129] eingeschlossen sieht oder zur Verdeutlichung der Verschiedenheit beider Wirkungen die Anzeige als doppelfunktionale Verfahrenshandlung qualifiziert, mag auf sich beruhen. Jedenfalls bedarf der Verwalter im unmittelbaren Anwendungsbereich des § 208 I – anders als bei der Abwicklung massedürftiger Verfahren[130] und bei einer Unterdeckung der Neumasseverbindlichkeiten[131] – keiner zusätzlichen Einrede, um die Rechte einzelner Massegläubiger abzuwehren.[132] Will man diesen Aspekt hervorheben, lässt sich der Anzeige auch **Doppelnatur** zusprechen, nicht nur Bewirkungshandlung, sondern daneben auch **amtsempfangsbedürftige materiell-haftungsrechtliche Erklärung** mit gestaltender Wirkung zu sein. Dies würde auch die Regelung des § 208 II 2 zwanglos erklären, wonach die Anzeige den Massegläubigern besonders zuzustellen ist. Denn Amtsempfangsbedürftigkeit ist ein Mittel, eine Erklärung zur Kenntnis einer Mehrzahl von Betroffenen zu bringen.[133]

33 Eine besondere **Form der Anzeige** ist nicht vorgeschrieben.[134] Gem § 4 iVm § 496 ZPO kann sie daher wahlweise schriftlich oder mündlich zu Protokoll der Geschäftsstelle erfolgen,[135] wohl nur theoretisch sogar erst in einer Gläubigerversammlung. Weitere Anforderungen bestehen nicht. Allenfalls eine Auflistung der dem Verwalter bekannten Massegläubiger kann das Insolvenzgericht verlangen,[136] wenn es die Zustellung gem § 208 II 2 entgegen gängiger Praxis nicht dem Verwalter überlassen,[137] sondern selbst vornehmen will. Die Anzeige ist wegen ihrer Rechtsnatur als Bewirkungshandlung **bedingungsfeindlich.**[138]

34 Die Möglichkeit zu einer derart schlanken Form der Anzeige mag für Eilfälle nützlich sein.[139] Im Regelfalle werden die übrigen Verfahrensorgane und -beteiligten vor den Kopf gestoßen, wenn keine nähere **Begründung** erfolgt. Deshalb ist dem Verwalter dringend zu raten, im Falle des § 208 I 1 eine (Unter-)Deckungsrechnung, im Falle des § 208 I 2 eine durch entsprechende Aufstellungen belegte (Unter-)Deckungsprognose beizufügen.[140] Eben weil die Anzeige grundsätzlich nicht überprüfbar ist, **kann** dies aber **nicht** einmal mittelbar **erzwungen werden.**[141] Selbst soweit mittlerweile gewisse Ausnahmen von der konstitutiven Wirkung der Anzeige diskutiert werden, gilt nichts anderes. Denn diese Ausnahmen sind auf Extremfälle be-

---

128 Oben Rn 18.
129 Dazu unten Rn 50.
130 Dazu § 207 Rn 85.
131 Dazu unten Rn 56.
132 Unten Rn 50.
133 Dazu *Windel* AcP 199 (1999), 421, 440 f.
134 *Dinstühler* ZIP 1998, 1697, 1701; MünchKomm/*Hefermehl* InsO[4] § 208 Rn 36; Kübler/Prütting/Bork/*Pape* InsO[19] § 208 Rn 7a.
135 Dazu allg Jaeger/*Gerhardt* InsO § 4 Rn 17.
136 *Dinstühler* ZIP 1998, 1697, 1701.
137 Dazu unten Rn 39.
138 MünchKomm/*Hefermehl* InsO[4] § 208 Rn 36; Kübler/Prütting/Bork/*Pape* InsO[19] § 208 Rn 7b; *von Websky* ZInsO 2014, 1468, 1470.
139 MünchKomm/*Hefermehl* InsO[4] § 208 Rn 36.
140 MünchKomm/*Hefermehl* InsO[4] § 208 Rn 36; *von Websky* ZInsO 2014, 1468, 1470.
141 Zu allem *Dinstühler* ZIP 1998, 1697, 1701; MünchKomm/*Hefermehl* InsO[4] § 208 Rn 36; Kübler/Prütting/Bork/*Pape* InsO[19] § 208 Rn 7a, b.

schränkt,[142] die sich auch ohne Begründung der Unzulänglichkeitsanzeige werden nachweisen lassen.

c) Bindungswirkung der Anzeige. Die **Anzeige** der Masseunzulänglichkeit durch den Verwalter ist **bindend und nicht justitiabel.** Bis auf wenige befürwortende Stimmen[143] gehört dies zu den am häufigsten kritisierten Grundentscheidungen der Reform des massearmen Verfahrens.[144] Die Kritik ist vollauf berechtigt, zumal die prozessualen und materiell-haftungsrechtlichen Bedenklichkeiten der auf den Rechtsausschuss zurückgehenden Gesetzesfassung geradezu kumulieren:[145] Die Verfahrensbeteiligten haben kein rechtliches Gehör und es fehlt – auch zum Nachteil des Verwalters selbst im Hinblick auf einen allfälligen Haftpflichtprozess – an einer förmlichen und durch Rechtsmittel überprüfbaren Feststellung der Voraussetzungen des § 208 I. Weil weiter die **Verteilungsordnung des § 209**[146] **auf** den **Zeitpunkt** des Wirksamwerdens **der Anzeige bezogen** ist,[147] kann der Verwalter schließlich die Zuordnung einzelner Masseverbindlichkeiten zu den Rangklassen des § 209 I Nrn 2 und 3 in gewissem Umfange steuern.[148] Nachdem all die aufgezeigten Defizite noch nicht das Verdikt der Verfassungswidrigkeit rechtfertigen dürften,[149] bestand zunächst die Hoffnung auf eine gesetzgeberische Korrektur.[150] Mittlerweile muss man sich mit der lex lata aber wohl endgültig abfinden. 35

Die **Anzeige** der Masseunzulänglichkeit **hat Tatbestandswirkung.**[151] Folglich begründet sie **konstitutiv**[152] und **inter omnes** die verfahrensrechtlichen und die materiell-haftungsrechtlichen Folgen der §§ 208–210. Sind diese aufgrund einer Anzeige gem § 208 I 2 schon eingetreten, geht eine weitere Anzeige gem § 208 I 1 ins Leere.[153] **Gebunden sind** neben allen betroffenen **Insolvenz- und Massegläubigern** das **Insolvenzgericht**, und zwar sowohl für den Betrieb des eigentlichen Insolvenzverfahrens wie dann, wenn es entsprechend § 89 III in der Funktion eines **Vollstreckungsgerichts**[154] tätig wird,[155] sowie schließlich – in Abweichung vom früheren Recht[156] – ein **Prozessgericht.**[157] Aufgrund der Tatbestandswirkung der Anzeige ist auch **nicht** 36

142 Unten Rn 37.

143 Insbes *Förster* ZInsO 2005, 28 f; BK/*Martini* InsO[61] § 208 Rn 8; K. Schmidt/*Jungmann* InsO[19] § 208 Rn 20.

144 *Pape* KTS 1995, 189, 198 f; *ders* ZInsO 2004, 1223 ff; *Dinstühler* ZIP 1998, 1697, 1700 ff; *Kluth* ZInsO 2000, 177, 178 f; *Häsemeyer* InsR[4] Rn 7.77 f; *ders* FS Gerhardt (2004), S 341, 353; MünchKomm/*Hefermehl* InsO[4] § 208 Rn 40; Kübler/Prütting/Bork/*Pape* InsO[19] § 208 Rn 5d, 6; Nerlich/ Römermann/*Westphal* InsO[29] § 208 Rn 16 f; *Walther* Das Verfahren bei Masseunzulänglichkeit nach den §§ 208 ff InsO (2005), S 30 f, 46 ff; *Adam* DZWIR 2009, 181 ff; relativierend Uhlenbruck/*Ries* InsO[15] § 208 Rn 28.

145 Ebenso knapp wie eindrücklich *Häsemeyer* InsR[4] Rn 7.77 f.

146 Zur Ausnahme des „absoluten Vorrangs der Verfahrenskosten" § 209 Rn 30 ff.

147 *Häsemeyer* InsR[4] Rn 7.77 f.

148 *Ries/Berscheid* ZInsO 2008, 1161, 1163.

149 **AA** *Adam* DZWIR 2009, 181, 182 f: Verstoß gegen den Justizgewähranspruch.

150 Dazu *Sabel* ZIP 2003, 781, 784 f; *Vallender/Fuchs* NZI 2003, 292, 295; *Häsemeyer* FS Gerhardt (2004), S 341, 353; *Walther* Das Verfahren bei Masseunzulänglichkeit nach den §§ 208 ff InsO (2005), S 51 ff.

151 *Roth* FS Gaul (1997), S 573, 583; *Walther* Das Verfahren bei Masseunzulänglichkeit nach den §§ 208 ff InsO (2005), S 40.

152 *Kübler* Kölner Schrift[3], S 585 Rn 28.

153 Oben Rn 26 mN.

154 *Roth* FS Gaul (1997), S 573, 582 f; *Runkel/Schnurbusch* NZI 2000, 49, 51 f; *Walther* Das Verfahren bei Masseunzulänglichkeit nach den §§ 208 ff InsO (2005), S 41 f; **aA** *Adam* DZWIR 2009, 181, 182 ff, 186.

155 Dazu § 210 Rn 12.

156 Zur KO zuletzt BGH ZIP 2005, 1519 ff; BAG ZIP 2002, 1261 ff.

157 BGHZ 154, 358, 360 f = ZIP 2003, 914 ff [*Tetzlaff* EWiR 2003, 651 f] = NZI 2003, 369 [*Uhlenbruck* ebd, 372 f] = WuB VI C. § 209 InsO 1.03 [*Barnert*] = BGHR 2003, 759 [*Ringstmeier* ebd, 761 f], im Anschluss an BAG ZIP 2002, 628, 631; BGH ZIP 2010, 145, 146 Rn 12 f [**zust** *Weitzmann* EWiR 2010, 127 f]; OLG Köln NZI 2011, 812; MünchKomm/*Hefermehl* InsO[4] § 208 Rn 35; *Walther* Das Verfahren bei Masseunzulänglichkeit nach den §§ 208 ff InsO (2005), S 39 ff; *Zwanziger* NZI 2015, 577.

im Wege der Feststellungsklage zu klären, ob die Voraussetzungen des § 208 I vorgelegen haben.[158] Ein Massegläubiger mag zwar den Rang feststellen lassen, den er iR des § 209 I genießt.[159] Aber das Prozessgericht hat bei seiner Entscheidung die Wirkung der Anzeige zu beachten.[160] Praktisch bleibt daher nur eine inzidente Überprüfung im Rahmen eines Haftpflichtprozesses, ob sich der Verwalter an die Voraussetzungen des § 208 I gehalten hat.[161] Daneben kommen aufsichtsrechtliche Maßnahmen des Insolvenzgerichts in Betracht.[162]

37 Der IX. Zivilsenat des BGH hat in mehreren obiter dicta bezweifelt, dass die Gerichte an die Masseunzulänglichkeitsanzeige des Verwalters ausnahmslos gebunden sein könnten. Zunächst hat er **Ausnahmen** für den Fall erwogen, dass eine entsprechende gerichtliche Feststellung nichtig wäre,[163] dies später durch die drei **Beispiele** erläutert, dass dem Verwalter **unredliches Verhalten** vorzuwerfen sei, dass er **arglistig handle** oder dass ausreichender **Massebestand gerichtskundig** sei und deshalb keines Beweises bedürfe.[164] Daran irritiert, dass entsprechende gerichtliche Entscheidungen gerade nicht nichtig[165] sein würden: Handelt eine Prozesspartei unredlich oder arglistig, so kommt nach ständiger Rechtsprechung (nur) eine (unechte) **Rechtskraftdurchbrechung nach § 826 BGB**, ggf auch nach § 242 BGB, in Betracht.[166] Daher sollte auch für § 208 I ehestens dieser Ansatz gewählt werden. Überlegen scheint ohnehin die klassische Lehre von der **Insolvenzverfahrenszweckwidrigkeit des Verwalterhandelns**, die der IX. Zivilsenat aber ohne Not und ohne greifbaren Gewinn mittlerweile durch die Lehre vom Missbrauch der Vertretungsmacht ersetzt hat,[167] die für § 208 I nicht passt. Jedenfalls wird die Überprüfung der Voraussetzungen der Anzeige **nur in Extremfällen** zum Erfolg führen können. Das zeigt besonders deutlich das drittgenannte Beispiel des BGH: Die **Massezulänglichkeit** wird wegen des Prognosecharakters insbesondere des Tatbestandes des § 208 I 2[168] kaum einmal als **notorisch** eingestuft werden können. Die problematischen Konfliktfälle werden in einer – vielleicht sogar eklatant – auseinanderfallenden **Bewertung** der vorliegenden Zahlen liegen, wobei die genannten Beispiele nicht helfen. Nachdem die obiter dicta des BGH zudem über anderthalb Jahrzehnte nicht an Fallmaterial erprobt werden konnten, wird man sie alles in allem ad acta legen dürfen.

38 Die Anzeige der Masseunzulänglichkeit entfaltet ihre **Wirkungen in dem Zeitpunkt**, in dem sie entweder bei Gericht eingeht[169] oder zu Protokoll erklärt wird. Deshalb ist dieser genau festzuhalten.[170]

39 **d) Bekanntmachung der Anzeige, § 208 II.** Die **Anzeige** der Masseunzulänglichkeit ist gem § 208 II **öffentlich bekannt zu machen** (Satz 1) und den **Massegläubigern** besonders **zuzustel-**

---

158 **Zutr** *Walther* Das Verfahren bei Masseunzulänglichkeit nach den §§ 208 ff InsO (2005), S 43 f, gegen *Runkel/Schnurbusch* NZI 2000, 49, 53.

159 Dazu § 209 Rn 22 f.

160 *Roth* FS Gaul (1997), S 573, 582.

161 Vgl BGH ZIP 2017, 1571, 1573 Rn 24; *Walther* Das Verfahren bei Masseunzulänglichkeit nach den §§ 208 ff InsO (2005), S 46; HambK/*Weitzmann* InsO[7] § 208 Rn 7; *Ries/Berscheid* ZInsO 2008, 1161, 1163; MünchKomm/*Hefermehl* InsO[4] § 208 Rn 40.

162 *Walther* Das Verfahren bei Masseunzulänglichkeit nach den §§ 208 ff InsO (2005), S 44 f.

163 BGHZ 154, 358, 361; BGH ZIP 2004, 326, 329; BGH ZIP 2005, 817, 818; **zust** MünchKomm/*Hefermehl* InsO[4] § 208 Rn 35; *Kayser/Heck* NZI 2005, 65.

164 BGHZ 167, 178, 189 Rn 27; BGH ZIP 2010, 145, 146 f [*Weitzmann* EWiR 2010, 127 f]; zust HK/*Hölzle* InsO[10] § 208 Rn 11; HambK/*Weitzmann* InsO[7] § 210 Rn 4.

165 Vgl zum wirkungslosen bzw wirkungsgeminderten Urteil statt aller *Jauernig* ZPR[29] § 60 III mN.

166 Dezidiert, auch zur Kritik *Jauernig* ZPR[29] § 64 II.

167 Dazu Jaeger/*Windel* InsO § 80 Rn 252 ff.

168 Oben Rn 19.

169 MünchKomm/*Hefermehl* InsO[4] § 208 Rn 37a; Kübler/Prütting/Bork/*Pape* InsO[19] § 208 Rn 7b; BK/*Martini* InsO[61] § 208 Rn 15.

170 *Pape/Hauser* Massearme Verfahren nach der InsO (2002), Rn 309.

len (Satz 2). Beides hat keine eigenständige, sondern nur deklaratorische Bedeutung.[171] Die Wirkungen der §§ 208–211 sind bereits im **Zeitpunkt des Eingangs der Anzeige** bei Gericht eingetreten.[172] Folglich ist dieser mit **bekanntzumachen.** Die **öffentliche Bekanntmachung** gem § 208 II 1 erfolgt zwingend **gem § 9 I im Internet,** unter den in § 9 II 1 bestimmten Voraussetzungen daneben fakultativ noch auf andere Weise. Mit der **Zustellung** gem § 208 II 2 kann das Insolvenzgericht gem § 8 III den Insolvenzverwalter beauftragen,[173] was regelmäßig geschieht.[174] Die gesonderte Unterrichtung der Massegläubiger ist wegen des unmittelbaren Einflusses auf ihre Befriedigungschancen geboten und war deshalb zuletzt schon unter der Geltung der KO praeter legem als Amtspflicht entwickelt worden.[175] Gleichwohl gilt auch für § 208 II 2 die allgemeine Regel des § 9 III:[176] Zum **Nachweis der Zustellung** genügt die öffentliche Bekanntmachung.

2. Die Beteiligung am weiteren Verfahren

In der schließlich Gesetz gewordenen Fassung der InsO blieb die Beteiligung der Insolvenz- und Massegläubiger am Verfahren nach Anzeige der Masseunzulänglichkeit ungeregelt. § 323 I RegE hatte noch vorgesehen, dass die sog Altmassegläubiger an Stelle der nicht nachrangigen Insolvenzgläubiger in die Gläubigerversammlung einrücken (Satz 1) und dass die Rechte der absonderungsberechtigten Insolvenzgläubiger in der Gläubigerversammlung unberührt sein sollten (Satz 2). Die vom Rechtsausschuss mit Streichung dieser Vorschrift der Rechtsprechung überlassenen Probleme[177] gehen aber über die in § 323 I RegE angesprochene Beteiligung in verschiedener Hinsicht hinaus. Insbesondere hängt das Stimmrecht in der Versammlung von der Feststellung der ihm zugrunde liegenden Forderung ab, § 77 I 1, II. Es ist aber umstritten, inwieweit die §§ 174 ff nach der Anzeige der Masseunzulänglichkeit gegenüber den Insolvenzgläubigern (fort-)gelten. In Hinblick auf die Forderungen der Massegläubiger wird eine entsprechende Anwendung der Vorschriften über das Feststellungs- (§§ 174 ff) und das Verteilungsverfahren (§§ 187 ff) erwogen. 40

a) Beteiligung der Insolvenzgläubiger

aa) Mitwirkung an der Gläubigerversammlung. Mangels Gesetz gewordener Regelung fehlt eine Grundlage dafür, den Insolvenzgläubigern ihre **Mitwirkungsrechte in der Gläubigerversammlung**[178] zu nehmen.[179] Insbesondere lässt sich kein entsprechender Gegenschluss aus § 207 II ziehen.[180] Denn diese Vorschrift regelt nur die Beteiligung am Verfahren zur Feststel- 41

171 *Kübler* Kölner Schrift[3] S 584 Rn 27; BK/*Martini* InsO[61] § 208 Rn 15; Kübler/ Prütting/Bork/*Pape* InsO[19] § 208 Rn 8.
172 Zuvor Rn 38.
173 MünchKomm/*Hefermehl* InsO[4] § 208 Rn 42; Kübler/Prütting/Bork/*Pape* InsO[19] § 208 Rn 8; Uhlenbruck/*Ries* InsO[15] § 208 Rn 32 f; FK/*Kießner* InsO[9] § 208 Rn 16; HambK/*Weitzmann* InsO[7] § 208 Rn 21.
174 MünchKomm/*Hefermehl* InsO[4] § 208 Rn 42.
175 BGH ZInsO 2000, 42.
176 BAG ZIP 2004, 1323, 1325; BAG ZIP 2006, 199, 201 Rn 30; LAG Hamm ZInsO 2007, 51, 54; *Zwanziger* NZA 2015, 577.
177 Begr, BT-Drucks 12/7302, S 180 (zu § 234d).
178 Auch sonstige Beteiligungsrechte bestehen fort, vgl zur Beschwerdebefugnis gem § 64 III 1 oben § 207 Rn 89.
179 Dezidiert jeweils *Kayser/Heck* NZI 2005, 65, 66 ff; *Walther* Das Verfahren bei Masseunzulänglichkeit nach den §§ 208 ff InsO (2005), S 173–193; **aA** HK/*Hölzle* InsO[10] § 208 Rn 33 f; *Mäusezahl* ZVI 2003, 617, 619 f (der noch über § 323 I RegE hinausgeht); *Pape/Hauser* Massearme Verfahren nach der InsO (2002), Rn 315–317; Kübler/Prütting/Bork/*Pape* InsO[19] § 208 Rn 7.
180 **AA** *Mäusezahl* ZVI 2003, 617, 619 f, und wohl auch *Pape/Hauser* Massearme Verfahren nach der InsO (2002), Rn 318; Kübler/Prütting/Bork/*Pape* InsO[19] § 208 Rn 7.

lung der Dürftigkeit der Insolvenzmasse,[181] nicht die Beteiligung am Verfahren generell. Die weitere Beteiligung der Insolvenzgläubiger ist auch **unter Wertungsgesichtspunkten gerechtfertigt.**[182] Sie haben ein Interesse an der Rückkehr zum regulären Verfahren,[183] wofür durch eine andere und vielleicht zutreffendere Bewertung[184] oder eine Erholung der Vermögenslage die Grundlagen geschaffen werden können. Dies hat – mittelbar[185] – das **Verfahren eines Insolvenzverwalters** gezeigt, der sich **gegen** seine im Stadium der Masseunzulänglichkeit durch die mit den Insolvenzgläubigern besetzte Gläubigerversammlung beschlossene **Ablösung** gewehrt hat. Der **Gegenansicht** ist zwar zuzugeben, dass sich vielleicht nicht alle Entscheidungen, die im Stadium der Masseunzulänglichkeit durch die Gläubigerversammlung zu treffen sind, für eine Mitwirkung der Insolvenzgläubiger besonders gut eignen. Unter Wertungsgesichtspunkten gibt es jeweils aber auch Gegengründe,[186] so dass mangels einer gesetzgeberischen Entscheidung die Grundlage für die unumgängliche differenzierende Lösung fehlt. Hinzu kommt, dass eine solche wohl auf wechselnde Besetzungen der Gläubigerversammlung hinauslaufen müsste, was zusätzliche Unruhe und vermehrten Aufwand mit sich bringen würde. Damit bleibt im Wesentlichen die **Desinteressiertheit der Insolvenzgläubiger** im masseunzulänglichen Verfahren als praktisches Problem, die zur **Beschlussunfähigkeit** der Gläubigerversammlung führen kann.[187] Dieses kann und muss auf anderem Wege bewältigt werden als durch Umbesetzung der Gläubigerversammlung: Wegen § 164 **kann** der **Verwalter** im Außenverhältnis **wirksam handeln** und das Nichterscheinen der Insolvenzgläubiger ist als Verzicht auf ihre Kontrollbefugnisse zu werten.[188]

42 **bb) Feststellungsverfahren gem §§ 174 ff.** Das Verfahren zur **Feststellung der Insolvenzforderungen** (§§ 174 ff) nimmt seinen Fortgang.[189] Dies ist in Hinblick auf eine mögliche Rückkehr zum regulären Verfahren und auf die Nachhaftung (§§ 215 II 2; 201 I, II) geboten und immer dann, wenn das masseunzulängliche Verfahren der Erlangung von Restschuldbefreiung dient, unverzichtbar.[190] Die **Gegenansicht** ist deshalb je nach Verfahrensstand und -ziel zu vielfältigen Differenzierungen gezwungen,[191] für die umso weniger Anlass besteht, als die Kosten des Insolvenz- einschließlich des Feststellungsverfahrens im Falle des § 208 I gedeckt sind.[192]

---

181 § 207 Rn 71 ff.

182 *Kayser/Heck* NZI 2005, 65, 67 ff, 70.

183 BVerfG ZIP 2005, 537 ff [**zust** *Berg-Grünenwald/Hertzog* EWiR 2005, 507 f] = WuB VI A. § 56 InsO 1.05 [zust *Kirchhof*]; *Kluth* ZInsO 2000, 177, 184; *Mohrbutter* WuB VI A. § 57 InsO 1.05; *Kayser/Heck* NZI 2005, 65, 67; *Häsemeyer* InsR[4] Rn 7.81 Fn 432.

184 Dazu BVerfG ZIP 2005, 537, 538.

185 Der BGH (ZIP 2004, 2341 f = WuB VI A. § 57 InsO 1.05 [*Mohrbutter*]) hat ausschließlich zur Unanfechtbarkeit der Wahl des Verwalters, das BVerfG (ZIP 2005, 537 ff [zust *Berg-Grünenwald/Hertzog* EWiR 2005, 507 f] = WuB VI A. § 56 InsO 1.05 [zust *Kirchhof*]) demgegenüber zur Sache Stellung genommen. Der Fall zeigt deutlich die Erosion zivilprozessualer Regeln selbst durch einen Nichtannahmebeschluss des BVerfG.

186 **Zutr** *Kayser/Heck* NZI 2005, 65, 70.

187 *Kayser/Heck* NZI 2005, 65, 66.

188 Jaeger/*Gerhardt* InsO § 76 Rn 6; iE ähnlich *Kluth* ZInsO 2000, 177, 184; *Kröpelin* Die massearme Insolvenz (2003), Rn 209–212; vgl auch *Ehricke* NZI 2000, 57, 61.

189 *Kröpelin* Die massearme Insolvenz (2003), Rn 213–220, 601; *Kayser/Heck* NZI 2005, 65, 68 f; *Adam* DZWIR 2011, 485, 491; Graf-Schlicker/*Riedel* InsO[5] § 208 Rn 18 f. Als **Beispiele** LG Bonn ZIP 2000, 1310 f (*Frind* EWiR 2000, 919 f]; LG Stuttgart NZI 2010, 573 ff.

190 *Kayser/Heck* NZI 2005, 65, 68.

191 *Uhlenbruck* NZI 2001, 408, 409 f; Uhlenbruck/*Ries* InsO[15] § 208 Rn 40 f; HK/*Hölzle* InsO[10] § 208 Rn 33 ff.

192 Darauf haben *Adam* DZWIR 2011, 485, 491, sowie *Kayser/Heck* NZI 2005, 65, 68 f, zutr hingewiesen.

b) Beteiligung der Massegläubiger

aa) Mitwirkung an der Gläubigerversammlung. Die **Massegläubiger wirken** de lege lata **nicht** an der Gläubigerversammlung **mit.**[193] Eine Anwendung des § 323 I RegE, der dies vorsah,[194] kommt schon deshalb nicht in Betracht, weil diese Vorschrift in sich unausgegoren war. Es wurde nämlich ausschließlich eine Mitwirkung der Altmassegläubiger vorgeschlagen. Eine namentlich bei Unterdeckung der Verbindlichkeiten mit dem Rang des § 209 I Nr 2 in Betracht kommende Beteiligung der Neumassegläubiger war nicht erwogen.[195] Damit fehlt es an einem tauglichen rechtstechnischen Anhaltspunkt,[196] die Mitwirkung der Massegläubiger auszugestalten. Auch de lege ferenda sollte sie nicht eingeführt werden.[197] Schon praktisch würde die Umbesetzung der Gläubigerversammlung für den – erwünschten – Fall einer Rückkehr zum regulären Verfahren Probleme aufwerfen.[198] Grundsätzlicher **fehlt** es unter den Massegläubigern an der **Basis für** eine **gemeinschaftliche Willensbildung**, weil sie untereinander nicht haftungsrechtlich verbunden sind. Ihre Rechtsbeziehungen beschränken sich vielmehr auf das Verhältnis zum Insolvenzverwalter als Amtsträger.[199] 43

bb) Feststellungs- und Verteilungsverfahren entsprechend §§ 174 ff, 187 ff? Die soeben[200] skizzierte Beschränkung der Masseverbindlichkeiten auf das Verhältnis zum Verwalter steht auch einer entsprechenden Anwendung der Vorschriften über das **Feststellungsverfahren** (§§ 174 ff) entgegen: Jeder Massegläubiger darf sich ausschließlich an den Insolvenzverwalter halten und braucht sich nicht in einem aufwändigen[201] Verfahren mit seinen Konkurrenten auseinanderzusetzen.[202] Der weiteren Funktion der §§ 174 ff, das Ausmaß der Schuldenmasse überhaupt zu eruieren, bedarf es iR der §§ 208, 209 ohnehin nicht.[203] Daher kommt eine entsprechende Anwendung der §§ 174 ff iE nicht in Betracht.[204] 44

Auch die **Vorschriften über** das **Verteilungsverfahren** (§§ 187 ff) **gelten nicht** analog.[205] Es wäre weder unter verfahrensökonomischen noch aus dogmatischen Gesichtspunkten zu rechtfertigen, das Verfahren unter derart komplizierte und kostenträchtige Bedingungen zu stellen. Näher erwägenswert erscheint allein, ob punktuell § 196 II herangezogen werden soll. Der Verwalter hätte demzufolge ein Verteilungsverzeichnis bei Gericht einzureichen und genehmigen zu lassen.[206] Eine solche punktuelle Anwendung des § 196 II ist jedoch nicht durchführbar, weil das Gericht im unmittelbaren Anwendungsbereich der Vorschrift nicht von Amts wegen 45

193 *Kluth* ZInsO 2000, 177, 179 f; *Mäusezahl* ZVI 2003, 617, 618 f; *Pape/Hauser* Massearme Verfahren nach der InsO (2002), Rn 315–318; Kübler/Prütting/Bork/*Pape* InsO[19] § 208 Rn 7; *Walther* Das Verfahren bei Masseunzulänglichkeit nach den §§ 208 ff InsO (2005), S 173–193; *Adam* DZWIR 2011, 485 f; **offen lassend** *Kayser/Heck* NZI 2005, 65 ff, 70; **aA** HK/*Hölzle* InsO[10] § 208 Rn 36.

194 Oben Rn 40.

195 Zur Kritik *Kluth* ZInsO 2000, 177, 179 f; *Kayser/Heck* NZI 2005, 65, 68.

196 Zum Problem noch *Kayser/Heck* NZI 2005, 65, 69.

197 **AA** *Walther* Das Verfahren bei Masseunzulänglichkeit nach den §§ 208 ff InsO (2005), S 173 ff, 193.

198 *Kayser/Heck* NZI 2005, 65, 67.

199 *Häsemeyer* FS Gerhardt (2004), S 341, 351 f mit 348 f.

200 Vorige Rn 43 aE.

201 Als zu aufwändig kritisiert *Kröpelin* Die massearme Insolvenz (2003), Rn 284, das Verfahren für Massegläubiger.

202 *Kluth* ZInsO 2000, 177, 180.

203 *Kröpelin* Die massearme Insolvenz (2003), Rn 285.

204 *Pape* KTS 1995, 189, 214; *Kluth* ZInsO 2000, 177, 180; *Kröpelin* Die massearme Insolvenz (2003), Rn 282–289, 609; *Adam* DZWIR 2011, 485 f; zur öKO iE ebenso *Konecny* in: ders (Hrsg) Insolvenz-Forum 2002 (2003), S 61, 90–92.

205 *Pape* KTS 1995, 189, 214; *Kluth* ZInsO 2000, 177, 182; MünchKomm/*Hefermehl* InsO[4] § 208 Rn 52; *Kröpelin* Die massearme Insolvenz (2003), Rn 282–289, 609; **aA** *Smid* WM 1998, 1313, 1321.

206 Insoweit *Smid* WM 1998, 1313, 1321, BK/*Martini* InsO[61] § 209 Rn 3.

prüft, sondern nur Einwendungen iS des § 197 I Nr 2 nachgeht, § 197 III.[207] Ohne Heranziehung der §§ 197 ff[208] würde § 196 II demzufolge in der Luft hängen.

3. Rückkehr zum regulären Verfahren

46 Entfällt die Masseunzulänglichkeit gem § 208 I 1 oder stellt sich die Prognose für das weitere Verfahren günstiger dar als im Zeitpunkt einer Anzeige gem § 208 I 2, so muss die **Rückkehr zum regulären Insolvenzverfahren möglich** sein.[209] Die kurz nach Inkrafttreten der InsO vertretene Gegenansicht, die den Übergang in das Verfahren gem §§ 208 ff als endgültig ansah und im Übrigen auf eine Nachtragsverteilung verwies,[210] würde ohne Grund zu einer Aufgabe der Ziele des § 1 führen und kann deshalb als überwunden gelten. Nicht gefolgt werden kann auch denjenigen, die auf ein **förmliches Verfahren zur Rückkehr** überhaupt[211] oder je nach der konkreten Konstellation[212] verzichten wollen.[213] Wie dieser förmliche Weg aussehen soll, ist freilich umstritten. Denkbar ist, **entsprechend § 208 I, II** eine **Zulänglichkeitsanzeige des Verwalters** genügen zu lassen und diese öffentlich bekannt zu machen.[214] Denkbar ist aber auch, einen **gerichtlichen Beschluss** zu verlangen.[215] Allgemeine verfahrensrechtliche Grundsätze sprechen für die erstgenannte Variante, weil der actus contrarius üblicherweise in der Form dem zu beseitigenden ersten Rechtsakt folgt.[216] An das Übliche kann man sich aber nur in einem Rahmen halten, der auch sonst dem Üblichen entspricht. Daran fehlt es für § 208 I, der dem Insolvenzverwalter eine kaum erträgliche Herrschaft über den Verfahrensmodus einräumt. Würde man ihn auch autonom über die Rückkehr zum regulären Verfahren entscheiden lassen, hätte dies die unannehmbare Konsequenz, dass es ohne Kontrollmöglichkeit zu einem wiederholten Hin und Her zwischen regulärem und masseunzulänglichem Verfahren kommen könnte. Um dies zu verhindern, erscheint die **gerichtliche Überprüfung der Massezulänglichkeit** als Grundlage eines entsprechenden Beschlusses **unverzichtbar**. Als Rechtsgrundlage bietet sich insoweit ein Analogieschluss zu § 212 an.[217]

47 Die entsprechende Anwendung des § 212 bringt das **Erfordernis eines Antrags des Insolvenzverwalters** mit sich (§ 212 S 1). Das Entfallen der Voraussetzungen des § 208 I ist glaubhaft zu machen (§ 212 S 2).[218] Nicht erforderlich ist dagegen das weitere Verfahren gem § 214, das

---

207 *Kröpelin* Die massearme Insolvenz (2003), Rn 288.

208 So explizit *Smid* WM 1998, 1313, 1321; BK/*Martini* InsO[61] § 209 Rn 3.

209 BVerfG ZIP 2005, 537, 538 [**zust** *Berg-Grünenwald/Hertzog*] = WuB VI A. § 56 InsO 1.05 [**zust** *Kirchhof*]; BAG AP InsO § 123 Nr 4 Rn 14; *A. Schmidt* NZI 1999, 442 f; *Uhlenbruck* NZI 2001, 408 f; *Häsemeyer* InsR[4] Rn 7.81; MünchKomm/*Hefermehl* InsO[4] § 208 Rn 53–55; *Pape/Hauser* Massearme Verfahren nach der InsO (2002), Rn 348–354; Kübler/Prütting/Bork/*Pape* InsO[19] § 208 Rn 23–25; HK/*Hölzle* InsO[10] § 208 Rn 38 ff; BK/*Martini* InsO[61] § 208 Rn 25; *Kröpelin* Die massearme Insolvenz (2003), Rn 555–586, 619; *Walther* Das Verfahren bei Masseunzulänglichkeit nach den §§ 208 ff InsO (2005), S 158–169; K. Schmidt/*Jungmann* InsO[19] § 208 Rn 34 ff; *Zwanziger* NZA 2015, 577.

210 So AG Hamburg NZI 2000, 140, 141, und dazu ausf *Kröpelin* Die massearme Insolvenz (2003), Rn 564 ff.

211 So *Runkel/Schnurbusch* NZI 2000, 49, 53; FK/*Kießner* InsO[9] § 208 Rn 27 ff; Uhlenbruck/*Ries* InsO[15] § 208 Rn 62 f; HK/*Hölzle* InsO[10] § 208 Rn 40.

212 So HambK/*Weitzmann* InsO[7] § 208 Rn 14.

213 Bes klar *Pape* ZInsO 2001, 60, 62.

214 Dafür *Häsemeyer* InsR[4] Rn 7.81; *Walther* Das Verfahren bei Masseunzulänglichkeit nach den §§ 208 ff InsO (2005), S 164 f, 166 f; iE auch MünchKomm/*Hefermehl* InsO[4] § 208 Rn 55; *Kröpelin* Die massearme Insolvenz (2003), Rn 575 f. § 124a IV öIO schreibt dies ausdrücklich vor.

215 Dafür *A. Schmidt* NZI 1999, 442 f; *Pape* ZInsO 2001, 60, 62; BK/*Martini* InsO[61] § 208 Rn 28; Nerlich/Römermann/*Westphal* InsO[29] § 208 Rn 27; K. Schmidt/*Jungmann* InsO[19] § 208 Rn 37.

216 Vgl *Walther* Das Verfahren bei Masseunzulänglichkeit nach den §§ 208 ff InsO (2005), S 166.

217 So wohl zuerst *A. Schmidt* NZI 1999, 442, 443; iE ebenso *Pape* ZInsO 2001, 60, 62 (offen aber später Kübler/Prütting/Bork/*Pape* InsO[19] § 208 Rn 24 ff); BK/*Martini* InsO[61] § 208 Rn 28; Nerlich/Römermann/*Westphal* InsO[29] § 208 Rn 27. Eine Gesamtanalogie zu den §§ 212–214 befürwortet K. Schmidt/*Jungmann* InsO[19] § 208 Rn 37, gegen ihn wiederum FK/*Kießner* InsO[9] § 208 Rn 28.

218 AA *Walther* Das Verfahren bei Masseunzulänglichkeit nach den §§ 208 ff InsO (2005), S 164.

darauf zugeschnitten ist, ein Insolvenzverfahren vollständig einzustellen. Denn eine Einstellung hat zur Folge, dass allen Beteiligten unter Einschluss der Insolvenzgläubiger die nach dem jeweiligen Verfahrensstand erreichte Position entzogen wird. Bei einer Rückkehr vom Modus des masseunzulänglichen zu dem des regulären Insolvenzverfahrens werden demgegenüber nur die **Neumassegläubiger** gefährdet.[219] Folglich ist ihnen vor der Entscheidung des Gerichts **Gehör zu gewähren** (Art 103 I GG). Das **Gericht hat** die Zulänglichkeit der Masse **aufzuklären** (§ 5 I). Sein **Beschluss** ist entsprechend § 208 II 1 **öffentlich bekannt zu machen und** den (Alt- wie Neu-)Massegläubigern entsprechend § 208 II 2 **zuzustellen.**

Abzulehnen ist die Möglichkeit, entsprechend § 213 durch einen **Verzicht auf den Modus des masseunzulänglichen Verfahrens** seitens der Massegläubiger zum regulären Verfahren zurückzukehren:[220] **Die §§ 208 ff gewähren** den Masse-, genauer den Neumassegläubigern[221] im Verein mit dem nach der Gegenansicht antragsberechtigten Insolvenzverwalter **keine disponible Rechtswohltat.** Vielmehr ist der Verfahrensmodus eine zwingende Konsequenz aus der Vorfrage, ob die Ziele des § 1 erreichbar sind oder ob eine Notabwicklung des Insolvenzverfahrens erfolgen muss. 48

IV. Konsequenzen eines Wechsels im Verfahrensmodus

Die Folgen des Wechsels im Verfahrensmodus für die Masseverbindlichkeiten sind in Gestalt der Verteilungsordnung für die Befriedigung (§ 209) und eines Vollstreckungsverbotes (§ 210) ausdrücklich geregelt. Beides beruht auf einer **materiell-haftungsrechtlichen Hemmung der Forderungen** (1.), die bei einer Rückkehr zum regulären Verfahren mit Wirkung ex nunc wieder entfällt (2.). Eine **Unterdeckung** selbst **der Neumasseverbindlichkeiten** zeitigt vergleichbare haftungsrechtliche Folgen (3.). Schließlich sind auf der materiell-haftungsrechtlichen Grundlage die gesetzlich nicht geregelten **Auswirkungen** der Masseunzulänglichkeit **auf Masseschuldverfahren** zu entwickeln (4.). 49

1. Materiell-haftungsrechtliche Folgen der Anzeige der Masseunzulänglichkeit

Ebenso wie bei Massedürftigkeit iS des § 207 I 1 tritt auch nach der Anzeige der Masseunzulänglichkeit eine **haftungsrechtliche Entkräftung der Masseverbindlichkeiten** ein.[222] Sie kann im Gegensatz zu dort aber rechtstechnisch nicht geltend gemacht werden, indem sich der Insolvenzverwalter den einzelnen Massegläubigern gegenüber jeweils darauf beruft. Denn die Verteilungsordnung des § 209 gilt ab der angezeigten Masseunzulänglichkeit inter omnes. Der Verwalter darf sich nicht einzelnen Massegläubigern gegenüber darauf berufen und andere voll befriedigen.[223] Dem wird nur die amtswegige Berücksichtigung der haftungsrechtlichen Entkräftung der Forderungen gerecht.[224] Die angezeigte[225] Masseunzulänglichkeit wirkt deshalb im Sin- 50

219 Vgl dazu *Kröpelin* Die massearme Insolvenz (2003), Rn 566; *Walther* Das Verfahren bei Masseunzulänglichkeit nach den §§ 208 ff InsO (2005), S 161 ff.
220 **Zutr** *Walther* Das Verfahren bei Masseunzulänglichkeit nach den §§ 208 ff InsO (2005), S 165 f; **aA** *A. Schmidt* NZI 1999, 442, 443; K. Schmidt/*Jungmann* InsO[19] § 208 Rn 38; bei beseitigter Masseunzulänglichkeit auch *Kröpelin* Die massearme Insolvenz (2003), Rn 581–585.
221 Insoweit konsequent hält *Kröpelin* Die massearme Insolvenz (2003), Rn 583–585, allein diese für zustimmungsbefugt.
222 Dazu § 207 Rn 84 f. Völlig **abl** *Häsemeyer* InsR[4] Rn 14.26; Uhlenbruck/*Ries* InsO[15] § 208 Rn 34 f; *Kraushaar* BB 2004, 1050 f; *Hees/Stange* ZIP 2013, 1206, 1207; HK/*Hölzle* InsO[10] § 210 Rn 6.
223 MünchKomm/*Hefermehl* InsO[4] § 208 Rn 37, 66; Kübler/Prütting/Bork/*Pape* InsO[19] § 208 Rn 7c; wohl auch FK/*Kießner* InsO[9] § 208 Rn 17; s auch BGH ZInsO 2000, 42 (zur KO).
224 **AA** Nerlich/Römermann/*Westphal* InsO[29] § 209 Rn 20.
225 Zur möglichen Deutung der Anzeige als – auch – materiellrechtliche Erklärung oben Rn 32.

ne einer **Einwendung.**[226] Die Qualifikation als **Einrede**[227] hätte demgegenüber nur Sinn, wenn man daraus Rechtsfolgen ableiten wollte. Dies tut niemand, insbesondere kommt eine Verurteilung unter dem Vorbehalt späterer Haftungsbeschränkung[228] angesichts des § 210 im Altmasseschuldprozess nicht in Betracht. Die wegen der sonst drohenden Vergrößerung der Schuldenmasse **verzugsbeseitigende Wirkung**[229] der Anzeige der Masseunzulänglichkeit schließlich müsste auch bei Annahme einer bloßen Einrede ohne weiteres eintreten, so dass die abweichende Konstruktion auch insoweit keine Folgen haben könnte.

51 Die haftungsrechtliche **Einwendung hemmt die Ansprüche** der Altmassegläubiger in ihrer Durchsetzbarkeit.[230] Dies kommt nicht nur in § 210 zum Ausdruck, sondern muss auch für den allgemeinen Rechtsverkehr gelten, in dem der Massegläubiger mit dem **Insolvenzverwalter** steht. Letzterer braucht nicht zu leisten, **kommt** deshalb **nicht in Verzug**[231] und ein bereits eingetretener Verzug endet mit Wirkung ex nunc, so dass keine weiteren Zinsen auflaufen können.[232] Entsprechendes gilt für **Säumniszuschläge.**[233] Spiegelbildlich müsste die **Verjährung** gehemmt sein. Da es allerdings für Altmassegläubiger kein Feststellungsverfahren gem §§ 174 ff gibt, scheiden sowohl die – auch analoge –Anwendung des § 204 I Nr 10 wie die des § 205 BGB aus.[234] Dem Altmassegläubiger bleibt daher nur, den Insolvenzverwalter zu einem (ggfs: erneuten) Anerkenntnis der Forderung, einem antizipierten Verzicht auf die Verjährungseinrede oder einem § 205 BGB genügenden Stillhalteabkommen zu bewegen.[235] Bereits über die Quote hinaus **erhaltene Leistungen darf** der **Altmassegläubiger behalten,**[236] weil sie mit Rechtsgrund erfolgt waren. Eine Anfechtung entsprechend den §§ 129 ff kommt nicht in Betracht.[237] Entsprechendes gilt für die **Hinterlegung** als Erfüllungssurrogat.[238] **Sicherheiten bleiben** dem Altmas-

---

226 *Pape* KTS 1995, 189, 203 f; *Dinstühler* ZIP 1998, 1697, 1704; MünchKomm/*Hefermehl* InsO[4] § 208 Rn 62; *Jansen* NZI 2013, 774, 776.

227 So OLG Köln ZIP 2001, 1422, 1424, im Anschluss an *Pape* ZInsO 2001, 60, 62, der diese dort neben die formelle Einwendung stellt; Nerlich/Römermann/*Westphal* InsO[29] § 209 Rn 20; *Kögel* Die Rechtsfolgen der Masseunzulänglichkeitsanzeige auf beiderseitig nicht oder nicht vollständig erfüllte Verträge (2007), S 70 ff.

228 Zu diesem Vorschlag für den Neumasseschuldprozess unten Rn 60.

229 Sogleich Rn 51.

230 So iE übereinstimmend *Dinstühler* ZIP 1998, 1697, 1704; *Runkel/Schnurbusch* NZI 2000, 49, 54; *Kröpelin* Die massearme Insolvenz (2003), Rn 264; *Kögel* Die Rechtsfolgen der Masseunzulänglichkeitsanzeige auf beiderseitig nicht oder nicht vollständig erfüllte Verträge (2007), S 72 f.

231 MünchKomm/*Hefermehl* InsO[4] § 208 Rn 62; *Schröder* Die Abwicklung des masseunzulänglichen Insolvenzverfahrens (2010), 105 f; *Jansen* NZI 2013, 774, 776; *obiter* auch LSG Stuttgart ZIP 2015, 396, 399; **aA** *Hees/Stange* ZIP 2013, 1206 ff; HK/*Hölzle* InsO[10] § 210 Rn 6; zur öKO *Konecny* in: ders (Hrsg) Insolvenz-Forum 2002 (2003), S 61, 81; wohl **unergiebig** hierfür BGHZ 197, 21, 25 ff Rn 13 ff, wo für § 46a I 1 Nr 1 KWG in der bis 31.12.2010 geltenden Fassung abw entschieden wurde; **offen** Uhlenbruck/*Ries* InsO[15] § 210 Rn 21.

232 **Zust** MünchKomm/*Hefermehl* InsO[4] § 208 Rn 62 Fn 204; ins **aA** *Jansen* NZI 2013, 774, 776 f.

233 LSG Stuttgart ZIP 2015, 396, 399; **aA** BFH ZIP 2020, 427 ff [ins **zust** *Ries* EWiR 2020, 277 f] = NZI 2020, 526 ff [**zust** *Hermes/Bamberger*, ebd, 529]; SG Düsseldorf ZIP 2015, 2139 f (aber: Erlass gem § 24 II SGB IV).

234 **Zutr** BGH ZIP 2018, 233 ff [*Birnbreier* EWiR 2018, 207 f] = NZI 2018, 154 ff [*Schädlich*, ebd, 156 f], gegen die Vorinstanz OLG Düsseldorf ZIP 2017, 2416 ff; *Wenner/Jauch* ZIP 2009, 1894 ff; **aA** Uhlenbruck/*Ries* InsO[15] § 210 Rn 20; sowie die Voraufl.

235 *Schädlich* NZI 2018, 156 f.

236 RGZ 61, 259, 261; *Jaeger* KO[6/7] und Jaeger/*Lent* KO[8], jew § 60 Rn 8; *Häsemeyer* InsR[4] Rn 14.23; *Dinstühler* ZIP 1998, 1697, 1704; MünchKomm/*Hefermehl* InsO[4] § 208 Rn 15, 63; BK/*Martini* InsO[61] § 209 Rn 25 ff; FK/*Kießner* InsO[9] § 209 Rn 50; *P. Mohrbutter* Der Ausgleich von Verteilungsfehlern in der Insolvenz (1998), S 67 ff; *Busch* Der Insolvenzverwalter und die Überwindung der Massearmut (2005), S 181; zur öKO *Konecny* in: ders (Hrsg) Insolvenz-Forum 2002 (2003), S 61, 88.

237 *Busch* Der Insolvenzverwalter und die Überwindung der Massearmut (2005), S 181.

238 Zur Hinterlegung zur Abwendung der Zwangsvollstreckung § 210 Rn 4.

segläubiger entsprechend § 216 BGB **erhalten.**[239] Dabei handelt es sich aber auch im Falle akzessorischer Sicherheiten nicht um Absonderungsrechte iSv §§ 49 ff,[240] weil Massegläubiger untereinander nicht in einer Insolvenzgläubigern vergleichbaren Weise verbunden sind.[241] Dagegen kann sich ein Altmassegläubiger auf ein **Zurückbehaltungsrecht gem § 273 BGB** nicht mehr berufen, auch wenn sich die Ansprüche bereits vor der Anzeige konnex gegenüberstanden.[242] Eine Aufrechnungslage bleibt in vergleichbarer Lage zwar erhalten,[243] aber dies ist auch vor dem Hintergrund der Gleichstellung beider Sicherungsmittel in § 215 BGB nicht ausschlaggebend. Denn während infolge einer Aufrechnung der Masse keine Mittel effektiv entzogen werden, hat die Geltendmachung der Einrede aus § 273 BGB gerade diese Folge, weil sie zur Verurteilung zur Leistung Zug um Zug führt. Eine effektive Leistung aus der Masse zu Gunsten eines Altmassegläubigers scheitert aber an deren Unzulänglichkeit, worauf die zwingende Verteilungsordnung des § 209 und das Vollstreckungsverbot des § 210 gründen. Beides würde durch § 274 BGB ausgehebelt. Eine **Leistungsklage** durch den Altmassegläubiger wird durch die materiell-haftungsrechtliche Wirkung der Anzeige der Masseunzulänglichkeit **nicht** zwingend **ausgeschlossen.**[244] Vielmehr ist deren Zulässigkeit autonom nach prozessualen Kriterien zu bestimmen, die nicht zuletzt die Möglichkeit einer Rückkehr zum regulären Verfahren und die Nachhaftung des Schuldners berücksichtigen müssen.[245]

Dogmatisch beruht die Hemmung der Rechte der **Massegläubiger** nicht auf ihrem Verhältnis untereinander. Sie **bilden keine Verlustgemeinschaft,**[246] sondern stehen dem Insolvenzverwalter als jeweils Einzelne gegenüber.[247] Anders als den Insolvenzgläubigern haftet ihnen ein amtsverwaltetes Vermögen. Die Beeinträchtigung ihrer Forderung folgt schlicht daraus, dass die amtliche Verwaltung in ihrer an sich gebotenen Form nicht durchführbar ist. Dieses Risiko wird ihnen nur unter den Voraussetzungen des § 61 abgenommen, der ihnen – wiederum im Gegensatz zu den Insolvenzgläubigern – den Zugriff auf ein weiteres Haftungsvermögen eröffnet. 52

2. Materiell-haftungsrechtliche Folgen einer Rückkehr zum regulären Verfahren

Wird das Insolvenzverfahren wieder in seinen regulären Modus übergeleitet, werden die **Forderungen** der Altmassegläubiger mit Wirkung **ex nunc** wieder voll **durchsetzbar.**[248] Die damit gewährleistete Klarheit ist gerade der Grund, für die Rückkehr auf den Weg eines förmlichen Verfahrens zu verweisen.[249] Die Forderung erstarkt ohne weiteres. Nebenfolgen müssen aber vom (Alt-, jetzt wieder „Voll-")Massegläubiger neu begründet werden. Insbesondere muss er den Insolvenzverwalter erneut in Verzug setzen, wenn dieser weiterhin nicht leistet. 53

239 *Runkel/Schnurbusch* NZI 2000, 49, 54; *Häsemeyer* InsR[4] Rn 14.26; MünchKomm/*Hefermehl* InsO[4] § 208 Rn 69; Uhlenbruck/*Ries* InsO[15] § 208 Rn 49; BK-InsO/*Martini*[62] § 210 Rn 9; zum von ihm bejahten Pfändungspfandrecht OLG Frankfurt NZI 2017, 733 ff; ins offen BGH ZIP 2018, 541 f, als Revisionsinstanz.

240 BGH ZIP 2011, 1723, 1724 Rn 8; **aA** LG Berlin ZInsO 2008, 108, 109; *Becker* ZIP 2013, 1554 ff.

241 *Häsemeyer* InsR[4] Rn 14.26 aE.

242 **Zutr** BAG ZIP 2014, 1498 [**zust** *Zimmer* EWiR 2014, 655 f; **zust** *Zwanziger* NZA 2015, 577, 578]; LAG Berlin LAGE Nr 1 zu § 209 InsO.

243 Dazu unten Rn 97.

244 In diesem Sinne aber OLG Köln ZIP 2001, 1422, 1424, im Anschluss an *Pape* ZInsO 2001, 60 ff.

245 Näher unten Rn 57.

246 So aber etwa *Pape* Zur Systematik des Paragraphen 60 KO (1985), S 22 ff; *ders* KTS 1995, 189, 203 f; MünchKomm/*Hefermehl* InsO[4] § 208 Rn 61; Uhlenbruck/*Ries* InsO[15] § 208 Rn 34. BGHZ 154, 358, enthält diese Begriffe nicht.

247 *Häsemeyer* FS Gerhardt (2004), S 341, 348 f.

248 MünchKomm/*Hefermehl* InsO[4] § 208 Rn 55; *Walther* Das Verfahren bei Masseunzulänglichkeit nach den §§ 208 ff InsO (2005), S 167 f.

249 **Zutr** MünchKomm/*Hefermehl* InsO[4] § 208 Rn 55; *Pape/Hauser* Massearme Verfahren nach der InsO (2002), Rn 353.

54 Soweit dem Insolvenzverwalter aufgrund der Masseunzulänglichkeit ein besonderes **Wahlrecht entsprechend § 103** gegenüber einem (Alt-)Massegläubiger erwachsen war,[250] **erlischt** dieses mit der Rückkehr zum regulären Verfahren.[251] Der Massegläubiger kann auf Erfüllung Zug um Zug gegen Erbringung der Gegenleistung bestehen. Unberührt bleibt demgegenüber das Wahlrecht, das dem Insolvenzverwalter im Rahmen des originären Anwendungsbereiches des § 103, dh gegenüber einem Insolvenzgläubiger, zusteht. Der Verwalter kann folglich diesem gegenüber die Erfüllung noch ablehnen, sofern die dafür maßgebliche Frist noch nicht abgelaufen ist.

55 Hatte der Insolvenzverwalter von seinem Wahlrecht bereits im Sinne einer **Erfüllungsablehnung** Gebrauch gemacht, während das Verfahren im Modus der §§ 208 ff geführt wurde, **lebt** der haftungsrechtliche Schwebezustand, in dem sich der **Vertrag** zuvor befand, **nicht wieder auf.**[252] Der Vertragspartner ist auf seinen Ersatzanspruch aus § 103 II 1 verwiesen. Dieser hat aber nur dann die Qualität einer Insolvenzforderung, wenn die Ablehnung aufgrund eines dem Verwalter originär erwachsenen Wahlrechts, dh gegenüber einem Insolvenzgläubiger, erfolgt war. War die Ablehnung gegenüber einem (Alt-)Massegläubiger erfolgt, erwächst der **Ersatzanspruch mit der Qualität einer Masseverbindlichkeit.**[253]

3. Materiell-haftungsrechtliche Folgen „erneuter" Masseunzulänglichkeit

56 Die haftungsrechtlichen Folgen einer **Unterdeckung** selbst **der Neumasseverbindlichkeiten** hängen davon ab, ob man diesfalls eine „erneute" Anzeige der Unzulänglichkeit zulässt.[254] Bejahendenfalls entsprechen die Konsequenzen denjenigen einer Anzeige, die unmittelbar gem § 208 I erfolgt.[255] Lehnt man eine „erneute" Anzeige mit der hier vertretenen Ansicht hingegen ab, so muss auf andere Weise gewährleistet werden, dass die Verteilungsordnung des § 209 I gewahrt wird. MaW muss der Insolvenzverwalter den **Vorrang der Verfahrenskosten** (§ 209 I Nr 1) und die nur noch auf **anteilige Befriedigung** (§ 209 I Nr 2) gerichtete Haftungslage den Neumassegläubigern gegenüber geltend machen können. Dazu ist ihm eine **haftungsrechtliche Einrede** zu gewähren.[256] Die Lage entspricht derjenigen, die früher aufgrund § 60 KO[257] eintrat und die heute aus Massedürftigkeit gem § 207 I 1 folgt,[258] weil es hier wie dort im Gegensatz zu § 208 I an einer bindenden Anzeige mit Inter-omnes-Wirkung fehlt(e). Der Insolvenzverwalter ist in der Entscheidung, ob er die Einrede erheben will, zwar durch seine Amtspflichten gebunden, die Masse gem § 208 III weiter zu verwerten und die Verteilungsordnung des § 209 I umzusetzen.[259] Gleichwohl bleibt ihm im Rahmen seiner Amtsautonomie ein gewisser Handlungs- und Entscheidungsspielraum. Entscheidend ist, von welcher Maxime er sich innerhalb dessen leiten lässt.[260] Was schließlich die haftungsrechtliche Hemmung der Forderungen der (hier: Neu-)Massegläubiger in ihrer Durchsetzbarkeit anlangt,[261] entsprechen sich die Konstellationen des § 207 I 1, des § 208 I und der Unterdeckung der Neumasseverbindlichkeiten.

---

250 Dazu unten Rn 90 ff.
251 *Walther* Das Verfahren bei Masseunzulänglichkeit nach den §§ 208 ff InsO (2005), S 168 f.
252 *Walther* Das Verfahren bei Masseunzulänglichkeit nach den §§ 208 ff InsO (2005), S 169.
253 Unten Rn 94, sowie § 209 Rn 51.
254 Oben Rn 27 f.
255 Oben Rn 50 f.
256 Nachdrücklich *Thole* ZIP 2018, 2241 ff, bes 2246 ff („Erschöpfungseinrede"), und gegen ihn wiederum *Ganter* NZI 2018, 7, 9 ff.
257 MünchKomm/*Hefermehl* InsO^4 § 208 Rn 60.
258 Dazu § 207 Rn 85.
259 Dazu näher § 209 Rn 19 f.
260 Oben Rn 27, 31; enger noch die Voraufl.
261 Dazu § 207 Rn 84 ff, sowie oben Rn 51.

4. Verfahrensrechtliche Konsequenzen

a) Masseschuldprozess

aa) Nach Anzeige der Masseunzulänglichkeit gem § 208 I. Es entspricht ganz **hM**, dass Altmassegläubigern nach Anzeige der Masseunzulänglichkeit das **Rechtsschutzbedürfnis für Leistungsklagen fehlt.**[262] Anders liege es nur, wenn alle Neumassegläubiger befriedigt seien und der Altmassegläubiger die sich aus der Schlussrechnung ergebende Quote einklage.[263] Dem ist nicht zu folgen:[264] Der Altmassegläubiger hat nach Anzeige der Masseunzulänglichkeit gem § 208 I ein **Interesse an einem vollstreckbaren Titel** nicht nur **wegen der Nachhaftung des Schuldners,**[265] sondern vor allem auch deshalb, weil eine **Rückkehr zum regulären Insolvenzverfahren** nicht nur theoretisch möglich ist,[266] sondern auch praktisch vollzogen wird.[267] Dies bringt praktische Probleme mit sich, etwa wenn eine Feststellungs- bzw Leistungsklage für erledigt erklärt worden war, bevor der Modus des Insolvenzverfahrens (wieder) gewechselt hat. Für eine erledigte Feststellungsklage mag man sich dabei behelfen, auf die Lage im Zeitpunkt der Erledigungserklärung abzustellen.[268] Es würde aber zu einer unerträglichen Verkürzung des Rechtsschutzes führen, wenn man einem Altmassegläubiger, der in der Zeit zwischen der Anzeige der Masseunzulänglichkeit und der Rückkehr zum regulären Insolvenzverfahren gerade *wegen* der hM für erledigt erklärt hat, nur noch bescheinigen wollte, seine Leistungsklage sei *zum damaligen Zeitpunkt* unzulässig gewesen. Hinzu kommt, dass dem Massegläubiger mit der schlichten **Feststellung**, seine Forderung bestehe, oft nicht einmal für das Verteilungsverfahren gem § 209 geholfen ist. Ihm kann insoweit nämlich an der Klärung **der Qualität der Forderung** gelegen sein. *Insoweit* hat ein Feststellungsantrag Sinn,[269] er muss aber zur Leistungsklage hinzutreten. Für **Sozialplanforderungen** als unechte Masseverbindlichkeiten spielt die Anzeige der Masseunzulänglichkeit keine Rolle. Sozialplangläubiger sind vielmehr arg § 123 III 2 immer auf eine Feststellungsklage gegen den Insolvenzverwalter verwiesen. Dies gibt auch dann, wenn der Sozialplan erst nach Anzeige der Masseunzulänglichkeit vereinbart wurde.[270] 57

---

262 BGHZ 154, 358, 360 = ZIP 2003, 914 ff [**zust** *Tetzlaff* EWiR 2003, 651 f] = NZI 2003, 369 [**zust** *Uhlenbruck* ebd, 372 f] = WuB VI C. § 209 InsO 1.03 [**krit** *Barnert*] = BGHR 2003, 759–761 [*Ringstmeier* ebd, 761 f], im Anschluss an BAG ZIP 2002, 628–631 [**zust** *Berscheid* EWiR 2002, 815 f] = DZWIR 2002, 371–373 [**zust** *Oetker* ebd, 373–375], das wiederum die Vorinstanz LAG Düsseldorf ZIP 2000, 2034 f, bestätigt hatte; BGHZ 167, 178, 181 f Rn 8; BAG ZIP 2006, 1312, 1313 f; BAG ZIP 2017, 2113, 2114 Rn 18; OLG Celle OLGR 2001, 61 f; OLG Köln ZIP 2001, 1422, 1423 f; OLG Brandenburg NZI 2003, 324, 326; LAG Hamm LAGR 2002, 214, 217 = ZInsO 2002, 644 (Lse); LAG Hessen LAGR 2005, 59 f; *Dinstühler* ZIP 1998, 1697, 1704 f; *Kübler* Kölner Schrift[3], S 593 Rn 45; *Pape* KTS 1995, 189, 214 f; *ders* ZInsO 2001, 60 ff; Kübler/Prütting/Bork/*Pape* InsO[19] § 208 Rn 33 f; MünchKomm/*Hefermehl* InsO[4] § 208 Rn 65 ff; HK/*Hölzle* InsO[10] § 210 Rn 10; Uhlenbruck/*Ries* InsO[15] § 208 Rn 50; BK-InsO/*Martini*[62] § 210 Rn 11; Nerlich/Römermann/*Westphal* InsO[29] § 209 Rn 18; FK/*Kießner* InsO[9] § 210 Rn 8; *Walther* Das Verfahren bei Masseunzulänglichkeit nach den §§ 208 ff InsO (2005), S 57–65; zur öKO *Nunner-Krautgasser* Zak 2006, 323.

263 BGH ZIP 2018, 233 f Rn 10 [*Birnbreier* EWiR 2018, 207 f]; MünchKomm/*Hefermehl* InsO[4] § 208 Rn 65 Fn 210.

264 *Roth* FS Gaul (1997), S 573, 577 f; *Häsemeyer* InsR[4] Rn 14.26; *Runkel/Schnurbusch* NZI 2000, 49, 52 f; *Kröpelin* Die massearme Insolvenz (2003), Rn 262–272, 607; *dies* ZIP 2003, 2341 ff; *Adam* SAE 2004, 307 f; *ders* DZWIR 2009, 181 f; *Kraushaar* BB 2004, 1050 f; *Kögel* Die Rechtsfolgen der Masseunzulänglichkeitsanzeige auf beiderseitig nicht oder nicht vollständig erfüllte Verträge (2007), S 73–77; zur öKO *Konecny* in: ders (Hrsg) Insolvenz-Forum 2002 (2003), S 61, 82.

265 Dazu schon § 207 Rn 102 mN.

266 Oben Rn 22.

267 Beispiel: OLG Rostock ZIP 2009, 582 f (Abdruck ohne Kostenentscheidung) = NZI 2008, 750 f = ZInsO 2009, 37 f. Freilich sollte man bei einem nach wie vor insolventen Vermögen nicht davon sprechen, die Masse sei „reich" geworden.

268 So OLG Rostock ZIP 2009, 582 f (Abdruck ohne Kostenentscheidung) = NZI 2008, 750 f = ZInsO 2009, 37 f.

269 § 209 Rn 22 f.

270 BAG, AP § 123 InsO Nr 4 m **zust** Anm *Windel* = ZIP 2010, 546 f [**zust** *Moll* EWiR 2010, 301 f]; **zust** Sessig/*Fischer* ZInsO 2010, 561, 563 f; **zust** *Zwanziger* NZA 2015, 577, 582; BAG ZInsO 2010, 2193 f.

58 Schließlich ist nochmals daran zu erinnern, dass die Frage der Masseunzulänglichkeit überhaupt nur dann vor dem Prozessgericht zu erörtern ist, wenn man der hM folgt.[271] Denn für den Fall des § 208 I kommt selbst ein **Vorbehalt der Haftungsbeschränkung** durch den Insolvenzverwalter nicht in Betracht.[272] Der Prozess könnte also ohne weiteres seinen Fortgang nehmen. Ich unterdrücke an dieser Stelle die Vermutung nicht, dass eben dies von den Prozessgerichten nicht goutiert würde, weil dann jegliche **Möglichkeit** aus der Hand gegeben wäre, die **Anzeige der Masseunzulänglichkeit** selbst in extremen Missbrauchsfällen **zu überprüfen.**[273] Vor diesem Hintergrund wäre die hM zur Unzulässigkeit der Leistungsklage als richterpsychologisch verständliche Konsequenz aus der verfehlten Konzeption des § 208 I zu deuten.

59 **bb) Masseschuldprozess nach Eintritt „erneuter" Masseunzulänglichkeit.** Die **hM** hält auch eine **Leistungsklage eines Neumassegläubigers bei Unterdeckung** der Neumasseverbindlichkeiten für **unzulässig.**[274] Als Ausnahmen werden die Konstellationen erwogen, in denen entweder die Quote für alle Neumassegläubiger schon feststehe oder nur ein Neumassegläubiger vorhanden sei.[275] Ob man dem folgen will, hängt zunächst (wiederum[276]) davon ab, ob man dem Insolvenzverwalter die Möglichkeit zur Anzeige „erneuter" Masseunzulänglichkeit entsprechend § 208 I an die Hand gibt.[277] Bejahendenfalls wird man zu entsprechenden Lösungen kommen.[278] Hält man dagegen eine förmliche Anzeige „erneuter" Masseunzulänglichkeit mit der hier vertretenen Ansicht für ausgeschlossen oder versagt ihr jedenfalls die Wirkungen des § 208 I, kommt es in erster Linie darauf an, **ob** das **Prozessgericht die Unterdeckung** notwendig **festzustellen hat.**[279] Dies aber sollte nicht anders entschieden werden als die Frage, ob die **Vollstreckung** durch einen Neumassegläubiger mit einem Rechtsbehelf abzuwehren wäre, der vor dem Prozess- oder vor dem Insolvenzgericht zu entscheiden wäre. Eine **verbreitete Lehre** hält insoweit die Vollstreckungsabwehrklage für gegeben, wobei überwiegend unmittelbar auf § 767 ZPO Bezug genommen wird,[280] während *Roth* auf eine entsprechende Anwendung

---

271 Vgl auch dazu schon § 207 Rn 102.

272 Dazu *Roth* FS Gaul (1997), S 573, 577 f gegen 581, sowie zur Leistungsklage von Neumassegläubigern noch unten Rn 60.

273 Zu entsprechenden Überlegungen des IX. Zivilsenats des BGH oben Rn 37.

274 BGHZ 154, 358, 368 ff = ZIP 2003, 914 ff [**zust** *Tetzlaff* EWiR 2003, 651 f] = NZI 2003, 369 [**zust** *Uhlenbruck* ebd, 372 f] = WuB VI C. § 209 InsO 1.03 [**krit** *Barnert*] = BGHR 2003, 759–761 [*Ringstmeier* ebd, 761 f]; BGHZ 167, 178, 186 ff (Rn 20 ff) = ZIP 2006, 1004–1008 = BGHR 2006, 933 ff [**zust** *Hefermehl* ebd, 935] = NJ 2006, 456 f [**zust** *Biehl* ebd, 458]; BGH ZIP 2012, 533, 534 Rn 12; BAG ZIP 2003, 1850, 1851 f [**zust** *Pape* EWiR 2004, 243 f; **krit** *Kraushaar* BB 2004, 1050 ff]; BAG ZIP 2004, 1323, 1324 f [**zust** *Bork* EWiR 2004, 815 f] = SAE 2004, 302, 304 f [**abl** *Adam* ebd, 307 f] = JR 2004, 439 – LS [**zust** *Busch* ebd, 439 f], sowie BAG ZInsO 2005, 50 ff (als Parallelentscheidung vom selben Tage); BAG ZIP 2004, 1660, 1661 [**zust** *Schneider* EWiR 2004, 1139 f] = DZWIR 2004, 461 ff [*Hinkel* ebd, 463 ff]; OLG Koblenz OLGR 2007, 683, 684 f; OLG Rostock ZIP 2009, 582 f (Abdruck ohne Kostenentscheidung) = NZI 2008, 750 f = ZInsO 2009, 37 f (unklar freilich, ob erneute Unzulänglichkeit geltend gemacht war); LAG Sachsen LAGR 2005, 251 f [*Schwab* ebd, 252 f]; LG Berlin ZInsO 2019, 1799 f; HK/*Hölzle* InsO[10] § 210 Rn 16; Nerlich/Römermann/*Westphal* InsO[29] § 209 Rn 19; MünchKomm/*Hefermehl* InsO[4] § 208 Rn 65a.

275 So – für die erste Konstellation obiter – OLG Stuttgart ZIP 2011, 2077, 2079 f; für die zweite Konstellation OVG Bautzen ZIP 2013, 424, 425, unter ins unzutr Berufung auf BGHZ 167, 178, 188 f Rn 25.

276 Zur materiell-haftungsrechtlichen Lage bei „erneuter" Unzulänglichkeit oben Rn 56.

277 Dazu oben Rn 27.

278 Konsequent *Dinstühler* ZIP 1998, 1697, 1707; *Kröpelin* Die massearme Insolvenz (2003), Rn 273–281; *dies* ZIP 2003, 2341, 2344 ff; ins auch *Adam* DZWIR 2009, 181, 185.

279 Bejahend und zur Darlegungslast LAG Düsseldorf ZInsO 2022, 25, 26 f (Revision zugelassen).

280 MünchKomm/*Hefermehl* InsO[4] § 208 Rn 60; HK/*Hölzle* InsO[10] § 210 Rn 3; iE auch *Runkel/Schnurbusch* NZI 2000, 49, 55.

der §§ 780, 785 ZPO verweist.[281] Die **Rechtsprechung** teilt die Tendenz der hL, wobei ein allgemeiner Verweis auf § 767 ZPO soweit ersichtlich bisher nur durch das AG Hamburg erfolgt ist.[282] Das **BAG** hat vorsichtiger explizit nur hinsichtlich bereits ergangener Titel auf die Vollstreckungsabwehrklage verwiesen.[283] Für das Kostenfestsetzungsverfahren schließlich entspricht es mittlerweile gefestigter Rechtsprechung des **BGH** und ihm folgend der Instanzgerichte, dass der Insolvenzverwalter die Vollstreckungsabwehrklage erheben muss, wenn ihm zunächst der Nachweis der Unterdeckung der Neumasseverbindlichkeiten nicht gelingt.[284] Schließlich hat eine **entsprechende Anwendung des § 210** selbst unter denen Anhänger gefunden, die eine Anzeige der „erneuten" Masseunzulänglichkeit entsprechend § 208 I nicht für möglich halten.[285]

Behandelt man das Problem der Unterdeckung der Neumasseverbindlichkeiten allein vor **60**
dem Hintergrund der materiell-haftungsrechtlichen Konsequenzen, wäre es an sich stimmig, im Masseschuldprozess allein einen Vorbehalt analog § 780 ZPO zuzulassen und den Insolvenzverwalter auf eine **Klage entsprechend § 785 ZPO** zu verweisen. Dies erscheint aber der Notabwicklung einer Insolvenzmasse, die nicht einmal die Neumasseverbindlichkeiten deckt, **nicht angemessen**. Etwas einfacher ist die Lösung der wohl hM, nach der eine Vollstreckungsabwehrklage gem § 767 ZPO nur dann notwendig wird, wenn das Entstehen eines Titels nicht schon im Erkenntnisverfahren verhindert werden kann. Aber auch das ist noch zu umständlich: Der klagende Neumassegläubiger, der von der weiteren Unterdeckung nichts weiß, wird ohne Not in eine Prozesssituation gebracht, mit der er nicht rechnen konnte.[286] Außerdem und vor allem wird der Prozessstoff aufgebläht mit der Folge, dass Beweisprobleme entstehen,[287] zumal es meist um die Prognose über die weiteren Erfolgsaussichten des Insolvenzverfahrens gehen wird. Solche Prognoseentscheidungen zu treffen ist das tägliche **Geschäft des Insolvenzgerichts** (vgl §§ 26 I 1; 207 I 1; nach hier vertretener Ansicht auch bei der Entscheidung über die Rückkehr zum regulären Insolvenzverfahren nach erfolgter Anzeige gem § 208 I).[288] Daher ist der gegebene **Rechtsbehelf** gegen die Vollstreckung durch einen Neumassegläubiger die **Erinnerung gem § 766 ZPO**,[289] die entsprechend § 89 III vom Insolvenzgericht auf der Grundlage einer entsprechenden Anwendung des § 210 erledigt wird. MaW sind **alle Grade der Massearmut** von der schlichten Masseunzulänglichkeit iS des § 208 I über die Unterdeckung der Neumasseverbindlichkeiten bis hin zur fehlenden Verfahrenskostendeckung iS des § 207 I 1 **gleich zu behandeln**:[290] Der Masseschuldprozess geht unbeeinflusst weiter,[291] dem Verwalter ist es zumutbar, die jeweils zu beachtende Rangordnung notfalls mit der Erinnerung des § 766 ZPO zu wahren.

b) Kostenfestsetzungsverfahren

aa) Nach Anzeige der Masseunzulänglichkeit gem § 208 I. Nach gefestigter Rechtsprechung kann nach Anzeige der Masseunzulänglichkeit gem § 208 I **kein Titel für** einen **Altmas-** 61

---

281 *Roth* FS Gaul (1997), S 573, 581, im Anschluss an *dens* Die Einrede des Bürgerlichen Rechts (1988), S 197 f; vgl auch schon OLG Dresden SächsArch 1928, 372 ff.
282 AG Hamburg ZInsO 2007, 830.
283 BAG ZIP 2004, 1323, 1325; BAG ZInsO 2005, 50, 52 (zwei Parallelentscheidungen vom selben Tage).
284 Ausführlich unten Rn 62.
285 *Häsemeyer* InsR[4] Rn 14.26; sowie wohl noch *Adam* SAE 2004, 307 f.
286 *Adam* SAE 2004, 307.
287 Vgl auch dazu *Adam* SAE 2004, 307 f; *ders* DZWIR 2009, 181, 184; **Beispiel**: BGH ZIP 2012, 533, 534 Rn 12.
288 Dazu oben Rn 46.
289 **AA** *Adam* DZWIR 2009, 181, 184, der stattdessen „Vollstreckungsschutz" im Wege der Rechtsfortbildung gewähren will. Dies entspräche aber dem bewusst aufgegebenen § 322 RegE.
290 So auch *Häsemeyer* InsR[4] Rn 14.26.
291 So auch *Adam* SAE 2004, 307, 308; *ders* DZWIR 2009, 181, 185.

segläubiger mehr ergehen.[292] Soweit dagegen zunächst geltend gemacht worden war, die dazu erforderliche Prüfung, ob die Masse tatsächlich unzulänglich sei, könne vor dem zuständigen Rechtspfleger nicht erfolgen,[293] wurde die Bindungswirkung der Anzeige gem § 208 I übersehen.[294] Die hM ist also einigermaßen praktikabel. Mittlerweile wohl geklärt scheint, dass auch das gesamte Kostenfestsetzungsverfahren nicht hinfällig ist,[295] sondern mit einer diesem sonst unbekannten **Feststellung** der Ansprüche ohne Vollstreckungswirkung abgeschlossen werden soll.[296] Entsprechend wird ein schlichter Kostenansatz gem § 19 GKG für zulässig gehalten.[297]

62 **bb) Kostenfestsetzungsverfahren nach Eintritt „erneuter" Masseunzulänglichkeit.** Nicht minder gefestigt ist die Rechtsprechung zur Zulässigkeit der **Erteilung eines Titels für** einen **Neumassegläubiger bei „erneuter" Masseunzulänglichkeit**: Zwar gibt es hier keine volle Sachaufklärung, aber der Insolvenzverwalter kann die Unterdeckung der Neumasseverbindlichkeiten entsprechend § 104 II 1 ZPO glaubhaft machen.[298] Gelingt ihm dies, darf kein Titel ergehen;[299] ein bereits ergangener Titel kann mit der sofortigen Beschwerde beseitigt werden.[300] Andernfalls ist der Verwalter auf die Vollstreckungsabwehrklage des § 767 ZPO verwiesen.[301] Der Gegenvorschlag, dem Kostenfestsetzungsverfahren jedenfalls dann seinen Fortgang zu geben, wenn nur ein Neumassegläubiger betroffen sei, wurde nicht gehört.[302] Der Neumassegläubiger kann nach hM vielmehr wiederum bestenfalls eine Feststellung seiner Forderung erreichen.[303]

63 Spätestens hier zeigt sich deutlich, dass der vordergründig prozessökonomische Ansatz der hM in die Irre führt: Die Gefahr, unnötige Vollstreckungsabwehrklagen heraufzubeschwören, die vor sonst nicht mit der Materie befassten Prozessgerichten entschieden werden müssen, ist überdeutlich. Und mit Verlaub: Macht die Vorstellung nicht Lachen, dass sich im Kostenfestsetzungsverfahren[304] Kostenbeamtin und Bezirksrevisor[305] den Kopf über die „richtige" Prognose

292 BGH ZIP 2005, 817 ff; BGH ZIP 2008, 2284 f [**zust** *Siemon* EWiR 2009, 57 f] = NZI 2008, 735 f [**zust** *Niedenführ* LMK 2009, 273726] = DZWIR 2009, 161 f [*Keller* ebd, 162 f]; BGH ZIP 2019, 1075, 1076 f Rn 8 ff; [*Zipperer* EWiR 2019, 435 f]; OLG Düsseldorf ZInsO 2003, 713; OLG München ZIP 2004, 138 f [**zust** *Uhlenbruck* EWiR 2004, 869 f]; OLG Koblenz FamRZ 2005, 1107 f, unter Aufgabe der gegenteiligen Rspr zu § 60 KO (AGS 2002, 262); OLG Düsseldorf NJW-RR 2005, 1557 (LS); OLG Schleswig OLGR 2005, 486 f; OLG Naumburg ZInsO 2014, 303 f; OLG Frankfurt ZIP 2019, 1591 f; LAG Stuttgart ZIP 2001, 657 f; LAG Düsseldorf ZInsO 2003, 867 f = NZI 2003, 622 f; LAG Thüringen Rpfleger 2005, 219, 220; LG Kassel ZInsO 2004, 400 f; MünchKomm/*Hefermehl* InsO[4] § 208 Rn 65; Nerlich/Römermann/*Westphal* InsO[29] § 209 Rn 21 ff; Uhlenbruck/*Ries* InsO[15] § 208 Rn 52; K. Schmidt/*Jungmann* InsO[19] § 210 Rn 7; **aA** *Urban* ZVI 2004, 233 ff.

293 So noch OLG Naumburg Rpfleger 2002, 332, sowie OLG Naumburg OLGR 2002, 527; OLG Hamm ZInsO 2002, 831 f; OLG Hamm OLGR 2004, 12; zweifelnd, iE aber ausdrücklich offen, LG Köln ZInsO 2004, 456.

294 **Zutr** OLG Koblenz FamRZ 2005, 1107 f.

295 **So** LAG Düsseldorf ZInsO 2003, 867 f = NZI 2003, 622 f; **ausdrücklich offen** LAG Thüringen Rpfleger 2005, 219 f; OLG Schleswig OLGR 2005, 487 f.

296 **So** BGH ZIP 2019, 1075, 1077 Rn 14a aE; OLG München ZIP 2004, 138 f [**zust** *Uhlenbruck* EWiR 2004, 869 f]; OLG Koblenz FamRZ 2005, 1107 f; OLG Frankfurt ZIP 2019, 1591 f; HK/*Hölzle* InsO[10] § 210 Rn 11.

297 BFH ZIP 2016, 1391 ff = NZI 2016, 655 f [**zust** *Schmittmann*, ebd, 656]; HK/*Hölzle* InsO[10] § 210 Rn 12.

298 Zu den Anforderungen OLG Koblenz ZInsO 2007, 823, 824.

299 BGH ZIP 2019, 1075, 1076 Rn 11; LAG Hamm ZIP 2018, 2036 f; Nerlich/Römermann/*Westphal* InsO[29] § 209 Rn 24a; Uhlenbruck/*Ries* InsO[15] § 208 Rn 53.

300 BGH ZIP 2019, 1075, 1077 Rn 15; OLG Naumburg InsO 2014, 303 f.

301 BGH ZIP 2005, 1983 f; BGH ZIP 2007, 2140, 2141; BGH ZIP 2008, 2284 f [**zust** *Siemon* EWiR 2009, 57 f] = NZI 2008, 735 f [**zust** *Niedenführ* LMK 2009, 273726] = DZWIR 2009, 161 f [*Keller* ebd, 162 f]; OLG Frankfurt ZIP 2007, 591 ff; OLG Koblenz OLGR 2008, 702 f; *Urban* ZVI 2004, 233, sieht hierin die einzige Möglichkeit.

302 So KG ZIP 2008, 610 f, als Vorinstanz zu BGH ZIP 2008, 2284 f.

303 Dafür OLG Frankfurt ZIP 2007, 591 ff; LAG Hamm ZIP 2018, 2036 f.

304 Vgl auch Uhlenbruck/*Ries* InsO[15] § 208 Rn 53.

305 Vgl den Tatbestand von OLG Frankfurt ZIP 2007, 591 ff.

für das weitere Schicksal eines Insolvenzverfahrens zerbrechen? Demgegenüber ist es allemal vorzuziehen, das Kostenfestsetzungsverfahren wie üblich mit einem Titel zum Abschluss zu bringen[306] und das Insolvenzgericht gem § 766 ZPO entscheiden zu lassen, wenn sich der Neumassegläubiger nicht durch den Verwalter von der Unterdeckung überzeugen lässt.[307]

c) Festsetzung von Abgaben. Hält man mit der hier vertretenen Ansicht Leistungsklagen auch bei angezeigter Masseunzulänglichkeit für zulässig,[308] steht auch einer **Festsetzung von Abgaben** wie Steuern und Gebühren **gegen den Insolvenzverwalter** nichts entgegen, obwohl dieser ein vollstreckbarer Inhalt zukommt. Der finanz-, sozial- und verwaltungsgerichtliche Rekurs auf Besonderheiten des Abgabenrechts[309] ist angesichts der Rechtsprechung der Zivilgerichte zwar verständlich, aber zur Begründung des zutreffenden Ergebnisses letztlich überflüssig. Das Vollstreckungsverbot trifft aber auch die Behörden.[310] 64

V. Die weitere Verwaltung und Verwertung der Masse, § 208 III

1. Ziele des Verfahrens nach angezeigter Masseunzulänglichkeit

§ 208 III statuiert die haftungsbewehrte **Pflicht** des Insolvenzverwalters **zur weiteren Verwaltung und Verwertung der Masse**. Mit der Frage, woraufhin diese Tätigkeiten auszurichten sind, lässt ihn der Gesetzgeber weitgehend allein. Dabei reicht die Spannbreite der denkbaren Handlungsmaximen von einer zügigen, auf das Notwendigste beschränkten Liquidation, wie sie die Kommission für Insolvenzrecht vorgeschlagen hatte,[311] bis hin zu einem vollwertigen „Insolvenzverfahren im Insolvenzverfahren“, was mit den vom Rechtsausschuss gestrichenen §§ 320 II, 323 II RegE hätte bezweckt werden sollen.[312] Besonders realistisch scheint die Vorstellung der Begr RegE ohnehin nicht gewesen zu sein; jedenfalls hat die nachträgliche Einfügung des 323 II RegE in Gestalt des § 210a nicht zu letzter Klarheit geführt.[313] Dementsprechend wird als Verfahrensziel das einer reinen **Notabwicklung**,[314] das einer **zügigen Abwicklung im Interesse der Altmassegläubiger**[315] oder auch das einer von der Masseunzulänglichkeit grundsätzlich **nicht beeinflussten Insolvenzverwaltung**[316] angegeben. Solche Vorgaben erlauben freilich kaum präzise Ableitungen,[317] zumal in dem Verdikt der Masseunzulänglichkeit rechtlich wie praktisch unterschiedliche Vermögenslagen zum Ausdruck kommen.[318] Hinzu kommt, dass 65

306 So für alle Fälle der Masseunzulänglichkeit auch *Adam* DZWIR 2009, 181 f, 185.
307 Bezeichnenderweise wurde das Verfahren vor dem OLG Frankfurt ZIP 2007, 591 ff, vergleichsweise beendet.
308 Oben Rn 57 ff.
309 BFH ZIP 2007, 2083, 2084 Rn 12–14 [*von Spiessen* EWiR 2007, 723 f]; FG Hamburg EFG 2007, 1635, 1637 f; BSG ZIP 2016, 128 [**zust** *Hess* EWiR 2016, 55 f]; OVG Bautzen ZIP 2013, 424 f, sowie zum Problem *Looff* ZInsO 2008, 75 ff; *Roth* ZInsO 2008, 304, 307 f; *Johannes/Roth* UVR 2008, 278, 283; *Sterzinger* DStR 2008, 1672, 1674 f.
310 Dazu § 210 Rn 4.
311 2. Ber InsRKomm, LS 7, bes 7.2 (1), m Begr S 167 ff, bes 169 f.
312 Vgl Begr RegE, BT-Drucks 12/2443, S 219, 221.
313 Unten § 210a Rn 2.
314 *Häsemeyer* FS Gerhardt (2004), S 341 ff; K. Schmidt/*Jungmann* InsO[19] § 208 Rn 45.
315 So BGHZ 151, 236, 242 f, im Anschluss an Kübler/Prütting/Bork/*Pape* InsO[19] § 208 Rn 20 f; Uhlenbruck/*Ries* InsO[15] § 208 Rn 40; MünchKomm/*Hefermehl* InsO[4] § 208 Rn 46; idS ebenso *Smid* WM 1998, 1313, 1322; Nerlich/Römermann/*Westphal* InsO[29] § 208 Rn 24.
316 So HK/*Hölzle* InsO[10] § 208 Rn 23; *Kögel* Die Rechtsfolgen der Masseunzulänglichkeitsanzeige auf beiderseitig nicht oder nicht vollständig erfüllte Verträge (2007), S 84; HambK/*Weitzmann* InsO[7] § 208 Rn 15; *Thole* ZIP 2018, 2041, 2048.
317 Vgl auch *Pape/Hauser* Massearme Verfahren nach der InsO (2002), Rn 361.
318 Oben Rn 4 ff.

das masseunzulängliche Verfahren wegen § 289 seit Einführung der Verfahrenskostenstundung oftmals schlicht als Instrument dient, um **Restschuldbefreiung** zu erlangen.[319] Folglich haben sich in der Praxis drei Typen masseunzulänglicher Verfahren herauskristallisiert:

66 **a) Grundregel: Notabwicklung.** Hat sich ergeben, dass die „sonstigen" Masseverbindlichkeiten nicht zu decken sind, muss das Insolvenzverfahren durch **Notabwicklung** beendet werden. Denn es fehlt an einer hinreichend verdichteten Gesetzeslage, um die in § 1 niedergelegten allgemeinen Verfahrensziele bei Masseunzulänglichkeit zu substituieren.[320] Nicht entscheidend ist hierfür, ob die Anzeige gem § 208 I 1 oder 2 erfolgt war. Entscheidend ist vielmehr, ob die bereits eingetretene oder prognostizierte Unterdeckung voraussichtlich eine Erholung ausschließt.

67 **b) Verfahren zur Überwindung temporärer Masseinsuffizienz. Bei temporärer Masseinsuffizienz** ist Masseunzulänglichkeit anzuzeigen. Unerheblich ist wiederum, ob die temporäre Unterdeckung bereits besteht oder ob sie sich mit hinreichender Sicherheit für die Zukunft prognostizieren lässt (§ 208 I 1 bzw 2). Hier ist die erwünschte **Rückkehr zum regulären Insolvenzverfahren** nach gegebenem Stand der Dinge ihrerseits absehbar. § 208 III kommt deshalb die **Funktion** zu, die **Durststrecke** bis dahin **zu überwinden.**

68 **c) Verfahren zur Erlangung von Restschuldbefreiung.** Bei masseunzulänglichen **Insolvenzverfahren zur Erlangung von Restschuldbefreiung** wird man oft schon froh sein, überhaupt über die Runden zu kommen, namentlich wenn es sich um Verbraucher- und sonstige Kleinverfahren gem §§ 304 ff handelt. Gleichwohl sollte neben dem durch § 289 unausweichlichen Selbstzweck dieser Verfahren die **Chance der Insolvenzgläubiger** gewahrt werden, wenigstens **innerhalb der Wohlverhaltensperiode** teilweise **befriedigt zu werden.** Idealiter werden dazu nicht nur die Kosten gering zu halten und weitere Verluste zu vermeiden, sondern auch Weichenstellungen zu treffen sein, die einen „fresh start" realistisch erscheinen lassen.[321]

2. Die Grenzen der Verwaltungspflicht

69 Dem Wortlaut des § 208 III nach bestehen die Verwaltungs- und **Verwertungspflichten** aus § 148 I **wie die Verwertungsbefugnisse**[322] aus den §§ 165 ff nach Anzeige der Masseunzulänglichkeit unverändert fort. Der Verwalter unterliegt weiterhin der **Aufsicht durch das Insolvenzgericht**[323] und im Innenverhältnis den **Bindungen der §§ 160 ff.**[324] Gleichwohl erzwingen die Sachgesetzlichkeiten der Masseunzulänglichkeit gewisse Modifikationen:

---

319 Oben Rn 4, sowie schon § 207 Rn 59.

320 Oben Rn 1 mit § 207 Rn 13 ff.

321 Siehe auch unten Rn 102.

322 MünchKomm/*Hefermehl* InsO^4 § 208 Rn 43 f; HK/*Hölzle* InsO^{10} § 208 Rn 15; Uhlenbruck/*Ries* InsO^{15} § 208 Rn 36.

323 *Smid* WM 1998, 1313, 1318; als Beispiel den kontrovers diskutierten Fall AG Göttingen ZIP 2003, 590 ff [*Keller* EWiR 2003, 935 f] = Rpfleger 2003, 528 f [*Graeber* ebd, 529 f], aufgehoben durch LG Göttingen ZIP 2003, 1760 [*Holzer* EWiR 2003, 933 f].

324 MünchKomm/*Hefermehl* InsO^4 § 208 Rn 44; *Kröpelin* Die massearme Insolvenz (2003), Rn 210 ff; zu den daraus folgenden praktischen Problemen oben Rn 41.

a) Bei Unterdeckung der Neumasseverbindlichkeiten. Die **Pflicht** aus § 208 III **zur** weiteren **Verwaltung und Verwertung** der Masse besteht nach § 211 I so lange, **bis** diese **gem § 209 verteilt ist.** Erst dann ist das Insolvenzverfahren einzustellen. Dabei scheint sich der Gesetzgeber von der „idealtypischen"[325] Vorstellung leiten gelassen zu haben, dies sei in jedem Falle ohne weitere Verluste möglich. Jedenfalls ist die „erneute" Masseunzulänglichkeit hier wie sonst[326] nicht bedacht. Für ein Vermögen, das zunächst insolvent und im Insolvenzverfahren sogar masseunzulänglich geworden ist, erscheint ein weiterer Verfall aber alles andere als lebensfern.[327] Würde man die gesetzliche Konzeption unbedingt durchhalten, müsste eine verlustträchtige Verwaltung so lange fortgeführt werden, bis nicht nur die sonstigen Masseverbindlichkeiten, sondern auch die Verfahrenskosten nicht mehr gedeckt wären. Dann wäre nach § 207 zu verfahren.[328] Dieses Ergebnis will so weit ersichtlich niemand. Es soll durch verschiedene Korrekturen teils des Konzepts des § 207, teils des Konzepts der §§ 208 III, 211 I, teils durch eine Korrektur beider Konzepte vermieden werden: 70

Keine Lösung liegt darin, die **Verfahrenskosten** gem § 207 I 1 gerade und nur dann **„großzügig" anzusetzen**, wenn die Neumasseverbindlichkeiten (voraussichtlich) nicht gedeckt sind, **um** das Verfahren **gem § 207 einstellen zu können.**[329] Denn abgesehen von der Widersprüchlichkeit dieses Ansatzes[330] passen schon die Rechtsfolgen des § 207 schlecht, weil sie keine Verteilungsordnung für die „sonstigen" Masseverbindlichkeiten und nach hier vertretener Ansicht[331] keine Möglichkeit zu einer Nachtragsverteilung beinhalten.[332] Vor allem aber ist das Kernproblem, nämlich die allgemeine Verwaltungs- und Verwertungspflicht, nicht mit einem auch noch so weit gefassten Verfahrenskostenbegriff zu bewältigen. **Abzulehnen ist** auch **der Vorschlag**, bei Unterdeckung der Neumasseverbindlichkeiten eine **„erneute" Unzulänglichkeitsanzeige** mit rangändernder Wirkung **zuzulassen.**[333] 71

Bis zu einem gewissen Grade Abhilfe schafft eine Reduktion der **Pflicht** aus § 208 III auf eine solche **zur selektiven Verwertung.**[334] Danach sind grundsätzlich nur noch vorteilhafte Geschäfte durchzuführen, aus denen der Masse mindestens eine gleichwertige Gegenleistung zufließt.[335] Folgt man dem, so läuft die weitere Verwaltung auf die **Versilberung der Masse** hinaus. Gegenstände, die sich dafür nicht eignen, sollten freigegeben werden.[336] Außerdem müsste ein Unternehmen idR eingestellt werden,[337] was nicht immer problemlos möglich ist.[338] 72

Der Vorschlag, die Verwaltungspflicht bei Unterdeckung der Neumasseverbindlichkeiten als solche zu einer nur noch selektiven Verwertung zu deuten, stellt der Sache nach jedenfalls dann eine **teleologische Reduktion der §§ 208 III, 211 I** dar, wenn dem Verwalter die Möglichkeit 73

---

325 So diplomatisch *Kaufmann* Die Berücksichtigung sonstiger Masseverbindlichkeiten des § 55 InsO bei der Kostendeckungsprüfung des § 26 Abs 1 Satz 1 InsO (2004), S 190 f.

326 Oben Rn 2.

327 Zur Kritik oben Rn 27.

328 Vgl Kübler/Prütting/Bork/*Pape* InsO[19] § 208 Rn 21.

329 So *Kübler* Kölner Schrift[3], S 586 Rn 32; wohl auch *Metzger* Verfahrenskostendeckende Masse (2002), S 85 f gegen 33 ff.

330 Dazu *Walther* Das Verfahren bei Masseunzulänglichkeit nach den §§ 208 ff InsO (2005), S 67 f.

331 § 207 Rn 114 ff.

332 *Kaufmann* Die Berücksichtigung sonstiger Masseverbindlichkeiten des § 55 InsO bei der Kostendeckungsprüfung des § 26 Abs 1 Satz 1 InsO (2004), S 192 ff.

333 Oben Rn 27 f.

334 Ausdruck nach *Kröpelin* Die massearme Insolvenz (2003), Rn 207; **abl** *Thole* ZIP 2018, 2241, 2247 f.

335 Kübler/Prütting/Bork/*Pape* InsO[19] § 208 Rn 20 f; *Pape/Hauser* Massearme Verfahren nach der InsO (2002), Rn 358 ff; MünchKomm/*Hefermehl* InsO[4] § 208 Rn 46; Uhlenbruck/*Ries* InsO[15] § 208 Rn 40; bloße Kostendeckung reiche nach *Kröpelin* Die massearme Insolvenz (2003), Rn 204 ff; **abl** *Thole* ZIP 2018, 2241, 2248.

336 *Kröpelin* Die massearme Insolvenz (2003), Rn 205 ff.

337 So *Kübler* Kölner Schrift[3], S 585 Rn 29; *Metzger* Verfahrenskostendeckende Masse (2002), S 84 f; *Kröpelin* Die massearme Insolvenz (2003), Rn 204; K. Schmidt/*Jungmann* InsO[19] § 208 Rn 45.

338 Dazu unten Rn 80.

zur Freigabe in erheblichem Umfang eröffnet wird. Denn insoweit wird die Masse nicht „verwertet" und (gemeint: der Erlös) „verteilt", wie es das Gesetz vorschreibt. Vor diesem Hintergrund erscheint es als vorzugswürdig, eine **Verwertungspflicht** gegen den Normtext gleich ganz **abzulehnen und das Verfahren** gem § 211 I **einzustellen.**[339] Damit erspart man es sich, die Insolvenzmasse durch einzelne Freigaben zunächst aufzulösen. Im Übrigen ist der Unterschied dieser Ansicht zu der einer selektiven Verwertung mit Freigabemöglichkeit gering. Denn die Einstellung erfolgt auch in dieser Lage nicht Knall auf Fall, sondern erst, nachdem die **liquiden Mittel** an die Massegläubiger verteilt sind.[340] Weil Vergütung und Auslagen des Verwalters bei § 208 III gedeckt sind, sind die liquiden Mittel **weiter** zu fassen **als Barmittel** iSv § 207 III 1, nämlich als alle **Mittel, die sich ohne** weitere **Masseverkürzung versilbern lassen.**[341] Auch die **Abwicklung** in sich **geschlossener Projekte** wie überschaubarer Bauvorhaben sollte möglich sein, sofern sie per saldo rentierlich sind. Nach erfolgter Einstellung besteht zudem die Möglichkeit zu einer **Nachtragsverteilung** gem § 211 III.[342]

74 **b) Grenzen sonderrechtlicher Pflichten.** Pflichten und Obliegenheiten, deren Erfüllung Kosten verursacht, drohen bei Masseunzulänglichkeit die Haftungsordnung des § 209 zu stören. Aus insolvenzrechtlicher Sicht drängt daher alles dahin, sie den Sachzwängen einer Notabwicklung anzupassen.[343]

75 **aa) Handels- und abgabenrechtliche Pflichten. Handelsrechtliche Pflichten** obliegen dem Insolvenzverwalter nach Maßgabe des § 155. Leider werden sie in Verkennung der Rechtsstellung des Insolvenzverwalters nach wie vor gelegentlich auf diesen persönlich und auf sein Privatvermögen bezogen.[344] Auch ihrer Intensität soll die Masseunzulänglichkeit keinen Abbruch tun.[345] Stattdessen behilft man sich damit, das **Verschulden des Insolvenzverwalters** zu verneinen, soweit dieser die erforderlichen Mittel (in casu: zur Erstellung eines Jahresabschlusses) nicht aus der Insolvenzmasse aufbringen konnte.[346] Dies erscheint als eine Halbheit. Richtig ist es vielmehr, die Pflichten konsequent auf die Insolvenzmasse zu beziehen und ihre Erfüllung nur nach Maßgabe der bei Masseunzulänglichkeit geltenden Haftungsordnung durchzusetzen.[347] Für **Pflichten börsennotierter Gesellschaften** sollte Entsprechendes anerkannt werden.[348] Dem steht die Entstehungsgeschichte der InsO nicht entgegen.[349] Denn zwar ist LS 3.3.5.1 des Zweiten Berichts der Kommission für Insolvenzrecht[350] nicht Gesetz geworden, wonach den Insolvenzverwalter die den Schuldner treffenden Rechnungslegungspflichten nach Einleitung eines Liquidationsverfahrens nicht treffen sollten. Vielmehr bestimmt § 155 I 1 das Gegenteil. Aber diese gesetzgeberische Entscheidung betrifft das Insolvenzverfahren allgemein.

---

339 Dafür *Häsemeyer* FS Gerhardt (2004), S 341, 348 f; *Kaufmann* Die Berücksichtigung sonstiger Masseverbindlichkeiten des § 55 InsO bei der Kostendeckungsprüfung des § 26 Abs 1 Satz 1 InsO (2004), S 185 ff; *ders* InVo 2005, 229, 230 f; FK/*Kießner* InsO[9] § 208 Rn 20; *Breitenbücher* Masseunzulänglichkeit (2007), S 121 ff.

340 *Häsemeyer* FS Gerhardt (2004), S 341, 349; dies übersieht *Thole* ZIP 2018, 2241, 2247 f.

341 Zur praktischen Abwicklung der Versilberungsgeschäfte unten § 209 Rn 19 f.

342 *Kaufmann* Die Berücksichtigung sonstiger Masseverbindlichkeiten des § 55 InsO bei der Kostendeckungsprüfung des § 26 Abs 1 Satz 1 InsO (2004), S 193.

343 So für handels- und steuerrechtliche Pflichten **zutr** *Smid* WM 1998, 1313, 1318.

344 Zur Kritik *Holzer* ZVI 2007, 401 ff.

345 So ausführlich *Walther* Das Verfahren bei Masseunzulänglichkeit nach den §§ 208 ff InsO (2005), S 68 f.

346 LG Hagen ZIP 2007, 1766 f = ZVI 2007, 430 f [abl *Holzer* EWiR 2007, 593 f].

347 Unzutr also auch LG Bonn ZIP 2009, 332 f = ZInsO 2009, 340 f [**zust** *Heini* ebd 510 ff; **zust** *Blank* ebd 2186 f]; LG Bonn ZIP 2009, 1387 f, wonach die Pflicht die Gesellschaftsorgane und das beschlagsfreie Vermögen treffen soll.

348 Dazu Jaeger/*Windel* InsO § 80 Rn 127 f sowie seither BVerwG ZInsO 2010, 1325 ff; VGH Kassel ZIP 2010, 1507 ff.

349 So aber *Walther* Das Verfahren bei Masseunzulänglichkeit nach den §§ 208 ff InsO (2005), S 68 f.

350 Begr 2. Ber InsRKomm, S 104 f.

Über die Konsequenzen einer Veränderung der Haftungsordnung mit Anzeige der Masseunzulänglichkeit besagt sie nichts.

Abgabenrechtliche Pflichten können nach hier vertretener Ansicht bei Masseunzulänglichkeit ebenfalls keine unbedingte Geltung mehr beanspruchen.[351] Die finanzbehördliche und -gerichtliche Praxis steht nach wie vor grundsätzlich auf dem gegenteiligen Standpunkt,[352] so dass **Säumniszuschläge** (selbst bei sog „Nullerklärungen") anfallen,[353] die jedenfalls dann durchsetzbar werden, wenn sich die Masse erholt.[354] Gleichwohl gehen die Finanzämter gelegentlich doch darauf ein, die **Steuer** ohne aufwändige Nachweise **zu schätzen.**[355] Dabei zeigt sich eine weitere, bislang offenbar zu wenig bedachte Gefahr: Die Schätzung kann höher ausfallen als die tatsächlich zu leistende Steuer.[356] Dann stellt sich das Problem, ob ein bestandskräftig gewordener Bescheid zurückgenommen werden kann.[357] Namentlich bei **temporärer Masseunzulänglichkeit,**[358] bei der der Verwalter absehen kann, die zur Aufarbeitung der Buchführung erforderlichen Mittel doch noch in die Hand zu bekommen, ist daher davor zu warnen, Bescheide bestandskräftig werden zu lassen. 76

bb) Betriebsverfassungsrechtliche Obliegenheiten. Dem Insolvenzverwalter obliegt es, den **Betriebsrat** gem § 102 BetrVG **anzuhören** und **über** eine geplante **Betriebsänderung zu unterrichten und** es **zu unternehmen,** einen **Interessenausgleich zu erreichen,** §§ 111, 112 BetrVG. Obwohl er die Gespräche verbinden kann[359] und trotz der Erleichterungen durch die §§ 121 f kostet dies in praxi oft mehr Zeit, als namentlich **bei anfänglicher** oder von vornherein absehbarer **Masseunzulänglichkeit** zur Verfügung steht. Denn der Verwalter ist dann unter insolvenzrechtlichen Gesichtspunkten gehalten, die **Belegschaft** ganz oder teilweise **sofort freizustellen,** um das Entstehen von Neumasseverbindlichkeiten gem § 209 II Nr 3 zu verhindern. Damit aber würde er riskieren, Ansprüche auf **Nachteilsausgleich** gem § 113 III BetrVG mit dem Rang von Neumasseverbindlichkeiten zu begründen.[360] Die Arbeitsgerichtsbarkeit hat indessen einen Weg aus dieser Zwickmühle zu weisen versucht:[361] Einerseits gelte eine **„widerrufliche" Freistellung** ebenso wenig wie eine noch **nicht endgültige Stilllegung** eines Betriebs(teiles) als Beginn der Betriebsänderung.[362] Erhalten bleiben müssten aber die Leitungsebene des Betriebes, wichtige Maschinen und Lieferantenverträge.[363] Andererseits solle schon 77

---

351 Jaeger/*Windel* InsO § 80 Rn 141 mN; ebenso MünchKomm/*Hefermehl* InsO⁴ § 208 Rn 71; Kübler/Prütting/Bork/*Pape* InsO¹⁹ § 208 Rn 19b; *Busch* Der Insolvenzverwalter und die Überwindung der Massearmut (2005), S 72 ff; *Adam* DZWIR 2011, 485, 491.

352 N bei Jaeger/*Windel* InsO § 80 Rn 141.

353 BFH ZIP 2013, 83 f = ZInsO 2013, 82 f [**krit** *Harder*, ebd, 227 f; **abl** *Schmittmann* StuB 2013, 67 f]; **gegen** die Vorinstanz FG Gotha ZIP 2011, 2021 ff; FG Düsseldorf NZI 2020, 484 ff (bei Eigenverwaltung); **aA** LSG Stuttgart ZIP 2015, 396 ff, ins durch Revision nicht angegriffen, BSG BeckRS 2016, 113826 Rn 17.

354 BFH ZIP 2020, 427 ff [**zust** *Ries* EWiR 2020, 277 f].

355 Dies raten etwa MünchKomm/*Hefermehl* InsO⁴ § 208 Rn 71; Kübler/Prütting/Bork/*Pape* InsO¹⁹ § 208 Rn 19b; HambK/*Weitzmann* InsO⁷ § 208 Rn 17.

356 So der Fall FG Münster EFG 2008, 920 ff.

357 Sehr restriktiv BFH ZIP 2014, 427 ff [**zust** *Onusseit* EWiR 2014, 221 f]; in casu abl FG Münster EFG 2008, 920 ff.

358 Davon scheint das FG Münster EFG 2008, 920 ff, ausgegangen zu sein. Der Verwalter hatte sich demgegenüber darauf berufen, die Unzulänglichkeit sei *unerwartet* überwunden worden.

359 LAG Hamm LAGR 2002, 214 ff = ZInsO 2002, 644 (Lse).

360 Zum Problem *Lauer* ZIP 2006, 983 ff; *Zwanziger* NZA 2015, 577, 578 f; *Röger/Stütze* ZInsO 2019, 368 ff, sowie § 209 Rn 43 ff.

361 Zur grundsätzlichen Kritik § 209 Rn 43 ff; zur praktischen Umsetzung § 209 Rn 63.

362 Leitentscheidung BAG ZIP 2006, 1510, 1512 [**zust** *Henkel* EWiR 2007, 213 f] = ArbRB 2006, 264 – LS [*Braun* ebd, 264 f] = AuA 2007, 250 – LS [*Stück* ebd], in Bestätigung der Vorinstanz LAG Berlin ZInsO 2005, 1061 ff [**zust** *Lauer* ZIP 2006, 983, 985 f]; zuvor schon knapper BAG ZIP 2006, 1312, 1315.

363 BAG ZIP 2003, 1850, 1853 [abl *Kraushaar* BB 2004, 1050, 1054 ff] – zunächst Freistellung, dann Kündigung eines Vertriebsleiters und Prokuristen.

ein **in einem aufschiebend bedingten Interessensausgleich liegender „Versuch“** genügen, um Ansprüche auf Nachteilsausgleich abzuwehren.[364] Diese Vorgaben sollte der Insolvenzverwalter tunlichst beachten, auch wenn sie wenig lebensnah sind (ein einmal stillgelegtes Unternehmen ist in aller Regel kaum noch zu reaktivieren; eine Auswechslung der Leitungsebene kann zur Reorganisation ebenso unverzichtbar sein wie der Abschluss neuer Lieferantenverträge) und obwohl die Zusammenarbeit mit dem Betriebsrat vor diesem Hintergrund ein noch weiter gesteigertes diplomatisches Geschick erfordert.[365] Eine weitere Problematik liegt in den gem § 17 KSchG erforderlichen sog **Masseentlassungsanzeigen mit** vorgängigem **Konsultationsverfahren.**[366] Der 6. und 8. Senat des BAG haben in den Verfahren wegen der Insolvenz von Air Berlin die bisherige Rechtsprechung geändert und damit nicht nur den Insolvenzverwalter, sondern auch die von diesem vorab einbezogene Arbeitsagentur Berlin Nord sowie die Vorinstanzen der Kündigungsschutzprozesse überrascht.[367] Kern der neuen Rechtsprechung des BAG[368] ist eine autonome Auslegung der Massenentlassungsrichtlinie (MERL),[369] mit der die für § 17 KSchG maßgeblich Unternehmenseinheit als „Betrieb“ *auf erster Stufe europarechtlich* bestimmt wird. Die im Konsultationsverfahren zu beteiligende Arbeitnehmervertretung dagegen folgt *auf zweiter Stufe* nationalem Recht.[370] Für § 17 KSchG ist „Betrieb“ deshalb (immer) etwas anderes als der gleichlautende Rechtsbegriff des deutschen Arbeitsrechts, „Betriebsrat“ kann – je nach Struktur der Arbeitnehmervertretung – unserem Betriebsrat im technischen Sinne entsprechen oder auch nicht. Im Insolvenzverfahren Air Berlin wären lt BAG etwa die *PV Cockpit*, die *PV Kabinenpersonal* sowie die *Betriebsräte Boden Nord, West und Süd* zu beteiligen gewesen. Dabei handelt es sich freilich um Besonderheiten der Personalvertretungsstruktur der Luftfahrt. Die beiden Senate des BAG haben deshalb geradezu handbuchartig versucht, die Bedeutung ihrer neuen Rechtsprechung allgemein zu erläutern. Der 6. Senat hat zudem auf die Möglichkeit einer „so genannte[n] **Sammelanzeige**“ hingewiesen,[371] die bei Insolvenzen größerer Unternehmen vielleicht praktikabel sein könnte. Gleichwohl steht zu erwarten, dass es noch einiger Prozesse bedürfen wird, bis in diesem Bereich (wieder) hinreichend Klarheit besteht.

78 **cc) Hinweis: Polizei- und ordnungsrechtliche Pflichten.** Das namentlich im Zusammenhang mit **Altlasten** virulent gewordene **Spannungsverhältnis zwischen Polizei- und Ordnungsrecht** einerseits **und** insolvenzrechtlicher **Haftungsordnung** andererseits gewinnt bei Masseunzulänglichkeit eine besondere Brisanz. Werden (oder wohl besser: würden) die hierzu im Allgemeinen entwickelten Grundsätze[372] aber beachtet, sollte einer ordnungsgemäßen Fortführung der Insolvenzverwaltung auch nach Anzeige der Masseunzulänglichkeit nichts im Wege stehen.

364 BAG ZIP 2006, 199 ff [krit *Viniol/Trapp* ZInsO 2007, 359 ff, die zutr darauf hinweisen, dass in casu ein Interessensausgleich keineswegs nur „versucht“ war].

365 Zum Problem *Braun* ArbRB 2006, 264 f; vgl auch *Viniol/Trapp* ZInsO 2007, 359 ff.

366 Allg dazu *Röger/Stütze* ZInsO 2019, 368, 372 ff (anlässlich Insolvenz SCHLECKER); zu den inhaltlichen Erfordernissen einer solchen Anzeige LAG Frankfurt ZInsO 2021, 2580 ff.

367 Gegen alle Entscheidungen waren Verfassungsbeschwerden eingelegt worden, woraufhin das BAG sämtliche noch anhängige Parallelverfahren ausgesetzt hatte (BAG NJW 2021, 339 ff). Das BVerfG hat die Verfassungsbeschwerden aber nicht zur Entscheidung angenommen, BVerfG ZIP 2021, 651 f (insges 8 Verfassungsbeschwerden).

368 BAG (6. Senat) ZIP 2020, 1569 ff [*Schubert* EWiR 2020, 509 f] = AP KSchG 1969 § 17 Nr 56 [*Brams*]; dazu *Krings* NJW 2020, 2765 ff; BAG (8. Senat) AP BGB § 613a Nr 480 = NZA 2020, 1303 ff [*Bayreuther*, ebd, 1505 ff; *Bank/Sura* EWiR 2020, 539 f]; BAG (8. Senat) AP BGB § 613a Nr 481 [gem Anm *Senk* zu Nrn 480 und 481]; BAG (6. Senat) ZIP 2020, 1771 ff = AP KSchG 1969 § 17 Nr 57 [*Lindemann*]; BAG (6. Senat) ZInsO 2021, 925 f; EuArbRK/*Spelge*[3] (2020) RL 98/59/EG Art 1 Rn 58a.

369 RiLi 98/59/EG v 20.7.1998, ABl L 225/16.

370 BAG ZIP 2020, 1569, 1576 ff Rn 60 ff.

371 BAG ZIP 2020, 1569, 1580 f Rn 87 ff.

372 Jaeger/*Windel* InsO § 80 Rn 119 ff.

3. Unternehmensfortführung bei Masseunzulänglichkeit

a) Lage nach der InsO. Die §§ 208 ff enthalten keine ausdrückliche Vorgabe zu einer **Unternehmensfortführung bei Masseunzulänglichkeit.** Dies ist zu begrüßen, weil hierfür die **konkrete Verfahrenslage maßgebend** ist: Angezeigt ist die Unternehmensfortführung, wenn die **Masseunzulänglichkeit** nach derzeitigem Prognosestand als **temporär** einzustufen ist.[373] Hierfür werden in der Praxis auch sog **unechte Massekredite** vereinbart, bei denen gesicherte Gläubiger dem Verwalter die Erlöse aus der Verwertung ihrer Sicherheiten (zunächst) überlassen.[374] Freilich hat der Verwalter die Prognose laufend daraufhin zu überprüfen, ob tatsächlich in absehbarer Zeit mit einer Rückkehr zum regulären Verfahren gerechnet werden kann. Weiter kann eine Unternehmensfortführung **im Rahmen einer** geordneten **Ausproduktion und zur** Vorbereitung einer **übertragenden Sanierung**[375] sinnvoll sein. 79

Inakzeptabel ist eine Unternehmensfortführung immer dann, wenn sie zu weiteren Verlusten und damit zur **Unterdeckung der Neumasseverbindlichkeiten** führen würde.[376] Steht der **Stilllegung des Unternehmens** durch den Insolvenzverwalter ein Beschluss der Gläubigerversammlung zur Unternehmensfortführung entgegen (§ 157 S 1),[377] so verliert dieser trotz der Beschränkung der Verwaltungspflicht auf das zuvor beschriebene Maß[378] nicht per se seine Verbindlichkeit. Es bleibt für den Verwalter daneben das praktische Problem, dass ein Verfahren zur verbindlichen Feststellung der „erneuten“ Masseunzulänglichkeit fehlt. Daher ist ihm zu einer detaillierten Darlegung der verlustbegründenden Faktoren der Unternehmensfortführung spätestens in seiner Schlussrechnung zu raten.[379] Die Stilllegung des Unternehmens unterfällt als besonders bedeutsame Verwalterhandlung voll umfänglich § 160.[380] Der Verwalter sollte zudem – sofern tunlich – den Massegläubigern Gelegenheit zur Stellungnahme geben.[381] 80

b) Zulässigkeit von Treuhandmodellen? Zur Abwicklung der allgemeinen Verwaltung, namentlich aber zur Unternehmensfortführung oder auch zur Abwicklung von Einzelprojekten, werden für das Insolvenzverfahren vielfach **Treuhandmodelle** empfohlen. Sie sollen gewährleisten, dass Verbindlichkeiten, die der vorläufige Insolvenzverwalter eingeht, unabhängig von der Haftungs- und Verteilungsordnung der InsO gedeckt werden können.[382] Neben der hier nicht interessierenden Problematik, dass die Geschäftspartner des Verwalters nach Maßgabe des § 55 II am eröffneten Verfahren nur als Insolvenzgläubiger teilnehmen, geht es nicht zuletzt um eine **Sicherung** gegen den Forderungsausfall **bei** bereits im Eröffnungsverfahren **absehbarer Masseunzulänglichkeit**: Insoweit wird das sog **Treuhandkontenmodell** in den Hamburger Leitlinien (sub V.) anempfohlen,[383] die von den Richtern des dortigen Insolvenzgerichts erarbeitet wurden. Noch unter der Geltung der KO hatte *Kreft* vorgeschlagen, **Neumasseschulden** nach Eintritt der Masseunzulänglichkeit auf diese Weise abzusichern.[384] 81

---

373 HambK/*Weitzmann* InsO[7] § 208 Rn 10.
374 *Von Websky* ZInsO 2014, 1468, 1472.
375 Dazu *Häsemeyer* FS Gerhardt (2004), S 341, 353 f.
376 *Kübler* Kölner Schrift[3], S 585 Rn 29; *Metzger* Verfahrenskostendeckende Masse (2002), S 84 f; *Kröpelin* Die massearme Insolvenz (2003), Rn 204.
377 Zum Problem schon oben § 207 Rn 42.
378 Oben Rn 70 ff.
379 Vgl *Häsemeyer* FS Gerhardt (2004), S 341, 349.
380 Jaeger/*Eckhardt* InsO § 160 Rn 16, 39; MünchKomm/*Hefermehl* InsO[4] § 208 Rn 44; **aA** noch die Voraufl.
381 MünchKomm/*Hefermehl* InsO[4] § 208 Rn 44.
382 Allg dazu Jaeger/*Henckel* InsO § 47 Rn 64, § 55 Rn 84; *Windel* ZIP 2009, 101 ff; *ders* ZIP 2019, 441, 445 f.
383 ZInsO 2004, 24 = NZI 2004, 133; erläutert von *Frind* ZInsO 2004, 470, 473; befürwortend auch *Mönning/Hage* ZInsO 2005, 1185 ff.
384 *Kreft* FS Merz (1992), S 313, 326 ff; gegen ihn *Henckel* ZIP 1993, 1277, 1282.

82 Treuhandmodelle sind als Mittel außergerichtlicher Sanierung sinnvoll. Neben einem amtlichen Insolvenz(eröffnungs)verfahren entfalten sie aber nur begrenzte Wirkungen, weil sie notwendig mit der gesetzlichen Haftungsordnung konkurrieren.[385] Dass der BGH Insolvenzverwalter-Anderkonten als massefremd einordnet,[386] ändert daran selbst für das auf einem solchen basierende sog **Treuhandkontenmodell** nichts. Denn zum Treugut gehören notwendig auch die aus der Unternehmensfortführung der Masse zugewachsenen Forderungen, deren Surrogat die auf das Konto geleisteten Zahlungen darstellen. Den gesicherten Gläubigern steht am Treugut unter Einschluss des Kontos iaR deshalb nur ein **Sicherungsrecht**[387] zu.[388] Ein Sicherungsrecht ist aber einer Verteilungsordnung, wie sie § 209 enthält, (jedenfalls) äußerlich funktionsäquivalent.[389] Daher würde mit Treuhandmodellen zur Bewältigung der Probleme der (erstmaligen wie der „erneuten") Masseunzulänglichkeit die gesetzliche Wertung des § 209 umgangen. Folglich sind **Treuhandlösungen** zu diesem Zweck **unzulässig**.[390]

83 **c) Konsequenzen für eine Bürgschaft auf erstes Anfordern.** Wenn es mit Vorigem richtig ist, dass bei Masseunzulänglichkeit ggf das Unternehmen fortgeführt[391] und sogar bei „erneuter" Masseunzulänglichkeit jedenfalls ein Einzelprojekt abgewickelt werden kann,[392] bedürfen die Grundsätze der hM zur **Bürgschaft auf erstes Anfordern** der Präzisierung: Danach sollen deren spezifische Wirkungen[393] entfallen, wenn die Masse im Insolvenzverfahren über das Vermögen des Gläubigers unzulänglich ist.[394] Der Grund für die Rückführung der Qualität der Sicherung auf die einer einfachen Bürgschaft ist der, dass vom Vermögen des Gläubigers keine weitere wirtschaftliche Tätigkeit mehr zu erwarten sei, womit sein gesteigerter Bedarf an Liquidität entfalle.[395] Dies trifft in den beiden geschilderten Fällen nicht zu, wobei zu beachten ist, dass Bürgschaften auf erstes Anfordern speziell im Baugewerbe häufig projektbezogen erteilt werden. Wird freilich weder das Unternehmen im Ganzen fortgeführt noch das bezügliche Einzelprojekt abgewickelt, trifft die hM das Richtige.

4. Insolvenzplanverfahren und Masseunzulänglichkeit

84 Der RegE hatte in § 323 II 1 die Vorlage eines Insolvenzplanes bei Masseunzulänglichkeit nicht ausgeschlossen. Gem § 323 II 2 sollten im Insolvenzplanverfahren die Altmasse- an Stelle der Insolvenzgläubiger treten und diese bei der Annahme des Insolvenzplanes wie nachrangige In-

385 Ausführlich *Windel* ZIP 2009, 101 ff.

386 BGH ZIP 2009, 531 f mN.

387 Ein Absonderungsrecht im technischen Sinne ist dies nur, wenn der Berechtigte Insolvenzgläubiger ist, vgl oben Rn 51.

388 *Windel* ZIP 2009, 101, 106.

389 *Windel* ZIP 2009, 101, 109.

390 *Henckel* ZIP 1993, 1277, 1282; *Unterbusch* Der vorläufige Insolvenzverwalter unter besonderer Berücksichtigung aktueller Probleme der Betriebsfortführung (2006), S 204; *Windel* ZIP 2009, 101, 109.

391 Oben Rn 79 f.

392 Oben Rn 73.

393 Dazu zuletzt BGH NJW-RR 2008, 830 f = IBR 2008, 267 – LS [*Schmitz* ebd] = WuB I E 4. Bankbürgschaft/Avalgeschäft 2.08 [*Bulach*]; BGH ZIP 2008, 1762 ff [*Vogel* EWiR 2009, 139 f] = JZ 2009, 107 ff [*Förster* ebd, 109 ff]; *Oepen* NJW 2009, 1110.

394 BGHZ 151, 236, 241–243 = ZIP 2002, 1633 [**krit** *Theewen* EWiR 2003, 17 f] = BB 2002, 1829 [**zust** *Kilgus* ebd, 1933] = BGHR 2002, 907 [**referierend** *Assies* ebd, 908] = WuB I F a. Bürgschaft 20.02 [**zust** *Richrath*] = IBR 2002, 608 [LS, *Oberhauser* ebd] = DZWIR 2003, 195 [**zust** *Marx* DZWIR 2003, 312 ff] = NJW 2002, 3170 [**zust** *Haas* LMK 2003, 14 f]; **zust** MünchKomm/*Hefermehl* InsO[4] § 207 Rn 63a und § 208 Rn 48; **zust** MünchKomm BGB[8]/*Habersack* § 765 Rn 111.

395 Dazu § 207 Rn 98.

solvenzgläubiger entsprechend dem heutigen § 246 Nr 3 behandelt werden.[396] Der Rechtsausschuss hat diese Vorschrift gestrichen und das Problem der Rechtsprechung überlassen.[397] Demzufolge war die Zulässigkeit eines Insolvenzplanverfahrens umstritten.[398] Durch das ESUG ist in Gestalt des § 210a eine bejahende „Klarstellung" eingefügt worden.[399]

5. Geltung materiell-insolvenzrechtlicher Institute

Ein Schwerpunkt der Reformdiskussion, die schließlich zu den heutigen §§ 208–211 geführt hat, lag bei der Frage, inwieweit bei Masseunzulänglichkeit die Institute des materiellen Insolvenzrechts unter den Massegläubigern gelten sollten. Für die befürwortende Position stand das Schlagwort vom „Konkurs im Konkurs"[400] bzw steht heute dasjenige von der „Insolvenz in der Insolvenz".[401] 85

§ 320 II RegE hatte schließlich eine entsprechende Anwendung der Vorschriften über die **Erfüllung gegenseitiger Verträge** (a), über die **Aufrechnung** (b) und über die sog **Rückschlagsperre** (heute § 88)[402] enthalten, ist aber vom Rechtsausschuss gestrichen worden. Damit stand man bei In-Kraft-Treten der InsO vor der Aufgabe, die an sich zentrale Neuerung der Abwicklung masseunzulänglicher Insolvenzverfahren praeter legem operabel auszugestalten. 86

Für eine pauschale Orientierung an der nicht Gesetz gewordenen Vorschrift wurde und wird nur vereinzelt plädiert.[403] Ganz überwiegend nimmt man die Aufforderung des Rechtsausschusses zu einer Klärung der Probleme[404] an und bemüht sich um differenzierte Lösungen.[405] Dies ist schon deshalb der richtige Weg, weil auch im RegE nicht alle relevanten Fragen angesprochen waren. So fehlte etwa auch dort eine Regelung der Geltung der Vorschriften über die **Insolvenzanfechtung** (§§ 129 ff) bei Masseunzulänglichkeit (c). 87

Verbreitet hat man versucht, aus dem vermeintlich übergeordneten Kriterium einer Forderungs-, **Verlust- bzw Interessengemeinschaft** der Massegläubiger eine allgemein gültige Leitlinie abzuleiten. Dafür fehlt aber die Grundlage, weil Alt- und Neumassegläubiger ihre Forderungen unterschiedslos gegen ein amtsverwaltetes Vermögen begründet haben, an das sie sich (eigentlich) jeweils als einzelne müssten halten können.[406] Die auch vom BGH – freilich ohne Berufung auf eine Verlustgemeinschaft – proklamierte pauschale Geltung des Gleichbehandlungsgrundsatzes[407] und im Zweifel aller Institute des materiellen Insolvenzrechts hängt damit in der Luft. 88

Die zutreffende **Leitlinie** zur Füllung der Gesetzeslücken bildet demgegenüber die **Unterscheidung zwischen gleichbehandlungsspezifischen Instituten** des materiellen Insolvenzrechts **und solchen, die** bereits **eine Verteilungsordnung**[408] **schützen**, der keine haftungsrechtliche Innenbeziehung unter den Konkurrenten zugrunde liegt. Ein Beispiel für Letzteres bildet der **Ausschluss sonstigen Rechtserwerbs**, § 91, der folglich ganz unproblematisch übertragen werden kann (d). Beispiele für Ersteres, also gleichbehandlungsspezifische Institute, bil- 89

396 Begr RegE, BT-Drucks 12/2443, S 221 f.
397 BT-Drucks 12/7302, S 180.
398 N in der Vorauflage.
399 Näher Erl § 210a.
400 Aus der damaligen Lit hervorgehoben sei *Gerhardt* JZ 1984, 601 ff; *ders* ZIP 1992, 741 ff, jew mN; heute fortgeschrieben von HK/*Hölzle* InsO[10] § 208 Rn 26.
401 So BGHZ 167, 178, 185 Rn 16; MünchKomm-InsO[4]/*Hefermehl* § 208 Rn 61.
402 Dazu wegen des systematischen Zusammenhanges § 210 Rn 8.
403 Etwa von *Dinstühler* ZIP 1998, 1697, 1703; HK/*Hölzle* InsO[10] § 208 Rn 27.
404 BT-Drucks 12/7302, S 180.
405 Paradigmatisch *Adam* DZWIR 2011, 485 ff.
406 Dazu schon oben Rn 52 mN zur Gegenansicht.
407 BGHZ 154, 358, 368 f.
408 Zum Begriff § 209 Rn 1.

den die §§ 103 ff (a), die §§ 94 ff (b), die §§ 129 ff (c) sowie die **Verwertungs- und Nutzungsbefugnis für Sicherungsgut**, §§ 166, 172 (e). Deren Anwendung bei Masseunzulänglichkeit ist zwar nicht per se ausgeschlossen, bedarf aber der qualifizierten und damit auch differenzierenden Legitimation.

a) Erfüllung der Rechtsgeschäfte, §§ 103 ff

90 **aa) Austauschgeschäfte.** § 209 II Nr 1 trifft eine Tilgungsregelung für Masseverbindlichkeiten aus Verträgen, deren Erfüllung der Verwalter gewählt hat (§ 103 I), nachdem er die Masseunzulänglichkeit angezeigt hatte. Daraus folgt, dass ein mit Verfahrenseröffnung **bereits entstandenes Wahlrecht** fortbesteht.[409] Aus § 209 II Nr 1 folgt aber andererseits nicht zwingend, dass dem Verwalter das **Wahlrecht** auch **für im Insolvenzverfahren** durch ihn selbst **abgeschlossene und für Verträge** zusteht, **deren Erfüllung** er **bereits gewählt** hatte.[410] Demzufolge ist umstritten, ob der Insolvenzverwalter insoweit ein **zusätzliches** (für von ihm geschlossene Verträge) **bzw** ein **erneutes Wahlrecht** (für Verträge, deren Erfüllung er bereits gewählt hatte) in entsprechender Anwendung des § 103 erhält.[411]

91 Der ablehnenden Ansicht ist zuzugeben, dass dem Wahlrecht aus § 103 richtiger Ansicht nach gleichbehandlungsspezifische Qualität beizumessen ist,[412] die an sich im Verhältnis der Massegläubiger zueinander keine Grundlage findet.[413] Andererseits hängt die praktische Tauglichkeit des § 209 als eines der Kernstücke der Insolvenzrechtsreform davon ab, dass der Verwalter in einem wirtschaftlich relevanten Ausmaß darüber entscheiden kann, ob eine Masseverbindlichkeit voll erfüllt oder auf den Rang des § 209 I Nr 3 zurückgestuft werden soll.[414] Dieses Ziel wäre immer dann gefährdet, wenn die Masseunzulänglichkeit erst hervortritt, nachdem das Insolvenzverfahren schon einige Zeit angedauert hatte. Denn dann wird der Verwalter in der Erwartung, ein reguläres Insolvenzverfahren abwickeln zu können, Dispositionen getroffen haben, die sich im Nachhinein als nicht realisierbar erweisen. Die analoge Anwendung des § 103 ist deshalb zwar nicht logisch zwingend, aber sie entspricht teleologisch doch eindeutig dem Modell des § 209.

92 Ob der Insolvenzverwalter die Disposition, die es zu korrigieren gilt, durch **Abschluss** eines neuen **oder Erfüllungswahl** hinsichtlich eines alten Vertrages getroffen hat, **gilt gleich.**[415] **§ 105 gilt nicht** entsprechend,[416] wohl aber die §§ 104, 106 und 107 I.[417] Ob man § 107 II analog

---

409 Für die hM MünchKomm/*Hefermehl* InsO[4] § 209 Rn 27; aufbereitet bei *Kögel* Die Rechtsfolgen der Masseunzulänglichkeitsanzeige auf beiderseitig nicht oder nicht vollständig erfüllte Verträge (2007), S 59 ff; **zutr** jetzt auch Uhlenbruck/*Ries* InsO[15] § 208 Rn 46.

410 So aber offenbar *Kübler* Kölner Schrift[3], S 590 Rn 39.

411 **Bejahend** *Kübler* Kölner Schrift[3], S 590 Rn 39; *Dinstühler* ZIP 1998, 1697, 1703; HK/*Hölzle* InsO[10] § 208 Rn 29 ff; MünchKomm/*Hefermehl* InsO[4] § 209 Rn 28 f; Kübler/Prütting/Bork/*Pape* InsO[19] § 209 Rn 12 ff; *Ringstmeier* ZInsO 2004, 169, 170 f; *Gundlach/Frenzel/Schmidt* InVo 2004, 169, 170; *Kröpelin* Die massearme Insolvenz (2003), Rn 226–233, 602; *Walther* Das Verfahren bei Masseunzulänglichkeit nach den §§ 208 ff InsO (2005), S 136–148; *Kögel* Die Rechtsfolgen der Masseunzulänglichkeitsanzeige auf beiderseitig nicht oder nicht vollständig erfüllte Verträge (2007), S 69 ff, 132 ff; Uhlenbruck/*Ries* InsO[15] § 208 Rn 46 ff; *Adam* DZWIR 2011, 485, 489; **verneinend** *Runkel/Schnurbusch* NZI 2000, 49, 56; *Pape/Hauser* Massearme Verfahren nach der InsO (2002), Rn 376–378; HambK/*Weitzmann* InsO[7] § 209 Rn 5; FK/*Kießner* InsO[9] § 209 Rn 29 f; K. Schmidt/*Jungmann* InsO[19] § 209 Rn 18 ff, § 210 Rn 30.

412 *Häsemeyer* KTS 1982, 507, 562.

413 Oben Rn 52.

414 Beachtliche rechtspolitische Bedenken hiergegen bei *Häsemeyer*, InsR im Umbruch (1991), S 101, 105.

415 MünchKomm/*Hefermehl* InsO[4] § 209 Rn 26 ff.

416 Ausführlich § 209 Rn 53.

417 *Kögel* Die Rechtsfolgen der Masseunzulänglichkeitsanzeige auf beiderseitig nicht oder nicht vollständig erfüllte Verträge (2007), S 101 f, 105 ff.

anwenden will, ist letztlich irrelevant,[418] weil dieser Norm ohnehin kaum eigenständiger Regelungsgehalt zukommt.[419]

Hatte der Insolvenzverwalter die **Erfüllung eines Vertrages** in der Zeit zwischen Verfah- 93
renseröffnung und Anzeige der Masseunzulänglichkeit **abgelehnt**, so lebt sein Wahlrecht nicht wieder auf.[420] Auch eine nach der Anzeige erfolgte Ablehnung hat endgültige Wirkung.[421] Nichts anderes gilt, wenn der Verwalter (vor oder nach Anzeige der Masseunzulänglichkeit) gem § 103 II 3 die Möglichkeit verloren hatte, auf Erfüllung zu bestehen. Folglich muss der Verwalter in allen diesen Fällen versuchen, den Vertragspartner zum Neuabschluss eines Vertrages zu bewegen, wenn er jetzt gleichwohl der Leistung bedarf.

Die **Qualität des Ersatzanspruchs aus § 103 II 1**[422] hängt davon ab, ob § 103 unmittelbar 94
oder rechtsähnlich zur Anwendung gekommen ist: Ersterenfalls, also beim seit Eröffnung des Insolvenzverfahrens bestehenden Wahlrecht, handelt es sich um eine **Insolvenzforderung.**[423] Letzterenfalls, also beim auf einen Vertragsschluss oder eine Erfüllungswahl des Insolvenzverwalters zurückgehenden (ggf erneuten) Wahlrecht, handelt es sich um eine **Altmasseverbindlichkeit** gem § 209 I Nr 3.[424]

bb) Dauerschuldverhältnisse. Für Dauerschuldverhältnisse bilden die **Erleichterungen der** 95
Kündigungsmöglichkeit (§§ 109 I 1, 113) bzw die Möglichkeit zur Abstandnahme (§ 109 I 2) Äquivalente zum Wahlrecht für Austauschgeschäfte. In der Begründung zu § 320 II RegE war daher ausdrücklich ausgesprochen, dass die entsprechende Anwendung der Regelungen über die Erfüllung der Rechtsgeschäfte diejenige über die Beendigung von Dauerschuldverhältnissen einschließen solle.[425] Gleichwohl lehnt die überwiegende Mehrzahl auch derjenigen, die sich für eine **analoge Anwendung** des § 103 aussprechen, eine solche **der §§ 109 I, 113** ab.[426] Dies ist ungereimt. Man mag die in § 209 verfolgte Konzeption einer „Insolvenz in der Insolvenz" rechtspolitisch kritisieren,[427] jedenfalls liegt es in ihrer Konsequenz, dass der Insolvenzverwalter durch die Anzeige der Masseunzulänglichkeit eine Möglichkeit erhält, über den Fortbestand von Dauerschuldverhältnissen unter spezifisch haftungsrechtlichen Gesichtspunkten zu entscheiden.[428] Daher ist die rechtsähnliche Anwendung der §§ 109 I, 113 mit der Mindermeinung zu befürworten.[429]

---

418 *Kögel* Die Rechtsfolgen der Masseunzulänglichkeitsanzeige auf beiderseitig nicht oder nicht vollständig erfüllte Verträge (2007), S 108, verneint mangels Relevanz.

419 Vgl *Jauernig/Berger* Zw-InsR[23] § 49 Rn 14.

420 MünchKomm/*Hefermehl* InsO[4] § 209 Rn 26; *Walther* Das Verfahren bei Masseunzulänglichkeit nach den §§ 208 ff InsO (2005), S 148; Uhlenbruck/*Ries* InsO[15] § 208 Rn 47; *Adam* DZWIR 2011, 485, 489.

421 MünchKomm/*Hefermehl* InsO[4] § 209 Rn 26.

422 Siehe auch § 209 Rn 51.

423 MünchKomm/*Hefermehl* InsO[4] § 209 Rn 26.

424 Begr RegE § 321, BT-Drucks 12/2443, S 220; *Smid* WM 1998, 1313, 1320; MünchKomm/*Hefermehl* InsO[4] § 209 Rn 28; *Kögel* Die Rechtsfolgen der Masseunzulänglichkeitsanzeige auf beiderseitig nicht oder nicht vollständig erfüllte Verträge (2007), S 100, 132.

425 BT-Drucks 12/2443, S 219.

426 *Kübler* Kölner Schrift[3], S 590 Rn 40; *Dinstühler* ZIP 1998, 1697, 1703; Kübler/ Prütting/Bork/*Pape* InsO[19] § 209 Rn 15; Nerlich/Römermann/*Westphal* InsO[29] § 209 Rn 8; *Gundlach/Frenzel/Schmidt* InVo 2004, 169, 170; *Ringstmeier* ZInsO 2004, 169, 171; *Walther* Das Verfahren bei Masseunzulänglichkeit nach den §§ 208 ff InsO (2005), S 145, 211; MünchKomm/*Hefermehl* InsO[4] § 209 Rn 31.

427 So insb *Häsemeyer* InsR im Umbruch (1991), S 101, 104 f.

428 Vgl *Adam* DZWIR 2011, 485, 489 f.

429 *Kröpelin* Die massearme Insolvenz (2003), Rn 239; *Kögel* Die Rechtsfolgen der Masseunzulänglichkeitsanzeige auf beiderseitig nicht oder nicht vollständig erfüllte Verträge (2007), S 111–115, 121 f; *Adam* DZWIR 2011, 485, 489 f, sowie diesen zuneigend HK/*Hölzle* InsO[10] § 208 Rn 31.

96 Die analoge Anwendung der gedachten Vorschriften ist nur erforderlich, wenn der **Verwalter** selbst ein **Dauerschuldverhältnis begründet** hat. Dazu kommt es freilich eher selten.[430] Bedeutsamer ist deshalb der andere Fall, dass er eine mit Eröffnung des Insolvenzverfahrens gem §§ 109 I, 113 eröffnete **Kündigungsmöglichkeit** in der Erwartung **nicht genutzt hat**, die Abwicklung der Insolvenz im regulären Verfahrensmodus erfordere die Leistungen aus dem Dauerschuldverhältnis. Insoweit bedarf es keiner analogen Anwendung, weil die Kündigungserleichterungen per se über die Anzeige der Masseunzulänglichkeit hinaus fortbestehen.[431]

b) Aufrechnung im Insolvenzverfahren, §§ 94 ff

97 **aa) Aufrechnung durch Altmassegläubiger.** Ab Anzeige der Masseunzulänglichkeit gem § 208 I gelten die §§ 94, 95, 96 I Nrn 1, 2 sowie – eingeschränkt – Nr 3[432] für die Aufrechnung eines Altmassegläubigers.[433]

98 **bb) Aufrechnung durch Neumassegläubiger. Neumassegläubiger sind** nach Anzeige der Masseunzulänglichkeit uneingeschränkt **aufrechnungsbefugt.**[434] Der BFH hat seine jedenfalls verbal gegenteilige Rechtsprechung zwar bekräftigt und nochmals eingehend begründet.[435] Das Entscheidende ist in Rn 2 des Urteils aber eher beiläufig erwähnt: Der Insolvenzverwalter hatte eine Quote für die Neumasseverbindlichkeiten errechnet. Es war also der **Fall der „erneuten" Masseunzulänglichkeit** eingetreten, bei der nicht einmal die Neumasseverbindlichkeiten gedeckt sind. Insoweit ist dem **BFH** iE **zuzustimmen**: Die §§ 94–96 gelten für Altmassegläubiger, wenn gem § 208 I Masseunzulänglichkeit angezeigt ist,[436] sie gelten, wenn die Verfahrenskosten nicht gedeckt sind (§ 207 I 1),[437] also ist es nur konsequent, sie auch bei „erneuter" Masseunzulänglichkeit und damit gegenüber den Neumassegläubigern iSv § 209 I Nr 2, II anzuwenden.[438] Denn die drei geschilderten Konstellationen bilden nichts anderes als unterschiedliche Grade von Massearmut. Es wäre zur Vermeidung von Missverständnissen schön gewesen, der BFH hätte dies mit der gleichen Klarheit dargelegt wie die Vorinstanz.[439] Bei voller Deckung der Neumasseverbindlichkeiten kann dagegen schon zur Vermeidung eines sinnlosen Hin- und Herzahlens aufgerechnet werden.

99 Ebenfalls präzisiert hat der BFH, warum er für die Passivforderung nicht danach unterscheidet, ob der Rechtsgrund vor oder nach der Anzeige der Masseunzulänglichkeit gelegt wurde: Eine Aufteilung des in casu betroffenen Kostenvergütungsanspruches sei nicht möglich.[440] Diese formale[441] Betrachtung sollte aus haftungsrechtlicher Sicht nochmals überdacht werden, zu-

---

430 *Kröpelin* Die massearme Insolvenz (2003), Rn 239.

431 MünchKomm/*Hefermehl* InsO[4] § 209 Rn 31; *Kröpelin* Die massearme Insolvenz (2003), Rn 238; *Walther* Das Verfahren bei Masseunzulänglichkeit nach den §§ 208 ff InsO (2005), S 211; *Adam* DZWIR 2011, 485, 489.

432 Überzogen FG Nürnberg NZI 2021, 58 ff Rn 18 ff [**abl** *Meyer* ebd, 87 f], wo § 131 herangezogen wird.

433 Jaeger/*Windel* InsO § 94 Rn 64–66; MünchKomm/*Hefermehl* InsO[4] § 208 Rn 70; HK/*Hölzle* InsO[10] § 208 Rn 28; K. Schmidt/*Jungmann* InsO[19] § 210 Rn 29; *Adam* DZWIR 2011, 485, 489; aus der Rspr sind nachzutragen OLG Celle ZIP 2011, 1164, 1166 f; OVG Berlin-Brandenburg ZIP 2012, 485, 486 f; FG Nürnberg ZIP 2021, 1074 f; OLG Brandenburg ZInsO 2021, 1071 f.

434 Trotz des irreführenden LS 2 des Einsenders **nicht abw** OLG Karlsruhe ZInsO 2003, 856, siehe 857 sub 2b aE.

435 BFH ZIP 2008, 886 ff [*von Spiessen* EWiR 2008, 661 f], der die Vorinstanz FG Köln EFG 2006, 553 f, iE bestätigt; ältere N bei Jaeger/*Windel* InsO § 94 Rn 65 Fn 380.

436 Jaeger/*Windel* InsO § 94 Rn 64 ff.

437 § 207 Rn 95.

438 **Zust** MünchKomm/*Hefermehl* InsO[4] § 208 Rn 70.

439 FG Köln EFG 2006, 553 f.

440 BFH ZIP 2008, 886, 888 Rn 14.

441 Vgl auch *von Spiessen* EWiR 2008, 661, 662.

mal einer wenigstens schätzweisen Aufteilung keine durchgreifenden praktischen Bedenken entgegenstehen sollten. Vor allem aber hat der BFH auf den falschen **Zeitpunkt** für eine mögliche Differenzierung abgestellt: Die **Anzeige der Masseunzulänglichkeit** gem § 208 I entscheidet vor dem Hintergrund der entsprechenden Anwendung des § 96 I Nrn 1, 2 über die Aufrechnungsbefugnis von **Altmassegläubigern.** Der **Eintritt der „erneuten" Masseunzulänglichkeit entscheidet** dagegen, wenn § 96 Nrn 1, 2 **im Verhältnis zu Neumassegläubigern** herangezogen wird.[442]

c) Insolvenz- und Gläubigeranfechtung. Drei Probleme bestehen hinsichtlich der Insolvenz- und der Gläubigeranfechtung: Können *erstens* Rechtshandlungen gegenüber Insolvenzgläubigern auch bei Masseunzulänglichkeit gem §§ 129 ff angefochten werden (aa), sind *zweitens* Massegläubiger zur Anfechtung berechtigt oder gilt insoweit § 16 I 1 AnfG entsprechend (bb) sowie können *drittens* Rechtshandlungen des Insolvenzverwalters gegenüber Massegläubigern analog §§ 129 ff angefochten werden (cc)? 100

aa) Insolvenzanfechtung gegenüber Insolvenzgläubigern. Gegen die hM[443] ist daran festzuhalten, dass eine **Insolvenzanfechtung** gegenüber Insolvenzgläubigern[444] **nur** in Betracht kommt, **soweit** sie eine **Benachteiligung der** (übrigen) **Insolvenzgläubiger** beseitigen kann.[445] Dies gilt aber zum einen nur für die Tatbestände der besonderen Insolvenzanfechtung (§§ 130–132).[446] Zum anderen ist zu beachten, dass die Anfechtung den Insolvenzgläubigern immer dann voraussichtlich nutzen wird, wenn die Masseunzulänglichkeit der Prognose nach überwunden werden kann. Im praktischen Ergebnis sind die **§§ 130–132** also **Instrumente zur Überwindung temporärer Masseunzulänglichkeit.**[447] 101

Die Konzeption der §§ 4a ff; 26 I 2, 207 I 2; 289 führt dazu, dass **masseunzulängliche Verfahren** allein deshalb durchgeführt werden, **um** anschließend **Restschuldbefreiung zu erlangen.** An eine Befriedigung der Insolvenzgläubiger ist regelmäßig zunächst nicht zu denken. Gleichwohl ist gerade hier eine **Insolvenzanfechtung sinnvoll**[448] **wie** selbst bei wortlautgetreuer Anwendung des § 129 **zulässig.**[449] Denn je schneller die Massegläubiger befriedigt werden, desto schneller werden die Insolvenzgläubiger wenigstens bei der Verteilung gem § 292 I während der Wohlverhaltensperiode berücksichtigt, weil die nicht berichtigten Masseverbindlichkeiten dort Vorrang genießen.[450] Die besondere Zielsetzung der auf Restschuldbefreiung gerichteten masseunzulänglichen Insolvenzverfahren[451] gebietet es daher, die Benachteiligung der Insolvenzgläubiger iSv § 129 mittels einer **Gesamtbetrachtung von Insolvenzverfahren und** 102

---

442 Dies übersieht auch Uhlenbruck/*Ries* InsO[15] § 208 Rn 44.

443 BGH ZIP 2003, 2036; BGH ZIP 2008, 701, 703 Rn 14; BGH NZI 2011, 639 f; BAG ZIP 2019, 279, 280 Rn 17; HK/*Hölzle* InsO[10] § 208 Rn 23; Uhlenbruck/*Ries* InsO[15] § 208 Rn 55 f; *Foerste* ZInsO 2013, 659 ff (zu ihm § 322 Rn 4); *Zwanziger* NZA 2015, 577, 580; jetzt auch MünchKomm/*Hefermehl* InsO[4] § 208 Rn 51; für Österreich *König/Trenker* Die Anfechtung nach der IO[6] (2020) Rn 5.6.

444 Bzw Leistungsempfängern iSv § 144 I.

445 Jaeger/*Henckel* InsO § 129 Rn 142; *Häsemeyer* KTS 2002, 603, 610 f; *ders* FS Gerhardt (2004), S 341, 358 f; *Adam* DZWIR 2011, 485, 491.

446 Zu den §§ 133–135 sogleich Rn 104.

447 Ins **zust** *Adam* DZWIR 2011, 485, 491.

448 Eindrücklich *Pape* ZIP 2001, 901, 904 f.

449 *Walther* Das Verfahren bei Masseunzulänglichkeit nach den §§ 208 ff InsO (2005), S 85 ff mit 269 ff.

450 Begr Reg § 329, BT-Drs 12/2443, S 222; BGH ZInsO 2005, 597, 599 = NZI 2005, 399, 401; *Wischemeyer* KTS 2008, 495, 505; *Uhlenbruck* NZI 2001, 408, 410; *Th. B. Schmidt* ZInsO 2003, 9 ff; Kübler/Prütting/Bork/*Pape* InsO[9] § 210 Rn 17; *Walther* Das Verfahren bei Masseunzulänglichkeit nach den §§ 208 ff InsO (2005), S 272 ff; diff *Voigt* ZInsO 2002, 569 ff; ins **aA** *Adam* DZWIR 2006, 495, 499; *ders* DZWIR 2011, 485, 491.

451 Dazu oben Rn 68.

Wohlverhaltensperiode zu bestimmen.[452] Ausgeschlossen ist die Insolvenzanfechtung folglich in einer Gegenausnahme dann, wenn die Insolvenzgläubiger auch während Letzterer nichts erhalten werden.

103 **bb) Gläubigeranfechtung bei Masseunzulänglichkeit.** Außerhalb eines Insolvenzverfahrens können Rechtshandlungen unter den Voraussetzungen der §§ 3 ff AnfG angefochten werden. Gem § 16 I 1 AnfG ist mit der Eröffnung eines Insolvenzverfahrens nur noch der Insolvenzverwalter berechtigt, **von Insolvenzgläubigern** bereits **erhobene Anfechtungsansprüche** (weiter) zu verfolgen. Eine bisher noch nicht erfolgte Anfechtung kann jetzt nur noch vom Insolvenzverwalter im Interesse der Insolvenzgläubiger erhoben werden, §§ 133 ff, die den §§ 3 ff AnfG entsprechen.

104 Hinsichtlich der **Gläubigeranfechtung im Interesse von Massegläubigern** kann iE nichts anderes gelten: Würde man **§ 16 I 1 AnfG** auf einen von einem Massegläubiger bei Anzeige der Masseunzulänglichkeit erhobenen Anfechtungsanspruch nicht **entsprechend anwenden,**[453] würden die Verteilungsordnung des § 209 und das Vollstreckungsverbot des § 210 unterlaufen.[454] Außerdem muss der Insolvenzverwalter[455] diejenigen Tatbestände der Insolvenzanfechtung, die im AnfG eine Entsprechung haben, also die **§§ 133–135** auch **im** ausschließlichen **Interesse der Massegläubiger** geltend machen können, sobald sich gezeigt hat, dass diese nicht mehr vollständig befriedigt werden können.[456] Die Gegenansicht[457] begrenzt den allgemeinen Schutz des AnfG zu Unrecht auf Insolvenzgläubiger. Deren Status bestimmt sich gem § 38 aber nach dem Zeitpunkt der Eröffnung des Insolvenzverfahrens. Eine dem korrespondierende zeitliche Begrenzung der Anfechtungsmöglichkeit ist § 2 AnfG fremd.

105 **cc) Insolvenzanfechtung gegenüber Massegläubigern?** Eine analoge **Anwendung der §§ 129 ff auf das Verhältnis der Massegläubiger untereinander** dergestalt, dass der Insolvenzverwalter (oder sein Amtsnachfolger) eigene Rechtshandlungen anfechten kann, ist **ausgeschlossen.**[458] Der Gedanke war von *Henckel* zu § 55 Nr 3 KO geäußert worden, dessen Verhältnis zur Konkursanfechtung in vielerlei Hinsicht zweifelhaft war.[459] De lege lata ist die Problematik durch eine analoge Anwendung der §§ 94–96 zu lösen.[460] Zwar hält *Henckel* insoweit offenbar an einer umfassenden Bezugnahme der §§ 129 ff fest,[461] aber dies steht in Widerspruch zu den engen Grenzen, die er der Insolvenzanfechtung bei Massearmut sonst zieht.[462] Systemkonform ist es, im Rahmen der entsprechenden Anwendung des § 96 I Nr 3 nur diejenigen Tatbestände

---

452 Ins **abl** *Adam* DZWIR 2011, 485, 491.

453 So *Huber* AnfG[12] § 1 Rn 59, § 16 Rn 6; *Nerlich/Niehus* AnfG (2000), § 16 Rn 10.

454 *Walther* Das Verfahren bei Masseunzulänglichkeit nach den §§ 208 ff InsO (2005), S 157; MünchKomm InsO[4]/*Kayser/Freudenberg* § 129 Rn 208; MünchKomm/*Kirchof* AnfG (2000) § 16 Rn 7 Fn 11.

455 *Th. Wolff* ZZP 22 (1896), 207, 272, wollte die Gläubigeranfechtung den Massegläubigern dagegen untereinander eröffnen.

456 *Walther* Das Verfahren bei Masseunzulänglichkeit nach den §§ 208 ff InsO (2005), S 90 ff; zu § 96 I Nr 3 auch Jaeger/*Windel* InsO § 94 Rn 66.

457 *Häsemeyer* KTS 2002, 603, 611; *ders* FS Gerhardt (2004), S 341, 359.

458 *Pape/Hauser* Massearme Verfahren nach der InsO (2002), Rn 375; Kübler/Prütting/Bork/*Pape* InsO[9] § 210 Rn 13; *Kröpelin* Die massearme Insolvenz (2003), Rn 246– 251, 605; *Walther* Das Verfahren bei Masseunzulänglichkeit nach den §§ 208 ff InsO (2005), S 148–154; *Busch* Der Insolvenzverwalter und die Überwindung der Massearmut (2005), S 178 ff; HK/*Hölzle* InsO[10] § 208 Rn 32; *Adam* DZWIR 2011, 485, 490; *Konecny* in: ders (Hrsg) Insolvenz-Forum 2002 (2003), S 61, 84 (zur öKO); **offen** noch *Pape* ZIP 2001, 901, 902 f.

459 *Henckel* JZ 1996, 531 f, und dazu Jaeger/*Windel* InsO § 94 Rn 66, § 96 Rn 45 ff mN.

460 So jetzt auch Jaeger/*Henckel* InsO § 143 Rn 186.

461 Jaeger/*Henckel* InsO § 143 Rn 186.

462 Vgl Jaeger/*Henckel* InsO § 129 Rn 142.

der Insolvenzanfechtung in Bezug zu nehmen, die auch außerhalb eines Insolvenzverfahrens gelten.[463]

d) Ausschluss sonstigen Rechtserwerbs, § 91. Rechtserwerb, dem weder eine Verfügung des Schuldners noch eine Zwangsvollstreckung zugrunde liegt, ist zu Gunsten eines Altmassegläubigers ab Anzeige der Masseunzulänglichkeit **in entsprechender Anwendung des § 91 ausgeschlossen**, wenn er zu Lasten der Masse geht.[464] Dies beruht darauf, dass § 91 zum einen wie sein Gegenstück, nämlich § 82, eine Störung der Verwaltertätigkeit und damit der Haftungsordnung durch Rechtsverlust ausschließen soll. Da § 82 mittelbar auch die Verteilungsordnung des § 209 schützt, wäre es inkonsequent, eine offene Flanke durch „sonstigen" Rechtserwerb zu lassen. Hinzu kommt, dass § 91 außerdem das auch in § 96 I Nr 1 und 2 zum Ausdruck gekommene Prinzip verwirklicht, dass die Haftungsordnung durch Gläubiger- und Schuldnerwechsel nicht gestört werden darf. Insoweit ist die Anwendung des § 91 aus den gleichen Gründen geboten wie die des § 96 I Nr 1 und 2.[465] 106

e) Geltung der §§ 166, 172 zu Lasten von Massegläubigern? Der Insolvenzverwalter darf Gegenstände, an denen ein Absonderungsrecht besteht, gem § 166 verwerten und gem § 172 nutzen, verbinden, vermischen und verarbeiten. Diese **Kompetenzen bestehen zu Lasten gesicherter Insolvenzgläubiger fort**, auch wenn mittlerweile die Masseunzulänglichkeit angezeigt ist. Den Absonderungsberechigten geschieht kein Nachteil, weil die §§ 170 I 2; 172 I 1 zu ihren Gunsten gelten. Die letztgenannte Vorschrift begründet zwar eine Masseverbindlichkeit, deren Deckung bei „erneuter" Masseunzulänglichkeit aus der Masse nicht mehr voll erfolgen kann. Der Insolvenzverwalter wird sich aber kaum gem § 61 S 2 entlasten können, wenn er bei Masseunzulänglichkeit weiter wirtschaftet.[466] 107

Es wird vorgeschlagen, § 166 **zu Lasten gesicherter Massegläubiger** anzuwenden, wenn Masseunzulänglichkeit angezeigt ist.[467] Für § 172 könnte bejahendenfalls nichts anderes gelten. Die Anwendung setzt einen **Analogieschluss** voraus, weil Sicherungen für Masseverbindlichkeiten keine Absonderungsrechte darstellen.[468] Ein solcher **empfiehlt sich** schon deshalb **nicht**,[469] weil Massegläubiger anders als Insolvenzgläubiger gerade nicht in einer Rechtsbeziehung stehen, die eine gesteigerte In-Pflicht-Nahme rechtfertigen würde.[470] Daneben fehlt ein klar abgrenzbarer Tatbestand für eine entsprechende Anwendung. Die Verwertungs- und Nutzungsrechte werden nämlich vor allem dann relevant, wenn ein Unternehmen auch noch nach Anzeige der Masseunzulänglichkeit fortgeführt werden soll. Dies ist aber einzelfallabhängig.[471] Einen Formalakt, der die weitere Unternehmensfortführung festlegen würde, gibt es nicht. Schließlich ist auch das **praktische Bedürfnis** für die vorgeschlagene Kompetenzerweiterung **zu bezweifeln**. Die §§ 166 II, 172 sollen dem Insolvenzverwalter Befugnisse geben, die ein Sicherungsgeber üblicherweise vor Eintritt des Sicherungsfalles hat. Dies erreicht er in gleicher Weise durch Erfüllungswahl gem § 103 I bzw durch Neuabschluss eines entsprechenden Geschäftes. 108

---

463 Jaeger/*Windel* InsO § 94 Rn 66.

464 MünchKomm/*Hefermehl* InsO[4] § 210 Rn 12; Kübler/Prütting/Bork/*Pape* InsO[9] § 210 Rn 9; HambK/*Weitzmann* InsO[7] § 210 Rn 6; *Walther* Das Verfahren bei Masseunzulänglichkeit nach den §§ 208 ff InsO (2005), S 117 ff; *Adam* DZWIR 2011, 485, 488.

465 Jaeger/*Windel* InsO § 91 Rn 8; § 94 Rn 64–66.

466 Enger Jaeger/*Eckardt* InsO § 166 Rn 92.

467 *Mitlehner* Mobiliarsicherheiten im Insolvenzverfahren (2007), Rn 470, 796; *Adam* DZWIR 2011, 485, 487 f; Graf-Schlicker/*Riedel* InsO[5] § 208 Rn 12.

468 Oben Rn 51 mN.

469 **Zust** HK/*Hölzle* InsO[10] § 208 Rn 32; **diff** Jaeger/*Eckardt* InsO § 166 Rn 94 f.

470 Oben Rn 52.

471 Oben Rn 79.

Dann sind die gesicherten Forderungen als Neumasseverbindlichkeiten zu bedienen. Die vorgeschlagene Analogie wird demzufolge erst dann relevant, wenn selbst die Neumasseverbindlichkeiten nicht mehr gedeckt sind. Nach „erneuter" Masseunzulänglichkeit kann aber ein Bedürfnis zur Unternehmensfortführung nur noch in engsten Grenzen anerkannt werden.[472]

109 **f) Hinweis: Gesamtschaden (§ 92), persönliche Haftung der Gesellschafter (§ 93) und Geltendmachung der Kommanditistenhaftung (§ 171 II HGB).** Die Masseunzulänglichkeit soll grundsätzlich weder auf die **Gesamtschadensliquidation** (§ 92) noch auf die **Geltendmachung der persönlichen Haftung** eines Gesellschafters (§ 93) Einfluss haben;[473] sofern nur einzelne Gläubigergruppen – etwa die Altmassegläubiger – betroffen seien, sei durch Bildung von **Sondermassen** zu helfen.[474] Dem ist für § 92 wie auch für die Geltendmachung der Kommanditistenhaftung (§ 171 II HGB) zuzustimmen. Problematisch erscheint es jedoch, das Vermögen persönlich haftender Gesellschafter mit den Kosten eines Insolvenzverfahrens zu belasten, das den Insolvenzgläubigern nichts nützt und damit das Privatvermögen der Gesellschafter nicht entlastet.[475] Deshalb sollte die Kompetenz des Insolvenzverwalters aus § 93 auf die Fälle „temporärer" Masseunzulänglichkeit beschränkt werden, bei denen die Rückkehr zum regulären Verfahrensmodus absehbar ist.

6. Prozessführung des Verwalters bei Masseunzulänglichkeit

110 **a) Prozessführungsbefugnis und Sachlegitimation.** Der **Insolvenzverwalter bleibt** auch nach Anzeige der Masseunzulänglichkeit **prozessführungsbefugt**. Auch eine „erneute" Masseunzulänglichkeit ändert daran nichts. Die Prozessführungsbefugnis besteht als Teil der Verwaltungskompetenzen des § 80 I gem § 208 III vielmehr fort, bis das Verfahren eingestellt wird, darüber hinaus auch für Prozesse, die im Zusammenhang mit einer vorbehaltenen Nachtragsverteilung (§ 211 III) stehen.[476]

111 Demgegenüber sind die **Verfügungsbefugnis**[477] sowie die **Sachlegitimation** des Verwalters davon abhängig, dass das materielle Rechtsinstitut, in welchem der Streitgegenstand gründet, auch nach Anzeige der Masseunzulänglichkeit wirkt. Soweit man dies verneint,[478] werden entsprechende **Aktivprozesse** des Verwalters mit Wirkung ex nunc unbegründet. Die **Anzeige der Masseunzulänglichkeit** ist hier also **erledigendes Ereignis**. Ein **Passivprozess**, in dem sich der Verwalter einredeweise auf ein nicht mehr wirksames Rechtsinstitut berufen hat, nimmt hingegen seinen Fortgang. Der Insolvenzverwalter muss seine weitere Prozesstaktik daran orientieren, ob ihm noch andere Verteidigungsmittel zu Gebote stehen, um eine Niederlage abzuwenden.

112 **b) Prozesskostenhilfe.** Die Grundsätze, nach denen dem Insolvenzverwalter **Prozesskostenhilfe** zu gewähren ist, wurden bereits ausführlich dargelegt.[479] Sie gelten auch bei Masseunzu-

---

472 Oben Rn 73 aE.

473 Jaeger/*Müller* InsO § 92 Rn 20 f, § 93 Rn 3, 43 ff.

474 *Walther* Das Verfahren bei Masseunzulänglichkeit nach den §§ 208 ff InsO (2005), 120 ff; *Adam* DZWIR 2011, 485, 488, 490 f.

475 *Häsemeyer* FS Gerhardt (2004), S 341, 357 f.

476 Dazu § 211 Rn 15 ff.

477 **Beispiel** für einen Prozessvergleich LAG Berlin-Brandenburg ZInsO 2020, 2146 f (Streit um Vergleichsmehrwert).

478 Oben Rn 103 ff, 107, 109.

479 Jaeger/*Windel* InsO § 80 Rn 168–180.

länglichkeit. Namentlich folgt aus § 208 III, dass eine **Prozessführung** hier **nicht** als **per se mutwillig** eingestuft werden darf.[480] Dies gilt auch, wenn der Insolvenzverwalter als Streithelfer[481] allfällige Insolvenzforderungen abwehren will.[482] Ein Antrag auf Prozesskostenhilfe bei Masseunzulänglichkeit ist sogar insoweit aussichtsreicher, als im Rahmen des Nachweises der Voraussetzungen des § 116 S 1 Nr 1 ZPO[483] **grundsätzlich davon auszugehen** ist, **dass** die **Kosten** des Rechtsstreits **nicht** aus der Insolvenzmasse **aufgebracht werden können.**[484] Dabei sind die Voraussetzungen des § 116 S 1 Nr 1 ZPO selbständig zu würdigen. Die Tatbestandswirkung des § 208 I greift insoweit nicht. Daher hat der Verwalter dazu vorzutragen.[485] Denn es sind auch Ausnahmen vom Grundsatz denkbar. Das entscheidende Prozessgericht sollte die Begründung des Verwalters für die Anzeige der Masseunzulänglichkeit großzügig prüfen. Zu weit geht es, dass das BVerwG eine eigene detaillierte Deckungsrechnung mit abweichender Prognose aufstellt.[486] Dies hat das missliche Ergebnis, dass in der Verwaltungsgerichtsbarkeit praktisch strengere Anforderungen an die Gewährung von Prozesskostenhilfe gestellt werden als in der Zivil- und in der Arbeitsgerichtsbarkeit.[487]

Umstritten ist, **ob** bei der Prüfung der Bedürftigkeit der Masse auch die **Altmasseverbindlichkeiten zu berücksichtigen** sind.[488] Die Frage muss bejaht werden, wenn man das Ziel der Insolvenzrechtsreform, durch Weiterführung der Insolvenzverwaltung bei Masseunzulänglichkeit auch und gerade im Klagewege zu einer Masseanreicherung zu kommen, konsequent verfolgen will.[489] 113

„Wirtschaftlich Beteiligte" sind nach Anzeige der Masseunzulänglichkeit die **Massegläubiger.**[490] Dass der BGH unter ihnen die **Altmassegläubiger** (pauschal oder nur im Grundsatz?) nicht heranziehen will,[491] leuchtet jedenfalls dann nicht ein, wenn der Prozess gerade dazu dient, eine temporäre Masseunzulänglichkeit zu überwinden.[492] Hier ist vielmehr eine Einzelabwägung vorzunehmen.[493] 114

c) Hinweis: Verwalterhaftung für Kostenerstattungsansprüche. Der Insolvenzverwalter haftet grundsätzlich auch bei Masseunzulänglichkeit nicht persönlich für Kostenerstattungsansprüche des Prozessgegners.[494] 115

---

480 BGH ZIP 2008, 944 = DZWIR 2008, 297 f [**zust** *Gundlach/Frenzel* ebd]; *Hörmann* NZI 2008, 291 f; FK/*Kießner* InsO⁹ § 208 Rn 26; vgl auch oben § 207 Rn 103.

481 Allg dazu Jaeger/*Windel* InsO § 80 Rn 177.

482 Verfehlt OLG Stuttgart ZIP 2012, 1314 f.

483 Dazu allg Jaeger/*Windel* InsO § 80 Rn 170.

484 BAG ZInsO 2003, 722, 723; BGH ZIP 2007, 2187, 2188 Rn 4; BGH ZIP 2008, 1035, 1036 Rn 6–8 = WuB VII A. § 116 ZPO 2.08 [**zust** *H. Mohrbutter*]; FK/*Kießner* InsO⁹ § 208 Rn 26; im Ausgangspunkt auch BVerwG ZIP 2006, 1542, 1543.

485 BGH ZIP 2019, 1486 [**zust** *Kaubisch* EWiR 2019, 531 f]; dazu auch Jaeger/*Windel* InsO § 80 Rn 179.

486 BVerwG ZIP 2006, 1542, 1543 [**abl** *Undritz/Meyer-Sommer* EWiR 2006, 671 f].

487 *Undritz/Meyer-Sommer* EWiR 2006, 671 f.

488 **Bejahend** BGH ZIP 2007, 2187, 2188 Rn 5–9 [**abl** *Frind* EWiR 2008, 95 f] = DZWIR 2008, 80 f [**ins zust** *Gundlach/Frenzel* ebd, 81 f] = WuB VII A. § 116 ZPO 1.08 [**krit** *H. Mohrbutter*]; *Lang* NZI 2012, 746, 747; **aA** *Ringstmeier/Hohmann* ZIP 2005, 284, 285 f.

489 BGH sowie *Gundlach/Frenzel*, jew aaO.

490 Jaeger/*Windel* InsO § 80 Rn 172; **aA** *Gundlach/Frenzel* DZWIR 2008, 81 f.

491 BGH ZIP 2007, 2187, 2188 Rn 9; **zust** *Lang* NZI 2012, 746, 748.

492 Insoweit berechtigte Kritik bei *Frind* EWiR 2008, 95, 96; *Gundlach/Frenzel* DZWIR 2008, 81, 82; *H. Mohrbutter* WuB VII A. § 116 ZPO 1.08.

493 Dazu allg Jaeger/*Windel* InsO § 80 Rn 177.

494 Jaeger/*Gerhardt* InsO § 61 Rn 16; MünchKomm/*Hefermehl* InsO⁴ § 208 Rn 50, jew mN.

§ 209 Befriedigung der Massegläubiger

(1) Der Insolvenzverwalter hat die Masseverbindlichkeiten nach folgender Rangordnung zu berichtigen, bei gleichem Rang nach dem Verhältnis ihrer Beträge:
1. die Kosten des Insolvenzverfahrens;
2. die Masseverbindlichkeiten, die nach der Anzeige der Masseunzulänglichkeit begründet worden sind, ohne zu den Kosten des Verfahrens zu gehören;
3. die übrigen Masseverbindlichkeiten, unter diesen zuletzt der nach den §§ 100, 101 Abs. 1 Satz 3 bewilligte Unterhalt.

(2) Als Masseverbindlichkeiten im Sinne des Absatzes 1 Nr. 2 gelten auch die Verbindlichkeiten
1. aus einem gegenseitigen Vertrag, dessen Erfüllung der Verwalter gewählt hat, nachdem er die Masseunzulänglichkeit angezeigt hatte;
2. aus einem Dauerschuldverhältnis für die Zeit nach dem ersten Termin, zu dem der Verwalter nach der Anzeige der Masseunzulänglichkeit kündigen konnte;
3. aus einem Dauerschuldverhältnis, soweit der Verwalter nach der Anzeige der Masseunzulänglichkeit für die Insolvenzmasse die Gegenleistung in Anspruch genommen hat.

Materialien

1. Ber InsRKomm, LS 1.3.3; 2. Ber InsRKomm, Lse 7.3, 4; DiskE § 310; RefE § 310; RegE § 321 (BT-Drucks 12/2443, S 60, Begr S 220, Stellungnahme BR S 250, Gegenäußerung BReg S 262 f); Rechtsausschuss § 234 c (BT-Drucks 12/7302, S 85 f, Begr S 180).

Vorgängerregelungen

§ 60 KO (dazu Begr EGemeinschuldO Bd I S 321 ff; Begr EKO S 247 ff; KO-Prot S 49, 150); § 13 GesO.

Literatur

S zu § 207.

Übersicht

https://doi.org/10.1515/9783110343687-036

Alphabetische Übersicht

I. Allgemeines

1. § 209 als Verteilungsordnung

§ 209 errichtet als eines der Kernstücke der Insolvenzrechtsreform eine **Verteilungsordnung** im Sinne einer Anweisung an den Insolvenzverwalter.[1] Es handelt sich trotz des Wortlautes **nicht** um eine **Rangordnung**[2] in dem dogmatischen Sinne einer Festschreibung des Verhältnisses der Massegläubiger zueinander. Denn diese sind haftungsrechtlich nicht wie Insolvenzgläubiger miteinander verbunden.[3] Die Zielrichtung der Regel ist demgegenüber verwaltungsbezogen, 1

1 Jaeger/*Lent* KO[8] § 60 Rn 7.
2 Vgl *Häsemeyer* InsR[4] Rn 14.23, der an dem Begriff gleichwohl festhält.
3 Dazu § 208 Rn 43.

dem Insolvenzverwalter durch die Rückstufung drängender Masseverbindlichkeiten auf den Rang des § 209 I Nr 3 Handlungsspielraum (zurück)zugeben, um die Verwertung auch bei Masseunzulänglichkeit zum Abschluss bringen zu können.[4]

2 **a) Legitimität.** Die Verteilungsordnung ist im Groben durch Sachgesetzlichkeiten vorgegeben. Kein Verfahren kann durchgeführt werden, ohne dass die dazu erforderlichen Mittel aufgebracht werden. Will man nicht aus öffentlichen Kassen zuschießen, muss den **Verfahrenskosten** (§ 209 I Nr 1) daher **Vorrang** eingeräumt werden. Auch eine **Abstufung zwischen** den zur Masseverwertung nach angezeigter Unzulänglichkeit einzugehenden **Neumasseverbindlichkeiten** (§ 209 I Nr 2) **und** nicht mehr (voll) zu deckenden sog **Altmasseverbindlichkeiten** (§ 209 I Nr 3) ist unausweichlich, wenn das gesetzgeberische Ziel erreicht werden soll, dem Insolvenzverwalter Handlungsspielraum zurückzugeben. Konsequent, wenn auch praktisch weniger bedeutsam, erscheint schließlich auch die auf den Rechtsausschuss zurückgehende[5] **Rückstufung des** bewilligten **Unterhalts** für den Schuldner bzw dessen vertretungsberechtigte persönlich haftende Gesellschafter und deren Familien (§ 209 I Nr 3 aE iVm §§ 100, 101 I 3).[6]

3 Detailfragen lassen sich demgegenüber nicht aus Sachgesetzlichkeiten ableiten. Demzufolge herrscht nach wie vor **Streit über** die Legitimität der Verteilungsordnung im Einzelnen. Namentlich geht es dabei um **drei Punkte, nämlich** den absoluten **Vorrang der Verfahrenskosten** auch **gegenüber Massebereicherungen**, um die **Einordnung oktroyierter Masseverbindlichkeiten und** schließlich um die **Tauglichkeit** des § 209 **für Unternehmensfortführungen** und die Abwicklung von unternehmerischen Einzelprojekten.

4 Als so eben noch dies-, vielleicht aber schon jenseits der Grenze zur Verfassungswidrigkeit wird es angesehen, dass **rechtsgrundlose Bereicherungen** der Masse nach den Verfahrenskosten eingestuft worden sind.[7] Demgegenüber hält die hM die Regelung für verfassungsgemäß und jedenfalls für vertretbar.[8] Ihr ist unter dem Aspekt zuzustimmen, dass der Gesetzgeber in Abkehr vom Modell des § 60 KO insgesamt eine **generalisierende Verteilungsordnung** aufgestellt hat (und aufstellen durfte), die von den Spezifika, die einzelne Forderungen im Rechtsgrund aufweisen, weitgehend abstrahiert. Gleichwohl bleibt das Problem der **Wertverfolgung gegenüber einem amtsverwalteten Vermögen** bestehen. Als Ansatzpunkt für eine differenzierte Lösung wurde vor diesem Hintergrund ventiliert, Bereicherungsansprüche, die sich als „verlängerte" (Ersatz-)Aus- oder Absonderungsansprüche darstellen, zu privilegieren.[9] Dies greift aber zu kurz, weil damit die Verwerfungen nicht völlig vermieden werden können, die der praktische Ablauf einer Insolvenzverwaltung mit sich bringt. Dies zeigt sich an zwei Entscheidungen des 9. Zivilsenats des BGH: Zunächst hatte der BGH eine Entscheidung des OLG Rostock aufgehoben, in der dieses in Unbehagen über die Zurücksetzung von Kondiktionsansprüchen einem Bereicherungsgläubiger geholfen hatte, indem es die Geltendmachung der „erneuten" Masseunzulänglichkeit durch den Insolvenzverwalter zurückwies, weil der Bereicherungsgläubiger als einziger neu hinzugekommen sei.[10] Später hat der BGH die **Kondiktion einer Fehlüberweisung** hingegen in vol-

---

4 Begr RegE § 318 und § 321, BT-Drucks 12/2443, S 218 f, 220, sowie aus der Lit statt aller MünchKomm/*Hefermehl* InsO[4] § 209 Rn 1, 3 f, 11 f; Kübler/Prütting/Bork/*Pape* InsO[19] § 209 Rn 3a.

5 BT-Drucks 12/7302, S 180. Befürwortend etwa *Häsemeyer* InsR[4] Rn 14.24; *Walther* Das Verfahren bei Masseunzulänglichkeit nach den §§ 208 ff InsO (2005), S 213; krit *Uhlenbruck* KTS 1999, 413 ff.

6 Dazu unten Rn 46.

7 *Häsemeyer* in InsR im Umbruch (1991), S 101, 104; *ders* FS Gerhardt (2004), S 341, 356; *ders* InsR[4] Rn 14.24; *Smid* WM 1998, 1313, 1320 f; *Dinstühler* ZIP 1998, 1697, 1699; Nerlich/Römermann/*Westphal* InsO[29] § 209 Rn 14; *Adam* DZWIR 2009, 441, 443; offenbares Unbehagen auch bei OLG Rostock ZIP 2005, 360 f [**zust** *Knoche* EWiR 2005, 361 f].

8 BGHZ 167, 178, 183 f Rn 13; MünchKomm/*Hefermehl* InsO[4] § 55 Rn 210; Kübler/Prütting/Bork/*Pape* InsO[19] § 209 Rn 3c, 18; Uhlenbruck/*Ries* InsO[15] § 209 Rn 39; *Kröpelin* Die massearme Insolvenz (2003), Rn 222; *Walther* Das Verfahren bei Masseunzulänglichkeit nach den §§ 208 ff InsO (2005), S 215 f.

9 Erwogen von *Walther* Das Verfahren bei Masseunzulänglichkeit nach den §§ 208 ff InsO (2005), S 215 f.

10 OLG Rostock ZIP 2005, 360 f [**zust** *Knoche* EWiR 2005, 361 f]; **aufgehoben** durch BGHZ 167, 178.

lem Umfang zugelassen, weil sie direkt **auf das Insolvenzverwalteranderkonto** erfolgt war, das nicht massezugehörig sei.[11] Aus der Sicht der beiden Bereicherungsgläubiger lag der einzige Unterschied darin, dass der Betrag einmal zunächst einem bereits gelöschten Konto der Schuldner[12] und erst im Anschluss einem „Sonderkonto", das andere Mal aber direkt dem Insolvenzverwalteranderkonto gutgeschrieben wurde. Im ersten Falle war die vermögensmäßige Trennung sogar noch stärker als im zweiten, weil das allgemeine Anderkonto zunächst nur die Separierung des Buchgeldes vom Privatvermögen des Verwalters, nicht von der Masse sicherstellen soll. Wertungsmäßig liegen beide Fälle im Übrigen gleich. Daraus folgt aber nur, dass man **ungerechtfertigte Bereicherungen durch Buchgeld** ohne Rücksicht auf die Zulänglichkeit der Masse iaR ausgleichen kann. Aber wieso soll man Bereicherungen in anderer Art und Weise grundlegend anders behandeln als solche durch Buchgeld?

Inwieweit **oktroyierte Masseverbindlichkeiten** überhaupt zugelassen und namentlich bei Masseunzulänglichkeit berücksichtigt werden sollen,[13] ist durch die InsO im Wege eines rechtspolitischen Kompromisses entschieden worden. Dieser Kompromiss steht nicht für sich allein, sondern ist in einen Zusammenhang mit anderen Grundentscheidungen der Insolvenzrechtsreform eingebettet. Deshalb ist es angemessener, das gegebene System praktikabel auszugestalten, statt die Generaldebatte fortzuführen. Selbst (vermeintlich) kleinere Gesetzesänderungen[14] erscheinen vor diesem Hintergrund problematisch, zumal die Zweifelsfragen, die sie lösen sollen, auch von Literatur und Rechtswissenschaft aufgearbeitet werden können.[15] 5

Ein nach wie vor nicht befriedigend gelöstes Problem bildet die **Unternehmensfortführung** über das Eröffnungs- bis zum eröffneten und vielleicht sogar masseunzulänglichen Insolvenzverfahren.[16] Jedenfalls für die geschlossene Finanzierung in sich abgrenzbarer Teilprojekte im Rahmen einer Unternehmensfortführung sollte eine Lösung erarbeitet werden, die den derzeit praktizierten **Treuhandmodellen**[17] überlegen ist. Einer der Vorschläge geht dahin, § 55 II zu erweitern und auf dieser Basis eine **neue Rangklasse zwischen** den heutigen **Nrn 2 und 3** des § 209 I zu schaffen.[18] Nicht nur deshalb, weil sich dann aber sofort auch die Frage stellt, inwieweit die neue Verteilungsordnung auch auf oktroyierte Verbindlichkeiten aus Dauerschuldverhältnissen zu erstrecken ist,[19] sollten zunächst weitere Modelle diskutiert werden. Zu denken ist dabei nicht zuletzt an die gerichtlich zu genehmigende **Bildung einer Sondermasse.**[20] 6

---

11 BGH ZIP 2009, 531 f [**zust** *Ferslev* EWiR 2009, 343].

12 Die Tatbestände des Berufungs- und des Revisionsurteils weichen unerklärlicherweise voneinander ab. OLG Rostock: „Am 14.2.2003 überwies der Kläger einen Betrag von 30.424,90 €, der einem zu dieser Zeit bereits aufgelösten Bankkonto der Schuldnerin gutgeschrieben wurde. Einen Anspruch gegen den Kläger hatte die Schuldnerin nicht, vielmehr war der Betrag für die als Auffanggesellschaft gegründete C. GmbH bestimmt. Den streitgegenständlichen Betrag legte der Beklagte auf einem besonderen Konto an." BGH: „Am 14. Februar 2003 überwies der Kläger zum Ausgleich einer Forderung dieser Gesellschaft, die von der Insolvenz nicht betroffen ist, an die Schuldnerin auf deren bereits aufgelöstes Konto 30.424,90 €. Die Empfängerbank leitete den Geldbetrag an den Beklagten weiter. Dieser zahlte den Betrag auf ein Sonderkonto ein ...". Die Abweichung liegt darin, dass der BGH nichts von einer Gutschrift auf das „aufgelöste" Konto sagt. Damit hätte die Buchung technisch zunächst auf das Konto pro diverse erfolgt sein müssen, also nicht auf ein solches der Schuldnerin.

13 Restriktiv namentlich *Häsemeyer* in InsR im Umbruch (1991), S 101, 105, 108 f; *Breitenbücher* Masseunzulänglichkeit (2007), S 117 ff mit Gesetzgebungsvorschlag 129; die lex lata verteidigt demgegenüber etwa *Walther* Das Verfahren bei Masseunzulänglichkeit nach den §§ 208 ff InsO (2005), S 218–220.

14 So will *Kraushaar* BB 2004, 1056, 1050, in § 209 II Nr 2 darauf abstellen, ob die Kündigung „möglich ... war".

15 Speziell zu der von *Kraushaar* BB 2004, 1050, 1054 ff, behandelten Frage des Kündigen „Könnens" unten Rn 54 ff.

16 *Windel* ZIP 2009, 101 ff.

17 Dazu oben § 208 Rn 81 f.

18 *Werres* ZInsO 2006, 918, 924.

19 *Werres* ZInsO 2006, 918, 923 f.

20 *Windel* ZIP 2009, 101, 107 ff.

b) Geltungsumfang

7 **aa) Ergänzungsbedürftigkeit der Verteilungsordnung.** § 209 I legt eingangs die Verteilung auf die Rangklassen fest und schreibt innerhalb eines Ranges verhältnismäßige Befriedigung vor. Obwohl damit der trügerische Eindruck einer in sich abgeschlossenen Handlungsanweisung an den Insolvenzverwalter erweckt wird, ist die **Regelung ergänzungsbedürftig:**

8 *Zum ersten* deshalb, weil der Gesetzgeber nicht bedacht hat, dass es zur Unterdeckung selbst der Neumasseverbindlichkeiten kommen kann (**„erneute" Masseunzulänglichkeit**). Da gem § 208 III auch in dieser Phase noch Verwertungsgeschäfte vorgenommen werden müssen,[21] hätte eine wortgetreue Anwendung des § 209 I Nr 2 die unannehmbare Konsequenz, dass die Partner der **Versilberungsgeschäfte** nur anteilig zu befriedigen wären. § 209 I Nr 2 bedarf deshalb der teleologischen Korrektur.[22]

9 *Zum anderen* ist mit Einführung der Möglichkeit zur **Verfahrenskostenstundung** (§§ 4a; 26 I 2, 2. Fall; 207 I 2, 1. Hs, 2. Fall) eine von Anfang an bestehende Ungereimtheit virulent geworden: § 207 III 1 erklärt unter den Verfahrenskosten die Auslagen für vorrangig, während § 209 I Nr 1 von einer unterschiedslosen Behandlung aller Verfahrenskosten ausgeht.[23] Praktische Bedeutung hat dieser Widerspruch dadurch erlangt, dass massedürftige **Verfahren zur Erlangung von Restschuldbefreiung** nach gewährter Verfahrenskostenstundung heute im Modus der §§ 208 ff geführt werden.[24] In diesem Verfahren ist die Masse an die Verfahrenskostengläubiger zu verteilen, wobei **§ 207 III 1 ergänzend heranzuziehen** ist.[25]

10 *Zum dritten* wird § 209 im **Nachlassinsolvenzverfahren** durch § 324 II ergänzt.[26]

11 **bb) Die erfassten Masseverbindlichkeiten.** § 209 erfasst die **Masseverbindlichkeiten unabhängig vom Leistungsgegenstand.** Die Beschränkung des § 60 KO auf Ansprüche, die auf einen Geldbetrag gerichtet sind, ist bewusst aufgegeben worden.[27] **Nicht auf Zahlung eines** einmaligen **Geldbetrages gerichtete Forderungen** sind entsprechend §§ 45; 46 S 2 umzurechnen bzw entsprechend § 46 S 1 abzuzinsen.[28] Soweit **Nebenforderungen** überhaupt entstehen,[29] teilen sie als solche zu Neumasseverbindlichkeiten den Rang der Hauptforderung.[30] Nebenforderungen zu Altmasseverbindlichkeiten werden dagegen entsprechend § 39 I Nr 1 gegenüber den sonstigen Altmasseverbindlichkeiten zurückgesetzt.[31]

---

21 Zum Umfang der dann noch bestehenden Verwertungspflicht oben § 208 Rn 72 f.
22 Unten Rn 19 f.
23 Dazu schon § 207 Rn 9, 63.
24 Oben § 207 Rn 59.
25 Unten Rn 32.
26 Dazu Jaeger/*Windel* InsO § 324 Rn 30 f.
27 Begr RegE § 321, BT-Drucks 12/2443, S 220; MünchKomm/*Hefermehl* InsO[4] § 209 Rn 14; Kübler/Prütting/Bork/*Pape* InsO[19] § 209 Rn 4; BK/*Martini* InsO[61] § 209 Rn 4; Nerlich/Römermann/*Westphal* InsO[29] § 209 Rn 3; Uhlenbruck/*Ries* InsO[15] § 207 Rn 10; *Kröpelin* Die massearme Insolvenz (2003), Rn 221.
28 Neben den Vorzitierten *Adam* DZWIR 2011, 485, 487.
29 Dazu § 208 Rn 51.
30 OVG Berlin-Brandenburg ZIP 2012, 485, 486 f; Jaeger/*Lent* KO[8] § 60 Rn 4; MünchKomm/*Hefermehl* InsO[4] § 209 Rn 13.
31 *Adam* DZWIR 2011, 485, 486; *Jansen* NZI 2013, 774, 781; MünchKomm/*Hefermehl* InsO[4] § 209 Rn 35; Braun/*Ludwig* InsO[8] § 209 Rn 45; **aA** Uhlenbruck/*Ries* InsO[15] § 209 Rn 10.

Sozialplanforderungen werden nicht berücksichtigt.[32] Dies beruht darauf, dass sie als „unechte“ Masseverbindlichkeiten[33] nur dann bedient werden können, wenn es zu einer Verteilung an die Insolvenzgläubiger kommt, § 123 II. Das ist bei Masseunzulänglichkeit aber naturgemäß nicht der Fall. Entgegen der ganz hM ist die Gleichstellung von Ansprüchen auf **Nachteilsausgleich** gem § 113 II BetrVG mit Sozialplanforderungen wenigstens im wirtschaftlichen Ergebnis geboten.[34] 12

cc) Entsprechende Anwendung des § 209. § 209 I gilt entsprechend für die Berichtigung von Verfahrenskosten und sonstigen Verbindlichkeiten nach einer Aufhebung von Sicherungsmaßnahmen iR des § 25 II.[35] 13

2. Verbindlichkeit der Verteilungsordnung

Die **Verteilungsordnung** des § 209 ist **verbindlich.** Der Insolvenzverwalter hat sich nach ihr zu richten, Insolvenz- und Prozessgericht haben sie zu beachten und schließlich sind auch die Massegläubiger von ihr betroffen. Gerade die Hauptwirkung, nämlich die **Bindung des Verwalters** an die mit der Anzeige der Masseunzulänglichkeit ausgelöste Verteilungsordnung, ist aber in besonderem Maße **relativiert.** Denn der Verwalter legt durch seine nicht justitiable Anzeige faktisch nicht nur fest, ob und ab welchem Zeitpunkt die Verteilungsordnung überhaupt eintritt, sondern auch auf welchen Zeitpunkt die Unterteilung zwischen Alt- und Neumasseverbindlichkeiten zu beziehen ist.[36] Diese Konsequenzen der verfehlten Aufgabe einer gerichtlichen Feststellung der Masseunzulänglichkeit durch den Rechtsausschuss[37] sind nicht zuletzt für den Insolvenzverwalter selbst misslich, weil sich die **persönliche Haftung** des Verwalters danach bestimmt, ob er die Masseunzulänglichkeit *rechtzeitig angezeigt* hat.[38] Dieses Auseinanderfallen der Bezugspunkte der Pflichten kann dazu führen, dass der Verwalter gem § 209 zu einer Verteilung genötigt ist, die erst zu den Schäden führt, die er dann gem §§ 60, 61 aus seinem Privatvermögen auszugleichen hat. 14

a) Verbindlichkeit des § 209 nach angezeigter Masseunzulänglichkeit. Der **Insolvenzverwalter ist** auf die Verteilungsordnung des § 209 **festgelegt.** Er kann zwar hier – wie sonst[39] – den **Streit** über Höhe und Rang einer Masseverbindlichkeit **vergleichsweise beilegen.**[40] Er darf aber nicht eigenmächtig von den gesetzlichen Vorgaben abweichen. Dies gilt selbst dann, wenn vordergründig Sachzwänge dazu nötigen. So ist es sicherlich richtig, dass die **Fortführung eines Unternehmens**(teils)[41] nur möglich sein wird, wenn die aktuellen Lieferanten und die beschäftig- 15

---

32 Begr RegE § 321, BT-Drucks 12/2443, S 220; BAG AP InsO § 123 Nr 4 [**zust** *Windel*] = ZIP 2010, 546 f [**zust** *Moll* EWiR 2010, 301 f]; [**zust** Sessig/*Fischer* ZInsO 2010, 561, 563 f]; *Häsemeyer* InsR⁴ Rn 23.16; MünchKomm/*Hefermehl* InsO⁴ § 209 Rn 37; HK/*Hölzle* InsO¹⁰ § 209 Rn 29; Nerlich/Römermann/*Westphal* InsO²⁹ § 209 Rn 13; *Kröpelin* Die massearme Insolvenz (2003), Rn 241; *Walther* Das Verfahren bei Masseunzulänglichkeit nach den §§ 208 ff InsO (2005), S 213 f; *Zwanziger* NZA 2015, 577, 578.

33 Dazu Jaeger/*Windel* InsO § 94 Rn 63.

34 Unten Rn 43 ff.

35 AG Duisburg DZWIR 2000, 306 f [**zust** *Smid* ebd, 307 f]; Jaeger/*Gerhardt* InsO § 25 Rn 13.

36 Zur Kritik *Häsemeyer* InsR⁴ Rn 7.77.

37 Dazu oben § 207 Rn 8, 10, § 208 Rn 35.

38 Jaeger/*Gerhardt* InsO § 60 Rn 68, § 61 Rn 18 f; BAG ZIP 2007, 1169, 1170 ff [**zust** *Fersler* EWiR 2007, 625 f] = RdA 2008, 44 [ins **zust** *Uhlenbruck* ebd, 45, 46] = JR 2008, 395 – LS [**zust** *Busch* ebd, 395 f].

39 Jaeger/*Windel* InsO § 80 Rn 259.

40 Vgl BAG ZIP 2007, 1169, 1172.

41 Zum Problem oben Rn 6 sowie § 208 Rn 79 ff.

ten Arbeitnehmer voll bezahlt werden. Der Verwalter darf dies aber nicht dadurch finanzieren, dass er die früheren Lieferanten und die freigestellten Arbeitnehmer gar nicht berücksichtigt.[42]

16 Für die Verteilung gibt es **weder** einen verbindlichen **Zeitrahmen**[43] **noch** ein förmliches **Verfahren**; die §§ 187 ff gelten nicht analog.[44] Daher erfolgen auch **keine Abschlagsverteilungen.**[45] Es ist praktisch aber unverzichtbar, dass der Verwalter interne **Arbeitspapiere**[46] einschließlich einer **Verteilungsliste**[47] hat. Soweit Neumassegläubiger auf **Barzahlung** bestehen, kann der Insolvenzverwalter darauf eingehen,[48] sofern die Neumasseverbindlichkeiten voll gedeckt sind. **Hinsichtlich streitbefangener Forderungen** besteht die haftungsbewehrte **Pflicht, Rückstellungen zu bilden.** Hierfür bietet sich weniger ein Analogieschluss zu § 189 II[49] an, weil es bei § 209 kein dem § 189 I entsprechendes formalisiertes Verfahren gibt, auf dem aufgebaut werden könnte. Andererseits sollte auf die Nennung einer Grundlage für die Rückstellung nicht verzichtet werden,[50] zumal sie sich mit § 214 III geradezu aufdrängt.[51]

17 **Gerichtliche Entscheidungen vermögen** die gesetzliche Verteilungsordnung des **§ 209 nicht zu modifizieren.** Dies gilt einmal für Beschlüsse eines **Prozessgerichts** im Rahmen der **Prozesskostenhilfe,**[52] aber auch gegenüber dem **Insolvenzgericht.** Demzufolge **kann** dieses einen vorläufigen Insolvenzverwalter **nicht ermächtigen, Masseverbindlichkeiten mit bestimmtem Rang,** namentlich dem des § 209 I Nr 2, **zu begründen.**[53]

18 Die Unterworfenheit der **Massegläubiger** unter die Verteilungsordnung ist „einseitig dispositiv", dh der einzelne Gläubiger kann mit dem Verwalter einen **Rangrücktritt** vereinbaren,[54] etwa vor dem Hintergrund der Gewährung eines Kredits zum Zwecke einer Unternehmensfortführung bzw -sanierung. Die Bedeutung des Rücktritts zeigt sich namentlich daran, dass Gläubiger nach der Anzeige der Masseunzulänglichkeit erhaltene Beträge herausgeben müssen, soweit sie die ihnen zustehende Quote übersteigen.[55] Der Ausgleich erfolgt im Verhältnis zum Insolvenzverwalter und damit über die Masse, nicht im Verhältnis der Massegläubiger untereinander.[56]

19 **b) Verwertung und Verteilung bei „erneuter" Masseunzulänglichkeit.** Kommt es zur **Unterdeckung der Neumasseverbindlichkeiten**, ist die Masse weiter zu verwalten und zu verwerten (§ 208 III), ohne dass der Verwalter die Möglichkeit hätte, den daraus resultierenden Verbindlichkeiten einen besonderen Rang als „neueste" bzw Neu-Neumasseverbindlichkeiten

---

42 So aber für die §§ 60, 61 LAG Sachsen-Anhalt ZInsO 2007, 1007, 1008. Dort hätte entgegen dem LAG voll aufgeklärt werden müssen, ob den zunächst nicht befriedigten Massegläubigern ein Schaden erwachsen war.
43 Uhlenbruck/*Ries* InsO[15] § 209 Rn 6, nennt als **Richtwert** 3–6 Monate.
44 § 208 Rn 45.
45 Uhlenbruck/*Ries* InsO[15] § 209 Rn 5.
46 *Kluth* ZInsO 2000, 179, 182 f.
47 Uhlenbruck/*Ries* InsO[15] § 211 Rn 2.
48 Uhlenbruck/*Ries* InsO[15] § 209 Rn 5.
49 Dafür BAG ZIP 2007, 1169, 1171 f; HK/*Hölzle* InsO[10] § 209 Rn 12; Kübler/Prütting/Bork/*Pape* InsO (9. Lfg) § 211 Rn 5.
50 So aber FK/*Kießner* InsO[9] § 211 Rn 16; HambK/*Weitzmann* InsO[7] § 211 Rn 4.
51 Dafür *Walther* Das Verfahren bei Masseunzulänglichkeit nach den §§ 208 ff InsO (2005), S 232 f, 234 f, sowie MünchKomm/*Hefermehl* InsO[4] § 211 Rn 7, der daneben auch § 258 II anführt.
52 BGH ZIP 2006, 2055 f Rn 8 = WuB VI A. § 209 InsO 1.07 [*Lüke*]; HK/*Hölzle* InsO[10] § 209 Rn 9.
53 **So aber** AG Hamburg ZInsO 2004, 1270 f, sowie ZInsO 2005, 447 f („Treibholz I und II"); **zust** HambK/*Weitzmann* InsO[7] § 209 Rn 9; jetzt auch HK/*Hölzle* InsO[10] § 208 Rn 45 f; **wie hier** *Kirchhof* FS Kreft (2004), S 359, 363; *Marotzke* ZInsO 2005, 561 ff; *Mönning/Hage* ZInsO 2005, 1185, 1187; MünchKomm/*Hefermehl* InsO[4] § 209 Rn 20a; HK-InsO[10]/*Laroche* § 22 Rn 54.
54 BK/*Martini* InsO[61] § 209 Rn 5.
55 Näher unten Rn 24 ff.
56 Jaeger KO[6/7] sowie Jaeger/*Lent* KO[8], jew § 60 Rn 8.

zu verschaffen. Denn eine förmliche Anzeige der „erneuten" Masseunzulänglichkeit in entsprechender Anwendung des § 208 I ist nach hier vertretener Ansicht ausgeschlossen.[57] Es wäre auch nicht angebracht, bei Unterdeckung der Neumasseverbindlichkeiten einfach einen neuen Verfahrensabschnitt einzuleiten und damit das Spiel gleichsam wieder neu zu beginnen. Vielmehr kann es nur noch um eine **selektive Verwertung** mit dem Ziel schleuniger Einstellung des Insolvenzverfahrens gehen.[58] Daraus ergibt sich das bereits beschriebene Problem,[59] innerhalb der Neumasseverbindlichkeiten zwischen **Verbindlichkeiten aus Verwertungshandlungen**, die voll erfüllt werden müssen, und „sonstigen" Neumasseverbindlichkeiten, die nur quotal zu berichtigen sind, unterscheiden zu müssen. **Bindende Vorgaben** für den Insolvenzverwalter wären insoweit sicherlich fehl am Platze, weil sich das konkret Nützliche nur situationsbedingt im jeweiligen Verfahren wird erkennen lassen. Selbst eine **formale Vorgabe**, die sich an der Regelung für **Bargeschäfte** (§ 142) orientieren könnte, braucht einem erfahrenen Verwalter nicht an die Hand gegeben zu werden. Er entscheidet daher, wie er es im Rahmen der Verwaltung der Masse sonst auch tut.

Das rechtstechnische **Instrumentarium,** um Verbindlichkeiten aus Verwertungsgeschäften 20
und die „sonstigen" Neumasseverbindlichkeiten differenziert zu behandeln, liegt **in der haftungsrechtlichen Einrede** der „erneuten" Masseunzulänglichkeit. Da diese ohnehin individuell dem jeweiligen Massegläubiger gegenüber zu erheben ist,[60] kann der Verwalter insoweit differenzieren und nur die „sonstigen" Neumassegläubiger auf die Quote beschränken.

c) Rechtsschutz. Inwieweit der einzelne Massegläubiger den ihm zukommenden **Rang inner-** 21
halb der Verteilungsordnung des § 209 **gerichtlich überprüfen lassen** kann, hängt zunächst von den prozessualen Konsequenzen ab, die man aus der Anzeige der Masseunzulänglichkeit bzw aus der „erneuten" Masseunzulänglichkeit im Masseschuldprozess zieht.[61] Die **hM** kommt allenfalls zur Zulässigkeit einer **Feststellungsklage. Nach hier vertretener Ansicht** bleibt demgegenüber die **Leistungsklage** zulässig, so dass sich das Prozessgericht grundsätzlich nicht mit der („erneuten") Masseunzulänglichkeit zu befassen braucht. Vollstreckt ein Massegläubiger entgegen den §§ 209, 210, steht dem Verwalter **nach hM teils** die **Erinnerung vor dem Insolvenzgericht** (§§ 766 ZPO; 210; 89 III), **teils** die **Vollstreckungsabwehrklage** (§ 767 ZPO) vor dem Prozessgericht zu. **Nach hier vertretener Ansicht** ist **einheitlich** die **Erinnerung** (§§ 766 ZPO; 210; 89 III) gegeben.

Namentlich die **Arbeitsgerichtbarkeit**[62] **stellt** weitergehend den **Rang von Masseverbind-** 22
lichkeiten fest, wobei teils Anträge gem § 256 I ZPO zugrunde liegen, mit denen dies explizit begehrt wird,[63] teils einfache Feststellungsanträge aber auch in diesem Sinne ausgelegt werden.[64] Schon daran zeigt sich eine merkwürdige Verschiebung von der Begründetheits- zur Zulässigkeitsprüfung,[65] die noch deutlicher wird, wenn man den üblichen Prozessverlauf zugrunde legt: Der Massegläubiger klagt zunächst auf Leistung, der Insolvenzverwalter wendet angezeigte bzw „erneute" Masseunzulänglichkeit ein und der Kläger begehrt nun prinzipale Feststellung seiner For-

57 § 208 Rn 27 f.
58 § 208 Rn 72 f.
59 Oben Rn 8.
60 § 208 Rn 56.
61 Dazu dezidiert § 208 Rn 57 ff.
62 Vgl auch OLG Köln ZIP 2001, 1422, 1424; OLG Düsseldorf bei *Emmert* IMR 2014, 175: jew Feststellung der Qualität als Masseverbindlichkeit.
63 ArbG Eisenach ZInsO 2003, 673.
64 BAG ZIP 2004, 1323, 1324 [**zust** *Bork* EWiR 2004, 815 f] = SAE 2004, 302 ff [abl *Adam* ebd, 307 ff] = JR 2004, 439 – LS [**zust** *Busch* ebd, 439 f] = DZWIR 2005, 106 ff [*Oetker* ebd, 108 ff], sowie die Parallelentscheidung vom selben Tage BAG ZInsO 2005, 50, 52.
65 Darauf hat *Adam* SAE 2004, 307 f, eindrücklich hingewiesen.

derung der Höhe nach und **inzident Feststellung des Ranges.**[66] Dann wird eine zunächst im Rahmen der Zulässigkeitsprüfung aufgeworfene Vorfrage zum „streitig gewordenen Rechtsverhältnis" iSv § 256 II ZPO, das eine Sachentscheidung legitimieren soll.

23 Nach hier vertretener Ansicht geht es demgegenüber um die Frage, ob sich die **Erinnerung gem § 766 ZPO und** eine **Klage vor dem Prozessgericht** – sei es eine Vollstreckungsabwehrklage gem § 767 ZPO oder eine Feststellungsklage gem § 256 ZPO – gegenseitig ausschließen. Dafür besteht kein Grund: Die §§ 210, 89 III führen dazu, dass letztlich eine materiell-haftungsrechtliche Frage im Rahmen des Erinnerungsverfahrens des § 766 ZPO zu klären ist. Dies ist zwar an sich systemfremd, weil im Rahmen der Erinnerung sonst gerade nicht über materiell-privatrechtliche Fragen zu befinden ist.[67] Die Lösung ist gleichwohl für das Stadium des masseunzulänglichen Insolvenzverfahrens zu begrüßen, weil sie kostengünstige und vor allem beim Insolvenzgericht konzentrierte Entscheidungen ermöglicht.[68] Diese im Regelfalle gegebenen Vorteile legitimieren es aber nicht, einer Partei den nur vor dem Prozessgericht zu erhaltenden vollen Rechtsschutz zu entziehen. Deshalb sperrt § 766 ZPO eine Vollstreckungsabwehrklage des Insolvenzverwalters gem § 767 ZPO auch gegen einen Altmassegläubiger nicht,[69] wenn und weil eine privatrechtliche Frage zu entscheiden ist. Dem dem Insolvenzverwalter damit zu Gebote stehenden vollen Rechtsschutz vor dem Prozessgericht entspricht im Sinne prozessualer **Waffengleichheit** für den Massegläubiger die Klage auf Feststellung des (Vor-)Ranges seiner Forderung. Die Feststellungsklage ist stets eine prinzipale gem § 256 I, weil im Prozess über eine Leistungsklage nach hier vertretener Ansicht die (angezeigte oder „erneute") Masseunzulänglichkeit nicht geprüft zu werden braucht; der Rang der Forderung ist hier also keine Vorfrage. Wendet der Insolvenzverwalter die Masseunzulänglichkeit im Prozess erstmalig ein, ist eine entsprechende Klageerweiterung durch den Massegläubiger aber als sachdienlich zuzulassen, § 263, 2. Fall ZPO.

3. Verteilungsfehler

24 **a) Verteilungsfehler nach angezeigter Masseunzulänglichkeit.** Während sich der Massegläubiger das vor der Anzeige der Masseunzulänglichkeit Erhaltene zwar auf seine Quote anrechnen lassen muss, Überzahlungen aber nicht herauszugeben hat,[70] unterliegt er ab diesem Zeitpunkt der Verteilungsordnung des § 209. **Verteilungsfehler werden im Wege der Leistungskondiktion** gem § 812 I 1, 1. Alt BGB **korrigiert.**[71] Die Rückabwicklung erfolgt ohne weiteres, setzt also weder Kenntnis des Empfängers von der angezeigten Masseunzulänglichkeit[72]

---

66 Entgegen BAG ZIP 2004, 1323, 1324, und BAG ZInsO 2005, 50, 52, dürfte das in casu „nach den Maßstäben der Rechtsordnung gewollt" gewesen sein „und der recht verstandenen Interessenlage der Parteien" entsprochen haben.

67 *Windel* ZZP 102 (1989), 175, 208 ff, bes 210 f.

68 Oben § 207 Rn 100.

69 Nerlich/Römermann/*Westphal* InsO[29] § 209 Rn 25; HambK/*Weitzmann* InsO[7] § 210 Rn 8; wohl auch MünchKomm/*Hefermehl* InsO[4] § 210 Rn 15 („bedarf nicht der Erhebung einer Vollstreckungsgegenklage") sowie Uhlenbruck/*Ries* InsO[15] § 210 Rn 7 („Verwalter kann nicht stattdessen auf [...] § 767 ZPO [...] verwiesen werden"); zu Parallelkonstellationen *Windel* ZZP 102 (1989), 175, 212 mN; **aA** Kübler/Prütting/Bork/*Pape* InsO (9. Lfg) § 210 Rn 4; FK/*Kießner* InsO[9] § 210 Rn 6; *Pape*/*Hauser* Massearme Verfahren nach der InsO (2002), Rn 391; *Kröpelin* Die massearme Insolvenz (2003), Rn 260; *Walther* Das Verfahren bei Masseunzulänglichkeit nach den §§ 208 ff InsO (2005), S 224.

70 § 208 Rn 51.

71 RGZ 61, 259, 261; Jaeger KO[6/7] und Jaeger/*Lent* KO[8], jew § 60 Rn 8; *Häsemeyer* InsR[4] Rn 14.23; BK/*Martini* InsO[61] § 209 Rn 27; MünchKomm/*Hefermehl* InsO[4] § 208 Rn 63, § 210 Rn 16 f; *Dinstühler* ZIP 1998, 1697, 1704 f; Uhlenbruck/*Ries* InsO[15] § 208 Rn 2; K. Schmidt/*Jungmann* InsO[19] § 210 Rn 14; *P. Mohrbutter* Der Ausgleich von Verteilungsfehlern in der Insolvenz (1998), S 69 ff; *Busch* Der Insolvenzverwalter und die Überwindung der Massearmut (2005), S 183 f; vgl auch OLG Brandenburg NZI 2002, 107 f (Begleichung einer Konkursforderung als Masseverbindlichkeit).

72 So aber HambK/*Weitzmann* InsO[7] § 209 Rn 14.

noch einen Irrtum beim auszahlenden Insolvenzverwalter voraus.[73] Eine durchaus denkbare **Anfechtung wegen Erklärungsirrtums** gem § 119 I, 2. Fall BGB hätte deshalb nur rechtsverstärkende Wirkung, wenn sie sich auf das Erfüllungsgeschäft beziehen und damit einen **dinglichen Herausgabeanspruch** begründen würde. Ehestens mag dies als Folge einer **Anfechtung wegen Täuschung oder Drohung** gem § 123 BGB eintreten.

Der **Bereicherungsausgleich** erfolgt **über die Insolvenzmasse**, dh im Verhältnis des Insolvenzverwalters zum Massegläubiger,[74] nicht im Verhältnis der Massegläubiger untereinander.[75] Herauszugeben ist der volle Betrag, solange die tatsächlich auf den Einzelnen entfallende Quote nicht feststeht.[76] Der **Empfänger haftet** gem § 819 I BGB bei Kenntnis **verschärft.**[77] Der Nachweis (§ 9 III) der Zustellung an die Massegläubiger (§ 208 II 2) durch die öffentliche Bekanntmachung (§ 208 II 1; 9 I) der Anzeige genügt nicht zum Nachweis der positiven Kenntnis. Immerhin ergeben sich dadurch Indizien für das Beweisthema. 25

Auch **nach Einstellung des Verfahrens** ist kein unmittelbarer Bereicherungsausgleich unter den Massegläubigern eröffnet.[78] Vielmehr besteht die Möglichkeit einer **Nachtragsverteilung** in erweiternder Auslegung des § 211 III.[79] Wird eine solche nicht angeordnet, erlischt der Kondiktionsanspruch, wenn man mit der hier vertretenen Ansicht von einer gegenständlich unbeschränkten Nachhaftung des Schuldners für alle Masseverbindlichkeiten ausgeht.[80] Den benachteiligten Massegläubigern bleibt allenfalls der Regress beim Verwalter. Die hM, die den Schuldner für Masseverbindlichkeiten teils beschränkt, teils unbeschränkt haften lassen will,[81] gerät in unlösbare Schwierigkeiten, weil ihre Differenzierungen hinsichtlich der Nachhaftung nicht der Verteilungsordnung entsprechen. Immerhin mag man auf der Grundlage der hM einen Rückforderungsanspruch des Schuldners erwägen, den ein in seinen Rechten verkürzter Massegläubiger pfänden und sich überweisen lassen kann. 26

Die tatsächlichen Voraussetzungen einer nach hier vertretener Ansicht unter den Massegläubigern möglichen **Gläubigeranfechtung** gem §§ 133, 134 bzw §§ 3, 4 AnfG[82] werden von einem Insolvenzverwalter bei der Verteilung hoffentlich niemals verwirklicht. Sollte es doch dazu kommen, wäre seine bei Masseunzulänglichkeit besonders missliche Ablösung unausweichlich. Der Amtsnachfolger hätte die Rechte der verkürzten Massegläubiger – nötigenfalls im Rahmen einer Nachtragsverteilung – zu wahren, damit der ganz unzweckmäßige[83] Ausgleich einer Vielzahl von Quotenverkürzungen unterbleibt. 27

b) Verteilungsfehler bei „erneuter" Masseunzulänglichkeit. Bei „erneuter" Masseunzulänglichkeit werden **Verteilungsfehler gem § 813 I 1 BGB ausgeglichen.** Die Lage entspricht im Ausgangspunkt der bei § 207 III 1.[84] Schwierigkeiten bereitet aber, dass die Einrede der Unterdeckung der Neumasseverbindlichkeiten formal auch gegenüber Gläubigern aus Verwertungsgeschäften besteht.[85] Soweit § 814 BGB nicht zum Kondiktionsausschluss führt, könnte der Verwalter daher Leistungen zurückfordern, die er zuvor in Erfüllung eines Verwertungsgeschäf- 28

---

73 RGZ 60, 419 ff.

74 Jaeger KO[6/7] und Jaeger/*Lent* KO[8], jew § 60 Rn 8; *P. Mohrbutter* Der Ausgleich von Verteilungsfehlern in der Insolvenz (1998), S 69, 71; K. Schmidt/*Jungmann* InsO[19] § 210 Rn 14.

75 So noch *Th. Wolff* ZZP 22 (1896), 207, 272 f.

76 *P. Mohrbutter* Der Ausgleich von Verteilungsfehlern in der Insolvenz (1998), S 71.

77 *Busch* Der Insolvenzverwalter und die Überwindung der Massearmut (2005), S 183 f.

78 Insoweit offenbar **aA** Jaeger KO[6/7] und Jaeger/*Lent* KO[8], jew § 60 Rn 8.

79 Bzw analoger Anwendung des § 203 I Nr 2, dazu unten § 211 Rn 17.

80 Jaeger/*Windel* InsO § 80 Rn 44, § 215 Rn 19; *Windel* KTS 2011, 35.

81 N bei Jaeger/*Windel* InsO § 80 Rn 44, § 215 Rn 19.

82 Oben § 208 Rn 103 f.

83 Vgl Jaeger KO[6/7] sowie Jaeger/*Lent* KO[8], jew § 60 Rn 8.

84 Oben § 207 Rn 91.

85 Oben Rn 19.

tes erbracht hat. Schon weil er sich damit der persönlichen Haftung aus § 61 aussetzen würde, wird er dies nicht tun. Dies ist auch vor dem Hintergrund der §§ 208 III, 209 I, 1. Hs nicht zu beanstanden. Denn die Verwaltungsautonomie umfasst nicht nur die Möglichkeit der Entscheidung, wann die haftungsrechtliche Einrede erhoben wird, sondern auch diejenige, dass den Partnern von Verwertungsgeschäften ihre Leistungen zu belassen sind. Mit **Einstellung des Insolvenzverfahrens** erlischt die Kondiktionsmöglichkeit auch hier.

29 Hinsichtlich der Anfechtung wegen Willensmängeln, der Gläubigeranfechtung und der Haftung des Empfängers gilt das zu Verteilungsfehlern nach angezeigter Masseunzulänglichkeit Gesagte entsprechend.[86]

II. Die Verteilungsordnung des § 209 I

1. Die Kosten des Insolvenzverfahrens, § 209 I Nr 1

30 **a) Gesetzlicher Regelfall.** Nach der Rangfolge des § 60 KO waren die Massekosten zweitrangig zu berichtigen. Der **BGH** hat demgegenüber schließlich[87] einen **Vorrang für Vergütung und Auslagen des Verwalters** angenommen,[88] was das **BVerfG** nicht nur als **verfassungsrechtlich** zulässig, sondern geradezu **geboten**[89] angesehen hat.[90] Der Gesetzgeber[91] hat diesen Vorrang auf alle Masseverbindlichkeiten iSv § 54 ausgedehnt,[92] sodass de lege lata anschaulich von einem **absoluten Vorrang der Kosten des Insolvenzverfahrens** gesprochen werden kann.[93]

31 Der Vorrang bezieht sich ausschließlich auf Verfahrenskosten gem § 54 (**„enger" Kostenbegriff**).[94] Für die §§ 26 I 1; 207 I 1; 208 I und 209 I Nr 1 gilt dasselbe.[95] Erfasst sind namentlich die **Gerichtskosten** (§ 54 Nr 1 – also Gebühren und Auslagen) **sowie die Vergütungen und Auslagen** des vorläufigen[96] wie des endgültigen bestellten Insolvenzverwalters (bzw Sachwalters) und der Mitglieder des Gläubigerausschusses (§ 54 Nr 2). Der **Vorrang** besteht auch, wenn die Anzeige unterblieben ist[97] und für die Verfahrenskosten **ungeteilt**, dh für diese wird im Gegensatz zu den sonstigen Masseverbindlichkeiten nicht danach unterschieden, ob sie vor oder nach der Anzeige der Masseunzulänglichkeit begründet worden sind. Die Vergütungen sind der **Höhe** nach nach allgemeinen Regeln festzusetzen. Ein Abschlag mit dem Argument, die Höhe der Vergütung sei den sonstigen Massegläubigern unzumutbar, weil sie dann noch weniger (oder gar nichts) bekommen würden, ist unzulässig.[98] Im Gegensatz zur Einstellung des Insolvenzver-

---

86 Oben Rn 24–27.

87 Für „Neumasseverbindlichkeiten" restriktiv zuvor BGHZ 90, 145 = ZIP 1984, 612 ff [*Pape* ebd, 796] = JZ 1984, 623 ff [*Gerhardt* ebd, 601 ff] = NJW 1984, 1527 ff [*Heilmann* NJW 1985, 2505 ff].

88 BGHZ 116, 233 = ZIP 1992, 120 [*Henckel* ebd, 741 ff; *Uhlenbruck* EWiR 1992, 173 f].

89 Erster Senat, BVerfGE 88, 145 = ZIP 1993, 838 ff [*Pape* EWiR 1993, 701 f]; 3. Kammer des Ersten Senats, ZIP 1993, 1246 ff [*Henckel* EWiR 1993, 1005 f].

90 Zu allem abschließend *Henckel* ZIP 1993, 1277 ff.

91 Begr RegE § 321, BT-Drucks 12/2443, S 220.

92 Beifällig nachgezeichnet bei *Kübler* Kölner Schrift[3], S 588 Rn 36; Kübler/Prütting/Bork/*Pape* InsO[19] § 209 Rn 5 ff; N zur Kritik oben Rn 2 ff.

93 So (im Verhältnis zu den Neu-, aber damit naturgemäß auch den Altmassegläubigern) BGHZ 167, 178 = ZIP 2006, 1004 = BGHR 2006, 933 ff [*Hefermehl* ebd, 935] = NJ 2006, 456 ff [*Biehl* ebd, 458].

94 MünchKomm/*Hefermehl* InsO[4] § 209 Rn 19; Kübler/Prütting/Bork/*Pape* InsO[19] § 209 Rn 7 f; Uhlenbruck/*Ries* InsO[15] § 209 Rn 11; *Walther* Das Verfahren bei Masseunzulänglichkeit nach den §§ 208 ff InsO (2005), S 206; **offen** aber BGH ZIP 2010, 145, 147 Rn 27 [*Weitzmann* EWiR 2010, 127 f].

95 Siehe schon § 207 Rn 35, § 208 Rn 14 f.

96 HK/*Hölzle* InsO[10] § 209 Rn 5; BK/*Martini* InsO[61] § 209 Rn 7.

97 BGH ZIP 2010, 145, 146 Rn 14 ff [**zust** *Weitzmann* EWiR 2010, 127 f].

98 So für die Vergütung des vorläufigen Verwalters BGH ZIP 2004, 518, 520 = WuB VI C. § 21 InsO 2.04 [*E. Wagner*] = ZInsO 2004, 265 ff [*Haarmeyer* ebd, 268]; **zust** HK/*Hölzle* InsO[10] § 209 Rn 5 Fn 4.

fahrens gem § 207[99] ist auch nicht per se ein **Abschlag von der Regelvergütung** gem § 3 II c InsVV in Betracht zu ziehen. Denn bei Masseunzulänglichkeit bestehen die Verwaltungs- und Verwertungspflichten fort, § 208 III. Sie mögen sich hier anders, aber nicht zwingend weniger aufwändig konkretisieren. Wird das Insolvenzverfahren dagegen bei Unterdeckung auch der Neumasseverbindlichkeiten (**bei „erneuter" Masseunzulänglichkeit**) mit der hier vertretenen Ansicht schleunig eingestellt,[100] ist an § 3 II c InsVV zu denken.

b) Masseunzulänglichkeit aufgrund Verfahrenskostenstundung gem § 4a. Nach der Konzeption des Gesetzes die Ausnahme, praktisch aber wohl die Regel, bilden die Fälle, in denen es nur deshalb zu (masseunzulänglichen) Insolvenzverfahren kommt, weil **Verfahrenskostenstundung** (§ 4a) erwirkt worden ist, um schließlich Restschuldbefreiung zu erlangen.[101] Auch in diesem Falle gilt § 209 I Nr 1 insoweit, als dass aus der – hier in Wahrheit nicht nur unzulänglichen, sondern dürftigen – Masse **vorrangig** die **Verfahrenskosten zu berichtigen** sind.[102] § 209 I, 1. Hs kann aber nicht mit dem Ergebnis zur Anwendung kommen, dass alle Verfahrenskosten gleichrangig berücksichtigt würden. Damit würde die Verteilungsordnung des § 207 III 1 unterlaufen. Deshalb wird **§ 209 I Nr 1** hier **durch § 207 III 1 ergänzt.**[103] 32

Als Besonderheiten sind ferner zu beachten, dass *erstens* der Verwalter bei Verfahrenskostenstundung nach der Rechtsprechung des **BGH** „unausweichliche" Aufwendungen, namentlich **Steuerberatungskosten**[104] und ggf sogar Kosten für die Aufarbeitung der Buchhaltung mit eigenem Personal,[105] **als Auslagen** ansetzen kann, und dass *zweitens* die Ausfallhaftung der Staatskasse gem § 63 II auf eine Mindestvergütung des Verwalters beschränkt sein soll.[106] 33

2. Neumasseverbindlichkeiten, § 209 I Nr 2

a) Systematik. § 209 I Nr 2 enthält die de lege lata maßgebliche Formel[107] zur **Abgrenzung der** bevorzugten **Neumasseverbindlichkeiten von den** „übrigen" Masseverbindlichkeiten, für die die zum früheren Recht eingeführte Bezeichnung der **„Altmasseverbindlichkeiten"** weiterhin gebräuchlich ist. Die Regel wird durch § 209 II für drei besonders bedeutsame Fragestellungen konkretisiert. Dies **entspricht** dem Aufbau des **§ 90.**[108] Nicht aus den Gesetzesmaterialien ersichtlich ist aber, warum der Wortlaut beider Regelungen insofern voneinander abweicht, als sich § 90 I auf Masseverbindlichkeiten bezieht, „die ... durch *eine Rechtshandlung des Insolvenzverwalters* begründet" wurden, während § 209 I Nr 2 schlicht auf *die Begründung* nach Anzeige der Masseunzulänglichkeit abstellt. Es mag eine Rolle gespielt haben, dass Altmasseverbindlichkeiten iSv § 209 I Nr 3 ohne Rechtshandlung des Insolvenzverwalters begründet sein können, während diesfalls ein Vollstreckungsverbot gem § 90 nicht in Betracht kommt. Für die Frage des Grundes der Privilegierung von Neumasseverbindlichkeiten folgt daraus aber nichts. Vielmehr zeigt die beiden Normen gemeinsame Konkretisierung im jeweiligen Abs 2, dass **Masseverbindlichkeiten** sowohl bei § 90 wie bei § 209 privilegiert werden, weil sie dem Verwalter nicht **„oktroyiert"** worden 34

99 § 207 Rn 89.
100 § 208 Rn 73.
101 Dazu oben § 207 Rn 59, § 208 Rn 4, 68.
102 § 207 Rn 63 mN zum Streitstand.
103 § 207 Rn 63, 88 mN.
104 Näher Jaeger/*Windel* InsO § 80 Rn 141, § 207 Rn 35.
105 Näher § 207 Rn 64.
106 BGHZ ZIP 2013, 631 ff = NZI 2013, 351 ff [**abl** *Keller* ebd, 354].
107 Zur rechtspolitischen Dimension oben Rn 5.
108 Begr RegE § 321, BT-Drucks 12/2443, S 220; vgl auch Kübler/Prütting/Bork/*Pape* InsO[19] § 209 Rn 13, 14.

sind.[109] Andererseits erscheint es aber als zu weitgehend, den Anwendungsbereich auf vom Verwalter in einem strengen Sinne **„gewillkürte" Masseverbindlichkeiten** beschränken zu wollen.[110] Vielmehr fordert der **Schutz des Rechtsverkehrs** arg § 55 I Nr 3 auch den Ausgleich von Massezuflüssen, die sich ohne Zutun des Verwalters ergeben haben. Richtiger sind als **Neumasseverbindlichkeiten** deshalb **solche** einzuordnen, **die die Fortführung der amtlichen Verwaltung** der Masse gem § 208 III nach der Anzeige **mit sich bringt**.

35 Das **Tatbestandsmerkmal der „Begründung"** der Masseverbindlichkeit in § 209 I Nr 2 präzisiert die Literatur allgemein in Parallele zu § 38,[111] der Qualifikationsnorm für Insolvenzforderungen. Richtig ist demgegenüber eine **Anknüpfung an § 55,**[112] weil diese Norm festlegt, ob es überhaupt zu Masseverbindlichkeiten kommt. Auf dieser Basis unterfallen § 209 I Nr 2 namentlich diejenigen Verbindlichkeiten, die nach Wirksamwerden der Unzulänglichkeitsanzeige[113] „durch Handlungen des Insolvenzverwalters oder in anderer Weise durch die Verwaltung, Verwertung und Verteilung der Insolvenzmasse begründet werden, ohne zu den Kosten des Insolvenzverfahrens zu gehören" (§ 55 I Nr 1) sowie ungerechtfertigte Bereicherungen der Masse (§ 55 I Nr 3). § 209 II schließt demgegenüber an § 55 I Nr 2 an. Dabei stellen Erfüllungswahl (§ 209 II Nr 1), unterlassene Kündigung (§ 209 II Nr 2) und Inanspruchnahme einer (Gegen-)Leistung (§ 209 II Nr 3) ebenfalls **Verwaltungsmaßnahmen** dar, sodass sich vor diesem Hintergrund die These[114] bestätigt, dass Abs 2 keine eigenständigen Tatbestände enthält, sondern § 209 I Nr 2 konkretisiert.

36 Die ganz **hM hält** eine **Masseverbindlichkeit für „begründet"** gem § 209 I Nr 2, sofern und **sobald** der Insolvenzverwalter ihren **Rechtsgrund gelegt**[115] oder den anspruchsbegründenden Tatbestand[116] verwirklicht habe. Dies ist nach Vorigem unpräzise und nur vor dem Hintergrund verständlich, dass die Praxis § 209 I Nr 2 und § 209 II Nrn 1–3 wie selbständige Tatbestände prüft.[117] Denn in den Fällen des § 209 II besteht der Rechtsgrund der Masseverbindlichkeit bereits bei Anzeige der Masseunzulänglichkeit. Für den Regelfall erscheint dieses Vorgehen unschädlich. Da es aber Konstellationen gibt, in denen dem Rechtsgrunde nach bereits bestehende Masseverbindlichkeiten auf anderem Wege als durch § 209 II als Neumasseverbindlichkeiten qualifiziert werden (müssen),[118] sollte man richtiger formulieren: **„Begründet"** ist eine Masseverbindlichkeit, sofern und **sobald** ihr **Massebezug gem § 55 I eingetreten ist.**

b) Berücksichtigungsfähige Masseverbindlichkeiten

37 **aa) Einheitlich zu qualifizierende Neumasseverbindlichkeiten.** Im Begriffskern liegen Verbindlichkeiten aus planmäßigen Verwaltungshandlungen wie insbesondere **Vertragsabschlüsse** nach der Unzulänglichkeitsanzeige. Neben den üblichen Geschäften im Rahmen einer laufenden Verwaltung ist auch an die **Archivierung von Geschäftsunterlagen und**

---

109 Insoweit zutr Jaeger/*Eckardt* InsO § 90 InsO Rn 4; *Breitenbücher* Masseunzulänglichkeit (2007), S 117 ff.

110 So aber Jaeger/*Eckardt* InsO § 90 Rn 4 (de lege lata); *Breitenbücher* Masseunzulänglichkeit (2007), S 117 ff (de lege ferenda). Ähnlich noch BGHZ 154, 358, 363, offener schon BGHZ 167, 178, LS a, 2. Hs.

111 HK/*Hölzle* InsO[10] § 209 Rn 13; MünchKomm/*Hefermehl* InsO[4] § 209 Rn 24; Uhlenbruck/*Ries* InsO[15] § 209 Rn 16; Kübler/Prütting/Bork/*Pape* InsO[19] § 209 Rn 10b; *Pape/Hauser* Massearme Verfahren nach der InsO (2002), Rn 407; *Walther* Das Verfahren bei Masseunzulänglichkeit nach den §§ 208 ff InsO (2005), S 206; ebenso LAG Sachsen ZInsO 2004, 223; LG Trier ZInsO 2005, 221.

112 Vgl BGHZ 154, 358, 363; für § 90 explizit Jaeger/*Eckardt* InsO § 90 Rn 7.

113 § 208 Rn 38.

114 Soeben Rn 34.

115 BGHZ 154, 358, 363; BAG ZIP 2004, 1660, 1661 [*Schneider* EWiR 2004, 1139 f] = DZWIR 2004, 463 ff [*Henkel* ebd, 465 ff]; BAG AP Nr 12 zu § 55 InsO = NZI 2006, 309 (Lse); MünchKomm/*Hefermehl* InsO[4] § 209 Rn 24.

116 Uhlenbruck/*Ries* InsO[15] § 209 Rn 16.

117 Paradigmatisch BGHZ 154, 358, 363 f sub III 1a–d; BAG ZIP 2004, 1660, 1661 sub II 2–4; BAG AP Nr 12 zu § 55 InsO sub I 2d, e, aa–cc.

118 Unten Rn 37 sowie Rn 39 ff, 43 f.

Patientenakten[119] zu denken.[120] Der Masse zuzurechnende (miteinander konkurrierende) Verbindlichkeiten aus **Vertragsverletzung, Delikt** und **ungerechtfertigter Bereicherung**[121] ergeben sich aus finalem Verwalterhandeln praktisch häufig, wenn der Verwalter entgegen der jeweiligen Sicherungsabrede und über seine Verwertungsrechte gem §§ 166 ff hinaus Aus-[122] oder Absonderungsrecht[123] vereitelt (**„verlängerte Ersatzaus- bzw -absonderung"**). **Wohngeldansprüche** nach dem WEG unterfallen ebenfalls je nach dem Zeitpunkt ihrer Entstehung § 209 I Nr 2 oder 3.[124] Der **Prozessbeginn** nach angezeigter Masseunzulänglichkeit begründet die Qualität eines **Kostenerstattungsanspruches** des Gegners als Neumasseverbindlichkeit,[125] mag das Verfahren vom Verwalter[126] oder vom Gegner angestrengt worden sein. Wegen des Grundsatzes der Einheitlichkeit der Kostenentscheidung[127] gilt dies auch für den **vom Verwalter oder vom Gegner** nach der Anzeige **aufgenommenen Prozess.**[128] Die Einbeziehung der vom Gegner begonnenen bzw aufgenommenen Prozesse ist unschädlich, weil der Verwalter schon das Entstehen von Masseverbindlichkeiten gem § 93 ZPO bzw § 86 II abwehren kann. Eben diese Handlungsalternativen rechtfertigen es auch, den Prozess der Masseverwaltung zuzurechnen. Darauf, dass „der Rechtsgrund" des Kostenerstattungsanspruches bereits mit Erhebung der Klage gelegt worden war, kommt es richtiger Ansicht nach nicht an.[129] **Vergütungsansprüche** betriebsfremder Mitglieder **von Einigungsstellen** (§ 76a III BetrVG) sollen ebenfalls einheitlich, und zwar nach Maßgabe des Abschlusses des Einigungsstellenverfahrens, qualifiziert werden.[130]

bb) Aufzuteilende Masseverbindlichkeiten. Der BGH betont zu Recht, dass die InsO bei **Dauerschuldverhältnissen** von der Teilbarkeit der Leistungen nach Zeitabschnitten ausgeht.[131] 38
Dieses Prinzip wird für § 209 im Wesentlichen durch das Zusammenspiel der Nrn 2 und 3 des Abs 2 verwirklicht.[132] Darüber hinaus gibt es weitere Konstellationen, bei denen ein entsprechendes Ergebnis durch eine teleologische Auslegung der „Begründung" der Masseverbindlichkeit iSv § 209 I Nr 2 erzielt werden kann:

Für die Qualifizierung der Pflicht zur Abführung von **Umsatzsteuer** als Alt- oder Neumasse- 39
verbindlichkeit kommt es analog zur Qualifizierung als Insolvenzforderung oder als Massever-

119 Speziell dazu *Vallender* NZI 2013, 1001, 1005 f.
120 Dazu näher § 207 Rn 107 f.
121 Beispiele für Fehlüberweisungen: OLG Rostock NZI 2008, 750 f = ZIP 2009, 582 = ZInsO 2009, 37 f, sowie oben Rn 4.
122 **Beispiel:** OLG Düsseldorf ZInsO 2003, 997 f; zum Entstehen von Masseverbindlichkeiten in diesen Fällen Jaeger/*Henckel* InsO § 48 Rn 86.
123 **Beispiel:** OLG Karlsruhe BadRspr 1904, 234 Nr 112; zum Entstehen von Masseverbindlichkeiten in diesen Fällen HK/*Hölzle* InsO[10] § 209 Rn 30.
124 Näher unten Rn 67 f.
125 HK/*Hölzle* InsO[10] § 209 Rn 13; Nerlich/Römermann/*Westphal* InsO[29] § 209 Rn 23; MünchKomm/*Hefermehl* InsO[4] § 209 Rn 24a. **Nicht abw** BGH ZIP 2007, 2187 ff [insoweit irreführend *Frind* EWiR 2008, 95 f] = DZWIR 2008, 80 f [*Gundlach/Frenzel* ebd, 81 f] = WuB VII A. § 116 ZPO 1.08 [insoweit irreführend *H. Mohrbutter*].
126 **Beispiele:** BGH ZIP 2005, 1983, 1984; OLG Karlsruhe ZInsO 2005, 994 f; AG Köln NZI 2004, 592 f.
127 Zum Grundsätzlichen Jaeger/*Henckel* InsO § 55 Rn 21 ff, sowie Jaeger/*Windel* InsO § 80 Rn 167, § 85 Rn 139 ff, § 86 Rn 29.
128 Nerlich/Römermann/*Westphal* InsO[29] § 209 Rn 24.
129 Oben Rn 36.
130 BAG ZIP 2020, 647 ff Rn 33 ff [**zust** *Bremen* EWiR 2020, 337 f]; LAG Mainz ZIP 2017, 2320 ff [*Gossak* EWiR 2018, 119 f]; wg der Manipulationsgefahr **aA** *Kolbe/Bottor* NZI 2018, 830 ff.
131 BGHZ 154, 358, 361 f.
132 Unten Rn 54 ff, 59 ff.

bindlichkeit[133] darauf an, wann der Umsatz ausgeführt worden ist.[134] Der steuerrechtliche Entstehungstatbestand des § 13 I UStG ist auch für die Abgrenzung zwischen § 209 I Nrn 2 und 3 irrelevant oder anders gewendet: Eine steuerrechtlich einheitliche Schuld ist **in Alt- und Neumasseverbindlichkeiten aufzuteilen**. Für **Grund**- und für **Kraftfahrzeugsteuer**[135] muss Entsprechendes gelten.[136]

40 Eine **anteilige Aufteilung** in Alt- und Neumasseverbindlichkeiten wurde vom 6. Senat des BAG auch für **Sonderzahlungen**[137] sowie vom für Urlaubssachen zuständigen 9. Senat des BAG zutreffend für Ansprüche auf **Urlaubsentgelt und** auf **Urlaubsabgeltung**[138] angenommen.[139] Als Berechnungsgrundlage wurde dabei der Jahresurlaub des Arbeitnehmers ins Verhältnis zu der Dauer der nach Anzeige der Masseunzulänglichkeit erbrachten Arbeitsleistung gesetzt. Allerdings hat der 6. Senat auf der Grundlage seiner gegenläufigen Rechtsprechung zu der haftungsrechtlich nicht minder wichtigen Aufteilung urlaubsrechtlicher Sekundäransprüche in Insolvenzforderungen und Masseverbindlichkeiten[140] eine Divergenzanfrage an den 9. Senat gerichtet,[141] woraufhin dieser seine bisherige Rechtsprechung leider aufgegeben hat.[142]

41 **cc) Insolvenzforderungen und „unechte" Masseverbindlichkeiten.** An sich ist es eine Selbstverständlichkeit, dass sich **Insolvenzforderungen** aufgrund ihrer spezifischen Qualität der Zuteilung zu den Neu- oder Altmasseverbindlichkeiten entziehen. Hier wird gleichwohl ausdrücklich darauf hingewiesen, weil Insolvenzforderungen auch auf **Dauerschuldverhältnissen** beruhen können. So sind etwa die bei der Abwicklung eines Mietverhältnisses zu erfüllenden Forderungen auf **Rückzahlung einer Kaution,**[143] **Ausführung von Schönheitsreparaturen,**[144] **Demontage**[145] **und Abholung**[146] von Einrichtungen als Insolvenzforderungen zu qualifizieren[147] und demzufolge im Rahmen des § 209 von vornherein nicht zu berücksichtigen.[148] Entgegen der Rechtsprechung des BAG ist die **Qualifikation von Abfindungsansprüchen** bei Auflö-

---

133 Dazu Jaeger/*Henckel* InsO § 38 Rn 146, § 55 Rn 33.

134 Zutr Jaeger/*Henckel* InsO § 38 Rn 146; **ebenso** jetzt BFH NZI 2018, 810 f Rn 14 ff [*Schmittmann* ebd, 811 f]; FG Nürnberg NZI 2021, 85, 86 Rn 14; **aA** noch BFH ZIP 2009, 977 [abl *Berger* EWiR 2009, 315 f] = DZWIR 2009, 239 [*Schwarz* ebd, 241], der auf die Vereinnahmung der Entgelte für die Leistungen abstellte; **diff** Uhlenbruck/*Ries* InsO[15] § 209 Rn 18.

135 Zu dieser noch unten Rn 69.

136 Vgl Jaeger/*Henckel* InsO § 38 Rn 147.

137 BAG ZIP 2017, 1031 ff [**zust** *Hess* EWiR 2017, 473 f] = BB 2017, 1404 ff [**zust** *Mückl* ebd, 1407] = AP InsO § 209 Nr 7 [**zust** *Windel*].

138 Der Verwalter haftet grds nicht gem § 61, wenn durch eine Urlaubssperre entstandene Abgeltungsansprüche als Altmasseverbindlichkeiten ausfallen, BAG ZIP 2019, 130 ff [**zust** *Ries* EWiR 2019, 149 f]; *Bissels/Witt* NZI 2019, 107, 109 f.

139 So gegen die Vorinstanz BAG ZIP 2007, 834 ff [**zust** *Henckel* EWiR 2008, 87 f]; **zust** HK/*Hölzle* InsO[10] § 209 Rn 23; iE **zust** auch *Ries/Berscheid* ZInsO 2008, 1161, 1166 f (unter Aufgabe der einheitlichen Qualifizierung als Neumasseverbindlichkeit); für einheitliche Qualifizierung als Altmasseverbindlichkeit zuvor noch *Hinkel* DZWIR 2004, 463, 464 f.

140 BAG AP Nrn 16 und 17 zu § 113 InsO [gemeinsame Anm *Windel*]; BAG AP Nr 4 zu § 108 InsO [*Windel*], sowie zu allem zusammenfassend Jaeger/*Windel* InsO § 80 Rn 111.

141 BAG ZIP 2021, 139 [**abl** *Ries* EWiR 2021, 49 f]; abw Lösungsvorschlag von *Krings* NZA 2021, 399 ff.

142 BAG ZIP 2021, 811 ff [**abl** *Breitenbücher* EWiR 2021, 371 f] = NZI 2021, 446 ff [**abl** *Ganter*, ebd, 449 ff] = AP BUrlG § 7 Abgeltung Nr 116 [**abl** *Klinck*].

143 Jaeger/*Henckel* InsO § 55 Rn 49.

144 Jaeger/*Henckel* InsO § 55 Rn 50.

145 Jaeger/*Henckel* InsO § 55 Rn 51.

146 BGHZ 72, 263 ff (noch zur KO).

147 *Häsemeyer* InsR[4] Rn 14.17.

148 Nerlich/Römermann/*Westphal* InsO[29] § 209 Rn 12; *Walther* Das Verfahren bei Masseunzulänglichkeit nach den §§ 208 ff InsO (2005), S 210 f.

sung eines Arbeitsverhältnisses auch nicht davon abhängig, ob der Insolvenzverwalter als Träger der Arbeitgeberrolle einen Abfindungsvergleich geschlossen[149] oder einen Antrag gem § 9 I 2 (ggfs iVm § 14 II 2) KSchG auf gerichtliche Auflösung gestellt[150] hat. Vielmehr kommt es darauf an, ob die Abfindung den Streit darüber erledigen soll, ob das Arbeitsverhältnis schon vor Eröffnung des Insolvenzverfahrens oder zwar danach, aber vor Anzeige der Masseunzulänglichkeit, wirksam beendet wurde. Ersterenfalls ist der arbeitsrechtliche Bestandsschutz[151] als maßgeblicher Vermögenswert durch eine Insolvenzforderung,[152] letzterenfalls mit dem Rang einer Altmasseverbindlichkeit abzugelten. Zu einer Neumasseverbindlichkeit kann es demgegenüber nur kommen, wenn das Arbeitsverhältnis vor der umstrittenen Kündigung nach Maßgabe des § 209 I Nr 2, II Nrn 2, 3 Neumassebezug aufgewiesen hatte.

Sozialplanforderungen sind in dem Sinne **„unechte" Masseverbindlichkeiten**, als sie **42**
auf einer vor Verfahrenseröffnung liegenden Schuldgrundlage beruhen.[153] Deshalb ist es konsequent, dass sie nach allgemeiner Ansicht auf der Grundlage von § 123 II bei Masseunzulänglichkeit wie Insolvenzforderungen behandelt und deshalb haftungsrechtlich[154] nicht berücksichtigt werden.[155] Dies gilt auch, wenn der Sozialplan nach Anzeige der Masseunzulänglichkeit vereinbart wurde.[156]

Gegenläufig entscheidet die wiederum **nahezu allgemeine Ansicht** für Ansprüche auf **43**
Nachteilsausgleich gem § 113 III BetrVG, obwohl diese im Kern ebenfalls den arbeitsrechtlichen Bestandsschutz abgelten: Anspruchsbegründend sei hier das Versäumnis des Arbeitgebers, dessen Rolle nach Verfahrenseröffnung der Insolvenzverwalter wahrzunehmen hat.[157] Verstoße der Verwalter gegen die betriebsverfassungsrechtlichen Pflichten, entstünden **Ansprüche auf Nachteilsausgleich als Masseverbindlichkeiten.**[158] Folglich soll es für deren Qualität als Neu- oder als Altmasseverbindlichkeiten darauf ankommen, ob der Pflichtverstoß vor oder nach Anzeige der Masseunzulänglichkeit liegt.[159] Nur ganz vereinzelt versucht man, wenigstens bei der Bemessung der Höhe des Nachteilsausgleichs auf die Wertungen des § 123 II zurückzugreifen, indem man die Ansprüche (wohl bemerkt: bei Masseunzulänglichkeit!) auf jeweils zweieinhalb Monatsverdienste begrenzt.[160] Dies stellt aber einen neuerlichen Systembruch dar, weil Sozialplanansprüche diesfalls gar nicht zu berücksichtigen wären.[161]

---

149 BAG AP KO § 59 Nr 47 [**abl** *Windel* ebd]. BAG ZIP 2012, 38 ff [**zust** *Schumacher* EWiR 2012, 211 f; referierend *Nungeßer* NZI 2012, 9 ff] stellt immerhin klar, dass der Verwalter für die Erfüllung eines solchen Vergleichs grundsätzlich nicht haftet. Zum „Mehrvergleich" noch LAG Berlin-Brandenburg ZIP 2019, 1395 ff.

150 So aber – in casu wegen zwischenzeitlicher Anzeige der Masseunzulänglichkeit sogar als Neumasseverbindlichkeit – BAG ZIP 2019, 777 ff [*Krings* EWiR 2019, 309 f] = AP InsO § 55 Nr 24 [**zust** *Hergenröder* ebd] = NZI 2019, 385 ff [**zust** *Fuchs* ebd, 389 f]; **zust** *Bank/Sura* DB 2019, 1035; **abl** *Sämisch/Quitzau* ZInsO 2019, 2403 ff.

151 Näher *Windel* über die Modi der Nachfolge in das Vermögen einer natürlichen Person beim Todesfall (1998), S 113 ff, bes 116 ff.

152 Dezidiert *Windel* Anm AP KO § 59 Nr 47.

153 *Windel* JURA 1999, 1, 4; Jaeger/*Windel* InsO § 94 Rn 63.

154 Verworren LAG Düsseldorf ZIP 2014, 592 ff [**abl** *Klasen* EWiR 2014, 195 f], wo die haftungsrechtliche Einordnung zur Grundlage der Anspruchsentstehung im Sinne des Verjährungsrechts erhoben wird.

155 Oben Rn 12.

156 BAG AP InsO § 123 Nr 4 m **zust** Anm *Windel* = ZIP 2010, 546 f [**zust** *Moll* EWiR 2010, 301 f]; **zust** *Sessig/Fischer* ZInsO 2010, 561, 563 f.

157 Dazu Jaeger/*Windel* InsO § 80 Rn 108.

158 Leitentscheidung BAG ZIP 2003, 2216 ff [**zust** *Moll/Henke* EWiR 2004, 239 f] = DZWIR 2004, 148 ff [**zust** *Bichlmeier* ebd, 150 ff] = AP Nr 42 zu § 113 BetrVG 1972 [**zust** *Oetker*]; HK/*Linck* InsO[10] vor § 113 Rn 69; *Zwanziger* NZA 2015, 577, 578; insoweit nicht abw auch LAG Niedersachsen LAGE Nr 1 zu § 122 InsO [insoweit **zust** *Oetker* ebd].

159 BAG ZIP 2006, 1312, 1315 Rn 31 f; BAG ZIP 2006, 1510, 1511 Rn 13, 14 [**zust** *Henkel* EWiR 2004, 213 f] [abl *Häsemeyer* InsR[4] Rn 23.16 Fn 90], im Anschluss an die Vorinstanz LAG Berlin ZInsO 2005, 1061 ff [dazu *Lauer* ZIP 2006, 983, 985 f]; LAG Hamm LAGR 2005, 242 ff; HK/*Hölzle* InsO[10] § 209 Rn 13; FK/*Kießner* InsO[9] § 209 Rn 23 f.

160 So LAG Niedersachsen LAGE Nr 1 zu § 122 InsO [insoweit abl *Oetker* ebd].

161 Zuvor Rn 42 sowie oben Rn 12.

44 Die **hM überzeugt** aus verschiedenen Gründen **nicht.** *Zum ersten* ist der Hinweis darauf, für Ansprüche auf Nachteilsausgleich sei in den §§ 121–123 keine dem § 123 II vergleichbare Regelung getroffen worden, weswegen dessen analoge Anwendung ausscheide,[162] rein formal. Vielmehr kommt es *zum zweiten* darauf an, ob Ansprüchen auf Nachteilsausgleich im Gegensatz zu solchen aus Sozialplänen eine im Insolvenzverfahren maßgeblich fortwirkende **unterschiedliche Qualität** zugesprochen werden kann. Daran fehlt es. Zwar ist richtig, dass § 113 BetrVG grundsätzlich ein **Sanktionscharakter** zukommt.[163] Dieser muss nach Eröffnung eines Insolvenzverfahrens über das Vermögen des Arbeitgebers aber zurücktreten, weil er sonst unmittelbar zu Lasten von dessen Gläubigern durchschlagen würde.[164] Es geht auch nicht an, diese auf den Regress beim Insolvenzverwalter zu verweisen.[165] Denn dadurch sind sie nur geschützt, wenn der Verstoß gegen die betriebsverfassungsrechtlichen Pflichten zugleich unter insolvenzrechtsspezifischen Gesichtspunkten als haftungsbegründend iSv § 60 zu gelten hat. Das ist einzelfallabhängig. Eine völlige Gleichschaltung von betriebsverfassungs- und insolvenzrechtlicher Haftung verbietet sich jedenfalls deshalb, weil der Insolvenzverwalter nicht in Person als Arbeitgeber zu qualifizieren ist, sondern als Amtsträger mit der Masse als haftendem Vermögen die Arbeitgeberrolle ausfüllt.[166] *Zum dritten* ist die hM aber auch in sich nicht konsistent. Denn sie geht – zutreffend – davon aus, dass die **Sanktion** iR des § 113 BetrVG **durch** das **Mittel des Ausgleichs des** dem einzelnen Arbeitnehmer erwachsenen **wirtschaftlichen Nachteils** erfolgt.[167] Dieses Mittel aber versagt spätestens im masseunzulänglichen Insolvenzverfahren, weil nicht ersichtlich ist, dass sich die wirtschaftliche Situation des Arbeitnehmers besser darstellen könnte, wenn der Verwalter die betriebsverfassungsrechtlichen Obliegenheiten gewahrt hätte. Nicht von ungefähr läuft die hM denn auch auf reine Spiegelfechterei hinaus, wenn sie einerseits an dem strengen Sanktionscharakter des § 113 BetrVG noch im massearmen Verfahren festhält, andererseits aber dem Verwalter den praktikablen Weg weist, die Belegschaft „vorübergehend" freizustellen und das Unternehmen „widerruflich" stillzulegen, um dann vor den „endgültigen" Entscheidungen das betriebsverfassungsrechtlich Notwendige zu tun.[168]

45 Interessenausgleichsverhandlungen gem §§ 111 ff BetrVG sind zur Vermeidung von Nachteilsausgleichsansprüchen nach **hM** selbst dann erforderlich, wenn die Fortführung der betrieblichen Tätigkeit rechtlich und tatsächlich unmöglich geworden ist,[169] womit es zur Betriebsstilllegung keine realistische Alternative[170] gibt. Als Ausweg verweist das BAG aber auf eine gerichtliche **Zustimmung zur** sofortigen **Betriebsstilllegung** gem § 122.[171]

3. „Altmasseverbindlichkeiten", § 209 I Nr 3

46 **a) Die Verteilungsordnung des § 209 I Nr 3.** Die „übrigen", also nicht nach § 209 I Nr 1 oder Nr 2 iVm II privilegierten Masseverbindlichkeiten (**„Altmasseverbindlichkeiten"**) werden in

162 Statt aller BAG ZIP 2003, 2216, 2219 sub II. 2; HK/*Linck* InsO[10] vor § 113 Rn 69.
163 Dezidiert und m umf N *Oetker* AP Nr 42 zu § 113 BetrVG 1972 sub III 1b, 4.
164 Ausf *Häsemeyer* InsR[1] (1992), S 540 f; knapper *ders* InsR[4] Rn 23.18, sowie *ders* ZIP 2003, 229, 232; **aA** *Oetker* AP Nr 42 zu § 113 BetrVG 1972 sub III 2, 4.
165 So aber *Oetker* AP Nr 42 zu § 113 BetrVG 1972 sub IV.
166 Dazu Jaeger/*Windel* InsO § 80 Rn 108.
167 *Oetker* AP Nr 42 zu § 113 BetrVG 1972 sub III 1b mN.
168 Dazu § 208 Rn 77.
169 BAG NZI 2018, 278 ff [*Barth* ebd, 282 f] ZIP 2018, 848 ff [*Klasen* EWiR 2018, 349 f]; HK/*Linck* InsO[10] vor § 113 Rn 69; *Zwanziger* NZA 2015, 577, 578.
170 Mit beachtlichen Gründen **aA** Jaeger/*Giesen* InsO[2] vor § 113 Rn 270; sowie für den § 113 BetrVG nachgebildeten § 83 III TV PV Kabine für die Insolvenz Air Berlin LAG Berlin ZIP 2019, 2127, 2130 f (nach Rücknahme der Revision 1 AZR 368/19 rechtskräftig).
171 BAG NZI 2018, 278 ff = ZIP 2018, 848 ff Rn 31; HK/*Linck* InsO[10] vor § 113 Rn 69.

bewusster Abkehr von der sehr differenzierten Verteilungsordnung des § 60 KO[172] nur noch danach unterschieden, ob es sich um **Unterhaltsverpflichtungen** handelt oder nicht. **Zurückgesetzt** ist einem Schuldner, seiner Familie (§ 100) sowie einem vertretungsberechtigten persönlich haftenden Gesellschafter des Schuldners und dessen Familie (§ 101 I 3) gewährter Unterhalt.[173] Praktisch wird diese letzte Klasse von Masseverbindlichkeiten aber kaum einmal zur Verteilung kommen. Denn die (Insolvenz-)Gläubigerversammlung wird die Unterhaltsgewährung ablehnen oder aufheben, wenn es allein daran liegt, dass ihre Mitglieder leer ausgehen. Der Kern der Aussage liegt deshalb in der Zurücksetzung der Unterhaltsverpflichtungen, nicht in ihrer untereinander anteiligen Berücksichtigungsfähigkeit. Wenig aussagekräftig ist auch ein Vergleich der zurückgesetzten Unterhalts- mit den nachrangigen Insolvenzgläubigern.[174] Denn bei diesen entsprechen der haftungsrechtlichen Zurücksetzung verminderte Beteiligungsbefugnisse am Insolvenzverfahren (§§ 77 I 2; 174 III). Mangels Organisation der Massegläubiger kommt Ähnliches für die Unterhaltsgläubiger nicht in Betracht. Wendet man mit der hier vertretenen Ansicht auf **Nebenforderungen zu Altmasseverbindlichkeiten** § 39 I Nr 1 entsprechend an,[175] stehen diese im Rang zwischen den Hauptforderungen und den Unterhaltsverpflichtungen.

b) Die Stellung der Altmassegläubiger. Die Altmassegläubiger sind mit Anzeige der Masseunzulänglichkeit „vor die Tür gesetzt".[176] Sie haben zwar noch Aussicht auf wenigstens anteilige Befriedigung, aber auch dies nur, sofern sich die Massearmut nicht bis zum Grade der „erneuten" Masseunzulänglichkeit verschärft. In **Insolvenzverfahren** zur Erlangung von Restschuldbefreiung, **in denen** die **Verfahrenskosten gestundet** wurden (§ 4a),[177] besteht für Altmassegläubiger Aussicht auf auch nur anteilige Befriedigung praktisch erst in der Wohlverhaltensperiode. 47

Altmassegläubiger können eine Inanspruchnahme durch den Insolvenzverwalter mit der **Einrede des nicht erfüllten Vertrages** (§ 320 BGB) abwehren.[178] Dies hilft aber im **Dauerschuldverhältnis** nicht für die Zeit, bis es durch eine gem § 209 II Nr 2 ausgesprochene Kündigung des Verwalters beendet wird, sofern der Verwalter die Gegenleistung nicht in Anspruch nimmt (§ 209 II Nr 3). Der Altmassegläubiger hat deshalb das **Recht zur außerordentlichen fristlosen Kündigung.**[179] Die an sich bei Zahlungsrückständen gegebenen Möglichkeiten zur Kündigung nach bürgerlichem Recht (§§ 543 II S 1 Nr 3, S 2; 626 BGB) erscheinen in der besonderen Situation des masseunzulänglichen Insolvenzverfahrens als zu schwerfällig. Außerdem fehlt es nach Anzeige der Masseunzulänglichkeit am Verzug aus Gründen,[180] die von dem Interesse des Altmassegläubigers, sich sofort anders zu orientieren, völlig unabhängig sind. 48

Das Regelungssystem des § 209 I Nr 2 iVm II führt jedenfalls für Dauerschuldverhältnisse,[181] bei der hier abgelehnten entsprechenden Anwendung des § 105 auch für Austauschverhältnisse,[182] häufig dazu, dass **Masseverbindlichkeiten** teil- bzw abschnittsweise **teils als Neu-, teils als Altmasseverbindlichkeiten zu qualifizieren** sind. Eine wichtige **Ausnahme** bilden **Kostenerstattungsansprüche.**[183] Wegen des Grundsatzes der Einheitlichkeit der Kostenentschei- 49

172 Nachgezeichnet etwa bei Kübler/Prütting/Bork/*Pape* InsO[19] § 209 Rn 18; *Walther* Das Verfahren bei Masseunzulänglichkeit nach den §§ 208 ff InsO (2005), S 204 f.
173 Näher dazu Jaeger/*Schilken* InsO § 100 Rn 10 ff, § 101 Rn 22.
174 Etwa gezogen von *Walther* Das Verfahren bei Masseunzulänglichkeit nach den §§ 208 ff InsO (2005), S 213.
175 Oben Rn 11.
176 Anschaulich *Häsemeyer* FS Gerhardt (2004), S 341, 348.
177 Oben Rn 32.
178 Dazu, ob § 105 iR des § 209 II Nr 1 analog gilt, unten Rn 53.
179 MünchKomm/*Hefermehl* InsO[4] § 209 Rn 31.
180 § 208 Rn 51.
181 Oben Rn 38.
182 Unten Rn 53.
183 Zur weiteren Ausnahme der Vergütungsansprüche von Einigungsstellenmitgliedern oben Rn 37.

dung[184] sind sie grundsätzlich **einheitlich** als Neu- oder Altmasseverbindlichkeiten **einzuordnen.** Ob der Verwalter vor der Anzeige der Masseunzulänglichkeit Klage erhoben hatte[185] oder verklagt worden war,[186] ob es sich um einen vor der Anzeige aufgenommenen Prozess handelt[187] und ob die Gegenpartei oder ihr Streithelfer[188] Kostenerstattung verlangt, ist hierfür irrelevant.

III. Die Qualifikationsregeln des § 209 II

50 Die drei Regeln des § 209 II dienen der Qualifikation von **Masseverbindlichkeiten aus bei Anzeige** der Masseunzulänglichkeit **„schwebenden" Schuldverhältnissen.** Dem Wortlaut nach werden zwar nur Verbindlichkeiten gem § 209 I Nr 2 geregelt, aber als Kehrseite der Zuordnung ergibt sich naturgemäß auch, welche Verbindlichkeiten aus schwebenden Schuldverhältnissen nur als Altmasseverbindlichkeiten zu gelten haben. Die Nrn 1 und 2 nehmen unmittelbar auf die Erfüllung der Rechtsgeschäfte (§§ 103 ff) Bezug. Nr 3 hat demgegenüber keinen klaren Anknüpfungspunkt. Daraus folgt ein **gespaltener Anwendungsbereich**[189] **der** einzelnen **Regeln: Nr 1 gilt** immer, wenn die Möglichkeit zu einer Erfüllungswahl besteht, also **für Austauschverträge und Dauerschuldverhältnisse, die nicht unter § 108** I, II **fallen. Dauerschuldverhältnisse, die** wegen § 108 I, II **gekündigt werden müssen**, gehören zu **Nr 2.** Schließlich kommt es für **Nr 3** nicht darauf an, wie ein Schuldverhältnis der Masse rechtlich zugeordnet wird. Entscheidend ist allein, ob der Insolvenzverwalter die Gegenleistung in Anspruch genommen hat. Deshalb zählen hierher unterschiedslos **alle Dauerschuldverhältnisse** im Sinne des allgemeinen Zivilrechts.[190]

1. Neumasseverbindlichkeiten kraft Erfüllungswahl, § 209 II Nr 1

51 Das **Wahlrecht steht** dem **Verwalter** in unmittelbarer Anwendung des § 103 **hinsichtlich seit Eröffnung** des Insolvenzverfahrens **„schwebender" Verträge und** in entsprechender Anwendung des § 103 **hinsichtlich solcher Verträge zu, die er selbst geschlossen oder deren Erfüllung er bereits gewählt hatte.**[191] Die §§ 104, 106 und 107 (jedenfalls I) gelten ebenfalls.[192] Wählt der Verwalter Erfüllung, wird der **Vertragspartner** in jedem Falle **Neumassegläubiger.** Lehnt der Insolvenzverwalter hingegen die Erfüllung ab, ist der Vertragspartner mit seinem Ersatzanspruch aus § 103 II 1 bei direkter Anwendung des § 103 **Insolvenzgläubiger,** bei entsprechender Anwendung des § 103 hingegen **Altmassegläubiger.**[193]

52 Erfüllungswahl und -ablehnung erfolgen durch Willenserklärungen, die den Grundsätzen der Rechtsgeschäftslehre einschließlich denen der **Auslegung** und der **Irrtumsanfechtung** unterliegen.[194] Darin liegt das Instrumentarium zur Lösung der Probleme,[195] die namentlich dann

---

184 Dazu Jaeger/*Henckel* InsO § 55 Rn 21 ff; Jaeger/*Windel* InsO § 80 Rn 167, § 85 Rn 139 ff, § 86 Rn 29.
185 BGH ZIP 2005, 817, 818 (für den Treuhänder); OLG München ZIP 2004, 2248 f; OLG Brandenburg OLGR 2006, 640 ff und 642 f (zwei Parallelentscheidungen vom selben Tage).
186 OLG München ZIP 2004, 138 f; LG Trier ZInsO 2005, 221 f = NZI 2005, 170 f; AG Hameln ZInsO 2004, 1094 f.
187 Dazu näher oben Rn 37 (für Neumasseverbindlichkeiten).
188 Siehe die beiden Parallelentscheidungen OLG Brandenburg OLGR 2006, 640 ff (Gegenpartei) und 642 f (Streithelfer).
189 Wohl übersehen bei Jaeger/*Eckardt* InsO § 90 Rn 9.
190 Insoweit zutr Jaeger/*Eckardt* InsO § 90 Rn 9.
191 § 208 Rn 90 ff.
192 § 208 Rn 92. Zu § 105 sogleich Rn 53.
193 § 208 Rn 94.
194 Näher Jaeger/*Jacoby* InsO[2] § 103 Rn 151 ff, bes 168 ff, 195 ff.
195 Vgl etwa HambK/*Weitzmann* InsO[7] § 209 Rn 5.

auftreten, wenn dem Insolvenzverwalter die tatsächlichen Grundlagen eines (praktisch wohl nur: seit Verfahrenseröffnung) bestehenden Wahlrechts nicht bekannt sind.

Das Wahlrecht führt nach verbreiteter Ansicht **bei teilbaren Leistungen** zur **Anwendung des § 105.**[196] Dies ist für den unmittelbaren Anwendungsbereich der §§ 103 ff, also für seit Eröffnung des Insolvenzverfahrens „schwebende" Verträge, unvermeidliche Folge des geltenden Rechts. Im Rahmen der entsprechenden Anwendung des § 103 nach Anzeige der Masseunzulänglichkeit, also für **vom Verwalter** selbst **geschlossene** und solche **Verträge**, deren Erfüllung er in der Zeit zwischen der Verfahrenseröffnung und der Unzulänglichkeitsanzeige gewählt hat, würde die Anwendung des § 105 hingegen zu unannehmbaren Konsequenzen führen. Der Insolvenzverwalter hätte es nämlich in der Hand, zwar die noch ausstehende Leistung voll zu vergüten, den Vertragspartner aber mit seinem Anspruch auf die noch ausstehende Gegenleistung in den Rang eines Altmassegläubigers zu versetzen. Es lässt sich auch nicht argumentieren, die darin zum Ausdruck kommende **kalkulationszerstörerische Wirkung** des § 105 entfalte sich bei unmittelbarer Anwendung der Vorschrift in noch stärkerem Maße, weil der Vertragspartner dann sogar teilweise mit einer Insolvenzforderung vorliebnehmen müsse. Denn § 105 ist eine rechtspolitisch bis heute höchst umstrittene,[197] dem Prinzip des § 320 II BGB widersprechende Regelung. Sie lässt sich im Verhältnis zu Insolvenzgläubigern zwar so eben halten, weil diese untereinander durch gleichbehandlungsspezifisches Haftungsrecht verbunden sind und ihre Rechtsstellung auf die Ausübung der Privatautonomie des Schuldners zurückführen, der mit seiner Vermögensgestaltung letztlich gescheitert ist. Massegläubiger hingegen stehen untereinander nicht in einer entsprechenden haftungsrechtlichen Beziehung.[198] Außerdem gründet ihre Rechtsstellung auf einer amtlichen Vermögensverwaltung, was erhöhte Sicherheit erheischt. Beides entzieht einer rechtsähnlichen Anwendung des § 105 die Grundlage.[199] 53

2. Neumasseverbindlichkeiten wegen unterlassener Kündigung, § 209 II Nr 2

Neumasseverbindlichkeiten entstehen ferner **aus Dauerschuldverhältnissen** iSv § 108 I, II[200] ab dem Zeitpunkt, zu dem sie der Insolvenzverwalter nach der Anzeige der Masseunzulänglichkeit kündigen konnte. Kündigt er, ist das Schuldverhältnis zu diesem Zeitpunkt aufgelöst und es entstehen allenfalls noch Masseverbindlichkeiten wegen tatsächlicher Inanspruchnahme, etwa aus § 546a BGB.[201] **„Können"** ist **in rechtlichem Sinne** gemeint.[202] Subjektive Unkenntnis des Verwalters über die tatsächliche Lage und Zweifel über deren zutreffende rechtliche Beurteilung[203] bleiben ebenso außer Betracht wie die wirtschaftlichen Rahmenbedingungen seiner un- 54

196 Uhlenbruck/*Ries* InsO[15] § 208 Rn 47, § 209 Rn 21; *Kögel* Die Rechtsfolgen der Masseunzulänglichkeitsanzeige auf beiderseitig nicht oder nicht vollständig erfüllte Verträge (2007), S 102–105; implizit auch *Walther* Das Verfahren bei Masseunzulänglichkeit nach den §§ 208 ff InsO (2005), S 144 f; vgl auch schon § 208 Rn 92.

197 Krit insb *Häsemeyer* InsR[4] Rn 20.27, sowie HK-InsO[10]/*Marotzke* § 105 Rn 3 ff; befürwortend dagegen Jaeger/*Jacoby* InsO[2] § 105 Rn 7 f.

198 § 208 Rn 52.

199 Ebenso MünchKomm/*Hefermehl* InsO[4] § 209 Rn 27 Fn 70.

200 Oben Rn 50.

201 Zur Qualifikation gem Nr 3 unten Rn 59 ff.

202 BAG ZIP 2003, 1850, 1852 f [*Pape* EWiR 2004, 243 f; *Kraushaar* BB 2004, 1050 ff]; BAG ZIP 2004, 1323, 1326 [**zust** *Bork* EWiR 2004, 815 f] = JR 2004, 439 – LS [**zust** *Busch* ebd, 439 f] = SAE 2004, 302 ff [insoweit **zust** *Adam* ebd, 307, 308] = DZWIR 2005, 106 ff [**zust** *Adam* ebd, 110], sowie die Parallelentscheidung vom selben Tage BAG ZInsO 2005, 50 ff; BAG ZIP 2004, 1323, 1326; BAG ZIP 2018, 988 ff [**abl** *Ries* EWiR 2018, 439 f] = NZI 2018, 450 ff [**krit** *Krings* ebd, 453 f; **abl** *Röger/Stütze* ZInsO 2019, 368, 372 ff]; LAG Hamm ZInsO 2007, 51, 55; MünchKomm/*Hefermehl* InsO[4] § 209 Rn 32a, b; Kübler/Prütting/Bork/*Pape* InsO[19] § 209 Rn 16a, b; Jaeger/*Giesen* InsO[2] vor § 113 Rn 278; **aA** neben den Vorzitierten Uhlenbruck/*Ries* InsO[15] § 209 Rn 23; *Ries* ZInsO 2012, 1362 ff.

203 **Beispiel:** Zweifel über den Status eines Arbeitnehmers als leitender Angestellter, BAG ZIP 2003, 1850, 1852 f.

ternehmerischen Willensbildung (etwa laufende Verhandlungen über eine übertragende Sanierung; unvorhergesehene Verschlechterung der Masseliquidität).[204]

55 In erster Linie entscheiden damit die **Kündigungsfristen**. Sie bestimmen sich **nach** den **§§ 109 I 1,**[205] **113 S 1 und 2.** Dies gilt auch, sofern der Insolvenzverwalter selbst das Dauerschuldverhältnis vor der Anzeige der Masseunzulänglichkeit begründet hatte.[206]

56 Weiter müssen die **formell-rechtlichen Voraussetzungen für die Kündigung** geschaffen sein. Dies ist insoweit allgemein anerkannt,[207] als ein Arbeitsverhältnis erst gekündigt werden „kann", wenn eine erforderliche **Anhörung des Betriebsrates** erfolgt ist (§ 102 BetrVG), wenn ein **Interessensausgleich** herbeizuführen **versucht** (§§ 111, 112 BetrVG) und wenn im Falle der Kündigung eines schwerbehinderten Arbeitnehmers[208] die **Zustimmung des Integrationsamtes** (§§ 168 ff SGB IX) eingeholt wurde.[209] Die **Kündigungssperren des MuSchG** müssen beachtet werden.[210] **Nach** ständiger Rechtsprechung des **BAG** ist es demgegenüber **irrelevant, ob** die **Voraussetzungen für** eine gem **§ 1 KSchG** wirksame Kündigung **vorlagen**, weil diese Norm auch personen- und verhaltensbedingte Kündigungen erfasse.[211] Damit trägt der Insolvenzverwalter in Kündigungsschutzprozessen ein erhebliches Risiko, sofern er die Voraussetzungen einer betriebsbedingten Kündigung noch gar nicht schaffen konnte. Die Gegenansicht[212] führt andererseits zu einem insolvenzrechtlichen Sonderrecht für rein personen- und verhaltensbedingte Kündigungen, die mit der unternehmerischen Gestaltung des Insolvenzverfahrens nichts zu tun haben. Deshalb ist **zu differenzieren:**[213] Sofern der Insolvenzverwalter im Innenverhältnis zu anderen Organen des Insolvenzverfahrens in seiner unternehmerischen Gestaltungsfreiheit festgelegt ist (vgl insb §§ 157 S 1, 160), muss er zunächst **die insolvenzrechtlich erforderlichen Maßnahmen** ergreifen dürfen.[214] Auf der so gewonnenen Grundlage ist dann die Betriebsbedingtheit zu bestimmen. Die personen- und verhaltensbedingten Aspekte des § 1 KSchG bleiben für die Rangordnung des § 209 hingegen außer Betracht.[215]

57 Das BAG[216] wendet die vorstehend erörterten Grundsätze auch auf die **Altersteilzeit nach dem** sog **Blockmodell**[217] an, bei dem der ältere Arbeitnehmer zunächst voll arbeitet (*Arbeitsphase*) und anschließend voll freigestellt wird (*Freistellungsphase*). Dem liegt die rechtsdogmatisch wie rechtspolitisch heftig umstrittene Prämisse zugrunde, die Ansprüche des Arbeitnehmers seien nur insoweit Masseverbindlichkeiten, als sich die Arbeitsphase in das Insolvenzverfahren er-

---

204 LAG Sachsen LAGE Nr 1 zu § 208 InsO.

205 Ist Mietgegenstand die Wohnung des Schuldners, tritt die Enthaftungserklärung des § 109 I 2,3 an Stelle der Kündigung, BGH ZIP 2012, 784 ff [*Eckert* EWiR 2012, 423 f] – dort zudem Eigentumsübergang.

206 § 208 Rn 95 f mN zum Streitstand.

207 BAG ZIP 2018, 988, 991 = NZI 2018, 450, 452 Rn 19.

208 **Beispiele:** BAG ZIP 2002, 628, 629 [**zust** *Berscheid* EWiR 2002, 815 f] = DZWIR 2002, 371 ff [*Oetker* ebd, 373 ff]; LAG Hamm NZA-RR 2002, 157, 158.

209 BAG ZIP 2003, 1850, 1852 f; BAG ZIP 2004, 1323, 1326; BAG ZInsO 2005, 50, 53.

210 *Oetker* DZWIR 2005, 108, 110.

211 BAG ZIP 2004, 1323, 1326 [**zust** *Bork* EWiR 2004, 815 f] = JR 2004, 439 – LS [**zust** *Busch* ebd, 439 f] = SAE 2004, 302 ff [**abl** *Adam* ebd, 308 f] = DZWIR 2005, 106 ff [**diff** *Oetker* ebd, 108, 111 f]; BAG ZInsO 2005, 50, 53; BAG ZIP 2006, 199, 203 [*Viniol/Trapp* ZInsO 2007, 359 ff]; BAG ZIP 2018, 988, 991 f = NZI 2018, 450, 452 Rn 21 ff; LAG Hamm ZInsO 2007, 51, 55 f.

212 *Adam* SAE 2004, 307, 308 f, und gegen ihn wiederum BAG ZIP 2005, 873, 875 f.

213 Überzeugend *Oetker* DZWIR 2005, 108, 111 f.

214 Dazu § 208 Rn 80 mit § 207 Rn 42.

215 LAG Hamm ZInsO 2007, 51, 56.

216 9. Senat ZIP 2005, 457 ff = DZWIR 2005, 243 ff [**zust** *Flitsch/Hinkel* ebd, 245 ff]; 10. Senat ZIP 2005, 873 ff [**zust** *Lindemann* EWiR 2005, 473 f] = DZWIR 2005, 376 ff [nur **zT zust** *Hollich* ebd, 379 f]; 6. Senat ZIP 2017, 2113 ff [*Knof/Stütze* EWiR 2018, 23 f]; LAG Stuttgart LAGE Nr 8 zu § 55 InsO; **zust** HK/*Hölzle* InsO[10] § 209 Rn 25; **aA** *Schrader/Straube* ZInsO 2005, 234, 238; *Oberhofer/Wroblewski* ZInsO 2005, 695 ff.

217 Einzelheiten bei *Zwanziger* RdA 2005, 226, 229; Jaeger/*Giesen* InsO[2] § 113 Rn 24 ff; *Froehner* NZA 2012, 1405, 1406 ff.

streckt hat, im Übrigen bloße Insolvenzforderungen.[218] Auf dieser Grundlage entstehen **Neumasseverbindlichkeiten gem § 209 I Nr 2**, sofern der Insolvenzverwalter dem älteren Arbeitnehmer während der Arbeitsphase nicht zum nächstmöglichen Termin kündigt. Die gerade bei älteren Arbeitnehmern in der Altersteilzeit meist zu bejahenden personenbezogenen Kündigungshindernisse gem § 1 KSchG bleiben außer Betracht. Im Übrigen können **Neumasseverbindlichkeiten gem § 209 I Nr 3** entstehen, sofern der Insolvenzverwalter den Arbeitnehmer in der Arbeitsphase nicht freigestellt hat. Die Schärfe, mit der die Auseinandersetzung geführt worden ist, erklärt sich aus der erheblichen sozialpolitischen Bedeutung der insolvenzrechtlichen Qualifikation der Verbindlichkeiten. Denn die Nachteile der älteren Arbeitnehmer lassen sich auch sozialversicherungsrechtlich nicht kompensieren.[219] Immerhin hat sich die Lage durch die Einführung der **Insolvenzsicherung gem § 8a ATG**[220] entschärft.[221]

Schließlich ist darauf hinzuweisen, dass nach der Rechtsprechung[222] **Arbeitsverhältnisse,**[223] die der Schuldner als Arbeitgeber **im Rahmen einer selbständigen Tätigkeit** begründet hat, aufgrund einer Negativerklärung gem **§ 35 II** ihren Massebezug verlieren.[224] 58

3. Neumasseverbindlichkeiten wegen faktischer Inanspruchnahme, § 209 II Nr 3

a) Systematische Bedeutung. Gem § 209 II Nr 3 gelten Verpflichtungen aus einem Dauerschuldverhältnis im Sinne des allgemeinen Zivilrechts[225] als Neumasseverbindlichkeiten, soweit der Verwalter nach Anzeige der Masseunzulänglichkeit für die Insolvenzmasse die Gegenleistung in Anspruch genommen hat. Die Vorschrift hat Entsprechungen nicht nur in § 90 II Nr 3, sondern auch in § 25 II 2[226] und in § 55 II 2.[227] Es ist umstritten, was unter einer **„Inanspruchnahme"** iS von § 209 II Nr 3 zu verstehen ist. Richtig erscheint die vermittelnde Formel des BGH: **Nutzung** der Leistung, **obwohl** der **Verwalter diese pflichtgemäß hätte verhindern können.**[228] Zu eng ist demgegenüber die verbreitete Forderung eines voluntativen Elements (auch) für § 209 II Nr 3 in dem Sinne, dass nur „gewillkürte" Masseverbindlichkeiten erfasst 59

---

218 So auch LAG Mainz ZIP 2021, 2033 ff [*Schwarz* EWiR 2021, 691 f – Revision zugelassen]; ArbG Nürnberg ZInsO 2004, 110 ff; für Masseverbindlichkeiten **dagegen** LAG Düsseldorf ZIP 2003, 2039 ff [**zust** *Moll/Henke* EWiR 2004, 77 f] = DZWIR 2004, 118; LAG Düsseldorf DZWIR 2004, 116 ff; LAG Düsseldorf ZIP 2004, 817 ff (drei Parallelentscheidungen mit jew **abl** Sammelbesprechungen durch *Seifert* DZWIR 2004, 103 ff, sowie *Rigol/Homann* InVo 2004, 125 ff); ArbG Oberhausen ZInsO 2003, 626 f und 627 f (zwei Parallelentscheidungen mit tendenziell **zust** Sammelbesprechung durch *Oberhofer* ZInsO 2003, 591 ff).

219 Dazu *Nimscholz* ZInsO 2005, 522 ff.

220 Durch G vom 23.12.2003, BGBl I, S 2848, mit Wirkung vom 1.7.2004, zuletzt geändert durch G vom 21.12.2008, BGBl I, S 2940, mit Wirkung vom 1.1.2009; dazu Jaeger/*Giesen* InsO[2] § 113 Rn 32.

221 *Seifert* DZWIR 2004, 103, 108; *Flitsch/Hinkel* DZWIR 2005, 245, 247; HK/*Hölzle* InsO[10] § 209 Rn 25.

222 BAG ZIP 2014, 339 ff [**krit** *Hergenröder* EWiR 2014, 157 f] = DZWIR 2014, 352 ff [**zust** *Heinze* ebd, 354 f]; ArbG Berlin ZIP 2010, 194 [**krit** *Priebe* EWiR 2010, 675 f]; **zust** *Stiller* ZInsO 2010, 1374 ff.

223 Zur Parallelproblematik für Miete und Pacht unten Rn 66.

224 K. Schmidt/*Büteröwe* InsO[19] § 35 Rn 56; *Windel* RdA 2012, 366 ff; *Hergenröder* DZWIR 2013, 251, 257 ff.

225 Jaeger/*Eckardt* InsO § 90 Rn 9, sowie oben Rn 50.

226 Dazu Jaeger/*Gerhardt* InsO § 25 Rn 13.

227 Dazu Jaeger/*Henckel* InsO § 55 Rn 94 f.

228 BGHZ 154, 358, 364–366 = ZIP 2003, 914 ff [**zust** *Tetzlaff* EWiR 2003, 651 f] = NZI 2003, 369 ff [**zust** *Uhlenbruck* ebd, 372 f] = BGHR 2003, 759 ff [**grds zust** *Ringstmeier* ebd, 761 f] = WuB VI C. § 209 InsO 1.03 [**abl** *Barnert*]; BGH ZIP 2004, 326 ff [*Pape* EWiR 2004, 349 f] = DZWIR 2004, 238 ff [*H. u. P. Mohrbutter* ebd, 241 f] = BGHR 2004, 484 f [*Lützenkirchen* ebd, 485 ff] = NJW-RR 2004, 238 ff [*Amend* LMK 2004, 94 f] = WuB VI C. § 50 InsO 1.04 [**zust** *Tetzlaff*]; BGH ZIP 2004, 871 – LS [**krit** *Eckert* EWiR 2004, 871 f] = DZWIR 2005, 116 ff [**abl** *Gundlach/Frenzel* ebd, 118 f], unter Aufhebung der Vorinstanz (OLG Düsseldorf ZIP 2003, 2125 ff [**zust** *Gundlach/Schmidt* EWiR 2003, 985 f, sowie *Gundlach/Frenzel/Schmidt* InVo 2004, 169, 171]); **zust** MünchKomm/*Hefermehl* InsO[4] § 209 Rn 33; Kübler/Prütting/Bork/*Pape* InsO[19] § 209 Rn 17a; *Pape* WuM 2004, 645, 651; HK/*Hölzle* InsO[10] § 209 Rn 21; Uhlenbruck/*Ries* InsO[15] § 209 Rn 25; **grds zust** *Ringstmeier* ZInsO 2004, 169, 172; **ausdrücklich offen** BAG ZIP 2004, 1660, 1661 f.

würden.[229] Denn das Gesetz ist gerade nicht streng an der Unterscheidung zwischen „gewillkürten" und „oktroyierten" Masseverbindlichkeiten orientiert. Maßgeblich sind vielmehr die **Anforderungen**, die **an** eine **amtliche Verwaltung** zu stellen sind.[230] Da sich diese in der Pflichtbindung des Verwalters manifestieren, ist der Ansatz des BGH konsequent. Freilich konkretisiert sich seine Amtspflicht je nach den Spezifika des betroffenen Schuldverhältnisses unterschiedlich. Viel zu weitgehend und mit dem Nachrang von Bereicherungsansprüchen[231] nicht vereinbar wäre es, allein darauf abzustellen, ob der Masse rein tatsächlich eine Leistung zufließt.[232]

60 Da alle drei **Qualifikationsregeln** zu Neumasseverbindlichkeiten führen, **stehen** sie **selbständig nebeneinander**. Will der Insolvenzverwalter verhindern, dass überhaupt Neumasseverbindlichkeiten entstehen, darf er daher einerseits die Gegenleistung nicht in Anspruch nehmen, andererseits muss er das Dauerschuldverhältnis kündigen (sofern es § 108 I, II unterfällt) bzw die Erfüllung gem § 103 I ablehnen (insbesondere bei Nutzungsverhältnissen über Fahrnis). **Eine Freistellung verhindert zwar die Rechtsfolge der Nr 3 des § 209 II, aber nicht die der Nr 2**[233] (und auch nicht die der Nr 1). Konkret bedeutet dies, dass ggfs Annahmeverzugsansprüche mit dem Rang von Neumasseverbindlichkeiten entstehen.[234] Eine **zeitliche Reihenfolge** zwischen Freistellung und Beendigung des Dauerschuldverhältnisses **besteht** im Gegensatz zu § 13 I Nr 3a GesO **nicht** mehr.[235] Der **typische Anwendungsfall** des § 209 II Nr 3 liegt in der Zeit zwischen Anzeige der Masseunzulänglichkeit und Ablauf einer Kündigungsfrist. Die Vorschrift greift aber auch dann, wenn der Verwalter die Leistung trotz Beendigung des Dauerschuldverhältnisses für die Masse in Anspruch nimmt. Namentlich Ansprüche aus § 546a BGB erlangen so die Qualität von Neumasseverbindlichkeiten.[236]

61 **b) Besonderheiten bei Arbeitsverhältnissen.** Bei Arbeitsverhältnissen kommt der **Freistellung des Arbeitnehmers** entscheidende Bedeutung zu.[237] Sie wird als **insolvenzspezifische Gestaltungsmöglichkeit** vom Gesetzgeber[238] wie vom BAG[239] vorausgesetzt und ist mittlerweile durch die LAGe ganz überwiegend anerkannt.[240] Rechtstechnisch wird mit der Freistellung eine **Einrede gegen den Anspruch** des Arbeitnehmers **auf** (Weiter-)**Beschäftigung** erhoben und letzt-

---

229 So für § 209 II Nr 3 OLG Düsseldorf ZIP 2003, 2125 ff [**zust** *Gundlach/Schmidt* EWiR 2003, 985 f]; *Gundlach/Frenzel/Schmidt* InVo 2004, 169, 171; für § 90 Jaeger/*Eckardt* InsO § 90 Rn 4, 7, 9 ff; für die §§ 25, 55 *Marotzke* Gegenseitige Verträge im neuen Insolvenzrecht[3] (2001), Rn 14.49 f; *Spliedt* ZIP 2001, 1941, 1946; *Meyer* DZWIR 2001, 309, 314 f.

230 Oben Rn 34.

231 Dazu oben Rn 4.

232 So aber die Formel mancher LAGe, etwa LAG Hessen LAGR 2005, 59, 60; LAG Hamm ZInsO 2007, 51, 55.

233 BAG ZIP 2004, 1323, 1326 [*Bork* EWiR 2004, 815 f] = JR 2004, 439 [*Busch* ebd, 439 f] = SAE 2004, 302 ff [*Adam* ebd, 307 ff] = DZWIR 2005, 106 ff [*Oetker* ebd, 108 ff]; BAG ZInsO 2005, 50, 53; BAG ZIP 2018, 988, 992 = NZA 2018, 450, 453 Rn 30; LAG Hamm ZInsO 2007, 51, 55 f; MünchKomm/*Hefermehl* InsO[4] § 209 Rn 33b; HK/*Hölzle* InsO[10] § 209 Rn 22; Nerlich/Römermann/*Westphal* InsO[29] § 209 Rn 10; Uhlenbruck/*Ries* InsO[15] § 209 Rn 25; BK/*Martini* InsO[61] § 209 Rn 14.

234 So bei BAG ZIP 2018, 988 ff = NZA 2018, 450 ff.

235 Nerlich/Römermann/*Westphal* InsO[29] § 209 Rn 9.

236 OLG Rostock ZInsO 2007, 996, 997; zweifelnd *Wischemeyer* ZInsO 2008, 197, 199 f.

237 Für die **hM** Kübler/Prütting/Bork/*Pape* InsO[19] § 209 Rn 17a; **aA** wohl nur *Bayreuther* ZIP 2008, 573, 581.

238 Begr RegE § 321, BT-Drucks 12/2443, S 220.

239 BAG ZIP 2004, 1660, 1662 sub II 4d aE (obiter); BAG ZIP 2013, 284 ff.

240 Entwickelt vom LAG Hamm ZIP 2001, 435, 436 ff [**abl** *Moll* EWiR 2001, 487 f] = DZWIR 2001, 148 ff [**zust** *Weisemann* ebd, 151 f] = ZInsO 2001, 333 ff [**zust** *Pirscher* ebd, 698 f; **abl** *Oberhofer* ZInsO 2002, 21 ff]; LAG Hamm ZInsO 2002, 45, 46 f; LAG Hamm ZInsO 2007, 51, 55; LAG Sachsen ZInsO 2004, 223, 224; LAG Köln ZInsO 2004, 405, 406; LAG Hessen LAGR 2005, 59, 60; **zust** *Bertram* NZI 2001, 625, 626; *Hess* InVo 2001, 117, 122; HK/*Hölzle* InsO[10] § 209 Rn 21 ff; *Ries/Berscheid* ZInsO 2008, 1161, 1164 f; **diff** *Marotzke* InVo 2004, 301 ff; **aA** ArbG Kaiserslautern ZInsO 2002, 96 (LS); *Seifert* DZWIR 2002, 407, 408 f; *Zwanziger* NZA 2015, 577, 578 f.

lich verhindert, dass dem Insolvenzverwalter die Arbeitsleistung mit der Folge[241] aufgezwungen wird, dass Neumasseverbindlichkeiten gem § 209 II Nr 3 entstehen[242] oder dass der Insolvenzverwalter mit der gleichen Folge in Annahmeverzug gesetzt wird.[243] Damit erweist sich die Freistellung als die im Interesse einer geordneten Abwicklung der unzulänglichen Insolvenzmasse, nicht aber im Interesse des einzelnen Arbeitnehmers,[244] pflichtgemäße Reaktion des Verwalters, wodurch das Merkmal der „Inanspruchnahme" für den Bereich des Arbeitsrechts konkretisiert wird.[245]

Der Insolvenzverwalter ist bei Freistellungen an die **Grundsätze des billigen Ermessens** 62 (§ 315 I, III BGB) gebunden.[246] Umstritten ist, ob der **Betriebsrat** zu beteiligen ist.[247] Jedenfalls erscheint es sinnvoll, dass die Frage gelegentlich der Verhandlungen über den Interessensausgleich mit erörtert wird.[248] Der Verwalter sollte aber bis dahin nicht abwarten.

Die **Freistellung** erfolgt zweckmäßig **unter Anrechnung auf** offene **Urlaubsansprüche.**[249] 63 Dies gilt namentlich auch dann, wenn der Verwalter kein Urlaubsentgelt zahlt (bzw zahlen kann).[250] Der gesamte Freistellungszeitraum wird aber kaum jemals durch Resturlaub abgedeckt sein. Dies führt zu einem **Zuordnungsproblem**, weil **für** den Urlaubszeitraum **Urlaubsentgelt und** ggf Urlaubsgeld, für den Freistellungszeitraum aber **Lohn wegen Annahmeverzugs** gem § 615 S 1 BGB zu zahlen ist. Für Letzteren gilt die Anrechnungsregel des § 615 S 2 BGB. Das BAG geht davon aus, dass sich der Arbeitnehmer Urlaub und Freistellung selbst zuteilen könne, wenn der Arbeitgeber keine klare Regelung trifft.[251] Deshalb sollte der Insolvenzverwalter zunächst den noch offenen Urlaub – unwiderruflich[252] gewähren und im Anschluss daran – widerruflich[253] – aus insolvenzrechtlichen Gründen freistellen.[254]

c) Besonderheiten bei Nutzungsverhältnissen. Ist der Schuldner Mieter oder Pächter von 64 unbeweglichen Sachen oder Räumen, entscheidet sich an deren **Inanspruchnahme für die Insolvenzmasse**, ob Neumasseverbindlichkeiten entstehen.[255] Unproblematisch **nicht erfasst** sind daher Mietverträge, die die **Wohnung des Schuldners** zum Gegenstand haben iSv § 109 I 2.[256] Ebenso unproblematisch **erfasst** sind dagegen Miet- oder Pachtverträge über die **Geschäftsräume, sofern** der **Insolvenzverwalter** in ihnen **das Unternehmen fortführt.**[257] Schwierigkeiten bereiten die Konstellationen der gewerblichen Zwischenvermietung durch den Schuldner und der Fall einer Unternehmensfortführung durch den Schuldner ohne oder gegen den Willen des Verwalters:

241 Dogmatisch konsequent sieht *Marotzke* InVo 2004, 301 ff, „relativ" nur die Forderungsqualität betroffen. Es ist aber wenig lebensnah, jemand wolle arbeiten, mag er auch mit einer Altmasseverbindlichkeit abgespeist werden.
242 Dies übersieht offenbar *Bayreuther* ZIP 2008, 573, 581.
243 LAG Düsseldorf ZIP 2012, 2115, 2117 f.
244 BAG ZIP 2013, 638 ff [**zust** *Mückl/Herrnstadt* EWiR 2013, 211 f] = NZI 2013, 284 [**zust** *Jansen* ebd, 291] = AP InsO § 61 Nr 4 [**zust** *Baumert*]; LAG Rheinland-Pfalz ZInsO 2010, 1110 ff; *Zwanziger* NZA 2015, 577, 580; Jaeger/*Giesen* InsO[2] vor § 113 Rn 284.
245 Vgl schon oben Rn 59 f.
246 LAG Hamm ZInsO 2007, 51, 55; LAG Nürnberg ZIP 2012, 1476 [*Mückl* EWiR 2012, 443]; *Zwanziger* NZA 2015, 577, 579.
247 Dazu *Seifert* DZWIR 2002, 407, 412 f; *Oberhofer* ZInsO 2002, 21, 23; *Marotzke* InVo 2004, 301, 302, 313 ff.
248 *Hess* InVo 2001, 117, 122.
249 Neben den nachfolgend Zitierten LAG Sachsen ZInsO 2004, 223, 224; LAG Köln ZInsO 2004, 405, 406.
250 So explizit BAG ZIP 2004, 1660, 1661 f [**zust** *Schneider* EWiR 2004, 1139 f] = DZWIR 2004, 461 ff [**zust** *Hinkel* ebd, 463 ff] – gegen die Vorinstanzen ArbG Eisenach ZInsO 2003, 673 ff; LAG Thüringen ZInsO 2004, 56 (LS); BAG AP Nr 12 zu § 55 InsO sub I 2b; LAG Hessen LAGR 2005, 59, 60; Jaeger/*Windel* InsO § 80 Rn 111 mwN.
251 BAG NJW 2007, 2796 ff [*Fesenmeyer* ebd, 2798 f] = AP Nr 118 zu § 615 BGB [*Bayreuther* ebd].
252 Sonst ist der Urlaubsanspruch nicht erfüllt, s BAG BUrlG § 7 Nr 41 (kein Insolvenzfall).
253 Siehe § 208 Rn 77, sowie oben Rn 44.
254 *Fesenmeyer* NJW 2007, 2798, 2799; *Bayreuther* AP Nr 118 zu § 615 BGB sub 4.
255 OLG Zweibrücken ZInsO 2019, 1073 ff.
256 Dazu BGH ZIP 2012, 784 ff [*Eckert* EWiR 2012, 423 f].
257 Vgl OLG Köln bei *Eckert* EWiR 2002, 583 f (kein Fall der Masseunzulänglichkeit).

65 Der Insolvenzverwalter nimmt eine Leistung aus einem Dauerschuldverhältnis für die Masse in Anspruch, indem er die Leistung nutzt, obwohl er dies pflichtmäßig hätte verhindern können.[258] Für den **Fall einer gewerblichen Zwischenvermietung** bedeutet dies, dass er das **Untermietverhältnis** zu Gunsten des Vermieters im Hauptmietverhältnis **„freizustellen"** hat.[259] Im Einzelnen ist hierzu erforderlich, dass er dem Vermieter anbietet, ihm den **mittelbaren Besitz** zu **übertragen** und die **Einziehung der Mietforderungen** aus den Untermietverhältnissen zu **ermöglichen.**[260] Dies ist dem Insolvenzverwalter auch keineswegs unzumutbar, weil beides durch Zession (§§ 398, 870 BGB), Letzteres wahlweise auch durch eine Einziehungsermächtigung analog § 185 I BGB erfolgen kann. Auch Störungen im Untermietverhältnis sind nicht zu gewärtigen,[261] so lange den Untermietern der Gebrauch tatsächlich gewährt wird. Ist Wohnraum gewerblich zwischenvermietet, gilt zudem § 565 BGB. Schließlich ergibt sich auch daraus, dass die im Hauptmietverhältnis zu zahlende Miete nicht selten höher ist als diejenige, die im Untermietverhältnis erzielt werden kann, kein Gegenargument.[262] Denn entweder handelt es sich dann schlicht um einen Fall schlechten Wirtschaftens des Schuldners, der nicht anders zu beurteilen ist als jede andere verlusttragende Kalkulation, oder es geht in Wahrheit um die Abwicklung eines gescheiterten Abschreibungsmodells. Der vom BGH gewiesene Weg ist in beiden Fällen praktikabel.

66 Das zur Vermeidung der Rechtsfolge des § 209 II Nr 3 nötige **Pflichtenprogramm** des Verwalters ist besonders schwer zu bestimmen, **wenn** der **Schuldner Gewerberäume** nach Eröffnung des Insolvenzverfahrens zu eigener selbständiger Arbeit **nutzt.** Eine schlichte **„Freigabe" des Mietverhältnisses** bei gleichzeitigem Verweis des Vermieters an den Schuldner und dessen Privatvermögen **reicht** jedenfalls **nicht aus.**[263] Denn die „Freigabe" eines Vertragsverhältnisses ist ausgeschlossen.[264] Daher wird man vom Verwalter verlangen müssen, dass er dem Vermieter anbietet, den **Schuldner** mit Hilfe seines Vollstreckungstitels (§ 148 II) **aus dem Besitz** zu **setzen.** Allerdings knüpft der BGH an eine **Negativerklärung gem § 35 II**[265] die Wirkung, dass alle[266] im Rahmen der selbständigen Tätigkeit des Schuldners begründeten Vertragsverhältnisse den Massebezug verlieren.[267] Dies schlägt auch auf § 209 durch, so dass ab Wirksamkeit einer solchen „Freigabe" auch keine Neumasseverbindlichkeiten mehr entstehen können.[268]

67 Die **Grundsätze** für die Qualifikation von Forderungen aus Mietverhältnissen **lassen sich nicht auf Ansprüche auf Wohngeld** nach dem WEG **übertragen.**[269] Vielmehr unterfallen diese

258 Oben Rn 59.

259 BGHZ 154, 358, 364–366 = ZIP 2003, 914 ff [**zust** *Tetzlaff* EWiR 2003, 651 f] = NZI 2003, 369 ff [**zust** *Uhlenbruck* ebd, 372 f] = BGHR 2003, 759 ff [**grds zust** *Ringstmeier* ebd, 761 f] = WuB VI C. § 209 InsO 1.03 [**abl** *Barnert*]; BGH ZIP 2004, 326 ff [*Pape* EWiR 2004, 349 f] = DZWIR 2004, 238 ff [*H. u. P. Mohrbutter* ebd, 241 f] = BGHR 2004, 484 f [*Lützenkirchen* ebd, 485 ff] = NJW-RR 2004, 238 ff [*Amend* LMK 2004, 94 f] = WuB VI C. § 50 InsO 1.04 [**zust** *Tetzlaff*]; BGH ZIP 2004, 871 – LS [**krit** *Eckert* EWiR 2004, 871 f] = DZWIR 2005, 116 ff [**abl** *Gundlach/Frenzel* ebd, 118 f], unter Aufhebung der Vorinstanz (OLG Düsseldorf ZIP 2003, 2125 ff [**zust** *Gundlach/Schmidt* EWiR 2003, 985 f, sowie *Gundlach/Frenzel/Schmidt* InVo 2004, 169, 171]); OLG Stuttgart ZIP 2011, 2077 f [**zust** *Lüke/Scherz* WuB VI A § 209 InsO 1.12]; **zust** MünchKomm/*Hefermehl* InsO[4] § 209 Rn 33a; Kübler/Prütting/Bork/*Pape* InsO[19] § 209 Rn 17a; *Pape* WuM 2004, 645, 651; HK/*Hölzle* InsO[10] § 209 Rn 26; **grds zust** *Ringstmeier* ZInsO 2004, 169, 172.

260 So in Präzisierung von BGHZ 154, 358, 364–366, BGH DZWIR 2005, 116, 117.

261 **AA** *Ringstmeier* BGHR 2003, 761 f; *ders* ZInsO 2004, 169, 176 f.

262 **AA** Ringstmeier ZInsO 2004, 169, 176 f.

263 **Zutr** OLG Rostock ZInsO 2007, 996 f [krit *Wischemeyer* ZInsO 2008, 197 ff]. Der Fall betraf § 35 aF.

264 Jaeger/*Windel* InsO § 80 Rn 31 mN; *Pape* WuM 2004, 645, 652.

265 Eingef durch G v 13.4.2007, BGBl I, S 509, mit Wirkung vom 1.7.2007.

266 Zum Parallelproblem bei Arbeitsverhältnissen oben Rn 58.

267 BGHZ 192, 322 [**krit** *Windel* RdA 2012, 366 ff] = ZIP 2012, 533 ff [**diff** *Heinze* EWiR 2012, 287 f]; zum Streitstand K. Schmidt/*Büteröwe* InsO[19] § 35 Rn 56.

268 **AA** zum alten Recht *Windel* Anm zu BAG AP Nr 1 zu § 35 InsO sub II 2b mN = AP Nr 1 zu § 295 InsO.

269 So aber OLG Düsseldorf ZIP 2007, 687 ff = NZI 2007, 50 ff [*Drasdo* ebd, 52 f] = ZfIR 2007, 870 ff [**abl** *Pape* ebd, 817 ff]; HK/*Hölzle* InsO[10] § 209 Rn 27.

bereits § 209 I Nr 2 bzw Nr 3[270] je nach dem Entstehenszeitpunkt. Gänzlich abwegig ist es, eine „Inanspruchnahme“ des Wohnungseigentums unabhängig davon, ob der Wohnraum für die Masse unmittelbar oder mittelbar dadurch genutzt wird, dass Mieteinnahmen erzielt werden, schon im Unterlassen einer Freigabe der Wohnung zu sehen.[271] Denn eine solche würde den Substanzwert des Wohnungseigentums in das beschlagsfreie Vermögen des Schuldners verlagern, ohne dass die Gemeinschaft der Wohnungseigentümer den geringsten Nutzen davon hätte.

Wenn man überhaupt ein Analogon zur „Freistellung“ zu Gunsten des Massegläubigers bei Dauerschuldverhältnissen suchen will, so könnte es nur darin bestehen, dass der Insolvenzverwalter der Gemeinschaft der Wohnungseigentümer die Nutzung des Sondereigentums (ggf im Wege der Vermietung) anbietet und sich darauf beschränkt, den Substanzwert für die Masse zu realisieren. Selbst dann hinkt der Vergleich aber noch, weil im Wohngeld stets auch Anteile enthalten sind, die der Substanzerhaltung dienen. Wohngeld stellt ferner kein Äquivalent für die Mitgliedschaft in der Wohnungseigentümerschaft dar.[272] Deshalb bietet auch dieser Ansatz keine echte Alternative zu einer Qualifikation der Wohngeldansprüche danach, ob sie vor oder nach der Anzeige der Masseunzulänglichkeit „begründet“ worden sind (§ 209 I Nr 2 oder Nr 3).[273] **68**

d) Hinweis: Abwehr von Kraftfahrzeugsteuer. Nach der früheren finanzgerichtlichen Rechtsprechung[274] sollte die **Kraftfahrzeugsteuer unabhängig von** einer tatsächlichen **Nutzung** des Fahrzeuges **und** unbeschadet von dessen insolvenzrechtlicher **Freigabe** an den Schuldner entstehen. Für den Insolvenzverwalter war danach das Auflaufen von Masse- und damit auch **Neumasseverbindlichkeiten** gem § 209 I Nr 2[275] **nur durch** die **Abmeldung oder** eine **Veräußerung zu verhindern** (§ 5 I Nr 1 KraftStG).[276] Selbst der **vermittelnde Vorschlag**, die **Freigabe einer Veräußerung gleichzustellen** und steuerrechtlich ab Eingang ihrer Anzeige anzuerkennen, wurde zunächst zurückgewiesen.[277] Mittlerweile hat der BFH seine Auffassung grundlegen geändert:[278] Entscheidend sei jetzt allein, ob das besteuerte Fahrzeug der Verwaltungs- und Verfügungsbefugnis gem § 80 I unterliege.[279] Vor dem Hintergrund, dass eine (echte) Freigabe nach hM zum Insolvenzrecht keine Publizität voraussetzt,[280] scheint mir dies nun in die andere Richtung über das Ziel hinauszuschießen. **69**

270 BGH ZIP 2011, 1723 Rn 7 [*Eckert* EWiR 2011, 715 f], *Pape* ZfIR 2007, 817, 820; MünchKomm/*Hefermehl* InsO[4] § 209 Rn 24a; unklar AG Neukölln ZMR 2005, 659, 660; **aA** FK/*Kießner* InsO[9] § 209 Rn 44.

271 **Zutr** *Pape* ZfIR 2007, 817, 819 f, 820 f.

272 *Pape* ZfIR 2007, 817, 820.

273 Oben Rn 37.

274 BFH ZIP 2007, 2081 ff; BFH ZIP 2007, 2083 f [zu beiden *von Spiessen* EWiR 2007, 723 f]; **zust** *Sterzinger* DStR 2008, 1672, 1673 f; *Johannes/Roth* UVR 2008, 278, 282 f; **abl** *Looff* ZInsO 2008, 75 ff, und gegen diese *Roth* ZInsO 2008, 304 ff; FG Münster ZInsO 2009, 441 f; FG Köln ZInsO 2009, 534 f [zu beiden Entscheidungen *Menn* ebd, 1189, speziell zur Masseunzulänglichkeit 1193].

275 Dazu oben Rn 39.

276 *Roth* ZInsO 2008, 304, 305. Zudem wurde dem Verwalter von VG Braunschweig ZIP 2010, 1256 sogar ein Auskunftsanspruch gegen die KfZ-Zulassungsstelle abgesprochen.

277 BFH ZIP 2010, 1302 f [**abl** *Meyer* ebd, 1303 ff] = NZI 2010, 497 f [**abl** *Ries* ebd, 498 ff].

278 Dazu *Horner/Rand* NZI 2012, 898 f, sowie HK/*Hölzle* InsO[10] § 210 Rn 13 zu und in Fn 32, einerseits, *Hartmann* NZI 2012, 168 ff, andererseits.

279 BFH ZIP 2011, 1728 ff und 1882 ([Un-]Pfändbarkeit eines Krads); BFH ZIP 2012, 42 f [*Junghans* EWiR 2012, 179 f]; BFH NZI 2015, 41 f [*de Weerth* ebd, 42] – jew Freigabe; BFH ZIP 2012, 2306 ff [Kfz unter Zwangsverwaltung].

280 Zur Kritik Jaeger/*Windel* § 80 Rn 37.

§ 210 Vollstreckungsverbot

Sobald der Insolvenzverwalter die Masseunzulänglichkeit angezeigt hat, ist die Vollstreckung wegen einer Masseverbindlichkeit im Sinne des § 209 Abs. 1 Nr. 3 unzulässig.

Materialien

DiskE § 311; RefE § 311; RegE § 322 (BT-Drucks 12/2443, S 60, Begr S 220); Rechtsausschuss § 234 d (BT-Drucks 12/7302, S 86, Begr S 180).

Vorgängerregelungen

keine

Literatur

S zu § 207.

Übersicht

Alphabetische Übersicht

I. Grundlagen des Vollstreckungsverbots

1. Entstehungsgeschichte

1 Der Vorschrift des § 210 entspricht **keine Vorgängerregelung** unter der Geltung der KO. Gleichwohl hatte sich zu § 60 KO zuletzt die Auffassung durchgesetzt, dass der Konkursverwalter die Zwangsvollstreckung eines jeden Massegläubigers abwehren könne, auch eines neu hinzugekommenen Gläubigers.[1] Dies war deshalb unausweichlich, weil die Unterscheidung zwischen Alt- und Neumassegläubigern erst durch die Insolvenzrechtsreform eingefügt wurde, machte aber auf der Rechtsfolgenseite des praeter legem entwickelten Instituts erheb-

1 Vgl zuletzt etwa die Nachzüglerentscheidungen BFH ZIP 2001, 1549 ff; FG Münster EFG 2001, 730 f.

https://doi.org/10.1515/9783110343687-037

liche Differenzierungen erforderlich. Unter dem Eindruck dieses Rechtszustandes war in § 322 RegE[2] Vollstreckungsschutz nur auf Antrag des Insolvenzverwalters und nur insoweit vorgesehen, als die Verteilungsordnung konkret gestört wurde (Abs 1). Der betroffene Massegläubiger sollte zu hören und die Entscheidung des Insolvenzgerichts rechtsmittelfähig sein (Abs 2). Es ist zu begrüßen, dass der Rechtsausschuss[3] davon abgewichen ist und die heute geltende Regelung geschaffen hat,[4] mag er sich dabei auch ausschließlich vom Zwecke der Entlastung der Insolvenzgerichte haben leiten lassen.[5] Denn der in § 322 RegE vorgesehene Vollstreckungsschutz wäre nicht nur insgesamt, namentlich auch für den Insolvenzverwalter, zu umständlich, sondern letztlich auch ineffizient gewesen: Die Verteilungsordnung des § 209 lässt sich bei gleichzeitig fortbestehender Verwaltungspflicht (§ 208 III) nur dadurch wirksam schützen, dass Störungen durch Zwangsvollstreckungsmaßnahmen möglichst umfassend unterbunden werden.[6]

2. Systematische Bedeutung

§ 210 steht in einem äußerlichen **Zusammenhang mit § 89**, dem Vollstreckungsverbot für Insolvenzgläubiger, **und**[7] – nach hier vertretener Ansicht – in einem inneren Zusammenhang **mit dem Moratorium des § 90 I sowie mit § 123 III 2**, dem Vollstreckungsverbot **für Sozialplangläubiger**. Den **Masseverbindlichkeiten**, wegen derer vollstreckt werden soll, **fehlt** nämlich jeweils die **volle** haftungsrechtliche **Durchsetzbarkeit**. Dies gilt für die Sechsmonatsfrist des § 90,[8] für Altmasseverbindlichkeiten ab Anzeige der Masseunzulänglichkeit[9] und für Sozialplanforderungen wegen deren ohnehin geminderter Qualität als „unechte" Masseverbindlichkeiten.[10] Die hier vorgeschlagene Gleichstellung von Ansprüchen auf **Nachteilsausgleich gem § 113 BetrVG** mit Sozialplanforderungen[11] würde auch § 123 III 2 umfassen. 2

Die Deutung des § 210 als Konsequenz aus den materiell-haftungsrechtlichen Folgen einer Anzeige der Masseunzulänglichkeit[12] erlaubt es einerseits, seinen Geltungsumfang und seine Wirkungen auf einer verlässlichen Grundlage abzustecken.[13] Andererseits relativiert sich dadurch die Bedeutung des § 210 im Gesamtsystem der §§ 208–211. Namentlich ist es unangebracht, die gesamten verfahrensrechtlichen Auswirkungen einer Unzulänglichkeitsanzeige geradezu aus dem Vollstreckungsverbot erschließen zu wollen. Dies wurde im Zusammenhang mit der Frage der **(Un-)Zulässigkeit des Erlasses von Vollstreckungstiteln** bereits näher dargelegt.[14] 3

---

2 Begr, BT-Drucks 12/2443, S 220.
3 Begr, BT-Drucks 12/7302, S 180.
4 MünchKomm/*Hefermehl* InsO[4] § 210 Rn 1; *Walther* Das Verfahren bei Masseunzulänglichkeit nach den §§ 208 ff InsO (2005), S 220 f; eher indifferent Kübler/Prütting/Bork/*Pape* InsO[9] § 210 Rn 1 f; **aA** *Adam* DZWIR 2009, 181, 183 f.
5 **Krit** deshalb Nerlich/Römermann/*Westphal* InsO[29] § 210 Rn 2.
6 Dazu noch unten Rn 4 ff, 10 f.
7 Ebenso HK/*Hölzle* InsO[10] § 210 Rn 1.
8 § 208 Rn 16.
9 § 208 Rn 51.
10 § 209 Rn 12.
11 § 209 Rn 43 ff.
12 § 208 Rn 50 f.
13 Unten Rn 4 ff sowie 10 f.
14 § 208 Rn 57 ff.

II. Geltungsumfang des Vollstreckungsverbots

1. Anwendungsbereich

4 **a) Unmittelbare Anwendung.** Unmittelbar verbietet § 210 die **Vollstreckung wegen einer** Masseverbindlichkeit im Sinne des § 209 I Nr 3, also einer sog **Altmasseverbindlichkeit.** Person und Status des vollstreckenden Altmassegläubigers sind einerlei, das Verbot gilt namentlich **auch** gegenüber **Verwaltungs- und Steuerbehörden.**[15] Die gesetzliche Grundlage der Vollstreckung (8. Buch der ZPO; ZVG; §§ 167 ff VwGO; §§ 198 ff SGG; §§ 150 ff FGO; VwVGe;[16] §§ 249 ff AO; § 66 SBG X) ist ebenfalls irrelevant. Erfasst wird schon die Vollstreckung aus einem erst **vorläufig vollstreckbaren Titel**. Der Insolvenzverwalter ist nicht darauf verwiesen, diesen im Rechtsmittelwege zu beseitigen.[17] Hatte der Verwalter den geschuldeten Betrag aber bereits zur Anwendung der Zwangsvollstreckung hinterlegt, so ist der Massegläubiger gesichert.[18] Ist eine **Nachtragsverteilung** vorbehalten oder wird sie später angeordnet, wirkt § 210 als **gegenständlich beschränktes Vollstreckungsverbot.**[19]

5 **b) Entsprechende Anwendung.** Der praktikable Weg des **§ 210**, eine Störung der Verteilung (und ggf einer weiteren Verwaltung) einer ausgezehrten Masse verhindern und dies in einem unkomplizierten Verfahren überprüfen lassen zu können,[20] sollte nach hier vertretener Ansicht **in allen Fällen der Massearmut** gewählt werden. **Mit der hM** gilt § 210 deshalb entsprechend in folgenden Fällen:

- Vollstreckung bei Massedürftigkeit gem § 207 I 1;[21]
- Vollstreckung eines Neumassegläubigers, wenn nur noch die Verfahrenskosten (ganz oder anteilig[22]) gedeckt werden können.

Gegen die wohl noch hL[23] sollte § 210 mit der Konsequenz der Möglichkeit für den Verwalter, die Vollstreckung im Wege der Erinnerung abzuwenden, **auch** dann angewandt werden, **wenn** zwar die Verfahrenskosten gedeckt sind, aber die **Masse nur zu einer anteiligen Befriedigung der Neumassegläubiger** ausreicht.[24] Dies ist unabhängig davon, ob man für diesen Fall eine Anzeige der „erneuten" Masseunzulänglichkeit mit (auch sonst) § 208 entsprechenden Folgen zulässt, oder dies richtiger Weise ablehnt.[25] Entscheidend ist vielmehr, dass so eine kostengünstige Überprüfungsmöglichkeit vor dem sachnahen Insolvenzgericht geschaffen wird, die im Re-

15 BSG ZIP 2016, 128, 129 Rn 19 f [*Hess* EWiR 2016, 55 f]; LSG Stuttgart ZIP 2015, 396 ff [*Plagemann* EWiR 2015, 229 f]; BHF ZIP 2020, 427, 429 Rn 26 [*Ries* EWiR 2020, 277 f] = NZI 2020, 526 ff [*Hermes/Bamberger*, ebd, 529]; OVG Bautzen ZIP 2013, 424 f Rn 4; Kübler/Prütting/Bork/*Pape* InsO[9] § 210 Rn 5; Nerlich/Römermann/*Westphal* InsO[29] § 210 Rn 5; Uhlenbruck/*Ries* InsO[15] § 210 Rn 4; HambK/*Weitzmann* InsO[7] § 210 Rn 3; *Walther* Das Verfahren bei Masseunzulänglichkeit nach den §§ 208 ff InsO (2005), S 222; MünchKomm InsO[4]*Hefermehl* § 210 Rn 7 ff.

16 Des Bundes und der Länder.

17 BK-InsO/*Martini*[62] § 210 Rn 9 Fn 9; **aA** Nerlich/Römermann/*Westphal* InsO[29] § 210 Rn 6a.

18 BGH ZIP 2018, 541 f [**zust** *Zipperer* EWiR 2018, 245 f], in Bestätigung der Vorinstanz OLG Frankfurt NZI 2017, 733 ff [**zust** *Ruland*, ebd, 736].

19 Vgl unten Rn 9, sowie § 211 Rn 23.

20 Dazu unten Rn 12.

21 § 207 Rn 100 mN.

22 Dazu § 209 Rn 9.

23 HK/*Hölzle* InsO[10] § 210 Rn 3; MünchKomm/*Hefermehl* InsO[4] § 210 Rn 20 ff; Kübler/Prütting/Bork/*Pape* InsO[9] § 210 Rn 6; *Pape/Hauser* Massearme Verfahren nach der InsO (2002), Rn 393; Uhlenbruck/*Ries* InsO[15] § 210 Rn 9.

24 FG Brandenburg ZInsO 2003, 1009, 1010; Nerlich/Römermann/*Westphal* InsO[29] § 210 Rn 9a; *Walther* Das Verfahren bei Masseunzulänglichkeit nach den §§ 208 ff InsO (2005), S 223; FK/*Kießner* InsO[9] § 210 Rn 11; jetzt wohl auch BK-InsO/*Martini*[62] § 210 Rn 14 mit 6.

25 Näher § 208 Rn 27 mwN.

gelfalle genügen sollte. Für problematischere Konstellationen kann alternativ der Weg zum Prozessgericht beschritten werden.[26]

Die hier vertretene Lösung weicht von derjenigen der **Rechtsprechung** darin ab, dass diese bereits das Entstehen eines Titels verhindern will. Soweit ersichtlich hat der **BGH** aber auch die hL bisher nur implizit bestätigt, sofern über die Zulässigkeit des Erlasses von Vollstreckungstiteln im Kostenfestsetzungsverfahren zu entscheiden war.[27] Dort ist die Beweisaufnahme eingeschränkt, vgl § 104 II 1 ZPO. Vielleicht erlaubt dies eine Differenzierung zum „normalen" Masseschuldprozess, sodass § 210 wenigstens für den Regelfall der Vollstreckung bei Unterdeckung der Neumasseverbindlichkeiten entsprechend angewendet werden könnte. Noch besser wäre es freilich, eine Sonderbehandlung des Kostenfestsetzungsverfahrens auch insoweit[28] zu vermeiden. 6

2. Zeitlicher Geltungsbereich

Wie der Normtext des § 210 ausdrücklich hervorhebt, wird die **Vollstreckung unzulässig, sobald** der **Verwalter** die Masseunzulänglichkeit **angezeigt hat.** Dies entspricht dem Beginn jeder anderen Wirkung der Anzeige.[29] Maßgeblich ist also deren Eingang bzw Erklärung zur Niederschrift bei Gericht.[30] Im unmittelbaren Anwendungsbereich erfolgt keine Überprüfung der Voraussetzungen des § 208 I.[31] Bei entsprechender Anwendung des § 210 ist der jeweilige Grad der Massearmut aber vom Gericht festzustellen. 7

Eine **Vorerstreckung** in entsprechender Anwendung der sog Rückschlagsperre des § 88 **ist abzulehnen.**[32] Denn die Rückschlagsperre ist eine Konsequenz der unter den Insolvenzgläubigern geltenden materiell-haftungsrechtlichen Gleichbehandlung, die im Verhältnis unter den Massegläubigern keine Entsprechung hat.[33] 8

Das Ende des Vollstreckungsverbots kann entweder in der Einstellung des Insolvenzverfahrens oder in einer Rückkehr zum regulären Verfahrensmodus liegen.[34] *Ersterenfalls* gelten die Grundsätze der Nachhaftung des Schuldners.[35] *Letzterenfalls* können auch Altmassegläubiger vorbehaltlich des Moratoriums des § 90 wieder ungehindert in die Masse vollstrecken.[36] Die zeitlichen Grenzen eines gegenständlich beschränkten Vollstreckungsverbots aufgrund einer Nachtragsverteilung[37] differieren je nach dem Tatbestand, wegen dessen diese angeordnet bzw vorbehalten wurde.[38] 9

---

26 § 209 Rn 23.
27 N zu § 208 Rn 62.
28 Vgl schon § 208 Rn 63.
29 § 208 Rn 36.
30 § 208 Rn 38.
31 **AA** *Adam* DZWIR 2009, 181, 182 ff, 186.
32 **Wie hier** MünchKomm/*Hefermehl* InsO[4] § 210 Rn 13; Kübler/Prütting/Bork/*Pape* InsO[9] § 210 Rn 3; Uhlenbruck/*Ries* InsO[15] § 210 Rn 6; Nerlich/Römermann/*Westphal* InsO[29] § 210 Rn 4; *Kröpelin* Die massearme Insolvenz (2003), Rn 253–257; *Walther* Das Verfahren bei Masseunzulänglichkeit nach den §§ 208 ff InsO (2005), S 155 f, 222; **aA** HK/*Hölzle* InsO[10] § 210 Rn 4; **offenlassend** LG Berlin ZInsO 2008, 108, 109.
33 § 208 Rn 52.
34 *Walther* Das Verfahren bei Masseunzulänglichkeit nach den §§ 208 ff InsO (2005), S 222.
35 Dazu § 215 Rn 19.
36 Dazu Jaeger/*Henckel* InsO § 53 Rn 24; zum auf § 210 beruhenden Aufrechnungsverbot **ins zutr** BFH ZIP 2020, 427, 428 Rn 33 [*Ries* EWiR 2020, 277 f]; vgl zu dieser Entsch aber auch § 208 Rn 51.
37 Dazu oben Rn 4.
38 § 211 Rn 23.

III. Umsetzung des Vollstreckungsverbots

1. Wirkungsweise des Vollstreckungsverbots

10 Das **Vollstreckungsverbot** ist **von Amts wegen zu berücksichtigen**. Dies gilt nach hier vertretener Ansicht in jedem Falle, auch bei entsprechender Anwendung[39] der Vorschrift iR der §§ 207 I 1; 209 I Nr 1 und § 209 I Nr 2. Dagegen kann nicht eingewandt werden, in den letztgenannten Fällen fehle es an einem öffentlich bekannt gemachten Formalakt, womit der Nachweis des jeweiligen Grades der Massearmut erforderlich werde. Denn „Berücksichtigung" von Amts wegen bedeutet **nicht „Ermittlung"** im Wege der Inquisitionsmaxime **durch die Vollstreckungsorgane**. Vielmehr ist es in – übrigens: allen – Konstellationen entsprechender Anwendung des § 210 Sache des Insolvenzverwalters, die Unterdeckung als Einredetatsache im verfahrensrechtlichen Sinne geltend zu machen. Erforderlichenfalls hat er den gegebenen Rechtsbehelf zu ergreifen.[40] Im Rechtsbehelfsverfahren gilt dann der Untersuchungsgrundsatz, § 5 I.

11 § 210 ergreift Masseverbindlichkeiten nicht nur insoweit, als sie den Betrag übersteigen, der dem Gläubiger als Quote bei der Verteilung zukommt.[41] Zwar sollte eine Vollstreckung gem § 322 I RegE nur eingestellt werden können, „*soweit* (sie) ... die Befriedigung der Massegläubiger nach der Rangordnung ... gefährden würde." Diese Regelung ist aber nicht Gesetz geworden.[42] Der in ihr zum Ausdruck kommende Gedanke passt auch nicht in das System der §§ 208–211,[43] weil der Verwalter nicht zu Abschlagsverteilungen verpflichtet ist[44] und vor allem weil er die Verwaltung der Masse gem § 208 III fortzusetzen hat. Beidem würden auch nur anteilige Vollstreckungen zuwiderlaufen. Selbst bei einer Unterdeckung der Neumasseverbindlichkeiten (**„erneute" Masseunzulänglichkeit**) wirkt das Vollstreckungsverbot absolut,[45] weil auch die dann nach hier vertretener Ansicht gebotene schleunige Abwicklung des Insolvenzverfahrens[46] störungsfrei bleiben muss.

2. Rechtsbehelfe

12 Der **Rechtsbehelf** gegen eine Vollstreckungsmaßnahme hängt bei (unmittelbarer oder kraft Verweisung erfolgender) Anwendung der Vorschriften der ZPO davon ab, ob diese in „einer Entscheidung" besteht oder nicht. Je nachdem gilt **§ 766 ZPO oder § 793 ZPO.**[47] In entsprechender Anwendung des § 89 III ist das **Insolvenzgericht** statt des Vollstreckungsgerichts **zuständig.**[48] (Auch) über die **Erinnerung** gem § 766 ZPO entscheidet der Richter, § 20 Nr 17 S 2 RPflG.[49] Die bei Inkrafttreten zunächst vertretene Gegenansicht, die mangels einer ausdrücklichen Regelung

---

39 Dazu soeben Rn 5.

40 Unten Rn 12.

41 So jetzt auch BK-InsO/*Martini*[62] § 210 Rn 7.

42 Dazu bereits oben Rn 1.

43 **Zutr** MünchKomm/*Hefermehl* InsO[4] § 210 Rn 11; *Walther* Das Verfahren bei Masseunzulänglichkeit nach den §§ 208 ff InsO (2005), S 221.

44 Dazu § 209 Rn 16.

45 Insoweit wohl **aA** MünchKomm/*Hefermehl* InsO[4] § 210 Rn 20 aE, 24.

46 § 208 Rn 73.

47 Uhlenbruck/*Ries* InsO[15] § 210 Rn 7; *Kröpelin* Die massearme Insolvenz (2003), Rn 260.

48 BGH ZIP 2006, 1999 ff = ZInsO 2006, 1049 ff [*Schwarz/Lehre* ZInsO 2007, 26 f] = DZWIR 2007, 35 ff [*Heinze* ebd, 37 f] = WuB VI A. § 89 InsO 2.07 [*Pape*]; LG Trier NZI 2005, 170 f = ZInsO 2005, 221 f; LG Berlin ZInsO 2008, 108, 109; AG Köln NZI 2004, 592 f; MünchKomm/*Hefermehl* InsO[4] § 210 Rn 15; HK/*Hölzle* InsO[10] § 210 Rn 8; Kübler/Prütting/Bork/*Pape* InsO[9] § 210 Rn 4a; Uhlenbruck/*Ries* InsO[15] § 210 Rn 8; BK-InsO/*Martini*[62] § 210 Rn 6; FK/*Kießner* InsO[9] § 210 Rn 7; Graf-Schlicker/*Riedel* InsO[5] § 210 Rn 7; *Kröpelin* Die massearme Insolvenz (2003), Rn 259; *Walther* Das Verfahren bei Masseunzulänglichkeit nach den §§ 208 ff InsO (2005), S 224.

49 *Vallender* ZIP 1997, 1993, 1999 mit 1998; Graf-Schlicker/*Riedel* InsO[5] § 210 Rn 7.

das Vollstreckungsgericht für zuständig hielt,[50] hat sich zu Recht nicht durchgesetzt: Das Insolvenzgericht ist erheblich sachnäher, wenn es um Fragen der Massearmut geht.

13 Die Zuständigkeit des Insolvenzgerichts erfasst nicht nur die Vollstreckungserinnerung des § 766 ZPO in der Mobiliarvollstreckung, sondern auch die Rechtsbehelfe gegen **Vollstreckungsmaßnahmen** in **der Immobiliarvollstreckung.**[51]

14 Unter der Geltung der KO hatte sich die Ansicht durchgesetzt, dass **Einwendungen** der Masseunzulänglichkeit **gegen Vollstreckungsmaßnahmen der öffentlichen Hand** im Wege der Anfechtungsklage **vor den** (allgemeinen oder besonderen) **Verwaltungsgerichten geltend zu machen** seien.[52] Soweit ersichtlich wird nicht problematisiert, ob dieser auch unter der Geltung der InsO fortgesetzten Praxis[53] die Zuständigkeitsregel des § 89 III 1 entgegensteht. Die Materialien sind unergiebig, weil sie sich nur auf die Erinnerung des § 766 ZPO beziehen,[54] was richtiger Ansicht nach schon für die zivilprozessuale Vollstreckung zu eng ist.[55] Auch der Wortlaut hilft nicht weiter. Denn zwar heißt es in den einschlägigen Normen des Verwaltungsvollstreckungsrechts (VwVGe des Bundes und der Länder, §§ 249 ff AO), auf die auch die Verfahrensordnungen der Verwaltungsgerichtsbarkeit für die Vollstreckung von gerichtlichen Entscheidungen durch die öffentliche Hand gegenüber dem Bürger verweisen (§ 169 VwGO; § 150 FGO; § 200 SGG), meist nicht wie in § 89 III „Zwangsvollstreckung", sondern schlicht „Vollstreckung". Dies ist aber in § 210 nicht anders und außerdem nicht durchgängig so, vgl etwa den zweiten Unterabschnitt des VwVG NRW. IE sollte es gleichwohl bei der eingespielten Praxis bleiben. Denn die größere **Sachnähe des Insolvenzgerichts** wäre zu teuer erkauft, wenn die größere **Verfahrensnähe des** (allgemeinen oder besonderen) **Verwaltungsgerichts** aufgegeben würde: Behördliche Entscheidungen eignen sich anders als Maßnahmen von Organen der Rechtspflege nicht für eine interne Rechtskontrolle, wie sie die Erinnerung gem § 766 ZPO darstellt, und verwaltungsrechtliche Anfechtungsklagen wären beim Insolvenzgericht falsch aufgehoben. Auch würde der damit eröffnete Rechtszug dem verwaltungsprozessualen Kontrollsystem nicht entsprechen.

15 Die **Befugnis**, einen Rechtsbehelf gegen die Vollstreckung zu ergreifen, liegt **allein beim Insolvenzverwalter**, nicht bei konkurrierenden Massegläubigern.[56] Dies ist im unmittelbaren Anwendungsbereich des § 89 nicht anders,[57] sodass es hierfür nicht entscheidend darauf ankommt, ob man ein haftungsrechtliches Verhältnis unter den Massegläubigern annimmt oder – zutreffend – verneint.[58]

3. Verstöße gegen das Vollstreckungsverbot

16 Eine Vollstreckung entgegen dem Verbot des § 210 ist nicht wirkungslos, sondern führt zur **Verstrickung des** gepfändeten bzw beschlagnahmten **Massebestandteils.**[59] Gelingt es dem Insolvenzverwalter nicht mehr, die Vollstreckung vor ihrem Abschluss zu stoppen, ist die erfolgte

---

50 *Smid* WM 1998, 1313, 1318 f; *Runkel/ Schnurbusch* NZI 2000, 49, 51.

51 **Str**, näher Jaeger/*Eckardt* InsO § 89 Rn 81 mN.

52 BFH ZIP 1996, 1838 ff [**zust** *Gerhardt* EWiR 1996, 1041 f] = KTS 1997, 156 ff [**zust** *Pape* ebd, 49, 51 f] = JuS 1997, 276 – LS [**zust** *K. Schmidt* ebd, 276 f] = WiB 1997, 32 f [*A. Friedrich* ebd, 33 f].

53 **Beispiele:** FG Brandenburg ZInsO 2003, 1009 f; OVG Münster UPR 2006, 456 ff (Anforderung von Kosten einer Ersatzvornahme). *Pape* KTS 1997, 49, 51 f, stimmt dem BFH ausdrücklich auch für die InsO zu.

54 Begr RegE § 100, BT-Drucks 12/2443, S 138.

55 Soeben Rn 13.

56 *Vallender* ZIP 1997, 1993, 1999 mit 1998; BK-InsO/*Martini*[62] § 210 Rn 6 (jeweils zu § 766 ZPO).

57 Jaeger/*Eckardt* InsO § 89 Rn 79.

58 Dazu § 208 Rn 52.

59 *Vallender* ZIP 1997, 1993, 1999 mit 1998; Uhlenbruck/*Ries* InsO[15] § 210 Rn 7; BK-InsO/*Martini*[62] § 210 Rn 4; HambK/*Weitzmann* InsO[3] § 210 Rn 3; *Walther* Das Verfahren bei Masseunzulänglichkeit nach den §§ 208 ff InsO (2005), S 224 f.

Wertbewegung im Wege der **Kondiktion** auszugleichen.[60] Es gilt im Einzelnen nichts anderes als für die Korrektur von Verteilungsfehlern.[61]

60 *Dinstühler* ZIP 1998, 1697, 1704 f; MünchKomm/*Hefermehl* InsO[4] § 210 Rn 17; Uhlenbruck/*Ries* InsO[15] § 210 Rn 8; BK-InsO/*Martini*[62] § 210 Rn 10.
61 Dazu § 209 Rn 24 ff.

§ 210a Insolvenzplan bei Masseunzulänglichkeit

Bei Anzeige der Masseunzulänglichkeit gelten die Vorschriften über den Insolvenzplan mit der Maßgabe, dass
1. **an die Stelle der nicht nachrangigen Insolvenzgläubiger die Massegläubiger mit dem Rang des § 209 Absatz 1 Nummer 3 treten und**
2. **an die Stelle der nachrangigen Insolvenzgläubiger die nicht nachrangigen Insolvenzgläubiger treten.**

Materialien
DiskE § 312 II; RefE § 312 II; RegE § 323 II (BT-Drucks 12/2443, S 60, Begr S 221); Rechtsausschuss § 234d (BT-Drucks 12/7302, S 86, Begr S 180); RegE ESUG § 210a (BT-Drucks 17/5712, S 9, Begr S 29 f); RegE SanInsFoG Art 5 Nr 20 (BT-Drucks 19/24181, S 60, Begr S 199).

Vorgängerregelungen
keine

Literatur
S zu § 207.

Übersicht

Alphabetische Übersicht

https://doi.org/10.1515/9783110343687-038

I. Allgemeines

1. Entstehungsgeschichte

1 Der RegE zur InsO hatte in § 323 II 1 die Vorlage eines Insolvenzplanes bei Masseunzulänglichkeit nicht ausgeschlossen. Gem § 323 II 2 sollten im Insolvenzplanverfahren die Altmasse- an Stelle der Insolvenzgläubiger treten und diese bei der Annahme des Insolvenzplanes wie nachrangige Insolvenzgläubiger entsprechend dem heutigen § 246 Nr 2 behandelt werden.[1] Der Rechtsausschuss hat diese Vorschrift gestrichen und das Problem der Rechtsprechung überlassen.[2] Demzufolge war die Zulässigkeit eines Insolvenzplanverfahrens bei Masseunzulänglichkeit zunächst umstritten.[3] Durch das ESUG[4] wurde mit Wirkung zum 1.3.2012 dann § 323 II 2 (ohne Satz 1) „klarstellend" in Gestalt des § 210a eingefügt.[5] Nachdem die Evaluation des ESUG keine praktische Relevanz der Vorschrift erweisen konnte,[6] wurde – entsprechend der Empfehlung der Evaluationskommission[7] wiederum „klarstellend" – die Nr 2 des § 210a dahin neu gefasst,[8] dass die nicht nachrangigen Insolvenzgläubiger nicht nur für § 246 Nr 2, sondern allgemein, dh hinsichtlich aller „Vorschriften über den Insolvenzplan", an die Stelle der nachrangigen Insolvenzgläubiger treten.

2. Regelungsgehalt

2 Der Gesetzgeber des ESUG hat § 323 II 1 RegE InsO zwar nicht übernommen, nimmt in der Begr zu § 210a aber ausdrücklich darauf Bezug.[9] Deshalb lässt sich mit guten Gründen erwägen, ob mit der Formulierung, „dass bei Masseunzulänglichkeit die Vorlage eines Plans nicht ausgeschlossen" sein solle, die Zulässigkeit eines allgemeinen Insolvenzplanverfahrens oder aber ein besonderes Insolvenzplanverfahren geregelt werden sollte.[10] Allerdings ist zu beachten, dass der RegE InsO noch von der damals vorgesehenen verbindlichen Feststellung der Masseunzulänglichkeit durch das Gericht ausgegangen war;[11] wohl nicht von ungefähr wurde § 323 II 1 RegE InsO in der Begr zu § 210a ESUG denn auch lückenhaft zitiert. In Konsequenz dessen hat § 210a freilich keinen einheitlichen Regelungsgehalt. Die Vorschrift kann sowohl relevant werden, wenn die Masse „in Wahrheit" unzulänglich ist, ohne dass dies bisher angezeigt wurde, wie auch dann, wenn die Anzeige erfolgt ist[12] (mag die Masse „in Wahrheit" zulänglich sein oder nicht). Hinzu kommt, dass sich die Massezulänglichkeit im Verfahren verändern kann. Letztens nötigt zur weiteren Differenzierung, dass Masse(un)zulänglichkeit in ganz unterschiedlichen Stadien sowohl eines Regel- wie eines Insolvenzplanverfahrens eintreten kann. Dies alles

---

1 Begr RegE, BT-Drucks 12/2443, S 221 f.

2 BT-Drucks 12/7302, S 180.

3 Umf Nw in der Vorauflage, § 208 Rn 84–88. Nachzutragen bleibt die abl Stellungnahme von *Adam* DZWiR 2011, 485, 491 f, die noch im Gesetzgebungsverfahren zum ESUG erfolgt ist.

4 ESUG v 7.12.2011, BGBl I S 2582.

5 BT-Drs 17/5212, S 9, Begr S 29 f.

6 *Jacoby/Madaus/Sack/Schmidt/Thole*, Evaluierung Gesetz zur weiteren Erleichterung der Sanierung von Unternehmen (ESUG) vom 7. Dezember 2011 (2018), 183 f.

7 AaO S 185 f.

8 Durch G zur Fortentwicklung des Sanierungs- und Insolvenzrechts (SanInsFoG) v 22.12.2020 (BGBl I S 3256). Dazu Begr RegE BT-Drs 19/24181, S 60, 199.

9 BT-Drs 17/5712, S 29 (falsch dort freilich: § 323 III statt II 1).

10 So der Approach von *Smid* ZInsO 2017, 2085, bes. 2087 f.

11 Dazu oben § 207 Rn 10, § 208 Rn 2, 35.

12 Hierauf will MünchKomm/*Madaus* InsO[4] § 210a Rn 5, die Regelung mit dem Wortlaut beschränken. Das ist zu eng, unten Rn 4 ff.

verwässert den Regelungsgehalt des § 210a derart, dass man als Überschrift auch „Insolvenzplan *und* Masseunzulänglichkeit" hätte wählen können.

3. Normbereich(e)

Die **Verfahren**[13] bzw Verfahrenskonstellationen,[14] bei denen sich § 210a in verschiedener Weise auswirken kann,[15] sind **nach Verfahrensstadium, Grad und Art der Masseunzulänglichkeit** typologisch **zu unterscheiden**: 3

a) Differenzierung nach Verfahrensstadien. Wie die gesamten §§ 208–211[16] gilt § 210a **nicht im Eröffnungsverfahren, aber im eröffneten Verfahren** einerlei, ob es sich noch im Regelverfahren (zur Vorbereitung eines Insolvenzplans) oder schon im Insolvenzplanverfahren befindet. **Bei Ausarbeitung eines Plans** ist eine bereits eingetretene Masseunzulänglichkeit zu berücksichtigen;[17] geschieht dies nicht,[18] muss das Insolvenzgericht den Plan von Amts wegen gem § 231 zurückweisen. Denn zwar ist die Massezulänglichkeit (schon arg § 210a) keine ungeschriebene Voraussetzung eines Insolvenzplans (mehr),[19] aber zum einen muss die wirtschaftliche Lage im (darstellenden wie gestaltenden Teil des) Insolvenzplan(s) realistisch erfasst, zum anderen müssen die aus § 210a folgenden, gegenüber einem Plan bei zureichender Masse abweichenden, Beteiligungsrechte berücksichtigt werden. Insoweit kann man durchaus[20] von zwei unterschiedlichen Insolvenzplanverfahren sprechen. Wird umgekehrt ein Insolvenzplan für die Konstellation der Masseunzulänglichkeit vorgelegt, ohne dass diese bisher vom Verwalter angezeigt worden wäre, ist dieser vom Gericht zur Stellungnahme und ggf Anzeige aufzufordern.[21] Eine Differenzierung danach, ob es sich um einen Schuldner- oder einen Verwalterplan handelt und letzterenfalls eine konkludente Unzulänglichkeitsanzeige anzunehmen,[22] erscheint überflüssig. 4

Stellt sich die **Masseunzulänglichkeit** erst **während eines** auf vermeintlich hinlänglicher Grundlage begonnenen **Insolvenzplanverfahrens** heraus, sollte der Verwalter die Unzulänglichkeit schleunigst anzeigen. Andernfalls droht der Plan wirtschaftlich[23] zu scheitern. Bei Zweifeln über die Zulänglichkeit der Masse kommt die Ausarbeitung von Alternativplänen in Betracht,[24] was die Kosten freilich weiter in die Höhe treibt. 5

Ergibt sich die **Masseunzulänglichkeit** zwischen der Planbestätigung und der Aufhebung des Insolvenzverfahrens, also **in der Phase der Planerfüllung** gem § 258 II, so ist zum Verfahren gem §§ 208 III, 209, überzugehen.[25] Die Option, dann ein neues Insolvenzplanverfahren gem § 210a zu beginnen,[26] dürfte nicht mehr als theoretisch bestehen. Denn Masseunzulänglichkeit 6

---

13 So Kübler/Prütting/Bork/*Pape* InsO[51] § 210a Rn 8.
14 So Uhlenbruch/*Ries* InsO[15] § 210a Rn 2.
15 Grundlegend *Smid* ZInsO 2017, 2085, 2088 ff.
16 Oben § 208 Rn 8.
17 Nerlich/Römermann/*Westphal* InsO[29] § 210a Rn 6.
18 So lag es bei LG Dresden ZIP 2005, 1607 f [**abl** *Bähr/Landry* EWiR 2005, 831 f] = ZInsO 2005, 831 f [**abl** *Paul*, ebd, 1136 f]; sowie LG Düsseldorf ZInsO 2019, 913 f.
19 MünchKomm InsO[4]/*Breuer* § 231 Rn 28; iE ebenso Jaeger/*Münch* § 231 Rn 35.
20 Mit *Smid* ZInsO 2017, 2085, 2087 f.
21 So iE auch *Smid* ZInsO 2017, 2085, 2088 f.
22 Erwogen von *Smid* ZInsO 2017, 2085, 2088.
23 Förmliche Beteiligungsrechte gem § 210a gibt es ohne Anzeige (noch) nicht.
24 MünchKomm/*Madaus* InsO[4] § 210a Rn 10.
25 Uhlenbruck/*Ries* InsO[15] § 210a Rn 3.
26 Sie zeigen *Kebekus/Georg*, FS Wimmer (2017), S 368, 383; MünchKomm/*Madaus* InsO[4] § 210a Rn 9; offenbar **aA** *Leib/Rendels* EWiR 2016, 119 f.

tritt hier praktisch (leider nicht selten) deshalb ein, weil mit der Rechtskraft der Planbestätigung ein **Sanierungsgewinn** anfällt und besteuert wird.[27] Konnte man sich hierüber mit der Finanzverwaltung als vom Plan nicht betroffener Neugläubigerin[28] nicht verständigen,[29] dürfte ein neuer Insolvenzplan ebenfalls nicht realisierbar sein.

7 **Nach Aufhebung des Insolvenzverfahrens** gem § 258 I, mithin im Stadium der Überwachung der (weiteren) Planerfüllung, kann es im technischen Sinne keine Masseunzulänglichkeit mehr geben, sondern nur noch eine erneute Insolvenz des Schuldners. Mithin ist dann nur noch ein Zweitinsolvenzverfahren denkbar.[30]

8 **b) Differenzierung nach dem Grad der Massearmut. Keinesfalls** gilt § 210a **bei Massedürftigkeit** iSv § 207;[31] streitig ist, ob ein Insolvenzplanverfahren **bei „erneuter" Masseunzulänglichkeit**[32] fortgeführt oder gar eingeleitet werden kann.[33] Richtiger Ansicht nach ist dies **ebenfalls abzulehnen**, weil Neumassegläubiger arg § 258 II durch einen Plan haftungsrechtlich nicht verkürzt werden dürfen und – insoweit konsequent – gem § 210a auch keine Beteiligungsrechte am Insolvenzplanverfahren genießen. Die verfassungsrechtliche Verbürgung des Art 103 I GG schließt es auf dieser Grundlage auch aus, Neumassegläubiger durch einen **Finanzplan** gem § 258 II 2 zur Stundung ihrer Forderungen zwingen zu wollen.[34]

9 **c) Differenzierung nach der Art der Masseunzulänglichkeit.** § 210a ist schon **bei** nur **„drohender" Masseunzulänglichkeit** anwendbar, sofern der Verwalter diese spätestens bei der Planvorlage anzeigt.[35] Die aufgrund der darin liegenden Missbrauchsgefahr erhobenen Bedenken[36] begegnen der Konzeption der §§ 208 ff wie der des ESUG ganz allgemein und sind deshalb hier wie sonst hinzunehmen.[37]

10 Problematischer sind **Schwankung im Massebestand** während des Insolvenzverfahrens, weil § 210a „ein statischer Betrachtungswinkel" innewohnt.[38] Dies ist dann zu bewältigen, wenn sich sicher abzeichnet, dass die **Masse am Ende** des Insolvenz- und damit auch Planverfahrens **unzulänglich** sein wird. Denn dann passen die vom regelmäßigen Insolvenzplanverfahren abweichenden Beteiligungsbefugnisse des § 210a für das gesamte Verfahren.

---

27 *Leib/Rendels* EwiR 2016, 119 f.

28 So zutr *Leib/Rendels* EWiR 2016, 119 f, gegen LG Düsseldorf ZIP 2015, 2182 f.

29 Leider legen sich die Finanzämter ungern fest. Auch die Finanzgerichtsbarkeit ist sehr zurückhaltend, vgl FG Düsseldorf Urt v 8.4.2014 – 13 K 2216/12 F – juris [**krit** *Smid* ZInsO 2017, 2085, 2099]: Wegen des Obstruktionsverbots kein Feststellungsinteresse für Anfall von Gewerbesteuer.

30 Uhlenbruck/*Ries* InsO[15] § 210a Rn 3; *Kebekus/Georg* FS Wimmer (2017), 368, 383; MünchKomm/*Madaus* InsO[4] § 210a Rn 9.

31 Kübler/Prütting/Bork/*Pape* InsO[51] § 210a Rn 9; MünchKomm/*Madaus* InsO[4] § 210a Rn 6; **diff** *Smid* ZInsO 2017, 2085, 2089; HambK/*Weitzmann* InsO[7] § 210a Rn 3.

32 Allg dazu § 208 Rn 26 ff.

33 **Verneinend** die **hM** Kübler/Prütting/Bork/*Pape* InsO[51] § 210a Rn 15, 18; K Schmidt/*Jungmann* InsO[19] § 210a Rn 7; FK/*Kießner* InsO[9] § 210a Rn 3; Uhlenbruck/*Ries* InsO[15] § 210a Rn 6; *Kebekus/Georg* FS Wimmer (2017), S 368, 380, 383; *Horstkotte* ZInsO 2020, 2587; **aA** HK/*Hölzle* InsO[10] § 210a Rn 14; Nerlich/Römermann/*Westphal* InsO[29] § 210a Rn 7.

34 *Zimmer* ZInsO 2012, 390, 391. Zu alternativen Gestaltungsmöglichkeiten *Kebekus/Georg* FS Wimmer (2017), 368, 371 ff.

35 MünchKomm/*Madaus* InsO[4] § 210a Rn 6; HambK/*Weitzmann* InsO[7] § 210a Rn 3; HK/*Hölzle* InsO[10] § 210a Rn 5; iE auch Kübler/Prütting/Bork/*Pape* InsO[51] § 210a Rn 10–14; sowie *Kebekus/Georg* FS Wimmer (2017), 368, 377.

36 Eindrücklich *Pape* sowie *Kebekus/Georg*, jew aaO.

37 HambK/*Weitzmann* InsO[7] § 210a Rn 4.

38 So die Formulierung von Uhlenbruck/*Ries* InsO[15] § 210a Rn 5.

Für den viel bedeutenderen umgekehrten Fall hingegen, dass gerade die Überwindung der Masseunzulänglichkeit angestrebt wird[39] (**temporäre Masseunzulänglichkeit**), drängt sich ein Insolvenzplan mit den Wirkungen des § 210a vordergründig auf:[40] Die Insolvenzgläubiger wären zeitweilig aus dem Spiel genommen, die Altmassegläubiger faktisch zur Stundung gezwungen und ein *Dept-to-Equity-Swap* könnte in relativer Ruhe vorbereitet und umgesetzt werden.[41] § 210a steht alldem aber geradezu dysfunktional entgegen, weil er in Nr 1 zur Auswechslung der Gläubigergruppen zwingt und die Insolvenzgläubiger in Nr 2 an den Rand drängt. Den daraus vor dem Hintergrund des Art 103 I GG folgenden Problemen für die Beteiligungsrechte der Insolvenzgläubiger mag man vielleicht durch eine angepasste Gruppenbildung begegnen.[42] Mit Überwindung der Masseunzulänglichkeit ändern sich die Beteiligungsbefugnisse aber wieder, sodass eine Gesamtplanung bis zum Abschluss des Insolvenzverfahrens ausscheidet. Außerdem erscheint die Verzerrung des *Dept-to-Equity-Swaps*, der während der temporären Masseunzulänglichkeit nur zugunsten von Altmassegläubigern erfolgen kann,[43] wirtschaftspolitisch nicht sinnvoll. Selbst wenn man einen Plan iSv § 210a bei temporärer Masseunzulänglichkeit nicht für geradezu unzulässig halten will,[44] muss man ihn nach allem doch als wenig praktikabel einstufen. 11

II. Plantypen bei Masseunzulänglichkeit

Die InsO kennt drei Typen von Insolvenzplänen: **Liquidationspläne**, die in Abweichung von den Vorschlägen der Kommission für Insolvenzrecht schon zum 1.1.1999 ermöglicht wurden,[45] **Sanierungspläne** und **Pläne zur Verfahrensabwicklung.** Letztere wurden in der Insolvenzpraxis entwickelt und bei der Neufassung des § 217 durch das ESUG gesetzlich legitimiert. Ihre Besonderheit besteht darin, dass sie nicht unmittelbar zum Abschluss des Insolvenzverfahrens führen (müssen), vgl § 258 I in der seit dem ESUG geltenden Fassung.[46] Wohl nicht zuletzt deshalb, weil der Gesetzgeber weder bei Einfügung des § 210a durch das ESUG noch bei dessen Neufassung durch das SanInsFoG auf diese Entwicklungen eingegangen ist, sondern ausschließlich auf die Begr RegE InsO 1994 rekurriert hat,[47] ist kontrovers geblieben, ob bei Masseunzulänglichkeit **alle** genannten **Plantypen zulässig** sein sollen. Die Frage ist mit der **hM**[48] zu bejahen: 12

Da das Verfahren grundsätzlich der Liquidation der Masse im Interesse der Massegläubiger dient, wäre an sich gerade gegen einen **Liquidationsplan** nichts einzuwenden.[49] Freilich dürfte dieser ohnehin wenig attraktive Verwertungsmodus praktisch iaR zu teuer und zeitaufwändig sein, wenn die Masse unzulänglich ist. 13

Ein **Reorganisationsplanverfahren** mit dem Ziel der **Sanierung eines** massezugehörigen **Einzelunternehmens** setzt voraus, dass dieses überhaupt fortgeführt werden kann. Nach hier vertretener Auffassung ist dies im Rahmen einer Ausproduktion, zur Vorbereitung einer 14

---

39 So bei LG Mühlhausen KTS 2008, 210, 216 ff [*Jungmann*, ebd, 218 ff] = NZI 2007, 724.

40 Nach *Smid* ZInsO 2017, 2085, 2089, komme § 210a *ausschließlich* in dieser Konstellation zum Tragen (Hervorhebung im Original).

41 Dies die Elemente eines entsprechenden Plans nach *Smid* ZInsO 2017, 2085, 2094 f.

42 Vorschläge bei *Smid* ZInsO 2017, 2085, 2096 ff; zur eigenen Lösung unten Rn 14 f, 22.

43 *Smid* ZInsO 2017, 2085, 2094.

44 **So** Kübler/Prütting/Bork/*Pape* InsO[51] § 210a Rn 17; Graf-Schlicker/*Kebekus*/*Wehler* InsO[5] § 210a Rn 2; aus allg Erwägungen auch K Schmidt/*Jungmann* InsO[19] § 210a Rn 5; für Zulässigkeit HambK/*Weitzmann* InsO[7] § 210a Rn 3.

45 Dazu oben § 208 Rn 5 mN.

46 Näher Jaeger/*Münch* InsO § 217 Rn 22; MünchKomm/*Eidenmüller* InsO[4] § 217 Rn 124 ff, 180.

47 Dies stellt einen Hauptmangel der Einfügung des § 210a dar, *Zimmer* ZInsO 2012, 390.

48 K Schmidt/*Jungmann* InsO[19] § 210a Rn 4; HK/*Hölzle* InsO[10] § 210a Rn 2; MünchKomm/*Madaus* InsO[4] § 210a Rn 7; HambK/*Weitzmann* InsO[7] § 210a Rn 5; Uhlenbruck/*Ries* InsO[19] § 210a Rn 7.

49 **AA** *Zimmer* ZInsO 2015, 390 u 395; Kübler/Prütting/Bork/*Pape* InsO[51] § 210a Rn 19.

übertragenden Sanierung[50] sowie schließlich dann der Fall, wenn die Masseunzulänglichkeit voraussichtlich nur temporär sein wird. Ein Reorganisationsplanverfahren ist nur für den letzten Fall bedenkenswert. Allerdings erweist sich das Modell des § 210a gerade hier als hinderlich.[51] Deshalb wird es meist bescheidener darum gehen, dass ein Reorganisationsplan bei temporärer Masseunzulänglichkeit ausgearbeitet bzw überarbeitet werden kann. Das eigentliche Planverfahren einzuleiten bzw fortzuführen erscheint hingegen erst sinnvoll, wenn sich die positive Prognose einer Erholung der Masse bestätigt hat. War das Planverfahren vor Eintritt der Masseunzulänglichkeit bereits eingeleitet worden, kommt es mithin wenigstens faktisch zum Stillstand.[52] Fällt das massezugehörige Unternehmen hingegen in eine **Unternehmensgruppe**, mögen die Sanierungschancen im Einzelfall trotz Masseunzulänglichkeit günstiger zu beurteilen sein. Ein Reorganisationsplanverfahren schon zu beginnen, bevor sich die Masse erholt hat, scheint aber auch hier verfrüht, zumal das Koordinationsverfahren der §§ 269d ff einen besseren Rahmen bietet, sich über das Schicksal des gruppenangehörigen Schuldners klar zu werden.

15 Obwohl die Begr zur Einfügung des § 210a durch das ESUG[53] unergiebig ist, wird man nicht annehmen können, die Vorschrift beziehe sich nicht auf die im selben Atemzug in § 217 I legalisierten **verfahrensleitenden Pläne**. Auch sie sind folglich bei Masseunzulänglichkeit gesetzlich zulässig.[54] Insbesondere der Plan zur Überwindung temporärer Masseunzulänglichkeit gehört hierher, weil er das Gesamtinsolvenzverfahren aus den dargelegten Gründen[55] nicht beenden kann. Ob solche Pläne auch sinnvoll sind, steht auf einem anderen Blatt. Zeichnet sich mittelfristig doch die Möglichkeit einer Sanierung ab, mag man sie als Alternativen zu den soeben[56] beschriebenen Wegen zur Vorbereitung einer Sanierung in Betracht ziehen. Ist die Liquidation dagegen unausweichlich, würden verfahrensgestaltende Pläne nur unnötig Zeitaufwand und Kosten verursachen.

III. Das Insolvenzplanverfahren bei Masseunzulänglichkeit

16 Fallmaterial zum Insolvenzplanverfahren bei Masseunzulänglichkeit gibt es kaum; detaillierte Szenarien zu ersinnen erscheint weitgehend müßig. Deshalb muss sich die folgende Erläuterung auf die normativen Rahmenbedingungen eines allfälligen Plans beschränken.

1. Die Beteiligungsrechte (§ 210a)

17 **§ 210a regelt** ausschließlich[57] **die Status** und damit die Beteiligungsrechte **der Altmassegläubiger (Nr 1) und der nicht nachrangigen Insolvenzgläubiger (Nr 2), und** beides auch nur hinsichtlich der „Vorschriften über den Insolvenzplan“. Dies **führt zu „gespaltenen“ Beteiligungsbefugnissen** und damit Gläubigerversammlungen,[58] weil die §§ 217 ff auf dem allgemei-

50 Dazu *Häsemeyer* FS Gerhardt (2004), S 341, 353 f.

51 Soeben Rn 11.

52 Im Falle des LG Mühlhausen KTS 2008, 210, 216 f [*Jungmann* ebd, 218 ff] = NZI 2007, 724 ff, war das Planverfahren dagegen offenbar durchgängig betrieben worden.

53 *Jacoby/Madaus/Sack/Schmidt/Thole*, Evaluierung Gesetz zur weiteren Erleichterung der Sanierung von Unternehmen (ESUG) vom 7. Dezember 2011 (2018), 185, hatten eine Klarstellung in der Begr zum nachmaligen SanInsFoG angemahnt.

54 AA *Zimmer* ZInsO 2012, 390 und 395; Kübler/Prütting/Bork/*Pape* InsO[51] § 210a Rn 20.

55 Oben Rn 11.

56 Rn 14.

57 Dazu näher oben Rn 2.

58 Eindrücklich Kübler/Prütting/Bork/*Pape* InsO[51] § 210a Rn 21 (für § 210a Nr 1 – für Nr 2 gilt seit der Neufassung durch das SanInsFoG nichts anderes).

nen Insolvenzverfahren aufbauen, für das die Beteiligungsbefugnisse jedenfalls dann nicht modifiziert werden, wenn die Normen durch spezielle Vorschriften für den Insolvenzplan nicht konkret in Bezug genommen sind.[59]

a) Stellung der Altmassegläubiger. Die vom Insolvenzplanverfahren bei Masseunzulänglichkeit hauptbetroffenen **Altmassegläubiger** rücken nicht in die allgemeine Gläubigerversammlung ein[60] und **haben** folglich **kein Planinitiativrecht.**[61] Dieses verbleibt vielmehr gem § 218 II iVm § 74 I 2 bei den regelmäßig uninteressierten Insolvenzgläubigern, weil es in diesem Stadium noch kein Insolvenzplanverfahren gibt. Eine andere Lösung wäre zwar wünschenswert, lässt sich aber mit dem klaren Wortlaut des § 210a nicht vereinbaren, zumal dieser insoweit auch bei der Neufassung durch das SanInsFoG nicht verändert worden ist. 18

Nach wie vor gibt es kein Verfahren zur **Prüfung der Altmasseverbindlichkeiten,**[62] womit diese **nur im** streitigen **Zivilprozess**[63] zwischen dem jeweils einzelnen Gläubiger und dem Insolvenzverwalter festgestellt werden können. Immerhin lässt sich ihr **Stimmrecht** für Abstimmungen über den Plan durch die Verweisungskette § 210a Nr 1 – § 237 I 1 – § 77 II begründen;[64] der Rechtsfortbildung bedarf es insoweit also nicht.[65] 19

b) Stellung der nicht nachrangigen Insolvenzgläubiger. Bis zur Neufassung des § 210a durch das SanInsFoG war hoch umstritten, ob die punktuelle Unterstellung der „einfachen" Insolvenzgläubiger unter § 246 Nr 2[66] der teleologischen Ausdehnung zugänglich sei. Für die verneinende Ansicht[67] sprach der klare Gesetzeswortlaut, für die bejahende[68] die Praktikabilität. Die „Klarstellung" durch das **SanInsFoG** hat dem nicht nachrangigen Insolvenzgläubiger jetzt **einen umfassenden Status verliehen**, freilich wiederum nur hinsichtlich der „Vorschriften über den Insolvenzplan". Dies betrifft vor allem § 222 I Nr 3 (gegen Nr 2) und § 225, deren (rechtsähnliche oder gar unmittelbare) Anwendung für § 210a idF des ESUG besonders kontrovers war.[69] Allerdings hat die „Klarstellung" durch die unüberlegte Formulierung, dass die eine Gläubigergruppe „an die Stelle" der anderen „trete", die originär nachrangigen Insolvenzgläubiger ganz aus dem Verfahren geworfen; der zugrundeliegende Vorschlag der Evaluationskommission war demgegenüber dahin gegangen, „dass für die nicht nachrangigen Insolvenzgläubiger die Verfahrensregelungen der §§ 217 ff InsO für nachrangige Insolvenzgläubiger gelten" sollten.[70] Man wird § 210a Nr 2 deshalb mit der Folge berichtigend auslegen müssen, dass zwar beide Gläubigergruppen im Verfahren bleiben, aber innerhalb der §§ 222 I Nr 3, 225 zwischen ihnen zu unterscheiden ist.[71] 20

59 Dazu sogleich näher b).

60 **HM**, Kübler/Prütting/Bork/*Pape* InsO[51] § 210a Rn 21 ff; Uhlenbruck/*Ries* InsO[15] § 210a Rn 12; MünchKomm/*Madaus* InsO[4] § 210a Rn 6; *Zimmer* ZInsO 2012, 390, 391 f; **aA** K Schmidt/*Jungmann* § 210a Rn 13.

61 **HM**, Kübler/Prütting/Bork/*Pape* InsO[51] § 210a Rn 23; MünchKomm/*Madaus* InsO[4] § 210a Rn 9 f; Uhlenbruck/*Ries* InsO[15] § 210a Rn 12; HambK/*Weitzmann* InsO[7] § 210a Rn 6; *Zimmer* ZInsO 2012, 390, 392; ins auch K Schmidt/*Jungmann* § 210a Rn 17; **aA** Nerlich/Römermann/*Westphal* InsO[29] § 210a Rn 14, HK/*Hölzle* InsO[10] § 210a Rn 13.

62 Dazu schon *Zimmer* ZInsO 2012, 390, 394.

63 Kübler/Prütting/Bork/*Pape* InsO[51] § 210a Rn 37.

64 **Zutr** Nerlich/Römermann/*Westphal* InsO[29] § 210a Rn 21; dies übersieht *Zimmer* ZInsO 2012, 390, 395.

65 Dafür Kübler/Prütting/Bork/*Pape* InsO[51] § 210a Rn 51: Analogie.

66 Zur Kritik Kübler/Prütting/Bork/*Pape* InsO[51] § 210a Rn 29 f; Nerlich/Römermann/*Westphal* InsO[29] § 210a Rn 9.

67 MünchKomm/*Madaus* InsO[4] § 210a Rn 6, 15; HK/*Hölzle* InsO[10] § 210a Rn 8 f.

68 *Horstkotte* ZInsO 2020, 2587 f, 2589 f; Uhlenbruck/*Ries* InsO[15] § 210a Rn 9.

69 Oben Rn 17.

70 *Jacoby/Madaus/Sack/Schmidt/Thole* Evaluierung Gesetz zur weiteren Erleichterung der Sanierung von Unternehmen (ESUG) vom 7. Dezember 2011 (2018), 185.

71 Unten Rn 22.

2. Gruppenbildung

21 Da **Neumassegläubiger** nicht, auch nicht IR eines Finanzplans gem § 258 II 2, in ihren Rechten verkürzt werden können,[72] **bilden** sie **keine Gruppe.**[73] **Absonderungsberechtige** unterfallen wie sonst § 222 I Nr 1.[74] **Altmassegläubiger** bilden gem § 222 Nr 2 iVm § 210a Nr 1 mindestens eine Gruppe. Gehören zu ihnen **Arbeitnehmer**, sollte § 222 III 1 entsprochen werden.[75] Dagegen verbietet es sich, Arbeitnehmer mit verschiedenem Gläubigerstatus (Neumasse-, Altmasse- und Insolvenzgläubiger) zu einer Gruppe zusammenzufassen.[76] Keine Bedenken dürften andererseits dagegen bestehen, **Kleingläubiger** unter den Altmassegläubigern gem § 222 III 2 zu sondern.[77] Sofern die Bewilligung von **Unterhalt** trotz Masseunzulänglichkeit nicht aufgehoben worden sein sollte,[78] ist insoweit wegen § 209 I Nr 3 aE eine besondere Gruppe zu bilden.[79] Keine Besonderheit gilt auch für die **Gruppe der Anteilseigner** gem § 222 I Nr 4,[80] wobei ich wiederum gegen eine Untergruppe nach Maßgabe des § 222 III 2 keine Bedenken hätte.[81]

22 Mit der Neufassung von § 210a Nr 2 durch das SanInsFoG wurden **die originär nicht nachrangigen Insolvenzgläubiger** den §§ 222 I Nr 3, 225 unterstellt. Damit haben sie indes ihren gegenüber den originär nachrangigen Insolvenzgläubigern besseren Haftungsstatus nicht verloren. Daher wird für eine differenzierte Lösung plädiert: Sofern den Regelinsolvenzgläubigern trotz Masseunzulänglichkeit etwas zuzuwenden wäre[82] bzw zugewendet werden solle[83] sowie **beim Insolvenzplan zur Überwindung der Masseunzulänglichkeit**[84] seien sie bei der Gruppenbildung **zu berücksichtigen.** Die erstgenannte Konstellation ist trotz der gesetzlichen Möglichkeit des § 225 II kaum realistisch; praktisch dürfte sich die Beteiligung der originär nicht nachrangigen Insolvenzgläubiger daher auf (ihrerseits seltene) Pläne bei (absehbar nur) temporärer Masseunzulänglichkeit[85] beschränken.

3. Obstruktionsverbot

23 Die Modifikation der Gruppenbildung bei Masseunzulänglichkeit hat Auswirkungen auf das Obstruktionsverbot (§ 245), genauer dessen immanente **Begrenzung** durch die sog *absolute priority rule:* Zwar kommt es bei Masseunzulänglichkeit nicht in Betracht, dass diese zum Schutz der originär nicht nachrangigen Insolvenzgläubiger gegenüber den Altmassegläubigern ausschlägt,[86] aber beide Gläubigergruppen werden dadurch **gegenüber** den **Anteilseignern** geschützt.[87] Diese dürfen folglich (*per saldo*) keinen Wert aus der Masse erhalten,[88] was Reorganisationspläne bei Masseunzulänglichkeit zusätzlich erschwert.

---

72 Oben Rn 8.
73 Kübler/Prütting/Bork/*Pape* InsO[51] § 210a Rn 32; MünchKomm/*Madaus* InsO[4] § 210a Rn 12.
74 HK/*Hölzle* InsO[10] § 210a Rn 6 f; MünchKomm/*Madaus* InsO[4] § 210a Rn 11; Uhlenbruck/*Ries* InsO[15] § 210a Rn 10.
75 HK/*Hölzle* InsO[10] § 210a Rn 8; K Schmidt/*Jungmann* § 210a Rn 18.
76 Zum praktischen Problem Uhlenbruck/*Ries* InsO[15] § 210a Rn 15.
77 **AA** K Schmidt/*Jungmann* § 210a Rn 18.
78 Dazu § 209 Rn 46.
79 HK/*Hölzle* InsO[10] § 210a Rn 7; Nerlich/Römermann/*Westphal* InsO[29] § 210a Rn 17.
80 MünchKomm/*Madaus* InsO[4] § 210a Rn 17.
81 Auch hierfür **aA** K Schmidt/*Jungmann* § 210a Rn 18.
82 So Uhlenbruck/*Ries* InsO[15] § 210a Rn 13 f.
83 So *Horstkotte* ZInsO 2020, 2587, 2588.
84 So HambK/*Weitzmann* InsO[7] § 210a Rn 7; *Horstkotte* ZInsO 2020, 2587, 2588.
85 Dazu schon oben Rn 11, 14 f.
86 HK/*Hölzle* InsO[10] § 210a Rn 10.
87 Für die Insolvenzgläubiger *Hölzle*, aaO, für die Altmassegläubiger MünchKomm/*Madaus* InsO[4] § 210a Rn 23.
88 **AA** Uhlenbruck/*Ries* InsO[15] § 210a Rn 16.

IV. Plandisponibilität

24 Ein Insolvenzplanverfahren wird bei Masseunzulänglichkeit in besonderem Maße durch Unwägbarkeiten gefährdet: Ob und nicht zuletzt wann Masseunzulänglichkeit vorgelegen hat, wird zwar als solches nicht festgestellt, entscheidet der Sache nach aber über das Schicksal (sowohl des darstellenden wie des gestaltenden Teils) des Plans;[89] Neu(masse)verbindlichkeiten, insbesondere eine etwaige Besteuerung des Sanierungsgewinns,[90] und falsch veranschlagte Verfahrenskosten, insbesondere die nachträglich festgesetzte Vergütung des Verwalters und anderer Organträger, gefährden die Erfüllbarkeit. Deshalb hat es immer wieder Vorschläge gegeben, die Dispositionsmöglichkeiten bei Masseunzulänglichkeit gegenüber dem „normalen" Insolvenzplanverfahren[91] zu erweitern.

25 Dem ist eine Absage zu erteilen, was der **BGH** *pars pro toto* für die Verwaltervergütung in einem *obiter dictum* zum damals noch nicht anwendbaren § 210a[92] klargestellt hat. **Nicht plandispositiv sind** die **Verfahrenskosten** insgesamt wegen ihres absoluten Vorranges,[93] **Neumasseverbindlichkeiten**[94] sowie Eintritt **und Zeitpunkt der Masseunzulänglichkeit,**[95] letzteres deshalb, weil es auf den Versuch einer klandestinen Regelung der Verwalterhaftung hinauslaufen würde.[96]

IV. Rechtspolitische Bewertung

26 § 210a ist nunmehr über zehn Jahre totes Recht geblieben, was manch einer befürchtet hatte.[97] Auch wenn grundsätzliche Bedenken gegen Insolvenzplanverfahren bei Masseunzulänglichkeit[98] seit dem ESUG nur noch vereinzelt erhoben werden,[99] scheinen **Unternehmenssanierungen** bei Masseunzulänglichkeit praktisch nicht in die Form eines Insolvenzplans gegossen zu werden, sofern sie über eine (Teil-)Übertragung hinaus überhaupt vorkommen sollten. Auch die Erwartung, § 210a würde für masseunzulängliche **Verbraucherinsolvenzverfahren zur Erlangung von Restschuldbefreiung** relevant werden,[100] hat sich bisher nicht bestätigt, weil es hierfür nach wie vor den funktional konkurrierenden gerichtlichen Schuldenbereinigungsplan gibt.[101] Die Verlagerung von diesem auf § 210a hieße ohnehin nichts anderes, als Teufel mit Beelzebub austreiben zu wollen.

89 Oben Rn 4 f.
90 Oben Rn 6.
91 Hierzu die Grundsatzentscheidung BGHZ 214, 78 Rn 18 ff = ZIP 2017, 482 ff [**zust** *Madaus* EWiR 2017, 179 f] = NZI 2017, 260 ff [**zust** *Storz* ebd, 264 f] = ZInsO 2017, 538 ff [**krit** *Haarmeyer* ebd, 543 f; **abl** *Blankenburg* ebd, 531 f] = DZWIR 2017, 334 ff [**zust** *Skauradszun/Schmitt* ebd, 338 ff].
92 BGHZ 214, 78 Rn 21–23.
93 HK/*Hölzle* InsO[10] § 210a Rn 17.
94 Oben Rn 8.
95 **AA** *Zimmer* ZInsO 2012, 390, 394 f.
96 **Zutr** MünchKomm/*Madaus* InsO[4] § 210a Rn 8; **diff** Uhlenbruck/*Ries* InsO[15] § 210a Rn 19.
97 Vgl Nerlich/Römermann/*Westphal* InsO[29] § 210a Rn 24; FK/*Kießner* InsO[9] § 210a Rn 1; *Zimmer* ZInsO 2012, 390, 394.
98 Voraufl § 208 Rn 84 ff mNw.
99 Etwa von *Zimmer* ZInsO 2012, 390.
100 Geäußert 2014 von HK-InsO[7]/*Landfermann* § 210a Rn 4, und von *Hölzle* bis in die 10. Aufl 2020 fortgeschrieben.
101 Zum Zusammenhang instruktiv Kübler/Prütting/Bork/*Pape* InsO[51] § 210a Rn 7.

27 Das alles lässt Versuche, § 210a mit Leben zu erwecken, weitgehend als Glasperlenspiele erscheinen, ja man fragt sich, warum bei der Evaluation des ESUG als mögliche Option[102] nicht erwogen wurde, die Vorschrift einfach wieder zu streichen.

102 *Jacoby/Madaus/Sack/Schmidt/Thole* Evaluierung Gesetz zur weiteren Erleichterung der Sanierung von Unternehmen (ESUG) vom 7. Dezember 2011 (2018), 185, sehen nur Option 1 – Gesetzeslage unverändert zu lassen, Option 2 – „Klarstellung" des § 210a Nr 2, Option 3 – Ausweitung auf erneute Masseunzulänglichkeit.

§ 211 Einstellung nach Anzeige der Masseunzulänglichkeit

(1) Sobald der Insolvenzverwalter die Insolvenzmasse nach Maßgabe des § 209 verteilt hat, stellt das Insolvenzgericht das Insolvenzverfahren ein.
(2) Der Verwalter hat für seine Tätigkeit nach der Anzeige der Masseunzulänglichkeit gesondert Rechnung zu legen.
(3) [1]Werden nach der Einstellung des Verfahrens Gegenstände der Insolvenzmasse ermittelt, so ordnet das Gericht auf Antrag des Verwalters oder eines Massegläubigers oder von Amts wegen eine Nachtragsverteilung an. [2]§ 203 Abs. 3 und die §§ 204 und 205 gelten entsprechend.

Materialien

2. Ber InsRKomm, LS 7.2; DiskE § 313; RefE § 313; RegE § 324 (BT-Drucks 12/2443, S 60, Begr S 221); Rechtsausschuss § 234e (BT-Drucks 12/7302, S 86, Begr S 180 f).

Vorgängerregelungen

keine

Literatur

S zu § 207.

Übersicht

Alphabetische Übersicht

https://doi.org/10.1515/9783110343687-039

I. Allgemeines

1 Das praktische Problem der Masseunzulänglichkeit war in der KO nicht sinnvoll geregelt. Während der Reformgesetzgeber aber mit § 209 eine dem § 60 KO überlegene Verteilungsordnung geschaffen hat, ist sein Versuch weniger geglückt, mit § 211 Vergleichbares gegenüber §§ 204 f KO zu erreichen. Das Verfahren ist nach wie vor weitgehend ungeregelt, und soweit es geregelt ist, offenbart es Diskrepanzen zu dem der Einstellung gem § 207.[1] Insoweit war sogar das alte Recht überlegen, nach dem die §§ 204, 205 KO einheitlich auf die sich nur dem Grade nach unterscheidenden Formen der Massearmut anzuwenden waren. Im Übrigen offenbart jeder der drei Absätze des § 211 Schwächen:

2 **§ 211 I fehlt es an Regelungsgehalt.** Der Vorschrift lässt sich entnehmen, dass die **Einstellung erst nach der Verwertung** erfolgen darf. Aber dies folgt bereits aus § 208 III, der den Insolvenzverwalter auf die weitere Verwaltung und Verwertung der Masse verpflichtet. Immerhin mag man § 211 I insoweit wohlwollend als **Klarstellung** qualifizieren und feststellen, dass der Verwalter die Masse weder zugunsten der Massegläubiger hinterlegen[2] noch dem Schuldner geschlossen oder durch gezielte Freigabe wesentlicher Massebestandteile[3] zurückgeben darf. Das eigentliche Problem, die weitere Auszehrung der Masse gerade aufgrund der fortgesetzten Verwertung, wurde vom Reformgesetzgeber trotz nachdrücklicher Warnungen[4] ignoriert. Dies macht es erforderlich, die **Verwertungspflicht teleologisch einzuschränken.**[5]

3 Das Verfahren wird von Amts wegen und zwingend[6] eingestellt. Letzteres ist zwar ein Fortschritt gegenüber dem Wortlaut des § 204 KO, wonach das Konkursverfahren eingestellt werden *konnte*, was zu Unsicherheiten darüber geführt hatte, unter welchen Voraussetzungen sich das damit an sich gegebene Ermessen auf Null reduzierte. Das Hauptproblem der Abwicklung massearmer Verfahren, ob nämlich der Verwalter, der Richter oder gar der Rechtspfleger als **Herr des masseunzulänglichen Verfahrens** zu gelten hat,[7] ist in § 211 I aber nicht bedacht. Dies beruht darauf, dass die Vorschrift iVm § 210a dem § 324 I RegE entspricht. Dort war die Offizialmaxime konsequent, weil der Übergang in das Verfahren bei Masseunzulänglichkeit durch gerichtlichen Beschluss erfolgte. Unter der Geltung der InsO ist es ungereimt, das Verfahren zunächst mit § 208 I ganz in die Hand des Insolvenzverwalters zu legen, dann aber von Amts wegen zu einem Abschluss bringen zu wollen.

4 In **§ 211 II** ist nicht mehr gesagt, als dass der Insolvenzverwalter **in** seiner **Schlussrechnung** zwischen der Zeit vor der Anzeige der Masseunzulänglichkeit und der späteren Zeit **zu unterscheiden** hat, da die in der letztgenannten Zeit begründeten Verbindlichkeiten vorrangig zu erfüllen sind.[8] Dies ergibt sich eigentlich von selbst, so dass es schwer fällt, die Vorschrift mit einem vernünftigen Sinn zu unterfüttern.[9] Die viel wichtigere Frage, wie die Deckungsrechnung bzw -prognose zu erstellen ist, blieb dagegen völlig ungeregelt.[10]

5 **§ 211 III,** der § 324 III RegE bis auf unbedeutende redaktionelle Anpassungen entspricht, soll „Vorschriften über die **Nachtragsverteilung** für entsprechend anwendbar" erklären.[11] Der Gesetzeswortlaut löst dieses Versprechen aber nicht ein. Vielmehr wurde in § 211 III 1 nur eine

1 Dazu schon § 207 Rn 10, sowie unten Rn 11.
2 Nerlich/Römermann/*Westphal* InsO[29] § 211 Rn 5; MünchKomm/*Hefermehl* InsO[4] § 211 Rn 6; BK/*Martini* InsO[70] § 211 Rn 1; *Walther* Das Verfahren bei Masseunzulänglichkeit nach den §§ 208 ff InsO (2005), S 233, alle gegen *Müller* KTS 1964, 14 ff, der dies für § 204 KO vorgeschlagen hatte.
3 Dazu § 208 Rn 72 f mN zur Gegenansicht.
4 *Häsemeyer* in InsR im Umbruch (1991), S 101 ff.
5 § 208 Rn 73.
6 Statt aller MünchKomm/*Hefermehl* InsO[4] § 211 Rn 9.
7 Dazu sogleich Rn 6.
8 Vgl Begr RegE § 324 II, BT-Drucks 12/2443, S 221.
9 Berechtigte Kritik bei *Kluth* ZInsO 2000, 177, 183. Näher unten Rn 13.
10 Dazu § 208 Rn 15 ff.
11 Begr, BT-Drucks 12/2443, S 221.

der Nr 3 des § 203 I entsprechende Möglichkeit zur Anordnung einer Nachtragsverteilung geschaffen. Die praktisch unverzichtbaren Nrn 1 und 2[12] werden ebenso wenig erwähnt wie die Sonderprobleme, die der Vorbehalt einer Nachtragsverteilung gerade bei Masseunzulänglichkeit aufwirft. Sie liegen darin, ob § 211 III allgemein[13] oder jedenfalls bei Verfahren zur Erlangung von Restschuldbefreiung[14] als echte Alternative zur Fortführung eines kostenträchtigen Insolvenzverfahrens anerkannt werden kann. In summa ist das einzig Positive an § 211 III, dass er der unter Geltung der KO herrschenden Unsicherheit ein Ende gesetzt hat, ob bei Masseunzulänglichkeit überhaupt eine Nachtragsverteilung angeordnet werden kann.[15] Im Übrigen hat die Vorschrift mehr Probleme geschaffen als gelöst.

II. Das Verfahren der Einstellung

1. Verfahrensablauf

Der **Verfahrensablauf** ist **ungeregelt**. Dies hat offenbar zu ganz unterschiedlichen Praktiken geführt. Dem Gesamtsystem der §§ 208–211 widerspräche es aber, dass sich der Rechtspfleger zum Herrn des Verfahrens aufschwingt. Dieser kann also nicht zunächst die gesonderte Rechnungslegung nach § 211 II verlangen, dann den Verwalter zur Verteilung auffordern, sich deren Vollzug melden lassen und dann einstellen.[16] **Herr des Verfahrens ist** vielmehr **der Verwalter**. Er liquidiert die Masse, verteilt den Erlös und zeigt den Vollzug der Verteilung bei Gericht an.[17] In der Anzeige liegt kein Antrag,[18] sondern die **Anregung**, im Rahmen der Offizialmaxime tätig zu werden. Das Gericht hat die **Voraussetzungen der Einstellung** gem § 5 I **zu ermitteln**. Grundlage dieser Ermittlungen ist die Rechnungslegung des Verwalters iS des § 211 II.[19] 6

2. Verfahrensbeteiligung

Eine **Beteiligung** am Einstellungsverfahren ist **nicht vorgeschrieben**. Es bewendet bei der Unterrichtungspflicht des § 215 I 2.[20] Andererseits hat das Gericht im Rahmen des Untersuchungsgrundsatzes gem § 5 I die Voraussetzungen der Verfahrenseinstellung voll aufzuklären. Sollten dabei Zweifel hervortreten, ist dringend zu raten, **Betroffene nicht nur zum Zwecke der Sachaufklärung, sondern auch vor dem Hintergrund des Art 103 I GG zu hören**. Ist ein Gläubigerausschuss bestellt, empfiehlt sich dessen Anhörung. 7

Umstritten ist, inwieweit im Verfahren zur Einstellung wegen Masseunzulänglichkeit noch **Gläubigerversammlungen** abzuhalten sind. Während manche eine abschließende bzw erneute Gläubigerversammlung kategorisch ablehnen,[21] verlangen andere zwingend die reguläre Abhaltung von Prüfungs- wie Schlusstermin.[22] Richtiger Ansicht nach ist zu differenzieren: 8

12 Unten Rn 17, 23.
13 Speziell dazu Rn 20.
14 Speziell dazu Rn 19.
15 Zur KO iE zutr bejahend *Pape* ZIP 1992, 747 ff.
16 Nicht mehr abw Graf-Schlicker/*Riedel* InsO[5] § 211 Rn 6, 9 ff (anders noch die Vorbearb von *Mäusezahl*).
17 MünchKomm/*Hefermehl* InsO[4] § 211 Rn 9; idS auch Kübler/Prütting/Bork/*Pape* InsO[9] § 211 Rn 4.
18 So aber Kübler/Prütting/Bork/*Pape* InsO[9] § 211 Rn 4.
19 MünchKomm/*Hefermehl* InsO[4] § 211 Rn 9 f.
20 MünchKomm/*Hefermehl* InsO[4] § 211 Rn 12.
21 BK/*Martini* InsO[70] § 211 Rn 3.
22 *Walther* Das Verfahren bei Masseunzulänglichkeit nach den §§ 208 ff InsO (2005), S 237 ff; unklar Graf-Schlicker/*Riedel* InsO[5] § 211 Rn 1 f gegen 8.

9 Das **Feststellungsverfahren gem §§ 174 ff** nimmt bei Masseunzulänglichkeit seinen Fortgang.[23] Es fehlt an einem ordnungsgemäß abgewickelten Insolvenzverfahren, wenn die Prüfung der zur Tabelle angemeldeten Insolvenzforderungen noch nicht abgeschlossen ist. Folglich sind ausstehende **Prüfungstermine** nachzuholen, auch wenn die Masse bereits verteilt ist.[24]

10 Ein **Schlusstermin** ist nach neuer Rechtslage auch dann **nicht erforderlich, sofern** über die Erteilung von **Restschuldbefreiung** (§ 289) zu entscheiden ist.[25] Denn die Anhörung der Gläubiger zu Gründen für eine Versagung der Restschuldbefreiung ist nicht an die Abhaltung eines Schlusstermins gebunden, sondern kann schriftlich erfolgen,[26] und außerdem können gem § 297a auch nachträglich bekannt gewordene Versagungsgründe berücksichtigt werden.[27]

3. Einstellungsbeschluss

11 Die Einstellung erfolgt durch **Beschluss.** Ein **Rechtsmittel findet nicht statt.** Dies ergibt sich im Umkehrschluss aus § 216 I und wird für § 330 RegE damit begründet, dass die Lage bei Einstellung wegen Masseunzulänglichkeit der Aufhebung des Verfahrens gem den (heutigen) §§ 200, 258 entspreche.[28] Diese Argumentation geht fehl, weil zwar die Masse auch im Falle des § 211 verteilt ist, die Ziele des Insolvenzverfahrens aber gerade nicht erreicht wurden. Daher ist der verbreiteten rechtspolitischen Kritik[29] beizupflichten, zumal ein eklatanter Wertungswiderspruch zur Rechtsmittelfähigkeit des Einstellungsbeschlusses gem § 207 hinzukommt.[30] Nachdem Art 19 IV GG aber keinen Instanzenzug garantiert, ist die gesetzgeberische Entscheidung de lege lata hinzunehmen.[31]

12 Sofern sich der Richter das Insolvenzverfahren nicht vorbehalten (§ 18 II 1 RPflG) oder an sich gezogen hat (§ 18 II 3 RPflG), entscheidet der Rechtspfleger. Dann ist wegen des Rechtsmittelausschlusses die Erinnerung gem § 11 II RPflG statthaft,[32] so dass jedenfalls eine Überprüfung durch den Richter gewährleistet ist.

III. Die gesonderte Rechnungslegung, § 211 II

13 § 211 II verpflichtet den Insolvenzverwalter, im Rahmen seiner **Schlussrechnung** gem § 66 I die beiden Zeiträume vor bzw nach Anzeige der Masseunzulänglichkeit **zu unterscheiden.**[33] Der

---

23 § 208 Rn 42.

24 *Walther* Das Verfahren bei Masseunzulänglichkeit nach den §§ 208 ff InsO (2005), S 237 f; nur bei Verfahren zur Erlangung von Restschuldbefreiung FK/*Kießner* InsO[9] § 211 Rn 9 ff; HK/*Hölzle* InsO[10] § 211 Rn 3; HambK/*Weitzmann* InsO[7] § 211 Rn 3.

25 Zur früheren Rechtslage BGH ZInsO 2003, 413 ff [*Grote* ebd, 416 f] = ZVI 2003, 170 ff [*Tetzlaff* EWiR 2003, 593 f] = NZI 2003, 389 ff [*Kothe* ebd, 393 f] = WuB VI C. § 290 InsO 3.03 [*Hefermehl*]; BGH ZVI 2009, 346; LG Kassel ZInsO 2004, 160 f = ZVI 2004, 548 f.

26 Jager/*Preuß* InsO § 287 Rn 104.

27 MünchKomm/*Hefermehl* InsO[4] § 211 Rn 17.

28 Begr, BT-Drucks 12/2443, S 222.

29 *Pape* KTS 1995, 189, 200; Kübler/Prütting/Bork/*Pape* InsO[9] § 211 Rn 11; MünchKomm/*Hefermehl* InsO[4] § 211 Rn 12; Nerlich/Römermann/*Westphal* InsO[29] § 211 Rn 8 f; *Walther* Das Verfahren bei Masseunzulänglichkeit nach den §§ 208 ff InsO (2005), S 246 f.

30 Darauf hat insb *Pape* KTS 1995, 189, 200, hingewiesen.

31 BGH ZIP 2007, 603, 604 = WuB VI A. § 211 InsO 1.07 [*Hess*].

32 BGH ZIP 2007, 603, 604 = WuB VI A. § 211 InsO 1.07 [*Hess*]; Kübler/Prütting/Bork/*Pape* InsO[9] § 211 Rn 10; MünchKomm/*Hefermehl* InsO[4] § 211 Rn 12; Uhlenbruck/*Ries* InsO[15] § 211 Rn 9; HambK/*Weitzmann* InsO[7] § 211 Rn 6; Graf-Schlicker/*Riedel* InsO[5] § 211 Rn 7.

33 Oben Rn 4.

Gehalt dieser Regelung ist umstritten,[34] jedenfalls kann dem Verwalter nicht zugemutet sein, eine besondere „Lesehilfe“ bereitzustellen.[35] Ob gerade die Unterteilung des Insolvenzverfahrens in zwei Verfahrensabschnitte eine gesteigerte Transparenz erheischt,[36] mag auf sich beruhen. Praktisch wird die gesonderte Rechnungslegung jedenfalls nur relevant, wenn dem Verwalter (insbesondere gem § 61) der Regress droht.[37] Dies ist zwar insoweit konsequent, als dass die Ordnungsmäßigkeit des Verfahrens bei Masseunzulänglichkeit im Wesentlichen mittelbar durch die Haftungsdrohung gegenüber dem Verwalter statt durch justizförmige Kontrollmechanismen gewährleistet werden soll.[38] Gleichwohl hat § 211 II in besonderer Weise den Beigeschmack legalisierten Misstrauens.

Die **Prüfung der** aufgegliederten **Rechnungslegung** erfolgt **durch das Gericht.**[39] Ihre Erörterung in einem **Schlusstermin** gem § 197 I Nr 1 ist **entbehrlich,**[40] weil die Insolvenzgläubiger nicht berücksichtigt werden. Auch ein etwa bestellter Gläubigerausschuss ist demzufolge nicht zu befassen.[41] Letzterer könnte auch die primär interessierten **Massegläubiger** nicht repräsentieren,[42] die als solche **nicht beteiligt** werden.[43] 14

IV. Die Nachtragsverteilung, § 211 III

1. Anwendungsbereich

Die Vorschrift des § 211 III gilt nach hier vertretener Ansicht nur für das Verfahren bei Masseunzulänglichkeit. Ihre entsprechende Anwendung im Rahmen des § 207 verbietet sich.[44] 15

a) § 211 III 1. Der Tatbestand des § 211 III 1, die **nachträgliche Ermittlung von Gegenständen** der Insolvenzmasse, entspricht dem des § 203 I Nr 3.[45] Maßgeblich ist die subjektive Sicht des Insolvenzverwalters, die dieser auf der Grundlage der Angaben des Schuldners gewinnen konnte.[46] § 211 III enthält keine Entsprechungen zu den Nrn 1 und 2 des § 203 I, wofür jede Begründung fehlt. Dies stellt einen schweren gesetzgeberischen Mangel dar,[47] so dass sich mittlerweile die Ansicht durchgesetzt hat, dass die **Möglichkeiten zur** Anordnung einer **Nachtragsvertei-** 16

34 Vgl insb *Kluth* ZInsO 2000, 179, 183; *Walther* Das Verfahren bei Masseunzulänglichkeit nach den §§ 208 ff InsO (2005), S 244.
35 *Kluth* ZInsO 2000, 179, 183.
36 So Nerlich/Römermann/*Westphal* InsO[29] § 211 Rn 12; *Walther* Das Verfahren bei Masseunzulänglichkeit nach den §§ 208 ff InsO (2005), S 244.
37 *Dinstühler* ZIP 1998, 1697, 1702; *Kluth* ZInsO 2000, 179, 183; MünchKomm/*Hefermehl* InsO[4] § 211 Rn 14; Nerlich/Römermann/*Westphal* InsO[29] § 211 Rn 12; *Walther* Das Verfahren bei Masseunzulänglichkeit nach den §§ 208 ff InsO (2005), S 244.
38 Zur Kritik § 208 Rn 30, 35.
39 Kübler/Prütting/Bork/*Pape* InsO[9] § 211 Rn 14 f; Uhlenbruck/*Ries* InsO[15] § 211 Rn 7.
40 Neben den Vorzitierten auch MünchKomm/*Hefermehl* InsO[4] § 211 Rn 16; Nerlich/Römermann/*Westphal* InsO[29] § 211 Rn 13; **aA** FK/*Kießner* InsO[9] § 211 Rn 15; *Walther* Das Verfahren bei Masseunzulänglichkeit nach den §§ 208 ff InsO (2005), S 242 f (beide mit Verzichtsmöglichkeit).
41 Insoweit **aA** Nerlich/Römermann/*Westphal* InsO[29] § 211 Rn 14.
42 Kübler/Prütting/Bork/*Pape* InsO[9] § 211 Rn 14 f.
43 Rechtspolitisch krit dazu *Walther* Das Verfahren bei Masseunzulänglichkeit nach den §§ 208 ff InsO (2005), S 242 f.
44 Näher § 207 Rn 114 ff.
45 Näher dazu Jaeger/*Meller-Hannich* InsO[2] § 203 Rn 9.
46 **Beispiel:** BGH ZInsO 2006, 1105 f.
47 Krit schon *Kluth* ZInsO 2000, 179, 183.

lung über den Wortlaut der Norm hinaus **auszuweiten** sind. Keine Einigkeit besteht freilich darin, wie weit diese Ausweitung gehen soll.

17 **b) Analoge Anwendung von § 203 I Nrn 1 und 2.** Die **entsprechende Anwendung von § 203 I Nrn 1**[48] **und 2** ist **unverzichtbar.**[49] Denn sie bilden die Konsequenz daraus, dass für bestrittene Forderungen zunächst **Sicherstellungen** zu bilden (§ 189) und dass **Verteilungsfehler** zu korrigieren sind. Beides liegt im Verfahren nach angezeigter Masseunzulänglichkeit nicht anders.[50] Es wäre widersinnig, die frei werdenden bzw zurückfließenden Beträge dem Schuldner zu überlassen.

18 **c) Nachtragsverteilung zur Masseanreicherung?** Weniger eindeutig ist der verbreitete Vorschlag zu bewerten, die **Realisierung schwer liquidierbarer Vermögenswerte** einer Nachtragsverteilung vorzubehalten und das Verfahren einzustellen.[51] Der Analogieschluss zu § 203 I Nr 1 deckt diese Erweiterung jedenfalls nicht, weil erhoffter Massezuwachs nicht als für die Verteilung „zurückbehalten" gelten kann.[52] Es geht auch nicht nur um die verfahrensökonomische Frage, ob man das masseunzulängliche Verfahren zunächst fortführt, um die Masse anzureichern,[53] oder dies einer Nachtragsverteilung vorbehält. Zu entscheiden ist vielmehr der **Interessenskonflikt zwischen den Massegläubigern**, die sowohl von einer Verfahrensfortführung wie von einer Nachtragsverteilung profitieren, **und den Insolvenzgläubigern**, die nur dann eine Chance auf Realisierung ihrer Forderungen erhalten, wenn sich das Vermögen wieder in der Hand des Schuldners befindet. So gesehen kann für eine Funktionalisierung der Nachtragsverteilung zur Masseanreicherung nichts anderes gelten als für die Frage, ob § 211 III im Rahmen des § 207 entsprechend anzuwenden ist:[54] Ist ein Verfahren praktisch nicht mehr durchführbar, **hat** die **Bevorzugung der Massegläubiger** ihre **Legitimation verloren.** Dies gilt in besonderem Maße, soweit man die nachträgliche Masseanreicherung mit jeder Form der Gläubiger- einschließlich der besonderen **Insolvenzanfechtung** zulassen will.[55]

19 **Anders liegt es** hingegen **bei** Insolvenzverfahren zur Erlangung von **Restschuldbefreiung,** die im Modus der §§ 208 ff geführt werden. Hier hat die zukunftsgerichtete Masseanreicherung – auch durch besondere Insolvenzanfechtung – eine auch die Insolvenzgläubiger entlastende Funktion.[56] Deshalb erscheint die Abwägung zwischen einer Verfahrensfortführung und dem Vorbehalt einer Nachtragsverteilung unter verfahrensökonomischen Gesichtspunkten angemessen. Gleichwohl kann die Entscheidung nicht allgemein getroffen werden, sondern muss dem Einzelfall vorbehalten bleiben.

---

48 Nur § 203 I Nr 1 nennt Kübler/Prütting/Bork/*Pape* InsO[9] § 211 Rn 6.

49 BGH ZIP 2013, 2320, 2321 Rn 8; BAG ZIP 2014, 1498 f Rn 11; MünchKomm/*Hefermehl* InsO[4] § 211 Rn 19; HK/*Hölzle* InsO[10] § 211 Rn 9; FK/*Kießner* InsO[9] § 211 Rn 24; Nerlich/Römermann/*Westphal*[29] § 211 Rn 15; K. Schmidt/*Jungmann* InsO[19] § 211 Rn 19 f; *Kröpelin* Die massearme Insolvenz (2003), Rn 311 f; *Walther* Das Verfahren bei Masseunzulänglichkeit nach den §§ 208 ff InsO (2005), S 232 f, 234 f mit 265 f; *Bork* ZIP 2009, 2077, 2080.

50 § 209 Rn 16, 24 ff, § 210 Rn 16.

51 Dafür MünchKomm/*Hefermehl* InsO[4] § 211 Rn 8, 19; FK/*Kießner* InsO[9] § 211 Rn 17 ff; HambK/*Weitzmann* InsO[7] § 211 Rn 5; *Walther* Das Verfahren bei Masseunzulänglichkeit nach den §§ 208 ff InsO (2005), S 235 ff.

52 So aber *Kluth* ZInsO 2000, 179, 183; *Walther* Das Verfahren bei Masseunzulänglichkeit nach den §§ 208 ff InsO (2005), S 265 f. BK/*Martini* InsO[70] § 211 Rn 6, will § 211 III 1 sogar unmittelbar anwenden.

53 Dafür Nerlich/Römermann/*Westphal* InsO[29] § 211 Rn 4.

54 § 207 Rn 114 ff.

55 Dafür neben FK/*Kießner* InsO[9] § 211 Rn 17 ff, und BK/*Martini* InsO[70] § 211 Rn 6, auch Kübler/Prütting/Bork/*Pape* InsO[9] § 211 Rn 7, sowie Uhlenbruck/*Ries* InsO[15] § 211 Rn 16.

56 Näher § 208 Rn 102.

d) Nachtragsverteilung statt Verfahrensfortführung? Lässt sich eine Instrumentalisierung des Instituts der Nachtragsverteilung zur Masseanreicherung nur in den aufgezeigten engen Grenzen rechtfertigen,[57] so erledigt sich auch ein noch weitergehender Vorschlag: Die Verfahrenseinstellung unter Vorbehalt ist erst recht keine Alternative zu der gesetzgeberischen Entscheidung, massearme Verfahren zu eröffnen und in dem durch die §§ 208–211 vorgegebenen Rahmen abzuwickeln. Denn nur im laufenden Insolvenzverfahren sind (wenigstens) die aufsichtsrechtlichen Sicherungen gegeben. Die Gegenansicht[58] ist zudem in sich widersprüchlich, wenn sie einerseits den Zwang zu massearmen Verfahren beklagt, andererseits aber so gerade zu einer Masseanreicherung kommen will. Denn Letztere würde die Prozedur insgesamt ja wieder verlängern. 20

2. Das Verfahren zur Anordnung der Nachtragsverteilung

Die **Nachtragsverteilung** wird **auf Antrag** des Verwalters oder eines Massegläubigers **oder von Amts wegen** angeordnet, § 211 III 1. Insolvenzgläubiger sind nicht antragsberechtigt, können aber eine amtswegige Anordnung anregen.[59] Die Anordnung unterbleibt, wenn dies mit Rücksicht auf die Geringfügigkeit des Betrages oder den geringen Wert des Gegenstandes und die (voraussichtlichen) Kosten angemessen erscheint. Betrag bzw Gegenstand werden dann dem Schuldner überlassen, § 211 III 2 iVm § 203 III 1.[60] Als konsequent, wenn auch wenig praxisrelevant ist es einzuschätzen, dass (auch[61]) die Nachtragsverteilung von einem Kostenvorschuss abhängig gemacht werden kann, § 211 III 2 iVm § 203 III 2.[62] 21

Ein ablehnender Beschluss ist dem Antragsteller zuzustellen und **kann** von ihm mit der sofortigen Beschwerde **angefochten werden**, § 211 III 2 iVm § 204 I. „Antragsteller" und damit beschwerdebefugt ist nur ein Massegläubiger. „Anträge" von Insolvenzgläubigern haben nur die Qualität von Verfahrensanregungen und ziehen keine Beschwerdebefugnis nach sich. **Wird** die **Nachtragsverteilung angeordnet**, so erfolgt die Zustellung an Verwalter, Schuldner und ggf an den Antragsteller. Beschwerdebefugt ist der Schuldner, § 211 III 2 iVm § 204 II. Die damit gewährleistete **volle Überprüfbarkeit** der Entscheidung über die Nachtragsverteilung steht in eklatantem Widerspruch zum Ausschluss jedes Rechtsmittels gegen die Einstellung des Verfahrens.[63] 22

3. Umsetzung der Nachtragsverteilung

Im Zuge der Nachtragsverteilung unterfällt der betroffene Gegenstand der **Verfügungsbefugnis des Insolvenzverwalters.** Damit gilt ein **gegenständlich beschränktes Vollstreckungsverbot** gem § 210.[64] Hinsichtlich des Zeitpunktes, in dem die **haftungsrechtliche Trennung vom Vermögen des Schuldners** eintritt, ist zu unterscheiden: **Im Rahmen** des unmittelbaren Anwendungsbereiches **des § 211 III 1** hatte der Insolvenzbeschlag mit Einstellung des Verfahrens gem 23

57 Zuvor Rn 18 f.
58 Namentlich *Uhlenbruck* NZI 2001, 408 f; ähnlich weitgehend FK/*Kießner* InsO[9] § 211 Rn 17 ff. Zum Problem schon § 207 Rn 116.
59 Vgl MünchKomm/*Hefermehl* InsO[4] § 211 Rn 20; Nerlich/Römermann/*Westphal* InsO[29] § 211 Rn 16.
60 Dazu MünchKomm/*Hefermehl* InsO[4] § 211 Rn 23; Jaeger/*Meller-Hannich* InsO[2] § 203 Rn 13 f. **Beispiel:** AG Göttingen NZI 2012, 276 f.
61 Vgl §§ 26 I 2; 207 I 2, 1. Hs.
62 Näher Jaeger/*Meller-Hannich* InsO[2] § 203 Rn 15.
63 Dazu oben Rn 11.
64 § 210 Rn 4, 9; vgl auch Jaeger/*Windel* InsO § 81 Rn 31.

§ 215 II 1 geendet. Vermögenssonderung[65] und Vollstreckungsverbot[66] entstehen daher erneut mit Wirkung **ex nunc.**[67] Zwischenverfügungen des Schuldners bleiben wirksam. Waren dagegen **Beträge** in entsprechender Anwendung des § 203 I Nr 1 **zurückbehalten** worden, so waren die Verfügungs- und die Prozessführungsbefugnis[68] zwischenzeitlich nicht an den Schuldner zurückgefallen und das Vollstreckungsverbot hatte gegenständlich beschränkt fortbestanden. Gleiches gilt für ein auf letzterem aufbauendes Aufrechnungsverbot.[69] **Fließen** schließlich **Beträge zurück** (§ 203 I Nr 2), hängt die haftungsrechtliche Zuordnung davon ab, ob die Nachtragsverteilung bei Rückzahlung durch den Dritten bereits angeordnet war. *Bejahendenfalls* fallen die Beträge unmittelbar in die Verfügungsbefugnis des Insolvenzverwalters und unter das Vollstreckungsverbot. Eine zwischenzeitliche Zuordnung zum beschlagsfreien Schuldnervermögen („Durchgangserwerb") findet nicht statt. *Verneinendenfalls* kommt es wie bei § 211 III 1 zu einem gegenständlich beschränkten Vermögensbeschlag mit Wirkung ex nunc.

24 Soweit erforderlich **verwertet** der **Insolvenzverwalter** die der Nachtragsverteilung unterliegenden Gegenstände, § 211 III 2 iVm § 205 S 1. Anschließend erfolgt die **Verteilung an** die **Massegläubiger.** Soweit ein **Überschuss** verbleibt, ist er **an** die **Insolvenzgläubiger** auszukehren. Dies ist unstreitig. Zu Unsicherheiten hat aber geführt, dass § 205 S 1 in seinem unmittelbaren Anwendungsbereich nur die Nachtragsverteilung zugunsten der Insolvenzgläubiger betrifft und für die Verteilung deshalb auf das Schlussverzeichnis abstellt, das sich selbst dann, wenn es erstellt sein sollte, gar nicht auf die Massegläubiger bezieht. Daher hat der Verwalter wie für die Verteilung an die Massegläubiger iR des § 209[70] auf seine **Arbeitspapiere** zurückzugreifen,[71] um die **Verteilungsordnung des § 209** umzusetzen. Da diese Arbeitspapiere aber nicht wie ein Schlussverzeichnis geprüft worden sind, bilden sie keine Grundlage für eine gesetzliche Bindung des Verwalters.[72]

25 Bleibt ein **Überschuss für die Insolvenzgläubiger**, bedarf es eines Schlussverzeichnisses. Ist ein solches bisher nicht vorhanden,[73] ist es vom Verwalter nachträglich zu erstellen.[74] Der Abhaltung eines Schlusstermins zur Prüfung bedarf es nicht. Vielmehr bewendet es bei der **Pflicht** des Verwalters, über die Nachtragsverteilung dem Insolvenzgericht **Rechnung zu legen,** § 211 III 2 iVm § 205 S 2.

---

65 Nerlich/Römermann/*Westphal* InsO[29] § 211 Rn 17; MünchKomm/*Hefermehl* InsO[4] § 211 Rn 21.
66 *Roth* FS Gaul (1997), S 573, 579.
67 *Lüke* Beil zu ZIP 22/2016, 52, 54.
68 *Markgraf/Hertelt* ZIP 2018, 1480, 1485.
69 *Eisolt* ZInsO 2014, 1095, 1097 f.
70 Dazu § 209 Rn 16.
71 *Kluth* ZInsO 2000, 179, 183; Nerlich/Römermann/*Westphal* InsO[29] § 211 Rn 18; *Kröpelin* Die massearme Insolvenz (2003), Rn 313.
72 *Walther* Das Verfahren bei Masseunzulänglichkeit nach den §§ 208 ff InsO (2005), S 268 f.
73 Siehe oben Rn 10.
74 MünchKomm/*Hefermehl* InsO[4] § 211 Rn 22; Kübler/Prütting/Bork/*Pape* InsO[9] § 211 Rn 17; FK/*Kießner* InsO[9] § 211 Rn 25; vgl auch *Walther* Das Verfahren bei Masseunzulänglichkeit nach den §§ 208 ff InsO (2005), S 268, der auch bei Massearmut die Erstellung eines Schlussverzeichnisses für zwingend hält.

§ 212 Einstellung wegen Wegfalls des Eröffnungsgrunds

[1]Das Insolvenzverfahren ist auf Antrag des Schuldners einzustellen, wenn gewährleistet ist, daß nach der Einstellung beim Schuldner weder Zahlungsunfähigkeit noch drohende Zahlungsunfähigkeit noch, soweit die Überschuldung Grund für die Eröffnung des Insolvenzverfahrens ist, Überschuldung vorliegt. [2]Der Antrag ist nur zulässig, wenn das Fehlen der Eröffnungsgründe glaubhaft gemacht wird.

Materialien

DiskE § 314; RefE § 314; RegE § 325 (BT-Drucks 12/2443, S 60, Begr S 221); Rechtsausschuss § 234 f (BT-Drucks 12/7302, S 86, Begr S 181).

Vorgängerregelung

§ 19 I Nr 4, 2. Alt GesO.

Literatur

Zu den §§ 212–214: *Arens* Fortsetzung einer GmbH nach Eröffnung des Insolvenzverfahrens im Wege der wirtschaftlichen Neugründung, GmbHR 2017, 449; *Fölsing* Letzter Ausweg: Verfahrenseinstellung gem. § 212 InsO, ZInsO 2016, 1506; *Haarmeyer* Die Einstellung des Insolvenzverfahrens nach § 213 InsO – ein verkannter „Königsweg", ZInsO 2009, 556; *Heitsch* Einstellung von Insolvenzverfahren gemäß § 213 InsO – Sanierungen in alternativem Gewand, ZInsO 2021, 2124; *Herzog* Die rechtlichen Voraussetzungen der Ausfallsklage wider die solidarisch haftenden einzelnen Genossenschafter. Einstellung oder Aufhebung des Konkurses, JW 1886, 53; *Jaeger* Aus der Praxis des Konkurs- und Vergleichsverfahrens. XI. Die Nichtigkeit der Sonderbegünstigung beim Zwangsvergleich, KuT 1935, 81; *Lauck* Vorzeitige Einstellung eines Insolvenzverfahrens gem § 213 InsO, InsbürO 2009, 131; *Möhlmann* Der Nachweis der Verfahrenseinstellung im neuen Insolvenzrecht, KTS 1998, 373; *Nöll* Das insolvenzrechtliche Stichtagsprinzip und die beschwerdegerichtliche Prüfung der materiellen Eröffnungsvoraussetzungen, ZInsO 2007, 249; *Pulte/Arend* Einstellungsantrag gemäß § 213 InsO versus Verwertung der Insolvenzmasse, ZInsO 2019, 592; *Schloßmann* Zur Auslegung der §§ 191, 192, 205 der Konkursordnung, KuT 1932, 107; *Schwarz/Brockmann* Die Einstellung des Insolvenzverfahrens mit Zustimmung der Gläubiger gem. § 213 InsO – Übertragbarkeit der Rechtsprechung des BGH zur unlauteren Herbeiführung eines Insolvenzplans durch Stimmenkäufe, ZInsO 2014, 1368; *Windel* An der Schnittstelle von gerichtlicher und außergerichtlicher Schuldenbereinigung, FS Spellenberg (2010), 131.

Übersicht

https://doi.org/10.1515/9783110343687-040

Alphabetische Übersicht

I. Einführung zu den §§ 212–214

1. Systematische Bedeutung

1 **Die §§ 212–214 bilden** ebenso wie die §§ 207–211 **einen** sachlich **zusammenhängenden Regelungskomplex** innerhalb des Dritten Abschnitts des Fünften Teils der InsO. Geregelt sind zwei Wege zur **Beendigung** eines Verfahrens, das sich **wegen Zweckerreichung oder Dispositionsaktes** erübrigt.[1] Die Kohärenz der Regelungen zeigt sich sowohl vor dem Hintergrund eines internationalen wie eines geschichtlichen Rechtsvergleichs. Ausländische Rechtsordnungen lassen vielfach statt oder neben dem sog Konkursverzicht der Gläubiger die Verfahrensbeendigung zu, wenn alle Gläubiger befriedigt (oder sichergestellt) sind[2] (vgl etwa § 123b II öIO). Dies war auch unter der Geltung der KO anerkannt[3] und ist selbst nach neuem Recht nicht ausgeschlossen.[4] § 212 erscheint vor diesem Hintergrund als Erleichterung für den Schuldner gegenüber der Einstellung gem § 213, weil er sich durch bloßen Nachweis, dass kein Eröffnungsgrund (mehr) gegeben ist, des Insolvenzverfahrens entledigen kann, statt alle Gläubiger überzeugen oder ersatzweise voll befriedigen zu müssen. Gleichwohl kommt dem Gläubigerinteresse entscheidendes Gewicht bei der Interpretation sowohl des § 212[5] wie des § 213[6] zu: Eine Einstellung des Insolvenzverfahrens ist ohne Zustimmung eines Gläubigers nach diesen beiden Vorschriften[7] nur angängig, wenn dieser Aussicht hat, *voll* befriedigt zu werden.

2. Entstehungsgeschichte

2 Die KO enthielt mit den §§ 202, 203 den heutigen §§ 213, 214 (weitgehend) entsprechende Regelungen. Dies wurde als Mangel angesehen und **§ 212 nach** dem **Vorbild des § 19 Nr 4, 2. Alt GesO** geschaffen.[8] Diese Neuregelung ist zu begrüßen, obwohl im Gesetzgebungsverfahren offenbar

---

1 S schon oben § 207 Rn 3.
2 Dazu Jaeger/Weber/*Jahr* KO[8] §§ 202, 203 Rn 12 ff.
3 Jaeger/*Weber* KO[8] §§ 202, 203 Rn 2.
4 Unten § 213 Rn 14.
5 Unten Rn 13, 14.
6 § 213 Rn 26 f.
7 Zur Konkurrenz durch einen Restrukturierungsplan gem §§ 2 ff StaRUG § 213 Rn 6.
8 Begr RegE § 325, BT-Drucks 12/2443, S 221.

übersehen worden ist, dass bereits unter der Geltung des § 202 KO[9] ein fehlender „Konkursverzicht" jedenfalls[10] durch Befriedigung des oder der widerstrebenden Gläubiger überwunden werden konnte.[11] Denn die neue Regelung ist insofern sachgerechter, als die Gläubigerinteressen mediatisiert werden, indem nicht unmittelbar auf die betroffenen Forderungen, sondern darauf abgestellt wird, ob ihre Berichtigung (weiterhin) gefährdet erscheint. Eben dies lässt sich nämlich durch einen Negativattest über die Eröffnungsgründe ausschließen, womit eine Rückkehr in den normalen Geschäftsbetrieb möglich wird. Die archaische Form der einseitigen Überwindung des Insolvenzverfahrens war demgegenüber nicht möglich, ohne alle Forderungen der auf einem amtlichen Verfahren bestehenden Gläubiger *ad hoc* zum Erlöschen zu bringen, was eine zusätzliche Belastung der Sanierungsbemühungen zur Folge haben musste.

Die §§ 213, 214 weichen in Einzelheiten von ihren Vorgängerregelungen ab,[12] sind bis auf eine Folgeänderung[13] zu der des dem heutigen § 212 zugrunde liegenden § 325 RegE im Gesetzgebungsverfahren der InsO[14] aber inhaltlich nicht mehr modifiziert worden. § 212 ist ausführlicher als der knappe § 19 I Nr 4, 2. Alt GesO, wonach das Verfahren auf Antrag einzustellen war, „wenn der Eröffnungsgrund (§ 1 I GesO) beseitigt ist". Vom Rechtsausschuss gestrichen wurde aber § 325 II RegE, wonach dann, wenn der Schuldner keine natürliche Person ist, auch jede am Schuldner beteiligte Person antragsberechtigt sein sollte. Die Begründung dieser Streichung mit der „Verfahrensvereinfachung"[15] trifft kaum den Kern der bis heute nachwirkenden Problematik. § 325 II RegE sollte zB der Muttergesellschaft eines insolventen Unternehmens die Möglichkeit geben, etwa durch eine Garantieerklärung gegenüber den Gläubigern den Eröffnungsgrund zu beseitigen.[16] MaW ging es um eine **Möglichkeit zur** verfahrensbegleitenden **außergerichtlichen Sanierung**, wie sie bei Konzern- und bei personalistischen Gesellschaften des Mittelstandes durchaus realistisch sein kann. Vor diesem Hintergrund hat das Gesetzgebungsverfahren den Blick auf eine zu § 202 KO anerkannte Funktion verstellt und zu grundsätzlichen Zweifeln geführt, ob § 212 (auch) die Möglichkeit zu einer außergerichtlichen Sanierung stärken soll.[17] 3

II. Der Einstellungsgrund des § 212

1. Funktionen des § 212

Es gibt keine allgemeine Möglichkeit, ein eröffnetes Insolvenzverfahren amtswegig zu beenden, 4
mag es auch in unzulässiger Weise[18] oder aufgrund zu pessimistischer Prognosen eingeleitet worden oder mag sein Zweck, die Gläubiger gemeinschaftlich zu befriedigen, mittlerweile entfallen sein. Der Normtext des § 212 verlangt entgegen der insofern missverständlichen Überschrift[19] nicht, dass der Eröffnungsgrund „weggefallen" ist. Es reicht, dass gewährleistet ist, dass keiner der in Satz 1 genannten Eröffnungsgründe „vorliegt". Daher entspricht es ganz herrschender und zutreffender Ansicht, dass für § 212 gleich gilt, ob ein **Eröffnungsgrund von An-**

9 Allg zur Genese Uhlenbruck/*Ries* InsO[15] § 212 Rn 1; MünchKomm/*Hefermehl* InsO[4] § 212 Rn 2 f.

10 *Kilger/Schmidt* InsG[17] § 202 KO Anm 2b bb, wollte gegen die damals hM schon zum alten Recht ein der GesO entsprechendes Ergebnis aus § 242 BGB ableiten.

11 Dazu soeben Rn 1.

12 Näher § 213 Rn 1, § 214 Rn 1.

13 Die Verweisung in § 326 III RegE auf den vom Rechtsausschuss gestrichenen § 325 II RegE wurde obsolet, Begr Rechtsausschuss, BT-Drucks 12/7302, S 181.

14 § 214 I 3 hat eine weitere Änderung durch das ESUG erfahren, § 214 Rn 1.

15 BT-Drucks 12/7302, S 181.

16 Begr RegE, BT-Drucks 12/2443, S 221.

17 Näher unten Rn 9 f.

18 LG Berlin KTS 1960, 126, 128; Jaeger/*Weber* KO[8] Einl §§ 202, 203.

19 Klarstellend HK/*Hölzle* InsO[10] § 212 Rn 2.

fang an gefehlt hat **oder später weggefallen** ist.[20] Die Fälle, in denen sich der Schuldner durch ein äußeres Ereignis – etwa eine ihm angefallene Erbschaft[21] – vollständig wirtschaftlich erholt, sind selten. Daher stehen die Fragen im Zentrum der Diskussion, wie weit die **Funktionen der Fehlerkorrektur und der Prognoseüberprüfung** reichen und ob sich aus der Berücksichtigungsmöglichkeit nachträglicher Besserungen der Vermögenslage geradezu eine **Sanierungsfunktion** herleiten lässt.

5 **a) Funktion der „Fehlerkorrektur".** Mängel des Eröffnungsbeschlusses und des ihm zugrunde liegenden Verfahrens können grundsätzlich ab seiner formellen Rechtskraft nicht mehr geltend gemacht werden.[22] Da § 212 aber (nur) voraussetzt, dass zum Zeitpunkt der Entscheidung über den Einstellungsantrag (§ 214 II 1) kein Eröffnungsgrund gegeben ist, dient die Vorschrift insoweit der Möglichkeit, einen Eröffnungsbeschluss zu korrigieren, der ohne Eröffnungsgrund ergangen ist. Ein Rechtsmittel gegen den Eröffnungsbeschluss gewährt § 212 gleichwohl nicht, weil das Insolvenzverfahren *ex nunc* beendet wird. Außerdem werden zwischenzeitlich eingetretene Verschlechterungen der Vermögenslage des Schuldners vollumfänglich berücksichtigt. Weil solche oft gerade infolge der Eröffnung eines Insolvenzverfahrens eintreten[23] und weil Betreibungs-, Behauptungs- und Beweislast im Verfahren gem §§ 212, 214 für den Schuldner ungünstiger sind als im Eröffnungsverfahren,[24] ist die **Statthaftigkeit eines Einstellungsantrages** zu verneinen, solange das Insolvenzverfahren noch nicht eröffnet ist[25] und das Fehlen eines Eröffnungsgrundes noch mit der sofortigen Beschwerde gem § 34 II geltend gemacht werden kann. Da diese nach der **Rspr** aber jedenfalls eine formelle Beschwer voraussetzt,[26] bliebe nur der Weg des § 212, wenn der Schuldner den Eröffnungsantrag selbst gestellt hat.[27] Die geschilderte Rechtsprechung soll der Verschleppung der Rechtsverfolgung durch obstinate Schuldner entgegenwirken. Sie dürfte aber in Gestalt eines Schuldners, der sich durch seinen Eigenantrag nur die Option auf Rechtsschuldbefreiung erhalten will, nachdem zuerst ein Gläubigerantrag gestellt war, den Falschen treffen.

6 Die früher wohl hM wollte im Beschwerdeverfahren gem § 34 II berücksichtigen, dass ein Eröffnungsgrund, der bei Erlass des Eröffnungsbeschlusses bestanden hatte, bis zur Entscheidung über die sofortige Beschwerde wieder entfallen war.[28] Der **BGH hat** demgegenüber die **Prüfung** der Eröffnungsvoraussetzungen einschließlich **des Eröffnungsgrundes** zwingend **auf** den **Zeitpunkt des Eröffnungsbeschlusses bezogen.**[29] Dem lag die praktisch sicherlich wahrscheinlichere Konstellation zugrunde, dass sich die **Vermögenslage** zwischenzeitlich **verschlechtert** hatte. Insoweit ist dem BGH darin zuzustimmen, dass der Schuldner nur dann in den Genuss effektiven Rechtsschutzes gegen die Verfahrenseröffnung kommt, wenn man es verhindert, dass sich das zu Unrecht eröffnete Verfahren seine Grundlage gleichsam nachträglich

20 HK/*Hölzle* InsO[10] § 212 Rn 2; Kübler/Prütting/Bork/*Pape* InsO[8] § 212 Rn 1; *Häsemeyer* InsR[4] Rn 7.74; MünchKomm/*Hefermehl* InsO[4] § 212 Rn 4; Uhlenbruck/*Ries* InsO[15] § 212 Rn 2; Nerlich/Römermann/*Westphal* InsO[29] § 212 Rn 3; FK/*Kießner* InsO[9] § 212 Rn 2 f; HambK/*Weitzmann* InsO[7] § 212 Rn 2; **aA** BK/*Martini* InsO[70] § 212 Rn 5.

21 So etwa bei BGH ZIP 2010, 1610 ff (IX. ZS), und BGH FamRZ 2013, 214 f (XII.ZS).

22 Jaeger/*Weber* KO[8] Einl §§ 202, 203; Jaeger/*Schilken* InsO § 34 Rn 39–44.

23 Eindrücklich BGHZ 169, 17, 22 f Rn 12 f.

24 Unten Rn 21.

25 Ins **unstr**, LG Stuttgart ZInsO 2019, 2172 ff Rn 27.

26 **AA** *Häsemeyer* InsR[4] Rn 7.55; Jaeger/*Schilken* InsO § 34 Rn 26.

27 So BGH ZIP 2007, 499 f [**zust** *Frind* EWiR 2007, 375 f]; OLG Stuttgart NZI 1999, 491, 492: AG Göttingen ZIP 2018, 2087, 2088; vgl auch Bay VerfGH v 7.8. 2019, Vf. 97-VI-13, Vf. 73-VI-17 – juris, Rn 74.

28 *Häsemeyer* InsR[4] Rn 7.55; Jaeger/*Schilken* InsO § 34 Rn 23; daran festhaltend *Nöll* ZInsO 2007, 249, 252 f.

29 BGH ZVI 2006, 564 f; BGHZ 169, 17, 25 Rn 19 = ZIP 2006, 1957 ff [**zust** *Bruns* EWiR 2007, 17 f] = ZInsO 2006, 1051 ff [**abl** *Nöll* ZInsO 2007, 249 ff] = NZI 2006, 693 ff [**diff**, iE aber **zust** *Frenzel/Schirrmeister* ebd, 696] = NJW 2006, 3553 ff [iE **zust** *Gundlach* ebd, 3556 f] = WuB VI A. § 16 InsO 1.07 [*Wagner*]; **zust** MünchKomm/*Hefermehl* InsO[4] § 212 Rn 4; zuvor schon LG Düsseldorf ZInsO 2002, 243, 244.

selbst schafft. Hat sich die **Vermögenslage** trotz der widrigen Umstände, die ein Insolvenz(eröffnungs)verfahren mit sich bringt, hingegen zwischenzeitlich **verbessert**, schlägt diese Rechtsprechung zum Nachteil des Schuldners aus.[30] Gerade das vom BGH beschworene Gebot effektiven Rechtsschutzes[31] erheischt daher eine **differenzierte Behandlung** von Verschlechterungen und Verbesserungen der Vermögenslage. Letztere können bis zum für den Erlass der Entscheidung über die sofortige Beschwerde (§ 6) maßgeblichen Zeitpunkt berücksichtigt werden. Im Rechtsbeschwerdezug (§ 7) bleibt neuer Tatsachenvortrag selbstverständlich ausgeschlossen. *In summa* ist dem Schuldner bei einem **Gläubigerantrag** zu raten, das Fehlen eines Eröffnungsgrundes zunächst mit der sofortigen Beschwerde geltend zu machen. Dafür spricht auch, dass sich der genaue Zeitpunkt, zu dem ein Eröffnungsgrund (nicht) gegeben war, oft nicht eindeutig wird präzisieren lassen. Für einen Antrag gem § 212 ist erst Raum, wenn über diese Beschwerde rechtskräftig befunden ist. Zu einem praktisch offenbar häufigen[32] Nebeneinander beider Verfahren sollte es eigentlich also nicht kommen.

Insolvenzrechtlich ist § 212 das Mittel, **Verfahren** wieder zu beenden, die **aufgrund von missbräuchlich Insolvenzanträgen** eröffnet worden sind.[33] Auch insoweit sollte tunlichst aber schon im Antragsverfahren Abhilfe geschaffen werden,[34] zumal **bei verbandsinternen Zwistigkeiten** die insolvenzrechtliche Lösung über die Antragsbefugnis mit dem Verbandsrecht verschnurt ist.[35] 7

b) Funktion der „Prognoseüberprüfung"? Sämtliche Eröffnungsgründe einschließlich desjenigen der Zahlungsunfähigkeit (§ 17)[36] beruhen (auch) auf Prognosen. Am deutlichsten wird dies bei den Eröffnungsgründen der drohenden Zahlungsunfähigkeit (§ 18) und der Überschuldung (§ 19). Daher könnte dem Verfahren gem § 212 die Funktion zugesprochen werden, diese Prognosen „zu überdenken".[37] Ganz abgesehen davon, dass es im eröffneten Insolvenzverfahren selten ohne weiteres zu nachhaltig positiven Prognosen kommen dürfte,[38] würde der Verfahrensverschleppung Vorschub geleistet, wenn man Einstellungsanträge allein aufgrund neuer Prognosen zulassen wollte.[39] Im Verein mit hinreichend substantiiertem Tatsachenvortrag und einem **Finanzplan** sind überarbeitete Prognosen aber zu berücksichtigen.[40] Dies kann schon deshalb nicht anders sein, weil es im Rahmen der §§ 212, 214 zu einer auf den Zeitpunkt der Entscheidung über den Einstellungsantrag bezogenen Prüfung der Eröffnungsgründe kommt, die die Prognoseelemente der §§ 17–19 notwendig mit umfasst. 8

c) Sanierungsfunktion? Offenbar unter dem Eindruck praktisch vorkommenden institutionellen Rechtsmissbrauchs hat man § 212 den Zweck abgesprochen, Sanierungsbemühungen des Schuldners dienen zu sollen.[41] Dies ist gerade vor dem Hintergrund der Entstehungsgeschichte der Norm nicht gerechtfertigt: § 212 ist eine Weiterentwicklung der schon zu § 202 KO gegebenen Möglichkeiten, sich als Schuldner unter Berücksichtigung der Interessen der 9

30 Insoweit übereinstimmend *Nöll, Frenzel/Schirrmeister* und *Gundlach*, jew aaO.
31 BGHZ 169, 17, 26 ff Rn 22 ff.
32 Beispiele: OLG Stuttgart NZI 1999, 491; OLG Naumburg ZInsO 2001, 810 (zudem ohne eindeutige Begehren); AG Hamburg ZIP 2006, 1688.
33 *Fölsing* ZInsO 2016, 1506, 1510.
34 *Hölzle* EWiR 2013, 589, 590.
35 Dazu näher unten Rn 20 f.
36 Jaeger/*Müller* InsO § 17 Rn 26 f.
37 Vgl *Möhlmann* KTS 1998, 373, 375.
38 Vgl Nerlich/Römermann/*Westphal* InsO[29] § 212 Rn 5; ähnlich Uhlenbruck/*Ries* InsO[15] § 212 Rn 2.
39 Kübler/Prütting/Bork/*Pape* InsO[8] § 212 Rn 6; BK/*Martini* InsO[70] § 212 Rn 3.
40 MünchKomm/*Hefermehl* InsO[4] § 212 Rn 6; K Schmidt/*Jungmann* InsO[19] § 212 Rn 15.
41 Kübler/Prütting/Bork/*Pape* InsO[8] § 212 Rn 8b.

Gläubiger eines Insolvenzverfahrens zu entledigen.[42] Damit bilden die §§ 212–214 eine der **Schnittstellen zwischen** dem amtlichen **Insolvenzverfahren und der** sog **außergerichtlichen Sanierung.**

10 Das Anliegen der Gegenansicht, Störungen des amtlichen Verfahrens zu unterbinden, ist freilich berechtigt. Ihm kann aber durch **Abstimmung der außergerichtlichen Sanierung mit dem Insolvenzverwalter** entsprochen werden.[43] Unter der Geltung des § 35 I besteht hierfür sogar anders als im früheren Recht ein gewisser faktischer Zwang, weil im Grundsatz **kein beschlagsfreies Vermögen** mehr gebildet werden kann. Auch **Treuhandmodelle**, die dies unterlaufen sollen, sind als unbeachtlich einzustufen, sofern das Treugut haftungsrechtlich bereits aus dem Vermögen des zuwendungsbereiten Dritten ausgeschieden und in das Vermögen des Schuldners übergegangen war. Daher führen außergerichtliche Sanierungsbemühungen entweder dazu, dass der Insolvenzverwalter die Verfügungsbefugnis über die neuen Mittel erlangt, oder dazu, dass die Zusagen der zuwendungsbereiten Dritten im Rahmen des Verfahrens gem §§ 212, 214 auf ihre Verlässlichkeit hin überprüft werden müssen. Im **Fall des § 35 II**[44] kann zwar beschlagsfreies Vermögen gebildet werden, aber der Gesamtvorgang sollte auch hier mit dem Insolvenzverwalter abgestimmt sein und erhält jedenfalls dann Züge, die eher einer „übertragenden"[45] denn einer außergerichtlichen Sanierung ähneln. Schließlich ist daran zu erinnern, dass **verbandsrechtliche Sanierungsbemühungen** wie insbesondere **Kapitaländerungen und Umwandlungen** praktisch ebenfalls eine Koordination von Insolvenzverfahren und verbandsinterner Willensbildung erfordern.[46] Vor allem aber ist die **Fortsetzung eines** durch Eröffnung des Insolvenzverfahrens **aufgelösten Verbandes** gem § 60 I Nr 4 GmbH;[47] § 274 II Nr 1 AktG;[48] § 144 I HGB gerade von einer Einstellung abhängig, die praktisch nur gem § 212[49] oder § 213 erfolgen kann.

11 **d) Keine Vorbereitung von Restschuldbefreiung.** Während für § 213 diskutiert wird, inwieweit das Verfahren mit einer sog vorzeitigen Erteilung von Restschuldbefreiung verknüpft werden kann,[50] besteht Einigkeit, dass sich eine Einstellung des Verfahrens gem § 212 und Restschuldbefreiung wechselseitig ausschließen.[51] Dies trifft zu, weil § 212 voraussetzt, dass kein Eröffnungsgrund gegeben ist, während Restschuldbefreiung nach dem System der InsO gerade nur auf der Grundlage eines Insolvenzverfahrens gewährt wird. Damit kommen weder eine Einstellung gem § 212 *wegen* Restschuldbefreiung noch eine Restschuldbefreiung *nach* einer Einstellung gem § 212 in Betracht. Allerdings können Tatsachen, die zu § 212 führen würden (etwa eine Erbschaft), für die Restschuldbefreiung relevant werden, selbst wenn kein Antrag gem § 212 gestellt wurde.[52]

---

42 Oben Rn 2.

43 Zur Höhe der Verwaltervergütung in diesen Fällen § 214 Rn 9.

44 Dazu *Berger* ZInsO 2008, 1101 ff; *Windel* Anm zu BAG AP Nr 1 zu § 35 InsO = AP Nr 1 zu § 295 InsO, jew mN.

45 Auf diese Parallele hat *Wischemeyer* ZInsO 2009, 937 ff, hingewiesen.

46 Einzelheiten bei Jaeger/*Windel* InsO § 80 Rn 76 ff, insb 93 ff, 102 f.

47 BGH ZIP 2015, 1533 f [**abl** *Muñoz/Gehrig* EWiR 2015, 567 f]; BGH ZIP 2020, 1124 Rn 14; KG ZIP 2017, 196 f; **aA** *Arens* GmbHR 2017, 449 ff.

48 K Schmidt/*Jungmann* InsO[19] § 212 Rn 21.

49 BGH ZIP 2015, 1533, 1534.

50 Dazu § 213 Rn 8.

51 BGH ZInsO 2014, 396 ff = NZI 2014, 229 ff; Kübler/Prütting/Bork/*Pape* InsO[8] § 212 Rn 20; Uhlenbruck/*Ries* InsO[15] § 212 Rn 4; MünchKomm/*Hefermehl* InsO[4] § 212 Rn 6.

52 BGH ZIP 2010, 1610 ff Rn 13–15.

2. Das Fehlen von Eröffnungsgründen

Das Insolvenzverfahren darf gem § 212 nur eingestellt werden, wenn überhaupt **kein Eröffnungsgrund** gegeben ist.[53] Darauf, ob derjenige Eröffnungsgrund fortbesteht, der dem Eröffnungsbeschluss zugrunde gelegen hat, kommt es nicht an.[54] Andernfalls würde nicht nur die Gefahr erhöht, dass im Rahmen außergerichtlicher Sanierungsbemühungen letztlich nur ein Eröffnungsgrund gegen einen anderen ausgetauscht wird. Die Fixierung auf den seinerzeit maßgeblichen Eröffnungsgrund wäre auch mit der Struktur des Insolvenzeröffnungsverfahrens nicht vereinbar, weil sich das Insolvenzgericht auf den liquidesten Eröffnungsgrund stützen darf und (bei Entscheidungsreife) muss und andere daneben nicht (weiter) zu prüfen braucht. Selbst nach Verfahrenseröffnung erst hervorgetretene Eröffnungsgründe stehen im Interesse der Insolvenzgläubiger einer Einstellung entgegen. Dies bildet keinen Widerspruch dazu, dass im Rahmen der sofortigen Beschwerde gem § 34 II nach dem Erlass des Eröffnungsbeschlusses eingetretene Verschlechterungen der Vermögenslage nicht mehr berücksichtigt werden dürfen.[55] Denn dem liegt das Gebot effektiven Rechtsschutzes für den Schuldner zugrunde, das nach formeller Rechtskraft des Eröffnungsbeschlusses keine Geltung mehr beanspruchen kann. Außerdem hätte sich vielleicht ein Insolvenzgläubiger entschlossen, wegen eines nachträglich hervorgetretenen Eröffnungsgrundes seinerseits einen Insolvenzantrag zu stellen, wenn nicht schon ein Verfahren geschwebt hätte. 12

Das Erkenntnisziel des § 212 besteht in der Feststellung, ob die **Gründe für ein Insolvenzverfahren nachhaltig überwunden** sind.[56] Dies ist nicht nur für die Darlegungslast des Schuldners und die Anforderungen der ihm obliegenden Glaubhaftmachung entscheidend,[57] sondern bereits im Rahmen der einzelnen Eröffnungsgründe zu berücksichtigen. 13

a) Keine Zahlungsunfähigkeit (§ 17). Am Eröffnungsgrund der Zahlungsunfähigkeit fehlt es (nur) dann, wenn die **Forderungen sämtlicher Gläubiger** gedeckt sind.[58] Die Befriedigung oder Sicherstellung allein der Forderung desjenigen Gläubigers, der seinerzeit den Insolvenzantrag gestellt hat, reicht nicht,[59] selbst wenn der Gläubiger zusätzlich eine (ihrerseits belanglose) „Erledigungserklärung" abgibt.[60] Auch **nachrangige Insolvenzforderungen** bis hin zu denjenigen des § 39 I Nr 5 müssen bedient werden können.[61] Ein (einfacher) **Rangrücktritt** der dort genannten Gläubiger[62] mit der Folge des § 39 II sollte angesichts des durch das MoMiG[63] angefügten § 19 II 2 aber im Rahmen der Prüfung der Zahlungsfähigkeit ausreichen. Auf das einschränkende Kriterium des § 17, die sog **Zahlungsstockung**, wird sich der Schuldner im Rahmen des § 212 kaum berufen können, um eine Einstellung des Verfahrens zu erreichen. Denn zwar dient die Zahlungsstockung im Rahmen des § 17 dazu, die Eröffnung von Verfahren zu verhin- 14

53 BGH NZI 2011, 20 f Rn 4; OLG Celle ZIP 2000, 1943, 1944 [insoweit **zust** *Ringstmeier* EWiR 2001, 31 f]; OLG Dresden DZWIR 2004, 476 f [*Steinecke* EWiR 2002, 489 f]; LG Göttingen ZIP 2009, 382, 383; AG Hamburg ZIP 2006, 1688, 1690; MünchKomm/*Hefermehl* InsO[4] § 212 Rn 6; Nerlich/Römermann/*Westphal* InsO[29] § 212 Rn 4 f; FK/*Kießner* InsO[9] § 212 Rn 5.

54 Noch offen gelassen von BGH ZInsO 2003, 216.

55 Dazu oben Rn 6.

56 MünchKomm/*Hefermehl* InsO[4] § 212 Rn 5.

57 Dazu unten Rn 21 f.

58 OLG Celle ZIP 2000, 1943, 1944; LG Potsdam ZInsO 2002, 778, 779 = DZWIR 2002, 437, 438; Kübler/Prütting/Bork/*Pape* InsO[8] § 212 Rn 8a; HambK/*Weitzmann* InsO[7] § 212 Rn 2, 4.

59 BGH ZVI 2006, 564 f.

60 Vgl LG Potsdam ZInsO 2002, 778 f = DZWIR 2002, 437 f (zum Beschwerdeverfahren gem § 34 II).

61 LG München I ZInsO 2001, 861, 863; **zust** MünchKomm/*Hefermehl* InsO[4] § 212 Rn 5 Fn 12.

62 Zum Erfordernis eines qualifizierten Rangrücktrittes für andere Gläubiger unten Rn 16.

63 G vom 23.10.2008, BGBl I, S 2026.

dern, die gem § 212 wieder eingestellt werden müssten.[64] Aber das Gericht wird sich kaum von einer nachhaltigen Erholung der Vermögenslage überzeugen lassen, wenn ein **reibungsloser Schuldendienst** von vornherein in Frage gestellt wird.

15 **b) Keine drohende Zahlungsunfähigkeit (§ 18).** Die **Schwelle für** eine **Einstellung** des Insolvenzverfahrens gem § 212 ist insbesondere deshalb außerordentlich **hoch,** weil auch der Eröffnungsgrund der drohenden Zahlungsunfähigkeit nicht gegeben sein darf.[65] Der Schuldner muss demzufolge durch einen den Prognosezeitraum von regelmäßig zwei Jahren (§ 18 II 2) abdeckenden **Finanzplan** dartun, dass und wie er künftig seine Verbindlichkeiten zu decken gedenkt.[66]

16 **c) Keine Überschuldung (§ 19).** Ähnlich scharf wie das vorgenannte Kriterium ist dasjenige für eine Einstellung gem § 212, dass keine Überschuldung gegeben sein darf. Es erfordert (auch unter der Geltung des § 19 II 1 in seiner durch das SanInsFoG modifizierten Fassung)[67] zunächst ebenfalls eine **positive zukunftsgerichtete Prognose** auf der Grundlage eines Finanzplanes.[68] Kommt Abhilfe nur durch Interzession Dritter wie Konzerngesellschaften,[69] (bisherige) Großgläubiger oder Kreditgeber in Betracht, reichen bloße Absichtserklärungen nicht zu.[70] Es bedarf vielmehr belastbarer Bürgschaften, Garantien, (harter[71]) Patronatserklärungen und dergleichen.[72] Wichtig ist, dass Kreditgeber und (potentiell) Regressberechtigte einen Rangrücktritt erklären.[73] Dieser Rangrücktritt bedarf der qualifizierten Form, dh er muss noch hinter den Rang des § 39 II zurückführen.[74] Aus § 19 II 2, wonach Forderungen auf Rückgewähr von Gesellschafterdarlehen und solchen wirtschaftlich entsprechenden Rechtshandlungen mit dem Rang des § 39 II nicht zu berücksichtigen sind, folgt für die hier[75] behandelten Zuwendungen nichts anderes. Im Gegenteil wird die allgemeine Regel durch den Ausnahmetatbestand eher bestätigt.

17 Im Übrigen ist die Überschuldung nach den auch sonst im Rahmen des § 19 geltenden Grundsätzen zu prüfen.[76] Bei positiver Fortführungsprognose sind also Fortführungs-, (nur) bei negativer Prognose Zerschlagungswerte anzusetzen. Die Bewertung ist *ad hoc* vorzunehmen. Durch das Insolvenzverfahren eingetretene **Wertverluste sind** also **zu berücksichtigen.**[77]

---

64 *Bork* ZIP 2008, 1749, 1753.

65 Dazu OLG Celle ZIP 2000, 1943, 1944 [insoweit **zust** *Ringstmeier* EWiR 2001, 31 f]; Kübler/Prütting/Bork/*Pape* InsO[8] § 212 Rn 5; MünchKomm/*Hefermehl* InsO[4] § 212 Rn 6; K Schmidt/*Jungmann* InsO[19] § 212 Rn 14 f.

66 AG Hamburg ZIP 2006, 1688, 1690; MünchKomm/*Hefermehl* InsO[4] § 212 Rn 6.

67 Art 5 Nr 11 des G zur Fortentwicklung des Sanierungs- und Insolvenzrechts v 22.12.2020 (BGBl I S 3256), dazu Begr RegE, BT-Drs 19/24181, S 196 f.

68 LG Göttingen ZIP 2009, 382, 383 f.

69 Zur Konzernverflechtung als Grundlage einer für § 212 relevanten außergerichtlichen Sanierung BK/*Martini* InsO[70] § 212 Rn 4.

70 OLG Celle ZIP 2000, 1943, 1944 [insoweit **zust** *Ringstmeier* EWiR 2001, 31 f]; LG München I ZInsO 2001, 861; BK/*Martini* InsO[70] § 212 Rn 8; Nerlich/Römermann/*Westphal* InsO[29] § 212 Rn 8.

71 BK/*Martini* InsO[70] § 212 Rn 4.

72 Nerlich/Römermann/*Westphal* InsO[29] § 212 Rn 7 f; *Möhlmann* KTS 1998, 373, 375.

73 OLG Celle ZIP 2000, 1943, 1944 [insoweit **zust** *Ringstmeier* EWiR 2001, 31 f]; K Schmidt/*Jungmann* InsO[19] § 212 Rn 19; *Möhlmann* KTS 1998, 373, 375.

74 OLG Dresden DZWIR 2004, 476 f [*Steinecke* EWiR 2002, 489 f].

75 Anders für die Zahlungsunfähigkeit, oben Rn 14.

76 BK/*Martini* InsO[70] § 212 Rn 8.

77 K Schmidt/*Jungmann* InsO[19] § 212 Rn 17.

III. Der Einstellungsantrag

1. Allgemeines

18 Der **Antrag** kann **als Verfahrenshandlung** schriftlich, mündlich zu Protokoll der Geschäftsstelle oder in einer Gläubigerversammlung gestellt werden. Er muss ausdrücklich erfolgen, „schlüssiges Verhalten“ reicht nicht.[78] Die **Rücknahme** des Antrags ist bis zur Wirksamkeit des Einstellungsbeschlusses möglich.[79]

2. Antragsberechtigung

19 **Antragsberechtigt ist** allein **der** Träger der **Schuldner**rolle.[80] Dritte wie Gesellschafter sind nicht antragsberechtigt,[81] nachdem § 325 II RegE, der dies vorgesehen hatte, vom Rechtsausschuss gestrichen worden ist.[82] **Bei Verbänden** verlangt die **hM** Anträge aller Vertretungsberechtigten; die allgemeine Vertretungsregelung wird also verschärft.[83] Diese offenbar der Furcht vor Störungen des Insolvenzverfahrens geschuldete Einschränkung[84] ist gesetzlich nicht vorgesehen und sachlich nicht gerechtfertigt.[85] Denn der Antrag ist glaubhaft zu machen, was gem § 15 II 1 auch zu einer Einzelberechtigung zur Stellung eines Antrags auf Eröffnung des Insolvenzverfahrens führt. Im eröffneten Verfahren reichen diese Maßstäbe ebenfalls zu, um verbandsinterne Streitigkeiten bewältigen und Verschleppungsabsichten unterbinden zu können.[86] Selbst für **persönlich haftende Gesellschafter** ist keine Einschränkung der allgemeinen Vertretungsregelung gerechtfertigt,[87] weil kein schützenswertes Interesse der anderen besteht, Mitgesellschafter in einem Insolvenzverfahren festzuhalten, dem nachweislich die Berechtigung fehlt.

20 Folgt man der hier vorgeschlagenen Lösung, bietet **§ 212 bei verbandsinternen Streitigkeiten** einen praktikablen Weg, noch nachträglich auf missbräuchliche Anträge zu reagieren, die im Eröffnungsverfahren „durchgerutscht“ sind.[88] Die **hM** ist demgegenüber auf verbandsrechtliche Lösungen beschränkt,[89] die aufgrund des internen Blockadepotentials nicht[90] oder nur schwer[91] umsetzbar sind.

---

78 Zu allem Uhlenbruck/*Ries* InsO[15] § 212 Rn 7.
79 Uhlenbruck/*Ries* InsO[15] § 212 Rn 7; BK/*Martini* InsO[70] § 212 Rn 7.
80 Zu Besonderheiten beim **Nachlassinsolvenzverfahren** Jaeger/*Windel* § 317 Rn 25.
81 OLG Naumburg ZInsO 2001, 810.
82 Begr, BT-Drucks 12/7302, S 181.
83 AG Hamburg ZIP 2006, 1688 f; Kübler/Prütting/Bork/*Pape* InsO[8] § 212 Rn 3 f; MünchKomm/*Hefermehl* InsO[4] § 212 Rn 7; BK/*Martini* InsO[70] § 212 Rn 6; Uhlenbruck/*Ries* InsO[15] § 212 Rn 5; HambK/*Weitzmann* InsO[7] § 212 Rn 3; Graf-Schlicker/*Riedel* InsO[5] § 212 Rn 2; K Schmidt/*Jungmann* InsO[19] § 212 Rn 6 f.
84 Vgl etwa AG Hamburg ZIP 2006, 1688, 1689.
85 **Zutr** HK/*Hölzle* InsO[10] § 212 Rn 3; *Fölsing* ZInsO 2016, 1506, 1508; **offenlassend** BGH ZIP 2016, 817 ff Rn 14 f.
86 Explizit **aA** AG Hamburg ZIP 2006, 1688, 1689.
87 Zur insoweit abw Lage bei § 213 dort Rn 11.
88 *Fölsing* ZInsO 2016, 1506, 108, 1510.
89 Bezeichnender Weise wurde die Entscheidung BGH ZIP 2016, 817 ff = ZInsO 2016, 906 ff = GmbHR 2016, 597 ff, trotz ihrer auch insolvenzrechtlichen Passagen meist rein gesellschaftsrechtlich analysiert (etwa von *Wolffsky*/*Wahl* EWiR 2016, 693 f, und *Wagner* GmbHR 2016, 591 f).
90 Fast schon resignierend *Fölsing*, Anm zu LG Frankfurt, NZI 2013, 749 f, ebd 750 f (Causa Suhrkamp).
91 So der Alternativvorschlag von *Hölzle* EWiR 2013, 589 f (**abl** zu LG Frankfurt ZIP 2013, 1831 ff – andere Entscheidung in der Causa Suhrkamp): Anweisung der Geschäftsführung zur Antragstellung durch Verbandsinnenprozess.

3. Betreibungs- und Darlegungslast sowie Glaubhaftmachung

21 Das Verfahren gem § 212 ist ein **Antragsverfahren** mit der Besonderheit, dass die **Einstellungsvoraussetzungen glaubhaft zu machen** sind.[92] Das Zwischenglied ist im Gesetz zwar nicht explizit ausgesprochen, ergibt sich aber notwendig aus der Beweisanforderung: Die Notwendigkeit zur Glaubhaftmachung ist nur sinnvoll, wenn dieser eine **qualifizierte Darlegungslast**[93] vorgeschaltet ist. Deshalb ist es konsequent, dass die Praxis Anträge, die nicht hinreichend substantiiert sind, als unzulässig verwirft, ohne sie zuvor gem § 214 I 1 öffentlich bekannt gemacht zu haben.[94] Der Untersuchungsgrundsatz des § 5 I gilt erst, wenn die Schwelle der Zulässigkeit überschritten ist, dh im Verfahren gem § 214.[95] Er aktualisiert sich dann darin, dass die glaubhaft gemachten Angaben des Schuldners voll zu überprüfen sind.[96]

22 Das Insolvenzgericht beurteilt, ob das Fehlen der Eröffnungsgründe glaubhaft gemacht ist.[97] Es gelten grundsätzlich die allgemein zu und praeter § 294 ZPO entwickelten Regeln.[98] Eine Versicherung an Eides statt wird dem Schuldner angesichts des Beweisthemas kaum einmal behilflich sein können. Außerdem sind die konkreten Umstände des Insolvenzverfahrens zu berücksichtigen, die als gerichtsbekannt unmittelbar zu berücksichtigen sind. Ist etwa eine Steuerprüfung noch nicht abgeschlossen, sind Zweifel am Vortrag des Schuldners angebracht.[99]

4. Qualifiziertes Rechtsschutzbedürfnis?

23 **Nach** ganz **hM** kann der **Einstellungsantrag mangels Rechtsschutzbedürfnisses unzulässig** sein.[100] Dieses einschränkenden Kriteriums bedarf es nicht, jedenfalls lassen sich die bisher unter diesem Stichwort diskutierten Problemlagen angemessener auf anderem Wege bewältigen: Kennt der Schuldner eingestandenermaßen nicht einmal den Umfang seiner Verbindlichkeiten,[101] so kommt er bereits seiner **Substantiierungslast** nicht nach.[102] Das Rechtsschutzbedürfnis braucht hier so wenig bemüht zu werden wie bei wiederholten Folgeanträgen gem § 212 ohne neuen Tatsachenvortrag.[103] Vielmehr steht deren Zulässigkeit richtiger Ansicht nach schon die **Rechtskraft des** den früheren Antrag zurückweisenden **Beschlusses** entgegen.[104] Letztens scheitert ein Antrag gem § 212, der vor der (formellen) Rechtskraft des Eröffnungsbeschlusses[105] gestellt wird, am Erfordernis der (allgemeinen) **Statthaftigkeit.**[106]

---

92 BGH NZI 2011, 20 f Rn 4.
93 Vgl auch AG Hamburg ZIP 2006, 1688, 1691, sowie Kübler/Prütting/Bork/*Pape* InsO[8] § 212 Rn 8a.
94 OLG Celle ZIP 2000, 1943, 1944 f [grds **zust** *Ringstmeier* EWiR 2001, 31 f]; LG München I ZInsO 2001, 861, 862 f; **zust** MünchKomm/*Hefermehl* InsO[4] § 212 Rn 10.
95 AG Hamburg ZIP 2006, 1688, 1690.
96 MünchKomm/*Hefermehl* InsO[4] § 212 Rn 12; Uhlenbruck/*Ries* InsO[15] § 212 Rn 9.
97 BGH ZInsO 2009, 1393, 1394.
98 **Allg Ans**, statt aller MünchKomm/*Hefermehl* InsO[4] § 212 Rn 10.
99 MünchKomm/*Hefermehl* InsO[4] § 212 Rn 5; K Schmidt/*Jungmann* InsO[19] § 212 Rn 19.
100 Uhlenbruck/*Ries* InsO[15] § 212 Rn 8; HambK/*Weitzmann* InsO[7] § 212 Rn 3, **einschr** jetzt MünchKomm/*Hefermehl* InsO[4] § 212 Rn 9 Fn 33.
101 Beispiel bei MünchKomm/*Hefermehl* InsO[4] § 212 Rn 9, nach dem tatsächlich vorgekommenen Fall OLG Celle ZIP 2000, 1943 ff.
102 Zuvor Rn 21.
103 Hierfür **aA** Kübler/Prütting/Bork/*Pape* InsO[8] § 212 Rn 8; BK/*Martini* InsO[70] § 212 Rn 9.
104 Zu Parallelproblemen oben § 207 Rn 109 ff.
105 So bei LG Stuttgart ZInsO 2019, 2172 ff.
106 Dazu oben Rn 5, 7.

IV. Das Verfahren nach Antragstellung

Ist der Antrag gem § 212 zulässig, bestimmt sich **das** weitere **gerichtliche Verfahren** nach § 214. Genügt der Antrag den qualifizierten Erfordernissen des § 212[107] dagegen nicht, ist er unmittelbar als unzulässig zu verwerfen. 24

Die Aufgaben und Kompetenzen des Insolvenzverwalters werden durch einen Antrag gem § 212 zunächst nicht berührt. Insbesondere ist er nicht gehalten, den Schuldner durch Informationen bei der Substantiierung zu unterstützen. Dies gilt im Grundsatz auch für den Bestand der zu deckenden Forderungen.[108] Berechtigt erscheint aber der Hinweis auf ein Informationsbedürfnis des Schuldners hinsichtlich des Bestandes der Masseverbindlichkeiten.[109] Darin liegt aber kein Problem des § 212, sondern des Verhältnisses zwischen Insolvenzverwalter und Schuldner im Allgemeinen.[110] Dieses Verhältnis lässt sich aber schwer in einer Weise verrechtlichen, die den Schuldner zu einer Art Geschäftsherrn des Verwalters befördert.[111] Deshalb dürfte praktisch wenig anderes helfen, als beiden Teilen zu einer im Sinne aller fruchtbaren Kooperation zu raten. 25

Kooperative Abstimmung ist auch erforderlich, wenn der Schuldner einen aussichtsreichen Antrag auf Einstellung des Verfahrens gem § 212 gestellt hat. Der Verwalter sollte dann etwa zugrundeliegenden außergerichtlichen Sanierungsbemühungen nicht durch Verwaltungs- und Verwertungsmaßnahmen die wirtschaftliche Basis entziehen. Am ehesten gelingt dies, wenn die außergerichtliche Sanierung von vornherein mit dem Verwalter abgestimmt ist.[112] Namentlich kann er seine Verwertungsmaßnahmen anpassen,[113] wenn er vom Antrag des Schuldners nicht überrascht wird. Die Kooperation sollte aber nicht so weit gehen, dass der Verwalter den Schuldner zur Führung massebezogener Verfahren rückermächtigt,[114] bevor Klarheit über die Einstellung besteht.[115] 26

---

107 Zuvor Rn 21.
108 **Ins zutr** OLG Celle ZIP 2000, 1943, 1945; Kübler/Prütting/Bork/*Pape* InsO[8] § 212 Rn 8a.
109 **Ins zw** OLG Celle ZIP 2000, 1943 ff [ins **krit** *Ringstmeier* EWiR 2001, 31 f].
110 Vgl auch *Ringstmeier* EWiR 2001, 31, 32.
111 Näher Jaeger/*Windel* InsO § 80 Rn 273.
112 Dazu schon oben Rn 10.
113 Dafür Graf-Schlicker/*Riedel* InsO[5] § 212 Rn 9.
114 So offenbar bei BFH ZIP 2020, 1675 ff.
115 Allg zur Problematik einer Rückermächtigung des Schuldners Jaeger/*Windel* InsO § 80 Rn 216 ff.

§ 213 Einstellung mit Zustimmung der Gläubiger

(1) [1]Das Insolvenzverfahren ist auf Antrag des Schuldners einzustellen, wenn er nach Ablauf der Anmeldefrist die Zustimmung aller Insolvenzgläubiger beibringt, die Forderungen angemeldet haben. [2]Bei Gläubigern, deren Forderungen vom Schuldner oder vom Insolvenzverwalter bestritten werden, und bei absonderungsberechtigten Gläubigern entscheidet das Insolvenzgericht nach freiem Ermessen, inwieweit es einer Zustimmung dieser Gläubiger oder einer Sicherheitsleistung gegenüber ihnen bedarf.

(2) Das Verfahren kann auf Antrag des Schuldners vor dem Ablauf der Anmeldefrist eingestellt werden, wenn außer den Gläubigern, deren Zustimmung der Schuldner beibringt, andere Gläubiger nicht bekannt sind.

Materialien

DiskE § 315; RefE § 315; RegE § 326 (BT-Drucks 12/2443, S 60 f, Begr S 221 f); Rechtsausschuss § 234 g (BT-Drucks 12/7302, S 87, Begr S 181).

Vorgängerregelungen

§ 202 KO (dazu Begr EGemeinschuldO Bd I S 179 ff; Begr EKO S 435 ff; KO-Prot S 115, 186); § 19 I Nr 4, 1. Alt GesO.

Literatur

S zu § 212.

Übersicht

Alphabetische Übersicht

https://doi.org/10.1515/9783110343687-041

I. Grundlagen des § 213

1. Entstehungsgeschichte

1 Die eigentliche Vorgängerregelung des § 213 bildet § 202 KO; § 19 I Nr 4, 1. Alt GesO war dem Stil dieses Gesetzes entsprechend äußerst knapp gefasst. Neben redaktionellen Änderungen weist die Neuregelung **zwei inhaltliche Abweichungen**[1] auf. *Zum einen* wurden **die Absonderungsberechtigten** in Abs 1 Satz 2 **einbezogen**, und zwar sowohl insofern, als sie nach Maßgabe des § 52 als Insolvenzgläubiger mit ihrer Ausfallforderung am Verfahren teilnehmen, als auch insofern, als ihnen der Schuldner nicht gleichzeitig persönlich haftet.[2] Diese Neuerung ist in den Materialien motiviert.[3] Soweit *zum anderen* aber in Abs 1 Satz 2 darauf abgestellt wird, ob angemeldete **Forderungen vom Schuldner** oder vom Verwalter **bestritten** wurden, fehlt jede Begründung. **Nach § 202 I 2 KO** war es auf die Feststellung der Forderung angekommen, die nach der insoweit gegenüber § 144 I KO unveränderten Regelung des § 178 I davon abhängt, ob vom Verwalter oder **von einem** konkurrierenden **Gläubiger bestritten** wurde. Nachdem die bisherige Regelung bis auf die Erweiterung auf die Absonderungsberechtigten unverändert übernommen werden sollte,[4] ist der Verdacht gut verständlich, dass es sich dabei um ein Redaktionsversehen handeln könnte.[5] Gleichwohl wird man den Wortlaut des Gesetzes zu akzeptieren haben.[6] § 213 I 2 enthält nämlich eine Relativierung des Prinzips der Einstimmigkeit des Verzichts auf die Durchführung des Insolvenzverfahrens, die ihrerseits bei Schaffung der KO damit begründet worden war, „die Berücksichtigung der streitigen Forderungen“ habe „in der Praxis zu Weiterungen und gerechten Klagen Anlass gegeben“.[7] Da § 213 eine Schnittstelle zwischen dem amtlichen Insolvenzverfahren und der außergerichtlichen Sanierung bildet,[8] dürften dahinter Versuche von (vermeintlichen) Gläubigern stehen, sich ihre Zustimmung (zu teuer) abkaufen zu lassen.[9] Am wirksamsten wirkt man dem entgegen, indem man ein geordnetes amtliches Verfahren durchführt, anstatt auf die Initiative der Beteiligten zu vertrauen. Daher erscheint es insgesamt weniger problematisch, dass der Widerspruch eines konkurrierenden Gläubigers im neuen Recht nicht mehr beachtlich ist, als dass ein Widerspruch des Schuldners die Möglichkeit einer Ermessensentscheidung eröffnet. Letzteres aber ist nach dem Wortlaut des § 213 I 2 nicht zu leugnen.

---

1 Kübler/Prütting/Bork/*Pape* InsO[1] § 213 Rn 1.
2 Einzelheiten unten Rn 28 ff.
3 Begr RegE, BT-Drucks 12/2443, S 221 f.
4 Begr RegE, BT-Drucks 12/2443, S 221.
5 So Nerlich/Römermann/*Westphal* InsO[29] § 213 Rn 1, 10.
6 Uhlenbruck/*Ries* InsO[15] § 213 Rn 10; *Haarmeyer* ZInsO 2009, 556, 558 zu und in Fn 12.
7 Begr EKO S 436.
8 Sogleich Rn 5 f.
9 Allg zur Problematik bestrittener Forderungen unten Rn 23 ff.

2 Im Gesetzgebungsverfahren wurde die Verweisung in § 326 III RegE auf den seinerseits vom Rechtsausschuss gestrichenen § 325 II RegE[10] hinfällig. Die Abs 1 und 2 des § 326 RegE sind unverändert übernommen worden.[11]

3 Nicht bedacht wurde im Gesetzgebungsverfahren, dass der neu geschaffene § 212 dem (§ 202 II KO entsprechenden) § 213 II praktisch den Normbereich entzieht. Grundlos eröffnete Insolvenzverfahren, der eigentliche Anwendungsbereich des § 213 II,[12] sind nämlich (schon) gem § 212 einzustellen, der § 213 vorgeht.[13] Es wäre daher wohl besser gewesen, den für sich problematischen § 213 II zu streichen.

4 Ersatzlos entfallen sind die früheren Sonderregelungen[14] für **Genossenschaften** und **Versicherungsvereine auf Gegenseitigkeit** zu § 202 II KO (heute § 213 II).[15]

2. Systematische Stellung

5 **a) Der Verzicht auf das Insolvenzverfahren als Schnittstelle zur außergerichtlichen Sanierung.** Der Verzicht der Gläubiger auf die Durchführung des Insolvenzverfahrens ist ein altes Rechtsinstitut (Konkurs- oder Gantverzicht). Es dürfte kaum einmal praktisch umgesetzt werden, weil die Insolvenzgläubiger das Verfahren als „unwesentlich" einstufen.[16] Vielmehr werden sie sich dann eher einer Beteiligung ganz enthalten. Illusionär erscheint auch die Hoffnung, dass die Insolvenzgläubiger ein Exempel statuieren und einem auf unklarer Legitimationsgrundlage geführten masseunzulänglichen Verfahren den Boden entziehen.[17] Die Macht dazu hätten sie, vorausgesetzt der Schuldner entschließt sich, einen Einstellungsantrag zu stellen. Die wesentliche systematische Bedeutung des § 213 liegt demgegenüber in der Möglichkeit, das förmliche Insolvenzverfahren einzustellen, wenn eine verfahrensbegleitende **außergerichtliche Sanierung** gelungen[18] ist.[19] Dies zeigt sich etwa daran, dass eine Gesellschaft nach einer Einstellung des Insolvenzverfahrens über ihr Vermögen gem § 213 nicht ohne vorherige Beiziehung der Insolvenzakten gem § 394 FamFG gelöscht werden darf.[20] Freilich gelten für § 213 als Schnittstelle zur freien außergerichtlichen Sanierung auch deren Grundsätze. Diese liegen zunächst darin, dass die **Gläubiger als singuli**[21] handeln und nicht in ihrer Verfasstheit als Mitglieder des Organs der Gläubigerversammlung. Daraus folgt als **Prinzip, dass alle zustimmen müssen.**[22] Mehrheitszwang, Überwindung von Obstruktion und dergleichen ist dem Verzicht auf das Insolvenzverfahren systemfremd.[23] Fremd ist der freien Sanierung und damit dem § 213 aber nicht nur die formell-verfahrensrechtliche Verbundenheit der Insolvenzgläubiger, sondern auch **die materiell-haftungsrechtliche Gleichbehandlung** der Insol-

---

10 Dazu § 212 Rn 3.

11 Begr Rechtsausschuss, BT-Drucks 12/7302, S 181.

12 Näher unten Rn 32.

13 Unten Rn 7.

14 Zu ihnen Jaeger/*Weber* KO[8] §§ 202, 203 Rn 6a.

15 MünchKomm/*Hefermehl* InsO[4] § 213 Rn 16; Uhlenbruck/*Ries* InsO[15] § 213 Rn 20; Nerlich/Römermann/*Westphal* InsO[29] § 213 Rn 26 f; *Haarmeyer* ZInsO 2009, 556, 557.

16 Darin sieht *Möhlmann* KTS 1998, 373, 376, einen möglichen Anwendungsfall.

17 Dazu schon oben § 207 Rn 3.

18 Nach BFH DStR 2020, 1247, 1250 Rn 30–33, kann im Steuerfestsetzungsverfahren bereits die Möglichkeit eines Schuldners relevant werden, einen Antrag gem § 213 zu stellen (in casu Feststellung eines Auflösungsgewinns).

19 Begr EKO S 435 f; *Jaeger* Lehrbuch[8], S 188; Jaeger/*Weber* KO[8] §§ 202, 203 Rn 2; MünchKomm/*Hefermehl* InsO[4] § 213 Rn 3; Nerlich/Römermann/*Westphal* InsO[29] § 213 Rn 2; *Möhlmann* KTS 1998, 373, 376.

20 OLG Düsseldorf ZIP 2017, 2072 ff [**zust** *Priebe* EWiR 2018, 13 f].

21 Anschaulich *Kohler* Lehrbuch des Konkursrechts (1891), S 505.

22 Vgl schon Begr EKO S 435 f; BGHZ 116, 319 ff; *Windel* FS Spellenberg (2010), 131, 139 f; *Jaffé* Kölner Schrift[3] S 747 f Rn 12 f; *Undritz* Kölner Schrift[3] S 939 Rn 17; **aA** *Habscheid* GS Bruns (1980), 253 ff; *Eidenmüller* Unternehmenssanierung zwischen Markt und Gesetz (1999), 608 ff; *ders* ZZP 121 (2008), 273, 279; *ders* ZIP 2010, 649, 659.

23 *Schwarz/Brockmann* ZInsO 2014, 1368, 1370 f.

venzgläubiger **gilt hier nicht.**[24] Vielmehr sind bis zur Grenze der allgemein-zivilrechtlichen Nichtigkeit und der Anfechtbarkeit außerhalb des Insolvenzverfahrens alle Bevorzugungen erlaubt. Mehr noch: Es gilt das weitere Prinzip, dass jeder Gläubiger auf **volle Befriedigung** bestehen kann. Eine Alternative dazu gibt die in § 213 I 2 ermöglichte **Sicherstellung des vollen Betrages** der Forderung.[25] **§ 213** weist keinen verkannten „Königsweg"[26] und **keine** „schnellere, leichtere und kostengünstigere **Alternative zum Insolvenzplanverfahren" – oder**, wie hinzuzufügen ist: **Schuldenbereinigungsplanverfahren** – „für Freiberufler und Verbraucher".[27] Die Vorschrift steht nicht in systematischem Zusammenhang mit den §§ 217 ff und den §§ 305 ff, die als **Institute der gerichtlichen Sanierung** gerade von den Prinzipien der Justizförmigkeit, des Mehrheitszwanges und der Gläubigergleichbehandlung geprägt sind. Insbesondere wird durch § 213 I 2 **kein gerichtliches Ermessen** eingeräumt, **um Widerstand** einzelner Gläubiger nach den Modellen des § 245 (Obstruktionsverbot) und § 309 (Ersetzung der Zustimmung) **niederzubrechen.**[28] Dazu fehlen die erforderlichen Verfahrensgarantien wie der materiell-haftungsrechtliche Maßstab einer „wirtschaftlich angemessenen" Quote für die Sicherheitsleistung.[29] Problematisch ist ferner das **Verhältnis** der verfahrensbegleitenden freien Sanierung **zur Insolvenzverwaltung**, und zwar in zweierlei Hinsicht: *Zum einen* fehlt ein geordneter Rahmen, um die Sanierung mit Verwertungshandlungen des Verwalters abzustimmen,[30] *zum anderen* macht die Festsetzung der Verwaltervergütung nach Höhe und Zeitpunkt vor dem Hintergrund des § 214 III Schwierigkeiten, wonach vor der Einstellung des Insolvenzverfahrens sämtliche Masseverbindlichkeiten zu berichtigen bzw sicherzustellen sind.[31]

Die schon bisher geringe praktische Bedeutung des § 213[32] dürfte für Unternehmensträger 6
weiter abnehmen, nachdem mit dem **StaRUG**[33] Instrumente zur (*vor*insolvenz*verfahrens*rechtlichen[34]) Stabilisierung und Restrukturierung geschaffen wurden. Namentlich der **Restrukturierungsplan** gem §§ 2 ff StaRUG hat gegenüber dem klassischen Konkursverzicht jedenfalls folgende Vorteile: *Erstens* kann das **Antragsverfahren** bei Gläubigeranträgen auf Eröffnung eines Insolvenzverfahrens **ausgesetzt** werden (§ 58 StaRUG), womit es erst gar nicht zu dem problematischen Nebeneinander von „freier" Sanierung und Insolvenzverfahren kommt. *Zweitens* **kann** der **Schuldner** im Rahmen seiner Sanierungsbemühungen zwar die einzubeziehenden **Gläubiger** in den Grenzen der §§ 4, 8 StaRUG wie bei einer gänzlich „freien" Sanierung **auswählen**, aber *drittens* steht der Weg zur gerichtlichen **Planbestätigung** gem §§ 60 ff StaRUG offen, für die Mehrheitszwang gilt (§§ 25 ff, 67 I 2 StaRUG). Die beiden letztgenannten Punkte lassen sich schlagwortartig als **partielle Gläubigerkollektivität** bezeichnen. *Viertens* – und wahrscheinlich wichtiger als man glauben möchte – sind **Bestellung**, Status (§§ 73 ff, 77 ff StaRUG) und nicht zuletzt Vergütung (§§ 80 ff StaRUG) **eines Restrukturierungsbeauftragten** geregelt. Auch wenn noch keineswegs ausgemacht scheint, dass das StaRUG die gänzlich freie *vor*insolvenzliche Sanierung verdrängen wird, dürfte nach Eröffnung eines Insolvenzverfahrens kaum einmal mehr eine gänzlich freie *außer*gerichtliche Sanierung unternommen werden.

---

24 *Jaeger* KuT 1935, 81, 83 (bei *Jaeger* KO$^{6/7}$ und Jaeger/*Weber* KO^{8}, jew §§ 202, 203 Rn 4, fälschlich auf 1936 datiert).

25 Begr EKO S 436; zur Gegenansicht unten Rn 27.

26 Vgl den Titel des Beitrags von *Haarmeyer* ZInsO 2009, 556. Gegen ihn K Schmidt/*Jungmann* InsO^{19} § 213 Rn 1 f.

27 So aber das Fazit des Beitrags von *Haarmeyer* ZInsO 2009, 556, 564, dem ein Gutachten zugrunde liegt (ebd, Fn zu S 556), das offenbar die Entscheidungen des LG Wuppertal ZInsO 2009, 1113 f (über die sofortige Beschwerde gegen den Einstellungsbeschluss) und des AG Wuppertal ZInsO 2009, 484 f (des Richters gem § 11 II RPflG) und 485 (des Rechtspflegers) geprägt hat. Im gleichen Sinne auch *Lauck* InsbürO 2009, 131 ff.

28 Die Parallele zieht *Haarmeyer* ZInsO 2009, 556 ff, bes 561 u 562.

29 Unten Rn 27.

30 Unten Rn 35.

31 Dazu § 214 Rn 5, 8.

32 MünchKomm/*Hefermehl* InsO^{4} § 213 Rn 3.

33 Art 1 des G zur Fortentwicklung des Sanierungs- und Insolvenzrechts v 22.12.2020 (BGBl I S 3256).

34 Die Problematik der Vorerstreckung des Insolvenzgrundes der drohenden Zahlungsunfähigkeit auf 24 Monate für InsO und StaRUG (§ 18 II 2 InsO, § 26 I StaRUG) muss hier außer Betracht bleiben.

7 **b) Verhältnis zu § 212. § 212 geht** im Rahmen seines Anwendungsbereiches dem **§ 213** systematisch **vor.**[35] Dies bedeutet, dass der Schuldner keine Zustimmungserklärungen der Gläubiger zu seinem Einstellungsantrag beizubringen braucht, wenn kein Eröffnungsgrund gegeben ist. Stattdessen muss er Letzteres glaubhaft machen. Der Vorrang des § 212 vor § 213 bedeutet aber nicht, dass die schon zu § 202 KO entwickelte Möglichkeit, ohne Zustimmung zur Verfahrenseinstellung zu gelangen, indem alle Forderungen zum Erlöschen gebracht werden,[36] unter der Geltung der InsO gegenstandslos geworden wäre.[37] Denn diese **Einstellung im Wege voller Abfindung** gilt allein hinsichtlich **der angemeldeten Forderungen**. Hinzu kommt, dass für eine Einstellung gem § 212 gar kein Eröffnungsgrund gegeben sein darf. Es kommt also durchaus häufig vor, dass nicht glaubhaft gemacht werden kann, dass alle Eröffnungsgründe entfallen sind. § 213 I bildet insoweit ganz ähnlich wie der frühere § 202 KO eine denkbare Alternative.[38]

8 **c) Verhältnis zur Restschuldbefreiung.** Das Verhältnis der Beendigung des Insolvenzverfahrens zur Erteilung der Restschuldbefreiung ist konzeptionell wenig geglückt: Ursprünglich sollte die Restschuldbefreiung an ein vollständig durchgeführtes und gem § 200[39] aufgehobenes Insolvenzverfahren anschließen.[40] Nachdem zunächst in der Respr des BGH[41] die **Möglichkeit einer** sog **vorzeitigen Restschuldbefreiung** entwickelt worden war, war *erstens* umstritten, ob Restschuldbefreiung entgegen dem bis heute unveränderten Wortlaut des § 289 (früher § 289 III a. F.) auch *nach* einer Einstellung gem § 213 erfolgen könne[42] und *zweitens*, ob das Restschuldbefreiungsverfahren analog § 213 beendet werden könne.[43] Nachdem die vorzeitige Restschuldbefreiung gesetzlich eingeführt und die Abs 2 und 3 des § 289 ersatzlos gestrichen worden waren,[44] stellte sich die Frage, inwieweit eine Einstellung des Insolvenzverfahrens gem § 213 statt seiner Aufhebung gem § 200 in Betracht kommt, wenn *zuvor*[45] bereits vorzeitig Restschuldbefreiung erteilt worden war.[46] Mittlerweile gilt Folgendes: **Eine Einstellung des Insolvenzverfahrens gem § 213 ist bei einer vorzeitigen Restschuldbefreiung** gem § 300 II 1[47] nicht nur möglich, sondern **der** gegenüber einer Aufhebung gem § 200 **vorzugswürdige Weg.**[48] Darauf, in welcher Reihenfolge beides erfolgt, sollte es nicht ankommen. Irrelevant ist auch, ob die Insolvenzforderungen voll befriedigt oder ganz oder teilweise[49] erlassen worden sind. Eine analoge Anwendung des § 213 auf das Restschuldbefreiungsverfahren kommt indessen nicht mehr in Betracht,

---

35 MünchKomm/*Hefermehl* InsO[4] § 213 Rn 1.
36 Näher unten Rn 14.
37 Dazu auch schon § 212 Rn 1.
38 Praxisbeispiele bei *Heitsch* ZInsO 2021, 2124 ff.
39 Ursprünglich ergänzt durch die mittlerweile ersatzlos weggefallenen § 289 II 2, 3 a. F.
40 BGH NZI 2014, 229 ff = ZInsO 2014, 396 ff Rn 10 ff.
41 BGH NZI 2005, 399, 400 f [**zust** *Ahrens* ebd, 401 ff] = ZInsO 2005, 597 ff [**zust** *Pape* ebd, 599 f] = VuR 2005, 310 ff [**zust** *Kothe* ebd, 312 ff] = BGHR 2005, 1014 f [**zust** *Winter* ebd, 1015 f] = WuB VI A. § 299 InsO 1.05 [diff *Vallender* ebd].
42 **Befürwortend** die Voraufl m umf Nw.
43 **Befürwortend** die Voraufl und als „vorzeitige Beendigung des Restschuldbefreiungsverfahrens" idS übernommen von **BGH** KTS 2012, 102 ff [*Klinck* ebd, 104 ff] = NZI 2011, 947 f Rn 6–8.
44 Durch G v 15.7.2013 (BGBl I S 2379) mWv 1.7.2014.
45 Dies ist mit dem Wortlaut des § 289 unschwer vereinbar.
46 Instruktiv *Blankenburg/Godzierz* ZInsO 2014, 1360, 1364 f.
47 IdF des G v 22.12.2020 (BGBl I S 3328) mWv 1.10.2020, inhaltlich entsprechend § 300 I 2 Nr 1 idF des G v 15.7.2013 (BGBl I S 2379) mWv 1.7.2014.
48 Jaeger/*Preuß* InsO § 300 Rn 39 mit § 286 Rn 15; *Blankenburg/Godzierz* ZInsO 2014, 1360, 1364 f; MünchKomm/*Hefermehl* InsO[4] § 213 Rn 18; K Schmidt/*Jungmann* InsO[19] § 213 Rn 3; **aA** K Schmidt/*Henning* InsO[19] § 300 nF Rn 10: Aufhebung.
49 So der Fall LG Berlin ZInsO 2009, 443 f.

nachdem der Gesetzgeber die zuvor bestehende Regelungslücke durch den (heutigen) § 300 II 1 geschlossen hat.[50]

II. Der Einstellungsantrag

1. § 213 als Antragsverfahren

Das Verfahren gem § 213 ist ein **Antragsverfahren.**[51] Nur der Schuldner kann eine Einstellung 9
nach § 213 erwirken. Auf Antrag des Verwalters oder eines Gläubigers oder von Amts wegen darf das Gericht eine Einstellung nicht beschließen. Selbst der Verfahrensverzicht aller Gläubiger erübrigt den Schuldnerantrag nicht. Das Argument der früher vertretenen Gegenansicht,[52] den Gläubigern könne am alsbaldigen Zugriff auf pfändbaren Neuerwerb des Schuldners (§ 14 KO) gelegen sein, hat seine Berechtigung vollends[53] verloren, seit dieser gem § 35 I in die Insolvenzmasse fällt. Im Übrigen ist die Ausgestaltung als Antragsverfahren deshalb konsequent, weil das Insolvenzverfahren als solches arg § 1 Satz 2 auch den Interessen des Schuldners dient. Im **Nachlassinsolvenzverfahren** beruhen die Interessen des Schuldners an einer Verfahrensfortführung auf § 2000 Satz 2 BGB. Qualifizierte Anforderungen an den Antrag des Schuldners bestehen im Gegensatz zum Insolvenzplanverfahren (§ 231 I Nr 2, II) nicht. Selbst die Flucht des Schuldners und sogar dessen Verurteilung wegen Insolvenzdelikten stehen der Zulässigkeit seines Antrags nicht entgegen, wenn die Zustimmung der Gläubiger dann auch wenig wahrscheinlich sein dürfte.

2. Antragsvoraussetzungen

Der Antrag kann in jeder Lage des Verfahrens von der wirksam erfolgten Eröffnung bis zur 10
Beendigung gestellt werden,[54] auch noch nach Einleitung eines Insolvenzplanverfahrens, auch noch nach Abhaltung des Schlusstermins, da die Einstellung auch dann noch Verfahrenshandlungen zu ersparen vermag. Der Schuldnerantrag ist schriftlich einzureichen oder zu Protokoll der Geschäftsstelle zu erklären, kann aber auch mündlich in der Gläubigerversammlung gestellt werden und setzt als Verfahrensantrag Prozessfähigkeit des persönlich handelnden Schuldners oder prozessordnungsgemäße Vertretung voraus.

3. Antragsbefugnis

Die hM[55] **verlangt** wie bei § 212[56] **bei Verbänden** unabhängig von der verbandsrechtlichen 11
Vertretungsstruktur, die die Gegenansicht[57] genügen lassen will, **Anträge aller Vertretungsberechtigter**. Richtiger Ansicht nach ist zu differenzieren: **Grundsätzlich gilt** die **verbandsinter-**

---

50 Dies übersieht FK/*Kießner* InsO^{9} § 213 Rn 23.
51 MünchKomm/*Hefermehl* InsO^{4} § 213 Rn 4.
52 *Kohler* Leitfaden des Deutschen Konkursrechts^{2} (1903), S 305.
53 Gegen *Kohler* schon *Jaeger* KO$^{6/7}$ und Jaeger/*Weber* KO^{8}, jew §§ 202, 203 Rn 1.
54 Kübler/Prütting/Bork/*Pape* InsO^{1} § 213 Rn 2; MünchKomm/*Hefermehl* InsO^{4} § 213 Rn 5; Uhlenbruck/*Ries* InsO^{15} § 213 Rn 4; BK/*Breutigam*^{9} InsO § 213 Rn 2; Nerlich/Römermann/*Westphal* InsO^{29} § 213 Rn 6.
55 Uhlenbruck/*Ries* InsO^{15} § 213 Rn 3; MünchKomm/*Hefermehl* InsO^{4} § 213 Rn 4; Nerlich/Römermann/*Westphal* InsO^{29} § 213 Rn 28; FK/*Kießner* InsO^{9} § 213 Rn 6; HambK/*Weitzmann* InsO^{7} § 213 Rn 2; Graf-Schlicker/*Riedel* InsO^{5} § 213 Rn 2; *Haarmeyer* ZInsO 2009, 556, 557; K Schmidt/*Jungmann* InsO^{19} § 213 Rn 5.
56 § 212 Rn 19.
57 OLG Dresden LZ 1925 Sp 495, 497; HK/*Hölzle* InsO^{10} § 213 Rn 3.

ne Vertretungsstruktur, die freilich Gesamtvertretung vorsehen kann, sofern nichts anderes bestimmt ist (vgl etwa § 269 III AktG[58]). In Abweichung von der verbandsrechtlichen Vertretungsregelung ist aber **zusätzlich der Antrag eines** jeden **persönlich haftenden Gesellschafters** erforderlich,[59] ohne dass es auf die Rechtsnatur des Verbandes ankäme.[60] Denn ein persönlich Haftender hat ein schützenswertes Interesse daran, dass das Verbandsvermögen in einem Insolvenzverfahren abgewickelt wird, solange ein Eröffnungsgrund gegeben ist. Die Dinge liegen insoweit also anders als bei § 212,[61] bei dem zunächst gerade glaubhaft gemacht und dann zur Überzeugung des Gerichts festgestellt wird, dass es an der Insolvenzreife fehlt.

12 Die gem § 326 III iVm § 325 II RegE vorgesehene Antragsbefugnis von Gesellschaftern ohne Vertretungsmacht wurde nicht in das Gesetz übernommen.[62] Folglich sind diese nicht legitimiert.[63]

III. Die Einstellung gem § 213 I

13 Die Einstellung gem § 213 I bildet im Gegensatz zu derjenigen gem § 213 II den Regelfall.

1. Zustimmung der Gläubiger, § 213 I 1

14 **a) Das Zustimmungserfordernis.** Die Zustimmung der Gläubiger zu der vom Schuldner beantragten Einstellung des Verfahrens hat dieser „beizubringen". Der maßgebliche Zweck des § 213, bei einer außergerichtlichen Regulierung des Schuldenstandes durch freiwilligen Vergleich oder Befriedigung die Möglichkeit der Beendigung des Verfahrens zu schaffen,[64] rechtfertigt einerseits das Erfordernis der Zustimmung grundsätzlich aller Gläubiger, andererseits ergibt sich aus ihm aber auch, dass sie nicht in jedem Falle notwendig ist, um die Einstellung auf Schuldnerantrag herbeizuführen. Wer voll befriedigt ist, hat aufgehört „Gläubiger" zu sein. Der Nachweis gänzlichen Erlöschens einer Forderung, besonders durch Erfüllung, Annahme an Erfüllungs statt (§ 364 BGB), Hinterlegung (§§ 378, 383 BGB), Aufrechnung (§ 389 BGB) oder Erlass (§ 397 BGB) erübrigt daher den Nachweis der Zustimmung.[65] Sind gar keine Gläubiger mehr da, dann bedarf es auch keiner Gläubigerzustimmung mehr. Allein auch dann bildet die vom Schuldner zu erwirkende Einstellung im Sinne der §§ 213 ff den gesetzlich gewiesenen Weg der Verfahrensbeendigung. Soweit Anmeldungen unterbleiben oder wirksam zurückgenommen werden, erübrigt sich gleichfalls die Zustimmung.[66] Der Ausschluss von Gläubigern, die das Insolvenzverfahren vielleicht übersehen haben, ist unter der Geltung der InsO unbedenklich,[67] weil ihnen im Gegensatz zum alten Recht die Möglichkeit zum Widerspruch gem § 214 I 3 verbleibt.[68]

---

58 (Nur) auf dessen Vorgängerregelung hatte *Jaeger* KO[6/7] §§ 207, 208 Rn 12, hingewiesen, auf den sich die hM zu Unrecht beruft.

59 Auch insoweit zutr schon *Jaeger* KO[6/7] §§ 209, 210 Rn 11 (zur OHG).

60 Dazu ausführlich Jaeger/*Windel* InsO § 80 Rn 104–106.

61 Siehe § 212 Rn 19.

62 Oben Rn 2.

63 Nerlich/Römermann/*Westphal* InsO[29] § 213 Rn 28.

64 Oben Rn 5.

65 Kübler/Prütting/Bork/*Pape* InsO[1] § 213 Rn 4; MünchKomm/*Hefermehl* InsO[4] § 213 Rn 7; Uhlenbruck/*Ries* InsO[15] § 213 Rn 5; s auch OLG Dresden LZ 1925 Sp 53 f (zum Widerspruchsrecht [heute § 214 I 3]).

66 Kübler/Prütting/Bork/*Pape* InsO[1] § 213 Rn 3; MünchKomm/*Hefermehl* InsO[4] § 213 Rn 7; Uhlenbruck/*Ries* InsO[15] § 213 Rn 5; Nerlich/Römermann/*Westphal* InsO[29] § 213 Rn 3; BK/*Breutigam*[9] InsO § 213 Rn 3; *Haarmeyer* ZInsO 2009, 556, 557.

67 BK/*Breutigam*[9] InsO § 213 Rn 15.

68 Dazu § 214 Rn 3.

b) Die Zustimmungserklärung. Die **Zustimmung** der Gläubiger ist ein Verzicht auf die Fortsetzung des Insolvenzverfahrens, nicht auf die Forderungen selbst[69] oder deren Beitreibung. Da sie nach Zweck und Inhalt auf die Beendigung des Verfahrens gerichtet ist, bildet sie – wie der Schuldnerantrag – eine **Prozesshandlung** und zwar eine einseitige. Ist sie auch in der Mehrzahl der Fälle das Ergebnis eines außergerichtlichen Vergleichs, so stellt sie doch selber keinen Vertrag dar, weder einen sachrechtlichen noch einen verfahrensrechtlichen. Deshalb liegt in den Zustimmungserklärungen keine unmittelbare Disposition über den Verfahrenszweck;[70] dieser wird vielmehr erst durch den Einstellungsbeschluss des Gerichts tangiert. Als Prozesshandlung kann der Verzicht schriftlich oder zu Protokoll der Geschäftsstelle des Gerichts erklärt, ersterenfalls unmittelbar vom Gläubiger eingereicht oder durch den Schuldner übermittelt werden. Als Prozesshandlung setzt er voraus, dass der Zustimmende prozessfähig oder prozessordnungsgemäß vertreten ist. Die Vertretungsmacht des gesetzlichen wie die des gewillkürten Vertreters muss das Gericht von Amts wegen nachprüfen (§ 5 I). Die schriftliche Verzichterklärung bedarf zwar keiner Beglaubigung, doch hat das Insolvenzgericht die Befugnis und in Zweifelsfällen die Pflicht, Ermittlungen über die Echtheit der Erklärung anzustellen (§ 5 I).[71] 15

Vom Beweggrund ist die Wirksamkeit des Verzichts unabhängig. **Bedingungen**, die den Erfolg der Verfahrensbeendigung in Frage stellen könnten, entziehen, da diese uneingeschränkt zu geschehen hat, dem Verzicht die Kraft.[72] Eine **Befristung** des Inhalts, dass die Wirksamkeit des Verzichts erlöschen solle, wenn die Einstellung bis zu einem bestimmten Tage nicht erfolgt sei, dürfte statthaft sein. In angemessener Ausdehnung ermöglicht auch eine solche Zeitschranke die Durchführung des Einstellungsverfahrens.[73] Der wirksam erklärte Verzicht ist mangels gegenteiliger Vorschrift unwiderruflich. **Willensmängel** (Irrtum, Täuschung, Drohung) können nicht durch Anfechtungserklärung, sondern jedenfalls im Wege des Widerspruchs geltend gemacht werden;[74] daneben auch mit der sofortigen Beschwerde,[75] wenn man richtiger Ansicht nach für diese auf eine formelle Beschwer verzichtet.[76] Außerdem steht es dem verzichtenden Gläubiger frei, hinterher die Eröffnung eines anderen, neuen Insolvenzverfahrens zu beantragen.[77] Für die Anwendung der §§ 119 ff, 142 f BGB ist kein Raum, weil der Verzicht weder ausschließlich noch gleichzeitig eine bürgerlich-rechtliche Willenserklärung darstellt. Unbeschadet der dogmatischen Frage, ob der Eröffnungsbeschluss ein Beschlagsrecht der Gläubiger an der Masse begründet,[78] liegt im Verzicht eines durch Bürgschaft gedeckten Gläubigers **nicht die Aufgabe einer Sicherheit im Sinne des § 776 BGB.**[79] Mitzureden hat der Bürge nämlich nur insoweit, als sich der Gläubiger am Verfahren nicht beteiligt. Dadurch allein, dass der Gläubiger der Einstellung zustimmt, werden dem Bürgen keineswegs Anmeldung und Widerspruch nach § 214 ermöglicht. 16

---

69 Uhlenbruck/*Ries* InsO[15] § 213 Rn 7; MünchKomm/*Hefermehl* InsO[4] § 213 Rn 6; Nerlich/Römermann/*Westphal* InsO[29] § 213 Rn 8; HambK/*Weitzmann* InsO[7] § 213 Rn 4.

70 **Verfehlt** *Pulte/Arend* ZInsO 2019, 592, 596 f.

71 BK/*Breutigam*[9] InsO § 213 Rn 6, sowie näher zur Reichweite des § 5 I unten Rn 24, 34.

72 Uhlenbruck/*Ries* InsO[15] § 213 Rn 7; MünchKomm/*Hefermehl* InsO[4] § 213 Rn 6; BK/*Breutigam*[9] InsO § 213 Rn 4; HK/*Hölzle* InsO[10] § 213 Rn 4; Nerlich/Römermann/*Westphal* InsO[29] § 213 Rn 8; **einschr** für bereits eingetretene Suspensivbedingungen *Marotzke* ZVI 2003, 309, 318 f.

73 Uhlenbruck/*Ries* InsO[15] § 213 Rn 7; MünchKomm/*Hefermehl* InsO[4] § 213 Rn 6; BK/*Breutigam*[9] InsO § 213 Rn 4; Nerlich/Römermann/*Westphal* InsO[29] § 213 Rn 8; HambK/*Weitzmann* InsO[7] § 213 Rn 4.

74 *Häsemeyer* InsR[4] Rn 7.75; BK/*Breutigam*[9] InsO § 213 Rn 4; Nerlich/Römermann/*Westphal* InsO[29] § 213 Rn 8, § 214 Rn 4, sowie die nachfolgend Zitierten.

75 Kübler/Prütting/Bork/*Pape* InsO[1] § 213 Rn 3; MünchKomm/*Hefermehl* InsO[4] § 213 Rn 6, § 214 Rn 8; Uhlenbruck/*Ries* InsO[15] § 213 Rn 7; HambK/*Weitzmann* InsO[7] § 213 Rn 4.

76 Dazu § 216 Rn 17.

77 § 215 Rn 22.

78 Dazu Jaeger/*Henckel* InsO § 35 Rn 3 f, in Auseinandersetzung mit *Jaeger*.

79 **Zutr** BK/*Breutigam*[9] InsO § 213 Rn 5.

17 **c) Die Zustimmungsberechtigung.** Die Einstellung gem § 213 I erfordert grundsätzlich die **Zustimmung aller Insolvenzgläubiger**, die sich bis zu einem bestimmten Zeitpunkt gemeldet haben. An der **Widersetzlichkeit** eines Einzigen scheitert der Einstellungsversuch. Sie ist **nur durch Befriedigung**, nicht auch durch Sicherheitsleistung **zu beseitigen** (Gegenschluss aus § 213 I 2). Dass die dem Verfahrensverzicht zugrunde liegende außergerichtliche Regelung des Schuldenstandes alle Beteiligten gleich behandelt habe, setzt der § 213 andererseits nicht voraus, wenn auch Irrtum und Täuschung als Mängel des Zustimmungswillens bedeutsam werden können. Da der Verzicht nicht durch Mehrheitsbeschluss erzwungen werden kann, ist selbst das Erkaufen der Zustimmung eines einzelnen Gläubigers nicht verboten.[80]

18 Das Gesetz geht davon aus, dass regelmäßig der **Ablauf der Anmeldefrist** (§ 28 I) abgewartet werden muss. Gläubiger, die sich auch dann noch nicht gemeldet haben, können nicht verlangen, dass das Verfahren allein um ihretwillen fortgesetzt werde. Eine Einstellung vor dem Ablauf der Anmeldefrist erscheint als Ausnahmefall und steht unter verschärften Erfordernissen. Der § 213 I 1 ist Mussvorschrift, der § 213 II Kannvorschrift. Entscheidend ist aber nicht, dass der Antrag vor Ablauf der Anmeldefrist gestellt wurde, sondern dass noch der Einstellungsbeschluss vor diesem Zeitpunkt ergeht. Es genügt daher den Erfordernissen des § 213 I, wenn beim Erlass des Einstellungsbeschlusses – wäre es auch erst in der Beschwerdeinstanz – die Anmeldefrist bereits verstrichen ist. Daraus ergibt sich umgekehrt aber die Zustimmungsberechtigung der Gläubiger, die sich bis dahin gemeldet haben, mögen sie die gesetzliche Frist zunächst auch versäumt haben.[81]

19 In jedem Falle bedarf es auch der Zustimmung von **Gläubigern mit betagten und bedingten Forderungen** gem §§ 41, 42.[82] **Nachrangige Gläubiger** (§ 39 I) müssen zustimmen[83] und sind vom Insolvenzgericht grundsätzlich,[84] nicht nur unter besonderen Voraussetzungen,[85] zur Anmeldung ihrer Forderungen aufzufordern (§ 174 III 1). Denn eine außergerichtliche Sanierung kann nur gelingen, wenn auch sie einbezogen werden. Sowohl ihre Zustimmung wie ihr Widerspruch sind aber auch dann wirksam, wenn sie zuvor nicht aufgefordert worden sind.[86] Das Gesagte gilt auch für Gläubiger, die einen **einfachen Rangrücktritt** gem § 39 II erklärt haben, sofern sie nicht zu der Gruppe des § 19 II 2 gehören.[87] Letztere sind ebenso zu behandeln wie diejenigen, die einen **qualifizierten Rangrücktritt** erklärt haben und damit von der Entscheidung über den weiteren Fortgang des Insolvenzverfahrens ausgeschlossen.

20 **Massegläubiger** sind durch § 214 III gesichert und haben deshalb kein Mitspracherecht über die Einstellung.[88] Auch mittelbar sind ihre Interessen nicht zu berücksichtigen, etwa indem der Insolvenzverwalter den Einstellungsbeschluss anfechten dürfte, weil er die Voraussetzungen des § 214 III in Gefahr sieht.[89] Behandelt man **Sozialplanforderungen und** Forderun-

80 *Jaeger* KuT 1935, 81, 83; Jaeger/*Weber* KO[8] §§ 202, 203 Rn 2, 4; *Kohler* Lehrbuch des Konkursrechts (1891), S 508; *Schwarz/Brockmann* ZInsO 2014, 1368 ff; vgl auch schon oben Rn 5.

81 HK/*Hölzle* InsO[10] § 213 Rn 5; Kübler/Prütting/Bork/*Pape* InsO[1] § 213 Rn 4; MünchKomm/*Hefermehl* InsO[4] § 213 Rn 7; BK/*Breutigam*[9] InsO § 213 Rn 9; HambK/*Weitzmann* InsO[7] § 213 Rn 3.

82 Kübler/Prütting/Bork/*Pape* InsO[1] § 213 Rn 4; MünchKomm/*Hefermehl* InsO[4] § 213 Rn 7; Uhlenbruck/*Ries* InsO[15] § 213 Rn 5.

83 **Zutr** HambK/*Weitzmann* InsO[7] § 213 Rn 4.

84 MünchKomm/*Hefermehl* InsO[4] § 213 Rn 7 Fn 18; Graf-Schlicker/*Riedel* § 213 Rn 4; Nerlich/Römermann/*Westphal* InsO[29] § 213 Rn 3; HambK/*Weitzmann* InsO[7] § 213 Rn 3.

85 So aber HK/*Hölzle* InsO[10] § 213 Rn 6; Uhlenbruck/*Ries* InsO[15] § 213 Rn 5; K Schmidt/*Jungmann* InsO[19] § 213 Rn 10.

86 **Zutr** Graf-Schlicker/*Riedel* InsO[5] § 214 Rn 5; FK/*Kießner* InsO[9] § 213 Rn 8; **aA** MünchKomm/*Hefermehl* InsO[4] § 214 Rn 7; HK-InsO[19]/*Hölzle* § 214 Rn 2 (**zutr noch** *Landfermann* 4. Aufl § 214 Rn 2).

87 Zur Parallele bei § 212 s dort Rn 14, 16.

88 MünchKomm/*Hefermehl* InsO[4] § 213 Rn 11; HK/*Hölzle* InsO[10] § 213 Rn 9; Uhlenbruck/*Ries* InsO[15] § 213 Rn 6; Nerlich/Römermann/*Westphal* InsO[29] § 213 Rn 5; FK/*Kießner* InsO[9] § 213 Rn 13.

89 **So aber** BK/*Breutigam*[9] InsO § 213 Rn 7, im Anschluss an die vor dem Hintergrund des § 216 obsolete Entscheidung OLG Celle ZIP 1981, 1113, 1114 = KTS 1982, 135, 136; gegen ihn **zutr** Uhlenbruck/*Ries* InsO[15] § 213 Rn 6.

gen auf **Nachteilsausgleich** (§ 113 BetrVG) als **unechte Masseverbindlichkeiten,**[90] so erhalten ihre Gläubiger die Teilnahmeberechtigungen der §§ 213 I 1; 214 I 3. Dies verstärkt im praktischen Ergebnis die ohnehin bestehende Erforderlichkeit, im Rahmen einer außergerichtlichen Sanierung einen Interessenausgleich mit dem Betriebsrat (§ 112 BetrVG) herbeizuführen.

Aussonderungsberechtigte sind als solche nicht in das Verfahren gem §§ 213, 214 einbezogen. Sichert das Aussonderungsrecht aber eine Insolvenzforderung, dürfen sie in ihrer Eigenschaft als Insolvenzgläubiger mitreden. Die Neuregelung des § 213 I 2, 2. Alt[91] gilt (wie alle anderen Reformen der Absonderungsrechte) für Aussonderungsberechtigte (leider) nicht. 21

2. Ermessensentscheidungen gem § 213 I 2

Gem § 213 I 2 entscheidet das Insolvenzgericht nach freiem, aber darum doch der Nachprüfung unterworfenem Ermessen,[92] ob es eine Zustimmung oder eine Sicherheitsleistung für geboten hält. Die **Vorschrift betrifft** mit ihren beiden Alternativen zwei völlig unterschiedliche Problemlagen, nämlich **in der ersten Alternative die Gefahr des institutionellen Rechtsmissbrauchs** (a), **in der zweiten die Implikationen der abgesonderten Befriedigung** (b). 22

a) Ermessensentscheidungen bei bestrittenen Forderungen. Das Prinzip der Freiwilligkeit, das die außergerichtliche Sanierung beherrscht, beruht nicht zuletzt darauf, dass die Alternative des amtlichen Insolvenzverfahrens zu Gebote steht. Übergeht man auch nur einen Zustimmungsberechtigten bei der Entscheidung über die Einstellung, wird die **Legitimationsgrundlage der außergerichtlichen Einigung** in Frage gestellt. Deshalb bringt die Neuerung des § 213 I 2 gegenüber § 202 I 2 KO die Gefahr mit sich, dass der Schuldner seine Möglichkeit zum Bestreiten von Forderungen nutzt, um sich im Rahmen der außergerichtlichen Einigung unlauter Vorteile zu verschaffen.[93] Andererseits würde ein Verzicht auf jede Kontrollmöglichkeit im Rahmen des § 213 in den Zustand vor Schaffung der KO zurückführen,[94] als umgekehrt (vermeintliche) Gläubiger ein Druckpotential hatten, um Vorteile im Rahmen der außergerichtlichen Sanierung zu erlangen,[95] die sie wegen der Justizförmigkeit des Forderungsfeststellungsverfahrens im Rahmen der amtlichen Gesamtvollstreckung nicht hätten erreichen können. Betrachtet man dieses Konfliktpotential isoliert, so wäre es wahrscheinlich das Sinnvollste, für § 213 I 2 allein auf das Bestreiten des Insolvenzverwalters abzustellen, der am ehesten berufen scheint, das Insolvenzverfahren gegenüber außergerichtlichen Konflikten zu schützen. Das Bestreiten eines konkurrierenden Gläubigers (wie nach § 202 I 2 KO) oder des Schuldners (wie nach § 213 I 2) für erheblich zu erklären, bringt hingegen automatisch die Gefahr mit sich, dass **außergerichtliche Konflikte in das Insolvenzverfahren hineingetragen** werden. Jedenfalls lässt sich festhalten, dass *erstens* **keine Veranlassung** gegeben ist, **§ 213 I 2 auf** das **Bestreiten durch** einen konkurrierenden **Mitgläubiger auszuweiten,**[96] und dass *zweitens* einem **Bestreiten durch** den **Insolvenzverwalter höheres Gewicht** beizumessen sein dürfte als einem solchen durch den Schuldner.[97] 23

---

90 Dazu § 208 Rn 15, § 209 Rn 12, 42 ff, sowie Jaeger/*Windel* InsO § 94 Rn 63.

91 Dazu sogleich Rn 28 ff.

92 Jaeger/*Weber* KO[8] §§ 202, 203 Rn 5.

93 Sehr **krit** zur Neuregelung deshalb Kübler/Prütting/Bork/*Pape* InsO[1] § 213 Rn 5 f; zum Problem auch MünchKomm/*Hefermehl* InsO[4] § 213 Rn 9.

94 Dazu oben Rn 1.

95 Auch zu dieser nach wie vor aktuellen Gefahr MünchKomm/*Hefermehl* InsO[4] § 213 Rn 9.

96 **So aber** Nerlich/Römermann/*Westphal* InsO[29] § 213 Rn 1 und 10; **zutr** gegen ihn Kübler/Prütting/Bork/*Pape* InsO[1] § 213 Rn 5; K Schmidt/*Jungmann* InsO[19] § 213 Rn 14; Uhlenbruck/*Ries* InsO[15] § 213 Rn 10; *Haarmeyer* ZInsO 2009, 556, 558 zu und in Fn 12.

97 Insoweit **zutr** *Haarmeyer* ZInsO 2009, 556, 562 f; *Lauck* InsbürO 2009, 131, 133.

24 Die **Neuregelung** ist nach Vorigem sachlich nicht geglückt. Sie ist aber auch **rechtstechnisch unvollkommen.** Das alte Recht, wonach es auf die Feststellung der Forderungen ankam, ermöglichte nämlich eine klare Trennung der **Kompetenzen zur Ermittlung** der für § 202 I 2 KO erforderlichen Tatsachen: Die Feststellung **des Bestehens der Forderung** blieb dem Prozessgericht überlassen (§ 146 KO, heute §§ 179 f), die Amtsermittlungspflicht des Insolvenzgerichts (§ 75 KO, heute § 5 I) bezog sich allein auf die das Insolvenzverfahren betreffenden Fragen[98] einschließlich derjenigen, ob eine Forderung – ihr Bestehen unterstellt – die Qualität einer Insolvenzforderung aufweisen würde.[99] Gleichwohl ergibt sich aus der Neufassung **nicht**, dass nun das **Insolvenzgericht gem § 5 I** zu befinden hätte.[100] **Vielmehr trägt** der **Schuldner** die **Darlegungslast sowie** letztlich auch die **Beweislast** dafür, dass eine angemeldete Forderung *nicht* besteht bzw wenigstens tatsächlich zweifelhaft ist.[101] Dies ergibt sich negativ daraus, dass eine Erstreckung der Amtsermittlungspflicht des § 5 I auf Fragen der materiellen Begründetheit eines Rechts systemwidrig wäre, positiv folgt es daraus, dass die Ermessensentscheidung des § 213 I 2 die Zustimmung des Gläubigers substituiert. Hat der Schuldner aber diese *beizubringen*, kann für die tatsächlichen Voraussetzungen von jener nichts anderes gelten.

25 Die Kognition des Gerichts bezieht sich zunächst darauf, ob die bestrittene Forderung besteht. Dies entspricht einer Entscheidung gem § 77 II 2.[102] Das „Ermessen" des Gerichts bezieht sich insoweit also auf eine **kursorische Prüfung.**[103] Deren **Tatsachengrundlage** bilden die Vorträge des Antragstellers, des Gläubigers sowie des Insolvenzverwalters, soweit (auch) er die Forderung bestreitet, in angemessenem Umfang auch Beweismittel.[104] Hat ein **Prüfungstermin** stattgefunden, sind dessen Ergebnisse als gerichtsbekannt verwertbar. Daher **sollte** dieser *in praxi* auch unter der Geltung des neuen Rechts **abgewartet werden**, obwohl die Feststellung der Forderung im Gegensatz zu § 202 I 2 KO formal keine Rolle mehr spielt. Andernfalls kann es zu doppeltem Prüfungsaufwand kommen.

26 Ergibt die kursorische Prüfung, dass die **Forderung** (wahrscheinlich) **nicht besteht**, stellt das Gericht fest, dass es keiner Zustimmung dieses Gläubigers bedarf.[105] Eine Sicherheitsleistung unterbleibt. **Besteht die Forderung** dagegen nach dem Ergebnis der kursorischen Prüfung, so **bildet** das Erfordernis der **Zustimmung die Regel.**[106] Nur dann, wenn verhindert werden muss, dass der Gläubiger seine Zustimmung „zu unlauterem Zwange gegen den Schuldner zu missbrauchen vermag",[107] ist auf **Sicherheitsleistung** zu erkennen. Deren **Art** wird vom Gericht bestimmt, das sich regelmäßig an den §§ 232 ff BGB orientieren wird. Der **Umfang** der Sicherheitsleistung ist ebenfalls vom Gericht festzulegen.[108] Die **Bezugsgröße** ist dasjenige, was dem Gläubiger bei der *außergerichtlichen* Schuldenbereinigung nach dem Ergebnis der kursorischen Prüfung zusteht, also grundsätzlich, dh wenn *dieser* Gläubiger keinen Teilverzicht erklärt

---

98 Beispielhaft klar OLG Frankfurt ZIP 1980, 175, 176.

99 Dazu Jaeger/*Weber* KO[8] §§ 202, 203 Rn 6.

100 **So aber** Kübler/Prütting/Bork/*Pape* InsO[1] § 213 Rn 6, der sich hierfür auf OLG Frankfurt ZIP 1980, 175, beruft. **Widersprüchlich** *Haarmeyer* ZInsO 2009, 556, 560 (die zitierte Entscheidung sei obsolet), gegen 564 (das Prozessgericht sei gem § 180 zur Feststellung berufen).

101 Gerade **umgekehrt** *Haarmeyer* ZInsO 2009, 556, 558 zu und in Fn 13: Ungeschriebene Voraussetzung des § 213 I 2 sei es, dass eine wenigstens zweifelhafte Forderung vorliege; fehle es daran, sei die Beteiligung des Gläubigers als unzulässig zurückzuweisen. Dafür fehlt jede gesetzliche Grundlage.

102 BK/*Breutigam*[9] InsO § 213 Rn 11; Uhlenbruck/*Ries* InsO[15] § 213 Rn 11.

103 Vgl Jaeger/*Gerhardt* InsO § 77 Rn 11 f.

104 Vgl zu § 77 Jaeger/*Gerhardt* InsO § 77 Rn 12.

105 Nicht dagegen wird seine Beteiligung als unzulässig zurückgewiesen, vgl aber *Haarmeyer* ZInsO 2009, 556, 558 zu und in Fn 12.

106 *Haarmeyer* ZInsO 2009, 556, 560.

107 So *Jaeger* KO[6/7] sowie Jaeger/*Weber* KO[8], jew §§ 202, 203 Rn 5; wie hier jetzt auch K Schmidt/*Jungmann* InsO[19] § 213 Rn 18; Uhlenbruck/*Ries* InsO[15] § 213 Rn 12.

108 Nerlich/Römermann/*Westphal* InsO[29] § 213 Rn 19.

hat, der volle Betrag seiner Forderung.[109] Eines umfassenden wirtschaftlichen Prognosevergleichs bedarf es folglich nicht.[110]

Die **Gegenansicht**[111] sieht in § 213 I 2 dagegen ein **Auswahlermessen** eröffnet, das sich an den wirtschaftlichen Vorteilen zu orientieren habe, die der Gläubiger aus einem durchgeführten Insolvenzverfahren zu erwarten hat. Die Sicherheitsleistung beziehe sich der **Höhe nach** also nur auf eine wenn auch „erhebliche"[112] Besserstellung gegenüber **der zu erwartenden Quote.**[113] § 213 I 2 wird damit im Sinne der §§ 245, 309 instrumentalisiert.[114] Die Einstellung des Insolvenzverfahrens wird so zu einem weiteren Mittel der gerichtlichen Schuldenbereinigung, das Auswahlermessen letztlich nicht auf die Individualinteressen des zustimmungsunwilligen Gläubigers, sondern auch die Zweckmäßigkeit der Sanierung als solcher bezogen. Dies ist nicht nur ohne jeden Anhalt im Gesetz, dem fehlen auch die erforderlichen verfahrensrechtlichen Sicherungen. Denn die bei Abschluss des Insolvenzverfahrens zu **erwartende Quote lässt sich** nicht mit rechnerischer Genauigkeit feststellen, sondern **nur prognostizieren.** Eine tragfähige Prognose kann aber weder durch Amtsermittlung gem § 5 I[115] noch im Wege der **Glaubhaftmachung durch den Schuldner** gem § 294 ZPO erfolgen,[116] sondern setzt ein geordnetes (Reorganisations-, Insolvenz- bzw Schuldenbereinigungs-)Planverfahren voraus. Daran fehlt es bei außergerichtlichen Sanierungsbemühungen. 27

b) Ermessensentscheidungen gegenüber Absonderungsberechtigten. Die Erweiterung der Ermessensentscheidung des § 213 I 2 gegenüber § 202 I 2 KO auf **Absonderungsrechte** erlaubt eine **Orientierung am** wirtschaftlichen **Interesse** des Berechtigten **an einer Verwertung** im Rahmen des Insolvenzverfahrens. Die Regelung gilt sowohl für absonderungsberechtigte Insolvenzgläubiger wie für Absonderungsberechtigte, denen der Schuldner nicht persönlich haftet,[117] und steht in Zusammenhang mit der Einbeziehung von Sicherungsrechten in die Verwertung durch den Insolvenzverwalter gem §§ 165 ff.[118] 28

Ist der **Absonderungsberechtigte zugleich Insolvenzgläubiger**, nimmt er in letztgenannter Eigenschaft am Insolvenzverfahren teil und ist folglich an sich auch **zustimmungsbefugt** gem § 213 I 1.[119] Die **Ermessensentscheidung bezieht sich auf** diese Teilnahmebefugnis,[120] die sich gem § 52 auf den Ausfall bei der Verwertung des Sicherungsrechts beschränkt. Neu ist insoweit nur, dass **die Ausfallforderung** nicht mehr bestritten zu sein braucht. Bei bestrittener Ausfallforderung konnte schon nach altem Recht eine Ermessensentscheidung ergehen.[121] Nachdem § 213 I 2 gerade auch das wirtschaftliche Interesse des Absonderungsberechtigten an einer Verwertung durch den Insolvenzverwalter schützen soll, ist für den **Umfang der** allfälli- 29

109 Begr EKO S 436, sowie schon oben Rn 5.
110 **Zutr** K Schmidt/*Jungmann* InsO[19] § 123 Rn 18; Uhlenbruck/*Ries* InsO[15] § 213 Rn 18.
111 *Haarmeyer* ZInsO 2009, 556 ff; LG Wuppertal ZInsO 2009, 1113 f; AG Wuppertal ZInsO 2009, 484 f und 485 ff.
112 *Haarmeyer* ZInsO 2009, 556, 563 zu und in Fn 33.
113 *Haarmeyer* ZInsO 2009, 556, 557 f, 561 f.
114 Vgl *Haarmeyer* ZInsO 2009, 556, 561 f.
115 Dies konzediert auch *Haarmeyer* ZInsO 2009, 556, 564.
116 Dafür aber *Haarmeyer* ZInsO 2009, 556, 561 f.
117 Begr RegE § 326, BT-Drucks 12/2443, S 221 f; HK/*Hölzle* InsO[10] § 213 Rn 8; Kübler/Prütting/Bork/*Pape* InsO[1] § 213 Rn 7; MünchKomm/*Hefermehl* InsO[4] § 213 Rn 10; Nerlich/Römermann/*Westphal* InsO[29] § 213 Rn 4; BK/*Breutigam*[9] InsO § 213 Rn 12; FK/*Kießner* InsO[9] § 213 Rn 10 ff; *Haarmeyer* ZInsO 2009, 556, 563; K Schmidt/*Jungmann* InsO[19] § 213 Rn 15 f.
118 **Relativierend** Uhlenbruck/*Ries* InsO[15] § 213 Rn 14: Eigentlich setzte das dokumentierte Bereitschaft des Verwalters zur Verwertung voraus.
119 Jaeger/*Weber* KO[8] §§ 202, 203 Rn 4.
120 **AA** K Schmidt/*Jungmann* InsO[19] § 213 Rn 15.
121 Nicht ganz zutr daher BK/*Breutigam*[9] InsO § 213 Rn 12, der der Neuerung (insoweit) nur eher klarstellende Bedeutung beimisst.

gen **Sicherheitsleistung** nicht nur maßgeblich, ob überhaupt ein Ausfall zu erwarten ist, sondern auch, inwieweit dieser bei einer individuellen Verwertung höher ausfallen würde. Die so ermittelte **Ausfallforderung** ist **zum Nennwert** sicherzustellen, nicht nur in Höhe einer zu erwartenden Quote. Denn den vollen Betrag darf der Gläubiger bei einer außergerichtlichen Sanierung verlangen.[122]

30 Ist der **Absonderungsberechtigte nicht** zugleich **Insolvenzgläubiger**, fehlt ihm die Zustimmungsbefugnis gem § 213 I 1.[123] § 213 I 2 bietet folglich die Möglichkeit, ihn entweder mit in den Verfahrensverzicht einzubeziehen oder ihn wenigstens sicherzustellen. Eine vollwertige Beteiligung am Verfahren gem §§ 213, 214 ist damit nicht verbunden, weil selbst aus einer Einbeziehung durch das Gericht **kein Widerspruchsrecht** gem § 214 I 3 folgt.[124] Der **Umfang der** allfälligen **Sicherheitsleistung** kann sich mangels persönlicher Haftung des Schuldners nicht auf einen Ausfall bei der Verwertung der Sicherheit beziehen. Maßgeblich ist vielmehr allein der **Betrag, um den** eine **individuelle Verwertung** durch den Absonderungsberechtigten selbst **ungünstiger ist** als eine solche durch den Insolvenzverwalter, dieser aber wiederum zum Nennwert.[125]

31 **c) Rechtsbehelfe. Ein** selbständiges **Rechtsmittel** gegen eine Ermessensentscheidung gem § 213 I 2 **findet nicht statt.**[126] Hat jedoch – wie üblich – der Rechtspfleger entschieden,[127] ist die **Erinnerung** gem § 11 II RPflG an den Richter statthaft.[128] Im Übrigen kann im weiteren Verfahren gem § 214 I 3 **Widerspruch** erhoben und die endliche Einstellung bzw deren Ablehnung gem § 216 mit der sofortigen Beschwerde[129] angefochten werden.

IV. Die Einstellung gem § 213 II

32 **§ 213 II** entspricht § 202 II KO, der vor allem die Funktion hatte, die Einstellung eines Konkursverfahrens zu ermöglichen, wenn sich bald nach Eintritt der Rechtskraft des Eröffnungsbeschlusses zeigt, dass ein Konkursgrund von vornherein gefehlt hat oder bereits wieder beseitigt worden ist.[130] Diese Funktion hat heute § 212, der dem § 213 vorgeht.[131] Damit ist **kaum** noch **ein Anwendungsbereich** für § 213 II vorstellbar,[132] zumal schon § 202 II KO in den Vorbearbeitungen als „Ausnahmefall" bezeichnet worden ist.[133] Die Praxis sollte von Ermessensentscheidungen gem § 213 II daher tunlichst absehen und den Ablauf der Anmeldefrist abwarten.

33 Der **Ausnahmefall** des Abs 2 unterliegt gegenüber dem Regelfall des Abs 1 einer zweifachen Verschärfung. *Zum einen* muss der Verzicht von allen dem Insolvenzgericht bekannten Gläubigern ausgehen, ohne Unterschied zwischen angemeldeten und nicht angemeldeten. Die Kenntnis schöpft das Gericht nicht nur aus den Anmeldungen, sondern namentlich auch aus dem

122 S schon oben Rn 5 sowie Rn 26.
123 Jaeger/*Weber* KO[8] §§ 202, 203 Rn 4.
124 Uhlenbruck/*Ries* InsO[15] § 214 Rn 5; MünchKomm/*Hefermehl* InsO[4] § 214 Rn 7; Nerlich/Römermann/*Westphal* InsO (29. Lfg) § 214 Rn 5; K Schmidt/*Jungmann* InsO[19] § 214 Rn 6.
125 Zuvor Rn 29.
126 MünchKomm/*Hefermehl* InsO[4] § 213 Rn 8; Nerlich/Römermann/*Westphal* InsO[29] § 213 Rn 19; Uhlenbruck/*Ries* InsO[15] § 213 Rn 11.
127 Beispiel: AG Wuppertal ZInsO 2009, 485 ff.
128 Beispiel: AG Wuppertal ZInsO 2009, 484 f.
129 Beispiel: LG Wuppertal ZInsO 2009, 1113 f.
130 Jaeger/*Weber* KO[8] §§ 202, 203 Rn 6.
131 Dazu oben Rn 7.
132 MünchKomm/*Hefermehl* InsO[4] § 213 Rn 13; Nerlich/Römermann/*Westphal* InsO[29] § 213 Rn 21; ähnlich HK/*Hölzle* InsO[10] § 213 Rn 10; K Schmidt/*Jungmann* InsO[19] § 213 Rn 22; Uhlenbruck/*Ries* InsO[15] § 213 Rn 15.
133 Jaeger/*Weber* KO[8] §§ 202, 203 Rn 6.

Gläubigerverzeichnis, aus den Büchern des Schuldners, aus dem Inventar oder sonstigen Angaben des Verwalters und aus dem Ergebnis der Verhandlungen.[134] *Zum anderen* ist in diesem Falle immer die Zustimmungserklärung der bekannten Gläubiger notwendig; das Gericht darf nicht statt der Zustimmung die Sicherstellung eines Gläubigers genügen lassen.[135] Das ergibt sich deutlich aus der Fassung des Gesetzes und rechtfertigt sich aus den Bedenken, die jedem vorzeitigen Verfahrensverzicht entgegenstehen.

V. Das Verfahren nach Antragstellung

Wird ein Antrag gem § 213[136] gestellt, geht das Verfahren nicht ohne Weiteres in dasjenige gem § 214 über. Vielmehr sind die **Voraussetzungen des § 213 von Amts wegen zu prüfen** (§ 5 I), soweit sie das Verfahren[137] betreffen.[138] Dies betrifft namentlich die Wirksamkeit des Antrages und der beigebrachten Zustimmungserklärungen, die Anmeldung der Forderungen[139] und die Leistung angeordneter Sicherheiten.[140] Fehlt es an einer dieser Voraussetzungen, ist der **Antrag als unzulässig zu verwerfen.** Ein erneuter Antrag gem § 213 ist dann nur bei veränderter Sachlage (insbesondere ergänzenden Zustimmungen) zulässig.[141] Ist der Antrag hingegen zulässig, erfolgt seine Bekanntmachung gem § 214 I 1. 34

Die **Verwaltungs- und Verwertungskompetenzen des Insolvenzverwalters** werden durch einen (zulässigen) Antrag nicht tangiert.[142] Dieser bleibt folglich im Innen- wie im Außenverhältnis[143] voll handlungsbefugt. Es ist aber sinnvoll, außergerichtliche Sanierungsbemühungen mit ihm abzustimmen.[144] 35

134 Begr EKO S 436; Jaeger/*Weber* KO[8] §§ 202, 203 Rn 6; MünchKomm/*Hefermehl* InsO[4] § 213 Rn 14; K Schmidt/*Jungmann* InsO[19] § 213 Rn 22; Uhlenbruck/*Ries* InsO[15] § 213 Rn 15; Nerlich/Römermann/*Westphal* InsO[29] § 213 Rn 22.
135 MünchKomm/*Hefermehl* InsO[4] § 213 Rn 14; Nerlich/Römermann/*Westphal* InsO[29] § 213 Rn 24; Uhlenbruck/*Ries* InsO[15] § 213 Rn 15.
136 Zur entsprechenden Lage bei § 212 dort Rn 21.
137 Zum Bestehen einer streitigen Forderung oben Rn 24.
138 Nach wie vor **zutr** OLG Frankfurt ZIP 1980, 175, 176; Uhlenbruck/*Ries* InsO[15] § 214 Rn 2; **aA** *Haarmeyer* ZInsO 2009, 556, 560 Fn 23.
139 OLG Frankfurt ZIP 1980, 175, 176.
140 Jaeger/*Weber* KO[8] §§ 202, 203 Rn 7.
141 Jaeger/*Weber* KO[8] §§ 202, 203 Rn 10.
142 **AA** Graf-Schlicker/*Riedel* InsO[5] § 213 Rn 8; *Pulte/Arend* ZInsO 2019, 592 ff.
143 Sogar hierin **aA** *Pulte/Arend* ZInsO 2019, 592, 595 ff: Der Verwalter handle insolvenzzweckwidrig bzw missbräuchlich.
144 Zur Parallelproblematik bei § 212 ausführlich dort Rn 10, 25 f; speziell zu § 213 **ausf** *Heitsch* ZInsO 2021, 2124, 2125 ff.

§ 214 Verfahren bei der Einstellung

(1) [1]Der Antrag auf Einstellung des Insolvenzverfahrens nach § 212 oder § 213 ist öffentlich bekanntzumachen. [2]Er ist in der Geschäftsstelle zur Einsicht der Beteiligten niederzulegen; im Falle des § 213 sind die zustimmenden Erklärungen der Gläubiger beizufügen. [3]Die Insolvenzgläubiger können binnen einer Woche nach der öffentlichen Bekanntmachung schriftlich Widerspruch gegen den Antrag erheben.

(2) [1]Das Insolvenzgericht beschließt über die Einstellung nach Anhörung des Antragstellers, des Insolvenzverwalters und des Gläubigerausschusses, wenn ein solcher bestellt ist. [2]Im Falle eines Widerspruchs ist auch der widersprechende Gläubiger zu hören.

(3) Vor der Einstellung hat der Verwalter die unstreitigen Masseansprüche zu berichtigen und für die streitigen Sicherheit zu leisten.

Materialien

DiskE § 316; RefE § 316; RegE § 327 (BT-Drucks 12/2443, S 61, Begr S 222); Rechtsausschuss § 234 h (BT-Drucks 12/7302, S 87, Begr S 181); § 214 I 3 geänd mWv 1.3.2012 durch Art. 1 G v 7.12.2011 (BGBl I 2582) – ESUG (Entw BT-Drucks 17/5712, S 9, Begr S. 30).

Vorgängerregelungen

§ 191 KO (dazu Begr EGemeinschuldO Bd II S 182 f; Begr EKO S 421; KO-Prot S 114, 186); § 203 KO (dazu Begr EGemeinschuldO Bd I S 179 ff; Begr EKO S 435 ff; KO-Prot S 115, 186); § 205 KO (dazu Begr EGemeinschuldO Bd II S 182 ff; Begr EKO S 437 f; KO-Prot S 115, 186; KommBer z KO-Nov 1898 S 1968).

Literatur

S zu § 212.

Übersicht

Alphabetische Übersicht

I. Entstehungsgeschichte

1 § 214 weist gegenüber der Vorgängerregelung des § 203 KO zwei begrüßenswerte inhaltliche Neuerungen auf. *Zum einen* wird jedem Gläubiger das Widerspruchsrecht zugebilligt (Abs 1

https://doi.org/10.1515/9783110343687-042

Satz 3), das nach altem Recht nur denjenigen Gläubigern zustand, die ihre Forderungen bis zum Ablaufe der Widerspruchsfrist geltend gemacht hatten. Diese Beschränkung war letztlich sinnlos, weil der Begründetheit eines Einwandes gegen die Einstellung von Amts wegen nachzugehen war (§ 75 KO) und ist (§ 5 I), was iE doch zur Berücksichtigung eines unzulässigen Widerspruchs führen musste.[1] *Zum anderen* war es zweckmäßig, die Anhörungen von Antragsteller und Verwalter um diejenige des Gläubigerausschusses in Abs 2 Satz 1 zu erweitern.[2] Lediglich redaktioneller Natur war es schließlich *zum Dritten*, dass die bisher in § 205 II iVm § 191 I KO enthaltene Regelung als Abs 3 angefügt wurde.[3] § 327 RegE wurde vom Rechtsausschuss unverändert übernommen.[4] Durch das ESUG wurde „zur Vereinfachung der Abläufe bei Gericht" die Möglichkeit gestrichen, zu Protokoll der Geschäftsstelle Widerspruch zu erheben.[5]

II. Das Verfahren, § 214 I, II

1. Bekanntmachung und Auslegung, § 214 I 1, 2

Ein nach §§ 212[6] bzw 213[7] **zulässiger**[8] **Antrag ist öffentlich bekanntzumachen** (§ 9) **und** im Falle des § 213 mit den Zustimmungserklärungen oder ihrem Ersatz auf der Geschäftsstelle des Insolvenzgerichts **zur Einsicht** der Insolvenzgläubiger **niederzulegen**, § 214 I 1, 2. So soll den Beteiligten Gelegenheit zur Wahrung ihrer Rechte geboten werden.[9] Als Ersatz für Zustimmungserklärungen kommen Nachweise über das Erlöschen betroffener Forderungen[10] und über die Erbringung aufgegebener Sicherheitsleistungen (§ 213 I 2) in Betracht.[11] Dagegen dienen Veröffentlichung und Auslegung nicht dem Interesse des Schuldners, ihm bislang unbekannte Informationen zu erlangen.[12] Ein **Rechtsmittel** gegen die Anordnung der Veröffentlichung des Antrags oder gegen eine diese Anordnung vorbereitende Verfügung **gibt es nicht**, da niemand beschwert ist.[13] 2

2. Widerspruchsmöglichkeit, § 214 I 3

Binnen einer mit dem Wirksamwerden der Veröffentlichung (§ 9 I 3) beginnenden einwöchigen Frist hat jeder Insolvenzgläubiger, auch wenn er seine Forderung nicht angemeldet hat,[14] aber nicht der Verwalter als solcher, nicht ein Massegläubiger,[15] **ein Widerspruchsrecht** gegenüber dem Einstellungsantrag des Schuldners, § 214 I 3. Der Widerspruch kann seit der Reform des 3

1 Begr RegE § 327, BT-Drucks 12/2443, S 222.
2 Begr RegE, aaO.
3 Begr RegE, aaO.
4 Begr, BT-Drucks 12/7302, S 181.
5 Begr ESUG BT-Drucks 17/5712, S 30 (zu Nr 13).
6 Dazu § 212 Rn 18 ff.
7 Dazu § 213 Rn 9 ff.
8 Kübler/Prütting/Bork/*Pape* InsO[8] § 214 Rn 2; MünchKomm/*Hefermehl* InsO[4] § 214 Rn 3; Nerlich/Römermann/*Westphal* InsO[29] § 214 Rn 2 f; Uhlenbruck/*Ries* InsO[15] § 214 Rn 2.
9 Begr EKO S 436 f; Jaeger/*Weber* KO[8] §§ 202, 203 Rn 8.
10 Dazu § 213 Rn 14.
11 MünchKomm/*Hefermehl* InsO[4] § 214 Rn 4; Nerlich/Römermann/*Westphal* InsO[29] § 214 Rn 3.
12 OLG Celle ZIP 2000, 1943 ff [grds **zust** *Ringstmeier*]; Kübler/Prütting/Bork/*Pape* InsO[8] § 214 Rn 2.
13 RG GruchotBeitr 42 (1898), 1129 = JW 1898, 359; Jaeger/*Weber* KO[8] §§ 202, 203 Rn 8; Nerlich/Römermann/*Westphal* InsO[29] § 214 Rn 3.
14 Begr RegE § 327, BT-Drucks 12/2443, S 222; MünchKomm/*Hefermehl* InsO[4] § 214 Rn 2, 6; Uhlenbruck/*Ries* InsO[15] § 214 Rn 6; Nerlich/Römermann/*Westphal* InsO[29] § 214 Rn 1, 5; HambK/*Weitzmann* InsO[7] § 214 Rn 1, 5.
15 RG GruchotBeitr 42 (1898), 1129 = JW 1898, 359.

§ 214 I 3 durch das ESUG nur noch schriftlich erklärt werden. Er dient vornehmlich dazu, das Fehlen der Zustimmungserklärung oder der sie erübrigenden Vollbefriedigung des Widersprechenden selbst, wie zB die Unechtheit einer beigebrachten Verzichterklärung oder Quittung, die Unzulänglichkeit der behaupteten Erfüllung (vgl § 363 BGB),[16] den Nichtbestand einer (angeblichen) Vertretungsmacht oder Mängel des Zustimmungswillens[17] zur Beachtung zu bringen. „Widerruf" der Zustimmung ist das nicht.[18] Der Widersprechende kann weiter aber auch rügen, dass es an der erforderlichen Zustimmung eines anderen Gläubigers fehle. Denn die **Einstellungserfordernisse** sind **von Amts wegen nachzuprüfen.** Eben deshalb kann selbst ein nach Ablauf der Frist erhobener oder später wieder zurückgenommener Widerspruch[19] wie auch eine Äußerung des anzuhörenden Verwalters oder eines Absonderungsberechtigten, dem der Schuldner nicht persönlich haftet,[20] Beachtung finden. Bevorzugung eines Gläubigers durch den Schuldner oder Dritte im Rahmen der außergerichtlichen Schuldenbereinigung ist für sich allein kein Widerspruchsgrund, möglicherweise aber ein Grund, einen Willensmangel der Zustimmung durch Widerspruch geltend zu machen.[21]

3. Anhörungen, § 214 II 1 und 2

4 Nach Ablauf der Widerspruchsfrist und vor seiner Entscheidung muss das Gericht dem Schuldner, dem Verwalter, dem Gläubigerausschuss und etwaigen widersprechenden Gläubigern Gehör, dh Gelegenheit zur mündlichen oder schriftlichen Äußerung, geben, § 214 II 1, 2. Auch jetzt kann das Gericht außerdem noch Ermittlungen von Amts wegen anstellen (§ 5 I). Erweist sich ein Widerspruch als begründet oder ergibt die Amtsprüfung den unergänzbaren Mangel einer Voraussetzung des § 212 oder des § 213, so hat das Gericht den Einstellungsantrag als unbegründet abzuweisen.[22] Gegen diesen Beschluss steht dem Schuldner als Antragsteller die sofortige Beschwerde gem § 216 II zu.[23]

III. Der Einstellungsbeschluss, § 214 II

5 Sind andererseits die gesetzlichen Voraussetzungen des § 212 oder des § 213 erfüllt, dann muss das Gericht die Einstellung beschließen,[24] ohne deren Zweckmäßigkeit oder etwa gar die Würdigkeit des Schuldners zu prüfen. Doch kann es im Ausnahmefall des § 213 II die Entscheidung bis zum Ablauf der Anmeldefrist aufschieben und den Eintritt des Regelfalls (§ 213 I) abwarten. Dieser Aufschub der Entscheidung ist veranlasst, wenn das Gericht das Bestehen anderweitiger Forderungen für wahrscheinlich hält und darum in der sofortigen Einstellung eine Gefährdung der Gesamtheit erblickt. Auch wenn die Voraussetzungen für die Einstellung gegeben sind, darf diese doch erst verfügt werden, wenn der Verwalter die Masseansprüche gem § 214 III befriedigt

---

16 OLG Dresden LZ 1925, Sp 53 f Nr 4; Jaeger/*Weber* KO[8] §§ 202, 203 Rn 8.
17 § 213 Rn 16.
18 Vgl § 213 Rn 16.
19 MünchKomm/*Hefermehl* InsO[4] § 214 Rn 9; Uhlenbruck/*Ries* InsO[15] § 214 Rn 6; Nerlich/Römermann/*Westphal* InsO[29] § 214 Rn 9 f; FK/*Kießner* InsO[9] § 214 Rn 7; Graf-Schlicker/*Riedel* InsO[5] § 214 Rn 9; wohl auch K Schmidt/*Jungmann* InsO[19] § 214 Rn 8, 11.
20 Ihm fehlt das Widerspruchsrecht, § 213 Rn 30.
21 § 213 Rn 17.
22 Jaeger/*Weber* KO[8] §§ 202, 203 Rn 9; MünchKomm/*Hefermehl* InsO[4] § 214 Rn 15; K Schmidt/*Jungmann* InsO[19] § 214 Rn 11.
23 § 216 Rn 18.
24 MünchKomm/*Hefermehl* InsO[4] § 214 Rn 14; Nerlich/Römermann/*Westphal* InsO[29] § 214 Rn 12.

bzw. sichergestellt und dies dem Gericht angezeigt und nachgewiesen hat.[25] Das Gericht hat ferner vor der Einstellung **Vergütung und Auslagen** des Verwalters[26] (§ 63) und der Mitglieder eines Gläubigerausschusses (§ 73) **festzusetzen.**[27] Ein **Schlusstermin** braucht nicht abgehalten zu werden.[28] Auch eine **Nachtragsverteilung** zugunsten von Insolvenzgläubigern kommt nach einer Einstellung gem § 214 nicht in Betracht.[29] Denn obschon Beträge frei werden können, die gem § 213 I 2 als Sicherheit geleistet wurden, besteht angesichts der Einstellungsgründe der §§ 212, 213 kein Bedürfnis, diese durch den Insolvenzverwalter zur Verteilung zu bringen. Vielmehr gelten insoweit die **Vereinbarungen der außergerichtlichen Schuldenbereinigung.** Ist diese mit dem Insolvenzverfahren unzureichend koordiniert, kommt es zu Friktionen wie namentlich der, dass zwar alle Insolvenzforderungen außergerichtlich befriedigt bzw sichergestellt sind, die Masseverbindlichkeiten aber vom Verwalter nicht beglichen werden können.[30] Dann ist nicht gem § 208 zu verfahren,[31] sondern der Antrag auf Einstellung zurückzuweisen, wenn der Schuldner die Deckung bzw Sicherstellung der Masseverbindlichkeiten nicht aus massefreiem oder Drittvermögen gewährleisten kann.[32]

IV. Die Sicherung der Massegläubiger, § 214 III

Gem § 214 III hat der Insolvenzverwalter vor der Einstellung die **unstreitigen Masseansprüche** 6
(gemeint: Masse*verbindlichkeiten*) **zu berichtigen** und **für die streitigen Sicherheit zu leisten.** Die Regelung ist lückenhaft, weil **betagte und aufschiebend bedingte Masseverbindlichkeiten** ihrerseits nicht sofort berichtigt werden können und weil die Möglichkeit zu einer Sicherheitsleistung hierfür nicht erwähnt ist. § 214 III, 2. Fall muss insoweit entsprechend angewendet werden.[33] Werden Beträge anschließend frei, sind sie vom Verwalter an den Schuldner auszukehren. Wegen der besonderen Art der Einstellungsgründe der §§ 212, 213 besteht für den Verwalter im Gegensatz zu einer Einstellung bei Massearmut keine Veranlassung, für die **Aufbewahrung von Geschäftsunterlagen** Sorge zu tragen.[34] Archivierungskosten fallen daher nicht an.

§ 214 III bezieht sich auch auf die **Verfahrenskosten.** Dies gilt selbst dann, wenn diese 7
gem § 4a gestundet sind.[35] Ist ein Einstellungsantrag gem § 213 mit einem Antrag auf vorzeitige Erteilung von Restschuldbefreiung gem § 300 II 1 verbunden worden,[36] so kann Letzterem ohnehin nur stattgegeben werden, wenn die Verfahrenskosten sowie die sonstigen Masseverbindlichkeiten getilgt sind.[37] § 214 III gilt also ohne Einschränkung.

---

25 Begr RegE § 327, BT-Drucks 12/2443, S 222; Jaeger/*Weber* KO[8] §§ 202, 203 Rn 9; MünchKomm/*Hefermehl* InsO[4] § 214 Rn 12, 14; **aA** früher *Schloßmann* KuT 1932, 107 f.

26 Zu deren Höhe sogleich Rn 9.

27 BGH ZIP 2019, 715, 716 Rn 6; Jaeger/*Weber* KO[8] §§ 202, 203 Rn 9; Kübler/Prütting/Bork/*Pape* InsO[8] § 214 Rn 3 f; MünchKomm/*Hefermehl* InsO[4] § 214 Rn 12; Uhlenbruck/*Ries* InsO[15] § 214 Rn 11; Nerlich/Römermann/*Westphal* InsO[29] § 214 Rn 14.

28 MünchKomm/*Hefermehl* InsO[4] § 214 Rn 14; Nerlich/Römermann/*Westphal* InsO[29] § 214 Rn 12; Graf-Schlicker/*Riedel* InsO[5] § 214 Rn 14.

29 FK/*Kießner* InsO[9] § 214 Rn 10.

30 So lag es sowohl bei BGH ZInsO 2011, 777, wie bei BGH ZIP 2019, 715 ff.

31 **So aber** BK/*Martini* InsO[57] § 214 Rn 6; gegen ihn **zutr** Uhlenbruck/*Ries* InsO[15] § 214 Rn 10.

32 Näher sogleich Rn 8.

33 MünchKomm/*Hefermehl* InsO[4] § 214 Rn 13; Uhlenbruck/*Ries* InsO[15] § 214 Rn 12; K Schmidt/*Jungmann* InsO[19] § 214 Rn 12.

34 HambK/*Weitzmann* InsO[7] § 214 Rn 7.

35 Uhlenbruck/*Ries* InsO[15] § 214 Rn 12; K Schmidt/*Jungmann* InsO[19] § 214 Rn 12.

36 Dazu § 213 Rn 8.

37 BGH NZI 2005, 399 ff [**zust** *Ahrens* ebd, 401 ff] = ZInsO 2005, 597 ff [**zust** *Pape* ebd, 599 f] = VuR 2005, 310 ff [**zust** *Kothe* ebd, 312 ff] = BGHR 2005, 1014 f [**zust** *Winter* ebd, 1015 f] = WuB VI A. § 299 InsO 1.05 [*Vallender*].

8 Das Zusammenspiel der Abs 2 und 3 des § 214 führt scheinbar in ein Dilemma, wenn der Verwalter noch Verwertungsmaßnahmen gem § 214 III durchzuführen hat, die auf die Festsetzung der Höhe seiner Vergütung Einfluss haben können, weil diese dann zuvor nicht exakt zu bestimmen ist.[38] Gleichwohl sollte man darauf **kein Junktim zwischen Einstellungsantrag und Antrag auf Festsetzung** der Vergütung stützen,[39] sondern eine praktikable Lösung suchen: Sobald sich ein Erfolg der außergerichtlichen Sanierungsbemühungen abzeichnet, sollte der Verwalter von sich aus oder jedenfalls nach gerichtlicher Aufforderung[40] die Schlussrechnung (§ 66) sowie seine Vergütungs- und Auslagenrechnung erstellen.[41] Dem Schuldner sollte man die Möglichkeit geben, die Festsetzung der Vergütung zu beantragen und ggf zusammen mit dem Beschluss über den Einstellungsantrag durch sofortige Beschwerde überprüfen zu lassen.[42] Reicht die Masse zu, um die unstreitigen und die (noch) streitigen Masseverbindlichkeiten (einschließlich aller Verfahrenskosten) zu decken, verfährt der Verwalter gem § 214 III. Andernfalls muss der Schuldner einen **„Vorschuss“** aus seinem freien oder einem Drittvermögen leisten, wenn er seinen Einstellungsantrag retten will.[43]

9 Die **Vergütung** des Verwalters (wie die der Mitglieder eines Gläubigerausschusses) ist gem § 1 I 2 InsVV **nach** dem **Schätzwert der Masse zu bestimmen.**[44] Nicht verwertete Gegenstände werden nach dem bei einer Verwertung zu erwartenden Erlös angesetzt,[45] Aussonderungsgut bleibt ebenso außer Betracht[46] wie die dem Verwalter zu zahlende Vergütung.[47] Die vorzeitige Einstellung des Insolvenzverfahrens gem § 213[48] wie gem § 212 verwirklicht den Tatbestand des § 3 II lit c InsVV, sodass grundsätzlich ein **Zurückbleiben hinter dem Regelsatz der Verwaltervergütung** gerechtfertigt ist. Dies gefährdet das Interesse der Insolvenzverwalter an solchen Verfahren[49] und damit die an sich wünschenswerte Koordination[50] gerichtlicher und außergerichtlicher Bemühungen zur Schuldenbereinigung. Es erscheint deshalb wünschenswert, dass bei der Festsetzung der Vergütung entsprechende Bemühungen durch **Zuschläge** honoriert werden. Solche sind namentlich als Kompensation zu § 3 II lit c InsVV durchaus möglich.[51]

---

38 Dezidiert LG Stuttgart BeckRS 2013, 403.

39 So aber LG Stuttgart BeckRS 2013, 403, und dazu Uhlenbruck/*Ries* InsO[15] § 214 Rn 11.

40 Kübler/Prütting/Bork/*Pape* InsO[8] § 214 Rn 3.

41 LG Freiburg ZInsO 2015, 856 f; MünchKomm/*Hefermehl* InsO[4] § 214 Rn 12.

42 **Ausdr offenlassend** aber BGH ZInsO 2011, 777 Rn 7.

43 Ins übereinstimmend LG Stuttgart BeckRS 2013, 403; LG Freiburg ZInsO 2015, 856 f; MünchKomm/*Hefermehl* InsO[4] § 214 Rn 12; K Schmidt/*Jungmann* InsO[19] § 214 Rn 13.

44 BGH ZIP 2017, 1627 ff Rn 9–12 [*Stoffler* EWiR 2017, 697 f]; BGH ZIP 2019, 715, 716 Rn 6; LG Kassel ZInsO 2014, 2397 f.

45 BGH ZIP 2019, 715, 716 Rn 6.

46 BGH ZIP 2017, 1627 f Rn 9 ff.

47 LG Kassel ZInsO 2014, 2397 f.

48 Dazu BGH NZI 2009, 57.

49 *Lauck* InsbürO 2009, 131, 136.

50 Oben § 212 Rn 10, 25 f; § 213 Rn 35.

51 **Zutr** AG Göttingen ZInsO 2005, 871 f (zu § 213; kein Fall außergerichtlicher Sanierung).

§ 215 Bekanntmachung und Wirkungen der Einstellung

(1) [1]Der Beschluß, durch den das Insolvenzverfahren nach §* 207, 211, 212 oder 213 eingestellt wird, und der Grund der Einstellung sind öffentlich bekanntzumachen. [2]Der Schuldner, der Insolvenzverwalter und die Mitglieder des Gläubigerausschusses sind vorab über den Zeitpunkt des Wirksamwerdens der Einstellung (§ 9 Abs. 1 Satz 3) zu unterrichten. [3]§ 200 Abs. 2 Satz 2 gilt entsprechend.

(2) [1]Mit der Einstellung des Insolvenzverfahrens erhält der Schuldner das Recht zurück, über die Insolvenzmasse frei zu verfügen. [2]Die §§ 201, 202 gelten entsprechend.

Materialien

2. Ber InsRKomm, LS 9.5.1; DiskE §§ 317 f; RefE §§ 317 f; RegE §§ 328 f (BT-Drucks 12/2443, S 61, Begr S 222, Stellungnahme BR S 248 f, Gegenäußerung BReg S 261); Rechtsausschuss § 234 i (BT-Drucks 12/7302, S 87, Begr S 181); Gesetz zur Vereinfachung des Insolvenzverfahrens vom 13.4.2007, BGBl I, S 509 (Begr RegE, BT-Drucks 16/3227, S 21 m 13 f, 22, Stellungnahme BR S 25; Rechtsausschuss, BT-Drucks 16/4194, S 8 m 5, 10).

Vorgängerregelungen

§ 205 KO (dazu Begr EGemeinschuldO Bd II S 182 ff; Begr EKO S 437 f; KO-Prot S 115, 186; KommBer z KO-Nov 1898 S 1968); § 206 KO (dazu Begr EGemeinschuldO Bd II S 184; Begr EKO S 438; KO-Prot S 115, 186; Reichstag II. Session 1909/11 Drucks Nr 731 S 1 f, 4); 19 II, IV GesO.

Literatur

Baur „Steckengebliebene" Insolvenzverfahren, FS F. Weber (1975), S 41; *Herzog* Die rechtlichen Voraussetzungen der Ausfallsklage wider die solidarisch haftenden einzelnen Genossenschafter. Einstellung oder Aufhebung des Konkurses, JW 1886, 53; *Holzer* Aktuelle Änderungen der Bekanntmachungsvorschriften in Insolvenzverfahren, ZIP 2008, 391; *Markgraf/Hertelt* Die Beendigung des Insolvenzverfahrens während des rechtshängigen Zivilprozesses, ZIP 2018, 1480; *Richert* Die verfahrensrechtliche Beendigung des Konkurses, NJW 1961, 645; *Schloßmann* Zur Auslegung der §§ 191, 192, 205 der Konkursordnung, KuT 1932, 107.

Übersicht

Alphabetische Übersicht

* So BGBl I (1994), S 2894.

https://doi.org/10.1515/9783110343687-043

I. Grundlagen

1. Entstehungsgeschichte

1 § 215 entspricht im Kern den (ausführlicheren) Regeln der §§ 205, 206 KO bzw den (knapperen) des § 19 II, IV GesO.[1] Neu aufgenommen wurde die Pflicht zur **Vorabunterrichtung** des Schuldners, des Insolvenzverwalters und der Mitglieder des Gläubigerausschusses in § 215 I 2.[2] Die Verweisungen entsprachen in der ursprünglich Gesetz gewordenen Fassung[3] inhaltlich denen der KO (§ 215 I 3 mit § 200 II 2, 3 entsprach § 205 II KO mit §§ 111 II, 112 und 113 KO; § 215 II 2 mit §§ 201, 202 entsprach und entspricht noch § 206 II KO mit § 164 KO mit der Neuerung, dass im neuen Recht die Vorschriften über die Restschuldbefreiung unberührt bleiben, § 215 II 2 mit § 201 III[4]). Eine § 205 II KO mit § 191 KO entsprechende Verweisung erübrigte sich, weil die damit angesprochene Frage der Befriedigung bzw Sicherstellung der Massegläubiger wie auch im alten Recht[5] nicht alle Fälle einer Einstellung des Verfahrens erfasst. Heute sind nur die §§ 212, 213 betroffen, sodass eine inhaltlich der früheren Verweisung entsprechende Regelung als § 214 III aufgenommen wurde.[6]

2 Bereits im Gesetzgebungsverfahren wurde der **Modus der Bekanntmachung** des Einstellungsbeschlusses mehrfach überdacht, bis schließlich unbeschadet der ursprünglichen Fassung des § 9 eine auszugsweise **Veröffentlichung im Bundesanzeiger** vorgeschrieben worden ist (§ 215 I 3 aF iVm § 200 II 2 aF).[7] Durch das Gesetz zur Vereinfachung des Insolvenzverfahrens[8] wurde dies mit Wirkung **ab dem 1.7.2007 fallengelassen.**[9] Die **Veröffentlichung** erfolgt seither grundsätzlich **im Internet** unter www.insolvenzbekanntmachungen.de, § 9 I. Gem Art 103 c I 1, 2[10] EGInsO gilt dies auch für Altverfahren. Die gem Art 103 c II 1 EGInsO bis zum 31.12.2008 zusätzlich möglich gewesene Bekanntmachung in einem örtlichen Blatt war auf die Wirkung der Einstellung

1 Zur Entstehungsgeschichte MünchKomm/*Hefermehl* InsO[4] § 215 Rn 2 f; Kübler/Prütting/Bork/*Pape* InsO[30] § 215 Rn 1 f; Nerlich/Römermann/*Westphal* InsO[29] § 215 Rn 1 f.

2 Begr RegE § 328, BT-Drucks 12/2443, S 222; Kübler/Prütting/Bork/*Pape* InsO[30] § 215 Rn 1.

3 Der Rechtsausschuss hat die Konvergenz mit der KO gegen den RegE (§ 328 I 3) wiederhergestellt, vgl Begr, BT-Drucks 12/7302, S 181.

4 Dazu unten Rn 13.

5 Einzelheiten bei Jaeger/*Weber* KO[8] §§ 205, 206 Rn 2.

6 Zum Inhalt § 214 Rn 6 ff.

7 Zur Genealogie RegE § 328 (BT-Drucks 12/2443, S 61) m Begr (S 222), Stellungnahme BR (S 248 f), Gegenäußerung BReg (S 261), Fassung Rechtsausschuss § 234 i (BT-Drucks 12/7302, S 87) mit Begr (S 181).

8 Vom 13.4.2007, BGBl I, S 509, m Begr RegE, BT-Drucks 16/3227, S 21 m 13 f, 22.

9 **Zutr** AG Duisburg ZIP 2007, 1672 f [*Heyer* EWiR 2008, 53 f]; MünchKomm/*Hefermehl* InsO[4] § 215 Rn 5; HK/*Hölzle* InsO[10] § 215 Rn 3; **aA** *Holzer* NJW 2007, 1909, 1911.

10 Zu dieser durch das G zur Neuregelung des Rechtsberatungsrechts v 12.12.2007 (BGBl I, S 2840) erfolgten „Klarstellung" *Heyer*, aaO, sowie *Holzer* ZIP 2008, 391 ff.

ohne Einfluss, Art 103 c II 2 EGInsO. Gleiches gilt für die gem § 9 II 1 seit dem 1.1.2009 nur noch bei (bisher nicht erfolgter) landesrechtlicher Bestimmung zulässigen weiteren Veröffentlichungen.[11]

2. Systematische Stellung

§ 215 fasst in seinen beiden Absätzen zwei an sich getrennte Fragen zusammen, nämlich *erstens* die **Verlautbarung der Einstellung** des Insolvenzverfahrens und das insoweit zu beobachtende Verfahren (Abs 1) und *zweitens* die **Wirkungen der Einstellung** (Abs 2). Demzufolge ist der systematische Kontext beider Absätze verschieden. Die *Verlautbarung*[12] betrifft die zukünftige **Stellung des Schuldners im Rechtsverkehr**, die naturgemäß eine andere ist, wenn das Verfahren wegen Massearmut (§ 207 bzw §§ 208–211) oder wegen Zweckerreichung (§§ 212–214) eingestellt wird. Ersterenfalls steht die **Warnung des Verkehrs** vor einem vermögenslosen Subjekt,[13] letzterenfalls die **Wiederherstellung** des Leumunds und **der Kreditwürdigkeit** des Schuldners[14] in Rede. Darauf beruht die in § 215 I 1 ausdrücklich hervorgehobene Pflicht, den Einstellungsgrund zu benennen.[15] Die *Wirkungen* der Einstellung sind demgegenüber vom Einstellungsgrund bis auf wenige Ausnahmen[16] unabhängig, weil sie sich im Wesentlichen aus dem Fortfall der allgemeinen **haftungsrechtlichen Konsequenzen** eines Insolvenzverfahrens ergeben. Darauf beschränkt sich der schon insoweit lückenhafte[17] § 215 II. Das prozedural erforderliche „Abwicklungsverhältnis"[18] hat keine Regelung erfahren. 3

II. Anlässlich der Einstellung zu veranlassende Maßnahmen

1. Die öffentliche Bekanntmachung, § 215 I 1

Der **Einstellungsbeschluss** ist unter Angabe des Einstellungsgrundes **öffentlich bekanntzumachen.** Im Gegensatz zum alten Recht,[19] das eine Vorabinformation gem § 215 I 2 noch nicht kannte, ist ein **Aufschub der Bekanntmachung** erforderlich, damit die in § 215 I 2 Genannten reagieren können. Angemessen erscheinen fünf Werktage.[20] Der bekanntzumachende **Grund der Einstellung** (§ 215 I 1) ist sprachlich zu benennen und durch Anführung der Rechtsgrundlage zu verdeutlichen (... mangels die Kosten des Insolvenzverfahrens deckender Masse gem § 207; ... wegen Masseunzulänglichkeit gem §§ 208, 211; ... mangels [Fort-]Bestehens eines Eröffnungsgrundes gem §§ 212, 214; ... mit Zustimmung der Gläubiger gem §§ 213, 214). Sollten alle Gläubiger außerhalb des Verfahrens befriedigt worden sein,[21] so hätte die Formulierung zu lauten: Auf Antrag des Schuldners, da alle zu berücksichtigenden Gläubiger nachweislich befriedigt worden sind.[22] 4

---

11 MünchKomm InsO[4]/*Ganter*/*Bruns* § 9 Rn 15 f.
12 Zu deren Normzweck Kübler/Prütting/Bork/*Pape* InsO[30] § 215 Rn 3; Nerlich/Römermann/*Westphal* InsO[29] § 215 Rn 2.
13 Zur Kritik der Diskrepanz des § 207 zu § 26 II oben § 207 Rn 105.
14 MünchKomm/*Hefermehl* InsO[4] § 215 Rn 4.
15 BK/*Gruber*[28] InsO § 215 Rn 4.
16 Unten Rn 13.
17 Vgl unten Rn 9.
18 Dazu Rn 11.
19 Dazu Jaeger/*Weber* KO[8] §§ 205, 206 Rn 1.
20 Ähnlich Kübler/Prütting/Bork/*Pape* InsO[30] § 215 Rn 7; BK/*Gruber*[28] InsO § 215 Rn 8; Nerlich/Römermann/*Westphal* InsO[29] § 215 Rn 7.
21 Dazu § 212 Rn 2, 9, § 213 Rn 14.
22 Vgl Jaeger/*Weber* KO[8] §§ 205, 206 Rn 1.

5 Die öffentliche **Bekanntmachung** erfolgt de lege lata gem § 9 I 1, dh durch eine zentrale und länderübergreifende Veröffentlichung **im Internet**. Sie allein, nicht auch eine weitere Veröffentlichung,[23] wirkt konstitutiv.[24] Die Bekanntmachung gilt als bewirkt, sobald nach dem Tage der Veröffentlichung zwei weitere Tage verstrichen sind, § 9 I 3.[25]

2. Die Vorabinformation, § 215 I 2

6 Schuldner, Insolvenzverwalter und die Mitglieder des Gläubigerausschusses sind vorab über den **Zeitpunkt des Wirksamwerdens der Einstellung** zu unterrichten, § 215 I 2. Die Vorschrift soll – ausschließlich – gewährleisten, dass die Genannten sich darauf einstellen können, dass der Schuldner das Verfügungsrecht über die Masse zurückerhält,[26] oder – verallgemeinernd – dass alle damit zusammenhängenden Wirkungen des Einstellungsbeschlusses eintreten werden. Die **Unterrichtung dient** folglich **nicht der Beteiligung** am Verfahren zur Einstellung, die entweder aufgrund anderer Vorschriften bereits gewährt sein muss (§ 207 II,[27] § 214 II[28]) oder gänzlich versagt bleibt (so bei §§ 208, 211[29]). Untunlich erscheint ein Hinweis auf die Rechtsfolgen einer Aufhebung des Beschlusses im Beschwerdewege:[30] Der Verwalter und die Mitglieder des Gläubigerausschusses sollten seiner nicht bedürfen und einem rechtsunkundigen Schuldner gegenüber dürfte kaum klarzumachen sein, dass es der sofortigen Beschwerde zwar an aufschiebender Wirkung gebricht, die auf sie ergehende Entscheidung aber die Einstellung mit Wirkung ex tunc kassiert.[31]

3. Die Bereinigung der Register, § 215 I 3

7 Die Einstellung des Insolvenzverfahrens erfordert nicht anders als seine Aufhebung die Bereinigung der Register um die dort anlässlich der Verfahrenseröffnung erfolgten Eintragungen. Folglich ist § 200 II 2 in § 215 I 3 in Bezug genommen. Da die Einstellung im Gegensatz zur Aufhebung gem § 200[32] aber nach Maßgabe des § 216 I der sofortigen Beschwerde unterliegt, hat das Insolvenzgericht **die registerführenden Stellen** erst **zu benachrichtigen**, **sobald** der Einstellungsbeschluss in **formelle Rechtskraft** erwachsen ist.[33] Mit Löschung der Insolvenzvermerke legitimieren die Register wieder den Schuldner.[34]

---

23 Dazu oben Rn 2.

24 Dazu unten Rn 8.

25 Näher Jaeger/*Gerhardt* InsO § 9 Rn 5; MünchKomm InsO[4]/*Ganter*/*Bruns* § 9 Rn 20 f.

26 So Begr RegE § 328, BT-Drucks 12/2443, S 222, mit Begr RegE § 305 (entspricht § 258 InsO), BT-Drucks 12/2443, S 214; MünchKomm/*Hefermehl* InsO[4] § 215 Rn 7.

27 Dazu § 207 Rn 69 ff.

28 Dazu § 214 Rn 4.

29 Zur Kritik § 211 Rn 7.

30 **Zutr** Kübler/Prütting/Bork/*Pape* InsO[30] § 215 Rn 8; **aA** BK/*Gruber*[28] InsO § 215 Rn 9; Nerlich/Römermann/*Westphal* InsO[29] § 215 Rn 6.

31 Dazu unten Rn 16.

32 Zur Unanfechtbarkeit der Aufhebung Jaeger/*Meller-Hannich* InsO[2] § 200 Rn 11.

33 Jaeger/*Weber* KO[8] §§ 205, 206 Rn 6; MünchKomm/*Hefermehl* InsO[4] § 215 Rn 8; BK/*Gruber*[28] InsO § 215 Rn 6; Nerlich/Römermann/*Westphal* InsO[29] § 215 Rn 10.

34 KG ZIP 2017, 1479, 1481 (Grundbuch; zu § 215 I 3 obiter).

III. Die Einstellung

1. Eintritt der Wirksamkeit

Der Einstellungsbeschluss unterliegt zwar der sofortigen Beschwerde. Allein sie hat keine aufschiebende Kraft.[35] Darum tritt die Einstellung bereits **mit** dem **Vollzug der** öffentlichen **Bekanntmachung** in **Wirksamkeit**[36] und zwar einheitlich für alle Beteiligten, nicht erst mit Eintritt der Rechtskraft und nicht schon mit der bloßen Abfassung des Beschlusses,[37] auch nicht mit einer weiteren Veröffentlichung oder mit etwaiger besonderer Zustellung.[38] Die öffentliche Bekanntmachung wirkt also im Falle des § 215 konstitutiv.[39] Dies entsprach zwar schon unter der Geltung der KO hM, war aber bestritten.[40] Nach Einfügung des § 215 I 2 lässt es sich nicht mehr bezweifeln, weil der Zeitpunkt des Wirksamwerdens der Einstellung danach explizit durch Verweisung auf § 9 I 3 festgelegt wird. 8

2. Rechtsfolgen der Einstellung

a) Ende des Insolvenzbeschlags. Mit dem Zeitpunkt des Wirksamwerdens der Einstellung erlangt der Schuldner von Rechts wegen wiederum die freie **Verfügungsmacht** über die (bisherige) Insolvenzmasse,[41] § 215 II 1, was der Rechtslage bei der Aufhebung des Verfahrens nach vollzogener Schlussverteilung[42] oder Bestätigung eines Insolvenzplans (§ 259 I 2) entspricht. Spiegelbildlich erlöschen die **Kompetenzen des Verwalters** und der Mitglieder des Gläubigerausschusses. Diese schon unter der Geltung der KO selbstverständliche Rechtsfolge[43] lässt sich im neuen Recht durch eine rechtsähnliche Anwendung des § 259 I 1 absichern.[44] Nach wie vor kein ausdrücklicher Anhalt findet sich im Gesetz aber dafür, dass die **Gläubigerversammlung** als Organ des Verfahrens mit diesem wegfällt.[45] 9

Das Ende des Verwalteramtes bringt auch **steuerrechtliche Pflichten** zum Fortfall. Dies ist vom BFH im Grundsatz zwar anerkannt. Unhaltbar ist es aber, wenn er dem Verwalter bei Massearmut gleichwohl auferlegt, die **Prozesskosten** eines wegen der Einstellung erledigten Rechtsstreites aus seinem Privatvermögen zu tragen.[46] Dabei wird nicht nur gegen den Grundsatz verstoßen, dass der Verwalter für Handlungspflichten nur mit der Insolvenzmasse haftet,[47] sondern es werden die steuerrechtlichen Pflichten bei Massearmut auch zu weit ausgedehnt.[48] 10

---

35 Sogleich Rn 16, sowie § 216 Rn 1.

36 MünchKomm/*Hefermehl* InsO[4] § 215 Rn 6; Uhlenbruck/*Ries* InsO[15] § 215 Rn 2.

37 So aber K Schmidt/*Jungmann* InsO[19] § 215 Rn 5.

38 OLG Naumburg NaumbAK 1904, 45 f; Jaeger/*Weber* KO[8] §§ 205, 206 Rn 4.

39 BK/*Gruber*[28] InsO § 215 Rn 2.

40 Namentlich durch *Richert* NJW 1961, 645, 646 f. Dort sowie bei Jaeger/*Weber* KO[8] §§ 205, 206 Rn 4, wN zum früheren Streitstand.

41 BFH ZIP 2020, 1675, 1677 Rn 19 (zur Einstellung gem § 212).

42 Jaeger/*Meller-Hannich* InsO[2] § 200 Rn 13.

43 Jaeger/*Weber* KO[8] §§ 205, 206 Rn 5.

44 Uhlenbruck/*Ries* InsO[15] § 215 Rn 7; HambK/*Weitzmann* InsO[7] § 215 Rn 5.

45 Dazu Jaeger/*Weber* KO[8] §§ 205, 206 Rn 5.

46 BFH ZIP 1996, 430 ff [**abl** *Fahnster* EWiR 1996, 411 f]; **zust** BK/*Gruber*[28] InsO § 215 Rn 28.

47 Dazu Jaeger/*Windel* InsO § 80 Rn 57 ff.

48 Zur Kritik § 208 Rn 76 mit Jaeger/*Windel* InsO § 80 Rn 141.

11 Weil der Verwalter die Masse bei Einstellung des Verfahrens in (Amts-[49])Besitz hat, entsteht zwischen ihm und dem Schuldner ein **„Abwicklungsverhältnis"**.[50] Der Verwalter hat dem Schuldner grundsätzlich den unmittelbaren **Besitz an der** bisherigen **Masse** einzuräumen. Dies betrifft auch **Geschäftsunterlagen.**[51] Wurden diese vom Verwalter aber archiviert, wofür bei Massearmut ein Bedürfnis besteht,[52] wird der Schuldner mit Ende des Amtsbesitzes des Verwalters ex lege mittelbarer Besitzer. Einer Abtretung des Herausgabeanspruchs gegen den Verwahrer (§ 870 BGB) bedarf es nicht. Entsteht **Streit bei der Abwicklung** der Verfahrensbeendigung, ist dieser **im Klagewege auszutragen**. Der Schuldner ist weder befugt, dem Verwalter Gegenstände der Masse wegzunehmen, noch erzwingt das Insolvenzgericht die Abwicklung durch aufsichtsrechtliche Maßnahmen.[53]

12 Die Wiedererlangung der Verfügungsbefugnis durch den Schuldner hat nach allgemeinen Grundsätzen[54] zur Folge, dass **Verfügungen,**[55] die er während des Verfahrens vorgenommen hat, entsprechend § 185 II 1, 2. Fall BGB **konvaleszieren.**[56] Der Grundsatz wurde auch vom BGH anerkannt.[57]

13 Mit der materiellen Verwaltungsbefugnis über die bisherige Insolvenzmasse erlangt der Schuldner auch die (aktive und passive) **Prozessführungsbefugnis** zurück; diejenige des Verwalters erlischt.[58] Damit kann der Schuldner auch bisher massebefangene Rechte gegen den Verwalter (als Partei mit seinem Privat- als Streitvermögen) geltend machen. Folglich beginnt die **Verjährung** von Ansprüchen des Schuldners auf Ausgleich **eines Gesamtschadens** frühestens jetzt.[59] Spiegelbildlich zum Rückfall der Prozessführungsbefugnis entfällt die **Rechtsverfolgungssperre** (§ 87) gegenüber den Insolvenzgläubigern. Eine bisher nicht durch Aufnahme beendete **Prozessunterbrechung hört** schon im Zeitpunkt der Wirksamkeit der Einstellung **auf,** nicht erst mit Eintritt der Rechtskraft des Einstellungsbeschlusses.[60] Auch die **Vollstreckungssperre** des § 89 hindert die Insolvenzgläubiger, diejenige des § 210 die (Alt-)Massegläubiger[61] nicht weiter. Insolvenzgläubiger können ihre (Rest-)Forderungen unbeschränkt geltend machen (§ 215 II 2 mit § 201 I) und können sich dabei unter den Voraussetzungen des § 215 II 2 mit § 201 II des Tabellenauszugs als **Vollstreckungstitel** bedienen. Insolvenzspezifische **Aufrechnungs-**

---

49 Jaeger/*Windel* InsO § 80 Rn 60 f.

50 OLG Celle KTS 1972, 265 (zur Aufhebung); BK/*Gruber*[28] InsO § 215 Rn 13 f; Uhlenbruck/*Ries* InsO[15] § 215 Rn 6; Nerlich/Römermann/*Westphal* InsO[29] § 215 Rn 16; HambK/*Weitzmann* InsO[7] § 215 Rn 5; ähnlich schon *Schloßmann* KuT 1932, 107, 108.

51 MünchKomm/*Hefermehl* InsO[4] § 215 Rn 13; Uhlenbruck/*Ries* InsO[15] § 215 Rn 6; BK/*Gruber*[28] InsO § 215 Rn 15.

52 Dazu § 207 Rn 107 f, § 209 Rn 37.

53 BK/*Gruber*[28] InsO § 215 Rn 13 f.

54 Ausführlich Jaeger/*Windel* InsO § 81 Rn 30.

55 Zu Vollstreckungsmaßnahmen unten Rn 21.

56 Speziell zur Einstellung OLG Colmar LZ 1913 Sp 323 f; *Häsemeyer* InsR[4] Rn 7.71; BK/*Gruber*[28] InsO § 215 Rn 16 f; Uhlenbruck/*Ries* InsO[15] § 215 Rn 7; MünchKomm/*Hefermehl* InsO[4] § 215 Rn 9; **aA** Kübler/Prütting/Bork/*Pape* InsO[30] § 215 Rn 11; Nerlich/Römermann/*Westphal* InsO[29] § 215 Rn 19.

57 BGHZ 166, 74, 80 Rn 20 = ZIP 2006, 479 ff [hinsichtlich Begr **abl** *Keller* ebd, 1174 ff] [hinsichtlich Begr **abl** *Gundlach/Frenzel* EWiR 2006, 317] = ZInsO 2006, 261 ff [**krit** *Alff/Hintzen* ebd, 481 ff; **zust** *Thietz-Bartram* ebd, 527 ff (529 f explizit erweiternd auf §§ 207, 215)] = DZWIR 2006, 343 ff [**zust** *App* ebd, 345 f] = BGHR 2006, 604 ff [**zust** *Ringstmeier* ebd, 607] = Rpfleger 2006, 253 [**abl** *Demharter* ebd, 256 f; **abl** *Bestelmeyer* ebd, 388 ff] = WuB VI A. § 88 InsO 1.06 [**zust** *Bartels*]; **abl** *Böttcher* NotBZ 2007, 86 ff; **abl** *Lüke/Stengel* LMK 2006, 180525; **krit** *Wilsch* JurBüro 2006, 396 ff. Die teils heftige Kritik der Entscheidung bezieht sich auf die aus dem Grundsatz abgeleiteten Konsequenzen für eine Rückschlagsperre gem § 88 für eine Zwangshypothek, dazu näher Jaeger/*Eckardt* InsO § 88 Rn 63 f.

58 BGH ZIP 2015, 1311 f Rn 5, 7 f; BFH ZIP 2020, 1675, 1677 Rn 19; OLG Karlsruhe ZInsO 2005, 823, 824.

59 BGH ZIP 2015, 1645 ff [**zust** *Budnik* EWiR 2015, 645 f].

60 Jaeger/*Weber* KO[8] §§ 205, 206 Rn 5; allg dazu Jaeger/*Windel* InsO § 85 Rn 108 f.

61 FG Düsseldorf ZInsO 2020, 1498, 1501.

verbote fallen weg.[62] Die Verweisung in § 215 II 2 auch auf § 201 III hat Bedeutung, soweit eine **Restschuldbefreiung** im Rahmen einer Einstellung des Insolvenzverfahrens überhaupt in Betracht kommt; im Übrigen geht sie ins Leere.[63] Nach hier vertretener Ansicht ist eine Restschuldbefreiung nicht nur bei einer Einstellung gem §§ 289, 211 möglich, sondern auch bei einer solchen mit Zustimmung der Gläubiger gem § 213.[64]

Ist eine **Nachtragsverteilung** vom Insolvenzgericht wirksam angeordnet bzw vorbehalten, 14
so verbleiben dem Insolvenzverwalter Verfügungs- und Prozessführungsbefugnis hinsichtlich der davon betroffenen Vermögensgegenstände.[65] Ein **Prozessgericht ist** bei seiner Entscheidung über die Prozessführungsbefugnis (des Verwalters vice versa des Schuldners) an die in casu vom Insolvenzgericht gestaltete Vermögenslage **gebunden.** Dies verkennt die Finanzgerichtsbarkeit, soweit sie autonom prüft, ob hinsichtlich des streitbefangenen Gegenstandes eine Nachtragsverteilung in Betracht zu ziehen sei.[66]

Unter der Geltung des alten Rechts, als die staatsbürgerliche, berufs- und standesrechtliche 15
Stellung des Schuldners von der Eröffnung eines Insolvenzverfahrens abhängig war, bestand eine Ungereimtheit. Denn auch seine diesbezügliche Wiederbefähigung knüpfte sich an die wirksame Einstellung. Ein Schuldner, dessen Konkurs aus Massemangel eingestellt wurde, trat also sofort wieder in den Vollgenuss der ihm durch den Konkurs entzogenen Rechte ein, während er bei günstigerem Massestand eine noch so langwierige Konkursdurchführung abwarten musste. Diese Unebenheit suchte man durch verschiedene Korrekturen zu glätten.[67] Im neuen Recht stellt sich dieses Problem nicht mehr, weil die entsprechenden Regelungen heute durchweg an den **Vermögensverfall** anknüpfen,[68] der bei einer Einstellung gem § 207 oder §§ 208, 211 fortbesteht.

b) Die Schwebelage bei angefochtener Einstellung. Tatsächlich kommt eine erfolgreiche 16
Beschwerde gegen den Einstellungsbeschluss wohl kaum vor. Damit rechnet der Gesetzgeber, wenn er das Insolvenzverfahren schon vor Eintritt der Rechtskraft des Einstellungsbeschlusses enden lässt. Dies führt zu Problemen, wenn der Einstellungsbeschluss doch einmal im Beschwerdewege aufgehoben wird.[69] Denn die Einlegung der sofortigen **Beschwerde entfaltet keinen Suspensiveffekt** (§ 4 iVm § 570 I ZPO e contrario).[70] Eine **Aussetzung der Vollziehung** des angefochtenen Einstellungsbeschlusses gem § 4 iVm § 570 II, III[71] ZPO vermag nur das „Abwicklungsverhältnis" zwischen Verwalter und Schuldner,[72] nicht aber die ex lege eintretenden Rechtsfolgen des § 215 II aufzuhalten.[73] Mit der rechtskräftigen **Aufhebung des Einstellungsbeschlusses** durch das Beschwerdegericht wird die Einstellung dann aber **rückwirkend** kassiert.[74] Trotz deren rechtskräftiger Aufhebung verlieren zwischenzeitliche Handlungen des

---

62 Grds **zutr** BFH ZIP 2017, 934 ff [**zust** *Debus/Elpers* EWiR 2017, 377 f]; BFH ZIP 2018, 593 ff [**abl** *Anzinger* EWiR 2018, 309 f]. Problematisch war letzterenfalls die Aktivforderung aus Besteuerung einer Verwertungshandlung, dazu Jaeger/*Fehrenbacher* InsSteuerR Rn 86 ff (wie beim BFH Einkommensteuer). Zur Umsatzsteuer *Fehrenbacher*, aaO, Rn 179 ff; *Häsemeyer* FS Rolf Stürner (2013), 769 ff.

63 Vgl BK/*Gruber*[28] InsO § 215 Rn 20 f.

64 § 213 Rn 8.

65 RG JW 1936, 2927 ff; BGH NJW 1982, 1765 f; *Markgraf/Hertelt* ZIP 2018, 1480, 1485; Einzelheiten zur Beschlagswirkung bei der Nachtragsverteilung bei Jaeger/*Windel* InsO § 81 Rn 31 sowie § 211 Rn 23.

66 BFH/NV 1996, 186; FG Brandenburg EFG 2007, 1344 f.

67 Jaeger/*Weber* KO[8] §§ 205, 206 Rn 5 mN.

68 Einzelheiten bei Jaeger/*Windel* InsO § 80 Rn 264 ff.

69 Beispiel: BAG AP Nr 5 zu § 113 AVAVG (aF).

70 Dazu Jaeger/*Weber* KO[8] §§ 205, 206 Rn 4; *Häsemeyer* InsR[4] Rn 7.70.

71 Dafür MünchKomm/*Hefermehl* InsO[4] § 216 Rn 12.

72 Oben Rn 11.

73 Vgl *Häsemeyer* InsR[4] Rn 7.70.

74 *Häsemeyer* InsR[4] Rn 7.70; Kübler/Prütting/Bork/*Pape* InsO[30] § 215 Rn 6; BK/*Gruber*[28] InsO § 215 Rn 11.

Schuldners demzufolge nicht von selbst ihre Wirksamkeit.[75] Eine gewisse Sicherung bietet nur die „Amtspriorität" konkurrierender Handlungen des Verwalters,[76] auf die man sich aber schon deshalb nicht verlassen sollte, weil dieser die zwischenzeitliche Aufhebung seiner Verwaltungs- und Verfügungsbefugnis respektieren dürfte. Nach allem ist daher dem iudex ad quem zu raten, der Aushöhlung der Masse durch zwischenzeitliche Rechtshandlungen des Schuldners durch **Erlass einer einstweiligen Anordnung** (§ 4 mit § 570 III ZPO) Einhalt zu gebieten,[77] sofern er die sofortige Beschwerde für aussichtsreich erachtet. Wegen der vergleichbaren Interessenlage zu der im Insolvenzeröffnungsverfahren sollte es möglich sein, die einstweilige Anordnung inhaltlich nach dem Vorbild des § 21 I, II zu gestalten.

17 **c) Nachwirkungen des Insolvenzverfahrens.** Die **Einstellung beseitigt** wie die Aufhebung den **Insolvenzbeschlag** keineswegs mit rückwirkender Kraft (ex tunc). Sie beseitigt ihn **nur für die Zukunft**, von Beginn der Wirksamkeit des Einstellungsbeschlusses an (**ex nunc**).[78] Das **Insolvenzverfahren** als solches lässt sich ohnehin nicht ungeschehen machen und **hat Nachwirkungen** prozessualer Art. So bestehen etwa weiterhin Rechte auf **Akteneinsicht.**[79]

18 In materiellrechtlicher Hinsicht bleiben gesetzliche Folgen des Verfahrens wie insbesondere die §§ 115 ff[80] und die Handlungen, die der Verwalter während des Verfahrens vorgenommen hat, maßgebend. Dies dürfte für **Verfügungen**[81] des Verwalters nicht zu bezweifeln sein, gilt aber auch in vollem Umfange für von ihm abgeschlossene **Schuldverträge**[82] sowie für die **Umgestaltung** schwebender Vertragsverhältnisse **durch Ablehnung der Erfüllung bzw durch Kündigung**[83] (§§ 103; 109; 113).[84] Die letztgenannte Konsequenz ist zwar keineswegs selbstverständlich,[85] weil sich die Gestaltungsmöglichkeiten des Verwalters nur aus der allseitig-haftungsrechtlichen Verbundenheit der Insolvenzgläubiger legitimieren, während mit Verfahrensende nur mehr zweiseitige Rechtsbeziehungen zwischen dem Schuldner und dem jeweils einzelnen Vertragspartner bestehen.[86] Gleichwohl ist die nachhaltige Wirksamkeit der Handlungen des Verwalters aus drei Gründen unverzichtbar: *Erstens* müsste die Gegenansicht auf ein Wahlrecht des Vertragspartners hinauslaufen, ob er am Vertrag in seiner ursprünglichen oder in seiner umgestalteten Form festhalten will, wofür eine gesetzliche Grundlage fehlt,[87] und was bei Individualansprüchen auf eine komplizierte Rückabwicklung hinauslaufen würde, sofern

---

75 OLG Frankfurt BB 1975, 1279; *Jaeger* KO$^{6/7}$ §§ 205, 206 Rn 5; *Häsemeyer* InsR^4 Rn 7.70 mit 7.57a; MünchKomm/*Hefermehl* InsO^4 § 216 Rn 12; Uhlenbruck/*Ries* InsO^{15} § 216 Rn 2; nur im Ausgangspunkt zutr BAG AP Nr 5 zu § 113 AVAVG (aF) sub IV 1, wo dies im nächsten Satz gegen die Vorinstanz ignoriert wird. Unklar Jaeger/*Weber* KO^8 §§ 205, 206 Rn 6; K Schmidt/*Jungmann* InsO^{19} § 215 Rn 11, die die widersprüchlichen Sätze des BAG übernehmen.

76 Dazu Jaeger/*Schilken* InsO § 34 Rn 34; Jaeger/*Windel* InsO § 81 Rn 31; *Häsemeyer* InsR^4 Rn 7.57b.

77 Vgl schon Jaeger/*Weber* KO^8 §§ 205, 206 Rn 6.

78 Jaeger/*Weber* KO^8 §§ 205, 206 Rn 7; *Baur* FS F. Weber (1975), S 41, 43; MünchKomm/*Hefermehl* InsO^4 § 215 Rn 9 f; Nerlich/Römermann/*Westphal* InsO^{29} § 215 Rn 11; Uhlenbruck/*Ries* InsO^{15} § 215 Rn 5; *Haarmeyer* ZInsO 2009, 556, 557.

79 So allg *Graf/Wunsch* ZIP 2001, 1800, 1801; BK/*Gruber*^{28} InsO § 215 Rn 10; speziell für §§ 207, 208, 211 *Holzer* ZIP 1998, 1333, 1336; speziell für § 207 OLG Celle ZIP 2004, 368 f; OLG Frankfurt ZInsO 2005, 1327, 1328 f (explizit offenlassend, ob bei Einstellung gem §§ 208, 211 mit Restschuldbefreiung Einsichtsrechte für bisher nicht beteiligte Gläubiger bestehen).

80 Jaeger/*Weber* KO^8 §§ 205, 206 Rn 7 (zu § 23 KO).

81 Statt aller Jaeger/*Weber* KO^8 §§ 205, 206 Rn 7.

82 *Baur* FS F. Weber (1975), S 41, 44 f.

83 Speziell dazu RGZ 54, 301 ff.

84 Jaeger/*Weber* KO^8 §§ 205, 206 Rn 7; *Baur* FS F. Weber (1975), S 41, 43 f; MünchKomm/*Hefermehl* InsO^4 § 215 Rn 10; **aA** *Häsemeyer* InsR^4 Rn 25.11 ff, bes 25.14.

85 Zum Problem eindrücklich auch *Baur* FS F. Weber (1975), S 41, 43 f.

86 *Häsemeyer* InsR^4 Rn 25.14 mit 20.04.

87 Zutr *Baur* FS F. Weber (1975), S 41, 44.

der Vertragspartner im Verfahren quotale Befriedigung erfahren hat.[88] *Zweitens* würden bei Dauerschuldverhältnissen kaum zu lösende praktische Konflikte entstehen.[89] *Drittens* und entscheidend aber würde die **Sanierungsfunktion** des Regelinsolvenzverfahrens entwertet, wenn die Neuordnung der Vertragsbeziehungen des Schuldners durch den Insolvenzverwalter mit Verfahrensende (weitgehend) in sich zusammenbrechen würde. Hiergegen lässt sich nicht einwenden, das Regelinsolvenzverfahren führe anders als das Insolvenzplanverfahren (§ 254 I) gerade nicht zu einer umfassenden Neugestaltung der Rechtsbeziehungen. Denn das Regelinsolvenzverfahren ist im Gegensatz zu den Vorschlägen der Kommission für Insolvenzrecht[90] de lege lata gerade nicht als (reines) Liquidationsverfahren ausgestaltet, wie es umgekehrt nicht nur den Reorganisations-, sondern auch den Liquidationsplan gibt. Die **Rechte des Vertragspartners** werden durch Fortwirkung der Umgestaltung der schwebenden Rechtsverhältnisse auch nicht unangemessen verkürzt, wenn man ihm das **Erfüllungsinteresse**[91] im Rahmen einer unbeschränkten Nachhaftung gewährt.

Der Nachhaltigkeit der Wirkungen der Rechtshandlungen des Verwalters entspricht[92] eine 19
unbeschränkte Nachhaftung des Schuldners für sämtliche **Masseverbindlichkeiten.**[93] Die bislang herrschende,[94] jetzt „dahinstehende"[95] Meinung, die von einer gegenständlich beschränkten Nachhaftung ausgeht, den Schuldner aber an vom Verwalter eingegangenen Dauerschuldverhältnissen festhalten will, „ist offensichtlich nicht frei von Widerspruch"[96] und führt zu Verwicklungen, weil sie vom Insolvenzverwalter abgeschlossene und vom Schuldner abgeschlossene Verträge unterschiedlich behandelt, obwohl letztere vom Verwalter „akzeptiert" wurden, indem er keine Erfüllungsablehnung bzw Kündigung erklärt hat.[97] Die Nachhaftung erstreckt sich auch auf gesetzliche Schuldverhältnisse sowie vom Verwalter schuldhaft herbeigeführte Verbindlichkeiten.[98]

Für und gegenüber dem Insolvenzverwalter bestehende **prozessuale Lagen wirken** ebenfalls 20
fort. Der **Rechtsstreit wird unterbrochen**, sofern der Verwalter nicht durch einen Prozessbevollmächtigten vertreten war.[99] Hinsichtlich des weiteren Schicksals der Verfahren ist zu unterscheiden: **Klagen auf Feststellung** von Insolvenzforderungen **zur Tabelle** wandeln sich *ex lege* zu allgemeinen Feststellungsklagen mit der Folge, dass der Streitwert von dem der zu erwartenden Insolvenzquote auf die für § 256 ZPO üblicherweise veranschlagten 80 % des Forderungsbetrages „springt".[100] Dem Gläubiger steht es aber frei, den Antrag (wieder) auf Leistung zu erweitern. Sofern man den **Rechtsschutz von Altmassegläubigern** nach angezeigter Masseunzulänglichkeit

---

88 Nach *Häsemeyer* InsR[4] Rn 25.22, erfolgt diese Zug um Zug gem §§ 273, 274 BGB.
89 *Baur* FS F. Weber (1975), S 41, 44.
90 Dazu 1. Ber InsRKomm, Einl S 14 ff.
91 So iE auch *Baur* FS F. Weber (1975), S 41, 46.
92 Auf diesen Zusammenhang hat *Baur* FS F. Weber (1975), S 41, 44 f, eindrücklich hingewiesen.
93 Ausf Jaeger/*Windel* InsO § 80 Rn 44 mN; *ders* KTS 2011, 25 ff; **zust** K Schmidt/*Thole* InsO[19] § 53 Rn 12.
94 Jaeger/*Meller-Hannich* InsO[2] § 201 Rn 8; BGH ZIP 2009, 2204 ff [**diff** *Berger* EWiR 2009, 775 f] = NZI 2009, 841 ff [**zust** Gundlach/Frenzel/*Jahn*, **ebd** 839 f; **zust** *Ries*, **ebd** 844 f] = NJW 2010, 69 ff [**zust** Gundlach/*Frenzel* ebd 73; **zust** *Müller* LMK 2010, 2955 26].
95 BGH ZIP 2021, 528, 529 Rn 19 = WuB 2021, 224 ff [instruktiv *Thole*, ebd, 226 f].
96 So *Baur* FS F. Weber (1975), S 41, 45.
97 OLG Stuttgart ZIP 2007, 1616, 1617, behandelt beides zwar gleich, zieht daraus aber die verfehlte Konsequenz, der Schuldner hafte letzterenfalls nur für bis zum ersten möglichen Kündigungstermin aufgelaufene Verbindlichkeiten unbeschränkt. Dagegen mR **abl** *Eckert* EWiR 2007, 503 f.
98 IE zutr *Baur* FS F. Weber (1975), S 41, 46–48, der dies aber nicht der Nachhaftung zuordnen will.
99 Einzelheiten Jaeger/*Windel* InsO § 80 Rn 205–208; jetzt auch BGH ZIP 2015, 1311 f Rn 5, 7 f; sowie BFH ZIP 2020, 1675, 1678 Rn 23, mit der Gegenausnahme, dies sei unnötig, wenn der Schuldner das Verfahren (in casu wohl als rückermächtigter gewillkürter Standschafter des Verwalters) in eigenem Namen geführt habe. Letzteres ist seinerseits problematisch, Jaeger/*Windel* InsO § 80 Rn 216 ff.
100 BGH ZIP 2015, 1311, 1312 Rn 10.

auf Feststellung beschränkt,[101] muss ihnen dies nach der Einstellung des Verfahrens ebenfalls möglich sein.[102] **Anfechtungsprozesse** erledigen sich in der Hauptsache.[103] Für bzw gegen den Verwalter erwirkte **Vollstreckungstitel sind** grundsätzlich **umzuschreiben.**[104] Der V. Zivilsenat des **BGH** macht hiervon eine Ausnahme, sofern die Zwangsvollstreckung bereits gegenüber dem Verwalter „eingeleitet worden" sei.[105] Jedenfalls dieses Kriterium[106] erscheint vor dem Hintergrund der unverzichtbaren Formalisierung der Zwangsvollstreckung aber als zu unbestimmt. Diskutabel erscheint es allein, auf eine Umschreibung dann zu verzichten, wenn der Gegenstand bereits gepfändet bzw in Beschlag genommen worden war. So lag auch der dem Beschluss des V. Zivilsenats zugrunde liegende Fall.

21 Bis zur 8. Aufl dieses Kommentars zur KO wurde eine **Heilung von Verstößen gegen** § 14 KO (heute **§ 89**) mit Verfahrensbeendigung abgelehnt.[107] Seither wird in Parallele zur Konvaleszenz von Verfügungen des Schuldners[108] angenommen, die Zwangsvollstreckung werde mit Verfahrensende ex nunc wirksam.[109] Dies führt unter der Geltung der InsO zu einem Widerspruch zu dem gegenüber § 12 KO verschärften § 87, der jede Rechtsverfolgung durch Insolvenzgläubiger gegenüber der Masse unterbinden soll.[110] Daher ist zu der von *Jaeger* entwickelten Ansicht zurückzukehren. Dementsprechend wird auch ein **Steuerbescheid**, welcher nach Eröffnung in Bezug auf eine nicht angemeldete Steuerkonkursforderung in Richtung gegen den Verwalter unzulässigerweise und damit ohne materiellrechtliche Wirkung erlassen worden ist, nicht etwa nach Einstellung des Verfahrens gegenüber dem Schuldner wirksam; das Finanzamt hat vielmehr die Steuerschuld erneut gegen den Schuldner festzusetzen.[111]

3. Bindung an die Einstellung

22 Die Einstellung beendet das wirksam eröffnete Verfahren, nicht etwa macht sie die Verfahrenseröffnung rückgängig. Eine Wiedereröffnung bzw -aufnahme des Verfahrens findet nicht statt,[112] aber die Eröffnung eines selbständigen neuen Insolvenzverfahrens ist möglich, wenn die – nun für die Gegenwart zu prüfenden – Eröffnungsvoraussetzungen vorliegen. Hinsichtlich eines Folgeantrags des *Schuldners*, namentlich zur Erlangung von Restschuldbefreiung, ist aber die **Präjudizialität** der Beschlüsse gem § 207 und §§ 208, 211 zu beachten.[113] Dem Folgeantrag eines

101 Dazu und dagegen oben § 208 Rn 57 f.

102 *Markgraf/Hertelt* ZIP 2018, 1480, 1485.

103 RGZ 52, 330 ff; BGH NJW 1982, 1765 f; MünchKomm/*Hefermehl* InsO[4] § 215 Rn 11; Uhlenbruck/*Ries* InsO[15] § 215 Rn 8; Nerlich/Römermann/*Westphal* InsO[29] § 215 Rn 13; **nicht abw** BGH ZIP 2001, 1641 ff, und ZIP 2003, 2036, wo jeweils die Möglichkeit einer Anfechtung nach Hervortreten von Massearmut, aber vor Einstellung des Verfahrens bejaht wird (dazu § 207 Rn 96 sowie § 208 Rn 101 f).

104 Jaeger/*Windel* InsO § 80 Rn 195, sowie seither LAG Düsseldorf ZIP 2005, 2117 = KTS 2006, 468 f [*Heese* ebd, 469 ff].

105 BGH DNotZ 2005, 840 ff [**zust** *Kesseler* DNotZ 2006, 84 f] = KTS 2006, 465 ff [**abl** *Heese* ebd, 469, 473 ff] = WuB VI A. § 80 InsO 1.05 [**zust und** für Verfahrensbeendigung **verallgemeinernd** *Ganter* ebd].

106 Grundsätzliche Bedenken bei *Heese* KTS 2006, 469, 473 ff.

107 *Jaeger* KO[6/7] § 14 Rn 21, §§ 205, 206 Rn 6; Jaeger/*Lent* KO[8] § 14 Rn 21; Jaeger/*Weber* KO[8] §§ 205, 206 Rn 7; ebenso OLG Naumburg NaumbAK 1904, 45, 46; offenlassend LAG Hamm ZIP 1980, 749, 750.

108 Dazu oben Rn 12.

109 Jaeger/*Henckel* KO[9] § 14 Rn 42, im Anschluss an *Baur* FS F. Weber (1975), S 41, 43; Stein/Jonas/*Münzberg* ZPO[22] vor § 704 Rn 61 mit § 878 Rn 19; Jaeger/*Eckardt* InsO § 89 Rn 77; MünchKomm/*Hefermehl* InsO[4] § 215 Rn 10.

110 Dazu Jaeger/*Windel* InsO § 87 Rn 1.

111 FG Düsseldorf KTS 1958, 29 f; Jaeger/*Weber* KO[8] §§ 205, 206 Rn 7; ins ebenso MünchKomm/*Hefermehl* InsO[4] § 215 Rn 10.

112 OLG Braunschweig, Zeitschrift für Rechtspflege im Herzogtume Braunschweig 54 (1907), 31; Jaeger/*Weber* KO[8] §§ 202, 203 Rn 11.

113 Dazu § 207 Rn 111 f.

Gläubigers steht es nicht entgegen, dass er zuvor einer **Einstellung gem § 213** zugestimmt hat.[114] Der **Einstellungsbeschluss bindet das Insolvenzgericht,** das nicht etwa eine Einstellung in eine Aufhebung abändern kann (oder umgekehrt)[115] **sowie** andere Gerichte[116] einschließlich der **Prozessgerichte** und Behörden.[117] Hat sich der Rechtspfleger oder Richter dagegen nur im Ausdruck vergriffen, ist der Beschluss gem § 4 iVm § 319 ZPO zu berichtigen.[118]

114 RG bei *Herzog* JW 1886, 53 ff, 55 f; Jaeger/*Weber* KO[8] §§ 202, 203 Rn 11.
115 RG bei *Herzog* JW 1886, 53 ff, 55 f [**abl** *Herzog* ebd, 56 ff].
116 BGH FamRZ 2013, 214 f (XII. ZS), berücksichtigt die Einstellung eines (Nachlass-) Insolvenzverfahrens gem § 212 noch in der Rechtsbeschwerdeinstanz (familiengerichtliches Verfahren).
117 Kübler/Prütting/Bork/*Pape* InsO[9] § 207 Rn 36; Nerlich/Römermann/*Westphal* InsO[29] § 207 Rn 20; zum Grundbuchamt KG ZIP 2017, 1479 ff.
118 Jaeger/*Weber* KO[8] §§ 202, 203 Rn 10 mit § 163 Rn 2.

§ 216 Rechtsmittel

(1) Wird das Insolvenzverfahren nach §* 207, 212 oder 213 eingestellt, so steht jedem Insolvenzgläubiger und, wenn die Einstellung nach § 207 erfolgt, dem Schuldner die sofortige Beschwerde zu.

(2) Wird ein Antrag nach § 212 oder § 213 abgelehnt, so steht dem Schuldner die sofortige Beschwerde zu.

Materialien

1. Ber InsRKomm, LS 1.2.14 lit c; DiskE § 319; RefE § 319; RegE § 330 (BT-Drucks 12/2443, S 61, Begr S 222); Rechtsausschuss § 234 j (BT-Drucks 12/7302, S 88, Begr S 181).

Vorgängerregelungen

keine

Literatur

Gerhardt Die Beschwerde im Insolvenzverfahren, FS Uhlenbruck (2000), S 75.

Übersicht

Alphabetische Übersicht

I. Allgemeines

1. Regelungsgehalt

1 § 216 regelt **Statthaftigkeit sowie Beschwerdebefugnis der sofortigen Beschwerde** gegen Beschlüsse, die die Einstellung des Insolvenzverfahrens (Abs 1) und die Ablehnung von Anträgen

* So BGBl I (1994), S 2894.

https://doi.org/10.1515/9783110343687-044

auf Einstellung (Abs 2) zum Gegenstand haben. Das **Verfahren auf die Anfechtung** bestimmt sich nach § 6 und seit der Aufhebung des § 7[1] nach § 4 iVm § 574 I Nr 2 ZPO, soweit es den **Rechtsmittelzug** betrifft.[2] Die Rechtsbeschwerde ist daher von einer Zulassung durch das Beschwerdegericht abhängig.[3] Mit der Anfechtung eines Einstellungsbeschlusses gem § 216 I gerät das Insolvenzverfahren insgesamt außerdem in eine eigentümliche **Schwebelage.**[4]

2. Entstehungsgeschichte

Im Kern geht § 216 I auf LS 1.2.14 lit c der Kommission für Insolvenzrecht[5] zurück. Die heutige 2
Fassung des gesamten § 216 entspricht inhaltlich § 330 RegE.[6] Notwendig wurde die Regelung, weil mit § 6 in bewusster Abkehr von § 73 III KO und § 20 GesO das **Enumerationsprinzip** für die Statthaftigkeit der sofortigen Beschwerde im Insolvenzverfahren eingeführt worden ist, das vorher nur iR des § 121 I VerglO galt.[7] Während nach dem Vorschlag der Kommission für Insolvenzrecht die Einstellung des Insolvenzverfahrens aber schlechthin und von jedem Beschwerten[8] sollte angefochten werden können, ist gem § 216 I die sofortige **Beschwerde gegen** eine Einstellung gem **§§ 208, 211 nicht statthaft.** Dies wurde damit begründet, dass es diesfalls ebenso wenig wie gegen die Aufhebung des Insolvenzverfahrens[9] eines Rechtsmittels bedürfe, weil das schuldnerische Vermögen nach Maßgabe der (heutigen) §§ 208 III, 209 verteilt sei.[10] Auch die **Beschwerdebefugnis** wurde gegenüber den Vorstellungen der Kommission nach dem Enumerationsprinzip **begrenzt.** Hierfür fehlt eine Begründung in den Gesetzesmaterialien.

3. Systematische Stellung

Es erscheint nahezu aussichtslos, § 216 in ein übergeordnetes System stimmig einpassen zu wol- 3
len. Dies gilt sowohl insoweit, als die Vorschrift die *Statthaftigkeit* der Beschwerde regelt, als auch insoweit, als sie die *Beschwerdebefugnis* begrenzt.

Die **Statthaftigkeit** eines Rechtsmittels sollte sich an der Bedeutung der anzufechtenden 4
Entscheidung sowie daran orientieren, ob der innere Gang des Verfahrens vom erkennenden Gericht oder vom Verfahrensbeteiligten maßgeblich bestimmt wurde, also an der „Herrschaft über das Verfahren". Vor diesem Hintergrund läuft § 216 I dem Konzept der §§ 207–213 in zweierlei Hinsicht zuwider. *Zum einen* sind die an sich weniger bedeutsamen Beschlüsse gem §§ 212, 213 in weiterem Umfange anfechtbar als die an sich wichtigeren der §§ 207; 208, 211.[11] *Zum anderen* sind „Verfahrensherrschaft" und Anfechtbarkeit für die § 207 einerseits und §§ 208, 211 andererseits geradezu gegenläufig geregelt.[12] Jedenfalls der völlige Ausschluss eines Rechtsmittels

1 Durch G v 7.12.2011 (BGBl I 2582) mWv 27.10.2011.
2 MünchKomm/*Hefermehl* InsO[4] § 216 Rn 13. Zum früheren Recht OLG Celle ZIP 2000, 1943, 1944; *Gerhardt* FS Uhlenbruck (2000), S 75 ff.
3 Uhlenbruck/*Ries* InsO[15] § 216 Rn 10.
4 Dazu oben § 215 Rn 16.
5 Dazu Begr 1. Ber InsRKomm, S 124.
6 BT-Drucks 12/2443, S 222; Begr Rechtsausschuss, BT-Drucks 12/7302, S 181.
7 Zur Genese dezidiert *Gerhardt* FS Uhlenbruck (2000), S 75, 77 f.
8 1. Ber InsRKomm, Begr LS 1.2.14 lit c, S 124.
9 Dazu Jaeger/*Meller-Hannich* InsO[2] § 200 Rn 11.
10 Vgl Begr RegE § 330, BT-Drucks 12/2443, S 222.
11 Krit dazu insbes Kübler/Prütting/Bork/*Pape* InsO[8] § 216 Rn 2.
12 Dazu § 207 Rn 10, § 208 Rn 35.

gegen die Einstellung gem §§ 208, 211 erscheint rechtspolitisch nicht tragbar.[13] Gleichwohl ist die **Regelung verfassungskonform**, weil das GG keinen Instanzenzug garantiert.[14]

5 Eine **Beschwerdebefugnis** sollte aus der Beteiligtenstellung und der Betroffenheit der Verfahrenssubjekte entwickelt werden. Vor diesem Hintergrund erscheint der vollständige **Ausschluss des Insolvenzverwalters** als dem eigentlichen Herrn des Insolvenzverfahrens **und der Massegläubiger** als den von einer Einstellung zunächst Betroffenen **bedenklich**. Gleichwohl ist es angesichts des klaren Gesetzeswortlauts ausgeschlossen, dem Verwalter als Amtsträger allgemein[15] oder begrenzt als Sachverwalter der Massegläubiger[16] oder schließlich diesen selbst[17] die Beschwerdebefugnis contra legem doch zuzuerkennen.[18]

6 Weil die InsO zu einem Zeitpunkt verabschiedet worden ist, als das Rechtsbehelfssystem des RPflG noch nicht der aktuellen Fassung entsprach,[19] gilt für die **Erinnerung gem § 11 II RPflG** das Enumerationsprinzip des § 6 nicht.[20] Folglich sind Beschwerde- und Erinnerungsbefugnis nicht aufeinander abgestimmt.[21]

7 Schließlich sind die Probleme, die sich im Rahmen des § 213 für **Gläubiger mit nachrangigen oder bestrittenen Forderungen sowie** für **Absonderungsberechtigte** ergeben, auch bei der Auslegung des § 216 zu berücksichtigen.[22]

II. Anfechtung der Einstellung, § 216 I

8 Die Aufzählung des § 216 I ist abschließend. Insolvenzverwalter und Massegläubiger sind folglich stets von der Beschwerde ausgeschlossen, Insolvenzgläubiger und Schuldner genießen die Beschwerdebefugnis nur in den genannten Fällen.[23] Die **Tatsachengrundlage** bestimmt sich nach dem **Zeitpunkt** der Entscheidung des Beschwerdegerichts.[24]

1. Einstellung gem § 207

9 Die **Beschwerdebefugnis des Schuldners** dient dazu, ihm die Sanierungschancen und die Möglichkeit, Restschuldbefreiung zu erlangen, zu erhalten[25] und die kreditschädigende Wirkung einer öffentlichen Bekanntmachung des Einstellungsgrundes der Massedürftigkeit[26] zu

---

13 Krit namentlich *Häsemeyer* InsR[4] Rn 7.70; Nerlich/Römermann/*Westphal* InsO[29] § 216 Rn 2.

14 BGH ZIP 2007, 603, 604 = WuB VI A. § 211 InsO 1.07 [**zust** *Hess* ebd].

15 So aber BK/*Breutigam*[16] InsO § 216 Rn 4, 11 (gegen Einstellung gem § 211), 15 (gegen Einstellung gem § 213); gegen ihn Uhlenbruck/*Ries* InsO[15] § 216 Rn 3.

16 So unter der Geltung der KO OLG Celle ZIP 1981, 1113 f (**gegen** Jaeger/*Weber* KO[8] §§ 202, 203 Rn 10).

17 So aber BK/*Breutigam*[16] InsO § 216 Rn 7; bei „greifbarer Gesetzeswidrigkeit" auch Rattunde/*Smid*/Zeuner InsO[4] § 216 Rn 3 (beide zur Einstellung gem § 207).

18 **Zum Verwalter**: BGH ZIP 2007, 1134 f = WuB VI A. § 207 InsO 1.07 [**krit** *Kammel* ebd] – keine Beschwerdebefugnis des Verwalters gegen Ablehnung der Einstellung gem § 207 (dazu näher oben § 207 Rn 113, sowie noch unten Rn 18); Uhlenbruck/*Ries* InsO[15] § 216 Rn 3; Nerlich/Römermann/*Westphal* InsO[29] § 216 Rn 7, § 213 Rn 30. **Zu den Massegläubigern**: MünchKomm/*Hefermehl* InsO[4] § 216 Rn 6, der auf deren Schutz durch die §§ 61, 60 verweist.

19 Dazu näher *Gerhardt* FS Uhlenbruck (2000), S 75, 84.

20 *Gerhardt*, aaO.

21 Unten Rn 19.

22 Unten Rn 10,13, 14 ff.

23 Zur Genese und Kritik zuvor Rn 2, 5.

24 BGH NZI 2011, 20 f Rn 6; LG Neuruppin NZI 2016, 367.

25 MünchKomm/*Hefermehl* InsO[4] § 216 Rn 7; HK/*Hölzle* InsO[10] § 216 Rn 2; Uhlenbruck/*Ries* InsO[15] § 216 Rn 4. Die beiden Letztgenannten führen zudem § 60 I Nr 5 GmbHG an, der aber § 26, nicht § 207 betrifft.

26 Dazu § 215 Rn 3.

verhindern. **Gesellschafter des Schuldners** sind nicht beschwerdebefugt.[27] Ihre Beteiligung an den Verfahren der – heutigen – §§ 212, 213 war im Laufe des Gesetzgebungsverfahrens zunächst vorgesehen, ist dann aber fallengelassen worden.[28] Daher können die Befugnisse der Gesellschafter de lege lata nicht sogar noch über das ursprüngliche Konzept des RegE, nach dem ihnen bereits die Beschwerdebefugnis gegen eine Einstellung gem § 207 versagt geblieben war, hinaus ausgedehnt werden.

Die **Beschwerdebefugnis der Insolvenzgläubiger** hängt nicht davon ab, ob ihre **Forderungen bestritten** (§ 179) worden sind oder ihr **Stimmrecht** festgestellt (§ 77) worden ist, weil der Beschluss gem § 207 nicht auf der Grundlage einer Abstimmung ergeht.[29] **Gläubigern mit nachrangigen Forderungen** (§ 39) steht die Beschwerdebefugnis gegen eine Einstellung gem § 207 nur zu, sofern sie zuvor zur Anmeldung ihrer Forderungen aufgefordert worden sind, § 174 III 1.[30] Denn das Rechtsmittel dient insoweit der Überprüfung, ob ein reguläres oder wenigstens ein Insolvenzverfahren nach Maßgabe der §§ 208–211 durchgeführt werden kann. Nachrangige Insolvenzgläubiger aber haben in beiden Fällen nichts zu erwarten. 10

2. Unanfechtbarkeit der Einstellung gem §§ 208, 211

Die **Einstellung** des Insolvenzverfahrens **gem §§ 208, 211** ist für den Schuldner[31] wie für die Insolvenzgläubiger unanfechtbar.[32] 11

3. Einstellung gem § 212

Die **Einstellung des Insolvenzverfahrens gem § 212** ist **nur von** den **Insolvenzgläubigern anfechtbar.** Der Schuldner bedarf der Beschwerdebefugnis schon deshalb nicht, weil die Einstellung nur auf seinen Antrag hin erfolgt, den er bis zur Rechtskraft des Einstellungsbeschlusses zurücknehmen kann. 12

Die Beschwerde dient hier der Prüfung, ob ein Eröffnungsgrund fehlt. Liegt es so, haben auch **nachrangige Insolvenzgläubiger** eine Befriedigungschance. Sie sind folglich von der Entscheidung betroffen und dürfen grundsätzlich selbst dann Beschwerde einlegen, wenn sie vom Insolvenzgericht nicht gem § 174 III 1 zur Anmeldung ihrer Forderungen aufgefordert worden sind.[33] Ein qualifizierter **Rangrücktritt** führt stets, ein einfacher dann zum Verlust der Beschwerdebefugnis, wenn er von einem der in §§ 19 II 2; 39 I Nr 5; 135 Genannten erklärt worden ist.[34] 13

4. Einstellung gem § 213

Auch die **Einstellung gem § 213** ist **nur durch Insolvenzgläubiger anfechtbar.** Der Schuldner mag wiederum seinen Antrag zurücknehmen.[35] Die Beschwerdebefugnis ist nicht davon abhän- 14

---

27 Nerlich/Römermann/*Westphal* InsO[29] § 216 Rn 5.
28 Dazu § 212 Rn 19, § 213 Rn 11 f, sowie noch unten Rn 18.
29 Zu dieser Voraussetzung der Abhängigkeit der Beschwerdebefugnis vom Stimmrecht Jaeger/*Gerhardt* InsO § 6 Rn 29.
30 **Insoweit zutr** MünchKomm/*Hefermehl* InsO[4] § 216 Rn 5; HK-InsO[5]/*Hölzle* § 216 Rn 2; zur Abgrenzung zu den Einstellungen gem §§ 212, 213 sogleich Rn 13 f.
31 BGH ZIP 2007, 603 f = WuB VI A. § 211 InsO 1.07 [**zust** *Hess* ebd].
32 Zu Begründung und Kritik oben Rn 2, 4.
33 Ins **aA** MünchKomm/*Hefermehl* InsO[4] § 216 Rn 5; HK/*Hölzle* InsO[10] § 216 Rn 2.
34 Dies entspricht der hier vorgeschlagenen Auslegung des § 212, s dort Rn 14, 16.
35 Zuvor Rn 12.

gig, ob der Gläubiger zuvor gem § 214 I 3 Widerspruch erhoben hat.[36] **Nachrangige Insolvenzgläubiger** sind ebenso beschwerdebefugt wie gegen eine Einstellung gem § 212,[37] weil das Rechtsmittel hier regelmäßig dazu dient, den gemeinsamen „Verzicht" auf das Insolvenzverfahren vor dem Hintergrund einer außergerichtlichen Sanierung zu überprüfen.[38] Bei einer solchen sind aber auch nachrangige Insolvenzgläubiger zu berücksichtigen.

15 Haben Verwalter oder Schuldner die **Forderung** des Insolvenzgläubigers **bestritten**, so steht dies der Beschwerdebefugnis nicht entgegen. Gleiches gilt für eine (ihrerseits nicht selbständig rechtsmittelfähige) **Ermessensentscheidung** des Gerichts gem § 213 I 2, die dem Gläubiger das Zustimmungsrecht abgesprochen hat. Denn die sofortige Beschwerde gem § 216 I ist gerade der Rechtsbehelf, diese Ermessensentscheidung zu überprüfen.

16 Dementsprechend sind **absonderungsberechtigte Insolvenzgläubiger** auch und gerade beschwerdebefugt, wenn ihnen das Zustimmungsrecht vom Insolvenzgericht gem § 213 I 2 versagt worden ist.[39] **Absonderungsberechtigte** hingegen, **denen der Schuldner nicht** auch **persönlich haftet**, erlangen eine Beschwerdebefugnis so wenig wie ein Widerspruchsrecht gem § 214 I 3, selbst wenn das Insolvenzgericht ihre Zustimmung zum Verfahrensverzicht gem § 213 I 2 für erforderlich gehalten haben sollte.[40]

17 **Zusätzlich** zur Beschwerdebefugnis bedarf es einer **Beschwer**.[41] Diese braucht nach hier vertretener Ansicht[42] aber nicht formeller Natur zu sein. Ein Insolvenzgläubiger kann die **Einstellung** gem § 213 daher selbst dann anfechten, wenn er dieser **zugestimmt** hat, sofern er seine materielle Beschwer dartun kann. Namentlich eröffnet § 216 I neben dem Widerspruch gem § 214 I 3 eine weitere Möglichkeit, **Willensmängel bei der Zustimmung** geltend zu machen.[43]

III. Anfechtung der Ablehnung der Einstellung, § 216 II

18 **§ 216 II** gewährt in **Konsequenz der** Ausgestaltung der Einstellungsmöglichkeiten der §§ 212, 213 als **Antragsverfahren** dem Schuldner die Möglichkeit, die Beendigung des Insolvenzverfahrens im Rechtsmittelwege zu erzwingen. **Beschwerdebefugt ist allein** der **Schuldner**, nicht ein an diesem beteiligter Gesellschafter,[44] nicht der Insolvenzverwalter, auch nicht wenn das Insolvenzgericht seinem „Antrag" (richtig: seiner Anregung) nicht gefolgt ist, das Verfahren gem § 207 einzustellen,[45] schließlich nicht ein Insolvenzgläubiger,[46] der die Fesseln der §§ 87, 89 abstreifen will, um gegen den Schuldner vorgehen zu können. Die **Vertretungsbefugnis für Verbände** wird nach hier vertretener Ansicht[47] ebenso wenig modifiziert wie für die Stellung der Anträge gem § 212, 213.[48]

---

36 MünchKomm/*Hefermehl* InsO[4] § 216 Rn 5.
37 Zuvor Rn 13 mit § 213 Rn 19.
38 **AA** MünchKomm/*Hefermehl* InsO[4] § 216 Rn 5, sowie jetzt auch HK/*Hölzle* InsO[10] § 216 Rn 2, insoweit wie hier noch *Landfermann* 4. Aufl §§ 215, 216 Rn 2 mit § 214 Rn 2.
39 **AA** FK/*Kießner* InsO[9] § 216 Rn 3; MünchKomm/*Hefermehl* InsO[4] § 216 Rn 5.
40 **Zutr** Nerlich/Römermann/*Westphal* InsO[29] § 216 Rn 4; K Schmidt/*Jungmann* InsO[19] § 216 Rn 2. Näher zu dieser „kupierten" Beteiligung oben § 213 Rn 30, § 214 Rn 3.
41 Näher *Gerhardt* FS Uhlenbruck (2000), S 75, 85 f.
42 Oben § 213 Rn 16, § 214 Rn 3.
43 BK/*Breutigam*[16] InsO § 216 Rn 13.
44 OLG Naumburg ZInsO 2001, 810, 811; Nerlich/Römermann/*Westphal* InsO[29] § 216 Rn 5; vgl auch oben Rn 9.
45 BGH ZIP 2007, 1134 f = WuB VI A. § 207 InsO 1.07 [**krit** *Kammel* ebd], sowie dazu oben Rn 5 sowie § 207 Rn 113.
46 LG Göttingen, ZIP 1999, 1566 (noch zur KO, aber bereits unter Heranziehung des § 216 II).
47 **AA** LG Bielefeld BeckRS 2016, 7272; ausdr **offengelassen** aber von BGH ZIP 2016, 817, 818 f Rn 15, als Rechtsbeschwerdeinstanz.
48 Oben § 212 Rn 19, § 213 Rn 11 f.

IV. Hinweis: Statthaftigkeit und Erinnerungsbefugnis gem § 11 II RPflG

Die Entscheidung über die Einstellung des Insolvenzverfahrens ist – unabhängig vom Einstellungsgrund – nicht dem Richter vorbehalten, § 18 I RPflG. Daher entscheidet idR der Rechtspfleger. Gem § 11 II RPflG ist dann in allen Fällen, in denen ein Rechtsmittel nicht gegeben ist, der **Rechtsbehelf der Erinnerung** eröffnet. Das **Enumerationsprinzip** des § 6 **findet** hier **keine Anwendung.**[49] Da das in § 216 verwirklichte weitere Prinzip der beschränkten Beschwerdebefugnis[50] auf dem Enumerationsprinzip beruht, kann es für die **Erinnerungsbefugnis** nicht entsprechend herangezogen werden. Es gilt insoweit deshalb der allgemeine, früher auch in § 73 III KO und § 20 GesO verwirklichte Grundsatz, dass ein Rechtsbehelf **allen Beteiligten** zu Gebote steht.[51] Darin liegt zwar ein weiterer Bruch[52] im Gesamtsystem der §§ 207–216. Dieser ist aber umso leichter hinzunehmen, je mehr man an der Legitimität der engen Begrenzung der Beschwerdebefugnis durch § 216 zweifelt. 19

49 Insoweit unstr, statt aller *Gerhardt* FS Uhlenbruck (2000), S 75, 84, sowie schon oben Rn 2.

50 Oben Rn 2 aE, 5.

51 Uhlenbruck/*Ries* InsO[15] § 216 Rn 8 f; BK/*Breutigam*[16] InsO § 216 Rn 20; MünchKomm/*Hefermehl* InsO[4] § 216 Rn 11.

52 Vgl schon oben Rn 3 ff.

Sachregister

https://doi.org/10.1515/9783110343687-045

J

N

T

www.ingramcontent.com/pod-product-compliance
Lightning Source LLC
LaVergne TN
LVHW080852300926
849162LV00003B/402
* 9 7 8 3 1 1 0 3 4 3 5 0 2 *